혁신이라는 청구서

The Bill Named Innovation

손 도 심

혁신이라는 정치사
The Bill Named Innovation

송 호 근

혁신이라는 청구서

The Bill Named Innovation

국가위기관리
재난관리
안전관리/안전문화
테러 및 뉴테러리즘
정부 혁신

The Bill Named Innovation

National crisis management

Disaster management

Safety management & Safety culture

Terror & New terrorism

The government innovation

Son Do Sim

2014년 4월 16일 정부의 초기대응 미숙으로 수많은 어린 학생들을 보호하지 못하고 차가운 바다 한 가운데에서 희생된 세월호 유가족에게 심심한 사의를 표하며 눈물로 지새웠던 지난날을 회상하며 한국 사회에 다시는 이와 같은 참사가 재발하지 않기를 바라며 사회적 책임을 유산으로 남겨준 아이들을 기억하며 이 책을 헌정합니다.

2022년 10월

저자 손 도 심

정치에 참여하지 않는 벌 중의 하나는
자신보다 못한 사람의 지배를 받는 것이다.

- 플라톤(Platon)

추 천 사

An honest man can feel no pleasure in the exercise of power over his fellow citizens.
"정직한 사람은 국민들에게 권력을 행사하면서 쾌락을 느끼지 않습니다."

― Thomas Jefferson

It is not often that a man can make opportunities for himself. But he can put himself in such shape that when or if the opportunities come he is ready.
사람이 자신을 위한 기회를 만들 수 있는 경우는 자주 없습니다. 그러나 기회가 올 때나 준비가 될 때와 같은 조건에서는 자신을 만들 수 있습니다.

― Theodore Roosevelt

Change will not come if we wait for some other person or some other time. We ard the ones we've been waiting for. We are the change that we seek.
"다른 사람이 가져오는 변화나 더 좋은 시기를 기다리기만 한다면 결국 변화는 오지 않을 것이다. 우리 자신이 바로 우리가 기다리던 사람이다. 우리 자신이 바로 우리가 찾는 변화다."

― Barack Obama

이 책(혁신이라는 청구서)은 인문 사회과학분야에서 발견되는 독특한 저서이다. 우선 이 책은 인문사회과학분야에서 쉽게 접할 수 없는 현실적이고 인식론적인 논의에서 출발하고 있다. 대한민국은 1945년 해방 이후 1950년 한국전쟁의 폐허위에서 산업화·민주화 과정을 거치면서 지속적인 경제성장으로 신흥선진국으로 진입했다. 그리고 21세기에 접어들어서는 한국 사회가 지향해야 할 포용·공정·복지·성장의 담론을 위해 수출지향적 산업구조로 발전국가모델을 지향했다. 저자 손도심 박사는 이 책에서 국가발전의 지속적인 성장을 위해 국가위기관리, 재난관리, 안전관리 & 안전문화, 테러 및 뉴테러리즘, 정부혁신분야를 논쟁으로만 끝나서는 안 된다는 지성적 현실론에 기반하여 불필요한 사회적 비용을 줄여나가는 노력을 "지금부터 해야 한다"는 점에 주목하면서 정부가 실패로 돌아가지 않고 후진적 재난을 예방(prevention)하고 효율적으로 대응(response) 및 관리하여 기본적 책무를 다해야 한다는 입장을 취하고 있다. 이렇듯 손 박사는 한국의 현재와 미래에 대해 냉철하고도 절제력 있는 입장과 자세를 가지고 그 문제점을 조목조목 지적하고 있다.

2014년 4월 세월호 참사와 같은 대규모 참사는 정부에 대한 국민들의 신뢰가 나락으로 떨어지고 국민들 사이에서는 불신이 증폭되어 결국에는 실패한 정부로 연결될 가능성을 배제할 수 없다. 왜냐하면 국민의 소중한 생명과 재산을 지켜야 할 정부가 응당 그 책임을 다하지 못했기 때문이다.

한국은 급속한 경제발전과 성장을 이루었다. 그러나 그 이면에 도사리고 있는 국민의 인권 및 안전문제는 사각지대로 내몰리고 소외되기 일쑤였다. 즉 1960년 이후 오늘날까지 안전의식 부재로 인한 대규모 인명사고가 비일비재했으나, 정부는 그 때마다 임기응변식 처방으로 그런 위기를 반복적으로 모면해왔다. 하인리히법칙(Heinrich's Law, 1:29:300)을 무시하기 일쑤였다. 그렇기 때문에 그 대가는 가혹했다. 말하자면, 부실공사와 안전불감증(安全不感症, safety frigidity)으로 인한 반복되는 대형 참사 발생은 결코 우연히 아니었던 것이다. 특히 군사정권 아래에서는 언론통제로 피해가 축소되거나 정보공개가 불투명하여 외부에조차 공표하기가 어려웠으며 축소되는 경향마저 나타났다.

  2017년은 우리의 헌정사상 유례없는 초유의 사건이 발생한 해로 기억될 것이다. 대통령 주변에 의한 국정농단으로 '대통령 탄핵'이라는 미증유의 사건이 발생하였기 때문이다. 당시 헌법재판소는 전원합의로 대통령을 파면했다. 학계 및 사회 일각에서는 이를 두고 "정부의 실패로 규정할 수 있을까? 하는 의문이 꼬리표처럼 따라다녔다. 그렇다면 정부의 실패(government failure)는 어디에서 연유하는가? 실패한 정부(failed government)와 실패중인 정부(failing government)를 어떻게 구별하는가? 이에 대한 논란은 아직도 많은 학자들 사이에서 논쟁거리가 되고 있다. 대통령 주변에서 국정을 농단하고 사익을 편취하였으며, 이로 인해 대통령이 탄핵되고 결국에는 정부실패를 불러일으키는 단초를 제공했다는 점을 결코 간과해서는 안 될 것이다. 저자가 이 점에 착안하여 실패한 정부의 정책결정과 대형사고 사례를 분석하고 규제완화, 정부혁신, 국가경쟁력 강화, 테러 & 뉴테러리즘 등 학문적으로 접근한 것은 의미 있는 작업으로 여겨지고 있다고 해도 과언이 아니다. 학계에서 정부실패론과 실패한 정부에 대한 연구 경험이 일천한 것도 사실이다. 안전한 사회는 사회 구성원 간에 신뢰(trust)가 형성되어야 사회적 비용(social costs)을 줄일 수 있을 뿐만 아니라 생산효과를 촉진시키는 결과로 연결된다. 이러한 것들이 시너지 효과를 낼 때 매력적인 국가(charming nation)가 될 것임은 보다 분명해질 것이다. 국민안전과 직결되는 것을 제외하고는 보다 과감하게 규제정비를 통해 많은 기업들이 선진국들과 첨단기술경쟁(high-tech competition)에서 주도권과 우위를 확보할 수 있도록 환경을 조성하는 정부의 지원이 매우 절실해지고 있다.

2020년에 접어들면서 우리 사회에도 이른바 '제4차 산업혁명'이 성큼 다가오고 있다. 정부의 규제로 인해 국가 산업발전 및 기업경영에 지장을 주어서는 안 될 것이다. 세계 각국은 규제완화(Regulation mitigatingly)를 기반으로 산·학·연 플랫폼 구축을 서두르면서 목전에 다가온 4차 산업혁명 시대에 대비하고 있는 것으로 나타나고 있다. 우리나라의 경우 장시간 노동에 대한 투쟁의 시간은 점점 더 종말을 고하고 있으며 협치(governance)와 협업(co-operation)이 보다 진전(progress, 進展)되어야 한다. 이는 정치(政治, politics)와 정부정책(政府政策, government policy)이 확실한 보장을 해주지 않기 때문으로 보인다. 따라서 정부는 정치적 지혜와 분별력으로 불확실하고 위험스러운 미래를 헤쳐 나가야 한다. 변화(change)와 혁신(innovation)은 정부의 성공뿐만 아니라 국민의 의식을 건전하게 변화시켜 올바른 민주주의의 정착을 위해서도 바람직한 현상이기 때문이다. 2019년부터 발생하기 시작한 신종 코로나바이러스 감염증(우리나라는 '코로나 19'로, WHO는 'COVID-19'라고 한다)는 세계적 대유행(Pandemic)으로 인류사회를 위협하고 있다. 혹자는 제2차 세계대전이후 최대의 위협(threat)이라고 간주하기도 한다. 인류를 위협하는 요인에는 전쟁, 자연재난(재해, 사회재난 포함), 전염병(인플루엔자, 변형바이러스 등), 극심한 기후변화 등이 있다.

  저자는 오랫동안 이런 문제들에 착상하여 이를 학문적 관점에서 연구하고 해결방안을 모색하기 위한 노력이 중요하다는 점을 이 책에서 잘 성찰하고 있다. 이 책은 21세기 초 뉴 노멀(new normal)의 시대에 국가발전(National development)의 명운이 걸린 현재의 상황과 미래의 전략(strategy of future)을 모색하는데 시의적절한 상상과 지혜, 사리분별력의 산실을 제공하고 있다. 이러한 무거운 주제를 학문적으로 접근하여 해결방안을 모색하려는 저자의 남다른 노력에 박수를 보내며, 모쪼록 이 책자가 독자 여러분들의 지성적 욕구와 학문적 지평을 넓혀주는 주요한 계기가 될 것을 기대하면서 '추천사'에 가름하고자 한다.

2022년 12월

현) 사, 21세기안보전략연구원장
행정학박사 강 석 승

추 천 사

The most fortunate of us all in our journey through life frequently meet with calamities and misfortunes which greatly us. To fortify our minds against the attacks of these calamities and misfortunes should be one of the principal studies and endeavors of our lives.

인생에서 가장 운이 좋은 사람은 우리를 매우 괴롭히는 재난과 불행을 자주 만나게 된다. 이러한 재난과 불행의 공격에 대항하여 우리의 마음을 굳건히 하는 것을 살아가면서 연구하고 또 노력의 일환으로 삼아야 한다.

― Thomas Jefferson

You can't let yoiur failures define you.
You have to let your filures teach you.
You have to let them show you what to do differently the next time.

실패에 매몰되어서는 안 됩니다. 실패에서 가르침을 얻으세요.
다음번에 무엇을 다르게 해야 하는지 보여줄 수 있도록

― Barack Obama

Ask not what your country can do for you;
ask what you can do for your country.
국가가 당신을 위해 무엇을 할 수 있는지 묻지 말고,
당신이 국가를 위해 무엇을 할 수 있는지 물어봐라.

- John F. Kennedy

*Maybe it did take a crisis to get to know yourself,
maybe you needed to get whacked hard by life before you
understood what you wanted out of it*
위기를 거쳐야만 자기 자신을 알게 된다. 혹독한 인생의 쓴맛을 보고
나서야 자신이 진정 무엇을 원하는지 알게 되는 것이다.

- Jodi Picoult

국가위기관리(national crisis management)는 전시라는 특정시기에만 적용되는 개념이 아님을 밝혀두면서 평시 국가적 대규모 위기사태시에 국가는 이를 어떻게 효율적으로 관리·조정·통제하는가에 따라 국민의 안전이 좌우되기 때문에 위기관리를 평시부터 강화해야 한다. 국가의 위기관리 활동은 국민들의 안전을 최우선적으로 보호하고 피해를 줄일 수 있다는 근거에 기반하고 있다. 이것이 정부가 존재하는 일차적 목적이기 때문이다.

저자는 이 책에서 세월호 참사를 계기로 한국 사회에서 가장 중요한 국민의 생명과 직결되는 국민의 안전을 위해 정부가 해야 할 구체적인 사항들을 살펴보고 있다. 이 책이 지향하는 중요한 것 중의 하나는 대규모 참사와 같은 국가위기관리를 총체적으로 점검하는 계기로 삼아야

한다는데 의견을 같이 한다. 1960~70년대 경제개발 5개년계획에 의거 국가는 산업화를 위해 정부와 기업은 안전보다 성장 제일주의에 함몰되어 산업현장의 안전은 뒤쳐질 수밖에 없었던 경제·사회적 구조속에 일사천리로 진행되어 안전의 문제는 기업이 아닌 개인이 지켜야 하는 문제로 치부되어 등한시되기 일쑤였다. 그러므로 직장 내 안전사고가 발생하더라도 크게 문제시 되지 않고 지나쳐왔던 관행이 오늘날까지 반복되고 있다. 만약에 직장이나 현장에서 안전사고 희생의 당사자가 고위층이나 사회지도층의 자녀라면 어떻게 되었을까?

그러나 2020년 이후에는 직장 내 안전사고 문제가 사회적 이슈화로 확산되어 건설현장에서의 추락사고, 컨베이어벨트에의 끼임사고, 음주운전사고 등으로 인해 사상자 발생시 기업이나 사업경영자는 상당한 곤혹을 치르고 있다. 최근에는 국회에서 중대재해처벌법이 제정되어 산업안전에 대한 국민들의 관심과 기업경영자·노동자의 관심을 불러일으켰다. 그럼에도 불구하고 법·제도는 이루어졌으나 국회의 여야(與野) 합의과정에서 개정해야 할 부분이 적지 않은 것으로 나타나 노동단체로부터 법의 실효성에 의문을 제기하고 있다. 세월호 참사 이후에는 국민들의 안전의식 수준이 향상되어 개인보다는 집단적으로 정보를 공유하고 대응하기에 사회관계망서비스(SNS)를 적극적으로 활용하고 있다.

그러나 보다 근본적으로 안전사회를 지향하기 위해서 안전문화를 우리 사회의 풀뿌리 운동으로 확산시키려는 그림을 지금부터 스케치해야 하지 않을까 생각된다. 이러한 차원에서 손 박사의 책은 시기적으로 중요한 전환기적 의미가 있다고 여겨지고 있다. 저자는 본서에서 최근 발생하는 재난의 특성인 대형화, 복잡화, 비선형적인 특성을 고려 재난관리 패러다임의 근본적 인식의 전환과 세월호 참사이후 국민안전에 대한 인식과 사회 안전의 중요성, 그 어느 때보다 높아진 안전욕구의 분출을 동력으로 안전문화운동을 확산하는 기회로 삼고, 아울러 이러한 위기를 효율적으로 조정·통제·총괄·관리하는 국가위기관리체계를 정착시켜야 하겠다.

또한, 손 박사는 점증하는 사이버테러의 중요성을 재인식하고, 제4차 산업혁명이 막 시작된 현실에서 정부의 규제로 국가산업발전에 지장을 주어서는 안 될 것이라고 강조하고 있다. 2022년 현시점은 정부와 기업, 산·학·연이 유기적인 협업으로 위기를 정면으로 돌파하는 적극적인 의지와 자세가 정부와 기업 모두에게 요구되는 절체절명의 시간이 우리에게 점점 다가오고 있다고 생각한다. 4차 산업혁명이 대세인 시기 융·복합과 협치와 협업이 보다 진전되어야 할 것으로 인식되어야 할 것이다. 이런 희망적 상상은 가능성과 제한된 변수간의 상관관계에 지나지 않는다 할지라도 가져봄직하다. 왜냐하면 정치와 정책이 확실한 보장을 해주지 않기 때문이기도 하다. 그러므로 정부는 정치적 지혜와 분별력으로 불확실하고 위험스러운 미래를 헤쳐 나가야 한다. 이에 손 박사의 저서는 사회의 중요 아젠다(angeda)를 학문적으로 접근하여 대안을 제시하고 분석하는가 하면 아울러 사회공동체의식을 향상하여 안전문제의 해결방안을 제시하고 있다.

한국의 국가경쟁력은 어디서 나오는 걸까? 그것은 다름 아닌 한국의 매우 높은 교육에서 연유하는 바 향후에는 보다 실용적인 학문을 응용하는 교육에 지속적인 관심을 가져야 한다. 이제 막 시작된 4차 산업혁명 시대를 맞아 서구 선진국들은 기술패권의 주도권을 선점하기 위해 국가적 역량을 집중하고 있는 시기에 한국도 세계적 수준의 AI, IT, Drone, IoT, 로봇, 반도체 기간산업을 바탕으로 기술 우위를 확보해야 하는 절체절명의 기회를 맞이하고 있다. IT산업의 특성상 기술패권의 주도국이 차지하는 이른바 승자독식의 세계가 도래할 것이라는 것은 이미 잘 알려진 사실이다.

한국은 1945년 8월 일본의 식민지에서 해방되어 잠깐 기쁨을 누리기도 전에 북한의 침략에 의한 6·25전쟁의 참화를 경험했다. 일찍이 우리는 완전한 사회통합을 이루지 못하고 불완전한 통합으로 2022년인 오늘날까지 이어져오고 있다. 그러나 한국의 역대 정부에서 대통령이 부정부패, 뇌물 및 뇌물수수에 관련되어 처벌받은 사례를 어렵지 않게 찾아 볼 수 있다. 한국적 민주주의라는 제도를 정착시키기 위해서는 부정부패의 강력한 척결에서 비롯되어야 한다고 저자는 주장하고 있다. 한국사회는 그동안 사회지도층, 권력층, 기득권층에 대해 솜방망이 처벌이나 사면권 남용 등으로 사회통합과 진정한 나라의 발전을 기할 수 없음은 당연한 일일 것이다.

부강한 국가의 건설과 남북한의 평화적 통일은 우리 한민족의 지상과제가 아닐까 생각한다. 통일된 한국은 동북아시아의 주도권을 잡을 수 있는 중요한 계기가 될 수 있다. 내수가 진전되는 8천만 명의 인구, 북한지역의 풍부한 지하자원, 남한지역의 기술과 자본으로 부지런한 우리 민족의 특성을 고려하면 세계에서 가장 짧은 시간 안에 빠른 경제성장을 충분히 달성할 수 있으리라 희망적 상상을 해본다. 물론 이는 국가의 지속족정책의지가 그 기반에 깔려있기에 가능할 것이다.

본서의 주요 아젠더 즉, National crisis management(국가위기관리), Safety management & Safety Culture, Terrorism, Government Innovation, Regulation 등 정부가 적극적으로 추진하는 과제에 대하여 학문적 접근을 통하여 문제를 제시하고 대안을 탐색하는 등 독자들

의 지성적 호기심을 자극하고 학문의 지평을 넓혀 줄 것이라 생각된다.

21세기 초 국가발전의 명운이 걸린 현재의 상황과 미래의 길을 모색하는데 시의적절한 상상과 지혜, 사리분별력의 산실을 제공하고 있다. 진정한 리더(Leader)는 사람들이 리더에게 영향을 받는다는 사실을 인식하기 때문에 전장에 나가듯 결연한 자세를 취하려 할 것이다. 그리고 리더는 이런 사회적 불안을 해소하는 방법을 찾아 국민들에게 신뢰를 줄 수 있어야 진정한 리더로 국민들로부터 신뢰를 얻을 수 있을 것이다.

저자는 이 책에서 부정부패의 척결과 정부의 규제혁신이 정착되지 않으면 선진국으로 진입이 어려울 것이라는 논리를 제시하고 있다. 한국은 해방이후 지금까지 이러한 법·제도의 약점을 이용하여 기득권층은 처음부터 기울어진 운동장에서 출발하여 오늘에 이르고 있어 사회통합의 걸림돌로 작용하고 있다. 따라서 이를 제도적으로 바로 세우기 위해 이 책은 한국의 과도기적 전환기에서 그 방향성을 제시하고 있다는 점에 주목받을 것이라 사료된다.

2022년 10월

정치학박사, 예) 육군대장   박 정 이

저자서문

> *It is better to offer no excuse then a bad one.*
> 나쁜 변명을 하느니 차라리 변명 하지 않는 것이 훨씬 더 낫다.
>
> – Geoge Washington

> *The strong do what they can, the weak suffer what they must*
> 강대한 국가는 자기가 얻고자 하는 것을 얻으며,
> 약한 국가는 그것을 인정할 수밖에 없는 것이다.
>
> – Thukydides

> *When you make a mistake, don't look back at it long. Take the reason of the thing into your mind and then look forward. Mistakes are lessons of wisdom. The past cannot be changed. The future is yet in your power.*
> 실수를 범했을 때 오래 뒤돌아보지 말라. 실수의 원인을 마음에 잘 새기고 앞을 내다보라. 실수는 지혜의 가르침이다. 과거를 바꿀 순 없지만 미래는 아직 당신 손에 달려 있다.
>
> – Hugh White

> "역사 속을 신이 지나갈 때 뛰쳐나가 그 옷자락을 놓치지 않고 잡아채는 것이 정치가의 책무다."
>
> – Otto Eduard Leopold von Bismarck

고대 그리스의 철학자 플라톤은 그의 명저 『국가론』에서 정의, 지혜, 용기, 절제는 통치자가 갖추어야 할 최대 덕목으로 규정했다. 세월호 참사 6주기가 저만치 지나갔다. 세월호 참사는 국가적 재난에 대응하는 한국 사회의 민낯을 가감 없이 드러내보였다. 정부 대응의 미숙, 대규모 재난에 대한 컨트롤타워의 부재, 지도자의 무능, 공범자가 된 공무원, BH 고위공직자의 안이한 태도 등 세월호 참사 당시의 정부는 참사의 원인과 재발방지대책은 커녕 참사를 덮기에만 급급해하고 공무원을 동원하여 참사를 덮으려고 정부차원에서 갖은 모략을 꾸몄다. 참사의 원인을 밝히려는 4.16 세월호 참사 특별조사위원회(이하 "특조위"라고 한다)의 활동에 대해 방해수준을 넘어 특조위 활동을 훼방하고, 정부기관은 자료제출을 거부하고, 특조위 대응조직을 만들고, 특조위 활동을 지연시킬 목적으로 예산지원을 고의적으로 지연시키는 등 세월호 참사의 진상을 규명할 결정적으로 중요한 시기를 정부가 방해했다는 것은 우리 국민들이 다 알고 있다. 정부는 우리 국민들의 눈과 귀를 막아 자신들에게 조금이라도 불리한 내용과 대통령의 7시간의 행적이 언론을 통해 공개되는 것을 극도로 꺼렸다는 것을 알고 있는데 이는 손바닥으로 하늘을 가리려는 잘못된 행위를 만천하에 드러내었다. 우리 국민들이 더욱더 화가 나는 것은 정부가 참사 피해자를 다루는 방식이 너무나 절망적이었기 때문이다. 정부는 기무사(현 국군방첩사령부) 요원들을 비밀리에 조직하여 피해자 유가족 동향과 이념성향, 활동사항을 뒷조사를 통해 정부에 보고하는 등 그야말로 적반하장의 진상을 고스란히 보여주었다. 국가가 참사를 당한 국민들을 이렇게 대해도 되는지 정부의 책임있는 사람들에게 되묻고 싶다. 국가는 "각종 재난으로부터 국토를 보존하고 국민의 생명·신체 및 재산을 보호하기 위하여 국가와 지방자치단체의 재난 및 안전관리를 확립하고 … (중략) 그밖에 재난 및 안전관리에 필요한 사항을 규정함을 목적으로 한다."고 재난 및 안전관리기본법 제1조(목적)에 명시하고 있다. 정부는 세월호 참사의 진상을 온 국민 앞에 소상히 밝히고 참사 유가족에게 진정으로 용서를 구해야 한다. 이렇게 할 때만이 가족을 잃은 슬픔을 치유하고 국민통합의 길로 나아가는 첫걸음이 아닐까 생각한다. 정부는 현재 책임자에 대한 재판이 진행 중이므로 왈가왈부할 것이 아니라 좀 더 사법부의 판결을 기다려보면서 유가족의 아픔을 보듬어야 한다. 이는 진영간의 논리가 아닌 가족을 잃은 유가족에 대한 최소한의 예의가 아닐까 생각한다. 세월호 참사를 두고 진영간의 극 과 극 논리는 국민들이 그렇게 한 것이 아니라 정치인들이 자기진영의 입맛에 맞게 국민들을 현옥하여 편을 가르고 끌어들인 것이니 정치인의 사과와 용서가 선행되어야 한다. 그렇지 않으면 그런 진영은 상당기간 국민들의 심판을 받을 수밖에 없을 것이다. 정치인들은 이제는 더는 국민들을 진영의 논리로 끌어들이지 않기를 간절히 바란다. 정책으로 의회 내에서 당당히 정책대결로서 국민의 심판을 기다려야 할 것이다. 다음은 안전에 대한 국민들의 인식을 제고하고 안전 의식을 함양함으로서 한국의 풀뿌리 안전문화를 확산하여 안전을 문화와 사회적 가치로 평가하는 정부의 혁신적인 정책의 전환기에 진입했다. 이를 위해 정부와 지방자치단체는 안전문화를 관리하는데 있어 각각의 분야에 대해 진력하는 자세를 보여야 할 것이다. 세월호 참사 이후 안전은 시대적 소명으로 받아들여지고 있다. 국가는 국민의 안전한 삶을 보장할 수 있도록 정부역량을 기울여야 할 것이다.

또한 최근 세계도처에서 발생하고 있는 테러 및 뉴테러리즘에 관한 내용으로 한국 사회 역시 뉴테러리즘으로부터 절대 안전하다고 장담할 수 없다. 뉴테러리즘의 발생 가능성을 원천적으로 차단할 수 있도록 정부관계부처는 유기적인 상호협의를 강화해나가야 한다. 부처 이기주의를 떠나 정부의 대테러 대응역량을 강화하는 방향으로 교육훈련과 매뉴얼의 세세한 부분까지도 고민해보는 긴 호흡을 가지고 진전되어야 한다. 뉴테러리즘의 변화 양상은 고도로 진화되고 있다. 2019년도에는 진화된 무장드론을 공격수단으로 인접국가의 국가산업시설을 피폭한 사례가 발생되기도 했다. 또한 사이버테러는 점점 더 교묘해지고 있으며 이에 따라 우리의 대응역량도 동시에 강화하여야 한다. 마지막으로 국민의 행복한 삶의 질과 직결되는 정부혁신에 관해 법·제도 정비를 통해 정부혁신의 비전과 목표, 전략을 다듬고 적극적이고 능동적인 추진력으로 정부혁신을 추구해야 한다. 정부혁신의 결과가 국민의 삶의 질을 향상시켰다고는 아직 생각하기에는 갈 길이 멀어 보인다. '나라를 나라답게', '나라다운 나라', '국민이 주인인 정부의 실현'에 비전을 두고 '참여와 신뢰를 통한 공공성 회복'에 정부혁신의 목표를 두고 이를 달성하기 위해 정부는 많은 노력을 기울이고 있다. 최근 정부혁신은 정부가 주도적으로 추진하고 있으나 지방자치단체, 공공기관, 기업도 마찬가지로 정부혁신에 올인하는 전략을 추구해나가야 한다. 2019년 현재의 정부혁신은 전략과 추진방향을 제대로 설정하여 추진하는 행태를 보이고 있다. 정부는 정부혁신이 안착할 수 있도록 국민과 함께하는 정부혁신을 정교하게 가다듬을 필요성이 제기되고 있다. 정부혁신이 국민의 삶 속에 스며들 수 있도록 공직자의 솔선과 정부의 강력한 의지, 지방자치단체 및 기업 협력은 필수적이다.

    정부가 혁신을 해야 하는 것은 시대적 요청에 부응하는 것이다. 천연자원 부족에서 오는 문제를 기술적으로 극복해야 하기 때문이다. 50회를 넘어서는 세계경제포럼(WEF)에서 제4차 산업혁명의 화두는 이미 던져졌다. 아니 이미 그 이전에 여러 차례 세션에서 논의되었다. 기존의 산업 선진국인 미국, 독일, 영국, 일본, 중국 등도 세계 산업 헤게모니(Hegemony)의 역전을 위해 국가적 차원을 넘어 산학연 협력 플랫폼을 구축하여 목전에 다가온 4차 산업혁명 시대를 준비하고 있다. 기업들은 협력 플랫폼을 통한 생태계 구축을 통한 첨단기술 상용화에 집중하고 기존 상용화 사이의 간격을 줄이기 위한 역량을 증가시키고 있다. 정부의 역할은 직접적인 개입이나 관여보다는 전폭적인 예산지원, 규제 정비(규제 혁파), 플랫폼 구축 등을 지원함으로써 민간이 자유롭게 신기술을 연구하고 신속하게 상용화할 수 있도록 측면지원을 아끼지 말아야 한다. 2018년 WEF는 4차 산업혁명 시대를 맞아 글로벌 시장의 재빠른 변화 가운데 정치·경제·사회적 갈등 심화 및 심각한 균열이 나타나고 있다고 진단하고 이의 극복을 위한 대안의 모색에 논의 초점을 두어 기술발전과 자연환경 변화 등에 따른 세계경제의 변화 속에서 공동의 번영과 대응방안 마련을 위한 주요 Agenda 및 Initiative를 제시했다. 또한 산업 선진국들은 제4차 산업혁명의 시대를 맞아 융복합, 초연결성, 규제완화 등으로 기술의 높은 파고를 넘고 있다.

한국은 21세기 어려운 환경과 도전에 직면해 있다. 주변 강대국들로부터 둘러싸인 지리적 불리함을 극복하고 중견국가(middle power state)로 도약하고 국가대혁신을 이루어야 할 책무가 정부와 우리 어깨 위에 던져져 있음을 한시도 잊어서는 안 될 것이다. 한국은 지금 위기의 갈림길에 서 있다. 심각한 빈부격차·진영간·세대간 갈등으로 사회통합을 이루어야 할 시점에 통합보다는 갈등과 불만에 노출되어 있다. 이는 일부 무책임한 정치인과 한국 정당의 구조속에서 나온 고질적인 것이라는데 이견(異見)이 있을 수 없다. 정책 대안도 없고, 반대를 위한 반대로 국민들을 현혹하여 밖으로 내 몰고 있다. 참으로 어이없는 일이 아닐 수 없다. 국론을 모아 높은 파고를 넘기에도 힘겨운데 훼방을 놓는 것은 정말 어처구니없는 현실이 지속되고 있는 것은 오직 국민의 힘으로 심판해서 퇴출시키는 길 밖에 없다는 점을 이제는 인식해야 할 때가 되었다. 국가의 성공을 좌우하는 것은 지도자의 리더십에 달려있다고 해도 과언이 아니다. 훌륭한 지도자는 첫째, 목표를 명확하게 파악하고, 둘째 목표를 이루는 방법을 알며, 셋째 그 방법을 이룰 수단을 강구해 낼 줄 알아야 한다.

이 책에 쓰인 국가위기관리와 대형재난사례, 정부혁신, 안전 분야, 정부규제에 대한 자료는 행정안전부와 국무조정실 규제백서로부터 구할 수 있었으며, 테러 및 사이버테러, 교통사고통계는 경찰청, 과학기술정보통신부, 악성코드 위험지수와 관련 한국인터넷진흥원(KISA) 자료를, 사이버테러 및 해킹은 한국전자통신연구원(ETRI)으로부터, 15장 국가 대혁신 분야의 국가경쟁력(WEF·IMD) 강화 분야는 기획재정부 자료를, 안전의식 등 국민안전 분야 자료는 행정안전부, 국립재난안전연구원, 산업안전(재해포함)과 관련되는 분야는 고용노동부, 한국산업안전보건공단 자료를, 재난 및 안전관리 역량에 대해서는 한국재난안전기술원, 부정부패와 투명성관련 자료는 국재투명성기구(TI: Transparenct International) 한국본부 한국투명성본부 자료를, 재난관리 패러다임의 변화 부문에서 기후변화와 관련되는 자료는 기상청 자료를, 대기 질, 미세먼지 농도 등과 관련 환경부 소속의 국립환경과학원, 대형화재와 관련한 자료는 소방청으로부터, GDP, GNI 등 국민소득과 관련 자료는 한국은행으로부터, 세계경제포럼(WEF)과 관련 일부 자료는 현대경제연구원으로부터 구할 수 있었다. 정부 기관 및 공공기관, 민간 연구기관에 한없는 감사를 드리고 싶다. 기관들의 유용한 자료가 있었기에 집필과정에 많은 도움이 되었다. 다시 한번 머리 숙여 감사와 고마움을 전하고 싶다.

 필자가 살아생전 효(孝)를 다하지 못하고 마음속에 담아두고 있는 존경하는 아버님 故 손경출님과 사랑하는 나의 어머님 故 유원통님께 시린 가슴과 촉촉한 눈으로 불효자식의 한없는 참회의 마음을 담아 이 자리를 빌려 한없는 감사와 고마움을 드립니다. 어머님 사랑합니다! 아울러 많은 시간동안 이 책의 주제에 대해 토론과 방향에 대해 끊임없는 조언을 다해 준 멋진 친구들에게도 고마움과 위로의 말을 전하고 싶다. 그들의 도움이 없었더라면 이 책의 출간은 상당히 지연되었을 것임에 틀림없기 때문이다. 또한 본서 작성에 유익한 자료를 챙겨준 행정부 공직자들의 많은 도움이 있었다. 그들의 도움에 머리 숙여 다시 한번 더 고마움을 전한다. 그리고 이 책이 한 권의 전문서로 나오기까지 출판을 허락해주신 도서출판 지원프린스 김인철 대표와 편집을 총괄한 양은하 팀장에게 고맙다는 말과 함께 감사를 드립니다.

 끝으로 이 책이 세상으로 나오기까지 옆에서 세상의 이치를 일깨워주고 용기를 북돋아준 저자의 사랑하는 아내 김영삼님에게 삶의 은인으로서 무한한 고마움을 드리며, 그리고 어려운 시기에 아빠를 지지하고 응원해준 사랑하는 두 아들 현준·동준에게도 이 자리를 빌려 고맙다는 말을 전합니다.

2022년 10월
손 도 심

차 례

추천사 | 9, 14
저자서문 | 20
차 례 | 27

제 1 장 프롤로그(prologue) ········· 31

제 2 장 국가 위기관리의 이론적 배경 ········· 43
　　　　제1절 위기관리의 이론적 기초 | 45
　　　　제2절 한국의 재난 및 위기관리 법·제도 | 82

제 3 장 한국의 국가 위기관리정책 ········· 89
　　　　제1절 국가 위기관리의 체계 | 91
　　　　제2절 국가 위기관리시스템 구축 | 100

제 4 장 4·16 참사의 불편한 진실 ········· 117
　　　　제1절 4·16 참사에 접근 | 119
　　　　제2절 4·16 참사의 근인(immediate cause) | 139
　　　　제3절 4·16 참사의 원인(Remote cause) | 142

제 5 장 4·16 참사의 논란 ······················· 175

제1절 인재 및 관재논란 ｜ 177
제2절 구조과정에서의 논란 ｜ 182
제3절 전관예우 논란 ｜ 187
제4절 컨트롤타워 부재 ｜ 190

제 6 장 Remember 4·16 참사: 정부의 총체적 실패 · 197

제1절 문제제기 ｜ 199
제2절 정부 실패의 요인 ｜ 201

제 7 장 과거의 대형 재난사례 ······················· 227

제1절 대형 재난사례 발생 ｜ 229
제2절 대형 사고의 주요 특징 및 유형 ｜ 234

제 8 장 재난관리의 변화 ······················· 271

제1절 재난관리 패러다임의 변화 ｜ 273
제2절 발전지향적 재난관리로의 전환 ｜ 306

제 9 장 안전의식 및 안전사회 건설 ··············· 319

제1절 안전 인식에 대한 일반의지 ｜ 321
제2절 안전 의식 ｜ 325
제3절 안전 대진단 및 안전지수 ｜ 341
제4절 사회 안전에 대한 인식도 및 안전체감도 ｜ 348

제 10 장 안전문화 확산 ······················· 361

제1절 한국의 풀뿌리 안전문화 확산 ｜ 363
제2절 안전문화 관리 ｜ 374

제3절 제도적 안전은 안전한가? | 382

제 11 장 테러 & 테러리즘의 이론적 기초 ········· 393

제1절 개요 | 395
제2절 테러, 테러리즘의 본질과 성격 | 403
제3절 테러 및 테러리즘의 국제법적 규제 | 429

제 12 장 테러 대응활동 ········· 471

제1절 정부의 대테러 활동 | 473
제2절 테러 대응 절차 | 490

제 13 장 테러 및 사이버 테러 ········· 499

제1절 사이버보안 강화 | 501
제2절 테러에의 접근 | 509
제3절 사이버테러 대응 사례 | 526

제 14 장 한국의 국가 대혁신 ········· 555

제1절 국가 혁신 전략 | 557
제2절 국가 혁신의 동력 | 643

제 15 장 국가 대혁신의 전략 이론 ········· 713

제1절 한국의 혁신지수 | 715
제2절 정부의 과감한 규제완화 | 756
제3절 국가 혁신전략 이론 | 781

제16장 정부의 혁신전략 ·················· 797

제1절 정부 혁신의 당위성 | 799
제2절 정부의 혁신 전략 | 850
제3절 한국의 혁신성장모델과 기업의 사회적 책임 | 874

제17장 에필로그(epilogue) ·················· 899

제1절 무엇을 혁신해야 하는가? | 901

부 록 ·················· 959

부록 1. 미국의 재난관리 기본 자료
부록 2. 국가 위기관리의 10가지 교훈
부록 3. 미국의 재난대응시 연방정부간 운영계획
부록 4. 유해화학물질 유출사고 위기관리 표준매뉴얼 용어정의
부록 5. 유해화학물질 유출사고 위기관리 표준매뉴얼 위기경보 수준
부록 6. 2018~2019년 전국 소방서 지휘팀장 설문조사 결과
부록 7. 2019년 국민 안전의식 조사 설문문항
부록 8. 2019년 정부혁신 추진 관련 공무원 설문조사계획
부록 9. 2017~2016년, 2023년 세계경제포럼(WEF) 글로벌 리스크
부록 10. 미국 국토안보부(DHS) 조직
부록 11. 미국 연방재난관리청(FEMA) 조직
부록 12. 세계부패바로미터(GCB) 개요
부록 13. 공공청렴지수(IPI) 개요 및 2019년(수정) 평가 결과
부록 14. OECD 국가 합계출산율 비교
부록 15. 2022년 IMD 국가경쟁력 평가결과
부록 16. ESG 가이드라인 주요 항목

참고문헌 | 1024
찾아보기 | 1079

제 1 장

프롤로그(prologue)

이 나라에 자유가 새로이 탄생하고 국민의, 국민에 의한,
국민을 위한 정부가 지상에서 결코 사리지지 않게 해야 합니다.

— The Gettysburg Address, Abraham Lincoln

제1장 프롤로그(prologue)

1. 한반도의 새로운 세기를 위해

지난 25년 만에 지정학(地政學) 갈등이 부활했다. 세계경제포럼(WEF)은 베를린 장벽이 붕괴된 2015년 전 세계 정치·경제·사회에 가장 큰 위협이 될 리스크(Risk)[1]로 '국가간 갈등(interstate conflict)'[2]을 선정했다. 특히 물 부족으로 인한 위기는 아시아·아프리카의 사회적 이슈가 되어 국가 간 뿐만 아니라 부족간, 종교간 심각한 갈등을 겪고 있다. 2018~2019년에 걸쳐 미·중간에는 첨예한 무역분쟁이 진행되었다. 그러나 2019년 12월에 미국과 중국은 자국 내의 복잡한 정치상황으로 인해 1단계(무역) 합의를 이루어냈다(2020.1). 이는 미·중 간의 2단계 무역분쟁으로 언제든지 다시 점화할 가능성이 있는 변수로서 작

---

[1] 세계경제포럼(WEF)은 글로벌 10대 리스크로 1위(국가간 갈등), 2위(기후변화), 3위(거버넌스 실종), 4위(국가 분열), 5위(실업과 불완전 고용), 6위(자연재해), 7위(기후변화 대응 실패), 8위(물 위기), 9위(대이터 범죄), 10위(사이버 테러)으로 선정되었다. 기후변화, 자연재해, 물 위기 등은 매년 빠지지 않는 글로벌 리스크다. 2015년 글로벌 리스크는 전 세계 오피니언 리더 900여 명을 대상으로 한 설문조사를 토대로 작성되었다. 매일경제, 임성현, 다보스가 지목한 올해의 리스크는 '국가간 갈등', 2015. 01. 16.

[2] 임성현, 매일경제, 다보스가 지목한 올해의 리스크는 '국가간 갈등', 2015. 01. 16

용할 가능성이 농후하다. 미국은 중국의 전자·통신·정밀분야의 발전 속도를 제어하려 할 것이다. 역으로 계산해보면 향후에 전개될 미·중간에는 무역분쟁 뿐만 아니라 환율분쟁, 지적재산권분쟁, 남중국해를 둘러싼 안보분야에 이르기까지 여러 분야에서 부침을 거듭할 가능성이 고조될 것이다. 미·중간에는 '투키디데스의 함정(Thukydides Trap)'에 포획되어 상호간 갈등과 협력을 반복하는 것은 지나온 미국과 중국 간의 역사에서 그 답을 찾을 수 있다. 미중간의 분쟁은 유럽을 비롯한 아시아 국가에 극심한 내홍을 불러일으키는 촉매제가 되고 있다.

이제 한반도를 둘러싼 주변 환경으로 시선을 돌려보자. 한반도는 지정학적으로 매우 중요한 위치에 있다. 중국과 러시아가 태평양으로 진출하려면 한반도를 거쳐야하고, 역으로 미국과 일본이 내륙으로 진출하려면 한반도를 관통해야 하는 관문에 위치하고 있어 한반도의 중요성은 갈수록 커지고 있다. 굳이 과거의 역사를 반추해보지 않아도 될 것이다. 최근 북한 핵문제 해결을 위해 북미관계가 대결 국면을 보이고 있으며, 자국의 정치·경제 상황 등 이해관계에 따라 복잡한 양상으로 흐르고 있다. 대화를 재촉하는 북한과 미국의 셈법이 복잡하게 얽혀 있어 쉽게 해결될 기미가 보이지 않고 있어 문제의 심각성이 도사리고 있다. 북한과 미국 어느 한쪽이 양보하지 않으면 대화 자체가 무산될 가능성을 배제할 수 없다. 북한 김정은 국무위원장은 북한 경제를 살리는 개혁개방(reform & openness)을 부분적으로 시도할 가능성이 크다. 북한 핵문제는 유엔의 대북제재로 어려움이 있으나 실현가능한 분야를 선제적으로 추진하면서 국제사회(대북제재위원회)와 긴밀히 협의하여 추진하는 것이 실현가능성을 높일 수 있다. 특히 미국과의 협의는 반드시 거쳐야 하는 요식행위가 아닌 실질적으로 진전을 이룰 수 있도록 설득하는 노력도 병행해야 할 과제가 한국 정부 앞에 놓여 있다는 것을 잊어서는 안 될 것이다.

한편 한국은 과거의 역사를 되풀이 하지 않기 위해 끊임없는 안보역량을 강화하고 정부혁신을 통하여 국가경쟁력(National competitiveness; Competitiveness of National)을 강화해야 한다. 한국 정부는 2014년 4월 세월호 참사를 계기로 실패한 정부(a failed government)의 사례를 되풀이하지 않기 위해 범정부차원에서 국민 안전과 관련한 법·제도와 매뉴얼을 재정비하고 실천운동을 전개하고 있으나 그 시행이 미미하여 이를 학문적으로 뒷받침하고자 한다. 이를 위해서 필자는 국가적 중대사인 다음 몇 가지 과업을 주제로 하여 내용을 전개하고자 한다. 그 주제는 국가위기관리(National security management), 안전관리(Safety management) 및 안전문화(Safety culture), 테러 및 사이버테러(Cyber-terror), 정부혁신(Government innovation), 규제(Regulation) 등에 대해 깊이 있는 연구를 통해 정부실패를 반면교사로 삼고자 한다.

먼저 국가 위기관리는 세월호 참사를 되돌아보고 진상규명을 통하여 제도적 개선방안을 정비하는 등 치밀한 재발방지대책을 강구하여 국가나 정부의 실패를 반복하지 않기 위해 그간의 대형사고 사례를 통해 미래로 나아갈 방향을 제시하는데 1차적 목표를 두고 있다. 세월호 참사를 계기로 정부는 사회통합보다는 계층·세대·진영 간 갈등이 더 극명하게 갈라져 진정한 사회통합을 이루기가 더 어려워졌다. 정치권이 이를 당리당략에 따라 이용한 측면이 있음을 부인하기 어려워졌다.

안전과 관련하여 한국 사회를 위험한 사회로 규정한 독일의 석학이자 유명한 사회학자 울리히 벡(Ulrich Beck)은 위험과 안전을 사회발전의 중심에 놓는다는 점에서 한국 사회의 현실을 비판적으로 돌아 볼 수 있어 하나의 관점을 시사한다. 그의 이론에 따르면 산업화(industrialization)와 근대화(modernization)를 이룬 현대의 한국 사회를 위험사회로 규정할 수 있다(Risk society).3) 한국이 근대화한 현실에서 '위험'과 '안전'이라는 두 가지 이슈는 필수적이라고 보고 있다. 압축성장의 발전을 이룩한 한국은 근대화 과정을 거치면서 이룩한 경제적 풍요의 이면에 가려진 대형사건·사고의 위험을 지적하면서4) 진행되어 온 근대성의 한계를 극복하고 새로운 근대로 나아갈 것을 제안하고 있다. 따라서 산업화와 민주화(democratization)를 함께 이룬 한국의 경우 경제개발에 따른 부정적 위험성(riskiness)을 저감(reduction)시키는 방향으로 안전사회로 나아가야 할 것이다. 이러한 위험사회의 국가 정책의 최우선 과제는 사회적 안전장치를 완전하게 갖추어야 한다는 것으로 귀결된다. 실제적으로 한국 사회는 근대화 과정에서 수많은 대형사건이 발생 재난·안전 분야의 후진국으로 전락, 경제수준에 걸맞지 않은 국가의 품격을 저버린 일을 지금 이 시점에서 곰곰이 되새겨봄직하다. 따라서 필자는 이 시점에서 지방자치단체 또는 시민사회단체가 주도적으로 안전문화운동의 필요성을 절감하여 이를 사회적 가치와 연계시켜서 국민적 운동으로 승화시켜 나가기를 간절히 바라고 있다.

또한 한국은 1997~1998년 IMF 시대를 겪으면서 '분노에 노출된 사회'로 본격적으로 진입했다. 불특정시민을 일면식도 없고, 아무런 관계도 아닌 시민을 무차별적으로 폭력과 강도·강간 흉기로 위협하고 살인

---

3) 울리히 벡(Ulrich Beck) 저·홍성태 역, 『위험사회: 새로운 근대(성)를 향하여』(서울: 새물결, 2006), pp.13~14.
4) 위험문제에 대한 국내의 사회·인문학적 연구 및 관심은 비교적 1990년대 중반에 본격적으로 시도되었다.

을 일삼는 위험사회로 진입하여 국민 불안을 증폭시키고 있다.

다음은 테러와 테러리즘의 공포로부터 안전한 사회를 형성하는 것이다. 유럽을 포함한 지구촌 곳곳이 테러로 얼룩지고 수많은 인명이 희생당하고 있는 현실에서 한국 정부도 결코 안전하다고 장담하기에는 너무 이른 감이 없지 않다. 한국 사회도 사이버테러에 직면한 경험이 많다. 특히 최근의 테러는 무분별하게 불특정 다수를 대상으로 하고 있다는 점에서 많은 시사점을 주고 있다. 테러 및 사이버테러를 예방하기 위한 테러방지법을 제정하여 시행하고 있으나 국가간 협력(cooperation)을 위해서 준비해야 할 과제가 도사리고 있다. 이를 위해 국가 간 협의 못지않게 부처 간 협의도 매우 중요하므로 유기적인 협조체계를 구축해야 한다.

정부혁신과 관련하여 혁신의 필요성, 동력, 추진방향, 혁신체계 등이 운영되고 있다. 혁신은 정부와 기업, 공공기관 등 제 조직이 수레바퀴와 같이 움직여야 한다. 세계경제포럼(WEF), 국제경영개발대학원(IMD), 세계지식재산권기구(WIPO) 등은 정부와 기업의 혁신생태계 및 혁신역량을 평가 지표로 활용할 정도로 정부혁신에 주목하고 있다. 한국 정부가 혁신에 정부 역량을 집중하고 있는 것은 다음 몇 가지 점에 주목해야 한다. 한국은 자원이 부족한 국가의 속성상 기술혁신을 통하여 국가 경쟁력을 강화해야 하는 숙명적 딜레마를 가지고 있다. 1990년초 탈냉전(post cold war) 이후 국가의 힘은 군사력보다는 경제력이 중요한 요소로 자리매김하고 있다. 물론 군사력을 경시해서는 안 된다. 한국은 2017년 말 1인당 국민소득은 3만 달러를 통과했다. 2만 달러 달성이후 무려 11년 만에 이룩한 업적이다. 한국 정부는 이에 만족하지 않고 5만달러·6만달러를 향해 힘찬 시동을 걸어야 할 지점에서 정체할 여유가 없다. 1990년초 냉전(cold war) 종식으로 독일은 통일의 길로 접어들었으나, 한국은 남북관계, 미국과 중국이라는 첨예하게 대립하는 강대국의 이해관계, 지정학적 특성, 북한핵문제까지 걸쳐 있어 남북문제(북한의 비핵화포함)는 국제문제로 이슈화되어 긴장의 끈을 놓을 수 없는 상황의 연속으로 진행되어 왔다. 독일 통일이 그랬듯이 한반도 통일도 북한 주민이 한국으로 통일하는 것이 북한 주민들의 살림살이에 도움이 된다는 생각을 가지도록 유도할 필요도 있다. 4차 산업혁명이 도래한 지금 한국 경제의 체질을 변화시키고 강화하는 것이 무엇보다 중요하다.

혁신(innovation)은 참으로 어려운 과업이 아닐 수 없다. 혁신(革新)에서의 혁(革)은 짐승의 껍질에서 털을 뽑고 무두질로 잘 다듬은 가죽을 가리키는 것으로 새롭게 태어나는 것을 의미하는 것으로 힘든 고통을 참고 새로 태어나는 것을 혁신이라 할 수 있다. 정부는 국민의 삶의 질, 행복지수를 향상시키는 방향으로의 혁신을 추진해야 한다. 따라서 정부 혁신은 한국 정부의 국가경쟁력 향상을 위한 필수 불가결한 요소로 정부와 기업이 유기적인 협의로 난세(亂世)에서도 한국이 경쟁력을 가지는 분야(WEF: 인프라, ICT보급, 거시경제안정성, 혁신역량, IMD: 경제성과의 국내경제, 고용 등)는 계속해서 우위를 유지하도록 하는 한편 국가경쟁력이 부진한 분야는 선택과 집중을 통해서 역량을 강화하는 것이 바람직하다. 최근에 정부는 규제완화(deregulation)를 위해 각고의 노력을 경주하고 있다. 네거티브 규제혁신을 모색하고 있다. 규제 샌드박스(Regulatory Sandbox, 규제적용 유예)를 도입하는 등 4차 산업혁명이 도래한 이후 신산업육성을 위한 신기술 개발에 산·학·연 협력 플랫폼을 기반으로 정부는 민간주도로 안착할 수 있도록 측면

지원을 보다 강화해야 하는 역량을 집중해야 한다. 4차 산업혁명으로 산업생태계가 급변하는 환경 속에서 세계의 주요 선진국들이 국가차원의 4차 산업정책을 강화하고 있는 우연이 아니다. 미국의 '첨단제조 파트너쉽(AMP: Advanced Manufacturing Partnership)', '국가제조혁신네트워크(NNMI: National Network for Manufacturing Innovation)', '미국 혁신전략(SAI: Strategy for American Innovation)', 독일의 '국가기술발전 종합계획 2020(High-Tech Strategy 2020)', 'Industry 4.0', 중국의 '중국 제조 2025(Made in China 2025)', '인터넷 플러스(Internet +)' 등은 각 국들의 4차 산업의 주도권을 확보하기 위해 사활을 걸고 있는 정책들이다. 한국도 규제혁신에 선제적으로 대응하기 위해 보다 더 탄력적으로 현행규제를 일시적으로 미적용하는 '규제 샌드박스', '포괄적 네거티브규제'를 신산업 분야에 과감하게 적용할 수 있도록 정부 정책이 지속성을 가져야 한다. 한국 정부의 규제는 OECD(경제협력개발기구) 국가들 중에서도 규제(regulation)정도가 높은 국가군에 속한다는 점이다.

영국의 싱크탱크 경제경영연구소(CEBR: Center for Economic Business Research)가 예측한 자료(세계경제순위표, WELT)에 의하면 2026년에 한국 경제가 세계 10위권에 진입하고, 남북한이 남한 수준으로 통일하면5) 2030년대에는 세계경제 6위로 도약한다는 전망을 내

---

5) 한국 사회에서는 아직도 통일에 대한 부정적 인식이 여전히 존재하고 있다. 2010년 8월 서울대학교 통일평화연구소가 전국 16개 시·도 만 19세 이상 성인 남녀 1200명을 대상으로 조사·발표한 『2010년 통일의식조사』에 의하면 통일이 필요하다는 의견은 59%로서 전체 응답자의 절반을 넘었다. 그러나 이 수치는 2007년의 64%에 비해 낮아진 것이다. 통일부 통일교육원, 조동호, 『통일비용보다 더 큰 통일편익』(서울: 통일교육원, 2011), 6.; 2019. 12.4~12.6일간 한국일보가 한국리서치에 의뢰해 전국의 Z세대(1995~2005년) 500명과 X세대(1970~1980년) 500명을 대상으로 실시한 여론조사에서 Z세대 36.8%만이 '평화를 위해서는 남북한이 통일을 이루어야 한다.'고 답했다. X세대는 46.8%가 통일에 대해 찬성

놓았다(영국 싱크탱크 경제경영연구소, CEBR 발표; 이투데이, 정다운, 2018.12.26.). 필자는 한국 정부가 경제수준에 걸 맞는 매력적인 국가(Charming State)로 탄생하기 위해서는 재난·안전 분야의 예산 확대, 과감한 규제완화(신산업분야의 규제완화 포함), 한류문화의 계승 발전, 과감한 부정부패의 척결민간의 자유로운 기술개발 환경을 조성하는 것이 핵심중의 핵심이다. 정부도 이를 위해 국가간 수입다변화정책으로 전환을 모색하고 정밀 소재·부품·장비 개발을 위한 과감한 도전을 함으로서 국가경쟁력을 강화하는 계기로 삼고 이를 정면으로 돌파, 선택과 집중으로 위기 국면을 타개해야 한다.

아직도 한국은 특정국가에 대한 지나친 수입으로 무역불균형을 초래하고 있다. 특히 일본의 부당한 수출규제 조치에 맞서 '소재·부품·장비(소부장) 자립'의 길을 걸은 지 2년이 됐다. 이에 정부의 적극적인 기술개발(R&D)로 이를 극복한 자신감은 이후 발생한 코로나19 위기 극복의 밑거름이 되었다. 또한 코로나19 이후 정부는 보건위기를 중대한 위기범주에 반영하여 국가적 차원의 대비책을 강구해 나가야 한다. 이러한 보건위기는 경제적위기, 사회적위기, 안보위기를 발전하는 추세를 보여주었다.

했다. 안하늘, 「2020 신년특집 2020. 1.3. 여기서 세대구분을 살펴보면 베이비붐세대(1955~1963년), 386세대(1961~1969년), X세대(1970~1980), 밀레니얼 세대(Y세대, 1981~1994), Z세대(1995~200년)」, 한국일보,(2020.01.03.); 송정근, 한국일보, "남처럼 살았는데 굳이?"… 통일 개념 희박해진 Z세대, 2020.01.03

〈표 1-1〉 영국 경제경영연구소(CEBR)의 세계경제순위표(World Economic List Table)

Ranking out of 193	2013	2018	2019	2023	2028	2033
China	2	2	2	2	2	2
United States	1	1	1	1	1	2
India	10	7	5	5	4	3
Japan	3	3	3	3	3	4
Germany	4	4	4	4	5	5
United Kingdom	6	5	7	6	6	6
France	5	6	6	7	7	7
Brazil	7	9	9	8	8	8
Canada	11	10	10	9	9	9
Korea	14	11	11	11	10	10

주: 1) 2033년 기준으로 호주(11위), 인도네시아(12위), 이탈리아(12위)
    2) 영국 경제경영연구소는 2003, 2008, 2013~2033년까지 데이터 제시
자료: 영국 경제경영연구소(CEBR: Center for Economic Business Research)
출처: 이은지, 데일리비즈온, 영국 경제경영연구소, 「통일 이후엔 세계6위까지 가능」, 한국경제 (2018. 12. 28).

 이제 한국의 위기는 몇 번의 실패로 많은 교훈을 얻었다. 특히 정부 실패는 그 파장이 크고 충격적이다. 왜냐하면 그 피해가 고스란히 국민들에게 전가되기 때문이다. 필자는 이를 깊이 인식하고 정부 실패는 엄청난 사회적 비용과 대가를 치루고, 사회통합의 걸림돌로 작용하기 때문에 이를 되풀이하지 않음은 물론 제4차 산업혁명 시대에 세계 각국은 규제완화를 기반으로 산·학·연 협력 플랫폼 구축을 필두로는 산업체질을 개선하고 있다. 한국도 예외가 아니라는 점이다. 2021년 한국토지주택공사(LH) 직원의 부동산 투기의혹으로 우리사회는 한동안 혼란스러웠다. 이 땅의 젊은 청년들은 공정을 소리높이 울부짖었다. 한동안 부동산 투기의혹이 사회적 이슈들을 블랙홀처럼 빨아들이고 있다. 정부의 공정과 혁신적 포용국가를 주창하는 현 정부를 불신하는 결정적 기제를 제공했다. 권력을 가진 기득권층에 대한 불신이 하늘을 찌를

듯이 국민의 원성과 분노가 극에 달했다는 표현이 어울리는 것 같았다. 한편 한국의 민주주의와 국가발전의 가장 근원적인 초점은 공직자를 포함한 전반적인 부정부패의 척결6) 없이는 결코 이룰 수 없다는 것을 인식하는 계기가 되었으면 한다. 아울러 2021년에 국민의 압력에 의해 제정된 이해충돌방지법7)이 제정되어 시행되었다

---

6) 부정부패 척결과 관련하여 제14장, 15장, 16장, 제17장에 걸쳐 기술하고 있다.
7) 국민권익위원회(행동강령과),공직자의 이해충돌 방지법 (약칭: 이해충돌방지법)[시행 2022. 5. 19.] [법률 제18191호, 2021. 5. 18., 제정]. 동 법 제1조(목적) 이 법은 공직자의 직무수행과 관련한 사적 이익추구를 금지함으로써 공직자의 직무수행 중 발생할 수 있는 이해충돌을 방지하여 공정한 직무수행을 보장하고 공공기관에 대한 국민의 신뢰를 확보하는 것을 목적으로 한다.

제 2 장

국가 위기관리의 이론적 배경

Whether or not we stand up for our freedoms.
Whether or not we respect and enforce the rule of law.
우리가 자유를 위해 일어서는지 아닌지, 우리가 법의 지배를 존중하고
이를 강제할 수 있는지는 우리에게 달려 있습니다.

- 제 44대 미국 대통령 오바마 고별연설문(2017.1.10) 중

제2장 국가 위기관리의 이론적 배경

제1절 위기관리의 이론적 기초

1. 위기와 위기관리의 개념

가. 위기의 개념

위기(crisis, emergency)의 사전적 의미는 "위험한 순간; 위험한 시기,[1] 어떤 일의 직전에서 사활적으로 중요한 또는 결정적 단계; 전환점; 결정적으로 좋아지거나 나빠지는 것이 임박한 사건들의 상태"로 정의한다.[2] 다른 한편으로는 '불안정하고 위험스러운 상황' 등으로 정의할 수 있다. 루이스(Lewis)는 위기를 어떤 사태 전반(an entire event)을 지칭하고, 재난(disaster)은 부정적인 결과를 광범위하게 초래한 사태(event that have resulted in extensive negative consequences)로 정의했다. 위기는 19세기 이전에는 전통적 안보 분야(traditional

---

[1] 이희승 편저, 「국어대사전」(서울: 민중서림, 1995), 2881.
[2] 시사영어사, 「Si-sa Elite Korean-English Dictionary: 영한대사전」(서울, 1991), p. 1650.

security sector)의 위기인 군사안보에 한정하여 사용되었으나 탈냉전(post cold-war) 이후에는 테러, 지진, 질병 등이 발생하여 인간의 생명을 위협하고, 인적재난으로 연결되어 수많은 희생이 강요되고 대규모, 복합적인 사건으로 발전되어 국가 및 연방정부 차원에서 다루어야 할 필요성이 대두하고 있다. 따라서 전통적 안보분야 이외에도 자연재난과 사회재난(인적재난, 국가기반보호시설 및 체계 포함)의 마비로 인해 발생하는 재난 및 재해도 위기의 개념에 포함하여 이를 포괄적 안보위기로 개념을 정립하고 있다.

위기(crisis)란 말은 원래 '분리'라는 의미를 가진 그리스어의 'Krinein'에 어원을 둔 의학적 용어로서 그 결과가 회복되느냐 혹은 죽느냐를 시사하는 병상의 변화를 가리키는 의학용어로 사용되었다. 미국의 헤리티지 영어사전은 위기라는 말은 ① 어떤 사건의 과정에서 결정적인 시기 혹은 상황 ② 전환점 ③ 불안전한 상황 ④ 갑작스런 변화 ⑤ 저항의 긴장상태라고 정의하고 있다. 즉 위기란 개인 행위자나 국가를 포함한 체계(system)에 대해 내부 혹은 외부에서 가해져 오는 변화에 대한 압력과 그것으로부터 갖게 되는 어떤 위협이나 위험의식이라고 정의할 수 있다.3) 허먼(Charles F. Hermann)은 위기를 ① 의사결정단위의 최우선 목표가 위협받고 있고(high threat), ② 반응을 취하는데 소요되는 시간이 제한되어 있으며(short time), ③ 정책결정자들이 전혀 예기치 못한 상황(surprise)에서 일어난 사건이라고 정의하고 있다.4) 위기는 인식대상의 역사 속 특정 단계 또는 상태로 이와 상반되는 개념은 안정기 또는 안정이라고 할 수 있다. 사회체제의 위기는 구성원들의

---

3) 김현기(2002). "위기관리개념과 한반도," 『군사논단』, 한국 군사학회, p.102.
4) 조영갑, 『테러와 전쟁』(서울: 북 코리아, 2005), p.37.

인식을 전제로 한다. 체제의 구성원들이 체제생존 위협을 체험하고 그들의 사회적 정체성이 위협받는다고 느껴야 체제위기를 말할 수 있다. 따라서 위기가 현존 체제, 즉 특정한 정치구조·경제구조·이데올로기들의 결합체로는 해결되지 못한 문제들로부터 비롯된다는 사실을 강조함으로써 체제위기 개념의 객관성을 명확히 할 필요가 있다. 이와 다르게 구성원들이 체계적으로 인식하지 못하더라도 현재의 정치·경제구조의 이데올로기(ideology)[5] 지형으로는 해결 될 수 없는 문제들이 실존하고 이 문제들이 구성원들의 의식에 사회통합을 위협할 만큼 영향을 끼칠 때 비로소 체제가 위기에 처했다고 규정할 수 있다.

〈표 2-1〉 위기와 유사 용어[6]

구 분	위기관련 유사 용어
Emergency (비상)	• 인명이나 재산 등을 위험한 상황에 처하게 하는 예측하지 못한 일상적인 피해를 수반하는 사건 • 일상적으로 조직이 보유하고 있는 자원이나 절차에 따라 즉시 대처
Diaster (재난)	• 광범위한 파괴와 대규모의 인명사상 및 재난손실을 가져오는 자연적·기술적·사회적 위험발생 • 복구하는데 보통 수준 이상의 자원들과 숙련도 요구
Crisis (위기)	• 매우 험난하고 어려운 상황이 전개될 수 있는 불안정한 상태(중대국면, 고비 등을 유발하는) ex) 쿠바 위기, 중동 위기, 오존층 위기

---

[5] 관념형태라고도 하며, 인간·자연·사회에 대해 가지는 현실적이며 이념적인 의식의 형태를 의미한다. 어떤 주장이나 사상을 '이데올로기'라고 규정한 것은 그러한 주장이나 사상이 현실을 외면하고 있거나 은폐하는 경향이 있으며 여러 가지 이해관계들에 의해 편견에 의해 왜곡되고 비판하는 것이다. '이데올로기'라는 용어는 다양한 집단들 사이의 이해관계의 대립 속에서 자신의 이해관계나 주장의 정당성을 주장하고, 상대방의 이해관계나 주장의 문제점을 비판하는 상황에서 사용되었다. 손철성, 마르크스『독일 이데올로기』(해제), 서울대학교 철학사상연구소, 2004.

[6] 이영재, 「위기관리 Business Continuity Planning」, 『2013 재난관리 직무 소양심화 과정』(충남 천안: 중앙민방위방재교육원, 2013), p.367.

| Risk
(위험) | • "위험을 무릅쓰다." 라고 정의하며 발생확률과 손실정도로 표현
• 리스크 관리는 위험을 감소시키기 위한 개입을 의미하며, 예방정책이나 예방활동을 통해 이루어짐 |

위기는 어떤 상태의 안정에 부정적으로 영향을 주는 정세의 급격한 변화 또는 어떤 사상의 결정적이고도 중대한 단계를 의미한다. 이외에도 위기란 대내외적 환경의 변화요구로부터 오는 요구나 또는 북한 체제가 직면한 경제난, 식량난 등을 해결할 체제의 능력이 극도로 약화되거나 침식당함으로써 체제붕괴의 잠재력을 가진 상태를 의미한다. 여기서 위기는 '부분적 위기와 총체적 위기로 구분할 수 있다. 이때 부분적 위기는 주기적인 경제적 침체와 같은 하위체제에 한정되어 일어나는 현상'을 말한다. 반면에 총체적 위기는 체제의 핵심적인 조직 원리를 침식하는 현상을 말한다. 특히 후자는 전체 사회관계의 틀을 침식하거나 파괴하는 것을 지칭하는데 이것을 헬드(Held)는 변혁 잠재력을 가진 위기(crisis with transformative potential), 즉 정치 및 사회질서의 핵 그 자체에 도전하는 현상이 일어난다는 것이다.7) 위기(危機)는 이처럼 위험한 순간, 위급한 시기를 뜻하며, 위험(危險), 재난(災難), 재앙(災殃), 재해(災害)와는 개념상 차이를 살펴보면 위험(危險)은 "해로움이나 손실이 생길 우려가 있음 또는 그런 상태"를8) 재난(災難)은 "뜻밖에 일어난 재앙과 고난"을9) 의미하며, 재앙(災殃)은 "뜻하지 아니하게 생긴 불행한 변고 또는 천재지변으로 인한 불행한 사고"를10) 재해(災

---

7) David Held, *Political theory and the Modern State*(Standford, California; Stanford University Press, 1989), 118-126.
8) 국립국어원, 『표준국어대사전』, (서울: 두산동아,1999), p.4741.
9) 국립국어원, 『표준국어대사전』, (서울: 두산동아, 1999), p.5247. 이외 이희승, 『국어대사전』, (서울: 민중서림, 1995), p.3250에는 "재앙의 곤란" ; "뜻밖의 변고로 받은 곤란, 불행한 일"로 기술하고 있다.

害)는 "재앙으로 말미암아 받은 피해를 지진, 태풍, 홍수, 가뭄, 해일, 화재, 전염병 따위에 의하여 받게 되는 피해"를11) 의미한다. 한편 위기(crisis)와 유사한 용어를 영영사전(collins cobuild advanced learner's English Dictionary(발행: 2006년, 출판: Hapercollins)에서는 다음과 같이 정의하고 있다.

〈표 2-2〉 위기(crisis)와 유사한 용어

■ disaster (p.398)
1) A disaster is a very bad accident such as an earthquake or a planet crash, especially one in which a lot of people are killed.
2) If you refer to something as a disaster, you are emphasizing that you think it is extermely bad or unacceptable.
3) Disaster is something which has very bad consequences for you.

■ emergency (p.461)
1) An emergency is an unexpected and difficult or dangerous situation, especially an accident, which happens suddenly and which requries quick action to deal with it.
2) An emergency action is one that is done or arranged quickly and not in the normal way, because an emergency has occured.
3) Emergency equipment or supplies are those intended for use in an emergency.

■ risk (p.1248)
1) If there is a risk of something unpleasant, there is a possiblity that it will happen.
2) If something that you do is a risk, it might have unpleasant or undesirable reuslt.

출처: Collins, *Cobuild advanced learner's English Dictionary* (New York: Hapercollins, 2006).

---

10) 국립국어원, 『표준국어대사전』, (서울: 두산동아, 1999), p.5259. 이외 이희승, 『국어대사전』, (서울: 민중서림, 1995), p.3256에는 "천변지이(天變地異)로 말미암은 불행한 사고"로 기술하고 있다.
11) 국립국어원, 『표준국어대사전』, (서울: 두산동아, 1999), p.5268. 이외 이희승, 『국어대사전』, (서울: 민중서림, 1995), p.3262에는 "재앙으로 인하여 받은 피해"로 기술하고 있다.

미국의 「National Preparedness Guidelines」(국가대비지침)에서 정의하고 있는 '대규모 사고'라 함은 Robert T. Stafford의 재난 경감과 긴급 지원 법령(Robert T. Stafford Disaster Relief and Emergency Assistance Act[12]) (42 U.S.C. 5122) 하에 정의된 것처럼, 대규모 사고는 어떤 자연적인 대참사(허리케인, 토네이도, 폭풍, 지조(遲潮), 바람에 날리는 물, 조류 파도, 해일, 지진, 화산폭발, 산사태, 진흙사태, 눈 폭풍, 또는 가뭄) 또는 원인에 관계없이, 미국 내의 어떤 지역에서든 대통령의 판단에 따라 충분하게 가혹한 피해를 야기할 수 있는 화재, 홍수, 또는 폭발(출처: NIMS, 2004년), 대규모 사건은 테러리스트의 공격, 대규모 사고, 그리고 미국 내에서의 다른 긴급 상황들을 말한다.[13](출처: HSPD-8,[14] 12월 17일, 2003) 따라서 국토안보부 대통

---

[12] 미국의 스태포드법은 지방 및 주정부의 자원 활용을 최우선으로 하는 연방주의 원칙에 근거하고 있다. FEMA는 국토안보부 산하기관으로 비상사태 및 주요재난 발생시 컨트롤타워 역할을 수행한다. 지역사건에 대한 지휘책임은 맡지 않고, 연방지원에 대한 지휘, 통제 및 조정역할을 수행한다. 재난지역 주지사의 요청이 있을 경우, 미국의 대통령은 비상사태 선포여부를 결정한다. 비상사태 선포시 연방조정관을 임명하고, 주지사에게 주조정관 임명을 요청한다. 따라서 FEMA(Federal Emergency Management Agency, 미국 연방재난관리청)는 연방조정관 및 주조정관이 주축이 되는 단일지휘체계를 통해 신속한 의사결정을 가능케 한다. 한국의 각급본부 설치와 차이점이 분명히 존재하고 있다.

[13] 미국, Homeland Security(국토안보부), 『National Preparedness Guidelines』, APPENDIX C-용어와 정의 (2007.9)

[14] 2003.12.17. 미국의 조지 부시(George W. Bush) 대통령은 HSPD-8를 발표했다, 국토안보부(DHS)의 대통령훈령-8호(HSPD-8)는 위협하는 또는 실제 테러리스트의 공격, 대규모 재난, 미국 내에서의 다른 긴급 상황들로부터 예방, 보호, 대응, 복구하기 위한 미국의 대비태세를 강화하기 위한 국가적 정책들을 수립하는 것이다. 또한 국토안보부장관에게 다른 연방정부들과 기관들의 장들과 유기적으로 움직이고 주, 지역, 자치, 그리고 지역 정부들과 협의하여 국내의 모든 위험(all hazards)을 대비하는 목표를 발전시키기 위해 지령하는 지침서성격을 띠고 있다. HSPD-8은 국가가 어떻게 대규모 사고들로부터 예방(prevent), 보호(protect against), 대응(response), 회복하기 위해 준비해야 할지를 알려주는 대통령령이다. 이 지침(guideline)은 많은 계획들, 전략들, 시스템들을 하부구조를 지배하는 국가대비체계에 맞추어 보는 상위개념의 문서이다. 또한 대비에 대한 모든 재난 접근법을 채택한다. 대비를 위한 위험기반의 접근법을 수립하는 것으로서 위험은 다음 세 가지변수로 구성된 함수이다(Risk is a function of three variables). 변수는 위험, 취

령 훈령 제8호(국가대비지침)는 국토안보부(DHS)에 주, 지방에 대한 연방의 대비지원에 있어 개선된 전달체계를 개발하고 국가의 대비 역량을 강화할 것을 요구하였다. 15개의 국가계획수립 시나리오는 국가가 사고의 범위, 규모 및 복잡성에 대한 준비를 설명하기 위하여 개발된 것이다. 테러, 자연재난 및 공중보건, 비상사태 등 가능한 모든 시나리오를 사용하여 계획수립의 불확실성을 줄이고 있다. 시나리오에 대하여 가장 중요한 이행의 필요성을 확인한 후에 국토안보부는 언제 어디서나 필요한 역량이 사용 가능할 수 있도록 국가적 역량의 네트워크 구축에 기준이 될 '목표역량 목록(Target Capabilities List, TCL)'을 개발하였다. TCL은 자연재난 또는 인적재난 또는 기타 주요사고에 대하여 필요한 역량 개발을 위한 모든 위험 접근 방식의 개요를 기술하고 각급 정부, 민간부분, NGO 및 개인이 국가대비에서 갖는 주요역할을 정의하고 있다.15)

제2차 세계대전 이후 1990년 초까지 국제관계에 있어서의 위기는 주로 전통적 안보위기가 주를 이루었으며, 이러한 전통적 안보위기는

약성, 결과이다. 위협과 취약성은 매우 불확실한 사건들의 확률에 의해 영향을 받는다. 그러한 불확실성에 보상하기 위해, 가이드라인은 국가적인 주의(attention)을 보증하는 위협을 나타낼 수 있는 국가적으로 수립된 시나리오의 틀(set)을 제공한다. 국가수립시나리오는 대규모 재난들의 잠재적 취약성과 결과(혹은 영향)에 대해 전국적인 계획을 조언하는 일반적인 가정이 수립된 것이다. 잠재효과의 범위에 대한 분석은 역량(즉, 우리가 준비되어야 할 필요가 있는가)과 대비(우리는 얼마나 준비되어 있는가?), 숙련정도(우리는 이 차이를 좁히기 위한 노력에 어떠한 우선순위를 두어야 하는가?)의 관점에서 역량들을 정의하기 위해 매우 중요하다. 이러한 역량들은 긴급운영계획(단기적으로)과 대비전략(장기적으로)에 반영되어야한다. 즉 가이드라인은 1) 대비사업 분야(readiness initiative)를 상위 개념이다. 2) 모든 위험을 대상으로 한다.(The guidelines are all hazards). 3) 위험을 기반으로 한다(The guidelines are risk-based), 행동하라는 신호를 주는 것이다. 이러한 대비는 성공적인 국가사고관리체계(NIMS) 실행의 기반이다. 미국, Homeland Security(국토안보부), 『National Preparedness Guidelines』 1.0 서론; 2.0 비전(2007.9)
15) 이응영, 「미국의 국가사고관리체계(National Incident Management System, NIMS)」, 통합적 재난안전관리체계 구축 기획단, 2008.

냉전(cold war)이 종식되면서 지구상에는 위험이 사라졌다고 여겨왔다. 그러나 오늘날까지도 이러한 전통적 안보위기가 국제관계에 있어서 여전히 중요하면서도 국가들이 중요하게 다루는 것은 정치외교(political diplomacy)가 실패했을 때, 국가간 협상이 결렬되었을 때, 동맹관계(relation of alliance)가 훼손되고 깨어졌을 때 의존하는 수단은 오직 군사력(military power)에 의해서만 평정된다는 사실이 국가의 경제발전(economic development, 經濟發展)이 지속되어 부강한 국가로 성장하였다할지라도 군사적으로 뒷받침되지 못하면 그 성장은 오래 지속되기는 어려울 것이다. 왜냐하면 국제정치는 보이지 않는 힘이 그 기저에 깔려있기 때문이다. 여기서 힘이란 군사력을 포함한 전쟁을 지속할 수 있는 국가의 총력전 수행태세를 의미한다.

오늘날 냉전(cold war)이 종식된 이후 위기는 태풍, 지진, 쓰나미(tsunami), 대형 산불 등 자연재난이 주류를 이루고 있다. 이는 여러 국가들이 경제발전 과정에서 동반하는 탄소배출로 인해 지구온난화(global warning) 현상이 가속화되고 있는 점이 통설로 받아들여지고 있다. 따라서 지구온난화의 주범 국가는 현재의 선진국들이 내뿜은 탄소의 배출량과 비례한다고 해도 지나친 것은 아닐 것이다. 그리고 2001년의 미국 본토에서 발생한 9.11테러는 안보위기에 있어 테러(테러리즘)라는 위기가 국제사회에서 화두로 등장하기 시작하는 결정적 계기가 되었다. 냉전시기에는 국가와 국가간의 대결이 전쟁으로 비화·발전되었지만 21세기 이후의 전쟁형태에 국가가 아닌 '집단' 또는 '초집단'(거대한 규모의 집단)이 국가와 전쟁(국지전 및 저강도 침략 포함)을 하는 시대로 발전되었으며 이의 대표적 사례는 9.11테러, 이스라엘과 팔레스타인(Palestine)과의 분쟁에서 팔레스타인이 아닌 이스라엘-하마스 집단 간의 교전이 전쟁으로 비화·발전되고 있다. 이외에도 9.11이후 미국이 오사마 빈라덴을 체포(사살)하기 위해 시작한 미국-아프카니스탄 전쟁은 국가 대 국가 간의 전쟁이 아닌 국가와 이슬람원리주의 세력간의 전쟁이라는 전쟁성격(아프간 내전의 경우)을 가지고 있다. 이와 같이 21세기는 사무엘 헌팅톤(Samuel Huntington)이 말한 '문명의 충돌'16) 이 종교적으로 전혀 다른 미국과 중동지역에서 기독교 문명과 이슬람 문명이 충돌한 셈이었다.

21세기에 들어와서도 서로 다른 종교와 부족문제로 중동지역은 여전히 수많은 테러로 많은 사람이 희생되고 있는 것이 사실이다. 종교의 영역은 그 어떤 영역보다도 신념체계에 있어서 분쟁의 소지가 매우 크기 때문이다. 공동체주의로 가기 위해서는 종교의 다양성을 인정하고 강력한 법·제도를 바탕으로 법치주의가 정착되고 계약관계가 투명하게 형성되는 등 공정한 룰(a fair rule)이 적용되는 사회관계가 정착되어야 한다. 2020년 지구촌은 코로나19(일명 COVID-19)로 불확실성과 공포와 불안감이 사라지지 않는 위험사회 속에서 생활하고 있다.

〈표 2-3〉 글로벌 리스크에서 지목한 대표적 '위험' 요인(2014년)

대분류	발생 가능성측면	순위	대분류	영향력(파급력)측면
사회적 위험	심각한 소득불균형	1	경제 위험	주요국 재정위기발생
환경 위험	이례적인 기상이벤트	2	환경 위험	심각한 기후변화
경제 위험	구조적인 고실업	3	환경 위험	물 부족 위기
환경 위험	심각한 기후변화	4	경제 위험	구조적인 고실업

---

16) 《문명의 충돌》은 미국의 정치학자 새뮤얼 P. 헌팅턴이 쓴 국제 정치학 책이다. 원제는 《The Clash of Civilizations and the Remaking of World Order》(문명의 충돌과 세계 질서의 재정립)이다.

| 기술력 위험 | 사이버공격 | 5 | 기술력 위험 | 중요 정보 인프라 및 네트워크 파기 |

자료: 세계경제포럼(WEF), 신한금융투자
출처: 한범호, 이슈생각, '다보스 포럼', Agenda the World.
Agenda: Rashaping the World(세계의 재편).
주: 1) 스위스에서 개최되는 세계경제포럼(WEF)은 통칭 다보스포럼이라고 부르며, 2009년에는 '위기 이후의 세계, 국제협력과 기업들의 혁신요구, 세계경제에 새로운 질서 부여'를 2010년에는 '보다 발전된 세계: 세계경제 낙관론'을 2011년에는 '신흥국과 선진국 경기회복 격차, 자원 부족 및 고령화대비'를 2012년에는 '대전환과 4가지 모델 제시. 성장과 고용, 리더십과 혁신'을 2013년에는 '유연한 역동성: G20 新 지도자들의 조기 적응 글로벌 시스템 재정비' 등이었다.

따라서 21세기의 위기는 냉전(cold war)시기의 군사 분야와 냉전 종식 이후의 비전통적인 안보위기(non traditional security crisis)인 재해재난 분야가 함께 나타나는 포괄적 안보(comprehensive security) 위기가 등장했다는 점에 주목해야 한다. 위기의 개념도 전쟁 등과 같은 전통적 안보 이외에 재해재난과 국가핵심기반보호체계 등 평시 분야까지를 망라하여 확대해 언급하고 있는 추세(trend)이다. 위기의 개념에 대한 정의는 연구자의 시각과 시기, 방법에 대한 논의와 견해에 따라 여전히 의견의 일치가 쉽게 해결될 것 같지는 않다.

〈그림 2-1〉 연도별 글로벌 리스크 요인변화: 경제적 위험 감소 vs 환경·기술력 위험 부각

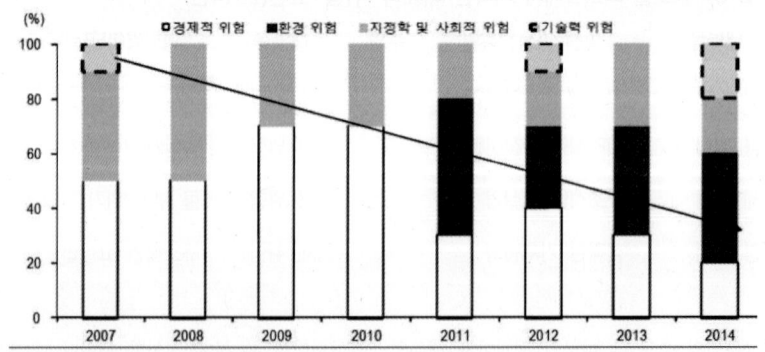

자료: 세계경제포럼(WEF), 신한금융투자
출처: 한범호, 이슈생각, '다보스 포럼', Agenda the World. Agenda: Rashaping the World(세계의 재편)

2015년 세계경제포럼(WEF)에서 발간한 대응전략보고서(Risk & Responsibility in a Hyper World)에서 세계재편을 위한 주요 전략으로 '불균형 축소 노력', '혁신을 통한 기술경쟁력 강화', '생산적인 투자확대' 등을 제시했다. 다가올 미래의 성장전략 측면에서는 '사이버보안 이슈'와 '기술진보'를 다음과 같이 보다 구체적으로 정리한 시나리오는 다음과 같다.

첫째, 현재와 유사하게 사이버 공격과 보안 이슈가 혼재되는 시나리오(Muddling). 둘째, 사이버 공격 격화와 규제 강화 시나리오(Backlash Decelerates Digitization). 셋째, 국제공조와 상호협력을 통한 사이버방어력 증진 시나리오(Cyber Resilience Accelerates Digitization) 등이다. 앞에서 언급한 사이버 공격에 따른 악영향이 상대적으로 큰 산업군으로 분류된 것은 '클라우딩', '사물인터넷', '모바일인터넷', '지식정보화', '소셜 네트워크', '무인자동차' 등이다.17)

그러나 이러한 위기의 개념 정의가 모호하고 정립되지 못한 상황임에도 불구하고 '위기'(crisis)란 어떠한 위협을 받아 곤란한 상황에 직면했다는 인식을 같이 한다는 점에 대해서는 일반적으로 공감을 하고 있다는 점이다. 이처럼 위기의 개념이 중요시되는 까닭은 사건·사고가 발생한 상황(또는 국면)을 놓고 이것을 위기로 보느냐 아니면 사태로 보느냐, 또는 안보위기냐 하는 등 의사결정자(decision-maker)들 사이에서 가치갈등을 최소화시켜주는 기준이 되기 때문이다. 최근에는 이를 해결하기 위해 매뉴얼(manual)이 등장했다. 위기와 관련한 최상위 문서는 '국가위기관리기본지침'(대통령훈령)으로 위기의 개념과 관련된

---

17) 자료: 세계경제포럼(WEF), 신한금융투자: 출처: 한범호, 이슈생각, '다보스 포럼', Agenda the World. Agenda: Rashaping the World(세계의 재편)

정의를 내리고 있다. 국가위기관리기본지침에는 군사 분야의 안보위기와 비전통적 분야의 위기로 구분하고 있으며, 이러한 비전통 분야의 위기는 자연재난과 사회재난(인적재난, 국가 핵심기반보호체계를 통합)으로 구분하고 있다.

위기에 관한 연구는 대체적으로 다음 세 가지의 이론적 시각 또는 접근법으로 연구되어왔다. 이들의 분석수준 및 연구방법과 중심적 시각은 각각 다르게 접근하고 있다. 위기의 연구는 국제체제, 정책결정적 시각, 적대적 상호작용(hostile interaction)의 세 가지의 이론적 시각에서 이루어져왔다.18) 국제체제적 시각에서 위기는 "기존 국제체제구조의 급격한 변화 및 붕괴를 야기할 수 있는 국가간의 적대적이고 불안정한 상호작용을 특징으로 하는 상황"으로 정의한다.19) 다음은 정책결정적 시각은 개별국가 수준에서 이루어지는 위기상황에서 위기관리정책 결정과정에서 의사결정자들의 인식과 행태 연구에 초점을 둔다.20) 정책결정적 시각의 대표적 연구자인 허먼(Charles F. Hermann)은 위기를 "위기정책결정자들이 인식하고 있는 최우선의 목표가 위협을 받고(threat to high-priority goals), 대응을 위한 시간이 제한을 받으며(restricted amount of time available for response), 그리고 전혀 예상치 못한 상황"이라고 정의하고 있다.21) 한편 적대적 상호작용(hostile interaction)의 시각은 위기상황에서 진행되는 동안 국가

---

18) 고대원, "위기결정 작성 이론의 재평가," 김달중 편 『외교정책의 이론과 이해』(서울: 오름, 1998), pp.148-152.
19) Charles A. Mclelland, "Access to Berlin: The Quantity Variety of Events, 1948-1963," in J. David Singef (ed.), *Quantitative International Politics*(New York : Free Press,1968), pp.160-161; 고대원, 앞의 글, p.149에서 재인용.
20) 정찬권, 『21세기 포괄안보시대의 국가위기관리론』(서울: 대왕사, 2010), p.26.
21) Charles F. Hermann, *crisis in Foreign Policy*: A Simulation Analysis (Indianapolis: The Bobbs-Merrill Company, Inc., 1969), p.9.

간의 적대적·경쟁적인 상호작용에 분석의 초점을 두는 것이다. 이러한 시각에는 두 개의 연구 부류가 있는데 먼저 위기당사국간 상호작용의 핵심을 매우 치열한 협상(bargaining)의 과정으로 보고 이러한 맥락에서 국가들의 행위를 설명하려는 것과, 다음은 국가간의 갈등과정, 특히 적대행위의 증폭(conflict or hostility spiral)과정에 대한 분석을 시도하는 것이다.22) 스나이더(G. H. Synder)와 디싱(P. Diesing) 등은 위기를 "전쟁발발의 가능성이 높다고 인식되어지는 심각한 갈등상태에 처해 있는 둘 이상의 국가간의 일련의 상호작용"23)이라고 정의하고 있다. 이와 같이 위기의 개념은 시기와 상황, 연구자의 의도에 따라 개념이 변화되어 왔다. 한국에서는 국가위기를 "국가 주권 또는 국가를 구성하는 정치·경제·사회·문화 체계 등 국가의 핵심 요소나 가치에 중대한 위해가 가해질 가능성이 있거나 가해지고 있는 상태"24)라고 정의하고 있다. 또한 위기의 구분을 안보분야 위기와 재난분야 위기로 분류하고25) 있다.

미국에서 위기는 크게 3개의 주요변수로 구성된 함수로 인식하고 있다(Risk is a function for three variables): 위협(threat), 취약성(vulnerability) 결과가 그것이다.26) 특히 한반도 안보위기(security

---

22) G. H. Synder and P. Diesing, *Conflict Among Nations: Bargaining, Decision Making, and System Structures in International Crisis* (Princeton: Princeton University Press,1977); G. H. Synder, "Crisis Bargaining," in C. F. Hermann (ed.), International Crisis: Insights from Behavior Research(New York : Free Press, 1972), pp.217-256; 고대원, 앞의 글, p.152 재인용.
23) G. H. Synder and P. Diesing, *Conflict Among Nations: Bargaining, Decision Making, and System Structures in International Crisis* (Princeton: Princeton University Press, 1977), p.6.
24) 국가안보실 위기관리센터, 「국가위기관리기본지침」 (서울: 범신사, 2013), p.12.
25) 위기를 구분할 때를 국가기반체계위기 별도로 구분할 수 있으며, 또는 재난분야 위기에 포함할 수도 있다.

crisis)와 관련해서 「국가위기관리기본지침」에서는 안보분야 위기, 자연재난, 사회재난27) 위기로 구분하여 업무수행절차를 명시하고 있다. 미 국무부가 밝히고 있는 위기의 개념은 미국의 역할관계를 포함하고 있으며, 일반적으로 세계의 불안정한 지역에서 발생하고, 대개 불법행위와 정치적인 불안정성의 요소를 포함하며, 지속기간이 비교적 짧고, 대응하는데 단기간이 소요되며, 불확실성이 존재하고, 여러 가지 근원에 의해서 야기되는28) 국면에서 일어나는 불안정성(instability)의 연속적인 행위를 제한하는 것으로 정의하고 있다.

〈표 2-4〉 위기시 정책 결정의 대표 사례

> 1962년 10월 소련의 후루시초프 수상은 쿠바에 미사일 기지를 건설했다. 이는 쿠바 카스트로의 요청에 의한 것이기도 했지만 이는 터키에 있는 미국의 미사일 기지에 대한 소련의 대응. … (중략) 1962년 10월 14일 미국의 U2정찰기가 미사일 기지 존재를 확인, 핵탄두를 적재한 소련 선박이 대서양을 통해 쿠바로 접근하고 있다는 첩보 입수. 미국의 대통령은 국가안전보장회의를 소집, 미 육군은 특수낙하산 부대를 운용, 해군은 해안봉쇄를, 공군은: 미사일기지에 대한 공중공격을 건의하였으나 미국은 10월 22일 해군의 건의를 수용, 소련의 미사일이 철수되어야 한다고 발표하였다. 10월 24일 해상 봉쇄를 개시, 소련의 선박은 본국으로 철수하자 미국은 10월 28일 소련이 쿠바 미사일을 철수하는 것에 동의하였다. 미국은 소련의 양보 대가로 쿠바를 침공하지 않았고, 터키에 배치한 미국의 미사일을 철수하기로 결정했다.

출처: 유현석, 『국제정세의 이해: 지구촌의 아젠다와 국제관계』(서울: 한울아카데미, 2001), 27.

---

26) "2006년도의 위기 방법론과 도시지역 보안 시작에 관한 토의" 2005년 12월판. www.ojp.usdoj.gov/odp/docs/FY2006UASIProgramExplanationPaper011805.doc)
27) 사회재난의 주요유형으로는 화재·붕괴·폭발·교통사고·화생방사고·환경오염사고 등으로 인하여 발생하는 재난 및 안전관리기본법 시행령에서 정하는 규모 이상의 피해와, 「감염병의 예방 및 관리에 관한 법률」에 따른 감염병 및 「가축전염병예방법」에 따른 가축전염병과 「미세먼지 저감 및 관리에 관한 특별법」에 따른 미세먼지 등으로 인한 피해, 에너지·통신·교통·금융·의료·수도 등 국가기반체계의 마비 이한 재난으로 분류하고 하고 있다. 국가안보실 위기관리센터, 「국가위기관리기본지침」(서울: 범신사, 2013), p.68.; 재난 및 안전관리기본법(약칭 재난안전법) 제3조(정의), 2019.12.3. 일부개정.
28) 조영갑, 『테러와 전쟁』(서울: 북 코리아, 2005), p.37.

소련의 선박이 쿠바를 향하고 있는 상황에서 열린 이 회의는 위기시의 정책결정 연구에 중요한 사례를 제공[29]하고 있다. 쿠바 위기에 있어서의 엑스 콤(Ex Comm, 국가안전보장회의 집행위원회의)의 최초 토의에서 회의 참가자들은 과도한 스트레스의 영향을 받아 사고의 경직화 경향을 보이고 있었다. 최초회의 참가자들에게는 쿠바의 미사일 기지에 대한 폭격이냐, 아무것도 하지 않느냐의 양자택일 밖에 없는 것처럼 생각되었으며,[30] 회의참가 대다수는 전자 쪽으로 기울고 있었다.[31]

엑스 콤(Ex Comm, 국가안전보장회의 집행위원회의)의 토의는 폭격이냐, 묵인하느냐의 두 개의 안을 가지고 토론이 이루어졌으나 진작 케네디를 포함한 다수의 집행위원들의 생각은 실행화(실전 배치되어 작전에 돌입하는 태세가 완료된 시기까지를 의미)되기 전에 폭격에 의해 미사일 기지를 파괴한다는 이른바 외과수술적 공격(surgical attack) 안으로 기울고 있었으며, 케네디는 고려할 수 있는 다양한 대안들의 구상으로 이해관계를 철저하고 냉정하게 검토했다. 그 결과 아래와 같은 6개의 대안이 검토되었다.[32]

1) 묵인하는 행위인 아무것도 행하지 않는다. 2) 소련에 대해 외교적 압력을 가한다. 예를 들면 유엔의 미주기구(OAS)에 감시반 파견을 요

---

[29] 유현석, 『국제정세의 이해: 지구촌의 아젠다와 국제관계』 (서울, 한울아카데미, 2001), p.27. 인용.
[30] Arthur M. Schlesinger, Jr., A Thousand Days: J. F. Kennedy in the White House, 1965, p.803.
[31] Robert F. Kennedy, Thirteen Days: A Memoir of the Cuban Missile Crisis, 1968, p.31.
[32] Theodore C. Sorensen, Kennedy: Decision-Making in the White House, 1965, p.683, Elie Abel, The Missiles of October: The Story of the Cuban Missile Crisis, 1962, pp.59~62., Graham T. Allison, "Conceptual Models and the Cuban Missile Crisis," The American Political Science Review, September 1969, pp.696~699.

구하든가, 특사 파견 혹은 수뇌부 회담의 형식으로 후루시초프에게 직접 접촉한다. 3) 쿠바의 집권자 카스트로에게 밀사를 파견하여 접촉하고 쿠바를 소련으로부터 이탈시키도록 조치한다. 4) 공중 및 해상봉쇄를 하는 방법으로 공중정찰과 경고를 강화하고 해상봉쇄(containment)를 개시한다. 5) 미사일 또는 미사일 기지만 타격하는 제한된 목표에 대해서 정밀 타격한다. 6) 쿠바를 침공한다.

케네디는 6개의 대안을 가지고 고민을 할 수밖에 없었다. 최종적으로 남은 것은 4)안과 5)안이 남아있었다. 이후 대통령은 봉쇄지지 결단을 내렸다. 위기는 사회과정의 기본규칙을 위반하는 것이나 반작용을 수반하는 것이다. 이는 체제의 특성과 위기를 관련지어 파악할 수 있는 장점이 있다. 위기는 그것의 발생이 체제의 존립에 영향을 주며 긴박한 상황이다. 또한 위기는 그것의 처리 효과가 체제의 존립에 영향을 미쳐 궁극적으로 체제의 변화를 가져오게 된다. 이렇게 볼 때 위기는 체제의 변화를 수반하는 긴박한 상황이나 사건으로 정의 내릴 수 있다.

나. 위험지수

현재 사회적으로 널리 인용되고 있는 위험지수에는 '국가부도위험지수', '화재위험지수', '산불위험지수', '홍수위험지수', '한파위험지수', '자외선지수', '악성코드 위험지수', '국내 신용위험지수', '가계부채위험지수', '실패위험지수' 등이 있고 미국 중앙은행인 연방준비제도이사회(the Federal Reserve Board)가 개발한 '지정학적 위험지수(GPR: Geopolitical Risk Index)' 등이 있다. '지정학적 위험지수(GPR: Geopolitical Risk Index)'는 미국 중앙은행인 연방준비제도33) 이사회가 개발한 지수로 11개 세계주요 언론기사에서 지정학적 긴장과 관련된 단어의 발생빈도를 계산해 지정학적 위하 정도를 파악하는 지수로 2016년에 개발됐다. 지수 등락에 따라 세계 지정학34)적 위험이 악화 됐는지 완화됐는지를 알려준다. 이 지수는 1900년부터 현재가지 월별 지수를 산출한다. 참고로 '지정학적 위험지수(GPR)'는 제1차 세계대전 당시는 372포인트, 제2차 세계대전 때는 346포인트, 2003년 미국의 이라크 공습 당시는 362포인트까지35) 상승했다. 예로 사회경제적 측면 에서의 지정학적 위험의 사례로는 2011년 튀니지에서 시작돼 중동, 북 아프리카 지역으로 확산됐던 반정부·민주화 시위가 대표적이다.36)

〈그림 2-2〉 지정학적 위험지수(GPR Benchmark index)

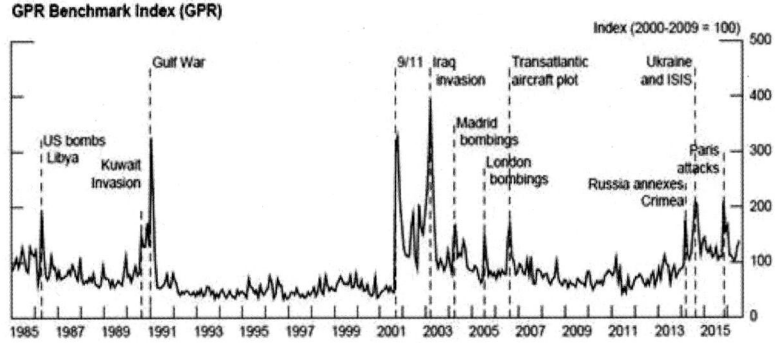

자료: 연합인포맥스, 강수지, 〈시사금융용어〉 '지정학적 위험지수(GPR: Geo-political Risk Index), 2017.5.24.
출처: Caldata, Dario and Matteo Iacoviello, "Measuring Geopolitical Risk," workimg paper, Board of Governors of the Federal Reserve Board, 2016. 재인용

---

33) 미국의 통화금융정책을 수행하는 중앙은행제도(The Federal Reserve 또는 Federal). 통상적으로 Fed라고도 한다.
34) 지정학(地政學, geopolitics)은 지리적인 위치가 정치, 경제, 군사, 국제 관계에 미치는 영향을 연구하는 학문이다.
35) 강수지, 연합인포맥스, 〈시사금융용어〉 '지정학적 위험지수(GPR: Geopolitical Risk Index), 2017.5.24.; 이외에도 1982년 포클랜드 전쟁 당시 272pt까지 급등했다. 한상춘, 한국경제신문, 최고조에 달한 '지정학적 위험' … 세계와 한국경제에 미치는 영향, 2017.05.08.
36) 한상춘, 한국경제신문, 최고조에 달한 '지정학적 위험' … 세계와 한국경제에 미치는 영향, 2017.05.08.

한국의 중앙선거관리위원회 디도스(DDoS)공격,37) SK커뮤니케이션, 넥슨 회원정보 유출, 농협전산망 오류 등 2011년은 전국을 뒤흔들었던 해킹 사건을 보면 공격과정, 방법, 대상, 행위 등이 각각 다르게 나타났다. 이에 어떤 악성코드가 더 위험한지 각 공격에 대한 대응은 어떻게 해야 하는지 명확히 규정하기 어렵다는 지적이 따랐다. 이를 해결하기 위해 해킹이 발생하면 즉각 악성코드 분석에 들어가 그 유형과 위험도를 측정하는 시스템을 개발했다. 한국인터넷진흥원(이하 KISA: Korea Internet & Security Agency)은 쏟아지는 악성코드를 비교분석하기 위해 이를 정량화한 '악성코드 위험지수'를 만들었다. 악성코드 위험지수는 악성코드(Malicious Code)가 시스템에 설치되는 감염경로 (1.5), 해당 악성코드를 실행하는 실행주체(1.5), 악성행위를 수행하는 공격대상(3), 사용자에게 피해를 입히는 공격행위(4) 등 크게 네 가지 항목의 경중을 따져 측정된다. 공격대상과 행위에 따라 유출 손상되는 정보의 가치가 달라서 이 두 항목이 차지하는 비중이 상대적으로 높다. 이에 전파채널 개수와 악성코드38)의 자가 보호 능력, 잠재위험 정도 (degree)에 가중치를 붙여 한국인터넷진흥원(KISA)의 MTAS(Malicious Threat Analysis System, 악성코드 위험분석도구)39)를 통해 위험지수

---

37) 인터넷 사이트에 '서비스 거부(DoS)'를 유발하는 해킹기법으로 특정 인터넷 사이트가 소화할 수 없는 규모의 접속통신량(트래픽)을 한꺼번에 일으켜 서비스 체계를 마비시킨다. 불특정 다수의 컴퓨터에 악성 컴퓨팅 코드인 '좀비(Zombie)'를 퍼뜨린 뒤 DDoS(Denial of Service) 공격에 이용하는 것이 특징이다. '좀비'에 감염된 수많은 컴퓨터가 일시에 특정사이트를 공격(접속)하는 트래픽에 동원되는 구조다. 다만 공격대상 컴퓨터안에 저장된 자료를 몰래 빼내거나 삭제하지는 않는다. 한국정보통신기술협회, 「ICT 시사용어 300」, 2013.02. 05, http://www.tta.or.kr.

38) 악성코드(Malicious Code)는 제작자가 의도적으로 사용자에게 피해를 주고자 만든 모든 악의적 목적을 가진 프로그램 및 매크로, 스크립트 등 컴퓨터상에서 작동하는 모든 실행 가능한 형태를 의미한다. 이에 반해, 바이러스(virus)는 사용자 컴퓨터(네트워크로 공유된 컴퓨터 포함) 내에서 사용자 몰래 프로그램이나 실행 가능한 부분을 변형해 자신 또는 자신의 변형을 복사하는 프로그램을 뜻한다. 양대일, 『정보보안개론』(주, 한빛아카데미), 2013.

를 산출한다. 실제 2011년 청와대, 외교통상부, 국가정보원 등을 해킹한 3·4 디도스(DDoS: Distributed Denial of Service) 공격(Attack)40)은 이 같은 방식으로 위험지수가 254.7을 기록했다.

〈그림 2-3〉 디도스(DDoS: 분산서비스거부) 공격도

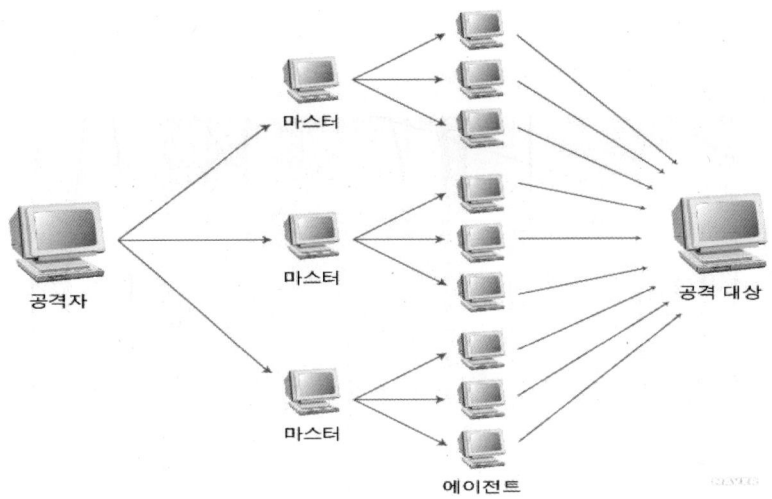

출처: 양대일, 『정보보안개론』(주, 한빛아카데미), 2013,: 한국정보통신기술협회, 「ICT시사용어 300」, 2013.02.05, http://www.tta.or.kr

DDoS(Distributed Denial of Service) 공격에 대응하기 위해서 기업에서는 웹서버 및 방어 장비의 지원 수준을 명확히 파악하고, 자원에 대한 지속적 모니터링과 변화되는 공격 유형에 대응되는 차단정책을

---

39) MTAS(Malicious Threat Analysis System, 악성코드 위험분석도구)는 2011.11월 성균관대학교,; 한국인터넷진흥원, 『악성코드 유사 및 변종 유형 예측방법 연구』(진한엠엔비, 2015).
40) DDoS(Distributed Denial of Service) 공격은 해커가 사전에 감염시킨 대량의 좀비PC를 이용하여 특정 웹서버에 비정상적으로 많은 요청 패킷을 보내 홈페이지 서비스에 장애를 발생시킨다.

개선하고 적용하는 작업을 지속적으로 수행해야 한다.41) 변종 형태의 악성코드(Malicious Code)를 예측하는 것은 현존하는 악성코드의 성향 및 목적을 7가지로 분류했다. 7가지 그룹은 정보탈취형, 과금유발형, 시스템파괴형, 모듈형, 원격제어형, 유해가능형, 혼란야기형으로 구분했다.42)

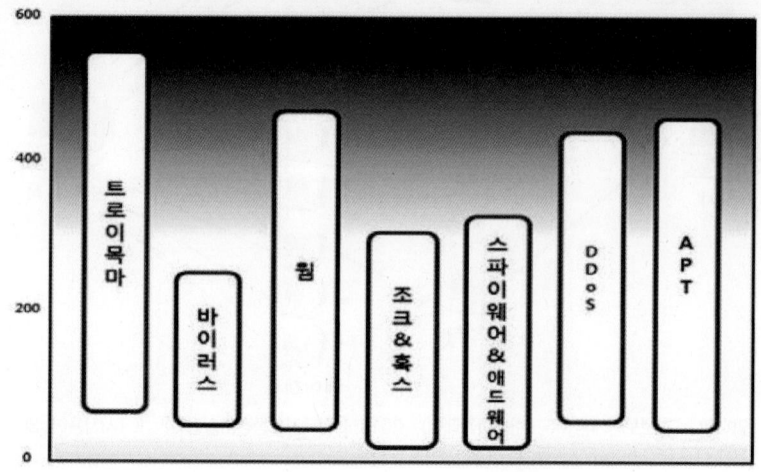

〈그림 2-4〉 악성코드 그룹별 위험지수 분포

자료: 한국인터넷진흥원(KISA)
출처: 헤럴드 POP, 정태일, '해킹 위험도 측정하는 악성코드 위험지수 나왔다.', 2012. 1.5.
http://news.naver.com/main/tool/print.nhn?oid=112&aid=0002259951

---

41) 과학기술정보통신부; 한국인터넷진흥원(KISA: Korea Internet & Security Agency) 「웹서버 보안 강화 안내서」(서울: 2018.6), p.9. 자세한 DDoS(Distributed Denial of Service) 공격 대응방법은 한국인터넷진흥원(KISA)의 "DDoS공격 대응 가이드"를 참고하다. 보호나라 홈페이지(www.boho.or.kr) 〉 자료실〉 보안공지
42) 정태일, 헤럴드 POP, '해킹 위험도 분석 악성코드 지수 나왔다.', 2012.1.5. http://news.naver.com/main/read.nhn?mode

다. 위기지수: 브레진스키 지표에 준거한 위기지수

북한의 사회주의체제43)가 어느 정도의 위기지수에 이르는지 진단하기 위해 브레진스키(Zbigniew Brzezinski)가 동구 사회주의 국가의 붕괴직전(1987년)에 발간한 『Grand Failure』44)(대실패)에서 설정했던 10가지 지표에 의하면 30의 위기지수에서 북한이 8을 기록하여 중국과 동일한 수준으로 북한이 위기상황에 있지 않았다(1987년).

---

43) 위와르다(H. J. Wiarda)가 제시한 사회주의의 7가지 위기는 첫째, 이데올로기의 위기, 둘째, 당의 권위주의와 부패, 권력독점, 국가행정기관의 무책임·무능·부패·당과 국가에 의해서 노동자, 농민, 학생, 지식인·여성 등을 위해 조직된 다양한 대중조직이 구성원들의 이익을 보장해주지 못하는 것, 등제도위기는 시간이 경과하면서 더욱 발전하게 된다. 셋째, 사회적 위기, 넷째, 리더십의 위기. 다섯째, 경제위기. 여섯째, 사기의 위기. 계량화된 통계보다는 느낌에 기초한 것이다. 일곱째, 맑스-레닌주의 국가들 간의 진정한 동맹의 부재와 확고한 상호방위조약의 부재, 맑스-레닌주의가 아닌 민주주의가 세계의 미래의 물결로 명백해 졌다는 점, 그리고 마지막으로 문화, 인간형태, 기대 등의 지구촌화, 맑스-레닌주의의 사명과 함께 관련되는 광범위한 인식과 잔존 맑스-레닌주의 정권들이 이러한 세계적 인식을 바꾸기는 어렵다는 점 등이 국제적 위기요인으로 부각되고 있다. Howard J. Wiarda, "The Future of Marxist-Leninist Regimes : Cuba in Comparative Perspective," Prepared for International Workshop 「Durability and Direction of the Four Remaining Socalist Countries : China, Vietnam, Cuba and North Korea」, pp.6-12.

44) 브레진스키는 오늘날 공산주의는 이데올로기적으로 그리고 체제적으로 총체적 위기 상태에 있다고 진단하면서 공산주의 국가들에 있어서 총체적 위기수준의 지표를 다음과 같이 열 가지로 분류하였다 : (1) 대중이 공산주의에 대해 매력을 상실하였다. (2) 미래에 대한 사회적 비판론이 퍼져있다. (3) 생활수준이 점차 하락하고 있다. (4) 공산당의 사기가 저하되고 있다. (5) 종교 활동이 상승세에 놓여있다. (6) 민족주의가 당 이데올로기와 충돌하고 있다. (7) 경제적 사유화가 증가하고 있다. (8) 정치적 반대(반정부 활동)가 사회적으로 활성화되고 있다. (9) 정치적 다원화의 요구가 아래(민중)로부터 공개적으로 일어나고 있다. (10) 인권문제와 관련하여 정치체제가 수세에 몰려있다: Zbigniew Brzezinski, 『The Grand Failure : the Birth and Death of Communism in the Collapse of Communism』, 명순희 역, (서울: 을유문화사, 1990), pp.232-234.

<표 2-5> 브레진스키의 사회주의체제 국가들의 위기수준 비교(기준 : 1987년)

지표	소련	중국	동독	폴란드	체코	헝가리	루마니아	불가리아	유고	베트남	쿠바	북한	앙골라	모잠비크
사회주의의 대중적 호소력 상실	1	1	1	3	2	3	3	1	2	2	3	1	3	3
미래에 대한 비판주의	2	0	1	3	2	3	3	1	2	2	3	2	3	3
생활수준의 저하	2	0	1	3	2	2	3	1	3	3	3	2	3	3
공산당의 사기저하	2	0	0	3	2	2	3	1	2	1	1	0	1	3
종교 활동의 증대	1	0	0	3	1	1	0	0	1	0	1	0	0	0
민족주위와 공산주의의 이념의 충돌	1	0	1	3	2	3	2	1	3	1	1	1	2	1
경제적 사유화의 증대	1	2	1	2	1	3	0	0	2	1	0	0	1	1
정치적 반대의 생활화	1	1	1	3	1	2	0	0	2	0	0	0	3	3
공개적인 정치적 다원화요구	2	2	0	3	1	3	1	0	3	1	1	0	2	2
인권문제에 대한 수세적 대처	2	1	1	1	2	1	3	1	2	2	2	2	1	2
합 계	15	8	7	27	16	23	18	6	22	12	15	8	19	21

주: 1) 위기지수 : 3(아주 옳다), 2(옳다), 1(부분적으로 옳다), 0(옳지 않다)
    2) 위기수준 범주 : 9이하(위기 없음, 4개국), 10~19(위기 · 6개국), 20이상(심각한 위기 · 5개국)
    3) 에티오피아는 위 표에서 생략하였으며, 위기점수는 20점(종합)
출처: Zbigniew Brzezinski, *The Grand Failure : The Birth and Death of Communism in the Twentieth Centry* (New York : Charles Scribener's Sons, 1989), p.234.

그러나 브레진스키(Zbigniew Brzezinski)의 지표들은 북한의 현실에 그대로 적용하기에는 한계를 지니고 있다. 왜냐하면 첫째, 브레진스키의 지표들은 지나치게 내면적 세계 혹은 이념분석에 치우친 경향이 있다. 그가 선정한 10개의 지표들 중에서 사회주의의 대중적 호소력 상실, 미래에 대한 비관주의, 민족주위와 공산주의의 이념을 충돌, 공산당의 사기저하 등 4가지가 그 같은 분석을 뒷받침한다. 둘째, 브레진스키 지표들 중에는 서구 시민사회를 경험한 체제를 분석하기에는 유용하지만 그렇지 않은 체제에도 일반적으로 적용되기에 적절하지 않은 지표들이 포함되어 있다. 정치적 반대의 활성화, 공개적인 정치적 다원화 요구, 종교생활의 증대 등이다. 특히, 정치적 반대와 정치적 다원화 지표들의 위기지수가 매우 낮게 나타났음에도(0 또는 1) 불구하고, 실제로는 이들 나라들이 다른 동유럽 사회주의 국가들과 함께 체제변혁을 가져왔다는 것은 브레진스키 위지지수의 취약점이다. 셋째, 브레진스키(Zbigniew Brzezinski)의 지표들은 주변국과의 관계에서 드러나는 위기의 정도를 측정하기 위한 지표를 충분히 포함하고 있지 않다. 1980년대 말 동유럽 사회주의 국가에서도 나타났듯이 사회주의 체제 붕괴의 징후는 국제환경과의 관계에서도 밝혀질 수 있다. 그러나 브레진스키의 지표 중에서 국제관련 지표는 인권문제에 대한 수세적 대처 하나만을 설정하여 적절한 상호작용 또는 환경에 적응하기에는 다소 무리가 있다. 넷째, 정치·이념적 요소, 사회중심의 요소들을 중심으로 지표를 선정하여 오늘날 중시되고 있는 리더십 또는 대외관계, 체제내의 엘리트 지배층에 대한 지표선정이 누락되어 동유럽 사회주의 국가들의 위기수준을 분석하는데 중요한 요소들의 결여로 위기수준의 저하를 불러왔다는 점을 간과할 수 없다. 그럼에도 불구하고 브레진스키의 지표를 보다 계량적으로 구체화하여 북한체제의 현실에 적용해 보는 것은 의미 있는 것으로 여겨진다. 왜냐하면 변형된 사회주의체제를 고수하고 있는 북한의 현실에 적용 가능한 지표들이 반영되어 있어서 북한의 현실을 반추할 수 있기 때문이다. 위에서 살펴본 위기관련 지수 외에도 특정 국가를 대상으로 한 실패지수,[45] 붕괴지수[46] 등이 있다.

---

[45] 브루킹스 연구소의 「국가취약성지표」(ISW) 북한 정치 안정성 평가. 출처: Susan E. Rice and Stewart Patrick, Index of State Weakness in the Developing World (Washington DC : Brookings Institution,2008), p. 43.; 미국 평화기금과 카네기재단 「실패국가지수」: 북한의 경제적 안정성 평가: The Fund for Peace and The Carnegie Endowment for International Peace, The Failed State Index 2007, Foreign

실패한 정부(a failed government)와 달리 실패(한)국가(failed states)도 엄연히 존재하고 있다. 실패중인(실패가 진행중인) 국가(failing state)와 취약한 혹은 실패한 국가47)에 대해 보편적 정의는 없다. 실패(한) 국가48)에 대한 또 다른 연구 경향은 국가실패를 측정하는 다양한 지표를 개발하고 있다. 대표적으로 미국의 포린 폴리시(Foreign Policy)와 미국의 평화기금(Fund For Peace)의 '실패국가지수'(failed state index FSI), 브루킹스 연구소의 '국가취약성 지표' 세계은행의 '거버넌스 지수' 등이 있다. 위에서 '실패국가지표'는 국가 취약성의 중요한 측면으로 갈등과 불안정을 주목한다.49) 사회·경제 및 정치 분야 등에서

Policy(July/August 2007), p.57 등이 있다.
46) '붕괴지수'(collapse index)는 다음 두 가지 필요성에 의해 제기되었다. 먼저 기존 통일연구원의 위기지수는 주요지표를 이념, 엘리트, 경제, 통제, 대외관계 등 5개 지표에 중점을 두고 새터민을 대상으로 설문조사(2006년 8월 1일, 3일, 314명, 4점 척도)를 통하여 이를 계량화함으로써 각 항목별 위기지수를 산정하였다. 붕괴지수는 2000년 이후 새로운 지도자 유고변수, 리더십 위기 및 약화, 핵개발 등을 고려할 필요성이 제기되었다. 다른 하나는 현재 통일연구원 위기지수는 새터민을 대상으로 한 설문결과를 기초로 하여 지수를 산정, 위기여부를 판단하고 있다. 그러나 이글에서는 붕괴지수 산정을 효율적으로 통제하기 위해 급변사태 유발요인의 주요지표를 대분류―중분류―소분류로 구분하여 측정지표를 구체적으로 제시하여 측정지표에 대한 데이터 값을 적용하고, 그렇지 않은 지표에 대해서는 정성적 방법으로 판단하였다. 데이터 값 산정이 미흡한 분야에 대해서는 전문가그룹의 설문조사와 심층인터뷰(Indepth interview)를 통하여 붕괴지수를 보완하였다. 손도심, 『북한 급변사태의 이론적 재검토』: '조건, 변수, 시나리오를 중심으로' The Reassessment of Contingency in North Korea: 'Focusing on Conditions, Variables and Scenarios', 학위논문 (서울: 성균관대학교, 2011).
47) 실패(한) 국가(failed states), 실패중인(실패가 진행중인) 국가(failing states)에 대한 사항은 손도심, 『The Reassessment of Contingency in North Korea』 (Focusing on Conditions Variables and Scenarios), p.12. 참조.
48) 실패(한) 국가(failed states)는 미국 「Foreign Policy」와 평화기금회(Fund for Peace)는 실패국가지수를 발표하고 있다. 여기서 '실패국가'라는 개념은 어떤 사회의 내부 질서가 극도로 혼란하고 통상적으로 무장 할거, 폭력충돌 심지어 종족간 제거가 함께 수반되는 국가를 전적으로 가리킨다. 「Foreign Policy」와 평화기금회(Fund for Peace)는 매년 각종 사회·경제·정치·군사 지표 등 각국의 총체적 사회 안정성에 기초하여 순위를 발표하고 있다. 먼흥화 편저·성균중국연구소, 『중국의 매력국가 만들기: 소프트파워 전략』(서울: 성균관대학교출판부, 2014), p.303.
49) The Fund For Peace and The Carnegie Endowment for Internatiomal Peace.

12개의 지표를 개발하였다. 세부적인 지표들은 인구학적인 압력, 난민과 국내 유민의 대규모 이동, 그룹 불만 및 저항, 만성적이고 지속적인 주민이탈(이상 사회), 불평등한 경제개발, 경제의 쇠퇴(이상 경제), 국가의 정당성 상실 및 불법적 행위, 공공서비스 제공의 결여, 인권 침해, 보안조직체의 존재, 파벌집단, 외부개입(이상 군사/안보)이다.

라. 위기관리의 개념

위기관리(crisis management)라는 개념은 올바르지 못한 사건 및 사고의 조정통제에 대한 광의의 개념으로 사용되고 있다. 정부기관에서 위기관리를 하는 순수한 의도는 국민 안전에 최우선을 두고 있기 때문이다. 미국이 2011년 9.11테러를 당한 이후 연방정부는 국토안보부(DHS)를 조직 및 설치하여 국가안보와 국민안전에 최우선을 두고 있음은 두 말할 필요가 없다. 안보분야에서 위기관리를 잘못하여 방치하게 되면 더 큰 위기로 발전되어 국가 존립과 관련되는 중대위기로 발전할 가능성이 충분히 있다는 점을 고려해야 할 것이다. 위기 가운데에서 가장 중요한 비중을 두고 다루어야 할 위기는 바로 국가의 존립과 관련되는 안보위기(security crisis)라는 점은 이론의 여지가 없다. 국가별로 상황은 다를지라도 안보위기에 대응하는 국가들의 대응은 많은 차이가 있음을 알 수 있다. 서구선진국들의 경우 안보위기를 관리하는 국가 및 연방 차원의 조직으로 하여금 위기관리를 조정·통제할 수 있도록 법과 제도로서 이를 뒷받침하고 있다는 사실이다. 한국 정부의 상황도 안보위기를 총괄하는 기구(컨트롤타워: 국가안보실)를 대통령직속으로 운영하고 있다. 남북이 분단된 상황에서 안보위기는 다른 어느 분야

---

op.cit.

보다 파급효과가 크고 위험성이 상존하기 때문에 중앙정부에서 직접적으로 조정·통제하는 것이 가장 효율적으로 운영할 수 있고, 신속한 대처능력을 발휘할 수 있기 때문이다.

그리고 국가위기관리란 "국가 위기를 효과적으로 예방·대비하고 대응·복구하기 위하여 국가가 자원을 기획·조직·집행·조정·통제하는 제반 활동 과정"50)을 말한다. 국가위기관리를 위한 기관의 책무는 국무총리, 국가안보실장, 안전행정부장관(행정안전부장관), 국방부장관, 국가정보원장의 책무가 명시되어 있으며, 행정 각 부처 및 기관의 장은 "소관 위기에 대한 예방·대비·대응·복구계획을 수립·시행하고, 범 정부차원의 위기관리활동에 상호 협력하여야 한다. 이를 위해 위기관리 업무를 담당할 담당부서(담당관)를 지정·운영하며, 연락관 교환 및 통신망 운용 등 필요한 노력을 기울여야 한다고 명시되어 있다.51)

〈그림 2-5〉 비상시 국가 위기관리 및 조치

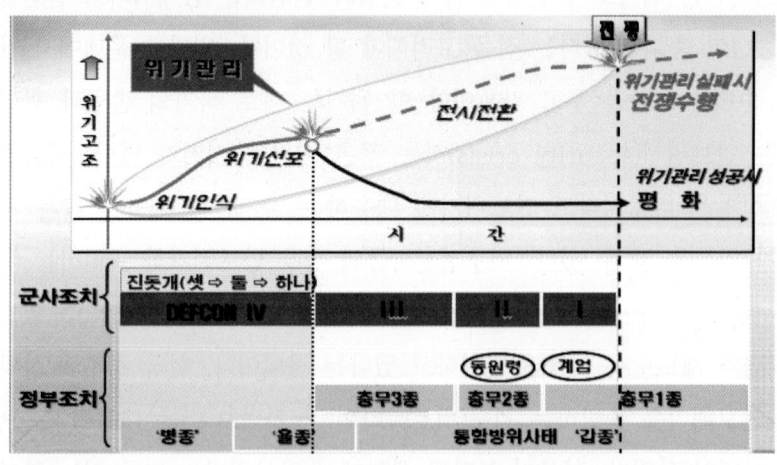

---

50) 국가안보실 위기관리센터, 「국가위기관리기본지침」(서울: 범신사, 2013), p.13.
51) Ibid, p.16.

민간부문에서 위기관리의 목적은 순수 손실의 최소화를 의미하는 것으로 인식하고 있으나 공공부문에서의 위기관리는 돌발적으로 발생해 사회에 악영향을 줄 수 있는 자연적·인위적 사건의 위험을 인지하고 통제하는 것으로 이해된다(김보균·박동균, 1996;131). 또한 위기관리(crisis management)는 국민의 생명과 재산을 보호해주고 위험을 극복하기 위한 사업계획을 집행하는 일상화된 과정으로 이해할 수 있다(Ciger, 1998; 이재은, 2000).[52] 한편 국가차원의 위기관리란 정치·외교·안보·경제·사회·문화 등 제 분야에서 국가의 능력을 향상시킴으로써 국가가 위기상황에 직면했을 때 효과적으로 대응해나가는 것을 의미하는 것으로 이해할 수 있다.

또한 위기관리는 국내적 또는 국제적 위기의 발생을 예방하고, 위기가 발생했을 경우 그 위기 상황을 계속 통제하면서 야기될 수 있는 피해의 범위를 최소화하고, 전쟁으로의 확대를 방지하며 평화적으로 문제를 해결하기 위해서 구축해놓은 제도적 장치 및 절차(국방과학기술용어사전, 국방기술품질원)이다. 위기관리는 조직의 위기에 대처해 조직에 바람직하지 못한 결과를 최소화시키고 그에 따른 신속한 조치를 취하는 일련의 행위를 의미한다고 할 수 있다. 임무수행절차에 있어서 위험요소를 확인하고 측정·통제·평가함으로써 최소의 비용으로 불이익을 줄여나가는 활동의 전반을 의미한다. 이러한 위기관리는 위기를 관리하는 전담조직이 갖추어지지 않으면 안 된다. 위기관리가 효과적으로 이루어지지 않으면 곧바로 위험사회(risk society)로 진입하게 된다. 위험사회는 사회구성원간의 신뢰와 불만이 싸여 사회적비용(social cost)이 증가하는 추세를 보이는 것이 일상화되어 있다. 이러한 위험사회는

---

[52] 이창용, 『뉴테러리즘과 국가위기관리』 (서울: 대영문화사, 2007), p.32.

사회지도층의 리더십이 절실히 요구되는 사회이기도 하다. 특히 한국을 위험사회라고 보는 데는 다음 몇 가지로서 설명할 수 있을 것이다.

첫째, 한국 사회는 높은 위험출구(Risk Taking)를 가진 사회로 보고 있다. 이는 한국전쟁(1950.6.25.~1953.7.27. 1129일) 이후 짧은 기간에 고도의 경제성장을 이룩하기 위해 사회의 안전망 구축보다는 경제성장에 비중을 두고 추진한 결과로 여기고 있다. 한국 사회는 여전히 빠른 성장으로 선진국대열에 진입하기 위한 국가전략의 일환으로 안정(stability)과 안전(safety)보다는 성장일변도의 전략을 추진하고 있기 때문이다. 둘째, 사회적 조정과 협력의 실패로 사회계약이 올바르게 이행되지 못하고 빈부격차가 심하여 사회의 가치관 형성에 가진 자의 횡포가 심하게 나타나는 것으로 통합사회로 가는 길에 장애가 되고 있다는 점이다. 2013년에 사회적 갈등을 불러일으켰던 대표적 사건 가운데 하나였던 밀양송전탑 사건은 사회갈등(social conflict)이 실패한 전형적인 사건이 낳은 것으로 이해할 수 있다. 이외에도 제주도 강정포구의 해군기지 건설에 반대하는 세력들의 극렬한 저항으로 공사가 중단되는 사태를 여러 번 겪었던 것은 사회적 갈등을 조정할 수 있는 사회적 규약이 올바로 형성되고 구축되지 못하였음을 증명하는 것이다. 셋째, 법집행의 불공정성으로 위험사회를 방기하는 결과를 초래할 수 있다는 점이다. 건전한 사회로 이행하는 과정에서 집단의 쟁의는 법 테두리 내에서 이루어져야 한다. 그러나 한국 사회는 극렬한 투쟁으로 사회적 갈등과 비용이 증가하는 추세를 보여왔다. 과거 군사정권시기에 법집행을 담당하는 조직은 강한 자에게는 법집행이 정당하게 이루어지지 않고, 약자에게는 법집행을 강화함으로써 올바른 집행을 할 수 없었다는 점을 되새겨볼 필요가 있다. 법집행은 공정하게 이루어 질 때만이 국민의 신뢰를 받을 수 있다. 한국은 과거 3~6공 군사정권 아래에서 법집행을 담당하는 기관들은 법집행을 어떻게 하였는지 자문해볼 필요가 충분히 있다.[53] 마지막으로 관료의 무능과 부패에서 위험사회를 초래하는 직접적인 원인이 될 수 있다. 2014년 4월 16일 진도 앞바다에서 발생한 세월호 참사는 관료의 부적절한 행동과 무능으로 많은 국민의 소중한 생명과 재산을 지켜내지 못했다는 점은 오랫동안 반면교사로 삼아야 한다. 관료는 소위 '그들만의 리그', '배타적 네트워크' 등으로 조직의 논리에 무장하여 산업화·민주화시대의 관료가 아닌 자신들의 영역을 확장시켜나가는 데 혈안이 되어 공공의 이익을 우선하기보다는 조직의 이익을 우선시함으로써 조직 외부 영역으로부터 질타와 멸시를 받는 집단으로 전락했다. 이를 증명이라도 하듯이 2014년 4월의 세월호 참사였다는 점을 부인할 수 없을 것이다. 이제 한국 사회의 안전은 2014년 4월 16일을 기점으로 구분해야 할 것이다. Before 4.16과 After 4.16으로 경계를 획정할 수 있을 것이다. 4.16을 통해 한국 사회는 위험사회로부터 탈출하여 안전사회로 나아갈 수 있어야 한다. 이를 위해 국무총리실에서는 '국가대개조'를 위해 민간 각계가 참여하는 국무총리 소속의 '국가대개조 범국민위원회'를 구성하여 민관합동추진체계를 만들겠다고 선언하였다. '국가대개조 범국민위원회'는 산하에 '공직개혁', '안전혁신', '부패척결', '의식개혁' 등 4개의 전문분과를 조직하여 분과별로 관련 어젠다(agenda)를 찾아 실행을 담보하는 혁신적인 구상을 했다. '국가대개조 범국민위원회'가 성공적으로 개혁안을 실행하려면 민간 참여는 필수적이다. 관(官)은 개혁의 대상이 되기 때문에 가능한 배

---

53) 2000년 이후 과거 군사정권시기의 간첩단사건, 각종 조작사건 등으로 최근 사법부의 재심절차에서 불법으로 밝혀져 무죄선고를 받고 있는 것은 역사의 아이러니가 아닐 수 없다.

제하고 학계·시민단체·연구소(원) 중심으로 '국가대개조 범국민위원회'가 구성되어 운영해야 하나 역량발휘는 하지 못했다. 국가위기관리기본지침(대통령훈령)에서 '국가위기'란 국가 주권 또는 국가를 구성하는 정치·경제·사회·문화 체계 등 국가의 중요한 핵심가치나 핵심요소에 결정적이고도 중대한 위해가 가해질 가능성이 있거나 가해지고 있는 상태를 의미한다고 정의하고 있다.54) 이러한 국가위기는 전통적 안보분야 위기(traditional security sector crisis)와 재난분야 위기(disaster sector crisis)로 구분하고 있다. 이러한 재난분야의 위기에는 구체적으로 자연재난위기와 사회적 재난위기(인적재난 및 국가 핵심기반보호체계 포함)로 구분할 수 있다. 한편 '국가위기관리'란 국가위기를 효과적으로 예방 및 대비하고 대응, 복구하기 위하여 국가가 자원을 기획·조직·집행·조정·통제하는 제반 활동과정을 의미한다.55)

〈표 2-6〉 캔톤(Canton)의 위기위계 모델(Crisis Hierarchy Model)

위기종류	일상적 위기 (emergency)	주요재난 (major diaster)	대형재난 (catastrophic diaster)
대응수준	운영적 (operational)	전술적 (tactical)	전략적 (strategic)
대응방법	사건지휘체계 (Incident Command System)	유관기관협조 (Multi-agency Command)	위기관리 (Crisis Management)
주행위자	지방정부	지방 및 주정부	주정부 및 연방정부

출처: Lucien G. Canton, Emergency Management : Concepts and Strategic for Effective Programs, John Wiley & Sons, 2007. 부형욱, "위기개념과 위기대응의 이론적 실천적 고 「비상대비연구논총」(서울: 행정안전부, 2009), p.219.

---

54) 국가 위기관리 기본지침(대통령훈령 제318호, 2013.8.30.)
55) *Ibid.*

2. 국가 위기관리의 범위

1990년대 초 탈냉전(post cold-war)이 시작되면서 국가 위기관리는 과거 냉전시기의 전통적 군사 안보(traditional military security)가 위기의 주요 범주로 여겨졌다. 그러나 냉전이 종식되면서 전 세계적 기후변화(climate change)와 지구온난화에 다른 자연재난이 국가 위기관리의 중요한 어젠다(Agenda)의 범주로 인식되기 시작했다. 평시에 발생하는 자연재난은 국가의 재난관리 역량에 따라 많은 차이를 나타내고 있다. 자연재난을 막을 수는 없지만 그로인한 피해는 국가의 예방(Prevention)·대비(preparedness)·대응(Response)·복구(Recovery) 능력에 따라 많은 편차를 보이고 있는 것이 사실이다. 사회재난을 포함한 자연재난으로부터 국민의 생명과 신체·재산을 지켜내는 것이 국가의 중요한 책무이고 국가가 존재하는 목적이다. 이를 위해 국가는 군사력을 건설하고, 재난으로부터 국민을 보호하는 것이 선진국가가 지향해야하는 방향을 명확하게 제시하고 있다. 특히, 전통적 안보의 기본이라고 할 수 있는 군사력 건설(군 현대화 포함)은 반드시 병행하거나 갖추어져야 한다. 왜냐하면 국가의 가장 중요한 국가존립의 기본이 바로 총구로부터 나온다는 점은 고대나 중세를 불문하고 오늘날까지 중요하게 여겨져 왔기 때문이다.

또한 국가위기관리의 범위를 전통적 안보, 인적·자연재난, 핵심기반 보호로 구분하기도 하였다.56) 이외에도 전통적 안보, 재난분야(자연재난, 사회재난, 해외재난 등), 국가기반체계로 구분하는 경우도 있다. 이 외에도 재난의 분류 및 유형에 따라 국가기반체계57)를 재난분야에 포

---

56) 정찬권, 『21세기 포괄안보시대의 국가위기관리론』(서울: 대왕사, 2010). p.36.

함하여 전통적 안보, 재난분야로 협의의 개념으로 구분하는 경우도 있다.

<그림 2-6> 국가 위기관리의 범위

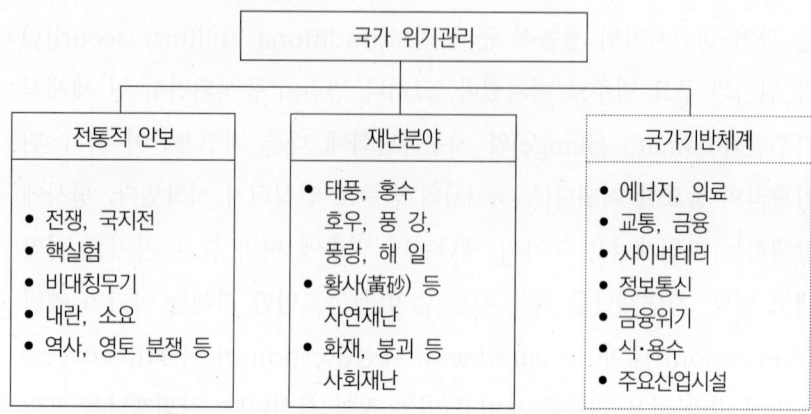

주: 1) 북한 핵실험(장거리, 미사일 포함), 비대칭무기 개발은 인접한 타국에 대해 근원적인 안보딜레마 (security dilemma를 초래하는 수단이 되기 때문에 전통적 의미에 안보영역에 포함하였으며,
2) 사회재난: 2013년 이전에는 인적재난과 국가기반보호체계를 통합하여 명칭을 변경하였다. 사회재난에는 「감염병의 예방 및 관리에 관한 법률」에 따른 감염병 또는 「가축전염병예방법」에 따른 가축전염병의 확산, 2019년 12월 「미세먼지 저감 및 관리에 관한 특별법」에 따른 미세먼지 등으로 인한 피해(재난 및 안전관리기본법 제3조(정의), 즉 2013년 이후 인적재난과 국가핵심기반보호체계를 통합. 재난 및 안전관리기본법(약칭 재난안전법) 제3조(정의) 참조
3) "국가핵심기반"이란 에너지, 정보통신, 교통수송, 보건의료 등 국가경제, 국민의 안전·건강 및 정부의 핵심기능에 중대한 영향을 미칠 수 있는 시설, 정보기술시스템 및 자산 등을 말한다. 재난 및 안전관리기본법(약칭: 재난안전법) 제3조(정의), [시행 2021. 6. 23.] [법률 제17698호, 2020. 12. 22., 일부개정]
4) 학자에 따라 다르나 크게 안보분야 위기와 재난분야 위기로 구분하고 있으나 세부적으로는 국가기반체계위기를 별도로 구분하는 경우도 있다.

한편 국가기반보호체계를 효율적으로 관리하기 위한 법령으로는 재난 및 안전관리기본법(약칭: 재난안전법) 제26조(국가기반시설의 지정 등)에서는 ① 관계 중앙행정기관의 장은 소관 분야의 기반시설 중 국가

---

57) 재난 및 안전관리기본법(약칭 재난안전법) 제3조(정의)에 의하면 사회재난정의에 따라 화재·붕괴·폭발·교통사고, 화생방사고, 환경오염사고 등으로 인하여 발생하는 대통령령으로 정하는 규모 이상의 피해와 '국가핵심기반의 마비'로 규정하여 사회재난에 포함하고 있다.

기반체계를 보호하기 위하여 계속적으로 관리할 필요가 있다고 인정되는 시설(이하 "국가기반시설"이라 한다). 재난 및 안전관리기본법 제26조 2(국가기반시설의 관리 등) ① 관계 중앙행정기관의 장은 제26조제1항에 따라 국가기반시설을 지정한 경우에는 대통령으로 정하는 바에 따라 소관 분야 국가기반보호체계 보호계획을 수립하여 해당 국가기반시설을 관리하는 기관·단체 등의 장에게 통보하여야 한다.58) 국가기반시설의 지정기준에 따르면 11개 분야 즉 에너지, 정보통신, 교통수송, 금융, 보건의료, 원자력, 환경, 정부중요시설, 식·용수, 문화재, 공동구 등을 지정 관리하고 있다.59)

이외에도 재난(Disaster)과 위기(Emergency, Crisis)와의 차이점에서 재난은 재난 및 안전관리기본법에서 이미 정의를 내리고 있으며, 그리고 국가 위기는 '국가 주권 또는 국가를 구성하는 정치, 경제, 사회, 문화체계 등 국가의 핵심요소나 가치에 중대한 위해가 가해질 가능성이 있거나 가해지고 있는 상태'60)로 정의를 내리고 있다. 한편 합동·연합작전 군사용어 사전에는 위기(Crisis)를 '대한민국과 그 영토, 국민과 군대, 소유권 혹은 이익에 위협을 주는 사건 또는 상황을 말한다. 즉, '국가목표를 달성하기 위하여 외교적, 정치적, 경제적, 군사적으로 중요한 조건(condition)이 조성되어 군대 및 자원(rescoure)의 투입이 요구되는 사건이나 상황을 의미한다'고 수록하고 있다.61)

---

58) 재난 및 안전관리기본법 시행령(약칭: 재난안전법 시행령) 제30조2(국가기반시설의 관리 등)에서는 ① 행정안전부장관은 법 제26조의2제1항에 따른 국가기반체계 보호계획의 수립을 위한 지침을 작성하여 관계 중앙행정기관의 장에게 통보하여야 한다.
59) 재난 및 안전관리기본법 시행령 별표 2(2019.8.27.개정). 과거 물류대란을 일으켰던 물류수송분야도 교통수송 분야에 포함하고 있다.
60) 국가안보실(위기관리센터), 『국가위기관리기본지침』, (2013, 대통령훈령).
61) 합동참모본부, 『합동·연합작전 군사용어사전』, 2004.

〈그림 2-7〉 위기와 재난의 개념

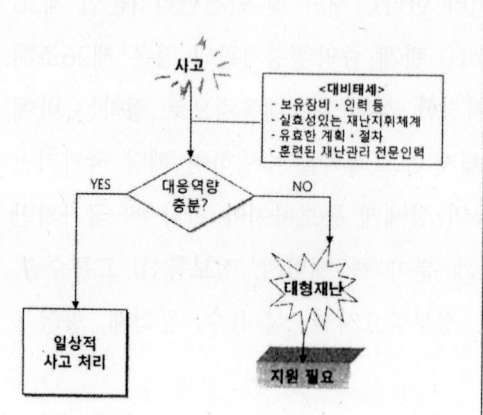

- 재난이란 대응능력이 충분하지 못 할 때 발생한 사고
- 사고발생시 지역에서의 대응능력 부족은 국가재난으로 발전할 수 있음
- 신속하고 효과적인 재난대응을 위해서는 기관간 보유자원에 대한 지원 등 합동대응체계가 마련되어 있어야 함

출처: 위금숙, "재난대비 표준체계: 미국의 NIMS소개," 「2013 재난관리 직무소양심화과정」, p.7.

따라서 국가 위기관리체계에서 위기를 분류하면 전통적 안보위기와 재난 및 국가핵심기반위기를 포함한 비전통적 재난위기로 크게 구분할 수 있다. 국가는 위기관리62)를 효율적으로 추진할 수 있는 법적, 제도적 기반을 가졌으나 4.16참사를 계기로 많은 문제점을 노출시켰다.

3. 위기의 유형 및 특성

위기유형에는 국가위기관리기본지침(대통령훈령)에서 규정한 안보 분야 위기와 재난 분야 위기로 구분하여 명시하고 있다.

---

62) 국가위기관리란 국가위기를 효율적으로 예방·대비하고 대응·복구하기 위하여 국가가 자원을 기획·조직·집행·조정·통제하는 제반활동을 의미한다.

<그림 2-8> 위기유형 구분

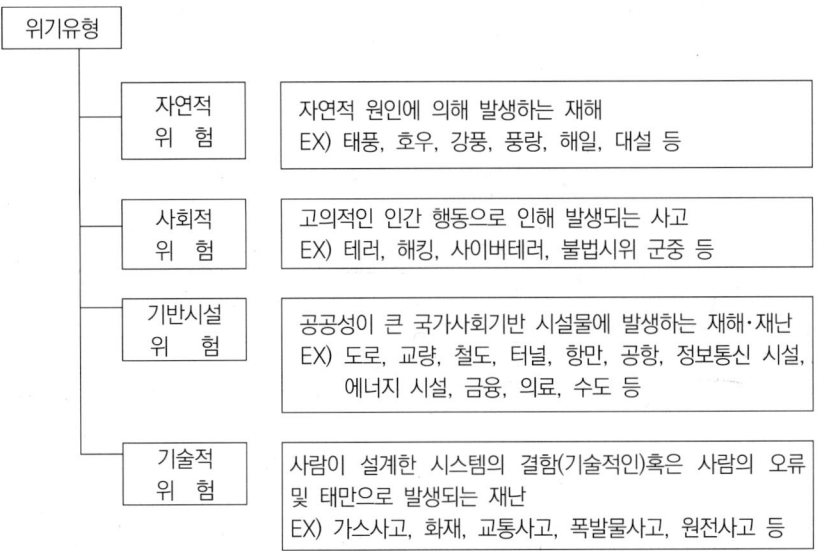

출처: 이영재, "위기관리 Business Continuity Planning" 중앙민방위방재교육원, 「2013 재난관리직무 소양심화 과정」, p.368.
주: 1) 재난 및 안전관리기본법 제3조(정의)에서 재난의 구분은 자연재난, 사회재난(인적재난과 국가기반 보호체계의 마비, 가축전염병의 확산, 미세먼지 등을 포함), 이외에도 해외재난은 대한민국 영토 밖에서 대한민국 국민의 생명신체 및 재산에 피해를 주거나 줄 수 있는 재난으로서 정부차원에서 대처할 필요가 있는 재난을 말한다.

    전통적 안보 분야 위기의 특성은 첫째, 군사적, 비군사적 위협과 비대칭적 위협을 모두 포괄하고 있다는 점이다. 즉 북한의 군사적 도발과 비군사적 도발[63]을 강요하고 있다. 이러한 군사적 위협과 비군사적 위협은 인적·물적 피해를 수반한다는 특성을 가지고 있다. 둘째, 안보위협은 한 국가의 실패를 넘어서는 결과를 초래할 수 있는 점이다. 즉 국가의 존망과 관계되는 매우 중요한 위협이 되므로 국가 및 동맹차원이 대응이 필요하다는 점이다. 셋째, 안보 분야 위협은 모든 위협 중에서

---

63) 북한이 정치·경제·사회적 목적을 달성하기 위하여 군사력 이외의 비군사적 수단을 조정·통제하여 상대국에 대해 피해를 강요하거나 중요한 위협을 가하는 조건과 상황을 의미한다.

가장 근본적인 위협이다. 이를 근본적으로 대비 및 대응하기 위해 국가에서 군(軍)이라는 무장력을 양성하고 현대화시키려는 보다 적극적인 대비 및 대응력을 준비해 나가는 노력이 국가차원에서 준비되고 있다는 점이다.

재난 분야 위기는 자연재난 위기와 사회재난 위기(인적재난 및 국가핵심기반보호체계 포함)로 크게 구분할 수 있다. 여기서 '재난'이라 함은 국민의 생명·신체·재산과 국가에 피해를 주거나 줄 수 있는 것으로서 다음 각목의 것을 말한다. 먼저, 자연재난은 태풍·홍수·호우(豪雨)·강풍·풍랑·해일(海溢)·대설·낙뢰·가뭄·지진·황사(黃砂)·조류(藻類) 대발생·조수(潮水), 그 밖에 이에 준하는 자연현상으로 발생하는 재해를 의미한다. 다음은 사회재난으로 이는 화재·붕괴·폭발·교통사고·화생방사고·환경오염사고 등으로 인하여 발생하는 대통령으로 정하는 규모이상의 피해[64]와 에너지·통신·교통·금융·의료·수도 등 국가기반체계의 마비, 「감염병의 예방 및 관리에 관한법률」에 따른 감염병 또는 「가축전염예방법」에 따른 가축 전염병의 확산 등으로 인한 피해를 의미한다.[65]

자연재난(natural disaster) 위기의 특성은 첫째, 전 지구적 차원의 극심한 기후변화, 이상기온, 기후온난화로 재난의 특성이 대형화, 불규칙적이며 생명을 위협하는 단계로까지 진행되고 있다. 둘째, 자연재난은 사회간접시설을 무력화시켜 국민의 생명과 재산을 위협하고 많은 복구시간을 필요로 한다. 셋째, 재난에 대비하여 사전에 예방하고 대비

---

64) 재난 및 안전관리기본법 제3조제1호 나목에서 "대통령령으로 정하는 규모 이상의 피해"란 1. 국가 또는 지방자치단체 차원의 대처가 필요한 인명 또는 재산의 피해. 2. 그밖에 제1호의 피해에 준하는 것으로 안전행정부장관이 재난관리를 위하여 필요하다고 인정하는 피해를 의미한다.
65) 2019.12 재난 및 안전관리기본법 개정으로 「미세먼지 저감 및 관리에 관한 특별법」에 따른 미세먼지 등으로 인한 피해를 추가 반영하였다.

하면 재난으로부터 그 피해를 경감할 수 있다. 이를 위한 국가 및 지방자치단체의 노력의 통합이 요구된다. 다음은 사회재난 위기의 특성은 첫째, 산업시설의 대형화, 집중과 노후화, 다중이용시설의 대형화 추세 증가, 생활공간의 밀집화로 재난발생시 피해규모가 확대될 것이다 둘째, 실질적인 위험이 증가하여도 체감하지 못하거나 기회비용을 증가시키는 결과를 초래한다. 셋째, 자신과 직접 이해관계가 없는 재난에 대해서는 무관심한 경향을 보인다. 넷째, 기술의 발달, 인간의 노력과 관리역량에 따라 재난의 상당부분을 감소시킬 수 있다. 다섯째, 재난발생 가능성과 상황 변화를 예측하기 어려운 점이 있으나 이를 극복하기 위한 국가나 지방자치단체, 이해당사자의 통합된 노력은 재난66)으로부터 피해를 저감시킬 수 있다. 마지막으로 재난발생으로 고의나 과실이든 타인이나 이해당사자에게 끼친 손해에 대한 배상의 책임을 가진다는 점이다. 특히, 사회재난은 산업시설 및 다중이용시설의 대형화, 대규모 수송수단의 운용, 환경사고 등은 자칫 잘못하면 대규모 재난발생을 초래할 수 있다는 점에서 기술의 발달 못지않게 AI기술 발달로 로봇이 대신할 수 있는 등 인공지능에 의한 관리와 점검이 주기적으로 이루어져야 한다는 점이다. 이를 수행해야 할 인력은 충분히 확보되어야 한다. 안전과 관련되는 예산은 국가나 지방자치단체 또는 기업체는 이를 충분히 인식해야 한다. 따라서 안전에 기초한 정책만이 국가와 사회, 또는 기업경영활동을 지속적으로 추진하는데 있어 장기적으로 기업이미지를 향상시켜 경영활동에 유리할 수 있다는 점이다. 국가의 품격 증진을 위해서도 이와 크게 다르지 않다는 점을 인식해야 할 것이다. 사

---

66) 21세기 현대 재난의 특징으로 재난의 대형화, 복잡화, 빈번화, 비정형화, 다양화 추세를 나타내고 있다.

회가 복잡하고 다양화되는 사회일수록 재난으로부터 국민의 생명과 신체 및 재산을 보호하기 위해서 국가는 재난을 통합·조정·통제 및 관리할 수 있는 재난컨트롤타워를 설치하여 운영해야 한다. 이는 국가가 존재해야 하는 근본적 목적이 되기 때문이다.

제2절 한국의 재난 및 위기관리 법·제도

1. 재난관련법령

대한민국 헌법 제34조에는 '국가는 재해를 예방하고 그 위험으로부터 국민을 보호하기 위하여 노력하여야 한다.'라고 명시하고 있다. 그리고 재난 및 안전관리기본법 제1조(목적)에는 '각종 재난으로부터 국토를 보존하고 국민의 생명·신체 및 재산을 보호하기 위하여 국가와 지방자치단체의 재난 및 안전관리체제를 확립하고, 재난의 예방·대비·대응·복구와 안전문화 활동, 그밖에 재난 및 안전관리에 필요한 사항을 규정함을 목적으로 한다.'(개정 2013.6.8.; 전문개정 2010.6.8) 재난 및 안전관리기본법 제2조(기본이념)에는 '재난을 예방하고 재난이 발생한 경우 그 피해를 최소화하는 것이 국가와 지방자치단체의 기본적 의무임을 확인하고, 모든 국민과 국가·지방자치단체가 국민의 생명 및 신체의 안전과 재산보호[67])에 관련된 행위를 할 때에는 안전을 우선적으로 고려함으로써 국민이 재난으로부터 안전한 사회에서 생활할 수 있

---

[67]) 재난 및 안전관리기본법 제3조(정의)에 '긴급구조'란 재난이 발생할 우려가 현저하거나 재난이 발생하였을 때에 국민의 생명·신체 및 재산을 보호하기 긴급구조기관과 긴급구조지원기관이 하는 인명구조, 응급처치, 그밖에 필요한 모든 긴급한 조치를 말한다.

도록 함을 기본이념으로 한다.'(전문개정 2010.6.8.) 그리고 동법 제4조(국가 등의 책무) '국가와 지방자치단체는 재난이나 그 밖의 각종사고로부터 국민의 생명·신체 및 재산을 보호할 책무를 지고, 재난이나 그 밖의 각종 사고를 예방하고 피해를 줄이기 위하여 노력하여야 하며, 발생한 피해를 신속히 대응·복구하기 위한 계획을 수립·시행하여야 한다.'라고 명시하고 있다. 이외에도 한국의 재난관리 관련 주요 법령에는 (풍수해) 자연재해대책법, 지진재해대책법, 재해구호법, 소하천 정비법, 급경사지 재난예방 관리에 관한 법률, 저수지·댐 안전관리 및 재해예방에 관한 법률, 초고층 지하 연계 복합 건축물 재난관리에 관한 특별법 등이 있다.

〈표 2-7〉 재난관련 주요 법령

- 헌법 제34조
  - 국가는 재해를 예방하고 그 위험으로부터 국민을 보호하기 위하여 노력하여야한다.

- 재난 및 안전관리기본법 제1조(목적)
  - 각종 재난으로부터 국토를 보존하고 국민의 생명·신체 및 재산을 보호하기 위하여 국가와 지방자치단체의 재난 및 안전관리체제를 확립하고, 재난의 예방·대비·대응·복구와 안전문화 활동, 그 밖에 재난 및 안전관리에 필요한 사항을 규정함을 목적으로 한다.

- 재난 및 안전관리기본법 제4조(국가 등의 책무)
  - 국가와 지방자치단체는 재난이나 그 밖의 각종사고로부터 국민의 생명·신체 및 재산을 보호할 책무를 지고, 재난이나 그 밖의 각종 사고를 예방하고 피해를 줄이기 위하여 노력하여야 하며, 발생한 피해를 신속히 대응·복구하기 위한 계획을 수립·시행하여야 한다.

2. 위기관련법령

국가 위기관리와 관련 있는 법령은 민방위기본법, 통합방위법, 재난 및 안전관리기본법, 비상대비자원관리법, 국가위기관리기본지침(대통령훈령) 등이 있다. 먼저 민방위기본법의 제1조(목적) 이 법은 전시·사변 또는 이에 준하는 비상사태나 국가적 재난으로부터 주민의 생명과 재산을 보호하기 위하여 민방위에 관한 기본적인 사항과 민방위대의 설치·조직·편성과 동원 등에 관한 사항을 규정함을 목적으로 한다. 제2조(정의) 민방위기본법에서 "민방위"란 다음 각 목의 어느 하나에 해당하는 상황(이하 "민방위사태"라 한다)으로부터 주민의 생명과 재산을 보호하기 위하여 정부의 지도하에 주민이 수행하여야 할 방공(防空), 응급적인 방재(防災)·구조·복구 및 군사 작전상 필요한 노력 지원 등의 모든 자위적 활동을 말한다.[68]

민방위기본법 제3조(국가·지방자치단체와 국민의 의무) ① 국가 및 지방자치단체는 민방위사태로부터 국가와 지역사회의 안전을 보장하고 국민의 생명과 재산을 보호하기 위한 계획을 수립·시행하여야 하며, 민방위사태를 신속히 수습·복구하여야 한다. ② 모든 국민은 국가 및 지방자치단체의 민방위 시책에 협조하고, 이 법에서 규정한 각자의 민방위에 관한 의무를 성실히 이행하여야 한다. 통합방위법은 제1조(목적) '적(敵)의 침투·도발이나 그 위협에 대응하기 위하여 국가 총력전(總力戰)의 개념을 바탕으로 국가방위요소를 통합·운용하기 위한 통합방위

---

[68] 민방위기본법상의 민방위사태는 전시·사변 또는 이에 준하는 비상사태
- 「통합방위법」 제2조제3호에 따른 통합방위사태
- 「재난 및 안전관리 기본법」 제36조제1항에 따른 재난사태 선포 또는 같은 법 제60조제1항에 따른 특별재난지역 선포 등의 국가적 재난, 그밖에 안전행정부장관이 정하는 재난사태를 말한다.

대책을 수립·시행하기 위하여 필요한 사항을 규정함을 목적으로 한다.'
동법 제3조(통합방위태세의 확립 등) ① 정부는 국가 방위요소의 육성 및 통합방위태세의 확립을 위하여 필요한 시책을 마련하여야 한다. ② 각 지방자치단체의 장은 관할구역별 통합방위태세의 확립에 필요한 시책을 마련하여야 한다. ③ 각급 행정기관 및 군부대의 장은 통합방위작전을 원활하게 수행하기 위하여 서로 지원하고 협조하여야 한다. ④ 정부는 통합방위사태의 선포에 따른 국가방위요소의 동원비용을 대통령령으로 정하는 바에 따라 예산의 범위에서 해당 지방자치단체에 지원할 수 있다. 한편 재난 및 안전관리기본법은 제1조(목적) 이 법은 각종 재난으로부터 국토를 보존하고 국민의 생명·신체 및 재산을 보호하기 위하여 국가와 지방자치단체의 재난 및 안전관리체제를 확립하고, 재난의 예방·대비·대응·복구와 안전문화 활동, 그밖에 재난 및 안전관리에 필요한 사항을 규정함을 목적으로 한다. 비상대비자원관리법은 제1조(목적) '전시·사변 또는 이에 준하는 비상시(이하 "비상사태"라 한다)에 국가의 인력·물자 등 자원을 효율적으로 활용할 수 있도록 이에 대비한 계획의 수립·자원관리·교육 및 훈련 등에 필요한 사항을 규정함을 목적으로 한다. 동법 제3조(비상대비의무) '정부는 비상사태에 대비하여 국가의 인력자원과 물적자원을 효율적으로 활용하기 위하여 이 법 또는 다른 법령에서 정하는 바에 따라 필요한 계획을 수립하고 실시하여야 한다.'

　이외에도 국가위기관리기본지침(대통령훈령)[69]이 있으며, 이는 각종

---

69) 2021년 현재 대통령훈령으로 규정되어 있으나 장기적으로는 '위기관리기본법(가칭) 제정을 통해 관리 및 규정되어야 한다. 또한 위기관리표준매뉴얼, 위기대응실무매뉴얼, 위기관리센터 운영, 위기관리 조직 및 운영, 국가위기관리연습(정부연습 포함) 등을 위해 법률을 제정해야 한다.

위기로부터 국가의 주권과 영토를 보전하고 국민의 생명·신체 및 재산을 보호하기 위하여 국가차원의 위기관리 활동에 대한 기준과 방향을 정하고, 정부 각 부처·기관의 위기관리 임무수행에 필요한 사항을 규정함을 목적으로 하고 있다.

3. 재난분야의 위기관리기구

'중앙안전관리위원회'[70](이하 '중앙위원회'라 한다)는 재난관리에 관한 국가차원의 중요 정책을 조정·심의한다. 다만 국가안전보장과 관련된 사항은 '국가안전보장회의'와 협의하여야 한다.[71] '안전정책조정회의'[72]는 업무를 효율적으로 처리하기 위하여 '중앙안전관리위원회'에 상정될 안건을 사전에 검토하거나 '중앙안전관리위원회'로부터 위임받은 중요사항을 조정·심의한다. '중앙재난안전대책본부'[73] 대규모 재난

---

70) 재난 및 안전관리기본법 제9조(중앙안전관리위원회, 이하 '중앙위원회'라 한다)에 의하면 다음 각 호의 사항을 심의 한다: 1) 재난 및 안전관리에 관한 중요 정책에 관한 사항, 2) 제22조에 따른 국가안전관리기본계획에 관한 사항, 3) 중앙행정기관의 장이 수립·시행하는 계획, 점검·검사, 교육·훈련, 평가, 안전 기준 등 재난 및 안전관리업무의 조정에 관한 사항, 4) 제36조에 따른 재난사태의 선포에 관한 사항, 5) 제60조에 따른 특별재난지역의 선포에 관한 사항, 6) 재난이나 그 밖의 각종 사고가 발생하거나 발생할 우려가 있는 경우 이를 수습하기 위한 관계기관 간 협력에 관한 중요 사항, 7) 중앙행정기관의 장이 시행하는 대통령령으로 정하는 재난 및 사고의 예방사업 추진에 관한 사항, 8) 그밖에 위원장이 회의에 부치는 사항(재난 및 안전관리기본법 일부개정, 2014.2.5.). 동법제11조(지역위원회) 지역별 재난 및 안전관리에 관하여 특별시장, 광역시장, 특별자치시장·도지사·특별자치도지사 소속으로 시·도 안전관리위원회를 두며, 시장군수구청장 소속으로 시·군·구 안전관리위원회를 둔다.
71) 안보 분야 위기관리 기구는 1) 국가안전보장회의(헌법 제91조, 국가안전보장회의법), 2) 외교안보장관회의, 3) 국가안보정책 조정회의 등이 있다.
72) 중앙위원회에 상정될 안건을 사전에 검토하고 다음 각 호의 사무를 수행하기 위하여 중앙위원회에 안전정책조정위원회를 둔다.: 1) 제9조제1항제3호, 제6호 및 제7호의 사항에 대한 사전 조정, 2) 제23조에 따른 집행계획의 심의, 3) 제26조에 따른 국가기반시설의 지정에 관한사항의 심의, 4) 제71조의 2에 다른 재난 및 안전관리기술 종합계획의 심의, 5) 그밖에 중앙위원회가 위임한 사항(재난 및 안전관리기본법 일부개정, 2014.2.5.).

의 예방(Prevention)·대비(Preparedness)·대응(Response)·복구(Recovery) 등에 관한 사항을 총괄·조정하고 필요한 조치를 취한다. '중앙사고수습본부'74)는 재난이 발생하거나 발생할 우려가 있는 경우 재난관리 주관기관의 장이 설치·운영하며, '중앙재난안전대책본부'와 긴밀한 협조하에 발생된 재난을 신속하게 수습한다. '중앙긴급구조통제단'은 긴급구조에 관한 사항의 총괄·조정 관련기관의 긴급구조 활동에 대한 역할 분담과 지휘·통제를 담당한다. 다만 사이버 위협과 관련해서 국가 사이버 안보태세는 국가안보실(대통령실 위기관리센터)이 컨트롤타워 역할을 수행하며, 국가정보원은 사이버 안전과 관련된 실무를 총괄하되, 분야별로 공공분야는 국가정보원, 민간분야는 과학기술정보통신부, 국방 분야는 국방부가 주관기관이 되며, 상호 유관기관으로서 협조하고 지원한다.

---

73) 재난 및 안전관리기본법 제14조(중앙재난안전대책본부 등)는 대통령령으로 정하는 대규모 재난의 예방·대비·대응·복구 등에 관한 사항을 총괄·조정하고 필요한 조치를 하기 위하여 안전행정부에 중앙재난안전대책본부(이하 '중앙대책본부'라 한다)를 둔다.
74) 재난 및 안전관리기본법 제15조2(중앙사고수습본부 등)는 1) 재난관리주관기관의 장은 재난이 발생하거나 발생할 우려가 있는 경우에는 재난상황을 효율적으로 관리하고 재난을 수습하기 위한 중앙사고수습본부(이하 '수습본부'라 한다)를 신속하게 설치·운영하여야 한다. 2) 수습본부의 장(이하 '수습본부장')은 해당 재난관리주관기관의 장이 된다. 3) 수습본부장은 재난정보의 수집전파, 상황관리, 재난발생시 초동조치 및 지휘 등을 위한 수습본부상황실을 설치·운영하여야 한다. 이 경우 제18조 제3항에 따른 재난안전상황실과 인력·장비·시설 등을 통합·운영할 수 있다. 4) 수습본부장은 재난을 수집하기 위하여 필요하면 관계 재난관리책임기관의 장에게 행정상 및 재정상의 조치, 소속 직원의 파견, 그 밖에 필요한 지원을 요청하실 수 있다. 이 경우 요청을 받은 관계 재난관리책임기관의 장은 특별한 사유가 없으면 요청에 따라야 한다. 5) 수습본부장은 해당 재난의 수습에 필요한 범위에서 시장·군수·구청장(제16조제1항에 따른 시·군·구 대책본부가 운영되는 경우에는 해당본부장을 말한다)을 지휘할 수 있다. 6) 수습본부장은 재난을 수습하기 위하여 필요하면 대통령령으로 정하는 바에 따라 제14조제4항에 따른 중앙수습지원단을 구성·운영할 것을 중앙대책본부장에게 요청할 수 있다. 7) 수습본부의 구성·운영 등에 필요한 사항은 대통령령으로 한다.

〈표 2-8〉 OECD 국가의 국제보건규정(IHR) 핵심역량 평균, 2019

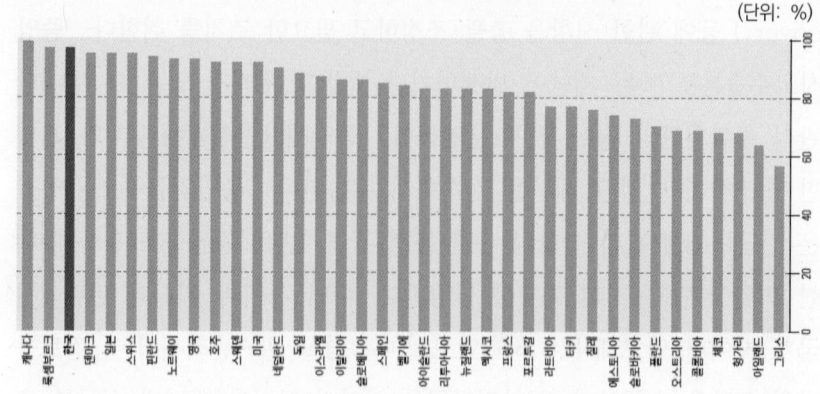

자료: WHO (www.extranet.who.int/e-spar)
출처: 통계청, 김대호·박영실, 한국의 SDGs 이행 현황 2021 발표, 보도자료, 2021-04-01(게시일), 통계청홈페이지 〉 새소식 〉 보도자료 〉 전체
주: 1) IHR(International Health Regulations)은 공중보건위기를 예방, 평가, 대응하기 위한 세계보건기구(WHO) 규정으로, 정책 및 재정, 식품안전, 보건서비스 제공, 검역, 위기소통 등 13개 영역으로 구성

최근 통계청의 통계자료에 의하면 보건위기 대응역량을 나타내는 평가에서 2019년 한국은 국제보건규정(IHR)에 따른 보건위기 대응역량 평가에서 97% 달성하여 캐나다(99%)에 이어 룩셈부르크(97%)와 함께 상위권을 나타냈다. 국제보건규정(IHR)에 따른 보건위기대응역량 평가에서 한국은 97%를 기록해 캐나다(99%), 룩셈부르크(97%)에 이어 평가대상 37개국 가운데 3위를 기록했다. IHR은 공중보건위기를 예방, 평가, 대응하기 위한 세계보건기구(WHO) 규정으로, 정책 및 재정, 식품안전, 보건서비스 제공, 검역, 위기소통 등 13개 영역으로 구성된다.

제 3 장

한국의 국가 위기관리정책

Democracy can buckle when we give in to fear. Which brings me to my final point-our democracy is threatened whenever we take it for granted.
민주주의는 두려움에 빠지면 좌절할 수 있습니다. 나의 마지막 요점은 우리의 민주주의는 우리가 그것을 당연하게 여길 때마다 위협을 받는다는 점입니다.

- 제 44대 미국 대통령 오바마 고별연설문(2017.1.10) 중

제3장 한국의 국가 위기관리정책

제1절 국가 위기관리의 체계

1. 4·16 이전 국가 위기관리체계

　4·16 이전 국가 위기관리체계에서 위기관리단계에서 위기를 예방(prevention)하고 대비(preparedness), 대응(response) 및 복구(recovery)[1] 활동의 개념을 정립하는 매우 중요한 과제이다. 예방(prevention)은 위기를 사전에 제거하거나 감소시킴으로써 위기의 발생 자체를 억제하거나 방지하기 위한 일련의 활동을 말한다. 대비(preparedness)는 위기 상황하에서 수행해야 할 제반 사항을 사전에 계획, 준비, 교육(education), 훈련(training)함으로써 대응능력을 제고시키고 위기발생시 즉각적으로 대응할 수 있도록 태세를 강화시켜 나가는 일련의 활동을 총칭하는 것이다. 대응(response)이란 위기발생시 국가의 자원과 역량을 효율적으로 활용하고 신속하게 대처함으로써

---

[1] 위기관리의 4대 기능으로 특히 예방은 prevention 또는 mitigation을 병행하여 사용할 수 있다.

피해를 최소화하고 2차 위기 발생 가능성을 감소시키는 일련의 활동을 의미한다. 복구(recovery)는 위기로 인해 발생한 피해를 위기 이전의 상태로 회복시키고, 평가 등에 의한 제도개선과 운영체계 보완을 통해 재발을 방지하고 위기관리 능력을 향상시키고자 하는 일련의 활동을 의미한다. 이를 좀 더 쉽게 이해하기 위해 개념과 활동내용을 표로 정리하면 다음과 같다.

〈표 3-1〉 위기관리 기능의 개념 및 내용

구 분	개념 및 주요 활동내용

예방	■ 위기요인을 사전에 제거하거나 감소시킴으로써 위기발생 자체를 억제하거나 방지하기 위한 일련의 활동
	■ 주요활동내용
	  - 제도개선 및 정책적·기술적 대안강구
	    • 운영기준과 제도검토, 법률과 제도정비
	  - 취약점의 보완 및 관리
	    • 위기정보, 상황의 수집 및 분석, 취약점 발굴
	    • 취약점에 대한 지속적 모니터링을 통한 정비 및 보강
	  - 대내외 협조관계 지속적 구축 및 유지

대비	■ 위기상황하에서 수행해야 할 제반사항을 사전에 계획·준비 교육·훈련으로 대응능력을 향상시켜 위기발생시 즉응태세를 강화시켜나가는 일련의 활동
	■ 주요활동내용
	  - 위기대응계획의 수립 및 점검*
	    * 위기대응목표, 단계별조치내용 및 절차, 대응자원의 투입과 배분, 대내외협조 및 홍보사항
	  - 위기대응 투입자원의 확보관리
	  - 위기관리절차와 대응조치의 교육과 훈련
	  - 대응태세 확립을 위한 조치 및 비상근무태세의 유지

대응	■ 위기발생시 국가의 자원과 역량을 효율적으로 활용하고 신속·정확하게 대처함으로써 피해를 최소화하고 2차 위기발생가능성을 감소시키는 일련의 활동
	■ 주요활동내용
	  - 초기 대응조직 및 비상대책기구의 가동
	  - 유기적인 협조체제유지, 지휘통제통신대책 강구

	- 응급대응 및 공조체제유지: 현장 중심의 지휘통제실시 - 대내외 커뮤니케이션 및 홍보 실시 ■ 대외 공보활동은 공식적인 창구를 지정·운영
복구	■ 위기로 인해 발생한 피해를 위기 이전의 상태로 회복시키고 평가 등에 의한 제도 개선과 운영체제 보완을 통해 재발을 방지하고 위기관리 능력을 보완하는 일련의 활동 ■ 주요활동내용 - 복구 자원의 투입 및 원상회복 - 피해확인, 조사 및 피해액 산정/위기관리 활동 평가 및 개선책 강구

출처: 국가위기관리기본지침, 재난 및 안전관리기본법 및 동법시행령, 자연재해대책법, 재해구호법, 위기관리 매뉴얼

2. 4·16 이전 국가 위기관리 문서 체계 및 성격

국가위기관리 문서에는 '위기관리 표준매뉴얼', '위기대응 실무매뉴얼', '현장조치 행동매뉴얼', '주요상황 대응매뉴얼'[2] 등이 있다. 이러한 매뉴얼은 재난관리 책임기관,[3] 주관기관,[4] 관련기관이 유기적으로 협의하여 작성하고 훈련을 실시해야 한다.

---

[2] '주요상황 대응매뉴얼'은 국가 차원의 위기로 취급해야 할 사안은 아니나, 범정부적 대응이 필요한 사안에 대해 대응방향과 절차, 관련 부처의 조치사항 등을 수록한 문서이다. '주요상황 대응매뉴얼'은 상황대응 체계, 상황전파·협조·대응활동·사후관리 등의 세부 활동 내용, 관련기관의 임무와 역할 등에 관한 사항을 규정: 국가안보실 위기관리센터, 「국가위기관리기본지침」(서울: 범신사, 2013), p.25. 하는 일종의 상황전파 및 대응활동을 명시하고 규정하는 절차적 성격의 부처별 협조사항을 기술하고 있다.

[3] 재난 및 안전관리기본법 제3조(정의) 5. "재난관리책임기관"이란 재난관리업무를 하는 다음 각 목의 기관을 말한다. 가. 중앙행정기관 및 지방자치단체(「제주특별자치도 설치 및 국제자유도시 조성을 위한 특별법」 제10조제2항에 따른 행정시를 포함한다). 나. 지방행정기관·공공기관·공공단체(공공기관 및 공공단체의 지부 등 지방조직을 포함한다) 및 재난관리의 대상이 되는 중요시설의 관리기관 등으로서 대통령령으로 정하는 기관

[4] 재난 및 안전관리기본법 제3조(정의) 5의2. "재난관리주관기관"이란 재난이나 그 밖의 각종 사고에 대하여 그 유형별로 예방·대비·대응 및 복구 등의 업무를 주관하여 수행하도록 대통령령으로 정하는 관계 중앙행정기관을 말한다. 재난 및 안전관리기본법 시행령 제3조의2(재난관리주관기관) 법 제3조제5호의2에서 "대통령령으로 정하는 관계 중앙행정기관"이란 별표 1의3에 따른 재난 및 사고유형별 재난관리주관기관을 말한다. [본조신설 2014. 2. 5.]

가. 위기관리 표준매뉴얼

이 매뉴얼은 국가적 차원에서 관리 및 조정통제가 필요한 유형별 위기관리 체계 및 관련기관의 임무와 역할을 정립한 체계화된 문서로 부처·기관별 「위기대응실무매뉴얼」 작성의 기준이 되는 최상위 문서이다. 「위기관리 표준매뉴얼」은 위기유형에 대한 예방·대비·대응·복구 활동의 방향, 범정부 차원의 종합 관리체계, 부처·기관별 책임과 역할, 협조관계 등에 관한 사항이 포함된다. 「위기관리 표준매뉴얼」은 주관기관의 장이 작성하며, 안보분야는 국가안보실장, 재난분야는 안전행정부장관(행정안전부장관)[5]의 조정·승인을 받아 확정한다.

나. 위기대응 실무매뉴얼

「위기관리 표준매뉴얼」에 규정된 기능과 역할에 따라 위기발생시 실제 적용하고 시행해야 할 조치사항과 절차를 수록한 문서이다. 「위기대응실무매뉴얼」에는 위기상황을 상정하고 이에 따른 상황 인지 및 보고·전파, 상황 분석·평가판단, 조치사항 등 위기대응을 위한 절차·기준·요령과 각종 양식, 보도자료 또는 담화문 예문 등에 관한사항이 포함된다. 「위기대응실무매뉴얼」은 소관분야 주관기관의 장과 유관기관의 장이 작성·운용하며, 주관기관의 장은 소관분야 「위기대응실무매뉴얼」을 조정·승인하고 지도·관리를 하여야 한다. 한편 주관기관의 장은 소관분야 「위기대응실무매뉴얼」을 신규로 작성하거나 내용을 변경한 때에는 안보분야는 국가안보실장, 재난분야는 안전행정부장관에게 통보

---

[5] 행정자치부장관, 안전행정부장관 또는 행정안전부장관의 명칭은 정부수립과정에서 많은 부침을 겪었다. 세월호 참사이후에는 국민안전관리를 총괄하는 기능을 수행하고 있다.

하여야 한다. 이외에도 위기관리 주관 및 유관기관의 장은 필요시 소관 분야의 위기와 관련되는 민간 기관·단체에 대하여 「위기대응실무매뉴얼」에 상응하는 자체 위기대응계획(crisis response plan)을 수립하도록 지도한다.

다. 현장조치 행동매뉴얼

「현장조치 행동매뉴얼」은 위기발생시 위기현장에서 임무를 직접 수행하는 기관의 행동조치절차를 구체적으로 수록한 문서이다. 「현장조치 행동매뉴얼」에는 위기 발생시 현장에서 임무를 수행하는 기관의 구체적인 임무와 행동절차, 안전수칙, 장비보유현황 및 관련기관의 연락처 등에 관한 사항을 기술하고, 「현장조치 행동매뉴얼」은 「위기대응 실무매뉴얼」을 작성한 기관의 장이 지정한 기관의 장이 작성·운용하며, 주관기관의 장은 소관분야 「현장조치 행동매뉴얼」을 조정·승인하고 지도·관리를 하여야 한다. 한편 주관기관의 장은 소관분야 「현장조치 행동매뉴얼」을 신규로 작성하거나 변경한 때에는 안보 분야는 국가안보실장, 재난 분야는 안전행정부장관에게 통보하여야 한다.

라. 주요상황 대응매뉴얼

「주요상황 대응매뉴얼」은 국가 차원의 위기로 다루어야 할 사안은 아니나, 범정부적 대응이 필요한 사안에 대해 대응 방향과 절차, 관련 부처의 조치사항 등을 수록한 문서이다. 「주요상황 대응매뉴얼」은 상황대응 체계, 상황전파·협조·대응활동·사후관리 등의 세부 활동 내용, 관련 기관의 임무와 역할 등에 관한 사항을 규정한다. 「주요상황 대응매뉴얼」의 수립·개정에 관한 사항은 대통령비서실과 국가안보실 및 상황별 관련기관이 공동으로 소관한다. 국가위기를 관리하는 문서체계는 국가위기관리기본지침으로부터 위기관리 표준매뉴얼, 위기대응 실무매뉴얼, 현장조치 행동매뉴얼 체계로 구성되어 있다. 이를 도식하면 아래와 같다.

〈그림 3-1〉 국가 위기관리 문서체계

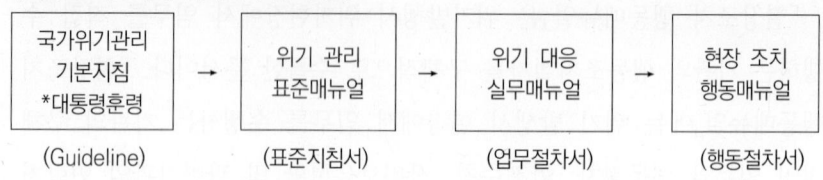

문 서	문서의 성격
국가위기관리 기본 지침	국가 위기관리 활동의 방향과 기준을 제시한 행정규칙
위기 관리 표준매뉴얼 (표준지침서)	• 국가적 차원에서 관리가 필요한 유형별 위기관리 체계 및 관련기관의 임무와 역할을 정립 • 위기유형에 대한 예방·대비·대응·복구활동의 방향, 범정부차원의 종합관리체계, 부처 기관별 책임과 역할, 협조체계 등에 관한사항을 기술 ※ 중앙부처 기관별「위기대응 실무매뉴얼」작성의 기준
위기 대응 실무매뉴얼 (업무절차서)	• 위기발생시 관련된 주관·유관·실무기관이 위기관리 표준매뉴얼에 규정된 기능과 역할에 따라 실제 적용하고 시행해야 할 조치사항 및 절차 수록 • 위기상황 인지 및 보고·전파, 상황분석, 평가판단, 조치사항 등 위기대응을 위한 절차기준 요령과 각종양식, 보도자료 또는 담화문 예문 등에 관한사항을 기술
현장 조치 행동매뉴얼 (행동절차서)	• 위기발생시 위기발생현장에서 임무를 직접 수행하는 기관의 행동조치 절차를 구체적으로 수록 • 위기발생시 현장에서 임무를 수행하는 기관의 구체적인 임무와 행동절차, 안전수칙, 장비보유 현황 관련기관 연락처 등에 관한사항을 기술

〈표 3-2〉 국가 위기관리 문서의 성격

주요 상황 대응매뉴얼	• 국가차원의 위기로 취급해야 할 사고는 아니나, 범정부적 대응이 필요한 사고에 대해 대응방향과 절차, 관련 부처의 조치사항 등을 수록 • 상황대응 체계, 상황전파·협조·대응활동·사후관리 등의 세부 활동 내용, 관련 기관의 임무와 역할 등에 관한 사항 수록

출처: 김영근, "국가 위기관리 매뉴얼," 중앙민방위방재교육원, 「2013 재난관리직무소양과정」, p.89. 한국, 국가안보실(위기관리센터) 국가위기관리기본지침

3. 4·16 이전 국가 위기관리 자원

국가 위기관리시 자원 운용은 인적자원과 물적자원을 효율적으로 통합·조정·통제하는 노력이 무엇보다도 중요하다. 그러나 2014, 4.16 참사(이하 '4.16 참사'라 한다)가 발생하였으나 중앙재난안전대책본부(안전행정부)및 중앙사고수습본부(해양수산부)는 사전에 인적자원과 물적자원을 통합·효율적으로 관리되지 못하였다는 점은 보다 분명하게 드러났다. 해난사고의 경우 인적자원은 해양경찰청이 보유한 자원이외에도 해군이 보유한 해군특수구난구조대(UDT, SSU), 소방방재청(현 소방청) 중앙119구조본부의 수난구조대(잠수가능), 민간 자원(머구리, 잠수사)등을 조기에 최대한 동원하는 노력이 요구되었으나 중앙재난안전대책본부(현 행정안전부) 및 중앙사고수습본부(해양수산부)는 이를 활용하지 못하였다. 물적 자원도 해난사고 현장에 필요한 해군 구조함(통영함), 대형바지선, 오징어 채낚기어선, 쌍끌이 어선, 어업지도선 등 모든 가용한 수단 동원하여 사고초기 현장에 투입하여 인명구조에 최선을 다하는 노력이 부족하였다는 점은 오랫동안 교훈으로 삼아야 한다. 특히 '4.16 참사'의 경우 사고현장에 출동한 해양경찰 소속 123경비정은 기울어져가는 세월호 여객선의 선실에 루트(root)를 개척하여 학생들을 대피시킬 수 있는 결정적 기회를 놓치고 말았다. 이는 두고두고

통탄할 일이 아닐 수 없다. 위기에서 국민의 생명과 신체·재산을 지켜내야 하는 해양경찰로서의 직무를 망각한 어처구니없는 사실에 이를 생생하게 지켜본 많은 국민은 실망을 넘어 좌절할 수밖에 없었다. 당시 이를 지켜 본 수많은 국민들이 분노하는 이유가 여기에 있다는 것을 명심해야 한다. 국가위기를 관리하는데 있어 인적자원 뿐만 아니라 물적 자원도 평시부터 통합적으로 관리되어야 하는 것은 지극히 당연한 일이다. 중요한 것은 민간자원을 효율적으로 조정·통제할 수 있는 시스템개발이 이루어져야 한다. 자원관리에서 중요한 것은 중앙정부와 지방자치단체간의 긴밀한 협조가 이루어져야 한다는 점이다. 자원관리를 배분하고 조정·통제하는데 있어 가장 중요한 것은 인명구조에 최선의 노력과 방법을 강구해야한다는 점을 강조해야 할 것이다. 이는 현장지휘관에게 주어진 가장 중요한 책무중의 하나이기 때문이다. 현장지휘관은 인명구조를 위한 다양한 수단을 강구하는데 있어 노력의 통합, 능력에 기반 한 임무부여, 사고 유가족 참여 등은 인명 구조과정에서 제기되는 문제들을 효율적으로 조치하는데 있어 중요한 과정이 아닐 수 없다. 그리고 유가족이 제기하는 내용을 확인하고 이에 대한 대책을 충분히 설명할 수 있어야 한다.

  초기대응에서 자원관리가 중요한 이유는 비록 위기가 발생하였으나 이를 극복하기 위해서는 사건이 발생한 현장에서 현장지휘관이 다양하고 효율적인 수단으로 인명구조를 지휘·통제하는데 있어 매우 중요하기 때문이다. 인적자원관리에서 가장 중요한 것은 사고현장으로 신속한 이동을 보장할 수 있도록 항공자산(헬기)을 이용하여 사고 현장으로 투입하는 것이다. 현장에 투입된 특수임무구조대는 수단·방법을 가리지 않고 인명을 위기로부터 대피시키는 것이 무엇보다 중요하기 때문이다.

재난 및 안전관리기본법 제34조 제3항과 5항에 의하면 '안전행정부장관(2017.7, 행정안전부장관)과 소방방재청장(2017.7, 소방청장)은 제1항에 따라 재난관리책임기관의 장이 비축·관리하는 재난관리자원을 체계적으로 관리 및 활용할 수 있도록 재난관리자원 공동 활용시스템(이하 "자원관리시스템"이라 한다)을 구축·운영할 수 있다. 제5항에는 제2항에 따른 장비와 인력의 지정관리와 자원관리시스템의 구축·운영 등에 필요한 사항은 안전행정부령으로 한다. 동법 제34조 제1항은 재난관리책임기관의 장6)은 재난의 수습활동에 필요한 대통령령으로 정하는 장비, 물자 및 자재(이하 "재난관리자원"이라 한다)를 비축·관리하여야 한다. 재난관리기준7)(행정안전부 고시 제2010-17호) 제23조(자원관리 내용)에서 자원의 수급, 배분 등을 체계적으로 수행하기 위하여 다음 각 호의 사항이 수록된 자원관리계획을 수립하여 시행하여야 한다. 자원의 관리, 자원관리계획, 자원관리데이터베이스, 재난자원 활용 및 모니터링, 재난자원 비축 등이다. 이러한 자원을 효율적으로 관리할 대상에는 인적 자원(재난대응능력, 재난관리활동에 참여인력), 재난관리활동에 필요한 시설물 등 시설, 장비, 물자 등이며, 재난관리업무 및 재난관리를 위한 행정과 예산, 재난정보 수집을 위한 인적·물적 자원이 관리대상이다.

---

6) 재난 및 안전관리기본법 제3조(정의)에 의하면 재난관리책임기관이란 재난관리업무를 하는 다음 각 기관을 말한다: 가. 중앙행정기관 및 지방자치단체 나. 지방행정기관·공공기관·공공단체(공공기관 및 공공단체의 지부 등 지방조직을 포함한다) 및 재난관리의 대상이 되는 중요시설의 관리기관 등으로서 대통령령으로 정하는 기관.

7) 재난 및 안전관리기본법 제34조의 3(국가재난관리기준의 제정·운용 등) ① 행정안전부장관은 재난관리를 효율적으로 수행하기 위하여 다음 각 호의 사항이 포함된 국가재난관리기준을 제정하여 운용하여야 한다. 다만, 「산업표준화법」 제12조에 따른 한국산업표준을 적용할 수 있는 사항에 대하여는 한국산업표준을 반영할 수 있다. 1. 재난분야 용어정의 및 표준체계 정립, 2. 국가재난관리 대응체계에 대한 원칙, 3. 재난경감·상황관리·자원관리·유지관리 등에 관한 일반적 기준, 4. 그 밖의 대통령령으로 정하는 사항

제2절 국가 위기관리시스템 구축

1. 4·16 이전 국가 재난관리체계

　4·16 이전 국가 재난관리체계에서 자연재난은 소방방재청이 조정·총괄하였으며, 그러나 인적재난을 포함한 국가핵심기반보호체계 등은 사회재난으로 통합되어 안전행정부가 조정·총괄기능을 수행하였으나 4.16 참사에서 보여준 것과 같이 제대로 작동되지 않았다는 점은 부인할 수가 없다. 왜 재난관리조직이 효과적으로 대응할 수 없었을까? 해양경찰(해양경찰청)은 왜 초기대응에 실패했을까? 라는 물음에 대한 대답은 명확하다. 첫째, 해상사고 발생시 현장조치 행동매뉴얼이 구체적으로 작성되어 있지 않았다는 점이다. 현장조치 행동매뉴얼은 위기발생시 위기발생현장에서 임무를 직접 수행하는 기관의 행동조치 절차를 구체적으로 수록해야 하며, 위기발생시 현장에서 임무를 수행하는 기관의 구체적인 임무와 행동절차, 안전수칙, 장비보유 현황 관련기관 연락처 등에 관한사항을 기술하도록 해야 함에도 불구하고 해양경찰의 매뉴얼은 실제 그렇지 못했다. 둘째, 해상사고에 대한 실질적인 훈련이 제대로 이행되지 못하였다는 점이다. 해양경찰은 그동안 중국의 불법어선의 어로활동에 대한 대책에 치중하느라, 실제 해상에서의 인명구조와 같은 재난대응훈련은 실질적으로 이루어지지 않고 형식적으로 실시했다.[8] 비상시 대응활동은 우선 처리해야 하는 사항에 대한 지시와 통제,

---

[8] 2014. 4월 세월호 참사 이전에는 인명구조를 위한 실질적인 훈련이 미흡했던 것이 사실이다. 또한 공직자로서 소명의식이 결여되어 재난현장에서 위급한 상황을 인지하고서도 적절한 대응책을 강구하지 않은 이유이기도 하다. 중요한 것은 위험한 상황에서도 안전대책을 강구하여 구조임무를 수행할 수 있도록 평시 훈련을 강화해야 한다.

자원배분, 협의 조정, 상호협력 등 우선순위에 따라 의사결정이 이루어져야하고, 재난으로부터 피해를 최소화하여야 하며, 2차 피해 확산 방지 조치를 포함하여 한다. 4.16 이전 국가 재난관리체계는 체계적·통합적 기능이 부족했다. 재난관리를 위한 컨트롤타워의 기능 및 역할이 부족했다. 육상 및 해상재난에 대한 컨트롤타워의 임무수행이 미흡했다는 것을 확인했다. 중요한 것은 재난관리책임기관 또는 주관끼리 상호 정보공유와 일체화된 통신망 운용이 이루어지지 않았다.

〈표 3-3〉 중앙재난안전대책본부[9]의 기능[10]

- 대규모 재난의 예방·대비·대응·복구 등에 관한 사항을 총괄·조정
- 재난대책에 관한 부처 및 유관기관 총괄·조정
- 재난예방·상황관리 및 응급조치
- 재난복구계획의 수립 및 시행
- 재난구호 및 재난복구비용 부담기준 작성
- 재난상황 통합관리를 위하여 관계 재난관리책임기관에 제반조치 요청 등

출처: 재난 및 안전관리기본법 및 동법시행령, 법령해설집, 2014년 여름철 풍수해(태풍호우)대비 중앙재난안전대책본부 행동매뉴얼, 중앙재난안전대책본부(2014), p.11
* 중앙재난안전대책본부는 비상단계가 발령되면 13개 협업기능은 1) 상황관리 2) 긴급생활 안정지원 3) 재난현장 환경정비 4) 긴급통신지원 5) 시설응급복구(장비·인력·자재) 6) 에너지 기능복구 7) 재난수습 홍보 8) 물자관리 및 자원지원 9) 교통대책 10) 의료·방역 11) 자원봉사관리 12) 사회질서 유지 13) 수색, 구조·구급

---

[9] 재난 및 안전관리기본법(약칭 재난안전법)제14조(중앙재난안전대책본부 등) ① 대통령령으로 정하는 대규모 재난(이하 "대규모재난"이라 한다)의 대응·복구(이하 "수습"이라 한다) 등에 관한 사항을 총괄·조정하고 필요한 조치를 하기 위하여 행정안전부에 중앙재난안전대책본부(이하 "중앙대책본부"라 한다)를 둔다. 〈개정 2013. 3. 23., 2013. 8. 6., 2014. 11. 19., 2014. 12. 30., 2017. 7. 26.〉 ② 중앙대책본부에 본부장과 차장을 둔다. 〈신설 2014. 12. 30.〉 ③ 중앙대책본부의 본부장(이하 "중앙대책본부장"이라 한다)은 행정안전부장관이 되며, 중앙대책본부장은 중앙대책본부의 업무를 총괄하고 필요하다고 인정하면 중앙재난안전대책본부회의를 소집할 수 있다. 다만, 해외재난의 경우에는 외교부장관이, 「원자력시설 등의 방호 및 방사능 방재 대책법」 제2조제1항제8호에 따른 방사능재난의 경우에는 같은 법 제25조에 따른 중앙방사능방재대책본부의 장이 각각 중앙대책본부장의 권한을 행사한다. 〈개정 2012. 2. 22., 2013. 3. 23., 2013. 8. 6., 2014. 11. 19., 2014. 12. 30., 2017. 7. 26.〉 ④ 제3항에도 불구하고 재난의 효과적인 수습을 위하여 다음 각

호의 어느 하나에 해당하는 경우에는 국무총리가 중앙대책본부장의 권한을 행사할 수 있다. 이 경우 행정안전부장관, 외교부장관(해외재난의 경우에 한정한다) 또는 원자력안전위원회 위원장(방사능 재난의 경우에 한정한다)이 차장이 된다. 〈개정 2014. 12. 30., 2017. 7. 26.〉. 1. 국무총리가 범정부적 차원의 통합 대응이 필요하다고 인정하는 경우, 2. 행정안전부장관이 국무총리에게 건의하거나 제15조의2제2항에 따른 수습본부장의 요청을 받아 행정안전부장관이 국무총리에게 건의하는 경우. ⑤ 제4항에도 불구하고 국무총리가 필요하다고 인정하여 지명하는 중앙행정기관의 장은 행정안전부장관, 외교부장관(해외재난의 경우에 한정한다) 또는 원자력안전위원회 위원장(방사능 재난의 경우에 한정한다)과 공동으로 차장이 된다. 〈신설 2020. 6. 9.〉 ⑥ 중앙대책본부장은 대규모재난이 발생하거나 발생할 우려가 있는 경우에는 대통령령으로 정하는 바에 따라 실무반을 편성하고, 중앙재난안전대책본부상황실을 설치하는 등 해당 대규모재난에 대하여 효율적으로 대응하기 위한 체계를 갖추어야 한다. 이 경우 제18조제1항제1호에 따른 중앙재난안전상황실과 인력, 장비, 시설 등을 통합·운영할 수 있다. 〈개정 2014. 12. 30., 2020. 6. 9.〉 ⑦ 제1항에 따른 중앙대책본부, 제3항에 따른 중앙재난안전대책본부회의의 구성과 운영에 필요한 사항은 대통령령으로 정한다. 〈개정 2013. 8. 6., 2014. 12. 30., 2020. 6. 9.〉. [전문개정 2010. 6. 8.] https://www.law.go.kr/lsSc.do?section=&menuId=1&subMenuId=15&tabMenuId=81&eventGubun=060101&query=%EC%9E%AC%EB%82%9C%EB%B0%8F+%EC%95%88%EC%A0%84#undefined (검색: 2021.3.22.)

10) 재난 및 안전관리기본법(약칭 재난안전법) 제15조(중앙대책본부장의 권한 등) ① 중앙대책본부장은 대규모재난을 효율적으로 수습하기 위하여 관계 재난관리책임기관의 장에게 행정 및 재정상의 조치, 소속 직원의 파견, 그 밖에 필요한 지원을 요청할 수 있다. 이 경우 요청을 받은 관계 재난관리책임기관의 장은 특별한 사유가 없으면 요청에 따라야 한다. 〈개정 2013. 8. 6.〉 ② 제1항에 따라 파견된 직원은 대규모재난의 수습에 필요한 소속 기관의 업무를 성실히 수행하여야 하며, 대규모재난의 수습이 끝날 때까지 중앙대책본부에서 상근하여야 한다. 〈개정 2013. 8. 6.〉 ③ 중앙대책본부장은 해당 대규모재난의 수습에 필요한 범위에서 제15조의2제2항에 따른 수습본부장 및 제16조제2항에 따른 지역대책본부장을 지휘할 수 있다. 〈개정 2013. 8. 6.〉 https://www.law.go.kr/lsSc.do?section=&menuId=1&subMenuId=15&tabMenuId=81&eventGubun=060101&query=%EC%9E%AC%EB%82%9C%EB%B0%8F+%EC%95%88%EC%A0%84#undefined (검색: 2021.3.22.)

〈그림 3-2〉 한국, 국가 재난안전관리체계

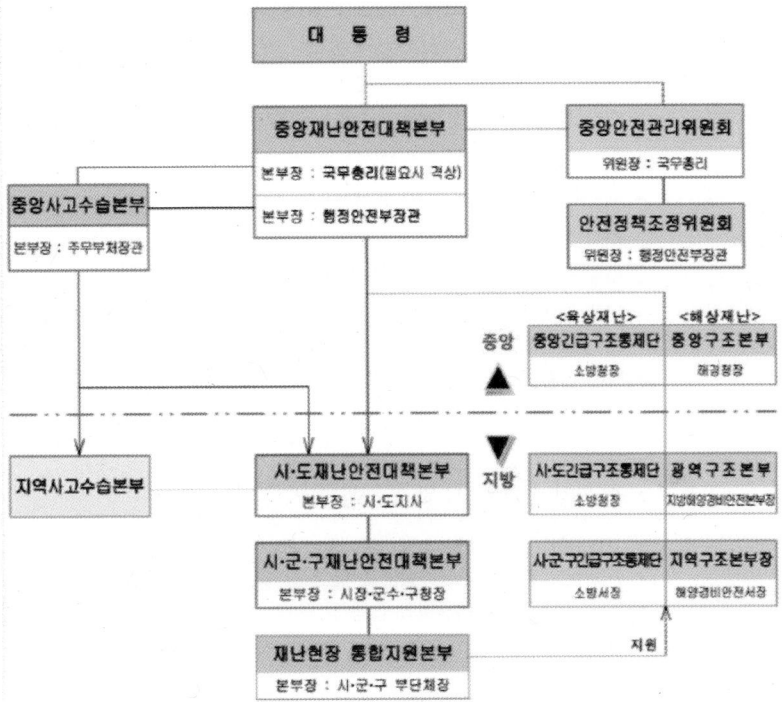

자료: 제4차 국가안전관리기본계획(2020~2024), 중앙안전관리위원회
출처: 재난 및 안전관리기본법 법령해설집
* 대규모 재난발생시에는 국무총리가 중앙재난안전대책본부장을, 차장은 행정안전부장관이 수행한다.

〈표 3-4〉 국가 위기관리 기구의 역할

구 분	역 할
중앙안전관리 위원회	• 안전관리에 관한 중요정책 심의 및 총괄 • 중앙행정기관이 수행하는 재난 및 안전관리 업무의 협의·조정 • 재난 사태 선포 및 특별재난지역 선포 건의 사항 심의
중앙재난안전 대책본부	• 재난 예방·응급대책에 관한 사항 협의 • 재난 복구계획에 관한 사항 심의·확정 • 국고지원 및 예비비 사용에 관한 사항 협의
중앙사고수습 본부	• 소관 부처 재난관리 업무의 총괄 및 조정 • 재난 발생시 응급조치 및 재난 현장 복구 지원

중앙긴급구조 통제단	• 국가 긴급 구조 대책의 총괄·조정 및 긴급구조 활동의 지휘·통제 • 긴급구조 지원기관간의 역할분담 및 긴급구조를 위한 현장 활동계획의 수립
중앙수습 지원단	• 재난 발생 지역의 책임자인 지역본부장 등에 대하여 사태수습에 필요한 기술자문·권고 또는 조언
중앙피해합동 조사단	• 피해조사 및 피해원인 분석 • 재난구호 및 복구계획(안)의 작성 • 피해 시설물의 안전성 확인 및 응급조치 계획의 수립
지역안전관리 위원회	• 당해 지역에 있어서의 안전관리정책 및 계획(안) 심의·총괄 조정 • 당해 지역에 소재하는 재난관리책임기관이 수행하는 안전관리업무의 협의·조정 • 다른 법령·조례에 의하여 당해 지역위원회의 권한에 속하는 사항의 처리
지역재난안전 대책본부	• 관할 구역내 재난대책의 총괄조정·집행 • 재난응급복구에 필요한 물자·자재·비축 • 재난발생시 응급조치 및 복구사업 실시·감독
지역긴급구조 통제단	• 지역긴급구조 대책의 총괄·조정 및 긴급 구조 활동의 지휘·통제 • 긴급구조 지원기관의 역할분담 등 현장 활동 계획의 수립 • 기타 긴급구조 대행계획의 집행 등

출처: 국가안전보장회의 사무처, 「대규모 인명피해 선박사고 대응매뉴얼」, 2006, pp.8~9.

4.16 참사를 계기로 국가 재난관리체계가 실질적으로 작동하는데 있어 많은 문제점을 노출시켰다. 재난관리 시스템의 문제인가? 시스템 관리 및 운영상의 문제인가? 아니면 조직구성원의 교육훈련과 연습과 관련되는 문제인가? 리더(leader)의 문제인가? 많은 분야에서 여전히 의혹으로 남아있다. 그러나 보다 명확한 것은 매뉴얼(manual)을 비롯한 교육과 훈련체계상에 미비점이 현실로 드러난 것은 명백한 사실로 밝혀졌다. 정부에서는 이러한 미비점을 보완하기 위하여 계획과 훈련을 실시하였으나 도상훈련으로 일관해왔다. 현장에서 실행가능한 실제훈련 위주로 방향을 전환해야 할 필요성이 제기되었다. 정부가 위기 및 재난을 예방하기 위하여 실시하는 범정부차원의 을지연습(안전행정부

주관)과 재난대응훈련11)(소방방재청 → 행정안전부)을 실시해왔다. 그러나 실시간 훈련은 실무자위주의 훈련에 그치는 사례가 빈발했다. 문제는 부처의 기관장들이 연습과 훈련에 비중을 두지 않고 부처 현안업무에 치중하는 전례가 많아 훈련의 효과는 미미할 뿐이었다. 4.16 참사가 발생하기 전 11년간 장기 표류했던 국가 '재난관리통합지휘무선통신망'은 4.16 참사 직전까지도 안전행정부에서 TF(Task Force)를 구성하여 1년 이상 검토만 하다가 흐지부지된 사례가 있었다는 점은 이미 많은 언론에서 제기했다.

국가 재난관리를 총괄하기 위해 탄생한 2004년 6월 소방방재청(NEMA: National Emeragency Management Agency)은 자연재난(태풍, 호우, 지진 등)에 한정하고 인적재난을 포함한 국가핵심기반보호체계 등 소위 사회재난은 안전행정부12)가 재난 및 안전관리기본법을 개정하여 사회재난을 총괄했다.13) 국가재난관리정보시스템(NDMS: National

---

11) 재난관리책임기관*이 재난상황에서 수행해야 할 임무·역할을 사전에 계획·준비하여 대응능력을 제고시켜 나가는 재난대비활동.
 * 중앙부처 및 지자체, 공공기관·단체 및 재난관리의 대상이 되는 중요시설의 관리기관 등 「재난안전법」제35조에서 행정안전부장관, 중앙행정기관의 장, 시·도지사, 시장·군수·구청장 등은 매년 정기적① 또는 수시②로 훈련을 실시토록 규정. ① 매년 정기적으로 일정기간을 정하여 행정안전부가 주관하여 실시하는 범정부 차원의 「재난대응 안전한국훈련」, ② 연중 재난관리책임기관이 주관하여 자체적으로 실시하는 「상시 훈련」; 2017년 7월 국민안전처가 행정안전부(재난안전관리본부 포함), 소방청, 해양경찰청으로 각각 원 위치시키고 '재난대응안전한국훈련' 명칭도 '재난대비훈련'으로 변경하여 실시하고 있다. 훈련근거는 「재난 및 안전관리 기본법」 제34조의9 및 제35조.
12) 2017.7월부로 행정안전부로 정부조직법 변경에 따라 소방청 및 해양경찰청이 각각 독립기관으로 원위치 하였다. 따라서 자연재난, 사회재난, 국가핵심기반보호 등은 행정안전부로 사무조정이 되었으며, 육상재난은 소방청이, 해상재난은 해양경찰청이 재난총괄기관으로 정리되었다.
13) 2014년 4월 세월호 참사 이전에 안전행정부에서 인적재난을 사회재난으로 통합하는 과정에서 법률은 두고 인적재난의 일부 소방방재청 소속 소수인원을 안전행정부로 흡수한 이후 세월호 참사가 발생했다. 재난 및 안전관리기본법 일부개정(2013.8.6.)되고, 재난 및 안전관리기본법 시행령 일부개정(2014. 2.5)되었다.

Disaster Management System)은 재난의 예방·대비·대응·복구 등 재난관리 단계별 업무를 지원하는 전국단위의 종합정보시스템으로 풍수해, 대설, 지진 등 재난유형별 업무지원시스템과 재난발생시 피해를 최소화하기 위해 재난관리책임기관별로 보유한 재난정보를 통합하고, 단일화된 상황전파체계를 제공하고 이를 위해 기상청, 한강 홍수통제소, 도로공사 등 유관기관과 재난정보를 공유하며, 중앙부처, 지자체 및 산하기관까지의 통합 상황전파시스템을 구축했다. 국가재난관리정보시스템(NDMS)을 추진하게 된 배경은 성수대교 붕괴사고, 삼풍백화점 붕괴사고 등의 대형 참사 발생으로 재난을 사전에 예방하고 대비 및 재난발생시 효율적으로 대응하고 과학적이며 체계적인 재난관리의 필요성이 확산되었으며, 또한 IT정보통신기술의 발달로 재난정보의 신속한 수집·분석·전파 등을 처리하는 선진과학기법으로 재난에 대처하는 사회적 공감대가 형성되었다.

 4.16 이전의 국가재난관리시스템은 자연재난과 사회재난 발생시 자연재난은 소방방재청이 사회재난은 안전행정부가 대응하는 체계로 분산되어 운영·관리되어 왔으며 특히, 해상재난은 해양경찰청이 대응하는 구조로 되어 재난발생시 일사분란한 지휘·조정·통제체계를 갖추지 못했다는 비난을 받았다.

<표 3-5> 국가 위기관리기구의 임무·역할(예: 고속철도 위기관리 표준매뉴얼, 2014)

구 분	기 능
국가안보실 (위기관리센터)	• 위기징후 목록 종합 관리·운영 • 위기정보·상황 종합 및 관리 • 국가위기평가회의 운영
중앙안전관리위원회 (국무조정실)	• 안전관리 중요정책 심의 및 총괄·조정 • 국가 안전관리기본계획안 심의 • 재난 및 안전관리 업무의 협의 조정
중앙재난안전대책본부 (행정안전부)	• 대규모 재난의 예방·대비·대응·복구 등에 관한 사항의 총괄·조정 • 유관기관의 장에게 행정·재정상 조치 및 협조 요청 • 중앙사고수습본부와 유기적 협조체제 구축 • 중앙재난안전대책본부 가동준비 인력점검 • 중앙수습지원단 운용
중앙(지역)긴급구조통제단 (소방청)	• 소방청에서 총괄·조정하는 긴급구조기관 • 긴급구조기관의 활동에 관한 역할 분담
중앙사고수습본부 (국토교통부)	• 사고수습의 총괄/유관기관과 긴밀한 협조 • 관련 상황 대처 및 비상대책 시행 주관
중앙사고수습지원본부 (한국철도공사)	• 사고수습 및 복구 업무총괄
지역사고수습지원본부 (한국철도공사 지역본부)	• 현장 사고수습 및 복구업무
지역재난안전대책본부 (시·도, 시·군·구)	• 관할구역 사고수습·지원에 필요한 행정·재정상조치
국방부	• 수습 및 복구 인력·장비 지원
보건복지부	• 피해지역 환자치료 및 방역 활동 지원
경찰청	• 사망자 신원파악, 교통통제 및 질서 유지

출처: 국토교통부, 「고속철도 위기관리 표준매뉴얼」, 2014. 6

2. 4·16 이전 위기관리 활동·절차

위기관리는 국가 위기를 사전에 예방(prevention)하고 발생에 대비(preparedness)하며, 위기발생시에는 효과적인 대응(response) 및 복구(recovery)를 통하여 그 피해와 영향을 최소화함으로써 조기에 위기 이전 상태로 복귀시키고자 하는 제반활동을 의미한다. 이러한 위기관리 활동을 하는데 있어서 주관기관이라 함은 위기유형별 위기활동의 주된 책임을 지는 중앙행정기관을 말한다.14) 이러한 위기관리활동에는 예방·대비·대응·복구활동이 이루어진다.

〈그림 3-3〉 위기관리단계

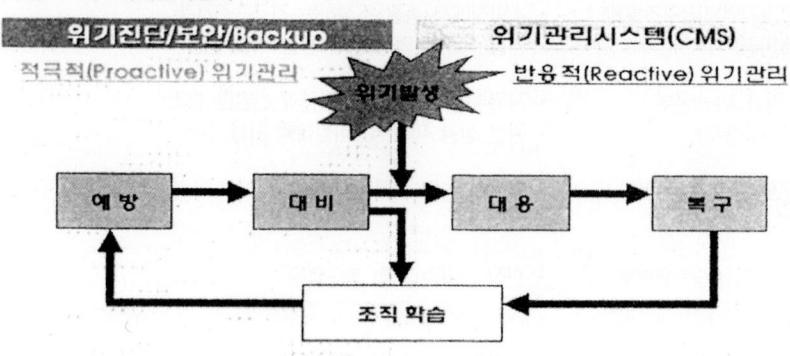

출처: 이영재, "위기관리," 중앙민방위방재교육원, 「2013 재난관리직무소양심화과정」, p.376.

---

14) 주관기관을 지원하는 유관기관이란 위기유형별 정부의 위기활동에 있어 주관기관의 활동을 지원하고 협조하는 중앙행정기관 및 지방자치단체를 의미한다.

예방(prevention)이란 위기요인을 사전에 제거하거나 감소시킴으로써 위기발생자체를 억제하거나 방지하기 위한 일련의 활동을 의미한다. 이러한 예방활동에는 제도개선 및 정책적·기술적 대안강구(운영기준, 제도 등의 확인 검토, 법규의 제정 및 개정), 취약점의 보완 및 관리(위기경보, 상황의 지속적 수집, 분석 및 취약점 발굴, 취약점 사전 점검, 모니터링을 통한 정비 및 보강), 대내외 협조 관계의 구축 및 유지 등이다. 대비는 위기상황 하에서 수행해야 할 제반사항을 사전에 계획·준비·교육·훈련함으로써 위기대응능력을 제고시키고 위기발생시 즉각적으로 대응할 수 있도록 태세를 강화시켜나가는 일련의 활동을 말한다. 이러한 대비활동에는 위기대응책의 수립 및 점검(위기대응의 방향과 목표, 단계별 조치 절차와 내용, 대응자원의 투입과 배분, 대내외협조 및 홍보), 위기대응 투입자원의 확보관리, 위기관리절차와 대응조치의 교육과 연습·훈련, 제반 대비태세의 점검, 비상근무태세의 유지 등이다. 대응(Response)은 위기발생시 국가의 자원과 역량을 효율적으로 활용하고 신속하게 대처함으로써 피해를 최소화하고 2차 위기발생 가능성을 감소시키는 일련의 활동을 의미한다. 이러한 대응활동에는 아래 표를 참조하기 바라며, 4.16 참사에서 드러난 해양경찰의 초동대응조치는 매우 부실했다. 초동조치가 전체의 대응과정에 미치는 영향이 크기 때문에 시스템에 의한 조치가 선제적으로 이루어져야 한다. 이러한 초동조치는 실제훈련을 통해서 체득하는 과정에서 나타나기 마련이다. 행정조치(상황보고 등)는 인명구조를 하는 과정에서 다소 지연될 수 있음을 사전에 언론을 통해 밝혀주는 것이 적절할 것이다.

〈그림 3-4〉 재난 대비·대응활동

○ 재난대비활동 : 재난발생시 재난대응을 위한 역량을 구축·유지·향상시키는 일련의 활동으로 지역재난대응계획 수립, 조직구성, 장비구입, 훈련·연습, 평가 개선 등의 평시에 지속적으로 준비하는 활동
○ 재난대응활동 : 재난발생시 인명, 재산 및 환경의 피해를 최소화하고 2차 피해확산을 방지하는 일련의 활동

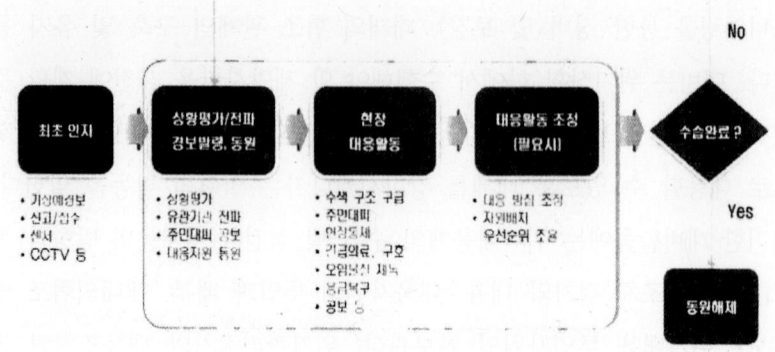

 대응활동은 평시에 훈련되고 숙달되지 않으면 위기발생시 즉각적인 행동이 나타나기는 쉽지 않을 것이다. 대응활동은 반드시 교육과 연습·훈련이 반복·지속적으로 이루어져야 한다. 이를 평가하는 제도적 뒷받침이 이루어지고 반영되어야 한다.

〈표 3-6〉 위기관리-대응활동

- 초기 대응조직 및 비상대책기구의 가동
  - 범정부차원의 비상대책기구 가동 및 유기적인 협조체계 유지
  - 위기발생시 초기대응반 및 현장대책기구 가동
    ※ 평시 조직을 비상대책본부 또는 대책기구로 즉각 가동체제 유지
- 응급대응 및 공조체제의 유지
  - 현장중심의 지휘통제 실시, 관련기관에 최단시간내에 상황전파(보고·전파)
  - 위기발생즉시 가용한 내·외부 자원 신속하게 통합 및 투입조치
  - 주관·유관기관간 상황정보의 공유, 대응책의 공동 협의

- 비상대책기구의 합동구성·운영, 자원의 지원
- 대내·외 커뮤니케이션 및 홍보 실시
- 대외공보활동은 공식적인 창구를 지정·운영

복구(Recovery)는 위기로 인해 발생한 피해를 위기 이전의 상태로 회복시키고, 평가 등에 의한 제도개선과 운영체계 보완을 통해 재발을 방지하고 위기관리 능력을 향상시키고자하는 일련의 활동을 의미한다. 이러한 복구활동에는 복구자원의 투입 및 원상태로의 회복을 위해 필요한 자원을 투입하고, 피해 확인조사 및 피해액 산정, 위기관리활동의 평가 및 개선책을 강구(위기관리활동 전반을 진단 및 평가, 개선책 마련)하는데 있다.

응급복구는 피해발생 즉시 임시적으로 복구하는 것을 의미하며, 일반복구는 피해조사 결과를 바탕으로 원상 또는 개량 복구를 시행하는 것으로 복구계획을 수립하는 때에는 다음 사항을 신중히 고려하여야 한다. 응급복구를 위한 사전준비로 '응급복구를 위한 장비 및 인력 등 자원 동원계획 수립', '공공시설 및 사유시설 등 시설물 피해에 대한 응급복구절차', 한편 복구계획 수립시 주요 고려사항은 1) 피해조사 방법 및 절차 2) 재난피해가 국민에게 미치는 영향 3) 피해시설물의 중요 정도 4) 인명피해를 유발할 수 있는 시설 여부 판단 5) 피해 정도에 따른 복구 방법 및 대상의 결정 6) 가용 자원 규모를 고려한 개량복구 기준 및 우선순위 선정방법 등을 고려해야 한다.

<그림 3-5> 재난 및 위기관리

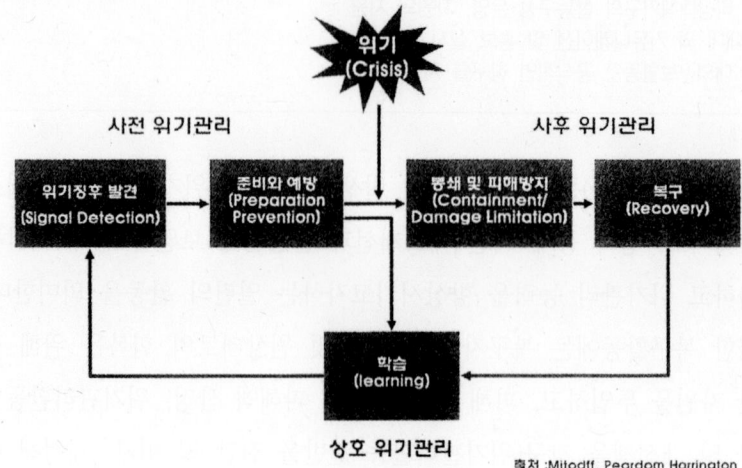

출처: 강휘진, "국가재난관리기준," 중앙민방위방재교육원, 「2012 재난관리 직무소양과정」, p.9.

3. 4·16 이전 위기경보 체계 및 수준

위기관리는 위기징후를 사전에 포착하는 것이 매우 중요하다. 위기 징후를 조기에 포착하기 위해 주관기관 및 실무기관은 위기로 발전하는 과정에서 나타날 수 있는 제반 현상과 고려요소들을 사전에 종합하고 분류하여 목록화하는 작업이 이루어져야 한다. 위기관리 주관 및 실무기관은 징후목록에 수록된 징후목록들의 활동 상태를 지속적으로 감시하여야 하며, 이를 위해 징후 감시체계를 구축하고, 징후 포착시는 징후와 관련된 정보수집활동을 강화한다.

〈표 3-7〉 위기경보 발령 절차

- 주관기관은 소관분야에서 위기징후를 포착하거나 위기발생이 예상되는 경우 위기평가회의를 개최
- 위기평가시에는 상황의 심각성·시급성 확대 가능성·전개속도·지속기간·파급 효과·국내외 여론·정부 대응능력 등을 고려하여 위기경보를 발령하고 유관기관에 즉시 전파
- 위기경보는 단계에 따라 순차적으로 발령되거나, 위기의 심각성에 따라 전 단계를 거치지 않고 곧 바로 높은 단계로 발령 가능함.
- 범 정부차원의 평가와 조치가 요구되는 경보의 발령은 사전에 국가안보실과 국민안전처에[15] 통보함

〈표 3-8〉 위기경보수준

- 관심(Blue): 징후가 있으나 그 활동 수준이 낮으며, 가까운 기간내에 국가위기로 발전할 가능성도 비교적 낮은 상태
- 주의(Yellow): 징후활동이 비교적 활발하고, 국가위기로 발전할 수 있는 일정 수준의 경향성이 나타나는 상태
- 경계(Orange): 징후활동이 매우 활발하고 전개속도·경향성 등이 현저한 수준으로서 국가위기로의 발전 가능성이 농후한 상태
- 심각(Red): 징후활동이 매우 활발하고 전개속도·경향성 등이 심각한 수준으로서 위기발생이 확실시되는 상태

전력분야 위기관리 표준매뉴얼상의 위기 경보발령의 세부기준을 살펴보면 많은 참고가 될 수 있을 것이다. 전력분야 위기 경보발령 세부기준에서 관심(Blue) 경보 수준일 때에는 전력 운영예비력이 300만~400만kW 미만이 수준판단의 근거가 되며, 향후 상황악화에 대비한 준비가 필요할 때이며, 주의(Yellow)경보 수준일 때에는 전력 운영예비력이 200만~300만kW 미만이 수준판단의 근거가 되며, 이에 대한 사전

---

[15] 국민안전처는 세월호 참사이후 안전행정부, 소방방재청, 해양경찰청을 통합한 조직이었으나 촛불 시민혁명에 의거 탄생한 새로운 문재인정부에 의거 2017. 7월 이후 행정안전부, 소방청, 해양경찰청으로 재탄생했다. 세월호 참사이후 조직된 국민안전처는 국민안전 및 사회 안전에 큰 기여를 하지 못했다는 평가를 받았다.

대비가 필요할 때이다. 경계(Orange)경보 수준일 때에는 전력 운영예비력이 100만~200만kW 미만으로써 즉시 조치가 필요한 때에 수준판단의 근거가 되며, 심각(Red)경보는 운영예비력이 100만kW 미만 또는 주파수 조정이 곤란하여 부하조정이 필요한 긴급한 상황이라고 판단될 때, 또는 전력수요 급증 및 설비고장 등에 따른 운영예비력 소진 임박시, 재해 및 재난에 따른 운영예비력 소진 임박시, 전력계통 고장에 의한 운영예비력 소진 임박시, 발전·전력분야 총파업징후에 따른 운영예비력 소진 임박시, 사이버테러에 의해 대규모 전력제어시스템 장애가 발생하여 운영예비력 소진 임박시 등에 경계(Red) 경보수준을 내리게 된다.

〈그림 3-6〉 위기경보 발령 체계

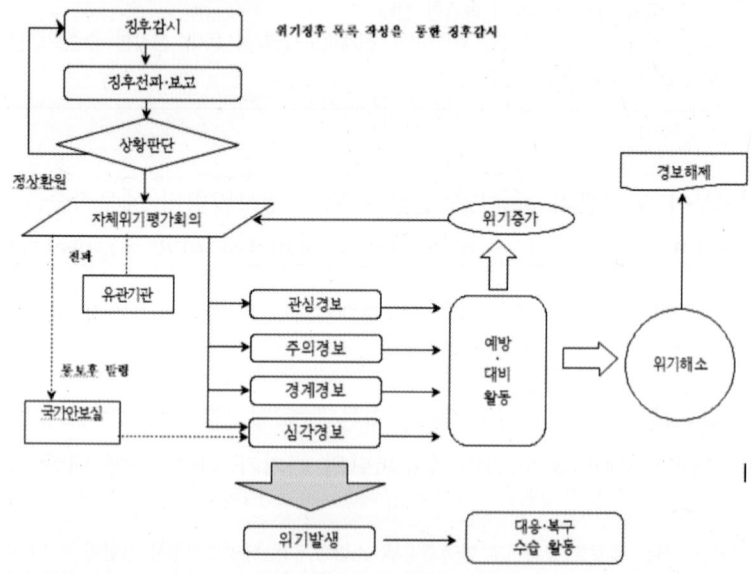

출처: 김영근, "국가위기관리매뉴얼," 중앙민방위재교육원, 「2013 재난관리 직무소양심화과정」, p.98.

4. 4·16 이전 국가 재난대비훈련체계

　4·16 이전 재난대비훈련체계에서 자연재난을 위한 훈련은 재난대응 안전한국훈련을 중앙안전관리위원회와 소방방재청이 주관기관이 되어 중앙부처와 지방자치단체 및 공공기관 및 유관단체를 대상으로 훈련을 추진해왔다. 또한 사회재난(인적재난 및 국가핵심기반보호체계 포함)도 자연재난과 통합하여 실시해왔다. 소방방재청이 훈련을 추진하는데 중앙부처(장·차관급)에서 그 동안 미온적으로 훈련에 참가하여 실질적인 성과를 제고시키는 데 부분적으로 한계점이 존재해왔다. 이러한 문제점을 해결하기 위해 국무총리를 중앙안전관리위원회 위원장으로 하는 TF를 구성·운영하여 중앙 정부 각 부·처·청에 전파하는 역할을 소방방재청이 그 동안 주도적으로 수행해왔다.

〈표 3-9〉 국가 재난대비훈련의 역할 및 근거

구 분	재난훈련에서의 역할	비 고
대통령	• 천재지변에서 긴급조치명령 • 특별 재난지역 선포	• 헌법 제76조 • 재난 및 안전관리 기본법 제60조
국무총리 (중앙안전관리위원회 위원장)	• 특별 재난지역 선포 건의 • 재난사태선포(3개 시·도 이상)	• 재난 및 안전관리 기본법 제9조~10조 • 재난 및 안전관리 기본법 제9조, 36조
행정안전부장관 (중앙재난안전대책본부장)	• 재난사태선포(2개시·도 이하) • 재난사태선포건의(3개 시·도 이상) • 재난·훈련 통제	• 재난 및 안전관리 기본법 제14조, 35조, 36조
소방청장 (중앙통제단장)	• 재난·훈련 통제 • 긴급구조의 지휘	• 재난 및 안전관리 기본법 제35조, 49조, 52조

시·도지사, 시장·군수·구청장 (지역안전위원장, 지역재난대책본부장)	• 지역재난관리 및 훈련총괄	• 재난 및 안전관리 기본법 제16조, 35조
유관기관단체장 (재난책임기관장)	• 소관분야 재난책임·훈련지원	• 재난 및 안전관리 기본법 제4조, 35조
소방본부장·서장 (지역통제단장)	• 긴급구조의 지휘 • 재난·훈련 통제	• 재난 및 안전관리 기본법 제35조, 50조, 52조

출처: 재난 및 안전관리기본법(약칭 재난안전법)

위 표의 국가 재난대비훈련의 역할 및 근거에서 소방방재청의 역할은 소방방재청으로 조직이 유효할 때의 기능을 기술한 것이다. 그러나 세월호 참사 이후 조직이 일시 국민안전처로 흡수·통합되었으나 촛불시민혁명으로 새로운 정권에서 소방청으로 독립하면서 국가 재난대비훈련의 기능에서 역할은 일부 조정되었다.16) 따라서 2019년 이후 국가 재난대비훈련의 통제는 현재의 행정안전부에서 전반적인 지휘·조정·통제를 하고 있다.

향후 국가 위기관리를 효율적으로 추진하기 위해서는 현재의 '위기관리기본지침'으로는 여러 측면에서 제한사항이 발생하므로 정부는 '위기관리기본법'을 제정하여 국가 위기관리를 중앙정부와 지방자치단체가 책임과 권한을 가지고 선제적·적극적으로 이행하는 것이 바람직 할 것이다.

---

16) 재난대비훈련에서 소방청의 역할은 재난 및 안전관리기본법에 명시된 긴급구조지휘를 위한 일부기능을 제외하고는 조정되었다. 세부적인 사항은 재난안전관리기본법을 참고.

제 4 장

4·16 참사의 불편한 진실

옳은 일을 하는 것은 절대 잘못이 아니다.

– Robert De Niro

Liberty cannot be preserved without general knowledge among the people
국민의 일반 지식이 없으면 자유는 보전될 수 없다.

– John Adams (미국 제 2대 대통령)

제4장 4·16 참사의 불편한 진실

제1절 4·16 참사에 접근

1. 4·16 참사의 경위

 2014년 4월 16일 08:52분 전라남도 소방본부에 제주도로 수학여행 가던 경기도 단원고등학교 학생으로부터 타고 가는 배가 기울어진다고 조난신고를 하였다. 이전에 08:48분 전라남도 진도 앞바다에서 선장 대신 항해사가 조타수를 급하게 방향전환으로 선체가 기울기 시작하였다. 08:55분에 여객선 세월호는 제주관제센터(VTS)에 '배가 넘어가고 있다'고 해양경찰에 연락해달라고 전화하였으며, 08:58분 조난사고 내용이 해양경찰청 상황실에 접수되었다. 09:00경 제주관제센터에서 인명피해를 문의했을 때 세월호(1등 항해사)는 무전기로 '확인이 불가하며, 선체가 기울어 이동이 불가하다'고 연락을 했다(거짓으로 밝혀짐). 그리고 세월호는 안내방송을 시작하였으며 '현재 위치에서 이동하지마라'고 30분간 6차례 반복하여 방송을 하여 학생들은 여객선 객실 내에서 구명조끼를 입고 기울어져가는 객실 내에서 대기하다가 많은 희생을 당하였다. 09:10분, 09:12분, 09:14분에 세월호 선체가 기울어져 움직일 수 없다고 거짓으로 변명하였다. 09:23~24분에 진도관제센터(VTS)에서는 방송으로 구명조끼 착용토록 하였으나, 세월호 여객선의 1등 항해사는 '현재 방송도 불가능한 상태'라고 거짓으로 보고했다. 그리고 09:25~26분에는 진도관제센터(VTS)에서는 '선장이 판단해 인명을 탈출시키세요.'라고 하였으나, 세월호 1등 항해사는 '바로 구조할 수 있느냐고 물었습니다.' 즉 세월호 승무원들은(선장, 항해사, 기관사 등) 자신들이 대피할 시간을 확보하기 위하여 언제 구조할 수 있는지, 경비정 또는 구조헬기가 언제 올 수 있는지 물어보고, 여객선 내에서 "구명조끼 착용하고 이동하지 말라"고 한 다음에 여객선 승무원 자신들은 경비정에 올라타 안전하게 구조되었다. 참으로 어처구니없는 일이 눈앞에서 벌어지고 있었다. 09:30분 해양경찰청 함정 및 헬기가 사고 주변에 도착하고 민간 어선 10여 척도 구조작업을 시작하였다. 09:31분경 청와대 위기관리센터에서는 문자로 보고받았다. 09:37~38분경 세월호 여객선 승무원은 "좌현으로 탈출할 사람만 탈출 시도하고 있다. 배가 60도 기울어졌다." 09:31분경에는 안전행정부 관계자가 청와대 위기관리센터장(위기관리비서관)에게 휴대전화 문자메시지로 상황을 보고했다. 09:45분 중앙재난안전대책본부 구성(정부서울청사), 10:31분경 선체는 전복되었다.

    신고접수로부터 중앙재난안전대책본부(이하 "중앙대책본부"라고 한다)가 움직이기까지는 53분이 걸렸다.[1] 4.16 대참사 당일 발생했던 내용을 구체적으로 도표를 활용하여 시간대별로 재구성하면 아래와 같다.

---

1) 허진, 중앙일보, "책임-세월호 침몰," 2014.4.21, 5면.

2. 초동대처의 실패

세월호 참사(이하 '4.16 참사'라고도 한다)는 공유·소통·협업의 정부 3.0을 추진하는 박근혜 정부는 심각한 위기 국면에 직면했다. 적극적이고 신속한 인명구조를 해야 함에도 불구하고 해양경찰은 총력을 기울이지 않았다. 해양경찰이 적극적인 구조를 하였다면 살릴 수 있는 소중한 생명을 제대로 된 구조를 하지 않음으로 인해 수많은 생명을 구하지 못한 책임이 정부에 있다는 점을 부인하기 어렵게 됐다. 이러한 세월호 참사는 정부의 내재된 비정상적이고도 모순적인 대응체계를 적나라하게 보여준 일대의 대참사였다는 점을 새삼 일깨워주고 있다. 특히, 4.16 참사는 정부의 부실한 초기대응을 보여준 전형적인 참사이며, 이 참사의 내면을 들여다보면 관피아(해피아)가 연루된 안이한 정부 대응, 컨트롤타워의 부재, 현장과 상황실 간 일원화된 통신체계 소통 미흡 등 총체적으로 정부가 무능하고 실패한 정부(failed government)였다는 점이 밝혀졌다.

가. 중앙 및 지역재난안전대책본부의 대처능력 부실

중앙재난안전대책본부(본부장 국민안전처장, 2017.7 이후 행정안전부장관)는 재난 및 안전관리기본법 제14조 대통령령으로 정하는 대규모재난의 예방·대비·대응·복구 등에 관한 사항을 총괄·조정하고 필요한 조치를 하기 위해 세월호 참사후 국민안전처[2])에 중앙재난안전대책

---

2) 2014.4월 세월호 참사이후 해영경찰청을 해체하여 국민안전처를 조직하면서 국민안전처 소속으로 해양경찰을 해양경비안전본부로, 소방방재청을 중앙소방본부로, 소방방재청의 방재기능을 재난실과 안전실로 분류하여 급조되고 기형적인 조직을 정비했다. 그러나 2017.7월경 국민안전처를 해체하여 본래의 기능을 보다 강화하였다. 2017.7.26.부로 소

본부를 둔다. 중앙대책본부장은 대규모 재난이 발생하거나 발생할 우려가 있는 경우에는 대통령령으로 정하는 바에 따라 실무반을 편성하고 중앙재난안전대책본부 상황실을 설치하는 등 해당 대규모 재난에 대하여 효율적으로 대응하기 위한 체계를 갖추어야 한다. 이 경우 제18조 제1항3)에 따른 재난안전상황실을 설치·운영하여야 한다.

첫째, 4.16 참사에서 드러난 중앙재난안전대책본부의 초동대처 실패로 많은 혼선이 초래되면서 부실대응 논란을 빚었다. 세월호에 탑승한 승객 명단을 확보하지 못한 채 해양경찰청의 첩보수준에 불과한 탑승객 명단의 검증과정을 거치지 않고 탑승객 수를 다르게 발표함으로써 큰 혼란을 초래하였다. 중앙재난안전대책본부는 중앙사고수습본부(해양수산부)및 전라남도 재난안전대책본부에 신속하게 현장상황관리관을 파견하여 현장상황을 세밀하게 파악하고, 지원을 어떻게 할 것인지를 고민해야 함에도 불구하고 탑승객 수를 여러 번에 걸쳐 수정하고 이를 언론을 통해 방송함으로써 해프닝이 벌어진 것은 안이한 대처가 아닐 수 없다. 탑승객 수는 중앙사고수습본부(해양수산부)나 현장의 해양경찰이 언론을 통해 밝히는 것이 바람직했다.

둘째, 중앙재난안전대책본부는 대규모 사건 발생시 현장상황관리관을 즉시 현장에 파견하여 상황을 파악하고 무엇을 지원할 것 인가를 파악해야 한다. 그러나 중앙재난안전대책본부를 정부서울청사에 설치

방청과 해양경찰청이 기존의 국민안전처에서 조직이 분리되어 독립함으로써 국민안전처는 역사속으로 사라졌다.
3) 재난 및 안전관리기본법 제18조1항: 안전행정부장관, 시·도지사 및 시장·군수·구청장은 재난 정보의 수집·전파, 상황관리, 재난발생시 초동조치 및 지휘 등의 업무를 수행하기 위하여 다음 각 호의 구분에 따른 상시 재난안전상황실을 설치·운영하여야 한다. 1.국가안전처장: 중앙재난안전상황실. 2.시도지사 및 시장·군수·구청장: 시도별 및 시군구 재난안전상황실; 동법 제18조 4항에 의해 재난관리책임기관의 장은 재난에 관한 상황관리를 위하여 재난안전상황실을 설치·운영할 수 있다.

한 안전행정부는 뒤늦게 현장상황관리관을 파견하여 상황을 파악하려 하였으나 탑승객 수를 놓고 혼선을 벌이고 난 이후 파견함으로써 초동대처에 실패함으로써 사건 초기 중요한 중앙재난안전대책본부-중앙사고수습본부-전라남도 재난안전대책본부-현장지휘본부간 소통이 이루어지지 않았다는 점은 명백하게 밝혀야 하며 이를 통해 앞으로는 제도적으로 반영하여 기구간 상호협의를 원활하게 할 수 있어야 한다는 점이다. 셋째, 전라남도 재난안전대책본부 및 진도군 재난안전대책본부(지역재난안전대책본부)의 가동 및 중앙과 연계된 현장대응 조치부실이다. 이는 대규모 사건 발생시 재난 및 안전관리기본법 제20조(재난상황의 보고)에 의거 제1항 "시장·군수·구청장은 그 관할구역에서 재난이 발생하거나 우려가 있으면 '대통령령으로 정하는 바4) 에 따라 재난상황에 대해서는 즉시, 응급조치 및 수습상황에 대해서는 지체 없이 각각 안전행정부장관, 소방방재청장, 재난관리주관기관의 장 및 시·도지사에게 보고하여야 한다. 이 경우 자연재난에 대해서는 소방방재청장이 사회재난에 대해서는 재난관리주관기관의 장이 각각 보고 받은 내용을 종합하여 안전행정부장관에게 통보하여야 한다." 제2항 "해양경찰서장은 해양에서 재난이 발생하거나 발생할 우려가 있으면 대통령령으로 정하는 바에 따라 재난상황에 대해서는 즉시, 응급조치 및 수습현황에 대해서는 지체 없이 각각 지방해양경찰청장과 관할 시장·군수·구청장에게 보고하거나 통보여야 하고, 지방해양경찰청장은 해양경찰청장과

---

4) 재난 및 안전관리기본법 제13조(대규모 재난의 범위): 1. 재난 중 인명 또는 재산의 피해 정도가 매우 크거나 재난의 영향이 사회적·경제적으로 광범위하여 주무부처의 장 또는 법 제16조 제2항에 따른 지역재난안전대책본부의 본부장의 건의를 받아 법 제14조 제2항에 따른 중앙재난안전대책본부의 본부장이 인정하는 재난; 2. 제1호에 따른 재난에 준하는 것으로서 중앙재난안전대책본부장이 재난관리를 위하여 법 제14조 제1항에 따른 중앙재난안전대책본부의 설치가 필요하다고 판단하는 재난

관할 시·도지사에게 보고하거나 통보하여야 하며, 해양경찰청장은 대통령령으로 정하는 재난의 경우에는 안전행정부장관과 재난관리주관기관의 장에게 보고하거나 통보하여야 한다."5)고 되어 있다. 이처럼 지역재난안전대책본부(전라남도, 진도군)6)는 지방자치단체장을 본부장으로 하여금 구성토록 되어 있으며, 지역재난안전대책본부(이하 '지대본'이라 한다)는 관련 사항을 중앙재난안전대책본부에 보고하거나 통보하여야 한다.

〈표 4-1〉 침몰이전 정부대응: 사고발생 인지

- 08:48: 세월호 여객선 진도 앞바다에서 급격한 변침 후 동력상실, 표류시작
  - 여객선에는 단원고학생 340명(교사15명 포함)을 포함한 476명 탑승
- 08:49: 세월호 여객선 급격한 변침으로 좌현부터 침몰시작
- 08:52: 전남소방본부에 선박에 이상 있다고 신고(단원고 학생 최초신고)
  - 해양경찰청 상황실 접수는 08:58, 세월호 좌현으로 30도 기울어짐
  - 선실에 있던 선장, 항해사, 조타수 등 6명 조타실로 모임
- 09:01: 세월호 승조원 강모씨(32)휴대전화로 청해진해운 인천지사에 사고 첫 보고
- 09:03: 청해진해운 제주본사, 선장에게 전화해 사고 상황 파악
- 09:07: 1등 항해사, 진도VTS와 교신시작
- 09:13: 진도VTS와 교신 통해 경비정 등 접근 파악
- 09:25: 안전행정부장관 비서실장을 통해서 사고사실을 보고 받음
- 09:29: 해양수부장관은 해수부 치안정책관을 통해 사고 상황을 보고받음
- 09:30: 해양경찰청 헬기 사고현장 도착(*배기울기 45도)

---

5) 재난 및 안전관리기본법 제20조(재난상황의 보고) 및 동법 시행령 제24조(재난상황의 보고)에 의거 재난상황의 보고 및 통보에는 다음 각호의 사항이 포함되어야 한다.: 재난발생의 일시·장소와 재난의 원인; 재난으로 인한 피해 원인; 응급조치 사항; 대응 및 복구활동 사항 ; 향후 조치계획 ; 그 밖에 해당 재난을 수습할 책임이 있는 중앙행정기관의 장이 정하는 사항

6) 재난 및 안전관리기본법 제14조(지역재난안전대책본부) 제1항 해당 관할 구역에서 재난 및 안전관리에 관한 사항을 총괄·조정하고 필요한 조치를 하기 위하여 시·도지사는 시·도 재난안전대책본부(이하 "시도대책본부"라 한다)를 둘 수 있고, 시장·군수·구청장은 시·군·구 재난안전대책본부를 둘 수 있다. 다만, 해당 재난과 관련하여 제14조 제3항에 따라 대규모 재난을 수습하기 위한 중앙대책본부의 대응체계가 구성·운영되는 경우에는 시·도지사나 시장·군수·구청장은 시·도 대책본부나 시·군·구 대책본부를 두어야 한다.

- 09:33: 안전행정부장관, 해양경찰청청장에게 사고 상황 문의(미공개), 국가안보실장,대통령에게 보고
- 09:45: 중앙재난안전대책본부 구성 (*배 기울기 62도)
- 10:00: 안전행정부장관 경찰간부 후보생 졸업식 참석(천안)
- 10:05: 해수부, 청와대에 '현재까지 인명피해 없음' 보고
- 10:30: 대통령, 인명피해 없게 하라. 해양경찰청 특공대도 투입하라 지시(청와대 대변인 브리핑)

출처: 경향신문 2014.5.16.; 한국일보 2014.5.16.; 한겨레 2014.5.16.

사고발생을 인지한 정부(안전행정부, 해수부, 해양경찰청)는 인명구조에 보다 적극적으로 대처해야 했으나 그렇지 못하였다는 점을 분명히 하고 있다. 인명구조 수단(해양경찰청헬기, 123경비정, 해양경찰 122특수구조대, 어업지도선, 소방헬기 등)을 총동원하여 선내 진입을 시도하여 방송 또는 육성으로 객실 밖으로 대피시키는 조치를 어느 누구도 하지 않았다. 이로 이해 2시간여 동안 구조할 수 있었던 고귀한 생명을 그저 물끄러미 바라볼 수밖에 없었는지 묻고 또 묻고 싶다. 다시는 이 땅에 이런 불행한 일을 반복하지 않기 위해 철저한 진상조사를 통해 진실을 규명하고 재발방지대책을 해야 할 책임이 정부에 있다는 점을 분명히 하고자 한다. 정부는 특별법을 제정하고 진상규명과 재발방지대책을 강구하고 유가족에 대한 예우를 해야 함에도 불구하고 정부는 진상을 규명할 조사위의 활동을 방해하고 갖은 횡포를 부리는 등 정부는 유가족들을 두 번 죽이는 행위를 한 것이나 다름없다.

〈표 4-2〉 침몰이후 정부대응

침몰이후 정부 대응

■ 10:30 대통령, 인명피해 없게 하라. 해양경찰청 특공대도 투입하라 지시(청와대대변인 브리핑)
■ 10:31 세월호 침몰
  • 10:40 안전행정부 2차관 첫 브리핑: "476명 승선… 안산 단원고 학생 325명"
  • 11:08 목포해양경찰청, 승선인원 476명에서 474명으로 정정
  • 11:12 해수부, 청와대에 '현재 인명피해 없음' 보고
  • 11:30 안전행정부 2차관 '161명 구조'
  • 11:31 해수부, 청와대에 '11시 현재 인명 피해 없음. 선체 전복' 보고
  • 12:11 해수부, 청와대에 '선체 전복돼 침몰, 사망자 1명 발생' 보고
  • 12:30 안전행정부 2차관 '179명 구조, 사망자 1명'
  • 13:01 해양경찰청, 안전행정부 "13:00현재 진도행정선 190명 구조(총370명)" 보고
  • 14:00 안전행정부 2차관 '구조자 368명, 사망자 2명' 발표
  • 16:30 안전행정부 2차관 "집계에 착오 있었다. 구조164명, 사망 2명, 실종293명"
  • 16:31 해양경찰청 '166명 구조, 생존 164명, 사망 2명'
  • 17:14 박근혜 대통령, 정부서울청사 중대본 상황실 방문 '처음 구조 인원발표와 200명 차이 어떻게 그럴 수 있나?'
  • 20:37 해양경찰청 처음으로 실종자수 보고 284명

출처: 김승규·김승민, 조선일보, "세월호 참사/한 달 전 그 날 무슨 일이," 2014.5.16.

침몰이후 정부대응이 중앙재난안전대책본부(본부장 안전행정부장관) 발표와 중앙사고수습지원단(본부장 해양수산부장관) 및 해양경찰청의 발표가 모두 제 각각으로 국민들에게 많은 혼선을 초래하였다. 그리고 희생자 수, 실종자 수, 구조자 수조차 일치하지 않았다. 정부는 왜 이런 혼선을 빚었을까? 그리고 대통령에게 허위보고를 한 진실은 무엇일까? 왜 정부에서는 인명구조에 최선을 다하지 못했나? 중앙재난안전대책본부는 왜 사고초기에 전남재난안전대책본부를 가동하여 상황을 파악하고 보고를 받지 못했나? 보고에 치중하느라 인명구조를 위한 지시·조정·통제를 소홀히 한 적은 없는가? 침몰이후 대통령은 최초보고를 누구로부터 언제 받았는가? 미스테리한 대통령의 7시간 행적은 구체적으로 무엇을 했는지? 이에 대한 물음에 대한 답을 검경합동수사본부와 감사원은 감사결과를 국민에게 소상히 알려할 것이다. 국민들은 그와 관련된 사실을 알고 싶을 뿐이다.

나. 해양경찰의 초동대처 실패

1) 신고접수와 상황전파

사고 당일 8시 52분경 안산 단원고 학생 최모군이 "살려 달라"며 전라남도 소방본부 119상황실에 신고하였으나 해양경찰청으로 이첩과정에서 해양경찰은 학생에게 오히려 위·경도를 묻느라 5분가량을 허비했다. 해양경찰청상황실 사고 접수는 08:58분이었다. 이에 대한 해양경찰측의 보도 자료는 내지 않았다.

2) 승객 갇힌 것 알고도 선내진입 안함

해양경찰에서 받아 공개한 목포해양경찰서 경비정(123정)이 사고 해상에는 09:35분에 도착하였으며, 해양경찰 경비정과 서해지방해양경찰청·목포해양경찰서간 4.16일 해양경찰청 주파수공용통신(TRS)에서 드러난 것은 해양경찰 경비정(123정)은 오전 09:43 "현재 승객이 안에 있는데 배가 기울어 못나오고 있다고 한다."고 승객 잔류 사실을 처음으로 보고했다. 그리고 해양경찰 123정은 09:48분경 "승객 절반 이상이 안에 갇혀서 못 나온다."고 보고했다. 세월호가 완전히 기운 시간이 10:17분경(기울기 108.1도)인 만큼 이러한 상황보고 뒤에도 30분가량 선내의 승객을 구할 시간이 있었으나 해양경찰은 선내 진입조차 하지 못하면서 아까운 시간을 허비해버렸다. 그러면서 09:54분경 해양경찰 123정은 "경사가 심해 못 들어간다. 항공을 이용해 우현 상부쪽에서

구조해야 한다."(이때 배 기울기는 64.4도)고[7] 하였으나 해양경찰은 승객들을 배안에 두고 도망친 세월호 승무원들을 구하는데 그쳤다. 09:46분경에는 선장 등 승무원들을 구조하였으나, 선내에는 들어가려고 시도조차 하지 않았다.

3) 소극적·안이한 해양경찰의 구조 활동

해양경찰은 09:27분(또는 09:30분) 목포 해양경찰서 511헬기가 사고 현장에 처음 도착하였으며, 이후 09:35분에 목포 해양경찰서 123정이 사고 현장에 도착하였다. 경사가 심해 못 들어가면 선내 투입할 수 있는 해양경찰 특수구조대(122구조대)는 왜 조기에 선내로 투입하지 못했을까? 헬기가 부족하거나 없었다면 해군 헬기를 요청하지 않은 이유는 무엇인가? 사고당일 사고현장에 처음 도착한 511헬기는 특수훈련을 받은 항공구조사를 세월호 갑판으로 내려 보냈지만 항공구조사들은 선내진입을 시도하지 않았다. 목포해양경찰서 123정 승조원은 배가 너무 기울어 어렵다는 말만 할 뿐(09:30분, 배 기울기 45°) 구명벌을 펴거나 배 밖으로 탈출한 선원 등을 구조하는데 급급했다. 이 시간(당일오전 09:30분) 해양경찰이 세월호에 진입해 구조했으면 승객 전원이 생존할 수 있었을 것이라고 보고 있다. 만약 헬기에서 내려온 항공구조사들 이라도 선내 진입을 통하여 탑승객들을 대피시켰더라면 문제는 달라졌을 것이다. 목포해양경찰서 122특수구조대는 11:20분~오후 13:40분까지 선내 진입을 시도했으나 조류가 거세 거듭 실패했다. 123경비정에 탄 해양경찰들은 현장도착전에 "세월호 안에 400~500명이 있다"고 상황실로부터 전달받았다.[8] 현장에 도착한 해양경찰은 왜 세월호

---

[7] 4.16 해양경찰청 주파수공용통신(TRS) 교신 내용 중에서

선체 내 진입하지 않았는지 국민들이 궁금해 하고 있는 것이 사실이다. 해양경찰이 탈출 안내방송을 하기 힘들었으면 선체 안으로 진입해 승객들에게 직접 탈출하라고 안내하고 구조를 할 수 있는 시간적 여유가 충분히 있었다고 판단했다. 사고당일 09:45분 합수부의 분석을 보면 세월호는 62°가량 옆으로 기울어진 상황9)이기 때문에 이정도 기울기라면 로프를 이용하더라도 무엇이라도 잡고 이동할 수 있는데도 해양경찰은 아무런 조치를 취하지 않았다는데 문제의 심각성이 있다. 해양경찰 123정(해양경찰 14명 탑승)은 사고 당일 오전 10:06분경 조타실 및 선실에 승객이 있는 것을 발견하고 도끼와 망치로 유리창을 깨고 승객 7명의 탈출을 도왔으나 학생들이 머물러있던 선내로는 진입하지 않았다.

4) 해상 긴급전화 122

사고 당일 08:52분 세월호가 침몰할 때 최초로 신고한 단원고 학생은 122가 아니라 119에 전화를 걸었다. 전남 소방본부 119상황실은 '배가 침몰한다.'는 학생의 말에 1분35초간 사고 상황과 배이름을 물은 뒤 이를 목포해양경찰서에 122담당자에게 연결했다. 이후 119직원은 해양경찰에 31초간 신고내용을 전달하였다. 08:54분 38초가 되어서 학생-119상황실-해양경찰 122간 3자 대화가 시작됐지만 해양경찰은 119대원이 물었던 것을 다시 반복했고 위·경도를 다시 물었다. 해상 긴급전화인 122에 신고하면 위성위치확인시스템(GPS)이나 기지국 정보를 받아 사고 위치를 즉시 파악할 수 있지만 119신고전화를 거치면

---

8) 최경호·최모란, 중앙일보, "절박:세월호 침몰," 2014.4.30.
9) 세울호 참사 당시 배 기울기에 대해서는 〈그림 4-1〉 참조.

해양경찰은 위치를 119에서 전달받거나 신고자에게 처음부터 다시 확인해야 한다. 이런 문제점을 보완하기 위해 해양경찰은 2007년부터 해상 긴급 '특수번호 122'를 부여 받아 운영하기 시작했다. 그러나 실제 상황이 발생했을 때는 인지도와 활용빈도가 매우 낮다는 문제점이 대두하였으나 이후 해양경찰청은 119와 122를 연동하여 운용하는 데 문제점을 노출시켰다.

5) 세월호침몰후 선체 진입시간 지연

희생자 유가족과 많은 국민들이 분노를 일으키는 것은 선체 침몰과정에서 구조(수중구조포함) 작업이 너무 지연되었다는 점을 지적하지 않을 수 없다. 해양경찰 구조팀은 배 안에 아직도 많은 승객들이 있다는 사실이 알려진 뒤에도(09:30~09:33, 배기울기45°) 배가 완전히 침몰(당일 10:31분)할 때까지 선체 내부로 들어가서 승객들에게 대피하라는 방송이나 지시를 하지 않았다는 점은 두고두고 되새겨 보아야 할 문제이다. 많은 승객들을 구조할 수 있는 결정적 기회를 날려버린 것은 국민의 생명을 보호해야 할 책임과 의무를 저버린 행위로 윤리적·법적 책임을 규명해야 할 것이다. 침몰 신고 5시간이 지난 오후 13:42분경 해양경찰청 특수구조단이 현장이 도착해 오후 14:00경 선내 진입을 시도했지만 빠른 조류로 구조에 실패했다. 본격적인 선체 진입은 사고 이틀 뒤에야 시작되었다. 해양경찰은 선내로 들어가면 구할 수 있는데 왜 선체진입을 하지 않았을까? 세월호 유가족뿐만 아니라 많은 국민들은 실시간 TV 중계를 보면서 여기에 대해 아직도 의아할 따름이다. 공직자로서 임무를 망각한 것은 아닌지 하는 아쉬움이 진하게 베어 나온다. 이는 평소에 반복 숙달훈련을 통해서 이루어지지 않으면 위기에 직면했을 때 위기를 헤쳐나가기는 쉽지 않을 것이다.

〈그림 4-1〉 세월호 침몰 당시 여객선 경사도

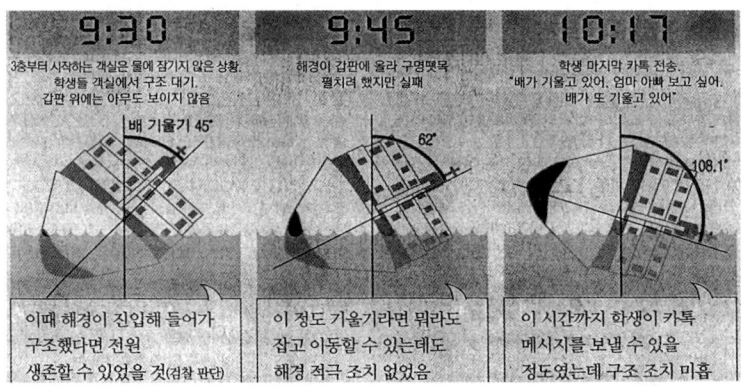

출처: 강현석, 경향신문, "갇힌 300여명 이동 가능했는데…해양경찰청, 아무도 선체진입 안했다.", 2014. 5.12

6) 항로이탈 자동경고 시스템 미 작동

해양경찰이 구축해서 운영중인 '지능형 해상교통관리시스템'의 경고 기능이 제대로 작동되지 않았다는 점도 문제로 대두되었다. '지능형 해상교통관리시스템' 구축은 해양경찰이 한국정보화진흥원과 함께 전자정부지원 사업으로 추진했다. 선박 위치정보, 운항정보, 기상정보 등을 종합적으로 수집하고 분석해 위험을 예측함으로써 해상사고를 사전에 예방하고 대비하려는 차원에서 추진된 것이다. 이 시스템의 특징은 평소 선박이 항해하는 항로 패턴을 분석한 자료를 토대로 선박이 정해진 항로를 벗어나는 등 이상 징후를 보이면 해양경찰청본부 및 각 지방해양경찰청 상황실, 해양경찰서 경비정 등에 경고 메시지를 보내도록 되어있다. 해양경찰청은 이를 통해 선제적 해상교통사고 예측·경고시스템을 구축했다고 2012년 3월에 발표했다. 당시 보도 자료에는 선박의 위치정보(GIS)를 기반으로 운항중인 선박의 충돌, 항로 이탈, 갈지자(之)항해 등 비정상 운항 여부를 실시간 감시·예측해 단계별(관심-주의-경계-심각)로 경고 메시지를 보내줌으로써 시스템을 통한 해양사고 예방이 가능하다고 했다. 하지만 '지능형 해상교통관리시스템'은 세월호가 침몰한 4.16 오전 8시49분37초 뱃머리를 30도 가량 급격하게 돌리며 항로를 이탈한 순간 경고 메시지가 해양경찰청과 해양경찰서 경비정에 전달됐어야 했다. 그러나 해양경찰청은 당일 오전 08:54분경 전남소방본부의 119상황실에서 연락을 받기 전까지 이 같은 사실을 전혀 몰랐다.10)

7) 해양경찰, 안전과 훈련은 뒷전

세월호 참사 당일 16일 오전 09:30분, 해양경찰 특수구조단에 출동명령이 떨어졌다. 구조대원 9명은 차를 타고 김해공항에서 비행기를 타고 목포공항으로 가서 목포공항에서 헬기로 갈아탔다. 전용헬기가 없어서였다. 현장에 도착한 시간은 오후 13:40분 이미 세월호는 완전 침몰(10:31분)한 뒤 한참 지난 뒤였다.11) 특수구조단은 해양경찰 최정예 멤버이다. 이러한 특수구조단에 헬기가 있었다면 사고 현장 도착 즉시 선실로 진입해 승객들을 구할 수 있었을 것이나 그렇지 못한 아쉬움이 베어 나오는 이유이다. 해양경찰이 보유한 헬기 17대중 특수구조단 전용헬기는 없다 해상안전에 대한 지휘부의 잘못된 인식을 드러내는 부분이다. 이뿐이 아니다. 2013년 해양경찰청 예산 1조 572억원 중 해상안전 업무 확대에 사용한 예산은 167억원(1.6%) 뿐이다. 해상 안전

---

10) 정선희, 동아일보, "예산 퍼부은 방재시스템, 정작 필요한 때 무용지물," 2014.4.24.
11) 중앙일보, 특별취재팀, "1조 쓰는 해양경찰청, 안전엔 167억뿐," 2014.5.12.

업무가 우선순위에서 밀린 것은 국민의 안전보다 시설확충, 불법어로 중국어선 단속과 수사에만 집중한 결과라는 분석이다. 하드웨어에 치중한 나머지 소프트웨어와 안전과 훈련에는 소홀히 하여 결정적 순간에 해양경찰이 제 역할을 못한 것은 국민안전에 대한 중요성을 망각하고 집단이나 조직 이기주의에 함몰되어 나타난 총체적 부실 그 자체이다.

다. 일원화된 현장지휘통제체제 미흡

2005년 8월 말 미국 남부를 강타한 '허리케인 카트리나(Hurricane Katrina)'의 영웅은 합동 테스크포스(JTF)사령관을 맡은 러셀 아너레이(Honore) 당시 제1군사령관(64.중장)이었다. 그는 사전 대처 소홀과 늑장 대응으로 비난을 한 몸에 받던 조지 W 부시 행정부의 '구원투수' 역할을 톡톡히 했다. 현장 사령관으로 구조 활동을 지휘한 것만큼 중요한 것은 정보를 국민에게 알리는 것이었다. 당시 사령관은 하루 세 번씩 기자회견을 했다. 공개하는 정보는 100% 진실이어야 한다. 둘러대거나 부풀린 정보는 들통 난다. 카트리나 사태12)가 초기에 부실 대응 비난을 받은 것은 주정부와 연방정부 간 지휘 혼선 때문이었다. 미국은 재난사고에서 주정부가 최종지휘권을 갖지만 카트리나 때는 주정부가 피해 당사자여서 지휘권을 행사할 수 없었다. 연방기관인 재난관리청(FEMA)은 주정부의 협조 요청을 기다리다가 사태를 키웠다. 재난현장에서 아너레이(Honore) 사령관은 가장 먼저 연방지휘권을 세우고 미국 전역에서 7만 여명의 주 방위군을 동원해 구조작업을 벌인 것이

---

12) 허리케인 카트리나는 2005년 8.23일 미국 플로리다주 동쪽 약 280km에서 열대성 저기압으로 발생, 8월 29일 미국 남동부를 강타하였다. 80%이상이 해수면보다 지대가 낮은 뉴올리언즈에서 피해가 가장 컸다. 사망실종 등 인명피해는 2,541명이다. 카트리나의 최대 풍속은 75㎧, 직경은 700km이다.

다.13) 한편 2009년 1월 15일 엔진 고장으로 미국 뉴욕 허드슨강(Hudson River)에 비상착륙하고도 승객 150명과 승무원 5명 전원의 목숨을 구한 US 에어웨이 1549편의 기적은 체즐리 B 설런버거(Chesley Sullenberger, 63)기장의 탁월한 판단력과 조종술이 출발점이 됐다. 하지만 기적 같은 드라마를 완성한 것은 당국의 일사분란하고 신속했던 구조작업과 사고 순간 승무원들의 침착했던 대응이었다. 미국 NTSB(국가교통안전위원회)는 사고 발생 1년4개월 후 발간한 사고조사보고서에서 "기장과 승무원, 당국이 재난에 철저하게 대비한 덕분에 피해를 최소화할 수 있었다"고 결론 내렸다. 미국 NTSB(국가교통안전위원회)보고서는 US 에어웨이 1549편의 이륙부터 비상착륙, 구조까지 과정을 초단위로 기록하고 있다. 이 비행기가 공항을 이륙한 후 허드슨 강에 비상착륙하기까지 시간은 불과 5분이었다. 2009년 1월15일 3시24분54초에 뉴욕 라가디아 공항을 이륙한 이후 비행기는 "새 떼에 부딪혀 엔진 2개가 모두 고장 났다."고 공항관제탑에 보고한 시간은 이륙 2분후인 오후 3시 27분이었다. 관제탑은 첫 교신이 끝난 직후인 3시 28분에 '긴급경보시스템'을 발령했다. 이 경보는 뉴욕·뉴저지 항만청, 뉴욕 비상대책본부(OEM: Office of Emergency Management), 뉴욕 경찰국, 뉴욕 소방국, 미국해안경비대(USCG)14), 뉴욕 비상의료국, FBI(연

---

13) 정미경, 동아일보, "세월호 참사: 미 재난대처의 교훈," 2014.5.2.
14) 미국해안경비대(USCG)는 '퍼스트 리스폰더(최초대응자)'로 불린다. 해난사고를 가잘 빨리 접하고 또 제일 먼저 구조에 나선다고 해서 붙혀진 이름이다. 1790년 창설 이래 최초 대응자로서 구해낸 생명은 110만명이 넘는다. 미 최대재해로 기록된 2005년 허리케인 카트리나 사태 때는 33,545명을 구조했다. 이러한 배경에는 관례를 깨고 현장지휘책임을 연방재난관리청(FEMA)장 대신 해안경비대 부사령관에게 맡겼다. 미국의 해안경비대는 육해공군 및 해병대와 함께 5대 군조직의 하나이며, 평시에는 국토안보부, 전시에는 해군 지휘를 받는다. 이들의 공권력 집행이 해양경찰청보다 훨씬 강력하고 인력 장비도 비교적 잘 갖춰진 부대이다. 이태규, 한국일보, "세월호 참사 한 달", 2014.5.15.

방수사국), 적십자로 곧바로 전파됐다. 지휘체계를 놓고 혼선은 없었다.15) 이렇게 혼란을 최소화한 것은 교육과 훈련으로 숙달되어있음은 두 말할 나위 없다.

〈표 4-3〉 현장지휘관의 임무

- 현장조치공무원이 재난현장 응급조치
- 출동준비 및 출동(현장)
- 지휘권 선언
- 현장지휘소 설치
- 시군구 지역재난안전대책본부(이하 지대본)와 현장지휘소, 참여기관별 지휘소간의 공통통신망 구축
- 재난현장 대응계획수립
- 현장 상황 및 조치사항 등을 지역본부장에게 수시 보고
- 지역재난안전대책본부에 재난 현장 대응활동에 필요한 자원요청
- 유관기관에게 재난현장 상황 및 대응 활동에 필요한 정보를 전달
- 지도, 주민현황, 재해약자 및 재해위험시설 등
- 재난현장에 출동한 유관기관에게 임무부여 및 활동상황 파악
- 현장 상황의 전개에 따른 현장 지휘권인수인계
- 유관기관에 요청한 자원(인력, 자재, 장비, 시설, 물자)등에 대한 내역 점검
- 지역재난안전대책본부에 의료기관 및 영안실 정보요청
- 홍보(공보)담당을 지정하여 언론 및 대외발표 일원화
- 지역본부장에게 재난현장 대응활동 완료 보고
- 유관기관 재난 현장 철수지시

출처: 위금숙, "재난대비 표준체계(ICS)" 중앙민방위방재연구원, 「2013 재난관리직무소양심화과정」위기관리연구소, p.49.

미 재난당국은 2001년 9.11테러 이후 위기 및 재난현장의 지휘통제 시스템을 연방차원에서 대대적으로 개편했다.16) 핵심 내용은 지휘체제를 일원화하는 것이었다. 이러한 지휘의 일원화를 꾀하는데 있어 가장

---

15) 나지홍, 조선일보, "세월호 참사/미 여객기 사고의 교훈," 2014.4.29.
16) 미국연방재난관리청(FEMA)의 경우 현장인력의 안전을 보장하기 위해 '안전관(Safety Officer)'을 두며, 다른 대응기관들로부터 온 대표들을 위한 연락담당자(point of contact) 역할을 함으로써 사고 지휘자를 도와주는 '연락관(Liaison Officer)'을 두고 있다.

중요한 것은 첫째, 현장 지휘관에게 지휘권을 선언하고 이양을 공식화해야 한다. 둘째, 2개 이상의 관할지역에 발생한 재난의 경우에는 재난 피해가 가장 넓은 지역의 관할권을 가진 기관이 현장 지휘권을 지명하여야한다. 셋째, 2개 이상의 지방자치단체의 관할 구역에 걸친 재난 발생시 또는 하나의 지방자치단체 관할구역 안에서 다수의 긴급구조기관 및 긴급구조지원기관이 공동으로 대응하는 경우에는 통합지휘를 보장할 수 있어야 한다. 넷째, 효과적인 통합지휘를 위해 현장에 참여하는 기관간 통합 커뮤니케이션(communication)을 유지하는 것은 필수적이며, 유관기관의 작전 및 지원조직을 상호 연결을 유지하고 일반적인 재난상황의 인식 및 상호작용을 가능하게 하는 통합 커뮤니케이션이 이루어져야 한다.

2011년 8월 버락 오바마(Barack Hussein Obama) 미국 대통령[17]은 허리케인 아이린 북상 소식을 듣고 휴가지에서 대국민 담화를 발표했다. "아이린 이동경로에 있는 주민들은 대피하라"는 내용이었다. 이후에는 정부의 재난대응 컨트롤타워인 연방재난관리청(FEMA)을 방문해 '아이린' 진로와 대비상황을 보고받았다. 상황이 확대되지는 않았지만 신속하고 적절한 대응이었다. 이외에도 2014년 4월 강력한 토네이도가 미국 중남부를 강타했을 때였다. 필리핀을 방문 중이던 오바마 대통령은 보고를 받은 직후 FEMA청장을 피해지역인 아칸소주(State of Arkansas)로 급파했다. 아칸소 주지사에게도 전화를 걸어 중앙정부 지원이 필요한지를 물었다. 오바마(Barack Obama) 대통령은 귀국하자마자 피해지역을 긴급재난지역으로 선포했다. 연방재난관리시스템이

---

[17] 2009~2017년까지 재임한 미국 제44대 대통령이었다. 2012년 대선에서 재선에 성공하여 8년간 재임했으며, 2009년 노벨평화상을 수상했다.

즉각 가동되기 시작했다.

　미국 국민이 정부를 신뢰하는 이유가 바로 여기에 있다.18) 재난 및 안전관리기본법 제3조 제7항 "긴급구조기관"19)이란 소방방재청·소방본부 및 소방서를 말한다. 다만 해양에서 발생한 재난의 경우에는 해양경찰청·지방해양경찰청 및 해양경찰서를 말한다. 이를 적용해보면 해양수산부장관은 중앙사고수습본부장이고, 소방방재청장 및 전남소방본부장(진도군 소방서장)은 중앙 및 지역긴급구조통제단장이며, 해양에서 재난이 발생하였을 경우이므로 현장지휘관은 해양경찰청장 또는 서해지방해양경찰청장 및 목포해양경찰서장이 되는 것이다. 해양경찰청장은 현장지휘권을 서해지방해양경찰청장이나 목포해양경찰서장에게 위임할 수 있으나 위임받은 서해지방해양경찰청장은 목포해양경찰서장에게 현장지휘권을 재위임할 수는 없다. 왜냐하면 국가적 차원의 대규모 사고로서 긴급구조지원기관 및 유관기관이 경찰서장의 통제범위를 과도하게 벗어나기 때문이다. 세월호 참사의 경우 현장지휘관은 해양경찰청장이 되는 것이 보다 정확한 물음에 대한 답이 될 것이다. 현장지휘권과 관련하여 현장지휘권은 원칙적으로 구역 내 재난관리를 총괄·조정하는 지역본부장에게 있다. 다만 재난대응활동 중 긴급구조활동의 현장지휘는 재난 및 안전관리기본법에 따라 시군구 긴급구조통제단장이 수행토록 되어있다.20) 지역본부장은 효율적인 현장지휘를 위해 재난유형이나 재난 현장 피해규모 및 상황을 고려하여 재난 유형별 대응책임조직의 장이나 부단체장에게 현장지휘권을 위임할 수 있다. 그리고 발

---
18) 원재연, 세계일보, "안전한 대한민국이 되려면," 2014.5.8.
19) 재난 및 안전관리기본법 제3조 제6항 "긴급구조"란 재난이 발생할 우려가 현저하거나 재난이 발생하였을 때에 국민의 생명·신체 및 재산을 보호하기 위하여 긴급구조기관과 긴급구조지원기관이 하는 인명구조, 응급처치, 그밖에 필요한 모든 긴급한 조치를 말한다.
20) 재난 및 안전관리기본법 제52조(긴급구조 현장지휘).

생한 재난과 유관부서가 2개 이상인 경우에는 발생한 재난의 형태, 특성, 실제 대응활동 등을 고려하여 대응 책임조직을 결정하여야 한다. 21) 재난 및 안전관리기본법 제52조(긴급구조 현장지휘) 제1항 "재난현장에서는 시·군·구 긴급구조통제단장이 긴급구조 활동을 지휘한다. 다만, 치안활동과 관련된 사항은 관할 경찰서의 장과 협의하여야 한다." 동법 제3항 "시·도 긴급구조통제단장은 필요하다고 인정하면 제1항에도 불구하고 직접 현장지휘를 할 수 있다." 동법 제4항 "중앙통제단장은 대통령으로 정하는 대규모재난이 발생하거나 그밖에 필요하다고 인정하면 제1항 및 제3항에도 불구하고 직접 현장지휘를 할 수 있다." 동법 제6항 "중앙긴급구조통제단장과 지역통제단장은 재난현장의 긴급구조 등 현장지휘를 효과적으로 하기 위하여 재난현장에 현장지휘소를 설치 운영할 수 있다. 이 경우 긴급구조 활동에 참여하는 긴급구조지원기관의 현장지휘자는 현장지휘소에 대통령령으로 정하는 바에 따라 연락관을 파견하여야 한다."22)

〈표 4-4〉 긴급구조 현장지휘 사항[23]

- 재난현장에서 인명의 탐색·구조
- 긴급구조기관 및 긴급구조지원기관의 인력·장비의 배치와 운용
- 추가 재난의 방지를 위한 응급조치
- 긴급구조지원기관 및 자원봉사자 등에 대한 임무의 부여
- 사상자의 응급처치 및 의료기관으로의 이송
- 긴급구조에 필요한 물자의 관리
- 현장접근 통제, 현장 주변의 교통정리, 그 밖에 긴급구조활동을 효율적으로 하기 위하여 필요한 사항

---

21) 위금숙, "재난대비 표준체계(ICS)" 중앙민방위방재연구원,「2013 재난관리직무소양심화과정」위기관리연구소, p.48.
22) 재난 및 안전관리기본법 제52조(긴급구조 현장지휘).
23) 재난 및 안전관리기본법 제52조(긴급구조 현장지휘).

그러나 세월호 참사에서 나타난 것은 조기에 현장지휘권을 구축하지 못한 측면이 크다. 왜냐하면 중앙재난안전대책본부가 제 역할을 하지 못함으로써 법에도 없는 '정부대책기구'를 만들어서 국무총리가 직접 지휘하는 기현상이 나타났다. 따라서 긴급구조과정에서 해양경찰은 결정적으로 가장 중요한 현장지휘, 긴급구조 지휘, 잠수사(군, 구조대, 민간) 조기 투입시기를 놓쳐버렸다.

〈표 4-5〉 중앙긴급구조통제단의 기능[24]

- 국가 긴급구조대책의 총괄·조정
- 긴급구조 활동의 지휘·통제
- 긴급구조지원기관 간의 역할 분담 등 긴급구조를 위한 현장 활동계획의 수립
- 긴급구조대응계획의 집행
- 그밖에 중앙통제단의 장(이하 "중앙통제단장"이라 한다)이 필요하다고 인정하는 사항

제2절 4·16 참사의 근인(immediate cause)

4·16일 세월호 침몰 사고 당시 국민들이 가장 안타까워하는 것은 승무원이든지 해양경찰이든지 간에 그 누구도 선체 내 승객들에게 선실 밖으로 퇴선 또는 대피하라는 지시나 명령을 하지 않았다는 점이다. 해양경찰이 사고현장에 도착했으면 기울어진 세월호의 선실내부로 들어가 밖으로 대피하라는 지시만 내렸어도 많은 인명을 구할 수 있었을 것이다.

---

[24] 재난 및 안전관리기본법 제49조 및 동법 시행령 제54조.

1. 과도한 증개축에 따른 복원성 저하

　세월호는 1994년 일본에서 건조된 뒤 18년 동안 운항했다. 청해진 해운은 2012년 8월 이 배를 115억원에 도입해 4개월 동안 조선소에서 증·개축했다. 세월호 총톤수는 239톤이 증가한 6,825톤으로 증가했고, 무게중심은 처음 11.27m에서 11.78m로 51㎝가 높아졌다. 무리한 수리와 증·개축 과정에서 총톤수가 3.5% 증가하고 30톤짜리 우현 램프를 철거하면서 좌우현에 불균형이 발생하는 등 복원성에 심각한 문제가 발생했다. 세월호는 정원을 804명에서 14%(117명) 증가한 921명까지 확대하여 무게중심을 높이는 개조를 했다. 이는 선박 운항 시 복원력을 감소시키는 결정적 역할을 한다. 이외에도 세월호는 2013년 11월 28일 인천에서 여객 117명, 차량 150대, 화물 776톤을 싣고 출항했다가 침몰위기를 맞기도 했다. 세월호는 11월 29일 오전 08:20분 제주도 화도 부근 해상에서 파도의 영향으로 좌현으로 기울면서 2층에 선적된 벽돌과 주류 등 화물이 한쪽으로 쏠려 손상되는 사고를 냈었다. 그리고 2014년 1월 20일 제주항에서는 선체가 부두에서 떨어지지 않아 출항을 하지 못했다.[25] 참사를 사전에 방지할 수 있었던 두 차례의 기회가 있었지만 아무런 조치를 취하지 않아 결국에는 4.16 대참사를 막지 못했다. 승무원들이 청해진 해운에 여러 차례 복원성 문제를 제기했으나 청해진 해운사는 이를 무시했다. 사고 당일(4.16) 오전 09:34분께 세월호의 침수한계선이 물에 잠기면서 복원력을 완전히 상실하였으나 승객들을 퇴선시키지 않고 대피명령을 하지 않으면 승객들

---

25) 세월호의 두 번째 사고는 2014.1.20., 18:30분경 제주 연안부두에서 최대풍속 18~21 m/s 바람으로 인해 출항하지 못했다.

이 죽음에 처한다는 사실을 인지하였으면서도 승객들의 구호조치를 하지 않은 채 자신들만 탈출했다.

2. 화물과적과 평형수 부족

2012년 세월호를 수입해 조선소에서 증축해 무게가 239톤(원래 6,586톤 → 6,825톤)이 증가하였고, 화물적재량은 개조전에는 3,981톤이 개조후에는 3,794톤으로 187톤이 줄었다. 4.16일 사고당시에는 화물이 복원성을 유지할 수 있는 기준(1,077톤)보다 2배나 많은 2,142톤이 적재됐다. 화물을 더 많이 적재하느라 균형을 잡는데 필요한 평형수(平衡水)는 규정보다 1,340톤이나 적게 넣었다.26) 사고당일 출항전 선수의 밸러스트 탱크에 평형수27)를 채워 무거운 선미를 억지로 띄웠다. 한편 과적 여부를 판단하는 만재흘수선이 수면위로 드러나도록 조작하였다.28)

3. 운항상의 대각도 방향 전환

불안한 상태에서 출발한 세월호의 승무원들은 유속이 빠른 전남 진도군의 맹골수도(孟骨水道)의 방향 전환 장소에서 복원성 저하를 고려해 소각도로 방향 전환을 해야 했으나 세월호 승무원들은 이에 대해 사전에 교육되어 있지 못했다. 3등 항해사의 조타 지휘를 받은 조타수

---

26) 세월호 평형수는 기준의 절반인 761톤을 채우고 출발했다. 한국 선급은 화물은 최대 1,077톤, 평형수는 1,565톤을 싣도록 선사에 요구했다.
27) 평형수는 선박의 무게중심을 유지하기 위해 배 밑바닥에 싣는 물을 말한다.
28) 김창훈, 한국일보, "복원성 상실사고 이미 2차례 있었다," 2014.5.16.

는 침로를 135도에서 우측으로 1차로 5도, 2차로 5도 바꾸어야 하는데도 방향 전환이 뜻대로 이루어지지 않자 조타수는 한번에 15도 이상 대각도로 방향 전환을 시도한 탓에 선체가 갑작스럽게 좌측으로 기울며 균형을 상실하고, 부실하게 고박했던 컨테이너를 비롯한 화물들이 왼쪽으로 쏠리면서 선체는 균형을 잃고 복원력을 상실했다.

"2014년 해양안전심판원(해심원) 특별조사부 1차 조사에서 사고 원인으로 세월호의 복원성 부족, 부적절한 조타 및 고박 불량에 의한 화물의 이동으로 인해 침수·전복됐다"고 밝혔다.[29] 충돌 흔적이 명확히 남아 있지 않아 충돌설은 가능성이 없다고 판단했다. "세월호 사고는 준수해야 할 법규·규정·기준을 준수하지 않아 발생한 전형적인 후진국형 해양사고"[30]라고 결론 냈다.

제3절 4·16 참사의 원인(Remote cause)

1. 정부의 규제완화

민주화를 위한 변호사 모임(이하 '민변'이라 한다)은 2014년 5월 8일 '세월호 진상규명 17대 과제'를 발표했다. 민변이 꼽은 세월호 침몰의 근본원인 첫째, 규제완화 정책으로 인한 안전장치의 해체였다. 2009년 1월 '해운법 시행령' 개정이었다.[31] 이 조치로 배가 건조된 지 25

---

29) 장세정, 중앙일보, 오피니언 장세정 논설위원이 간다, "세월호 원인, 6대 2였는데…정치 입김에 3대3 됐다", 2022.12.06.
30) 조상래(69), 울산대 조선해양공학부 명예교수, *Ibid*.
31) 박병률, 경향신문, "규제완화 광풍속에 세월호가 침몰했다," 2014.5.16.

년까지 사용하던 것을 30년까지 사용 연한을 연장하였다. 2006년부터 선령 규제완화(deregulation)를 요구해왔지만 참여정부는 수용하지 않았다. 그러나 이명박 정부(2008.2~2013.2)가 등장한 이후 2008년 국민권익위원회는 "연안여객선 해난사고 대부분은 선원의 과실 탓"이라며 "선령 규제완화로 안전과 관련한 위험은 발생하지 않는다."고 국무회의에 보고했다. 선령제한을 25년으로 규제하다보니 사용가능한 선박도 20년이 넘어서면 선박가격이 떨어져 선사들의 손해가 크다는 이유 때문이었다. 선령제한이 30년으로 늘어나자 선사(船社)들은 18~19년된 중고 선박을 구입하여 국내 연안에 취항하기 시작했다.[32] 노후선박이 증가하면서 해난사고도 증가하기 시작했다. 2012년 한국해양수산개발원은 '연안여객 운송 산업 장기 발전방안 연구보고서'를 국토해양부에 제출했다. 동 보고서에 따르면 "최근 연안에서 발생한 각종 사고 선박은 선령이 15년 이상 된 것"이라며 노후 선박은 사고를 일으킬 가능성이 높아 개선이 시급하다고 밝혔다.[33] 이 당시 정부는 4대강사업에 22조원을 집행하면서도 신규 선박으로 교체할 예산 4,000억원은 책정하지 못했다. 그 대신 정부가 선택한 것은 규제를 풀어 선사이익을 보충해주겠다는 발상이었다. 승객 안전은 아예 고려조차 하지 않았다. 이후 박근혜 정부(2013.2~2017.5)는 규제완화를 더 풀기로 처음부터 범정부차원에서 나쁜 규제를 찾아내 완화하는 정책을 적극적으로 추진하기 시작했다. 안전은 규제완화 뒤에 숨겨버린 모양새가 되었다. 선장이 선박에 이상이 있으면 서면으로 이를 보고해야하는 의무를 폐지해버렸다.

---

[32] 기업하기 좋은 나라를 만들겠다던 이명박 정부의 규제완화 때문이었다. 2008년 5월 이대통령이 주재한 국무회의에서 '기업부담 해소'란 명분아래 선령의 나이 제한이 25년에서 30년으로 늘어났다. 정부는 "기업의 비용 절감 효과가 해마다 200억원 이를 것"이라고 밝혔다. 한겨레, 2014.5.15.
[33] 박병률, 경향신문, "심층기획-한국 사회의 민낯 '세월호': 규제완화의 덫", 2014.5.16.

선박 최초 인증 심사 때 선사(船社)가 해야 하는 내부 심사도 제거했다. 세월호 참사 발생하루 전 4월15일 정부는 과도한 규제를 완화하겠다면서 '선원법시행령'을 개정했다. 개정된 시행령은 선박검사원, 선박수리를 위해 승선하는 기술자 등을 선원에서 제외시켜버렸다. '파견근로자 보호 등에 관한 법률'은 선원업무에 파견근로자를 쓸 수 없도록 명시하고 있다. 선박검사원은 선박의 안전을 검사하는 중요한 업무를 담당하고 있지만 선원이 아니어서 정규직이 아닌 파견근로자를 고용할 수 있도록 규제를 완화한 것이다. 시행령은 또 선장의 휴식시간에는 1등 항해사, 운항장 등이 선장의 조종 지휘를 대행할 수 있도록 했다. 즉, 선장의 휴식시간을 보장하겠다는 취지로 규제를 대폭완화 하였다. 구난이나 구조는 외부업체에 맡겨버리는 결과를 초래했다. 2011년 해양경찰청 주도로 '수난구호법'34)을 만들었지만 민간구조대의 발목을 묶는 법이 돼 버렸다. 해양경찰청이 요청하지 않으면 해군과 민간은 구조에 나설 수가 없다.35) 한편 수난구호법 제5조(중앙구조본부 등의 설치) 제1항 "해수면에서의 수난구호에 관한 사항의 총괄·조정·수난구호 협력기관과 수난구호 민간단체 등이 행하는 수난구호활동의 역할조정과 지휘·통제 및 수난구호활동의 국제적인 협력을 위하여 해양경찰청에 중앙구조본부를 둔다." 제2항 "해역별 수난구호에 관한 사항의 총괄·조

---

34) '수난구호법'의 제1조(목적) "해수면과 내수면에서 조난된 사람, 선박, 항공기, 수상레저기구 등의 수색·구조·구난 및 보호에 필요한 사항을 규정함으로써 조난사고로부터 국민의 생명과 신체 및 재산을 보호하고 공공의 복리증진에 이바지하는 것" 동법 제2조(정의)에서 수난구호란 "해수면 또는 내수면에서 조난된 사람 및 선박, 항공기, 수상레저기구 등 (이하 "선박 등"이라 한다)의 수색·구조·구난과 구조된 사람·선박등 물건의 보호·관리·사후처리에 관한 업무"를 말한다. "조난사고"란 해수면 또는 내수면에서 선박 등의 침몰·좌초·전복·충돌·화재·기관고장 및 추락 등으로 인하여 사람의 생명·신체 및 선박 등의 안전이 위험에 처한 상태를 말한다.
35) 박병률, 경향신문, "심층기획-한국 사회의 민낯 '세월호': 규제완화의 덫", 2014.5.16.

정, 해당지역에 소재하는 수난구호협력기관과 수난구호 민간단체 등이 행하는 수난구호활동의 역할조정과 지휘·통제 및 수난현장에서의 지휘·통제를 위하여 지방해양경찰청에 광역구조본부를 두고, 해양경찰서에 지역구조본부를 둔다. 라고 되어있다. 세월호 침몰사고 당시 수난구호법 제5조에 따라 해양경찰청의 중앙구조본부는 수난구호활동 지휘와 통제권을 행사함으로써 민·관·군의 인적·물적 자원을 효과적으로 활용하지 못하였다는 점이다. 이외에도 중앙구조본부는 사고 당시 구조를 위해 사고해역 근처에 도착한 소방방재청 헬기, 민간어선, 전남도 어업지도선 등을 조기에 투입하지 못한 실수를 범했다. 수난구호법의 맹점은 사고선박 선사가 인양업체를 선정하도록 명시함으로써 청해진해운이 민간구조업체를 지정하면서 해역은 사고 초기에 현장에 도착한 해군의 수중폭파대(UDT), 해난구조대(SSU)의 투입을 3일간이나 통제하여 투입하지 못했다. 따라서 해양경찰청은 사고초기 긴박한 순간에 해양경찰 헬기 및 해양경찰 123정 출동과정, 잠수인력과 장비의 배치, 실종자 조기 수색 및 구조에 이르기까지 초기대응에 실패함으로써 많은 지탄을 받았다. 해양경찰청에 설치한 '중앙구조본부'는 컨트롤타워의 역할을 하지 못한 것이 적나라하게 드러났다. 해양경찰청 중심의 지휘통제체계인 중앙구조본부가 제 역할 못함으로써 조정기능을 부여하는 '중앙구조조정본부'로 개편하여 운영하는 것이 대규모 재난발생시 해양경찰청이 독자적으로 지휘권을 행사하는데 제한사항이 많기 때문에 사고초기부터 민·관·군이 참여하고 지휘·조정·통제하는 '지휘작전본부'가 반드시 필요하다. 수난구호법 제16조(구조본부 등의 조치) 제1항 "조난사실을 신고 또는 통보받거나 인지한 관할 구조본부의 장이나 소방관서의 장은 구조대에 구조를 지시 또는 요청하거나 조난 현장의 부근에 있는 선박 등에게 구조를 요청하는 등 수난구호에 필요한 조치를 취하여야 한다."고 되어있으나 여기서 문제는 해양경찰청 구조인력보다 숙련된 잠수 장비와 인력을 보유하고 있는 해군의 발목을 잡는다. 해군이 해양경찰청의 요청과 관계없이 필요에 따라 잠수 인력과 장비를 사고 현장에 동원할 수 있는 '강제명령권'을 부여하는 것이 사고초기에 인명구조를 위해서는 효과적이라는 사실이다. 수난구호법 제13조(수난구호의 관할) 해수면에서의 수난구호는 구조본부의 장이 수행하고 … (생략). 동법 제17조(현장지휘) 제1항 "조난현장에서의 수난구호활동의 현장지휘는 지역구조본부장 또는 소방서장이 행한다. 다만, 응급의료 및 이송 등과 관련된 사항에 대하여는 관련 수난구호협력기관의 장과 협의 하여야 한다."36) "대통령령으로 정하는 대규모의 수난이란 재산의 피해정도가 매우 크거나 재난의 영향이 사회적·경제적으로 광범위하다고 중앙구조본부의 장37) 또는 소방방재청장(2017.7, 소방청장)이 인정하는 수난을 말한다."38)

---

36) 수난구호법(시행: 2013.3.23.; 시행: 2014.11.19. 법률 제12844호, 2014.11.19., 타법개정), 해양경찰청(수색구조과).
37) 수난구호법 시행령(시행: 2013.3.23.) 제4조(중앙구조본부의 구성·운영)에서 중앙구조본부의 장은 1) 수난구호대책의 총괄·조정, 2) 법 제17조제4항에 따른 대규모 수난구호활동의 현장지휘·통제, 3) 해수면에서의 수난구호업무에 관한 관계 기관·단체와의 협력, 4) 해상수난구호업무에 관한 국제기구 및 외국기관과의 협력, 5) 수난구호협력기관 등 관계 기관·단체의 구조대와의 합동훈련 및 합동수색·구조활동에 필요한 구조지침에 관한 사항을 관장한다.
38) 수난구호법 시행령(시행: 2013.3.23.) 제19조 해양경찰청(수색구조과)

〈표 4-6〉 최근 완화된 선박 관련 규제완화

규제 완화 내용	시행 시기
항만안에서 만 항해하는 여객선의 풍압기준	2009년 1월
연안여객선 선령 제한 완화(25년→30년)	2009년 1월
카페리 과적 및 적재 기준 완화	2009년 1월
여객선 엔진개방 검사 완화(7,000시간 → 9,000시간)	2009년 2월
2시간 미만 운항하는 선박은 위치발신 장치 설치 면제	2010년 6월
항해시간 3시간 미만은 입석으로 승선 가능	2011년 1월
점검대상 선박 선령 기준 완화(15년 이상 → 20년 이상)	2011년 1월
선장이 선박의 안전관리체계 부적합 보고 의무 면제	2013년 6월
선박 최초 인증심사 때 내부 심사 면제	2013년 6월
컨테이너 현장 안전검사 대신 서류 제출	2014년 1월
선장휴식 때 1등 항해사 등이 업무대행	2015년 1월
예인선은 일반 선원 야간 당직 의무 폐지	2015년 1월
항내에서 선박 수리 허용	미정
요트 등 수상레저기구의 항구 출입 신고 면제	미정

자료: 해양수산부 박남춘(전 국회의원)에 자료제출
출처: 경향신문, 박병률, "심층기획: 한국 사회의 민낯 '세월호'- 규제완화의 덫, 2014.5.16.

　　정부 중앙부처에 등록된 규제 건수도 지난 2013년 2월 25일 당시 14,951건에서 15,178건(2013년 9월) → 15,273건(2013년 12월) → 15,315건(2014년 3월) → 15,317건(2014년 6월)으로 점차 증가 추세다.

〈표 4-7〉 중앙부처(부·위원회) 규제등록 현황

(단위: 건)

고용부/ 공정위	교육부/ 국토부	금융위/ 기재부	농식품부 / 문체부	미래부/ 방통위	법무부/ 복지부	산자부/ 안행부	해수부/ 환경부
571/ 482	465 / 2,443	1,096/ 217	937 / 386	599 / 133	229 / 1,203	1,197/ 397	1,506 / 854

국가인권위원회(1건), 국무조정실(15건), 국민권익위원회(4건), 국방부(36건), 여성가족부(171건), 외교부(35건), 원자력안전위원회(95건), 통일부(57건)
자료: 규제정보포털
출처: 파이낸셜 뉴스, 김승호, "규제개혁 담당 고위직공모 인물난" 2014.6.3

2. 한국 사회의 안전 불감증 만연

한국 사회의 안전불감증(safety frigidity, 安全不感症)은 심각한 수준에 도달했다. 안전 불감증이 심각한 이유로는 사회에 만연한 '적당주의'(45.6%)와 '정부의 정책적 의지 미흡'(25.8%), '안전교육 및 홍보 부족'(19.2%), '조급증'(5.7%)으로 나타났다. 한국 사회 안전 불감증에 대해 어떻게 생각하냐는 질문에 '매우 심각하다'(73.1%), '심각하다'(25.0%)로 안전 불감증에 문제가 있다는 응답이 98.1%로 심각성을 그대로 보여주고 있다. 시민의 안전 의식 수준을 점수로 매겨 달라(10점 만점)는 질문에 3점(23.8%), 5점(17.0%), 4점(16.8%)이 많았다. 평균 점수는 4.1점으로 시민 스스로 낙제점을 준 셈이다.[39]

2014년 5월 13일 서울 강남구 무역센터에서 초고층건물 가상 화재 발생 훈련이 실시되었다. 훈련에 자발적으로 참가한 인원은 2,300여명(업체추산)으로 전체인원(9000명)의 25%에 불과했다. 건물을 탈출하는

---

39) 동아일보, 2014.5.23., 서울시의 '소방안전 여론조사보고서' 조사기간은 5.9~5.15, 서울시 홈페이지를 통해 진행됐으며, 조사 참여자는 10~60대 2672명이며, 서울시민이 90.2%이고, 나머지는 그 외 지역주민이다.

데 성공한 저층 근무자들은 화재발생 3분 만에 나왔으며, 참가인원 모두가 대피하기까지는 30여분이 걸렸다. 그나마 상주인원의 75%가량은 사무실에서 평소처럼 업무를 진행했다. 고층건물의 경우 25~30층 마다 안전 대피층을 설치하게 돼 있지만 이에 대한 안내는 없었다.[40] 안전 불감증(safety frigidity, 安全 不感症)은 한국 사회 전반에 걸쳐 뿌리깊이 내재되어 있다는데 문제의 심각성이 있다. 이로 인해 수많은 안전사고로 목숨을 잃고, 재산상의 손실을 초래하며, 정부를 불신하는 직접적인 요인이 되고 있다. 사회경제적 손실이 매우 크기 때문에 이로 인해 발생하는 매몰비용으로 사회신뢰를 저하시키는 직접적인 원인이 되고 있다. 신뢰사회는 선진국으로 가는 데 있어 반드시 해결해야 하는 중대한 과제가 틀림없다. 왜냐하면 안전 불감증(safety frigidity)은 개개인의 희생이 강요되고, 공동체의식이 희박해지고 관계형성에 불균형을 초래하기 때문에 이를 해결하지 않고서는 선진국 진입에 상당한 시간이 요구될 것이기 때문이다. 따라서 안전 불감증은 개인의 잘못으로 오는 것보다는 사회 전반에 설치되고 운영되는 시스템의 문제와 결부되는 것이기 때문이기도 하다. 낡은 틀 속에서 시대변화를 미처 수용하지 못하는 시스템은 새로운 '시대의 틀'(Frame)에 맞게 재조정되어야 할 것이다. '국가 대개조' 차원에서 이루어져야 한다. 정치, 경제, 사회, 문화 전반에 걸쳐 국민운동으로 전환되어 일어나야 한다. 그리고 사회 전반의 시스템을 점진적으로 점검(check)하고 재점검(recheck)하는 기회를 내실 있게 진행시켜 나아가야 한다. 이를 위해 정치 분야에서 많은 과제를 추진력 있게 여야가 정파를 초월하여 '국가대개조'에 동력

---

[40] 손형준, 서울신문, "54층 코엑스·아셈타워 화재 대피훈련 가봤더니 … 여전히 안전불감증 대한민국," 2014.5.14.

을 더해야 할 필요성이 제기되었다. 왜냐하면 사회 시스템을 정비하는 데 법률적으로 뒷받침해야하기 때문이다. 부정청탁과 관련하여 이를 근본적으로 해결하기 위해 일명 '김영란법'(부정청탁 및 금품 등 수수의 금지에 관한 법률, 약칭 청탁금지법)을 여야가 이 법의 적용대상을 놓고 여야가 첨예한 이해관계로 인해 지연되는 사례는 입법부의 고민의 일면을 볼 수 있다. 한국 사회는 1945년 해방이후 부정과 부패, 적폐청산을 제대로 했는지 차분하게 숙고할 필요가 있다. 21세기에 한국 사회는 여전히 부정과 부패가 도사리고 있다. 관료사회, 정치인, 기업인 등의 부정과 부패, 비리는 한국 사회를 혼탁하게 하고 있다. 연이어서 터지는 대형사고 뒤에는 여전히 부정과 비리의 도화선(cause)이 원인이 되어 악재로 사고를 유발시키고 있다. 이러한 근본적 원인을 제거하는 대책은 없는 것 일까?에 대한 물음에 대해 한국 사회도 앞으로는 법치사회로 가야하기 때문에 부정과 비리에 대해 법리를 적용하여 법 앞에 만인이 평등한 사회'를 만들어가는 지혜를 모아야 할 것이다. 법이 '강자 앞에는 약하고 약자 앞에 강한 것'이 해방이후 21세기의 한국 사회에서 아직도 재현되고 있다는 현실에 통렬한 반성과 비판이 있어야 한다. 우리 주변에는 쉽게 고칠 수 있는 것도 고치지 않는 '설마병(病)'도 한국 사회의 안전 불감증을 초래하는 직접적인 요인이 되고 있다.

〈표 4-8〉 안전 불감증과 연상되는 어휘 또는 문화

설마병(病), 부정부패·비리, 빨리빨리, 대충대충, 복지부동, 적당주의, 유착 과정보다 결과중시, 하나(이것) 쯤이야, 법·제도경시 풍조, 낙하산, 방기(放棄), 이해타산, 눈 가리고 아웅, 질서 지키면 손해 본다, 네 탓이오, (무너)지겠어?, 산재(産災)공화국, 학파(學派), 라인 끼리끼리, 대박, 기수문화, 핑계문화, 기강해이, 이기주의, 포퓰리즘(포퓰리스트), 대충 적당히, 악취, 불법, 비정상, 부실관리, 졸속, 최저가 낙찰제, 음주운전, 일탈, 리베이트 공화국, 솜방망이 처벌, 폭탄, 무사안일주의, 공동체의식 실종, 돈을 쫓는 사회, 재난, 의전중시, 사후약방문, 관피아, 내 그럴 줄 알았지 현상*, 이권(利權), 조급증 분노, 연루, 적폐(積弊), 부당대출, 비자금, 돈줄, 탐욕, 고장난 시계, 뒷북 '하인리히 법칙**, 트라우마, 의혹, 허술, 유언비어, 편법, 특혜시비, 위기(crisis) 문어발, 산업재해(産災), 사이비, 수의계약, 일감 몰아주기, 무관심, 부주의, 그들만의 리그, 배타적 네트워크, 추락사고

* '내 그럴 줄 알았지' 현상은 심리학에서는 '사후과잉 확신편향'이라고 하며 영어로는 hindsight bias (뒤 behind와 본다의 sight)
** '하인리히'법칙이란 미국의 보험회사에서 윌리엄 하인리히(Herbert W. Heinrich)는 산업재해 사례를 분석해 하나의 통계적 법칙을 제시했다. 1:29:300법칙이다. 이는 산업재해가 발생해 중상자가 1명 나오면 그 전에 같은 원인으로 발생한 경상자가 29명, 같은 원인으로 부상당할 뻔한 잠재적 부상자가 300명 있었다는 것이다. 바꾸어 말하면 대형 사고는 우연히 발생하는 것이 아니라 사전에 이와 관련 유사한 전조(징후)현상이 반드시 존재한다는 것을 의미한다.

2014년 4월 16일의 세월호 참사는 초고속 경제성장 뒤에 가려진 한국의 총체적 부실을 드러낸 사고로 기억될 것이다. 세월호 참사는 국가의 책임을 망각한 부실의 완판이었다. 그 어디에도 국가는 존재 의의를 찾아 볼 수 없었다. 세월호 침몰 사고에 국민들이 분노하는 이유는 첫째, 사고를 사전에 충분히 막을 수 있었던 사고임에도 불구하고 이를 막지 못했다는 점이다. '하인리히 법칙(Herbert W. Heinrich, 1:29:300)'[41)]에 따르면 세월호는 4월 16일 이전에 그 전조(前兆)를 나타냈

---

41) 허버트 W. 하인리히(Herbert W. Heinrich)는 7만 5,000건의 산업재해를 분석한 결과 아주 흥미로운 법칙 하나를 발견했다. 그는 조사 결과를 토대로 1931년 『산업재해예방(Industrial Accident Prevention)』이라는 책을 발간하면서 산업 안전에 대한 1 : 29 : 300 법칙을 주장했다.
[네이버 지식백과] 예측할 수 없는 재앙은 없다 - 하인리히 법칙 (시장의 흐름이 보이는 경제 법칙 101, 2011. 2. 28. 김민주)

기 때문이다. 둘째, 4월 16일 침몰사고(침몰직전) 당시 최소한 여러 번에 걸쳐 수많은 생명을 구할 수 있었음에도 불구하고 구조팀이 이를 방기하였다는 점에서 재난 후진국의 민낯을 여실히 보여주었다는 점이다. 세월호 침몰 직전에 구조의 직접적인 책임이 있던 해양경찰은 안이한 태도로 구조에 임했다는 것은 검경합동수사본부에서 이미 밝혀진바 있다. 국민은 이러한 정부의 태도에 대해 분노를 거두지 못하고 있는 것이다. 따라서 2014년 세월호 참사는 관재(官災)이면서 아울러 인재(人災)인 것이다. 이제 한국 사회는 세월호 참사를 계기로 이 땅에 다시는 이와 같은 일이 반복되어서는 희생된 영혼들에게 두 번 죄를 짓는 것과 다를 바 없다. 지난 60~70년대 산업화시대를 거치면서 압축 성장으로 열매의 과실을 따 먹으면서 비용절감에만 매몰되어 사회 전반에 걸쳐서 안전(安全)을 뒷전에 두고 관재(官災)나 인재(人災)로 인한 재앙은 그동안 지속적으로 반복되어온 후진국형 재난을 당하면서 국격(國格)을 손상시킨 것은 한두 번이 아니다. 국민1인당 실질소득이 향상된다고 해서 선진국이 되는 것은 아니다. 정치·경제·사회·문화적으로 안정을 유지하고 사회질서가 체계적으로 구축되어 국민이 안정되고 안전한 삶을 누릴 수 있는 사회가 비로소 선진국이 되는 것이다. 대규모 자연재난으로 인한 인명손실보다 크다는 것이 이를 반증하고 있는 것이다. 이외에도 2012년 기준 산업재해로 입은 손실 가운데 사망자는 1,929명(교통사고 사망자는 5,090명)이며, 경제적 손실은 19조 2,546억원으로 매년 증가하고 있는 추세이다. 이러한 대규모 인명사고는 기업의 존립을 위태롭게 하는 위기로까지 몰고 갈 수 있다는 점에 정부와 기업

---

https://terms.naver.com/entry.naver?docId=2847421&cid=56774&categoryId=56774(검색:2021.3.22.)

모두가 관심을 가져야 할 것이다. 한편 한국의 최근 6년간('14~'19) 교통사고 사망자 수는 지난 2년간, 높은 감소세('18~'19, 20%↓)를 나타냈다.42)

* ('15) 4,621(△3.0%) → ('16) 4,292(△7.1%) → ('17) 4,185(△2.5%) → ('18) 3,781(△9.7%) → ('19) 3,349(△11.4%)

〈표 4-9〉 한국, 최근 6년간 교통사고 사망자 수('14~'19)

자료: 경철청, 한창훈·김주곤, 국토교통부 윤영중·이정식, 20년 상반기 교통사고 사망자, 전년 동기대비 10.0% 감소, 공동보도자료, 2020-08-12(등록일), 2020. 8. 13.(보도일시)

2014년 6월 한국직업능력개발원(직능원)의 '취업자의 안전의식 국제비교'에 의하면 한국 근로자의 '안전중시도'는 41.2%로, 조사대상 15개국 가운데 12위였다. 여기서 '안전중시도'란 '위험이 없는 곳에서 생

---

42) 경철청, 한창훈·김주곤, 국토교통부 윤영중·이정식, 20년 상반기 교통사고 사망자, 전년 동기대비 10.0% 감소, 공동보도자료, 2020-08-12(등록일), 2020. 8. 13.(보도일시) https://www.police.go.kr/user/bbs/BD_selectBbs.do?q_bbsCode=1002&q_bbsctSn=20200812132857270&q_tab=&q_searchKeyTy=&q_searchVal=&q_rowPerPage=10&q_currPage=11&q_sortName=&q_sortOrder=&(검색: 2021.3.22.)

활하는 것이 중요하다고 인식하는 정도'를 의미한다. 점수가 높을수록 안전의식이 높다는 것을 뜻한다. 경제협력개발기구(OECD)는 15개 회원국 근로자 12,240명을 대상으로 발표하고 있다. 한국 근로자들의 안전체감도(68.6%) 역시 15개국 가운데 13위로 최하위권이었다. '안전체감도'란 '자신이 살고 있는 동네(마을)와 이웃이 안전하다고 느끼는 정도' 점수가 높을수록 안전한 환경에서 거주하고 있음을 뜻한다. 직능원의 한 연구원은 "일반적으로 안전 체감도가 낮은 국가는 안전 중시도가 높고, 안전 체감도가 높은 국가는 안전 중시도가 낮다며 한국 근로자들은 평소 안전하지 않다고 느끼면서도 정작 안전을 중요한 가치로 생각하지 않기 때문에 '안전 불감증(safety frigidity)'이 심각한 수준이다."고 언급했다.43)

〈표 4-10〉 한국 근로자 '안전의식' 수준(2014)

(단위: %)

순위	1	2	3	4	5	6	7
국가	멕시코	칠레	터키	폴란드	슬로베니아	호주	미국
안전중시도	75.8	74.1	69.1	66.5	62.7	48.4	46.4

* 8위 스웨덴(45.8), 9위 스페인(45.5), 10위 뉴질랜드(44.4), 11위 에스토니아(41.6), 12위 한국(41.2), 13위 독일(33.7), 14위 네덜란드(28.2), 15위 일본(23.9)
* 경제협력개발기구(OECD) 15개 회원국 대상으로 실시
출처: 동아일보, 유성열, "한국 근로자 안전의식 OECD 하위권" 2014.6.13

3. 공동체 의식의 부재

안전한 사회를 만들려면 사익추구 우선보다 공익추구로 사회가 건강하고 신뢰사회로 나아가야 한다. 이를 실현하기 위해서는 정치·경제·

---

43) 유성열, "한국 근로자 안전의식 OECD 하위권," 동아일보, 2014.6.13.

사회·문화의 제 분야에서 민주적 절차나 절차적 공정성이 중시되어야 하며, 아울러 공공성(publicness)과 투명성(transparency)이 확보되어야 하고 부정과 비리 적폐가 정리되어야 한다. 그동안 한국 사회에서 익숙한 이런 단어(부정축재, 민관유착, 비자금 조성, 전관예우 등)들, 즉 비정상적인 것(things)들이 정상적인 일상으로 되돌려져야 한다.44) 공동체 의식이 강하고 끈끈한 사회는 책임의식과 건강한 사회를 만들어가는 데 있어 매우 중요하다. 공동체45) 의식이 강한 사회는 신뢰사회로 가는 지름길이다. 신뢰사회(society of trust)는 사회적 비용을 저감시키고 공공성을 강화하며 민주적 절차나 과정을 중시한다.

공동체 의식46)을 확장시키려면 몇 가지 전제 조건들이 충족되어야 할 것이다. 첫째, 공동체 의식의 향상을 위해 제한적이나마 자기를 희생할 수 있어야 한다. 즉 자신이 좀 손해 본다는 정신으로 관계형성(사

---

44) 비정상의 정상화를 위해서는 다음 네 가지가 선행되어야 한다. 첫째, 해방이후 70년 이상 이어져온 뿌리깊은 적폐를 과감하게 청산해야 한다. 둘째, 입법·사법·행정부의 변화와 혁신을 추구해야 한다. 셋째, 깨어있는 민주시민의식과 시민사회단체의 적극적인 활동을 장려해야 한다. 넷째, 이를 법제도적으로 보장하기 위한 특별법을 제정하여 장기간 활동을 보장해야 하며 아울러 평가를 시행해야 한다.
45) 어려운 시기에 이웃을 이용해 돈을 벌려는 사람들이 활개치는 사회는 좋은 공동체가 못된다. 따라서 지나친 탐욕은 좋은 사회라면 가능한 한 억제해야 하는 악덕이다. 가격폭리 처벌법으로 탐욕을 완전히 추방할 수는 없지만, 적어도 지독히 뻔뻔스러운 탐욕을 억제하고, 그것에 반대한다는 신호를 보낼 수는 있다. 마이클 샌델(Michael J. Sandel) 저, 이창신 역, 『정의란 무엇인가』(서울: 김영사, 2010), p.16.
46) 공동체는 세 가지의 속성 혹은 특징이 있다. 첫째, 공동체를 이루는 무리가 공통적인 신념과 가치를 가진다는 것이다. 둘째, 구성원들 사이의 관계가 직접적이어야 하고, 이 관계들은 다면적이어야 한다는 것이다. 관계는 국가 등의 대표자, 지도자, 관료, 제도 또는 규약, 추상화 그리고 구체화(refication)에 의해서 중재되지 않을수록 직접적이다. 셋째, 호혜성(reciprocity)이다. 상호부조, 협동과 분담의 일부 형식을 포함한 조정, 관계 및 교환의 범주를 포괄하는 것으로 사용할 것이다. 호혜성의 체제 내에서 각 개인의 행동은 대개 단기적인 이타주의와 장기적인 자기이익으로 부를 수 있는 것의 결합으로 특징지어진다. 마이클 테일러(Michael Tayor) 저, 송재우 역, 『공동체, 아나키, 자유』(서울: 주) 이학사, 2006), pp.37~39; 호혜성에 관해 더 상세한 것은 마이클 테일러(Michael Tayor) 저, 송재우 역, 『공동체, 아나키, 자유』의 pp.40~41 참조.

회·인간관계)을 이루어야 한다. 한국 사회에서는 그동안 많은 특권을 누렸던 기득권층이 솔선하는 노력이 선행되어야 한다. 둘째, 참여정신의 공감대가 사회저변에서부터 축적되어야 한다. 이를 위해 사회지도자, 공직자, 정치인, 경제인 등이 수평적·수직적 축을 통해 소통이 확대될 때 참여성이 발현될 수 있다. 셋째, 불편을 감수하고 '불편한 안전'과 '위험한 편의' 가운데에서 어느 것을 선택 할 것인지를 신중하게 고려해야 한다. 불편한 안전에도 우리 국민들은 이를 충분히 감내해야 할 것이다. 넷째, 법치제도를 사회기강의 근본으로 여기고 이를 준수해야 한다. 법정의가 제대로 실현되지 않는 다면 공동체 의식은 발을 들여놓기가 쉽지 않을 것이다. 왜냐하면 법·제도가 개인과 사회와의 관계 형성을 바르게 리더(lead)해 줄 수 있는 수단이기 때문이다. 마지막으로 공동체 의식 향상을 위한 정보를 공유해야 한다. 위험한 상황에 직면했을 때일수록 위험정보를 미리 알리게 하여 국민들이 적극적인 참여가 요구되어야 한다. 공동체47) 의식은 한국 사회를 보다 건강하고 신뢰할 수 있는 사회로 가는 척도임에 틀림없다. 물론 이를 향상시키는 방법은 학교교육을 통해서 올바른 민주시민으로 가르쳐야 할 책임이 기성세대에게 있음은 틀림없는 사실이다. 최근 2006년 이후 자연재해, 교통사고, 화재와의 인명피해 현황을 살펴보면 교통사고가 10년 평균

---

47) 공리(功利: 공명과 이욕; 공로와 이익; 이익과 행복, 유용성)를 극대화한다는 원칙은 개인만이 아니라 입법자에게도 해당된다. 정부는 법과 정책을 만들 때, 공동체 전체의 행복을 극대화하는 일은 무엇이든 해야 한다. 벤담에 따르면 공동체란 "허구의 집단"이며 그것을 구성하는 개인들의 총합으로 이루어진다. 제러미 벤담(Jeremy Bentham)에 따르면 옳은 행위는 공리를 극대화하는 모든 행위이다. 그가 말하는 공리(功利)란 쾌락이나 행복을 가져오고, 고통을 막는 것 일체를 가리킨다. 마이클 샌델(Michael J. Sandel) 저, 이창신 역, 『정의란 무엇인가』(서울: 김영사, 2010), p.55.; 공리주의에 관한 내용은 김완진·송현호·이재율, 『공리주의·개혁주의·자유주의』(서울대학교출판부, 1997); Will Kymlicka 저, 장동진·장휘·우정열·백성욱 번역, 『현대 정치철학의 이해』(서울: 동명사, 2006) 참조.

6,231명으로 가장 많다. 이는 한국 사회의 교통준수 문화가 여전히 후진적임을 볼 수 있다.

〈표 4-11〉 '06년 이후 자연재해·교통사고·화재와의 인명피해 비교

('06~'13, 단위 :명)

구분	'06	'07	'08	'09	'10	'11	'12	'13
자연재해	63	17	11	13	14	78	16	4
교통사고	6,327	6,166	5,870	5,838	5,505	5,229	5,392	5,092
화재	446	424	468	409	304	263	267	307

출처: 소방방재청·중앙재난안전대책본부『2011 재해연보』p.973.;『2013 재해연보』p.677.
* 자연재해 인명은 사망+실종이며, 교통사고, 화재(산화재 제외)는 사망자 기준임
* 교통사고 피해는 경찰청 기준임
* 2002년 기준(2002~2011) 10년 합계(평균)는 자연재해 680명(68명), 교통사고 62,310명(6,231명), 화재사고 4,538명(454명)
* 2004년 기준(2004~2013) 10년 합계(평균)는 자연재해 282명(28명), 교통사고 58,358명(5,836명), 화재사고 3,877명(388명)

공동체 의식이 부재하면 한국 사회에는 여러 가지 부작용이 나타나기 마련이다. 특히. 한국 사회는 1950.6.25. 전쟁이후 남북으로 갈라져 남북한이라는 분단된 '특수한 사회'가 공존하고 있기 때문에 건강한 사회를 만들어 가는데 많은 제약과 장애요인이 도사리고 있다. 이러한 '특수한 사회'가 70년[48] 이상 공존하고 있기 때문에 많은 사회적 갈등이 표출되고 있어 국가발전에 많은 지장을 초래하고 있음은 부인할 수 없는 사실이다. 이러한 '특수한 사회'가 만들어 내는 주요한 갈등이 공동체사회의 형성에 지장을 주고 있음은 말할 나위가 없다. 왜 한국 사회가 공동체 의식이 부재했을까?에 대한 물음에 대해 진지한 성찰이

---

48) 2020년 6월 기준으로 6.25전쟁이 70년이 지난 냉전시대의 산물이다. 한반도 주변을 둘러싼 강대국의 정치역학 구조와 이들 국가들의 대립으로 좀처럼 통일의 기초적 여건조성도 어려워지고 있으나 남북관계발전법 등을 기초로 유연한 대북정책과 통일정책은 한국의 몫으로 철저한 대비가 필요하다.

필요한 것이다. 첫째, 조선 500여년의 역사를 통해서 당파 및 계파간 갈등이 공동체 의식을 훼손시켰다. 공동체 의식을 준수하는 것보다 파벌에 의존하여 정치문화가 지속되어 올바른 공동체 의식을 함양할 기회를 상실했다고 보는 기류가 강했다고 볼 수 있다. 물론 조선의 역사에서 우리 민족은 향약(鄕約), 두레, 품앗이, 계(契)와 같은 공동체를 함양하기 위한 제도가 상당기간 동안 존속되어 왔으나 이를 현대적으로 발전시키지 못한 아쉬움이 남아있다. 둘째, 1945년 조국 해방이후 광복을 맞고 일제 잔재를 완전 청산하지 못한 가운데 부정축재, 비리가 한국 사회를 오염시켰다는 점을 들 수가 있다. 이는 일제 식민지기간 동안 우리의 정신문화를 일제가 말살하려고 한 것에서부터 찾아볼 수 있다. 민족문화 말살 정책, 문화유산 파괴, 토지수탈 등은 공동체 의식(sense of community), 공동체주의(communitarianism)를 심각하게 훼손시켰다. 해방이후 부정과 비리 축재는 한국 사회를 갈등으로 몰아넣는 계기가 되었다. 부정과 비리는 공동체 의식을 저해하는 가장 중요한 결정적 요인이기 때문이다. 셋째, 사회지도층 인사에게 요구되는 높은 수준의 도덕적 의무를 뜻하는 '노블레스 오빌리지'(Noblesse Oblige)[49] 정신의 결여에서 공동체 의식은 실종되었다. 한국은 산업화·민주화 과정을 거치면서 사회지도층의 도덕적 의무와 책임이 약화되면서 공동체 의식이 많이 약화되었다. 아울러 산업화·민주화 과정에서 사회지도층이 보여준 것은 부정과 비리의 연속으로 점철되었기 때문에 한국 사회

---

[49] 초기 로마 사회에서는 사회고위층의 공공봉사와 기부헌납 등의 전통이 강하였고, 이러한 행위는 의무인 동시에 명예로 인식되면서 자발적이고 경쟁적으로 이루어졌다. 특히 귀족 등의 전쟁에 참여하는 전통은 더욱 확고했는데, 로마 건국 이후 500년 동안 원로원에서 귀족이 차지하는 비중이 15분의 1로 급격히 줄어든 것도 계속되는 전투에서 귀족들이 많이 희생되었기 때문인 것으로 알려져 있다.
출처 : 두산백과, http://terms.naver.com (검색일: 2014.6.16.)

는 공동체 의식에 대한 개념이 많이 실종되었다. 특히 정치와 기업의 유착관계는 한국 사회를 부정축재가 암약하는 토양을 제공했다. 넷째, 사회지도층의 반부패 척결에 대한 의지 부족 및 법적·제도적 결여에 따른 구조적인 악순환 고리를 사전에 차단할 수 있는 대책이 강구되어야 하나 이를 교묘히 이용하는 사례가 비일비재하다. 부정과 비리가 만연한 사회구조를 개혁하지 않으면 한국 사회는 희망이 보이지 않는다고 해도 과언이 아니다. 산업화와 민주화 전후 대통령이 부정과 비리에 연루되어 사회는 온통 비리의 온상이 돼 버렸다. 사회정화운동이니 쇄신운동이니 하면서 흉내 내고 따라하지만 정작 지도자(사회지도층) 자신과 친인척의 곳간만 배불리 채우는 데만 혈안이 되어 기업을 옥죄어서 정치헌금, 선거기부금 받아내서 흥청망청하는 나라가 정상적으로 움직이는 사회라면 오히려 더 이상할 것이다.

한국의 투명성지수는(transparency index) 및 OECD(경제협력개발기구) 국가들과 비추어보았을 때 저조한 수준이다. 국제투명성기구의 2013년 경제협력개발기구(OECD) 뇌물방지협약 이행 평가보고서에 의하면 한국은 '협약을 거의 또는 전혀 이행하지 않는 나라'로 분류돼 있다. 동 보고서에 의하면 "한국의 반부패기구와 검사기관에 정치적 간섭이 가해진다며 관련제재도 부족해 부패를 해도 효과적인 억제책이 되지 않는다."고 했다.[50] 이외에도 2013년 세계부패바로미터 조사에서 1500명의 한국의 응답자 가운데 56%가 '정부의 반부패정책을 믿지 않는다.'고 답했으며, 39%는 '지난 2년간 부패가 증가했고, 94%는 몇몇 거대기업이 국정운영에 영향을 미친다고' 했다.[51] 이러한 반부패정책

---

50) 조병욱, 세계일보, "한국, 뇌물방지협약 전혀 이행 안돼," 2014.5.22.
51) Ibid.

은 신뢰사회로의 지름길이며, 공동체 의식을 향상시키기 위한 필요조건임과 동시에 충분조건이다. 한국 사회는 언제부터인가 '정직하면 손해본다'는 사고방식이 사회 저변에 깊숙이 자리 잡고 있다. 이렇게 된 배경에는 '노블레스 오빌리지(Noblesse Oblige)'의 실종이 크다. 그리고 반칙이 통하는 사회가 되어가기 때문이다. 반칙이 통하는 사회는 신뢰가 사라지고 개인과 개인, 개인과 사회와의 관계형성이 올바르게 형성되지 않는다는 점이다.

〈표 4-12〉 한국의 부패인식지수(CPI) 추이변화 및 2013 OECD 뇌물방지협약 이행보고서

연도	한국의 부패인식지수 추이 변화		2013년 경제협력개발기구(OECD) 뇌물방지협약 이행 실태	
	CPI	순위/대상	적극이행 국가	미국, 독일, 영국, 스위스
1995	4.29	27 / 41	보통이행 국가	이탈리아, 호주, 오스트리아, 핀란드
2000	4	48 / 101		
2005	5	40 / 159	제한된 이행 국가	프랑스, 캐나다, 스웨덴, 노르웨이, 덴마크, 헝가리, 남아프리카 등 10개국
2010	5.4	38 / 178		
2011	5.4	43 / 183	이행이 거의(또는 전혀) 없는 국가	한국, 일본, 네덜란드, 러시아, 스페인, 벨기에, 멕시코, 브라질, 아일랜드, 폴란드 등 20개국
2012	5.6	45 / 176		
2013	5.5	46 / 177		

* 부패인식지수(CPI)는 10점 만점을 기준으로 산정
자료: 국제투명성기구
출처: 조병욱, 세계일보, "연중기획: 신뢰 사회의 프로젝트-리베이트 공화국" 2014.5.22.

가. 선진국의 공동체 의식 함양 교육

일본에서 공동체 의식을 함양하는 대표적인 사회적 시스템은 '가쿠가

쓰'(學活)이다. 일본의 학부모들은 '홈룸'(Home Room)이라고 부른다. 이러한 학급활동은 일본 초중학교에서 정규과목으로 편성하여 운용된다. 특히 주목할 만한 활동으로 '가이던스 가쿠가쓰'가 있다. 신입생이 입학하면 고학년이 도우미를 맡아 장기간에 걸쳐 학교생활 적응을 도와주는 이른바 '멘토'제도다. 사회적으로 약자에게 후견인 제도를 두는 것과 유사한 제도이다. 과거부터 일본 사회의 공동체의식은 매우 강했다. 이것이 집단주의라는 바람직하지 않은 방향으로 표출된 경우도 있지만 사회의 안정과 질서를 유지하는 근간을 이루고 있다.52) 지진이 많은 일본 초등학교에서는 매달 최소 두 차례는 대피훈련을 실시한다. 최근 모범사례로 대두되고 있는 북유럽의 교육 모델도 '모두가 함께 발전하자'에서 출발한다. 핀란드 교육개혁의 선구자인 에르키 아호 전 핀란드 국가교육청장은 "경쟁은 경쟁을 낳아 결국 유치원생까지 경쟁의 소용돌이 속에 말려들게 될 것"이다.

〈표 4-13〉 공동체 의식을 일깨우는 선진국 교육

국 가	주요내용
일 본	가쿠 가쓰(學活)로 공동체 의식과 책임의식 교육
핀란드	'모두 함께 발전하자'를 모토로 공동체 위주 교육
독 일	학교와 가정 연계해 인성교육을 교육 목표로 지향
캐나다	우수 집단을 선발하기 위한 교육이 아닌 '공평한 교육'

출처: 매일경제, 이승환, "대한민국을 개조하라" 2014. 4.30

학교는 "좋은 시민이 되기 위한 교양을 쌓는 과정이고, 경쟁은 좋은 시민이 된 다음의 일"이라는 철학에 따라 교육을 재편했다. 핀란드는

---

52) 이승환, 매일경제, "대한민국을 개조하라," 2014.4.30.

교과 교육의 주제별 체험활동 프로그램으로 학교활동 전체에서 인성교육을 다양하게 실천하고 있다. 전통적으로 추구한 '평등교육'의 실현을 위해 그룹 활동 등으로 학생들이 상호 협력해 문제를 해결하게 하여 공동체 의식과 소통능력을 키우도록 하고 있다.53)

나. 한국의 교육 현실

한국은 아주 철저한 경쟁과 입시위주로 교육을 하고 있다, 초·중학교에 입학하면서부터 철저한 입시위주 교육을 하는 것이 현실이다. 이는 어제 오늘의 일이 아니다. 좋은 대학에 들어가기 위해 방과 후 학원을 전전하는 현실에서 사회 공동체 의식을 함양하기 위한 올바른 인성교육은 사라져버린 지 오래되었다. 좋은 대학에 많이 가는 고등학교가 우수한 학교로 평가받는 교육 풍토에서 학생들은 인성보다는 입시위주의 '족집게' 학원을 찾아다니는 현실이 한국 사회의 슬픈 자화상이 아닐 수 없다. 중요한 것은 학교에서 안전교육은 안전 관련 전문가에게 맡겨야 하는 이유는 유사시 사고가 발생할 우려가 있거나 사고가 발생시 왜 그렇게 행동해야 하는 지를 인식할 수 있도록 하기 때문이다. 학교교육은 성장과정에서 인성을 일깨우는 소중한 기회이다. 이러한 시기에 한국의 학교교육은 사회·시장의 경쟁원리를 차용하여 다른 사람 보다 더 많이 공부하도록 강요하고 있다. 한국교육개발원(KEDI)의 인성교육 강화를 위한 학생표준화 인성검사 도구(tool)가 개발되어 교육부는 2015년부터 이 도구를 활용하여 정기적으로 학생 인성수준을 측정하고 진단 평가하여 학의 인성자료로 활용할 것으로 기대되기 때문이다.

---

53) *Ibid.*

<표 4-14> 한국교육개발원(KEDI)의 인성검사 문항 구성

인성덕목 (하위요인)	구성내용	검사 문항수	측정결과 (기준: 10만점)
1. 자기존중	자기존중, 자기효능	7	7.67
2. 성실	인내(끈기), 근면성	8	6.61(최저)
3. 배려·소통	타인이해 및 공감, 친절성, 대인관계	10	7.50
4. (사회적) 책임	책임성, 협동성, 규칙이행	6	7.71
5. 예의	효도, 공경	7	8.25(최고)
6. 자기조절	자기통제(감정, 충동, 행동, 신중성)	6	7.10
7. 정직·용기	정직성, 솔직성, 용감성	7	7.40
8. 지혜	개방성 판단 및 의사결정 능력, 안목	6	7.18
9. 정의	공정, 공평, 인권 존중	5	7.82
10. 시민성	애국심, 타문화 이해, 세계 시민의식	8	7.63

출처: 2014, 교육부. 5점 척도: 1(전혀 아니다), 2(약간 아니다), 3(보통이다), 4(약간 그렇다), 5(매우 그렇다)
측정대상: 전국1184개 초·중·고교생 40,000명, 덕목별 10점 만점

그러다 보니 자연스럽게 타인과 협동하여 문제를 풀기보다는 자기 스스로 문제를 해결하려 하는 경향이 있는가 하면, 좋은 것은 혼자 독식하려는 경향이 강하게 뿌리내렸다. 마치 '남의 불행이 자신의 행복쯤으로 여기는 것 같다' 한국 사회는 건전한 민주시민 의식을 일깨우는 교육을 이제부터라도 시작을 해야 할 것이다. 입시위주 교육이 아닌 도덕과 사회 윤리교육을 병행하여 진행하는 것이 올바른 교육일 수 있다.

4. 관료와 마피아의 유착

산업화시대에는 관료의 영향이 국가발전에 결정적으로 중요한 역할

을 해왔다. 그러나 민주화 이후의 시대에는 관료집단(bureaucracy group)이 거대 이익집단(interest group)으로 변모해버렸다. 관료집단이 규제를 생산하고, 실패에 대해 책임을 회피하는 자세는 관료집단의 무능을 보여주고 있는 것이다. 무책임한 관료가 낙하산 인사로 유관기관이나 공공기관 및 단체, 민간협회 등에 재취업하여 민관의 연결고리 역할을 하면서 사회 적폐(積弊: 오랫동안 쌓인 폐단)를 양산하는 과정에 개입하는 것이다. 2014년 4.16일 세월호 참사 이후 정부는 4월 29일 "관료사회의 적폐를 확실히 도려내 해결하겠다." 그리고 "공직사회 개혁을 강력히 추진해 나가겠다."며 공직사회의 폐단을 지적하였다.54) 그러나 신뢰가 무너진 지도자의 약속을 그대로 받아들이는 분위기는 아니었다. 추진 동력 자체가 사라져 버린 것이다. 왜 관료조직이 거대 공룡화되었는가? 이는 첫째, 관료사회가 폐쇄적 채용구조 속에 '그들만의 리그'를 형성해 부처 및 조직이기주의의 논리에 빠져 괴물집단으로 변하였다는 점이다. 세월호 참사에서 나타난 바와 같이 여객선의 안전관리와 선박관리를 담당하는 해운조합과 한국선급 등 유관기관의 주요 자리를 해양수산부 퇴직관료가 독차지하면서 세월호 참사가 잉태하였다. 비단 이뿐만 아니라 1993년의 서해 훼리호 침몰사고, 1994년 성수대교 붕괴사고, 1995년 삼풍백화점 붕괴사고, 1999년 씨랜드 수련원화재사고, 2003년 대구지하철 방화사고, 2011년 전력대란,55) 2011년 부실대학 퇴출,56) 2011년~2013년의 저축은행사태,57) 2012년의

---

54) 2014년 4월 29일(목), 청와대 국무회의에서 대통령의 당부 말.
55) 2011년의 전력대란은 에너지마피아가 주도하였다. 산업자원부(현 산업통상자원부) 관료 출신들이 석유화학협회·석탄공사 등 에너지 관련 기관을 장악하였다. 이소아·김경희, 중앙일보, "국가 개조 프로젝트: 관피아를 깨자," 2014.4.28.
56) 2011년의 부실대학 퇴출논란은 교피아(교육부, 마피아)로부터 발생하였다. 교육부 관료출신이 부실대학에 재취업해 퇴출방지 등 로비스트 역할 맡아 (YS 정부이후 관료출신 차관

원전비리,58) 숭례문 복원과정에서도 관피아(관료, 마피아) 문제가 예외 없이 드러나고 있다는 점이다. 이 같은 대형 비리사고는 "소수 인맥의 독·과점과 정경유착 또는 민관유착은 어느 한 부처 및 조직의 문제가 아니라 정부 모든 부처의 문제"라며 "이번 기회에 고질적 집단주의가 불러온 비리의 사슬을 완전히 끊어내야 한다."고 국무회의에서 강조한 바 있다. 관료조직 내부 사슬구조(chain structure)를 쇄신하지 않으면 점점 더 고착화되고 비정상을 증폭시킬 것은 자명한 것이다. 이어 유관기관에 퇴직 공직자들이 가지 못하도록 하는 등 관련제도를 근본적으로 쇄신하는 작업이 그리 간단치 않다. 둘째, 관료의 순환보직 시스템으로 인해 관료의 전문성 부족이 대두하고 있다. 전문성 부족이 고위관료가 컨트롤타워를 맡을 때 어떻게 대응해 왔는지를 세월호 참사가 여실히 보여주었다. 대통령은 공무원의 임용방식과 보직 관리, 평가, 보상 등 인사시스템 전반에 대해 확실한 개혁 방안 마련은 대형사고 때마다 등장하는 단골메뉴가 되었다 고위관료들의 전문성이 결여된 것은 당연한 이치이다. 왜냐하면 고위관료들은 임용과정에서 사무관(5급)부터 시작하기 때문에 업무 수행과정에서 일어나는 일을 잘 모르는 경우가 다반사라는 점이다. 그리고 '그들만의 문화'(끼리끼리 문화)가 형성되어 보직이 순환되고 있어 공직사회에서 '슈퍼갑'으로 행세하는 현실에서 공직사회의 소통은 이루어지지 않는다고 보는 것이 보다 현

13명중 11명이 대학총장으로 재취업하였다. 이소아·김경희, 중앙일보, "국가 개조 프로젝트: 관피아를 깨자," 2014.4.28.
57) 2011년 부산저축은행사태는 금피아(금융감독원과 마피아)가 저지른 대형사건으로 금융감독원 직원들이 퇴직 후 저축은행 감사나 사외이사가 돼 금융감독원과 위원회의 감사에 방패역할을 하였다.
58) 한국수력원자력 고위퇴직자가 원전부품업체에 재취업해 부실납품의 고리역할을 하였다. 이소아·김경희, 중앙일보, "국가 개조 프로젝트: 관피아를 깨자," 2014.4.28.

실적이라는 지적이다. 중앙부처의 과장(4급, 서기관)이상은 고시(행시·사시·외시) 출신이 아니면 정말 어려운 것이 사실이다. 공채나 특채 출신들은 겨우 1~2(0.5~1%) 자리에 머무는 경우가 대부분 중앙정부(부처)의 현실이다. 이러다 보니 대형 재난사고가 발생했을 때 저변의 상황을 잘 모르거나 현실상황을 잘못 인식하는 경우가 비일비재하다. 따라서 공무원 임용방식에 변화를 주어야 한다는 정부의 지적이 반복적으로 제기되고 있으나 이를 실현에 옮기기까지는 갈 길이 멀어 보인다. 세월호 참사를 계기로 사회 및 학계일각에서 공직 임용 형태나 방식에 변화와 혁신이 수반되어야 하는 이유가 충분히 검토되었으나 이에 대한 공감대는 형성되고 이를 추진하는 주체(사회 기득권층)가 이를 공론화시키지 않을 개연성이 크다는 점을 지적하지 않을 수 없다. 소위 한국 사회에서 기수문화로 상징되는 '그들만의 리그'를 청산하고 공정과 공평한 제도를 수정·보완해야 할 시기가 충분히 도래했다. 세계적으로 중국에서 유례한 과거제를 답습하는 나라는 일본과 한국밖에 없다는 점은 눈여겨 볼만하다. 최근의 대학총장 추천제나 7급 공채 중에서도 우수한 인재가 공직에 입문함으로써 변화를 모색하고 있는 것은 긍정적으로 나타나고 있다. 한국처럼 한번 고시에 합격하면 평생직장을 보장받고 퇴직 후에는 '관피아'로 전락해 부정과 비리의 연결고리 역할을 하는 등 개혁의 대상이 되고 있다는 점이다. 공직임용 방식을 지금처럼 가져간다면 한국 사회의 변화는 기대하기 힘들 것이라는 점이다. 앞에서 언급한 것처럼 한국 사회의 대형 비리사건에는 '관피아'가 항상 원인(遠因, Remote cause)이 되어왔다는 점은 부인하기 힘들 것이다. 한국 사회 저변에 '전관예우'라는 괴물이 등장하여 사슬구조를 지속시키는 구조를 혁신하지 않으면 한국사회의 구조적 비리는 사라지지 않을 것이다. 이를 혁파하는 방법은 법·제도를 제정하여 금지하는 방법과 시민사회단체가 감시하는 방법이 있으나 거대한 인맥에 맞서기는 결코 쉽지 않은 것이 사실이다. 이들은 법·제도를 교묘히 빠져나가는 것을 누구보다도 잘 알고 있기 때문이다.

다음은 관피아(관료·마피아)의 문제점에 대해 구체적으로 살펴보자. 한국 사회의 발전과정에서 관피아는 '안 되는 것을 되게 할 수 있는 보이지 않는 힘'이 작용하고 있다는 점이다. 고시 선배기수가 같은 직장에서 근무하고 퇴직후에 퇴직 전 근무했던 유관기관 단체나 협회에 재취업하여 부정·비리에 연루되어 문제가 발생하면 이들이 로비스트로 변신하여 기업이나 협회, 단체 등의 퇴출을 방지하거나 방패막이 역할을 하는 것이다. 이 과정에서 현직의 기수후배가 퇴직한 기수선배의 청탁을 거절하기란 쉽지 않다는 점이다. 왜냐하면 현직의 기수후배도 시간이 지나면 퇴직한 선배의 전철을 밟을 가능성이 크기 때문이다. 이 과정에서 학연·지연·혈연이 연계되면서 '끼리끼리 문화'와 '그들만의 리그'가 형성되는 것이다. 첫째, 관피아는 공직임용 및 보직 과정에서부터 한 번의 시험에 합격한 이후 공직 전 과정에서 고위직(고위공무원단, 과거의 1·2·3급 공무원)까지 진출한 이후 퇴직한 이후 유관기관 단체나 공공기관에 재취업하여 평생을 보장받는 것은 국민의 정서에 의하면 공정성과 형평성의 문제점을 제기할 수 있다. 물론 모든 관피아가 다 문제가 되는 것은 아니다. 그러나 이들이 '끼리끼리 문화'를 형성하고 '그들만의 리그'를 조성하여 사회분위기를 자신들에게 유리하게 몰아가는 데 익숙해 있다는 점이다. 둘째, 관피아가 공공기관 및 유관기관이나 단체·협회 등의 핵심정보를 독점하여 규제를 양산하게 되어 민간에 재취업이 용이하고 활발하게 이루어진다. 관피아의 힘은 어디서 나오는 것일까? 그것은 '그들만의 네트워크'에서 나온다고 보는 것이 타당할 것이다. 평균 수십·수백 대 1의 경쟁률을 뚫고 폐쇄적 구조안으로 들어간 이들은 엄격한 '기수(期數)문화'를 토대로 '배타적 리그'를 형성해 나간다.59) 따라서 이들 관료조직의 "고시중심주의는 '기수주의'와 '파벌주의'를 양산할 수밖에 없는 일종의 '엘리트 네트워크'라고"60) 지적하고 있다. 고시를 통해 진입한 집단은 '평생 함께 갈사람'이라고 하여 '위·아래로 서로 숙이는 문화'가 일상화 돼있어서 이때부터는 공직에서 능력중심과 경쟁의 개념이 사라지게 되는 것이 지금까지 관행적으로 포장되고 이루어져 왔다. 셋째, 이러한 관료조직은 규제를 양산하여 때로는 국가발전의 디딤돌보다는 장애가 될 수도 있다는 점이다. 규제혁신이 안 되는 것을 철저히 파헤쳐보면 결론에는 관료조직과 연계되어 있음을 배제할 수 없다. 국민의 안전과 관련되는 규제를 제외하고는 과감하게 규제를 혁파해야 한다. 이것이 제4차 산업혁명을 앞두고 세계 각 국이 주도권 선점을 위해 보이지 않는 치열한 전투를 벌이고 있는 것을 목도하고 있다. 입법부의 견제가 미치지 않는 정부의 고유권한, 즉 시행령이나 시행규칙을 통해 인·허가권을 행사하면서 규제를 양산61)하여 또 다른 피해를 일으키고 있다. 과거 산업화시대의 관료집단은 국가발전을 주도하는데 분명 기여를 하였으나 민주화과정을 거쳐 선진화된 사회로 진입하는데 있어서 고시를 통해 진입한 관료보다는 기업과 대학, 싱크탱크(think-tank), 연구소(원)의 우수한 인재들을 수시로 채용하여 공직사회에 경쟁과 긴장을 불러일으키는 것이 국

---

59) 권호·천권필, 중앙일보, "관피아를 깨자: 국가개조 프로젝트," 2014.4.28.
60) 김종철, 권호·천권필, 중앙일보, "관피아를 깨자: 국가개조 프로젝트," 2014.4.28.
61) 퇴직관료의 자리를 만들기 위해 규제를 양산하며, 커넥션을 형성하여 기업들의 이익을 대변하는 이익단체 역할을 하면서 낙하산으로 내려간 퇴직관료와 이들을 관리·감독하는 현직 관료들이 커넥션을 형성하면서 관리감독기능이 약화될 수 있다는 평가가 가능하다.

가발전에 보다 유리하게 작용할 수 있을 것이다. 시행령과 시행규칙을 개정할 때 개정내용을 입법부에 통보하여 법률의 원래 취지를 상실하지 않도록 제도적 장치를 마련해야 할 것이다. 그들은 시행과 시행규칙을 수정할 때 조직과 부처이기주의에 매몰되어 현실적인 방향으로 진행되기가 어려운 경우가 부분적으로 있다는 점도 부인할 수 없다. 넷째, 관피아 척결의 실패는 인재(人災)와 관재(官災)를 초래할 개연성 크고, 따라서 민관유착으로 건전한 경제민주주의를 고착화시키고 시장의 순기능을 손상시킬 수 있다는 점이다. 만관유착은 시장 질서를 어지럽히는 걸림돌로 작용하기 때문이다.

역사적으로 새로운 정부가 수립될 때마다 그 정부는 관료개혁을 주문하면서 개혁의 대상이 되어야 할 관료가 개혁의 총괄기능을 수행하면서 해방이후 모든 정부가 관료개혁의 실패를 경험하였다. 이러한 실패과정은 관료의 저항 → 개혁의지 약화 → 레임덕 → 관료의존도 심화 → 정권과 관료조직의 타협이라는 순환 고리가 반복되면서62) 개혁(혁신)이 좌초되었다. 해방이후 한국 정부 변천사에서 새로운 정부가 들어설 때마다 강력하게 주문하는 것을 몇 개의 단어로 요약할 수 있다면 그것은 쇄신, 혁신, 변화, 창조가 그것이다. 다섯째, 관피아가 부정축재, 비리, 민관유착과 같은 사건사고에 연루되어 사회적으로 많은 물의를 일으키고, 시장 질서를 교란하여 경제민주주의를 후퇴시키고, 국민들로부터 존경받는 집단이 아니라 멸시와 천대받는 집단으로 전락하였다는 점이다.

예로 미국군이 국민들로부터 존경받는 이유는 첫째, 미국군이 미국 독립의 주역이며 둘째, 부정축재나 비리를 저지르지 않았으며 셋째, 은

---

62) 권호·천권필, 중앙일보, "관피아를 깨자: 국가개조 프로젝트", 2014.4.28.

퇴 후 사회봉사활동으로 사회를 위해 헌신·봉사하는 것 때문에 지금도 존경을 받고 있는 점을 되새겨보아야 할 것이다. 한국 사회의 관피아도 개인의 사익보다는 지역사회 발전에 기여하는 등 공익을 우선하는 희생정신을 기대하는 것이 어리석은 것일까?

5. 사리사욕과 탐욕

인간의 욕망의 끝은 어디쯤일까? 신의 경지에 도달하고 싶은 걸까? 사이비 이단종교를 만들어서 교주가 되어 신도들을 성폭행하고, 신도들의 재산을 가로채고, 재산을 헌납하도록 강요하며, 물품을 강매하는 등 신도들을 종말의 세상에서 구원한다는 믿음을 세뇌하여 그들로 하여금 안심하게 하여 종교에 심취하도록 하는 등 한국 사회의 사이비·이단종교들의 공통된 특성이라는 것이 한국 사회의 대체적인 인식이 아닐 수 없다. 이로 인해 수많은 가족이 피해를 입고, 가정이 해체되어 사회적 비용이 증가했다는 점은 부인할 수 없는 사실이다. 4.16 참사를 일으킨 세월호 참사도 인간의 탐욕이 빚어낸 또 하나의 불편한 진실을 감추고 있다는 점이다.

여객선에 수많은 승객을 버리고 선원들 자신들만 탈출하면서 뻔뻔스러움의 극치를 보여준 사고였다는 점에 전 국민들이 분노를 느끼는 것이다. 국민들은 이런 사고에 대해 신속하고 기민하게 제대로 대응하지 못한 정부에 대해서도 엄중한 책임을 묻고 있는 것이다. 문어발식으로 기업을 확장하여 분식회계를 통하여 기업의 부실을 초래하고 부실을 위장하기 위하여 계열사에 부당한 압력을 행사하여 비자금을 조성하여 피라미드 조직구조의 정점에 있는 기업오너(owner) 일가에 자금을 몰아주는 비정상적인 방법으로 기업을 한다는 것은 기업윤리나 사회윤리에 맞지 않는 사회악을 근원적으로 초래하는 원인이 되고 있다. 기업이 기업윤리와 합리적인 경영방식이 아닌 비정상적인 경영으로 기업을 확장시켰다 할지라도 그 기업은 수명이 결코 오래가지는 않을 것이기 때문이다. 기업이 사회적 책무를 저버리는 것은 기업의 장기적 수명을 보장할 수 없는 환경이 자리잡기 시작한 것은 최근의 사회 트랜드(trend)와 맞물려있는 것은 그나마 다행스럽다.

  2008년 미국발 리먼 브러더스(LEHMAN BROTHERS)의 경우 기업윤리를 준수하지 않고 방만 경영으로 미국발 금융위기를 초래하여 세계금융위기를 초래하는 직접적인 요인이 되었다. 2008년 9월 15일 미국 4위의 투자은행(IB)이던 리먼 브러더스가 파산하면서 미국발 금융위기를 촉발했다. 미국의 대표적 투자은행 중 한곳이었던 리먼 브러더스 파산의 직접적인 요인은 비우량주택담보대출(서브프라임 모기지)[63] 부실이 원인이었다. 리먼 브러더스는 모기지를 담보로 만든 부채담보부증권(CDO)을 전 세계에 대량으로 팔았는데 미국의 주택버블이 꺼지자 모기지에 관련된 투자손실을 도저히 감당하지 못하게 되었다. 이와 함께 부도난 리먼 브러더스[64]의 임직원들의 부도덕성이 함께 파산속도를

---

63) 미국에서 저소득층을 상대로 하는 주택담보대출제도로서 주택담보대출은 차입자의 신용도·부채규모·담보능력 등에 따라 프라임(우량)·알트-A(보통)·서브프라임(비우량)의 3등급으로 분류한다. 서브 프라임은 신용도가 낮은 저소득층을 상대로 한 비우량주택담보대출 제도이다. 신용도가 가장 낮은 등급인 서브프라임은 다른 등급에 비해 부실위험이 상대적으로 크기 때문에 대출 금리가 프라임 등급에 비해 2~4%정도 높다. 주택경기가 호황일 때는 문제가 되지 않으나, 장기불황이 지속되면서 2006년 이후 주택시장이 침체되고 따라서 서브프라임 모기지가 세계금융시장에 신용경색을 가져왔다.
64) 리먼브러더스 사태가 가져다 준 교훈은 두 가지로 요약할 수 있다. 첫째, 투명하지 않은 자본주의는 위험성이 크고 지탱하지 못할 것이라는 점과 둘째, 금융위기는 취약한 틈새를 쫓아 형태를 변형해가며 지속적으로 찾아다닌다는 점이다. 제2의 리먼브러더스 사태는 중국에서 발생할 가능성을 경고했다. 박현진, 동아일보, 2013.9.2.

가속화시켰다. 리먼 브러더스 파산이후 전 세계적으로 금융시장이 요동치기 시작했다. 이른바 미국발 금융위기의 시작이었다.

〈그림 4-3〉 상위 1% 소득집중도 국가별 비교

(단위 : %)

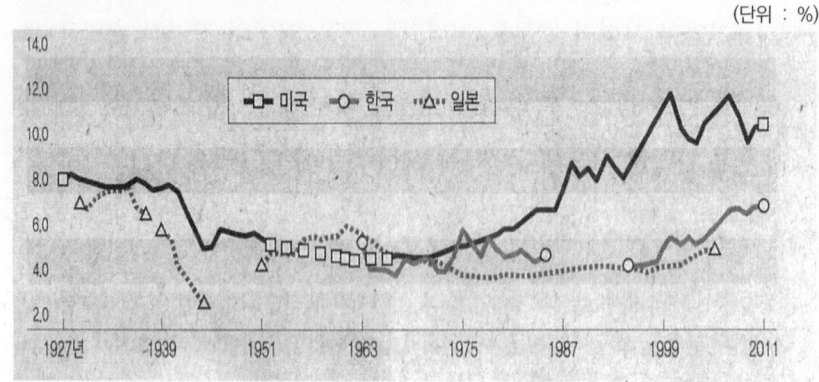

자료: 피케티, 사에즈, 모리구치, 김낙년
출처: 한겨레, 이정용, "피케티 열풍, 한국에 '피케티'는 없다" 2014.6.13
* 토마 피케티는 프랑스 파리경제대 교수로 〈21세기의 자본〉의 저자다. 부와 소득이 상위 1%에 집중되고 있다는 피케티의 명제가 우리나라에서도 그대로 적용되고 있기 때문일 것이다. 피케티의 열풍의 핵심적인 이유도 여기에 있다. 상위1%, 상위10% 등 소득을 분위(소득크기에 등분)하여 분석하고 있다.
이정용, "피케티 열풍, 한국에 '피케티'는 없다" 한겨레, 2014.6.13.

〈표 4-15〉 소득불평등 연구에 활용되는 주요 자료들

구 분	국세청 통계연보	통합소득 100분위	가계동향 조사	국민계정 체계
자료 생산	국세청	국세청	통계청	한국은행
특징	연간납세자(소득세과세 미달자 포함)의 소득구간별 과세소득 등 파악	연간근로소득세와 종합소득납세자를 통합해 분위별 과세소득 등 파악	인구센서스에 따라 9000가구 표본추출해 소득·지출 조사 분기별 발표, 소득상세내역파악 가능	분기별로 우리나라전체 총 소득이 나옴. 가계와 기업, 노동과 자본 등 부문별 몫 파악 가능

| 한계 | 세목별로 납세자 정보 종합소득 과세 미달자 정보취약 | 과세 신고 제외자 분리공개, 소득제외, 득 과세 미달자 정보취약, 양도소득 등 미포함 | 고소득자의 조사 불응 또는 소득축소 신고 | 개인간 격차 등부문내 격차 알 수 없음.1인당 국민소득은 '평균의 함정'이 있음 |

출처: 한겨레, 이정용, "피케티 열풍, 한국에 '피케티'는 없다" 2014.6.13

    빈곤·안전 불감증 만연·경제위기·사회혼란 등 '다중위기(multiple crisis)' 시기에는 기업의 사회적 책임과 공정과 정의, 도덕적 윤리의식의 강화는 거스를 수 없는 시대적 책무임에 틀림이 없다. 1980년대부터 한국의 소득불평등이 증가해왔고 이는 경제성장에 부정적인 영향을 미쳤다고 보고 있다. 2010년 기준 우리나라의 지니계수[65]는 0.310으로 OECD(국제협력개발기구)회원국 가운데 소득불평등이 낮은 순으로 19위였다. 소득불평등도를 나타내는 또 다른 지표인 S90/S10(상위 10% 평균소득을 하위10% 평균소득으로 나눈 값)의 경우 우리나라는 10.5수준으로 OECD(경제협력개발기구)회원국 중 26번째로 밀려났다. OECD(경제협력개발기구) 회원국의 평균값은 6.4였다. 우리나라의 S90/S10은 프랑스, 폴란드, 아일랜드, 뉴질랜드 등 우리와 유사한 지니계수를 나타내는 국가들 중에서 가장 높았다. 소득분포가 유사한 다른 국가들에 비해 우리나라가 고소득층과 저소득층의 격차가 상대적으로 크다는 것을 의미한다. 중산층 개념을 포함하는 중위소득 50~150% 비율은 도시 2인 이상 가구의 경우 1992년 76.3%에서 하락하기 시작해 2008년 66.3%까지 감소했다. 전체 가구로는 2006년 64.6%에서 2009년 63.1%까지 떨어진 뒤 2013년에는 65.6% 수준을 나타내고 있다. 도시

---

[65] 지니계수는 소득불평등도를 나타내는 지표로 0~1사이의 값을 갖게 되며 1에 가까울수록 불평등도가 높음을 나타낸다. OECD(국제협력개발기구)의 평균은 0.313이었다. (2010년 기준); 내일신문, 구본홍, "소득불평등 심화, 경제성장 악영향," 2014.7.31.

2인 이상 P90/P10(소득상위10% 경계값을 소득하위 10% 경계값으로 나눈 값) 지수는 1992년 3.03수준이었으나 2009년에는 4.21까지 올라다가 이후 다시 감소해 2013년 3.85를 기록했다. 전체 가구의 경우 2006년 4.53에서 2008년 4.81로 급증한 이후 2013년까지 유사한 수준을 유지하고 있다. 또 도시 2인가구를 대상으로 한 P60/P50, P70/P50, P80/P50, P90/P50지수는 1990~2013년 동안 변동 폭이 크지 않았다. 이 같은 소득불평등지수를 보면 한국의 소득불평등도는 1992년 이후 지속적으로 증가하다 2008년과 2009년을 기점으로 다소 감소하는 추세이다. 하지만 전체가구를 대상으로 한 P90/P10 지수는 2008년 이후에도 악화되는 모습을 보이고 있는데 이는 고소득층과 저소득층 사이의 격차가 지속적으로 유지되고 있음을 보여주는 것이다. 또 P50대비 P60, P70, P80, P90의 비율이 장기간 변동이 없다는 것은 고소득층과 저소득층간 소득격차가 감소되지 않고 있다는 것을 의미한다.[66]

---

66) 구본홍, 내일신문, "소득불평등 심화, 경제성장 악영향," 2014.7.31.

제 5 장

4·16 참사의 논란

분열하는 집은 스스로 지탱할 수 없다.

- Abraham Lincoln (미국 제 16대 대통령)

제5장 4·16 참사의 논란

제1절 인재 및 관재 논란

1. 왜 인재(人災)인가?

　2005년 8월말 '허리케인 카트리나(Hurricane Katrina)'가 미국 남동부를 강타하여 1836명이 사망하고, 재산피해도 1080억 달러를 기록하여 미국 역사상 최악의 자연재해로 꼽힌다. 뉴올리언스는 물에 잠겼을 정도로 타격이 컸다. 조지 W 부시(George W. Bush) 행정부는 우왕좌왕했다. 사태 초기 대통령의 측근인 마이클 브라운 연방재난관리청(FEMA)장이 현장지휘를 맡았으나 제대로 대응하지 못했다. 4일이 지난 후 현장을 찾은 조지 W 부시 대통령은 "적절한 대응을 했다"고 칭찬했다. 그러나 여론의 불만은 폭발했다. 브라운 청장은 며칠 뒤 스스로 물러났다. 연방재난관리청(FEMA)[1]의 초기대응이 부실하다는 비판여론이 급등했다. 한편 세월호 참사는 누적된 '인재(人災)의 총합판'이라고 보는 이유는 다음 몇 가지가 이를 증명할 수 있을 것이다. 첫째,

---

[1] 임무와 조직 등은 부록 참조.

세월호 참사는 해양경찰이 현장에 도착했을 때 충분히 구조할 수 있었음에도 불구하고 이를 구조하지 못했다는 것이다. 해양경찰이 현장이 제일 먼저 도착했을 때 세월호(여객선)의 기울기가 45도에 불과하였으며, 선내로 진입이 어렵다고는 하나 선체 내 손잡이가 있었기 때문에 배의 기울기는 크게 문제되지 않는다. 둘째, 세월호 선체가 기울어져 갈 때 선장과 기관부 직원, 항해사, 조타수 등 어느 누구도 탑승객들을 대피하라는 방송도 하지 않은 채 자신들만 몰래 빠져나와 책임성과 소명의식 결여로 인해 아까운 인명을 구조할 기회를 놓쳤다는 점에 회의감이 든다. 대피 방송만 제대로 했어도 수많은 생명을 구 할 수 있었을 것이다. 승객들은 내버려두고 자신들만 살겠다고 도망 나온 그들이 또 하나의 인재(人災)의 총합판인 셈이다. 셋째, 해양경찰을 포함한 정부기관이 초기대응을 부실하게 함으로써 생명을 살릴 수 있는 결정적 시간(이른바 golden time)을 허술하게 대응함으로써 단 한사람도 구조할 수 없었다는 점이 정부 불신을 초래하는 직접적인 단초가 되었다. 정부기관끼리 소통이 되지 않아 우왕좌왕하면서 사고 현장을 지켜보는 많은 국민들로 하여금 분노를 자아내게 했다. 넷째, 선체가 침몰후 신속하게 잠수사(해군 SSU, UDT, 해양경찰청 특수구조대, 민간 머구리 등)를 동원하여 구조해야 함에도 불구하고 그렇지 못했다는 점이다. 따라서 세월호 참사는 초기 대응(조치)만 잘하였어도 충분히 많은 사람을 살릴 수 있었다는데 반해 그렇게 하지 못함으로서 인재(人災)라고 부르는 것이다.

2. 관재(官災) 논란은 어디서 연유하는 것인가?

왜 관재(官災)인가? 이에 대한 물음도 다음 몇 가지로 설명할 수 있다. 첫째, 정부의 부실한 초기 대응이 여론의 비난 화살을 받았다. 해양경찰과 해양수산부의 사고 현장에서의 초기 대응은 한마디로 엉터리 그 자체였다. 인명구조에 최선을 다했는지 자문해보면 보다 분명해진다. 인명구조에는 국가의 모든 수단과 역량을 총동원해야 하나 구조기관은 그렇게 하지를 못했다. 특히 구조초기에는 조직과 부처이기주의에 함몰되어 버렸다. 그 대표적인 것이 잠수사를 해양경찰에서 통제하여 즉시 투입하지 못했다는 점이다. 계약한 민간 잠수사를 투입하기 위해 해군 SSU, UDT, 민간 머구리 잠수사를 좀 더 일찍 투입했더라면 이렇게 까지 초라해하지는 않았을 것이다. 둘째, 안전 점검 및 검사업무의 소홀을 지적하지 않을 수 없다. 한국해운조합과 한국선급은 선박의 안전의무를 해양수산부로부터 위임받아 업무를 처리하는 과정에서 선박회사의 청탁에 의해 안전 규정과 관리를 소홀히 한 채 운항해도 전혀 제재를 받지 않았다는 점은 결코 가볍게 넘겨서는 안 될 것이다. 안전에 대한 규제가 약화된 상황이 오히려 악수가 되었다. 셋째, 투명성과 소통의 부재를 지적하지 않을 수 없다. 구조과정에서 어려운 점, 구조절차나 방법 등을 실종자 유가족들에게 설명하고 이해를 구할 수 있어야 한다. 그럼에도 불구하고 사고 첫날부터 '범정부사고대책본부'는 법정기구는 아니지만 이를 진행하는 과정에서 많은 논란거리를 불러 일으켰다. 구조과정에서 문제가 발생하면 이를 소상히 유가족 단체에 알려주어야 할 의무가 있다. 그것이 정부가 해야 할 책무인 것이다. 넷째, 세월호 참사의 이면에는 관피아(관료·마피아)[2]라는 막강한 세력이

버티고 있다. 이들은 민관유착으로 부정과 부실(비리)을 은닉하고, 안전을 지켜야 할 기관이나 단체였음에도 불구하고 편의를 미끼로 그 동안 민간회사의 불법을 묵인해왔다는 점이 검찰 수사결과 사실로 밝혀졌다. 그러나 그들은 잘못을 인정하기 보다는 숨기기에 급급했다. 이번 세월호 수습 및 사후 과정에서 가장 우선적으로 해야 할 것이 바로 관피아 척결이라는 것이 이를 증명하고 있다는 점은 곰곰이 되새겨보아야 할 것이다.

〈표 5-1〉 세월호 수습 최우선대책은?

관피아 척결 등 공직사회 개혁	안전관련 법·제도 정비	관련자 엄중문책	안전중심의 의식문화 개혁	정부조직개편
33.4%	23.9%	15.8%	13.8%	8.7%

* 이외에도 기업규제 완화중단(2.5%), 모름 무응답(2.0%)
출처: 한국일보, 김광수, "본보 창간 기념 여론 조사" 2014.6.8.

이러한 관피아 문제를 해결하기 위한 해법을 모색하는 것은 매우 중요한 작업임에 틀림없다. 관피아 문제의 핵심은 퇴직한 관료의 재취업이 아니라 이를 통해 기대하는 사익추구와 불법과 탈법을 통해 법과 제도를 교묘히 이용하여 공익의 목적과 합리성을 저해함으로써 사회의 안전과 불안을 조성하기 때문이다.

---

2) 관피아란 퇴직관료들이 자신들의 업무영역과 관련 있는 산하기관이나 협회, 기업들에 취업해 정부의 관리감독 기능을 어렵게 하여 특혜를 받거나 규제를 피해가는 현상을 의미한다. 관피아들이 끈질기게 살아남는 이유는 현직의 공직자들이 재직기간 중 모시던 상사들의 부탁을 외면하기 어렵고, 멀지않은 장래에 자신들도 그 길을 따라 갈 것이라는 묵시적 기대 속에 공공의 목적을 위해 당연히 수행해야할 규제나 역할을 외면하면서 사회는 안전불감증에 빠지는 누를 범하게 되는 구조적 연결고리의 사슬을 가지고 있다. 2014년 4.16의 세월호 참사의 원인도 각종 불법과 탈법, 규제의 미이행 등은 세월호의 안전을 점검하고 확인해야 할 이들이 이를 무시한데서 발생했다고 볼 수 있다.

미국, 영국을 비롯한 선진국의 경우를 보더라도 관피아가 우리들만의 문제는 아니라는 것이다. 전직 관료나 군인 등은 각종 연구소나 대학, 기업 또는 싱크탱크에 재취업하는 경우를 많이 볼 수 있다. 이처럼 퇴직관료의 재취업이 문제가 아니라는 것이 증명되었다. 문제는 이들이 재취업해 불가능한 일을 해결할 수 있는 기대감에서 이들을 취업시켜 불가능한 문제를 해결하여 많은 사익을 추구하기를 기대하기 때문이다. 실제로 이들이 그러한 일을 통해 자신의 역량과 능률을 보여 주려한다는 점이 우려스러운 것이다. 과도한 재취업의 제한은 직업 선택의 자유라는 헌법적 권리와도 충돌할 수 있다. 이러한 관피아의 문제해결을 위해 첫째, 관피아 이들이 업무를 추진하는 과정에서 공익추구(공익성)와 합법성을 추구하도록 일정한 가이드라인(guideline)을 설정해주는 것도 하나의 방안이 될 수 있다. 둘째, 관피아들이 현직 때 일 했던 유관기관에 취업하는 것을 엄격하게 제한하는 방법을 고려해 볼 수 있다. 이 방안은 매우 어려운 문제가 발생할 수도 있다. 이러한 취업을 제한하고 심사하는 심의위원회를 두되 심사위원은 민간에 개방하여 민간전문가가 이들을 심사할 수 있도록 제도를 보완하면 조건을 어느 정도 충족시킬 수 있을 것이다. 셋째, 관피아 이력제를 시행하는 방안을 고려해 볼 수 있다. 이는 관료가 퇴직 후 재취업하여 직장에 이르기까지 등록사항을 꼼꼼히 체크하는 방안을 도입하여 이들의 재취업사항을 면밀하게 들여다 볼 수 있도록 하는 것이다. 이렇게 되면 공익추구와 업무의 추진과정에서 합법성을 기대할 수 있게 된다. 만약 이 과정에서 불법이나 탈법이 발생하면 그 이상(30배) 추징하거나 환수하는 조치를 마련하면 이 문제 역시 해법이 될 수 있다. 넷째, 관피아 문제해결을 위한 법적 제도적 보완을 서두를 필요가 있다. 현재 적용되고 있는 공직자윤리법3)으로는 관피아의 불법문제를 근원적으로 해결할 수 는 없다. 왜냐하면 고양이가 자기 목에 방울을 달 수 없는 이치와 똑같다. 국회차원에서 관피아 문제를 해결하기 위한 입법(일명 '공직자 재취업 및 등록에 관한 법률')을 통해 불법 및 부정과 비리에 연루되었을 때는 강력하게 처벌하는 제도적 안전장치(one out)를 마련하는 것이 무엇보다 중요하다 할 것이다.

제2절 구조과정에서의 논란

세월호 참사 당시 구조과정에서 논란은 몇 가지 사항에서 꾸준히 제기되어왔다. 이런 논란의 중심에는 해양경찰이 있다. 따라서 해양경찰의 초동대응 능력과 해양경찰의 조치사항을 살펴보는 것은 매우 의미가 깊다.

1. 해양경찰의 초동대처

해양경찰의 초동대처가 문제가 된 것은 인명 구조과정에서 경찰이 한 행위에 대해 분노를 느끼고 있다는 점이다. 가장 문제가 된 것은 사고 당일 09:30분에 도착한 해양경찰 헬기에 탑승한 전문가는 무엇을 했는지? 왜 세월호 선체에 진입하지 않았는지? 여기에 대한 분명한 답

---

3) 공직자윤리법은 시행(2017.7.26.), 타법개정(2017.7.26.)으로 공직자의 이해충돌 방지 의무, 공직자의 재산등록 및 공개, 공직유관단체, 등록대상재산, 금융거래정보·부동산정보의 제공 및 활용 등을 담고 있다. 공직사회에서는 '관피아방지법'이라고 불린다. 한국, 인사혁신처.

을 내놓고 있지 못하다. 그리고 사고 당일 09:33분에 해양경찰 123정에 탑승한 해양경찰 구조요원들은 무엇을 했는지? 왜 이들은 선체에 진입하여 선내에 대기하라는 방송을 듣고 대기중인 학생 및 탑승객들에게 대피하라는 지시를 할 수 없을 만큼 배가 기울었는지? 상황이 급박했는지? 그러나 문제는 해양경찰의 안이한 초기대응에 있었다. 해양경찰 헬기에 탄 해양경찰뿐만 아니라 해양경찰 123정에 탑승한 해양경찰 어느 누구도 세월호에 승선하여 선내로 진입하지 않았다는 점이다. 왜 선내에 진입하지 못했는지에 대해 분명히 밝혀야 할 것이다. 이들은 공통적으로 배의 기울기가 심해서 진입할 수 없었다고 항변하고 있다. 그러나 앞에서 살펴본바와 같이 사고 당일 09:30분경 배의 기울기는 45°에 불과하였다. 검경합동수사본부의 수사보고서에서도 이때만(사고 당일 09:30분) 해양경찰이 선내로 진입해 들어갔더라면 탑승객 전원 안전하게 대피 할 수 있었을 것이라고 했다. 그리고 사고 당일 09:45분까지만 하더라도 해양경찰이 선체 통로에 손잡이를 잡고 이동하면서 대피안내를 충분히 할 수 있었음에도 불구하고 해양경찰의 초동대처가 안이했다는 것을 증명하고 있다. 이러한 점에 대해 해양경찰청은 분명하게 입장을 밝혀 국민들의 궁금증을 풀어주어야 한다. 해양경찰의 선체 진입은 수단·방법을 가리지 않고 선내로 들어가서 대피방송을 했어야 한다는 점이다. 충분히 할 수 있었는데도 하지 않은데 대해 국민들의 분노와 질타를 받고 있는 것이다. 분명한 것은 해양경찰이 초기대응에 실패함으로써 전체적인 구조의 틀이 헝클어졌다. 그리고 세월호 승무원들을 구조할 당시에 선체내부에 탑승객들이 많이 있었다는 사실을 알고 있었으며, 해양경찰의 주파수공용통신(TRS)녹취록에 따르면 사고해역에 최초로 도착한 해양경찰 123정은 오전 09:43분부터 세월호 상황을 보고했다. 목포해양경찰서 상황실에서는 09:47분부터 "가장 가까운 곳에 신속하게 하선 조치시키고 다시 또 편승시킬 수 있도록" 하라고 지시를 내리면서 "바다로 뛰어내리게 해서 최대한 구조하라"고 몇 차례 지시를 내렸으나 해양경찰 123정은 "경사가 심해 올라 갈 길이 없다. 못 들어간다."(09:53분) 항공으로 구조해야 한다(09:53, 09:56분)는 답변만 반복했다.4) 세월호가 완전 침몰한 10:17분 이후 사고 해역에는 해군특수구조대(해군 SSU, UDT), 민간 잠수사 등을 해양경찰이 왜 통제하고 있었는지에 대해 명확한 입장을 밝히지 않았다. 그리고 사고해역의 현장지휘관인 해양경찰청장은 수난구호법 시행령 제4조(중앙구조본부의 구성·운영)에서 '중앙구조본부의 본부장'은 해양경찰청장이 되고 중앙구조본부의 장은 다음과 같은 각호의 사항을 관장한다.

〈표 5-2〉 중앙구조본부의 장의 역할5)

- 수난구호대책의 총괄· 조정
- 법 제17조 제4항에 따른 대규모 수난구호 활동의 현장 지휘· 통제
- 해수면에서의 수난구호 업무에 관한 관계기관·단체와의 협력
- 해상수난구호업무에 관한 국제기구 및 외국기관과의 협력
- 수난구호협력기관 등 관계기관 단체의 구조대와의 합동훈련 및 합동수색·구조 활동에 필요한 구조지침에 관한 사항
- 법 제4조 제2에 따른 수난대비 집행계획의 시행
- 수난구호장비의 확충·보급 등
- 법 제5조 제2항에 따른 광역구조본부(이하 "광역구조본부"라 한다) 및 지역구조본부(이하 "지역구조본부"라 한다)의 지휘·감독
- 그 밖에 해상수난구호업무의 효율적인 수행을 위하여 필요한 사항

* 수난구호법 제17(현장자휘)제1항: 조난현장에서의 수난구호활동의 지휘는 지휘구조본부의 장 또는 소방서장이(육상) 행한다.

---

4) 해양경찰청의 '주파수공용통신(TRS)' 녹취록 중 교신 내용 일부 발췌.
5) 수난구호법 시행령 제4조(중앙구조본부의 구성·운영)

다음은 수난구호법 시행령 제17조(현장지휘)에 관한 내용을 구체적 살펴보는 것 또한 중요하다. 현장지휘의 성패는 민간기관·단체와의 유기적인 소통과 협조에 달려있다고 해도 과언이 아니다. 세월호 사건 당시 민관의 협조는 잘 이루어졌을까?

〈표 5-3〉 현장지휘(수난구호법 제17조)사항

- 조난 현장에서의 인명의 수색구조
- 수난구호 협력기관, 수난구호 민간단체, 자원봉사자 등의 임무부여와 인력 및 장비의 배치와 운용
- 추가 조난방지를 위한 응급조치
- 사상자의 응급처치 및 의료기관으로의 이송
- 수난구호에 필요한 물자 및 장비의 관리
- 현장접근 통제 등 효율적인 수난구호활동을 위하여 필요한 사항

출처: 수난구호법 제17조(현장지휘), 해양경찰청.

2. 적극적인 임무수행자세 결여

해양경찰(이하 "해경"이라 한다)이 세월호 참사를 통해서 국민들에게 보여준 근무태도는 유감스럽게도 안이하고 부적절한 자세를 그대로 보여주었다. 범죄를 저지른 승무원을 경찰관의 개인 거주지(아파트)에 데려다 잠을 재우게 한 것과, 검찰 수사를 방해할 목적으로 검찰 수사정보를 외부에 흘려 미리 수사에 대비토록 한 것이라든지, 세월호가 사고 당일 완전 침몰한 이후 신속한 가용 잠수 인력을 총동원하여(해군 SSU, UDT, 민간 머구리 잠수사)잠수하여 인명구조에 최선의 노력을 다하는 모습을 보여주지 못했다. 오히려 민간구조업체를 우선적으로 투입하도록 한 것은 분명히 잘못이 있다. 인명구조에 계약업체도 중요하지만 해군과 해양경찰의 특수 구조인력은 해양경찰의 통제에 의거 바지선에서

기다릴 수밖에 없었다. 수난구호를 위해 필요한 인력과 장비·물자를 동원하기 위해 평시부터 관리가 잘 되어 있어야 한다. 그렇지 않다보니 구조작업을 하는 과정에서 민간 유가족들이 야간 수색에 필요한 오징어채낚기 어선과 군의 조명탄이 밤바다를 밝히면서 수색을 이어가는 모양새를 취하기도 했다. 그리고 사고 초기에 '머구리 잠수사'를 동원하여 보다 신속하게 사고 현장에 투입하였더라면 하는 아쉬움이 남는다. 그리고 전국적으로 모집하여 응소한 잠수사들을 등급별로 잠수능력과 자격조건을 세밀하게 확인하지 못하여 귀중한 잠수사 2명이 수색과정에서 참변을 당하기도 했다. 현장지휘가 쉬운 것은 아니지만 현장에서의 민관의 협조와 소통은 구조 및 사고 진압과정에서 매우 중요한 것임은 여러 사고를 통해서 이미 입증된 바 있다. 그러나 세월호 참사 당시 해양경찰의 임무수행 태도는 국민들의 신뢰를 저버리는 결정적 원인이 되었다. 이를 제대로 관리하지 못한 정부에도 크나큰 책임이 있음을 통감했다. 3천여 개가 넘는 매뉴얼이 있지만 정작 세월호와 같은 대규모 해양사고시의 실질적인 대응매뉴얼은 제대로 작성조차 되지 않았다. 그동안 해양경찰은 대규모 해양오염 발생시 방재(prevent disaster)를 위한 매뉴얼과 중국어선의 서해안 불법조업 방지를 위한 매뉴얼 등이 있었을 뿐이다. 이를 관리·감독할 해양수산부의 임무수행 또한 도마에 오른 이유는 왜 한국해운조합과 한국선급을 감사하고 관리할 책임이 분명히 있음에도 불구하고 이를 효율적으로 감독하고 통제하지 못함으로서 결코 자유로울 수 없다. 해피아가 도마에 오른 결정적 이유 또한 이와 무관치 않다는 점이다. 한국 사회 안전 불감증이 만연하는 이유는 개인과 사회, 국가를 신뢰하지 못하는 것이 가장 큰 이유이다. 부정과 비리, 불신이 조성된 사회는 사회적 비용을 상대적으로 더 많이 지출한다는 점은 향후 한국 사회의 방향성을 설정하는데 중요한 지렛대가 될 수 있다.

제3절 전관예우 논란

1. 오래된 관행

한국 사회의 전관예우 논란은 사회적 병폐에 가까운 수준으로 치닫고 있다. 이러한 전관예우의 논란은 비록 법조인뿐만 아니라 행정부처의 고위관료에 이르기까지 다양한 계층에서 발생하고 있다. 이들 논란은 사회의 양극단을 극명하게 보여주고 있다. 이들 논란은 사회 불만으로 노출되어 가진 자와 그렇지 못한 자의 갈등으로 비추어져 갈등의 골은 깊어지고 있는 형국이 지속될 수밖에 없다.

2014년 4월 세월호 참사는 한국 사회 나쁜 관행이 오랜 시간을 거치면서 고착화되어 발생한 것이라는데 이견(異見)은 없을 것이다. 미국의 경우 공직자를 채용하는 과정에서부터 채용대상과 절차 등 공직사회가 직위분류제[6]를 채택하고 있기 때문에 그리고 각 부처가 수시로 필요한 인력을 채용하기 때문에 '기수문화', '선배기수', '그들만의 리그', '배타적 네트워크' 등은 처음부터 존재하지 않는다. 또한 미국의 경우 상당수 공직자들은 계약제로 운영되기 때문에 서로 밀고 당겨주는 '선·후배문화', '기수문화'는 처음부터 존재하지 않는다는 점이다.

---

[6] 미국 공직사회의 공무원 채용 및 임용 선발 등에서 업무종류와 난이도, 책임도에 따라 공직을 분류하는 것을 의미한다.

미국의 경우 공직자가 퇴직후 업무와 밀접한 연관성이 있는 영구적으로 재취업이 금지되기 때문에 전관예우 문화는 처음부터 발붙일 틈을 주지 않는다. 미국의 정부윤리청(OGE)은 퇴직공무원의 재취업과 관련해 '퇴직 전 금지규정'과 '퇴직 후 금지규정'을 구분하여 운영하고 있다. 공직자가 퇴직 후 과거 자신의 공직업무와 관련해 이익을 취하는 것은 엄격하게 금지하고 있다. 정부는 세월호 참사의 원인 가운데 가장 중요한 4급 이상 퇴직공직자의 취업제한 기한을 퇴직 후 2년에서 3년으로 1년 연장하고, 취업제한 기관을 사기업뿐만 아니라 비영리기관·단체에까지 대폭 확대하는 '공직자윤리법7) 개정안'을 입고 예고했다. 법조계에서도 전관예우를 막기 위해 판검사 및 행정부의 고위공직자도 취업제한을 엄격히 할 필요가 있다. 현재까지 헌법상의 직업선택의 자유를 제한한다는 취지로 예외를 인정해왔다. 현관이 전관을 예우하려면 전관이 대리하는 소송 상대방의 권리를 침해하는 것이 불가피하다. 현관과 전관의 인식체계에서는 예우일지 모르나 재판의 상대방 입장에서

---

7) 공직자윤리법 제1조(목적) 이 법은 공직자 및 공직후보자의 재산등록, 등록재산 공개 및 재산형성 과정 소명과 공직을 이용한 재산취득의 규제, 공직자의 선물신고 및 주식백지신탁, 퇴직공직자의 취업제한 및 행위제한 등을 규정함으로써 공직자의 부정한 재산 증식을 방지하고, 공무집행의 공정성을 확보하는 등 공익과 사익의 이해충돌을 방지하여 국민에 대한 봉사자로서 가져야 할 공직자의 윤리를 확립함을 목적으로 한다. 〈개정 2011. 7. 29.〉, [전문개정 2009. 2. 3.]
공직자윤리법 제2조의2(이해충돌 방지 의무) ① 국가 또는 지방자치단체는 공직자가 수행하는 직무가 공직자의 재산상 이해와 관련되어 공정한 직무수행이 어려운 상황이 일어나지 아니하도록 노력하여야 한다. ② 공직자는 자신이 수행하는 직무가 자신의 재산상 이해와 관련되어 공정한 직무수행이 어려운 상황이 일어나지 아니하도록 직무수행의 적정성을 확보하여 공익을 우선으로 성실하게 직무를 수행하여야 한다. ③ 공직자는 공직을 이용하여 사적 이익을 추구하거나 개인이나 기관·단체에 부정한 특혜를 주어서는 아니 되며, 재직 중 취득한 정보를 부당하게 사적으로 이용하거나 타인으로 하여금 부당하게 사용하게 하여서는 아니 된다. 〈신설 2011. 7. 29.〉 ④ 퇴직공직자는 재직 중인 공직자의 공정한 직무수행을 해치는 상황이 일어나지 아니하도록 노력하여야 한다. 〈신설 2011. 7. 29.〉, [전문개정 2009. 2. 3.]

는 전·현관이 결탁한 범죄행위다.8)

따라서 공직자의 이해충돌방지를 위한 법안이 하루빨리 제정되어 "공직자가 직무를 수행할 때 자신의 사적 이해관계가 관련되어 공정하고 청렴한 직무수행이 저해되거나 저해될 우려가 있는 상황인 이해충돌을 사전에 예방·관리하고, 부당한 사적 이익 추구를 금지함으로써 공직자의 공정한 직무수행을 보장하고 공공기관에 대한 국민의 신뢰를 확보"9)하여 신뢰를 증진하여야 한다.

2. 개선 의지

한국 사회에 전관예우가 아직까지 존속되는 것은 기득권 차원으로 이해할 수 있다. 오늘날 사법부가 아직도 국민의 신뢰를 받고 있지 못하는 이유는 전관예우, 전관특혜가 여전히 우리사회의 불평등구조를 심화시키고 있기 때문이다. 특정 출신들의 기수문화로 '배타적 네트워크'가 구축되고 '그들만의 리그'로 '기수문화'를 만들어가는 한 전관예우는 쉽게 사라지지 않을 것이다. 따라서 그 피해는 고스란히 국민들의 몫으로 돌아간다는 점이다. 사법부의 개혁은 사법부 자신의 뼈를 깎는 고통을 참을 수 없으면 사법부의 미래를 장담할 수 없다는 점이다. 사법부 스스로 개혁과 혁신을 하도록 정부와 깨어있는 시민사회단체가 적극 나서서 유도할 수 있는 계기가 될 수 있을 것이다. 사법부는 사회 정의를 바로 세우는 국가발전 동력의 최후 보루의 역할을 하기 때문이다. 이를 위해 사법부의 필요인력을 수시로 채용하여 공직에 임용하는 경

---

8) 정병호, 세계일보, "'전관예우' 척결은 법조계부터," 칼럼, 2014.6.16.
9) 국민권익위원회, 공직자의 이해충돌 방지법안 제안이유(법제처 심의를 마침), 2019.

우 기수문화가 상당히 사라지면서 사법부의 변화를 실현할 가능성이 높다는 점에 유의하여 신중한 접근이 필요할 것이다. 현재의 고시제도는 7·8·9급 공개경쟁채용을 통해 선발하는 제도와도 형평성에도 맞지 않고 많은 특혜가 주어지는 등 경쟁이 다소 모호한 그들만의 리그를 통해서 승진하기 때문에 많은 공직자들과의 형평성도 고려되어야 한다. 그러나 비록 최근에 채용형태에도 변화의 바람이 불고 있다는 것은 바람직한 현상으로 받아들여지고 있다. 채용의 한 형태로 대학총장 들이 추천하는 지역별 인재채용을 통해 우수자원을 공직에 임용하는 경우 이들과의 경쟁도 유도할 수 있기 때문에 고시제도는 시간을 두면서 점진적으로 줄이면서 수시채용을 늘려나가는 채용방식을 추진해나가야 할 필요성이 검토되어야 한다. '국가 대개조'에 맞춰 정부(입법부·사법부·행정부)의 변화와 혁신도 예외 없이 진행되어야 한다. 몇 년 전 한 공직자가 주장한 '공무원이 설쳐야 나라가 산다'라는 말은 공작자가 스스로 솔선수범하지 않으면 국가 발전을 장담할 수 없기 때문에 공직사회의 변화와 혁신을 강조한 것이다. 이는 공직자의 변화와 혁신은 이제 막 시작된 4차 산업혁명 시기에 매우 중차대한 것으로 사회적 모범을 보여야 한다는 의미로 받아들여야 하는 것으로 이해할 수 있다.

제4절 컨트롤타워 부재

1. 4·16 이전 컨트롤타워의 정체

세월호 참사를 통해 드러난 제도적 컨트롤타워(control tower)는 제기능을 수행할 수 없었다. 강력한 컨트롤타워는 어디에도 존재하지 않았다. 세월호 참사를 통해 드러난 컨트롤타워는 '범부처사고대책본부'가 조정·컨트롤타워 역할을 수행하고 있는 것이다. 이번 세월호 참사를 통해 드러난 정부의 컨트롤타워가 너무 많이 운용되었다. 컨트롤타워의 정점에 있는 중앙재난안전대책본부의 경우는 중앙에서는 안전행정부(행정안전부)에 '중앙재난안전대책본부'10)를 설치하고, 전라남도 지역에는 전남(지역) 재난안전대책본부를 참사현장에는 '진도(지역)재난안전대책본부'를 설치하여 운영하였으며, 해양수산부는 사고관련 주무기관으로서 '중앙사고수습본부'를 설치하여 운영했다. 해양사고를 총괄하는 해양경찰의 경우는 수난구호법 제5조(중앙구조본부 등의 설치)에 의하면 제1항 "해수면에서의 수난구호에 관한 사항의 총괄·조정·수난구호협력기관과 수난구호민간단체 등이 행하는 수난구호활동의 역할조정과 지휘·통제 및 수난구호활동의 국제적인 협력을 위하여 해양경찰청에 「중앙구조본부」를 둔다." 제2항 "해역별 수난구호에 관한 사항의 총괄·조정·해당 지역에 소재하는 수난구호협력기관과 수난구호간 단체 등이 행하는 수난구호활동의 역할조정과 지휘통제 및 수난현장에서의 지휘·통제를 위하여 지방해양경찰청에 「광역구조본부」를 두고, 해양경찰서에 「지역구조본부」를 둔다."11) 이에 따르면 서해지방해양경찰청에 「광역구조본부」를 목포해양경찰서에 「지역구조본부」를 두도록 되어있다. 중앙재난안전대책본부 및 지역재난안전대책본부를 지원하는 중앙긴급구조통제단 및 지역긴급구조통제단이 지역별로 구성토록 되어있다. 재난 및 안전관리기본법 제49조(중앙긴급구조통제단) 제1항 "긴급구조[12])에

---

10) 재난 및 안전관리기본법(약칭: 재난안전법) 제14조(중앙재난안전대책본부 등), [시행 2021. 6. 23.] [법률 제17698호, 2020. 12. 22., 일부개정].
11) 수난구호법 제5조(중앙구조본부 등의 설치), 해양경찰청(수색구조과)

관한 사항의 총괄·조정, 긴급구조기관 및 긴급구조지원기관이 하는 긴급구조활동의 역할·분담과 지휘·통제를 위하여 소방방재청13)에 중앙긴급구조통제단(이하 "중앙통제단"이라 한다)을 둔다."14) 그러나 진작 세월호 참사가 발생했을 당시에는 법적 기구들은 제 역할을 수행하지 못했다. 법적 기구가 갖추어졌는데도 자기 역할을 못한 것은 다음 몇 가지 설명에서 그 원인을 찾을 수 있을 것이다.

첫째, 관료조직의 보고문화에서 그 연원을 찾을 수 있다. 한국 정부 공직사회의 고질적인 병폐중의 하나는 페이퍼 중심의 보고 관행이 뿌리 깊이 배어있다. 화려한 보고서를 잘 만드는 사람이 마치 유능한 사람인양 착각현상까지 불러일으킬 정도이니 심각하지 않을 수 없다. 말 그대로 보고서는 문맥의 화려함 보다는 그 보고내용이 얼마나 사실(fact)이고 내용의 충실성이 중요한가를 보아야 하는데 한국 정부의 공직자들은 보고서의 형식과 틀에 얽매여 내용의 충실성과 사실을 간과하는 경향이 심하다는 평가를 하는 경우를 종종 볼 수 있다. 이는 조직문화와 깊은 관계가 있다. 조직에서 생존하려면 화려한 보고서를 잘 작성해야하는 것은 당연한 일로 여겨진다. 그들만의 리그에서 살아남기 위해서는 보고서 작성이 매우 중요한 일로 여겨지기 때문이다. 보고문화는 어느 사회나 조직에서 반드시 필요한 것은 사실이다. 물론 기업환경에서도 예외는 아니다. 그러나 보고서의 내용과 형식보다는 사실과 충실성이 우선시되는 보고가 이루어져야 하는 것이다. 보고서를 아름답

---

12) 긴급구조란 재난이 발생할 우려가 현저하거나 재난이 발생하였을 때에 국민의 생명·신체 및 재산을 보호하기 위하여 긴급구조기관과 긴급구조지원기관이 하는 인명구조, 응급처치, 그 밖에 필요한 모든 긴급한 조치를 말한다. 재난 및 안전관리기본법 제3조(정의) 참조.
13) 2017.7.26. 일부로 소방청으로 독립하여 육상재난을 총괄하는 기구로 승격되었다(단, 해상재난은 해양경찰청이 총괄기능을 수행함).
14) 재난 및 안전관리기본법 제49조(중앙긴급구조통제단), 안전행정부

게 꾸미는 것 보다는 내용의 중요성에 비중을 두어야 한다는 의미이다. 특히, 위기상황에서 중요한 결정을 해야 하는 상황에서는 보고의 정확성 못지않게 신속한 대응조치를 중시해야 한다. 따라서 '선조치 후보고(先措置 後報告)'가 전제되어야 함에도 불구하고 관가에서는 선보고 후 조치를 강요하는 경우도 있음에 주목할 필요가 있다. 보고문화에서 가장 중요한 것은 무엇일까? 그것은 사실관계와 신속성, 내용의 충실성, 투명성, 정확성이 보장되어야 한다는 점에 이견(異見)이 있을 수 없다. 결정적인 위기 순간에 중요 조치 및 결정적 조치를 해야 할 시간에 보고를 위해 결정적인 시간(golden time)을 낭비해서는 안 된다는 점은 보다 명확히 할 필요가 있다. 형식의 화려함 보다는 내용의 정확성·신속성을 위해 백지나 상황판 위에 판서나 그림을 그려가면서 중요내용을 빠짐없이 기록하고 체크하는 것이 더 중요한 경우를 배제할 수 없을 것이다. 특히 위급한 상황에서는 장황한 보고보다는 핵심을 찌르는 것이 중요한 것이다. 둘째, 상급기관장의 의전에 신경과 관심을 쏟다보니 결정적인 주요조치를 놓쳐버리는 경우를 종종 볼 수 있다. 이번 세월호 참사에서도 의전은 중요한 이슈로 부각되기도 했다. '그들만의 리그'나 '배타적 네트워크'를 통해 승승장구해 온 이들은 장·차관의 의전이 중요할 수밖에 없는 것이다. 왜냐하면 이들의 인사와 승진 등 직접적인 권한을 행사하는 것이 바로 자신의 직속상관인 장·차관에 의해 결정되기 때문이다. 그렇다고 의전을 소홀히 하라는 것은 아니다. 의전도 때와 장소를 가려서 하라는 의미이다. 세월호 참사 현장을 방문한 모 장관은 수행비서가 세월호 유가족 앞에서 OOO장관 이십니다?라고 하자 유가족들은 그 앞에서 그래서 어쩌란 말이냐고 핀잔을 듣기도 했다. 의전은 분명하게 하지만 원칙에 걸맞는 때와 장소를 가려가면서 신중히 해야 하는 것이다. 미국이 9.11테러와의 전쟁을 치르면서 오사마 빈 라덴(Osama bin Laden)을 찾기 위해 전력을 집중할 때 오사마 빈 라덴 사살명령을 내리는 미 백악관 지하벙커에서 오바마 대통령은 현장을 지휘·통제(command·control)하는 사령관에게 자리를 내주면서 옆에서 지켜보는 모습15)에서 우리는 그 어떠한 의전도 찾아볼 수 없었다. 의전은 군사독재시절 권위주의 문화에서 그 유래를 찾을 수 있다. 정당한 절차에 의해 선출되지 않은 지도자가 국민들로부터 정당성을 획득하기 위한 방안의 하나가 본 행사에 앞서 실시하는 의전에 많은 비중을 두는 것은 자신의 존재감을 부각시키는 가장 중요한 수단중의 하나로 형식을 중시하는 의전에 많은 관심을 쓰기 때문이다. 한국 정부의 의전문화는 새로운 방향으로 정립될 필요가 있다. 위급상황과 구분하여 의전은 분명히 차이가 있어야 한다. 형식을 빌리데 간소한 방향으로 거창한 보고 스타일(보드상황판 설치, 방송앰프 준비 등)은 반드시 지양되어야 할 것이다. 긴급을 요하는 상황일 때는 의전은 생략할 수 있어야 한다. 특히 인명구조에서는 구조가 중요한 것이지 결코 의전이 중요한 것이 아니기 때문이다. 세월호 참사를 계기로 의전문화도 새롭게 변화되고 바뀌어야 할 것이다.

특히 세월호 참사에서 볼 수 있었던 것은 기능 발휘가 미흡했던 전남과 진도의 지역재난안전대책본부의 컨트롤타워 기능을 정립하고 훈련하는 방안을 제고할 필요가 있다. 지방자치단체가 재난발생시 일차적으로 또는 선제적으로 대응할 수 있도록 조직과 역량을 강화하는 것도 이번 세월호 참사를 통해서 정부는 충분한 검토를 거친 후 교훈을 찾아내어야 할 것이다. 현재의 지방자치단체의 조직체계로는 재난발생시

---

15) 제12장 테러 대응 활동 참조

효율적인 재난대응이 곤란하도록 되어 있다. 따라서 지방자치단체의 재난대응조직을 지방자치단체장(시도 및 시군구) 직속으로 조직을 개편하여 신속한 대응이 가능할 수 있도록 우선되어야 한다. 이것이(지방자치단체의 조직체계) 이루어지지 않으면 재난발생시 결코 효율적으로 대처할 수 없을 것이다. 그러나 지방자치단체장이 재난대응조직을 직속으로 편제하고 우수인력을 확보하면 재난발생시 선제적으로 충분히 대응할 수 있다는 점이다. 선제적 대응조치 이후 대규모재난은 중앙정부차원에서 지원이 이루어져 효과적인 재난대응이 가능할 것이다. 왜냐하면 현재의 재난조직체계상 재난을 예방하고 대비하며 대응하는 조직이 조직서열상 말석에 가까운 체계로 되어 있어(주로 시·군·구를 가리킨다) 다른 부서에서 쉽게 대응하려 하지 않기 때문이다. 그러나 지방자치단체의 재난관련 조직을 지방자치단체장 직속으로 한다면 다른 부서들이 재난관련부서의 지시·조정·통제에 따르지 않을 수 없기 때문이다. 즉, 재난관련부서(또는 재난전담부서)의 말발이 서기 때문이다. 그리고 중요한 것은 재난대응조직의 리더를 포함한 조직원들은 행정 관료가 아닌 전문가 그룹으로 편성되고, 훈련되어야 한다.

2. 컨트롤타워의 작동

재난현장에서 컨트롤타워(control tower)가 원활하게 작동하기 위해서는 정보통신시스템이 획기적으로 개선되지 않으면 현재의 시스템(각 기관 별도의 통신망 사용)으로는 재난대응을 효과적으로 수행할 수 없다는 점은 분명해 보인다. 이는 세월호 참사를 통해서 증명된 바 있다. 재난 발생 현장에서 정보의 원활한 소통을 가능케 하는 가장 중요한 것은 기관 간 상호 의사소통을 원활히 할 수 있는 통합지휘통신시스템을 구축하는 것이 우선적으로 구축되어야 한다. 이러한 통합지휘통신시스템은 재난 현장에서 정보의 흐름을 원활하게 작동하는 매커니즘을 제공할 수 있기 때문에 신속한 대응 여건을 마련할 수 있다는 점은 선진 외국의 사례(case)에서도 발견되고 있다. 세월호 참사이후 정부는 지휘통신 일원화를 위한 제도적 틀을 정비했다. 공직자로서의 책임감, 희생정신, 솔선수범하는 자세를 가져야 한다.

제 6 장

Remember 4·16참사: 정부의 총체적 실패

무거워도 함께 짊어지고, 가벼워도 같이 든다.

― 인도네시아 속담

People do not like to think. If one thinks, one must reach
conclusions. Conclusions are not always pleasant.
사람들은 생각하는 것을 좋아하지 않는다. 생각하면 결론을 내야 한다.
결론이 항상 유쾌하지는 않다.

― Helen Keller

제6장   Remember 4.16참사: 정부의 총체적 실패

제1절   문제제기

2014년 4월 16일 세월호 참사에서 나타난 정부 실패의 의미는 어디서 연유하는 것일까? 그것은 다름 아닌 세월호 참사를 통해 나타난 부실과 적폐가 공직자의 업무수행과 정부의 대응능력에서 무능(incompetence)과 무관심(indifference, unconcern), 불법(unlawfulness)의 정도를 국민 일반이 생각하는 범위를 넘어섰다는 판단을 하도록 단초를 제공했기 때문이다. 재난 및 안전관리기본법 제1조(목적)에는 "각종 재난으로부터 국토를 보존하고 국민의 생명·신체 및 재산을 보호하기 위하여 국가와 지방자치단체의 재난 및 안전관리체제를 확립하고, 재난의 예방·대비·대응·복구와 안전문화 활동, 그밖에 재난 및 안전관리에 필요한 사항을 규정함을 목적으로 한다."고 명시하고 있다.[1] 해양사고에 적용되는 수난구호법 제1조(목적)에는 "해수면과 내수면에서 조난된 사람, 선박, 항공기, 수상레저기구 등의 수색·구조·구난 및 보호

---

1) 재난 및 안전관리기본법 제1조, 시행(2014.2.5.), 안전행정부(2017년 이후에 행정안전부로 명칭이 변경되었다)

에 필요한 사항을 규정함을 조난사고로부터 국민의 생명과 신체 및 재산을 보호하고 공공의 복리증진에 이바지하는 것을 목적으로 한다."고 명시하고 있다.2) 2014년 7월 감사원의 세월호 참사에 대한 중간감사 결과를 발표하였다. 중간 감사 결과를 보면 탑승객들의 안타까운 희생을 줄일 수 있었던 상황이 참사 전후 여러 과정에서 발견되고 있어 인재(人災)이면서 관재(官災)인 정황이 나타나고 있음을 보여주고 있다. 세월호 참사는 중앙 및 지방정부, 행정기관의 지도·감독부실, 공직자들과 민간 업체와의 유착, 재난 발생시 안이하게 대응한 해양경찰청과 중앙사고수습본부3)(해양수산부)의 초동 대응조치를 바라보는 유가족과 국민들의 심정은 이루 말로 표현할 수 없는 것이 사실이다. 세월호 참사는 한국 사회에 불법과 부실, 민간업체와의 유착관계, 관피아(관료+마피아) 문화, 안전 불감증 등을 떠올리게 하는 계기가 되었다. 정부의 실패는 이처럼 중앙과 지방정부의 실패로 귀결될 수 있어 정부의 복합적인 인재(人災)로 볼 수 있다는 점은 부인하기는 어려울 것이다. 세월호 참사를 통해서 정부는 진상규명을 명확히 하고, 책임자를 처벌하며 재발방지대책을 강구하는데 여(與)·야(野)와 유가족대책위원회 3자 합의체가 법적 테두리 내에서 상호 양보와 타협을 통해 진실을 규명하는데 초점을 두어야 하나 실상은 그렇지 못했다.

---

2) 수난구호법 제1조, 시행(2013.3.23.), 해양경찰청
3) 재난안전법 제15조의2(중앙 및 지역사고수습본부) ① 재난관리주관기관의 장은 재난이 발생하거나 발생할 우려가 있는 경우에는 재난상황을 효율적으로 관리하고 재난을 수습하기 위한 중앙사고수습본부(이하 "수습본부"라 한다)를 신속하게 설치·운영하여야 한다. ② 수습본부의 장(이하 "수습본부장"이라 한다)은 해당 재난관리주관기관의 장이 된다.

제2절 정부 실패의 요인

1. 직접적 요인

　세월호 참사에 대해 돋보기를 통하여 들여다보면 참사의 원인이 구체적으로 드러나고 있다. 세월호 참사는 한국 정부의 민낯을 그대로 보여주기에 충분한 것이었다. 중앙 정부 차원에서 '국가대개조' 작업을 추진할 필요성이 강력하게 대두되었으나 연이어 터진 정부의 국정농단으로 유야무야 되었다.

가. 초기대응 조치 부실

　전라남도 소방본부는 사고당일(4.16) 08:52분 선박(세월호)에 이상이 있다고 탑승객(단원고학생)으로부터 신고를 접수하였으나 신고접수로부터 21분 뒤에야 소방헬기 출동을 지시했다고 밝혀졌다. 제주해양경찰서(제주VTS)는 관할이 아니라는 이유로 진도VTS(해양교통관제센터)에 이첩하는 과정에 시간을 허비했으며, 결정적인 시간(golden time)을 허비하는 결과를 초래했다. 목포해양경찰서 122구조대는 버스로 팽목항으로 이동한 뒤 어선을 이용해 사고당일 12:19분에 사고현장에 도착했다. 그러나 100m거리에 정박해 있던 상황대기함을 이용했으면 1시간 더 빨리 도착했을 것으로 예상됐다. 또한 서해지방해양경찰청 특공대도 헬기 수배가 늦어져 도착시간이 40여분 지연됐다. 한편 사고 당일 09:33분에 현장에 도착한 해양경찰 123정은 적극적인 구조는 하지도 않은 채 사고현장 도착 13분 뒤에야 "승객이 안에 있는데 배가 기울어 못 나오고 있다"고 최초상황보고를 했다. 또 09:48분경 선내 승무원과 연락할 수 있는 무전기를 소지한 2등 항해사를 구조하고도 이 항해사를 활용해 탑승객 퇴선명령이나 승객퇴선 유도방송을 하지 않았다. 사고 당시 세월호는 09:50분까지 7차례에 걸쳐 "움직이지 말고 선내 대기하라"고 선내 방송을 하고 있었다.4) 중앙구조본부는 세월호 좌현이 완전 침수된 뒤인 10:17분께 "여객선 자체 부력이 있으니 차분하게 구조할 것"을 지시했다. 사고 당일 초동대응 부실은 중앙구조본부(해양경찰청), 서해지방해양경찰청, 제주VTS, 진도VTS, 목포해양경찰서 등이 초기대응을 부실하게 한 책임으로부터 자유로울 수 없다. 이외에도 안전행정부에 설치되는 중앙재난안전대책본부는 재난대응을 총괄·조정·통제하는데 실패했다. 재난발생시 컨트롤타워 역할을 수행하는 중앙재난안전대책본부는 대규모 재난의 예방·대비·대응·복구 등에 관한 사항의 총괄·조정하며, 유관기관의 장에게 행정·재정상 조치 및 협조를 요청하고, 중앙사고수습본부(해양수산부)5)와 유기적인 협조체제를 구축하면서, 중앙수습지원단을 운용하여 사고 상황을 조기에 파악하여 효율적인 재난을 조정·통제하는데 있다. 그러나 세월호 참사 당시 법정기구들(중앙재난안전대책본부, 중앙사고수습본부, 중앙구조본부, 광역구조본부, 지역구조본부, 관련 지역 VTS, 현장지휘소 등)은 하나같이 모두 임무수행에 실패했다. 어느 곳 한곳이라도 제대로 된 임무를 수행했더라면 고귀한 생명을 구조했을 것이다.

---

4) 박병수, 한겨레, "감사원 세월호 참사 중간 발표," 2014.7.9.
5) 중앙사고수습본부는 사고수습의 총괄, 관련 상황 대처 및 비상대책 시행 주관, 유관기관과 긴밀한 협조 체제를 구축한다.

나. 관피아의 민관유착으로 지도·감독 부실

　세월호 도입부터 증축, 안전점검, 운항관리 등 모든 단계가 부실과 비정상적이었다. 증선을 인가한 해양수산부, 복원성 등 선박검사를 담당한 한국선급, 운항관리규정을 승인한 해양경찰청, 출항전 마지막 안전점검을 해야 하는 해운조합 등이 안이한 자세로 일관할 수 있었던 것은 뿌리 깊은 민관유착의 한 단면을 보여주는 것에 불과하다. 인천항만청은 2011년 11월 세월호의 인천~제주간 항로에 가(假)인가를 내줬고, 2013년 3월에 최종인가를 해줬다. 인가 당시 위·변조된 자료에 근거한 처음부터 잘못된 허가를 했다는 문제점이 있었다. 세월호 도입과정에서 드러난 '증선 인가'는 검경합동수사에서도 찾아내지 못했던 내용이라는 게 감사원의 주장이다. 관련법에 따라 증선(增船)을 하려면 해당 항로의 평균 운송수입률이 25% 이상 유지돼야 한다. 그러나 해운항만청은 청해진 해운이 정원과 재화중량 등을 변조해 제출한 계약서를 그대로 받아들여 운송수입률을 과다 산정해 2013년 3월 최종 인가를 해줬다. 첫 단추를 잘못 끼운 셈이 되었다. 한편 복원성 검사 과정에서도 부실 정황이 그대로 확인되었다. 2013년 1월 한국선급은 세월호에 대해 복원성 검사 등 선박 안전에 대한 검사를 부실하게 실시했다. 설계업체에서 승인기준을 맞추기 위해 컨테이너 단위 무게를 조정해 화물무게를 1,513톤에서 1,077톤으로 줄였으나 한국선급은 그대로 승인했다. 이러한 선박 자체 무게를 100톤이나 줄였는데도 경사시험결과보고서를 승인했다. 이러한 부실한 경사시험으로 세월호는 복원성 기준에서 풍압경사각이 11도 초과했으며, 선회경사각은 0.5도 초과했지만 운항하게 했다. 이외에도 인천해양경찰청 직원은 세월호 운항관리규정 심사위원회 개최 직전에 제주도 현지에서 청해진 해운측으로부터 향응을 받았으며, 심사위원회에서 청해진해운은 선박복원성 계산서 등 선박안전에 핵심이 되는 자료를 제출하지 않았지만 인천해양경찰청은 운항관리규정을 접수하여 심사하였으며, 심사위원회는 12개 보완요구 사항 가운데 3개가 이행되지 않았는데도 운항관리규정을 승인했다. 이는 뿌리 깊은 민관유착이 없었으면 할 수 없는 것들이었다.

다. 중앙재난안전대책본부의 컨트롤타워 기능 미숙

재난발생시 중앙재난안전대책본부의 권한은 재난 및 안전관리기본법 제15조(중앙대책본부장의 권한 등)에 따르면 제1항 중앙재난안전대책본부장은 대규모재난을 효율적으로 수습하기 위하여 관계 재난관리책임기관의 장에게 행정 및 재정상의 조치, 소속 직원의 파견, 그밖에 필요한 지원을 요청할 수 있다. 이 경우 요청을 받은 관계 재난관리책임기관의 장은 특별한 사유가 없으면 요청에 따라야 한다. 제2항 제1항에 따라 파견된 직원은 대규모 재난의 수습에 필요한 소속기관의 업무를 성실히 수행하여야 하며, 대규모재난의 수습이 끝날 때까지 중앙재난안전대책본부에서 상근하여야 한다. 제3항 중앙재난안전대책본부장은 해당 대규모재난의 수습에 필요한 범위에서 제15조의 제2항에 따른 수습본부장 및 제16조 제2항에 따른 지역대책본부장을 지휘할 수 있다. 세월호 참사 당일 중앙재난안전대책본부장은 전라남도지역대책본부장 및 진도지역대책본부장을 지휘했다는 근거를 찾아볼 수 없다. 또한 이들 지역대책본부가 중앙재난안전대책본부에 무엇을 보고했는지 찾을 수 없다는 점이다. 지역내에 사고(규모관계 없음)가 발생하면 해당관할 구역에서 재나 및 안전관리에 관한 사항을 총괄·조정하고 필요한 조치를 하기 위하여 시·도지사는 시·도 재난안전대책본부(이하 "시·

도 재난대책본부"라 한다)를 둘 수 있고, 시장·군수·구청장은 시·군·구 재난안전대책본부(이하 "시·군·구 대책본부"라 한다)를 둘 수 있도록 되어 있으나,[6] 4.16일 세월호 참사 당일 전라남도와 진도군의 지역재난안전대책본부의 기능과 수행한 업무에 대해 검증할 필요가 있다는 점을 고려해야 할 것이다. 사고발생 당일 전라남도 소방본부는 단원고 학생으로부터 최초신고를 접수(4.16. 08:52분)하고도 '해상사고는 해양경찰청 소관'이라는 이유로 오전 09:13에야 소방헬기 출동을 지시했다 (21분 이상 허비) 만약에 중앙재난안전대책본부가 가동했더라면 이러한 일은 발생하지 않았을 개연성이 보다 높았을 것이다. 제주해양경찰서에서도 관할이 아니라는 이유로 신고 12분 뒤 해양경찰청 함정을 출동시켰다. 특히 "중앙재난안전대책본부(이하 "중앙대책본부"라 한다)의 책임자인 안전행정부장관은 오전 09:45분 중대본 가동만 지시한 뒤 경찰 교육원 졸업식에 참석하는 등 사고 상황파악, 초동조치에 대한 지휘를 소홀히 했다. 또한 중앙재난안전대책본부는 구조자 수를 368명으로 발표했다가 몇 시간이 흐른 뒤 164명으로 정정해 정부불신을 초래했다."[7] 재난대응을 총괄·조정하는 중앙재난안전대책본부가 그 기능을 충분히 발휘하지 못해 관련부처들이 우왕좌왕하면서 골든타임을 놓쳤다는 사실이 감사원 감사결과 드러났다. 이하중앙대책본부는 사고 상황 및 구조지원 파악, 상황유지, 행정지원 등을 소홀히 한 채 언론브리핑에 집중하다가 불신을 초래하는 직접적인 요인이 되었다. 전파되는 상황을 정확하게 파악하지도 않고 그대로 브리핑하는 낭패를 보이기도 했다. 중앙재난안전대책본부는 사고 상황을 중앙사고수습본부(해양수산부),

---

[6] 재난 및 안전관리기본법 제16·17조 참조.
[7] 박병수, 한겨레, "감사원의 세월호 감사결과 중간발표 주요 내용." 2014.7.9.

중앙긴급구조통제단(소방방재청), 중앙구조본부(해양경찰청청) 및 광역구조본부(서해지방해양경찰청) 및 목포해양경찰서에 설치된(지역구조본부)에서 보고 및 접수되는 사고 상황을 정확히 확인하는 절차를 거쳐야 함에도 불구하고 이를 확인하지 못한 채 왜곡된 정보전달에 치중했다. 향후 중앙재난안전대책본부는 이러한 문제를 해결하기 위해서는 사고 지역에 현장상황관리관을 조기에 파견하여 정확한 상황을 유지하는데 도움을 줄 수 있다고 했다. 그리고 현장상황을 모니터링하면서 사고 상황을 총괄·조정해야 하는데 이에 실패하고 말았다. 조정을 위해 해양경찰관계관을 파견 받아 운영토록 되어 있으나 이를 적극적으로 이행하지 못한 공방으로부터 자유로울 수 없다는 점이다. 그리고 중앙재난안전대책본부에 근무하는 안전행정부 직원들의 사고 상황의 중대성, 상황파악, 유기적인 업무처리가 이루어지지 못한 것은 상황근무 요령에 대한 교육도 미숙하여 적절히 대응하지 못한 측면도 있다. 안정행정부는 2013년 8월 재난 및 안전관리기본법 일부개정으로 기존의 인적재난을 사회재난에 통합시키면서 인적재난 총괄기능을 소방방재청에서 넘겨받았으나 실제 업무수행에 필요한 조직과 인력을 이관 받지 않았다. 이는 안전행정부의 오만한 태도에서 비롯되었다. 자신들이 할 수 있다는 자만심에서 비롯되었다고 할 수 있다. 중대본(중앙재난안전대책본부) - 중수본(중앙사고수습본부) - 중구본(중앙구조본부) - 중통단(중앙긴급구조통제단)으로 연결되는 통신망을 Hot-line으로 연결할 필요가 대두하고 있다는 점을 고민해보아야 할 것이다.

라. 핑퐁 VS 골든타임

월호의 이상한 움직임을 가장 먼저 인지할 수 있었던 곳은 진도 VTS였다. 4.16일 사고 당일 오전 08:50분부터 관제 모니터에서는 세월호가 이상한 궤적을 그리고 있었다. 그러나 누구하나 모니터를 제대로 주시하지 않았다. 사고 당시 관할 해역에는 여객선, 위험화물 운반선 등 특별 관제 대상이 세월호를 포함해 18척에 불과했다. 진도 VTS는 16분 뒤 목포해양경찰서가 사고 사실을 통보해준 뒤에야 상황을 파악할 수 있었다. 목포해양경찰서가 전남소방본부로부터 오전 08:55분쯤 사고 사실을 통보받았기 때문에 진도VTS가 오전 08:50분쯤 사고를 파악하고 목포해양경찰서에 알렸다면 초동대응이 5분 정도 빨라졌을 것이라고 감사원은 밝히고 있다.[8] 현장 구조 상황을 지휘했던 목포해양경찰서는 해양경찰청 본청에서 7차례에 걸쳐 세월호와 교신하도록 요구했지만 제대로 교신하지 않았다. 4.16일 사고 당시 세월호는 진도VTS를 통해 서해지방해양경찰청에 비상 탈출을 문의했지만 해양경찰은 "선장이 알아서 판단하라"며 소극적으로 대응, 고귀한 인명을 살릴 기회를 놓쳤다고 감사원은 지적했다. 전라남도 소방본부와 제주해양경찰서가 자신의 관할이 아니라는 이유로 결정적인 시간을 허비한 것은 두고두고 되짚어 보아야 할 것이다. 관할이 아니라는 이유로 서로 미루는 바람에 함정 등의 출동명령이 21분 지연된 사실이 드러났다. 제주해양경찰서도 4.16 사고 당일 오전 08:58분 제주VTS(해상교통관제센터)로부터 사고사실을 신고(접수)받고도 오전 09:10분 함정을 늑장 출동 시킨 사실도 새로이 밝혀냈다(감사원 감사 중간 결과 '세월호 침몰사고

---

[8] 김강한, 조선일보, "관할 떠넘기다 골든타임 21분 나리고 … 모니터링 손놓다 5분 허비," 2014.7.9.

대응 실태')이에 앞서 전라남도 소방본부는 제주VTS(해상교통관제센터)로부터 사고 당일 오전 08:52분에 신고 받고도 09:13분에야 소방헬기 출동지시를 내렸다. 해양경찰의 잠수구조대인 '목포 122구조대'는 100m 떨어진 해양경찰 전용 부두에 정박 중인 513함(상황대기함) 대신 버스를 타고 팽목항 까지 간 뒤 어선으로 갈아타고 낮 12:19분에 현장에 도착했다. (513함을 바로 이용했더라면) "바다로 갔다면 오전 11:10분 현장 도착이 가능했다"고 했다. 한편 "서해지방해양경찰청 특공대는 오전 09:35분 무작정 목포항으로 갔다가 선박이 없어 오전 10:25분에 전남지방경찰청 헬기를 타고 오전 11:28분 현장에 도착했다."9) 배가 완전히 침몰한 후에 현장에 도착했다. 출동명령을 즉시 받고 헬기를 탔다면 오전 10:45분 현장 도착이 가능했다고 감사원은 밝혔다. 목포해양경찰서의 122 잠수구조대는 69분, 서해지방해양경찰청 특공대는 43분이나 허비해 결정적 시간에 지각한 것이다.

2. 간접적 요인

2014년 4.16 세월호 참사와 관련, 해상경비, 운항관리, 안전업무 등 선박 도입과 운항에 이르기까지 정부의 무능력과 근무태만, 마피아의 민관과의 유착관계, 공직자의 향응접대 등이 밝혀지면서 공직자를 바라보는 국민의 시선은 냉정하기만 하다.

---

9) *Ibid.*

가. 공직자의 안이한 자세

전라남도 소방본부는 4.16일 오전 08:52분 단원고 학생으로부터 최초신고를 접수하였으나 '해상사고는 해양경찰청 소관'이라며 책임을 미루다가 21분이나 귀중한 시간을 허비했다. 또한 제주해양경찰은 사고 당일 오전 08:58분 제주VTS로부터 사고사실을 신고 받고도 09:10분에 함정 출동을 지시했다. 이 역시 '우리 관할이 아니다'라는 이유에서였다. 대규모 인명사고가 났는데도 공직자는 '니 것 내 것'을 구분하는 현실이 과연 올바른 것인지 생각하지 않을 수 없다. 이외에도 사고 당시 진도 VTS에는 관제사가 2명이 해야 할 업무를 1명이 하는 등 변칙근무를 한 사실이 적발되기도 했다. 세월호가 지나는 항로에 200톤 이상 중형함정을 1척씩 배치했어야 하지만 중국 어선의 불법조업 특별단속에 서해지방해양경찰청 소속 중형함정 10척을 모두 동원한 것이었다. 이 또한 공직자의 안이한 근무태도와 규정을 이행하지 않는 단면을 그대로 보여주었다. 국민에게는 법과 규정을 지키라고 강요하면서 진작 자신들은 규정을 지키지 않는 이중성의 모습을 그대로 보여주었다. 또한 세월호 운항관리규정 심사위원회 개최되기 나흘 전 청해진 해운으로부터 제주행 배편을 포함해 각종 편의와 향응을 제공받았으며, 이후 이들은 세월호 운항관리규정을 승인해주었다. 중앙재난안전대책본부는 사고 발생을 재난대응을 총괄·조정하는 임무를 지닌 안전행정부는 본연의 임무인 사고 상황파악 및 구조자원 파악, 행정지원 등을 해야 함에도 불구하고 이를 소홀히 한 채 언론 브리핑에 집중하다가 구조인원을 오보하는 등 컨트롤 타워(control tower) 기능을 제대로 수행하지 못했다. 중앙구조본부(해양경찰청 본청 설치)[10]는 현장상황과 동떨어진 지시도 했다. 해양경찰청 본청은 세월호 좌현이 108도 이상 침수된 뒤인 사고 당일 오전 10:17분께 여객선에 "자체 부력이 있으니 차분하게 구조할 것"을 지시했다.[11] 차분하게 구조하는 것이 맞느냐하는 것이다. 신속하게 구조하라는 지시가 내려져야 하는 것 아니냐는 것이다. 세월호 참사 당일 가장 안타까운 장면 중의 하나는 09:30분 사고현장에 도착한 목포해양경찰서 123정이 선실내로 진입하여 퇴선명령을 내리지 않고 선체외부로 나온 선원들만 구조하는 것이었다. 해양경찰청 지휘부에서 이때만 하더라도 선체 내부로 진입하여 퇴선 명령을 내렸다면 충분히 많은 승객들을 대피시킬 수 있었다는 점이다. 이를 보면서 국민들은 진작 공직자들을 믿을 수 있을까? 이 역시 정부와 공직자를 불신하는 단초가 되기에 충분했다. 공직자들은 국민의 신뢰를 받는 일이 시급해졌다. 많은 공직자는 자신의 위치에서 묵묵히 지역과 국가발전을 위해 최선을 다하고 있지만 그렇지 않은 일부 공직자의 행태가 물을 흐리고 있는 것인지도 모른다. 모든 공직자들은 유가족들의 쓰라린 고통을 헤아려 언행에 신중을 기하면서 자신의 행동에 책임지는 자세를 가져야 할 것이다.

〈표 6-1〉 감사원 발표로 재구성한 시간대별 부실대응(4.16)

시간	시간대별 부실대응 내용	비고
오전 08:48	세월호 참사 발생, 사고해역에 배치해야할 중형함정(200톤이상) 배치의무 위반	
08:50	진도 VTS, 모니터링 부실로 세월호 급변침 후 표류 모습 미 포착 (2명 근무규칙 위반)	
08:52	전남소방본부, 단원고 학생최초 신고받고도 09:13분에소방헬기 출동지시	

10) 해양경찰청 수난구호법 제5조(중앙구조본부 등의 설치), 2013.3.23. 일부개정
11) 감사원 감사 중간결과 발표, "세월호 침몰사고 대응실태," 2014.7.9.

08:58	제주해양경찰서, 제주VTS로부터 사고 신고를 받고도 09:10분에 함정 출동지시	
09:04	목포해양경찰서, 세월호승무원의 신고접수, 선내상황 인지하고도 방치, 승객구출 초동조치 기회상실	초동조치 기회상실
09:07	진도 VTS, 세월호와 단독교신, 뒤늦게 사고인지, 긴박한 상황 실시간 파악후 본부에 긴박상황 보고 소홀 * 09:07~09:37(세월호와 교신)	
09:13	목포122구조대, 출동명령 받고 해양경찰 전용부두의 513함 대신 어선으로 이동 낮 12:19에야 사고현장 도착	69분 허비
09:24	서해지방해양경찰청, 세월호에서 승객비상탈출 문의했음에도 적절한 구조조치 소홀; 세월호가 진도VTS를 통해 승객비상탈출 여부를 문의하자*선장이 현장상황 판단해 결정하라	
09:26~ 09:29	구조본부, 세월호가 두 차례 호출했음에도 청취 실패	
09:30	목포해양경찰서 123정, 현장도착 후 갑판·해상에 승객보이지 않아 퇴선필요하다고 판단하고도 승객 퇴선 유도 등 조치 불이행(배 기울기 45°)	승객퇴선 유도조치불이행
09:35	서해지방해양경찰청 특공대, 출동명령 받고도 탑승가능 선박 없어 10:25 전남경찰청 헬기 수배해 11:28 현장 도착	43분 허비
09:37	해양경찰청본청, 대부분 승객 선내대기 상황파악하고도 선실내부 진입, 승객퇴선유도 지시미이행(승객퇴선 유도지시미이행)	
09:48	구조된 세월호1·2등 항해사는 선내와 연락가능한 휴대전화와 무전기 소지하고 있었지만 승객퇴선 유도방송 하지 않음(승객퇴선 유도방송 미이행)	
09:50	세월호, 이 시각까지 7회에 걸쳐 승객들에게 '움직이지 말고 선내대기' 방송 지속	
10:17	해양경찰청본청, 세월호108도 기울어진 상황에서 '여객선 자체 부력 있으니 차분하게 구조할 것' 지시 전달	상황판단 미숙

주: 1) 감사원 감사 중간 결과 발표(2014.7.8.제2사무차장) "세월호 침몰 사고 대응 실태"
   2) 세월호 여객선의 배 기울기는 본서 제4장 참조
출처: 이근평, 경향신문, "세월호 참사 감사원 감사(중간)" 문화일보, 2014.7.8; 황경상, "세월호 감사 결과" 2014.7.9.

나. 재난기관 간 지휘통신체계의 혼란

세월호 참사에서 경찰은 테트라망을, 군은 전용망을, 소방은 테트라망을(일부지역) 사용하는 등 재난기관 간 상호 의사소통을 할 수 없는 것이 실패요인으로 부각되고 있다. 재난현장에서 통신수단의 통합은 필요불가결한 매우 중요한 요소임에 틀림없다. 통신망이 하나의 무선통신으로 통합되면 재난발생시 서로 의사소통으로 신속한 대응이 이루어질 수 있다는 점이다. 그동안 정부는 이를 충분히 검토만 하다가 시간을 낭비한 셈이 되었다. 중앙재난안전대책본부가 사고현장을 직접 총괄할 수 없었던 실질적인 원인도 지휘통신체계의 일원화가 구축되어 있지 않았기 때문이다. 정부가 국가재난관리통신망을 일원할 수 없었던 것은 기술적인 문제, 과다한 장비사용료 문제, 이미 다른 시스템으로 구축되어 운영중인 통신장비와의 공용(共用) 및 호환성 문제 등으로 2000년대 초부터 필요성은 지속적으로 제기되어 왔으나 국가재난관리통신망의 일원화체계는 정부 내 이견과 갈등으로 사업이 지연되어 세월호 참사가 난 이후에 본격적으로 다시 거론되고 있는 것은 참으로 아이러니한 일이 아닐 수 없다.

〈표 6-2〉 국가재난통신망 구축사업 경과

연 월 일	구축사업추진 내용
2003	대구지하철 참사(화재사고)를 계기로 '통합지휘무선통신망' 구축계획 수립
2004	KDI(한국개발연구원)예비타당성 조사결과 '사업추진' 발표
2006~2007	서울, 경기 등 수도권 통합망 시범사업 1차 사업 진행
2008	감사원 '예산낭비'발표로 전면 재검토 지시(사업중단)
2009	KDI(한국개발연구원)예비타당성 재조사 결과 '경제성부족' 문제점 발견, 사업 중단

2010	행정안전부 '재난안전통신선진화추진단' 발족
2011	행정안전부 사업 재추진 후 중단(재난망 기술방식 결정 위한 연구용역 실시)
2012/ 2013	기술방식 2차 연구 용역 수행 / 재난통신망 예비타당성 조사 돌입
2014. 5. 19	대통령 재난통신망 일원화 추진 지시
2014. 5. 27	재난통신망 일원화 추진계획(미래부, 기재부, 안행부 등) 발표
2014. 7. 29	재난통신망 기술방식 LTE선정
2014. 12	재난통신망 세부추진계획 수립
'15. 01/'16. 01	재난통신망 시범사업 추진/재난통신망 8개시도 구축 추진
2017. 01	수도권 및 3대 광역시도 구축

* 정부는 2014. 7.29, 한국정보화진흥원에서 토론회를 열고 700MHz주파수대역을 활용한 공공안전 롱 텀에볼루션(PS-LTE)기술방식으로 국가재난안전통신망 사업을 추진하겠다는 내용의 연구용역을 발표했다.
* 정부는 재난통신망 기술방식으로 LTE확정 됐지만 예산을 비롯해 주파수할당 및 확보, 통신사 상용망 활용 범위 등 주요 내용은 미확정되어 앞으로 이를 둘러싼 논의가 치열할 것으로 예상된다.

    재난관리에 긴급통신체계가 필요한 이유는 재난발생시 인명구조, 진화 등 비상사태 발생시 긴급 대응을 위한 기본적인 여건을 만들어 주고, 재난대응 기관 간 상호 소통을 가능케하여 유기적인 협업체제로 국민의 생명과 재산을 보호하기 위해서는 지휘통신의 일원화가 필요하기 때문이다. 미국, 일본을 비롯한 선진국들은 재난통신망을 일원화하여 운영하고 있다. 한국정부는 2003년 12월 통합지휘무선통신망 구축계획을 수립하였으나 경제성과 효율성을 고려하다가 무산되는 경험을 가진바 있다. 세월호 참사이후 지휘통신 일원화를 위해 통합지휘무선통신망을 구축하기 위한 본격적인 준비체제에 들어가 관련부처 및 유관기관간 논의가 추진되고 있다. 최근 이와 정부에서는 국가재난안전통신망 기술로 롱텀에볼루션(LTE) 방식을 선정하였으나 여러 가지 논의가 진행되고 있다. 그러나 정부는 "700MHz주파수는 직진성(장애물을 통과하는 성질)과 회절성(장애물을 피해나가는 성질)이 우수 하는 등 주파수 특성이 안정되고 우수해 1.8GHz대역에 비해 기지국 투자비를 1/3로 줄일 수 있다"고 제시하고 있다.12) 지금까지 재난대응 기관별로 서로 다른 주파수와 통신방식, 서로 다른 단말기를 사용했기 때문에 재난대응시 지휘통제가 효과적으로 이루어지지 않았다는 점은 부인할 수 없는 사실이다.

〈표 6-3〉 주파수별 사용기관

주파수	통신방식	사용기관	비고
800MHz	TETRA-TRS	경찰, 소방(서울, 경기일부지역), 한전, 가스	통합지휘무선통신망 (소방방재청)
400MHz	UHF (아날로그)	소방, 경찰, 지자체	도청, 영상 등 문제
100MHz	VHF (아날로그)	경찰, 소방, 지자체(산림관련 업무 위주)	지자체의 경우 대부분 차지
IDEN	상용망	복지부, 해양경찰청, 일부지자체(소규모)	
1~20MHz	HF/MF	해양경찰청, 지자체(해안지역 어선관리)	HAM 등 소규모 장비
기타	위성	경찰, 소방, 한전, 해양경찰청, 복지부, 지자체	위성 전화위주로 긴급 통신망으로 사용(소규모), 상용망

출처: 박성균, "재난대비 표준체계(통신), 2013 재난관리직무소양심화과정, 중앙민방위방재교육원
* 디지털 TRS에는 유럽개방형 표준인 TETRA(Terrestrial Trunked Radio)방식과 북미 표준형인 APCO-P25방식.모토롤라의 공중망 표준인 iDEN방식이 있는데 TETRA방식이iDEN방식보다 안정성, 재난대응성, 국내산업 연관효과 등이 높고 APCO-P25방식보다 기존 시스템 활용가능성, 주파수 효율성이 높다고 평가하였음.
* 2007년 감사원 감사에서 문제점이 지적되었으며, 2008년 3월 감사결과가 발표되었다. 2009년 한국개발원(KDI) 에서 타당성 재조사결과 사업의 타당성이 없다고 판단하여 사업이 중단되었다. 이후, 2009년6월 행정안전부에서 통합지휘무선통신망 업무를 재검토하였다.

---

12) 박지성, 디지털 타임스, "미·영·중 등 50개 이통사 LTE주파수로 700MHz선택," 2014. 8.21.

다. 시장에 포위된 공공성의 취약

2013년 말 카드사와 은행 등에서 대량의 개인정보가 유출된 사건이 발생했다. 이를 둘러싸고 한국 사회의 불신과 금융권에 대한 신뢰가 밑바닥으로 떨어졌다. 2014년 7월 감사원의 감사결과가 발표되었다. 감사결과는 충격 그 자체였다. 감사원은 개인정보가 유출된 사건은 금융권의 안일한 업무태도와 개인정보보호에 대한 미온적인 인식이 원인이라고 밝혔다. 즉 금융당국의 '태만한 업무행태'가 카드사와 은행의 개인정보 유출이란 전대미문의 사고를 초래했다는 것이다.

〈표 6-4〉 금융회사 개인정보 유출관련 금융당국의 주요 감사 결과

분야	기관명	감사원 지적사항
법령제도 개선소홀	금융위원회	금융지주회사 및 자회사간 개인정보 제공하도록 관련법상 허점 노출, 과도한 개인정보 수집관행 인지해 개선안 마련하고도 후속조치 소홀 △사고발생
검사부실	금융감독원	개인정보보호의 적정성을 중점 검사사항으로 규정하고도 종합검사 때 검사 미실시 혹은 태만 △사고예방 실패
감독부실	금융위, 금감원	금융회사 영업양도·분할·합병 인·허가시 개인정보제공 승인 받아야 하는 규정 미 안내, 승인 미신청 회사에 대한 지도감독 불이행 △개인정보 오·남용 초래

조치사항
- 금융위원장에 법·제도 개선·정비지연, 개선방안 후속조치 소홀히 하는 없도록 주의 요구
- 금융감독원장에 검사 태만히 한 직원 2명 문책, 9명 주의요구

자료: 감사원
출처 : 조현일, 세계일보, "카드사 정보 유출 금융당국 부실감독 탓", 2014. 7.29
* 감사원은 2014년초 경실련 등 시민단체가 카드3사의 개인정보 대량유출 사건에 대해 금융당국의 부실한 관리·감독을 규명해 달라고 청구한 공익감사 결과를 2014. 7.28 발표한 내용이다.

금융위원회의 법·제도개선을 소홀히 하였으며, 검사(금융감독원)도 감독(금감위, 금감원)도 소홀히 한 결과 나타나 충격을 주었다. 이는 시

장기능에 포위되어 공공성이 취약한 단면을 보여주기에 충분했다. 금융당국의 이러한 행태는 오랫동안 지속되어 왔으나 이를 방치한 결과로 볼 수 있음을 드러낸 것이다. 이러한 행태가 재발하지 않도록 제도적 노력이 강구되어야 할 것이다. 한 사회의 공동체 의식 수준은 공공성을 나타내는 바로미터 역할을 하기 때문에 상호 밀접한 관계가 있음은 두말할 나위도 없다. 공동체의식 수준을 향상시키기 위해서는 다음 몇 가지 사항은 이루어져야 한다. 첫째, 신뢰사회를 구축해야 한다는 점이다. 신뢰는 상대적인 논리 개념이다. 물론 개인이 사회의 공동체가치를 위해 헌신하는 것도 중요하다. 그러나 무엇보다도 신뢰를 구축하기 위한 사회적 자본의 축적을 위해서는 개인 및 조직, 공공에 대한 신뢰가 무엇보다도 중요하다. 왜냐하면 개인들이 성숙한 사회일수록 사회 법·제도에 대한 신뢰가 형성되고 이를 이행하도록 하는 시민사회단체에서도 건강한 사회적 공동체문화의 기반을 만들어주기 때문이다. 성숙한 사회는 신뢰가 축적되어 있기 때문에 사회적 비용이 적게 지불되는 추세를 보이고 있는 것이 통설이다. 아울러 국가 또한 이와 크게 다르지 않다. 성숙한 개인 및 조직들이 바탕이 된 국가는 사회공동체 수준이 높다는 것을 알 수 있으며, 이러한 형태의 국가들 일수록 개인에 대한 신뢰보다도 법·제도에 대한 신뢰가 높다는 사실을 발견할 수 있다. 즉 인치(人治)보다도 법치(法治)가 완성된 국가일수록 사회공동체 의식 수준이 높다는 것은 스위스, 스웨덴, 노르웨이, 덴마크 등 북유럽 국가들이 투명성 지수가 높은 것에서도 알 수 있다. 이들 국가의 공통점은 법·제도 못지않게 개인이나 조직에 대한 신뢰도 높게 나타난다는 점이다. 이를 한국 사회에 적용해보면 아직도 공동체의식 수준이 그리 높게 형성되어 있지 않다는 것이다. 이는 여러 가지로 해석해 볼 수 있지만 개인에 대한 신뢰가 형성되어 있지 못한 측면이 강하고 또한 법·제도에 대한 신뢰도 그리 높지 않은 편이다. 이는 한국 사회가 짧은 기간에 이룩한 경제성장의 진통이 아닐 수 없다. 한국 사회는 유달리 혈연, 지연, 학연이 강한 사회다. 이로 인해 긍정적 측면보다는 부정적 측면이 강한 것이 사실이다. 왜냐하면 혈연·지연·학연으로 부정부패, 측근인사(또한 회전문인사), 정실주의, 학맥중시, 지역주의 등으로 사실을 왜곡하는 경우가 종종 있어왔기 때문이다. 이러한 현상은 공동체의식을 떨어뜨리는 요인으로 작용하고 있다는 점이다. 둘째, 전통적으로 한국 사회는 공동체의식의 뿌리가 강했다. 이를 복원하는 과정이 절실해졌고 더욱 중요한 과제가 아닐 수 없다. 한국은 단기간에 산업화 과정을 거치면서 '한강의 기적'을 이루면서 전통적인 '공동체 의식'의 표본이라고 할 수 있는 새마을 정신이 경쟁적 교육의 결과로 변질되어 한국 사회 고유의 공동체 정신인 '두레', '향약', '품앗이' 등이 사라져버렸다. 이를 보완 발전시켜 현대적 의미의 공동체의식을 회복하는 과정이 세월호 참사를 계기로 더욱 중요해졌다. '공동체 의식'은 지역의 발전을 꾀하는데 결정적으로 중요한 공공재(public goods)이다. 여기서 현대적 의미의 공동체는 지역주민의 '삶의 질'을 향상시킬 수 있는 자발적 참여와 인식의 전환이 절실하다는 점이다. 현대적 공동체는 지역 및 국가 사회 발전과 함께 해야 한다는 점이다. 현재 공동체의 기본적인 조직체인 '주민자치위원회'는 과거 '새마을 운동'과는 전혀 다른 길을 걸었다는 점이다. '주민자치위원회'가 주민들의 자발적인 참여와 결정을 할 수 있는 실질적인 자치조직을 공동체수준으로 발전시켜야 할 것이다. 특히, 지역단위에서 추진하고 있는 정보화마을로 특화하여 나가는 것은 바람직한 방향이다. 이는 지역주민의 생활을 안정적으로 가져가는데 있어서 중요한 작업이 아닐 수 없다. 이러한 지역단위 공동체가 발전할 수 있도록 주민의 입장에서 주민들이 잘할 수 있는 방향에서 검토되어야 한다. 이러한 지역공동체가 발전하면 개인에 대한 신뢰와 사회 법·제도에 대한 신뢰가 회복할 수 있다. 국가와 정부는 이를 적극 지원하는 일에 나서야 할 것이다. 이들을 연계해줄 수 있는 새로운 가치를 만들어내는 것이 중요하다. 새로운 가치(a new value)를 만들어 내는 것은 지역주민의 인식과 법·제도가 이들을 상호 보완해줄 수 있어야 한다. 정보통신 기술의 발전으로 지리적 경계나 의사소통은 보다 활발하게 소통할 수 있는 길을 가능케 하였다. 특히, 최근에 인터넷이 발전하고 지역 단위의 소규모로 농어민이 중심이 되어 출범시킨 영농조합은 지역주민의 '삶의 질(quality of life)'을 끌어올릴 수 있을 뿐만 아니라 도시지역 주민들과 커뮤니케이션(communication)을 가능케 해 새로운 가치를 창출하는데 도움이 되는 것은 올바른 방향임에 틀림없다. 공동체와 사회자본 관련 대국민 인식조사에 따르면 우리 국민 10명 중 7명(68.4%)은 한국 사회의 공동체 의식 수준을 낮게 인식했다. 공동체를 위해 자발적으로 휴지를 줍겠다는 응답은 44.6% 절반이 되지 않았다. 한편 연령이 높을수록 '공동체 의식(sense of community)' 수준이 낮다는 응답이 많았다. 중요한 것은 공동체의식 약화의 가장 큰 요인은 물질만능주의(35.2%), 이어 개인주의(24.3%), 지나친 강요(20.6%), 혈연·지연·학연(11.1%), 진솔한 대화 등 대면관계 부족(5.7%), 그리고 세대간 갈등(3.1%) 순이었다.13)

---

13) 황해찬·황혜진, "한국 사회 공동체의식 수준 낮다," 헤럴드경제, 2014.7.30.

〈표 6-5〉 공동체의 해체 요인

개인주의	경쟁강요	물질만능주의	혈연·지연·학연	대면관계부족	세대간 갈등
24.3%	20.6%	35.2%	11.1%	5.7%	3.1%

자료: 헤럴드경제·현대경제연구원이 2014. 7.30 실시한 대국민 인식조사 내용
출처: 황해찬·황혜진, 헤럴드경제, "한국 사회 공동체의식 수준 낮다," 2014. 7.30

셋째, 공동체 의식 수준을 높이는 것은 정부가 직접 나서서 하는 역할에는 한계가 있다. 그러나 시민사회를 중심으로 정부 및 기업의 부실과 횡포를 막아내는 것이 보편적 추세이다. 1980년대 이후 한국 사회의 시민사회단체는 공동체의식을 위해 많은 노력을 해 왔으나 군사정권 아래서 많은 핍박을 받고 오늘에 이르렀다. 시민사회의 성숙은 그 사회의 시민의식의 척도를 나타내는 바로미터이기 때문이다. 시민사회가 구성되는 것은 시민의 민주주의 성숙도, 시민의식, 부정부패 만연, 불평등한 사회구조, 기업의 횡포, 대규모 사고, 사회지도층 인사의 비리, 국가예산의 낭비, 납세의무의 위반,[14] 불특정 다수를 향한 무차별적 업무행태 등을 고발하고 바로잡기 위한 수단으로 시민단체의 공익감사 청구는 건강한 사회를 지향하기 위한 고육지책이 아닐 수 없다. 한국 사회의 시민단체는 국가가 처한 상황과 무관하지 않을 수 없다. 남북분단이라는 특수한 상황이 시민사회단체의 성격을 구분 짓는 중요한 척도의 하나가 되었다. 즉 보수집단(단체, 그룹)과 진보집단(단체, 그룹)이 그것이다. 또한 최근에는 집단 지성의 움직임이 민감한 사회문제에 대해 목소리를 내기 시작했다. 2013년 말 한국 사회를 요란하게 했던 금융권의 개인정보 유출 사태는 감사원 감사결과 금융당국의 '업

---

[14] 성숙한 시민사회는 개인의 납세의무뿐만 아니라 기업의 부당이익, 정부기관의 예산낭비에 대해서 국민소송제를 통하여 예산낭비를 막고 환수하는 제도가 이용되고 있다. 미국과 같은 선진국에서 국민소송제가 활용되고 있다.

무태만'이라고 감사결과 드러났다. 이 역시 시민사회단체의 공익감사청구 결과에 의해 감사가 시작되었다는 점이다.

한국 사회의 시민사회단체가 보다 발전지향적으로 진전되기 위해서는 이념의 논쟁에서 벗어나 공정한 사회의 새로운 가치관 형성에 기여하고 시민들이 자발적으로 참여할 수 있는 채널을 열어두어야 한다. 그리고 시민사회단체가 국가발전의 한 축을 담당할 수 있도록 부정부패 척결, 시민감시단의 구성·운영 등 국가·사회발전에 기여하는 '4.0 시민운동'을 새롭게 전개해나가야 한다. 시민운동의 중심에는 시민이 중심이 되는 구조를 갖추어야 한다. 또한 입법청원을 통하여 특별법을 청구할 수 있어야 한다. 2000년 10월 하남민주연대, 시민행동, 참여연대 등 3개의 시민단체가 주도하여 하남시장을 상대로 한 납세자소송은 재정 민주주의 시각에서 매우 특별한 것이었다.15) 입법청원권, 공익감사청구권, 주민소환제, 국민소송제 등이 보다 활성화되고 정부권력(지방자치단체 포함)을 견제할 수 있어야 한다. 세월호 참사를 통해서 시민사회단체의 역할이 또다시 주목을 받고 있다. 진상규명과 책임자 처벌, 재발방지라는 곳에 초점을 두기 위해서는 진상규명위원회에 조사권을 주어야 한다. 진상규명위원회는 시민사회단체가 주도가 되어 희생자 가족, 이들이 추천한 해양 및 재난 전문가, 부패·규제·안전, 이들이 추천

---

15) 하남납세자 소송은 1999년 하남 국제 환경박람회로 인해 발생한 186억 원의 예산 낭비 사례를 지적하며 잘못 집행한 예산을 강제로 환수해야 한다는 행정소송이었다. 67개 시민단체는 납세자소송을 제기하고 2개월 뒤 납세자소송특별법안 제정을 국회에 청원하였다. 이 법안은 이주영 한나라당 의원이 대표 발의하는 성과로 이어졌다. 국민소송제도는 국가와 지방자치단체, 공공기관 등의 모든 행정 행위에 대한 외부 감시와 통제장치가 될 수 있는 데다 공익제보를 활성화하는 효과가 있다. 이는 국민이 예산집행을 직접 평가하고 문제제기를 한다는 점에서 민주주의에 부합하고 예산절감 효과도 기대할 수 있다. 국가재정법 제100조는 예산불법지출에 대한 국민 감시를 선언적으로 규정하고 있다. 강국진·홍인기 "대한민국 혁신리포트: 관료에서 시민으로 - 국민소송제 도입을," 서울신문 창간 110주년 특별기획.

한 변호사, 정당인, 국회의원, 수사관 등 다양한 구성원들이 진상규명위원회에 참여하여 이 문제를 꼼꼼하게 되새겨보고, 실질적 권한을 갖는 위원회가 구성되어야 하는 것이 일차적 목표이다. 한국 사회 여론의 한 축을 담당하는 시민사회단체의 적극적인 활동이 진상규명, 재발방지대책, 책임자 처벌이라는 대원칙에서 출발하였으나 진영간 갈등으로 많은 상처를 받았다. 왜냐하면 이것이 이루어지지 않으면 제2의 세월호 참사가 재발되지 않는다고 보장할 수 없기 때문이다.16) 한국 시민사회단체의 선두주자격인 참여연대가 세월호 참사의 진상규명과 엄정한 책임촉구를 위한 공익감사를 청구한(2014. 5.14) 것은 매우 적절한 조치라고 평가할 수 있다.

라. 방기 VS 연루

세월호 참사에서 나타난 구조적 문제는 무엇이었을까? 이러한 구조적 문제를 알고 있었으면서도 방기한 책임은 누구에게 있는 것일까? 여기서 방기(放棄)는 사전적 의미로 '내버리고 돌보지 아니함'이다. 그리고 연루(連累)는 '남이 저지른 범죄에 연관됨'을 의미한다. 세월호 참사에서 나타난 구조적 문제는 다음과 같이 정리할 수 있을 것이다. 이를 지혜롭게 극복하지 않고서는 제2의 세월호 문제가 재발하지 않는다고 누가 장담할 수 있겠는가? 근본적으로 세월호 문제는 '관피아'라는 퇴직관료 집단이 형식적인 점검과 부실한 확인으로 인해 나타나는 구조적 문제와 구조임무를 수행하는 해양경찰의 초동대처가 미흡하고, 기

---

16) 2022.10.29. 이태원 참사는 총체적으로 컨트롤타워의 대응 미흡, 경찰의 초기 부실대응, 지방자치단체의 소극적 대응, 일사분란한 지휘통제시스템의 문제점 등 여러 면에서 세월호 참사와 매우 유사한 특징을 보여주고 있다는 점에서 국민들의 공분을 싸고 있다. 재난대응의 컨트롤타워는 어디인가? 10.29. 이태원 참사 당시에도 국가는 어디에도 없었다.

업윤리의 사회적 책임을 망각하면서 인간의 탐욕이 빚어낸 대참사라는 점에 많은 국민들이 공감을 표하고 있다는 점에 주목할 필요가 있다. 이러한 근원적인 문제를 해결하지 않으면 크고 작은 제2의 세월호 참사는 시기상의 문제일 뿐 일어날 개연성을 배제할 수 없다. 세월호 참사를 계기로 국민 모두 불의에 대항하는 자세를 가져야 할 것이다. 구조적 문제는 세월호 참사를 발생케 한 근원적인 문제와 직간접적인 관련성이 있음을 확인할 수 있다. 세월호 참사의 구조적 문제점으로는 정부의 재난·안전대응시스템, '관피아'의 지속적인 민관유착, 선박 안전관리체계의 구멍, 공동체의식의 상실, 공직자의 근무행태와 임용방식의 개선, 과거의 재난사례 교훈 망각 등을 들 수 있다. 공동체의식의 상실은 신뢰사회와 공공성의 실종에서 비롯된 만큼 이를 실현하기 위해서는 법과 도덕, 사회 공중윤리와 도덕을 준수해야 한다. 한국대학신문이 창간 26주년을 맞아 실시해 발표한 전국 대학생 의식조사 결과에 따르면 응답자의 26.7%가 한국 사회에서 가장 시급한 과제로 부정부패 척결이라고 답했다. 이어 빈부격차 해소(25.2%), 정치적 안정(18.4%), 경제적 성장(9.1%), 교육제도 개혁(8.7%) 순이었다. 이외에도 '세월호 참사수습과 재발방지를 위한 적절한 조치가 이뤄졌다고 보느냐'는 질문에 응답자의 76.6%가 '그렇지 않다'고 답했고, '그렇다'는 4.8%에 불과했다. 11%는 '보통이다', 7.6%는 '잘 모르겠다.'고 답했다.[17]

---

17) 전호정, 新亞日報, "대학생 85.3% 가장 불신하는 집단 정치인," 2014.10.14. 이번 조사는 2014년 8~9월 전국 2~4년제 대학 재학생 1,906명을 대상으로 온·오프라인을 통해 이뤄졌으며 95% 신뢰수준에 표본오차±2.2%포인트이다.

⟨표 6-6⟩ 세월호 참사의 구조적 문제

정부의 재난·안전 대응시스템	• 중앙재난안전대책본부의 컨트롤타워 기능 미숙 • 중대본-지대본-중수본-중구본의 긴밀한 협업체제 가동 미숙* • 재난현장의 지휘체계 일원화(통신지휘무선통신망 구축)
관피아의 지속적인 민관유착	• 관피아의 민관유착으로 부실검사 및 감독업무 지속 • 관피아 역량 제한, 부패 연루의 구조적 문제 발생 • 관피아 양산 척결 의지 미흡
선박 안전관리 체계의 구멍	• 노후 선박 수입 및 증개축의 적정성 여부 • 선박검사의 부실 및 유착논란 • 화물적재 및 고박의 부적정과 선박 평형수 문제 • 선박 탈출 장비(구명장비)의 부실 문제, 비상벨 설치위치 재검토
공동체의식의 상실	• 공공성 약화, 공동체의식 수준 저하 • 사회자본(social capital)과 신뢰 수준의 저하 • 법질서 준수 능력의 약화(부정부패, 정실주의)
공직자의 근무행태 부실	• 공직윤리 약화, 책임감 약화 • 타성에 젖은 근무행태 지속, 보고 문화, 형식 중시
과거의 재난사례 교훈 망각	• 과거 재난사례에 대한 진상규명, 책임자 처벌, 재발방지대책 미강구 • 서해훼리호(1993), 성수대교 붕괴(1994), 삼풍백화점(1995).
기타	• 공직임용 제도의 개선(수시 선발체제로 전환)* • 공직내 경쟁관계 도입(고시, 비고시 포함), 균형있는 인사

* 통상적으로 부를때는 중대본(중앙재난안전대책본부), 지대본(지역재난안전대책본부), 중수본(중앙사고수습본부), 중구본(중앙구조본부).
* 미국의 경우 공직임용시 기수로 선발하지 않고 수시로 필요한 경우 임용하여 기수문화는 사라짐, 배타적 네트워크, 그들만의 리그도 사라지는 효과를 거둘 수 있으나 한국의 경우 고시(행시)제도는 한 번의 시험으로 고위공직을 퇴직하고 나면 공공기관 또는 민간기관의 고위직으로 나가게 되어 전·현직 관계가 형성되어 자연스럽게 유착관계가 형성되는 전철을 밟고 있다. 공직 내 경쟁관계를 형성하지 않고(고시 우선위주) 주요보직을 독차지하는 기현상이 초래되어 공직 내 화학적 결합이 사실상 어려움에 직면하게 되어 직원간 소통이 불통으로 전환됨. 이러한 현상을 장·차관들은 아는지 모르는지 지나치기만 하고 있음. 자신의 고시 후배이니까. 2014년 어느 중앙부처의 경우 비고시(7,9급/지역인재 포함)의 경우는 과장(4급)도 하지 못하는 경우가 비일비재함. 최근 대학총장 추천제나 지역인재채용 등에서도 우수한 인재가 공직으로 유입되고 있어 장기적으로 고시제도를 전면적으로 손질해야 할 필요가 있다.

'관피아'가 제 위치에서 직분에 맞는 소임을 다할 때 주민과 국민의 신뢰를 받을 수 있다는 점을 세월호가 일깨워주고 있다. 그러나 한국적 현실에서 공직문화는 '기수문화', '그들만의 리그', '배타적 네트워크'로

똘똘 뭉친 그들은 유혹으로부터 벗어나기가 쉽지 않다는 점이다. 세월호 참사 이후에 이러한 구조적 문제나 적폐를 방기하거나 해소하지 않는 한 대한민국의 미래는 세월호와 함께 묻혀 버릴 가능성을 배제할 수 없다는 점을 기억할 필요가 있다. 산업화 이후 한국 사회의 전반적인 악습 등 부패척결, 사회 안전시스템 혁신, 공직개혁 등 근원적인 비리를 차단하는 법과 제도를 과감하게 정비하지 않고서는 공염불에 거칠 공산도 배제할 수 없다.18) 따라서 '국가대개조 범국민위원회'가 적극적인 활동을 할 수 있도록 정부뿐만 아니라 국민 모두가 국가발전의 밑그림을 그린다는 생각으로 도와주어야 할 것이다. 그리고 국가 시스템을 개혁해야 한다는 국민적 공감대가 이미 형성돼 있다. 세월호 참사를 지켜보면서 우리 국민들은 어떤 식으로든지 대한민국이 혁신하고 새롭게 태어나야 한다는 사실을 간절히 바라고 있다.19) '국가대개조'는 특정계층이나 소수의 사람들이 추진하는 것이 아니라 민간 전문가, 정부, 학계, 정치권, 국민 모두가 폭넓게 참여해서 다양한 해법을 제시하고 충분한 검토를 진행시켜야 할 것이다. 우선 건전한 국민 제안을 받아들여 검토하는 일부터 시작해야 할 것이다. 한편 국회에서는 세월호 참사의 문제점을 다음과 같이 지적했다.

〈표 6-7〉 국회에서 제기한 세월호 참사 문제점

정부의 재난 안전대응시스템	• 중앙재난안전대책본부의 재난대응 컨트롤타워 역할 미흡 • 사고수습 및 재난현장 지휘체계의 실효성 문제 • 해양경찰청의 초기대응 및 구조업무 부실 문제 • 피해자 및 피해자 가족 지원과 재난발생지역 경제적 피해지원

---

18) 한국사회의 변화와 혁신과 관련해서는 제14장 한국의 국가 대혁신, 제15장 국가 대혁신의 전략적 이론, 제16장 촛불 시민정부의 혁신전략, 제17장 에필로그 참조.
19) 국가 대개조에 대통령은 '국가 개조는 국가의 명운이 달린 문제로 국민들과 정치권 모두가 함께 힘을 모아 나아가 한다'고 강조한 적이 있다.

연안해운업 안전관리체계	• 선박 운항관리 체계의 취약성 • 해상교통관제시스템(VTS)관련: 관제 및 구조교신체계 • 승선관리 및 입출항 보고체계 개선
선장 등 선박 직원의 직무수행과 근무여건	• 선장 등 선박직원의 승객구호의무 위반 • 선박직원의 자격 및 근무여건 부실 • 비상시 대비 교육훈련 미흡
선박안전관리	• 노후 선박 수입 및 증개축의 적정성 여부 • 선박검사의 부실 및 유착논란 • 화물적재 및 고박의 부적정과 선박평형수 문제 • 선박 탈출 장비(구명장비)의 부실문제
연안해운업 생태계	• 열악한 해운업 환경 • 항로 독점체계의 개선방안(연안여객운송사업 면허 관련) • 연안여객운송사업 공공성 강화 및 공영제 도입

자료: 국회사무처와 국회입법조사처의 세월호 침몰사고 대응 TF
출처; 박준규, 내일신문, "세월호 참사 '3대 후속대책' 난항 예고," 2014. 6.3

제 7 장

과거의 대형 재난사례

By failing to prepare, you are preparing to fail.
준비에 실패하는 것은 실패를 준비하는 것이다.

- 벤자민 프랭클린(Benjamin Franklin)

제7장 과거의 대형 재난사례

제1절 대형 재난사례 발생

한국의 1990년대 이전 대규모 재난사고는 경제적 비용(economic cost)을 줄이기 위해 안전을 도외시한 측면이 크다는 점은 곰곰이 되새겨볼 필요가 충분히 있다. 기업의 부담을 줄이기 위해 장비의 내구연한(耐久年限)을 최대한 연장하여 재활용하는 등 안전과 맞바꾸는 행태가 당시 사회에 곳곳에 만연해 있었다. 따라서 안전에 대해서는 정부나 기업, 공공기관, 산업현장에서도 그렇게 강조하지 않는 분위기가 공공연하게 이루어지고 있었다. 그렇게 반복되는 일상에서 기업체의 산업안전보건이나 건설현장에서의 안전은 뒷전으로 밀릴 수밖에 없었다. 정부가 국민 안전에 관해 관심을 가지기 시작한 것은 1994년 10월 성수대교 붕괴, 1995년 6월 삼풍백화점 붕괴, 1995년 6월 대구지하철 가스 폭발사고, 2014년 4월 세월호 참사를 계기로 국민안전이 중대한 국면 전환을 맞게 되는 직접적인 계기가 되었다. 정부가 재난(사회재난, 인적재난 등)을 본격적으로 관리하기 시작한 것은 2004년 노무현정부가 재난관리를 전담하는 조직을 만들면서 재난을 국가위기(National crisis)

의 한 분야로 인식하기 시작하면서 본 궤도에 오르기 시작했다. 본 장에서는 주로 2000년대 이전 한국 사회에 안전 불감증을 초래한 주요 사고를 복기하여 교훈을 되새겨보고자 한다. 그간 한국 사회의 고질적인 문제(chronic problem)는 대형사고가 발생할 때마다 제대로 된 교훈을 도출하지 못하고 빨리 덮어버리려는 그릇된 생각에 함몰되어 왔다. 이는 정부 차원에서 재발방지 대책보다는 우선적으로 사고를 덮고보자는 식이었다. 이러한 현상이 관행처럼 굳어져 버린 경향도 있다. 이는 심각한 문제가 아닐 수 없다. 이러한 그릇된 사고에 경도되어 정권안정 및 유지에 부정적인 영향을 미친다는 관념에 사로잡혀 대형 사고를 빨리 정리하고 덮으려는 정부지도자들의 지극히 잘못된 인식(false perception)이 오늘날 대형 사고를 초래하는 한 원인으로 지목되고 있다는 점에 주목할 필요가 있다. 이는 2014년 4월에 발생한 세월호 참사에서도 예외는 아니라고 여겨진다. 세월호 참사는 지나쳐 온 대형 사고를 되돌아보고 교훈을 도출하지 못한 가혹한 시련을 한국 사회에 던지고 있다. 따라서 세월호 참사에 대한 진상규명과 책임자처벌, 재발방지 대책을 강구하는 것은 우리 모두에게 주어진 시대적 소명이다. 이에 대한 안이하고 미온적 처리는 제2의 세월호 참사[1]와 같은 대형 사고를 초래한다는 점에 주목해야 할 것이다. 이제는 시민사회단체가 나서서 정부의 정책에 비판을 하는 것이 과거와는 조금 다른 방향으로 전개되고 있는 점은 고무적인 일이 아닐 수 없다. 정부와 일부 여당지지 세력은 대형 사고를 빨리 청산하려하고 야당과 시민사회단체는 진

---

[1] 2022년 10월 29일 이태원 참사는 지휘통제통신의 문제, 사전 인지 후 경찰대응 미흡, 지방자치단체의 안이한 대응, 컨트롤타워의 부재, 2차 가해 발생, 정부의 대응 미흡, 경찰 특수본의 진상규명 미흡(꼬리자르기 수사의 한계), 유가족에 대한 정부의 조치 부실 등 세월호 참사와 유사점이 많아 판박이 사건으로 우리사회에 심각한 후유증을 가져다 줄 것이다.

상규명을 통한 재발방지 대책과 책임자처벌을 통해 정국의 주도권잡기와 안정화(stabilizing, 安定化)를 꾀하고 있는 현상이 전개되고 있는 것이 일반적인 추세(general trend)이다. 그러나 일부 야당에서는 이러한 대형 사고를 정략적으로 이용한다는 비판을 받고 있으며, 이를 선거에 악용하려는 경향마저 보이고 있는 것은 본질을 떠나 한국 정치의 후진성을 여실히 보여주고 있다는 점에 국민들은 불안해하고 있는 것이다.

1970년대 이후 최근까지(1970~2014) 40년 이상의 기간 동안 한국사회를 혼란스럽게 했던 사망자(10명이상) 사고사례는 지금까지 총 244건으로 분석되고 있다. 재난유형별 주요사고사례의 발생횟수는 자연재난과 육상교통사고, 대형화재 순으로 나타나고 있다. 사고사례의 비중은 자연재난(141건, 57.5%), 육상교통사고(32건, 13.0%), 대형화재(32건, 13.0%), 붕괴·폭발사고(20건, 8.1%), 해상사고(13건, 5.3%), 항공기사고(7건, 2.8%)순이다.

특히 자연재난(natural disaster)의 경우 기상예보에 의거 예측가능(predictable)하고, 국민을 대상으로 사전 예보를 할 수 있다는 점에서 조정·통제가 용이하나, 사회재난(social disaster)의 경우는 사고 징후가 나타나고 있음에도 안전 불감증, 안전의식 결여, 무관심(indifference), 무지(ignorance) 등으로 그 징후를 발견하지 못함으로써 대형참사를 초래한다는 점에서 대형사고로 연결된다는 점이다. 이러한 사고는 발생빈도는 낮게 나타나고 있으나 오히려 인명사고는 크다는 점이다. 한편 1960년대 이후 주요 해상사고2)는 15건으로 수많은 사상자가 발생했다. 이러한 해상사고의 원인은 안전규정(safety regulation)이나

---

2) 사망사고 10명 이상을 기준으로 산출하였음.

안전수칙을 무시하고, 화물과적 같은 안전 불감증이 빚어낸 인재(人災)라는 점이다. 2014년 4월 16일에 일어난 세월호 참사는 화물과적, 무리한 증개축, 고박(화물 고정 장치)부실, 급격한 변침 조작3)(1차 급변침:당일 08:49:13초 직전; 2차 급변침:당일 08:50분), 안전규정 및 안전수칙 미이행, 평형수 부족4) 및 복원력 상실 등이 직접적인 원인으로 밝혀졌다.

〈표 7-1〉 1960년 이후 주요 해상사고

1960년대	1970년대	1980년대	1990년대	2000년대	2010년대
2건	5건	2건	3건	1건	2건
'67.1.14 부산 한일호 침몰	'70.12.15 남영호 침몰	'85.7.29 유도선 사고	'93.10.10 서해 페리호 침몰	'04.2.6 부안 두리호 침몰	'14.4.16 세월호 침몰
사망 100명	사망 326명	사망 18명	사망 294명	사망18명	사망 299명, 실종 5명

〈표 7-2〉 1990년 이후 대형사고* 사망자 20명 이상 기준

구 분	사고내용	사상자(사망, 실종, 부상)
1990.09.10	경기, 여주 섬강교 버스추락	25, 4, 0
1990.11.04	강원, 소양호 버스추락	21, 0, 21
1993.01.07	청주, 우암상가아파트 붕괴	27, 0, 48

3) 하어영·김규남, 한겨레, "세월호 참사 6개월-잊지 않겠습니다.", 2014.10.15.
4) 평형수는 운항 중 선박의 흔들림에도 무게중심을 유지하기 위해 선박 하층부에 적재하는 물을 의미함. 세월호 침몰사고시 평형수를 부족하게 채운 것으로 판단하였으나 어느 정도 부족한 것인지에 대해서는 여러 설이 있다. 검찰수사 결과 발표 자료에서는 평형수와 연료 등의 적재량이 최저1308t~최고1437t로 발표하였으나, 세월호 침몰사고 수사 설명 자료에서는 선체복원에 필요한 평형수 등을 1375.8t을 감축적재 했다고 발표했다. 그리고 2014년 5월에 선장 및 선원을 기소한 공소장을 보면 "평형수 804.6t, 연료 362.52t등 모두 1308.02t을 대폭 감축했다"고 적시했다. 2014년 7월 국정조사 때에는 1437.02t을 감축했다고 적시돼 있다. 하어영·김규남, 한겨레, "세월호 참사 6개월-잊지 않겠습니다.", 2014.10.15.

1993.03.28	부산, 구포역 열차 전복	78, 0, 198,
1993.10.10	전북, 서해훼리호 침몰	292, 0, 0
1994.10.21	서울, 성수대교 붕괴	32, 0, 17
1995.04.28	대구, 상인동 가스폭발	101, 0, 202
1995.06.29	서울, 삼풍백화점 붕괴	502, 6, 937
1995.08.21	경기, 여자기술학원 화재	37, 0, 16
1997.08.06	괌, 대한항공 801편 추락	228, 0, 0
1998.10.29	부산, 범창콜드프라자 화재	27, 0, 16
1999.06.30	경기화성, 씨랜드 청소년수련원 화재	23, 0, 5
1999.10.30	인천, 인현동 호프집화재	52, 0, 71

* 사고 건수는 10명 이상의 사망자를 기준으로 산출

〈표 7-3〉 2000년 이후 대형사고* 사망자 10명 이상 기준

구 분	사고내용	사상자(사망, 실종, 부상)
2000.10.27	전북, 88올림픽고속도로 추돌	20, 0, 7
2002.04.15	경남 김해, 중국민항기 추락	128, 0, 39
2003.02.18	대구, 지하철 화재	192, 21, 151
2008.01.07	경기 이천, 냉동창고 화재	40, 0, 9
2014.02.17	경주, 마우나 오션리조트 체육관 붕괴	10, 0, 124
2014.04.16	전남 진도, 세월호 참사	299, 5, (생172)
2014.05.28	전남 장성, 요양병원화재	21, 0, 8
2017.12.21	충북 제천, 복합건물 화재	29, 0, 40
2018 01.26	경남 밀양, 세종병원화재	사39, 중9,경142
2019.05.29 (2019.5.30.)	헝가리 유람선 침몰사고*	한국인 사25, 실1
2019.04.29	이천 물류창고 화재사고	38, 0, 10
2022.10.29	서울 용산 이태원 참사	158, 0, 197

* 사고일시(2019.5.29., 21:00: 현시시간, 2019.5.30., 04:00: 한국시간)

한국은 1990년대 이후 자연재난이 아닌 사회재난(인적재난 포함)으로 추락사고, 붕괴사고, 폭발사고, 전복사고, 화재사고 등이 빈번하게 발생했다. 수많은 인명사고는 전형적 후진적 사고로서 안전진단(safety diagnosis)의 필요성이 강하게 제기되고 있다는 반증이다. 2009년 1월의 용산참사는 서울시의 용산 재개발 보상대책에 반발하던 철거민과 경찰이 대치하던 중 화재로 사상자가 발생한 사건을 말한다.5)

제2절 대형 사고의 주요 특징 및 유형

1. 대형사고의 선정

한국에서 최근 40년간(1970~2018) 사망자 10인 이상 사고사례를 주요 분석 대상으로 한 분석결과에서 재난유형별 발생 횟수는 자연재난, 육상교통사고의 순으로 나타났으며, 자연재난(159건, 57.6%), 육상교통(42건, 15.2%), 대형화재(33건, 12%), 붕괴·폭발 등(19건, 0.7%), 해상사고(15건, 0.5%), 항공기사고(8건, 0.3%) 순이나, 2017년 최근에는 화재로 인한 인명사고가 빈번하게 발생하여 한국 사회의 급성장에 따른 사회구조적인 인식부재의 문제를 내포하고 있어 심각성이 상당한 수준에 이르고 있음은 부인할 수 없는 사실이다. 태풍·홍수, 수해 등

---

5) 용산 4구역 재개발의 보상대책에 반발해 온 철거민과 전국철거민연합회 회원 등 30여 명이 적정보상비를 요구하며 2009년 1월 20일 새벽 용산구 한강로 2가에 위치한 남일당 건물을 점거하고 경찰과 대치하던 중 화재가 발생해 6명이 사망(6명), 부상자(24명)이 발생한 참사이다. 참사직후 진행된 검찰수사와 법원의 판단은 철거민의 화염병 투척을 참사의 원인으로 결론지었다. 검찰은 사건 발생 3주 만에 철거민의 화염병 사용이 화재의 원인이었으며, 경찰의 점검농성 해산작전은 정당한 공무집행에 해당한다는 수사결과를 발표해, 철거민 대책위원장과 등과 용역업체 직원 7명을 기소했다.

자연재난은 광역적이고 어느 정도 예측가능하나, 화학사고, 환경사고 등 사회재난 및 특수사고는 국지적이고 예측 불가한 경우가 많이 발생하고 있으며 특히, 항공기 및 해상사고는 발생빈도가 낮으나 일단 한번 발생하면 인명피해가 심각한 사태로 진행될 수 있다는 사실이 증명되었다.

〈표 7-4〉 재난유형별 시기별 주요 대형사고 발생회수(246건)

(단위: 건)

시기	자연재난	대형화재	육상교통사고	해상사고	항공기사고	붕괴·폭발
'70년대	49	7	20	5	0	7
'80년대	57	6	5	2	4	4
'90년대	21	10	3	3	2	6
'00년대	12	7	4	1	1	1
'10년대	2	2	0	2	0	0
합계	141	32	32	14	7	22
주요 사례	태풍 루사 '02.8.30~9.1 (사망 246)	대구 지하철 방화사고 '03.2.18 (사망 192)	서해대교 29중 충돌사고 '06.10.3 (사망 11)	서해 훼리호 침몰 사고 '93.10.10 (사망 294)	김해 중국 민항기 추락 '02.4.15 (사망 129)	삼풍백화점 붕괴사고 '95.6.29 (사망 507)

* 건수는 사망사고 10명 이상을 기준으로 산출하였음.
* 2014년의 주요사건으로 마우나 오션리조트사고, 세월호 참사, 장성요양원사고, 판교 환풍구사고 등을 2010년대에 반영하였음
* 2017년 제천 복합건물 화재사고, 2018년 밀양 세종병원 화재사고는 사고사례를 최근의 주요 사고로 선정 사례분석을 통해 재발방지대책을 강구하는 것이 매우 중요해졌다.
* 재난유형별 주요사고는 자연재난은 태풍 셀마(THELMA, 1987.7.16.~7.16, 사망·실종345명);글래디스(GLADYS, 1991.8.22.~8.26, 사망·실종103명); 루사(RUSA, 2002.8.30.~9.1, 사망246명); 매미(MAEMI, 2003.9.12.~9.13, 사망·실종131명); 대형화재(대구지하철방화사고, 2013. 2.18, 사망192명, 부상148명); 육상교통사고(서해대교29중 충돌사고: 2006.10.3: 사망11명; 인천송도인천대교 버스추락사고: 2010.7.3., 사망13명, 부상11명); 해상사고(서해훼리호 침몰사고: 1993.10.10., 사망294명); 항공기사고(김해중국민항기 추락사고: 2002.4.15, 사망129명); 붕괴폭발사고(삼풍백화점붕괴사고, 1995.6.29., 사망502명, 부상자937명).
* 재난연감에서 인명피해 추이분석, 재난원인별 특성분석은 주요사고유형: 도로교통사고, 화재사고, 산불사고, 철도(열차, 지하철)사고, 폭발사고, 해양사고, 가스사고, 유도선사고, 환경오염(기름유출)사고, 공

단내 시설사고, 광산사고, 전기(감전)사고, 승강기사고, 보일러사고, 항공기사고, 붕괴사고, 수난(물놀이, 익사)사고, 등산사고, 추락사고, 농기계사고, 자전거사고, 레저(생활체육)사고, 놀이시설사고 등으로 분류하여 분석하고 있음.; 2010년 재난연감(소방방재청, 2011); 2009년 재난연감(소방방재청, 2010, _친 부분은 2009년 재난연감에서 분류한 것임); 2013 재해연보, 중앙재난안전대책본부(소방방재청), p.671.

2. 대형사고의 유형별 주요 특징

가. 자연재난('02 태풍루사 : 사망 246명, '11 우면산 산사태: 사망 18명)

일반적으로 기상정보를 통해 어느 정도 예측 가능하지만, 기상이변에 따른 기록적 강우량(강릉 시간당 100.5mm), 국지성 집중호우 등으로 저수지·옹벽 등이 붕괴되어 인명피해가 급증하였으며(태풍루사) 13개 관련 법령의 정비 필요성이 제기되어 「재난 및 안전관리기본법」 제정('04)의 계기가 되었다. 한편 (서울 우면산 산사태의 경우) SNS를 통한 미확인루머(지뢰유실)의 확산, 언론의 지나친 사생활 노출보도(특정기업 회장부인 사망) 등의 사회적 문제를 초래했다. 2020년 이후 최근에는 이상기온, 극심한 기후변화 등의 영향으로 자연재해가 비선형적이고 복잡하고 대규모 피해를 초래하는 직접적인 원인으로 심각한 사회불안을 조성하고 있다.

나. 해상사고('94 서해 훼리호: 사망 294명)

악천후 속 출항, 수화물 과적, 무리한 변침으로 인한 복원력 상실, 선박 지도감독 소홀 등 세월호 침몰원인과 매우 유사한 양상을 보였으며, 육상사고와 달리 물속에서는 생존가능 시간이 매우 짧고, 기상 및 해상여건에 많은 영향을 받으므로 현장초기대응이 중요하나, 구조선 출동지연 및 구명장비 미작동으로 인명구조에 실패한 사례(a failed case)가 발생하고 있다. 해양사고는 해양이라는 특수한 환경에서 발생하기 때문에 사고현장의 보존, 사고재연, 원인규명이 쉽지 않다는데 있다. 최근 건조되는 선박은 유무선 선박통합네트워크(SAN) 도입 및 선박 자동 식별장치(AIS), 선박모니터링 시스템(VMSD), 해상교통관제시스템(VTS) 등 최첨단 IT기술이 도입되고 있으나 바이러스, 해킹, 장비오류 및 제어장치 통제 등의 위험이 심각하여 이로 인한 사고 발생시 이를 추적할 수 있는 통제장치가 요구되고 있다. 그러나 아직도 해양사고 조사와 관련하여 항공기의 블랙박스에 해당하는 항해 자료기록장치의 데이터를 복구하거나 분석해 증거를 확보하는 과학적인 방법과 지침은 마련되어 있지 않다. 따라서 향후에는 범죄 조사시 컴퓨터에 대한 필수적 증거확보 방법으로 널리 사용되고 있는 디지털 포렌식(digital forensics)[6]을 해양사고에도 도입해야 한다.

---

[6] 전통적으로 포렌식 개념은 법의학 분야에서 지문, 모발, DNA 감식, 변사체 검시 등에 주로 이용되었으나 최근 다양한 정보기기들의 활용으로 포렌식 개념은 물리적 형태의 증거 뿐 아니라 전자적 증거를 다루는 디지털 포렌식 분야로 점차 확대되고 있다. 즉 디지털 포렌식은 IT 기술의 발전 및 급격한 정보화 사회로의 변화에 맞추어 정보기기에 내장된 디지털 자료를 근거로 삼아 그 정보기기를 매개체로 하여 발생한 어떤 행위의 사실 관계를 규명하고 증명하는 신규분야이다. 현재 디지털 포렌식은 정보매체에 존재하는 전자적 증거를 자료로 삼아 과거 어떤 행위의 사실 관계를 역으로 규명하고 증명하는 새로운 절차로서 자리매김해 가고 있다. 정보화 사회가 고도화됨에 따라 사이버 범죄 증가, 대처를 위해 과학 수사와 수사 과학 분야에서 새로운 형태의 조사 기술 필요함에 따라 생성 자료의 95% 이상이 디지털 형태로 존재하고, 법과학에서는 범죄 사실을 규명하기 위해 각종 증거를 과학적으로 분석하는 분야이다. * 포렌식 : 공개토론이나 변론에 사용되는 범죄와 관련된 증거물을 과학적으로 조사하여 정보를 찾아내기 위한 일련의 과정이다. 즉, 컴퓨터에 기억된 전자적 정보를 정확히 식별하여 수집하고 분석을 통해 관련된 정보를 특정하여 보전하고 법정에 증거로 제출하여, 언제든지 검증이 가능한 형태로 자료를 준비하는 절차이다. 디지털 포렌식 개론

〈표 7-5〉 2000년 이전 및 최근 주요 선박 침몰사고 현황

구 분	피해내용
53.1. 9	부산 다대포 창경호: 승선 236명, 사망 229명(97%) 구명보트1, 구명복 70벌 모두 본사 창고에 보관
63.1.18	전남 영암, 연호: 승선 140명, 사망 139명(99.9%) 폭풍주의보 발령, 정원초과 50명, 화물과적 악천후 운행
70.12.14	전남 여수(서귀포 부산) 남영호: 승선 338명, 사망 326명(96.4%), 화물적재 3~4배 초과
74.2. 22	경북 경주, 해군 수송정: 승선 159명, 순직 159명 강풍속 운항, 세계 해군 사상 가장 큰 사고
93.10.10	전남 부안 위도 서해 훼리호: 승선 362명, 사망 292명(80.6%)m 정원보다 141명 초과, 강풍과 높은 파도,과적, 엔진과열로 화재, 비상벨 미작동
14.4. 16	전남 진도 세월호: 탑승자 476명, 사망 304명(실종자 5명 포함) 생존자 172명

* 부안 두리호 침몰('04.2): 사망 12명, 모래 채취선/삼봉호 침몰('10.1) 사망 10명

〈표 7-6〉 최근 5년간 사고종류별 해양사고 발생현황

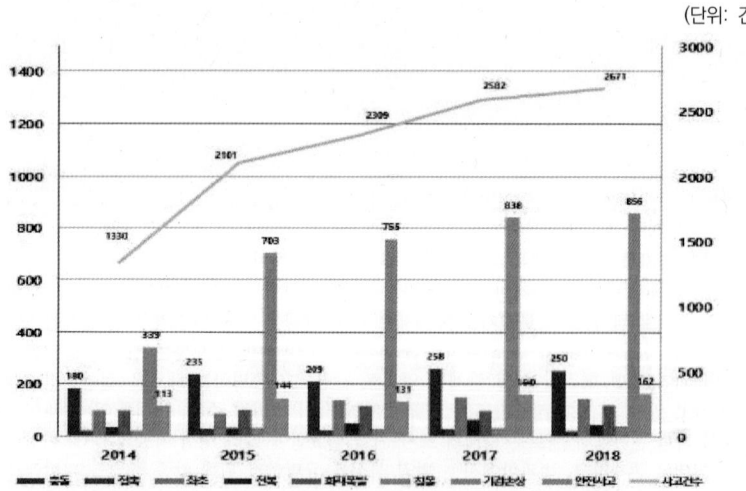

사고종류\연도	충돌	접촉	좌초	전복	화재폭발	침몰	기관손상	안전사고	부유물감김	운항저해	해양오염	기타	계
2014	180	19	96	35	97	19	339	113	205	-	-	227	1,330
2015	235	28	84	32	100	31	703	144	331	-	-	413	2,101
2016	209	23	137	49	113	27	755	131	390	-	-	473	2,307
2017	258	25	149	65	96	29	838	160	311	131	-	520	2,582
2018	250	20	142	46	119	38	856	162	278	155	80	525	2,671

주: 1) 기타: 침수, 추진축계 손상, 조타장치손상, 속구손상, 시설물손상, 행방불명 등
 2) 2017년부터 "안전운항저해" 항목이 분리되고 "안전저해"가 "부유물감김"으로 명칭변경
 3) 2018년부터 "인명사상"이 "안전사고"로 명칭 변경, 기타에 포함되었던 "해양오염"을 분리하여 별도 항목 표시
자료: 해양수산부, 중앙해양안전심판원, 통계연보 2018:해양수산부 중앙해양안전심판원 홈페이지 〉 정보포털 〉 해양사고통계 〉 통계연보. https://www.kmst.go.kr/kcom/cnt/selectHtmlPage.do? (검색 2020.01.11.)

〈표 7-7〉 최근 5년간 해양사고 발생시 인명피해 현황

(단위: 명)

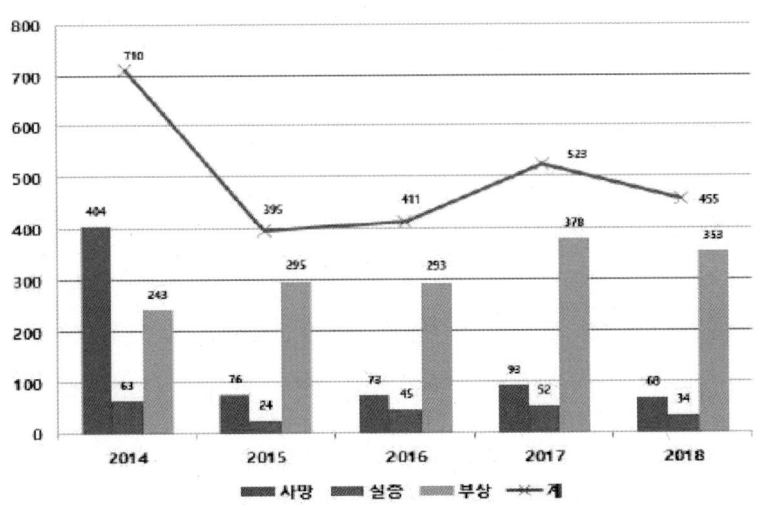

인명피해 \ 사고종류 \ 연도	충돌	접촉	좌초	전복	화재 폭발	침몰	기관 손상	안전 사고	기타	계
선원 사망 2018	6	-	2	14	-	1	-	40	-	63
선원 실종 2018	9	-	-	11	-	-	-	11	3	34
선원 부상 2018	103	1	36	10	13	1	-	89	-	253
선원 계 2018	118	1	38	35	13	2	-	140	3	350
여객 사망 2018	4	-	-	-	-	-	-	1	-	5
여객 실종 2018	-	-	-	-	-	-	-	-	-	-
여객 부상 2018	27	17	51	1	-	-	-	2	2	100
여객 계 2018	31	17	51	1	-	-	-	4	2	106

주: 1) 기타: 부유물감김, 운항저해, 침수, 추진축계손상, 조타장치손상, 속구손상, 시설물손상, 행방불명 등
2) 2018년부터 인명피해의 인원 구분을 선원과 여객으로 세분하고, "인명사상"이 "안전사고"로 명칭 변경
자료: 해양수산부, 중앙해양안전심판원, 통계연보 2018:해양수산부 중앙해양안전심판원 홈페이지 〉 정보 포털 〉 해양사고통계 〉 통계연보. https://www.kmst.go.kr/kcom/cnt/selectHtmlPage.do? (검색 2020.01.11.)

다. 화학사고('12 구미 불산 누출사고: 사망 5명)

화학물질을 다루는 사업장에서 발생한 사고로 누출물의 특성에 따른 차별화된 대응이 필요하나, 대응기관(소방 등)의 전문성 및 정보 부족으로 초기대응이 미흡한 사례가 발생했다. 특히 불산은 무색·무미·무취한 특성이 있어 사전인지가 어려웠으며, 확산범위 등 전문지식과 제독을 위한 특수 장비 부족, 사고 물질 및 누출규모에 따라 고용노동부, 산업자원통상부, 환경부 등 관리감독 주체가 각기 달라 신속한 대응에 혼란을 야기하여 초기 현장대응에 있어 많은 애로를 경험하였다.[7] 화

---

[7] 화학물질사고발생시 환경부의 '화학물질사고대응정보시스템(CARIS: Chemical Accident Response Information System for the dispersion forecast of toxic chemicals)'으로 이는 화학사고(테러포함) 발생시 환경청, 소방청, 경찰청, 지방자치단체 등 대응기관에 호학물질 정보, 취급업체 정보, 사고대응요령, 확산피해정보 등 종합적인 화학물질대응정보를 제공하는 시스템으로 보다 합리적이고 과학적인 초기 대응을 위해서 화학물질 사고시 신속하고 적절한 대응정보 제공 및 인적·물적·환경적 피해를 최소화하는 데 있다.

학물질의 경우 규정상 30인 미만의 소규모 사업장은 안전관리감독 사각지대에 놓여 있어 예외규정 삭제, 사고대비 물질 종류 확대 등 감독기준을 강화하는 계기가 되었다. 특히 화학사고를 비롯한 유해화학물질 유출의 경우 자칫 대형사고로 연결될 수 있기 때문에 초기현장대응이 무엇보다 중요하다. 이를 위해 정부는 전국적으로 유해화학물질을 많이 취급하는 산업단지에 7개의 '화학재난합동방재센터'를 설치하여 운영하고 있다. '화학재난합동방재센터'는 2012.9.27. 구미 불산사고 이후 계속되는 화학사고로 국민 불안 심화에 따라 2013.11.25. 화학재난합동방재센터의 설치 및 운영에 관한 규정 제정한 이후 2013.12.5.~2014.1.28.) 6개 권역별 화학재난합동방재센터 개소한 이후 2018.11.30. 충주 합동방재센터를 개소하여 현재까지 총 7개소(시흥: 서울·경기·인천, 구미: 대구·경북, 울산: 부산·울산·경남, 익산: 전북, 여수: 전남·광주·제주, 서산: 충남·대전·세종·충북, 충주: 충북·강원)가 운영되고 있다.

'화학재난합동방재센터' 조직은 2017년 12월 현재 5개 부처 9개 기관 구성되어 있다.

〈그림 7-1〉 화학재난 합동방재센터 설치

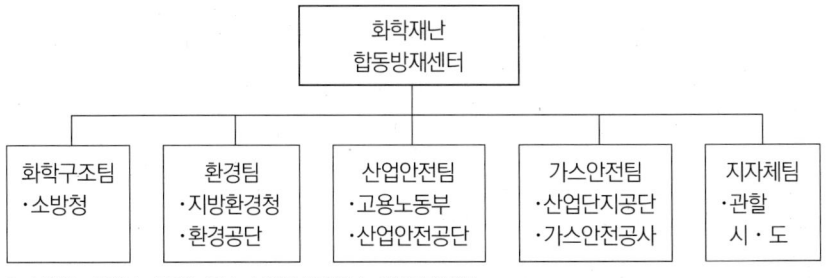

* 소방청, 환경부, 고용노동부, 산업통상자원부, 지방자치단체

이외에도 산업안전보건법에 의하여 유해화학물질에 노출되거나 노출의 잠재적인 위험성을 갖고 있는 근로자에게 관련정보를 제공하기 위하여 '물질안전보건자료(MSDS)'가 있다. 이는 해당 화학물질의 유해성 평가결과를 바탕으로 제조업자가 작성한다. 산업안전보건법 제41조에 의거 화학물질을 양도하거나 제공하는 자는 MSDS[8]를 작성하여 제공하여야 하고, 취급하는 사업주는 근로자가 쉽게 볼 수 있는 장소에 게시하거나 갖춰두어야 한다. 화학재난사고의 특징에서 중요한 것은 극히 짧은 시간에 대응해야 한다는 점이다. 대응팀이 재난발생 현장에서 즉각 대응해야 하는 특성을 가지고 있다.

라. 항공기사고('97 괌 대한항공 801편 추락: 사망 228명, '02 중국민항기 추락: 사망 129명)

짙은 안개 속 기장의 잘못된 상황판단, 착륙유도장치 등 관제시스템 미비로 발생, 발생빈도는 낮으나 사고시 인명피해가 매우 크다. 외국 항공기의 국내 추락으로 국제분쟁(사고원인 규명, 신원확인, 시신이송)과 법적논쟁(위자료문제 등)으로 사고수습이 장기화 됨(10년 만에 소송 종료) 특히, 항공기사고의 경우는 외교부, 국토부 등 범부처적 협력 및 외교적 노력이 필요하다는 점을 기억해야 한다. 국제 항공기사고는 대응을 자칫 잘못하게 되면 국제적 비난에 직면하게 되고, 국가의 품위를 손상하는 직접적인 요인이기 때문에 대응에 신중을 기해야 하며 범

---

[8] Material Safety Data Sheet(물질안전보건자료)의 주요 수록내용은 1.화학제품과 회사에 관한 정보, 2. 유해성·위험성 정보, 3. 구성성분의 명칭 및 함유량, 4. 응급조치 요령, 5. 폭발·화재시 대처방법, 6. 누출사고시 대처방법, 7. 취급 및 저장방법, 8. 노출방지 및 개인보호구, 9. 물리·화학적 특성, 10. 안정성 및 반응성, 11. 독성에 관한 정보, 12. 환경에 미치는 영향, 13. 폐기시 주의사항, 14. 운송에 필요한 정보, 15. 법적 규제사항, 16. 기타 참고사항 등이다.

정부적 차원에서 통합적 대응이 요구된다.

마. 대형화재('03 대구 지하철 방화: 사망 192명), ('17 제천 복합건물화재: 사망 29명, 부상 40명), '18 밀양 세종병원 화재사고: 사망 39명, 중상 9명, 경상 142명*2018.1.29.기준, '20. 이천 물류창고화재사고: 사망 38명, 부상 10명)

예측하지 못한 테러(방화), 지하공간이라는 특수성으로 대피로 확보 곤란, 유독가스 배출기준 미흡 등에 의한 대규모 인명피해가 발생하고, 불량 내장재에 의한 다량의유독가스 발생, 화재경보장치 미설치, 정전으로 유도등 미 작동 및 통신 불능 등으로 대피 및 구조 활동이 곤란하여 대규모 인명피해가 발생하였다. 인명피해를 줄이기 위해 불연내장재, 승객대피시설(유도타일, 유도 등), 방독면, 제연시스템이 설치되어야 하며 기본적인 안전수칙을 반드시 준수하도록 현장감독을 강화해야 한다.

바. 폭발사고('95 대구 상인동 가스폭발 : 사망 101명, 부상 202명)

신축공사장 굴착 작업중 천공기로 도시가스 배관을 관통시켜 지하철 공사장에 가스누출, 원인모를 점화원에 의해 폭발한 사고로 1995년 4월 28일 대구 상인동 네거리 근처에서 일어난 사고로 대구 백화점 상인점의 지반공사를 하던 인부가 실수로 가스관을 건드려 가스가 유출, 지하철 공사현장으로 가스가 모여 폭발한 사고이다. 특히 학교와 지근거리로 등교시간이어서 많은 학생들이 희생되는 안타까운 사고였다. 대형공사장에서 지하 굴착을 할 경우 해당관청의 도로굴착 승인을 득한 후 가스관을 매설한 회사와 연락하여 가스관이 지나가는 위치를 확인

후 공사를 진행해야 하는 기본과 원칙을 무시하고 공사 중 폭발한 사고였다(무허가 굴착).

사. 건물붕괴('95 서울 삼풍백화점 붕괴: 사망 502명, 실종 6명, 부상 937명)

1995년 6월 29일 서울 서초구 서초동에 있었던 삼풍백화점 한 동(棟)이 붕괴된 사고로 부실설계, 부실공사, 유지관리 부실 등의 원인으로 발생했다. 지상5층, 지하4층 옥상 부대시설이 있는 2개 건물로 이루어진 백화점은 1989년 말에 완공했다. 설계시에는 종합상가 용도로 설계되었으나, 건물구조 전문가의 정밀 진단 없이 백화점 용도로 변경했다. 사고당시 백화점 안에는 고객 1,000여명과 직원 500여명이 있었다. 오후 17:52분경 5층부터 무너지기 시작하여 20여초 만에 2개동 중 북쪽건물이 완전히 붕괴되었다. 6.25 전쟁이후 가장 큰 인적재해로 기록되었다. 종합상가에서 백화점으로 구조변경 시 적재하중과 안전율을 고려하지 않은 부실설계 및 형식적인 감리 등으로 붕괴가 발생하였으며, 붕괴 전조가 있음에도 고객을 대피시키지 않아 인명피해가 많았으며, 현장지휘 혼선으로 추가 부상자가 발생하고, 절도 발생 등 구조 지연으로 많은 문제점을 노출시켰다. 이로 인해 정부는 설계·감리제도 시행 및 건설 산업기본법 제정으로 안전점검을 강화하는 계기가 되었다.

〈표 7-8〉 삼풍백화점 붕괴 참사 일지

구분	주요 경과내용
1987.09	삼풍백화점 착공
1989.11	삼풍백화점 완공
1989.12(01)	삼풍백화점 개장: 지상5층(지하4층), 연면적 7만4003㎡ (2만 2,386평), 매장면적 3만 1031㎡ (9387평)
1994. 10	지하 1층 구조변경 공사
1994. 11	서초구청 위법건축물 판정
1995. 06(29)	오후 17:57분 백화점 붕괴(사망 502명, 실종 6명, 부상 937명)
1995. 07(25)	합동수사본부 수사결과 발표
1996. 08(23)	대법원, 전 삼풍그룹회장에게 징역 7년 6월 선고 서초구청장(2명: 징역10년, 추징금300만원, 징역10년, 추징금 200만원)
1999. 01(30)	삼풍백화점 철거 완료

* 서초구청장(2명)은 설계변경 승인대가, 뇌물수수

〈그림 7-2〉 삼풍백화점 건물 붕괴사고

아. 원전사고('11 일본 후쿠시마 원전 폭발 : 지진피해포함 사망·실종 28,000 여명, '86 舊소련 체르노빌 원전사고9))

지진해일로 냉각장치가 작동을 멈추며 연쇄적인 수소폭발이 발생하여 방사성 물질이 대량 외부로 누출되어 피해가 확산되었다.10) 사고 당시 18세 이하였던 주민 25만 여명의 갑상선암 의심사례 증가, 근력 저하와 비만 등의 2차 피해 증가 등 방사능에 따른 피해는 심각수준의 레벨을 보여주고 있다. 일본 후쿠시마 원전사고11)는 원전을 가동하는 한국정부에 경종을 울리는 계기가 되어 새로 출범하는 정부에서는 에너지 확보를 위해 원전보다 태양열, 바이오에너지 등 신재생 에너지 확보를 위해 정부가 심혈을 기울이고 있다. 일본의 원전참사는 그동안 국민들이 몰랐던 새로운 수많은 의문을 가지게 되고, 원전에 대한 인식이 전환되는 결정적 기회를 제공했다. 원전에 대한 안전은 필요충분조건이 필수적으로 전제되어야 한다. 한국의 원자력안전위원회는 재난으로부터 신속정확한 의사결정을 위해 '원자력 재난관리시스템(일명 Atom

---

9) 舊소련 체르노빌 원전사고는 1986.4.26.(01:23) 舊소련 우크라이나공화국 체르노빌 원전에서 비상용 발전기의 전력공급 시차확인을 위한 실험을 진행하던 중4호기가 폭발. 피해규모는 역사상 최악의 수준으로 국제원자력사고척도(INES)에 의해 분류된 사고등급 중 가장 심각한 사고를 의미하는 7등급으로 분류했다. 피폭인원만 최소 900만명으로 추산(UN 추정)되고, 주변 100여개 마을이 거주 불능의 폐허 상태로 출입통제 조치를 했다. 정부공식통계는 4,365명 사망(비공식 1만 5,000명 추정). 낙진확산 면적은 14만 5,000㎢, 피퍼인원은 20만명, 대피인원은 약 33만명으로(UN보고서), 누출 방사능 물질 총량은 일본 히로시마에 떨어졌던 원자폭탄의 400~500배 규모이다. 우크라이나 정부는 2065년까지 발전소를 해체하고 정화작업을 완료할 계획이다. 국가정보원, 『해외 대형재난·사고: 사례 및 대응 실태』, 2018.6, pp.77~78.
10) 한국의 경우 현재 28개의 원전을 보유하고 있어 가동중지 등 위험이 상존하고 있다.
11) 2011년 3월 11일 14시 46분 일본 동북부지역의 규모 9.0 지진은 대형 쓰나미를 유발시켰고, 이로 인해 3만 여명에 달하는 사상자 및 실종자가 발생. 14m의 대형 쓰나미는 후쿠시마현 연안의 원자력 발전소 방수벽을 덮쳤고, 후쿠시마 제1원전의 1호기부터 4호기까지의 비상발전기를 작동 불능 상태로 만들면서 노심용융이나 수소가스 폭발을 일으켰으며, 그 결과로 대량의 방사성 물질이 누출되었음. 일본 내각은 지진 및 쓰나미의 피해규모를 약 182조 원으로 발표함.

CARE)'12)을 가동하여 대응한다.

〈그림 7-3〉 일본 후쿠시마 원전사고 진행 경과13)

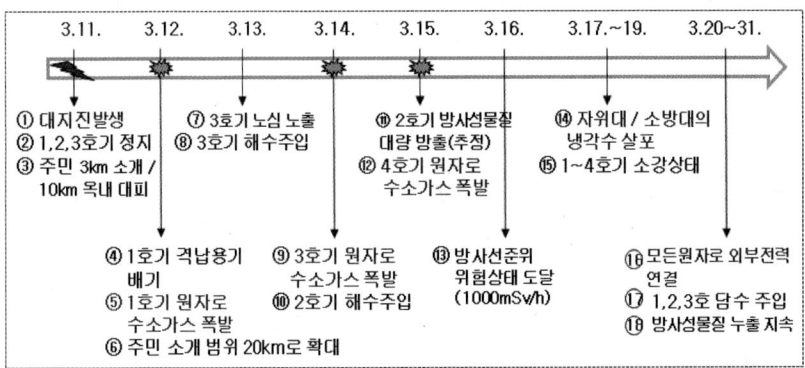

자료: 한국, 합참 화생방기술정보 19-3호. '일본의 후쿠시마 원전사고 대응에 대한 분석 및 시사점' 인용

지진 당시 후쿠시마 제1발전소 1~3호기는 전 출력 운전 중이었으며, 4~6호기는 정비 작업으로 인해 운전이 정지된 상태였다. 후쿠시마 제1발전소 현황은 아래와 같다.

---

12) 원자력재난관리시스템(Atom CARE: Atomic Comprehensive and Advanced Radiological Emergency)은 방사능 재난이 발생했을 때 의사결정을 돕는 의사결정 지원시스템으로 개발되어 방사능 재난시에 매우 중요한 기능과 역할을 담당한다. 원자력안전위원회, 소방청, 「원전 등 특수사고·테러유형별 현장표준작전지침(SOG)」; 국가원전사고 대응체계에서 최상위기구로는 '중앙방사능방재대책본부'로 범정부 통합대응시 본부장은 국무총리, 차장은 원자력안전위원회위원장이, 일상적 대응시에는 본부장은 원자력안전위원회위원장이 임무를 수행하고, '현장방사능방재지휘센터'는 방사능 현장지휘 및 상황관리 역할을 수행한다. 또한 '방사능방호기술지원본부', '방사선비상의료지원본부', '원자력사업자 비상대책본부' 등이 있다. 여기서 방사능과 방사선의 차이는 먼저 방사능은 방사선의 세기(능력)를 의미하며, 단위로서 표준단위는 Bq(베그렝=초당 하나의 핵이 변환 또는 붕괴되는 양)을 사용하며, 방사선은 불안정한 원자 또는 원자핵에서 안정화되기 위해 방출되는 에너지의 흐름으로 크게 4가지(알파, 베타, 엑스선 또는 감마선, 중성자) 종류로 방사선 붕괴시 방출됨.
13) 후쿠시마 원전사고 분석: 한국원자력학회 후쿠시마위원회('12.8.28.)

<표 7-9> 일본 후쿠시마 제1발전소 현황

구 분	1호기	2호기	3호기	4호기	5호기	6호기
전기출력(MWe)	460	784	784	784	784	1100
상업운전 개시시기	'71.03.	'74.07.	'76.03.	'78.10.	'78.04.	'79.10.
핵연료 수(다발) (원자로/사용후 핵연료저장)	692 (400/ 292)	1,135 (548/ 587)	1,092 (548/ 514)	1,331 (0/1,331)	1,504 (548/ 956)	1,640 (764/ 876)
사고당시상태	전 출력 운전 (전력 생산 중)			정지 (모든 핵연료 수조 보관 중)	정지(원자로 내 핵 연료 장전)	

자료: 한국, 합참 화생방기술정보 19-3호. '일본의 후쿠시마 원전사고 대응에 대한 분석 및 시사점'

후쿠시마 발전소(Fukushima Power Station)는 일본 후쿠시마현 후타바군에 위치, 동경전력(TEPCO, Tokyo Electric Power Company)에 의해 운영되고 있으며, 제1발전소(6개 호기), 제2발전소(4개 호기)로 이루어져있다. 냉각재[14]·감속재[15]로 물(담수, H_2O)을 사용하며 핵연료로 2~4%의 저농축 우라늄[16]을 사용하는 비등경수로[17]이었다. 일본 정부의 대응으로 일본의 원자력 재해대응과 관련한 법령 및 규정에는 재해대책기본법(1961년 제정)과 원자력재해대책특별조치법(2000년 제정), 원자력시설 등의 방재대책에 대한 방재지침(2000년 5월 개정)

---

[14] 냉각재: 원자력 발전소에 있는 원자로의 노심을 냉각하는 물질로 핵분열 연쇄 반응으로 방출된 열에너지로 노심이 손상되는 것을 방지하며, 냉각재가 열을 흡수하여 터빈에 열에너지를 운반하는 역할

[15] 감속재: 원자로 내부에서 핵분열의 연쇄반응을 지속시키기 위하여 연료체로부터 방출되는 중성자를 감속시키는 물질

[16] 저농축 우라늄: 우라늄 235(U-235)가 20% 미만(보통 2~4%)으로 농축된 우라늄, 천연우라늄에는 우라늄 235가 0.71% 함유

[17] 비등경수로: 1950년대 미국에서 개발되었으며, 냉각재를 끓여서 증기를 생성하고, 이 증기가 터빈을 돌려 전기를 생산하는 원자로

등이 있었다.18) 이러한 법령을 기반으로 국가, 사업자 및 지역의 방재업무세부계획이 수립되었으며 원자력 긴급사태가 선언되었다. 대응조직에는 총리를 본부장으로 하는 '원자력재해대책본부' 각 해당 지방정부의 '재해대책본부', '현장비상대응센터(오프사이트센터 19))'가 있었으나 초기 대응에는 즉각적으로 효율적인 대응을 할 수 없었다. 이로 인한 질책이 이어졌다. 원자력재해 현지대책본부와 지방정부 재해대책본부가 정보 교환 및 상호협력을 할 수 있도록 '원자력재해합동대책협의회'를 편성하였다. 또한 원전 사업소도 본사와 현장에서 사고를 처리하기 위한 사업소 비상대응센터를 설치하며, 이번 사고에서 동경전력은 내진성능과 방사선 차단시설을 갖춘 면진 건물에 비상대응센터를 설치하였다.20) 그러나 지진과 함께 동반한 강력한 쓰나미(Tsunami, 지진해일)는 후쿠시마 제1발전소를 삼켰다. 일본 자위대는 이번 사고의 수습을 지원하기 위해 대규모 지진재해 수습과 원자력재해 대응 등 2개의 방면에서 지원체계를 정립했다.

자. 대형교통사고('13 대구역 KTX 열차사고: 경상자 21명)

정지신호를 미확인한 무궁화열차와 관제실에서 정지신호를 전달받지 못한 KTX가 충돌하여 경상자, 차량 및 시설물 파손이 발생하고, 시인성 불량 신호기, 열차 자동정지 장치 미설치 구간에 대한 안전조치 미흡, 관제사의 운전취급 절차 위반이 복합적으로 사고와 연결되었다. 이

---

18) 한국, 합참 화생방기술정보 19-3호. '일본의 후쿠시마 원전사고 대응에 대한 분석 및 시사점'.
19) 원자력비상시 사고 상황 정보제공, 방사선의 평가, 의료 및 구조 활동 지원 등을 총괄하여 현장 지휘하는 비상조직
20) *Ibid.*

후 관련 부처에서는 열차 자동보호 장치 사용, 착오 우려 신호기 이설 및 보조신호기 설치를 개선하였다. 한국 정부의 지속적인 노력으로 교통사고로 인한 사망자는 점점 감소하는 것으로 나타났다. 2018년 교통사고 사망자 3,781명으로 이는 1976년 이후 3000명대로 음주운전, 어린이, 보행자 사고가 크게 감소했다. 6년 연속 감소세를 유지하고 있다. 이는 2017년에 비해 9.7% 감소(지난 10년간 총 35.6% 감소)했다.

〈표 7-10〉 교통사고 통계현황

구분	'17년	'18년	증감율	일평균
사고 건수	216,335건	217,148건	0.4%↑	594.9건
사망자 수	4,185명	3,781명	9.7%↓	10.3명
부상자 수	322,829명	323,036명	0.1%↑	885.0명

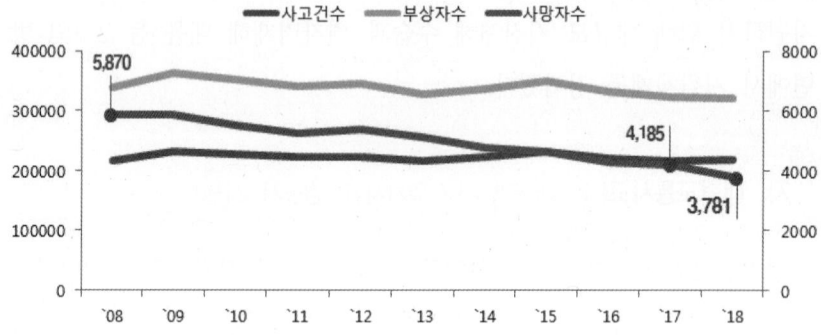

주: 1) 음주운전(21.2%), 어린이(37.0%), 보행자(11.2%) 사망자 크게 감소
자료: 국토교통부·경찰청, 박정수·홍철·박종천·김주곤·양시갑, 보도자료,
      2018년 교통사고 사망자 3,781명, 1976년 이후 첫 3,000명대

〈그림 7-4〉 KTX 열차 탈선사고

주: 1) 2018.12.8.,07:30분경 강릉시 운산동 KTX선로(강릉역 5km지점)에서 서울행고속열차가 탈선했다.
사고당시 열차에는 승객 198명이 탑승했고, 10량의 객차 중 앞쪽 4량이 선로를 이탈했다.
자료: 연합뉴스, 영상 캡처, 2018.12.8.

이외에도 스페인 고속열차 사고(2013.7.24.)는 한국의 고속열차 운용에 많은 교훈을 주고 있다. 스페인 고속열차 사고는 2013.7.24. (20:40분) 스페인 '마드리드→ 페롤'행 고속열차가 승객 218명 등을 태우고 북서부 콤포스텔라 역으로 진입하던 중 탈선사고가 발생했다. 사고원인은 열차 기관사가 회사 무선을 받으며 80km 구간에서 192km 로 과속질주로 사고 전 3차례 감속 경고 신호를 무시하면서 발생했다.21)

3. 대형사고 사례분석을 통한 시사점

첫째, 전조현상을 무시한 안전 불감증(공무원·기업·국민) 만연은 사고가 지속적으로 잉태한다고 할 수 있다. 한국은 산업화·민주화 과정을

---
21) 스페인 고속열차 사고(2013.7.24.)는 시간이 1년이 지난 후 2014.6월에 '철도사고조사위원회'는 기관사 실수·과속을 사고원인으로 최종 결론을 내렸다. 이 사고로 79명이 사망하고, 147명이 부상했다. 이 사고는 2000년대에 발생한 유럽 최악의 열차사고로 유럽 열차 안전성 논란으로 확산되었다. Time('13.7), CNN('13.7).

거치면서 한강의 기적을 이룬 이후부터는 '빨리빨리 문화'가 자연스럽게 안착하면서 사회 제 분야로 스며들어 위험에 노출되어 있었다. 안전불감증, 안전 수칙을 준수하는 사람이 비정상화된 사회문화가 주류를 이루었다고 해도 과언이 아니다. 현재 수많은 안전사고, 산업현장에서의 재해재난 등 사고는 안전 불감증으로 잉태하고 있었다는 점을 부인하기 어려워졌다. 하물며 한국 사회는 그동안 위험하다, 불안하다 말하는 사람을 겁쟁이, 호들갑으로 치부하는데 열을 올렸다. 하인리히 (Heinrich) 법칙을 무시한 관행이 반복적으로 전해져 왔다. 이 법칙은 사소한 징후 300회 → 경미한 사고 29회 → 대형사고 1회가 발생가능성이 높다는 것을 나타낸다.

가. 대형사고의 대응단계별 주요사례 및 분석

1) 예방·대비단계

가) 안전기준·법령에 대한 관리 체계 부재시 주요사례[22]

먼저 산업진흥부서와 안전관리감독 부서가 동일기관에 있어 안전관리의 공정성·독립성 침해 우려가 존재하였으며, 부처간 상이·중복의 안전기준 등에 대한 관리 체계 미흡으로 나타난 주요사례는 다음과 같다.[23] 안전관련 규제와 점검·감독 부실 주요사례*('14년 세월호 사고) 선령제한 완화(당초 20년 → '96년 25년 → '09년 30년)로 선박 노후

---

22) 국민안전처, 중앙안전관리위원회, 제3차 국가안전관리기본계획안(2015~2019), 2015.3.
23) 주요사례는 ('12년 구미 불산 누출) 사고당시 유해화학물질관리법, 위험물안전관리법, 산업안전보건법 등 법령상 벤젠 저장시설 두께 기준 상이('14년 개선)* 시설물을 규모(1·2종 시설물, 특정관리대상시설)에 따라 다른 기관에서 관리. 국민안전처, 중앙안전관리위원회, 제3차 국가안전관리기본계획안(2015~2019), 2015.3.

화 심화, 여객선 안전관리 규정 위반 시 벌금이 3백만원에 불과; 서해 훼리호 침몰('93년) 여객선 안전관리 규정 미 준수

　　나) 형식적 안전점검 및 안전관리 감독체계 부적절한 주요사례
　1995년 삼풍백화점 붕괴, 2012년 구미시 불산 누출사고, 2014년 세월호 참사는 총체적인 안전관리를 준수하지 않은 것으로 드러났다.24) 아직도 고양이에게 생선을 맡긴(虎前乞肉) 안전점검이 버젓이 이루어지고 있다. 심각한 현상이 아닐 수 없다. 안전운항의 지도·감독을 맡은 선박운항관리자의 부실한 점검은 여러 곳에서 발견되고 있다. 예로 선박운항관리자는 선사의 이익을 대표하는 해운조합에서 선임하는가 하면 이로 인해 세월호 출항 전 탑승인원, 선원 수, 화물적재량의 형식적 점검으로 대규모 참사를 우리는 똑똑하게 보았으며 반드시 기억해야할 것이다. 선박의 안전성을 검사하는 한국선급의 허술한 점검은 한국선급은 관리감독 기관의 퇴직 고위간부 출신이 다수 근무하는 등 수익증대를 위한 객실 증축, 화물칸 증설 등 무리한 구조변경을 승인하는 등 불법과 편법이 잔존하고 있음을 여실히 보여주었다.

〈표 7-11〉 형식적 안전점검 사례 분석

- 서해 훼리호 침몰('93): 정부보조금으로 낙도항로를 운항하는 여객선임에도 선박운행 일체를 여객선사에 일임하여 안전지도·점검, 통제 결여
- 삼풍백화점 붕괴('95): 구조변경(종합상가 → 백화점)에 따른 안전진단 미실시 및 형식적인 감리 시행
- 세월호 참사('14): 적재화물의 과다 및 형식적 검사

---

24) 주요사례는 ('95년 삼풍백화점 붕괴) 구조변경에 따른 안전진단 미실시, 형식적 감리 시행; ('12년 구미 불산누출) 사고 직전까지 유독물 영업자에 대한 정기검사 미실시; ('14년 세월호 사고) 해운조합의 '자기감독식' 안전관리 감독업무 수행. 국민안전처, 중앙안전관리위원회, 제3차 국가안전관리기본계획안(2015~2019), 2015.3.

> - 제천 화재사고('14): 소방 점검 결과서에 소방검사를 하지 않았음에도 한 것처럼 공문서를 허위로 작성
> - 이천 물류창고 화재사('20): '유해위험방지계획서'심사에서 가장 위험 수준이 높은 1등급 판정을 받음.*
>   * 한국산업안전보건공단으로부터 6회 심사확인 중 3회의 화재위험(발생)주의를 받았으나 이를 무시하고 공사 계속

다) 일반국민에 대한 안전관련 교육·홍보 부족

재난행동요령에 대한 홍보·교육 부족[25)]으로 국민들의 안전의식 미흡으로 발생한 사고는 2003년의 대구 지하철 화재사고, 2013년 태안 청소년 캠프 사고는 기본적인 안전교육조차 실시하지 않은 것으로 나타났다. 또한 실효성 없는 매뉴얼 및 훈련 부족으로 수많은 유사사고가 반복되었다. 2014년 세월호 참사 이후 정부는 매뉴얼을 대대적으로 정비를 했다. 세월호 참사 이전에는 상당수 매뉴얼이 포괄적 내용만을 담고 있어 실제 재난상황에서 적용하는데 한계가 있었고[26)], 매뉴얼을 적용한 훈련도 부족했다. 또한 안전관련 시설·장비 투자 및 안전의식 부족으로 다중이용시설, 민간 영세사업장 등에 대한 안전설비 투자가 부족하고, 안전모 등 안전보호 장비 미착용 등 안전의식이 부족한 사고로 2003년 대구 지하철 화재사고, 2012년 구미 불산 누출사고는 안전의식이 부족[27)]한 것으로 나타났다. 안전수칙을 지키지 않는 비정상의 관

---

25) 대표적 사례로 ('03년 대구지하철 화재) 시민들 전동차 비상개폐문 작동방법을 몰라 대피 실패한 사례와 ('13년 태안 청소년 캠프 사고, '13년 노량진 수몰 사고) 기초적인 안전수칙을 미준수한 사례가 있다. 국민안전처, 중앙안전관리위원회, 제3차 국가안전관리기본계획안(2015~2019), 2015.3.
26) 대표적 사례로 ('11년 우면산 산사태) 산림청이 산사태 현장대응 매뉴얼을 마련하여 지자체에 제공하였으나, 지역실정 등이 고려되지 않아 등 실제상황에서 활용 불가한 사례와 ('12년 구미 불산 누출) 구미 산업단지 전체에서 사고이전 3년간 재난대비 훈련은 총 5회, 517명 참여에 그침(전체 입주업체 600개, 고용자 83,000명). Ibid.
27) 대표적 사례로('03년 대구지하철 화재) 전동차 내장재가 PVC, 우레탄폼 등 가연성 자재로

행화 사례28)도 여전했다.

라) 예방사업에 대한 전략적·과학적 투자 미흡은 재해예방사업간 연계가 부족하고 투자에 대한 우선순위가 부재하고, 소규모 사업에 대한 투자 소홀 및 재해예방사업의 과학적 추진 미흡한 사고로는 2011년에 발생한 우면산 산사태 사고를 들 수 있다.('11년 우면산 산사태 사고는 산사태 취약지역이 전국에 74개소만 지정되었으나 서울은 지정된 곳이 없었다.)

〈표 7-12〉 전조현상을 무시한 안전 불감증 만연사례 분석

- 서해 훼리호 침몰('93): 악천후에도 무리한 출항을 시킨 선박회사
- 삼풍백화점 붕괴('95): 사전 징후(바닥돌출, 천장침하 등)에도 조치를 취하지 않은 백화점 책임자, 하루전에 구조물의 위험을 인지하였음에도 붕괴되지 않는다는 방심(안전 불감증)으로 안전조치 못함
- 중국 민항기 추락('02): 악기상 속 무리한 착륙강행, 공항안전장치 고장 방치, 공항관제시스템 환경 열악
- 대구지하철 화재('03): 화재발생·연기확산에도 대피안내방송을 하지 않은 기관사
- 서해대교 추돌('06): 짙은 안개발생 상황임에도 감속 운행속도 미준수
- 이천 물류창고 화재사고('20): '유해위험방지계획서' 심사에서 가장 위험 수준이 높은 1등급 판정을 받음

출처: 안전행정부, 국립재난안전연구원, 「대형사고 사례분석 및 재난안전대책 개편방향」(2014.5). p.5.

또한 현장에서 작동하지 않는 매뉴얼은 초동조치를 어렵게 한다. 약 3,500여건이 넘는 위기관리(대응)매뉴얼이 있지만 현장에선 무용지물이라는 점은 많은 것을 되돌아보게 한다.29) 재난종류별 주관기관 대응

설치; ('12년 구미 불산 누출) 사고현장에서 중화제 미비치 및 작업자 보호 장비 미착용. *Ibid.*
28) 대표적 사례로 ('03년 대구지하철 화재) 화재발생, 연기확산에도 대피방송을 하지 않은 기관사; ('14년 세월호 사고) 감독기관의 부실, 선장 및 항해사의 선박관리 의무 및 승객 보호 의무 위반 등 다수 사례 발생. *Ibid.*

지침인 '표준매뉴얼(약24개)' 지원기관의 역할을 담은 '실무매뉴얼(약 200개)', '현장조치매뉴얼(약 3,269개)'이 수립되어 있으나 재난현장에서 행동화하는데 많은 문제점이 있어 개선이 필요하다는 점을 지적하고 있다. 또한 매뉴얼을 직접 현장에서 적용해보는 적극적인 임무수행 자세가 요구되고 있다.

〈표 7-13〉 형식적 매뉴얼 작성사례 분석

- 서해 훼리호 침몰('93): 대응수습처리 매뉴얼 부재로 신속하고 체계적 대응 미흡
- 태풍 루사('02): 자연재해 취약시설에 대한 비상대처계획수립 및 훈련 미흡
- 중국 민항기 추락('02): 매뉴얼 숙지미숙, 기내 활용매뉴얼 수량 부족
- 서해대교 추돌('06): 대형교통사고에 대한 위기관리표준매뉴얼 부재
- 불산가스 누출사고('12): 매뉴얼 상의 "자체위기평가회의" 등 미 개최로 대응 정보 공유 등이 이뤄지지 않음

출처: 안전행정부, 국립재난안전연구원, 「대형사고 사례분석 및 재난안전대책 개편방향」(2014.5). p.5.

또한 현재의 매뉴얼이 형식·절차에 치우치고, 교육·훈련 부족으로 개인별 숙지가 미흡하다는 점을 부인할 수 없다. 또한 표준매뉴얼과 실무매뉴얼간의 내용이 유관기관 간의 긴밀한 협의 없이 주관기관이 주도적으로 작성하여 의견을 물어보는 수준에 그치고 있는 점은 점진적으로 보완되어야 한다. 매뉴얼 작성 단계에서부터 주관기관-유관기관 간 긴밀한 협조체제가 강구되어야 한다.

---

29) 현장에서 작동하는 매뉴얼은 다음의 조건이 충족되어야 한다. 첫째, 현장에서 발생 가능한 상황을 설정하고 둘째, 상황에 따른 훈련과제를 선정하며 셋째, 개인별·팀별 수행해야할 과제를 구분하여 숙달하며 넷째, 개인별·팀별 구체적으로 매뉴얼에 반영된 숙달과제를 반복하여 연습하고 훈련해야 한다.

2) 대응단계

가) 현장에서 작동하는 강력한 지휘통제력 미흡30)과 관련하여 사회재난·자연재난 이원화, 대형재난 발생 시 컨트롤 타워의 권한과 책임이 불명확하여 신속한 초기대응이 실패했다. 또한 중앙재난안전대책본부(이하 '중앙대책본부'라 한다), 중앙사고수습본부 및 지역재난안전대책본부, 현장대응기관과 현장지원기관간의 역할과 책임이 불명확하여 재난대응(disaster response)에 혼선을 초래한 대표적 사례31)로

나) 표준화된 재난대응체계 미 확립으로 재난현장에서의 재난대응 표준체계(현장지휘체계, 정보통신 체계, 자원동원 체계 등)가 정립되지 않아 효율적 현장대응이 실패한 사례는 1995년 삼풍백화점 붕괴사고였다.32)

다) 전문화된 구조·구급 인력 및 장비 부족33)과 관련하여 재난 발생 초기 신속 대응을 위한 전문 인력 및 특수 장비 미확보로 사고가 확산된 대표적 사고는 2003년 대구 지하철 화재사고, 2014년 세월호 참사가 대표적이다.

라) 일원화된 공보 체계 미흡으로 국민 불신이 가중된34) 사례도

---

30) 대표적 사례로 ('12 구미 불산 누출) 환경부(유해화학물질), 지식경제부(독성가스), 고용부(중대산업사고) 등 주관부처가 불분명하여 신속한 초기 대응에 혼선 발생. 국민안전처, 중앙안전관리위원회, 앞의 글.
31) 대표적 사례로 ('14 세월호사고) 세월호 발생 초기에 중앙수습본부와 중앙대책본부간의 역할이 명확하지 않아 중앙대책본부의 과도한 개입 초래; ('03 대구지하철 화재) 현장에서 구조·구급하는 기관과 지자체간에 역할이 명확하지 않아 협업체계 미흡. Ibid.
32) 대표적 사례로 ('95 삼풍백화점 붕괴) 사고당시 소방·경찰·군 등 6천여 인력과 구급차·구조장비 등이 일시에 몰리자 사고대응체계 전면 마비. Ibid.
33) 대표적 사례로 ('03년 대구지하철 화재) 사고 당시 출동가능한 대구시 전체 119 구조대원 숫자가 42명에 불과(6개 대대), 비번근무자 소집에 1~2시간 소요 또한 ('14년 세월호 사고) 해경의 특수구조를 할 수 있는 인력 및 특수장비 부족. Ibid.
34) 대표적 사례로 ('14년 세월호 사고) 세월호 사고 당시 대국민 및 피해자에 대한 일원화된 공보체계 미흡으로 혼선 초래, Ibid.

있었다. 한편 언론 브리핑과 관련한 체계화된 매뉴얼이 없고, 일원화된 언론 창구도 확립되지 않아 정부의 재난대응 활동에 대한 불신이 가중된 대표적 사례는 2014년 세월호 참사를 들 수 있다. 또한

마) 지방자치단체의 재난대응역량 부족35)으로 대형 재난안전사고에 대한 지방자치단체의 중앙의존적·소극적 자세와 재난담당 공무원의 빈번한 순환보직, 업무기피 현상 등으로 재난관리 전문성 부족 및 효율적 재난관리에 어려움을 초래한 대표적 사고는 2014년 발생한 세월호 참사였다.

바) 재난정보 수집 및 상황 전파 지연 오류36)로 인한 사고와 관련하여 실시간(real time) 재난발생 현장과 중앙재난안전상황실간, 중앙재난안전상황실과 소방청 119종합 상황실 및 해양경찰청(경찰청) 상황실간의 신속한 상황전파가 되지 않아 초동대응에 실패한 대표적 사례는 1994년 성수대교 붕괴사고, 2014년의 세월호 참사 등이다.

사) 자원봉사단체(개인)에 대한 관리체계 역시 미흡37)했다. 또한 현장에 투입된 자원봉사자에 대한 접수, 인력 배치, 활용 등 자원봉사자를 관리할 수 있는 전문 인력이 부족하거나 시스템이 부재한 대표적 사고는 2007년 태안기름유출사고, 2014년의 세월호 참사를 들 수 있다. 사고 초기대응 단계에서의 대응은 사고 전(全)단계 가운데에서 매

---

35) 대표적 사례로 ('11년 우면산 산사태) 우면산 산사태 시 서초구의 경우 주민들에게 대피명령을 제대로 내리지 않아 피해를 입은 사례. *Ibid.*
36) 대표적 사례는 ('94년 성수대교 붕괴) 사고발생 이후, 시민들의 반복적인 신고와 제보에도 불구하고 잠수부 투입까지 약 1시간이 소요되어 구조·구급에 실패한 사례와 ('14년 세월호 사고) 해경의 사고 접수(8:58분경) 이후 중앙안전상황실에 대한 보고가 지연, 중앙안전상황실은 언론을 통해 사고발생을 최초로 인식(09:19)했다. *Ibid.*
37) 대표적 사례는 ('14년 세월호 사고) 현장에 도착한 민간잠수사 관리 체계 부재와 ('07년 태안기름유출) 전국에서 몰려온 자원봉사자를 관리할 수 있는 전문인력이나 관리체계가 미흡하여 아무런 활동 없이 귀가하는 사례 발생. *Ibid.*

우 중요한 행동단계이다. 대응의 숙달유무에 따라 사고가 초기에 해제 또는 계속유무를 판단하는 중요한 요소이다. 이는 주로 행동으로 평시에 숙달되어야 실전에 유용하게 대처할 수 있다. 세월호 참사 당시 선장, 기관사, 항해사, 기장 승무원들은 자신들만 탈출하기에 급급했다. 직업소명 의식이 부족할 뿐만 아니라 긴급상황에서 대응하는 교육이 전혀 이루어지지 않았다. 세월호 참사 당시 의사결정권자는 초기 3분에는 선장, 기관사, 항해사, 기장 등이 신속하게 선박에서 탈출하도록 지시를 하여야 한다. 이후 1시간 동안 세월호 참사 현장에 출동한 해양경찰들이 선박에 접근하여 선박 내에 있는 사람들을 대피토록 해야 한다. 세월호 참사에서는 해양경찰들의 이런 적극적 활동이 없어서 수많은 인명사고가 발생했다. 사고 발생 이후 중앙재난대책본부의 활동은 인명구조에 중점을 두고 유속이 빠른 관계로 인명이 유실되지 않도록 대응해야 하나 실제로 행동으로 하기 까지 많은 문제점이 노출되었다. 초기에 많은 자원이 대기했음에도 이를 잘 활용하지도 못한 것이 안타까울 뿐이었다.

〈표 7-14〉 3단계 활동의 세월참사 적용사례[38]

(D+3m) 선장의 책임감과 전문성이 결여된 판단으로 탈출 실패, 항공구조사들의 선내진입 미 시도로 탑승객 대피 조치 미실시
(D+1h) 출동해양경찰청의 지휘·조정·통제 부족으로 구조 실패, 현장지휘관의 전문성 부족, 컨트롤타워의 부재로 혼란초래, 정부의 초기 대응 미숙
(D+2d) 부정확한 현장정보로 중대본의 상황판단 오류, 동시 다발적으로 설치된 각급 본부들의 지휘체계 혼란 가중

---

38) 안전행정부, 국립재난안전연구원, 「대형사고 사례분석 및 재난안전대책 개편방향」(2014.5). 부분적인 내용을 보완하였음.

모든 재난사고 발생시 초동조치는 매우 중요하다. 왜냐하면 초동조치의 승패에 따라 2차 피해 확산을 방지하고 인명구조, 화재 진압 등의 다음 대응 단계의 활동을 용이하기 때문이다. 인명피해를 줄일 수 있는 시간(골든타임)은 초동조치에서 대부분 결정된다.

〈표 7-15〉 초동조치 미흡으로 대형재난으로의 확산사례 분석

- 서해 훼리호 침몰('93): 구조요청 부재로 당국의 구조 지연
- 중국 민항기 추락('02): 추락 사고현장의 접근성 한계로 사고전파·구조구급 지연, 합동구조체계 미흡
- 대구지하철 화재('03) : 보고없이 승객 대피유도/안전조치 않고 대피한 기관사
- 우면산 산사태('11): 산림청과 서초구, 산사태 예보 SMS 발송·접수여부 공방
- 불산가스 누출사고('12): 불산가스 누출 후 4시간이 지나서 주민대피령 발령
- 대구역 KTX 열차사고('13): 1차사고 이후 관제실에서 대구역내 열차 정지신호 미전달
- 제천 화재('17): 현장지휘관의 초동조치 미흡으로 인명사고 과다 발생

출처: 안전행정부, 국립재난안전연구원, 「대형사고 사례분석 및 재난안전대책 개편방향」(2014.5). 제천 화재('17) 내용은 필자가 추가하였음.

미국 US 에어웨이스 불시착 사고는 승객 150명과 승무원 5명이 탄 에어버스 A320 여객기는 2009년 1월 15일 오후 15:30분(한국시각으로 1.16. 새벽 05:30분)경 미국 뉴욕주 뉴욕 라과디아 공항을 출발, 노스캐롤라이나주 샬럿으로 향할 예정이었으나, 이륙직후 새떼와 충돌하여 엔진에 불이 붙으면서 센트럴파크 인근 허드슨 강(Hudson River)에 불시착한 사고이다. 이 사고로 전원이 생존하면서 '허드슨의 기적(miracle of the Hudson)'이라고 일컬어지고 있다. 허드슨의 기적은 기장 및 부기장의 위기상황에서의 침착하게 관제소와 즉각적인 소통으로 위기에서 기적을 만들었다.

〈그림 7-5〉 미국 허드슨 강의 기적(2009년)

둘째, '손발'만 있고, '뇌', '눈', '입'이 없는 재난안전컨트롤타워를 과연 상상이나 할 수 있는지? 중앙재난안전대책본부에 재난 유형별 주요 조치사항, 심각성과 대응방향을 판단할 전문가의 편성도 없이 행정공무원만으로 구성되어, 수집된 정보취합 역할만 수행하는 등 전문성이 결여되어 있었다.39) 특히 세월호 참사 당시에도 안전행정부의 '중앙재난안전대책본부' 내에서도 소방이나 해양경찰의 구조전문가가 편성에 없었다는 점이다. 즉 '중앙재난안전대책본부' 편성에 관련 구조·구급전문가를 포함하여 편성되어야 한다.40)

〈표 7-16〉 전문가에 의한 상황대응 및 조치 사례

- 중앙비상대책센터(CEOC): 대만에서 우리나라 중대본의 역할을 하는 조직
- 유형별전문가그룹(NCDR): 중앙비상대책센터에서 재난유형별 특성을 고려한 상황판단을 지원하는 상설 전문가그룹(상황판단, 위험성평가, 모니터링 담당)
- 대구지하철 화재('03년) 사고 당시 출동가능한 대구시 전체 119 구조대원 숫자가 42명에 불과(6개 대대), 비번근무자 소집에 1~2시간 소요

---

39) *Ibid.*
40) 2014.4 세월호 참사이후에 행정안전부는 '중앙재난안전대책본부' 편성에 소방 등 구조전문가를 편성·운영하고 있다.

> - 세월호 참사('14년) 해경의 특수구조를 할 수 있는 인력 및 특수장비 부족
>   * 대만의 중앙비상대책센터(CEOC)는 유형별 전문가그룹(NCDR)이 모여 상황판단을 실시하여 실시간 핵심기능을 수행

다음은 정보통신기기의 발달에도 불구하고 유선전화를 통한 상황파악 및 메일을 통한 사진 전송으로 상황판단 시간 지연 및 자료부족으로 중앙·지방·현장·부처 간 양방향 커뮤니케이션 및 정보공유 부재현상이 발생하고 있다.41) 또한 대언론 관계에 있어 부정확한 정보전달, 확인이 필요하다는 식의 전문성 없는 브리핑으로 언론과의 신뢰성 저하로 문제가 제기되어 전문적인 공보팀을 운영하고 국민에게 알릴사항은 반드시 확인을 거친 후 전문가에게 맡겨서 브리핑이 이루어져야 한다. 미국, 일본 등의 국가에서는 전문공보관 제도를 운영하고 있다.

〈표 7-17〉 재난발생시 공보조직을 미운영한 사례분석

> - 서해 훼리호 침몰('93): 승선인원 집계 오류로 사고발생 8일후 승선인원 확정, 선박사고 및 관제국간 정보전달 체계 미흡
> - 삼풍백화점 붕괴('95): 기관별로 현장 지휘본부를 운영하였으며, 상호간 무선채널이 달라 기관간 협조체계가 이루어지지 않음
> - 태풍 루사('02): 구조·구급체계 분산으로 인적·물적 자원 지원체계 미흡
> - 세월호 참사('14년) 세월호 사고 당시 대국민 및 피해자에 대한 일원화된 공보체계 미흡으로 혼선 초래
> - 경주 지진('16): 대국민 언론브리핑 미흡으로 국민 불안감 조성*
> - 포항 지진('17): 대국민 언론브리핑 미흡으로 국민 불안감 조성
>   * 전문공보관 편성 및 운영 미흡, 브리핑 담당자 공보교육 미수료 등

출처: 안전행정부, 국립재난안전연구원, 「대형사고 사례분석 및 재난안전대책 개편방향」(2014.5). 경주지진('16), 포항지진('17) 내용은 필자가 추가하였음.

---

41) 실시간 재난현장 통합지휘를 위한 재난안전통신망 조기구축이 필요하다.

〈표 7-18〉 재난발생시 전문 공보조직의 가동 및 운영사례

- 재난발생시 미국은 전문대변인을 통해 언론대응을 실시
  - 전문대변인은 '위기상황시 정보소통매뉴얼'에 의해 언론브리핑을 함
  - 위기시 가장 중요하고 어려운 역할로 기관의 얼굴로서 청취자의 요구에 따라 유연하게 대처해야 하며, 신뢰가 가장 중요
  - ※ 미국 보건복지부 질병관리본부(CDC)는 전문대변인 제도 운영

출처: 안전행정부, 국립재난안전연구원, 「대형사고 사례분석 및 재난안전대책 개편방향」(2014.5). p.11.

3) 사후 수습단계 주요사례 분석

첫째, 피해자 및 유가족 보호조치가 취약한 것은 현장에서 유가족 외에 기자, 구경꾼 등이 섞이면서 유가족들만의 쉼터 등 독립적 공간 및 Hot-line 침해하는 사례를 발견할 수 있다. 포토라인 및 폴리스라인 등 유가족을 보호할 수 있는 공간구분이 부재하다.[42] 이로 인해 많은 기자와 구경꾼들로 유가족들과 사진촬영 등 또 다른 문제가 발생하는 상황을 연출하고 있다. 시신인양 ↔ 사망확인 ↔ 장례 등 일원화 부족으로 유가족 불만은 시신인양(해양경찰청), 확인(보건복지부, 국과수), 장례식(교육부 등) 업무 혼선, 시신 및 실종자 확인에 대한 사전 유가족 협의[43]와 프로세스가 정교하게 설계되어야 한다. 유가족들이 심리적으로 안전하게 대응절차와 사후수습에 관해 관계기관의 행정조치나 절차에 대해 협의할 수 있는 공간이 준비되어야 한다. 또한 사후수습에 이르기까지 제반절차나 의식 등이 유가족들에게 충분히 이해가 되도록 필요한 조치를 강구해야 한다. 이는 사후수습단계에서 매우 중요한 절차이다. 특히 외국인 신원확인 및 보상의 차별화로 외교문제의 발생 가

---

[42] 일본의 커튼형쉼터, 종이벽쉼터 등으로 안정된 shelter 제공 등이 좋은 예다.
[43] 안전행정부, 국립재난안전연구원, 「대형사고 사례분석 및 재난안전대책 개편방향」(2014.5), p.8.

능성이 대두하고 있다.

<표 7-19> 사고발생시 유가족 보호조치 미흡사례 분석

- 삼풍백화점 붕괴('95): 1천 여명의 사상자 속출했음에도 현장에 의료진이 없어 부상자 분류 및 병원 후송에 혼선 발생, 생사 미확인 실종자 처리문제가 발생하여 사고발생 33일 후 실종자심사위원회를 구성하는 등 계획적이지 못한 수습체계
- 서해대교 추돌('06): 개인·국가간 과실유무에 따른 보험회사와의 장기적 법적 공방 발생
- 중국 민항기 추락('02): 다국적 항공기 유가족 및 피해자 보호체계 결여
- 태풍 루사('02) 접수된 구호품의 지연 공급, 침수가능성이 높은 학교·교회 등의 이재민 수용소 지정 등으로 피해자 불만 가중
- 14년 세월호 참사('14)) 시신이양-사망확인-장례 등 일원화 부족으로 유가족 불만, 현장에서 유가족 쉼터 등 독립적 공간 부족 및 사적 소통 침해

출처: 안전행정부, 국립재난안전연구원, 「대형사고 사례분석 및 재난안전대책 개편방향」(2014.5).; 태풍 루사('02), 세월호 참사('14) 내용은 필자가 추가.

둘째, 강력한 현장통제력 부재로 구조·수습 혼선(DSI 현장조사결과 4.18~22)이 발생하는 것은 현장관리측면에서는 사고현장의 훼손 등 무분별한 사후수습이 중요하며 이는 원인분석, 보상, 복구(수습) 방안 결정, 법적 책임, 제도적 개선사항 도출 등을 위한 체계 정립(효율적 사후수습에 기여), 정보관리측면에서는 피해상황 및 집계 등 현장정보의 일원화된 관리 및 통제 부재로 재난관리 기관의 신뢰성이 하락할 수 있다. 한 예로 중앙재난안전대책본부(안전행정부) 및 지역본부(해양경찰청)의 피해 집계 상이로 혼란이 가중할 수 있으며, 또한 현장 ↔ 구조 ↔ 피해확인집계 등 독립적·일원화된 보고체계가 필요하며 자원봉사측면에서는 유가족만을 위한 자원봉사인력 투입 및 자원봉사자와 구호물품의 효율적 운영이 필요하다. 이는 실종자 가족들을 대상으로 전담 구호인력 및 물품 등 '유가족 지원센터' 운영 및 개인 사물보관 공간이 필요하다는 점을 들 수 있다. 한편 구조장비 측면에서는 현장통

제관의 지휘(command)하에 동원 가능한 모든 장비의 stand-by 태세가 필요하며 이는 대규모 인양선, 첨단구조장비 등 신속한 가동체계 및 행정 간소화가 필요[44]하다. 또한 중앙재난안전대책본부, 중앙사고수습본부 및 지역재난안전대책본부, 현장대응기관과의 역할과 책임이 불명확하여 재난대응에 혼선을 초래한 대표적 사고[45]는 다음과 같다.

〈표 7-20〉 재난발생시 구조현장 지휘통제대책 미흡사례 분석

- 서해 훼리호 침몰('93): 상황긴급성 간과, 상황처리 운영 미숙, 가용한 구조인원 및 장비 부재, 구조지원 가능 기관의 법적인 구조지원 의무 부재
- 삼풍백화점 붕괴('95): 신속히 철거장비가 지원되지 않아 구조작업 지연, 추가 붕괴 위험으로 철수명령에도 불구하고 민간 구조대원은 개별적 구조작업을 진행
- 중국 민항기 추락('02): 다국적 희생자 발생에 따른 국제공조 종합 지원체계 필요
- 대구지하철 화재('03): 현장수습후 희생자 유해가 일부 발견되어 증거인멸·현장훼손 등에 대한 유가족과의 소송 등 문제발생
- 제천 화재('17): 119종합상황실과 구조현장간 무선통신 제한 휴대폰으로 통화

출처: 안전행정부, 국립재난안전연구원, 「대형사고 사례분석 및 재난안전대책 개편방향」(2014.5).; 제천 화재('17) 내용은 필자가 추가하였음.

4) 평가·환류·사후조치 단계

첫째, 사고원인조사 및 상시적 예방조치 실패는 사고원인 재발방지 대책을 강구하는데 매우 중요한 요소임에 틀림없다. 사고수습·보상이 끝나고 중앙재난안전대책본부가 해체되면 근본적 사고원인에 대한 정밀조사나 기관별 방지대책도 흐지부지되는 악순환이 반복되는 사례는 지속적으로 지적되고 있다. 이러한 사례를 시정하기 위해서는 매뉴얼에 사후조치항목을 반영하여 추진하는 현실적 방안을 고려해 봄직하다. 이

---

44) Ibid., pp.8~9.
45) 세월호 참사('14년) 세월호 발생 초기에 중앙수습본부와 중앙대책본부간의 역할이 명확하지 않아 중앙대책본부의 과도한 개입 초래; 대구지하철 화재('03) 현장에서 구조·구급하는 기관과 지자체간에 역할이 명확하지 않아 협업체계 미흡.

는 과학적 사고원인조사 → 기관별 방지대책 추진상황의 상시적 안전감사 → 대국민 공개 → 국가안전관리기본계획에 반영하는 선순환구조가 필요하다는 것을 역설하고 있다. 둘째, 제대로 된 재난안전교육의 부재는 초등대응조치에 심각한 후유증을 초래할 수 있는 상황을 잉태하고 있다. 재난·안전 분야의 교육·훈련 미흡은 형식적인 민방위훈련 외에 기관별, 건물별 화재탈출훈련, 응급처치교육 등 선진국에서는 당연한 교육훈련활동이 부재한 실정과 위험으로부터 스스로를 방어할 수 있는 지식과 기술을 익혀 위기상황을 극복할 수 있도록 안전교육의 생활화(체험형·반복적 교육 실시)46)가 필요하다. 다음은 학교(유치원·초·중·고)에서의 재난·안전 교육 부족은 안전교육 시간을 의무적으로 확보하고 체험위주의 교육과 훈련 실시, 특히 영·유아기부터 안전의식 함양을 통한 안전문화 선진화47)를 구축해야 할 시기가 도래했다.

〈표 7-21〉 재난안전교육 미흡 및 환류체계 분석 사례

- 서해 훼리호 침몰('93): 예산 및 비용 문제로 사고예방을 위한 안전관리 소홀
- 삼풍백화점 붕괴('95): 하루전에 구조물의 위험을 인지하였음에도 붕괴되지 않는다는 방심(안전불감증)으로 안전조치 못함
- 태풍 루사('02): 재난예방을 위한 재난대비 교육·훈련실시 및 평가체계 부재
- 중국 민항기 추락('02): 다국적 국제공항에 대한 사전지식(지형, 특성) 부족
- 서해대교 추돌('06): 운전자 안전불감증 등에 따른 안전규칙 미준수
- 밀양 화재('18): 제천화재 이후 안전불감증에 후속조치 및 안전대책 결여
- 이천 물류창고 화재('20): 화재예방 및 피난교육 미실시 등 안전조치의무를 소홀

출처: 안전행정부, 국립재난안전연구원, 「대형사고 사례분석 및 재난안전대책 개편방향」(2014.5).;
밀양 화재('18) 내용은 필자가 추가하였음.

---

46) 안전행정부, 국립재난안전연구원, 「대형사고 사례분석 및 재난안전대책 개편방향」(2014.5), p.10.
47) *Ibid.*

셋째, 국가의 재난안전 투자 부족 및 예산관리의 비효율성은 안전을 담보하는데 있어서 일차적인 원인을 제공을 하는 것과 다를 바 없다. '14년 재난안전 R&D 예산은 국가전체 R&D(17.7조원)의 1.6%에 불과(2,785억원)하여 주요 선진국'에 비해 재난·안전 분야 투자의 절대 부족은 미국은 재난안전 R&D에만 국가전체 R&D의 4.7%(7조원/년)를, 일본의 경우는 재난안전 R&D에만 국가전체 R&D의 8.1%(3조원/년)[48]를 투입하고 있는 현실을 되새겨볼 필요가 있다.

5) 언로 보도단계

첫째, 경쟁적·비윤리적 보도로 혼란 가중 및 인간 존엄성 무시는 초기 대응조치에 자원투입에 곤란을 겪을 수 있다. 중앙재난안전대책본부 브리핑과 상이한 언론사의 인명피해 보도, 단원고 교감 자살(4.18), 단원고 생존자 학부모 대국민 호소문을 발표(4.22)하였다.[49]

〈표 7-22〉 경쟁적 보도사례 분석

- 천안함사건: 생존자 가족으로 위장 잠입한 기자 발각, 실종자 가족에게 무리한 취재를 요구하다가 경찰신고를 당함
- 세월호 참사: 사고 초기 '학생전원 구조' 오보, 무리한 실종자 가족인터뷰, 과다한 취재 경쟁으로 유가족의 정신적 피해 심화
- 제천 화재('17) : 과다한 취재 경쟁, 소방관의 피로도 심각

출처: 안전행정부, 국립재난안전연구원, 「대형사고 사례분석 및 재난안전대책 개편방향」(2014.5).;
제천 화재('17) 내용은 필자가 추가하였음.

---

48) *Ibid.*
49) *Ibid.*

〈표 7-23〉 과도한 언론보도로 구조자 배려 부족 사례

- 서해 훼리호 침몰('93): 부정적 보도 난무 및 유언비어성 루머 취재
- 삼풍백화점 붕괴('95): 지나친 취재경쟁이 구조에 지장을 초래했다는 시민의식 조사 결과(60.1%)로 새로운 보도문화의 필요성 제시
- 중국 민항기 추락('02): 무분별한 취재경쟁으로 구조 및 희생자 배려부족
- 경주 지진('16): 취재경쟁 과열로 피해자 및 피해가족 보호조치 결여

출처: 안전행정부, 국립재난안전연구원, 「대형사고 사례분석 및 재난안전대책 개편방향」(2014.5).;
경주지진('16) 내용은 필자가 추가하였음.

둘째, 사회 관계망서비스(SNS: Social Network Service[50]) 등을 통한 근거 없는 정보 유포에 대한 적극적 대응 미흡은 유언비어가 기사로 다뤄짐에 따라 재난 보도의 공공성(publicness) 훼손으로 선내 엉켜있는 시신 다수확인, 해양경찰청이 민간 잠수사의 작업을 막았다는 등 카카오톡, 페이스북 등 실종자들의 생존 가능성에 대한 미확인 소문이 확산[51]된 사례를 수 없이 찾아 볼 수 있다. 이와 같은 근거 없는 내용은 위기상황에서 불확실성(uncertainty)을 증폭시켜 대응을 어렵게 하거나 혼란을 초래하여 대응시간을 증가시켜 구조를 지연시키는 결과를 불러일으킨다.

〈표 7-24〉 근거 없는 정보 유포사례*

- 천안함 피격사건('11) : 천안함 피격 원인을 두고 내부폭발에 의한 내압설 주장 사례
- 우면산 산사태('11) : 서울 우면산에서 과거 매설된 지뢰유실 의혹
- 세월호 참사 침몰('14) : 세월호 침몰 원인을 두고 외력에 의한 외압설 주장 사례

---

50) 사회적 관계를 생성 및 강화하는 온라인 플랫폼을 의미하며 자유로운 의사소통과 정보를 공유하는 핵심수단으로 개인의 미디어 기능을 수행한다. 한국에는 싸이월드(cyworld), 카카오스토리(kakao story), 세계적인 SNS는 '트위트(twitter)', '페이스북(facebook)', '유트브(youtube)' 등이 있다.
51) 안전행정부, 국립재난안전연구원, 「대형사고 사례분석 및 재난안전대책 개편방향」(2014.5), p.10.

셋째, 대형재난(major disaster)에 대응한 정부의 언론대응체계 부재는 검증되지 않은 정보(unverified information)를 서둘러 발표하고 언론의 요구에 단호히 대처하지 못함으로서 국민들의 불안감을 증폭(amplification)시키는 것으로 작용되고 있다. 또한 단일창구가 아닌 다수의 정부기관에서 서로 다른 정보(different information)제공으로 혼란이 야기되고 있는 현상을 종종 볼 수 있다. 1993년에 발생한 서해 훼리호 침몰 사고 당시에는 승선인원 파악 불가로 상이한 상황 발표 및 언론보도(media reports)로 초기에 많은 혼란이 발생했다.

4. 대형사고 이후 정부의 조치

2014년 4월 세월호 참사 당시 정부는 참사이후 재발방지대책을 강구하기보다는 사고를 덮으려는데 혈안이 되어 세월호 특별조사위원회(이하 '특조위'라 한다) 활동 예산편성을 미루고, 회의를 방해하고, 지연전략(delay strategy)을 사용하는 등 유가족 보호에는 애초에 관심도 두지 않았다. 오히려 군(軍) 기무부대요원을 편성·운영하여 세월호 유가족 대표들을 밀착·감시하는 등 민주적인 정부가 취할 행태를 보여주지 못하고, 권위주의적인 정부가 취하는 행태를 보임으로써 많은 대다수 국민들로부터 무능과 불신임을 받기에 이르렀다. 오히려 초동조치를 잘못한 책임을 물어 해양경찰청을 해체하여 소방방재청과 함께 국민안전처에 편입시켜버렸다.52) 사고원인(cause of accident)을 끝까지 추

---

52) 국민안전처는 세월호 참사이후 재난과 안전을 총괄하는 기구로 탄생했다. 소방방재청은 → 중앙소방본부로, 해양경찰청은 → 해양경비안전본부로 안전행정부 조직들은 기획조정실, 안전실, 재난실, 특수재난실로 운영되었으나 국민안전과 시민들의 안전 불감증은 여전히 높아졌다. 세월호 참사를 덮으려는 임시처방으로 기형적인 조직을 만들었으나 실패라는 초라한 성적으로 사라졌다. 한편 촛불시민혁명으로 탄생한 정부는 2017년 7월 행정조

적하여 과학적 방법을 동원하여 분석하고, 분석한 내용을 전 국민에게 알리고, 사고 유가족에 대한 보상절차, 책임자 처벌, 등 일련의 절차를 전혀 이행하지도 않았다. 참으로 어처구니없는 일이 참사 이후에도 계속되었다. 책임회피(avoidance of responsibility)만 하려는 모습에 유가족을 포함한 많은 국민들은 분노를 넘어(beyond anger) 실망감에 우울한 나날을 보냈다. 실패한 정부(a failed government)는 국민의 안위에 관심을 두기보다는 자신과 그 주변을 기웃거렸다. 따라서 세월호 참사와 관련 재발방지대책은 촛불시민운동으로 탄생한 문재인 행정부에 들어와서 본격적으로 추진되었다.

이러한 대형 참사의 진상규명과 재발방지대책, 책임자처벌 등 제대로 된 대책이 미루어지는 사이 2022년 수도 서울의 용산 이태원에서 대형 참사가 발생했다. 이번에도 세월호 참사에서 제기되었던 많은 문제점들이 반복되어 나타났다. 소 잃고 외양간을 못 고쳤다. 정부의 위기 대응 능력은 비참하기 그지없다. 정부는 왜 존재하는가에 대한 의문을 던지지 않을 수 없다. 세월호참사가 해상에서 발생하고, 이태원참사가 지상에서 발생한 것 이외에는 진전된 정부 및 지방자치단체의 효율적인 대책은 그 어디에도 찾아볼 수 없었다. 대형 참사에서 재발방지대책과 교훈을 찾지 못하면 제3의 대형 참사가 이어질 가능성은 이미 잉태하고 있을 것이다. 우리는 하인리히(H. W. Heinrich)법칙에서 그 답을 찾아야 할 것이다. 사고예방은 과학이자 예술이라고 한 의미를 곰곰이 되새겨보아야 할 것이다.

직 개편을 통해 중앙소방본부는 → 소방청으로, 해양경비안전본부는 → 해양경찰청(인천), 국민안전처 각 실들은 행정안전부소속으로 변경되어 원위치(국민안전처 이전 조직)되었다.

제 8 장

재난관리의 변화

살아남는 것은 가장 강한 종이나 가장 똑똑한 종들이 아니라,
변화에 가장 잘 적응하는 종들이다.

— Charles Darwin

제8장 재난관리의 변화

제1절 재난관리 패러다임의 변화

1. 재난의 사회·경제적 영향

 2017년 정부 보고서 발간배경과 관련 경제협력개발기구(OECD)는 매2년 주기로 회원국 주요 정부성과에 대한 국제적 비교 데이터 제공을 위해 '한눈에 보는 정부(Government at a Glance)' 보고서를 발간(2017. 7.13)하였으며, 동 보고서는 세계경제 불확실성 등 다양한 도전과제 극복을 위해 각 국이 추진하고 있는 공공 거버넌스 개혁(governance reform)을 위한 증거기반을 제공하고 있다.[1] 재난의 사회·경제적 영향으로 OECD 국가내에서 지난 30년간 주요 재난이 증가하고 있으며 이로 인해 상당한 손실이 초래되고 이는 자연 재해, 전염병, 주요 산업 재해, 테러공격 등이 포함되었다. 특히 미국의 지난 30년간 평균재난 발생건수는 약 12건으로 경제협력 개발기구(OECD) 국

---

[1] 2017 한눈에 보는 정부 보고서 주요 내용(요약), 2017. 7. 13. 주 오이시디 대한민국 대표부, 작성자 HAEHYO, 재인용.

가중 가장 높으며, 한국은 4.2건으로 OECD 평균(약3.5건) 보다 다소 높은 편에 속한다.

〈표 8-1〉 OECD 국가내 평균 재난 발생 건수, 1980-2016

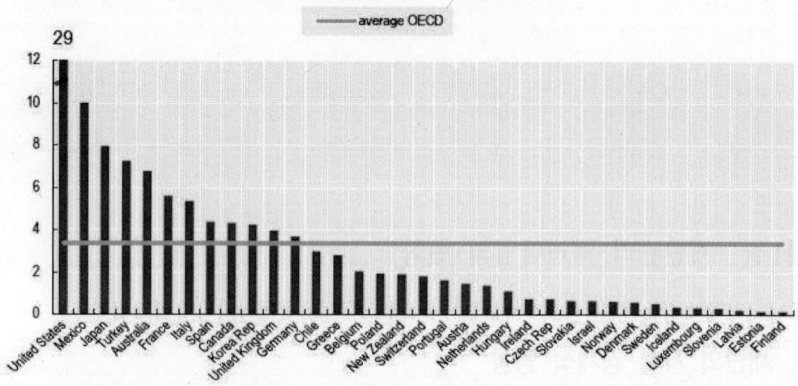

Source: D. Guha-Sapir, R. Below, Ph. Hoyois-EM-DAT: The CRED/OFDA International Disaster Database-www.emdat.be-Université Catholique de Louvain-Brussels-Beligium(accessed March 2017).2017.07.20
출처: 2017 한눈에 보는 정부 보고서 주요 내용(요약), 2017. 7. 13. 주 OECD 대한민국 대표부, 작성자 HAEHYO 재인용. https://blog.naver.com/haehyo29/221055912482(검색: 2020. 02.11)

경제협력개발기구(OECD) 국가 중 지난 30년간 평균재난 손실규모가 가장 큰 국가는 미국, 일본, 이탈리아 순이며, 한국은 OECD 평균보다 낮은 수준을 나타냈다.

〈표 8-2〉 OECD 국가내 평균 재난 손실 규모, 1980-2016

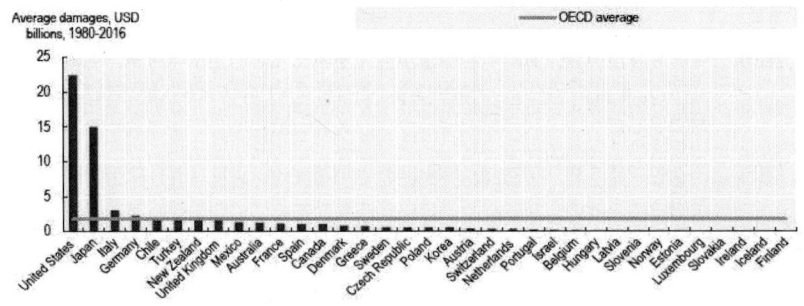

Source: Sapir, R. Below, Ph. Hoyois-EM-DAT: The CRED/OFDA International Disaster Database-www.emdat.be-Université Catholique de Louvain-Brussels-Beligium(accessed March 2017), 2017.07.20
출처: 2017 한눈에 보는 정부 보고서 주요 내용(요약), 2017. 7. 13. 주OECD 대한민국 대표부, 작성자 HAEHYO 재인용; https://blog.naver.com/haehyo29/221055912482 (검색: 2020. 02.11)

    2018년 세계경제포럼(WEF)은 글로벌 리스크를 5대 주요 부문별로 분류하여 발생가능성(Likelihood)과 영향력(Impact)이 큰 것으로 구분하여 ▲경제 ▲환경 ▲지정학 ▲사회 ▲기술 등 총 5개 부문에서 작년과 동일한 총 30개의 개별 리스크를 선정해 발표했다. WEF는 발생 가능성이 가장 높은(in Terms of Likelihood) 글로벌 리스크로는 극심한 기상이변, 대규모 자연재해, 사이버공격, 데이터 사기 및 절도, 기후변화 적응 실패 순으로 발생 가능성이 높은 것으로 평가하였으며, 영향력(혹은 파급력)이 가장 클 것(in Terms of Impact)으로 예상되는 리스크로는 대량 살상무기가 선정, 극심한 기상이변, 자연재해, 기후 변화 적응 실패, 물 부족 현상 순으로 예측 불가능하며 심대한 충격을 초래하게 될 것으로 전망했다.

〈표 8-3〉 2018년 주요 부문별 글로벌 리스크(30대)

부문	리스크
경 제(9)	주요국 자산버블, 주요국 디플레이션, 금융제도 실패, 인프라 부족, 주요국 재정위기, 불법 무역거래, 구조적 실업, 원자재 가격 쇼크, 관리 불가능한 인플레이션
환 경(5)	극심한 기상이변, 기후변화 적응실패, 생태계 손실. 파괴, 대형 자연재해, 대형 인재
지정학(6)	국가간 통치 실패, 국가간 분쟁, 대규모 테러 공격, 글로벌 거버넌스 실패, 국가 붕괴 위기, 대량살상무기
기 술(4)	기술발전의 부작용, 정보 인프라 파괴, 대규모 사이버 공격, 데이터 사기 및 절도
사 회(6)	도시계획 실패, 식량부족, 난민문제, 사회불안정, 질병 확산, 물 부족

자료: The Global Risks Report. 2018.

2. 극심한 기후·환경변화 대응

IPCC(Intergovernmental Panel on Climate Change, 기후변화에 관한 정부간 협의체)[2]는 1988년 세계기상기구(WMO)와 유엔환경계획(UNEP)이 공동으로 설립한 국제기구로 총 195개의 회원국이 참여하고 있으며 기후변화, 영향 및 대응정책에 관한 평가보고서 작성을 목적으로 하고 있으며, 2014년에 5차 보고서[3]를 발표했다. 2018년 10월 인천 송도 컨벤시아에서 개최된 제48차 '기후변화에 관한 정부

---

[2] 기후변화에 관한 정부간 협의체(IPCC)는 5~6년 간격으로 기후 평가보고서(AR: Assessment Report)를 발간해서 기후변화 추세 및 원인규명, 그리고 기후변화에 따른 사회경제적 영향, 대응전략에 대한 과학적 정보를 제공하고 유엔기후변화협상 정부간 협상의 근거자료로 활용되고 있다.

[3] 제1차 보고서(FAR,1990): 지구가 더워진다 → UN 기후변화협약(1992년. UNFCCC의 채택근거), 제2차 보고서(SAR,1995): 인간 책임이다 → 교토의정서(1997. 교토의정서 채택의 근거), 제 3,4차 보고서(TAR,2001. AR4.2007): 감축해야 한다 → 발리 로드맵(2007), 코펜하겐 합의(2009), 제 5차 보고서(AR5. 2014. 2015년 파리협약의 근거): 감축가능하다/적응해야 한다. → 신 기후체제(2015)

간 협의체(IPCC)' 총회가 치열한 논의 끝에 하루 연장된 2018년 10월 6일 「지구온난화 1.5℃」 특별보고서[4]를 회원국들 만장일치로 승인하고 성공적으로 막을 내렸다. 「지구온난화 1.5℃」 특별보고서[5]는 2015년 파리협정 채택시 극적으로 합의된 지구온난화 1.5℃ 목표의 과학적 근거 마련을 위해, 유엔기후변화협약(UNFCCC)[6] 당사국 총회가 IPCC에게 공식적으로 작성을 요청한 것이다. 「지구온난화 1.5℃」 특별보고서에 따르면 산업화 이전 수준 대비 현재 전 지구 평균온도는 약 1℃ 상승하였다. 지구 평균온도 상승을 1.5℃로 제한하면 2℃ 상승에 비해 일부 기후변화 위험을 예방할 수 있을 것이라고 강조하고 있다. - 예를 들면, 전 지구 해수면 상승은 지구온난화 2℃ 대비 1.5℃에서 10cm 더 낮아지며, 여름철 북극해 해빙이 녹아서 사라질 확률은 지구온난화 2℃에서는 적어도 10년에 한 번 발생하나 1.5℃에서는 100년에 한 번 발생할 것이다.[7]

---

[4] 「지구온난화 1.5℃」 특별보고서는 91명의 집필진들이 학술 논문 등 전 세계 연구 자료 6천 건 이상을 평가하여 2년에 걸쳐 작성되었으며, 작성 단계에서 전 세계 정부 및 과학자들로부터 4만 2천 건의 검토의견을 받아 수정되었다. 기상청.(기후정책과) 이은정·백아람. 지구온난화 1.5℃ 특별보고서, 그것이 알고 싶다. 2019. 02. 13. 홈 〉 행정과 정책 〉 보도자료 〉 본청 〉 읽기 http://www.kma.go.kr/notify/press/kma_list.jsp?bid=press&mode=view&num=1193267 (검색: 2020.07.10.).

[5] 정식 보고서명: 산업화 이전 수준 대비 지구온난화 1.5℃의 영향과 관련 온실가스 배출 경로 - 기후변화에 대한 전 지구적 대응 강화, 지속가능발전, 빈곤 근절 노력 차원에서 이 보고서는 2015년 채택된 파리협정 1.5℃ 목표의 과학적 근거 마련을 위해 유엔기후변화협약(UNFCCC) 요청으로 작성되었으며, 지난 12월 열린 제24차 당사국총회(COP24)에 제출되어 파리협정 세부 이행지침 마련에 기여했다. 기상청.(기후정책과) 이은정·백아람. 지구온난화 1.5℃ 특별보고서, 그것이 알고 싶다. 2019. 02. 13. 홈 〉 행정과 정책 〉 보도자료 〉 본청 〉 읽기 http://www.kma.go.kr/notify/press/kma_list.jsp?bid=press&mode=view&num=1193267 (검색: 2020.07.10.).

[6] 유엔기후변화협약(UNFCCC, UN Framework Convention on Climate Change) : 이산화탄소를 비롯한 온실가스 배출을 제한하여 지구 온난화를 방지하고자 1992년 브라질 리우데자네이루에서 세계 192개국이 체결한 국제 협약이다.

[7] 기상청, 이은정·백아람, 제48차 IPCC총회, 성공적으로 마무리하다!: 「지구온난화 1.5℃」 특별보고서 요약본 (SPM) 최종 승인, 보도자료, 2018.10.7.(배포일시); 기상청 홈페이지 〉

'기후변화에 관한 정부 간 협의체(IPCC)'는 스위스 제네바에서 개최된 제50차 총회에서 '기후변화와 토지 특별보고서'의 정책결정자를 위한 요약본을 채택했다. 토지 변화가 극한현상(폭염, 호우, 가뭄 등) 빈도와 강도 증가를 초래하며, 지속가능한 토지 이용 정책 등의 효율성을 강조했다. '기후변화에 관한 정부 간 협의체(IPCC)'[8]는 제50차 총회에서 '기후변화와 토지 특별보고서[9]'의 정책결정자를 위한 요약본을 채택했다. 특별보고서는 토지가 식량과 물을 공급하는 중요한 기반이며, 인간 활동에 의한 온실가스 배출량의 23%를 차지(2007~2016년 기준)하여 그 중요성이 강조되어 작성되었다. '기후변화와 토지 특별보고서'의 정책결정자를 위한 요약본은 4개 부문(A~D)*으로 구성되어 있다.[10] 유럽기후행동네트워크(CANEurope)와 독일 민간연구소 저먼워치(GermanWatch)는 2015년 12월 8일(현지시간) 프랑스 파리 기후변화협약 당사국총회에서 2016년도 기후변화대응지수(CCPI)를 발표했다. 한국의 기후변화대응지수는 37.64점으로 조사 대상 58개국 중 '매우 나쁨' 등급에 포함되는 54위를 기록했다.[11]

행정과정책 〉 보도자료 〉 본청 〉 읽기: 「지구온난화 1.5℃」 특별보고서 요약본 (SPM) 주요 내용은 아래내용 참조 http://www.kma.go.kr/notify/press/kma_list.jsp?mode=view&num=1193614 (검색: 2020.02.13.)

8) 기후변화에 관한 정부간 협의체(IPCC, Intergovernmental Panel on Climate Change)
9) 영문명: IPCC Special Report on Climate Change, Desertification, Land Degradation, Sustainable Land Management, Food Security, and Greenhouse gas fluxes in Terrestrial Ecosystems
10) A 부문에 따르면 토지의 변화는 △극한현상(폭염, 호우, 가뭄 등)의 강도와 빈도를 증가시킬 수 있으며, 기후변화는 △생물다양성 △식량체계 △건강에 악영향을 미치고, 앞으로 그 영향력이 커질 것으로 전망했다.: A: 온난화된 세계에서의 사람, 토지 그리고 기후, B: 적응 및 완화 대응 방안, C: 이행 가능한 대응 방안, D: 단기적 조치를 기술했다. 출처: 기상청(이은정)·외교부(최인택)·농촌진흥청(오명규)·산림청(김기현), 보도자료, IPCC, '기후변화와 토지특별보고서' 채택, 2019.08.08.; 기상청 홈 〉 행정과정책 〉 보도자료 〉 본청 〉 읽기(2019. 08. 08), http://www.kma.go.kr/notify/press/kma_list.jsp?bid=press&mode=view&num=1193767&page=9&field=&text=(검색: 2020.02.14.)

〈표 8-4〉 한국 '기후변화 대응 노력' 후퇴 … 세계 최하위권

좋음 (4~16위)	중간 (17~30위)	나쁨 (31~47위)	매우 나쁨 (48~61위)
4위 덴마크(71.19) 5위 영국(70.13) 6위 스웨덴(69.91) 8위 프랑스(65.97) 10위 모로코(63.76)	17위 헝가리(60.76) 22위 독일(58.39) 25위 인도(58.19)	34위 미국(54.91) 38위 남아공(53.76) 43위 브라질(51.90) 47위 중국(48.60)	52위 대만(45.45) 53위 러시아(44.34) 56위 캐나다(38.74) 57위 한국(37.64) 58위 일본(37.13) 59위 호주(36.56) 61위 사우디아라비아 (21.08)

주: 1) 매우 좋음(1~3위, 없음)
자료: 유럽기후행동네트워크·저먼워치 연구소
출처: 경향신문, 김기범, 한국 '기후변화 대응 노력' 후퇴 … 세계 최하위권, 2015.12.09.
https://news.naver.com/main/read.nhn?oid=032&aid=0002658043 (검색: 2020. 02. 14)

 2017년 제23차 기후변화협약총회에서 민간평가기관인 저먼워치, 뉴클라이밋 연구소 평가, 유럽기후행동네트워크가 발표한 '기후변화대응지수(CCPI) 2018 보고서'에 따르면, 한국은 기후변화대응지수에서 58위로 평가됐다.[12] 지구상에서 온실가스(Green House Gas)는 대기를 구성하는 여러 기체 중에서 온실효과를 일으키는 기체를 의미하며, 기후변화협약 제3차 당사국 총회(COP 3: Conference of the Parties, 1997.12. 일본교토)에서는 이산화탄소(CO_2), 메탄(CH_4), 이산화질소(N_2O), 수소불화탄소(HFCs), 과불화탄소(PFCs), 육불화황(SF_6)을 6대 온실가스로 지정했다. 일본 교토의정서의 지구온난화지수(GWP)란 6종

---

11) 김기범, 경향신문, 한국 '기후변화 대응 노력' 후퇴 … 세계 최하위권, 2015.12.09.
https://news.naver.com/main/read.nhn?oid=032&aid=0002658043 (검색: 2020. 02. 14)
12) 김대우, 헤럴드경제, 한국, 기후변화대응능력 58위 '최하위'기록, 2017.11.17.
https://news.naver.com/main/read.nhn?oid=016&aid=0001316625 (검색: 2020.02.14.)

의 온실가스 중 대기 중에 가장 많은 비중을 차지하는 이산화탄소를 기준으로 다른 기체의 온실가스 기여 정도를 표준화한 것을 의미한다. 메탄의 GWP는 이산화탄소의 GWP보다 21배 정도가 높다.13)

〈표 8-5〉 교토의정서의 6종 온실가스 종류와 GWP[주1]

종류	화학기호	비중	GWP
이산화탄소	CO_2	88.6%	1
메탄	CH_4	4.8% (음식물 쓰레기 등)	21
이산화질소	N_2O	2.8% (석탄, 질소비료 폐기물소각)	310
수소불화탄소	HFCs	3.8% (냉매, 세정제 등)	140-11,700
과불화탄소	PFCs		6,500-9,200
육불화황	SF_6		23,900

주: 1) 지구온난화지수: GWP(Global Warming Potential)
출처: 네이버, Green-House Gas - 온실 가스 (지형 공간정보체계 용어사전, 2016. 1. 3., 이강원, 손호웅); https://terms.naver.com/entry.nhn?docId=3477321&cid=58439&categoryId=58439 (검색: 2020.02.14.).

파리협정14)에 따른 이행여부 확인·독려를 위해 2005년 최초 지수

---

13) 출처: 네이버 지식백과, Green-House Gas - 온실 가스 (지형 공간정보체계 용어사전, 2016. 1. 3., 이강원, 손호웅), https://terms.naver.com/entry.nhn?docId=3477321&cid=58439&categoryId=58439(검색: 2020.02.14.).

14) 2015년 12월 프랑스 파리에서 열린 제21차 유엔기후변화협약(UNFCCC) 당사국총회(COP21)에서 채택된 것으로, 2020년 이후의 새 기후변화 체제 수립을 위한 최종 합의문이다. 즉 2020년 만료 예정인 교토의정서를 대체해 2020년 이후의 기후변화 대응을 담은 국제협약이다. 파리협약은 선진국만 온실가스 감축 의무가 있었던 1997년 교토의정서와는 달리 195개 당사국 모두에게 구속력 있는 보편적인 첫 기후합의라는 점에서 그 역사적 의미가 있다. 다만 각국이 제출한 INDC(자발적 감축목표)에 부여하려던 국제법상의 구속력은 결국 제외됐다는 한계는 있다. 파리협약은 2020년 만료되는 교토의정서를 대체할 신(新) 기후체제로, 오는 2020년 말 교토의정서가 만료되는 직후인 2021년 1월부터 적용된다. 파리협정에는 ▷장기목표 ▷감축 ▷시장 메커니즘 도입 ▷적응 ▷이행점검 ▷재원 ▷기술 등이 주요 내용으로 담겨 있다. [네이버] 파리기후변화협약 (시사상식사전,

발표 이후 각국의 기후변화에 대응하는 노력을 추적관리하는 지표가 된 '기후변화성과지수(CCPI: Climate Change Performance Index)'[15]는 표준화된 기준을 바탕으로 글로벌 온실가스 배출량의 90% 이상을 배출하는 56개국의 기후보호 성과에 대해 4개 카테고리[16]별 평가와 비교를 시행한다. 2020년 기후변화성과지수(CCPI)에서 한국은 61개국 중에서 58위로 2019년보다 한 단계 떨어진 최하위그룹에 속해 있다. 2019년 CCPI와 비슷한 수준이지만 한 단계 하락한 한국의 낮은 순위는 높은 1인당 온실가스 배출량과 에너지 소비량이 주요 이유라고 밝혔다. 또한 한국 정부가 제출한 2030년 중장기 목표가 인천 IPCC[17] 총회에 과학자들이 정한 1.5°C 목표, 파리기후협정에서 정한 2°C 목표 달성에도 못 미쳤기 때문이다.[18]

---

pmg 지식엔진연구소), https://terms.naver.com/entry.nhn?docId=3345327&cid=43667&categoryId=43667(검색: 2020.02.11.).
15) 파리협정에 따른 이행여부 확인 독려를 위해 2005년 최초 지수 발표, 표준화된 기준을 바탕으로 글로벌 온실가스 배출량의 90% 이상을 배출하는 56개국의 기후보호 성과에 대해 4개 카테고리별 평가를 실시한다.
16) 평가비중 : 온실가스 배출(40%), 재생에너지(20%), 에너지사용(20%), 기후변화 정책(20%), 출처: 숫자로 보는 기후변화 : 2020 기후변화 성과지수, 한국의 기후위기대응 점수는?, 국가기후환경회의. https://blog.naver.com/nccatalk/221772636687(검색: 2020.02.11.).
17) IPCC(Intergovernmental Panel on Climate Change): 세계기상기구(WMO, World Meteorological Organization)와 유엔환경계획(UNEP: United Nations Environment Program)이 1988년 공동 설립한 국제기구로 총 195개의 회원국이 참여하고 있음. 기후변화, 영향 및 대응정책에 관한 평가보고서 작성을 목적으로 하고 있으며, 지금까지 5번의 평가보고서를 발표하였음. 기상청 홈 〉행정과정책 〉보도자료 〉본청 〉읽기: 제48차 IPCC총회, 성공적으로 마무리하다! 「지구온난화 1.5°C」 특별보고서 요약본(SPM) 최종 승인. http://www.kma.go.kr/notify/press/kma_list.jsp?mode=view&num=1193614(검색: 2020.02.13.).
18) Climate-Change-Performance-Index.org; 숫자로 보는 기후변화 : 2020 기후변화 성과지수, 한국의 기후위기대응 점수는?, 국가기후환경회의.
https://blog.naver.com/nccatalk/221772636687(검색: 2020.02.11.).

〈그림 8-1〉 기후변화 위협

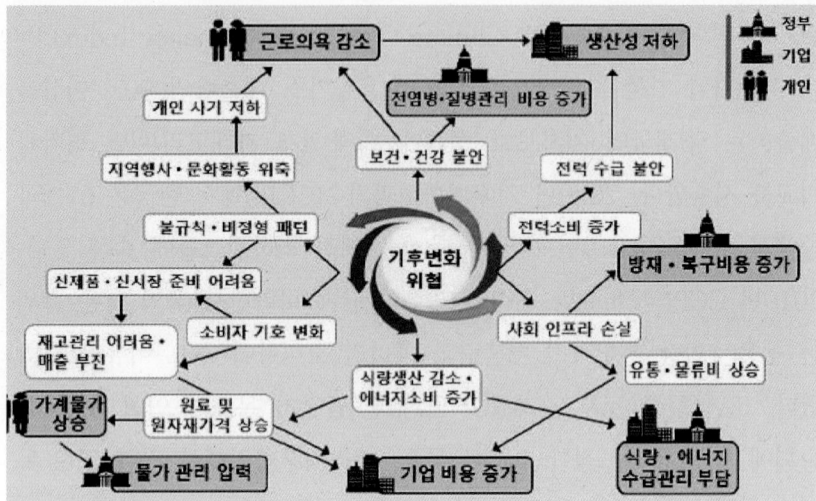

자료: 삼성경제연구소.
출처: 이투데이, [키워드로 보는 경제 톡], 2016.08.22.; https://m.post.naver.com/viewer/postView.nhn?volumeNo=4881880&memberNo=6132524&vType=VERTICAL (검색: 2020.02.11.)

〈그림 8-2〉 목표별 탄소 배출예상 시나리오

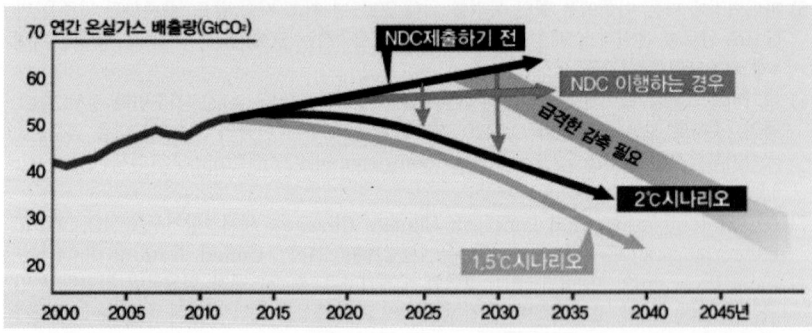

주: 1) 국가결정기여(NDC)는 온실가스 감축 목표를 각 국가가 자발적으로 정하여 제출토록 함.
자료: 유엔기후변화협약(UNFCCC), NDC는 온실가스 감축 목표 국별 기여 방안; 조민선. 헤럴드경제, 세계 2위 탄소배출국 美의 이기적 선택 … "지구가 열 받아" 기사, 2017.05.31. https://news.naver.com/main/read.nhn?oid=016&aid=0001244934 (검색: 2020.07.11.)

파리 기후협약은 2015년 유엔 기후변화회의에서 채택된 조약이다. 2016년 11.4부터 국제법으로서 효력이 발휘되었다. 1997년 교토의정서[19])에서는 대상국가가 주요 선진국 37개국이었으나,[20]) 2015년 파리 기후협약[21])은 전 세계 195개 당사국 모두가 온실가스 감축의무를 갖는 차이점이 있다. 파리 기후협약의 핵심내용에서 1) 기온 상승을 섭씨 2℃보다 작게 유지하고 특히 기온상승을 1.5℃ 이하로 제한한다. 이를 위해 2) 자금은 2020년부터 선진국들은 매해 최소 1000억 달러 규모로 개발도상국의 기후변화 대처사업에 지원하도록 했다. 3) 감축목표는 2050년까지 지구촌 온실가스 배출량을 '순수 0'으로 만든다. 따라서 파리 기후협약의 목표는 2100년까지 지구 평균 기온을 산업화시대 이

---

19) 1997년 교토의정서는 주요 선진국 37개국을 대상으로 2020년까지 기후변화 대응 방식을 규정했다. 온실가스 총배출량을 1990년 수준보다 평균 5.2% 감축을 목표로 하였으며 선진국에만 온실가스 감축의무를 부여했다.
20) 미국의 트럼프행정부는 2019.11.4.(현지시각) 미국의 파리 기후 협약을 공식적으로 유엔에 통보했다. 미국은 NDC로 2030년까지 26~28% 절대량 감축을 약속했고, 유럽연합은 2030년까지 절대량 40% 감축을 목표로 한다. 중국은 2030년까지 국내총생산(GDP) 대비 배출량 기준 60~65% 감축, 한국은 2030년의 목표연도 배출전망치 대비(BAU) 37% 감축 목표를 제출했다. 버락 오바마 전 미국 대통령은 2016년 일본에서 열린 G7정상회담에서 파리협정 이행을 약속하면서 같은 해 9월 행정명령을 통해 파리협정을 비준했다. 반면 트럼프 대통령은 대선후보시절부터 파리협정 파기를 공공연하게 주장했다. [네이버 지식백과] 파리 기후변화협약 [Paris Climate Change Accord](한경 경제용어사전)/ 마지막 수정일: 2019.11.11. https://terms.naver.com/entry.nhn?docId=3329531&cid=42107&categoryId=42107, (검색: 2020.07.11.)
21) 파리 기후협약의 주요 내용은 온도상승을 2℃ 이하로 유지, 5년마다 감축목표를 상향조정하며, 이 협정은 보다 많은 국가들의 참여를 유도하고 급변하는 기후 상황에 대응하기 위해 온실가스 감축 목표를 각 국가가 자발적으로 정하는 '국가결정기여(NDC)'을 제출하도록 하고 있다. 2015년 12월 12일 파리에서 열린 21차 유엔 기후변화협약(UNFCC: United Nations Framework Convention on Climate Change (유엔기후변화협약) 당사국총회(COP 21) 본회의에서 195개 당사국이 채택한 협정. 버락 오바마 전 미국 대통령 주도로 체결된 협정이다. 산업화 이전 수준 대비 지구 평균온도가 2℃ 이상 상승하지 않도록 온실가스 배출량을 단계적으로 감축하는 내용을 담고 있다. '21차 유엔기후변화협약 당사국총회 협정'이나 '파리기후변화협정'이라고도 부른다. 2020년 이후 적용할 새로운 기후협약이다.

전(1850~1900년)보다 상승을 2℃ 이내로 유지한다. 특히 기온 상승폭을 1.5℃ 이하로 제한하기 위해 노력한다.

〈표 8-6〉 교토의정서 VS 파리(기후) 협정

1997년 교토의정서	구분	2015년 파리협정
1997년.12월 채택, 2005년 발효	채택	2015년 12월12일
온실가스 배출량감축 (1차:5.2%, 2차:18%)	목표	2℃목표 1.5℃ 목표달성노력
주로 온실가스 감축에 노력	범위	온실가스감축, 적응, 재정지원, 기술이전, 역량강화, 투명성 등
주요 선진국 37개국	감축의무국가	195개 협약당사국
2020년까지 기후변화 대응	적용시기	2020년 이후 新기후체제
하향식	목표설정방식	상향식(NDC: 국가결정기여)
징벌적(미달성량의 1.3배를 다음 공약기간에 추가)	목표 불이행시 징벌의무	비징벌적
특별언급 없음	목표설정기준	진전원칙 글로벌 이행점검(5년)
공약기간에 종료 시점이 있어 지속가능한지 의문	지속가능성	종료시점을 규정하지 않아 지속가능한 대응 가능
국가중심	행위자	다양한 행위자의 참여

주: 1) 파리협정에서의 새로운 목표는 지구 평균온도의 상승을 산업화 이전과 비교해 섭씨 2℃이하로 유지, 나아가 1.5도까지 제한하는 데 노력한다는 장기 목표를 세웠다.
2) 파리협약은 5년마다 온실가스 감축 이행 여부를 점검하는 동시에 상향된 목표를 새로 제출하며 △ 개도국에 대한 지원을 확대한다는 점 등이 핵심적인 차이점이다.
출처: https://renewableenergyfollowers.org/2457 [대학생신재생에너지기자단]
자료: 유엔환경계획(UNEP). '2019 온실가스 격차 보고서' 2019.11.26.' 연합뉴스. 이재윤. 2015.12; 매경. 2016.10

미국은 국가결정기여(NDC)로 2030년까지 26~28% 절대량 감축을 약속했고, 유럽연합은 2030년까지 절대량 40% 감축을 목표로 했다. 한편 중국은 2030년까지 국내총생산(GDP) 대비 배출량 기준 60~65%

감축, 한국은 2030년의 목표연도 배출전망치 대비(BAU) 37% 감축 목표를 제출했다.22)

〈표 8-7〉 기후변화 막기 위한 국제사회의 주요노력

연도	내용
1972년	과학자들 국제적 법규 마련 촉구
1988년	유엔 기후변화정부간위원회(IPCC) 발족
1992년	각국의 자발적 온실가스 배출 감축 촉구하는 유엔기후변화협약(UNFCCC) 체결
1997년	선진국들은 온실가스를 2008~2012년에 1990년 대비 5.2% 감축해야 한다는 교토의정서 채택
2001년 3월	조지 W 부시 미국 정부, "불공평, 고비용" 이유로 교토의정서 탈퇴 선언
2005년 2월	교토의정서 발효
2009년 11월	한국, 온실가스 배출량을 2020년까지 2005년 대비 4% 줄이는 목표치 발표
2009년 12월	15차 유엔기후변화협약 당사국총회(COP15)서 지구온도 상승을 2도 내로 제한하는 목표에 합의
2011년 12월	세계 195개국, 2015년까지 법적 구속력을 갖춘 새로운 기후변화체제 수립 목표에 합의
2014년 12월	페루 리마서 열린 COP20서 '공통적이지만 차별화된 책임 갖는다'고 합의
2015년 12월	프랑스 파리에서 열린 COP21서 "지구온도 상승폭을 2100년까지 섭씨 2도 이하로 제한" 합의

송민섭. 세계일보. [파리 기후협정] 기후변화 대응 40년사 보니. 2015.12.13.
https://news.naver.com/main/read.nhn?oid=022&aid=0002973547 (검색: 2020.07.12.)

세계경제포럼(WEF)은 2006년 이후 환경지속성지수(ESI)를 보완한 환경성과지수(EPI)를 개발했다. 한국은 이 지수 평가에서 2006년 133개국 중 42위, 2008년 149개국 중 51위로 나타났으나 지난해에는 163개국 중 94위로 순위가 떨어졌다. 수질, 수자원 등 물 관련 지표에서 순위가 크게 하락한 탓이다.23)

---

22) [네이버] 파리기후변화협약 [Paris Climate Change Accord] (한경 경제용어사전)/ 마지막 수정일(2019.11.11.) https://terms.naver.com/entry.nhn?docId=3329531&cid=42107&categoryId=42107 (검색: 2020.07.11.)
23) 조용우, 동아일보, [기후변화지수]〈하〉한국의 적응 노력 현주소, 2011.07.01. https://news.naver.com/main/read.nhn?oid=020&aid=0002257214(검색: 2020.02.11.)

〈표 8-8〉 각종 평가로 본 한국의 기후변화 취약성과 적응력

평가지수	한국순위 (평가연도)	평가기관	평가대상국수
안정성·적응 성지수(VRI)	23위 (2011년)	한국환경정책평가연구원 국가기후변화적응센터 동아일보 미래전략연구소	32개국(OECD회원국 중 2개국제외)
환경성과 지수(EPI)	94위 (2010년)	세계경제포럼	163개국
환경취약성(EVI)	28위 (2004년)	남태평양 응용지구과학위원 회	235개국
환경지속성 지수(ESI)	136위 (2002년)	세계경제포럼	142개국

주: 1) 국제 환경단체 '저먼워치'와 '캔 유럽'이 매년 실시하는 기후위기지수(CRI)와 기후변화대응지수(CCPI) 평가에서도 한국은 중하위권을 유지.
자료: 한국 환경정책평가연구원
출처: 동아일보, 조용우, [기후변화지수]〈하〉한국의 적응 노력 현주소, 2011.07.01.; https://news.naver.com/main/read.nhn?oid=020&aid=0002257214 (검색: '20. 02.11)

한국의 기후변화 대응 노력이 세계 최하위권인 것으로 평가됐다. 2015.12. 8일(프랑스 파리 현지시간) 독일 민간연구소 저먼워치(German-Watch)와 유럽기후행동네트워크(CAN Europe)가 발표한 기후변화대응지수(혹은 기후변화 성과지수하고도 한다. Climate Change Performance Index, CCPI)[24] 2016을 보면 한국은 37.64점을 얻어 조사대상 58개국 가운데 54위를 기록했다. 2010년 발표에서는 31위였

---

[24] 기후변화대응지수(혹은 기후변화성과지수라고도 함, CCPI) 평가 대상에는 온실가스를 전 세계 배출량의 1% 이상 배출하는 58개 국가만 포함된다. 평가에는 온실가스 배출수준, 온실가스 배출량 변화추이, 재생에너지, 에너지효율, 기후보호정책 등의 지표가 적용된다. 우리나라에 대한 평가가 나쁜 이유는 자발적 기여(INDC)의 온실가스 감축목표(2030년 배출전망치 대비 37% 감축)에 대한 국제사회의 싸늘한 시선이 반영된 것으로 보인다. 또 국민 1인당 온실가스 배출량이 대다수 선진국들에 비해 높고 재생에너지 확대가 지지부진 한 것도 영향을 미쳤을 가능성이 크다고 전문가들은 분석했다. 정종오, 아시아경제, 韓, 기후변화대응지수 갈수록 추락, 2015.12.09. https://news.naver.com/main/read.nhn?oid=277&aid=0003642747 (검색: 2020.02.11)

는데 5년 만에 23단계나 추락했다.25)

〈표 8-9〉 한국의 기후변화대응지수 순위

지수	발표연도	점수	순위/58개국 (순위/61개국)
CCPI 2011	2010	54.54	31(34)
CCPI 2012	2011	52.30	38(41)
CCPI 2013	2012	49.93	48(51)
CCPI 2014	2013	46.66	50(53)
CCPI 2015	2014	44.15	52(55)
CCPI 2016	2015	37.64	54(57)

주: 1) CCPI는 독일 민간연구소 저먼워치와 유럽기후 행동네트워크(CAN Europe)가 발표한 기후변화대응지수(Climate Change Performance Index, CCPI)
출처: 아시아경제, 정종오, 韓, 기후변화대응지수 갈수록 추락, 2015.12.09.; https://news.naver.com/main/read.nhn?oid=277&aid=0003642747 (검색: 2020. 02.11)

〈표 8-10〉 전 지구촌의 심각한 기후위기

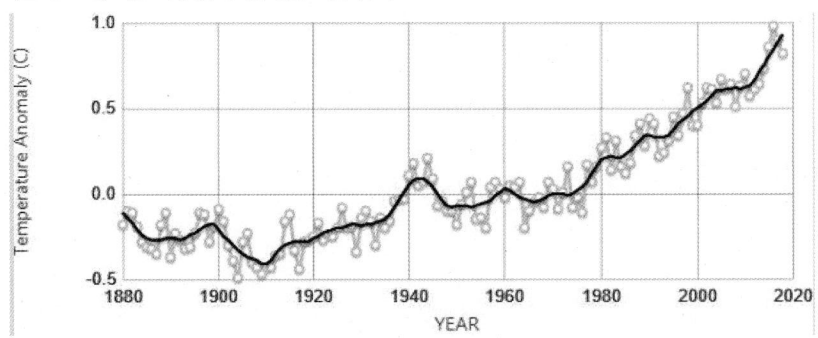

주: 1) 미국 항공우주국(NASA)이 2015년 발표한 '글로벌대륙·해양온도지수(Global Land-Ocean Temperature Index)'를 보면 지구 온도가 산업화가 진전된 지난 100여년간 꾸준히 상승했음을 확인할 수 있다.
자료: 미국 항공우주국(NASA)
출처: 청년이 보는 기후위기와 지구온난화 정책간담회, 2019.11.24.; https://blog.naver.com/dlawldbs20/221723117454 (검색: 2020.02.11.)

---

25) 정종오, 아시아경제, 韓, 기후변화대응지수 갈수록 추락, 2015.12.09.; https://news.naver.com/main/read.nhn?oid=277&aid=0003642747 (검색: 2020. 02.11)

2016년 부산과학기술기획평가원(BISTEP)이 최근 부산 시민 1,041명을 대상으로 '부산 미래 이슈 시민인식 조사'를 실시한 결과 사회, 환경, 경제, 정치, 가치 등 5개 분야 가운데 환경 문제 인식이 가장 높은 것으로 나타났다.[26]

〈표 8-11〉 '부산 미래이슈 시민인식조사' 결과(2016)

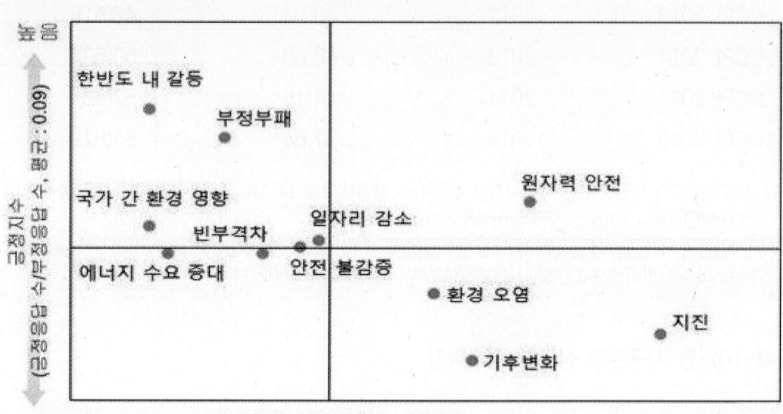

주: 1) 부산시민 1,041명을 대상으로 조사, 분야는 사회, 환경, 경제, 정치, 가치 등 5개 분야에서 환경문제 인식이 가장 높은 것으로 나타남.
2) 분야별 세부적인 영향력(점수)는 부산 = 임동식, 전자신문, 부산시민, 환경 문제에 가장 민감… 부산과학기술기획평가원(BISTEP, 원장 민철구) 설문 조사 결과, 2016.12.02.
https://news.naver.com/main/read.nhn?oid=030&aid=0002557667 참조 (검색: 2020.02.14.)

최근 통계청의 통계자료에 의하면 한국의 온실가스 배출량은 2018년 OECD 기준(한국은 2016년) GDP 대비 온실가스 총 배출량은 33개국 중 한국이 6번째(0.387 $kg CO_2 eq$/달러)로 많은 것으로 나타났다.

---

[26] 부산 = 임동식, 전자신문, 부산시민, 환경 문제에 가장 민감 … 부산과학기술기획평가원(BISTEP, 원장 민철구) 설문 조사 결과, 2016.12.02.
https://news.naver.com/main/read.nhn?oid=030&aid=0002557667(검색: 2020.02.14)

* 배출량 상위 5개국 : 에스토니아 0.517, 호주 0.475, 뉴질랜드 0.456, 캐나다 0.450, 폴란드 0.391
* 배출량 하위 5개국 : 스위스 0.097, 스웨덴 0.111, 노르웨이 0.161, 프랑스 0.175, 영국 0.177

〈표 8-12〉 OECD 국가의 GDP 대비 온실가스 총 배출량, 2018

(단위: $kg\,CO_2eq/$달러)

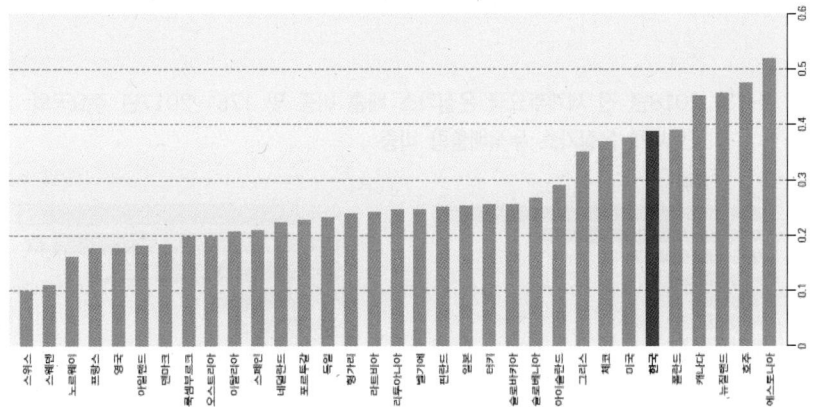

자료: OECD (stats.oecd.org)
출처: 통계청, 김대호·박영실, 한국의 SDGs 이행 현황 2021 발표, 보도자료, 2021-04-01(게시일), 통계청홈페이지 〉 새소식 〉 보도자료 〉 전체
주: 1) 한국 데이터는 2016년 기준임

2018년 전 세계 온실가스 배출량에서 중국이 차지하는 비중은 28%에 달했다. 미국(15%)의 두 배에 육박하는 규모다. 이에 미국은 지구온난화의 책임을 중국에 돌리고 있다. 한발 더 나아가 워싱턴포스트 등 미 매체들은 2021. 4.20.일 "바이든(Joe Biden) 정부가 2030년까지 탄소배출량을 절반으로 감축하는 목표를 세웠다"고 했다.27) 2020년부

---

27) 베이징= 김광수, 한국일보, LIVE ISSUE 미중 갈등 격화 -"美와 출발선이 달라," 중국이 기후대응 3가지 항변, 2021.4.22. https://www.hankookilbo.com/News/Read/A202

터 줄곧 '2030년 이전에 탄소배출 정점을 찍고, 2060년까지 탄소중립을 달성하겠다.'고 밝혀온 중국을 향해 "너무 느리다"고 핀잔을 했다. 그러나 중국의 셈법은 다르다. 중국은 산업화 이후 누적 탄소 배출량을 근거로 "미국이 기후변화에 더 큰 책임을 져야 한다."고 반박했다. 실제 1751년부터 2017년까지 260여 년간 미국이 배출한 온실가스는 글로벌 총량의 25%로 집계됐다. 유럽연합(22%)이 뒤를 이었고, 중국은 미국의 절반 수준인 12.7%에 그쳤다.28)

〈표 8-13〉 2018년 전 세계주요국 온실가스 배출 비중 및 1751~2017년 주요국의 전 세계 온실가스 누적배출량 비중

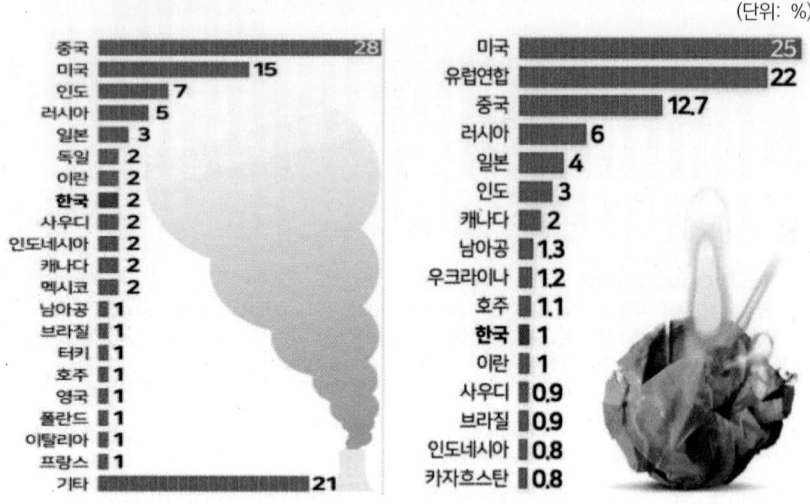

자료: Union of Concerned Scientists, Our World in Data
출처: 한국일보, 베이징= 김광수, LIVE ISSUE 미중 갈등 격화 -"美와 출발선이 달라," 중국이 기후대응 3가지 항변, 2021.4.22.
주: 1) 2021.4.22일 기후정상회의, 美中 방향 같지만 속도 달라 : 중국이 기후대응 3가지 항변은 ① 산업화 이후 "美 온실가스 배출 누적 총량, 中의 2배" 반박, ② "美, 말 바꾸며 농락 말고 책임감 보여라" 지적, ③ "기후대응 패권수단 변질, 쇼 장악 못해" 견제

1042213120004701(검색: 2021.4.23.)
28) *Ibid.*

중국은 쉽게 약속을 뒤집는 미국이 미덥지 못하다. 앞서 트럼프 (Donald Trump) 정부는 중국이 주장한 기후대응을 '거짓말'이라고 조롱하며 파리기후협약을 2017년 6월 탈퇴한다고 공식 발표했다. 중국은 미국의 파리협약 해석도 못마땅했다. 파리기후협약은 '지구 평균 온도 상승을 2도 아래로 억제하고, 1.5도를 넘지 않도록 노력하는 것을 목표로 한다.'고 규정했다.29) 그러나 중국은 2도를 기준으로 삼은 반면, 미국은 온실가스 감축 의무를 강화하고자 1.5도에 초점을 맞췄다는 점이다. 한편 조 바이든(Joe Biden) 미국 대통령이 주도해 개최한 2021. 4. 22.(현지시간) 기후 정상회의에 40개국 정상을 초청해 기후변화의 심각성에 대한 인식을 공유하며 글로벌 기후변화(climate change) 위기에 대처하기 위해 영상으로 기후정상회의를 개최했다. 기후정상회의에서 10대 환경운동가들이 참석하여 세계적 기후위기(climate crisis) 타개를 촉구했다. 스웨덴의 10대 환경 운동가 그레타 툰베리(Greta Thunberg)는 지구의 날인 4.22일(현지시간) 청문회에서 미국 의원들을 향해 쓴 소리를 했다. 툰베리(Greta Thunberg)는 "당신들과 같이 권력을 가진 사람들은 언제까지 책임을 지지 않고 기후 위기, 즉 평등의 세계적 측면과 책임지는 것 없는 역사적인 배출을 무시할 수 있다고 생각하는가."30)라면서 "당신들은 지금 이를 회피하지만, 머지않아 사람들은 당신이 지금까지 무엇을 했는지 깨닫게 될 것"이라고 질타했다.31) "여러분은 여전히 옳은 일을 하고 유산을 보존할 시간이 있지만, 시간의 창은 오래 지속되지 않을 것"이라며 "우리 젊은이는 역사책에 여러

---

29) Ibid.
30) 손성원, 한국일보, 툰베리, '지구의 날' 미 의회에서 기후변화대응 쓴소리, 2021.4.23. https://www.hankookilbo.com/News/Read/A2021042306420005931 (검색: 2021.4.23.)
31) Ibid.

분에 대해 쓸 사람들이다. 여러분에 대한 제 조언은 현명하게 선택하라는 것"이라고 말했다. 그러면서도 "여러분이 실제 이 일을 하리라고 한 순간도 믿지 않는다."고 했다.32) 또한 시예 바스티다(Xiye Bastida)33)는 지구의 날인 4.22일(현지시간) 기후위기는 글로벌 문제에 대한 "식민주의, 억압, 자본주의, 시장 지향적인 세뇌된 해결책인 해로운 시스템을 영구화하고 옹호하는 권력자들의 결과물"이라고 비판했다.34) 바스티다(Xiye Bastida)는 현재의 경제·정치 체제는 제3세계 개발도상국을 겨냥한 "실재하는 희생 지대에 의존한다."면서 섬나라, 극지사회, 아프리카와 아마존 지역 사회 등 기후변화 영향으로 고통 받는 국가들(개발도상국들)과 부국(선진국) 간 불평등을 해결해야 한다고 지적했다. 그리고 "당신들은 우리가 비현실적·비합리적이라고 하겠지만 야심적이지도 대담하지도 못한 해결책을 가진 비현실적·비합리적인 게 누구인가"라고 반문했다.35) 그러면서 "기후 위기는 인류가 직면한 가장 큰 도전일 뿐 아니라 세상을 바꿀 수 있는 가장 큰 기회임을 인식하라"고 했다.36) 한편 2021. 4.22일(현지시간) 영상으로 개최한 기후 정상회의에

---

32) 이상헌, 연합뉴스, 기후정상회의에 울려퍼진 10대들의 절규 … "역사에 당신들 기록", 2021. 4.23. https://www.yna.co.kr/view/AKR20210423005200071?section=international/all (검색: 2021.4.23.)
33) 멕시코 출신 기후 활동가, 미국이주, 국제 청소년 기후 운동단체 '미래를 위한 금요일'의 리더. 4.22일 기후정상회의에 직접 참석해 각국 정상들에게 기후 위기를 타개하기 위해 직접 행동하라고 촉구했다.
34) 이상헌, 연합뉴스, 기후정상회의에 울려퍼진 10대들의 절규 … "역사에 당신들 기록", 2021.4.23. https://www.yna.co.kr/view/AKR20210423005200071?section=international/all(검색: 2021.4.23.); 안상우, SBS 뉴스, 기후정상회의서 울려 퍼진 절규 "역사에 당신들 기록" 원본링크: : http://news.sbs.co.kr/news/endPage.do?news_id=N1006293293&plink=COPYPASTE&cooper=SBSNEWSEND (검색: 2021.4.23.)
35) 이상헌, 연합뉴스, 기후정상회의에 울려퍼진 10대들의 절규 … "역사에 당신들 기록", 2021.4.23. https://www.yna.co.kr/view/AKR20210423005200071?section=international/all (검색: 2021.4.23.)
36) *Ibid.*

서 조 바이든(Joe Biden) 대통령은 미국이 온실가스 배출을 획기적으로 낮추겠다면서 글로벌 기후변화 대응에서 선도적 역할을 하겠다는 '기후변화 리더십'을 강조했다.37) 온실가스 감축이 제대로 진행되지 않으면 30년 뒤 세계경제 생산은 연 18%까지 감소할 수 있다는 전망이 나왔다. 한국은 2050년 국내총생산이 잘해도 2.7%, 최악의 경우 12.8%까지 줄어들 것으로 추산됐다.38) 세계적 재보험사인 '스위스리(Swiss Re)'는 2021. 4.23일(한국시각) 산하 연구소에서 향후 30년 동안 기후변화가 세계와 각국 경제에 미칠 영향을 분석했다.39)

〈표 8-14〉 기후변화에 따른 2050년 국내총생산 예상감소율(%)

2050년까지*	2도 이하**	2도	2.6도	3.2도
한국	2.70	8.50	9.70	12.80
미국	3.10	6.80	7.20	9.20
중국	6.60	15.10	18.10	23.50
일본	3.20	8.40	9.10	12.00
프랑스	3.50	9.90	10.00	13.10
독일	3.30	8.10	8.30	11.10
영국	2.40	6.60	6.50	8.70
아르헨티나	3.10	7.70	8.60	11.30
호주	4.40	11.30	12.50	16.50
브라질	3.70	10.30	12.80	16.80
캐나다	2.80	6.80	6.90	8.90
인도	5.70	17.40	27.00	35.10
인도네시아	4.00	16.70	30.20	39.50
폴란드	3.00	7.90	7.90	10.60
남아공	6.90	14.90	17.80	23.10
스페인	2.50	7.00	7.30	9.70
터키	2.50	6.70	7.80	10.30

* 산업혁명 이전 지구평균 기온대비 상승온도,

** 파리기후협정 목표를 달성했을 때

자료: 스위스 재보험사 「기후변화의 경제학-행동하지 않는 것은 선택지가 될 수 없다」 보고서, 2021. 4.23.(한국시간)
원문보기: http://www.hani.co.kr/arti/science/science_general/992365.html#csidxdf3905f888c09c28a1543c50ca4e568

---

37) 임주영, 워싱턴=연합뉴스, 바이든 주도 기후정상회의 … 각국 목표 상향·정책제안 협력 모색(종합), 2021. 4.23.
38) 이근영, 한겨레, 온실가스 감축 못하면 30년 뒤 세계경제 한해 '2경원' 감소, 2021.4.23. http://www.hani.co.kr/arti/science/science_general/992365.html (검색: 2021.4.23.)
39) 「기후변화의 경제학-행동하지 않는 것은 선택지가 될 수 없다」 보고서를 발표했다. *Ibid.*

3. 재난관리 패러다임의 변화

21세기 진입하여 발생한 재난사례는 이전까지의 재난과는 다른 양상을 보여주고 있다. 기후변화(climate change), 지구온난화(global warming), 열섬현상, 아열대성 기후변화에 따른 전 지구적 환경 변화로 자연재난(natural disaster)은 그 어느 때보다도 복잡화, 빈번화, 비정형화 추세를 보이고 있다. 복합재난의 발생과 재난규모의 증가, 재난 발생 빈도의 급격한 증가와 피해규모의 증가 등의 행태를 나타내고 있다. 이는 기후변화와 밀접한 관계를 나타내고 있다는 것은 이미 알려진 사실이다. 사회재난(social disaster)의 경우에는 사스(SARS),[40] 메르스(MERS: 메르스, '중동호흡기 증후군')[41] 사태(2015. 12월 종식선언) 신종플루(2009년 4월 발생),[42] AI(Avian Influenza, 조류인플루엔자),[43]

---

[40] SARS(중증호흡기증후군) 종류는 코로나바이러스, 발견시점은 2002년, 잠복기는 2~7일 (최장14일), 감염매개체는 (관)박쥐로 확인했다.

[41] 2012년부터 중동지역 아라비아 반도를 중심으로 나타났으며, 2015년까지 1000명 이상의 감염자와 400명 이상의 사상자가 발생했다. 2015.5.20. 한국에서 메르스 최초 감염자가 확인되었다. 186명이 감염되었으며 38명이 사망해 치사율은 20.4%로 기록되었다. 9.18다른 감염자가 발생하지; 않음으로 격리 해제됨. 감염매개체는 (이집트무덤) 박쥐로 알려져 있다.

[42] 신종플루는 최초 2009.2월 멕시코 라글로리아에서 집단 감기발열 증상 발생, 3.28~30 (미국 샌디에이고 9세 소녀와 10세 소년: 환자A 기침과 발열), 4.15(미국 질병예방통제센터:CDC, 환자A 첫 신종인플루엔자(H1N1), 4.22(미국 CDC, 두 어린이 신종플루 감염 확인 발표), 4.29(미국에서 첫 사망자 발생: 멕시코 국적 유아); 피해규모는 미국내에서만 2009년간 6,000만명이 확진 판정을 받았으며 1,000여명이 사망하는 등 많은 희생자가 발생, 미국의 초동대처는 미국 질병통제예방센터는(CDC) 신종플루대응단을 설치(4.26), 국토안보부장관은 긴급브리핑을 실시 '공중보건 비상사태' 선포, 정부가 비축중인 인플루엔자 항바이러스제 '오셀타미비르(타미플루)', '자나미비르(리렌자)' 25%를 각 주에 방출 발표, 캘리포니아 주지사는 4.28 州 전역에 비상사태를 선포, 오바마대통령은 4.30 감염자 발생학교 휴교촉구 및 긴급지출 예산안(15억불) 제출; WHO는 6.11 최고단계인 6단계를 발령, 신종 인플루엔자 A형(H1N1)바이러스가 전 세계적인 대유행 수준에 도달했음을 선언. 이후 질병통제예방센터는(CDC)는 10.23까지 1,610만 분의 신종플루 백신 생산을 완료하고, 이중 1,130만 명 분의 백신을 전국에 신속 보급했다.

에볼라 바이러스(2014년 9월 발생), 신종 코로나 바이러스,44) 구제역, 아프리카돼지열병(African Swine Fever, ASF) 등 가축에 의한 감염병이 기승을 부리고 있다. 최근 4년간 사회재난 55건에 대한 피해액이 무려 3,663억 원에 달하는 것으로 나타났다.

〈표 8-15〉 한국의 최근 사회재난 발생 및 피해현황

구 분	발생건수		인명피해				재산피해 (억원)
	총계	가축질병	총계	사망	부상	실종	
2015	7	2	197	64	130	3	944.65
2016	12	2	44	14	25	5	626.06
2017	16	2	148	61	93	4	1,092.07
2018	20	2	335	81	242	12	1,000.8
총 계	55	8	734	220	490	24	3,663.58

자료: 행정안전부, 2019. 국감자료

---

43) 고병원성 조류인플루엔자(AI)발생은 2016.11.16.~2017.4.4.까지 확진건수는 383건, 살처분은 3,787만 마리(2008년에는 1,020만 마리), 바이러스 종류는 H5N6형, H5N8형으로 정부의 재정소요액은 2,678억 원이다. AI로 붕괴된 산란계(알 낳는 닭)의 사육기반이 회복되지 않아 시중의 계란값이 폭등하여 정부는 미국산 계란을 수입하여 문제를 해결했다.

44) 중국 후베이성 우한시에서 발생. 종류는 (신종)코로나 바이러스, 발견시점은 2019년, 잠복기는 2~4일(최장14일), 감염매개체는 박쥐로 추정했다. 2020년 1월 항공업계에서는 중국 일부노선 운항 중단과 대형여행사에서는 중국 여행상품에 대해 (예약 대거 취소), 일괄 취소 및 수수료 없이 환불이 잇따르고 있다. 국외에서 국내공항으로 출입시 출입자는 '건강상태 질문서'를 작성해서 제출해야 한다. 중국발 입국자 전수조사, 공항 검역 강화, 공항 입국장 살균소독 강화, 기업들의 중국 출장 금지, 비상체제 가동, 피해최소화 총력, 1급 감염병으로 관리중; 2020. 01. 29.이후 중국에서 귀국자는 일본(1차 206명, 2차 210명), 미국, 한국(1차 368명, 2차 333명, 3차 147명) 프랑스, 독일, 영국, 스페인 등 특별전세기를 투입하여 자국민 본국으로 본격 수송:(한국은 1.30~2, 일일 1대, 전세기 우한으로 출발) 미국은 중국에 대해 감염병 확산을 저지하기 위해 협조와 투명성을 더 제공할 것을 요청했다.; 01.29, 중국 전문가는 박쥐-밍크를 거쳐 사람에게 전파됐을 가능성을 제기(2020. 01.29, 중국 공산당기관지 인민일보 웨이보, 중국의학과학원 병원생물학 연구소 진치(金奇) 소장) ; 중국은 춘절 연휴기간 연장, 2차 감염피해 예방을 위한 이동통제, 2020. 1.29 시진핑 중국 국가주석은 "악마와의 전쟁"; 2020. 1.30기준 중국은 사망(170명, 확진자(7,711명) ; 2. 1기준 중국은 사망(259명), 확진자(11,791명) ; 1.31기준 WHO 비상사태 선포 ; 중국과 국경을 맞대고 있는 국가는 국경폐쇄(러시아, 몽골, 카자흐스탄) ; 하늘길 차단(이탈리아, 영국, 프랑스, 독일, 이스라엘) ; 여행경보 상향 조정(미국: 최고등급인 4단계, 독일: 여행연기 조치, 일본: 지정 감염증 지정

정부경쟁력연구센터(서울대)와 정책지식센터가 내놓은 '2014년 정부경쟁력 평가'에 따르면 한국 정부의 재난관리 능력은 OECD 34개 회원국 중 25위에 그쳤다. 한국 정부의 재난관리지수는 0.467로 1위인 아일랜드(0.758)의 절반을 조금 웃도는 수준에 그쳤다.[45] 2019년 12월에 중국 후베이성 우한시에서 발생한 신종 코로나바이러스[46]가 전 지구촌을 혼란스럽게 하고 있다. 새로운 시기의 변화된 환경에 비추어 재난에 대비한 패러다임(paradigm)이 바뀌어야 한다. 지난날의 재난대비가 주로 개별적 재난관리(individual disaster management) 및 대응(response)에 초점을 두었으나 향후에는 통합적 재난관리 및 대응을 위한 통합플랫폼 구축을 활용한 효율적 대응(efficient response)이 정착되어야 한다. 통합적 재난관리(integrated disaster management)의 효율성을 위해 최근의 빅데이터를 활용한 방법이 주목을 받고 있다. 사회재난(social disaster)과 달리 자연재난(natural disaster)은 사전경고(warning)를 할 수 있으므로 충분히 예방(prevention)할 수가 있다. 2019년 12월에 중국 후베이성 우한시에서 발생한 신종코로나 바이러스(코로나19 또는 COVID-19)는 2020년 초에 들어와서도 신종코로나 바이러스 확진자 및 사망자가 지속적으로 증가하고 있다. 급기야 세계보건기구(WHO)는 비상사태를 선포하기에 이르렀다.[47] 전문가들

---

45) 임도빈(서울대교수), 2014 정부경쟁력보고서, 정부경쟁력 연구센터, 2015.
46) 신종코로나 바이러스 감염관련 중국 통계는 2020년 2월 11일(16:00 기준) 기준 누적 확진자수는 43,098명, 누적 사망자수는 1,018명이다. 출처: 한국 질병관리본부, 중국 국가위생건강위원회, WHO, 외신보도자료, 연합뉴스 캡쳐; 세계보건기구(WHO)는 "신종코로나 명칭을 'COVID-19'(Corona Virus Disease)로 결정"했다. 한국 정부는 "신종코로나 명칭을 '코로나19'(한글 표기시)로 변경"했다. 연합뉴스 캡쳐, 2020.02.12. 코로나19 관련 구체적인 사항은 본서 제17장 에필로그 참조.
47) 세계보건기구(WHO)는 2020.2.28.(스위스 제네바, 현지시간) 전 세계 54개국으로 확산된 COVID 19 위험을 최고수준으로 격상시켰다. WHO 사무총장은 언론브리핑에서 COVID 19의 전 세계 확산 위험과 영향 위험을 높음(high)에서 매우 높음(very high)으로 격상시

은 미래에 대비해야 할 재난으로 기후변화로 인한 자연재해(11명·55%), 신종 감염병(7명·35%), 원전사고(6명·30%), 기술문명 발달로 인한 사이버 재난(2명·10%) 등을 꼽았다.48)

〈그림 8-3〉 미래에 국민을 위협할 수 있는 재난 & 재난 대비

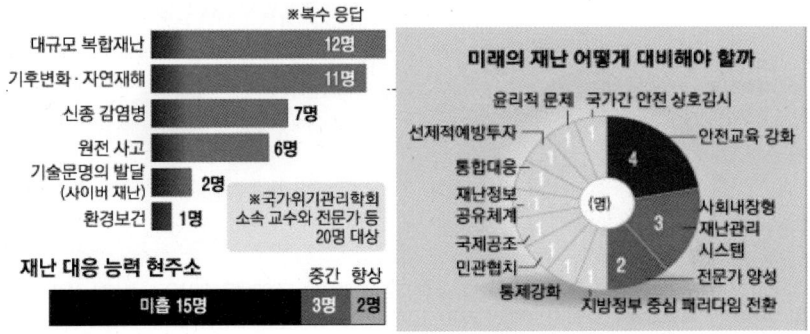

주: 1) 2020.1.14 서울신문이 국가위기관리학회 소속 교수와 전문가 등 20명을 대상으로 실시한 설문조사에 따르면 12명(60%·복수 응답)이 미래에는 대규모 복합재난이 국민의 생명을 위협할 것이라고 응답했다.
출처: 서울신문, 특별기획팀, [세이프코리아 리포트], 초연결사회의 역설 … 대규모복합재난 몰려온다. 2019.01.15., 1면(검색: 2020.02.06.); 서울신문, 특별기획팀, [세이프 코리아 리포트- 재난안전, 더 이상의 땜질은 없다], 최악의 피해심풍붕괴 뒤에도 재난대응 미숙했다.. 2019.01.15.
http://www.seoul.co.kr/news/newsView.php?id=20190115004003 (검색: 2020.02.06)
http://www.seoul.co.kr/news/newsView.php?id=20190115001011&wlog_tag3=naver#csidx18a984f69dde218b3618c1718c7a163 (검색: 2020.02.06)

한국 국내 재난 대응 능력의 현주소에 대해 응답자의 75%인 15명이 미흡하다고 지적했다. 3명은 중간, 2명은 향상됐다고 응답했다.49) 따

컸다. 전문가들의 의견은 WHO가 팬데믹(대유행)을 선언할 경우, 세계에 크나큰 충격을 주는 것을 우려해 대신 경보를 최고단계로 높이는 방법을 선택했다는 의견이 지배적이다. 미국의 연방준비제도(Fed) 의장은 COVID 19와 관련 '적절한 조치(act as appropriate)'를 취할 것이라고 밝혔다.

48) 서울신문, 특별기획팀, [세이프 코리아 리포트], 초연결사회의 역설 … 대규모복합재난 몰려온다. 2019.01.15.,1면; http://www.seoul.co.kr/news/newsView.php?id=20190115001011&wlog_tag3=naver#csidx18a984f69dde218b3618c1718c7a163(검색: 2020.02.06)

라서 정부는 대규모 복합재난에 대비한 예방조치, 대비 및 대응을 위한 범정부차원의 대책을 강구해야 할 것이다. 소 잃고 외양간을 고쳐야 하는 이유가 여기에 있다.

〈그림 8-4〉 한국, 재난의 과거·현재·미래

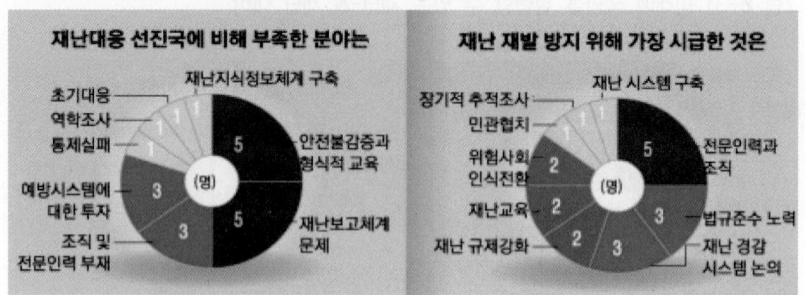

주: 1) 2020.1.14 서울신문이 국가위기관리학회 소속 교수와 전문가 등 20명을 대상으로 실시한 설문조사.
출처: 서울신문, 특별기획팀, [세이프 코리아 리포트- 재난안전, 더 이상의 땜질은 없다], 최악의 피해심풍 붕괴 뒤에도 재난대응 미숙했다.. 2019.01.15.; http://www.seoul.co.kr/news/newsView.php?id=20190115004003 (검색: 2020.02.06)

〈그림 8-5〉 생존배낭 & 선진국 재난관리 키워드

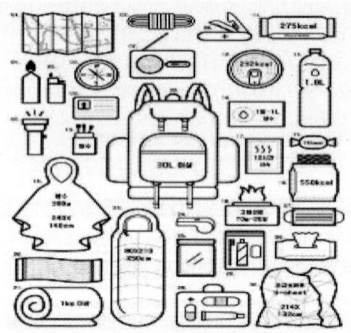

선진국 재난관리 키워드 다섯
· 가정에서부터 안전교육
· 재난과 더불어 산다 인식
· 도상훈련 아닌 실질훈련
· 통합된 재난관리 시스템
· 책임자 투철한 윤리의식

출처: 사)한국북큐레이트협회(KBCA), [재난가방] 방금 지진 느꼈어요, 2016.09.19.https://cafe.naver.com/picbookresearch/1020(검색: 2020.02.07.); 서유진·이경진·정슬기, 매일경제, [토요 FOCUS], 선진국 재난관리 키워드 다섯, 2014.05.09.; https://news.naver.com/main/read.nhn?oid=009&aid=0003200165 (검색: 2020.02.06.)

---

49) 서울신문, 특별기획팀, [세이프 코리아 리포트-재난안전, 더 이상의 땜질은 없다], 최악의 피해심풍붕괴 뒤에도 재난대응 미숙했다.. 2019.01.15.; http://www.seoul.co.kr/news/newsView.php?id=20190115004003 (검색: 2020.02.06)

〈그림 8-6〉 재난 및 안전관리 키워드

출처: **태풍**: NEWSIS, 배민욱, 여름철 재난이슈 워드클라우드 분석, 여름철 재난관심 폭염〉태풍〉폭우順 '불안·불쾌' 감성도 분석, 2018. 07.28, https://news.naver.com/main/read.nhn?oid=003&aid=0008730274 (검색: 2020.02.07.); 국민안전처: 블로거 kpfjra, 한국언론진흥재단, 신문과 방송, 배영, "뉴스 빅데이트로보는 주요 이슈, 재난과 안전: '자연' 아닌 '인간'의 문제", '재난', '안전' 워드클라우드 분석-재난관련 연관어, 2016.11.18.; https://blog.naver.com/kpfjra_/220864795976 (검색: 2020.02.07.);
지진: Data Engineers Lab, 2016.09.29., https://blog.naver.com/dlabman/220818993634 (검색: 2020.02.07.);
재난대비: 블로거, haeundo(하이컨셉), 지진 대피요령을 알고 계십니까?- 대한민국 재난에 대비한 국민행동요령, 2016.09.20., https://blog.naver.com/haeundo/220816787009 (검색: 2020.02.07.)

〈그림 8-7〉 재난관리 패러다임의 변화

20세기 현재 (AS-IS)	21세기 향후(TO-BE)
개별적 재난관리	통합적 재난관리
경험에 의한 재난관리	과학적·체계적 재난관리
사후복구 중심 재난관리	사전 예방중심 재난관리
지역적 재난관리	지역중심관리*, 국가적 재난관리
관 주도형 재난관리	시민·NGO 참여형 재난관리
인력 의존 재난관리	과학기술 활용 재난관리
경제안정 우선 재난관리	안전사회 우선 재난관리

주: 1) *지역중심의 재난관리는 지방자치단체장 주도로 재난을 관리하는 것을 의미하며 국가는 지원기능을 수행하며, 2개 이상 광역시도에 걸쳐 일어나는 대규모 재난은 국가가 관여한다는 의미임
2) 지방자치단체의 능력을 초과하는 대규모재난의 경우는 국가차원의 재난관리를 시행하며 이에 대한 세부적인 사항은 제2·3·8장 참조

재난관리를 통합·효율적으로 추진하기 위해 정부는 다음 몇 가지 사항이 우선적으로 진행되어야 한다. 첫째, 중앙부처 및 지방자치단체는 법·제도(조례 포함), 매뉴얼, 지침 등을 정비해야 한다. 둘째, 재난관리체계 구축을 위한 유관기관(공공기관, 군 포함)간의 유기적인 협조체제가 이루어져 연습과 훈련을 숙달해야 한다. 셋째, 자원(민간 보유자원 포함)의 배분 및 효율적 운영을 위한 제도적 장치를 마련해야하며 이를 위한 시스템을 구축하여 활용하는 방안이 강구되어 수시로 업데이트를 통한 최신 자원을 확보할 수 있어야 한다. 넷째, 재난관리체계 구축과 법·제도정비 및 매뉴얼이 수립되면 중앙과 지방자치단체, 공공기관 및 민간기업, 시민단체가 함께하여 연습(exercise)[50]과 훈련(training)을 통해 숙달하고 재난관리체계를 정착해야 한다. 마지막으로 위성(한국,

---

[50] 안보분야 정부연습인 을지태극연습 기간 중 국가위기관리연습으로 지진, 고속열차사고, 유해화학물질 유출사고, 댐 붕괴 등 자연재난 및 사회재난관리체계를 중앙 및 지방자치단체, 군부대, 공공기관 등이 참여하여 범정부차원(국무총리가 중앙재난안전대책본부장 임무수행)의 위기관리연습을 2019년 5월에 정부역사상 처음으로 실시했다.

천리안위성)을 활용하여 기상정보를 사전에 확보하여 대규모 재난관리를 위한 체계적인 대책을 강구해야 한다. 재난51) 관리에 있어서 적극적·선제적 재난관리는 매우 중요하다. 예산투자를 통한 사전 예방중심의 재난관리는 피해규모를 완화하고 복구시간을 단축할 뿐만 아니라 지역의 안정화에 기여한다. 따라서 21세기 변화된 재난관리의 패러다임은 정부가 보다 능동적·예방적 재난관리를 적극 추진할 필요가 있다. 이는 선제적 예산투자를 통한 재난관리를 추진하는 것을 의미한다. 국가의 품격에 걸맞는 재난관리 및 대응으로 재난대비 태세를 확립하는 것은 이 시대가 요구하는 절대적 과제이다. 한편 재난 발생시 신속한 초동조치가 무엇보다 중요하다. 이를 위해 재난정보공유는 재난에 대응하는 가장 중요한 단초를 제공한다. 따라서 선진국의 재난대응 사례를 공유하고자 한다. 재난관련 정보공유분석센터(ISACs)의 사례로는 미국 MS-ISAC(사이버보안 분야), EMR-ISAC(재난분야),52) 일본의 ISAC등

---

51) 재난관련 영화로는 트위스터(TWISTER, 1996년 개봉, 107분, 토네이도), 볼케이노(VOLCANO, 1997년 개봉, 98분, 지진), 딥 임팩트(DEEP IMPACT, 1998년 개봉, 125분, 지구와 혜성 충돌), 타이타닉(TITANIC 1998년 개봉, 195분, 크루즈선 침몰), 아마겟돈(ARMAGEDDON, 1998년 개봉, 145분, 소행성 지구와 충돌), 퍼펙트 스톰(THE PERFECT STORM, 2000년 개봉, 130분, 거대한 폭풍), 투모로우(THE DAY AFTER TOMORROW, 2004년 개봉, 123분, 복합재난), 포세이돈(POSEIDON, 2006년 개봉, 98분, 유람선 난파사고), 2012(2009년 개봉, 157분, 지진 등 복합재난), 당산 대지진(大地震, 2010년 개봉, 136분, 중국 지진), 더 임파스블(THE IMPOSSIBLE, 2013SUS 개봉, 113분, 쓰나미), 컨테이젼(CONTAGION, 2011년 개봉, 103분, 바이러스 재앙), 폼페이: 최후의 날(POMPEII, 2014년 개봉, 화산폭발), 샌 안드레아스(SAN ANDREAS, 2015년 개봉, 114분, 지진), 피아니스트 아워(THE FINEST HOURS, 2016년 개봉, 114분, 유조선 침목), 딥 워트 호라이즌(DEEP WATER HORIZON, 2017년 개봉, 해상 유류유출 및 폭발 사고, 복합재난), 인 더 더스트(Just a Breath Away, Dans Ia brume, 2018년 개봉, 89분, 미세먼지), 해운대(HAEUNSAE, 2009SUS 개봉, 120분, 쓰나미)
52) EMR-ISAC은 주간 정보 소식지를 통해 응급서비스 부서장에게 기반 시설 보호에 대한 정보를 제공하며, 응급서비스 직원에게 직무에 적합한 기술적인 도움을 제공한다. 또한 소식지는 중요 기관의 위험, 취약점 보호 방법 등의 다양한 정보가 게재되며, EMR-ISAC은 응급서비스 부서에 근무하는 직원에게 E-mail을 통해 제공함: 응급서비스의 분야나 직급에 상관없이 이용 가능, - 국민 안전에 기여하는 기술과 정보를 제공

은 실시간(real time)으로 정보를 공유하는 것으로 알려져 있다. 한국 정부의 정보공유는 부처 이기주의 때문에 정보공유를 실시간에 잘 하지 않는 것과는 대비되고 있다. 재난발생시 정보공유는 아래와 같은 여러 목적을 달성하기 위해 사용될 수 있다.

- 신속한 초동조치 증진
- 인명피해 최소화
- 효율적인 구조에 도움
- 재난관련 주관기관, 유관기관 간 효율적인 임무수행
- 재난 현장지휘관의 임무수행 용이
- 재난현장 확산 방지 도움
- 이후 행동에 대한 사전 준비 가능

재난발생시 당해 재난을 담당하는 기관과 지원기관간의 정보공유는 발생한 재난을 효율적으로 또는 재난이 확산하지 않도록 효과적인 초동조치를 할 수 있는 중요한 대응활동이다. 이러한 정보공유53)를 하는

---

http://www.usfa.fema.gov/fireservice/emr-isac/infograms/index.shtm (검색: 2020. 02.10.)

53) 미국의 EOC(재난상황실)은 현장-EOC-유관기관 간 실시간 상황정보 공유체계(Web EOC)를 활용하며. 실시간 상황정보 공유 현장의 재난상황, 대응 활동보고를 한다, 응원요청 정보가 수평·수직적으로 실시간 취합·전파, 재난상황을 총괄·관리함. 또한 영상정보, 예측정보 등 의사결정지원 기능, 대응지시 기능을 제공되며 지자체의 지원요청, 재난발생 등 주요상황보고는 EOC에서 모니터링 되어, 전파 또는 상황접수 종결 처리되며, 특히 사고현장의 요원은 모바일로 사고/재난상황을 EOC로 보고한다. 모바일 기기 사용 현장 상황 전파, 현장요원은 사고 관련 정보를 Logging하고 타 지역 EOC와 공유, 대응 현장 이미지를 첨부하여 상황 기록, Web EOC 대응지령확인, 현장에서 지령 확인하는 체제를 갖추고 있다. 한편 EOC의 재난총괄책임자는 의사결정을 위한 피해 예측도구를 활용함: 재난총괄책임자 의사결정 지원, 시뮬레이션 모델을 탑재하여 향후 피해 예측에 기반한 대피 등의 의사결정에 활용함. 미국 다수 대도시(휴스턴 등)의 재난상황실은 교통-소방-재난상황실 기능을 통합수행 함: 재난 종합상황실의 기능은 1) 소방, 화재, 구조/구급, 2) 국토

데 있어서 일치된 정보통신망은 재난 全 과정에 있어서 매우 중요한 대책이 아닐 수 없다. 재난 현장과 지휘·통제를 하는 종합상황실간 통신망이 확립되지 않는다면 구조에 많은 어려움이 따를 것이다. 미국의 EMR-ISAC(Emergency Management and Response-Information Sharing & Analysis Center, 비상관리 및 대응 정보공유 분석센터)는 미국의 연방재난관리청(FEMA)에 의해 설립되고 운영되는 조직으로 비상관리 및 대응 정보공유 분석센터는 미 전역에 4000개 이상의 비상서비스부서(ESS)에 기반시설 보호에 관한 정보를 제공한다.

〈표 8-16〉 미국의 EMR-ISAC 운영 사례(Ⅰ)54)

- EMR-ISAC
  · Emergency Management and Response-Information Sharing& Analysis Center
  · 비상관리 및 대응 정보공유 분석센터

- 제공기관
  · FEMA 55)에 설립 및 운영
  · DHS56)와 미전역의 ESS57)에 기반시설보호와 관련된 정보제공

- 서비스기능
  · 개별연구와 정보공유 분석센터협회 (NCC)를 통해 정보를 수집
  · 국토안보부(DHSC)와 위협정보 공유
  · ESS에 기반시설 보호를 위한 정보제공

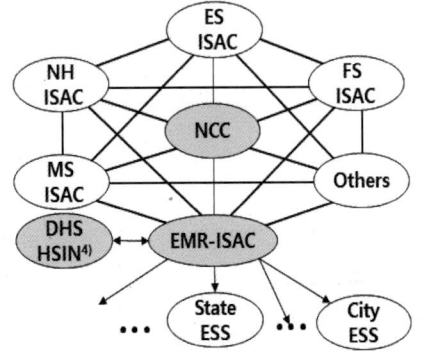

- EMR-ISAC은 NCC를 통해 각 ISAC의 정보를 획득
- EMR-ISAC은 DHS의 HSIN을 통해 정보를 획득한 뒤 DHS를 통해 전체ESS에 정보제공

안보부(DHS), 3) 교통 관제(Traffic Control), 4) 제설 상황실 등으로 활용하고 있으나 주마다 상황이 다름을 이해해야 한다.
54) 소방방재청, Valtech_ 컨소시엄, 방재분야 선진사례 분석
55) FEMA(미국 연방재난관리청, Federal Emergency Management Agency). 세부적인 조직도는 부록 참조
56) DHS(미국 국토안보부, Department of Home Security). 세부적인 조직도는 부록 참조
57) ESS(Emergency Service Sector, 비상서비스 부서)

앞에서 살펴본 미국의 비상관리 및 대응 정보공유 센터(EMR-ISAC)는 정보공유 분석센터협회(NCC)와 국토 안보부(DHS)의 협력을 거쳐 수집된 정보를 비상서비스 부서(ESS)에 제공하여 연방, 주, 도시의 기반 시설 보호에 기여하고 있다.

〈표 8-17〉 미국의 EMR-ISAC 운영 사례(Ⅱ)[58]

서비스	상세기능	기타
개별 연구와 NCC를 통해 정보를 수집	• 각 ISAC간의 정보는 NCC를 통해 상호 공유 • EMR-ISAC은 다른 ISAC을 통해 얻은 정보와 개별 정보수집을 통해 기반 시설의 위험요소 및 취약점 분석 및 대응책 강구	기반 시설의 보호를 위한 도구나 트레이닝을 위한 도구개발 수행
국토 안보부 (DHS)와 정보 공유	• EMR-ISAC은 NCC를 통해 타 ISAC의 정보를 획득 • ESS 정보와 관료에게만 제공되는 정보의 공유를 촉진하기 위해 DHS의 HSIN에 COI6) 운영 • DHS와 기반 시설의 위협요소에 대한 정보 공유	6) COI(Community of Interest) 공통이해관계 협력 센터
비상서비스부서 (ESS)에 위협정보 제공	• EMR-ISAC은 주로 비상서비스 직원 (소방관, 응급 의료지원자, 경찰서/ 보안관, 911담당자 등)에게 정보와 기술을 제공함으로 임무수행을 도움 • EMR-ISAC은 비상서비스 부서장에게 기반 시설 보호에 대한 무료 컨설팅을 제공	EMR-ISAC은 COI의 정기 간행물을 통해 비상서비스부서(ESS)에 기반 시설 위험요소에 대한 정보 제공

재난안전포털 앱 구축 사례로 미국의 FEMA는 스마트 폰 사용자들에게 App을 통해 주요 Contents를 제공하며, SNS 채널은 각각의 서비스 속성을 이용하여, 상황전파, 뉴스, 교육, 홍보활동 등을 전파하는

---

58) 소방방재청, Valtech_ 컨소시엄, 방재분야 선진사례 분석

데 유용하게 활용되고 있다.

〈그림 8-8〉 FEMA의 대국민 채널 구조(Ⅰ)[59]

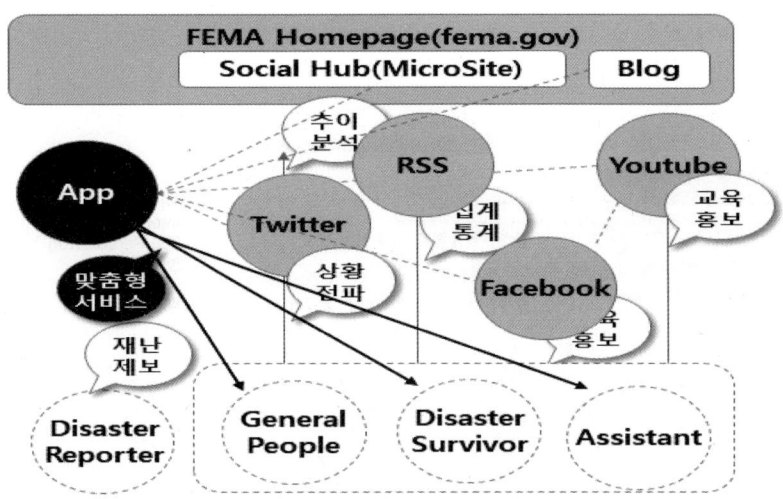

〈표 8-18〉 FEMA의 대국민 채널 구조(Ⅱ)[60]

- FEMA 공식 Homepage
  · 재난준비대응지원에 대한 전반적인 안내
  · Blog, MicroSite, e-mail 구독신청 등 제공
- FEMA Blog: 재난 종류별 뉴스, 교육·홍보 기사제공
- 공식 SNS(Twitter, Facebook, Youtube)
  · SNS의 중심은 Twitter
  · Facebook, Youtube는 주로 교육 홍보 자료
- MicroSite 'Social Hub'
  · Twitter기반의 Keyword Trend를 Count
  · 기상청 Popular Topic, 최신업데이트 제공
- RSS: Widget, Data Feed로 직접 정보 제공

---

59) 소방방재청, Valtech_ 컨소시엄, 방재분야 선진사례 분석.
60) *Ibid.*

미국의 FEMA App이 제공하는 Service 및 Contents는 각 재난유형별 발생 전후 상황에 따라 사용자에 요구되는 재난지식 및 행동요령을 제공하고, 사용자가 필요로 하는 재난지식과 대국민 채널을 선택하게 하는 재난정보 Service를 제공함으로써 피해를 최소화한다.

〈그림 8-9〉 FEMA App이 제공하는 Service/Contents[61]

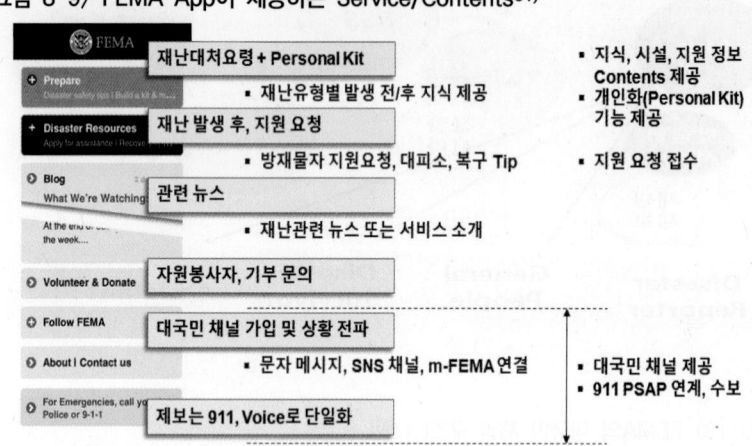

제2절 발전지향적 재난관리로의 전환

1. 선진국 재난관리체계로의 모색

세계 최악의 테러사건으로 기록된 2001년 9.11 테러 당시 세계무역센터에 입주해 있던 세계 각국의 유명 기업들은 큰 타격을 입었다. 세계적 투자은행 모건 스탠리(Morgan Stanley) 역시 이 사건 때 본사가

---
61) Ibid.

소실되는 치명적인 피해를 입었다. 그러나 놀랍게도 모건 스탠리는 다음날 정상 영업을 재개할 수 있었다. 그 비밀은 바로 '연속성'이었다. 모건 스탠리는 9.11 이전부터 수년간 꾸준히 대피훈련을 해왔으며 이외에도 완벽하게 이중화된 재해복구시스템과 백업시스템인 대체사업장을 사전에 준비해 두었다.62) 모건 스탠리는 평소 재난에 대비한 이러한 대응 전략(response strategy)이 있었기 때문에 비즈니스를 연속적으로 수행할 수 있었다.

한편 미국은 9.11테러로 정부 내 분산된 정보조직을 통합하여 국토안보부(DHS)를 창설했다.63) 한국 정부가 2014년에 발생한 세월호 대참사에서 국민안전처를 급조한 것과는 확연히 대비가 된다. 정부는 당시 세월호 참사의 발생원인과 재발방지대책을 강구하지 않은 상태에서 조직의 특성을 고려하지 않고 사건발생시 대응을 잘못한 것을 조직의 통합으로 해결하려했던 것에 지나지 않는다. 미국의 경우 국토안보부 산하에 연방재난관리청(FEMA)64)을 설치하여 재난관리에 심혈을 기울이고 있다. 미국의 연방재난관리청은 1988년 '스태포드 재난구호긴급지원법(Disaster Relief and Emergency Assistance Act)'을 제정하여 대통령에게 재난사태 선포건의, 피해지역에 예산 및 물자 교부권한을 부여하는 권한을 강화하는 계기를 마련했다. 또한 미국은 재난관련 대비계획을 정교히 수립하여 중앙과 주정부, 지방의 역할을 재정립했다. 미국의 국가 사고관리체계(NIMS)는 긴급 상항관리 및 대응활동을

---

62) 장지웅, 물류신문(KOREA LOGISTICS NEWS), Part 2. 재난대응 정부조직체계 개편한다면 방향은?, 2020.11.10. http://www.klnews.co.kr/news/articleView.html?idxno=122202 (검색: 2021.2.25.)
63) 미국의 국토안보부(Department of Homeland Security, DHS) 조직은 본서 부록 참조
64) 미국의 연방재난관리청(Federal Emergency Management Agency, FEMA) 조직은 본서 부록 참조

위하여 유연성과 표준화에 균형을 둔 '공통의 사고관리 프레임워크'의 사용을 전제로 한다. NIMS(National Incident Management System, 국가 사고관리체계)는 시스템 구성요소가 모든 유형의 사고에 대한 계획, 프로세스, 절차, 합의 및 역할을 개발하는데 사용될 수 있으므로 사고의 원인, 규모, 위치 또는 복잡성에 구애됨이 없이 어떠한 사고에도 유연성 있게 적용될 수 있다. 또한 NIMS는 모든 정부기관과 직무 분야에 걸쳐 적용할 수 있는 포괄적인 국가적 사고관리방식은 모든 범위의 잠재적 사건과 위험 시나리오(자연재해, 테러활동 및 기타 인적재난을 포함하나 이에 국한되지는 않음)에 대한 긴급 상황관리 및 대응에 있어서 각급 정부기관 관계자와 사건관리 조직의 업무와 기능의 효율성을 더 한층 향상시킨다. 이러한 방식은 다양한 긴급 상황관리 및 사고 대응활동에 있어서 공공기관 및 민간기관 간의 조정과 협력을 향상시킨다. 따라서 국가 사고관리체계(NIMS)[65]은 포괄적 국가 사고 관리 방식을 의미한다. 이외에도 미국에는 비영리 초당파적 국가안전 전문가들로 구성된 국가비상관리연합(National Emergency Management Association, NEMA)이 있다. NEMA는 대통령, 연방의회, 주지사, 주요 민간업체, 군부 그리고 기타 준정부기관과 연계하여 재난의 대비, 경감, 복구를 위한 전문가 지원, 정보교환, 파트너십 개발 등을 제공한다. 특히, 주정부의 재난관리책임자가 NEMA의 핵심구성원이며, 연방정부와 비영리단체 등도 구성원으로서 중추적 역할을 담당하고 있다.

---

[65] NIMS는 사고관리에 대한 포괄적, 국가적 체계적 접근 방식으로 사고지휘체계(ICS), 유관기관 응원 조정체계(MACS), 합동정보체계(JIS)를 포함한다. 이는 모든 위험에 대한 대비의 개념 및 원칙을 하나의 세트로 작성한 것이다. 또한 서로 다른 정부기관 또는 조직 간의 협력이 가능하게 하는 표준화된 자원절차를 기술하고 있으며, 통신 및 정보관리의 공통 운영상황도 및 상호 운영성을 위한 것은 필수원칙으로 규정하고 있다. 또한 지속적인 사고관리 및 유지를 위한 동적인 시스템이라고 할 수 있다.

NEMA는 대규모 재난 시 상호지원을 하는 비상관리지원협약(Emergency Management Assistance Compact, EMAC)에 따라 재난이 발생한 주의 주지사가 재난 선포를 하면 즉각적인 지원시스템을 가동하여 재난 피해지역에 필요한 물자, 인력, 서비스 등을 제공한다.[66]

한국의 경우 사건의 원인분석, 재발방지대책 강구, 책임자 처벌과 동시에 이를 개선하기 위한 공청회 등을 통한 법제도의 정비, 조직의 통합, 매뉴얼에 의한 훈련, 평가의 순으로 정상적으로 업무를 수행하는 것이 통상적 절차이나 이를 이행하지 않고 국민의 불만을 조직의 통합(해양경찰청, 소방방재청, 행정자치부)으로 우선적으로 시행함으로서 많은 문제점이 노출되었다.

일본의 경우 재난관련 위기조직을 중앙정부 및 지방자치단체에서도 조기에 설치했다. 이러한 위기관리조직을 설치하게 된 배경에는 1995. 1.17 고베지진 이후 내각의 위기관리기능을 강화할 필요성이 제기되면서부터였다. 일본 중앙정부의 위기관리체제(危機管理 體制)는 내각부에 방재담당大臣 설치하고 있으며, 내각관방[67]에 「내각위기관리감」[68]을 설치하여 위기관리를 전문으로 담당하는 내각위기관리감(특별직) 신설('98.4.1)하고 있다. 설치근거는 내각법 제15조 명시하고 있다. 내각위기관리감(특별직)의 법률상 임무는 평상시에는 국내 전문가 등과 네트워크 형성, 위기 유형별로 대응책 연구 등을 수행하고, 긴급사태시는

---

[66] 신인식, 물류신문(KOREA LOGISTICS NEWS), Part 3. 미국 사례에서 얻는 국가재난 대응 조직의 운영 노하우, 2020.11.10. http://www.klnews.co.kr/news/articleView.html?idxno=122203 (검색: 2021.2.25.).
[67] 내각관방은, 내각을 보좌하는 기관으로 내각의 수상인 총리를 직접 보좌·지원하는 기관으로서 내각의 서무, 내각의 중요정책의 기획입안·종합조정, 정보수집·조사 등을 담당한다.
[68] 내각위기관리감의 영문 명칭은 DEPUTY CHIEF CABINET SECRETARY FOR CRISIS MANAGEMENT

필요한 조치에 대하여 1차적 판단 및 초동조치에 대해 관계 성·청에 연락·지시, 총리대신 보고, 관방장관 보좌 등의 기능을 수행한다. 미국과 일본의 재난관리 공통점은 첫째, 재난발생시 대응과정뿐만 아니라 예방·대비·복구과정에서도 지방자치단체장의 재난관리 역량을 강화했다는 점에 주목할 필요가 있다. 둘째, 재난관리 컨트롤타워를 법제도의 설치로 이루어졌다는 점이다. 이를 통해 중앙정부는 주정부 및 지방정부 등에 대한 지원을 지속해서 강화함으로써 재난 현장 중심의 지휘체계를 확립함으로써 2차 피해 최소화에 기여할 수 있을 것이다. 셋째, 재난관리 책임기관 간 수평적 협력체계를 구축하였다는 점이다. 이는 재난발생시 대응과정에서 유기적인 협조체제로 지속적인 지원체계를 강화할 수 있다는 점이다. 한국 정부에서 재난관련 위기대응조직을 점차적으로 정비해 나가야 할 것이다. 이 과정에서 중요한 것은 기초지방자치단체의 위기대응 역량을 강화하는 것이 시급한 현안으로 대두하고 있다는 점에 주목해야 한다.

2. 발전적 재난관리 방향

가. 위기관리 조직체계 정비

한국 정부의 경우 위기 및 재난관련 컨트롤타워는 이상이 없는가? 이를 위한 정부기관 간 정보공유체계는 정상적으로 작동될 수 있을 것인가? 이런 상황에서 컨트롤타워는 어디인가? 또한 이를 평시 민방위 사태로 볼 것인가? 아니면 비상사태로 볼 것인가? 이로 인한 복구는 누가 할 것인가? 따라서 재난상황뿐만 아니라 비상사태시 위기관련 조직을 재정비할 필요성이 요구되고 있는 것이다.

나. 재난관리책임기관 간 협력체제 강화

미국의 국가 사고관리체계(NIMS)의 중요한 특징가운데 하나는 정부가 긴급 상황에 대비 및 대응하기 위해 민간자원을 평시에 효율적으로 관리하면서 상호협력체계를 강화하고 있다는 점에 주목해야 한다. 평시에 재난관리책임기관69) 간의 상호 임무, 능력, 지원 사항, 제한사항 등을 체계적·통합적으로 관리할 수 있는 기반체계가 정상적으로 작동할 수 있는지 냉정하게 점검할 필요가 있다. 시스템에 되어있는지, 되어있다면 점검은 언제 하는지, 누락된 것은 없는지 등을 주기적·정기적으로 확인하는 체계가 정립되어야 할 것이다.

다. 지방자치단체장의 위기 및 재난관리 역량 강화

미국에서는 재난이 발생할 경우 재난 현장을 담당하는 지방정부가 최초 대응뿐만 아니라 복구까지 책임을 지고 추진한다. 연방정부와 주정부는 재난 대응, 복구를 지원하는 것이 기본원칙이다.70) 한국 정부의 재난 대응조치를 재난 및 안전관리기본법에서는 시·도지사는 지역재난안전대책본부장71)으로서 필요한 초기 대응조치를 실시하도록 되어 있

---

69) 재난 및 안전관리기본법 제3조(정의) 5항에는 "재난관리책임기관"이란 재난관리업무를 하는 다음 각 목의 기관을 말한다. 가. 중앙행정기관 및 지방자치단체(「제주특별자치도 설치 및 국제자유도시 조성을 위한 특별법」 제10조제2항에 따른 행정시를 포함한다). 나. 지방행정기관·공공기관·공공단체(공공기관 및 공공단체의 지부 등 지방조직을 포함한다) 및 재난관리의 대상이 되는 중요시설의 관리기관 등으로서 대통령령으로 정하는 기관. 5의2. "재난관리주관기관"이란 재난이나 그 밖의 각종 사고에 대하여 그 유형별로 예방·대비·대응 및 복구 등의 업무를 주관하여 수행하도록 대통령령으로 정하는 관계 중앙행정기관을 말한다.
70) 신인식, 물류신문(KOREA LOGISTICS NEWS), Part 3. 미국 사례에서 얻는 국가재난 대응 조직의 운영 노하우, 2020.11.10. http://www.klnews.co.kr/news/articleView.html?idxno=122203 (검색: 2021.2.25.).
71) 재난 및 안전관리기본법 제16조(지역재난안전대책본부) ① 해당 관할 구역에서 재난의 수

다. 이외에도 재난 및 안전관리기본법 제55조(재난대비능력 보강) ① 국가와 지방자치단체는 재난관리에 필요한 인력·장비·시설의 확충, 통신망의 설치·정비 등 긴급구조능력을 보강하기 위하여 노력하고, 필요한 재정상의 조치를 마련하여야 한다. 법·제도적으로는 지방자치단체의 권한을 보장하고 있으나 실질적으로는 재난위기 발생시 중앙집권적 성격이 강하다는 점이다. 따라서 재난발생시 지방자치단체가 대응하도록 하며 중앙정부는 지원하는 역할을 수행해야 한다. 지방자치단체장의 역량을 강화한다는 것은 인적자원, 조직, 예산, 교육훈련 강화 등이 지방자치단체장에게는 부담으로 작용할 수밖에 없다는 점이다. 이를 위해

습 등에 관한 사항을 총괄·조정하고 필요한 조치를 하기 위하여 시·도지사는 시·도 재난안전대책본부(이하 "시·도대책본부"라 한다)를 두고, 시장·군수·구청장은 시·군·구 재난안전대책본부(이하 "시·군·구 대책본부"라 한다)를 둔다. 〈개정 2013. 8. 6., 2014. 12. 30.〉 ② 시·도 대책본부 또는 시·군·구 대책본부(이하 "지역대책본부"라 한다)의 본부장(이하 "지역대책본부장"이라 한다)은 시·도지사 또는 시장·군수·구청장이 되며, 지역대책본부장은 지역대책본부의 업무를 총괄하고 필요하다고 인정하면 대통령령으로 정하는 바에 따라 지역재난안전대책본부회의를 소집할 수 있다. 〈개정 2013. 8. 6., 2014. 12. 30.〉 ③ 시·군·구 대책본부의 장은 재난현장의 총괄·조정 및 지원을 위하여 재난현장 통합지원본부(이하 "통합지원본부"라 한다)를 설치·운영할 수 있다. 이 경우 통합지원본부의 장은 긴급구조에 대해서는 제52조에 따른 시·군·구 긴급구조통제단장의 현장지휘에 협력하여야 한다. 〈신설 2013. 8. 6., 2014. 12. 30.〉 ④ 통합지원본부의 장은 관할 시·군·구의 부단체장이 되며, 실무반을 편성하여 운영할 수 있다. 〈개정 2014. 12. 30.〉 ⑤ 지역대책본부 및 통합지원본부의 구성과 운영에 필요한 사항은 해당 지방자치단체의 조례로 정한다. 〈개정 2013. 8. 6., 2014. 12. 30.〉[전문개정 2010. 6. 8.]
제17조(지역대책본부장의 권한 등) ① 지역대책본부장은 재난의 수습을 효율적으로 하기 위하여 해당 시·도 또는 시·군·구를 관할 구역으로 하는 제3조제5호 나목에 따른 재난관리책임기관의 장에게 행정 및 재정상의 조치나 그밖에 필요한 업무협조를 요청할 수 있다. 이 경우 요청을 받은 재난관리책임기관의 장은 특별한 사유가 없으면 요청에 따라야 한다. 〈개정 2013. 8. 6.〉 ② 지역대책본부장은 재난의 수습을 위하여 필요하다고 인정하면 해당 시·도 또는 시·군·구의 전부 또는 일부를 관할 구역으로 하는 제3조제5호 나목에 따른 재난관리책임기관의 장에게 소속 직원의 파견을 요청할 수 있다. 이 경우 요청을 받은 재난관리책임기관의 장은 특별한 사유가 없으면 즉시 요청에 따라야 한다. 〈개정 2013. 8. 6.〉 ③ 제2항에 따라 파견된 직원은 지역대책본부장의 지휘에 따라 재난의 수습에 필요한 소속 기관의 업무를 성실히 수행하여야 하며, 재난의 수습이 끝날 때까지 지역대책본부에서 상근하여야 한다. 〈개정 2013. 8. 6.〉, [전문개정 2010. 6. 8.]

서 현재의 시도지사협의회를 확대하여 재난이 발생할 경우 상호 인접 시도끼리 응원협정72)을 맺어 재난에 대비하는 방안도 고려해볼 수 있을 것이다. 그러나 현재 운영중인 '시도지사협의회'와 '전국시도의회의장협의회'를 확대하여 운영방안을 모색한다면 좋은 그림을 스케치할 수 있을 것이다.

라. 기업의 비지니스 연속성 강화

기업의 비지니스 연속성 강화는 테러, 위기, 저강도 분쟁 등과 같은 상황에서도 기업의 생명줄인 정보관리시스템을 이중화하여(Back-up system) 기업 활동의 연속성을 보장하는 것이다. 모건 스탠리를 비롯한 미국의 대기업들이 연속성 강화를 위한 시스템을 구축하는 것은 위기상황에서도 흔들리지 않고 기업 활동을 지속적으로 보장함으로서 기업의 사회적 책임을 이행함과 아울러 국가안전보장 활동에도 기여할 수 있는 것이다. 연속성계획은 단지 기업에게만 국한되는 것은 아니다. 정부에게도 정부의 연속성이 있어야 함은 당연한 것이다. 미국 정부가 위기를 대비하여 지정생존자를 지정하여 운영하는 것 또한 이와 다르지 않다. 또한 최근에는 여러 가지 재난이 복합성, 비선형적, 불규칙적, 대형화 추세로 발생하면서 기업의 '비즈니스 연속성 관리(Business Continuity Management, BCM)'라는 개념이 기업의 경영 전략 중 핵심적인 요소로 확산되고 있는 추세이다. 비즈니스 연속성 관리는 "어떤 발생 가능한 위험요소로부터 기업 또는 조직의 핵심 업무 기능이 단절 또는 중단되지 않고 사전에 수행 또는 계획된 수준으로 연속성을 유지할 수

---

72) 미국의 국가 사고관리체계(NIMS)에서 응원 조정체계(MACS)와 유사한 기능을 의미한다.

있는 절차 또는 방안을 마련하는 것"으로 정의할 수 있다.73) 기업의 연속성뿐만 아니라 정부도 연속성을 유지하기 위해 '지정생존자(designated survivor)' 제도를 운영하는 국가도 있다.

<그림 8-10> 비지니스 연속성 관리 개념도

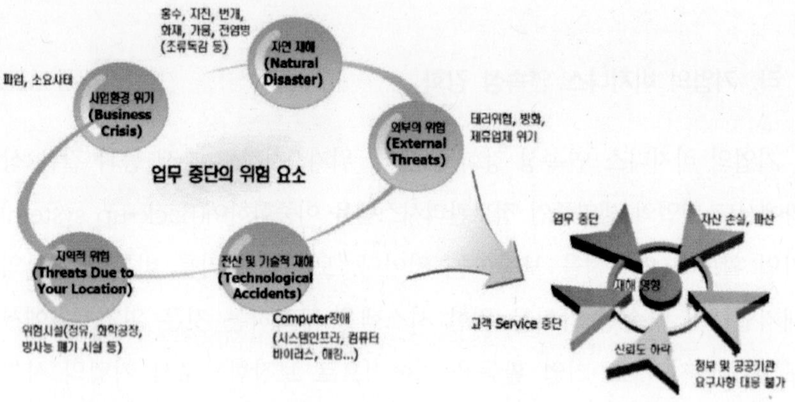

자료: 한국해양수산개발원, 김형근·이종필·하태영·이주원, 항만에서의 재난 및 재해 영향과 대응방안 영구, 2012.12

3. 지방자치단체장의 재난관리 역할 변화

경기도지사는 2020. 04월 발생한 이천 물류창고 화재사고에서 당시 경기도지사는 노동현장의 세월호라고 평가했다. 그러면서 중앙 정부와 지방 정부가 노동감독권을 공유하고 대형 인재 참사에 대해서는 엄정

---

73) 비즈니스 연속성 관리는 재해발생 시 단순히 피해를 최소화하는 게 아니라 서비스의 단절을 방지하고 연속적인 서비스 제공을 우선한다는 점에서 피해 최소화에 중점을 둔 기존의 재난 대응 체계와 차이를 보인다. 비즈니스 연속성 관리의 핵심 목표·효과는 각종 재난으로부터 직접적인 피해를 최소화하는 면도 있지만, 궁극적으로 기업의 활동이 중단되어 발생하는 2차 피해를 최소화하는 데 있다. 장지웅, 물류신문(http://www.klnews.co.kr) Part 2. 앞의 글.

한 처벌을 할 필요가 있다고 주장했다. 2020.06.29 서울 여의도 국회의원회관에서 열린 '산업재해 예방 토론회'에서 당시 경기도지사는 "국내 산재 사망률이 높은 이유는 법·규정은 잘 갖춰져 있지만, 법을 어길 때 생기는 이득이 처벌·제재로 인한 손실보다 크기 때문"이라며 "형사책임을 엄하게 묻고, 이익을 못 보도록 강력히 징벌해야 한다. 제일 중요한 것은 행정기관의 철저한 위반행위 단속"이라고 강조했다. 이어 "중앙정부가 기준을 설정하고 이것이 잘 지켜질 수 있도록 중앙정부와 지방정부가 권한을 공유해야 한다."며 "지방정부가 더 적극적으로 나서면 산재율은 절반으로 줄어들 것"이라고 진단했다.[74]

2020년 4월에 발생한 이천 물류창고 화재사고는 본질적 원인에 대해서는 공사 계약서부터 불공정 사례가 없는지 관리·감독할 필요가 있으며, 법 조항에 명시된 단서조항을 들어 관련법을 회피하려는 사업주가 없도록 단서 조건 및 불가피한 경우 등의 사항을 배제해야 한다고 했다.[75] 아울러 산업안전공단의 화재 위험의 경고를 무시하지 않도록 최저가 낙찰 제도가 아닌 적정 금액으로 낙찰되도록 제도의 개선이 필요하다는 대책을 발표했다. 산업재해 예방 대책으로는 노동안전지킴이를 통한 점검, 찾아가는 산업재해 예방교육 실시 확대, 산업재해 예방 우수기업 인센티브 지원 방안, 근로감독관 지방정부 공유, 중대재해 사업주 처벌법 제정을 제안했다.[76]

---

74) 경기도민기자단, 2020.07.03.산업재해예방을 위한 경기도 정책 토론회 〈노동자 생명·안전이 먼저다!〉 취재기, 일시·주관: 2020.06.29./경기도, https://gnews.gg.go.kr/news/news_detail.do?number=202007031107252158C094&s_code=C094(검색: 2020.07.09.)
75) 한국사회에서 산업안전사고가 빈발하는 것은 사업주의 책임의식 희박, 위험의 외주화, 산업재해에 대한 경영책임자의 솜방망이 처벌, 안전의식무감각 등으로 안전사고가 지속적으로 발생하고 있다.
76) 공하성. '국내 산업재해 예방을 위한 지방정부 역할 강화 방안,' 산업재해예방을 위한 경

지방자치단체장은 산업재해를 예방·대비·대응·복구하는 최일선에서 지역 내 발생하는 각종 산업재해를 현장에서 목도하고 있다. 따라서 지방자치단체장의 강력한 의지에 따라 산업재해는 충분히 사전에 예방(prevention)하고 감소할 수 있다는 점을 최근 경기도의 정책토론회에서 발견할 수 있다. 지방자치단체장의 시·도정업무의 가장 우선순위에는 시·도민의 안전이 무엇보다 상위에 두어야 하는 것은 당연한 것이다. 이를 위해 지방자치단체는 제도개선을 통해 지역 내 산재한 사업장을 관리감독체제를 정착시켜나가는 노력을 집중적으로 시행해야 한다. 이와 동시에 중앙정부에 법률 제·개정을 건의함과 동시에 정보를 공유하는 제도를 정착시켜나가는 것이 중요하다. 산업재해를 포함한 재해재난을 예방하고 대비하는 자세는 지방자치단체장에게 요구되는 가장 중요한 업무수행이 될 것이다. 또한 이를 위해서는 지방자치단체의 조직을 이에 맞게 보강하고 개편하는 것이 제일 중요한 과업이다. 한국은 2014년 세월호 참사 이후에도 잦은 산업재해가 빈발하고 있어 이에 대한 정부 및 지방자치단체 차원의 대책이 추진되고 있으나 근본적인 대책의 미흡으로 산업재해는 빈발하고 있다. 2020년 전 세계적으로 대유행하고 있는 신종 코로나 바이러스 감염증(코로나19)의 대응과정에서 지방자치단체장의 역할이 얼마나 중요한지 국민들은 목도하고 있다.

다가온 21세기에는 이상기온, 극심한 기후변화, 급격한 환경변화, 사이버테러, 국가간 갈등에 효율적으로 대비·대응하기 위해 지방자치단체의 역할이 더욱 강하게 요구되고 있다. 대형 안전사고가 빈번하게 발생하고 한국 사회의 안전관리시스템에 대한 불안감이 확대되는 상황에

기도 정책 토론회 〈노동자 생명·안전이 먼저다!〉, 2020.06.29., 경기도민기자단, 2020.07.03.:(경기도) 홈 〉 경기뉴스광장 〉 일반기자단. https://gnews.gg.go.kr/news/news_detail.do?number=202007031107252158C094&s_code=C094 (검색: 2020.07.09.)

서 경기도의 이러한 정책토론은 바람직한 현상으로 여겨진다. 또한 재난으로 인한 사고발생 시 원인과 책임 규명을 요구하는 시민의 안전사회에 대한 기대와 요구가 급증하고 있는 것은 당연한 일로 여겨지고 있다. 빈번한 재난이 발생함에도 효과적 대응을 실시간으로 실행하는 재난 선진국인 일본과 미국의 경우 재난 예방과 대응(response)의 주체는 각 지방자치단체이다.[77] 미국의 각 지역에는 재난 대응을 위해 조직된 '시민 거버넌스 CERT(Community Emergency Response Team)'가 있다. CERT는 지역사회에 기반 한 자원봉사대로, 시민들은 재난이 발생하면 지방정부와 협력해 대응한다.[78] 재난(자연재난 및 사회재난 포함)의 사전 예방을 위한 안전관리 체계가 지방자치단체로부터 중앙 부처에 이르기까지 효과적으로 정비되어야 재난으로 이어지지 않을 수 있다. 한국의 국격을 고려할 때 이제는 후진국형 재난은 털고 가야할 시기가 지나고 있다. 따라서 재난관리도 시스템적으로 이끌고 나가야 한다. 재난 상황을 고려한 현실적인 매뉴얼과 이를 검증하기 위한 훈련과 연습이 반복적으로 이루어져 숙달되어야 한다.

---

77) [긴급진단] 한국재난안전기술원. ④ 재난·안전관리 핵심은 지방자치단체 … "맞춤형 대응역량 길러야," 2019. 12. 13. https://blog.naver.com/cek1413/221736334623 (검색: 2020.07.10.)

78) *Ibid.*

제 9 장

안전의식 및 안전사회 건설

Yes We Can. Yes We Did. Yes We Can.

- 제 44대 미국 대통령 오바마 고별연설문(2017.1.10) 중

제9장 안전의식 및 안전사회 건설

제1절 안전 인식에 대한 일반의지

1. 안전교육

　2014년 세월호 참사 이후 문재인 정부(2017.5~2022.5)는 안전 및 재난으로부터 국민의 생명과 안전을 가장 중히 여기는 일련의 조치를 단행했다. 과거 어느 정부도 이처럼 강력한 조치를 취하지는 않았다. 노무현 정부(2003.2~2008.2) 시절에 위기대응매뉴얼(Crisis response mannual)을 처음으로 수립하고 시행한 것은 안전에 대한 우리국민의 인식을 제고시키는 결과를 가져왔으나 현장에서는 부분적으로 체감하지 못하는 결과를 가져왔다. 그러나 문재인 대통령은 2019년 신년사에서 국민의 안전문제는 국가적 과제이며 위기요인에 선제적으로 과감한 조치를 취하고 안전에 적극적인 투자를 하여야 하며, 정부는 국민의 안전은 국가의 책무로 생각해야 한다고 강조했다. 안전인식을 단적으로 드러내는 통계는 경제협력개발기구(OECD)에 나라별로 실시하는 통계와 한국 정부(통계청)에서 발표하는 공식적인 통계와 안전단체에서 발표하는 일반 통계가 있다. 세월호 참사 이전에는 이러한 통계와 국민 인식간에는 많은 괴리가 발생했다. 그러나 일반국민의 안전인식을 개선할 수 있는 교육을 안전문화 운동과 연계하여 의무적으로 실시해야 할 필요성이 꾸준히 제기되어 왔다. 선진국으로 가는 길은 국민소득과 교육열이 높다고 선진국이 되는 것은 결코 아니다. 자신의 안전과 가족의 안전, 사회의 안전, 즉 안전한 사회를 지속하는데 있어서 개개인의 역할이 중요해지고 있음은 더 할 나위가 없다. 특히 문화 선진국으로 가는 길에 있어서 시민들의 안전인식이 미숙하여 후진적 재난안전시스템으로 국민의 생명과 재산이 지속적으로 피해를 입는다면 안전 인식도의 성숙에 있어 많은 문제점을 내포하고 있다는 것을 반증하는 것으로 특단의 대책이 강구되어야 한다. 지방자치단체는 사고예방을 위해 시민을 대상으로 하는 안전교육을 이제는 제도적·실질적으로 실시해야 할 필요성이 점증되고 있다. 선진국일수록 국민 개개인의 안전인식 지수가 높게 나타나고 있음은 우연의 일치가 아니다. 선진국에 진입한 우리는 여전히 산업안전에 대한 인식이 낮게 나타나고 있는 것이 현실이다. 특히 건설현장에서 안전 불감증이나 부주의로 인한 추락 사고는 충분히 예방할 수 있으나 빈번한 산업재해로 연결되고 있음을 부인할 수 없다. 이러한 크고 작은 빈번한 산업현장에서의 안전사고는 회사의 생산성과 직결되고 기업의 사회적 비용을 증가시켜 기업의 브랜드 재고에 지장을 주며, 회사의 이미지에 좋지 않은 영향을 끼치고 있음은 더 말 할 필요가 없다. 한국 정부는 기업의 안전인식을 개선할 수 있도록 의무교육을 강화하고 있으나 형식에 치우치고 있다. 기업에 꼭 필요한 법정교육에는 성희롱 예방교육(남녀고용평등법 제13조), 개인정보보호교육(개인정보보호법 제28조), 산업안전보건교육(산업안전보건법 제3조), 장애인인식개선교육(장애인 고용촉진 및 직업개발법 제5조)을 의무적으로 실시하고 있다.

〈표 9-1〉 기업에 필요한 법정의무교육

구 분	성희롱 예방교육	개인정보 보호교육	산업안전보건교육	장애인 인식개선교육
법적근거	남녀고용평등법 제13조	개인정보보호법 제28조	산업안전보건법 제3조	장애인 고용촉진 및 직업개발법 제5조
교육시간	연간 1회 이상	연간 1회 이상	매분기 3~6시간 이상	연간 1회 이상
교육대상	사업주, 근로자 전 직원	사업주, 근로자 전 직원	사무직, 판매직 관리감독자 (16시간 이상)	사업주, 근로자 전 직원
벌 칙 (과태료)	미이수시 최대 500만원	미이수시 최대 5억원	미이수시 최대 500만원	미이수시 최대 300만원

일반 국민에 대한 안전 교육의 주체는 관(官, 중앙정부)이 주도적으로 하기 보다는 기초지방자치단체 및 시민사회단체가 주도적으로 실시할 필요가 있다. 따라서 기초지방자치단체별 안전교육을 전문적으로 계획하고 시민사회단체와 협의하여 실시하는 것을 긍정적으로 검토할 필요성이 제기되고 있다. 안전교육은 조기에 실시하는 것이 효과적이라는 것이 밝혀졌다. 따라서 유치원~초·중등학교에서 의무적으로 실시해야 체득화되어 사건·사고 발생시 효과적인 대응이 가능하다. 2019년 지역안전지수에 의하면 2018년 6대 안전사고 사망자는 2만4,550명으로 2017년의 2만3,085명보다 1465명 늘어났다.[1]

---

[1] 6대 안전사고는 교통사고, 화재, 범죄, 생활안전, 극단적 선택, 법정감염병 등이다. 2018년 사망자가 증가한 것은 극단적 선택(9.7%↑)과 법정감염병 사망자(28.4%↑) 숫자가 늘어났기 때문이다. 특히 극단적 선택은 2018년(1만 3,670명)으로 6대 안전사고 사망자 2만 4,550

〈그림 9-1〉 2018 안전 골든벨 어린이퀴즈

* 2018 안전골든벨 경북 어린이퀴즈쇼 경산 예선대회가 경산정평초등학교 강당에서 개최되었다.
출처: 경북일보, 김윤섭, "나도 안전지킴이, 각종 사고·안전불감증 이젠 끝내야죠." 2018.3.30.

지금까지 산업현장에 필요한 교육을 실시하지 않아서 사고가 일어났다는 것과는 조금 더 다른 차원의 문제와 관련되어 있을 수 있다. 형식적인 안전사고 예방교육으로 산업현장에서의 안전사고는 한 개인의 문제를 넘어 기업 또는 지역전체의 안전에 미치는 영향을 고려 철저한 대비책을 강구하도록 지도 감독을 강화해야 한다. 작업 전에는 사고 징후와 관련하여 발생 가능한 사고에 대해 예방조치를 취해야 한다. 그리고 반드시 안전관리자가 현장에서 관리감독을 강화하여야 함을 당연한 것으로 받아들이는 인식의 전환이 요구된다. 기업의 안전인식 못지않게 국민의 안전인식 교육도 강화하여 안전사회 구현에 국민 모두의 안전인식이 전제되어야 하는 계기가 되어야 한다. 안전한 사회의 첫 걸음을 위해 정부는 기반을 조성해주고 여건을 마련해주는 정치적 지혜를 가져야 하며, 지방자치단체에서는 이를 적극 실현할 수 있는 역량을 갖추

명 가운데 55.7%를 차지해 압도적으로 나타났다. 2015년(1만 3,513명), 2016년(1만 3,092명), 2017년(1만 2,463명)으로 감소하는 추세였으나, 2018년 다시 1,207명이 증가했다.

는 노력이 병행되어야 할 것이다. 국민 개개인은 안전한 사회를 위해 자신의 주변은 물론 가족, 지역, 직장, 사회공동체, 기업 등으로 시선을 넓혀 자신에게 주어진 의무를 성실히 수행하는 선진국 시민답게 행동해야 할 의무를 수행해야 할 책임이 요구되고 있다.

제2절 안전 의식

1. 안전의식

안전의식(安全意識, safety consciouseness; sense of safety)은 근로자가 잠재적으로 가지고 있는 안전에 대한 관심이 구체적인 행동과 실천으로 나타나는 정도를 의미한다. 안전에 대해 지식으로서가 아니라 실천하고 실행하는 정도에 따라 통상적으로 '안전의식이 강하다 또는 약하다.'라고 한다. 안전의식은 국민성에서도 유래하지만 평소 안전에 대한 교육과 훈련에 의해서 형성되는 후천적, 습관적인 부분이 많다. 안전 확보의 열의와 신념이 행동화될 때 안전의식이 있다고 한다.[2] 한편 산업안전 대사전에서는 안전의식은 근로자가 잠재적으로 작업시스템에서 생기는 인간의 실수(error)나 잘못(mistake)의 직접적인 원인을 지식부족이나 지각(知覺)의 잘못, 방심 등의 소질적(素質的) 특성 레벨에서 발생하지만 그것은 또 안전에 대한 의식 상태에 따라 좌우된다고 생각한다. 작업상의 안전을 유지·증진시키려면 어떻게 하면 되는지의 지식을 가지고(인지적 성분), 그것을 실천하는 것이 기업, 고객, 동

---

2) 실무노동용어사전, 2014, 중앙경제, http://www.elabor.cp.kr/

료, 가족 그리고 자기 자신의 복리에 있어서 중요하고 바람직하다는 것을 판단하고(가치적·정서적 성분), 그 위에 안전측면의 행동을 취하려고 하는 의사(意思), 의욕(意欲), 행동력(行動力, 행동의 지적성분)이 있는 상태를 의미한다. 이는 평소의 안전교육·훈련에 의해서 형성되는 후천적, 습관적인 것이 많다. 따라서 안전교육은 구체적으로 이해되고 실천할 의욕을 환기(喚起)시키는 것이 수반되어야 한다.3) 안전의식이 높다는 것은 직무에 대한 자신감, 위기(危機, crisis)에 대한 대처능력, 자신이 소속된 직장 상사나 동료 선후배들에 대한 신뢰감, 인정감, 안전감, 소속감, 성장감, 달성감 등이 포함되어 나타날 수 있다. 안전의식과 관련한 교육은 기초지방자치단체 및 시민사회단체가 주도적으로 나서서 안전의식, 안전 불감증 인식 등 주변 환경 정비와 여건조성에 중점을 두고 과정을 중시하면서 시민들의 안전의식을 실질적으로 향상시키는데 주안을 두어야 한다. 여기서 국민 안전의식지수(PSCI)란 일상생활과 재난 및 응급상황 발생시 안전한 행동을 통하여 안전사고를 예방하고 인위적 재난을 최소화 할 수 있는 개인의 안전 역량 행태와 태도, 습관, 지식을 측정하는 수치를 의미한다. 이를 산출하는 방법은 생활안전 지수는(생활안전의 문항별 점수: 그렇지 않다(0점), 그저 그렇다(1점), 그렇다(2점), 매우 그렇다(3점), 가중치 1.96을 곱하여 환산 하며), 소방안전 지수는(생활안전의 문항별 점수: 그렇지 않다(0점), 그저 그렇다(1점), 그렇다(2점), 매우 그렇다(3점), 없다 0점, 있다 3점, 가중치 2.564를 곱하여 환산하며, 재난안전 지수는(재난안전의 문항별 점수: 아니다(0점), 그저 그렇다(1점), 그렇다(2점), 없다(0점), 있다(2점), 가중치 3.333을 곱하여 환산 하며) 지수를 산정하여 발표하고 있다. 정

---

3) 산업안전대사전, 2004.5.10

부가 매년(2회: 상·하반기) 실시·공표하는 국민 안전의식 조사는 (2013년~2016년) 4대악[4] 근절대책의 효과성 조사를 위해 도입하여 실시하였으나, 2014년 11월 국민안전처[5] 출범이후 재난분야 체감도 조사까지 설문을 확대하여 행정안전부로 확대·개편한 이후에도 지속적으로 실시해오고 있다. 2017년 4대악 설문 내용 축소(12개 → 4개)와 개인의 위험인식(사고발생가능성) 측정, 사회이슈 등 외부 변수(언론, SNS) 영향 분석 포함하여 실시해왔으며, 2018년에는 4대악 제외, 국민 안전 실천역량 및 안전의식 수준 조사, 일반국민의 조사 표본수(2,000명 → 4,000명)를 확대했다. 조사주기(매월 → 격월)도 조정하여 실행력을 높였다. 2019년은 국민안전 체감도에서 국민안전 인지도, 실천도까지 확대하여 조사하고 있다.[6] 한편 국민 안전의식 조사는 한국 사회 안전에 대해 느끼는 개인의 주관적 인지도 조사로 2013년부터 실시하고 있다.[7]

〈표 9-2〉 '19년 상반기 국민 안전의식 조사 개요[8]

- 일반국민 : 12,000명(3·4·6월 각 4,000명) / 유·무선 RDD[9] 방식, CATI[10] 이용 전화 조사 / 95% 신뢰수준, 표본오차 ±1.55%
- 전 문 가 : 400명(6월) / 유·무선, 이메일 조사

자료: 행정안전부, 정윤한·박정호, 2019년 상반기 국민 안전의식 조사 결과 공개 보도자료, 2019.8.16.

---

4) 성·가정·학교폭력(행정안전부 조사), 식품안전(국조실·식약처 조사) 분야
5) 국민안전처 출범(2014.11.19), 해체(2017. 7.25.)는 2014. 416 세월호 참사 이후 정부불신이 높은 상황에서 급조된 조직개편을 단행했다.
6) 행정안전부, 정윤한·박정호, 2019년 상반기 국민 안전의식 조사 결과 공개 보도자료, 2019. 8.16
7) 2013년~2018년 국민안전 체감도 조사에서 올해 국민안전 인지도, 실천도까지 확대
8) 행정안전부, 정윤한·박정호, 앞의 보도자료
9) RDD(Random Digit Dialing) : 무작위로 선정된 전화번호를 여론조사에 활용하는 전화 여론조사 방법의 일종
10) CATI(Computer Aided Telephone Interview) : 컴퓨터에 의한 리스트 분배 및 문항 이동으로 면접원의 비표본 오차를 최소화하여 조사의 신뢰성 확보(실시간 모니터링, 신속한 데이터 집계가 가능한 전화조사 방법)

2019년 상반기 국민 안전의식 조사내용은 1) 국민안전 체감도 조사는 사회 전반·재난안전 분야별·거주 지역·개인별 체감도를 2) 국민안전 인식도조사는 우리사회의 안전 중요도, 업무의 신속성·효율성 대비 안전 중요도, 거주지역의 재난안전 대피시설 인지도, 재난·사고 시 행동요령 인지도를 3) 국민안전 실천도 조사는 안전대비 실천사항 수행 여부를 4) 안전정책 인지도 및 평가조사는 4대 불법 주·정차 주민신고제 인지도 및 평가를 조사한다. 조사결과 공표는 연2회(상·하반기) 실시한다.

　　'안전신문고 포털'11)에서의 안전신고란 재난 또는 그 밖의 사고 위험으로부터 국민의 안전을 확보하기 위하여 안전위험 상황을 행정기관 등에 신고하는 행위로 정의하고 있다.12) 안전신고 대상으로 생활안전, 학교안전, 교통안전, 시설안전, 산업안전, 사회안전, 해양안전, 기타 및 다(多)부처(안전의식 제고, 안전법규 검토 등)13)까지 망라하여 사회 전 분야가 안전신고의 대상으로 하드웨어 적인 것부터 관행 법·제도 등의 소프트웨어적인 것까지 모드를 망라하고 있다.

〈표 9-3〉 2019년 상반기 국민 안전의식 조사개요

구 분	국민 안전의식 조사	
조사대상	일반국민	전문가
표 본 수	3·4·6월 각 4,000명 (95%신뢰수준, ±1.55%)	400명
표본추출방법	지역별·성별·연령별 층화제곱근비례할당표집	유의할당

---

11) http://www.safetyreport.go.kr/ 검색: 2020.02.06
12) 안전신고 관리단 구성 및 운영 등에 관한 규정 제2조, 행정안전부
13) 행정안전부, 홈페이지 캡쳐. https://www.safetyreport.go.kr/#/introduction/safeIntroduction(검색: 2020.02.06)

조사방법	유무선 RDD14) 기반,	유무선, 이메일
(응답률)	CATI15) 이용 전화조사 (13.0%16))	
응답척도	5점척도(매우부정-부정-보통-긍정-매우긍정)	

주: 1) 조사주기(기간) 일반국민은 격월, 전문가는 반기단위
출처: 행정안전부, 2019년 상반기 「국민 안전의식 조사」 결과, 보도자료, 2019. 8. 16 '글로벌리서치'에 의뢰해 일반국민(전국 13세 이상)과 전문가를 대상으로 조사

한국사회는 그동안 산업화·도시화가 진행되면서 안전을 준수하면 손해본다는 생각을 은연중에 가졌을 법하다. 남보다 늦게 하면 뒤처지는 것으로 착각을 불러일으켜 무엇이든지 빨리빨리 하려는 문화가 자연스럽게 사회 제분야로 스며들었다. 이러한 안전불감증으로 인해 재발되는 사고는 분노에 중독되고 노출된 사회 그 자체의 민낯을 드러내기에 충분했다.

〈표 9-4〉 2019년 상반기 국민 안전의식 조사(국민 안전인식도) 결과

구 분		일반국민			전문가		
		'18下	'19上	증감(점)	'18下	'19上	증감(점)
국민안전인식도 (반기)	사회의 안전 중요도	-	2.99	-	-	3.39	-
	업무의 속성·효율성 대비 안전 중요도	-	3.62	-	-	3.86	-
	거주지역의 재난안전 대피시설 인지도(%)	-	36.5%	-	-	53.6%	-
	재난· 풍수해	-	52.0%	-	-	73.7%	-

---

14) RDD(Random Digit Dialing) : 무작위로 선정된 전화번호를 여론조사에 활용하는 전화 여론조사 방법의 일종
15) CATI(Computer Aided Telephone Interview) : 컴퓨터에 의한 리스트 분배 및 문항 이동으로 면접원의 비표본 오차를 최소화하여 조사의 신뢰성 확보(실시간 모니터링, 신속한 데이터 집계가 가능한 전화조사 방법)
16) 응답률: 응답 완료수/실제 컨택수

사고행동요령인지도(%)	화재	-	71.1%	-	-	87.1%	-
	지진	-	70.8%	-	-	86.4%	-
	붕괴사고	-	42.6%	-	-	62.0%	-
	감염병	-	50.0%	-	-	64.5%	-
	폭염	-	72.4%	-	-	85.1%	-
	한파	-	69.1%	-	-	79.9%	-

주: 1) 조사는 일반국민 12,000명(3·4·6월 각 4,000명) / 유·무선 RDD[17] 방식, CATI[18] 이용 전화조사 / 95% 신뢰수준, 표본오차 ±1.55%; 전문가 조사는 400명(6월) / 유·무선, 이메일 조사 / (점수 기준: 5점 만점)
출처: 행정안전부, 2019년 상반기 「국민 안전의식 조사」 결과, 보도자료, 2019.8.16., '글로벌리서치'에 의뢰해 일반국민(전국 13세 이상)과 전문가를 대상으로 조사

정부에서 국민 안전을 총괄하는 행정안전부에서 운영하는 안전신문고 포털에는 안전신문고 소개[19](안전신문고 소개, 주요처리사례, 안전제안, 신고처리현황, 신고현황지도, 안전신고통계), 안전신고(안전신고, 해양안전신고, 안전제안, 신고확인, 자가 안전진단), 안전정보(국민행동요령, 홍보영상, 재난안전 뉴스속보, 연합뉴스TV, 법령정보, 자료실, 재난종합상황분석), 고객센터(공지사항, 이용안내, 자주하는 질문) 등으로 구성되어 있다. 행정안전부가 공개한 자료에 의하면 한국의 안전사고 사망자 수[20]는 지난 3년간('15~'17) 감소*하다가 2018년에는 증가하였다.*

---

17) RDD(Random Digit Dialing) : 무작위로 선정된 전화번호를 여론조사에 활용하는 전화여론조사 방법의 일종
18) CATI(Computer Aided Telephone Interview) : 컴퓨터에 의한 리스트 분배 및 문항이동으로 면접원의 비표본 오차를 최소화하여 조사의 신뢰성 확보(실시간 모니터링, 신속한 데이터 집계가 가능한 전화조사 방법)
19) 행정안전부 홈페이지 캡쳐.https://www.safetyreport.go.kr/#/introduction/safeIntroduction, (검색: 2020.02.06)
20) 질병으로 인한 사망 또는 자연사가 아닌 외부 요인에 의한 사망자+법정감염병사망자

* 연도별 안전사고 사망자수(전체 사망자 중 비중) : ('15년) 31,582명(11.5%) → ('16년) 30,944명(11.0%) → ('17년) 29,545명(10.4%) → ('18년) 31,111명(10.4%)

자살 및 법정감염병 사망자 수가 대폭 증가한 것이 사망자 증가의 큰 원인이 된 것으로 판단된다. - 자살 사망자는 10대, 30~40대, 60대에서 크게 증가하였으며, 10대는 정신적, 30~40대는 경제적, 60대 이상은 육체적 질병 문제가 자살 동기인 것으로 분석되었다.('19년 자살예방백서, 보건복지부) ; 감염병 사망자 증가는 C형 간염(152명)의 법정감염병 편입과 인플루엔자 사망자 급증(262명 → 720명)이 주요 원인이었다.21) 안전사고 사망자가 증가한 가운데, 고무적인 것은 4년 연속 교통사고 사망자 수가 줄어든 것인데, 특히 '18년에 크게 감소*('17년 대비 10.4% 감소)하였다.

* (고속도로사망자 제외) ('15년) 380명 → ('16년) 4,019명 → ('17년) 3,937명 → ('18년) 3,529명

경제협력개발기구(OECD, Organization for Economic Cooperation and Development) 평균22)과 비교할 때 화재, 범죄, 생활안전은 양호한 수준이지만, 교통사고·자살·감염병 분야 사망자 수는 OECD 평균보다 높다. 특히 자살(극단적 선택) 분야는 OECD 평균과 2배 이상 차이가 나고 있어, 중앙부처 및 지방자치단체의 중점 관리가 필요한 것으로 보인다.23)

---

21) 행정안전부, 지만석·김재은·이종설·신진동, '2019년 전국 지역안전지수 공개' 보도자료 (20108년 통계기준), 2019.12.10.
22) OECD의 최신 통계인 2015년 값과 우리나라 최신 통계인 2018년 값을 비교한 것임
23) 행정안전부, 지만석·김재은·이종설·신진동, '2019년 전국 지역안전지수 공개' 보도자료 (20108년 통계기준), 2019.12.10.

〈표 9-5〉 한국, OECD 분야별 사망자수(인구 10만명) 비교

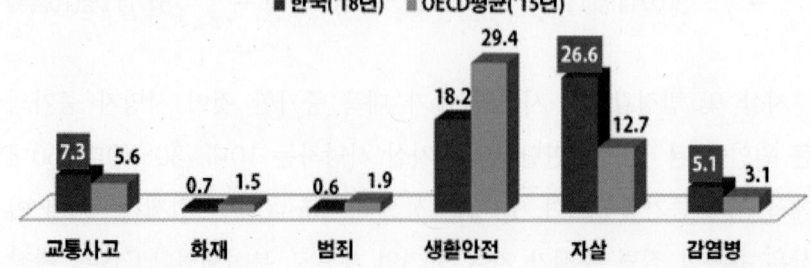

출처: 행정안전부, 지만석·김재은·이종설·신진동, '2019년 전국 지역안전지수 공개'보도자료(20108년 통계기준), 2019.12.10.

〈표 9-6〉 한국의 전체 안전사고 사망자 수

연도	전체 사망자 수(명, A)	전년 대비 증감(%)	안전사고 사망자(명, B)	전년 대비 증감(%)	안전사고 사망률 (%, B/A*100)
2013	266,257	-	31,015	-	11.6
2014	267,692	-	32,114	-	12.00
2015	275,895	+3.1	31,582	△1.7	11.45
2016	280,827	+1.8	30,944	△2.0	11.02
2017	285,534	+1.7	29,545	△4.5	10.35
2018	298,820	+4.7	31,111	+5.3	10.41

주: 1) △ (전체 사망자) 1년 동안 우리나라에서 질병, 사고 등 각종 이유로 사망하는 전체 인원
   2) △ (안전사고 사망자) 1년 동안 각종 안전사고로 사망 + 법정 감염병으로 사망한 인원
      △ (비율) 안전사고 사망자/전체 사망자 * 100
자료: 행정안전부, 지만석·김재은·이종설·신진동, '2019년 전국 지역안전지수 공개' 보도자료(20108년 통계기준), 2019.12.10.

정부는 국민들의 안전에 대한 실천의지를 향상시키기 위해 현재 4개 항목24)에 대해 설문조사를 실시하고 있으나 이것만으로는 국민안전 실

---
24) 안전띠 착용 여부, 위험 목격시 행정기관 신고, 비상구 위치 확인, 휴대용 키트 구비 여부

천역량을 측정하기에는 부족하므로 다음 몇 가지 사항을 추가하여 반영함으로서 실천역량을 강화해야 할 필요성이 대두하고 있다. 1) 가정(건물), 불특정건축물에 화재감지기 및 스프링클러 설치 및 작동여부 2) 스쿨존(school zone) 안전 운행 준수 여부 3) 공사현장에서의 안전모·안전띠 착용여부 4) 최근 안전앱, 안전신문고등에 접속여부 5) 도로 보행신호 준수여부 등을 검토하여 반영하는 등 실질적인 설문조사로 신뢰도를 제고할 필요성이 충분하다. 서울시 홈페이지를 통해 2014년 5월 9일~15일 까지 서울시 홈페이지 통해 진행한 '소방안전 여론조사 보고서'의 조사에 의하면 '시민의 안전 의식을 점수로 매겨 달라(10점)'는 질문에 3점(23.8%), 4점(16.8%), 5점(17.0%)로 평균점수는 4.1%로 낙제수준이다.25)

2. 심각한 안전 불감증

한국의 높은 교통사고 사망자 수의 근본적인 원인중 하나는 국민의 교통안전 의식수준이 아직 후진국 수준으로 안전의식 및 안전문화가 정착되지 못한 것에 기인한다고 볼 수 있다. 이에 1998년 한국교통안전공단에서는 국민의 교통안전 의식 수준을 파악해 공표함으로써 지방자치단체의 자율적 경쟁유도 및 교통안전 정책 마련을 위한 기초자료로 활용할 목적으로 공단 자체 연구의 하나인 교통문화지수 실태조사를 실시했다. 이 조사에서 한국 사회 안전 불감증은 매우 조사결과 매우 심각한 것으로 조사되었다. 조사결과는 '매우 심각하다'가 (73.1%),

---

25) 황인찬, 동아일보, [단독/수도권] 시민98% "한국 사회 안전불감증 심각" 2014. 5. 23. http://news.naver.com.main/read.nhn?mode=LPOD&mind=etc&oid=00025799483 (검색: 2020.02.03)

'심각하다'가 (25.0%)로 안전 불감증이 문제가 있다는 의견이 98.1%에 달했다는 것은 많은 것을 고민하게 했다.

〈그림 9-2〉 2014년 한국 사회 안전 불감증 심각

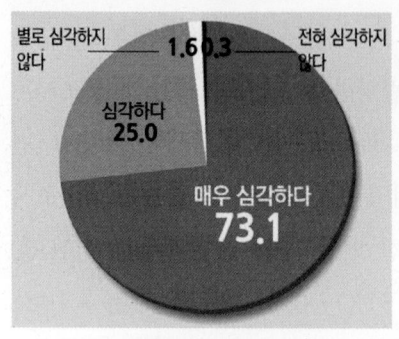
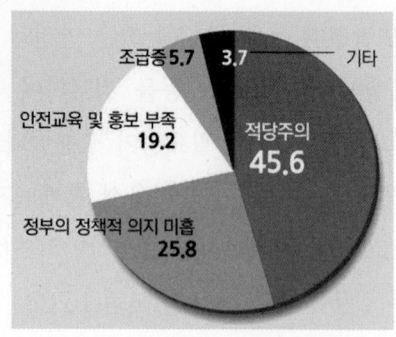

q1) 한국 사회의 안전 불감증에 대해 어떻게 생각하나?
q2) 안전 불감증이 심각한 원인은?

※ 조사시기/인원: 2014.5/10.~60대 2672명 조사(단위: %)
※ 여론조사는 2014.5.9.~15일, 서울시 홈페이지를 통해 진행
자료: 서울특별시, '소방안전 여론조사보고서' 2014.5
출처: 황인찬, 동아일보 [단독/수도권] 시민98%"한국 사회 안전불감증 심각" 2014.5.23.; http://news.naver.com.main/read.nhn?mode=LPOD&mind=etc&oid=00025799483 (검색: 2020. 02.03)

다음은 안전 불감증이 심각한 원인으로는 '적당주의'가 (45,6%), '정부의 정책적 의지 미흡'이 (25.8%), '안전교육 및 홍보 부족'이 (19.2%), '조급증'이 (5.7%), '기타 (3.7%)로 나타났다. 2008년부터는 교통사고 예방측면에서 교통안전 문화의 중요성에 대한 중앙정부와 지방자치단체의 공감대 형성으로 교통안전법 제57조(교통문화의 지수 및 활용)에 교통문화지수 실태조사의 법적 근거가 마련됐으며, 통계법 제27조(통계의 공표)에 의해 조사결과를 공표하고 국가의 교통안전 정책 입안을 위한 국가 승인통계로서의 역할을 수행하고 있다. 교통문화지수는 교통

안전 의식수준 또는 교통문화의 수준을 운전행태(55점), 보행행태(20점), 교통안전(25점) 등 3개 조사항목 등 18개 평가지표를 조사·분석해 100점 만점으로 계량화하여 매년 12월 국토교통부 및 공단 홈페이지 등을 통해 공표하고 있다.26)

국토교통부는 제8차 국가교통안전기본계획 최종안을 통해 2021년까지 교통사고 사망자수를 2,796명으로 줄이겠다는 발표를 했다. 이를 인구 백만 명당 사망자로 환산해보면 약 52~55.8명 미만 수준으로 줄이겠다는 내용이다. 2016년 통계를 가지고 계산해보면 일본은 인구 백만 명당 사망자가 32명 수준, 독일은 39명 수준, 한국은 86명 수준으로 여전히 사망자수가 높다는 것을 알 수 있다.27) 이는 안전 불감증(安全不感症, safety frigidity)이 만연하고 있음을 단적으로 보여주고 있다. 또한 안전불감증은 안전사고에 대한 인식이 둔하거나 익숙해져서 사고의 위험에 대해 별다른 느낌을 갖지 못하는 일(고려대 한국어대사전). 또는 위험에 둔감해지거나 익숙해져서, 위험하다는 생각이나 의식을 못하는 일(국립국어연구원, 우리말 샘), 이외에도 '안전에 대한 주의 의무를 느끼지 못하는 증상'을 의미한다. 2016년 통계청 사회조사 결과(가족·교육·보건·안전·환경) 자료에는 사회 안전 상태에 대한 우리 국민들의 인식변화가 2014년에 비해 '5년 전보다 더 위험해졌다.'고 느끼는 국민의 비중이 더욱더 높아졌다(46.0% → 50.1%), '5년 후 더 위험해질 것이다.' (27.1% → 38.5%)라는 비율이 높게 나타났다. 사회

---

26) 2018.9.28., 서상언, 교통신문, '한국교통안전공단', "교통문화지수"http://www.gyotongn.com/news/article View. html?idxno=201798
27) 2015년 인구 백만 명당 교통사고 사망자수는 1위 노르웨이(22.5명), 2위 몰타(25.5명), 3위 스웨덴(26.4명), 4위 영국(27.7명), 5위 덴마크(30명), 6위 스위스(30.5명), 7위 아일랜드(35.8명), 8위 스페인(36.4명), 9위 네덜란드(36.7명), 10위 일본(38.3명), … 12위 독일(42.5명), … 16위 호주(50.7명), … 18위 프랑스(54명), … 37위 한국(91.3명)으로 여전히 높은 사망자수를 나타내고 있다.

안전도 평가에서는 '안전하다'는 평가(13.2%), '불안하다'는 평가(45.4%), '보통이다'라는 평가(41.3%)로 나타나 우리 국민은 여전히 전반적으로 한국 사회가 '불안하다'고 느끼는 것으로 나타났다.28) 2018년 통계청 사회조사 결과(가족·교육·보건·안전·환경)에서는 한국 사회의 전반적인 안전에 대하여 「안전」하다고 느끼는 사람은 20.5%로 2년 전(13.2%)보다 7.3%p 증가하였으며, 사회 안전에 대하여 불안감이 상대적으로 높게 나타난 것은 범죄발생(50.8%), 교통사고(47.6%), 신종 질병(42.8%), 정보 보안(42.5%)」순으로 나타났다.29)

〈표 9-7〉 한국의 사회 안전도 평가

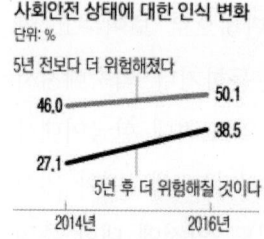

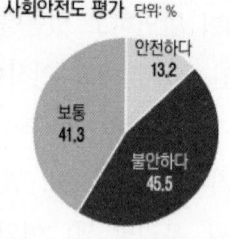

	2014년	2016년
1위	인재	범죄 발생
2위	국가 안보	국가 안보
3위	범죄 발생	경제적 위험

자료: 통계청

출처: 통계청, 윤명준·황호숙, 2014년 사회조사 결과(2014.11.27.), 보도자료; 윤연옥·김영란, 2016년 사회조사 결과(2016.11.15.); 이재원·이영수, 2018년 사회조사 결과(2018. 11.06), 보도자료.

주: 1) 2014년 사회조사는 가족, 교육, 보건, 안전, 환경 부문에 대하여 전국 17,664 표본가구 내 상주하는 만 13세 이상 가구원 약 37,000명을 대상으로 2014. 5.15.~5.30.(16일) 동안 조사된 내용을 집계한 것임.; 2016년 사회조사는 전국 25,233 표본가구 내 상주하는 만 13세 이상 가구원 약 38,600명을 대상으로 조사기간 2016. 5.18.~6.2.(16일) 동안 조사된 내용을 집계한 것임.; 2018년 사회조사 결과는 5개 부문(가족, 교육, 보건, 안전, 환경)에 대하여 전국 25,843 표본 가구 내 상주하는 만 13세 이상 가구원 약 39,000명을 대상으로 2018.5.16.~5.31. 동안 조사하여 집계한 결과.
2) 위 도표 중 사회안전도 평가는 2016년 조사결과로 안전하다(13.2%), 2018년 조사에서는 안전하다(20.5%)로 7.3% 높게 나타났다.
3) 위 도표 중 사회의 주된 불안요인에서 2016년의 1위(범죄발생: 29.7%), 2위(국가안보: 19.3%), 3위(경제적 위험: 15.5%), 4위(도덕성 부족: 9.5%); 2018년의 1위(범죄발생:20.6%), 2위(국가안보:18.6%), 3위(환경오염:13.5%), 4위(경제적 위험:12.3%)로 나타났다.

---

28) 통계청, 「2016년 사회조사 결과: 가족·교육·보건·안전·환경」 (2016.11.15), pp.32~34.
29) 통계청, 「2018년 사회조사 결과: 가족·교육·보건·안전·환경」 (2018.11.06). p.35.

한국 사회에서 안전 불감증이 가장 심각하게 나타나고 있는 분야는 산업건설현장이다. 다음의 통계자료가 그것을 증명하고 있다. 대부분의 대형사건 가운데 건설현장 작업종사자 및 관리감독자들의 '안전 불감증'에 기인하는 경우를 종종 목격하게 된다. 그럼에도 불구하고, 그 동안 우리 사회의 '안전관리'는 정부 또는 사업주의 영역으로만 인식해왔다. 높아진 국민들의 안전욕구를 해결하는데 정부 주도의 안전관리는 생활주변 안전 위해요소 파악 및 대처에 한계가 노출되고, 생활주변 위험요소를 잘 아는 국민들이 보다 더 안전개선 활동에 적극적으로 참여 필요성을 제기하고 있다. 정부는 국민이 참여하는 안전관리를 위한 법·제도적 장치 및 기준을 마련 및 확대하고, 관행처럼 굳어져 온 비정상적 관행을 과감하게 혁신(innovation)으로 안전문화운동 확산 및 안전교육을 확대하는 방향으로 추진해야 한다. 정부는 이외에도 사고 발생시 사고 재발방지대책을 철저히 시행하고, 현장에서 작동할 수 있는 '현장조치행동매뉴얼'을 보다 정교하게 작성하여 교육 및 훈련을 통하여 안전파수꾼으로서의 역할을 담당하게 하는 등 사건발생시 신속한 대응이 가능토록 할 책무가 정부와 지방자치단체(기초지방자치단체 포함)에 있다는 점을 인식하고 있으나 실행력에서는 여전히 의구심을 나타내고 있다. 세월호 참사 이후 높아진 안전의식과 사회 안전욕구가 분출되고 있는 시점에 범사회적으로 안전문화 운동을 확산하는 것이 시대의 요구라고 인식하여 시민사회단체가 주도적으로 확산시키는데 주력해야 할 필요성이 요구되고 있다. 이를 위한 여건조성 및 공감대 형성에 정부와 지방자치단체, 시민사회단체의 역할이 보다 강화되어야 한다.

〈표 9-8〉 한국, 최근 3년간 건설업 추락재해예방 기획 감독 결과

(2017~2019년 상반기, 단위: 개소, %, 천원)

구 분	감독 사업장 (A)	법 위반 사업장 (B)	위반율 (B/A)	사법 처리	과태료 부과 건수	과태료 금액	작업 중지
'17(상반기)	1,837	1,263	68.8%	1,186	196	378,660	716
'17(하반기)	1,065	801	75.2%	680	184	331,000	354
2017년 합계	2,902	2,064	71.1%	1,866	380	709,660	1,070
'18(상반기)	729	555	76.1%	445	139	340,620	207
'18(하반기)	764	581	76.0%	515	158	389,669	221
2018년 합계	1493	1136	76.1%	960	297	730289	428
'19(상반기)	1,308	953	72.9%	920	52	78,681	124

〈표 9-9〉 한국, 최근 5년간 건설업 추락재해 현황

(2017~2018년 상반기, 단위: 명, %)

구 분	2014년	2015년	2016년	2017년	2018년	합 계
전체 재해자수(A)	23,669	25,132	26,570	25,649	27,686	128,706
추락 재해자수(B)	7,908	8,259	8,699	8,608	9,191	42,665
비중(B/A)	33.4	32.9	32.7	33.6	33.2	33.1%
전체 사망자수(C)	434	437	499	506	485	2,361
추락 사망자수(D)	256	257	281	276	290	1,360
비중(D/C)	59.0	58.8	56.3	54.5	59.8	57.6

자료: 송옥주(국회의원), 고용노동부(그림10-4.5)
출처: 한남진, 내일신문, '건설현장 추락사고 안전 불감증 여전' 2019.10.15.; http://www.naeil.com/wp-content/themes/naeilneqs/news_view_pop.php?id_art=328

앞에서 살펴본 바와 같이 최근 5년간 건설현장에서 재해로 인한 사망자 10명중 6명이 추락사고로 인해 사망했는데도 중·소규모 건설현장 대다수는 안전시설 설치 기준을[30] 위반하는 등 안전 불감증이 여전한

---

30) 내일신문, 한남진, '건설현장 추락사고 안전 불감증 여전' 2019. 10. 15.

것으로 드러났다. 2018년의 경우 점검대상 사업장의 76.1%가 법령을 위반한 것으로 나타났다. 최근 통계청의 통계자료에 의하면 한국의 산업재해는 2018년 근로자 10만 명당 사고 사망자 수는 5.09명으로, 터키(7.52명, 2016년), 멕시코(7.46명, 2017년), 미국(5.24명, 2016년) 다음으로 높은 수준으로 나타났다.31)

〈표 9-10〉 OECD 국가의 근로자 10만 명당 사고 사망자수

(단위: 명)

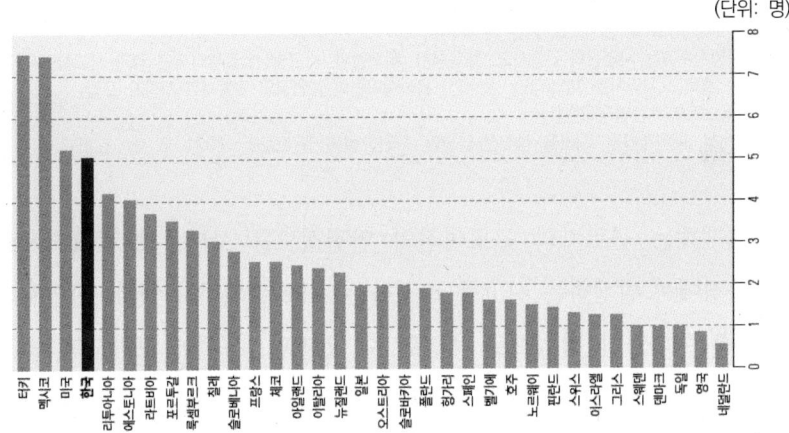

자료: ILO (http://ilostat.ilo.org)
출처: 통계청, 김대호·박영실, 한국의 SDGs 이행 현황 2021 발표, 보도자료, 2021-04-01(게시일), 통계청홈페이지 〉 새소식 〉 보도자료 〉 전체
주: 1) 데이터 기준시점은 국가마다 다름. 2016년은 그리스, 리투아니아, 미국, 스웨덴, 스페인, 슬로바키아, 에스토니아, 오스트리아, 터키, 헝가리, 2017년은 멕시코, 호주, 2018년은 이스라엘, 일본, 칠레, 한국이며 나머지 국가는 2015년 기준임.

---

31) 통계청, 김대호·박영실, 한국의 SDGs 이행 현황 2021 발표, 보도자료, 2021-04-01(게시일), 통계청홈페이지 〉 새소식 〉 보도자료 〉 전체

〈표 9-11〉 2019년 산재사고 사망율

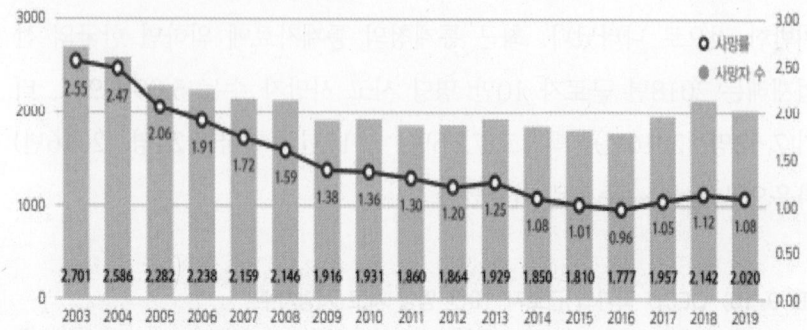

주: 1) 업무상 사고 및 질병으로 인한 사망자수
   2) 사망자수에는 사업장외 교통사고, 체육행사, 폭력행위, 사고발생일로부터 1년 경과 사고사망자, 통상 출퇴근 사망자는 제외(다만, 운수업, 음식숙박업의 사업장외 교통사고 사망자 포함)
자료: 고용노동부, 「산업재해현황」
출처: 통계청, 통계개발원, 최바울·심수진·남상민, 「국민 삶의 질 2020」, 2021. 2. 21. p.102.

산업재해는 근로자의 근로여건의 안전정도를 보여주는 중요지표로 근무환경에서 발생하는 사고를 측정하는 지표로 의미가 있다. 산업재해의 수준은 다양한 방법으로 측정할 수 있지만, 통계에 포착되지 않고 누락되는 사고가 있고, 누락 정도가 국가 또는 시기마다 다르다는 한계가 있다. 이와 같은 문제가 상대적으로 적은 지표가 바로 산업재해로 인한 사망자수이다.[32] 산재사망률이란 산재 적용 대상 근로자 중 업무로 인한 재해 사망자의 비율로 근로자 1만 명당 사망자수로 계산된다. 즉, 측정 방법은 산재사망률 = (산재 사망자수 ÷ 산재 적용대상 근로자 수) × 10,00을 곱한 것으로 산정한다. 산재사망률의 정의는 산재 적용 대상 근로자 1만 명당 업무상 사고 및 질병으로 인한 재해 사망자수를 의미한다. 산재사망률은 2003년 근로자 1만 명당 2.55명에서 2010년 1.36명, 2016년 0.96명으로 지속적으로 감소했다. 그러나 2016년 이

---

[32] Ibid, p.102.

후 다시 소폭 증가하여 2019년 산재사망률은 근로자 1만 명당 1.08명이다. 2019년 산업재해로 인한 사망자수는 2,020명으로 2018년 2,142명보다 감소했다.33)

제3절 안전 대진단 및 안전지수

1. 안전진단의 필요성

정부는 2014년 세월호 참사이후 정부차원에서 안전관리를 추진하게 된 배경으로 세월호 참사 이후 사회 전반의 안전관리 실태를 점검·개선하고자 모든 안전관리 주체가 참여하는 국가 안전대진단(이하 '안전대진단'이라 한다)을 '15년 도입하여 매년 2~3개월의 기간 동안 집중점검 실시하고, 국민의 안전신고·제안 등을 통해 국민 참여를 활성화하였으며 지난 3년간 총 192만 개소를 점검하여, 5만 개소 현지시정, 7만 개소 보수·보강 등 위험요인 개선으로 안전사고 예방에 기여했다. 범 정부차원에서 추진하는 국가안전대진단의 성격은 개별법에 따른 안전점검은 대상의 규모·위험도 등을 고려하여 정기·수시·긴급 점검 등을 실시하고34) 국가안전대진단은 개별법상의 안전점검에 대해 보완적·추가적으로 실시했다. 이후 범정부차원에서 강력하게 추진하였으나 문제점 및 한계사항으로 다수 시설 점검에 따른 형식적 점검이라는 지적을 받을 수밖에 없었다. 정부에서는 사전 치밀한 전략이 필요하였으나 세월호라는 대참사 앞에서 빨리 추진할 수밖에 없었던 그간의 고민과

---
33) Ibid.
34) 시설물의 안전에 관한 특별법, 건축법, 전기사업법, 소방시설 설치·유지 및 안전관리법 등

흔적을 찾을 수 있었다. 짧은 기간(2개월) 동안 다수 시설을 점검함에 따라 집중적으로 점검함으로서 인력과 대처능력이 부족하였던 사실을 숨길 수 없었다('15년 107만 개소, '16년 49만 개소, '17년 36만 개소). 또한 시설관리 주체의 자체점검에 따른 한계점이 노출되기도 했다. 점검의 생활화를 위해 관리주체의 자체점검은 반드시 필요하다는 교훈을 도출하기도 했다.35) 다만, 안전대진단 과정에서 부실한 자체점검을 확인하는 절차 등은 확보되지 못한 한계점도 있었다.36)

* 밀양 세종병원 '16년·'17년 자체점검 실시(이상없음 보고), '15년은 공무원 점검 한편 정밀점검 및 보수·보강으로 이어지지 못하는 한계를 노정하고 있었다. 대진단을 통해 문제점이 발견되어도 비용부족을 이유로 지자체 등에서 정밀점검, 보수·보강 추진에 다소 소극적이었다.
* '15년 이후 지방자치단체에서 정밀진단과 전문가점검 비용의 국비보조를 지속 요구

안전대진단 과정에서 진단의 주체가 공무원이 되고, 시설물(대상) 위주의 점검으로 공무원 중심의 점검으로 지역적·업무적 이해관계에 취약할 우려가 있었으며, 시설물·건축물의 외관·구조적 문제점을 중심으로 점검하는 데 치우쳐 실질적인 구조적 문제점을 파악하는 데 많은 문제점이 노출되었다. 따라서 국가안전대진단에서 발견된 문제점에 대한 사후관리 부족으로 점검결과에 대한 이력관리, 사후 확인점검 노력 등이 부족하고, 국가 안전대진단 추진 노력에 대한 평가·포상 등 환류체계(Feed back system)가 미흡한 과제로 남겨지게 되었다. 또한 사

---
35) '17년 36만 개소 점검실적 중 12만6천 개소(35%)는 사유시설 관리자의 자체점검
36) 행정안전부, 2017년 국가 안전대진단 우수사례, 2017.

고 발생 시 이전 안전점검 결과가 문제되는 불합리한 관행 지속되어 지속적인 진단 및 점검이 이루어져야 한다는 명백한 교훈을 도출한 것은 안전대진단의 중요성을 국민들에게 각인시키는 충분한 기폭제가 되었다. 점검결과 공개라는 수단을 통해 부실점검을 방지하고, 국민들도 점검시 나타난 문제점을 확인하고 대처할 수 있는 구조적이고 체계적인 대책이 강구되어야 한다는 점을 발견한 것은 중요한 교훈으로 삼을 수 있어 안전대진단은 실질적이고 효과적이라고 수 있다. 2018년 행정안전부에서 추진한 안전대진단은 짧은 시간 내 추진하고자 하는 의지가 그 어느 해보다 강하게 인식되었다. 안전 불감증으로 인해 대형화재가 발생 수많은 인명피해를 입었기 때문이다. 안전대진단은 60년대의 경제계발계획에 따라 급속도로 진행된 '빨리빨리' 문화가 정착되다시피한 한국 사회에 대한 일종의 안전에 대한 경고일 수도 있음을 인지할 필요가 제기되었다. 안전에 대한 인식부족은 정부나 국민 모두가 개발논리에 밀려 후순위로 밀리면서 제기된 것이다. 따라서 '안전대진단'은 일회성행사로 끝날 일이 되어서는 곤란하다. 한국 사회가 안전해지는 그 날까지 지속적으로 추진되어야 한다. 남북이 통일되는 그날을 시작으로 다시 시작하여 통일 한국이 안전해지는 그날까지 지속적으로 추진하여 국민안전에 대한 인식을 전환하는 계기가 되어야 한다. 후진적 안전사고는 국가의 품격을 추락시키는 직·간접적 요인이 된다는 점을 인식하는 계기가 되어야 한다. 따라서 2018년 안전대진단의 추진방향을 정부는 다음과 같이 제시했다. 대상 시설이 광범위하고 수십·수백만 건을 점검하고 진단할 수는 없을 것이다. 그래서 양적점검보다는 선택과 집중으로 핵심 분야를 점검하는 것이 효율적이다. 2018년도 안전대진단시에는 총 30만 개소에 대해 점검을 실시하되, 최근 사고발생 분야, 안전 취약시설 등 핵심 분야를 선정하여 집중점검을 실시했다. 자체점검 보완을 위한 확인 절차 마련을 위해 자체점검의 경우 점검시 체크리스트를 반드시 활용토록 하고, 점검자 실명제를 준수토록 하여 자체점검의 실효성을 확보하기 위해 점검자 실명이 포함된 체크리스트를 반드시 징구하며 점검결과에 대한 책임성을 부여토록 하는 등의 제도보완을 추진했다. 또한 자체점검 완료시설물 중 표본을 선정하여 확인·점검을 실시하고, 그 결과 부실·허위로 자체점검 결과를 보고한 경우 해당 법령37)에 따라 행정처분을 부과하는 등 대진단 기간 중 부처 자체 조직인 안전감찰을 실시하여 부실 자체점검을 방지하는데 주력했다. 또한 재정지원 확대로 정밀점검 및 보수·보강을 위해 지자체에서 재난관리기금, 소방안전교부세 등을 적극 활용하여 정밀점검을 실시, 필요시 보수·보강을 강화하도록 유도 안전 확보를 위해 정밀점검 및 보수·보강 등에 지자체가 적극적으로 투자할 경우, 특별교부세(200억 원 규모) 등을 통한 재정지원을 대폭 확대하여 대규모적으로 추진했다. 안전대진단의 제도적 기반을 정착시키기 위하여 국민 참여 확대 및 고질적인 안전무시 관행 근절을 추진하는데 중점을 두고 추진했다. 지역 자율방재단, 안전문화협의회 등 시민단체를 국가안전대진단에 적극 활용하는 등 다양한 형태와 방식으로 국민 참여를 확대38) 한편 점검결과에 대한 사후관리를 보다 강화하기 위하여 점검결과 나타난 문제점, 보수·보강 등 개선 상황을 시스템으로 관리하기 위해 국가안전대진단 관리시스템을 통해 점검결과는 지속적으로 이력카드를 제작하여 관리하

---

37) 소방시설 특별법상에 자체점검을 허위보고한 경우 300만 원 이하 과태료 부과
38) 국민안전 현장 관찰단, 대학생·어린이 점검단 등도 안전점검에 동참하였으나, 시민사회 단체 등 안전관련 제 단체 및 조직이 참여하는 국민운동 성격으로 확대 추진의 필요성이 강하게 요구되었다.

는 등의 행정조치가 이루어져야 한다. 정부합동점검단(행정안전부, 지자체, 각 공사·공단 등)을 활용, 대진단 기간 이후에도 자체점검 결과에 대해 시정명령 이행여부 등을 지속적으로 확인하는 절차가 이루어져야 한다. 재난관리평가를 통해 지방자치단체의 대진단 추진성과 평가 실시, 우수 지자체, 공공기관, 국민에 대한 포상을 확대하여 제도가 정착될 수 있도록 세밀한 후속조치가 이어져야 할 것이다. 또한 현재 일부 법령에서[39] 점검에 따른 합격 필증을 부착하거나 시설물 실태점검 결과 결함이 발견되는 경우 등에 공표 가능토록 규정하였으며 우선 많은 주민들이 항시 이용하는 다중이용시설 등 국민적 관심이 높은 분야의 안전점검 결과 공개를 위한 제도개선안을[40] 조기에 마련해야 할 것이다. 또한 실질적인 안전(대)진단의 실행가능성을 높이는 방법은 현장에서 분야별 전문가 TF[41]를 구성하여 재난취약가구 우선으로 실시해야 한다. 마지막으로 안전점검의 결과, 보수·보강 상황 등을 일반국민도 확인할 수 있도록 국가안전대진단 관리시스템 등을 통해 공개하는 방안 검토, 안전점검 결과의 대국민 공개를 적극적으로 확대하는 방안을 함께 마련해야 할 것이다.

2. 안전지수

행정안전부는 2019년 12월 10일 안전사고 사망자 감축 노력의 일환으로 6개 분야[42]별 전국 지방자치단체(시·도 및 시·군·구)의 안전수

---

[39] 액화석유가스 안전관리법, 승강기 시설 안전관리법, 시설물 안전 특별법 등
[40] 소방시설기본법, 재난 및 안전관리기본법, 다중이용업소의 안전관리에 관한 특별법 개정 추진 등
[41] 전문가 TF에는 전기, 통신, 가스, 소방 등 분야별 전문가들로 팀을 이루어 재난취약가구 및 다중이용시설을 우선적으로 실시하면서 확대해나가는 전략을 마련해나가야 한다.

준을 나타내는 2019년 지역안전지수를 공개했다.43) 지역안전지수를 산출하는 공식은 다음과 같다.

$$안전지수 = 100 - (위해지표 + 취약지표 - 경감지표)$$

$$= 100 - \left\{ \sum_{i=1}^{n}(\omega_i \times H_i) + \sum_{j=1}^{m}(\alpha_j \times C_j) - \sum_{k=1}^{o}(\beta_k \times M_k) \right\}$$

ω_i : 위해지표별 가중치 H_i : 위해(harm)지표 점수 α_i : 취약지표별 가중치
C_i : 취약(cause)지표 점수 β_k : 경감지표별 가중치 M_k : 경감(mitigation)지표 점수

주: 1) 등급은 광역 시/도, 기초 시/군/구 5개 그룹별로 1등급 10%, 2등급 25%, 3등급 30%, 4등급 25%, 5등급 10% 비율로 산정
자료: 행정안전부, 지만석·김재은·이종설·신진동, '2019년 전국 지역안전지수 공개' 보도자료(2018년 통계기준), 2019.12.10.

위 산출 공식에서 2019년 지역안전지수를 산출할 때는 핵심지표별 가중치는 위해지표(50%), 취약지표 및 경감지표는 각각 25%를 부여했다. 6대 분야별 가중치에 대한 지표별 세부지표는 행정안전부 '2019년 전국 지역안전지수 공개' 보도자료(2019.12.10.)를 참고하여 전국별 안전한 지역과 안전지수를 동시에 살펴보는 것은 유의미할 것이다. 이러한 지역안전지수는 지역주민들의 삶의 질과 연계되는 등 여러 분야에 파생되는 효과를 볼 수 있을 것이다. 한편 보건안전과 관련 미국 존스홉킨스대학 보건안전센터와 싱크탱크 핵위협방지구상(NTI)이 영국 '이코노미스트 인텔리전스 유닛'(EIU)과 함께 개발해 2019년 말 발표한 '세계보건안전지수'를 보면, 미국의 대응 체계가 가장 앞선 것으로 나타났다.44) 그러나 코로나 19(COVID-19)라는 세계적 대유행으로 미

---

42) ① 교통사고, ② 화재, ③ 범죄, ④ 생활안전, ⑤ 자살, ⑥ 감염병, 행정안전부, 지만석·김재은·이종설·신진동, 보도자료(2019 전국 지역안전지수 공개), 2019.12.10
43) 행정안전부, 앞의 보도자료

국은 사상자(사망, 확진자 포함)가 세계 1위라는 오명으로 그 순위는 빛을 잃었다.

〈표 9-12〉 2019 세계 보건안전지수 분야별 순위

순위	국가	예방	감지보고	신속대응	보건체계	국제기준준수	위협환경
1	미국	1	1	2	1	1	19
2	영국	10	6	1	11	2	26
3	네덜란드	4	7	4	3	32	12
4	호주	8	2	10	6	3	18
5	캐나다	7	4	17	4	5	10
6	타이	3	15	5	2	12	93
7	스웨덴	2	7	14	20	11	6
8	덴마크	5	7	19	5	28	17
9	한국	19	5	6	13	23	27
10	핀란드	9	45	7	9	4	14
21	일본	40	35	31	25	13	34
51	중국	50	64	47	30	141	58

주: 1) 13개국 전문가 21명이 각국의 공개 정보와 국제기구 정보를 종합해 85개 세부 기준에 따라 평가
2) 세계보건안전지수는 2014년 서아프리카에서 발생한 에볼라 사태를 계기로 개발.
자료: 한겨레, 박중언, '세계보건안전지수 1위 미국, 코로나 대응 앞선 한국 9위', 2020.04.13.; http://www.hani.co.kr/arti/economy/economy_general/936760.html (검색: 2020.04.13.)

그러나 2019년에 발생 전 세계적으로 대유행한 코로나19(COVID-19) 대응 상황을 보면 앞에서 제시한 표에서 보는 것과는 상당한 차이가 있음을 확인할 수 있다. 한국의 대응이 세계 최고 수준임을 세계의 주요국들이 먼저 이를 증명하고 있는 것은 아이러니한 일이다.

---

44) 박중언, 한겨레, '세계보건안전지수 1위 미국, 코로나 대응 앞선 한국 9위' 2020. 04.13, http://www.hani.co.kr/arti/economy/economy_general/936760.html (검색: 2020.04.13.)

제4절 사회 안전에 대한 인식도 및 안전체감도

1. 사회 안전에 대한 인식도

2018년 한국 사회 안전에 대하여 불안감이 상대적으로 높게 나타난 것은 범죄발생(50.8%), 교통사고(47.6%), 신종 질병(42.8%), 정보 보안(42.5%) 순으로 나타났으며, 식량안보를 제외한 나머지 부문에 대하여 '불안'하다는 비율이 '안전'하다는 비율보다 높게[45] 나타났다.

〈표 9-13〉 2018년 사회 안전에 대한 인식도

(단위: %)

		계	안전함	아주	비교적	보통	안전하지 않음	비교적	전혀
전반적인 사회 안전	2016년	100.0	13.2	1.1	12.1	41.2	45.5	36.1	9.4
	2018년	100.0	20.5	1.3	19.2	48.2	31.3	27.6	3.7
국가 안보(전쟁가능성, 북핵문제 등)		100.0	31.1	3.2	27.9	35.6	33.3	27.3	6.0
자연재해(태풍, 홍수, 지진 등)		100.0	22.8	1.6	21.1	39.6	37.6	32.2	5.4
건축물 및 시설물(붕괴, 폭발 등)		100.0	23.9	2.1	21.8	43.3	32.8	28.0	4.7
교통사고		100.0	13.1	0.9	12.2	39.2	47.6	38.4	9.3
화재(산불포함)		100.0	20.9	1.8	19.2	48.0	31.1	26.6	4.5
먹거리(불량식품, 식중독 등)		100.0	25.4	2.3	23.2	43.4	31.1	25.5	5.7
식량안보(곡물가 폭등, 식량부족 등)		100.0	37.8	5.9	31.9	43.7	18.5	15.4	3.1
정보 보안(컴퓨터 바이러스, 해킹 등)		100.0	17.5	1.6	15.9	40.0	42.5	33.4	9.0
신종 질병(신종 바이러스 등)		100.0	16.7	1.4	15.3	40.5	42.8	34.7	8.1
범죄 발생		100.0	17.2	1.8	15.4	32.0	50.8	38.0	12.8

자료: 통계청, 이재원·이영수「2018년 사회조사 결과: 가족·교육·보건·안전·환경」(2018. 11.06). p.35.
출처: 국가통계포털(http://kosis.kr)

2014년 사회조사 결과(2014.11.27.통계청)에 의하면 한국 사회의 분야별 안전 정도에 대한 인식은 모든 분야에서 '불안'하다는 응답이 '안전'하다 보다 높게 나타났으며, 2년 전과 비교해도 불안하다고 느끼

---

[45] 통계청, 이재원·이영수, 「2018년 사회조사 결과: 가족·교육·보건·안전·환경」(2018.11.06). p.35.

는 인식이 높아졌다. 국가안보(51.6%), 건축물 및 시설물 붕괴(51.3%, 교통사고(56.2%), 해킹 등 정보 보안(62.8%), 신종 전염병(55.1%), 범죄위험(64.6%)은 응답자의 절반 이상이 불안을 느끼는 것으로 나타났다.46)

〈표 9-14〉 2014년 사회 안전에 대한 인식도

(단위: %)

	연도	계	안전함[1]	보통	불안함[2]
전반적인 사회 안전	2012년	100.0	13.7	48.9	37.3
	2014년	100.0	9.5	39.6	50.9
국가 안보(전쟁가능성, 북핵문제 등)	2012년	100.0	22.0	38.5	39.5
	2014년	100.0	14.9	33.4	51.6
건축물 및 시설물(붕괴, 폭발 등)	2012년	100.0	26.2	52.5	21.3
	2014년	100.0	12.1	36.7	51.3
교통사고	2012년	100.0	9.4	39.4	51.2
	2014년	100.0	7.3	36.6	56.2
먹거리(불량식품, 식중독 등)[3]	2012년	-	-	-	-
	2014년	100.0	14.1	40.8	45.1
정보 보안(컴퓨터 바이러스, 기타 해킹 등)	2012년	100.0	12.5	39.5	48.0
	2014년	100.0	7.4	29.8	62.8
신종 전염병(신종 바이러스, 조류독감 등)	2012년	100.0	12.9	39.6	47.4
	2014년	100.0	9.4	35.5	55.1
범죄위험	2012년	100.0	9.1	26.8	64.2
	2014년	100.0	8.9	26.6	64.6

자료: 통계청, 윤명준·황호숙, 「2014년 사회조사 결과: 가족·교육·보건·안전·환경」(2014.11.27). p.35.
주: 1) '매우 안전함'과 '비교적 안전함'을 합한 수치임
2) '매우 불안함'과 '비교적 불안함'을 합한 수치임
3) 2014년 신규 추가 항목임

2014년과 2018년의 사회조사 결과를 비교해보면 '안전하다'는 비율이 2014년(9.5%)인데 반해 2018년(20.5%)로 상승하였다. 이는 2014년의 경우는 세월호 참사로 인한 영향이 반영되었다고 볼 수 있다. 따라서 2014년에는 '불안하다'는 응답이 50.9%로 매우 높게 나타났다. 2014년 사회조사 결과에서는 인재(21.0%), 국가안보(19.7%), 범죄발생(19.5%) 순으로 나타났다.

---

46) 통계청, 윤명준·황호숙, 「2014년 사회조사 결과: 가족·교육·보건·안전·환경」(2018.11.27.), p.35.

2018년 한국 사회는 범죄 발생(20.6%)이 가장 큰 불안 요인이며, 그 다음은 국가 안보(18.6%), 환경오염(13.5%), 경제적 위험(12.8%) 순으로 나타났으나,47) 2년 전보다 '환경오염(5.8% → 13.5%:%)', '인재(6.5% → 9.2%)', '자연재해(3.0% → 6.6%)', '빈부격차로 인한 계층 갈등(5.3% → 6.0%)'은 각각 7.7%p, 2.7%p, 3.6%p, 0.7%p 증가하였으나, 성별로는 남자는 '국가 안보(20.9%)', 여자는 '범죄 발생(26.1%)'이 사회의 주된 불안 요인이라고 생각하는 것으로 나타났다. 한편 2014년 사회조사 결과에서는 인재(1위, 21.0%), 국가안보(2위, 19.7%), 범죄발생(3위, 19.5%) 순으로 나타났다.

〈표 9-15〉 2018년 사회의 가장 주된 불안 요인

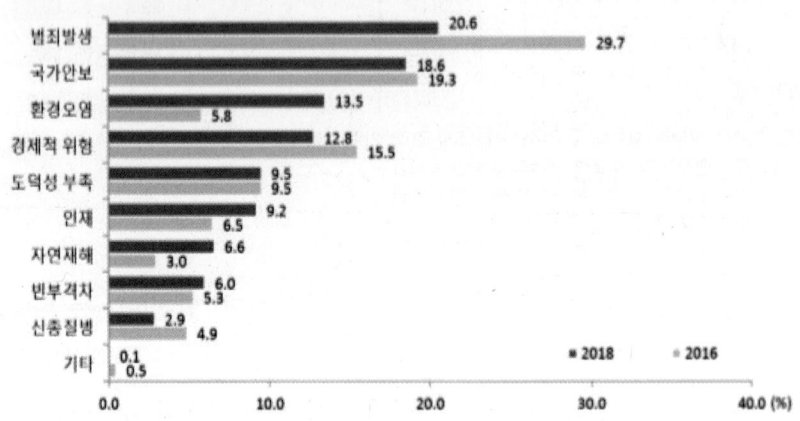

자료: 통계청, 이재원·이영수, 「2018년 사회조사 결과: 가족·교육·보건·안전·환경」(2018.11.06). p.37.
출처: 국가통계포털(http://kosis.kr)

---

47) 통계청, 이재원·이영수, 「2018년 사회조사 결과: 가족·교육·보건·안전·환경」(2018.11.06.), p.37. 기타 상세한 분석 자료는 국가통계포털(http://kosis.kr)을 통해 제공함.

2016년 사회조사 결과에서 한국 국민들은 사회의 전반적인 안전에 대하여 45.5%가 '불안하다'고 느끼고 있으며 '안전하다'고 느끼는 사람은 13.2%로 나타나 뚜렷한 차이를 보였다. 사회 안전에 대하여 불안감이 상대적으로 높게 나타난 것은 '범죄발생(67.1%)', '신종 질병(62.0%)', '정보 보안(52.0%)' 순으로 나타나 국민들의 불안감을 증폭시켰다. 대부분의 부문에 대하여 '불안하다'는 비율이 '안전하다'는 비율보다 높게 나타났으며, '자연 재해', '건축물 및 시설물', '화재', '식량 안보'에 대해서는 사회 안전이 '보통'이라고 느끼는 사람의 비율이 '불안'하다고 느끼는 사람보다 상대적으로 높게 나타났다.[48]

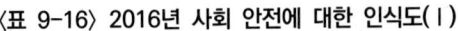

〈표 9-16〉 2016년 사회 안전에 대한 인식도(Ⅰ)

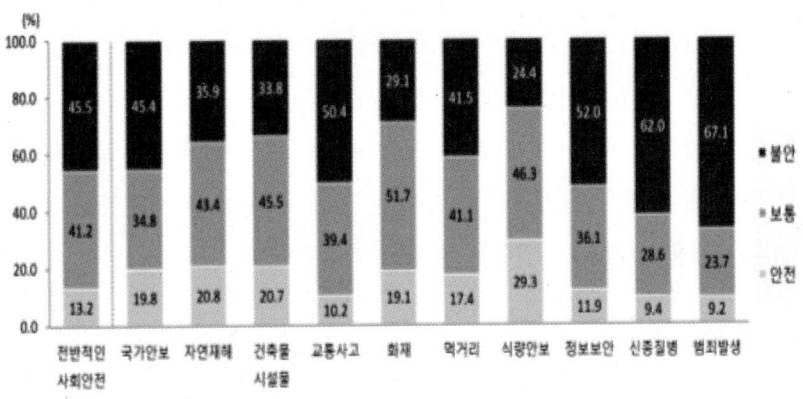

자료: 통계청, 윤연옥·김경란, 「2016년 사회조사 결과: 가족·교육·보건·안전·환경」(2016.11.15). p.33.
출처: 국가통계포털(www.kosis.kr)

---

48) 통계청, 윤연옥·김경란, 「2016년 사회조사 결과: 가족·교육·보건·안전·환경」(2016.11.15.), p.33.

〈표 9-17〉 2016년 사회 안전에 대한 인식도(II)

	계	안전함	아 주	비교적	보통	불안함	비교적	전 혀
전반적인 사회 안전	100.0	13.2	1.1	12.1	41.2	45.5	36.1	9.4
국가 안보(전쟁가능성, 북핵문제 등)	100.0	19.8	1.7	18.1	34.8	45.4	36.6	8.9
자연재해(태풍, 홍수, 지진 등)	100.0	20.8	1.6	19.1	43.4	35.9	30.1	5.8
건축물 및 시설물(붕괴, 폭발 등)	100.0	20.7	1.7	19.0	45.5	33.8	27.9	5.9
교통사고	100.0	10.2	0.8	9.5	39.4	50.4	39.1	11.3
화재(산불포함)	100.0	19.1	1.6	17.5	51.7	29.1	24.9	4.2
먹거리(불량식품, 식중독 등)	100.0	17.4	1.5	15.9	41.1	41.5	31.9	9.7
식량안보(곡물가 폭등, 식량부족 등)	100.0	29.3	4.2	25.1	46.3	24.4	19.8	4.6
정보 보안(컴퓨터 바이러스, 기타 해킹 등)	100.0	11.9	1.2	10.7	36.1	52.0	38.1	13.9
신종 질병(신종 바이러스 등)	100.0	9.4	0.9	8.5	28.6	62.0	44.7	17.3
범죄발생	100.0	9.2	0.9	8.3	23.7	67.1	42.2	24.9

자료: 통계청, 윤연옥·김경란, 「2016년 사회조사 결과: 가족·교육·보건·안전·환경」(2016.11.15). p.33.
출처: 국가통계포털(www. kosis. kr)

2020년 통계청 조사결과 안전 영역에서 사회 안전에 대한 전반적인 인식은 '20년 31.8%가 안전하다고 응답하여 '14년 이후 지속적인 개선 추세보이고 있다. '20년에는 '18년(20.5%)에 비해 10.3%p 증가하여 큰 증가폭을 보였다. '12년 13.8%에서 '14년 9.5%로 급격히 감소[49]하였으나 이후 증가추세를 보이는 점에 주목할 필요가 있다. 이는 2014년 세월호 참사가 영향을 미쳤을 가능성이다.

---

49) 자료: 통계청, 사회조사; 출처: 통계청, 통계개발원, 최바울·심수진, 「국민 삶의 질 2020」 보고서 발간, 보도자료, 2021.3.11.

〈표 9-18〉 안전에 대한 전반적 인식(2008~2020년)

(단위: %)

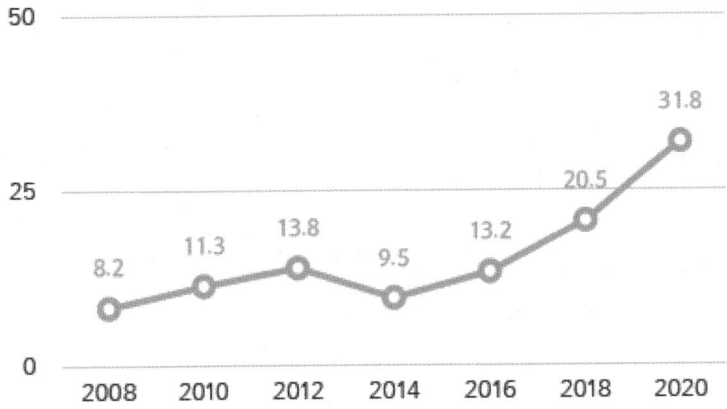

주: 1) 전반적인 사회안전에 대해서 '매우 안전하다' 또는 '비교적 안전하다'고 응답한 비율을 합산
    2) 2010년은 15세 이상, 2012년부터는 13세 이상 인구를 대상으로 함
출처: 통계청, 사회조사; 통계청, 사회조사; 통계청, 통계개발원(경제사회통계연구실), 최바울·심수진, 「국민 삶의 질 2020」 보고서 발간, 보도자료, 2021.3.11.

2. 안전체감도 조사

한국 국민10명 중 4명은 한국 사회가 전반적으로 안전하지 않다고 생각하는 것으로 나타나고 있다는 통계가 얼마 전 발표되었다. 국민들이 직접 느끼는 사회전반의 안전도가 크게 낮아졌다는 의미이다. 제천 복합건물 화재사고(2017.12), 밀양 세종병원 화재사고(2018.1), 최근의 서울 강서구 PC방 살인사건(2018.10), 고양시 저유소 화재사건(2018.10), KT 아현동 지하통신구 화재사건(2018.11), 고양시 온수배관 파열사고(2018.12), KTX 경강선 선로이탈 사고(2018.12), 이태원 참사(2022.10.29.) 등 최근의 빈번한 미세먼지(초미세먼지)의 출몰로 대기(大氣)의 질(質)이 '나쁨' 수준으로 연속되는 날이 많아지면서 한국 사회도 여전히 불안전한 사회라고 인식되고 굳어져가고 있었다. 이로 인해 한국 사회의 안전 체감도를 떨어뜨리는 주요인이 안전 불감증에서 기인하고 있다는 점은 우연이 아니다. 정부는 안전체감도 조사결과를 상·하반기로 구분하여 발표하고 있다. 정부는 안전 체감도를 재난유형별(원전사고·신종감염병·안보위협·붕괴사고·자연재난·화학물질유출사고·화재사고·산업재해·범죄·성폭력·사이버 위협·환경오염 등)로 5점 만점 기준으로 발표하고 있다. 2018년 최근의 국민 불안을 야기하는 재난유형으로는 미투 사건(Me too)으로 촉발되어 현재 진행 중인 성폭력문제는 심각한 수준이다. 특히 사이버폭력에 대해서는 정부의 강력한 법·제도적 조건이 뒷받침되어야 한다. 중국발 미세먼지의 잦은 출몰에 따른 환경오염, 사이버 위협 등이 국민의 안전체감도가 낮은 유형이며, 이는 국민들이 불안감을 많이 느낀다는 의미로 해석될 수 있다.

〈표 9-19〉 일반 국민이 생각하는 재난유형별 안전체감도

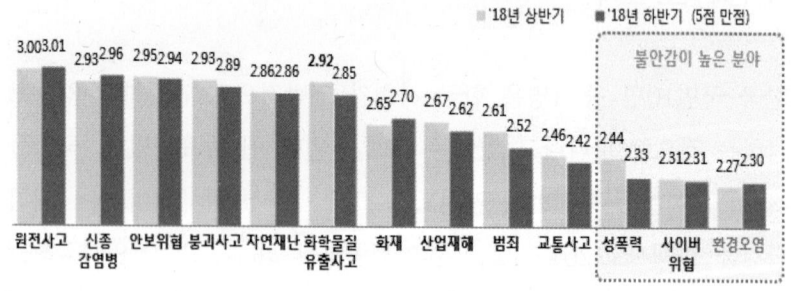

출처: 2019.1.30., 행정안전부 안전신문고, http://safetyreportgo.kr/#main

국민의 안전 체감도 조사는 한국 사회 안전에 대해 느끼는 개인의 주관적 인지도 조사로 2013년부터 실시해 오고 있으며, 조사대상은 일반국민과 전문가이다.

〈표 9-20〉 '18년 하반기 국민안전 체감도 조사 개요

- (조사대상) 일반국민 12,000명, 전문가 400명
- (일반국민) 12,000명(8·10·12월 각 4,000명) / 유·무선 RDD방식*, CATI** 이용 전화조사 / 95% 신뢰수준, 표본오차 ±1.55%
- (전문가) 400명(6월) / 유·무선, 이메일 조사
- (조사기관) 글로벌 리서치
  * RDD : 무작위로 선정된 전화번호를 여론조사에 활용하는 전화여론조사 방법의 일종
  ** CATI : 컴퓨터에 의한 리스트 분배 및 문항 이동으로 면접원의 비표본 오차를 최소화하여 조사의 신뢰성을 확보함. 또한 실시간 모니터링 신속한 데이터 집계가 가능한 전화조사 방법

출처: 행정안전부, 2018년 국민안전 체감도 조사 추진계획, 2018.

2018년 하반기 일반국민이 느끼는 사회 전반의 안전 체감도는 2.74점(5점 만점)으로 조사되어, 상반기 2.86점에 비해 0.12점이 하락한 것으로 나타났다.50) 사회 전반 안전도는 5점 척도의 답변(매우안전-안전-보통-불안-매우불안)에 각각 5점부터 1점까지 점수를 부여한 후 응답률(%)을 곱하여 구한 평균값(5점 만점)이다.51)

〈표 9-21〉 (반기별) 사회 전반에 대한 안전체감도(일반국민)

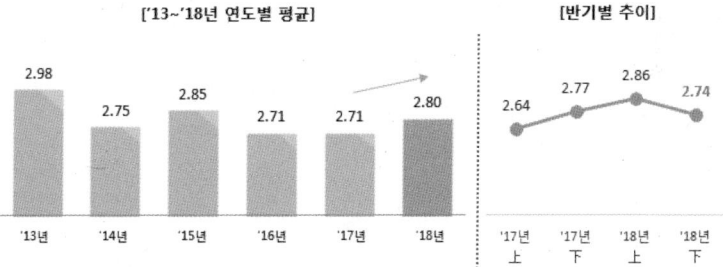

※ 5점 척도(매우 긍정-긍정-보통-부정-매우 부정)의 응답률(%)에 5점(매우 긍정)부터 1점(매우 부정)까지 점수를 부여한 후 구한 가중 평균값(5점 만점)

---

50) 세월호 참사가 발생한 2014년 안전체감도 조사에서 안전하다는 답변은 18.5%로 추락했다. 조사는 19세이상 일반인 1000명, 중고생 1000명, 전문가100명을 대상으로 조사했다.
51) 2019년 상반기 한국의 일반국민이 사회전반 안전체감도는 2.65점(5점 만점)으로 지난해 하반기(2.74점)에 비해 하락(0.09점)한 반면, 전문가는 0.23점 상승한 것으로 나타났다.

주요 하락 원인으로는 강서구 PC방 살인사건(10월) 등 생활 범죄사고와 KT 통신구 화재(11월), 고양시 온수배관 파열·KTX 강릉선 탈선 사고(12월) 등 잇따른 사회기반시설 사고로 인해 사회전반의 불안감이 증가한 것으로 평가할 수 있다.

〈표 9-22〉 2019년 상반기 국민 안전의식 조사(국민 안전체감도)

구 분			일반국민			전문가		
			'18 下	'19 上	증감(점)	'18 下	'19 上	증감(점)
국민안전체감도〈격월〉	사회 전반 안전체감도		2.74	2.65(▼)	-0.09	2.77	3.00(▲)	0.23
	거주지역 안전체감도		3.39	3.19(▼)	-0.20	3.48	3.45(▼)	-0.03
	안전분야 (13)	신종감염병	2.96	2.95(▼)	-0.01	3.18	3.20(▲)	0.02
		원전사고	3.01	2.89(▼)	-0.12	3.13	3.19(▲)	0.06
		붕괴사고	2.89	2.83(▼)	-0.06	3.02	3.11(▲)	0.09
		화학물질	2.85	2.77(▼)	-0.08	3.02	3.05(▲)	0.03
		자연재난	2.86	2.76(▼)	-0.10	3.05	3.08(▲)	0.03
		안보위협	2.94	2.74(▼)	-0.20	3.21	3.17(▼)	-0.04
		화재	2.70	2.61(▼)	-0.09	2.72	2.87(▲)	0.15
		산업재해	2.62	2.56(▼)	-0.06	2.65	2.79(▲)	0.14
		범죄	2.52	2.47(▼)	-0.05	2.78	2.80(▲)	0.02
		교통사고	2.42	2.39(▼)	-0.03	2.56	2.63(▲)	0.07
		성폭력	2.33	2.26(▼)	-0.07	2.54	2.56(▲)	0.02
		사이버위협	2.31	2.25(▼)	-0.06	2.42	2.49(▲)	0.07
		환경오염	2.30	2.19(▼)	-0.11	2.52	2.60(▲)	0.08

주: 1) 조사항목 사회 전반 체감도, 13개 재난안전 분야별 체감도/(기준: 5점 만점), 조사결과 사회 전반 일반국민이 2.65점(5점 만점)으로 지난해 하반기(2.74점)에 비해 하락(0.09점)한 반면, 전문가는 0.23점 상승(2.77점→3.00점)
2) 조사는 일반국민 12,000명(3·4·6월 각 4,000명)/유·무선 RDD[52] 방식, CATI[53] 이용 전화 조사/95% 신뢰수준, 표본오차 ±1.55%; 전문가 조사는 400명(6월)/유·무선, 이메일 조사
출처: 행정안전부, 2019년 상반기 「국민 안전의식 조사」 결과, 보도자료 2019.8.16.; '글로벌리서치'에 의뢰해 일반국민(전국 13세 이상)과 전문가를 대상 조사

출처: 행정안전부, 2019년 상반기 「국민 안전의식 조사」 결과 공개, 보도자료 2019. 8. 16. '글로벌리서치'에 의뢰해 일반국민(전국 13세 이상)과 전문가를 대상으로 조사.
52) RDD(Random Digit Dialing) : 무작위로 선정된 전화번호를 여론조사에 활용하는 전화 여론조사 방법의 일종
53) CATI(Computer Aided Telephone Interview) : 컴퓨터에 의한 리스트 분배 및 문항 이동으로 면접원의 비표본 오차를 최소화하여 조사의 신뢰성 확보(실시간 모니터링, 신속한 데이터 집계가 가능한 전화조사 방법)

3. 안전체감도 & 환경

문재인 정부에서 중점적으로 추진하는 2가지 안전정책(국가 안전대진단, 고질적 안전무시 관행 근절대책)의 사회 안전 기여도에 대해서 국가 안전대진단은 일반국민, 전문가가 동일하게 3.15점으로 조사되어 상반기와 비교하여 감소하였으며, 고질적 안전무시 관행 근절대책은 일반국민, 전문가 각각 3.25점, 3.04점으로 역시 상반기 대비 감소했다. 안전사고 재발방지를 위한 핵심대책으로는 일반국민은 '안전시설 설치 등 안전 투자 확대(24.2%)', '현장점검 및 단속, 신고 강화(23.7%)' 순으로 중요하게 생각하는 반면, 전문가는 '안전의식 제고(34.7%)', '안전시설 설치 등 안전투자 확대(27.8%)' 순으로 선택하였다. 국민안전 실천역량을 향상시키기 위해서 취할 선제적 조치에 대한 답변에서는 일반국민의 재난대비 필수물품 중 소화기 보유율은 74.8%, 응급처치용품 비치율은 93.3%로 조사되었으며, 일반국민의 심폐소생술과 소화기 사용법 숙지수준은 각각 61.6%, 81.6%로 조사되었다. 재난대비방법에 대한 교육 의향은 상반기와 비슷한 76.5%로 조사되었다. 최근(2018년 이후) 미세먼지가 사회활동에 심각한 영향을 미치고 있다. 기업 활동에 지장을 주고 있음은 물론 심각한 사회문제를 야기시키고 있다. 이와 관련해 중국 및 한국을 비롯한 동남아 국가에서는 인공강우 실험을 통해 미세먼지 문제를 해결하려는 노력을 기울이고 있다. 실례로 "2019년 1월 9일부터 15일 1주일 동안 중국과 한국의 대기오염 데이터를 분석한 결과, 중국 오염물질은 1월 11일부터 시작했고, 한국에는 1월 13일~14일에 집중적으로 유입된 것으로 드러났다. 이러한 데이터 분석은 한국 환경공단의 대기오염 정보사이트 에어코리아(Air Korea)의 초미세먼지(PM 2.5) 자료와 중국 생태환경부 홈페이지에서 발표하는 도시별 일평균 대기환경지수(Air Quality Index, AQI)를 바탕으로 진행했다."54) 환경부 소속의 국립환경과학원은 2019년 1월 11일~15일의 초미세먼지 고농도 발생 원인을 지상 관측자료, 기상·대기질 모델을 통해 종합·분석한 결과를 2월 7일 공개했다.55) 환경과학원은 분석결과 국내 지역에 따라 국외 영향이 전국적으로 69~82%였고, 전국 평균은 75% 수준이었다고 밝혔다. 전체 초미세먼지의 3/4이 중국과 몽골·북한 등 국외에서 유입되었다고 분석했다. 특히, 2019년 1월 중순에 발생한 초미세먼지는 국외의 영향(중국·몽골·북한·일본 등 포함)이 82%까지 높게 나타났다. 2019년 1월11일~15일간의 초미세먼지 농도56)는 전국에 걸쳐 나쁨 수준(36~75㎍/㎥)의 초미세먼지(PM 2.5)가 지속되었고, 2019년 1월 14일 서울의 대기질 농도는 2015년 초미세먼지를 공식 측정한 이후 최고기록을 경신했다. 이날 경기 북부에서는 대기질 농도가 131㎍/㎥를, 서울(129㎍/㎥), 인천(107㎍/㎥), 경기 남부(129㎍/㎥), 대전(94㎍/㎥), 세종(111㎍/㎥), 충북(123㎍/㎥) 등도 최고를 기록했다. 종전의 최고기록은 2015년 10.22일 전북에서 기록한 128㎍/㎥였다.57)

---

54) 2019.01.30., 강태화, 중앙일보, "중국과 외교 담판할 '미세먼지 컨트롤타워' 출범 … 환경장관 3월 방중" 미세먼지 해결 시민본부, http://news.joins.com/article/print/23335886, 중국의 경우 베이징(북경), 톈진(천진), 탕산(당산) 등 중국 수도권 지역의 경우 AQI가 1월10일부터 가파르게 증가하기 시작해 1월12일 297로 정점을 찍었다. 이후 1월13일 부터는 감소하기 시작해 1월 15일에는 60으로 떨어졌다. 한반도와 가까운 지난(제남), 칭다오(청도), 리자오(일조) 등 산둥성 도시들은 하루 뒤인 1월 11일부터 AQI수치가 상승하기 시작했다. 산둥성 지역은 1월13일 AQI수치가 293으로 피크를 나타냈고, 14일에도 285를 나타냈다. 1월 13일~14일 이틀에 걸쳐 피크를 보였다.
55) 국립환경과학원, (대기질통합예보센터) 2019.2.7., 보도자료 "올해 첫 고농도 1월 11~15일 미세먼지 발생 사례 분석 결과" http://www.nier.go.kr/NIER/cop/bbs/selectNologinBoardArticle.do,인용: 2019.2.7
56) 초미세먼지의 농도는 일평균 농도가 좋음(15㎍/㎥), 보통(16~35㎍/㎥), 나쁨(36~75㎍/㎥), 매우 나쁨(75㎍/㎥초과), 1㎍은 100만분의 1g을 나타낸다.

이번 고농도 사례는 '나쁨'(36~75㎍/㎥) 수준의 농도가 1월 11일부터 5일간 지속되었으며, 2019년 1월 12일 올해 처음 일평균 '매우 나쁨'(75㎍/㎥초과) 수준의 강한 고농도 현상이 발생했다.58) 특히 1월 14일은 예보권역 중 서울 등에서 2015년 미세먼지(PM 2.5) 측정이후 각각 지역별로 최고 기록을 경신했다. 중국에서 발생한 오염물질은 베이징(北京) 등 중국 수도권과 칭다오(靑島) 등 산둥성, 서해 백령도를 거쳐 2019년 1월 11일부터 한반도로 들어오기 시작한 뒤 1월 13~14일에 집중적으로 유입되었다. 중국 베이징(1.12일) ⇨ 중국 산둥성(1.13~14

---

57) 2015년 10월 "한·중 대기질 및 황사 측정자료 공유에 관한 합의서"를 체결하여 한중양국의 대기질 측정 자료의 실시간 공유기반을 마련하였다. 2015년 12월부터는 전용선(FTP: File Transfer Protocol)을 이용하여 한국의 서울 등 3개 도시와 중국의 베이징 등 35개 도시의 실시간 대기질 관측 자료를 공유하고 있다. 공유대상은 미세먼지 2종, 가스상 측정자료 4종(오존, O_3), 아황산가스(SO_2), 이산화질소(NO_2), 일산화질소(NO_2), 일산화탄소(CO) 등이다. 2018.11.25~28일 황사와 미세먼지 발생 사례 분석결과를 보면, 11.27일 강원영동과 남부해안 일부 지역을 제외한 전국 모든 지역에서 초미세먼지(PM 2.5)가 고농도(일평균 35㎍/㎥초과)로 발생했으며, 11.28일(13:00기준) 대부분 지역에서 미세먼지(PM 10) 고농도(150㎍/㎥이상) 현상이 나타났다. 최고농도는 부천시 오정동의 경우, 11.27일 21시 미세먼지(PM 10) 시간 농도가 543㎍/㎥까지 높아졌다. 전국적으로 미세먼지 주의보 또한 11.26~28일(13:00기준) 기간 동안 89회나 발령되었다. 11월의 고농도는 국외 오염물질이 유입된 뒤 대기 정체 상태가 지속되면서 국내 오염물질이 축적되어 고농도가 발생했다. 또한 중국내몽골 부근에서 발원한 황사가 북서 기류를 따라 남동진하며 11.27일 18:00경 수도권을 시작으로 점차 내륙으로 확대되었으며, 최근 5년 가을 황사중 이번 황사에 가장 높은 미세먼지 농도를 보였다. 국립환경과학원이 대기오염측정소(5개소) 측정결과를 분석한 결과, 황사의 영향을 받은 11.27~28일의 미세먼지(PM 10) 전 측정소 평균 농도는 217~313㎍/㎥으로 황사 발생전 대비 4~7.3배 높게 나타났다. 이번 황사의 영향으로 전국 기준으로 국외영향은 51~66%로 나타났으며, 사례 후반(27~28일) 수도권 기준, 국외 영향이 최대 74%까지 나타났다. 기타 세부적인 사항은 2018.11. 29., 보도자료 "11월 25~28일 황사와 고농도 미세먼지 발생 사례 분석 결과" http://www.nier.go.kr/NIER/cop/bbs/selectNologinBoardArticle.do
58) 2019.1월 중순의 고농도현상은 중국 산둥반도와 북부지역에 위치한 고기압의 영향으로 대기가 정체한 상황에서 지난달 10~11일 오염물질이 1차로 유입됐고, 1.13일 이후 북서풍이 불면서 국외 오염물질이 2차로 유입되면서 매우 나쁨 수준의 고농도 현상이 발생하였다. 국립환경과학원, (대기질통합예보센터) 2019.2.7., 보도자료 "올해 첫 고농도 1월 11~15일 미세먼지 발생 사례 분석결과" http://www.nier.go.kr/NIER/cop/bbs/selectNologinBoardArticle.do,인용: 2019.2.7

일) ⇨ 서해 백령도(1.13~14일) ⇨ 수도권(1.14일) ⇨ 남부지방(1.14~15일)으로 빠르게 유입되는 경향으로 나타났다. 우리 정부에서도 2019년 1월 25일 기상청, 환경부 합동으로 서해상에서 인공강우 실험을 실시했다. 구름 발달과 실험 인근지역에 약한 안개비가 관측되었으나 정규 관측망에는 기록되지 않았다. 이번 실험은 오전 10:00경 인공강우 물질(요오드화은)을 살포한 뒤 구름 내부의 강수 입자 변화를 관측하였고, 기상관측선은 인공강우 실험효과 관측을 위해 인공강우 실험지역을 중심으로 기상관측을 수행하였다. 국립환경과학원 실험실시간 기상관측선에 미세먼지 관측 장비와 내륙의 도시대기측정소 등에서 대기의 미세먼지 농도 변화를 연속적으로 관측하였다.[59]

---

[59] 2019.1.25. 실험은 기상청과 환경부가 협업을 통해 인공강우를 이용한 미세먼지 저감 영향 연구에 첫발을 내딛은 실험으로, 미세먼지를 줄이기 위한 다양한 노력의 출발점으로서 의의가 있다. 기존의 인공강우 실험은 육상에서 진행되었지만, 이번 실험은 육지에서 약 110km이상 떨어진 서해상에서 광범위하게 수행함으로써 향후 인공강우의 실효성을 확보하기 위한 다양한 노력의 시작이었다. 국립환경과학원, 보도자료 "올해 첫 번째 인공강우 실험 결과 1차 발표" 2019.1.28., http://www.nier.go.kr/NIER/cop/bbs/select NologinBoardArticle.do

제 10 장

안전문화 확산

오직 한없이 가지고 싶은 것은 높은 문화의 힘이다.

- 백범 김구 〈나의 소원〉중에서

Every great mistake has a halfway moment, a split second when it can be recalled and perhaps remedied.
모든 큰 실수에는 이를 다시 불러와서 어쩌면 바로잡을 수 있는 찰나의 순간, 중간 지점이 존재한다.

- 펄 벅, (Pearl S. Buck)

제10장 안전문화 확산

제1절 한국의 풀뿌리 안전문화 확산

1. 안전문화운동의 필요성

한국은 1960년대 초 경제개발 5개년계획을 수립하여 급속한 경제발전을 이룩한 국가로 이른 시기에 산업화를 달성했다. 그러나 압축성장의 발전 이면에 있는 안전은 무시한 채 성장 일변도로 질주했다. 그러면서 한국의 빨리빨리 문화가 사회 전반에 깊숙이 자리 잡게 되었다. 안전보다는 속도를, 과정이나 절차보다는 성과를, 원칙보다는 경험을, 정해진 설계보다는 무리한 증·개축 변경으로 부실공사를 초래하는 요인이 되었다. 1990년대 들어와 후진적 사고를 일으켜 국가의 품격을 추락시키는 요인으로 작용했다. 국가의 경제 수준에 걸맞은 위상을 갖추어야 함에도 불구하고 재앙(災殃)을 초래하는 후진적 사고는 계속됐다. 수많은 작업현장에서 사업주와 시행사, 감리자, 안전관리자, 그리고 작업자들은 사업주의 무리한 지적에 의거 규정을 지키기 보다는 비용 절감에 우선을 두고 사업을 추진하면서 수많은 추락 사고로 인명사고를 초래했다. 이외에도 미흡한 안전관리체계와 개개인의 안전의식 부재, 사회적 안전 불감증의 만연으로 대형 사고를 초래했다. 이는 부인할 수 없는 한국의 민낯을 그대로 노출시켰다. 1994년 성수대교 붕괴 사건, 1995년 삼풍백화점 붕괴사고, 2003년 대구지하철 화재 참사를 계기로 한국 정부는 재난을 예방하고, 방지하여 신속한 대응을 위해 2004년 6월 재난총괄기관으로서 소방방재청(NEMA)을 신설하여 국가적 재난을 총괄토록 했다.1) 그럼에도 불구하고 법체계의 중복과 제도 미흡, 형식적인 매뉴얼, 대응조직의 이원화, 부처 이기주의, 체계적이지 못한 지휘통신망의 혼선, 안전사고 예방을 위한 선제적 투자 미흡(사후 투자 중심), 대응조직 및 기관들의 대응 미흡 등 재난발생시 중요한 요인들이 체계적으로 정리되지 못한 가운데 2014년 4월 세월호 참사를 초래했다. 그리고 2022년 10월 서울시 용산구 이태원에서 참사가 발생했다. 사전 충분히 인지하였음에도 참사가 발생한 것은 지방자치단체 및 정부의 대응에 문제가 있음을 여실히 드러낸 것이다.

〈그림 10-1〉 매슬로 욕구 단계 이론

자료: 매슬로의 욕구 피라미드(1943)

---

1) 2014년 4월 세월호 참사이후 기형적으로 탄생한 '국민안전처'를 해체하고 정부조직법에 의거 2017년 7월 '소방청'으로 독립했다.

한국의 재난대응과 관련하여서 필자는 'Before 4.16, After 4.16'로 구분할 수 있음을 강조하고 있다. 정부는 세월호 참사 이후 법체계를 정비하고 사고 관련 매뉴얼을 대대적으로 정비했다. 정부 신뢰는 정부 효율성 향상 및 경제 개발, 국가경쟁력의 주요 동인으로 작동하고 있다. 이는 규제나 조세 시스템에 대한 준수성 제고, 사회경제적 합의 촉진 및 정책 수용성 향상, 국가경쟁력에 영향을 미치기 때문이다. 2016년 기준, 경제협력개발기구(OECD) 국가 내 국민들의 중앙 정부에 대한 신뢰도 평균은 42%로서 2007년에 비해 낮은 수준이며, 스위스 및 룩셈부르크 국민들의 중앙정부 신뢰도가 가장 높은 수준이며, 한국은 약 24%로서 OECD 평균에 비해 낮은 편에 속한다.

〈표 10-1〉 GDP 중앙 정부에 대한 신뢰, 2016년 및 2007년 이후 변화

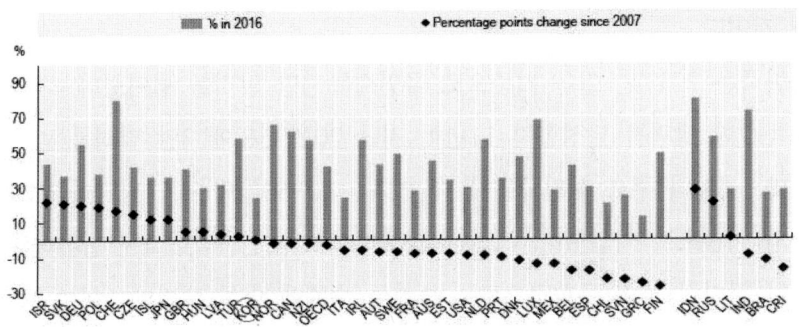

Source: Gallup World Poll
출처: 2017 한눈에 보는 정부 보고서 주요 내용(요약), 2017. 7. 13. 주 오이시디 대한민국 대표부, HAEHYO, 재인용. https://blog.naver.com/haehyo29/221055912482 (검색: 2020. 02.11)

2. 풀뿌리 안전문화 & 방향

안전과 문화는 무슨 상관관계가 있을까? 안전을 굳이 문화와 연계시

킬 필요가 있을까?라는 질문은 지극히 정상적인 질문이다. 안전의식, 안전교육, 안전점검, 안전대진단, 안전 불감증, 안전피로 등은 안전을 전제로 하는 의미들이다. 안전이라는 것은 우리 생활과 동떨어진 것이 아니라 아주 가까이 있다는 의미이다. 사소한 부주의로 인해 우리의 안전이 위험(risk)에 처하거나 위협(threat)을 받게 되면 우리 생활이나 행동이 변화하기 마련이다. 안전이 우선시 되는 것이 자신에게 닥칠 피해를 미리 예측하고 통제가 가능하기 때문이다. 우리는 산업화와 민주화를 경험하면서 고도의 압축 성장으로 세계가 깜짝 놀랄만한 발전을 이룩한 게 사실이다. 이는 우리 뿐만 아니라 서구선진국을 비롯한 세계가 한국의 고도성장을 주목하고 있다. 이러한 발전의 과실을 누리기 전에 우리는 안전을 무시한 관습도 부정할 수는 없을 것이다. 정부나 기업이 안전문화[2]를 위해 투자한 예산이 얼마인지 곰곰이 되돌아보아야 할 것이다.

한국은 2017년 말을 기준으로 국민소득 3만 달러를 넘어섰다. 국민소득 2만 달러를 달성한지 11년이 지난 2017년도에 3만 달러를 넘어섰다. 세계의 주요 선진국들이 가입했던 '30-50클럽'에도 당당하게 한국의 이름으로 가입했다. 그러나 경제적으로는 선진국대열에 합류하였으나 정신적·사회·문화적으로는 중진국 수준에 머물 수밖에 없다는 점을 되새겨보아야 할 것이다. 기후변화의 심각한 후유증일수는 있으나 대규모 재난이나 전염병(신종플루, 사스, 에볼라 바이러스, AI, ASF), 사회재난(화재·붕괴·폭발·교통·화생방사고·환경오염·원전사고) 등의 빈

---

[2] 안전문화란 안전제일의 가치관이 개인 또는 조직구성원 각자에 충만 되어 개인의 생활이나 조직의 활동 속에서 의식, 관행이 안전으로 체질화된 상태로서 인간의 존엄과 가치의 구체적 실현을 위한 모든 행동양식이나 사고방식, 태도 등 총체적인 의미를 지칭한다. 1995년 6월 삼풍백화점 붕괴사고이후 안전에 대한 국민의 관심이 고조되고 따라서 국무총리실에 안전관리자문위원회가 국내처음으로 안전문화를 정의했다. 1995.

번한 사고는 한국사회의 후진적 민낯을 그대로 드러내는 후진적 재난으로 국민의 생명과 재산 손실은 사회를 불안과 공포 속으로 휩쓸려 들어갈 수 있다는 점은 안전이 얼마나 중요한지 새삼 일깨워주고 있다. 안전은 안전한 국가 사회발전의 기초적인 사회적 가치라고 할 수 있다. 이러한 안전은 제도적으로 경험하거나 체득하지 않으면 귀소 본능적으로 인간의 편의성 때문에 안전 불감증으로 대형사고와 직면하게 되면 Panic(패닉)현상에 빠져 아무것도 할 수가 없다. 2014년 4월의 세월호 참사는 우리의 국격(國格)을 떨어뜨리는 요인이 되기에 충분했다. 안전 규정이나 안전수칙을 사회 제 분야 종사자들은 준수해야 할 의무를 지고 국민의 안전을 지켜나가야 함에도 불구하고 물질만능주의에 빠져 사람을 사업의 수단으로 여기는 전근대적인 낡은 사고방식과는 결별해야 할 시점이 점점 가까이 다가오고 있으나 이를 실행하지 못하고 있다. 안전을 중시하는 사회적 기초를 닦는 자세(姿勢)로 체질화해나가는 운동을 지방자치단체, 시민사회단체에서부터 선제적으로 시작하여 전국적으로 확산되어야 할 것이다. '안전은 곧 생명이다(가칭)'라는 슬로건을 모체로 기업, NGO, 시민사회단체, 비정부기구 등에서 우선적으로 시작하는 것은 지극히 바람직한 현상이다. 안전은 단순한 몇 마디의 구호로 이루어지는 것이 아니다. 체험과 습득, 학습을 통해서 체득화(體得化)되어야 한다. 안전문화(safety culture)란 사업자나 개인이 작업환경에서 '안전'이라는 목표에 도달하는 방식의 하나로써 "안전에 관하여 근로자들이 공유하는 태도나 신념, 인식, 가치관"을 통칭하는 개념이다.3) 즉, 우리가 안전을 추구하는 방법이라고 할 수 있다. 1986년

---

3) Cox. S & Cox, T. (1991), The structure of employee attitudes to safety- a European example Work and Stress,5.93-106. 위키백과, 안전문화, http://ko.wikipedia.org/wiki/%EC%95%88%EC%···/ED%99%94. 검색일(2019.10.12.)

체르노빌 원자력 발전소 사고이후 안전이라는 목표달성에 있어 경영 및 인적자원의 중요성이 인식되고 안전문화의 개념이 제창된 이후로 이에 대한 큰 관심이 일어났다. 1988년 국제원자력기구(IAEA)의 국제원자력자문그룹(INSAG)이 체르노빌 원자력 사고에 대한 최초의 보고서 'Summary Report on the Post-Accident Review Meeting on the Chernobyl Accident'에서 안전문화를 처음 사용하면서 원자력 시설의 안전에 대한 조직과 개인의 특성, 태도의 집합체로써 이것이 원자력안전 확보의 대전제라는 견해를 제시하였다.4)

〈표 10-2〉 안전관련 용어 정리

안전문화, 안전교육, 안전점검, 안전의식, 안전 불감증, 안전인식, 안전신고, 안전타운, 안전규정, 안전수칙, 안전예방, 안전관리, 안전속도, 안전순찰, 안전경영, 안전강조주간, 안전체험관, 안전가치, 자율안전점검, 안전신문고, 안전위해요소, 119안전문화축제, 안전보안관, 안전생활실천시민, 안전지도자, 안전상징 조형물, 안전도시, 안전관리정책, 안전우표, 안전공학과, 피난안전구역, 안전지수, 안전운행정보, 항공안전, 해상안전, 안전진단, 안전 컨설팅, 식품안전의 날, 안전점검의 날

한국의 '풀뿌리 안전문화' 확산은 재난·안전 교육을 영·유아기부터 성인에 이르는 생애 전 주기에 걸쳐 의무적으로 이수하도록 강제할 필요성까지도 충분히 검토할 필요가 있다. 안전은 언행으로 형식만 강조할 것이 아니라 실질적으로 문화운동으로 확산시켜나가는 것이 무엇보다도 중요하다. 한국만의 '풀뿌리 안전문화'를 도입할 필요가 대두하고 있다. '풀뿌리 안전문화'를 제도적으로 정착시키는 데에는 지방자치단체를 중심으로 전개하면서 기업으로까지 확산하여 NGO, 시민사회단체, 비정부기구까지 함께할 수 있는 모델을 만들어가는 노력이 중요해

---

4) 사토 카즈오(佐藤一男), 『원자력 안전의 논리』 심기보 역, (한솜미디어, 2006)

졌다. 오랜 관습과 타성에 젖어 진행이 더딜 수 있으나 '풀뿌리 안전문화'를 확산시켜 나아가야 할 책무가 특정집단에만 있는 것이 아니라 우리 모두에게 있다. 이제는 안전사고로 인한 소중한 생명을 지켜내는 과업이 보다 중요해지면서 '풀뿌리 안전문화'를 왜 제도적으로 정착시켜야 하는 지 국민들이 인식토록 하는 것도 중요해지고 있다.

> 〈미국의 풀뿌리 안전문화 프로그램 도입〉
> (Grassroots Safety Leadership)
> ○ 미국의 에너지부(DOE) 산하 로렌스 리버모어 국립연구소에서 창시(1990)
> • 가치개념을 문화의 핵심으로 보고 가치전환을 안전문화정책의 기본원리로 함
> • 미국 근로자의 안전문화의 자발적인 참여와 가치인식의 변화를 유도하여 '안전문화 혁명'으로 불림

이에 대해 NGO, 시민사회단체가 적극적·선제적으로 나서서 실행해야 한다. 아울러 학계나 전문가 그룹을 만들어 비전, 목표와 추진전략 및 추진과제를 만들어서 지역별 보고를 on-off line을 통해 전국적으로 확산시켜나가는 노력을 집중해야 할 것이다.

3. 안전문화 & 사회적 가치

혁신적 포용국가를 목표로 정부는 사회서비스의 공공성(publicness, 公共性) 강화, 혁신 성장, 가계소득과 사회안전망 확충, 국민의 안전과 삶의 질(quality of life) 향상에 전략적 목표(strategic objective)를 추구하면서 안전문화의 정착으로 국민의 안전을 책임지겠다는 자세로 국정을 이끌고 있음은 이전의 지도자에게는 볼 수 없었던 장면이 아니던가? '나라다운 나라, 나라를 나라답게'로 추진하는 정부는 불신과 반

칙이 지배하는 시대를 걷어차 버리고 정의, 혁신으로 정부를 국민이 원하는 공정하고 정의로운 사회(a just society)를 구현하는데 정부가 집중하고 있다. 신뢰받는 정부의 중심에는 사회적 가치(social value) 중심의 정부와 안전문화라는 코드가 상호 보완적 성격을 가지고 있다고 보는 것이 현명한 결심이고 판단이다. 사회적 가치가 공공성을 기반으로 '공동체의 이익'5)과 발전에 기여할 수 있는 실질적 가치를 의미하기 때문에 안전문화와 밀접한 관계가 성립한다. 안전문화(safety culture)를 확산시키는 영역에서 일은 공동체의 안전과 가치를 발현하기 때문에 상호보완적 요소로의 기능을 추구한다는 점에서 밀접한 관련성을 가진다고 할 수 있다. '촛불시민정부'(필자가 문재인 정부를 호칭)가 정부혁신 전략의 사회적 가치를 추구하는데 '인간의 존엄성을 유지하는 기본 권리로서 인권의 보호' 측면과 '재난과 사고로부터 근로·생활환경의 유지', '환경의 지속가능성(sustainability) 보존', 그밖에 '공동체의 이익실현과 공공성 강화'를 적극적으로 추진하겠다는 정부혁신 종합 추진계획에 반영되어 있다는 점은 정부혁신의 방향 설정이 바르게 설계되었다는 것으로 이해할 수 있다. 안전문화는 실천함으로써 이루어지는 행동화 양식이다. 따라서 실현가능한 과제들을 선정해야 한다. 안전문화는 지속적으로 추진되기 위해서는 사회적 가치와 같은 방향성을 가지고 있어야 한다. 따라서 안전문화는 공공성, 신뢰성, 효과성, 지속성,

---

5) 국가나 사회는 개인의 단순한 집합체 이상의 그 무엇으로서 자신의 인격과 권익을 가지고 있는데, 이것이 바로 공익의 원천이다. 즉 사회전체로서의 권익과 인격을 추구하고 실현하는 것이 공익이라는 것이다. 이러한 단체로서의 인격과 권익은 개인의 그것과는 별개의 것으로 독립되어 있다. 이 때 사회는 자신의 가치체계(價値體系, value ordering)를 갖는 독립된 통일체(統一體, independent entity)로서 인식되고 있다. 이러한 가치체계와 권익은 개인의 그것들보다 훨씬 중요한 것으로 실제 존재하고 있다고 주장되고 있다. Jerome Rothenberg, The Measurement of Social Welfare, Prentice-Hall, 1961; 백완기, 『행정학』, (서울: 박영사, 1994), pp.479~480.

예측 가능성(predictability), 현실성의 원칙6)이 있어야 한다. 안전문화의 공공성(publicness)은 사인(私人)의 이익이 아닌 공공(公共)의 이익을 출발점으로 하는 것 때문에 고도의 공공성이 담보되지 않으면 안 된다. 공공성이 담보되지 않는 안전문화 확산은 진척을 볼 수가 없다. 따라서 안전문화를 확산시키는 측에서는 주도면밀하게 공공성을 달성할 수 있는 방안을 강구해야 한다. 사인간(私人間)의 이익이 강조되면 안전문화의 확산은 정지해버리고 말 것이다. 오히려 불신만 초래하여 안전문화 확산은 초기에 좌초되고 말 것이다. 안전문화 확산과 신뢰성은 동전의 양면과도 같은 것이다. 즉 신뢰성 없는 안전문화 확산 운동은 추진될 수가 없다. 안전문화 운동의 확산은 사회적 신뢰가 없으면 불신만 초래되기 때문에 전국적인 지지를 얻을 수 없는 것은 자명한 이치이다. 신뢰성 있는 안전문화 확산 운동은 '촛불시민정부'가 추구하는 사회적 가치가 그 기저에 깔려있다. 따라서 신뢰성으로 무장한 안전문화 확산운동은 국민들의 지지가 있어야 함은 필요충분조건이라는 점을 밝혀둔다. 안전문화 확산 운동의 효과성7)은 정량적으로 측정이 제한 될 수 있으나 정성적 방법으로는 정도의 차이는 있으나 평가시 측

---

6) 현실성의 원칙이란 인간의 정신작용은 항상 주위의 환경과 밀접한 관련을 갖는다. 특히 안정적이고 중요하게 여겨지는 환경적 요인은 인간의 정신에 영향을 미친다. 따라서 인간의 정신작용은 외부적 현실에 의해서 제약받는다는 것이다. 강성학, 『무지개와 부엉이: 국제정치의 이론과 실천에 관한 논문 선집』(서울: 박영사, 2010), p.659.

7) 효과성은 투입과 산출의 비율을 따지지 않고 목표의 성취도(成就度, degree of goal achievement) 만을 따진다는 점에서 능률성과 다르다. 이때의 목표는 단순한 일상행정상의 목표가 아니라 변화와 발전을 추구하는 사업성(사업성, program-matic)을 띤 목표를 의미한다. 행정의 이념으로서 효과성이 강조되는 국가는 발전도상국이나 후진국이다. 이러한 국가들이 근대화를 추진하는 데 있어서 가장 절박하게 요구하는 것은 목표의 성취에 있기 때문이다. 이러한 국가들은 행정이라는 도고를 사용해서 근대화를 추구하고 발전의 목표를 성취하고자 하였던 것이다. 그러나 효과성은 목표성취(目標成就)만을 강조하다보니 주요한 과정과 절차를 무시함으로써 비민주성의 위험도 내포하였던 것이 사실이다. 백완기, 『행정학』, (서울: 박영사, 1994), pp.92~93.

정이 가능하다. 효과성(效果性, effectiveness)은 어떤 목적을 지닌 행위에 의하여 드러나는 보람이나 좋은 결과가 나타나는 행태를 말한다. 즉, 목표의 달성도(達成度)를 의미한다고 할 수 있다. 행정의 효과성은 투입과 산출의 비율로 파악하지 않고 목표의 성취도만을 따진다는 점에서 능률성8)과 구별된다. 효율성(效率性, efficiency)9)과 대비되어 설

---

8) 능률성(能率性, efficiency)은 일정한 시간 내에 할 수 있는 일의 비율을 높이는 능력이 성질 또는 행태를 말한다. 이러한 능률성은 기계적 능률성(mechanical efficiency)과 사회적 능률성(social efficiency)으로 구별할 수 있다. 기계적 능률성은 행정(administration)과 경영(management)의 유사성이 강조된 정치행정이원론 시대에 중요시 되었으며, 능률성을 기계적 물리적 금전적 측면에서 파악한 개념이다. 한편 1930년대 중반 이후 인간관계론의 등장과 더불어 강조된 사회적 능률성은 행정의 사회 목적 실현, 다원적인 이익들 간의 통합 조정 및 행정조직 내부에서의 구성원의 인간적 가치의 실현(realization of value) 등을 내용으로 하는 능률을 의미한다. 행정은 최소의 투입으로 최대의 산출을 얻어야 한다는 지도 이념이다. 즉 행정은 가능한 적은 경비와 노력·시간을 들여 보다 많은 성과를 달성해 한다는 이념이다. 여기서 사회적 능률성(social efficiency)에서 능률은 인간적인 면이 고려되는 질적인 성과로 평가된다는 인간적 능률, 능률을 향상시키는 수단은 목적에 부합해야 한다는 합목적성 능률, 능률의 평가는 절대적인 기준이 아닌 상대적인 기준에 의해야 한다는 상대적(相對的) 능률, 능률은 언제나 장기적 목적에 부합해야 한다는 장기적(長期的) 능률 등의 내용이 포함된다. 이종수, 『행정학사전』, (2009, 대영문화사); 능률성은 비용과 효과의 비교에서 추구되는 개념이다. 그러나 종래의 능률개념이 근시안성과 기계성에서 人間性·相對性·合目的性·長期性으로 탈바꿈할 것이 요구되지만, 근본 골격인 費用·效果 또는 投入·産出의 비교개념에서 크게 벗어날 수는 없다. 백완기, 『행정학』, (서울: 박영사, 1994), p.91.

9) 효율성(efficiency)이란 효과성과 능률성을 합산한 복합개념이다. 넓은 의미의 능률성으로 이해하기도 하며, 좁은 의미의 생산성과 같은 의미로 사용되기도 한다. 능률적으로 목표를 성취할 수 있는 정도. 효과성과 능률성을 합친 개념이다. 즉 행정의 투입에 대한 산출 비율인 능률성과 투입과 산출의 비율을 따지지 않고 목표의 달성도만 따진 효과성을 함께 이룰 수 있는 정도를 의미한다. 즉 목표 달성의 양적(量的)개념인 능률성과 질적(質的) 개념인 효과성을 모두 포함하는 것이 효율성이라 할 수 있다. 효율성은 공공행정(public administration)에 있어서 생산성(生産性, productivity)과 같은 개념으로 이해하는 경우도 있다. 따라서 공공행정에 있어서 생산성은 최소의 투입으로 최대의 산출을 기하는 것(능률성), 그 산출이 당초 설정한 목표에 비추어 얼마나 기대했던 효과를 얻게 되었는가(효과성)를 나타내는 개념이기 때문이다. 박용치, 『현대행정학원론』, (고려원, 1993), p.151.; 최소한의 투입으로 기대하는 산출을 얻는 것을 의미한다. 투입과 비교된 산출의 비율로 정해지며 그 비율의 값이 커질수록 효율이 높은 것으로 평가된다. 주로 경영, 산업행정 등의 분야에서 생산량의 증대, 질적 향상, 소요시간의 단축, 노력의 감축, 만족도 및 사기앙양 등의 목표와 연관된다. (사)한국기업교육학회, 『HRD 용어사전』, 중앙경제; 효율성은 생산성(productivity에서 효과성(effectiveness)을 배제한 것을 의미한다. 다만 효율성과 생산성과 같은

명될 수 있다. 결과가 좋으면 절차나 과정은 그렇게 중요하게 고려하지 않는다는 의미이다(고려사항이 아니다). 안전문화 운동의 확산은 지방자치단체와 시민사회단체 중심으로 주민들의 의식이 결합된 풀뿌리 문화운동으로 확산시켜 나간다면 예측 가능한 효과를 달성할 수 있을 것이다. 이는 단지 지방자치단체만의 운동이 아니라 기업이나 시민사회단체도 문화운동에 동참한다면 더욱 효과적이라 할 수 있다. 다음은 안전문화 운동은 일시적으로 끝나는 운동으로 그칠게 아니라 장기적이고도 지속적으로 추진해야 한다. 안전문화운동을 효과적으로 지속적으로 추진하기 위해서는 교육과정에 반영하여 체득화(體得化)하는 과정이 필요하다는 데에 공감을 이룰 수 있을 것이다. 따라서 지속성은 사회적 삶에서 행동과 인식의 지속적인 흐름을 말한다. 이러한 견해에서(기든스, Giddens, 1984) 사회적 생활은 '분리된 의도, 원인, 동기의 모음이나 계열'로 보아서는 안 된다. 또한 그것은 고정된 구조의 산물로 간주되어서도 안 된다. 오히려 구조와 행위자 모두가 역할을 하는 지속적인 과정으로 보아야 한다. 사회학자인 브로델(Braudel)의 저작으로부터 차용하여 매일 매일의 사회생활의 반복적인 지속성뿐만 아니라 제도의 오랜 지속성에 대해서도 언급할 수 있다."10) 또한 지속성(持續性, Sustainability)은 환경의 변화에 상관없이 하나의 객체가 지속적으로 생존할 수 있는 상태 또는 능력을 의미한다.11) 이에 대한 동의어로는 지속가능성(持續可能性)이 있다. 문화운동을 일시적으로 시행한다면 달

의미로 보고, 투입대비 산출의 정량적 비를 의미하는 개념은 능률성(efficiency)이라고 하는 경우도 있다. 효율성이 주로 정량적이고 과정의 우수성을 띠는 행태라면, 이에 반해 효과성은 정성적이며 결과의 우수성을 가진다고 할 수 있다. 때로는 효율성을 중시하지 않을 경우 지나친 자원의 투입으로 인해 심각한 후유증에 직면하는 경우도 종종 있다.
10) 고영복, 『사회학사전』, (사회문화연구소, 2000)
11) (사)한국기업교육학회, 『HRD 용어사전』, 중앙경제

성 불가능에 가깝다고 할 수 있다. 이러한 지속성을 보장하기 위해서는 정부와 지방자치단체가 함께 숙의(熟議)를 거쳐 지속적으로 추진해야 하는 성질의 문제이다. 다음은 예측가능성(predictability)이다. 안전문화운동 확산에서 예측가능성은 충분히 고려될 수 있다. 따라서 안전문화운동이 공익성을 추구하기 위해서는 공익의 구성요소를 충족시켜야 한다. 이러한 공익의 구성요소에는 보편화된 가치, 공동체(共動體) 자체의 권익, 재화(財貨)나 용역(用役)의 외부경제성(外部經濟性), 미래의 이익이나 효용성(效用性), 다수(多數)의 이익, 사회적 약자(弱者)의 이익(利益)이 있어야 한다.12)

제2절 안전문화 관리

1. 정부와 지방자치단체의 역할

안전문화 운동의 성공을 위해서 정부는 지원 기능을 충분히 할 수 있어야 한다. 정부는 큰 틀에서 지방자치단체, 시민사회단체가 지속적으로 추진할 수 있도록 주변에서 지원 가능한 일을 찾아서 적극적으로 실천 가능한 활동이 무엇인지를 탐색하는 과정을 추구할 필요가 있다. 정부와 지방자치단체는 안전문화 활동의 주요 내용으로 안전교육과 안전점검, 그리고 안전위해 요소를 신고할 수 있는 제도적 기반을 추구해 나가야 한다. 안전교육은 교육관련 부처와 협의를 하여 교육과정에 반

---

12) 공익의 구성요소에 대한 세부적인 사항은 백완기, 『행정학』, (서울: 박영사, 1994), pp. 480~483. 참조.

영하여 유아기 때부터 의무적으로 교육의 필요성에 대해 교육을 실시해야한다. 이를 위해서는 법·제도적 뒷받침이 필수적이다. 정부와 지방자치단체는 법률(조례)을 제·개정하는데 주도적 역할을 해야 한다. 또한 국민 누구나 언제든지 접속하여 안전의식을 간접적으로 체험할 수 있도록 국민안전교육 포털의 콘텐츠를 풍부하게 확장해나가야 한다. 또한 안전점검의 생활화를 위하여 가정에서부터 실천할 수 있는 일을 찾아서 점검하고 자율적으로 실천할 수 있는 체크리스트를 직접 점검하고 확인할 수 있는 조직적인 체제를 갖추어야 한다.

정부와 지방자치단체는 시민사회단체가 주도적으로 시민들의 안전문화의식을 적극적으로 뒷받침할 수 있도록 각종 안전관련 협의회 등 대책기구를 조직[13])하는 것을 통해서 안전문화운동이 지속적으로 추진될 수 있도록 여건을 조성하고 조직을 확산해야 한다. 이렇게 조직된 각종 협의회 및 민간대책기구에 대해 일정 부분 정부와 지방자치단체가 함께 안전예산을 지원하는 방안을 강구해야 한다. 정부와 지방자치단체는

---

[13]) 안전문화운동추진 중앙협의회와 안전문화운동추진 지역협의회, 안전의식 개선협의회 등이 있다. 안전문화운동추진 중앙협의회(위원장은 행정안전부장관, 민간위원 공동대표)는 안전문화 선진화를 위해 부처 및 지방자치단체, 공공기관, 민간단체 등이 총 망라된 민·관 협의체를 구성하여 범국민적 안전문화운동을 추진하기 위해 2013.5월에 출범하였다. 또한 안전문화운동추진 지역협의회는(위원장은 지자체, 민간공동)는 지방자치단체의 지역별 특성에 맞는 운동을 적극 발굴 추진하고 캠페인을 전개하는 등의 역할을 수행하고 있다. 안전문화운동추진 중앙협의회와 안전문화운동추진 지역협의회는 국민안전의식 제고를 위한 기관별 자체 추진계획을 수립하고 안전문화를 홍보하고 캠페인을 전개하는 등 범국민적 실천운동으로 승화할 수 있는 뒷받침을 추구해야 하며, 또한 안전문화운동 우수사례를 적극 발굴 및 공유하여 민관협업 추진으로 민관협력을 강화하는 등 분과별 실천과제를 구체적으로 선정하여 일상생활 속에서 안전문화생활 활동을 지속적으로 전개해나가는 데 주동적인 역할을 해야 한다. 안전의식 개선협의회는 안전사회 실현을 위해서 정부의 정책적 노력 외에 다양한 사회구성원의 관심과 참여를 통한 안전의식 개선이 시급히 필요하고, 아울러 안의식 개선을 위해 중앙정부와 지방자치단체, 각종 안전단체, 공공기관, 기업 등의 다양한 구성원이 참여하여 실천계획과 우수사례를 공유하는 시·공간의 장을 마련하기 위해 구성되어 활동하고 있다.

안전문화운동을 지속적으로 추진하는 과정에서 우수사례를 발굴하고 홍보하며 이 과정에서 유공자를 발굴하여 포상하는 등의 적절한 포상조치를 병행해 나가야 한다. 따라서 정부와 지방자치단체는 첫째, 각종 협의회를 구성 운영할 수 있도록 법·제도적 뒷받침을 마련해야 한다. 둘째, 이들 협의회에 대한 적절한 예산지원 활동을 통해 각 단위의 조직들이 활동할 수 있도록 분위기조성 및 여건마련에 주력해야 한다. 셋째, 각 단위의 조직들이 안전문화운동 활성화를 위해 홍보 및 캠페인 추진과정에서 국민들의 적극 참여 유도를 위해 협업 활동을 강화해야 한다. 넷째, 안전문화운동 활동과정에서 민간단체에서 추천한 유공자를 위한 포상을 지원하는 기능을 수행해야 한다. 정부와 지방자치단체는 민간단체와 공공기관, 기업이 활동할 수 있는 여건조성에 주력하여 안전문화운동이 생활 속에 정착할 수 있도록 준비과정에서부터 정교하게 설계하고, 실천하며, 평가과정을 거쳐 환류(feed back)기능까지를 포괄할 수 있는 체제를 갖추어 나가야 한다. 국민안전교육진흥기본법(약칭 안전교육법)[14] 제3조에서는 ① "국가 및 지방자치단체는 안전교육 진흥을 위한 정책을 수립하여 시행하고 안전교육 진흥에 필요한 지원을 하여야 한다."고 명시하고 있으며, ② "국가와 지방자치단체는 안전교육이 교육주체간의 유기적 연계를 통하여 체계적이고 지속적으로 실시될 수 있도록 노력하여야 한다."[15] 아울러 국가 및 지방자치단체는 안전교육의 원활한 시행을 위하여 다음 각 호의 시책을 추진하여야 한다.[16] 정부는 안전문화 선진화를 위해 정부·지방자치단체·공공기관·민

---
[14] 국민안전교육진흥 기본법(약칭 안전교육법)은 2017.7.26.일 시행되었다.
[15] 국민안전교육진흥 기본법(약칭 안전교육법) 제3조(국가 등의 책무)
[16] 국민안전교육진흥 기본법(약칭 안전교육법) 제9조(안전교육에 관한 시책의 추진): 1. 안전교육 교재 및 프로그램의 개발 및 보급, 2. 안전교육 전문 인력의 양성 및 활용, 3. 학교 및 그 밖의 교육기관의 안전교육에 대한 지원, 4. 그밖에 안전교육의 원활한 시행을 위하

간단체 등이 총 망라된 민·관 협의체를 구성하여 범국민 안전문화운동을 적극 추진하기 위해 '안전문화운동추진 중앙협의회'를 출범시켰다.17)

〈표 10-3〉 안전문화운동 추진 중앙협의회 구성 현황

- '13.5.30. 안전문화운동추진 중앙협의회 출범
- 안전문화운동추진 중앙협의회(위원장 : 행정안전부장관, 민간위원 대표 공동)
  ● 전국적 안전문화운동 확산을 위한 범국민 안전문화운동 추진
  * 위원 구성 : 총98명(12개 중앙부처, 55개 민간단체, 14개 공공기관, 17개 시·도 부단체장)
- 안전문화운동추진 지역협의회(위원장 : 지자체, 민간 공동)
  ● 17개 시·도 지역별 특성에 맞는 홍보·캠페인 전개

이외에도 안전사회 실현을 위해서는 정부의 정책적 노력 외에 다양한 사회 구성원의 관심과 참여를 통한 안전의식 개선 노력이 필요하며 아울러 안전의식 개선을 위해 중앙·지방자치단체, 안전단체·공공기관·기업 등 다양한 구성원이 참여하여 실행계획과 우수사례를 공유하는 장을 마련하기 위해 안전의식 개선 협의회(정부, 지방자치단체, 공공기관, 안전단체, 기업, 교육기관)를 운영하여 안전문화 포럼 등을 개최하고 있다. 정부와 지방자치단체18)는 이러한 단체들이 적극 활동할 수

여 대통령령으로 정하는 사항.
17) 안전문화운동추진 중앙협의회(이하 '안문협'이라 한다.)의 주요 역할은 (범국민 실천운동 전개) 국민 안전의식 제고를 위한 기관별 추진계획 수립 및 안전문화 홍보·캠페인을 추진하고 - 안전강조 주간 운영, 안전신고 생활화 및 기초안전수칙 지키기 캠페인 등과 (민·관 협력 강화) 안문협 총회, 실무회의 등의 개최로 안전문화운동 우수사례 공유 및 민·관 협업 추진 - 분과별 실천과제를 선정, 일상생활 속 안전생활화 활동을 지속적으로 전개한다. 「재난 및 안전관리기본법」 제66조의4(안전문화 진흥을 위한 시책의 추진)
18) 재난 및 안전관리기본법(약칭: 재난안전법) 제66조의4(안전문화 진흥을 위한 시책의 추진) ① 중앙행정기관의 장과 지방자치단체의 장은 소관 재난 및 안전관리업무와 관련하여 국민의 안전의식을 높이고 안전문화를 진흥시키기 위한 다음 각 호의 안전문화 활동을 적극 추진하여야 한다.

있도록 기반을 조성해야 하며, 아울러 안전문화 및 안전의식 관련 국내외 사례 및 정책(법·제도 포함)을 공유하는 체제를 갖추어야 한다. 국무총리는 재난을 예방하고, 재난이 발생할 경우 그 피해를 최소화하기 위하여 재난 및 안전관리업무에 종사하는 자가 지켜야 할 사항 등을 정한 안전관리헌장을 제정·고시하여야 한다.19)

'풀뿌리 안전문화'운동을 확산하는데 있어서 무엇보다 중요한 것은 지방자치단체장의 간섭과 통제를 들 수 있을 것이다. 이를 지방자치단체장의 치적이나 홍보용으로 변질되지 않도록 세심한 주의와 관리가 필요할 것이다. 이를 위해 시민사회단체와 지방의회는 적절한 견제와 감시가 필요할 것이다. 따라서 안전문화운동의 뿌리가 안착할 수 있도록 중앙과 지방자치단체(기초지방자치단체 포함), 시민사회단체는 상호 긴밀한 협력, 평가, 지속적인 혁신운동으로 전개해 나가야 한다. 안전문화운동의 지속적 확산을 위해 지방자치단체별 별도의 추진 기구를 충분히 검토해 볼 수 있다.

〈표 10-4〉 안전관리헌장 내용

안전관리헌장

오늘날 우리는 태풍·지진·화재·교통사고·전염병 등 갖가지 예측하기 어려운 재난으로부터 안전을 위협받고 있다.

재난은 언제 어디서나 일어날 수 있다는 것을 깊이 인식하고, 국민의 생명과 재산을 보호하기 위해 정부와 기관·단체 그리고 학교와 기업은 안전관리에 앞장서 노력하여야 하며, 국민 모두는 스스로 참여하고 협력하여야 한다. 우리의 번영은 안전문화의 터전 위에서 이루어지며, 안전을 위한 노력과 투자는 우리와 후손의 행복을 위한 것이다.

이에 우리는 안전한 국가를 지향하는 새로운 가치관을 정립하고 성실한 실천을 다짐한다.

 1. 국가, 지방자치단체, 공공기관·단체, 기업 그리고 국민은 모든 일에서 안전을 최

---

19) 재난 및 안전관리기본법(약칭: 재난안전법) 제66조의 8(안전관리헌장)

우선으로 고려한다.
Ⅰ. 가장, 학교, 직장 그리고 사회의 각 분야에서 교육과 홍보를 통하여 안전관리를 생활화하도록 한다.
Ⅰ. 위험에 대한 정보를 신속하고 정확하게 제공하여 미리 안전을 확보할 수 있도록 한다.
Ⅰ. 국가기반체계는 각종 재난으로부터 안전하게 보호되어야 한다.
Ⅰ. 생활주변 시설과 사업장 그리고 위험지역은 안전하게 관리되어야 한다.
Ⅰ. 자원봉사기관, 자원봉사자, 시민단체 그리고 전문가의 협력을 통하여 안전관리의 효율을 높인다.
Ⅰ. 과학적 안전관리를 위한 연구에 힘쓰고 안전산업을 육성한다.

2. 공공기관 및 기업의 역할

공공기관 및 기업은 안전의식 개선협의회 구성원으로서(관계부처, 지방자치단체, 공공기관, 민간단체, 교육기관, 기업) 참여하여 협업하고, 지역단위 중심의 홍보 및 캠페인 등에 참여한다. 또한 기업이 주도적으로 추진할 수 있는 것은 안전문화운동이 정착할 수 있도록 사회공헌(봉사)활동에 참여하여 공공기관 및 기업의 전문성을 활용한 효율적인 안전문화운동 추진과 활성화에 기여할 수 있다. 기업은 이를 위해 공공기관과 함께 안전문화 사회공헌활동을 적극적으로 추진하기 위해 업무협약(MOU)을 체결하는 것 또한 충분히 고려되어야 한다. 다음으로 안전문화 활성화를 위한 안전문화 실천 활동 및 협력을 위해 공공기관, 민간단체의 자원과 안전 인프라를 활용한 실행가능한 다양한 안전문화 활동(홍보, 캠페인, 안전점검 지원 등)을 추진하고 안전인식개선을 위한 직원 안전교육, 안전취약계층에 대한 안전점검(전기·가스·통신·화재 등) 과 함께 안전문화 운동의 확산을 위한 캠페인과 홍보를 하는 등 지역사회 발전에 기여할 수 있는 일을 선제적으로 발굴하여 추진함으로써 기업의 이미지를 극대화하는 전략도 동시에 추구할 수 있다는 점을 인식할 수 있을 것이다. 2014년 이후 최근의 기업 활동이 사회의 안전문화 운동의 확산과 연계되어 활동하고 있는 것은 바람직한 현상이다. 안전문화운동에 공공기관 및 기업이 참여할 수 있는 분야는 안전교육, 안전체험 등의 안전교육 분야, 안전문화 홍보 및 캠페인, 안전관련 홍보물 송출, 국가안전대진단 홍보 등의 안전홍보 캠페인 분야, 지역 안전캠페인, 안전한 지역 만들기 봉사 등의 지역단위 중심의 안전개선 활동 분야, 취약계층 안전점검, 장애인 가정, 사회복지시설 및 지역 아동센터 봉사활동, 취약계층 무료진료 등의 취약계층 지원 분야 등 기업이 할 수 있는 분야가 광범위하다는 것을 알 수 있다. 이러한 활동을 공공기관 및 기업이 홀로 감당하기보다는 공공기관과 기업, 지방자치단체가 협업하여 추진하는 것이 보다 추동력을 받을 수 있다. 아울러 정부와 지방자치단체는 사회공헌활동 우수기업 및 공공기관에 대한 적절한 포상도 함께 추진함으로써 동력을 확장해나가야 한다. 공공기관 및 기업이 사회공헌활동을 적극 추진 할 수 있도록 정부와 지방자치단체가 함께 힘을 모아야 한다는 점은 공통의 관심사 일 것이다. 이러한 내용을 특정기관이나 기업에만 맡길 것이 아니라 상호 공유하고 협업해야 운동으로써 탄력과 지속성을 추구할 수 있다는 점을 인식해야 할 것이다.

3. 시민사회단체 및 민간단체의 역할

안전문화운동의 확산을 위해서 시민사회단체 및 민간단체는 안전문화운동추진 중앙협의회, 안전문화운동추진 지역협의회, 안전의식 개선 협의회 등 각종 협의회 및 사회공헌활동에 적극적으로 참여하고 있다.

이는 안전문화운동이 '풀뿌리 안전문화'로써 제대로 정착하기 위해서는 정부와 지방자치단체의 관(官)주도 성격보다는 민간주도로 활동하는 것이 효과적이기 때문이다. 그러나 이러한 범국가적 운동으로 승격하려는 안전문화운동은 시민사회단체 및 민간단체만으로 추진하는데 많은 장애가 발생할 수 있다. 안전문화운동이 실천적으로 추동력을 받으려면 정부와 지방자치단체, 공공기관 등의 협의(consultation)가 필수적이다. 시민사회단체 및 민간단체가 가지고 있는 자원만으로 안전문화운동을 확산시켜 가는데 있어 정보를 공유하고 협업(collaboration)하여 실행하는데 제 시민사회단체 및 민간단체가 적극적으로 추진해야 하는 것은 보다 더 효과적이다. 그러나 시민사회단체 및 민간단체가 안전문화운동을 확산하는 과정에서 범하기 쉬운 오류는 첫째, 안전문화운동의 확산은 공공성을 최우선으로 추진해야 한다. 특정단체나 집단의 사인의 이익을 고려해서는 안 된다. 공익을 우선적으로 고려해야 한다. 그래야 안전문화운동이 탄력을 받고 지속적으로 추진해 나갈 수 있기 때문이다. 둘째, 안전문화운동을 실행하는 단계에서 각종 협의회와 정보를 공유하고 협업하는 과정에서 신뢰를 구축해야 한다는 점이다. 정부와 지방자치단체, 공공기관 및 기업 등에서 지원하는 예산 사용의 경우는 더욱 투명하게 집행되어야 한다. 예산사용 내역을 공개하고 지역주민에게 알리는 방법도 고려해봄직하다. 셋째, 안전문화 운동을 추진하는 과정에서 특정단체나 집단과의 연결고리로 불신의 골을 만들지 않아야 한다. 이는 자칫 오해를 불러일으킬 수 있는 행동으로 각종 기관단체와의 신뢰를 저버릴 수 있는 단초를 제공하기 때문이다.

제3절 제도적 안전은 안전한가?

　제도적으로 산업현장의 안전을 준수하기란 참으로 어려운 문제임에 틀림없다. 왜냐하면 산업현장에서 안전을 준수하면 그만큼 작업의 진척이 늦어지기 때문이다. 이는 기업 경영에 직접적인 영향을 미치는 매우 주요한 것이 아닐 수 없다. 그러나 2020년 이후에는 산업현장에서 안전을 지키자는 구호가 있었으나 제대로 이행되지 않고 있다. 그러나 산업현장에서의 안전은 아무리 강조해도 지나침이 없을 것이다. 왜냐하면 산업현장에서 빈번하게 발생하는 안전사고는 작업자의 소중한 생명과 직결되기 때문이다. 산업현장의 안전사고는 안전관리자, 보건관리자, 안전보건관리담당자의 책임으로만 규정짓는 것은 무리가 있다.[20] 산업재해나 산업현장에서의 인명사고 발생 시 안전 조치 의무를 제대로 이행하지 않은 사업주나 경영책임자를 처벌할 수 있는 내용의 중대재해처벌법 제정안이 국회 본회의를 통과했다. 산업현장의 안전사고를 줄여보자고 한 것이 계기가 되어 중대재해 처벌 등에 관한 법률(약칭: 중대

---

[20] 산업인전보건법 제20조(안전관리자 등의 지도·조언)에는 사업주, 안전보건관리책임자 및 관리감독자는 다음 각 호의 어느 하나에 해당하는 자가 제15조 제1항 각 호의 사항 중 안전 또는 보건에 관한 기술적인 사항에 관하여 지도·조언하는 경우에는 이에 상응하는 적절한 조치를 하여야 한다. 1. 안전관리자, 2. 보건관리자, 3. 안전보건관리담당자, 4. 안전관리전문기관 또는 보건관리전문기관(해당 업무를 위탁받은 경우에 한정한다). 한편 동법 제15조(안전보건관리책임자) ① 사업주는 사업장을 실질적으로 총괄하여 관리하는 사람에게 해당 사업장의 다음 각 호의 업무를 총괄하여 관리하도록 하여야 한다. 1. 사업장의 산업재해 예방계획의 수립에 관한 사항, 2. 제25조 및 제26조에 따른 안전보건관리규정의 작성 및 변경에 관한 사항, 3. 제29조에 따른 안전보건교육에 관한 사항, 4. 작업환경측정 등 작업환경의 점검 및 개선에 관한 사항, 5. 제129조부터 제132조까지에 따른 근로자의 건강진단 등 건강관리에 관한 사항, 6. 산업재해의 원인 조사 및 재발 방지대책 수립에 관한 사항, 7. 산업재해에 관한 통계의 기록 및 유지에 관한 사항, 8. 안전장치 및 보호구 구입 시 적격품 여부 확인에 관한 사항, 9. 그 밖에 근로자의 유해·위험 방지조치에 관한 사항으로서 고용노동부령으로 정하는 사항 고용노동부, 산업안전보건법, [시행 2022. 8. 18.] [법률 제18426호, 2021. 8. 17., 일부개정], (검색: 2023.04.28.)

재해처벌법), [시행 2022. 1. 27.] [법률 제17907호, 2021. 1. 26., 제정]이 어려운 난관을 뚫고 제정된 것이다. 이외에도 안전에 관한 고시, 지침, 조례, 규칙 등이 제정되어 활용되고 있으나 여전히 발생하지 말아야 할 안전사고는 지금도 계속되고 있다.

국내 주요 건설사들은 산업현장의 안전과 관련된 문제가 발생하지 않도록 기업차원에서 안전관련 전담 조직을 새롭게 구축하고, 최고안전책임자(Chief Safety Officer·CSO)를 신규로 선임하는 등 안전에 대한 조직 정비, 권한과 책임, 위험예찰 활동 강화에 적극적으로 나서고 있다. 아무리 조직을 정비하고 권한과 책임을 행사한다고 해도 산재는 현재도 발생하고 있다. 보다 근원적인 대책은 사업주 혹은 최고 경영자의 인식과 의지가 중요하다는 점이다. 이것이 관철되지 않으면 정착하는데 상당한 시간이 걸린다는 데 문제의 심각성이 도사리고 있다.

문제는 우리사회의 안전에 대한 감시, 예산, 인식 등이 저조한 것이 문제가 되고 있음은 부인할 수 없다. 작업장에서 안전은 더 이상 뒤로 미루어 놓을 수 없는 것은 수많은 작업장에서 일하는 노동자의 소중한 생명이 걸려있기 때문이다. 선진국에 진입한 우리는 더는 후진국형의 산재사고는 일어나지 말아야 한다. 작업장에서 일하는 작업자, 감독자, 관리자, 안전관리자 등은 매순간 안전에 대해 철저한 확인이 지속적으로 이루어지고 안전교육이 강화되어야 한다. 안전관리자는 작업장에서 작은 실수 하나라도 그냥 지나쳐서는 안 될 것이다. 소소하고 작은 것 하나 하나가 사고로 연결되기 때문이다. 중대재해처벌법은 "사업 또는 사업장, 공중이용시설 및 공중교통수단을 운영하거나 인체에 해로운 원료나 제조물을 취급하면서 안전·보건 조치의무를 위반하여 인명피해를 발생하게 한 사업주, 경영책임자, 공무원 및 법인의 처벌 등을 규정함으로써 중대재해를 예방하고 시민과 종사자의 생명과 신체를 보호함을 목적으로 한다."21)고 규정하고 있다.

이에 산업안전보건법22) 제1조(목적)에서 "이 법은 산업 안전 및 보건에 관한 기준을 확립하고 그 책임의 소재를 명확하게 하여 산업재해를 예방하고 쾌적한 작업환경을 조성함으로써 노무를 제공하는 사람의 안전 및 보건을 유지·증진함을 목적으로 한다"〈개정 2020. 5. 26.〉23) 작업현장에서 관리감독자, 안전관리자, 보건관리자들이 가장 어려운 문제로 인식하고 있는 위험성 평가와 관련하여 이행이 제대로 되고 있지 않다. 왜냐하면 위험성 추정과 위험성 평가, 위험예지활동을 어렵게 인식하고 있기 때문이다. 산업안전보건법 제36조(위험성평가의 실시)에서 "① 사업주는 건설물, 기계·기구·설비, 원재료, 가스, 증기, 분진, 근로자의 작업행동 또는 그 밖의 업무로 인한 유해·위험 요인을 찾아내어 부상 및 질병으로 이어질 수 있는 위험성의 크기가 허용 가능한 범위인지를 평가하여야 하고, 그 결과에 따라 이 법과 이 법에 따른 명령에 따른 조치를 하여야 하며, 근로자에 대한 위험 또는 건강장해를 방지하기 위하여 필요한 경우에는 추가적인 조치를 하여야 한다. ② 사업주는 제1항에 따른 평가 시 고용노동부장관이 정하여 고시하는 바에 따라 해당 작업장의 근로자를 참여시켜야 한다. ③ 사업주는 제1항에 따른 평가의 결과와 조치사항을 고용노동부령으로 정하는 바에 따라 기록하

---

21) 중대재해 처벌 등에 관한 법률(약칭: 중대재해처벌법), [시행 2022. 1. 27.] [법률 제17907호, 2021. 1. 26., 제정] 제1조(목적)
22) 산업안전보건법은 안전보건 규정을 위반한 경우에 한해서만 처벌하는 것으로 중대재해처벌법과는 차이가 있다.
23) 고용노동부, 산업안전보건법 제1조(목적), 고용노동부(산업안전보건정책과-과태료, 적용범위, 공표, 지자체·이사회보고), 고용노동부(산업안전기준과-도급·안전조치, 인증·검사, 안전관리자-제조업) 등

여 보존하여야 한다. ④ 제1항에 따른 평가의 방법, 절차 및 시기, 그 밖에 필요한 사항은 고용노동부장관이 정하여 고시한다."24)고 규정하고 있다.

산업안전보건법 제38조(안전조치)25) ① 사업주는 다음 각 호의 어느 하나에 해당하는 위험으로 인한 산업재해를 예방하기 위하여 필요한 조치를 하여야 한다.
1. 기계·기구, 그 밖의 설비에 의한 위험
2. 폭발성, 발화성 및 인화성 물질 등에 의한 위험
3. 전기, 열, 그 밖의 에너지에 의한 위험

② 사업주는 굴착, 채석, 하역, 벌목, 운송, 조작, 운반, 해체, 중량물 취급, 그 밖의 작업을 할 때 불량한 작업방법 등에 의한 위험으로 인한 산업재해를 예방하기 위하여 필요한 조치를 하여야 한다.

③ 사업주는 근로자가 다음 각 호의 어느 하나에 해당하는 장소에서 작업을 할 때 발생할 수 있는 산업재해를 예방하기 위하여 필요한 조치를 하여야 한다.
1. 근로자가 추락할 위험이 있는 장소
2. 토사·구축물 등이 붕괴할 우려가 있는 장소
3. 물체가 떨어지거나 날아올 위험이 있는 장소
4. 천재지변으로 인한 위험이 발생할 우려가 있는 장소

④ 사업주가 제1항부터 제3항까지의 규정에 따라 하여야 하는 조치(이하 "안전조치"라 한다)에 관한 구체적인 사항은 고용노동부령으로 정한다.

---
24) 고용노동부, 산업안전보건법, [시행 2022. 8. 18.] [법률 제18426호, 2021. 8. 17., 일부개정], (검색: 2023.04.28.)
25) Ibid.

산업안전보건법 제37조(위험성평가 실시내용 및 결과의 기록·보존)26)
① 사업주가 법 제36조제3항에 따라 위험성평가의 결과와 조치사항을 기록·보존할 때에는 다음 각 호의 사항이 포함되어야 한다.
   1. 위험성평가 대상의 유해·위험요인
   2. 위험성 결정의 내용
   3. 위험성 결정에 따른 조치의 내용
   4. 그 밖에 위험성평가의 실시내용을 확인하기 위하여 필요한 사항으로서 고용노동부장관이 정하여 고시하는 사항
② 사업주는 제1항에 따른 자료를 3년간 보존해야 한다.

최근 고용노동부는 공고 제2023-151호(2023년 3월 7일)를 통해 「사업장 위험성평가에 관한 지침」 일부 개정(안) 행정예고를 시행했다. 개정이유는 위험성평가27) 제도가 어렵고 복잡하여 실시하기 어렵다는 현장의 의견 등을 들어 위험성평가 제도를 위험요인 파악과 개선대책 마련에 집중하도록 새로 정의하고, 쉽고 간편하게 실시할 수 있도록 다양한 평가 방법을 제시하는 한편, 평가시기를 명확화하며 수시평가 특례를 신설하고, 근로자의 참여를 확대하는 등 그간의 미흡한 점을 개선하기 위함이다. 예고 주요내용은 다음과 같다. ▲위험성 평가 등 정의 규정 정비 및 용어 재정비(안 제3조제2호 및 제3호 등) ▲위험성평가 전체 단계에서 근로자 참여 확대(안 제6조). ▲위험성 평가 시기 개편 및 평가대상 구체화(안 제5조의2, 제15조)28) 등이다. 이렇게 되면 위

---

26) 고용노동부, 산업안전보건법 시행규칙, [시행 2023. 1. 1.] [고용노동부령 제363호, 2022. 8. 18., 일부개정],(검색: 2023.04.28.)
27) 위험성 평가와 위험예지활동 비교는 정진우, 전자신문, ET시론: 산업안전호, 산으로 가면 안 된다, 2023.3.17.,25면
28) 이수준, 고용노동부, 사업장 위험성평가에 관한 지침 일부 개정안 행정예고, 중대재해 감

험성 평가 활동 수준을 낮추는 결과를 초래하게 된다. 위험성 추정과 위험예지활동은 위험성 평가를 위해서 반드시 해야 한다. 국제기준(ISO 45001·31000, ISO/IEC Guide 51 등)과 산재예방 선진국들은 위험성 평가에서 반드시 위험성 추정을 포함시키고 있다. 여기서 위험성 추정은 위험성 결정과 위험성 감소의 기초자료를 제공하기 때문에 반드시 실시해야 위험을 감소시킬 수 있다. 최근에 중대재해처벌법[29]이 시행되고 있으나 오히려 산재사고는 증가추세에 있다. 위험성 평가와 위험예지활동은 현재보다 강화를 해야 위험으로부터 근로자를 안전한 작업장에서 일을 할 수 있게 된다.

2014년 4월 세월호 참사 역시 지난 8년간 9차례의 진상조사를 했지만 유가족들이 인정할만한 진상규명과 책임자 처벌은 고사하고 참사의 원인조차 제대로 밝혀지지 않고 있다. 한편 2022년 10월 서울 용산의 이태원 참사는 수사초기 부터 참사와 관련 있는 윗선의 수사는 하지도 못한 채 경찰(국가수사본부)의 수사 한계를 드러내었다. 이러한 수사의 지로는 진상규명과 책임자 처벌은 세월호 참사와 다를 바 없을 것이다. 그러나 최근 중대재해처벌법 시행이후 안전조치 의무를 다하지 않은 원청업체 대표가 처음으로 구속되는 사례가 있었다. 물론 벌금을 부과했으나 금액적인 측면에서는 미흡했다. 여기서 주목할 것은 미국, 독일, 호주 등 안전관리 조치 의무를 다하지 않은 경우 산재로 이어지면

축 로드맵 이행 TF(위험성평가반), 공지사항, 2023-03-07
https://www.moel.go.kr/skin/doc.html?fn=2023030709154819d8f4c470d3421698b37114d0faa079.hwp&rs=/viewer/BBS/2023/(검색:2023.04.28.)
[29] 법무부(공공형사과), 환경부(화학물질정책과), 고용노동부(중대산업재해감독과), 산업통상자원부(산업일자리혁신과), 국토교통부(시설안전과), 공정거래위원회(소비자안전정보과), 중대재해 처벌 등에 관한 법률 (약칭: 중대재해처벌법), [시행 2022. 1. 27.] [법률 제17907호, 2021. 1. 26., 제정]

선진국의 경우 양형이 우리보다 수십 배 더 많고, 벌금도 우리의 수백 배 이상이다. 향후에는 산재발생시 실질적으로 전 사업장이 경각심을 가질 수 있는 처벌이 이루어져야 할 것이다. 중대재해처벌법(이하'중처법'이라고 한다) 시행(2022.01.27.)을 1년을 넘긴 가운데 원청의 대표이사(최고경영자)에게 안전조치 의무 불이행에 대한 유죄 선고가 이어지고 있다. 현장 책임자로(안전보건관리책임자, 관리감독자, 안전관리자, 보건관리자, 안전보건관리담당자 등) 임명하였다 하더라도 하청의 사고로 인해 최고경영자가 법적 책임에서 자유로울 수 없다는 점이 보다 분명해지고 있다. 산재로 인해 유전무죄(有錢無罪), 무전유죄(無錢有罪)가 다시는 일어나지 않기를 바라면서, 문제는 현재 시행중인 중대재해처벌법은 2023년 4월 현재까지 적용할 양형기준이 없어 책임자의 과거 범죄 전력과 과실 책임의 경중에 대한 사법부(재판부)의 판단에 따라 처벌 수준이 유동적이며 재판관의 재량에 따라 양형이 결정되므로 문제의 소지가 존재한다. 따라서 재판관의 재량행위에 따라 양형이 결정되므로 문제소지는 다분하다고 할 수 있다. 현재 진행 중인 중처법 재판들의 최종 결과는 예단하기 상당히 힘들다는 게 대체적 시각이다. 법정에서는 최고경영자, 경영책임자의 ▲안전조치 의무 위반 및 의무 불이행에 대한 고의성 ▲사망이나 부상, 질병 등 결과 발생에 대한 예측 가능성 ▲안전이행 의무 위반과 사고결과 사이 인과관계 등이 재판의 주요 쟁점으로 다뤄지고 있다. 사실은 다툼의 여지가 큰 요소들이 많이 도사리고 있다. 앞으로는 사법부에서는 구체적인 양형 기준을 정하고, 기존 사업장에서 발생한 재해에 대한 기존 판례와 비교·검토하여 공정한 판결이 이루어져야 한다. 유사한 사건이 발생한 것인데도 판결과 양형이 다르다면 이를 어떻게 해석해야 할 것인가? 동일사업장에서 유사 산업재해가 반복해서 발생해서서 인명피해가 나면 선진국처럼 형량을 합산하여 적용하면 사업주가 경각심을 더 가지는 것일 까? 여기서 중요하게 다루어져야 할 것 중의 하나는 사업주(최고경영자, 대표이사 등)에게 부과하는 벌금을 너무 적게 구형한다는 데 있다. 따라서 사업주(최고경영자, 대표이사 등)는 벌금 약간 물고, 집행유예 받고, 항소하고 이러한 절차를 밟으면 결국에는 용두사미가 되는 것 아닌가? 선진 외국과 비교할 때 사업주(최고경영자, 대표이사 등)에게 부과하는 벌금 차이가 너무 심하게 발생한다는 사실이다. 이와 관련 향후에는 재판부에서 신중하게 고려하고 검토할 필요가 충분하다는 것이다.

다음은 이와 관련 중대재해처벌법상의 사업주와 근로자의 의무에 대해서 살펴보자. 먼저 사업주의 의무는 동법 제5조(사업주 등의 의무)30) ① 사업주(제77조에 따른 특수형태근로종사자로부터 노무를 제공받는 자와 제78조에 따른 물건의 수거·배달 등을 중개하는 자를 포함한다. 이하 이 조 및 제6조에서 같다)는 다음 각 호의 사항을 이행함으로써 근로자(제77조에 따른 특수형태근로종사자와 제78조에 따른 물건의 수거·배달 등을 하는 사람을 포함한다. 이하 이 조 및 제6조에서 같다)의 안전 및 건강을 유지·증진시키고 국가의 산업재해 예방정책을 따라야 한다. 〈개정 2020. 5. 26.〉

  1. 이 법과 이 법에 따른 명령으로 정하는 산업재해 예방을 위한 기준
  2. 근로자의 신체적 피로와 정신적 스트레스 등을 줄일 수 있는 쾌적한 작업환경의 조성 및 근로조건 개선
  3. 해당 사업장의 안전 및 보건에 관한 정보를 근로자에게 제공

② 다음 각 호의 어느 하나에 해당하는 자는 발주·설계·제조·수입

---

30) *Ibid.*

또는 건설을 할 때 이 법과 이 법에 따른 명령으로 정하는 기준을 지켜야 하고, 발주·설계·제조·수입 또는 건설에 사용되는 물건으로 인하여 발생하는 산업재해를 방지하기 위하여 필요한 조치를 하여야 한다.
1. 기계·기구와 그 밖의 설비를 설계·제조 또는 수입하는 자
2. 원재료 등을 제조·수입하는 자
3. 건설물을 발주·설계·건설하는 자

그리고 근로자의 의무와 관련해서는 동법 제6조(근로자의 의무)31) 근로자32)는 이 법과 이 법에 따른 명령으로 정하는 산업재해 예방을 위한 기준을 지켜야 하며, 사업주 또는 「근로기준법」 제101조33)에 따른 근로감독관, 공단 등 관계인이 실시하는 산업재해 예방에 관한 조치에 따라야 한다. 우리나라는 OECD 국가중 산업재해 사망률 세계 1위라는 오명을 수차례 올랐다. 최악의 산재국가라는 오명을 이제는 버려야 할 때가 한참 지났다.

유엔무역개발회의(UNCTAD)가 2021년 7월 2일(현지시간) 한국의 지위를 개발도상국 그룹에서 선진국 그룹으로 변경했다. UNCTAD가 1964년 설립된 이래 개도국에서 선진국 그룹으로 지위를 변경한 것은 한국이 유일하다. 이제 우리는 선진국의 국격과 세계 10위권의 경제국

---

31) Ibid.
32) "근로자"란 직업의 종류와 관계없이 임금을 목적으로 사업이나 사업장에 근로를 제공하는 사람을 말한다. 고용노동부, 근로기준법, 제2조(정의), [시행 2021. 11. 19.] [법률 제18176호, 2021. 5. 18., 일부개정]
33) 고용노동부, 근로기준법, 제101조(감독 기관) ① 근로조건의 기준을 확보하기 위하여 고용노동부와 그 소속 기관에 근로감독관을 둔다. 〈개정 2010. 6. 4.〉 ② 근로감독관의 자격, 임면(任免), 직무 배치에 관한 사항은 대통령령으로 정한다.

가로서 위상에 맞는 안전대책이 강구되어야 한다. 산재예방의 선진국 독일의 사례는 충분히 벤치마킹할 필요가 있다. 아무리 법 제도가 잘 정비되어도 산재사고는 발생하고 있다. 문제는 사업주와 최고경영자의 인식과 의지, 산업현장에서의 위험성 평가, 위험예지 활동, 작업장에서의 안전조치 강구, 안전사고 예방 교육 등이 주기적으로 실시되어야 한다. 그리고 감독 관청은 현장을 실질적으로 확인하고 재발방지대책을 적극적으로 강화해야 한다. 중대재해처벌법 시행으로 우리사회는 그동안 수많은 산재사고가 발생했지만 늦게나마 근로자가 안전한 작업장에서 일할 수 있는 여건이 마련되었다는 점에서 그나마 위안을 찾을 수 있을 것이다. 그리고 사업주(최고경영자, 대표이사 등) 에게는 작업장의 안전이 중요하다는 경각심을 일깨우는 계기가 되기가 될 것이다. 사회 전체적 측면에서는 산재사고를 예방 및 대비·대응함으로서 사회적 비용을 저감하며, 공동체의식과 공동체회복을 조성하는데 기여하는 측면이 분명히 있다. 사업주(최고경영자, 대표이사 등)의 생명이 소중하면 근로자의 생명도 소중하다는 사실을 인식하는 계기가 되기를 바란다.

제 11 장

테러 & 테러리즘의 이론적 기초

When the debate is over, slander becomes the tool of the loser.
토론이 끝나면 패자는 중상모략을 하기 마련이다.

- 소크라테스(Socrates)

제11장 테러 & 테러리즘의 이론적 기초

제1절 개요

 오늘날 유럽 및 중동을 포함한 지구촌은 테러로 인해 몸살을 앓고 있다. 많은 사람들의 기억에는 테러를 떠올리면 우선 9.11테러를 연상한다. 최근의 테러는 드론, 차량돌진, 하이재킹 등을 활용하여 특정국가의 국가기간시설(금융, 석유기지, 정보·통신시설, 원자력발전소 등)[1] 및 다중이용시설(경기장, 공연장, 쇼핑몰 등)을 공격하는 등 테러의 수법은 갈수록 교묘하게 진화하고 있다. '국민보호와 공공안전을 위한 테러방지법'(약칭 테러방지법)에서 정의한 테러는 "국가, 지방자치단체 또는 외국정부(외국 지방자치단체와 조약 또는 그 밖의 국제적인 협약에 따라 설립된 국제기구를 포함한다)의 권한 행사를 방해하거나 의무 없는 일을 하게 할 목적 또는 공중을 협박할 목적으로 하는 다음 각 목의 행위를 말한다." 가. 사람을 살해하거나 사람의 신체를 상해하여 생명에 대한 위험을 발생하게 하는 행위 또는 사람을 체포·감금·약취·유

---

[1] 국가보안시설은 국가별로 정책, 안보정세, 방위목표, 보안수준 등에 따라 상이한 시설을 지정한다. 그러나 국가에서 보호해야 할 가치가 있거나 중요하게 여기는 시설에 대해 보안등급을 부여하여 시설을 지정할 수 있다.

인하거나 인질로 삼는 행위. 나. 항공기(「항공법」 제2조제1항의 항공기를 말한다)와 관련된 다음 각각의 어느 하나에 해당하는 행위로 1) 운항중인 항공기를 추락시키거나 전복·파괴하는 행위, 그밖에 운항중인 항공기의 안전을 해칠만한 손괴를 가하는 행위, 2) 폭행이나 협박, 그 밖의 방법으로 운항중인 항공기를 강탈하거나 항공기의 운항을 강제하는 행위, 3) 항공기의 운항과 관련된 항공시설을 손괴하거나 조작을 방해하여 항공기의 안전운항에 위해를 가하는 행위라고 정의하고 있다. 이외에도, 선박, 원자로, 핵물질, 방사성물질, 석유, 가연성 가스, 전기, 가스를 공급하기 위한 시설을 파괴로 사람의 생명·신체 또는 재산을 해하거나 그 밖의 공공의 안전을 위태롭게 하는 행위를 테러의 범주에 포함하고 있다.2) 우리가 테러라고 할 때 "테러는 특정국가나 단체가 정치적·종교적·민족주의적인 목표를 달성하기 위하여 조직적·지속적으로 사용하는 폭력행위의 총칭"이라고 의미한다.3) 군사용어 사전의 정의에 의하면 "테러는 특정목적을 가진 개인 또는 단체가 살인, 납치, 유괴, 저격, 약탈 등의 다양한 방법의 폭력을 행사하여 사회적 공포 상태를 일으키는 행위를 의미"한다. 테러의 유형으로는 사상적·정치적 목적 달성을 위한 테러와 뚜렷한 목적 없이 불특정 다수와 무고한 시민까지 공격하는 맹목적인 테러로 구분한다.4) 다른 한편 테러는 "폭력수단을 사용하여 상대방을 위협하는 행위로 정의5)할 수 있다.

---

2) 테러의 정의와 관련하여 세부적인 사항은 '국민보호와 공공안전을 위한 테러방지법'(약칭 테러방지법) 제2조(정의) 참조
3) 국방부, 국방기술품질원, 『국방과학기술용어사전』, 2011
4) 이태규, 『군사용어사전』, (서울: 일월서각, 2012)
5) 신현기·박억종·안성률, 『경찰학사전』, (서울: 법문사, 2012)

〈그림 11-1〉 테러와의 전쟁은 계속되고….

비교적 최근에(2017년) 새로운 유형의 테러가 발생했다. 소위 런던 브리지테러가 발생해 세계에 경각심을 던져주고 있다.

사건발생 2017년 6월 3일 밤 10시 경에 런던시 런던 브리지와 그 인근 버러 마켓에서 일어난 테러 사건으로, 이슬람권 테러리즘의 대두 이후 영국에서 일어난 4번째 테러 사건이다. 테러사건의 전개과정은 이렇다. 영국 런던 현지시간으로 2017년 6월 3일 밤 10시 8분에 런던 브리지 위에서 흰색 승합차가 달리던 도중 갑자기 방향을 틀어 'S'자를 그리며 시속 50마일(약 시속 80km) 정도의 속도로 인도를 덮치면서 보행자들을 치고 나아갔다. 그 승합차는 이어서 인근 상점가인 버러 마켓으로 달려갔고, 마켓에 다다르자 자살 폭탄 자켓을 맨 3명의 남성들이 승합차에서 내려서 인근 펍들과 레스토랑들에 쳐들어가더니 무작위로 보이는 사람들을 12인치(약 30cm) 사냥용 칼로 찔렀다고 한다.[6]

현장에 있던 사람들에 의하면 남성들은 "알라를 위하여"라고 외치면서 공격했다고 한다.7)

이외에도 2017년 런던 웨스트민스터 테러,8) 런던 지하철 폭탄 테러, 2017년 맨체스터 경기장 테러, 2017년 런던 모스크 테러 등은 장소와 대상을 가리지 않고 테러를 가하고 있다.

다음은 2019년에 발생한 뉴질랜드(New Zealand) 모스크 테러는 전 세계를 경악케 했다. 사건의 전개는 2019년 3월 15일 호주 국적의 브렌턴 태런트(28)가 뉴질랜드 남섬의 최대 도시인 크라이스트처치의 이슬람사원(모스크) 두 곳에서 총기를 난사해 50명의 사망자와 수 십명

---

6) THE SUN, MILLIMETRES FROM DEATH London Bridge attack victim stabbed in throat from BEHIND with 12-inch hunting knife – but survived when blade missed major artery. Candice Hedge was having dinner last night with her boyfriend when she was caught up in the atrocity and injured, Ellie Cambridge 4 Jun 2017, 12:37, Updated: 9 Jun 2017, 12:48. https://www.thesun.co.uk/news/3720218/london-bridge-attack-victim-stabbed-throat-survived/(검색: 2020.09.04.)
7) 사건 발생시각(2017. 6월 3일 밤 10시 8분), 사건 종료시각(2017년 6월 3일 밤 10시 16분), 사건 발생장소(런던시 런던 브리지, 버러 마켓), 테러유형은 차량을 이용한 뺑소니, 흉기난동, 범인 3명 포함 11명, 부상자는 48명 구급차에 실려간 인원만 48명으로, 현장에서 응급 치료를 받은 인원 수까지 포함하면 부상자의 수가 늘어난다. 출처: 나무위키, 2017년 런던 브리지 테러(CNN 인용: London Bridge Incident), 최근 수정 시각: 2020-08-21 https://namu.wiki/w/2017%EB%85%84%20%EB%9F%B0%EB%8D%98%20%EB%B8%8C%EB%A6%AC%EC%A7%80%20%ED%85%8C%EB%9F%AC (검색: 2020.09.04.)
8) 영국 현지시간을 기준으로 사건발생 2017년 3월 22일 14시 40분 8초에서 사건 종료 2017년 3월 22일 14시 41분 30초까지 런던 웨스트민스터 다리에서 일어난 테러. 범인 마수드는 1차로 현지시각 22일 오후 2시 40분 8초에 렌트한 차량을 타고 웨스트민스터 다리 남단(의사당 반대편)에서 인도를 향해 돌진해 시민들을 공격했다. 40분 38초에는 2차로 국회의사당 출입구와 충돌했다. 시속 40마일(64km) 이상 속도로 250야드(약 230m) 다리 구간을 30초에 질주한 것이다. 여기서 3명이 숨지고 50여 명이 다쳤다. 이 중 12개국 출신 31명이 병원 치료를 받았다. IS가 자신들의 소행임을 주장했다. 영국 경찰당국은 범인은 IS의 영향을 받은 극단주의자이지만 IS의 직접 지령을 받은 것은 아니고 자발성 테러라고 보고 있다. 출처: 나무위키, 2017년 런던 웨스트민스터 테러(2017 Westminster attack), 최근 수정 시각: 2020-03-05. https://namu.wiki/w/2017%EB%85%84%20%EB%9F%B0%EB%8D%98%20%EC%9B%A8%EC%8A%A4%ED%8A%B8%EB%AF%BC%EC%8A%A4%ED%84%B0%20%ED%85%8C%EB%9F%AC(검색:2020.09.04.)

의 부상자를 발생시킨 테러를 말한다. 테런트는 사건 당일 소총 5자루를 지니고 크라이스트처치의 마스지드 알누르 모스크와 린우드 마스지드 모스크에서 무차별로 총기를 난사했다.9) 전문가들은 태런트의 범행 이후 해당 테러가 백인우월주의에 뿌리를 둔 반(反)난민·반무슬림 범죄라고 규정했다. 실제로 태런트는 범행 직전 인터넷에 70여 페이지 분량의 매니페스토(선언문)를 올렸는데, 이 선언문에서 '백인들의 땅을 지키려 범행을 저질렀으며, 세계의 외딴곳까지 이민자들이 몰리는 현실을 알리고자 뉴질랜드를 선택했다'며 반(反)이민주의 시각을 노골적으로 드러냈다.10)

뉴질랜드 모스크 테러(2019년)에서 백인 우월주의자 호주 출신인 브렌턴 태런트는 지난해 3월 15일 뉴질랜드 남섬 크라이스트처치에 있는 이슬람 사원 2곳에서 51명을 살해한 혐의로 재판을 받았다.11) 캐머런 맨더 판사는 태런트의 범죄가 너무 사악해 종신형으로도 피해자들에게 속죄하기 힘들 것이라며, "악의적인 이데올로기로 인해 엄청난 손실이 발생했으며 많은 사람들이 상처를 입었다"고 말했다. 이후 51명의 살인과 40명에 대한 살인 미수, 그리고 테러 혐의를 시인했다. 이 사건은

---

9) 뉴질랜드 모스크 테러는 2019년 3월 15일 호주 국적의 브렌턴 태런트가 뉴질랜드 크라이스트처치의 이슬람사원(모스크)두 곳에서 총기를 난사해 50명의 사망자와 수십명의 부상자를 발생시킨 테러를 말한다. [네이버 지식백과] 뉴질랜드 모스크 테러(2019) (시사상식사전, pmg 지식엔진연구소), 2019. 05. 07. https://terms.naver.com/entry.nhn?docId=5760032&cid=43667&categoryId=43667 (검색: 2020.09.04.)
10) [네이버 지식백과] 뉴질랜드 모스크 테러(2019) (시사상식사전, pmg 지식엔진연구소), 2019. 05. 07. https://terms.naver.com/entry.nhn?docId=5760032&cid=43667&categoryId=43667 (검색: 2020.09.04.)
11) 뉴질랜드 이슬람 사원에서 51명을 살해한 혐의로 기소된 20대 백인 남성이 가석방 없는 종신형을 선고 받았다고 27일(현지시간) CNN과 로이터통신 등 외신이 보도했다. 서울경제, 김연하(yeona@sedaily.com), "자비 없었다" … 뉴질랜드 법원, 51명 살해한 극우 테러리스트에 종신형 선고, 2020-08-27. 출처: https://www.sedaily.com/NewsView/1Z6QRKDAAQ

뉴질랜드(New Zealand) 역사상 최악의 총격 테러로 기록됐다. 태런트는 범행 당시 사회관계망서비스(SNS)를 통해 테러 장면을 17분간 생중계했었다.12)

실제 폭탄테러에서 사용되는 IED(Improvised Explosive Device·급조폭발물)로 차량 등을 폭파하는 테러가 발생하고 있다. 이는 지하철, 열차, 차량 또는 다중밀집시설 등에 폭탄테러로 공격할 수 있는 수단으로 종종 사용되고 있다. IED(Improvised Explosive Device·급조폭발물)로 발생한 테러로는 2017. 9. 15일(영국 현지시간) 오전 남서부 영국 런던의 지하철역 파슨스그린 역에서 발생한 지하철 폭발 사건을 즉석 폭발 장치(IED)에 의한 테러로 규정했다. IED는 이라크 등 외국에서 미군을 상대로 테러 무기로 쓰일 때도 속수무책이었던 것으로 악명 높았다. '테러와의 전쟁'에 나선 미군이 이라크와 아프가니스탄의 전장에서 가장 두려워한 것으로 IED가 꼽힐 정도다. IED는 몇 가지 재료로 손쉽게 만들 수 있어 사전 적발이 어려운 반면, 치명적인 인명피해를 입힐 수 있다.13) 2013년 보스턴 테러 사건에서도 IED 폭발로 사망자와 부상자가 속출했다.

한편 지난 2019년 9월14일 사우디아라비아 아람코 석유시설 테러는 드론(drone)으로 핵심시설인 국가보안(기간)시설을 타격한 것은 심각한 문제로 국가보안(기간)시설 관리를 체계적으로 점검하는 계기가 되어야

---

12) [서울=뉴시스] 권성근(ksk@newsis.com), 뉴질랜드, 이슬람사원 총기난사 백인 우월주의자에 "가석방 없는 종신형" 2020-08-27. https://newsis.com/view/?id=NISX20200827_0001144700&cID=10101&pID=10100 (검색: 2020.09.04.)
13) 2013년 미국 '보스턴 마라톤 테러 사태'에 동원된 강력한 폭발물이 압력솥을 이용한 'IED(급조폭발물)'인 것으로 드러났다. 프레시안, 이승선, "미국 전역 '급조폭발물' 테러 공포 비상", 2013.04.17. 출처: https://www.pressian.com/pages/articles/64751#0DKU 프레시안 (검색: 2020.09.04.) http://www.pressian.com)

한다. 이를 통해 한국의 국가보안시설 중에서 드론 테러14)의 대비태세는 어느 정도 수준에 와있는지 심각하게 고민해보아야 한다. 실제 한국에서도 원자력발전소 주변에서 민간드론이 제재를 받지 않고 비행 후 사라진 경험이 있다. 따라서 국가차원의 보호대책을 법·제도적으로 강구해야 한다. 드론 탐지시설을 구축하더라도 드론 테러(drone terror)를 완전히 보호하기가 현실적으로 어려울 수 있다는 점을 충분히 고려해야 한다. 드론 테러 대책 중 일반적으로 가장 보편적으로 대책을 강구하는 것 중의 하나가 전파차단 혹은 전파간섭을 통해 드론의 기능을 무력화하는 것으로 대책을 강구하고 있으나 이것만으로는 테러 대응과정에서 미흡한 것으로 분석되고 있다는 점에 주목해야 한다. 따라서 공공안전을 위해 무선통신 방해-전파교란을 실시할 수 있도록 전파법 개정안을 준비해야 한다. 그러나 무선통신 방해-전파교란을 위해 사용할 공공용 주파수는 매년 1회 배정돼 있고, 전파법 제18조의7(공공용 주파수 수급계획의 변경) 제1항15)과 제2항16)에서 긴급히 공공용 주파수

---

14) 영화 속 드론테러는 가상이 아닌 현실에서도 충분히 발생가능한 것으로 최근의 드론은 무장을 장착하여 목표를 공격할 수 있는 실현가능성을 높여 주고 있다. 드론테러를 주제로 한 영화는 '드론전쟁 굿킬'(2014년 개봉), '아이 인 더 스카이'(2016년 개봉), '엔젤 해즈 폴론'(2019년 개봉)
15) 전파법 제18조의7(공공용 주파수 수급계획의 변경) ① 관계중앙행정기관등의 장은 긴급히 공공용 주파수를 이용하여야 하는 특별한 사유가 발생한 경우에는 과학기술정보통신부령으로 정하는 공공용 주파수 수급계획 변경요청서(이하 이 조에서 "변경요청서"라 한다)를 과학기술정보통신부장관에게 제출하여야 한다. 이 경우 해당 변경요청서의 적정성 평가에 대해서는 제18조의6 제3항 및 제4항에 따른 절차를 준용한다. 〈개정 2017. 7. 26.〉
제18조의6(공공용 주파수 수급계획의 수립) ③ 과학기술정보통신부장관은 제2항에 따라 제출된 이용계획서의 적정성에 대하여 평가를 실시하여야 한다. 〈개정 2017. 7. 26., 2020. 6. 9.〉 ④ 과학기술정보통신부장관은 제2항에 따른 이용계획서가 다음 각 호의 어느 하나에 해당한다고 판단하는 경우에는 제3항에 따른 적정성 평가 시 제18조의9제1항에 따른 공공용 주파수 정책협의회의 협의·조정을 거쳐야 한다. 〈개정 2017. 7. 26.〉
1. 공공용 주파수의 대역폭이 1㎒ 이상인 범위에서 대통령령으로 정하는 경우
2. 공공용 주파수 이용에 이해관계자가 있는 경우
3. 그밖에 과학기술정보통신부장관이 제18조의9제1항에 따른 공공용 주파수 정책협의회

를 사용해야 하는 특별한 사유가 발생한 경우에는 수급계획을 변경할 수 있다고 규정하고 있으나 공공용 주파수 이용에 이해관계자가 있을 수 있기 때문에 대역폭 범위17)에 따라 공공용 주파수 정책협의회의 협의·조정18)을 거치도록 하고 있기 때문에 드론 테러 발생간 실시간 적시성을 확보할 수 있을지 의심스러운 사항이 아닐 수 없다.

〈그림 11-2〉 사우디아라비아 유전지대 드론 테러

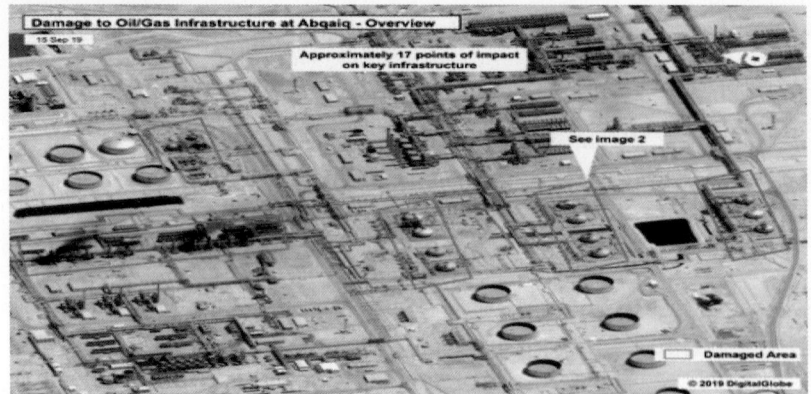

주: 1) 2019.9.14.(현지시각) 사우디아라비아 국영석유회사 아람코의 핵심석유시설 아브카이크 단지와 쿠라이스 유전이 무장드론의 공격을 받았다. 피격에 따른 가동중단으로 사우디의 원유생산량은 하루 570만 배럴로 급감했다.(국제유가가 다음날 개장과 함께 20%가량 폭등)
2) 예멘 후티반군의 무장드론 10대로 공격을 감행, 세계석유 공급량의 5%가 단숨에 사라졌다.

의 협의·조정이 필요하다고 인정하는 경우
16) 전파법 제18조의7(공공용 주파수 수급계획의 변경) ② 과학기술정보통신부장관은 제1항 후단에 따른 적정성 평가 결과 변경요청에 특별한 사유 등 타당성이 인정되는 경우에는 공공용 주파수 수급계획을 변경하여야 한다. 〈개정 2017. 7. 26.〉
17) 전파법 시행령 제20조의6(공공용 주파수 정책협의회의 협의·조정) 참조
18) 전파법 제18조의9(공공용 주파수 정책협의회) ① 공공용 주파수의 합리적인 공급 방안에 관한 다음 각 호의 사항을 협의·조정하기 위하여 과학기술정보통신부에 공공용 주파수 정책협의회(이하 "정책협의회"라 한다)를 둔다. 〈개정 2017. 7. 26.〉
  1. 제18조의6제3항 및 제4항에 따른 이용계획서의 적정성 평가에 관한 사항
  2. 공공용 주파수 공급 우선순위에 관한 사항
  3. 그 밖에 공공용 주파수의 공급에 관하여 과학기술정보통신부장관이 정책협의회의 논의가 필요하다고 인정하는 사항

제2절 테러, 테러리즘의 본질과 성격

1. 테러, 테러리즘의 정의와 정치적 의미

 일반적으로 테러리즘의 논의과정에서 모두가 간과하고 있는 사실은 모든 테러행위의 배후에는 정치적 전제(antecedent)가 있다는 점이다. 그러나 그러한 정치적 동기나 이유는 테러행위의 목적을 정당화시키지 못한다. 그럼에도 불구하고 오늘날 발생하는 거의 모든 테러에는 정치적 의도가 배후에 있다는 점은 부인하기가 어렵다.

가. 테러와 테러리즘의 정의

 테러리즘의 용어가 등장한 시기는 서양에서는 그리스-로마시대부터 동양에서는 기원전 중국의 춘추전국시대까지 거슬러 올라간다. 그러나 오늘날의 테러(terror)는 1789년에 시작된 프랑스 혁명 전개과정에서 나타난 고문, 처형, 교수형, 잔인한 살인 등 공포정치가 등장하면서부터 보는 것이 설득력이 있다. 테러와 테러리즘은 뚜렷이 구분할 수 있다. '테러(terror)'[19]란 특정 위협, 폭력 등을 통해 상대를 위협하면서 공포를 느끼게 하는 것이다. 따라서 테러에 직면한 인간은 정신적·심리적으로 두려움을 느끼고 불안한 상태에 놓이게 된다. 반면에 '테러리즘(terrorism)'은 암살, 폭행, 숙청 등 다양한 형태의 직접적인 공포·폭

---

[19] 테러(terror)는 공포를 야기하는 물리적 행위 자체를 의미한다. 또한 테러는 주권 국가 혹은 특정단체가 정치, 사회, 종교, 민족주의적인 목표 달성을 위해 조직적이고 지속적인 폭력을 사용하거나 폭력의 사용에 대한 협박으로 광범위한 공포분위기를 조성함으로써 특정 개인, 단체, 공동체 사회 그리고 정부의 인식변화와 정책의 변화를 유도하는 상징적·심리적 폭력행위의 총칭이다. 최진태, 『테러, 테러리스트 & 테러리즘』(서울: 대영문화사, 1997)

력·수단을 통해 얻고자하는 목적을 달성하고자 하는 것이다. 따라서 '테러리즘(terrorism)'[20]을 '선전포고 없는 전쟁(undeclared)'으로 일컬어지기도 한다. 즉, 테러[21]가 위협을 통해 공포를 느끼게 하는 반면, 테러리즘은 직접적인 공포수단을 통해 얻고자 하는 목적을 달성하고자 한다. 테러는 자연적 현상이며, 테러리즘은 폭력의 조직적·의도적·(정치적) 이용으로 강압적이며, 희생자 혹은 희생자와 관련된 모든 사람, 그리고 불특정 다수들의 의지를 이용하기 위한 목적의 총체적 행위이며, 이를 위해 강제, 협박, 위협을 통해 폭력을 체계적으로 활용하는 것이라고 할 수 있다.[22]

테러(terror)의 어원은 라틴어의 "Terrere"에서 유래한 것으로 이는 '떠는 또는 떨게 하는 상태 그리고 죽음을 야기하게 하는 행위나 속성, 커다란 공포, 죽음의 심리적 상태'를 의미한다. Grant waldlaw에 의하면 테러 행위란 기존의 권위를 지지하거나 반대하는 개인 혹은 집단이 폭력을 사용하여 위협하는 것이고 이러한 테러는 정치적 목표나 목적을 위해 국가나 집단에 공포나 두려움을 유발시키려 하는 것이라고 정의하고 있다.

한편 미국의 애국법(Patriot Act, 2001년)[23]에서 명시한 정의는 미

---

20) 테러리즘(terrorism)은 물리적 행위와 함께 정치적(심리적)·이념적 측면을 함께 포함하는 개념이다(Hopple, 1982:73).; 특정한 목적 달성을 위해 자행하는 폭력행위로서 폭력 등의 수단을 조직적·의도적으로 이용하는 강제적 폭력행위이다.
21) 테러의 보편적 특징으로 1) 공포를 조성하고 불법적 폭력의 사용, 2) 폭력행사의 지속적인 위협, 3) 폭력행위의 정치적·이념적 성격을 가지고 있다.
22) 최진태, 『테러, 테러리스트 & 테러리즘』 (서울: 대영문화사, 1997), p.20.
23) 2001.9.11. 테러 발생 6주 만에 미 의회가 서둘러서 통과시킨 법으로, 애국법의 주요 내용은 국내 보안 증진과 감시 절차 강화, 국제 돈세탁 금지, 국경 보호, 테러 조사에 대한 장애물 제거, 테러 피해자 지원, 주요 사회기반 시설 보호를 위한 정보 공유 확대, 테러 관련 형사법규 강화, 정보 능력 향상 등 모두 10편으로 구분되어 있다. 테러 방지를 위한 자금 지원을 확대하는 한편으로 테러범을 색출하기 위한 감시를 강화하고, 테러 단체가 테러에 쓸 자금을 조성하는 것을 막기 위해서 국제 돈세탁을 금지하는 방안 등을 담고 있다.

합중국의 영토 내 또는 영토 외에서 일반시민에 대한 협박, 강요를 통해 정부정책에 영향을 주거나 대량파괴, 암살, 납치 등을 통해 정부조치에 영향을 주기 위하여 미연방, 그리고 각주 형법상 범죄행위로 규정되어있는 사람의 생명에 위협을 가하는 행위라고 규정하고 있다. 따라서 테러행위 및 테러리즘은 비국가 단체나 비밀요원들이 자신들의 정치적 목표(political objective)를 달성하기 위하여 비전투원인 민간인을 대상으로 저지르는 의도된 폭력(intended violence)이라고 할 수 있다.

오늘날 테러범들은 주로 정치적 목적을 달성하기 위하여 전제군주의 암살, 정부의 전복, 정권교체, 사회적 이슈에 대한 여론 유도 등의 행위를 자행해오고 있다. 테러리즘(terrorism)을 '정치적 동기에서 출발하여, 협박 또는 무력·폭력을 반복적으로 적용하며, 동시에 선전·홍보의 추구를 매우 중시하는 전략'으로 간략하게 규정하고 있다.[24] 테러리즘은 ① 불안·공포를 야기하기 위한 반복된 폭력행위를 의미하며, ② 공개적으로 떳떳하지 못한 개인, 집단 또는 국가행위자에 의해 자행되며, ③ 그러한 행위는 자신들의 특유한 동기와 이유, 범죄적 배경 또는 정치적 목적을 가지며, ④ 암살의 경우를 제외하고, 테러 폭력의 직접적인 희생자는 주된 테러 대상이 아니며, ⑤ 테러 대상 중에서 인간 희생자들은 주어진 기회에 따라서 무작위적으로 선정되기도 하며, ⑥ 또는 대표성이나 상징성을 지닌 인간들을 선별적으로 희생자로 결정되기도 하며, ⑦ 테러 행위의 대상과 희생자들은 테러리즘의 의도된 메시지

---

[24] Jeffrey D. Simon, The Terrorist Trap (Bloomington: Indiana University Press, 1994), p.29; Leonard Weinberg, Ami Pedahzur and Sivan Hirsch-Hoefler, "The Challengees of Conceptualizing Terrorism," *Terrorism and Political Violence*, Vol.16, No 4(2004), p.786.

를 생성·유포시키는 역할을 하며 ⑧ 테러리스트들은 폭력과 협박에 바탕을 두는 의사소통 과정을 통해서, 주된 테러 목표를 공포·불안의 심리적 상태로 유인하며, ⑨ 궁극적으로 특정한 양보·배려, 요구, 관심·유의 등을 받아들이게 하며, ⑩ 테러리즘 전략은 추구하는 목적이 위협·협박, 강제·강요, 선전·홍보 또는 복합적인가에 따라 결정되어진다.25) 테러리즘의 동의어로 테러라는 용어가 빈번하게 사용되고 있는데 두 용어의 개념에는 많은 차이가 있다. 즉 심리학자들에 의하면 테러란 '특정한 위협이나 공포로 인해 모든 인간들이 심적으로 느끼게 되는 극단적인 두려움의 근원이 되는 것'으로 발생 원인이 무엇이든지 간에 극도로 불안한 심리적 상태를 말하며 자연적인 현상으로 정의하며, 그러나 테러리즘은 조직적인 폭력을 사용함으로써 복종을 요구하는 것, 특히 정치적 무기나 정책으로써 폭력이 사용되는 것을 말한다. 결국 테러는 자연적 현상이며, 테러리즘은 폭력의 조직적·의도적 이용으로 강압적이며 희생자 혹은 연루된 모든 사람, 그리고 대중들의 의지를 이용하기 위한 의도적인 총체적 행위이며, 이를 위해 강제·협박·위협을 통해 폭력을 체계적으로 활용하는 것이라고 할 수 있다. 이러한 차이점에 따라 테러는 테러리즘이 없이도 발생가능하며, 테러는 테러리즘의 중요한 요소가 된다. 따라서 테러리즘은 '정치적 목적을 가진 개인이나 단체가 체계적인 폭력 사용과 사용위협을 통해서 공격 대상에게 공포심과 심리적 추격을 가함으로써 목적달성을 추구하는 행위로 규정'할 수 있다.26) 한편 『브리태니커 백과사전』(1986:904)에서는 테러리즘을 '정치

---

25) Alex P. Schmid and Albert J. Jongman, et al., Political Terrorism: A New Guide to Actors, Authors, Concepts, Data Bases, Theories and Literature (Ameserdam: North-Holland, 1988), p.5 and 28.
26) 이창용, 『뉴테러리즘과 국가위기관리』(서울: 대영문화사, 2007), pp.96-97.

적 목적 달성의 수단으로 폭탄 공격, 살해, 납치와 같은 폭력을 조직적으로 사용하는 것이며, 정부가 이를 사용할 때는 폭도를 진압하는 탁월한 효과를 얻을 수 있으며, 폭도나 게릴라가 사용할 때는 정치적 변혁에 영향을 주는 노력의 일부가 된다.'라고 정의하고 있다. 또한 『사회과학사전』(1984:575-576)에서는 '조직화된 단체나 정당이 그들이 추구하는 목적을 달성하기 위해 체계적인 폭력을 사용하는 방법이나 이론을 설명하는 용어로서 테러리스트 단체가 추구하는 목적 달성에 방해가 되는 정부나 정부 요인에 의해 사용된다.'라고 정의하고 있다. 테러리즘의 또 다른 정의로 테크라(Thackrah, 1987:38)는 테러리즘이란 '민주주의 국가 내부에서 불안정을 창출하기 위해 행해지는 폭력적이고 극단적인 협박의 조직적 체계'라고 정의하고 있고, 슈미드와 용맨(Schmid & Jongman, 1988:1)은 '폭력의 희생자 발생이 무작위적이고 상징성을 띠는 조직적인 전투 방법'이라고 정의했다. 그리고 클라인과 알렉산드(Cline & Alexander, 1984:51)는 '정치적 목적을 달성하기 위한 수단이며 폭력 사용의 한 형태로 저강도 수준의 폭력을 사용하는 전쟁이다'라고 했다. 또한 윌킨슨(Wilkinson, 1986:51)은 '조직적인 살해 및 파괴 그리고 살해와 파괴에 대한 협박을 함으로써 개인, 단체, 특정 공동체 혹은 정부를 공포의 분위기로 몰아넣어 테러리스트 집단의 정치적 목적을 달성하려고 하는 행위'라고 정의했다. Webster 영어사전은 '테러리즘[27]'에 대해 '사람들에게 공포심을 주거나 요구에 따르도록 하기 위해서 공포나 혁명을 사용하는 것으로 특히 정치적 또는 정책적 수단으로 사용하는 것'으로 정의하고 있다.[28]

---

[27] 또한 테러리즘은 강제, 협박, 파괴, 위협 등의 물리적 수단을 동원하여 의도된 행위로 싱대로 하여금 정치적 폭력, 심리적 압박과 이념적 공포를 조성하는 일체의 행위로 정의할 수 있다.

미국 정부기관의 공식적인 테러리즘의 정의는 다음과 같이 설명할 수 있다. "테러리즘이라는 용어는 언제나 청중들에게 영향력을 행사할 의도를 가지고, 사전에 계획되고, 정치적 동기를 가진 준 국가 집단이나 비밀요원이 비전투원들을 표적으로 삼아 저지른 폭력행위이다."[29] 또한 테러리즘의 전문가인 호프먼(Bruce Hoffman)의 정의는 좀 더 구체적인 대상을 제시하고 있다. "테러리즘은 근본적으로 심리전 형태의 하나이다. 항상 그러하였듯이 테러리즘은 표적으로 삼는 청중들에 심대한 심리적 파급효과를 미치도록 설계된다. 공포와 위협은 세월을 초월하여 테러리스트들이 구사하는 전형적 수법이다. … 테러리스트들은 비합리적이고 감정적 반응을 이끌어 내려한다."[30] 이와 대조적으로 철학자는 테러리즘에 대해 이렇게 주장했다. "테러리즘은 개별적 또는 집단적 폭력행위의 다른 유형/형태로부터 뚜렷이 구분되지 않는다. 테러리즘의 주요 유형은 약탈적, 보복적, 정치적 및 정치적·도덕적, 종교적 유형으로 구분된다. 테러리즘은 국내적, 국제적인 위로부터의(from above), 말하자면 국가에 의한 테러리즘이나 국가의 지원을 받은 테러리즘일 수도 있고, 또는 아래로부터의(from below) 테러리즘일 수도 있다."[31] 테러리즘에 대해 정치적 테러리스트들은 이렇게 언급한다.

---

[28] Webster's New Twentieth Dictionary, 2nd edition, 1983, p.1884.
[29] 국무부와 CIA를 포함한 대부분 미국의 정부기관들이 사용하는 테러리즘의 정의는 2007년 4월 30일 미 국무부의 대테러리즘 조정관실이 발간한 "국가별 테러리즘 보고서(Country Reports on Terrorism)"의 제2656f(d)항 제 22조에서 나온 것이다. 보다 자세한 사항은 다음을 참고할 것을 권유한다. http://www.nij.gov/topics/crime/terrorism/pages/welcome.aspx. (검색: 2021.11.10.) David P. Barash·Charles P. Wwbel 저, 송승종·유재현 역, 『전쟁과 평화』(서울: 명인문화사, 2018), p.81. 재인용
[30] Bruce Hoffman. 2002. "Lessons of 9/11." Santa Monica, CA: RAND. http://www.rand.org / pubs / testimonies /CT201/ Ibid. pp.81~82.
[31] Haig Khatchadourian. 1998. *The Morality of Terrorism*. New York : Peter Lang, 11. Ibid. p.82.

"테러리즘의 목적은 테러리즘의 성공으로 극단적 공포(테러)를 유발하는 것이다. 테러리즘은 목적을 가진 협박이다. 테러는 다른 사람이 그렇지 않았다면 하지 않았을 어떤 일을 하도록 유도함을 의미한다. 테러리즘은 강압적 협박이다."32) 마지막으로 노엄 촘스키(Noam Chomsky)에 정의에 의하면 "테러리즘이란 정치적, 종교적 또는 다른 목적을 달성하기 위하여 민간인들을 겨냥한 강압적 수단의 사용을 말한다. 이것이야말로 세계무역센터에 대한 공격, 즉 특별히 끔찍한 테러리스트 범죄였던 것이다. 공식적 정의에 따르면 테러리즘이란 물론 단지 미국뿐 아니라 국가의 행동과 공식 독트린의 일부에 불과하다."33) 한편 국제조약상에 규정한 1999년 '테러리즘에 대한 자금 제공의 진압을 위한 국제협약(International Convention for the Suppression of the Financing of Terrorism)'은 동 조약 제2조1항(b)에서 테러리즘을 '민간인에게 또는 무력충돌의 상황에서 적대행위에 적극 가담하지 아니하는 기타 사람에게 사망이나 중대한 상해를 야기하도록 의도된 기타 일체의 행위로서 그러한 행위의 목적이 그 성격이나 정황으로 보아 주민을 협박하는데 있거나 정부 또는 국제기구로 하여금 어떤 행위를 하거나 하지 못하도록 강제하는데 있는 경우'로 정의하고 있다. 또한 국제법 협회(ILA)의 국제테러리즘위원회가 제시한 국제테러리즘의 정의는 '정치적 목적을 위해서 전·평시를 막론하고 암살, 잔인한 살인 등과 인질행위, 하이재킹, 의사의 강요, 고문 등과 이들 범죄를 범하며 범할 것을 위협하는 것도 포함하되 이상의 범죄에만 국한되는 것이 아니다'라고 했다.34) 한편 현대적 테러리즘을 상징하는 뉴테러리즘은 1990년

---

32) Igor Primoratz. 1990. "What Is Terrorism?", *Journal of Applied Philosophy* 7(2): 129-130.
33) Noam Chomsky. 2001.9/11. New York: Seven Stories Press, 67,90. *Ibid.* p.113.

대 기점으로 빈번하게 발생하고 있다.35)

다음은 테러리즘의 정의에서 나타난 공통점은 테러리즘은 정치적 동기와 목적을 가졌다는 점이며 이는 폭력을 수반한다는 것이다. 앞에서 언급한 것처럼 테러리즘이란 본질적으로 정치적, 종교적 또는 다른 목적을 달성하기 위하여 민간인들을 겨냥한 강압적 수단의 사용을 의미한다.

〈표 11-1〉 테러리즘의 정의에서 밝힌 공통점

- 테러리즘은 정치적 동기와 목적을 가진 살상 등 폭력의 행사이며
- 그 폭력은 무고한 제3자 또는 민간인들과 정부 고위 당국자들을 겨냥한 것이고
- 폭력의 형태는 민간인을 살상, 인질, 고문하거나 민간 항공기나 선박에 대해 하이재킹하는 것이며
- 테러리스트들이 정부 또는 개인에게 의사를 강요하는 것이며
- 범행의 준비, 착수 및 완성이 일국의 영토내로 한정된 '국내테러리즘'과 범인의 국적국, 범죄행위 자국이나 대상국 등 주요 요소가 둘 이상의 국가와 관련된'국제테러리즘'으로 분류할 수 있다.

자료: 여영무, 국제테러리즘연구(서울: 한국해양전략연구소, 2006), p.164
출처: 유재형, "테러리즘의 국제법적 규제"『대테러연구』(서울: 경찰청 대테러센터, 2007), p.177.재인용

1968년부터 현재에 이르는 데이터뱅크를 제공하고 있는 MIPT(the National Memorial Institute for the Prevention of Terrorism)에 의하면 테러리즘은 다음과 같은 성질을 지니고 있다고 규정한다.36) 첫

---

34) ILA, Report of 61st Conference, p.314.; 유재형, "테러리즘의 국제법적 규제", 『대테러연구』(서울: 경찰청 대테러센터, 2007), p.177. 재인용
35) 뉴테러리즘의 특징은 이호용, "효율적인 국가 테러조직의 위상과 기능," 국가정보원(테러정보통합센터, Tiic), 「대테러정책 연구논총」 제6호(2009.1), pp.6~10. 참조
36) TKB(Terrorism Knowledge Base)는 "RAND Terrorism Chronology, 1968-1997"과 "the RAND- MIPT Terrorism Incident Database,1998-Present l로 구성되어 있다. MIPT Terrorism Knowledge Base: A Comprehensive Dztabank of Global Terrorist Incident and Organizations, TKB Data Methodologies

째, 테러리즘은, 테러 자행자의 정체 또는 발생 원인의 성질이 아닌, 테러행위 그 자체의 성질에 의해서 정의된다. 둘째, 테러리즘은 공포·불안 분위기 조성과 경고를 위한, 폭력사용 또는 폭력사용 협박이며, 일반적으로 민간인(비전투원)을 목표로 한다. 셋째, 이러한 행위는 관련자에게 특정한 행동의 실현을 강요하거나 또는 억제하는 것을 목적으로 하며, 범죄적인 성격을 지닌다. 넷째, 대부분의 경우 정치적인 동기로 출발하며, 테러행위는 최대한의 선전과 홍보를 달성하는 전략을 선택한다. 다섯째, 테러행위는 즉각적인 피해의 범위를 넘어서서 장기간에 걸친 심리적 반응에 영향을 미치고자 한다. 여섯째, 테러리즘의 공포는 테러집단의 실제적 힘과 명분을 과장하고, 대테러 기구와 정책의 과잉 반응을 유발시키고, 목표 집단의 사기를 저하시켜 자기들의 요구에 순응·굴복하게 만들고자 시도한다.37) 그리고 뉴테러리즘38)에 대한 논쟁은 9/11을 계기로 더욱 두드러지게 주목을 받게 되었다. 2019년 예멘 후티 반군 소행이라고 주장하는 드론에 의한 사우디아라비아 유전의 테러공격은 전형적인 뉴테러리즘의 좋은 사례가 되고 있다. 뉴테러리즘에 의한 다양한 공격 형태는 날로 진화하고 있다는 것을 여실히 보여주고 있다. 테러리즘의 정의와 관련하여 이스라엘의 세계적 대테러 연구기관인 국제대테러연구소(International Institute for Counter-Terrorism, ICT)의 소장이며 세계적 대테러 전문가인 Boaz Ganor교수는 "테러리즘은 정치적 목적을 성취하기 위한, 민간인에 대한 의도적

---

37) 주수기, "21세기 국제테러리즘: 뉴테러리즘?," 『대테러연구』 (서울: 경찰청 대테러센터, 2007), pp.120~121.
38) 1980년대의 전통적 테러리즘의 유형은 주로 요인암살(Assassination), 항공테러리즘(Aviation Terrorism), 인질납치(Hostage Taking)이며, 최근에도 가장 일반화된 항공테러리즘(Aviation Terrorism)은 항공기 납치, 공중폭파, 공항시설과 항공기 이용객에 대한 공격의 형태로 자행되고 있다.

폭력사용이다.(Terrorism is the deliberate use of violence aimed at civilian targets, in order to achieve political ends)"라고 테러리즘을 정의하고 있다. 이는 테러리즘 그 자체가 목적이 될 수 없으며, 제3의 정치적 목적을 위한 하나의 수단 또는 전술로 이해한다. 이에 반해 세계 무슬림연맹(Muslim World Leage)이 2001년 남아프리카공화국 더반(Durban)에서 발표한 테러리즘의 장황한 정의는 교묘한 의도를 갖고 채택된 것으로 이에 따르면 '성전(Jihad)'은 테러리즘의 정의에 포함되지 않게 되었다. 그들이 내린 정의는 다음과 같다.39) "테러리즘은 개인, 집단 또는 국가가 인간(그의 종교, 생명, 지식, 재산 또는 영예)에 대하여 저지르는 잔악한 공격이다. 이것은 정당한 이유 없이 행해지는 모든 종류의 겁박, 상해, 위협, 살인 등을 포함하며... 그 목적은 사람들을 위해하거나, 그들의 생명, 자유, 안전 또는 여타 생활조건을 위험에 노출시키거나 또는 국가 자산·자연환경을 위험에 노출시킴으로써 그들에게 공포를 조장하는 것이다. … 이슬람에 있어서, 성전이란 올바름을 추구하고, 부정의를 척결하며 정의, 평화, 안전 그리고 관용을 바로세우는 임무를 갖는데, 이를 위해 예언자 모하메드가 세상에 보내졌으며 그는 인류를 어둠에서 빛으로 인도한다. 특히 성전은 모든 형태의 테러리즘을 없애며 우리의 영토를 점령으로부터 수호하는 임무를 부여받았다."40)

---

39) 조동호, 국가안보전략연구원, 『신안보 총람 1』(서울, 2018), p.233.
40) Muslim World Leage, Durban, South Africa, 2001, original source: "Terrorism is an outrageous attack cattied out either by individuals, groups or ststes against the human being(his religion, life, intellect, property and honor) it includes all forms of intimidation, harm, threatening, killing without a just cause so as to terrify and horrify people by hurting them or by exposing their lives, security or conditions to danger or exposing a national or natural resources to danger. In Islam Jihad is ordained to uphold right, repel injustice

2. 테러의 목적, 대상 및 유형

가. 테러의 목적 및 동기

테러의 목적은 개인이나 집단의 사적인 목적이 아니라 테러를 기획하고 주도하는 집단의 '공동체의 특정 목적'을 의미하는 것이다. 여기에는 정치적 목적뿐만 아이라 경제적·사회적 목적들을 내포하고 있다. 20세기 전반기에 발생한 테러는 주로 정치적 동기(political motive)에 의해 발생되었다. 그러나 20세기 후반부터 테러는 정치적·이념적·종교적 동기나 이유에 의해 발생했다. 중동지역의 경우 테러는 이스라엘에 대한 팔레스타인을 비롯한 극단적 이슬람 조직의 정치적 동기에 의한 테러로 주로 감행되었다. 남미지역의 경우는 주로 경제적 원인(economic cause)에 의해 발생되었으며, 특히 콜롬비아의 경우, 마약, 코카인 밀매를 둘러싸고 범죄조직들이 테러를 수시로 일으켰다. 일본의 경우는 이념적·종교적 동기를 가지고 테러가 발생되었다. 또한 북한, 이라크, 리비아, 예멘, 과테말라, 엘살바도르, 시리아 등의 일부 테러는 지역적 특성에 의해 진행된 것이 아니라 국가가 후원하는 형태로 다른 국가의 정치지도자나, 반군 또는 반정부세력의 지도자 및 특정 국가를 테러대상으로 삼고 테러행위를 지원하는 경우를 볼 수 있다. 이때의 테러는 합리화·정당화 경향(justification tendency)을 보이기도 한다. 이들 특정국가가 테러집단이나 단체를 지원하는 경우는 저강도 수준(low intensity)의 폭력을 사용하여 상대를 제압 또는 파괴·무력화

---

and establish justice, peace, security and clemency, with which the Prophet qas sent to take mankind out of darkness into light. More specifically, Jihad has been ordained to eliminate all forms of terrorism, and to defend the homeland against occupation..."

시키는 행위를 강요한다.

나. 테러의 대상

테러의 대상은 국가, 지방자치단체 및 외국정부[41]를 포함한다. 앞에서 국가란 국가의 구성요소인 영토·국민·주권을 포괄하는 것이며 조직으로서의 국가기관과 국가기관에 소속된 개인은 물론 국민 개개인에 대한 사항을 전반적으로 포괄하는 것이며, 지방자치단체는 국가기관에 소속되지 않은 지방자치단체 역시 그 대상에 포함되는 것을 명확히 하고자 하였다. 또한 외국정부는 대한민국 정부 이외의 다른 나라 정부를 의미한다. 이에는 외국 지방자치단체와 공인된 국제기구도 포함되며, 공인된 국제기구란 국가 간의 조약 또는 국제적인 협약에 따라 설립된 국제기구를 포함한다. 또한 테러의 대상은 전투 중 군인이나 군사시설을 대상으로 하는 것이 아니라 민간인과 민간인시설, 또는 전투중이 아닌 군인이나 군사시설 등이다.[42] 이외 상대국가의 정부기관, 주요 정부 인사, 언론기관 등도 대상에 포함된다.

다. 테러의 유형

일반적으로 테러의 유형에는 사람에 대한 행위,[43] 항공기에 대한 행위, 선박 또는 해상구조물에 대한 행위, 무기 또는 장치의 제작·배치·

---

41) 국민보호와 공공안전을 위한 테러방지법(약칭 테러방지법) 제2조(정의) 1항
42) U. S. Department of State, *Patterns of Global Terrorism*-2000, April 2001, p.3.
43) 사람에 대한 테러행위는 살해, 신체 상해, 생명위험을 발생, 체포·감금·약취·유인하거나 인질로 삼는 범죄 행위를 의미한다. "국민보호와 공공안전을 위한 테러방지법(약칭 테러방지법) 제2조(정의) 1항 가목", 사람에 대한 테러행위는 테러방지법에서 개별적으로 처벌규정을 두고 있는 것이 아니라 각 행위유형에 따라 처벌하고 있는 「형법」 등 국내법의 처벌 규정에 따라 처벌한다.

폭발·사용하는 행위, 핵물질 또는 방사성물질·원자력시설에 대한 행위 등 크게 5가지 유형으로 구분할 수 있다. 항공기에 대한 테러행위는 운항중인 항공기에 대한 행위와 운항관련 행위에 대한 것이 있으며, 테러행위의 대상이 되는 항공기는 「항공법」 제2조제1호의 항공기를 의미하는 것으로 비행기, 비행선, 활공기(滑空機), 회전익(回轉翼)항공기, 그 밖에 항공에 사용할 수 있는 모든 기기(機器)를 포함한다. 항공기인 경우에는 대한민국에 등록된 대한민국 항공기 또는 외국에 등록된 외국 항공기의 여부를 불문하며, 테러행위의 영역에 있어서 대한민국 영공에 한정되지 않는다. 항공기 운항중의 행위는 항공기가 운항중이란 것은 승객이 탑승한 후 항공기의 모든 문이 닫힌 때부터 내리기 위하여 문을 열 때까지의 상태를 의미하며, 운항중인 항공기에 대한 테러행위에는 추락행위, 전복·파괴행위, 손괴행위(안전을 해칠 정도의 손괴) 등 항공기 자체에 대한 테러행위와 운항중인 항공기 강탈행위 및 항공기 운항강제행위 등 항공기 운항에 위협이 되는 일체의 행위를 의미한다. 또한 운항중인 항공기에 대한 테러의 방법은 폭행협박, 그 밖의 방법 등 운항에 위협이 되는 일체의 행위를 의미한다. 항공기 운항관련 행위에는 직접 운항중인 항공기에 대한 테러행위는 아니지만 운항 관련 항공시설을 손괴하는 행위와 운항 관련 항공시설의 조작을 방해 행위를 통하여 항공기의 안전운항에 위해를 주는 행위를 의미한다. 다음은 선박 또는 해상구조물에 대한 행위는 선박과 해상구조물44)에 대한 테러행위는 운항중일 때의 테러행위와 운항관련 기기시설에 대한 행위로 구분하여 설명할 수 있다. 위에서 언급한 선박의 개념은 「선박 및 해상구조

---

44) 해상구조물이란 자원의 탐사·개발, 해양과학조사, 그 밖의 경제적 목적 등을 위하여 「해양법에 관한 국제연합 협약」에 따른 대륙붕에 항상 고착된 인공섬, 시설 또는 구조물을 말한다.

물에 대한 위해행위의 처벌 등에 관한 법률」제2조 제1호 단서에 관한 사항은 적용되지 않으므로 적시된 모든 선박이 테러적용 대상이 된다. 또한 선박 운항과 관련된 기기·시설을 파괴하거나 중대한 손상을 가하거나 기능장애 상태를 야기하는 행위45) 운항중인 선박의 안전을 위태롭게 할 목적이 구성요건에 해당하는 것으로 단순한 파괴행위나 손상행위 또는 과실에 따른 행위는 이에 해당하지 않는다.

다음은 무기 또는 장치의 제작·배치·폭발·사용하는 행위로서 무기 또는 장치의 제작·사망·중상해 또는 중대한 물적 손상을 유발하는 정도의 위력을 가진 무기 또는 장치를 제작하는 경우를 의미하며, 단순 실험용 제작이나 단순 상해 정도의 무기 또는 장치의 경우에는 적용되지 않는다. 생화학·폭발성·소이성 무기 또는 장치의 적용범위는 차량 또는 시설46)에 무기 또는 장치를 배치하거나 폭발시키거나 그 밖의 방법으로 사용하는 행위에 적용한다. 다음은 핵물질 또는 방사성물질·원자력시설에 대한 행위에서 테러행위의 주 대상에는 핵물질,47) 방사성

---

45) 「선박 및 해상구조물에 대한 위해행위의 처벌 등에 관한 법률」제8조(선박운항 관련 기기·시설의 손괴죄 등) 운항중인 선박의 안전을 위험하게 할 목적으로 그 선박 운항과 관련된 기기·시설을 파괴하거나 중대한 손상을 가하거나 기능장애 상태를 발생시킨 사람은 10년 이하의 징역에 처한다.

46) 차량 또는 시설의 범위에는 공중이 이용하는 차량, 차량운행을 위하여 공중이 이용하는 시설, 일반적인 공용으로 제공되거나 공중이 이용하는 시설, 원료물질의 제조·정제 및 처리·수송·저장하는 시설, 그밖에 공중이 출입할 수 있는 시설을 의미한다. 공중이 이용하는 차량이란 기차·전차·자동차 등 사람 또는 물건의 운송에 이용되는 차량, 즉, 모든 운송수단이 그 대상이 되며 본문에는 누락되어 있지만 자전거, 오토바이 등 차량적 성격을 지닌 것도 그 대상에 포함된다.

47) 핵물질에는 「원자력시설 등의 방호 및 방사능 방재 대책법」제2조제1호의 핵물질을 말하며, 여기서 "핵물질"이란 우라늄, 토륨 등 원자력을 발생할 수 있는 물질과 우라늄광, 토륨광, 그 밖의 핵연료물질의 원료가 되는 물질 중 대통령령으로 정하는 것을 말한다. 「핵물질에는 원자력시설 등의 방호 및 방사능 방재 대책법 시행령」제3조(핵물질) 법 제2조제1항제1호에서 대통령령으로 정하는 것이라 함은 다음 각 호와 같다.- 1. 우라늄 233 및 그 화합물, 2. 우라늄 235 및 그 화합물, 3. 토륨 및 그 화합물, 4. 플루토늄(플루토늄 238의 농축도가 80%초과한 것을 제외한 플루토늄을 말한다) 및 그 화합물, 5. 제1호 내지 제4

물질,48) 원자력시설이 있다. 따라서 핵물질 또는 방사성물질·원자력시설에 대한 테러행위의 세부적인 유형에는 원자로 파괴를 통하여 사람의 생명·신체 또는 재산을 해하거나 그 밖에 공공의 안전(public safety)을 위태롭게 하는 행위, 방사성물질 등과 원자로 및 관계시설, 핵연료주기시설 또는 방사성 발생장치를 부당하게 조작하여 사람의 생명이나 신체에 위험을 가하는 행위, 핵물질을 수수·소지·소유·보관·사용·운반·개조·처분 또는 분산하는 행위, 핵물질이나 원자력시설을 파괴·손상 또는 그 원인을 제공하는 행위, 원자력시설의 정상적인 운전을 방해하여 방사성물질을 배출하거나(eject) 방사선을 노출하는 행위까지를 테러행위로 규정하고 있다.

호의 물질이 1 이상 함유된 물질, 6. 우라늄 및 그 화합물 또는 토륨 및 그 화합물이 함유된 물질로서 제1호 내지 제5호의 물질외 물질

48) 방사성물질은 「원자력안전법」 제2호제5호의 방사성 물질을 의미한다. 앞에서 "방사성물질"이란 핵연료물질(核燃料物質)·사용 후 핵연료·방사성동위원소 및 원자핵분열생성물(原子核分裂生成物)을 말한다. 「원자력시설 등의 방호 및 방사는 방재 대책법」 제2조제2호에서 "원자력시설"이란 발전용 원자로, 연구용 원자로, 핵연료 주기시설, 방사성폐기물의 저장·처리·처분시설, 핵물질 사용시설, 그밖에 대통령령으로 정하는 원자력 이용과 관련된 시설을 말한다. 한편 「원자력시설 등의 방호 및 방사는 방재 대책법 시행령」 제4조(원자력 이용과 관련된 시설) 법 제2조제1항제2호에서 "그밖에 대통령령이 정하는 원자력 이용과 관련된 시설"이라 함은 다음 각 호의 시설을 말한다. 1. 발전용 또는 연구용 원자로의 관계시설, 2. 열출력 100와트 이상인 교육용원자로 및 그 관계시설, 3. 대한민국의 항구에 입항 또는 출항하는 외국원자력선(「원자력안전법」 제31조제1항 각 호의 어느 하나에 해당하는 자가 소유하는 선박으로서 원자로를 설치한 선박을 말하며, 군함은 제외한다. 4. 18.5 페타파크렐 이상의 방사성동위원소를 생산·판매 또는 사용하는 시설. 국민보호와 공공안전을 위한 테러방지법(약칭 테러방지법) 제2조(정의) 참조

3. 뉴테러리즘의 특징

가. 전통적 테러리즘 VS 뉴 테러리즘

1993년 알 카에다(al-Qaeda)에 의한 뉴욕 세계무역센터(World Trade Center) 폭발사건, 1995년 일본의 옴진리교에 의한 동경 지하철 독가스 유포사건, 2001년 9월 11일 뉴욕 맨해튼의 110층 세계무역센터(WTC)에 항공기 납치후 테러 공격,[49] 2017년 2월 13일 김정남 암살사건(2017.2.13., 말레이시아 쿠알라룸푸르 국제공항에서 VX독극물에 의해 살해된 사건), 가장 최근의 2019년 9월 14일 사우디아라비아 석유시설(아람코 석유시설 2개소)에 무장드론 공격[50]은 정치적 동기 및 의도(intention)를 가진 테러공격으로 공격수단이 점진적으로 진화하는 형태를 띠고 있다. 무장드론으로 테러를 감행한 경우 기술적 혁신의 결과 이러한 기술적 혁신은 비전통적, 즉 비국가적이고 초국가적인 행위자가 국가 및 사회를 위협하는(threatening) 진보적인 단초를 제공하는 것은 역사의 아이러니가 아닐 수 없다. 또한 컴퓨터의 발달, 생물학, 화학적 테러리즘, 드론의 발달은 진일보한 기술혁신의 결과이다. 이들 기술의 발달(development of technology)의 공통점은 테러를

---

[49] 2001.9.11., 오전에 발생한 테러는 전 세계를 경악하게 만들었다. 뉴욕 맨해튼의 110층 세계무역센터(World Trade Center)가 납치된 항공기로 충돌하는 자면이 실시간으로 전 세계에 타전 방송되었다. 9.11 테러는 항공기 4대를 이용한 동시다발 테러로서, 순식간에 미국의 정치·경제·군사적 상징물을 공격했고, 이 사건으로 인해 2,977명이 사망하고 수천 명이 부상했으며 약 950억 달러의 재산피해를 낳았다. 한편 미국은 9월 20일 테러와의 전면전을 선언하고 아프칸에 대해 뉴욕과 워싱턴에서 발생한 테러 사건의 배후 조종자인 오사마 빈 라덴을 즉각 인도하라고 요구했으나 탈레반 정권이 이를 거부하자 미국은 테러범 비호 및 은신처 제공, 테러리스트 기지화 제공, 범죄인 불인도 등의 사유로 아프간을 테러지원 국가로 지정해 2001년 10월 7일 무력공격을 감행했다.
[50] 2019년 9월 14일 사우디아라비아 석유생산시설과 유전(2곳)에 무장 드론을 이용 공격을 감행했다. Yemen's Houthi rebels(반역자, 저항세력) used 10 drones attack

기획하고, 실행에 옮기는데 유용한 수단으로 기능할 수 있다는 점이다. 컴퓨터의 발달은 오늘날 엄청난 사용량과 잠재적 파괴력(destructive power)으로 인해 테러리즘을 더욱 복잡하고 심각하게 만들었으며, 탐지 및 감시가 어려워지고 통제가 곤란하도록 했다. 새로운 테러 공격무기에의 접근, 공격무기의 다양화, 정교화, 소형화 및 휴대 간편성 등 기술혁신의 발달은 다양한 영역으로서의 기술적 파급효과는 테러범들의 공격도구는 구하기가 쉬워졌으며, 파괴력이 증가되어 국가간 경계가 허술한 비정부적 출구(outlet)를 통한 가능성은 확대되었다. 많은 뉴테러리즘 연구자들은 종교의 돌출성 특히 급진적 이슬람을 중요한 특징으로 지적하고 있다.51) 전통적 테러리즘의 '현세적 고취'에 비교하면 오늘날 테러리즘은 '종교적 열광'과 직결되고 있다. 오늘날 테러리즘은 종교적 믿음에 철저하게 근본을 두어 비타협적인 절대적 세계관을 조장하면서 다른 모든 방식들을 거부하는 행태를 보이고 있다. 뉴테러리즘의 종교적 동기는 근본적으로 상이하여 충돌이 불가피한 가치체계, 적법성(legality)과 정당성의 심사과정, 도덕과 윤리의 관념화 및 세계관 등을 계시하고 있다.52) 전통적 테러리스트들은 테러의 희생자를 선별하여 제한했던 반면에, 최근의 테러리스트들은 테러대상자와 사상자의 범위를 무분별하게 선정하지 않고 특정집단이나 단체를 지정하고 있다. 오늘날 테러리스트들은 자기들이 저지른 테러행위를 전통적 테러리스트들은 자인하지 않았으나 최근에는 자신들이 테러행위를 했다고 밝히는 추세가 주류를 이루고 있다. 이들은 테러행위의 발생은 그 자체로 종교적·사회적·정치적 중요성을 지닌 당연한 것으로 받아들이며 오

---

51) Mark Juergensmeyer, *Terror in the Mind of God: The Global Rise of Religious Violence* (Berkeley University of California Press, 2003)
52) Hoffman, *Inside Terrorism*, p.87.

히려 그들의 상대방인 적(敵) 내지는 악(惡)에게 책임이 있다고 주장한다.53) 1990년대 이후 테러리스트들은 대량살상무기(WMD: Weapons of Mass Destruction)를 획득하려고 시도하고 있다. 그들은 폭력의 극대화, 공포의 광범위화, 사회적 이슈화 등으로 여론을 선점하여 자신들의 정체를 밝히는 등의 행위를 보다 더 과감하게 시도하고 있다.

〈표 11-2〉 전통적 테러리즘 VS 뉴테러리즘의 비교(Ⅰ)

구분	전통적 테러리즘	뉴테러리즘
시 기	1960년~1980년 종반	1990년대 이후
대상자 선정	사전 선정	사전 선정
대상자 규모	필요한 규모로 제한목적달성에	광범위화, 무제한적
테러 주도세력	개인이나 집단 국가비호세력	초 개인이나 초 집단
테러 활용수단	총기, 폭탄, 기관총	대량살상무기(생·화학·방사능무기), 드론(무장), 컴퓨터 활용
테러행위자 (actors)	국가행위자 수준의 후원 또는 지지	초개인이나 초집단, 초국가 지지
테러행위 공표	테러행위 자인하지 않음	테러행위 자인
테러집단 지휘	수직적 지휘통제체계	수평적 지휘통제체계
테러위협 다양화	자살폭탄, 장비이용, 시설폭파	• 자생적 테러리즘 • 외로운 늑대형 테러

오늘날 뉴테러리즘의 특징은 매우 다양하고 복잡해지는 추세를 가지고 있으며, 이슬람 극단주의에 심취한 자생적 극단주의자(Homegrown Violent Extremist)에 발생하는 등 자생테러가 심각한 위협으로 대두

---

53) Michael, Whine, "The New Terrorism," International Policy Institute for Counter Terrorism, p.4. 주수기, "21세기 국제테러리즘: 뉴 테러리즘?," 『대테러연구』 (서울: 경찰청 대테러센터, 2007), p.127. 재인용

하고 있다. ① 급진적 이슬람 극단주의 등은 종교적으로 맹신주의를 지향하고 있다. 한 예로 1984년에는 국제테러조직 64개 중에서 종교적 집단이라고 규정할 수 있는 조직은 단지 2개에 불과하였으나, 10여년이 지난 1995년에는 테러조직 58개중에서 24개가 보다 강력한 종교적 광신주의를 보이고 있었다.54) 호프만(Hoffman)의 지적처럼, 종교적 광신집단들은 전체 테러리즘 발생건수의 1/4로 전체 테러폭력에 의한 사상자의 60%를 차지하고 있다.55) 종교적 급진주의자들은 테러 행위를 종교에의 귀의로 보며 신성한 의무로 규정하고 경전에 의해 정당화된다고 주장하고 있다. 그러나 그 어떤 종교라 할지라도 테러 행위를 정당화하는 종교는 없다. 테러리스트들의 이러한 주장은 테러를 정당화하기 위한 한낱 허구에 불과한 것일 뿐이다. ② 2000년 이후 유럽에서 발생한 테러는 대부분 테러행위에 대해 자신들이 했다고 주장하고 있는 경우가 많다. 전통적 테러리스트들은 발생한 테러가 자기들의 행위로 자인하지 않으나 최근의 뉴테러리스트들은 발생한 테러행위를 자기들의 행위로 자인하는 추세를 보이고 있다.56) ③ 최근의 뉴테러리스트들은 무차별적이고 무분별한 폭력을 사용하고 있다. 테러행위의 대상자와 희생자의 범위를 산정하지 않고 특정지역 사회의 파괴를 목표로 삼고 있다. 이는 전통적 테러리스트들이 희생자를 선별하여 제한했던 것

---

54) Nadine Gurr and Benjamin Cole, *The New Face of Terrorism: Threats from Weapons of Mass Destruction* (London: Tauris, 2000), pp.28~29.
55) Bruce Hoffman, "Holy Terror: The Implications of Terrorism Motivated by a Religious Imperative," *Studies in Conflict and Terrorism*, Vol. 18, No. 4(1995), pp.271~284.
56) 2019.9.14.일 예멘 후티 반군(후티 반군은 시아파 종주국인 이란의 지원을 받음)에 의한 사우디아라비아 아람코가 운영하는 석유시설에 대한 무장드론 공격을 자기들의 소행이라고 주장했다. 후티 반군은 9.14일 알 마시라TV를 통해 아프케이와 쿠라이즈 지역에 10대의 드론을 배치하여 사우디에 대한 공격을 점차 확대하겠다고 공언했다.

과는 상반된 행태를 띠고 있다. 이의 근본적인 원인은 종교적 광신주의에 매몰되어 자신들의 행위를 정당한 것으로 보고 상대는 선이 아닌 적(敵) 또는 악(惡)으로 규정하고 있다는 점에서 이러한 행태의 테러는 지속적으로 발생 가능성이 높다는 점이다. 따라서 자신들의 행위는 순교자의 행위로 여기고 죽음까지도 기꺼이 감수한다는 점에서 테러행위의 심각성이 크다는 점을 반증하고 있다. ④ 전통적 테러리스트들은 테러 활용수단을 총기, 폭탄, 기관총 등으로 지역과 테러대상을 선별적으로 제한했던 것에 비해 뉴 테러리스트들은 대량살상무기(WMD)를 획득하려고 시도하고 있다는 점이다. 이들은 초 집단 또는 초국가적 테러행위자로서 자신들의 주장에 종교적으로 갈등과 충돌이 교차하는 지역에서 심각한 위기를 조장할 수 있다. 이러한 초 집단들이 대량살상무기(WMD)를 손에 넣으려 하는 이유는 특정국가나 특정집단의 광범위한 테러로 국가를 상대로도 할 수 있다는 공포·심리적 불안감을 증폭하여 자신들이 의도한 목적을 달성하려고하기 때문이다. 미국은 9.11 이후에 이러한 초집단 또는 초국가적 테러행위자를 엄격하게 단속하며 미국 본토가 더 이상 테러로 무고한 시민이 희생되지 않도록 하겠다는 강화된 의지를 보이고 있으며 국제공조를 강화하고 있다. ⑤ 뉴 테러리스트들의 자금줄은 국가행위자의 후원과 연계되어 있지 않는 것이 일반적이다. 후원국가가 없고 동시에 후원국가의 반발을 염려하지 않아도 되기 때문에 더욱더 자신들의 폭력을 제한해야 할 이유가 없다. 이들의 자금은 마약거래, 무기류 불법거래, 신용카드 사기 등과 같은 불법적인 방법과 사업투자, 개인이나 집단으로부터의 증여, 반정부활동 기부금, 유전지역 점령, 해외거주자들의 지원, 가상화폐 등의 합법적인 방법 등으로 충당하고 있다. 과거 IS가 테러자금원으로 충당하기 위하여 석유

생산시설을 점령하여 석유 수출대금으로 자금을 충당한 사례도 있다. ⑥ 네트워크와 인터넷 정보를 활용한 몹(Mob)형태의 활동으로 물리적 거리감을 줄여 아마추어적 네트워크로도 테러전문가 못지않은 테러의 기술적·전략적 능력을 발휘할 수 있다. 이들은 인터넷 정보를 통해 고도의 테러 기술들을 습득하고 있다. 따라서 정보·통신기술의 발달은 테러행위자들의 물리적 거리를 극복하여 효과적인 테러를 가능하게 만들었다. 테러의 대상과 피해지역에 대한 정교한 테러행위가 가능해졌다는 점이다. ⑦ 뉴 테러리스트의 지휘·조직체계가 계층적·수직적 체계가 아닌, 이완된 네트워크(network) 조직구조를 가진 수평적 구조를 갖춘 유동적인 상황 하에서도 공통의 목표를 향해 독단적으로 행동할 수 있는 구조로 분화되어가고 있다. ⑧ 뉴테러리즘은 자생적 테러조직을 양성하고 분화를 통한 자생테러는 예측이 불가능할 정도로 불확실성이 증가하고 있다는 점이다. ⑨ 다양한 테러수단과 새로운 테러주체가 정보·통신기술 및 컴퓨터의 발달의 영향으로 최근의 테러조직은 테러 선동, 추종자 포섭, 무기 밀매, 자금모금 등에 익명성이 뛰어난 다크 웹(dark web),57) 가상화폐를 이용하고 정찰·공격용으로 드론을 사용하는 등 테러에 최신기술을 활용하고 있다는 점은 대테러 활동시 이에 대한 대비 및 대응체계(response system)를 갖추어야 한다는 논리적 근거를 제공하고 있다. 미국은 2018년 10월에 '국가대테러전략(National Strategy for Counter Terrorism)'58)을 발표했다. 주요 핵심내용으

---

57) 특수한 웹브라우저를 사용해야만 접근할 수 있는 웹으로, 익명성 보장은 물론 IP추적이 불가능하도록 고안된 인터넷 영역이다. 일반적인 검색엔진으로는 찾을 수 없기 때문에 해킹으로 얻은 정보, 살인 청부, 첨단 정밀 기술절치 등 주로 불법적인 정보가 거래되는 웹이다.
58) 미국의 대테러전략은 2011년 오바마행정부가 마지막으로 공개한 이후 7년 만에 처음으로 공개했다. 당시 오바마 대통령은 오사마 빈 라덴의 죽음 이후 대테러대응전략을 공개해

로 테러위협(threat), 원천(source)을 추적관리, 테러단체 지원(자금, 기술) 차단, 국경지역 관리 강화, 사회기반시설(infrastructure)의 보호, 온라인 선전 등 극단주의 확산대응, 협력국가들의 대테러역량 강화 등을 담고 있다. 또한 미국은 9.11테러 이후의 전 지구적 대테러전(WOT)에 치중하여 "4+1(러시아, 중국, 북한, 이란 그리고 IS)" 위협에 적절히 대응하지 못하고[59] 있다. 이를 극복하기 위해 '거부에 의한 억제력(deterrence by denial)'으로 대비 및 대응으로 초점을 맞추기 위해 노력하고 있으나 대테러 대응 자원을 교육 및 훈련으로 무장하고 조직하는데 많은 문제점이 노출되었다.

〈표 11-3〉 전통적 테러리즘 VS 뉴테러리즘의 비교(II)

구 분	고전적 테러리즘	뉴테러리즘
발생형태	전쟁에 준하는 상황과 배경속에서 발생	전쟁의 한 형태, 최대의 인적·물적 피해를 추구하는 무차별적인 형태
주체	테러의 주체 및 이유가 명확, 중앙통제식	'얼굴없는 테러', 테러의 이유가 추상적. 느슨한 중앙통제식
전술목표	공포 및 두려움 유포	극적인 연출을 통한 테러의 공포, 혼란조성, 대중매체의 적극 활용

전략의 초점을 테러단체인 알카에다에 두겠다고 발표했다. 지난 2011년 '대테러전략' 문서에서 미국은 이란을 가리켜서 "테러리즘"을 적극 후원하는 국가라고 명시했다. 그러나 8년이 지난 현재 트럼프 대통령은 '대테러전략' 문서에는 이란은 집중목표로 설정하고 있다. 볼턴 국가안보좌관은 미국이 이란의 테러위협에 직면해 있다. 고 언급하며, 이란이 지난 1979년 이래 "국제 테러리즘의 중앙은행장" 역할을 하고 있다고 주장했다. 볼턴 보좌관은 "이란이 지원하는 레바논의 헤즈볼라, 팔레스타인의 하마스, 가자지구의 무장세력인 지하드도 지속해서 미국의 이익에 위협을 가하고 있다." saewkim91@newspim.com. 2018.10.5., 트럼프행정부, 새로운 대테러전략공개 ⋯ '이란'이 집중목표

[59] Ashley Townshend·Brendan Thomas Noone·Matilda Steward, 「Averting Crisis American Strategy, Military Spending and Collective Deffence INDO-PACFIC」, (The United States Studies Centre at the University of Sydney), http://www.ussc.edu.au/)

목표물범위	폭력의 대상자가 곧 희생자, 희생자의 규모가 명확히 한정	불특정다수의 일반대중에 무차별공격, 피해자와 희생자의 범위는 전 세계적임
명 분	군사상의 필요	심리상·종교상·종족상
대 상	특정 개인 및 소규모집단에 집중	살상무기를 활용한 불특정다수

출처: 국무총리실 대테러센터, 『테러방지법 해설』, (서울: 2017.4), p.23.

　　최근에는 새로운 형태의 테러리즘이 그 모습을 드러내고 있다. 이슬람 근본주의를 표방하는 과격단체들은 '원리주의 무장투쟁파'라고도 불리며 이들의 최근 행보는 집단이나 특정단체를 공격함은 물론 ① 이러한 이슬람 극단주의자들이 서방에 대한 반감, 특히 미국, 영국, 프랑스 등에 대한 적대감 등의 추상적인 이유로 요구조건의 제시나 주장도 없이 무차별적인 테러를 자행하고 있다. ② 테러조직이 이슬람의 여러 국가 또는 특정지역에 연결된 이념의 결사체로써 조직중심이 다원화되어 조직의 무력화가 어려운 점이다. 오사마 빈 라덴(Osama Bin Laden)[60] 조직은 세계 34개국에 조직되어 무력화에 어려우며, 이러한 점은 미국의 아프칸 전쟁이 오랜 기간 동안 지속되었던 원인이기도 하다. ③ 2010년 이후 시리아의 알 아사드 정권(Bashar al-Assad)의 사린가스 등 생·화학무기 공격으로 시리아의 정부군이 반군이나 민간인에게 사용함으로써 치명적인 테러를 감행했다.[61] ④ 2019년 9월 예멘 후티 (Hussein Badreddin al-Houthi) 반군[62]의 소행이라고(이란지원 추

---

[60] 2001년 9.11테러를 주도한 알카에다의 지도자(사우디아라비아 출신)
[61] 시리아 알 아사드정권은 지난 2013년 미국과 러시아 압박에 따라 화학무기금지기구(OPCW)에 가입하고 화학무기 전면폐기를 밝혔지만 이를 지키지 않고 있다. 이후에도 계속해서 시리아 정부군이 반군이나 시민들을 향해 생화학물질을 사용하는 공격(염소가스, 사린가스)을 감행했다.
[62] 1994년 예멘에 설립된 이슬람 자이드 시아파 무장단체이다. 2004년 예멘의 지도자 후세인 바르레딘 알후티(Hussein Badreddin al-Houthi)가 정부군에 사살된 이후 예멘 정부와 내전이 진행 중이다.

정) 밝힌 테러집단의 공격으로 사우디아라비아 석유생산시설에 대한 무장드론 공격으로 세계유가가 요동쳤다. ⑤ 금융권, 정부시설 및 기관, 가상화폐 다크 웹(dark web) 등 사이버테러공격(cyber terror attack)으로 테러공격이 갈수록 지능적이며 점점 고도화를 넘어 진화하고 있다. ⑥ 한편으로 테러공격은 사람들의 일상생활 주변에서 사용되는 주유소 기름, LPG 운반차량 등 시설 장비 등 기존의 장비와 물질을 함께 사용함으로써 공포 및 불안·심리를 극대화하는 전략을 사용하고 있다는 점이다. 아울러 최근에도 여전히 테러 수단과 방법 등이 점진적으로 교묘해지는 가운데에도 전통적인 방법(아날로그식)과 디지털식 방법을 적절히 활용하고 있는 것은 테러행위자들이 노리고 있는 것이다.

〈그림 11-3〉 시리아 역대 주요 화학무기 참사

자료: 뉴욕 타임즈(2018.4.8.현지시간), AFP등 종합
출처: 이재윤, 연합뉴스, 2018.4.9. "시리아 또 화학무기 참사, 국제사회 5년 농락의 슬픈 역사" 트위트 @yonhap_graphics, 수니파이슬람(74%)

나. 테러의 위협수준

최근 유럽, 중동뿐만 아니라 세계적으로 발생한 차량돌진, IED(Improvised Explosive Device, 급조폭발물) 테러로 모스크, 경기장, 공연장 등 다중이용시설 무차별 총기난사가 이루어지고 있다. 향후에는 무장드론으로 다중이용시설이나 국가기간산업시설에 직접 공격 가능성을 예상할 수 있을 것이다. 실제로 국가기간시설에 대해서 무장드론이 공격한 사례가 발생하고 있다. 테러의 기술수준이 IT 및 ICT(정보통신기술)의 수준을 넘어 인공지능(AI), 사물인터넷(IOT), 로봇(Robot), 드론(Drone)의 등장으로 4차 산업혁명의 고도의 기술적 진보에 따라 테러의 기술수준이 진화를 거듭하고 있다. 최근에는 테러3.0을 넘어 테러 4.0이 첨단 신기술로 무장하여 인류의 삶을 위협하고 있다.

테러 1.0은 1980년대 이탈리아 붉은 여단, 독일 적군파 등 여러 곳에서 특정 집단이 제각각 테러를 일으켰던 때를 테러리즘 1.0 시대이다. 테러 2.0은 알카에다와 보코하람처럼 활동범위를 넓힌 집단이 출현한 때를 테러리즘 2.0시대이다. 테러 3.0은 소셜미디어(SNS)의 발달, IS 전사의 귀환, 인종-종교 간 분쟁 갈등 심화라는 현상, IS가 인터넷 기반 조직으로 변모해 고도로 정교한 공격을 계속하고 전 세계에 세포를 구축한 것은 테러 3.0의 기반을 구축했다.63) 테러 1.0은 IS(이슬람국가)가 전술적 수준에서 테러에 가담하는 형태를 띠는 것이며, 테러 2.0은 IS가 작전적 수준에서 테러에 가담하는 형태를 띠는 것이다. 또

---

63) 미 해군 퇴역 장성인 제임스 스타브리디스는 "IS의 세계화를 보여주는 것"이라며 "세계적으로 분산되고 매우 치명적이며 재정적으로 능력이 있고 혁신적인 조직인 IS"라고 주장했다. 황수연, 중앙일보, 트럼프 "IS 박멸" 자랑했는데 더 극렬해진 테러 'IS 3.0' 진화, 2019.04.24. [출처: 중앙일보] 트럼프 "IS 박멸" 자랑했는데 더 극렬해진 테러 'IS 3.0' 진화. https://news.joins.com/article/23449586 (검색: 2020.09.04.)

한 테러 3.0은 IS가 전략적 수준에서 테러에 가담하는 형태를 띠는 것이다.

그러나 테러 4.0은 4차 산업혁명시대의 신기술을 접목한 것으로 테러 3.0에서 인공지능, IOT(Internet of Things, 사물인터넷), 로봇, 드론(drone)을 활용하는 등 또 다른 형태의 테러 등장을 예고하고 있다. 테러 4.0은 이전에 비해 첨단 기술로 무장하여 공격하는 것으로 위협수준도 향상되는 결과를 초래할 수 있다. 따라서 4차 산업혁명으로 첨단기술의 발전으로 인류의 생활이 편의성을 추구하는 것만큼 테러유형의 다양한 기술적 진보를 꾀할 수 있음에 항상 대비를 해야 할 것이다. 한 예로 사물인터넷(IOT: Internet of Things)의 진보로 융복합이 이루어지는 환경에서 테러집단이 외부에서 온도를 조정하여 건물, 주택, 차량 등에 대해 테러를 할 수 있다는 점에 주목할 필요가 있다. 과학기술의 진일보로 인간의 생활이 편리해지는 만큼 테러에 노출될 가능성은 점증하고 있다는 점을 간과할 수는 없을 것이다.

〈표 11-4〉 테러수준별 주요공격 수단

Level	테러수준	형태적	시기별	주요수단
Level 1	테러 1.0	전술적 수준	1980년	통신, 전통. 인편
Level 2	테러 2.0	작전적 수준	1990년	CP, 암호, 지령
Level 3	테러 3.0	전략적 수준	2000년	IT, SNS, ICT
Level 4	테러 4.0	연합적 수준	2020년	IOT, AI, ROBOT Drone

주: 1) 테러리스트들은 Level 2와 Level 3을 국내외 정치상황, 자원, 여건에 따라 적절하게 배합·혼용하여 사용할 수 있다.

제3절　테러 및 테러리즘의 국제법적 규제

1. 북한의 테러리즘 능력

　북한은 테러리즘을 한반도의 적화통일을 위한 방편으로 삼아 혁명적 위업을 달성하고 있다고 미화하고 있다. 북한은 폭력주의·공갈·협박· 공작정치에 의해 탄생한 정권이기에 테러리즘이 결코 새로운 것은 아니다. 북한은 2017년 말레이시아 쿠알라룸푸르공항에서 김정남64) 피살사건(2017.2.13.)과 밀접한 연관이 있는 것이 사실이다. 미국인 오토 웜비어 사건(2017.6) 역시 북한의 고문에 의해 본국으로 송환되었으나 송환 후 6일 만에 사망한 사건으로 북한의 책임으로 북한은 전 세계의 비난을 받았다.65) 북한은 2000년 이후에는 사이버테러로 세계의 이목을 집중하고 있다. 미국 재무부는 2017년 전 세계를 강타한 랜섬웨어 '워너크라이' 사태를 맞아 각종 국제금융 범죄에 연루된 것으로 알려진

---

64) 북한의 김정남(2017년)은 아버지(북한, 김정일), 어머니(성혜림) 사이에 태어났으나, 북한 김정일 정권의 권력세습에서 동생 김정은에게 밀려 이국으로의 방랑생활을 이어갔다. 김한솔은 김정남의 아들이다. 외국에서 방랑생활을 하면서 김정은 정권을 비판한 것이 눈에 가시로 여겨 북한 김정은(김정남의 이복동생) 정권의 사주에 의해 말레이시아공항에서 2017년 2월에 피살되었다. 북한의 김정은 정권은 이전에도 2013년 12월 13일 당 행정부장·국방위원회 부위원장인 장성택(김정은의 고모부, 김일성의 사위)마저 처형(반당·반혁명·종파행위 등의 죄목)하였다.

65) 오토 웜비어(Otto Warmbier) 사건은 북한 여행중 선전물을 훔치려 했다는 이유로 2016년 1월부터 17개월간 북한에 억류돼 있던 미국인 대학생으로 2017년 6월 13일 혼수상태로 미국으로 송환되었으나 송환 후 6일 만에 사망한 사건이다. 웜비어는 2016년 1월 관공목적으로 북한 평양 양각도 호텔에서 정치선전물을 훔치려 한 혐의로 체포되었으며, 그해 3월 체제전복 혐의로 15년 노동교화형을 선고 받았다. 미국 정부는 2017년 2월 트럼프 대통령의 지시로 석방 작전에 착수하여 그해 5월 6자회담 수석대표인 조셉 윤 국무부 대북정책 특별대표를 노르웨이 오슬로로 보내 북한과 직접 접촉을 했다. 이후 6월 12일 조셉 윤 특별대표는 북한을 방문해 웜비어의 석방을 요구했으며, 6월 13일 억류 17개월 만에 송환이 이루어졌으나 6일 만에 병원에서 사망했다.

▲라자루스 그룹 ▲블루노르프 ▲안다리엘 등 3개 해킹조직의 미국 내 자산을 동결하고, 이들 조직과의 거래를 금지한다고 했다. 미국 재무부는 미국, 영국, 호주, 캐나다, 뉴질랜드 등 150여개 나라의 컴퓨터 약 30만대를 마비시킨 '워너크라이'사태와 함께 2014년에 발생한 소니 픽처스 엔터테인먼트 해킹사건에 '라자루스'가 관여했다고 후에 밝혀졌다. '블루노르프'는 라자루스와 협력해 2016년 방글라데시 중앙은행에 있는 뉴욕 연방준비은행 계좌로부터 약 8,000만 달러(약 956억원)를 빼돌리는 등 작년까지 한국과 인도·파키스탄·방글라데시·대만·베트남·터키·멕시코·칠레 등지의 은행전산망을 해킹해 11억 달러 이상을 훔친 혐의를 받고 있다. 이와 함께 '안다리엘'은 은행카드 개인정보를 훔쳐 암시장에 팔거나 계좌에서 돈을 빼내는 등의 방법으로 사이버범죄에 관여하였으며, 2016년엔 한국군을 상대로 군사정보 수집을 위한 전산망 해킹을 벌이기도 했다. 미국 재무부는 이외에도 이들 3개 조직이 2017~2018년에 아시아지역의 암호 화폐 거래 웹사이트 5곳을 해킹해 5억 5,100만 달러(약 6,092억원) 상당의 암호 화폐를 훔친 것으로 보고 있다. 북한은 2019년 8월 '17개국에 대한 사이버해킹을 통해 총 20억 달러(2조3900억원)를 탈취했다'는 유엔안전보장이사회 산하 대북제재위원회 전문가 패널의 보고서가 나왔을 당시 이를 부인하며 "미국이 헛소문을 퍼뜨리고 있다"고 주장한 적이 있다.66) 2015년 소니 픽처스 엔터테인먼트를 해킹해 전산망을 마비시켰던 해킹그룹이 2013년 국내 3. 20 사이버테러 때 활동했던 해킹그룹과 동일하다는 분석결과가 나왔다. 최근 분석회사인 노베타 주도로 시만텍, 카스퍼스키랩, 트렌드마

---

66) 장용석, news 1 뉴스, 美재무부 "라자루스 등 北 해킹 조직 3곳 제재"- 북한 정찰총국이 통제 … '워너크라이'사태 등 연루, 2019.9.14. http://news 1.kr/articles/?3719294 (검색: 2019.11)

이크로, 바이러스볼트 등에 소속된 보안 분석관들이 참여해 '오퍼레이션 블록버스터'라는 이름으로 소니 픽처스 해킹건을 조사한 결과 이들의 보고서에는 '라자루스 그룹(Lazarus Group)'[67]이라고 명명된 해킹그룹이 2009년 국내에서 벌어진 분산서비스거부(DDoS) 공격에서부터 2011년 2012년에 이어 2013년 '다크 서울'로 알려진 3. 20 사이버테러, 2014년 소니 픽처스 해킹 등에 관여한 것으로 보고되고 있다.

〈표 11-5〉 미국, 소니 픽처스 해킹사태 일지

일정	주요사건
11.22	소니픽처스 컴퓨터 시스템 해킹
12.07	北, 해킹 배후설 부인… 지지자 '의로운 행동' 주장
12.16	해커집단 '평화의 수호자'(GOP), '인터뷰' 상영시 테러 위협
12.17	소니픽처스, 영화 '인터뷰' 개봉취소
12.19	FBI, 해킹 배후 북한 공식 지목…오바마 '비례적 대응' 천명
12.20	北, 미에 해킹 사건 공동조사 제안… 美 NSC 제안거부
12.20	GOP, 인터넷에 'FBI 세계최고' 조롱글·동영상 게시

주: 1) 미국 영화 제작사 소니 픽처스 엔터테인먼트(Sony Pictures Entertainment)가 대규모 사이버 공격을 받아 북한을 소재 제작된 코미디 영화(더 인터뷰(The Interview)》) 개봉을 중지하게 되었다.
출처: 서울경제, 박준호, ['소니 해킹 북한' 테러지원국 재지정검토 왜] "사이버테러 용납 못해"… 미국, 북한 공개 경고, 2014.12.21.

이들은 소니 픽처스(SONY PICTURES) 해킹에 악용된 악성코드인 '데스토버(Destover)'와 과거에 활동 이력이 있었는지를 역추적(back-tracking)했다. 그 결과 국내 금융, 방송국, 제조사, 군을 대상으로 한 사이버스파이(cyber spy), 사이버테러(cyber terror) 등에 악용돼 왔

---

[67] 라자루스(Lazarus) 그룹은 북한의 해커그룹이다. 북한 정찰총국 180부대의 해커부대이다. 예전에는 히든 코브라(Hidden Cobra)라고 불렸다.

다고 밝혔다.68) 위 보고서에 따르면 사이버 공격에 악용된 45개 악성코드 샘플을 분석한 결과, 공격자들이 악성코드 개발에 사용했던 일부 코드가 다른 악성코드 개발에 재사용되었다는 점을 파악했으며, 또한 서로 다른 공격에 대한 공격자들의 작업방식 간에도 유사점이 있다는 것을 확인했다.69) 2009년 국내서 발생한 분산서비스거부(DDoS) 공격에서 부터 2013년 3.20 사이버테러, 2014년 소니 픽처스70) 해킹이 모두 동일해커그룹 소행이라는 분석결과(analysis result)가 나왔다.

〈그림 11-4〉 라자루스 그룹 TIMELINE

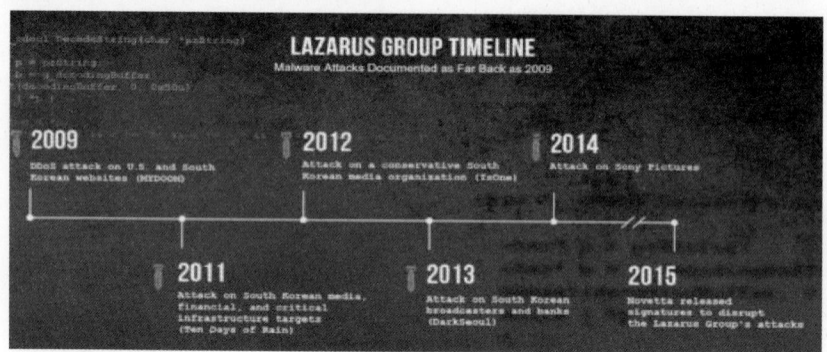

출처: 손경식, 동아일보, ZDNet Korea, "소니픽처스 해킹-3.20 사이버테러" 2016.05.16.; https://www.zdnet.co.kr/view/?=20160225163134&re= (검색: 2019.11)

---

68) 손경식, ZDNet Korea, "소니픽처스 해킹-3.20 사이버테러 '동일범'" 2016.05.16., https://www.zdnet.co.kr/view/?=20160225163134&re= (검색: 2020.01.10)
69) 보안 분석가들에 따르면 다른 악성코드를 설치하는 역할을 하는 '드롭퍼(Dropper)' 악성코드가 암호로 보호된 ZIP 압축화일에 저장된다고 설명했다. 흥미로운 점은 이 압축파일에 걸려있는 암호가 여러 공격에 사용된 파일과 같은 암호를 쓰고 있었다는 사실이다. 또 다른 공통점 중 하나는 여러 공격에 제작된 악성코드들이 모두 거의 같은 대한민국 표준시간대(GMT+ 8~GMT+ 9) 사이에 제작됐다는 점이다.
70) 2014년 크리스마스에 개봉할 예정이었던 영화 'The Interview'는 북한 김정은 위원장 암살계획을 그리고 있다.

이외에도 북한의 사이버전 능력을 보여주는 주요사건으로는 1) 2017년 1월부터 2018년 9월까지 아시아지역 가상화폐 거래소를 공격해 5억 7,100만 달러(약 6,500억원)를 탈취, 2) 2016년 2월, 방글라데시 중앙은행이 뉴욕 연방준비은행에 예치하고 있던 1억100만 달러(한화 약 1,167억원)가 해킹으로 도둑맞은(the stolen) 사건, 해커들은 방글라데시 중앙은행 서버에 악성코드(백도어)를 심어놓고 스위프트(SWIFT) 시스템 접속정보를 훔쳤다. 스위프트(SWIFT)는 전 세계은행 공동전산망으로, 해커는 해킹한 1억 100만 달러 중 8,100만 달러를 빼돌리는데 성공했다. 3) 2014년 12월 한국수력원자력(한수원)의 직원 이메일을 통해 악성코드를 유포하여 한수원의 내부 자료를 유출했다(it leaked). 원자력발전소의 설계도 및 청와대, 국방부, 국정원의 문서라고 주장하는 비공개자료(private data)까지도 공개했다(openly). 4) 2014년 11월, 소니 픽처스가 해킹을 당해 회사내부 자료가 유출되는(leaking) 사건으로 소니에서 제작한 미 개봉영화71)가 유출됐고 직원들의 개인정보(personal information)가 공개되어 혼란이 발생했다. 5) 2013년 3월20일, 언론사와 금융사 전산망 마비 사건으로 KBS, MBC, YTN을 비롯한 방송사와 신한은행, 농협을 비롯한 금융기관에서 3만2천 대에 달하는 컴퓨터의 하드디스크가 파괴되어(destructively) 사회적으로 큰 혼란을 겪었다. 북한이 2000년 이전에는 군사작전·무기체계 정보 등의 정보를 탈취(deodorant)할 목적으로 운영했다면, 이후에 북한은 미국

---

71) 소니 픽처스는 4400만 달러(한화 약 484억원)를 제작한 영화 'The Interview'를 직원과 관객의 안전문제로 영화를 상영하지 않기로 결정했다. 소니 픽처스를 해킹한 GOP(Guardians of Peace, 평화수호자) 해킹단체가 영화를 개봉할 경우 9.11테러와 같은 일이 벌어질 것이라고 위협함에 따라 개봉을 취소했다. 전자신문, 온라인뉴스팀, 영화 더 인터뷰 개봉취소, 484억원 제작비 물거품…소니 픽처스 "테러단체 위협, 깊은 좌절," 2014.12.18

의 제재로 돈줄이 막히면서(cloggedly) 전 세계 금융기관, 은행, 외환은행 송금 가로채기, 가상화폐(virtual money)를 노리는 공격으로 변화했다. 미국 정부는 핵·미사일 실험을 계속하고 있는 북한을 국제금융망(SWIFT)에서 퇴출시킬 것을 밝힌 데 이어 미국 의회도 국제금융망(SWIFT)72)을 운영하는 국제은행간 통신협회를 직접 제재 대상으로 삼을 수 있는 초강경 법안을 발의했다.73) 북한의 국제금융거래서비스 이용을 원천적으로 차단하는 '북한 국제금융망 차단법안(H.R. 6281)을 발의했다. '북한 국제금융망 차단법안(H.R. 6281)'은 핵·미사일실험을 계속하는 북한을 국제금융망에서 완전히 퇴출하기 위한 초 강경책이다. 이 법안은 법 시행 후 90일 이후 북한 조선 중앙은행이나 핵 프로그램 지원에 연루된(involved) 다른 금융기관, 핵 개발 관련 제재 대상(subject of sanction)에 오른 북한 기관들에 국제금융서비스를 제공하거나 이들의 국제금융망 접근을 돕는 모든 기관·기업을 조사해 대통령이 제재(sanctions)하도록 하는 내용을 담고 있다.

---

72) 국제금융망(SWIFT)는 국가간 자금거래를 위해 1977년 설치한 기관(벨기에)으로 매일 1,800만 건의 국제자금 대금 지급이 이뤄진다. 개인이 외국으로 송금할 때도 국제금융망(SWIFT)을 이용한다. 이 법안 미국의 하원 맷 새먼(Matt Salmon) 외교위 아·태 소위 위원장이 발의(2016.9)했다.
73) 윤정호, 조선일보,美 의회도 국제금융망서 北 퇴출 나섰다.2016.10.1., 1면

〈그림 11-5〉 국제금융망에 의한 대북제재

자료: 연합뉴스, 2017.3.17
출처: 서울경제, 2017.3.17. 윤상언, '北 은행 국제금융망에서 전면 퇴출'

또 북한에 국제금융 관련 서비스를 제공하면 국제금융망(SWIFT) 자체도 제재 대상으로 삼을 수 있다. 2016년 2월 미국 연방 상·하원을 통과한 대(對) 북한 제재 강화법은 북한만을 겨냥한 첫 제재법으로 북한과 직접 불법 거래를 하거나 북한의 거래를 용이하게 한 제3국의 개인과 단체까지 제재할 수 있는 세컨더리 보이콧(secondary boycott)을 포함했다. 또 흑연을 비롯한 북한 광물 거래도 제재했고, 해킹을 하거나 인권유린 행위에 가담한 북한의 개인과 단체도 처벌하도록 했다. 이 법은 미국 재무부가 북한을 '자금세탁 우려 대상'을 지정할 필요가 있는지 검토하도록 했다. 미국 행정부는 이 법에 따라 북한의 핵 개발을 도운 혐의로 중국의 훙샹그룹(鴻祥)74)을 직접 기소했다.

---

74) 훙샹그룹은 중국 동북부 랴오닝(遼寧)성 단둥인 본사인 훙샹그룹은 북한에 핵개발 물품을 지원한 의혹으로 미국의 제재를 받고 있다. 2016년 9월 26일 미국의 행정명령 13382호에 따라 회사 및 관계자들을 제재대상으로 지정했다. 훙샹그룹은 그룹의 모체인 단둥 훙샹실업유한공사와 최대주주인 마샤오훙 등을 제재 리스트에 올렸다. 훙샹은 모체를 통해 북한의 핵미사일개발에 쓰이는 금속재료와 배터리용 극소판 등 핵·미사일 관련 물자를 북

〈그림 11-6〉 북한의 사이버전 기구

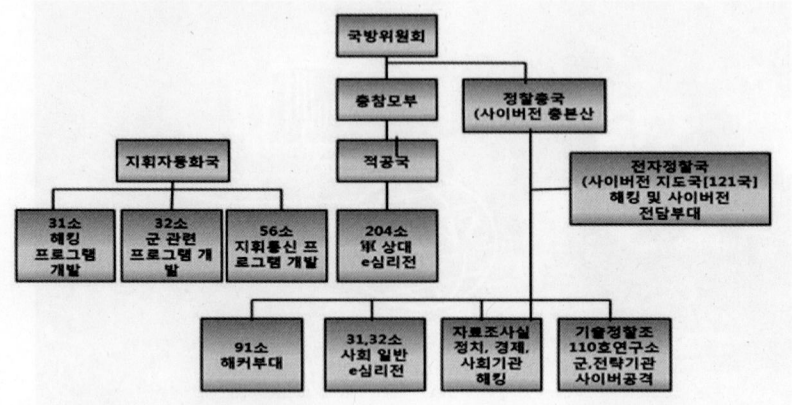

출처: 고려대학교 산학협력단, 사이버위협 시나리오 개발 및 대응방안 연구, 2014, P.59.

북한은 테러리즘과 관련하여 시리아, 이라크 등에 무기를 지원하는 사례가 보고되고 있으나, 구체적인 테러 행위는 보고되지 않고 있다. 그러나 북한의 핵 개발 및 생·화학무기 개발에 따른 긴장상태의 고조는 직접보다는 간접적인 북한의 테러 재개 가능성을 증가시키고 있다.

〈표 11-6〉 최근 북한 소행 의심 사이버사건 현황

발생연도	사건명	공격주체
2009	7.7 디도스	북한
2011	3.4 디도스	
2012	중앙일보 해킹	

한과 밀거래한 혐의로 미국 재무부의 조치에 따라 미국 내 자산은 동결되었다. 미 법무부는 1997년 발효된 '국제비상경제권법'에 따라 미국의 안보에 위협이 될 수 있는 특정국가, 회사, 개인 등에 대한 제재와 제재유지 및 해제 등에 관한 내용이 포함되어 있다.; http://www.focus.kr/view.php?key=20160927; http://www.focus.kr/view.php?key=20160929. 한편 미국 행정명령 13382호는 유엔안전보장이사회 대(對)북한 결의안 2270호에 의거 북한과 거래한 기업·개인·단체 등 제3자까지 구체적으로 제재할 수 있는 근거조항을 동 행정명령에 담았다.

2013	3.20 사이버테러	
	6.25 사이버테러	
2014	한수원 문서유출	
2015	병원전산망 해킹	
2016	청와대 사칭 메일 발송	
	방송사, 교수, 경찰관 사칭 메일발송	
	2개 대기업 전산망 공격	
	인터파크 개인정보 유출	
2017	북한 신년사 악성메일 발송	

자료: 경찰청에서, 홍철호의원에게 자료제공
출처: 안승진, 세계일보, "경찰청 사이버안전과는 단3곳, 사이버테러에 취약한 지방" 2017.8.31

　북한은 중동 및 아프리카 지역의 테러조직이나 단체에 무기를 직·간접적으로 공급할 가능성은 여전히 열려있을 개연성이 높다. 미국의 제재로 북한 김정은 정권의 자금줄은 계속 줄어들고 있으나 중국, 러시아 등의 지원이 제한되는 여건에서 무기밀매를 통하여 테러단체를 간접적인 방법으로 지원할 가능성은 배제할 수 없을 것이다.

2. 테러 및 테러리즘의 발생

　1990년대 말 미국(본토)과 미국(미국 본토이외의 미국의 대사관, 군사기지 등)을 겨냥한 테러리즘이 증가하면서 국제테러는 점차적으로 증가 추세를 보여 왔다. 1999년 이후 테러의 발생빈도를 보면 1999년 (392건/사망 233명, 부상 706명), 2000년에는 (423건/사망 405명, 부상 791명)[75]으로 나타났다. 2014년을 기준으로 테러 발생 건수가

---

75) U.S. Department of State, *Patterns of Global Terrorism*-2000, April 2001.

줄어들고 있으나 2001년 9.11 테러 이전에 비해선 여전히 3배 이상 높게 나타나고 있다. 테러발생이 빈발하는 국가는 2017년도의 경우는 이라크(23%), 아프가니스탄(13%), 인도(9%), 파키스탄(7%) 등 이들 4개 국가에서 일어난 테러공격이 52%로 절반을 넘어서고 있다. 2018년의 경우는 아프가니스탄(549건), 이라크(474건), 시리아(172건), 파키스탄(148건), 나이지리아(130건) 순으로 나타났으며, 테러사건의 유형별 비율에서는 무장공격(46.5%), 폭파(46%), 납치(3.1%), 암살(2.1%), 방화(0.2%), 기타(2.2%) 순으로 나타났다.

〈표 11-7〉 최근 10년간 세계 테러사건 발생현황

구 분	2012	2013	2014	2015	2016	2017	2018
건 수	3,928	4,096	3,736	2,255	1,533	1,978	2,079
사망자수	9,869	11,889	15,909	17,329	8,356	8,299	7,913

주: 1) 건수/사망자수: 2009년(3,376/9,696), 2010년(2,937/10,250), 2011년(3,542/8,803)
출처: 국정원, 『2018년 테러정세 2019년 전망』 2019.2

미국이 테러행위에 가담하였거나 이를 지원하고 방조한 혐의가 있는 나라 등 자국의 안보를 위협할 국가들을 구분하여 관리하는 국가를 총칭하는 의미로 쓰이고 있다. 미국 국무부는 매년 '국가별 테러리즘 보고서(Country Reports on Terrorism)'를 발표하여 국제적 테러행위에 가담하였거나 이를 지원하고 방조한 혐의가 있는 국가를 테러지원국으로 분류하고 있다. 북한은 2008년 10월 테러지원국에서 해제되고, 2015년 4월에는 쿠바가 해제되었다. 2017년 11월까지는 이란, 수단, 시리아 등 3개국이 테러지원국으로 지정돼 있었다. 미국의 트럼프(Donald J. Trump) 행정부는 2017년 11월 20일(현지시간) 북한을 다시 테러지원국으로 지정한다고 발표하면서,76) 국제적으로 테러지원국은 북한을 포함 4개 국가로 늘어났다. 미국 국무부는 1979년부터 수출행정법, 무기수출통제법, 대외원조법 등 3개 법에 근거해 '테러지원국가(States Sponsors of Terrorism)'의 명단을 발표했다. 한편 미 국무부는 2019년 11월 1일(현지시간) 발표한 '2018년 국가별 테러리즘보고서(Country Reports on Terrorism 2018)'에서 북한을 '테러지원국' 명단에 올렸다. 마이크 폼페이오(Mike Pompeo) 미국 국무장관은 북한을 테러지원국에서 해제(2008년)한지 9년만인 2017년 11월 20일 다시 테러지원국으로 지정한 후 3년째 이어가고 있다. 미 국무부는 북한의 지정과 관련 "북한이 해외에서 일어난 몇 차례의 암살사건에 연루되는 등 국제 테러행위를 계속 지원해왔기 때문"이라고 밝혔다.77) 미국 국무부는 테러지원국 지정 국가에 대해서는 무기 수출과 판매금지, 경제적 지원 금지, 각종 금융거래 제한 조치 등 제재를 부과하고 있다. 또한 미국 국무부는 이란은 1984년 테러지원국으로 지정한 이후 2008년에도 가자지구에 있는 팔레스타인 테러단체인 헤즈볼라(Hezbollah)78)를 지원

---

76) 미국 재무부는 11월 7일 북한의 테러활동에 대해 자국의 6340만 달러(약711억원) 규모의 북한 정부 관련 자산을 동결했다고 발표했다. 미국 재무부 산하 해외자산통제실(OFAC)이 미국 의회에 제출한 2017 테러분자 자산보고서에서 밝혔다. 해외자산통제실(OFAC)은 북한 정부를 대신하거나 북한 관련 활동을 하는 개인과 기관이 동결대상이라서 자산규모는 제재대상자의 자산을 포함할 수 있다고 설명했다. 송영조, jobs N, 〈시리즈: 시사상식〉 2018.11.09. jobarajob@naver.com, https://m.post.naver.com/viewer/postView.nhn?volumeNo= (검색: 2019.11)
77) 미 국무부가 매년 발표하는 국가별 테러보고서는 1987년 대한항공 여객기 폭파사건을 가담해 1988년 테러지원국에 처음 지정됐으며, 20년 만인 2008년 재검토 결과 해제하였으나, 2017년 2월 말레이시아 쿠알라룸푸르 공항에서 북한 김정은 국무위원장의 이복형 김정남의 신경가스 암살사건에 북한 정부가 연루되어 테러지원국 해제 이후 9년 만인 2017년 반복적인 테러활동 지원을 이유로 재지정했다.
78) 미국, 이스라엘을 대상으로 테러행위를 일삼는 레바논의 이슬람 시아파 무장단체이다. 무장세력이자 정당조직으로 중동지역 최대의 테러조직이다. 아랍어로 신의 당을 뜻한다. 이란의 호메이니 이슬람 원리주의에 크게 영향을 받았다. 헤즈볼라의 목표는 이스라엘 점령

하는 등 테러관련 행위를 계속하고 있다고 밝혔다. 미국 국무부는 이란이 이란혁명수비대(IRGC)를 통해 국제 테러조직을 지원하고 있다고 설명했다.79) 2019년 11월 현재 '테러지원국가(States Sponsors of Terrorism)'는 이란, 시리아, 수단, 북한 등 총 4개국이 지정되어 있었으나 수단80)이 2020년 12월 테러지원국 명단에서 삭제되었다.

3. 국제적 대테러 협력체계

미국은 9/11 테러이후 대외정책과 관련, 군사정책과 안보전략이 수정되었음을 알 수 있다.81) 특히 조지 W.부시 대통령의 '부시 독트린'

으로부터 레바논 영토 해방, 레바논에 시아 이슬람 국가건설, 서구 국가의 영향력 행사 배제 등을 목표로 하고 있다. 이란과 시리아의 지원을 받고 있는 것으로 알려져 있으며, 이란혁명수비대와 긴밀히 협조하고 있는 무장조직이다.

79) 황시영, 머니투데이, 美, 북한 '테러지원국' 유지 … '위협' 표현은 삭제, 2019.11.02., https://news.mt.co.kr/newsPrint.html?no=2019110217513953748&type=

80) 미국 정부 27년 만에 수단을 테러지원국 명단에서 제외했다. 1993년 테러조직 알카에다의 수장 오사마 빈 라덴에게 은신처를 제공했다는 이유 등으로 아랍국가 수단을 테러지원국으로 지명한 지 27년 만이다. 2020. 12. 14일(현지시간) AFP통신 등에 따르면 이날 수단 주재 미국대사관은 페이스북에서 "(미국) 국무부 장관이 오늘부로 수단을 테러지원국에서 해제하는 통지에 서명했다"고 밝혔다. 이로써 미국이 지정한 테러지원국에는 북한, 이란, 시리아 등 3개국이 남게 됐다. 한국일보 진달래, 美, 테러지원국서 아프리카 수단 삭제…北, 이란, 시리아만 남아, 2020.12.14.

81) 미국은 테러조직과 불량국가들의 대량살상무기 위협에 대처하기 위한 "선제공격"에 중점을 둔 국가안보전략(NSS: National Security Seretegy)을 추진하였다. 조지 W부시의 신 국가안보전략의 기본방향은 첫째, 미국의 강력한 힘과 세계적 영향력은 자유와 평화를 위해 견지하고, 둘째, 탈냉전이후 미국의 군사적 우위에 대한 도전을 불허하며 셋째, 적성국가나 테러조직에 대해서 "억제전략" 대신 "전제공격"전략을 사용한다는 내용을 담고 있다. 미 「국가안보전략」의 주요내용은 ① 미국은 종교와 양심의 자유를 증진하고 억압적 정권의 침해로부터 보호하는데 특별한 노력을 경주하는 미국의 국제전략 개관을 ② 국제테러리즘 척결을 위해 자위권 차원에서 "선제공격"조치를 취할 것임. ③ 적국의 대량 살상무기 위협으로부터 예방 ④ 자유 시장 무역을 통한 국제 경제성장 ⑤ 세계 빈민들에게 발전과 기회 제공 위해 개혁과제 프로그램 지원용 ⑥ 미국의 군사력 우위를 지속 유지 등의 내용이다.

은 선제공격(Pre-emptive Strike or attack)을 허용하고 있다. 그러나 선제공격은 테러집단과 테러국가에 한정하여 공격한다는 것을 의미하며, 테러와 관련된 정보를 제시할 수 있어야 된다는 것을 의미한다. 미국이 대 이라크 전에서 명분으로 삼았던 대량 살상무기(WMD)와 테러 흔적을 찾기에 혈안이 된 것도 다 이유가 있는 것이었다. 전 세계를 향해 명분을 제시해야 하는 부담을 느끼고 있는 것이다.

그리고 그렇게라도 해야 미국으로서도 자유(Free), 정의(Justice)의 전쟁이 되기 때문이다. 미국의 핵정책(Nuclear Policy)에는 지금도 3D가 존재하고 있다. 첫째, Deter, 둘째, Dissuade, 셋째, Defeat 정책이 있다. 이중에서 Deter와 Dissuade는 비확산 전략이고 Defeat는 반확산 전략으로 상대를 칠 때 핵 공격이 아닌 재래식 공격 후에 최종적으로 Nuclear을 사용한다는 의미를 담고 있다.[82] 따라서 앞에서 언급한 선제공격 역시 처음부터 핵을 사용하는 것이 아니라, Defeat 단계에서 핵을 사용한다는 것이다. 즉, 평화적으로 재래식 공격으로 다해 보고 그래도 적의 공격의지를 꺾을 수 없을 때, 최후적으로(lastly) or finally) 핵을 사용한다는 의미이다. 미국은 사이버 위협의 빈도와 복잡성이 증대됨에 따라 사이버 방어와 사이버 능력 발전에 높은 우선순위를 부여하고 있다. 미 국방부는 미국의 국익[83]을 위해 위협하는 적의

---

[82] U.S. DoD, Quadrennial Defense Review Report, September 30, 2001. http://www.defenselink.mil/pubs/qdr2001.pdf. (검색일: 2002.12.23)

[83] The 2017 U. S. *National Security Strategy*, U. S. National Interests(국가이익)을 1. Protect the American people, the homeland, and the American way of life (미국 국민, 영토, 생활양식 보호). 2. Promote American prosperity through fair and reciprocal economic relationships to address trade imbalances.(미국번영을 촉진). 3. Preserve peace through strength by rebuilding our military so that it remains preeminent, and rely on allies and partners to shoulder a fair a=share of the burden of responsibility to protect against common threats; and,(힘을 통한 평화유지). 4. Advance American influence by compmultilateral

사이버 작전을 억제하고 거부하는 활동을 지속적으로 펼 것이다. 미국은 사이버위협(cyber threat)을 억제하고 격퇴시키기 위해서는 관련 이해 당사자들과의 강력한 연대가 필요하며 이를 위해 미국 정부, 기업, 동맹국과 파트너 국가들의 고유한 권한, 책임, 역량을 동시에 고려해야 한다84)고 강조하고 있다.

테러리스트 네트워크 등장은 2000년 이래 지난 10년 동안의 국제안보 환경을 특징지울 수 있는 중요한 현상의 하나로 자리 잡았다. 국가가 아닌 초개인 또는 초집단(그룹)으로 특정 국가를 상대로 대량살상무기(WMD)를 사용, 위협을 가하고 있다. 또한 테러리스트 네트워크는 급진적인 신정 독재체제에 이슬람교도들을 복속시키려는 의도를 갖고 협박과 선전·선동으로 무차별적인 폭력을 사용한다. 이러한 테러리스의 특징은 ① 분산된 형태의 다국적·다인종적이다. ② 특정종교 집단에 의해 사주를 받고 있다. ③ 초개인적·초집단적 단위로 국가를 상대로 테러를 실시한다. ④ 대량살상무기로 무장하여 미국과 그 동맹국에 대해 집중적인 공격을 감행한다. ⑤ 세계화를 반대하고 자유의 확산을 거부한다. ⑥ 인종과 종교를 불문하고 무고한 시민을 살육한다.

테러리즘과 싸우기 위한 국제적 노력은 지속되고 있으나 지역별 진영간 첨예한 갈등으로 점철되어 왔다. 그러나 국제사회는 공통의 목표를 가지고 테러리즘에 대항하기 위한 협력 체제를 강화하고 있는 추세이다. 그러나 테러리즘의 정의와 대응방안, 협력을 위한 시스템 구축 등은 지역별 국가별 현격한 차이로 더딘 진전을 보이고 있다. 이를 위한 국제적 노력의 시초는 1926년 대테러 국제협약의 필요성이 대두되

---

organizations so that American interests and principles are proected.(미국의 영향력을 증진)
84) KIDA, 『Quadrennial Deffnse Review 2014』, p.30

었던 '제1차 국제형법전회의(First International Conference of Penal Code)로부터 시작되었으나, 포괄적인 협약의 제정은 실현을 이루지 못했다. 그러나 오늘날 일부 테러행위에 관련된 12개의 국제협약과 의정서가 발효 중에 있다. 국제협약과는 별도로 지역별 반테러조치가 1971년 미주기구조약(OAS Convention to Prevent and Punish Acts of Terrorism Taking the Form of Crimes against Persons and Related Extortion that are of International Significance), 유럽연합(EU), 1987년 남아시아지역협력기구조약(SAARC: South Asian Union for Regional Convention on Suppression Terrorism), 1999년 아랍연맹 및 아프리카통일기구조약(OAU: Organization of African Unity Convention on the Prevention and Combating Terrorism)에서 추진되고 있다.[85] 1937년 11월 16일, 국제연맹이 주관하여 '테러 방지 및 처벌에 관한 협약(Convention for the Prevention and Punishment of Terrorism)'제네바에서 체결되었으나 2개국만이 비준하였기 때문에 이 협약은 효력을 발휘하지 못했다. 1971년 2월2일 워싱턴에서 체결된 '외교관 납치에 관한 범 미주협약(Inter-American Convention on the Kidnapping of Diplomats)'은 라틴아메리카의 빈번한 정치적 납치에 대응하려는 미주기구(OAS)에 요청된 것이었다. 이 협약의 조문은 국내입법을 통한 특정행위의 처벌과 범죄자의 송환에 대한 합의에 초점을 두었다. 정치적인 범법자를 대우하거나 피난처를 제공하지 않을 것을 특히 강조하였다. 이 협약은 집단학살, 노예 및 해적행위에 관한 협약과 거의 유사하게 범죄 장소에 무관하게 '인간성에 대한 국제적 범죄'라는 새로운 범주를 설정하고 모든

---

[85] Thalif Deen, "Counter-Terrorism Committee evaluates reports," JDW.11/01/02

참가국이 처벌할 수 있도록 하였다.86)

인권침해는 공소시효가 적용되지 않는 국제적인 반 인도범죄(Crimes against Humanity)의 성격을 갖고 있다. 따라서 이들 신고 사건에 대해서는 국제적인 표준모델에 따라 한국의 최고규범인 헌법은 물론 인류의 보편적 가치를 표명하고 있는 국제인권규범들 중 북한도 비준·가입하고 있는 4대 국제인권조약, 즉 「시민적 및 정치적 권리에 관한 국제규약」(ICCPR ; International Covenant on Civil and Political Rights), 「경제적, 사회적 및 문화적 권리에 관한 국제규약」(ICESCR ; International Covenant on Economics, Social and Cultural Rights), 「여성에 대한 모든 형태의 차별철폐에 관한 협약」(CEDAW ; Convention on the Elimination of ALL Forms of Discrimiation aganist Women), 「아동권리 협약」(CEDAW ; Convention on the Rights of the Child)과 국제적인 반 인도범죄를 대표적으로 정의하고 있는 「국제형사재판소에 관한 로마규정」(Rome Statute of the International Criminal Court) 제7조87) 등을 근거로 하고 있다. 특히, 1989년 11월 20일 유엔총회에서 채택된 국제적 인권조약으로 2005년 192개 국가가 협약을 비준한 유엔아동권리협약(Convention on the

---

86) 문광건·김환청·엄태암·고필훈, 『뉴테러리즘의 오늘과 내일』(서울: 한국구방연구원, 2003), pp.174~175.
87) 로마규정 제7조는 (a) 살해(murder), (b) 노예화(enslavement), (c) 강제이주(forcible transfer of population), (d) 자의적 구금(Imprisonment or other severe deprivation of physical liberty in violation of fundamentl rules of international Law), (e) 고문(torture), (f) 강간 등(Rape sexual slavery, enforced prostitution, forced pregnancy, enforced sterilization, or any other form of sexual violence of comparable gravity), (g) 박해(Persecution), (h) 강제실종(Enforced disappearance of persons), (i) 비인도적 행위(Other inhumane acts of a similar character intentionally causing great suffering, or serious injury to body or to mental or physical health),

Rights of the Child)에 의하면 아동들에게 일어나는 성과 관련된 모든 일들을 보호하도록 명시되어 있다. 그러나 북한은 성별과 남녀노소를 불문하고 온갖 고문과 폭행, 비인도적 행위, 성폭행 및 성적노예화, 살해 등을 자행하고 있다. 북한의 자유와 인권 개념에 대한 해석은 당이 독점하고 있다.88) 특히 북한의 정치범수용소에서의 비인간적 가혹행위는 탈북자의 증언에 의해서 밝혀져 충격을 주고 있다. 정치범수용소에서는 남녀노소, 영유아를 불문하고 고문·감금·성폭행 등으로 과거부터 악명이 높았던 곳이기도 하다.

유엔아동권리협약(Convention on the Rights of the Child) 제34조 당사국은 모든 형태의 성적 착취와 성적 학대로부터 아동을 보호할 의무를 진다. 이 목적을 달성하기 위하여, 당사국은 특히 다음의 사항을 방지하기 위한 모든 적절한 국내적, 양국 간, 다국 간 조치를 취하여야 한다. (1) 아동을 여하한 위법한 성적 활동에 종사하도록 유인하거나 강제하는 행위 (2) 아동을 매음이나 기타 위법한 성적 활동에 착취적으로 이용하는 행위, (3) 아동을 외설스러운 공연 및 자료에 착취적으로 이용하는 행위 등이 있다. 제35조 당사국은 여하한 목적과 형태의 아동의 약취 유인이나 매매 또는 거래를 방지하기 위한 모든 적절한 국내적, 양국 간, 다국 간 조치를 취하여야 한다.

1948년 12월 10일 채택된 세계 인권선언(Universal Declaration of Human Rights) 제3조에는 "모든 사람은 생명, 자유 및 신체안전에 관한 권리를 지닌다."고 명시돼 있으며 제17조 1. 2항은 "사람은 누구를 막론하고 단독으로 혹은 다른 사람과 공동으로 재산을 소유할

---

88) Ho-Min, Yang, "North Korean-Style 'Freedom and Human Rights'," in Chio Sung Chul, ed., *human Rights in North Korea* (Seoul: Center for the Advancement of North Korean Human Rights, 1995), pp.9~15.

권리를 지니며(1항) 자의적으로 재산을 박탈당해서는 안 된다(2항)고 규정하고 있다.89) 한편 1948년의 '대량학살협약(Genocide Convention)'에서도 테러리즘의 표적이 되는 생명과 관련 가치의 보존에 대해 언급하고 있다. 위 협약에서 금지된 행위(forbidden conduct)는 다음과 같다. 단체구성원의 살해, 특정집단에 대한 심각한 신체적 손상이나 혹심한 정신적 스트레스의 야기 및 단체에 대한 전부 또는 일부의 물리적 파괴를 유발할 수 있는 조건을 고의적으로 부과하는 내용을 포함하는 내용의 합의에도 불구하고 형사사법권에서 제외된다고 간주되었던 3개 분야에서는 유엔에서의 입법조치를 할 수 없었다. 2001년 미국에서 발생한 9.11 테러 이후에는 유엔안전보장이사회 회의(2001.9.28.)에서 결의 1373호로 테러행위의 비난과 함께 모든 국가들이 범세계적 대응에 나설 것을 결의했다. 이 결의는 구체적으로 ① 테러 자금 조달의 봉쇄(containment) 또는 사후 동결 조치, ② 테러행위와 관련한 사람 또는 단체에 대한 지원 금지, 타국과의 정보교환, 테러행위자의 피난처 제공 금지, 테러행위의 자금조달 등과 관련한 수사 또는 형사절차에서 타국에 최대한 지원, ③ 위조여권, 무기폭발물 거래, 테러집단의 통신기술의 사용 등에 대한 정보교류 강화, 국제테러 관련 협약의 조속한 가입, 테러행위자를 정치범에서 제외, ④ 국제테러리즘과 그 조직 간의 불법 마약, 자금세탁, 불법적 무기거래, 핵물질, 화학물질, 생물학적 물질 및 기타 치명적인 물질의 불법적 이동에 대해 주시할 것을 요구하였다. 현재 발효 중인 테러관련 12개 국제협약과 의정서의 종류와 내용은 다음과 같다.90) ① 항공기 내에서 범한 범죄 및 기타행

---

89) http://www.un.org/en/documents/udhr/index. (검색일: 2011. 9. 6)
90) 테러관련 국제협약의 명칭, 당사국 수, 발효일자는 리처드 히스 저·장성민 역, 『미국 외교 정책의 대반격』. (서울: 김영사, 2005), p.238 참조

위에 관한 협약(Convention on Offences and Certain Other Acts Committed on Board Aircraft, 1963)은 '1963년 일명 도쿄협약'이라고도 한다. ② 민간항공기의 안전에 대한 불법적 행위의 억제를 위한 협약(Convention for the Suppression of Unlawful Acts against the Safety of Civil Aviation, 1971, 일명 몬트리올협약이라고 한다.) ③ 국제적으로 보호받는 자(외교관을 포함)에 대한 범죄의 방지 및 처벌에 관한 협약(Convention on the Prevention and Punishment of Crimes against Internationally Protected Persons, including Diplomat Agents, 일명 국가대표 등에 관한 범죄방지협약, 1973년 12월 14일 UN총회에서 채택, 1977년 2월 20일 발효), ④ 인질억류방지에 관한 국제협약(International Convention against the Taking of Hostages, 일명 인질행위금지협약이라고 함, 1979년 12월 17일 UN총회에서 채택, 1983년 6월 3일 발효), ⑤ 핵물질의 방호에 관한 협약(Convention on Physical Protection of Nuclear Materials, 1980년 채택(비인), 1987년 2월 8일 발효),[91] ⑥ 민간항공의 안전에 대한 불법적 행위의 억제를 위한 협약, 즉 민간항공의 안전에 대한 불법행위 억제 협약(Convention for the Suppression of Unlawful Acts against the Safety of Civil Aviation, 1971. 9.23 서명, 1973. 1.26. 발효),[92] ⑦ 민간항공기의 안전에 대한 불법한 행

---

[91] 이 협약은 국제 핵 운송 중에 있는 평화적 목적에 사용되는 핵물질에 대해, 이것의 불법 소유, 사용, 이전 및 절도, 핵물질을 이용하여 사망, 상해 도는 재산상 중대한 손해를 야기하는 행위를 범죄로 규정한다.(제7조)
[92] 1971년 '몬트리올협약'은 불법적으로 그리고 고의적으로 비행중인 민간항공기에 탑승한 자를 상대로 폭력행위를 행하고 그 행위가 그 항공기의 안전에 위해를 할 가능성이 있는 경우, 항공기에 폭발물을 설치할 경우 이러한 행위를 범죄로 규정하고 있다(제1조). 동 협약은 '항공기의 불법납치억제를 위한 협약'으로 담당되지 않는 공중납치 이외의 항공 테러행위, 특히 항공기폭파 등을 처벌·방지하기 위한 다자간 조약이다

위의 방지에 관한 조약을 보충하는 국제민간항공기의 사용되는 공항에서의 불법한 폭력행위의 방지에 관한 의정서(Convention for the Suppression of Unlawful Acts of Violence at Airport Serving International Civil Aviation, supplementary to the Convention for the Suppression of Unlawful Acts Against the Safety of Civil Aviation, 일명 '몬트리올 협약의정서'라고 함, 1989년 2월 24일 채택, 1989년 8월 6일 발효),93) ⑧ 해양 항행의 안전에 대한 불법적 행위의 방지에 관한 협약(Convention for the Suppression of Unlawful Acts Against the Safety of Maritime Navigation, 1988년 3월 10일 서명, 1992년 3월 1일 발효),94) ⑨ 대륙붕 상에 고정된 플랫폼의 안전에 대한 불법적 행위 억제를 위한 의정서(Protocol for the Suppression of Unlawful Acts Against the Safety of Fixed Platforms Located on the Continental Shelf, 1988년 3월 10일 채택, 1992년 3월 1일 발효),95) ⑩ 테러 자금조달 억제협약(Interna-

---

93) 몬트리올 협약 의정서, 1988 - 국제민간항공의 공항에서 불법적 행위억제에 관한 의정서. 몬트리올협약(1971년)에 대한 보충판으로 어떠한 기구, 물품 또는 무기를 사용하여 불법적으로, 고의적으로 다음의 행위를 할 경우, (1) 범죄행위국제공항에 근무 중인 자에 대하여 폭력을 행하고 그 행위가 인명의 부상이나 사망의 결과를 가져오거나 그러한 가능성이 있는 경우의 행위, (2) 국제공항 또는 국제공항에 주기해 있는 항공기에 대한 파괴 또는 공항 업무 방해 행위(만약 그러한 행위가 해당 공항의 안전을 위협하거나 위협할 가능성이 있을 경우)
94) 해상테러 관련 협약으로 이 협약은 기본적으로 국제민간항공에서 확립된 체계를 국제항행에 적용시킨다. 폭력 또는 위협을 사용하여 선박의 지배권을 행사하거나, 선박 상 인원에 폭력을 가하여 선박의 안전 항해에 위험을 초래하거나, 선박에 파괴 장치나 파괴물질을 선전하는 등 선박의 안전에 반하는 행위를 범죄로 규정하고(제3조), 당사국은 범죄가 자국 등록 선박에서 행해지거나, 자국 영토 및 영해 내에서 행해지거나, 자국민에 의하여 행해진 경우 그 관할권을 행사하도록 규정한다(제6조1항). 문광건·김환청·엄태암·고필훈, 『뉴 테러리즘의 오늘과 내일』, (서울: 한국 국방연구원, 2003), p.182.
95) 국제항공에서 확립된 체계와 유사한 체계를 수립하고 있는 이 의정서는 항해의 안전에 대한 불법적 행위의 억제를 위한 협약의 상당수 규정을 원용한다. 의정서는 폭력 또는 위협을 사용하여 고정 플랫폼의 지배권을 행사하거나, 고정플랫폼의 인원에 폭력을 가하여 그

tional Convention for the Suppression of Terrorist Financing, 일명 폭탄테러 방지(억제) 협약, 1997년 12월 15일 UN총회에서 채택, 2001. 5. 23발효) 등 '테러자금제공방지협약'에서는 이상 9개 조약에서 범죄로 규정하고 있는 행위를 자금제공을 금지하는 대상으로서의 '테러리즘'의 정의로서 채용한 것이다. 한편 2006년 4월 코피아난 UN 사무총장은 2000년의 Millennium Summit의 성과문서 후속작업의 일환으로서 '테러리즘에 대한 결집: 세계적 반테러 전략에 관한 권고 (Uniting against terrorism: recommendations for a global counter-terrorism strategy)'라는 문서를 공표했다.96) 위 문서는 부속서 II(ANNEX)에서 '국제테러리즘의 방지에 관한 보편적 문서(Universal instruments related to the prevention and suppression of international terrorism)'로서 13개의 조약을 등재하고 있으나 언급한 '테러자금제공방지협약' 및 동 조약 부속서에 열거된 조약, 즉 10개의 조약 외에 다음 3개의 조약이 열거되어 있다.97) - ① 항공기 내에서 실행된 범죄 기타 어떤 종류의 행위에 관한 협약 - 즉, 항공기내 범죄 및 기타행위 협약(Convention on Offences and Certain Other Acts Committed on Board Aircraft, 1963년 8월 14일 서명, 1969년 12월 4일 발효), ② 가소성 폭약의 탐지용 표지(식별조치)

고정 플랫폼의 안전에 위험을 초래하는 경우, 이를 파괴하거나 안전에 위험을 초래할 장치 또는 물질을 설치하는 행위를 범죄로 규정하고(동 의정서 제2조) 있다. 문광건·김환청·엄태암·고필훈, 『뉴 테러리즘의 오늘과 내일』, (서울: 한국 국방연구원, 2003), pp.182~183.
96) "Uniting against terrorism : recommendations for a global counter- terrorism strategy, Report of the Secretary-General", U.N.Doc. A/60/825,27 April 2006.
97) Uniting against terrorism : recommendations for a global counter- terrorism strategy, Report of the Secretary-General"Supra note 11, Annex II, Status of universal instruments related to the prevention and Suppression of International terrorism, pp.31~32.; 유재형, "테러리즘의 국제법적 규제", 『대테러연구』(서울: 경찰청 대테러센터, 2007), pp.179~180 재인용.

에 관한 협약(Convention on the Marking of Plastic Explosives for the Purpose of Detection, 1991년 3월 1일 서명, 1998년 6월 21일 발효),98) ③ 핵 테러리즘 행위의 방지에 관한 협약(International Convention for the Suppression of the Suppression of Act Nuclear Terrorism, 일명 핵 테러방지협약, 2005년 4월 13일, UN총회에서 채택, 미발효) 등이 있으며, 이들 13개 조약에서 국제 테러리즘을 규제할 수 있는 근거가 되고 있다. 이외에도 국제연합(UN)에서 결의하는 각종 결의안도 마찬가지로 테러리즘을 규제하는 주요 근거가 되고 있다.99)

2015년 11월 프랑스 파리에서 발생한 연쇄 테러(serial terror)가 테러리즘의 형태를 보다 더 진화된 행태로 발전시켰다. 기존의 이슬람 급진주의 무장단체 위주로 행해지든 것에서 벗어나 '외로운 늑대'와의 합작형태(joint venture form)로 진화하고 있다는 점에 주목해야 한다. 파리에서 발생한 테러가 이에 해당한다. 테러를 계획하고 준비(훈련·자금 조달 등)는 IS가 담당하고 현지 사정에 밝은 '외로운 늑대'(자생적 테러리스트)가 테러를 시도할 장소와 대상, 방법을 담당하는 식으

---

98) 이 협약은 1988년 팬암기 폭발직후 조인된 협약으로서 표시되지도 않고 탐지할 수 없는 플라스틱 폭발물의 사용을 규제하기 위한 것이다. 각 회원국이 각국에서 표기가 없는 폭발물을 운송하는 것을 금지하고 조금의 수량이라도 보유할 시에는 엄중하고 효과적인 통제를 가해야만 합니다. 위 협약은 국제민간항공기구(ICAO: international civil aviation organization) 에게 특별 권한을 주었으며, 특히 그중에서도 국제폭발물기술위원회(the International Explosives Technical Commission)에게 아넥스 부속서 및 협약 실행을 촉진시키기 위한 방법에 관한 절차를 위임하고 있습니다. 동 조약의 비준목적은 가소성 폭약의 탐지용 표지를 위한 방법을 도입함으로써 항공보안을 증진시키고 표기가 없는 플라스틱 폭발물 제조를 금지하고 방지하는 데 있습니다. 당사국은 자국 영토 내에서 표시되지 않은 플라스틱 폭발물에 대한 효율적인 통제를 확보할 의무가 있다. 당사국은 표시되지 않은 플라스틱 폭발물의 제조금지, 표시되지 않은 폭발물의 영토 내 반입 및 영토 외 반출금지 등이며, 한국은 1991년 3.1일에 서명하였다.
99) UN 결의안과 관련한 세부적인 사항은 유재형, "테러리즘의 국제법적 규제", 『대테러연구』 (서울: 경찰청 대테러센터, 2007), pp.181~184 참조.

로 분화되어(differentiatedly) 진화하는 행태를 띠면서 테러를 사전에 예방(prevention)하기가 어려워지고 있다. 이슬람 테러집단은 유럽을 중심으로 아시아·아프리카 등 전 세계에 광범위하게 분포되어 있다. 한편 9.11 이후 국제 안보 최대의 우려사항으로 제기되는 것은 테러리즘과 대량살상무기(WMD)의 연계이다. 이를 위해 '핵테러 방지 글로벌 구상(GICNT)' 관련 특히 핵테러는 살상(殺傷) 및 오염효과가 장기간 지속될 수 있고, 일반 대중의 심리적 공황상태를 초래할 수 있어 국제사회의 특별한 경계의 대상이 되고 있다. 특히 국제사회는 G-8 글로벌 파트너쉽100) 등을 통하여 구소련 등에 산재한 핵 시설 및 장비의 해체와 안전 및 방호조치 강화를 위해 노력해서나, 예방조치(preventive measures) 강화만으로는 핵물질(Nuclear Material)의 불법거래 등에 완벽히 대응할 수 없다는 점 때문에 새로운 대응 체제(new response system)의 필요성이 제기되고 있었다. 이에 미·러 양국 정상은 2006년 7월 G-8(최근 G-7으로 변경) 정상회의에서 핵물질의 불법거래 탐지 능력(detection capability) 강화와 정보교환 촉진에 중점을 둔 새로운 국제 협력체제(international cooperative system)의 수립을 골자로 하는 핵테러 방지 글로벌 구상(GICNT: Global Initiative to Combat Nuclear Terrorism)을 발표·출범시켰다. 동 선언에 따라, 미·러를 공동 의장으로 한 13개 원회원국과 IAEA(옵저버)는 2006년 10월 모로코에서 제1차 당사국 회의를 가지고 GICNT 원칙선언(SOP: Statement of Principles)을 채택했다.

한국은 2007. 5.22 정식 회원국으로 가입했고, 2007년 6월 현재 총 51개 회원국과 2개 옵저버(IAEA와 EU)가 참여중이다. 핵테러 방지 글

---

100) 원 회원국은 G-8(미국, 러시아, 영국, 프랑스, 독일, 일본, 캐나다, 이탈리아), IAEA(옵저버) 자격으로 호주, 중국, 카자흐스탄, 터키, 모로코 등이 참여하고 있다.

로벌 구상(GICNT)의 원칙 선언문은 핵테러 억제협약(International Convention for the Suppression of Acts of Nuclear Terrorism), 핵물질 방호협약(CPPNM: Convention on the Physical Protection of Nuclear Material) 및 2005 개정 CPPNM과 안보리 결의 1373호(대테러) 및 1540호(WMD 비확산) 등의 국제법과 자국 국내법에 따라 행동할 것을 서약하도록 되어 있으며, 세부 이행 내용은 다음과 같다.101)

〈그림 11-7〉 세계 주요 이슬람 테러집단 분포도

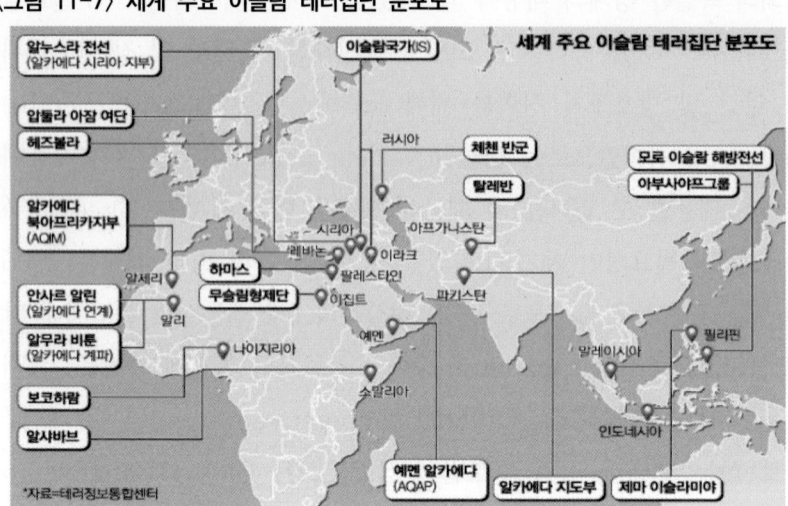

자료: 한국, 테러정보통합센터, 매일경제, 문수인, 'IS·알카에다 악의 세력연대?... 전 세계 테러 도미노 공포' 재인용, 2015.11.22.

---

101) 핵테러 방지 글로벌 구상(GICNT)는 기존의 법령에 따라 자발적으로 핵테러 억제를 위한 조치를 시행하고 정보교환 및 협조체제를 구축하기 위한 국제협력체제이며, 조약에 의해 설립된 국제기구가 아니다 1) 핵 및 방사능 물질 계량관리, 통제, 물리적 방호체제 개선, 2) 민간 핵 시설 보안을 향상, 3) 핵 및 방사능 물질 탐지 능력 향상과 통제능력 강화, 4) 테러리스트에 지원 및 피난처 제공 금지, 5) 테러리스트 및 핵 테러 행위 처벌 규정 도입, 6) 핵 테러 확인, 대응, 사후대책, 수사능력 향상, 7) 핵 테러 및 방조 억제 관련 정보 공유를 촉진. 외교부 〉 국제기구정책관, 핵 테러 방지 글로벌 구상(GICNT) 관련 주요 이슈, 2007-10-11, http://www.mofa.go.kr/www/brd/m_3989/view.do?seq=307425 (검색: 2020.05.29.).

〈표 11-8〉 IS 테러 전술의 변화

Before 파리테러	구 분	After 파리테러
선전·선동·비디오·잡지	지 령	암호화된 인터넷 메신저
외로운 늑대 또는 IS	기 획	임무분담 • 훈련·자금조달: IS • 장소·대상·방법 물색: 외로운 늑대
외로운 늑대 단독 또는 IS 지원	성 향	외로운 늑대+ 테러 전문요원
무작위·소규모	규 모	작위·대규모
장소 불문	장 소	역·공연장 등 다중이용시설
자살폭탄, 차량이용, 폭탄 등	방 법	무장드론, 공포 극대화

주: 1) 규모·장소·방법은 필자가 추가 및 정리
자료: 미국·유럽정보당국(구분의 지령·기획·성향)
출처: Korea Daily, 이동현, 파리테러는 'IS조직과 외로운 늑대 합작품' 2015.11.23.; http://www.koreadaily.com (검색: 2020.01.10.)

　　유엔은 테러에 대응하는 190여개 회원국들은 화학테러의 대응수준을 향상하기 위해 대터러위원회(CTC: Countererterrorism Committee)를 설립하고, 비행의 안전 확보, 항공로나 공항 및 항공시설 발달의 촉진, 부당경쟁에 의한 경제적 손실의 방지 등을 목적으로 하는 국제민간항공기구인 ICAO(International Civil Aviation Organization), 국제해사기구(International Maritime Organization)는 선박의 항로, 교통규칙, 항만시설 등을 국제적으로 통일하기 위하여 설치된 유엔 전문기구로 테러관련 물질의 선적을 금지하는 임무도 병행하여 수행하는 국제해사기구로 IMO(International Maritime Organization)가 있으며, 국제원자력기구인 IAEA(International Atomic Energy Agency) 등이 있다. 테러를 방지하기 위한 국제기구가 설치되어 활동하고 있다. 또한 테러방지를 위한 국제협약 및 의정서는 12개[102]가 있

---

[102] 1) 항공기내에서 범한 범죄 및 기타행위에 관한 협약(1963년 동경협약), 2) 항공기의 불

다. 테러조직의 자금흐름과 자금세탁 방지를 전문으로 운영하는 국제자금세탁방지기구(FATF)[103]는 유엔 협약 및 유엔 안보리 결의와 관련한 금융조치를 이행하는 행동기구로, 자금세탁이나 테러·대량살상무기 확산을 막는 업무를 한다.[104]

〈표 11-9〉 국제자금세탁방지기구(FATF)회원 국가

지역	OECD 국가	非OECD 국가	국제기구
유럽(20)	영국, 아일랜드, 아이슬란드, 독일, 프랑스, 네덜란드, 벨기에, 룩셈부르크, 오스트리아, 스위스, 이탈리아, 스페인, 포르투칼, 그리스, 스웨덴, 노르웨이, 핀란드, 덴마크	러시아	European Commission
미주, 기타(7)	미국, 캐나다, 멕시코	브라질, 남아공, 아르헨티나	GCC(Gulf Cooperation Council
아태지역	한국, 호주, 일본, 터키, 뉴질랜드	중국, 인도, 홍콩, 싱가포르, 말레이시아	

법납치 억제를 위한 협약(1970년 헤이그 협약), 3) 민간항공기의 안전을 위한 몬트리올 협약의정서(1971년), 4) 외교관등 국제적 보호인물에 대한 범죄의 방지 및 처벌에 관한 협약(1973년), 5) 인질억류방지에 관한 국제협약(1979년), 6) 핵 물질의 방호에 관한협약(1980년), 7) 항해의 안전에 대한 불법행위의 억제를 위한 협약(1988년), 8) 민간항공의 안전에 대한 불법적 행위의 억제를 위한 협약(1971년 몬트리올 협약), 9) 대륙붕상에 소재한 고정플랫폼의 안전에 대한 불법행위의 억제를 위한 의정서(1988년), 10) 가소성 폭약의 탐지용 표지(식별조치)에 관한 협약(1991년), 11) 폭탄테러행위의 억제를 위한 국제협약(1997년), 12) 테러자금차단을 위한 국제협약(1999년).
자료: https://blog.naver.com/bswsz/221325264497 (검색: 2020.02.10.)

103) FATF의 설립 목적은 UN 협약*과 안보리 결의와 관련된 금융조치(Financial Action)의 이행을 위한 행동기구(Task Force)로서 '89년 설립 * 비엔나 협약('88, 마약), 테러자금 조달 억제에 관한 UN협약('99), 팔레르모 협약('00, 조직범죄), 메리다 협약('03, 부패) 등 마약자금('89)에서 중대범죄의 자금세탁('96), 테러자금조달('01), 대량살상무기 확산 금융('12) 방지로 관할범위를 지속 확대, Financial Action Task Forceon Money Laundering, 國際資金洗灌防止機構.

104) 금융위원회, 이귀웅·김민수, "FATF(국제자금세탁방지기구) 상호평가 대응방향" 및 『국가 자금세탁·테러자금조달 위험평가』 결과 발표 보도자료, 2018.11.27.

| 계(37) | 26 | 9 | 2 |

주: 1) OECD 33개국 중 7개국이 미가입(폴란드, 헝가리, 체코, 슬로바키아, 칠레, 이스라엘, 슬로베니아)
출처: 연합뉴스, 이지헌, 자금세탁방지 국제기구 총회 부산서 개막, 2016.06.22.; https://news.naver.com/main/read.nhn?oid=001&aid=0008488565 (검색: 2020.02.10.)

한편 국가 ML/TF 위험평가의 배경과 목적은 ▲자금세탁(ML, Money Laundering)105)은 범죄행위로부터 획득한 불법재산을 합법 재산으로 위장·변환하는 행위로, 범죄자가 범죄목적을 달성할 수 있도록 하여 사회에 심각한 폐해를 초래하며, 이는 테러자금조달(TF, Terrorist Financing)106) 또한 국제사회의 안전을 심각하게 위협하는 요소로 인식하고 있다. 한국뿐만 아니라 그 어떤 나라도 자금세탁/테러자금조달(ML/TF)에서 자유롭지 못하며, 범죄자들은 우리 사회의 취약한 분야를 이용하여 끊임없이 범죄자금을 합법화하고, 금융의 순수성을 저해하며, 사회의 안전과 안정을 위협하고 있다. 국제사회는 일찍부터 자금세탁방지/테러자금조달금지(AML/CFT, Anti-Money Laundering/Countering the Financing of Terrorism) 제도를 도입하였으며, 한국도 '01년부터 관련 법률을 제정하고 금융정보분석원을 설립·운영하는 등 AML/CFT 제도를 성공적으로 도입·운영하여 왔다. AML/CFT 제도는 금융

---

105) 자금세탁을 최초로 정의한 UN의 "마약류와 향정신성 물질의 불법거래 방지 협약"(1988, 비엔나 협약)에 의하면 자금세탁은 '범죄행위로부터 발생한 자산이라는 사실을 알면서 (i) 당해 자산의 출처를 은닉하거나 위장할 목적으로 또는 범죄를 저지른 자들의 법적 책임을 면하도록 도울 목적으로 해당 자산을 전환 또는 양도하는 행위, (ii) 당해 자산의 성질·출처·소재·처분·이동·권리·소유권을 은닉하거나 가장하는 행위, (iii) 당해 자산을 취득·소지·사용하는 행위' 중 어느 하나로 정의된다.
106) 테러자금조달을 우리나라 법률(공중 등 협박목적 및 대량살상무기확산을 위한 자금조달행위의 금지에 관한 법률)은"국가·지방자치단체 또는 외국정부의 권한행사를 방해하거나 의무 없는 일을 하게 할 목적으로 또는 공중에게 위해를 가하고자 하는 등 공중을 협박할 목적으로 행하는 행위에 사용하기 위하여 모집·제공되거나 운반·보관된 자금이나 재산"으로 정의한다.

정보를 활용하여 범죄자금을 추적·몰수·차단하며, 테러자금조달을 차단하고, 사회정의 확립과 사회 안전에 기여하고 있다. 한국도 AML/CFT 제도의 효용성을 인정하고, 자금세탁과 테러자금조달을 방지하기 위한 제도를 지속적으로 강화해 왔으며, 국제적으로도 성공적인 AML/CFT 제도 구축·운영 사례로 인정받고 있음을 부인할 수 없다. ▲FATF 국제기준은 각국이 자국의 자금세탁/테러자금조달 위험을 확인·평가·이해하고, 정책을 통해 위험을 효과적으로 경감시킬 것을 요구하고 있다. 이것은 AML/CFT 제도 운영·개선의 출발점이며, 이를 위해 각국은 "국가 자금세탁/테러자금조달 위험평가(NRA)"[107]를 실시했다. 이러한 접근방식은 각국이 AML/CFT 제도를 운영할 때 한정된 자원을 우선순위에 따라 보다 효율적으로 활용하게 하려는 것으로, 고위험에는 자원을 우선 투입하고 저 위험에는 대응을 완화하는 위험기반접근법(RBA)[108] 원칙을 모든 정책·감독, 법규, 자원배분에 적용하는 것이다. ▲한국은 ML/TF 위험평가에 FATF가 지침서(Guidance)를 통해 제시하고 있는 NRA의 핵심개념을 사용하였다.

---

107) 자금세탁/테러자금조달 위험평가(NRA)는 NRA(National Money Laundering & Terrorist Financing Risk Assessment)

108) FATF 국제기준은 각국이 자국의 자금세탁/테러자금조달 위험을 확인·평가·이해하고, 정책을 통해 위험을 효과적으로 경감시킬 것을 요구하고 있으며, 이것은 AML/CFT 제도 운영·개선의 출발점이며, 이를 위해 각국은 "국가 자금세탁/테러자금조달 위험평가(NRA)*"를 실시한다.

 * NRA (National Money Laundering & Terrorist Financing Risk Assessment). 고위험에는 자원을 우선 투입하고 저위험에는 대응을 완화하는 위험기반접근법(RBA)* 원칙을 모든 정책·감독, 법규, 자원배분에 적용하는 것이다. RBA(Risk-Based Approach, 위험기반접근법)

〈표 11-10〉 자금세탁/테러자금조달 위험평가(NRA) 핵심내용

- 위협(Threats) : 자금세탁/테러자금조달과 관련된 전제범죄가 해당하며, 범죄행위 이외에 사람, 집단, 대상 등도 위협이 될 수 있음. 대개 특정 자금세탁 수단과 연관된 특정 범죄로 나타나며, 그러므로 위협의 이해에는 전제범죄와 범죄수익을 발생시키는 사회 환경을 이해하는 것이 중요함
- 취약성(Vulnerabilities) : 자금세탁/테러자금조달의 기회를 제공하는 제도, 기관, 분야, 규정, 법규, 감독, 법집행, 특정 서비스, 상품 등이 될 수 있음. AML/CFT 제도의 약한 부분은 ML/TF를 허용하는 취약점이 됨
- 결과(Consequence) : 자금세탁 또는 테러자금조달이 초래하는 영향 또는 위해(危害)를 말하며, 범죄 또는 테러행위가 금융체제와 금융기관들뿐만 아니라 경제와 사회에 주는 효과 등을 말함
- 위험(Risk) : 위협, 취약성, 결과의 종합(a function of three factors: threat, vulnerability and consequence)이며, 위협이 지속될 때 또는 취약성이 해소되지 못할 때 ML/TF 위험으로 발현됨

자료: 관계부처 합동, 「국가 자금세탁·테러자금조달 위험평가」 2018.11.27

한국 정부는 「AML/CFT 정책협의회[*](12개 기관)」를 통해 "관계부처 합동"으로 NRA를 수행하였는데, 이것은 아래 세 가지 목적을 가진다.[*] (AML/CFT 정책협의회): 금융정보분석원장(위원장)과 법무부, 기획재정부, 외교부, 금융위원회, 국정원, 선거관리위원회, 검찰청, 경찰청, 국세청, 관세청, 해양경찰청, 금융감독원 등 12개 기관 국장급으로 구성했다. 자금세탁방지/테러자금조달금지 정책방향에 대해 협의를 실시했다. 이는 1) 한국의 AML/CFT 정책당국, 감독기관, 금융기관과 DNFBPs가 한국의 ML/TF 위험을 확인, 평가, 이해하도록 하기 위한 것이다. 이는 정부 기관과 감독당국, 민간들이 ML/TF[109)]위험을 보다 잘 이해함으로써 보다 효율적인 정책과 감독, 대응조치를 시행할 수 있기 때문

---

109) 자금세탁(ML, Money Laundering)은 범죄행위로부터 획득한 불법재산을 합법재산으로 위장·변환하는 행위로, 범죄자가 범죄목적을 달성할 수 있도록 하여 사회에 심각한 폐해를 초래하며, 테러자금조달(TF, Terrorist Financing) 또한 국제사회의 안전을 심각하게 위협하며 ML/TF 위험은 위협(threats), 취약성(vulnerabilities), 결과(consequence)으로 구성되며, 범죄·몰수 통계와 사례, 전문가 토론 등을 통해 확인한다.

이다. 2) AML/CFT110)를 위해 투입할 수 있는 국가적 자원은 제한되므로 이를 효율적으로 활용하면서도 효과적인 대응체제를 갖추도록 하기 위한 것이다. 따라서 AML/CFT 정책과 감독, 대응조치는 확인된 고위험 분야에 초점을 맞춰야 하며, 그 분야에 보다 많은 자원을 투입할 것이며 3) 모든 AML/CFT 정책·법집행기관, 감독기관, 금융기관과 DNFBP들은 평가를 통해 확인된 국가 ML/TF 위험을 이해하고, 각자 자체 ML/TF 위험 확인·평가를 통해 자신의 ML/TF 위험을 이해하며, 이를 완화하기 위한 정책·조치를 수립·시행토록 하려는 것임이다. 향후 한국의 「국가 ML/TF 위험평가」는 주기적으로 재수행될 것이며, 사회와 국제환경의 변화에 따라 끊임없이 변화하는 ML/TF 환경에 대응하여 ML/TF 위험 이해를 지속적으로 보완·발전시켜 나갈 것이다.111)

4. 초국가적 범죄와 테러리즘의 연계

1980~1990년대 테러리즘의 조직화시기를 거쳐 2000년대 이후 테러리즘의 현대화기에 접어들었다고 해도 과언이 아니다. 테러리즘의 발생형태가 최대의 인적·물적 피해를 추구하는 형태로 진화되고 있으며 무차별적인 공격으로 피해가 확산되고 있다. 테러의 대상 또한 특정집단이나 개인에게 피해를 가하는 차원을 넘어 불특정다수에게 또는 경제적·사회적·정신적으로 심대한 피해를 가할 수 있는 대상으로 진화하고 있다. 테러수단도 점차 정밀한 타격수단으로 변화하고 있다. 2018년 지역별 테러사건의 발생현황을 보면 아태지역 876건(42.1%), 중동

---
110) 자금세탁방지/테러자금조달금지(AML/CFT)
111) 관계부처 합동, 「국가 자금세탁·테러자금조달 위험평가」, 2018.11.27.

지역 758건(36.5%), 아프리카지역이 375건(18%), 유럽지역은 49건으로(2.4%), 미주지역은 21건(1%)로 테러 발생건수가 적으나 총기테러사고로 인명사고는 점차 증가하는 추세를 보이고 있다. 유럽지역은 대테러법 강화조치(영국, 호주, 이탈리아 등)와 난민이동의 국경통제(프랑스, 독일, 폴란드, 오스트리아 등)를 강화하는 등 대테러정책 강화로 대형 테러사건이 발생하지 않은 것으로 분석되고 있다. 그러나 프랑스, 네덜란드 등을 중심으로 이슬람 극단주의에 심취한 자생적 극단주의자(Homegrown Violent Extremist)에 의해 발생하는 테러가 심각한 위협으로 부상하고 있어 유럽이 긴장하고 있다. 이는 유럽만이 아태지역 및 미주지역에서 나타나고 있다. 또한 독일, 스웨덴 등 자국 내의 극우 테러가 기승을 부리고 있으며, 2015년 이후 영국, 프랑스, 독일, 폴란드 등에서는 대규모 이슬람권 출신 난민 유입과 함께 테러 사건도 증가하여 반(反)난민정서가 고조된 가운데 이에 편승해 동유럽을 비롯해 독일, 이탈리아, 오스트리아 등에 유럽 각국에서 극우정치세력이 부상하고 극우테러리즘이 증가하고 있다. 이슬람 극단주의들의 목표는 '우마(Umma; Islamic Community)'의 건설이다. '우마'의 개념은 종교적으로 이상적인 이슬람 공동체를 의미하며, 이 '우마'를 성취하는 방도가 '다와(Dawa)', '지하드(Jihad)'가 있다. 이슬람 극단주의자들은 온건한 '다와'만을 통한 '우마'의 건설은 시간이 많이 소요되므로 '지하드'를 통한 '우마'건설의 길로 가야 한다고 선동하는데 이러한 방식으로 지하드의 폭력성을 정당화하는 것이다.[112]

---

112) 조동호, 국가안보전략연구원, 『신안보 총람 1』(서울, 2018), p.241.

가. 초국가적 조직범죄 현상과 발달 요인

탈냉전(post cold war) 이후 초국가적 조직범죄는 국제안보문제로 이슈화되었다. 테러집단이 조직적이고 거점지역을 확보하는 등 갈수록 테러행위가 지능적이고 교묘하여 사전에 예방 및 대비가 어려워지고 있다. 이들은 대량살상무기(WMD)를 획득하려고 특정국가와 연계되어 활동을 하고 있다는 점은 경계해야 할 중요한 포인트가 되고 있다. 다음은 초국가적 조직범죄의 사례를 보면 다음과 같다. ① 러시아 범죄집단이 콜롬비아 마약카르텔과 협력, 무기와 마약의 교환으로 자금세탁의 기회를 제공하여 불법자금을 확장하고 ② 알바니아 범죄 집단이 자신의 범죄활동을 증가시키고 정치적 열망을 추구하기 위해 광범위한 사회 불안정을 조성하고 ③ 테러조직, 범죄집단 및 마약밀매상의 공동 이익과 이에 따른 잠재적 협력분야를 강화하기 위해 남미의 국경삼각지역(파라과이, 아르헨티나, 브라질 접경지역)에서 회동하며 ④ 초국가적 범죄 집단이 불법적인 사업과 정치구조에의 침투를 통해 사업을 합법화하고 ⑤ 정치 및 경제상황·사회정세가 혼란스러운 멕시코, 아르헨티나 등의 남미와 아프리카 지역에서는 불법으로 마약밀매, 가상화폐 등으로 조직범죄가 정부기관과 결탁하여 이권을 청탁하고 금품을 교환하는 등 초국가적 조직범죄가 양산되고 있다. 최근에는 이슬람의 시아파와 수니파간의 종교적 갈등으로 양극단주의 세력들이 자생력을 키우면서 특정국가의 국가산업시설을 공격하는 등 갈수록 테러리즘이 지능화되고 있다는 점이다. 이들은 암암리에 특정국가의 또 다른 지하조직과 연계되어 테러사건을 모의하고 이를 실행에 옮기는 작전을 구상하고 있으며, 이슬람의 종교적 분파를 둘러싸고 극심한 갈등을 겪고 있는 중동의 경우는 테러사건이 빈번하게 발생하고 있다. 이슬람 극단주의113) 무장조직들은 자신들을 '지하디스트(jihadist)'라 부른다. 지하드를 수행하는 사람이라는 뜻인데, 지하드는 '꾸란'에서 성전(holy war)을 의미한다. 알라의 뜻에 따라 성스러운 전쟁을 치르는 사람이라는 의미이다. 그러나 학자들은 원래 '꾸란'에서 말하는 성전이란 두 가지 의미가 있다. 첫째는 자기 수양이며 자기성찰, 즉 자신과의 싸움을 뜻하는 것이며, 둘째는 이교도와의 전투이다. 전투를 의미하는 소지하드는 '저들이 먼저 너희에게 싸움을 걸어온다면 살해하라. 이것이 신앙을 억압하는 저들의 대가'라는 것이다. 그러나 '꾸란'에 기록된 지하드는 시간이 흐르며 변질되어, 성전의 개념을 보다 공격적이고 과격하게 해석했다. 이슬람 국가가 유럽의 십자군 공격을 받아 많은 피를 흘리고 결국 몽골의 침략을 받아 멸망하면서 이슬람사회에서는 '공격적인 지하드가 신자의 의무'라는 생각이 태동했다. '알카에다(오사마 빈 라덴)', '탈레반(아프간 신생 무장조직)',114) '보코하람(2002년, 모하메드 유수프, 나이지리아)', '알샤바브(2006년, 소말리아·케냐 활동), 'IS115)(1999년,

---

113) 이슬람 극단주의의 핵심은 다와(Dawa)와 지하드(Jihad)를 통한 우마(Umma), 즉 Islamic Caliphate(이상적 이슬람 왕국)의 건설인데. 이슬람 극단주의자들은 이러한 이상적 왕국의 세계적 확장을 도모한다는 근본적 위험성을 드러내고 있다. IS와 알 카에다의 Islamic Caliphate 건설전략은 매우 구체적이다. 테러공격은 이슬람 극단주의자들이 이러한 원대한 이상을 실현시키기 위한 중심 수단이며, 외로운 늑대(lone wolf) 현상과 인터넷 통신기술을 활용한 테러 집단들의 활발한 선전선동 활동이 보여주듯이 이슬람 극단주의는 세계 곳곳에 침투하고 있다.
114) 1994년 아프카니스탄 남부 칸다하르주에서 결성된 무장 이슬람 정치단체로서 1996년~2001년까지 아프카니스탄을 지배한 세력이었다. 수니파 이슬람정치조직이다. 2001. 9.11. 테러로 인해 2001.11 탈레반 정권이 무너지고 탈레반은 파키스탄 접경지역으로 도피했다.
115) 급진 수니파 무장단체인 이라크-레반테 이슬람국가(ISIL, ISIS로 일컬어짐)가 201.6.29 개명한 단체로 2014.6월부터 이라크와 시리아를 중심으로 세력을 확장했다. 2003년 국제테러 조직 알카에다의 이라크 하부조직으로 출발한 단체이다. 이라크에서 각종 테러활동을 벌이다 2011년 시리아 내전이 발발하자 거점을 시리아로 옮겼다. 이들은 2013년 시리아 내전 당시 정부군에 대항해 싸우는 반군으로 활동했으나, 2014년 초부터는 다른 반군들과 본격적으로 충돌을 일으키기 시작했다. 반군으로 활동하며 세력을 급격히 확장

알자르카위 → 2004년 이라크알카에다. AQI로 개명 → 2006년 이라크 이슬람국가. ISI로 개명, 알 바그다디'), '헤즈볼라(Hezbollah)',116) '하마스(Hamas)', '무슬림형제단(Muslim Brothers)'117) 이슬람 수니파 극단주의 무장조직 이슬람 국가(IS)가 테러협박 메시지가 담긴 동영상을 배포했다. IS는 한국을 포함해 미국, 캐나다, 영국, 프랑스, 독일, 이탈리아, 일본, 중국 등 60여개 국가를 IS의 적으로 규정했다. 이들은 'IS에 대항하는 세계동맹국'이라는 설명과 함께 60여개의 국가의 국기를 실었다.

〈그림 11-8〉 IS가 공개한 테러 협박 국가

한 ISIL은 2014.6월 이라크의 제2의 도시 모술과 인근 유전지역을 점령하면서 세를 확장하였고, 그해 6.29일 ISIL에서 이슬람국가(IS)FH 개명했다. 또 ISIL의 최고지도자인 아부 바크르 알바그다디를 칼리프(Caliph)로 추대했다. 이라크와 시리아 북부를 아우르는 영토를 확보한 IS는 중동지역에서 세력을 확산하였으며 2015년 파리 동시다발테러, 2016년 브뤼셀테러, 2017년 맨체스터 테러 등을 자행했다. ISIL, ISIS는 IS의 이전 명칭이다. 레반테(시리아를 중심으로 레바논, 요르단, 팔레스타인 등 지중해 동부 연안의 중동지역을 아우르는 명칭이다) IS는 2014년 국가수립을 선언하였으나 미국 등 서방국가들은 이들을 국가로 인정하지 않았다.

116) 레바논의 이슬람교 시아파 교전단체이자 정당조직이다. 이란 정보기관의 배후 조정을 받는 4,000여명의 대원을 거느린 중동의 교전단체이면서 정당조직이다. 1983년 이슬라믹 아말(Islamic Amal)과 다와 파티(Dawa Patty) 레바논 지구당을 통합하여 결성하였으며, 활동본부는 레바논 동부쪽 비카에 있다. 주로 미국과 이스라엘을 대상으로 테러를 자행한다. 1983년 10월23일 베이루트에 있는 미국 해병대 사령부 건물 정면으로 헤즈볼라 자살특공대가 약 1만 2000파운드의 폭약을 실은 벤츠 트럭을 몰고 돌진하여 미군 241명을 살상하였다.

117) 이집트 이슬람학자이자 사회운동가인 하산 알 -반나(Hasan al-banna)가 영국 식민통치 시기인 1928년 '진정한 이슬람가치의 구현과 확산'을 목표로 설립된 이슬람 근본주의 조직이다. 500~1000만명에 이르는 회원을 거느린 세계최대최고의 단체이다. 2012년 6월 군부 집권 60년 만에 이뤄진 첫 직선투표에서 무슬림형제단이 지원하는 모하메드 무르시(Mohamad Morsy)가 당선됨으로써 이집트 역사상 최초의 이슬람정권이 탄생되었으나, 집권1년 만인 2013년 6월 독재정치 및 경제파탄 등의 이유로 반정부시위가 전국적으로 확산되어 한 달 만인 7월 3일 이집트 군부의 축출로 무르시 대통령은 물러났다. 이에 따라 무슬림형제단도 몰락의 위기를 맞았다.

자료: IS 공개 영상 캡처

알 카에다 및 IS가 미국, 유럽 등 세계각지에서 테러를 자행하도록 부추기고 있는 가운데 이러한 조직이 주창하는 이슬람 극단주의 사상에 동회되어 거주국에서 테러를 자행하는 '자생적 테러리즘'이 지속적으로 위협이 되고 있다. 보다 최근에는 유럽 및 미국 등지에서 국제테러 조직과 직접적인 관계는 없으나 어떠한 형태로든 테러조직의 영향을 받은 개인 및 단체가 단독 또는 소규모의 테러를 기획하고 실행하는 '외로운 늑대형' 테러가 등장하여 주위를 긴장시키고 있다.

〈표 11-11〉 유명한 테러 단체 10개중 8개가 이슬람 테러 단체

1위, 이슬람국가 IS	2위, 하마스
석유밀매, 납치, 인질몸값, 방위명목 세금이 주요 수입원이다. 이라크, 시리아에서 활동하며 연간 총수입은 무려 20억 달러 (2조 1,768억 원)이다.	대부분의 재정을 카타르에서 지원해준다. 웨스트뱅크, 가자지구에서 테러활동을 하며 연간 총수입은 10억 달러이다. (1조 884억원)

4위, 헤즈볼라	5위, 탈레반
마약 밀매를 통해서도 돈을 얻지만 대부분 이란에서 기부 받는다. 레바논에서 활동하며 연간 총수입은 5억 달러 (5,442억원) 이다.	마약 밀매, 통관료, 세금, 재정지원이 주요 수입원이다. 아프가니스탄에서 활동하며 연간 총수입 약 4억 달러 (4,353억 6,000만원) 이다.

납치, 인질몸값, 마약 밀매 단체이며 세계 여러 나라에 지부가 있다. 연간 총수입 약 1억 5,000만 달러 (1,632억 6,000만원)이다.	파키스탄, 인도에서 활동한다. 재정지원을 받으며 활동하는 단체이며 연간 총수입 약 1억 달러 (1,088억 4,000만원) 이다.
6위, 알카에다	7위, 라슈카르 에 타이바
소말리아, 케냐, 우간다에서 활동한다. 납치, 인질몸값, 해적활동, 통관료 등이 수입원이며 약 7,000만 달러 (761억 8,800만원)정도의 수익을 낸다.	나이지리아, 카메룬 에서 활동하며 주요 수입원은 납치, 인질몸값, 은행약탈, 보호명목 세금이다. 연간 총수입은 약 5,200만 달러 (565억 9,700만원)이다.
8위, 알샤바브	9위, 보코하람

출처: 프라이자겐(Freisagen.com), 2015.09.01

1) 느슨한 국경관리

2015년 이전에는 하더라도 유럽의 국경선은 티켓 1장만 있으면 어느 나라든지 국경을 자유롭게 왕래하였다. 교통수단도 비교적 편리하여 이동의 불편이 사라지고 빈번한 왕래로 교역이 활발해졌다. 그러나 아프리카 난민 문제로 유럽 국가들이 국경선 통제를 강화하고 출입문을 걸어 잠그기 시작했다. 난민유입 및 난민 쿼타 문제로 유럽사회가 한동안 혼란스러웠다. 극우세력이 집권한 영국, 이탈리아, 폴란드 등 극우세력이 집권한 국가들은 이슬람권 난민을 테러사건과 연계시켜 난민유입[118]을 거부하고 국경통제를 강화하기 시작했다. 광활한 지역에서

---

[118] 중동 및 아프리카에서 발생한 난민은 2014년 기준으로 시리아(401만), 아프카니스탄(260만), 소말리아(111만), 수단(66만6000), 남수단(61만6000), 콩고민주공화국(51만7000), 중앙아프리카공화국(41만2000), 이라크(37만), 에리트리아(36만3000) 등에서 발생하였다(단 시리아는 2015.8월 기준임).
자료: 유엔난민기구(UNHCR), 출처: 한겨레, 조일준, "난민사태는 미국·유럽 정책 실패 탓" 2015. 9.11, 여기서 유럽 난민 위기의 원인은 한 가지만 꼭 집어서 말 할 수 있을 만큼 단순하지 않다. 전쟁, 독재, 종파분쟁, 삶터를 파괴하는 기후변화, 경제적 불균형 심화 등 여러 요인이 복합적으로 얽혀 있다. 특히 시리아 난민의 경우는 바샤르 아사드 정권의 폭압적 독재와 수니파 극단주의 무장 세력인 이슬람국가(IS)의 야만적 행태에서 비롯되었다. 특히 2011년 중동과 북아프리카 지역을 휩쓴 민주화 운동인 아랍의 봄이후 시리아에선 정부군과 반정부군간의 내전이 발생하면서 난민이 생겨나기 시작했다: 한겨레, 조일준, "난민사태는 미국·유럽 정책 실패 탓", 2015. 9.11. 이외에도 필자는 난민

의 허술한 법집행 및 국경통제도 러시아로부터 우즈베키스탄까지 뻗치는 범죄 집단 간 협력의 출현에 기여하였으며, 결과적으로 유럽 및 아시아의 범죄 집단에게 새로운 활동영역으로 인도하는 비교적 안전한 영토에 대하 접근을 제공하였다. 예를 들어 중국인 마약조직은 러시아 극동으로 금속을 밀수하는데 관여하고 있다. EU의 변방인 발틱국가(발트해에 인접한 국가로 에스토니아, 라트비아, 리투아니아 등을 일컬음) 내의 범죄활동은 이미 유럽연합을 에워싼 경계선이 유럽으로의 불법 마약이나 이민 밀수의 침투에 대한 억지가 불충분함을 암시하고 있다.119)

〈그림 11-9〉 동구권에 확산되는 친러 분리주의

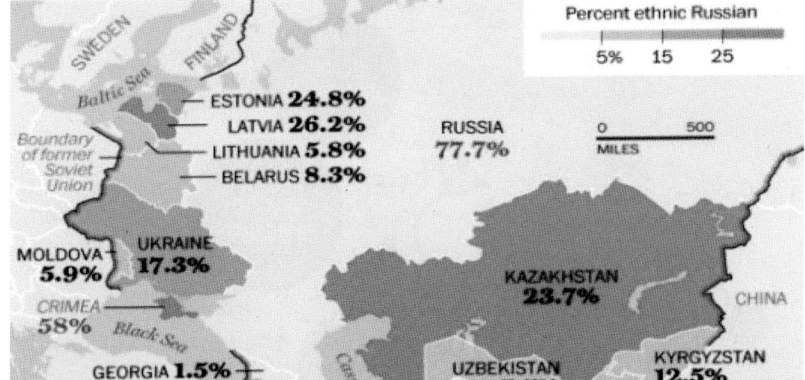

출처: 한지숙, 헤럴드경제, "동구권에 확산되는 친러 분리주의 푸틴, 우크라 다음은?, 2014. 5.19.

2) 난민 유입 및 이동

발생의 원인을 위에서 언급한 것 외에도 부족간 갈등, 정부군과 반정부군간의 내전도 원인으로 작용하고 있다.
119) 문광건·김환청·엄태암·고필훈, 『뉴 테러리즘의 오늘과 내일』, (서울: 한국국방연구원, 2003), p.69.

난민에 대한 정의는 국가별로 조금씩 차이를 보이고 있으나 사전적 의미로는 '인종, 종교 또는 정치적, 사상적 차이로 박해를 피해 외국이나 다른 지방으로 탈출하는 사람들'이라고 정의하고 있다. 난민(refugee)의 일반적 의미는 생활이 곤궁한 국민, 전쟁이나 천재지변으로 곤궁에 빠진 이재민을 의미한다. 그러나 최근에는 '주로 인종적, 사상적 원인과 관련된 정치적 이유에 의한 집단적 망명자를 난민[120]이라고 일컫고 있다.

〈그림 11-10〉 유럽 난민의 주요 진입경로

자료: 이코노미스트, 2015년 말 기준

피난민과 이민, 난민유입은 조직범죄와 테러리즘에 두 가지 기회를

---

[120] 전쟁(戰爭), 사고(事故), 천재지변(天災地變) 따위를 당하여 살아가기 어려 어려운 처지(處地)에 빠진 백성(百姓)을 일컫는다. 한편 유엔 시스템에서 난민에 대한 책임은 UNHCR (United Nations High Commission for Refugees, 유엔난민기구)에 있다. 긴급 상황에 대한 UN시스템의 대응을 조율할 책임이 UNHCR에 있다.

제공한다. 첫째, 테러범 및 조직범죄의 구성원들은 피난민 신분을 추구함으로서, 국제적인 네트워크와 활동무대를 확대할 수 있다. 이미 비교적 유연한 이민 및 피난민 정책의 결과로 테러범 및 범죄 집단과 연계된 개인들이 사회로 침투할 수 있었던 캐나다와 같은 국가에 심각한 문제로 대두되고 있다. 인구이전도 거주 국가(host country) 내에 '이민공동체'의 집결을 통해 초국가적 범죄의 이차적인 기회를 제공하고 있다. '이민공동체'는 자발적이거나 강압을 통해 조직범죄에 대한 지원기지를 제공하고, 결과적으로 금수물품이나 자금세탁의 새로운 목적지가 되는 것으로 알려지고 있다.121)

〈그림 11-11〉 난민들 EU국가별 망명 신청현황

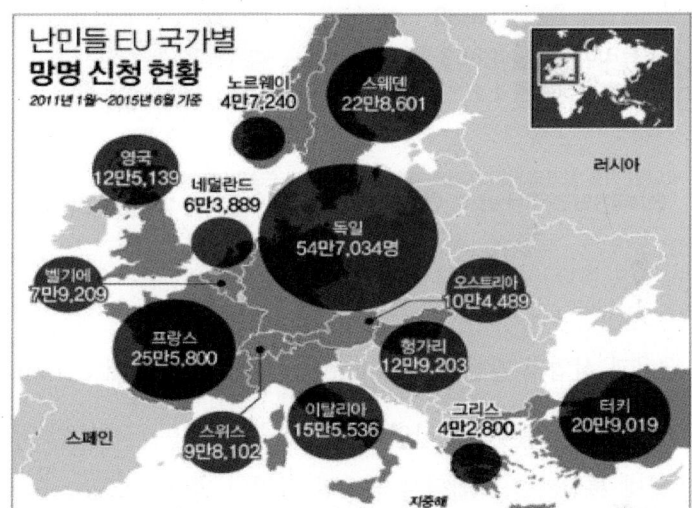

자료: 문가원, 2015.9.4.. "난민들 EU국가별 망명신청현황"
출처: 연합뉴스(검색: 2019.10.20.), 트위트@yonhap_graphics, 페이스북 tuney.kr/LeyN1

---

121) 문광건·김환청·엄태암·고필훈의 앞의 책

최근 중앙아시아로부터 독일로의 이민 유입은 아프카니스탄으로부터 독일로의 마약과 헤로인 유입의 증가를 가져왔다.

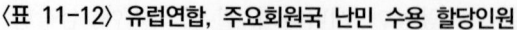

〈표 11-12〉 유럽연합, 주요회원국 난민 수용 할당인원

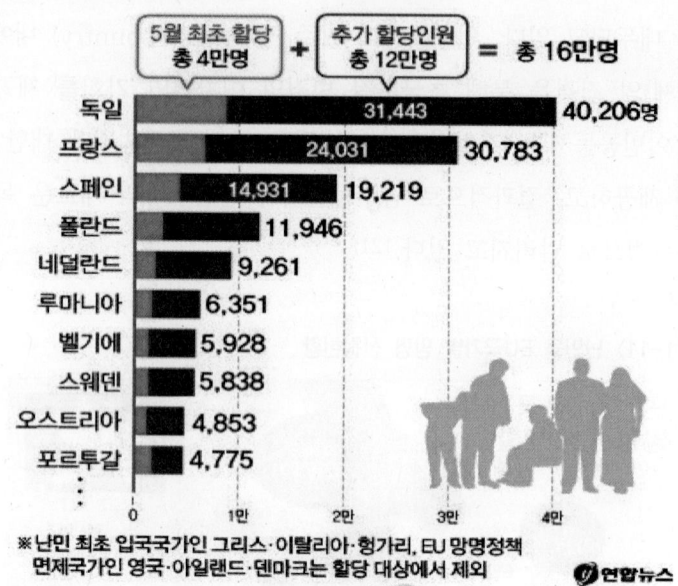

자료: 장예진, 2015.9.7., "유럽연합, 주요회원국 난민 수용 할당인원"
출처: 연합뉴스(검색: 2019.10.20.), 트위트@yonhap_graphics, 페이스북 tuney.kr/LeyN1

3) 금융과 상업의 발달(development of finance and commerce)

금융시장의 발달에는 은행산업에서의 기술의 시용, 국가 간 무역의 증대, 인터넷 통신기술의 발달은 금융과 상업의 발달(development of finance and commerce)을 촉진시킨다. 불법 활동에 종사하는 자들에게 이러한 발달은 새로운 기회를 창출한다. '마약 밀거래(drug trafficking)'를 통한 '불법 자금세탁(illegal money laundering)'등은 조직범죄의 연계되어 이를 저지하기 위해서는 국제적인 공조가 필수적이다.

불법 자금이 국경을 통제하고 관리하는 이들의 수중에 들어가기 때문이다. 따라서 완전한 국경통제(border control)는 매우 어렵다. 불법적인 범죄조직이 최근에는 합법화를 가장하여 기업을 직접 운영하고, 사회활동에 봉사하는 등 제도권에 편입하여 지하경제(underground economy)로 진입하여 활동하는 사례도 발견되고 있다. 일본의 야쿠자 자금이 제3국에서는 제2금융권(second financial sector)을 좌지우지할 정도로 번성하여 활발히 활동하고 있는 것은 주지의 사실이다. 미국의 투기자본(speculative capital)이 세계 도처의 이윤창출이 예상되거나 개발도상국가의 경제에 정당하게 투자하여 수익(profit)을 창출하고 있는 것은 아이러니한 일이 아닐 수 없다. 이들은 법·제도를 교묘히 악용하여(abusively)치고 빠지는 수법으로 거대한 이익을 남기고 홀연히 사라지는 것이다. 따라서 이들에 대한 세금제도를 강화하여 이윤에 대한 세율을 높여 투기자본이 은밀하게 활동하지 못하도록 금융시장(financial market)을 투명하게 운영해야 한다. 현재 전 세계적으로 대두하고 있는 가상화폐(virtual money)는 범죄조직과 초국가적 조직범죄(organized crime)를 가능케 하는 단서를 제공할 가능성이 매우 크다. 또한 이러한 가상화폐(virtual money)는 대규모 자금세탁에 사용 가능성을 높여주기 때문에 정교하고 촘촘한 그물망으로 규제(regulation)를 강화할 필요성이 제기되고 있다. 특히 북한은 가상 화폐에 대한 해킹을 시도하여 비자금을 조성하는 것으로 드러나고 있다.

4) 인터넷·정보통신기술의 발달

제4차 산업혁명의 시대에 인터넷정보통신기술의 발달은 산업생태계의 융·복합을 조정하고 있다. 인터넷정보통신기술의 발달은 테러리즘의 국제화를 촉진시키는 동시에 예방 및 대비에 어려움이 따른다. 사이버범죄(cyber crime)와 사이버테러리즘(cyber terrorism)의 증가는 점차 구체화되고 있다. 테러를 기획하고 실행에 옮기는 테러분자들은 사이버범죄와 사이버테러리즘에 많이 노출되고 있으나 뚜렷한 증거를 찾기가 점점 더 어려워지고 있다. 이는 익명으로 또는 제3국을 경유하여 ICT기술을 적극 활용하고 위장하기 때문이다. 이러한 인터넷·정보통신기술의 발달은 초국가적 범죄에 악용되고 있음은 두말할 필요가 없다.122) 이러한 기술의 발달은 초국가적 조직범죄자들의 접근의 용이성, 편리성, 신속성이 가능해졌으며, 또한 불법 자금 결재의 가능성까지도 열려있어 국제테러리스트들은 이러한 인터넷·정보통신기술의 발달로 테러를 행동으로 실행화하는데 좋은 기재를 제공하고 있다. 미국에 대항한 오사마 빈 라덴(Osama Bin Laden)의 활동과 저격은 첨단 위성·정보·통신기술이 있었기에 가능했다.

---

122) 전 세계적으로 선풍을 일으키는 IT기업(영화, 드라마, 콘텐츠 등)으로 미국의 'NETFLEX'에서 제작한 '지정생존자(Designated Survivor)'는 미 의회 테러행위(미대통령 및 장관, 의원 대부분 사망), 국가 위기상황 발생, 대통령과 의회관계, 금융위기, 재정적자, 총기규제, 법안 투쟁(대통령과 의회), 대통령 가족의 비리(뇌물)사건, 해킹위협, 사이버테러(cyber terror), 테러분자에 의한 생물학 공격, Virus로 인한 미 특정지역 감염(공공보건 위기), 미-멕시코 국경충돌(민간인)로 인한 양국간 무역협상, 군사작전, 전쟁지휘, 미 대통령과 언론관계, 전장(戰場)의 지휘소방문, 미국 대선을 둘러싼 갈등, 생물학(바이오) 테러, 이민정책, 대형 제약회사의 부당한 폭리 등 위기시 정책결정, 무소속 대통령후보로서 (TEAM Kirkman) 재선에 당선, 복합적 위기상황에서도 미 국민에게 희망을 주는 투명하고 진솔한 리더십을 보여주는 생동감 있는 드라마로 국내외에서 발생한(발생 가능한) 현실과 앞으로 다가올 가상세계를 버무려 주목을 받고 있다.

제 12 장

테러 대응활동

Every great mistake has a halfway moment, a split second when it can be recalled and perhaps remedied.
모든 큰 실수에는 이를 다시 불러와서 어쩌면 바로잡을 수 있는 찰나의 순간, 중간 지점이 존재한다.

- Pearl S. Buck

제12장　테러 대응활동

제1절　정부의 대테러 활동

1. 테러의 분류

테러 유형에는 통상적으로 국내일반테러, 항공테러, 해양테러, 군사시설테러, 국외테러, 화학테러, 생물테러, 방사능테러 등으로 구분할 수 있다.

〈표 12-1〉 테러 유형

가. 국내일반테러: 인질·납치, 암살, 폭발물 테러, 시설물 점거 등
나. 항공테러: 납치(불법억류), 항공기·공항시설 파괴 등
다. 해양테러: 인질·납치, 선박 및 해상구조물 점거·충돌·파괴 등
라. 군사시설테러: 군 시설파괴, 파괴, 습격, 군 인사 인질·납치·암살 등
마. 국외테러: 재외국민 인질·납치·살해, 아국(我國) 관련 시설점거 파괴 등
바. 화학테러: 유해화학물질 살포(취정수장, 다중밀집시설 등) 제조·보관시설 폭파, 유해화학물질 운반 탱크로리 탈취·파괴 등
사. 생물테러: 병원체 및 독소 살포, 병원체 포함 우편 발송 등
아. 방사능테러: 방사능 오염(살포·폭발), 시설·장비 파괴, 장비·물질 탈취 등

출처: 국무총리실 대테러센터 『테러 위기관리표준매뉴얼』, 2016.

2. 대테러 활동

정부의 테러대책기구 중 최상위기구는 '국가테러대책위원회'이다. '국가테러대책위원회'는 대테러활동에 관한 정책의 중요사항을 심의·의결하기 위하여 국무총리를 위원장으로 관계기관의 장 중 대통령령으로 정하는 사람으로 위원회를 구성한다.1) '국가테러대책위원회'는 다음 사항을 심의·의결한다. ① 대테러활동에 관한 국가의 정책 수립 및 평가, ② 국가 대테러 기본계획 등 중요 중장기 대책 추진 사항, ③ 관계기관의 대테러활동 역할 분담·조정이 필요한 사항, ④ 그밖에 위원장 또는 위원이 대책위원회에서 심의·의결할 필요가 있다고 제의하는 사항을 심의·의결한다.2) 정부는 대테러활동과 관련하여 국무총리 소속으로 대테러센터를 구성하여 운영토록 하였다.3) 대테러센터는 다음 사항을 수행한다. ① 국가 대테러활동 관련 임무분담 및 협조사항 실무 조정, ② 장단기 국가대테러활동 지침 작성·배포, ③ 테러경보 발령, ④ 국가 중요행사 대테러안전대책 수립, ⑤ 대책위원회의 회의 및 운영에 필요한 사무의 처리, ⑥ 그밖에 대책위원회에서 심의·의결한 사항을 이행·추진한다. 이외에도 테러예방 및 대응을 위하여 관계기관 합동으로 전담조직을 구성하거나 관계기관의 장이 설치하는 전담조직은 다음과 같다. 지역 테러대책협의회, 공항·항만테러대책협의회, 테러사건대책본부, 현

---

1) '국민보호와 공공안전을 위한 테러방지법'(약칭 테러방지법) 제5조(국가테러대책위원회) 및 동법 시행령 제3조(국가테러대책위원회 구성)에는 기획재정부장관, 외교부장관, 통일부장관, 법무부장관, 국방부장관, 행정안전부장관, 산업통상자원부장관, 보건복지부장관, 환경부장관, 국토교통부장관, 해양수산부장관, 국가정보원장, 국무조정실장, 금융위원회 위원장, 원자력안전위원회 위원장, 대통령 경호처장, 관세청장, 경찰청장, 소방청장, 해양경찰청장 등이다.
2) '국민보호와 공공안전을 위한 테러방지법'(약칭 테러방지법) 제5조(국가테러대책위원회)
3) '국민보호와 공공안전을 위한 테러방지법'(약칭 테러방지법) 시행령 제6조(대테러센터)

장지휘본부, 화생방테러대응지원본부, 테러복구지원본부, 대테러특공대, 테러대응구조대, 테러정보통합센터, 대테러합동조사팀을 설치운영하며, 관계기관의 장은 위 전담 조직 외에 테러 예방 및 대응을 위해 업무를 수행하는 하부조직을 전담조직으로 지정·운영할 수 있다.4) 한편 테러에 대응하는 대테러활동에는 테러 관련 정보의 수집, 테러 위험인물의 관리, 테러에 이용될 수 있는 위험물질 등 테러수단의 안전관리, 인원·시설·장비의 보호, 국제행사의 안전 확보, 테러위협에의 대응 및 무력 진압 등 테러 예방과 대응에 관한 제반활동을 총칭한다. 이러한 대테러 활동에는 예방(prevention), 대비(preparedness), 대응(response), 복구(recovery) 등이 있다. 예방(prevention) 활동은 테러위협 요인을 사전에 제거하거나 감소시킴으로써 테러 발생 자체를 억제하거나 방지하기 위한 일련의 활동을 말한다. 대비(preparedness) 활동은 테러발생시 수행해야 할 제반 사항을 사전에 계획·준비·교육·훈련 숙달함으로써 테러 대응능력을 제고하고 테러발생시 즉각 대응할 수 있도록 태세를 강화시켜나가는 일련의 활동을 의미한다. 대응(response)활동은 테러발생시 국가의 자원과 역량을 효율적으로 활용하여 즉각적이고 효율적으로 대응함으로써 피해를 최소화하고 2차 위기 발생가능성을 저감시키는 일련의 활동을 의미한다. 한편 복구(recovery)활동에는 테러로 인해 발생한 피해를 위기 이전의 상태로 회복시키고, 제도개선과 운영체계 보완을 통해 재발을 방지하고, 위기관리능력을 증진하는 일련의 활동을 의미한다. 테러사건 발생시 구조·구급·수습·복구 등에 관하여 테러사건대책본부를 지원하기 위하여 테러복구지원본부를 설치·운영할 수 있다.5) 최근의 유럽 각 국에서는 '외로운 늑대(lone wolf)'6)들에

---

4) '국민보호와 공공안전을 위한 테러방지법'(약칭 테러방지법) 시행령 제11조(전담조직)

의한 테러공격이 종종 발생하고 있다. 2015년에 발생한 프랑스 파리테러는 2015.11.13.(21;19) 테러범 9명이 파리 북부 '스타드 드 프랑스' 경기장 인근 '바타클랑 극장' 등 6곳에서 동시다발 자살 폭탄 테러·총기난사·인질극을 자행했다. 사건 당일 프랑스 대통령은 국가비상사태를 선포하고 국경을 봉쇄하는 조치를 했다.7)

---

5) '국민보호와 공공안전을 위한 테러방지법'(약칭 테러방지법) 시행령 제17조(테러복구지원본부)
6) 외로운 늑대(lone wolf)는 외부의 도움 없이 스스로 극단주의에 심취·추종하는 자생적 테러리스트들을 '외로운 늑대'라 통칭한다. 외로운 늑대현상은 인터넷 및 소셜미디어의 일상화와 긴밀한 연관성을 갖는다. 온라인 활동이 일상이 되어버린 시대에 외로운 늑대들은 극단주의 사상 뿐 아니라 구체적 테러방법도 온라인상의 동영상 등으로부터 쉽게 학습할 수 있다. 외로운 늑대들 중 1/3 정도는 원래 무슬림인 자들이 아니라 새롭게 무슬림으로 개종한 자들이라는 통계는 인터넷을 통한 극단주의 확산과 연관성을 가지는 것으로 이해할 수 있다. 외로운 늑대들이 사용하는 구체적 공격 행태들(modus operandi)에는 사제폭탄 공격, 총격, 차량으로 사람치기, 칼로 찌르기, 화염병 투척, 투석, 시설파괴 등이 있는데, 최근에는 누구나 손쉽게 접근할 수 있는 트럭 등 차량을 이용하여 들이받는 자동차공격(vehicle ramming 또는 running down)의 방법이 종종 사용되고 있다. 외로운 늑대 공격의 피해자들은 수적으로 많지 않지만(니스공격은 예외), 그 예방 및 사전제압이 매우 어렵다는 특징이 있다. 이는 혼자서 계획하고 실행하는 외로운 늑대들의 특성상 '대화 또는 언어의 교환(consversation)'을 전제로 하는 휴민트나 코민트 등 전통적 인텔리전스는 그 유용성이 극히 제한되는 측면이 있기 때문이다. 반면에 인터넷, 소셜미디어 등 오픈소서 정보는 외로운 늑대들에 대처하는데 매우 유용한데 이는 많은 수의 외로운 늑대들은 소셜미디어를 통해 미리 경고하는 등 어떤 징표를 미리 드러내는 경향이 강하기 때문이다. 조동호, 국가안보전략연구원, 『신안보 총람 1』(서울, 2018), pp.235~236.
7) 2004년 마드리드 열차테러(191명 사망, 2,000여명 부상)이후 유럽에서 발생한 최악의 테러로, 테러방지를 위해 불시 국경검문 등을 통해 조기에 대응했다. 사건후 ISIS는 성명을 통해 파리 연쇄테러를 자신들의 소행이라고 발표했다.

〈그림 12-1〉 2015년 프랑스 파리 연쇄테러

주: 1) 2015.11.13., 프랑스 파리 시내 6개 지역에서 발생한 자살폭탄 테러 및 대량총격사건으로 이슬람 수니파 무장단체 이슬람국가(IS)가 자행했다. 사망자는 141명(테러범 9명 포함) 이상, 부상자는 352명(중상자 99명 포함) 이상으로 추정된다. 상단 우측은 축구경기장 밖에서 발생한 테러로 축구 경기도중 연쇄테러 발생소식을 듣고 피신
자료: 국가정보원, 「해외 대형재난·사고:사례 및 대응 실태」, 2018.6, pp.95~96. *NEWSIS*(2015. 11.14.); NEWS/AP(2015.11.14.); 연합뉴스(2015.11.14

3. 대테러 활동의 세부사항

가. 예방(prevention)단계

예방단계에서 가장 중요한 것은 국가중요시설 및 많은 사람이 이용하는 시설 및 장비(이하 "테러 대상시설"이라 한다)에 대한 테러 예방

대책과 테러의 수단에 이용될 수 있는 폭발물·총기류·화생방 물질(이하 "테러 이용수단"이라 한다), 국가 중요행사에 대한 안전관리대책을 수립하여야 한다. 또한 테러 취약요인을 사전에 제거하는 것이다. 테러 대상시설 및 테러 이용수단의 소유자 또는 관리자는 보안장비를 설치하는 등 테러 취약요인 제거를 위하여 다방면으로 노력을 경주하여야 한다. 따라서 테러 예방단계의 주요 활동내용은 다음과 같다.

〈표 12-2〉 테러 예방단계의 세부 활동 사항

중점	세부 활동 사항
안전대책수립	테러대상시설 및 테러이용수단, 국가중요행사시 안전대책수립
테러취약요인 사전제거지원	테러예방 및 안전관리에 관한 적정성 평가, 현장지도 지원
정보수집 전파 및 신고체제 확립	국내외 정보수집, 정보 분석 및 전파, 감시·신고·전파 체제 확립
테러주체 수단의 규제 및 관리	테러주체의 추적관리, 테러수단관리, 테러대상시설 주기적 관리

출처: '국민보호와 공공안전을 위한 테러방지법'(약칭 테러방지법) 제10조(테러예방을 위한 안전관리대책의 수립), 제11조(테러취약요인 사전제거), 동법 시행령 제25조(테러대상시설 및 테러이용수단 안전대책 수립), 제26조(국가중요행사 안전대책 수립), 제27조(테러취약요인의 사전제거 지원)

테러 예방(prevention) 단계에서는 사전에 위협요인(threat factor)을 제거하는 활동이기 때문에 테러정보통합센터(국가정보원)에서는 정보를 분석하여 대테러센터 및 관계기관에 전파하여 감시하고 신고체제를 확립하는 역량이 매우 중요하다. 그러나 일부에서는 정보를 공유하지 않고 정보의 일부분만을 추출하여 지연 전파한다든지 또는 관계기관에 분석한 정보를 전파하지 않는 등 법령과 매뉴얼에 근거한 실질적인 조치를 취하지 않음으로써 테러가 발생한 이후 대응에 치중하는 우를 범하는 경우를 종종 볼 수 있다. 정보를 통합하는 기관에서는 선제적, 적극적으로 분석하고 종합하여 적시에 정보를 전파하여 활동 여건을 제공해야 한다.

나. 대비(preparedness)단계

테러 대비단계에서는 테러발생시를 대비하여 사전에 계획·준비·교육·훈련 숙달함으로써 테러 대응능력을 제고함으로써 테러발생시 즉각 대응 할 수 있도록 태세를 강화시켜 나가는 일련의 활동을 의미한다. 이러한 대비활동에는 테러대상 및 시설에 대한 보호대책 강화, 테러 대비태세 확립 및 대응능력 확립, 테러대응 전문요원 양성 및 교육훈련을 강화하는 등의 대비책이 강구되어야 한다.

〈표 12-3〉 테러 대비단계의 세부 활동 사항

중점	세부 활동 사항
테러대상 및 시설에 대한 보호대책 강화	테러대상 보호활동 강화, 태러 대상시설 및 테러취약시설 보호대책 강화, 국가중요행사에 대한 안전활동, 요인경호 활동
테러대비태세 확립 및 대응능력 확립	대테러 인력·시설·장비보강, 테러대비 비축물자 확보, 시설장비물자관리
테러대응 전문요원 양성 및 훈련 강화	대테러 전문교육훈련 강화, 검색 전문요원 양성 및 확보 등

출처: 테러 위기관리표준매뉴얼 위기대응실무매뉴얼

테러 대비단계에서는 테러발생시를 대비하여 인력·시설·장비를 보강하고 테러발생에 대비한 훈련을 반복적으로 숙달하는 것이 중요하다. 검색 전문요원을 양성하고 확보하는 것 또한 중요하며, 인명구조·구급 전문요원에 대한 대테러 훈련 숙달을 통해 현장에서 신속하게 대응하는 등 인력·장비·시설·물자는 필요량을 적절하게 산정하여 확보하고 있어야 한다. 특히 테러대비 비축물자는 개략적인 소요량을 산정하여 치환계획(순환계획)을 수립하여 확보하는 노력을 경주하여야 할 것이다. 2019년 9월 사우디아라비아의 유전에 대한 드론공격(테러)에서 보았듯이 진화하는 테러 공격양상에서 국가중요보안시설에 대한 대비책을 강구해야 한다. 대비단계에서 가장 중요한 것은 주관기관을 중심으로 유관기관과의 유기적인 협조체제를 구축하는 것이 점점 더 중요해지고 있다.

다. 대응(response) 단계

테러 대응(response)단계는 테러발생시 국가의 자원과 역량을 효율적으로 활용하여 즉각적이고 효율적으로 대응함으로써 피해를 최소화하고 2차 피해를 저감시키는 일련의 활동을 의미한다. 대응단계에서의 대응 중점은 신속한 상황보고 및 대응체계 유지, 유형별 대책본부 및 현장 지휘본부 가동, 사건대책본부 및 유관기관의 역할 및 주요 조치사항 등을 체계적으로 시행할 수 있어야 한다.

〈표 12-4〉 테러유형별 책임기관

테러유형	책임기관	비고
국내일반테러	경찰청	국내일반 테러사건대책본부
항공기테러	국토교통부	항공기 테러사건대책본부
해양테러	해양수산부	해양 테러사건대책본부
국외테러	외교부	국외 테러사건대책본부
화학테러	환경부	화학 테러대응지원본부
생물학테러	보건복지부	생물 테러대응지원본부

방사능테러	원자력안전위원회		방사능 테러대응지원본부
군사시설테러	국방부		군사시설 테러사건대책본부

출처: '국민보호와 공공안전을 위한 테러방지법'(약칭 테러방지법) 시행령 제14조(테러사건대책본부), 제16조(화생방 테러대응지원부 등)를 참고하여 필자가 도식화함

다음은 유형별 테러사건대책본부는 테러가 발생하거나 발생할 우려가 현저한 경우(국외테러의 경우는 대한민국 국민에게 중대한 피해가 발생하거나 발생할 우려가 있어 긴급한 조치가 필요한 경우에 한한다)에 테러사건대책본부를 설치·운영하여야 한다. 테러사건대책본부는 다음과 같은 임무를 수행한다. 사건 초동조치 및 상황을 종합 및 처리, 대책회의 또는 상임위원회 소집 건의, 언론 브리핑 및 통제 등 언론의 역할 수행, 현장지휘본부의 사건대응 활동을 지휘·통제, 사건처리 결과의 종합 및 사후조치 등의 역할을 수행한다. 다음은 한국 정부의 테러유형별 사건대책본부는 다음과 같다.

〈표 12-5〉 테러유형별 테러사건대책본부 구성

테러유형	주관기관	본부장	대책본부 명칭
국내일반테러	경찰청	경찰청장	국내일반 테러사건대책본부
항공테러	국토교통부	국토교통부장관	항공테러사건대책본부
해양테러	해양수산부	해양경찰청장	해양테러사건대책본부
군사시설테러	국방부	합참의장	군사시설테러사건대책본부
국외테러	외교부	외교부장관	국외테러사건대책본부

출처: '국민보호와 공공안전을 위한 테러방지법'(약칭 테러방지법) 시행령 제14조(테러사건대책본부) 참고하여 필자가 도식화함

테러를 예방 및 대응하기 위하여 관계기관의 장은 필요시 전담조직 및 하부조직을 설치할 수 있다. 따라서 테러사건이 발생한 경우 사건현

장의 대응활동을 총괄하기 위하여 현장지휘본부를 설치하며, 화생방 테러사건 발생시 대책본부를 지원하기 위하여 화생방 테러대응지원본부8)를 설치·운영한다. 생물테러대응분야는 보건복지부에, 화학테러 대응분야는 환경부에, 방사능테러 대응분야는 원자력안전위원회에 테러대응지원본부를 설치·운영한다.

〈그림 12-2〉 미국의 테러 대응 작전(Ⅰ)

* 2011.5월, 오사마 빈 라덴 제거작전 당시의 미국 백악관상황실 모습
자료: AP연합뉴스 자료사진

---

8) 화생방 테러대응지원본부는 다음과 같은 임무를 수행한다. 화생방 테러사건발생시 오염 확산 방지 및 제독실시, 화생방 전문 인력 및 자원 동원 및 배치, 기타 화생방 테러 대응 지원에 필요한 사항의 시행을 실시한다.

〈그림 12-3〉 미국의 테러 대응 작전(II)

* 2019.10월, 미국 백악관은 백악관상황실에서 IS수장인 아부 바크르 알 바그다디를 향한 미국의 특별작전수행을 지켜보고 있다. 자료: 로이터연합뉴스

　화생방테러는 화학테러, 생물테러, 방사능테러를 총칭하는 것으로 화학테러가 국내에 알려진 것은 2017년 2월 13일 말레이시아 쿠알라룸푸르 공항에서 북한의 김정남(북한 김정일의 장자)이 제1급 화학물질인 VX신경작용제로 암살되는 사건이 발생하면서 공포의 물질로 알려지게 되었다. 화학무기는 소규모 침투조를 이용하여 도시에 침투하여 화학무기로 테러를 가할 경우 한 번의 테러로 수많은 사상자와 도시기능을 마비시키며 이러한 화학탄은 가장 저렴한 대량살상무기(WMD)이다. 이러한 화학무기(Chemical Weapon)는 독가스와 같이 화학물질을 사용하여 살상하거나 초목을 고사시키는 무기로 신경작용제(신경가스, 타푼), 혈액작용제(혈액가스, 청산), 질식작용제(질식가스, 염소), 수포작용제 등 다양한 형태로 개발되고 있다. 이외에도 미란성가스(이페리트), 재채기가스(애덤사이트), 최루가스(CS), 정신착란가스(BZ) 등이 있다. 이러한 화학물질이 테러집단의 수중으로 들어가면 이들은 이를 이용하

여 반군 또는 반정부집단을 대상으로 화학테러를 감행한 사례가 보고되고 있다(시리아 등). 정부(환경부)는 화학사고·테러를 대비한 국가표준의 전문교육을 준비하고 있다. 이를 준비하는 과정에서 소방, 경찰, 환경, 공중보건의 관계부처가 협업하여 혁신적인 방안을 찾아야 할 것이다.

〈그림 12-4〉 화학작용제-신경작용제(VX)의 특징

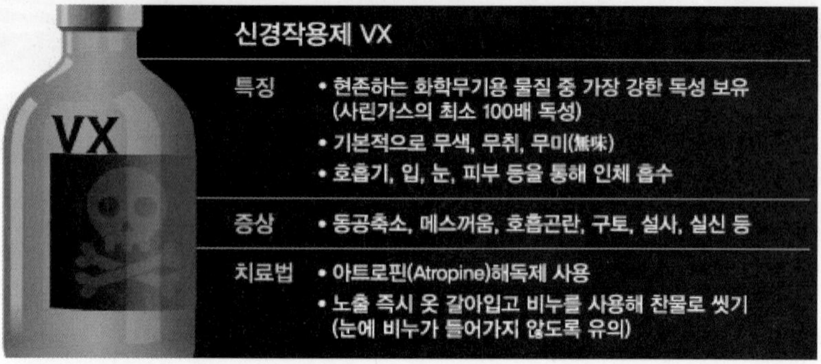

	신경작용제 VX
특징	• 현존하는 화학무기용 물질 중 가장 강한 독성 보유 (사린가스의 최소 100배 독성) • 기본적으로 무색, 무취, 무미(無味) • 호흡기, 입, 눈, 피부 등을 통해 인체 흡수
증상	• 동공축소, 메스꺼움, 호흡곤란, 구토, 설사, 실신 등
치료법	• 아트로핀(Atropine)해독제 사용 • 노출 즉시 옷 갈아입고 비누를 사용해 찬물로 씻기 (눈에 비누가 들어가지 않도록 유의)

자료: 미국 질병예방통제센터(CDC), 미국 워싱턴주 보건부 등
출처: 박병진·박수찬, 세계일보, 워싱턴=국기연, [뉴스분석] "현실로 다가온 북 생화학무기 위협." 2017. 2.26; http://news.naver.com/main/read.nhn?mode=LPOD&mid=etc&oid=022&aid
주: 1) 북한의 생·화학무기를 핵미사일에 이어 또 하나의 공포/ 김정남 암살 VX 사용 파장 확산/핵보다 탐지 어려워 더 치명적. 화학무기 25종 최대 5,000t 보유/ 테러·국지전 등 사용 땐 대재앙

화학무기(신경독 VX, 사린가스, 겨자가스)는 생물학무기와 함께 '가난한 자의 핵무기'라고 불린다. 핵무기보다 적은 비용으로 손쉽게 만들 수 있고 파괴력이 핵무기와 버금간다고 이렇게 붙여졌다. 제1차 세계대전 당시 독일군이 연합군 진영에 염소가스를 무기로 사용한 이후 화학무기가 인류를 위협하는 공포의 대상으로 등장했다. 제1차 세계대전 시에는 실질적인 화학무기(Chemical Weapons)가 아닌 복합적 독가스가 사용되었다. 독가스 사용에 의한 대규모 사상자 발생으로 국제적

비난여론이 발생하여 화학무기는 물론 생물학 무기도 전쟁목적의 사용을 금지하는 제네바협약(Geneva Protocol)이 체결되었다. 최근에 내전으로 홍역을 치르고 있는 시리아[9] 바샤르 알 아사드(Bashar al Assad) 정권이 반군진영에 사린가스 공격을 감행하여 수많은 인명피해를 초래하여 미국 등 국제사회의 공분을 싸고 있다. 시리아는 세계 3위의 화학무기 보유국(약 1,300t) 으로서 '화학무기금지협약(CWC)'[10] 가입후

---

[9] 시리아 내전(civil war)의 시작은 2011년 3월 시리아 남부도시 데라(Derra)에서 튀니지와 이집트의 '쟈스민 혁명'에서 사용되었던 구호를 벽에 써놓았는데 이것이 발단이 되어 학생들이 체포되었으며 이 과정에서 민주화를 요구하는 학생들의 반발에서 비롯되었다. 학교 담에 혁명구호를 적은 10대들이 체포돼 고문을 당한 일이 발생했다. 이후 학생들의 석방을 요구하는 시위대와 정부의 과잉대응으로 촉발되어 정권의 퇴진을 요구하는 전국으로 확산되었다. 시리아의 민주화 시위는 알아사드 정권의 무자비한 진압이 가해지면서 점차 무장투쟁으로 변모하기 시작했다. 시리아의 본격적인 내전은 다른 아랍 국가들과 다르게 수니파와 시아파 간의 종파갈등으로 더욱 복잡한 양상으로 전개되었다. 시리아 인구 2,200만여 명 중 3/4이 수니파임에도, 시아파계 분파인 알라위파(Alawi)가 군과 정부 요직을 모두 장악하고 있기 때문이다. 이후 시아파 맹주인 이란과 헤즈볼라가 알아사드 정권을 지원하고, 사우디아라비아와 카타르 등 주변 수니파 국가들이 반군에 무기와 물자를 지원하면서 사태가 확대되기 시작했다. 여기에 혼란을 틈타 세력을 키운 급진수니파 무장단체 이슬람국가(IS)가 시리아 북부를 점령하면서 정부군·반정부군·IS 등 3자가 복잡하게 대치하는 등 시리아 전체가 무정부상태에 빠졌다. 이후 2014년 9월 미국이 시리아를 공습하면서 시리아 내전에 개입했으며, 2015년에는 러시아도 내전에 개입하면서 반군을 지원하는 미국과, 정부군을 지원하는 러시아의 대리전 양상으로 확대되었다. 특히, 2017년 4월 4일 시리아 반군 거점지역인 이들리브주 칸세이쿤에서 시리아 정부군의 소행으로 추정되는 화학무기 공격이 일어나 많은 주민이 사망하는 참사가 벌어졌다. 미국은 참사 이틀 후인 4월 6일 시리아 공군비행장을 향해 토마호크 59발의 미사일을 발사했다. 시리아 내전이후 미국이 IS가 아닌 정부군을 처음으로 공격했다. 이후 2017년 7월 미국과 러시아의 정상의 휴전합의로 내전이 가라앉기 시작했다. 영국에 본부를 둔 시리아 내전 감시단체인 시리아인권관측소(SOHR) 등이 집계한 자료에 따르면 내전이 발생한 2011년~2018.9월까지 사망자는 36만 4,792명이 발생했다.

[10] 1991년 미국이 일방적으로 화학무기 폐기를 선언함으로써 협상이 급속히 진전되었다. 이에 1992년 군축대표들은 협약의 최종안을 확정하고 1992년 12월 UN총회에서 의결되었다. 1993년 1월 프랑스 파리에서 화학무기금지협약의 서명식이 거행되었으며 1997년 4월29일에 동 협약이 발효되었다. 대한민국은 1997년 가입하였고 북한은 가입하지 않았다. 협약은 전문, 본문 24개조, 3개의 부속서(화학물질 부속서, 검증 부속서, 기밀보호 부속서)로 구성되어 있다. 화학무기금지협약에 가입하는 국가는 협약 발효후 30일 이내에 화학무기 보유 여부를 신고하고 10년 이내에 이를 완전히 폐기하여야 한다. 동 협약 제1조에 의하면 '어떠한 상황에서도 화학무기의 개발·생산·보유·획득·비축·이전배치 및 사

화학무기 전량을 폐기하기로 약속하고 폐기가 진행 중에 있다. 폐기작업은 화학무기금지기구(OPCW) 주도 아래 카테고리 1(치명적 화학물질), 카테고리2(기타 화학물질)로 구분하여 폐기가 진행 중이다.

이란-이라크 전쟁 중에 이라크가 머스터드 가스, 타분가스, 사린가스 등을 반복·사용하였으며, 1980년대 후반에는 자국민인 쿠르드족 탄압을 위해 사용했다. 시리아 내전의 화학무기 사용여부를 특정하기 위해 2015년 8월에 UN 안보리는 UN과 OPCW의 합동조사기구(JIM: Joint Investigative Mechanism)를 설립하는 내용의 결의를 채택하여 합동조사기구의 수사가 진행되었었다. 합동조사기구(JIM)는 시리아에서 6건의 화학무기 사용을 확인했다. 이 가운데 4건은 시리아 정부군이 화학무기를 사용하였으며, 나머지 2건은 이라크-시리아 이슬람국가(ISIS, Islamic State of Iraq and Syria)가 화학무기를 사용한 것으로 밝혀졌다.11) 이후에도 시리아는 반정부군 공격에 화학무기를 사용하였으며, 2018년 4월에 시리아 동구타 지구에서 화학무기가 사용되었다는 의혹이 있다.12) 2018년 4월에 미국·영국·프랑스 3개국은 바샤르 알

용을 금지한다. 또한 자국의 영토 또는 제3국의 영토에 배치된 모든 화학무기 및 화학무기 생산시설을 신고하도록 규정하고 신고 된 화학무기와 화학무기 생산시설은 협약에서 규정한 절차와 방법에 따라 폐기하도록 규정하고 있다. 동 협약이 1997.4.29. 발효됨에 따라 협약 이행의 검증 및 협의를 위하여 같은 날 화학무기금지기구(OPCW: Organization for the Prohibition of Chemical Weapons)가 정식으로 발족되었다.

11) UN과 OPCW의 합동조사기구(JIM)는 보고서에서 시리아 정부군이 2014년 4월(탈메네스), 2015년 3월(사민), 2015년 3월(크메나스)에 염소가스를, 2017년 4월 칸 셰이쿤에서 사린가스를 사용하였다고 단정하였다. 또한 ISIS가 말레아(2015년 8월), 움호시(2016년 9월)에서 머스터드가스를 사용하였다고 단정하였다. 2016년 2월에 미국 국가정보국은 '세계위협평가'를 발표하여 이 사안에 대한 ISIS의 관여를 지적하고 시리아에서 비국가행위자가 화학물질을 전투에 사용하고 있다고 평가하였다. 한국, 국방정보본부, 『일본 방위백서 2018』(국방정보본부, 2019.2), p.233 재인용

12) 동 사건에 대해 2018년 4월10일에 미국이 제안한 화학무기 사용자를 특정하기 위한 UN 독립조사기구 설치안이 UN 안보리에서 채택되었으나 러시아가 거부권을 행사해 부결되었다.

아사드 정권이 화학무기를 사용하였다고 판단하고 시리아의 화학무기 관련 시설을 공격하였다.13) 이후에도 시리아 바샤르 알아사드 정권은 2019년 5월 19일 아들리브(Idlib)에 있는 반군거점을 공격하면서 염소(鹽素, chlorine)를 사용했다고 밝혔다.14)

다음은 생물테러의 위협이다. 생물무기15)를 이용하는 생물테러란 "잠재적으로 사회 붕괴를 의도하고 바이러스, 세균, 곰팡이, 독소 등을 사용하여 살상을 하거나 사람, 동물 혹은 식물에 질병을 일으키는 것을 목적으로 하는 행위"를 의미한다.16) 생물테러 감염병의 병원체로 페스트균(*Yersinia pestis*), 탄저균(*Bacillus anthracis*), 보톨리눔균(*Clostridium botulinum*), 야토균(*Francisella tularensis*), 에볼라 바이러스(*Ebola virus*), 라싸 바이러스(*Lassa virus*), 마버그 바이러스(*Marbug virus*), 두창 바이러스(*Varola virus*) 등이 있다. 생물학 무기(Biological Weapons)는 박테리아, 바이러스, 리케치아, 곰팡이 또는 이러한 미생물이 생산한 독소 등을 말한다. 이들은 모두 대량상무기로서 핵무기, 화학무기 또는 기타 재래식 무기와 비교가 안 될 정도로 매우 다양한 특징을 가지고 있다. 또한 생물무기는 다음과 같은 목적을 달성하기 위하여 사용될 수 있음에 유의해야 한다.17)

---

13) 시리아 정부군과 대항하고 있는 시리아 반군('자이시 알이슬람')이 장악하고 있는 동부 구타지역 마을 두마에 화학무기를 사용한 것에 대해 미국과 동맹군이 정밀타격에 나섰다. 미국의 트럼프 대통령은 4.13일 백악관에서 시리아 화학무기 시설을 겨냥해 시리아 공격을 발표했다.
14) 미국 국무장관 마이크 폼페이오, UN총회, 뉴욕, 2019.9.26
15) '생물무기금지협약(BWC: Biological Weapons Convention)'은 생물무기(세균무기) 및 독소무기의 개발·생산·비축금지와 폐기에 관한 협약으로 1975년 3월 발효되었다. 생물무기란 세균, 바이러스, 리케치아, 곰팡이 등의 미생물이나 독소를 이용하여 제조한 것을 폭탄·포탄·살포장비 등에 충전하여 인간이나 동식물을 감염시키는 치명적 무기이다. 한국은 1687.6.25. BWC협약 비준서를 기탁하며 가입했다. 북한은 3.13협약에 가입하였으나 CBM(신뢰구축체제) 및 특별그룹회의 불참해왔다.
16) 보건복지부, 질병관리본부, 『생물테러 대비 및 대응지침』, 2011.5.

- 공포와 공황발생(Inciting panic and fear)
- 국가 기능 마비(Paralyzing the nation)
- 의료서비스 기능 마비(Overwhelming medical services)
- 심각한 경제적 손실 발생(Causing severe economic samage)
- 대량 살상(Causing illness or death)
- 군사적 우위 달성(Gaining a military advantage)
- 관심유도(Attracting attention)

이러한 생물테러의 위기경보는 예방 및 대응을 위해서 중요하다. 위기경보 절차로 ① 보건복지부(질병관리본부)는 생물테러 위기와 관련된 징후가 포착되거나 예상되는 국가정보원(테러정보통합센터)에 우선통보하고, 자체 위기평가회의(의장: 보건복지부 차관)를 통해 그 위협 또는 위험수준을 평가한 후 국가정보원(테러정보통합센터)에 통보, ② 위기수준 평가시 상황의 심각성 및 시급성, 확산 가능성, 전개속도, 지속시간, 파급효과, 국내외 여론, 정부의 대응능력 등을 복합적으로 고려하여, 관련기관에 관련 정보를 제공, ③ 국가정보원(테러정보통합센터)는 테러위기평가회의 결과 및 유관기관의 의견을 종합적으로 고려하여 위기수준에 해당하는 경보를 발령하고, 발령시 국가위기상황실 및 관련기관에 신속하게 통보, ④ 국가정보원(테러정보통합센터)는 범정부적 차원의 조치가 요구되는 위기경보(경계 또는 심각)를 발령하는 경우에는 국가위기상황실과 사전협의하여 경보발령(국가위기상황실은 필요시 유관기관이 참여하는 '국가위기평가회의'를 개최), ⑤ 위기경보 수준을 수

---

17) Kenneth Alibek, 'Combating Terrorism: Assessing the Threat of Biological Terrorism', 「대량살상무기의 위협과 한반도 안보」, Korea Military Academy, 2003. 10.23.~24

정 및 조정할 필요가 있을 경우에는 국가위기상황실과 사전 협의를 통해 조정한다.18) 다음은 생물테러의 위기경보 수준을 도표로 제시하면 다음과 같다.

⟨표 12-6⟩ 생물테러 위기경보 수준

단계	판단기준	비고
관심 (Blue)	■ 국제정세불안으로 테러가 국제적 이슈로 대두 ■ 아국(我國) 동맹국가 대상 테러 빈발로 영향 우려 ■ 이중감시체계 운영 결과 이상 징후 발생 없음	징후 감시 활동
주의 (Yellow)	■ 이중감시체계 운영 결과 이상 징후 발생 ■ 국내 백색가루소동 등 사회불안 현상 발생 ■ 아국대상 테러 관련 첩보 입수 ■ 국제테러조직 관계자 국내잠입 기도징후 포착 ■ 테러빈발 국가에 아국인 대규모 상주·파견	협조 체계 가동
경계 (Orange)	■ 이상 징후 발생관련 역학조사 결과 생물테러 의심사례 발생 ■ 국내 백색가루 소등의 빈번한 발생 ■ 국외에서 아국인 대상 생물테러 감행 확인 ■ 국외에서 생물테러에 의한 환자 발생 ■ 국내에서 타 유형의 테러 발생	대비 계획 점점
심각 (Red)	■ 국내에서 생물테러 의심 병원체 분리 및 확진 ■ 국내에서 생물테러 의심환자 발생 ■ 백색가루 신속진단결과 '양성' 판정 ■ 국제테러조직이 국내에 생물테러를 감행했다고 공언 ■ 국내에서 생물테러 가능 병원체 도난·강탈사건 발생	대응 태세 돌입

출처: 보건복지부, 질병관리본부 『생물테러 대비 및 대응지침』, 2011.5, p.6.

생·화학무기는 비대칭 공격 수단을 원하는 국가나 테러리스트 등 비국가행위자의 입장에서는 저렴한 비용으로 충분한 제조가 가능하기 때문에 매력적인 무기라고 할 수 있다.

---

18) 보건복지부, 질병관리본부, 『생물테러 대비 및 대응지침』, 2011.5, pp.6~7.

제2절 테러 대응 절차

1. 국가 테러대응체계

테러 대응 전담조직은 '국민보호와 공공안전을 위한 테러방지법'(약칭 테러방지법) 시행령 제11조(전담조직)에 의하면 지역테러대책협의회, 공항항만 테러대책협의회, 테러사건대책본부, 화생방테러대응지원본부, 테러복구지원본부와 테러사건이 발생한 경우 사건현장의 대응활동을 총괄하기 위하여 현장지휘본부를 설치하며, 이러한 현장지휘본부를 지원하기 위하여 초동조치팀(관할경찰서장, 작전 책임부대지휘관), 대테러합동조사팀,[19] 대테러특공대, 테러대응구조대(중앙 및 시도 소방본부), 대테러특수임무대(국방부10개 부대)를 설치 운영할 수 있다.

〈표 12-7〉 테러 대응 전담기관 설치

테러 전담조직	설치	주요 임무
지역테러대책협의회	시도	의장은 국가정보원 해당지역 관할지부의 장
공항·항만 테러대책협의회	항만법에 따른 무역항	테러방지법 시행령 제13조 참조
테러사건대책본부	주관부처(5개)	테러방지법 시행령 제14조 참조
현장지휘본부	대책본부의 장	현장지휘본부의 장은 대책본부장이 지명
화생방테러대응지원본부	환경부, 보건복지부 원자력안전위원회	테러사건발생시 오염확산 방지 및 제독실시 등
테러복구지원본부	행정안전부장관	테러사건 발생시 구조·구급·수습·복구

---

19) 합동조사팀의 구성은 국가정보원, 군, 경찰, 해양경찰, 소방, 관세청 등의 관계기관 담당자로 구성되며, 주요임무는 현장 인명구조 및 피해확산 방지 및 차단, 테러 이용물질 방법 및 테러 유형 판단 및 현장 조사, 사건 판단 종합 정보분석 및 현장 지휘본부 지원, 사건 확산 방지를 위한 정보활동, 대언론 통제 등 안전조치 등 강구

대테러특공대	국방부장관 경찰청장 해양경찰청장	군 대테러 특수임무대 편성·운영 폭발물 탐지 및 처리, 테러범 무력진압작전 수행
테러대응구조대	소방청장, 시도지사 (시도 소방본부)	테러사건 발생시 초동대처 신속한 인명 구조구급
테러정보통합센터	국가정보원장	현장출동 조사결과는 대태러센터장에게 통보
대테러합동조사팀	국가정보원장	군사시설: 국방부장관이 자체 조사팀을 편성운영, 조사결과는 대태러센터장에게 통보

출처: '국민보호와 공공안전을 위한 테러방지법'(약칭 테러방지법) 시행령 제15조(현장지휘본부), 제17조(테러복구지원본부), 제18조(대테러특공대), 제19조(테러대응구조대), 제20조(테러정보통합센터), 제21조(대테러합동조사팀 등)를 참고하여 필자가 도식화함

2. 테러경보 발령

정부는 테러안전대책 추진과정에서 테러사건 발생·테러징후 포착 등 안전 환경 변화시 안전대책 수준을 상향 조정할 수 있으며, 국가 중요 인사 및 지도자 참석 경호행사의 경우 관련부처 안전 활동 체계에 대한 협의를 진행한다.

〈그림 12-5〉 국가테러대응체계

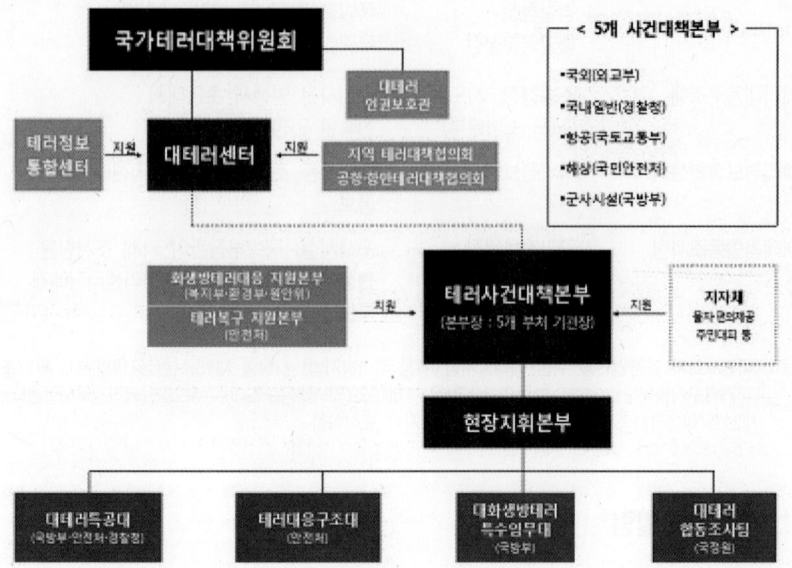

주: 1) 화생방테러대응지원본부 산하에는 화생방지원팀을, 현장지휘본부에는 초동조치팀, 군대테러특수임무대(국방부), 상황팀, 현장조치팀, 협상팀 등이 있다.
출처: 아시아경제, 조영주, 국가테러대응체계시스템 갖춘다., 테러계획 신고하면 포상금 최대 1억원, 2016.04.14.

　대테러센터장은 테러 위험 징후를 포착한 경우 테러경보 발령의 필요성, 발령 단계, 발령 범위 및 기간 등에 관하여 실무위원회의 심의를 거쳐 테러경보를 발령한다. 다만 긴급한 경우 또는 주의단계 이하의 경보를 발령시에는 실무위원회의 심의 절차를 생략 또는 일부기관만 소집할 수 있다. 테러경보는 테러위협의 정도에 따라 관심(Blue), 주의(Yellow), 경계(Orange), 심각(Red)의 4단계로 구분하여 발령할 수 있다.
　테러경보 발령에 필요한 테러 위협수준 평가를 위한 자체 '테러경보 평가회의'를 운영할 수 있으며, 관계기관의 협의 및 참석으로 평가회의를 개최하여 테러 경보단계를 평가하여 경보를 발령한다. 대테러센터장은 테러경보를 발령하였을 때에는 즉시 대책위원회 위원장에게 보고하고, 관계기관에 즉시 전파하여야 한다. 즉, 경보발령사항은 국가안보실 및 관계기관에 즉각 전파하되 범정부차원의 평가와 관계기관의 조치가 요구되는 심각단계의 경보발령과 해체시에는 사전에 (BH)국가안보실과 협의하여야 한다. 다만 긴급을 요하는 경우에는 선조치 후 최단기간 내 협의에 응해야 한다. 사건을 인지한 관계기관의 장은 사건의 확산 방지를 위하여 사건현장의 통제·보존 및 경비강화 대책, 긴급대피 및 구조·구급, 관계기관에 대한 지원 요청, 그밖에 사건 확산 방지를 위하여 필요한 사항 등의 초동조치를 즉각 실시해야 한다. 이에 대책본부의 장은 테러사건에 대한 대응(response)을 위하여 필요한 경우 현장지휘본부를 설치하여 상황을 전파하고, 대응체계를 유지하며, 조치사항을 체계적으로 시행한다. 국내 일반테러사건의 경우에 대책본부가 설치되기 전까지 테러사건 발생지역을 관할하는 경찰관서의 장이 초동조치를 지휘·통제한다. 다음은 원전사고와 관련한 테러위협 정도에 따라 4단계를 위기형태 및 경보 수준으로 도식하였다.

〈표 12-8〉 원전사고 관련 위기형태 및 경보단계

위기 경보		사고 등급(기준)	비상등급 (조치)	비상사태 내용
대비 단계	관심 (Blue)	원전 고장 1단계 수준 - 기기 고장, 종사자의 실수, 절차의 결함 등으로 인하여 운전요건을 벗어난 비정상적인 상태	징후활동 감시	-
	주의 (Yellow)	원전 고장 1단계 상황 악화 - 방사선비상으로 확대 가능성이 있는 계통의 경보 발생	협조체제 가동 및 대비 계획 점검	-
대응 단계	경계 (Orange)	원전 고장 2단계 수준 - 사고를 일으키거나 확대시킬 가능성은 나타나지 않지만 안전 계통에 심각한 기능 상실	백색비상	○ 방사성물질의 밀봉상태의 손상 또는 원자력시설의 안전상태 유지를 위한 전원공급기능 손상이 발생하거나 발생할 우려가 있는 등의 사고 ○ 방사선영향이 원자력시설 건물 내에 국한될 것으로 예상되는 비상상태
	심각 (Red)	원전 고장 3단계 수준 - 사고를 일으키거나 확대시킬 가능성이 있는 안전계통에 심각한 기능 상실	청색비상	○ 백색비상등에서 안전상태로의 복구기능의 저하로 원자력시설의 주요 안전기능에 손상이 발생하거나 발생할 우려가 있는 사고 ○ 방사선 영향이 원자력 시설 부지 내에 국한될 것으로 예상되는 비상상태
			적색비상	○ 노심의 손상 또는 용융 등으로 원자력시설의 최후방벽에 손상이 발생하거나 발생할 우려가 있는 사고 ○ 방사선영향이 원자력시설 부지 밖으로 미칠 것으로 예상되는 비상상태

〈표 12-9〉 테러 대응단계의 세부 활동 사항

중점	세부 활동 사항
테러 발생에 따른 상황보고 및 대응체계 유지	상황보고체계 준수(사건주관기관 → 국가정보원, 대테러센터, 국가안보실)
테러 유형별 대책본부 및 현장지휘본부 설치 및 운영	유형별 사건대책본부, 화생방테러대응지원본부, 현장지휘본부 가동
기관별 역할/대응단계별 조치사항 이행	기관별 임무확인 및 대응조치 적극 이행 및 조치관계 기관별 대응정보 공유
구조·구급·구호 활동 이행	중앙 및 지역긴급구조통제단 설치 및 운영(소방청/시도) 긴급 구조·구급활동, 사상자 및 이재민 구호활동

출처: 테러 위기관리표준매뉴얼, 위기대응실무매뉴얼

〈그림 12-5〉 국가 방사능방재 체계(국가 원전사고 대응체계)

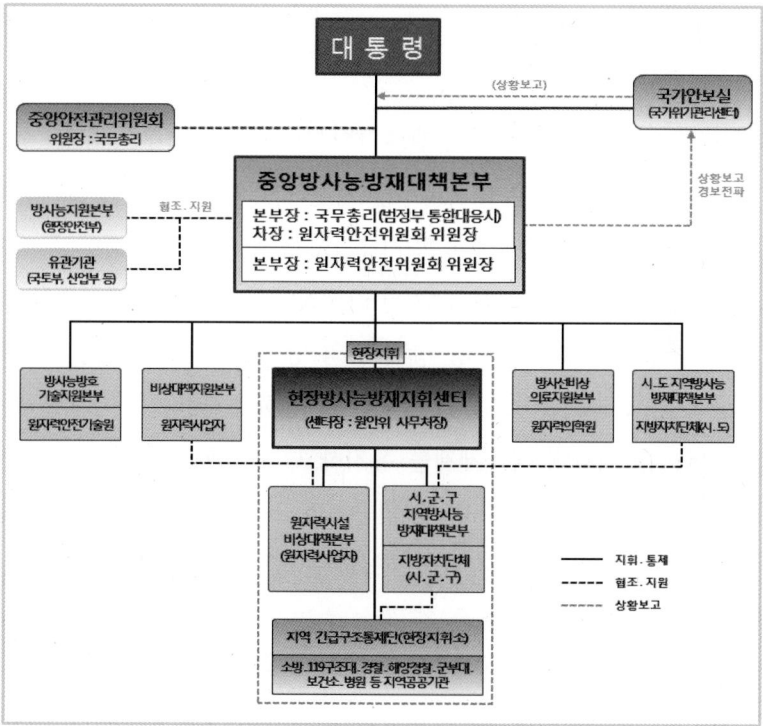

출처: 원자력시설 등의 방호 및 방사능 방재대책법(약칭 방사능 방재법)

〈표 12-10〉 방사능 대응조직별 기능

조 직 명	기 능
중앙방사능방재대책본부	국가방사능방재 대응총괄
현장방사능방재지휘센터	방사능 현장지휘 및 상황관리
시도 지역방사능방재대책본부	지역 방사능재난 대응
시군구 지역방사능방재대책본부	주민보호조치 시행
시군구 긴급구조통제단	지역 긴급구조에 관한사항 총괄, 조정
방사능방호기술지원본부	방사능재난 수습에 필요한 기술사항 지원
방사선비상의료지원본부	방사선 상해자에 대한 의료조치 총괄
원자력사업자 비상대책본부	사고수습 및 확산방지

출처: 원자력시설 등의 방호 및 방사능 방재대책법(약칭 방사능 방재법)

라. 복구(recovery) 단계

복구단계에서는 행정안전부장관은 테러사건 발생시 구조·구급·수습 및 복구활동 등에 관하여 대책본부를 지원하기 위하여 테러복구지원본부를 설치 운영할 수 있다.[20] 복구(recovery)단계에서 중점을 두어야 할 것은 테러복구지원본부를 설치하고(행정안전부), 신속한 복구를 위한 응급조치를 지원(진화·수방·방제·방역·방범·급수·긴급통신, 피해시설 응급복구, 긴급피난처 및 구호품 확보 등)하고, 테러사건대책본부를 구성·운영하는 기관에 공조체제를 유지하고, 2차 피해를 방지하고, 사건현장의 질서유지, 안전 확보 및 인근지역 교통통제, 가정(급·배수·난방, 전기, 통신 등)의 불편사항을 해소하는 등 주민불편을 최소화하는 조치를 적극 시행해야 한다.

---

20) '국민보호와 공공안전을 위한 테러방지법'(약칭 테러방지법) 시행령 제17조(테러복구지원본부) 참조

〈표 12-11〉 테러 복구단계의 세부 활동 사항

중점	세부 활동 사항
긴급구조통제단 설치 및 운영	긴급 구조·구급 활동 시행
테러복구지원본부의 설치	수습·복구 등 지원을 위한 자원동원 및 배치 등 테러사건대책본부의 협조요청에 따른 지원에 관한 사항
수습복구를 위한 응급조치 지원	정부차원의 수습 및 복구활동 추진 관계기관에 인접지역 시설의 피해확산방지 협조 요청
테러사건대책본부와 공조체제 유지	대책본부 주관기관 및 유관기관, 화생방테러대응지원본부에 협조 등
2차사고 방지 및 주민 불편 해소	사고확산 방지를 위한 긴급조치사항 사건현장 질서유지, 도로 및 교통통제, 주민 불편 해소 등
사건지역 현장 봉사활동 지원	사건지역 피해자 구호, 사고수습 및 복구지원

출처: 테러 위기관리표준매뉴얼 위기대응실무매뉴얼

 또한 구호 및 마무리 활동을 지원을 위해 방역대책반을 설치, 이재민 구호대책 강구, 사상자 치료 및 장례대책협의 추진, 수습 및 복구활동 시 홍보활동 추진으로 국민의 심리안정을 도모하고 정부의 위기관리 능력에 대한 신뢰를 증진시키고 정부의 조직적이고 체계적인 대응 및 복구활동사실을 강조하는데 비중을 두어야 한다. 일반적으로 자연재난으로 인해 발생한 피해는 복구단계에서 피해지역에 대한 합동조사를 통해 피해현황을 파악하고 피해내역을 정확히 산정할 수 있다. 그러나 테러로 인한 피해를 복하는 '복구단계'를 '구조구급 및 홍보단계'로 대치하여 운영하고 있다. 본서는 단계 적용에 대해 정부 매뉴얼의 일반적인 위기관리단계(예방-대비-대응-복구)를 준용하고 있다.

제 13 장

테러 및 사이버테러

I will prepare and someday my chance will come.
나는 준비할 것이다. 그러면 언젠가 나의 기회가 올 것이다.

- Abraham Lincoln (미국 제 16대 대통령)

제13장 테러 및 사이버테러

제1절 사이버보안 강화

세계경제포럼(WEF)은 '2018년 글로벌위험보고서(The Global Risks Reports 2018)'에서 사이버위험(cyber risk)을 가장 심각한 세계적 위험요인의 하나로 선정하고[1] 국제 안보화 이슈(issue)로 확산되고 있는 사이버 주권문제와 관련하여 새로운 국제규범을 도출하기 위한 합의기반 형성을 강조하고 있다.[2]

1. 사이버 보안기술(cyber security tech)

최근 영국 정부(국가사이버 보안센터)는 비영리기관 및 넷플릭스에 대한 랜섬웨어 공격 및 미공개 영상유출 등에 관여한 The Dark Overlord와 같은 익명 사이버 공격 그룹(cyber security group)에 대한 위협을 경고했다. 영국 정부는 이에 대비하기 위해 국가사이버보안센터

---

1) 세계경제포럼(WEF), The Global Risks Reports 2018, 13th Edition, 2018.
2) 김상배(2016), 『사이버안보의 국가전략』, 국제문제전략연구원, p.7.

(NCSC)에서 발생한 위협보고서에 따라 3가지 사이버 보안 위협을 경고하였다. 1) 속도위반 벌금을 납부하라는 내용의 피싱 이메일 주의와 관련하여 '검찰통지서'라는 제목으로 사진까지 첨부해 진짜처럼 보이는 이메일이 발송되며 이메일 내 관련 링크를 클릭하면 피해자 기기로 은행 악성코드가 삽입되는 방식의 이메일과 '검찰통지서'라는 내용의 속도위반 딱지는 원래는 자동차 소유자의 주소로 발송되며, 이메일로 전송되지 않는다고 설명하며, 피싱 이메일 내 어떤 링크도 클릭하지 말고 삭제할 것을 당부하였다. 2) 위조된 코드 서명 인증서 사용경고와 관련하여 사이버범죄 및 지능형지속위협(APT) 사이버 공격자들이 훔친 혹은 도용된 인증서를 사용해 악성코드를 등록시키는 트렌드가 지속적으로 감지되었다. 3) 사이버 범죄 조직 The Dark Overlord 경고와 관련하여 The Dark Overlord가 지난 수년간 민감한 개인 정보를 다루는 의료기관, 학교 및 미디어 기업 등을 대상으로 해킹 활동했으며, 최근에는 유명인 정보를 다수 포함하고 있는 런던 기반의 성형외과 및 할리우드 스튜디오가 해킹피해를 받았다. 이러한 해킹 범죄 조직은 민감한 정보를 갈취한 후 공공 도메인에 공개하지 않는 조건으로 돈을 요구하는 방식을 택하고 있다.3) ISSA(Institute of Systems Studies & Analysis, 시장조사기관)와 ESG 조사에 따르면 2017년 조사결과 응답기관 중 45%가 기술 부족 문제를 겪고 있다고 응답하였다. 343명의 사이버 보안 전문가들에게 사이버보안 기술 부족이 기관에 얼마나 영향을 미치는지 질문했으며, 응답자들 중 27%가 상당한 영향을 미친다고 응답했으며, 43%는 약간의 영향을 미쳤다고 응답했다. 또한 응답기

---

3) 과학기술정보통신부(한국인터넷진흥원, KISA), 「웹서버 보안 강화 안내서」(서울, 2018.6); UK Cybersecurity center, 'The Dark Overlord' Alert, 2017.11. https://www.boho.or.kr/data/trendView.do?bulletin_writing_sequence= (검색: 2020.01.10)

관의 70%가 사이버보안 기술 부족에 영향을 받는다고 응답했으며, 상세한 내용은 아래와 같다.4)

〈표 13-1〉 사이버보안 기술 부족으로 인한 영향

- 응답자 중 63%가 사이버보안 기술 부족은 직원의 업무량을 증가시켜 효율성을 저해한다고 응답
- 응답자 중 41%는 필요한 수준의 기술을 가진 인력을 신규채용하기 보다는 기존 직원을 교육시키거나 일반 직원을 고용해야 한다고 응답
  - 직원들이 속도를 높이기까지 시간이 필요해 기술격차가 벌어지며, 위험증가, 위험감지 실패 및 문제 미해결로 이어짐
- 응답자의 41%가 사이버보안 담당자들이 우선순위가 높은 문제 및 사건대응에 대한 계획, 전략 혹은 교육에 불균형한 시간이 투입된다고 응답
  - 기관들은 사이버 효과를 개선, 운영 간소화 및 위험 완화를 위한 사전 대책을 마련할 시간이 부족하며, 위협에 대처할 준비가 되어 있지 않은 상태
- 응답자의 39%가 사이버보안 담당자들이 사업부와 협력해 사이버보안 업무프로세스를 조정할 수 있는 시간이 제한되어 있다고 응답
  - 오늘날까지 대다수의 기업주들이 사이버 보안팀과 협력하지 않고 있으며, 이로 인해 발생하는 사이버보안 기술 부족이 사이버보안 기술을 최대한 활용하거나 잠재력을 발휘하지 못하는 상황을 초래했다고 응답

자료: 한국인터넷진흥원(KISA) 〉 자료실 〉 최신동향, "사이버보안 기술 부족, 데이터 유출, 악화시킬 것으로 조사", 2017.12.12.; https://www.csoonline.com/article/3237049/securuity/Research - confirms-the-cybersecurity- skills- shortage-is-an-existential-threathtml; Abstract The Life and Times of Cybersecurity Professionalhttps://www.esg-global.com/hubfs /issa/ESG-ISSA-Research-Report-Abstract-Life-of-Cybersecurity-Professionals-Nov-2017.pdf?t=1510944170904

출처: Research confirms the Cybersecurity skills shortage is an existential threat: 3. The Life and Times of Cybersecurity Professionals: https://www.esg-global.com/hubfs/pdf/ESG-Infographic-ISSA-November-2017.pdf?hsCtaTracking=36c5bc96-ed53-4b82-9b81-fa28eae2c31e%7c3e5c0532-d112-468d-bf0a-fa70a7a06503

---

4) 한국인터넷진흥원(KISA) 〉 자료실 〉 최신동향, "사이버보안 기술 부족, 데이터 유출, 악화시킬 것으로 조사", 2017.12.12. https://www.boho.or.kr/data/trendView.do?bulletin_writing_sequence= (검색: 2020.01.10)

2. 악성코드 유형 및 특징

악성코드를 유포하는 공격자는 주로 홈페이지를 많이 이용하여 공격한다. 불특정 다수를 무분별하게 악성코드를 유포한다. 공격자는 사용자들이 인지하지 못한 채 악성코드를 감염시키기 위해 사용자 PC에 설치된 프로그램의 취약점을 악용한다. 일반적으로 문서편집기, 자바(JAVA), 플래시 플레이어, 브라우저(IE 등) 프로그램의 복합적인 취약점을 이용하여 악성스크립트를 실행시켜 악성코드에 감염시킨다. 비트코인을 채굴하는 컴퓨터에 접근하여 랜섬웨어(파일암호화)[5] 유포를 통해 금전적 이익을 취하려는 공격성향이 증가하고 있다. 일반적으로 랜섬웨어(파일암호화)는 홈페이지 사용자 PC의 중요 파일들을 암호화하여 피해를 주지만, 최근에는 웹서버 자체를 아예 감염시켜 홈페이지 서비스를 마비시켜버린다. 랜섬웨어(파일암호화)의 주요 감염경로는 대부분 이메일을 통하여 감염된다. 페이크 메일을 보내서 첨부한 파일을 열거나 링크를 열 때 감염된다(알지 못하는 사람이나 모르는 사람에게서 온 메일은 반드시 확인하고 조심해야 한다).

---

5) 컴퓨터 시스템에 대하여 사용자가 정상적으로 사용하지 못하도록 만든 후 이를 볼모로 잡고 금전을 요구하기 위하여 퍼뜨리는 악성파일을 의미한다. 랜섬웨어란 ransom(납치) + ware(제품)가 합쳐진 합성어로 컴퓨터에 바이러스가 침입하여 해당 컴퓨터에서 사용하고 있는 파일을 암호화하여 사용자가 사용하지 못하게 하는 악성프로그램이다. 암호화하는 파일은 확장자 기준으로 zip, xlx, pdf, txt, hwp, jpg, mp4 ... 등 컴퓨터에 사용하는 거의 모든 파일에 침입할 수 있다.

〈그림 13-1〉 랜섬웨어 감염경로 "예"

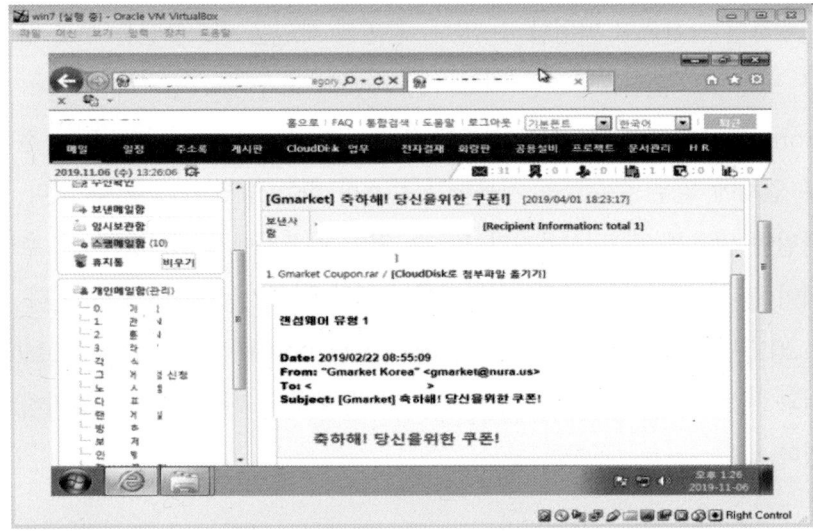

출처: kkd107 블로거, https://blog.naver.com/kkd107/221699807418 (검색: 2020. 01.10)

　　랜섬웨어(파일암호화)를 예방하는 방법은 모르는 사람이 보낸 메일은 첨부파일을 받지도, 링크를 열지 않는다, 모르는 사람이 보낸 메일은 출처를 정확하게 확인후 연다. 항상 데이터를 2중 3중으로 백업한다. (이동식디스크, 네이버클라우드, 구글클라우드 등) 윈도우 업그레이드를 최신화해야 한다. 이에 대한 대처방법은 랜섬웨어(파일암호화)6)에 걸렸다 판단이 되면 바로 랜선을 뽑고 컴퓨터를 끈다, 컴퓨터의 하드디스크를 빼고 다른 PC에 슬레이브 형태로 꽂아서 확인한다. 살아있는 데이터는 다른 곳에 백업을 한다. 즉 외장하드를 연결해서 빠르게 백업

―――――――
6) 랜섬웨어는 해커들이 일정 암호화폐 비용을 책정해서 사용자PC 파일에 암호를 걸어두고 화폐비용을 지불해지만 복원시켜주는 일종의 금전적 바이러스라고 할 수 있다. 오래된 랜섬웨어 중 일부는 자체복호화툴이 있어서 쉽게 풀 수 있지만 '메그니베르'와 같은 신종 랜섬웨어는 복잡한 알고리즘을 사용하여 그 누구도 풀 수 없이 만들어졌기 때문에 큰 비용을 지불하고 복원하는 방법밖에는 없다. 따라서 감염된 파일은 전문가의 도움을 받고 안전하게 복원하는 방법을 찾아야 한다.

해야한다. 자료가 손상될 우려나 불안할 경우에는 안전모드로 부팅후 진행하면 안심하고 백업할 수 있다. 감염된 파일은 비트코인을 주고 복구 또는 포기한다. 중요한 자료라면 해커의 요구대로 전자화폐(electronic money)를 지불하고 복호화 키를 구매하는 방법도 있다. 또한 전문 업체에 일부 수수료를 지불하고 복호화 하는 방법도 있을 수 있다. 파일에 암호를 걸고 사용자가 할 수 없이 유포자에게 연락을 하고 추적이 불가능한 전자화폐를 결재 받아서 금전을 챙기는 형태로 진행된다.

2017년 한국인터넷진흥원(KISA)에 보고된 랜섬웨어 신고건수는 2019년과 비교하여 305% 증가하였으며, 2015년과 비교하여 656% 증가하였다.

〈표 13-2〉 홈페이지를 통해 유포되는 악성코드 유형

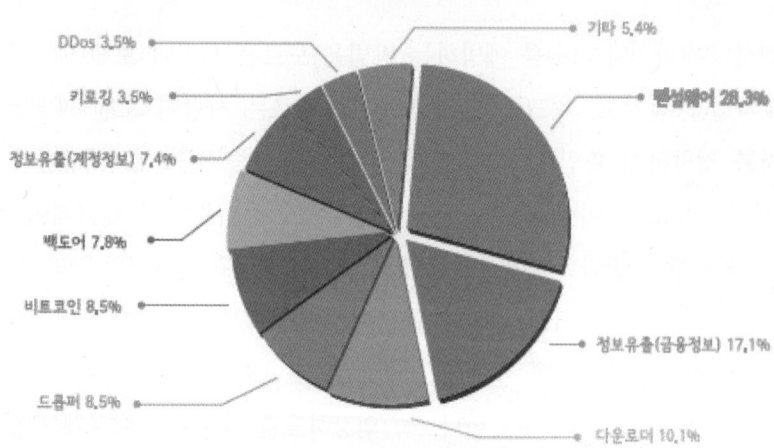

주: 1) 홈페이지를 통해서 유포되는 악성코드 유형으로 랜섬웨어가 28.3% 가장 높은 비율을 차지
자료: 과학기술정보통신부(한국인터넷진흥원, KISA), 「웹서버 보안 강화 안내서」(서울, 2018.6), p.7.
출처: 한국인터넷진흥원(KISA), '2017년 하반기 악성코드 은닉사이트 동향보고서'

2018년 악성코드 유형 중 정보유출(계정정보)이 25.3%의 비율로 가장 높았으며, 그 외에도 다운로더, 랜섬웨어, 가상통화 채굴, 원격제어 등의 악성코드 유형이 다양하게 나타났다.7)

〈표 13-3〉 2018년 악성코드 유형별 비율

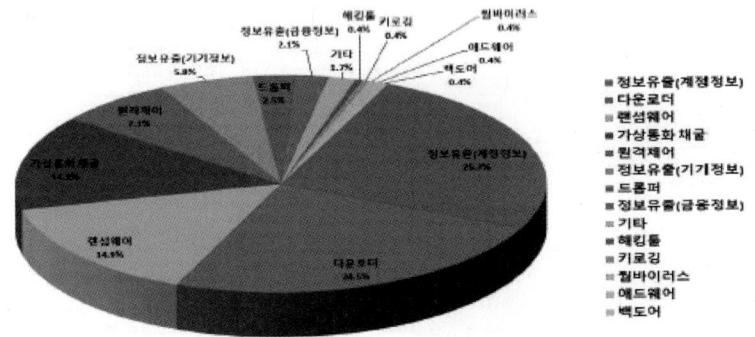

- 정보유출(계정정보): 이용자의 PC또는 모바일 기기내 저장된 ID, PW 등을 탈취
- 다운로더: 추가악성코드를 인터넷이나 네트워크를 통하여 다운로드 후 설치 및 실행
- 랜섬웨어: PC의 중요파일(문서, 사진 등)을 암호화하고 금전을 요구
- 가상통화채굴: 온라인 가상통화를 탈취하거나 채굴
- 원격제어: 해커가 원격지에서 악성코드에 감염된 좀비PC들을 제어
- 정보유출(기기정보): 감염된 PC또는 모바일 단말기의 정보를 탈취
- 드롭퍼: 정상 애플리케이션인 것처럼 배포된 뒤 실행되면 바이러스코드실행
- 정보유출(금융정보): 공인인증서, 비밀번호 등 금융정보를 탈취
- 해킹툴: 불법침입, 정보유출, 제3자 공격 등 해킹목적을 위한 도구 프로그램
- 키로깅: 사용자가 키보드로PC에 입력하는 내용을 몰래 탈취
- 웜바이러스: 자신을 복제하고 네트워크를 통해 전파할 수 있는 악성프로그램
- 애드웨어: 특정 소프트웨어를 실행할 때 또는 설치후 자동적으로 광고가 표시되는 프로그램
- 백도어: 몰래 컴퓨터에 접속하여 악의적인 행위를 할 수 있도록 출입통로 역할

출처: 과학기술정보통신부, 한국인터넷진흥원(KISA), '2018년 상반기 악성코드 은닉사이트 동향보고서', 2018.7, www.boho.or.kr. KISA 보호나라. 보고서 〉 자료실(검색:2019.11.09.)

---

7) 과학기술정보통신부, 한국인터넷진흥원(KISA), '2018년 상반기 악성코드 은닉사이트 동향보고서', 2018.7, www.boho.or.kr. KISA 보호나라. 보고서 〉 자료실

2019년 악성코드 유형 중 원격제어가 31%의 비율로 가장 높았으며, 그 외에도 정보유출(계정정보), 다운로더, 랜섬웨어, 정보유출(기기정보) 가상통화 채굴 등의 악성코드 유형이 다양하게 나타났다.[8]

〈표 13-4〉 2019년 악성코드 비율

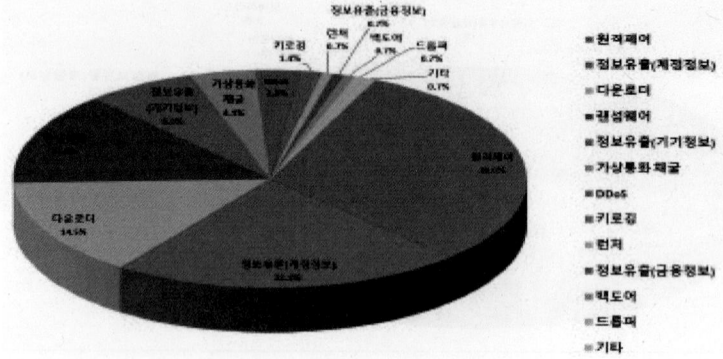

- 원격제어: 해커가 원격지에서 악성코드에 감염된 좀비PC들을 제어
- 정보유출(계정정보):이용자의 PC또는 모바일 기기내 저장된 ID, PW 등을 탈취
- 다운로더: 추가악성코드를 인터넷이나 네트워크를 통하여 다운로드 후 설치 및 실행
- 랜섬웨어: PC의 중요파일(문서, 사진 등)을 암호화하고 금전을 요구
- 정보유출(기기정보): 감염된 PC또는 모바일 단말기의 정보를 탈취
- 가상통화채굴: 온라인 가상통화를 탈취하거나 채굴
- DoDS: 다수의 좀비PC를 이용하여 대량의 위해 트래픽을 특정시스템으로 전송해 시스템의 정상적인 서비스를 방해
- 키로깅: 사용자가 키보드로PC에 입력하는 내용을 몰래 탈취
- 런처: 다른 악성프로그램을 실행할 때 사용
- 드롭퍼: 정상 애플리케이션인 것처럼 배포된 뒤 실행되면 바이러스코드실행
- 정보유출(금융정보): 공인인증서, 비밀번호 등 금융정보를 탈취
- 해킹툴: 불법침입, 정보유출, 제3자공격 등 해킹목적을 위한 도구 프로그램
- 정보유출(금융정보): 공인인증서, 비밀번호 등 금융정보를 탈취
- 백도어: 몰래 컴퓨터에 접속하여 악의적인 행위를 할 수 있도록 출입통로 역할
- 드롭퍼: 정상 애플리케이션인 것처럼 배포된 뒤 실행되면 바이러스코드실행

출처: 과학기술정보통신부, 한국인터넷진흥원(KISA), '2018년 상반기 악성코드 은닉사이트 동향보고서', 2018.7, www. boho.or.kr. KISA 보호나라. 보고서 > 자료실 (검색: 2019.11.09.)

---

8) 과학기술정보통신부, 한국인터넷진흥원(KISA), '2019년 상반기 악성코드 은닉사이트 동향보고서', 2019.7, www.boho.or.kr. KISA 보호나라. 보고서 > 자료실(검색: 2019.11.09.)

악성코드가 홈페이지를 해킹하는 최종 목적은 웹서버의 권한을 탈취하여 범죄에 이용하는 것이다. 공격자는 일반적으로 홈페이지의 취약점(vulnerability)을 통해 웹서버에 접근하지만 웹서버의 잘못된 보안 설정 등의 취약점을 이용해 해킹하기도 한다. 계정관리는 원격접속 차단, 패스워드 강도, 계정 잠금 등을 통해 공격자가 쉽게 서버에 접근하지 못하도록 하는데 목적이 있다.9)

제2절 테러에의 접근

테러에 대한 테러 주도국가(개인이나 단체 포함)와 테러로부터 가해를 받은 국가들의 차이는 민주주의 vs 비민주주의 국가의 대립이 아니라 기본적으로 서로에 대한 가치관의 차이, 문화의 차이, 체제의 차이, 다원화된 사회와 폐쇄된 사회, 법·제도의 및 시스템의 차이, 사회구조의 차이가 있으나 근본적인 차이는 종교의 차이 또는 상대에 대한 적대적 인식의 차이에 그 근원을 찾을 수 있다. 먼저 미국이 인식하는 이슬람 급진 근본주의자들의 대미관은 "그들은 우리의 자유, 종교적 자유, 언론의 자유, 선거의 자유, 모임과 상호 불일치성의 자유 등을 미워한다."10) 그리고 "우리는 그들의 목표대상이다. 그들은 모든 미국인을, 모든 유대인을 그리고 모든 기독교인들을 죽이려 한다."11) 반면에

---

9) 과학기술정보통신부(한국인터넷진흥원, KISA), 「웹서버 보안 강화 안내서」(서울, 2018.6), p.24.
10) "The Hour is Coming When America Will Act," Washington Pos,t September 21, 2001.
11) Transcript: Bush Addresses Nation on War Against Terrorism, Washington File, November 8, 2001

이슬람교도들이 미국 및 서방을 보는 시각은 앞의 시각과 반대의 시각으로 나타난다.

"서방은 이슬람과 적합하지 않으며 이슬람교도들과도 맞지 않는다고 본다. 이러한 인식과 함께 서방은 이슬람사회가 타파되는 것이 당연하다고 본다. 서방은 이슬람 정부들에 대해 서방 인권 개념을 받아들이고 자유롭고 비판적인 종교·정치사상을 촉진하려는 압력을 계속해서 가하고 있다. 서방사람들은 모든 사람들이 궁극적으로 자기들과 같이 되어야 한다고 생각하는 경향이 있다. 미국인들은 국가적 운명과 '역사의 종말'을 논의할 때 대체로 글로벌 사회의 자비로운 미국화를 당연한 것으로 여긴다. 그러나 정통 이슬람교도들의 입장에서 볼 때, 이는 배교(背敎)와 부도덕 및 신의 저주이다. 서방인들에 있어, 서방화는 해방을 의미한다. 그러나 다른 사회의 사람들에 있어, 서방화는 타락하고 한마디로 파괴된 세계에서 개개인들은 표류하게 하면서 파괴와 사회적·도덕적 위기를 의미한다. 그러므로 문화적·정치적 혼란과 침입자에 대한 격렬한 저항, 잃어버린 황금시대를 되찾으려는 시도는 자연스러운 것이다. 우리는 오늘날 이러한 모든 것을 보고 있다."12)

1. 위기단계별 접근

테러는 여러 가지 복합적인 요인에 의해 발생하고 있는 것이 현재의 테러 발생원인과 깊은 연관성을 가지고 있다. 테러의 원인은 국제정치적 요인, 사회·경제적 요인, 종교·문화적 요인, 기술적 요인에 의해 발생하고 있다고 보는 것이 현재까지 통설이다. 그러나 최근의 추세는 사회경제적 요인에 의해 테러가 발생하는 경향(trend)을 보이고 있다. 테러는 위기관리단계(예방-대비-대응-복구) 가운데에서 복구가 아닌 - 구조·구급 및 홍보 단계로 제시하고 있다.13) 대테러활동(counter terro-

---
12) *Los Angeles Times*, December 12, 2002.

rism activity) 또한 위기관리단계를 준용하여 적용할 수 있으며 각 단계별 특징과 내용을 살펴보면 다음과 같다. 첫째, 예방(prevention) 단계이다. 테러에 있어서 예방이 중요한 것은 테러는 재난과 달리 수많은 인명피해를 불러올 수 있다는 점에서 차이가 있다. 미국의 9.11테러에서 볼 수 있듯이 미국의 정보기관은 상호 정보공유를 기초로 테러를 예방할 수 있었음에도 불구하고 기관 간 수집된 정보를 공유하지도 않고 불필요한 정보로 오인하여 결국은 수많은 인명피해를 불러오는 대규모 재앙을 잉태하고 낳은 테러였다. 앞에서도 언급한 바와 같이 예방단계(preventive phase)에서는 정보를 수집하고 수집된 정보를 분석하여 관계기관에 전파·공유하는 체제가 구축되어야 한다. 이를 위해서 주변국 정보기관들과 긴밀한 유대관계를 구축하는 것은 매우 중요하다. 테러주체(위험인물)에 대한 국내외 동향을 파악하여 관리하는 등 위험인물 정보를 통합적으로 관리하고 공유하는 시스템 구축이 완벽하게 갖추어져야 할 것이다. 둘째, 테러 활동의 대비(preparedness) 단계이다. 대비단계에서 테러대상 보호활동 강화, 테러상황 대비태세 확립 및 대응능력 강화, 테러대응 전문요원 확보 양성 및 교육훈련이 무엇보다도 중요하다. 대비가 잘못되면 대응이 잘 이루어지지 않을 뿐만 아니라 2차 피해로 확산될 수 있다는 점이다. 치밀한 대비태세를 확립하기 위해서 테러대상(인물·시설), 테러 취약시설에 대한 정교한 보호대책이 강구되어야 한다. 특히 국가중요시설, 국가기반보호시설, 국가보안목표 등에 대해서는 시설물관리자를 포함한 입체적이고 체계적인 관리가 이루어져야 한다. 다음으로 테러 대비태세 확립 및 대응능력 강화를 위해 대테러 인력·시설·장비보강이 동시에 이루어져야 한다. 아울러 이들을

---

13) 테러 위기관리표준매뉴얼(대테러센터)

통합할 수 있는 일사분란한 지휘통신 체계를 구축하는 것 또한 주의 깊게 구축해야 할 것이다. 물론 테러 대응 전문요원을 양성하고 확보하는 것, 대테러 전문 교육 훈련으로 숙달하여 대비하는 것이 중요하다. 정부는 대응을 위한 현실적인 투자만 할 것이 아니라 예방과 대비를 위한 선제적인 투자로 테러로부터 안전한 사회를 건설하는 것이 예산으로 효과성이 크다는 점을 인식할 필요가 있다. 셋째, 대응(response)단계는 실제 테러상황이 발생시 효율적으로 적시적으로 대응하는데 주안을 두어야 한다. 정부는 효율적인 대응을 위해 테러대응 관련조직(유형별 테러사건대책본부, 화생방 테러대응지원본부, 현장지휘본부 등)을 가동하여 절차에 따른 상황보고 및 대응체계를 유지하며, 매뉴얼 명시된 기관별 책임과 역할을 명확하게 이행하고 조치사항을 조직적이고 체계적으로 이행하는 과정이다. 대응단계는 예비단계 못지않게 관계기관 간 상호 정보공유가 적시적으로 이루어져야 한다. 정보공유가 제대로 이루어지지 않으면 불필요한 인력과 물자·장비를 적재적소에서 대응하게 하는데 혼란을 초래할 수 있기 때문이다. 대응하는데 있어 간과하지 말아야 할 것은 너무 형식과 의전에 치우치지 않아야 한다는 점을 강조하고자 한다. 지금까지 재난위기 발생시 대응단계에서 형식과 의전으로 인해 적시성을 놓쳐 피해확산을 미처 확인하지 못함으로써 적시적인 대응에 실패한 사례를 주변에서 흔히 볼 수 있었다는 점은 곰곰이 되씹어보아야 할 문제이다. 윗사람 입맛에 맞는 보고를 할 것이 아니라 실질적이고 현실적인 내용으로 간명하게 보고가 이루어져야 한다는 점을 밝혀둔다. 넷째, 대테러 활동의 복구(recovery)단계, 즉 구조·구급 및 홍보단계는 테러로 인한 혼란상태가 상당히 안정되고 응급상황에서 긴급한 인명구조구급이 이루어진 이후에 테러 발생이전의 상태로 회복시키기 위한 여러 활동을 말한다. 복구단계는 위기로 인한 피해자의 정신적 물적 피해에 대한 응급복구와 장기적 원상복구를 행하는 단계로 설명되어질 수 있다. 앞에서 언급한 바와 같이 이 단계에서는 테러복구지원본부를 설치·운영하여 수습 및 복구체계를 가동하고, 사상자 치료 및 이재민 구호대책을 강구하는 등 구호활동에도 많은 지원이 이루어져야 한다. 아울러 보건소 등에서 응급방역과 예방접종을 실시하고 환자를 격리하여 치료하는 등 세심한 구호활동이 전개되어야 한다. 이를 위해 적십자사, 의용소방대, 시민사회단체의 현장봉사활동을 지원하는 등 정부와 지방자치단체는 민간단체와 적극적으로 협의하여 효율적 활동이 이루어져야 한다. 홍보와 관련된 사항은 테러 발생 전에는 국민행동 요령을 언론매체나 인터넷을 활용하여 홍보하고, 테러 발생 시에는 사고대책본부 내 대언론 창구를 일원화하여 주기적인 브리핑을 실시하여 국민 불안을 해소하는데 치중해야 한다. 수습단계에서의 홍보는 가짜뉴스(fake news)를 차단하고 추측성 보도 자제를 유도하며 정부의 단호한 대테러 대응의지 표명으로 국민에게 신뢰와 안정감을 가질 수 있도록 위기관리능력에 대한 홍보를 해야 한다.

2. 거버넌스적 접근(governance approach)

9.11 테러가 발생하기 전에는 테러는 국가 및 반국가단체 또는 무장집단, 반군집단 및 단체 등에서 일어나는 문제라고 바라보았다. 그러나 9.11 테러와 같이 국가가 아닌 오사마 빈라덴이 주도하는 이슬람 급진주의 종교집단에 의해 자행된 테러는 테러의 새로운 양상을 각인시키는 계기가 되었다. 현실적으로 테러가 국가간의 경계를 무시하고, 불특

정 다수에 대한 대규모의 피해를 동반한다는 점에서 거버넌스적 측면에서 테러리즘의 예방과 방지를 위한 국가간의 협력체계가 필요충분조건이라고 할 수 있다. 최근 정치학의 새로운 아젠다(agenda)로 주목을 받고 있는 동맹관계, 새로운 파트너십, 네트워크 구축, 융·복합, 새로운 강대국 중국의 등장, 제4차 산업혁명의 물결 등의 거버넌스적 접근은 새로운 위기관리체계를 구축할 필요가 대두되고 있다는 것을 의미한다고 볼 수 있다. 새로운 파트너십의 핵심적 내용은 동맹과 협력(allience & cooperation)에 기반한다. 파트너십은 파트너의 영향력과 관계에 따라 다음 몇 가지로 구분해 볼 수 있다. 첫째, 공공부문 상호간에 관한 영역과 둘째, 공공부문과 민간부문간의 영역, 셋째, 공공부문과 제3의 영역 이라할 수 있는 섹터(sector), 넷째, 민간부문과 섹터(sector) 마지막으로 모든 영역을 통합하는 공공부문과 민간부문, 그리고 섹터(sector)를 통합한 영역(integrated section)으로 구분해볼 수 있다. 이를 협력으로 연계시켜보면 정부간 협력, 중앙정부와 지방정부와의 협력, 지방정부 상호간 협력, 중앙정부와 지방정부, 그리고 제3의 영역인 NGO, 시민사회단체와의 협력이 현대 정치학에서는 중요한 행위자(actor)로 영역을 넓혀가고 있다. 파트너십이 현대 정치행정의 영역에서 중요해지고 있는 것은 전략적 수단 또는 제휴로서 주목을 받고 있는 것은 국제정치 사회의 속성이 변화해 '구조적 네트워크 사회'로 변화했기 때문이다. 이러한 '구조적 네트워크 사회'는 반드시 변화, 혁신, 융·복합, 협력을 그 수단으로 복합적 상호작용과 연계성 관계를 맺는 것이 특징인 사회이다. 이러한 융·복합적인 전략적 관계를 유지하는 선택의 패러다임이 빠르게 변화하고 있다. 세계화·분권화·모듈화의 진전과 더불어 국가를 중심으로 한 기존의 단층적인 거버넌스만으로 복잡한 사회 구조적 문제 또는 정책(pokicy)을 효율적으로 해결하기 어려워졌으며, 21세기에 들어선 지금은 초국가적 국제기구, 민족국가, 지방 및 지역, 섹터(sector)를 단위로 하는 다층적 거버넌스(multi-level governance)를 구축할 필요성이 대두하였다. 특히 테러리즘의 경우 한 국가 또는 한 지역에 한정되지 않고 발생하고 있으며, 또한 국가 간의 경계가 중요한 의미를 가지지 못하기 때문에 이러한 다층적 거버넌스의 구축이 더욱 필요하다고 할 수 있다.14) 우선적으로 국가를 초월하는 지구적·광범위한 지역적 문제(예: 아마존 환경)를 해결하기 위해서는 국가간 협력체제인 글로벌 거버넌스(global governance)를 구축할 뿐만 아니라 국제사회(UN) 지원이 절실히 필요해지고 있다. 한 예로 아마존의 환경문제는 브라질뿐만 아니라 인접국인 볼리비아를 포함하여 9개 국가 안에 분포되어 있는 세계에서 가장 큰 열대우림으로 '지구의 허파'로 불리고 있는 곳으로 2019년 8월 한 달 동안 3만건 이상의 화재가 접수되었다고 브라질 국립우주협회(INPE)가 발표했다. 이러한 아마존 화재의 발생원인은 인간의 욕심(농민들이 농업과 방목을 위해 산림에 인위적으로 불을 지른 것이 산불의 가장 직접적인 원인으로 지목, 농민들의 인위적 방화뿐만 아니라 기후변화로 인한 오랜 가뭄의 영향도 지적)15)에 의해 발생하고 있는 것은 한 국가의 문제로 치부하기에는 감당하기 어려운 문제가 아닐 수 없다. 국제사회의 도움 없이는 해결이 쉽지 않을 전망이 우세하다. 아마존 열대우림의 화재는 비단 해당 국가들만의 문제가 아니라 세계적으로 지대한 영향을 미칠 것으로 우려되

---

14) 이창용, 『뉴테러리즘과 국가위기관리』, (서울: 대영문화사, 2007), p.175.
15) 미중무역전쟁으로 중국은 미국산 쇠고기와 대두를 수입할 수 없어 브라질산 쇠고기와 대두를 대신 수입하게 되면서 브라질에서는 이를 위한 방목과 농업이 급증하였다는 '나비효과'로 인식하고 있다. 과학 학술지 네이처(Nature)는 "세계각지의 대두 생산량과 브라질 대형 산림파괴 간에 유의미한 상관관계가 있다."고 입장을 발표했다.

는 것 또한 사실이다. 이러한 점을 인지하고 많은 국가, 단체, 개인 등 다양한 형태로 산불 진화뿐만 아니라 이후의 문제를 걱정하고 있다. 우선적으로 브라질, 볼리비아, 콜롬비아를 포함한 7개의 남미 국가들은 공동의 재난대응을 위한 네트워크와 위성관찰(satellite observation)을 위한 약속에 서명하는 등 노력에 합의하였으며, 미국은 아마존 화재에 기술전문가를 파견하여 '아마존 생물다양성 보존'을 위해 투자를 시작할 것을 합의하였으며, 프랑스, 독일, 영국을 포함한 유럽연합 7개국인 G7은 아마존 화재를 위한 재정지원을 결정했다. 환경문제로 인해 전 지구적인 문제는 국가를 초월한 미국을 비롯한 국제사회에서의 지원 없이는 해결될 수 없는 문제로 인식되고 있다.

〈그림 13-2〉 아랍의 봄은…

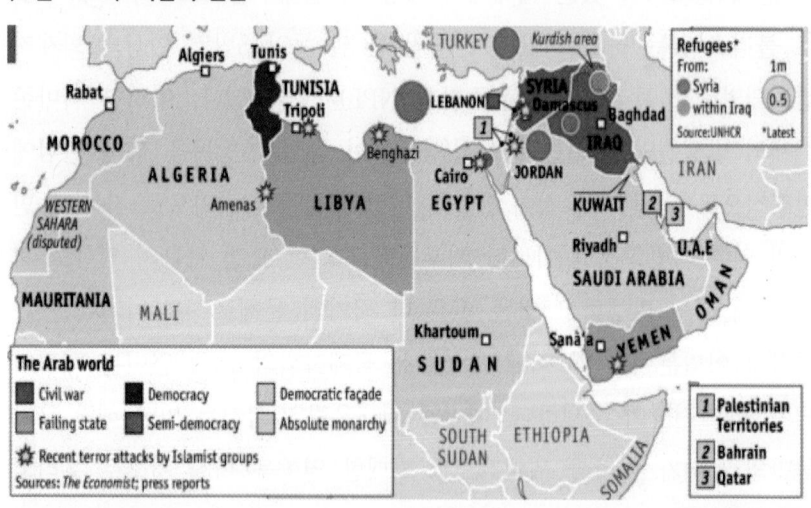

자료: The Economist, press report. civil war(내전), democratic facade (허울뿐인 민주주의), semi-democracy(반민주주의), failing state(실패중인 국가), Absolute monarchy(절대군주제)
출처: 블로거, sujeongshim, 2017.10.12., [아랍의 봄] 아랍, 민주화의 봄은 어떻게 왔는가?

일본의 후쿠시마 방사능 오염수 방류16) 문제는 일본만의 문제가 아니라 미국, 호주, 한국 등 태평양연안 국가 또는 전 세계적 문제이므로 공동의 대응(common response)이 필요할 것으로 인식되고 있으나 미국과 국제원자력기구(IAEA)의 대응은 안이하게 진전되고 있어 안타까울 따름이다. 방사능 오염수17) 방류문제는 태평양 연안 국가들만의 문제가 아닌 러시아, 중국, 유럽, 아시아지역의 문제로 부각시켜서 국제공조로 해결해야 할 문제로 인식토록 외교노력을 강화해 나가야 할 것이다. 일본은 2020년 도쿄올림픽 개최(코로나19로 IOC에서 1년 연장후 코로나19 상황에서 국민들의 반대에도 개최했다)로 방사능 오염수치를 조작·발표하는 등 국제사회를 기만하고 있는 것이다. 아랍의 봄(Arab Spring)18)은 2010년 말 중동과 북아프리카에서 촉발된 유례없

---

16) 2011.3.11., 후쿠시마 원전 사고 발생(쓰나미), 2013.7.22., 후쿠시마 원전의 운영사인 도쿄전력은 후쿠시마 제1원전내 오염수가바도로 흘러들어가고 있다는 의혹을 인ㅈd했다. 고준위 방사능 오염수(highly radioactive water)가 1일 약 300톤씩 바다로 유입되고 있다고 했다. 이어 8.19일에는 제1원전 냉각수 저장탱크에서 초고농도 방사성 물질 오염수가 300톤 가량 외부로 유출되었다고 밝혔다. 도쿄전력이 추산한 바에 따르면 유출된 원전 오염수의 방사성물질은 스트론튬-90이 10조 베크렐(bq, 1bq=방사성 핵종이 1초 동안 한 개 붕괴하는 방사능), 세슘-137이 20조 bq에 달한다.(2023.8.22.기준), 그린피스, 후쿠시마 방사능 오염수 위기보고서
17) 일본의 아베 내각과 도쿄전력은 후쿠시마 제1원전에 쌓여있는 고준위 방사성 오염수 111만톤 이상을 태평양에 방류할 계획을 추진하고 있다. 오염수 111만 톤을 바다에 흘려보내려면 17년에 걸쳐 물 7억7천만 톤을 쏟아부어 희석해야 한다. 그러나 방사성 오염수에서 스트론튬 90과 이오딘 129 같은 고위험 방사성 물질을 제거하지 못해 제염에 실패했다는 점을 인정했다. 그린피스, 후쿠시마 방사능 오염수 위기보고서
18) 2010년 12월 17일, 북아프리카 튀니지의 한 20대 노점상 무함마드 부아지지가 시디 부지드의 지방정부 청사 앞에서 분신 자살한 사건에서 시작되었다. 그는 경찰 단속으로 청과물, 노점 운영 설비를 모두 빼앗긴 것에 대한 극단적 항의의 수단으로 촉발되었다. 반정부시위로 튀니지 대통령(지네 엘아비디네 벤 알리)은 23년간의 독재정치가 종말을 고했다. 이렇게 시작된 튀니지의 반정부 시위는 2011년 1월 재스민 혁명으로 확산되었으며, 이후 2011년 2월에 이집트의 코사리 혁명(Koshary Revolution)으로 정권교체에 성공했다. 리비아에서는 2013년에 '무아마르 카다피(Muammar Qaddafi)'가 사망하면서 독재정치의 막을 내렸고, 예멘의 경우 2011년 '알리 압둘라 살레(Ali Abdullah Saleh)'대통령이 권력 이양안에 서명함으로서 33년간 지속되어온 철권통치가 종식되었다.

는 반정부 시위였다. 중동과 북아프리카의 반정부 민주화 시위는 집권세력의 부패, 빈부격차, 청년실업으로 젊은이들의 분노 등이 원인으로 아랍전역으로 확산되었다.

〈그림 13-3〉 냉기 여전한 아랍의 봄

출처: 세계일보, 2011.11.27., 14면, 이진경, [세계는 지금] 냉기 여전한 '아랍의 봄'
* 아랍의 봄이 어려운 이유는 민주화이후 들어선 정권의 미숙함, 교육, 빈곤, 문민사회 건설 등에서 비현실적으로 높은 국민들의 기대치를 충족시켜야 하는 부담을 지고 있다.

3. 상호작용적 접근법

재해·재난, 테러, 위기로부터 공공의 안전을 보장해주는 것은 정부의 핵심적인 기능이다. 재난 및 안전관리기본법(약칭 재난안전법) 제4조(국가 등의 책무)에는 "국가와 지방자치단체는 재난이나 그 밖의 각종 사고로부터 국민의 생명·신체 및 재산을 보호할 책무를 지고, 재난이나 그 밖의 각종 사고를 예방하고 피해를 줄이기 위하여 노력하여야 하며, 발생한 피해를 신속히 대응·복구하기 위한 계획을 수립·시행하여야 한다."19)고 명시하고 있다. 자연재해대책법 제3조(책무)에는 국가는 기본법 및 이 법의 목적에 따라 자연현상으로 인한 재난으로부터 국민의 생명·신체 및 재산과 주요 기간시설을 보호하기 위하여 자연재해의 예방 및 대비에 관한 종합계획을 수립하여 시행할 책무를 지며, 그 시행을 최대한의 재정적·기술적 지원을 하여야 한다.[20] 또한 수난구호법 제1조(목적)에는 이법은 해수면과 내수면에서 조난된 사람, 선박, 항공기, 수상레저기구 등의 수색구조구난 및 보호에 필요한 사항을 규정함으로써 조난사고로부터 국민의 생명과 신체 및 재산을 보호하고 공공의 복리 증진에 이바지하는 것을 목적으로 한다고 명시하고 있다.[21] 이외에도 '국민보호와 공공안전을 위한 테러방지법'(약칭 테러방지법) 제1조(목적)에는 이 법은 테러의 예방 및 대응활동 등에 관하여 필요한 사항과 테러로 인한 피해보전 등을 규정함으로써 테러로부터 국민의 생명과 재산을 보호하고 국가 및 공공의 안전을 확보하는 것을 목적으로 한다.[22]

미국의 국가대비지침(National Preparedness Guidelines, 2007, DHS) 서문에는 국가적인 대비체제(architecture)라 함은 테러리스트의 공격이나 자연재난이던지 간에 관계없이 모든 재난으로부터 국가가 대비하기 위해 예방, 보호, 대응, 그리고 복구 전 범위 노력을 포함한다. 그리고 2003년 12월 17일 국토안보부 대통령령 – 8호(HSPD-8) (National Preparedness)에서는 미국 내에서 발생할 수 있는 모든 위험에 대비할 수 있는 목표를 개발할 것을 국토안보부에 지시했다. 그러한 노력의 일부로 2005년 3월 국토안보부(DHS)는 "국가대비목표 잠정안(interim

---

19) 재난 및 안전관리기본법(약칭 재난안전법) 제4조(국가 등의 책무)
20) 자연재해대책법(시행2014.11.19.), 제3조(책무) 제1항
21) 수난구호법(2014.11.19. 시행), 제1조(목적)
22) '국민보호와 공공안전을 위한 테러방지법'(약칭 테러방지법) 제1조(목적)

National Preparednes Goal)"을 배포하였다. 이 지침에서 중요한 것 중의 하나는 "국가적으로 수립한 시나리오(National Planning Scenario)". 잠재적인 테러리스트의 공격과 자연재난 등의 지대한 결과를 초래할 수 있는(high-consequence) 위협의 다양한 집합을 묘사하고 있다.[23] 미국의 재난대응 연방정부간 운영계획(Response FIOP)[24]에서는 연방정부가 재난대응단계에서 핵심역량을 어떻게 제공하는가를 설명하고 있으며, 특히, 위기나 재난상황에 생명과 재산을 보호하는 기본적인 수요에 부응하기 위해 스태포드법에 따른 연방정부나 스태포드법에 근거하지 않은 기관 등이 지방, 주, 부족, 도서정부 등을 어떻게 지원하는가에 대한 모든 위험요소(all-hazard)를 고려한 계획으로 국가재난대응프레임워크(NRF)와 국가사고관리체계(NIMS)의 개념과 원칙을 바탕으로 수립하고 있다. 운영계획의 대상(Audience)은 국가재난대응프레임워크(NRF)는 개인, 지역사회, 민간부문과 NGO 등 다양한 이해관계자를 고려하여 작성되었으나, 재난대응을 위한 연방정부간 계획은 연방정부간 운영에 초점을 맞추고 개발되었다. 또한 재난대응을 위한 연방정부간 운영에 초점이 맞춰져 있지만, 그 성공은 모든 구성원에 달려 있으며, 연방정부간 협업과 통합에 달려 있다.

〈표 13-5〉 미국 재난대응 단계의 핵심역량

상황평가(Situational Assessment)	현장의 안전과 보호 (On-Scene Security and Protection)
기획(planning)	대규모 수색과 구조 (Mass Search and Rescue Operation)

---

[23] 미국의 『National Preparedness Guideline』 Department of Homeland Security, 2007.9)
[24] 미국의 재난대응 연방정부간 운영계획(Response FIOP)의 세부적인 사항은 본서 부록 참조

기능 조정(Operational Coordination)	대중 케어서비스 (Mass Care Services)
공공정보와 경고(Public Information and Warning)	공공과 민간서비스와 자원(Public and Private Services and Resources)
핵심운송수단(Critical Transportation)	공중보건과 의료 서비스 (Public Health and Medical Services)
운영 의사소통 (Operational Communications)	핵심기반시설체계 (Infrastructure System)
환경대응/보건안전 (Environmental Response/Health and Safety)	사망자 관리서비스 (Fatality Management Services)

출처: 미국의 재난대응 연방정부간 운영계획(Response FIOP), DHS

다음은 재난대응 연방정부간 운영계획(Response FIOP)에서 대응 핵심역량(Response Core Capabilities)은 생명을 살리고 재산과 환경을 보호하며, 사고 이후 인간의 기본적인 요구에 부응하기 위한 대응 단계의 핵심역량은 다음과 같다. 미국의 경우 사고와 관련된 재난관리 단계별(mission area) 행동의 통합을 극대화하면서 개인, 지역사회, 민간부문 등 다양한 이해관계자를 고려하여 작성하는 등 상호작용적 관점에서 접근하려는 노력이 여러 곳에서 발견되고 있음을 알 수 있다. 이는 테러나 재난이 발생하는 경우 신속하고 적시적인 대응이 가능토록 함과 동시에 피해를 최소화하여 국민의 생명과 재산을 보호하는 데 최우선적 목표가 주어지기 때문이다.

4. 지휘·조정·통제적 접근

한국의 위기관리·테러·재난대응시 컨트롤타워 기능은 2014년 4.16 이전에는 실행력이 제대로 검증되지 않았을 뿐만 아니라 책임소재가 불명확하였다. 그러나 세월호 참사이후에는 법·제도적 보완을 거쳐 매뉴얼이 정비되었다. 앞에서 살펴본 재난대응 역시 국가적 '대규모 재난'(대통령령으로 정하는 대규모 재난) 대응시에는 국무총리가 중앙재난안전대책본부(이하 "중앙대책본부"라 한다)장으로서 임무를 수행하도록 법제화되었다.[25] 즉, 앞에서 언급한 "대통령령으로 정하는 대규모 재난"은 다음 각 호 어느 하나에 해당하는 재난을 말한다. 1) 재난 중 인명 또는 재산의 피해정도가 매우 크거나 재난의 영향이 사회적·경제적으로 광범위하여 주무부처의 장 또는 재난 및 안전관리기본법 제16조제2항에 따른 지역재난안전대책본부(이하 "지역대책본부"라 한다)의 본부장(이하 "지역대책본부장"라 한다)의 건의를 받아 재난 및 안전관리기본법 제14조제2항에 따른 중앙재난안전대책본부의 본부장이 인정하는 재난 2) 앞의 제1호에 따른 재난에 준하는 것으로서 중앙대책본부장이 재난관리를 위하여 재난 및 안전관리기본법 제14조제1항에 따른 중앙재난안전대책본부의 설치가 필요하다고 판단하는 재난을 말한다.[26]

한국 정부의 테러에 대한 지휘·조정·통제기능도 법 제도적으로 정비가 뒤늦게 이루어졌다. 국민보호와 공공안전을 위한 테러방지법(약칭 테러방지법, 시행: 2018.10.18.)에 따라 국가테러대책위원회(위원장; 국무총리)를 설치·운영토록 하였으며, 대테러활동[27]과 관련하여 다음 각 호의 사항을 수행하기 위하여 국무총리 소속으로 관계기관 공무원으로 구성되는 대테러센터를 둔다. 1) 국가 대테러활동 관련 임무분담

---

25) 재난 및 안전관리기본법(약칭 재난안전법) 제14조(중앙재난안전대책본부 등)
26) 재난 및 안전관리기본법(약칭 재난안전법) 세행령 제13조(대규모 재난의 범위)
27) 테러 관련 정보의 수집, 테러 위험인물의 관리, 테러에 이용될 수 있는 위험물질 등 테러수단의 안전관리, 인원·시설·장비의 보호, 국제행사의 안전 확보, 테러위협에의 대응 및 무력진압 등 테러 예방과 대응에 관한 제반활동을 말한다. 국민보호와 공공안전을 위한 테러방지법(약칭 테러방지법) 제2조(정의)

및 협조사항 실무 조정, 2) 장·단기 국가 대테러활동 지침 작성·배포, 3) 테러경보 발령, 4) 국가 중요행사 대테러안전대책 수립, 5) 대책위원회의 회의 및 운영에 필요한 사무의 처리, 6) 그밖에 대책위원회에서 심의·의결한 사항을 수행한다.[28] 테러가 발생하거나 발생할 우려가 현저한 경우(국외테러의 경우는 대한민국 국민에게 중대한 피해가 발생하거나 발생할 우려가 있어 긴급한 조치가 필요한 경우에 한한다)에는 테러사건대책본부(국외테러사건대책본부: 외교부, 군사시설테러사건대책본부: 국방부, 항공테러사건대책본부: 국토교통부, 국내일반테러사건대책본부: 경찰청, 해양테러사건대책본부: 해양경찰청)에는 테러사건대책본부를 설치·운영토록 하였다.[29] 지휘·조정·통제 기능을 강화하기 위해 다음 몇 가지 사항은 반드시 이루어져야 한다. 첫째 지휘를 효과적으로 수행하기 위해서는 지휘통신망을 일원화하여 신속한 상황보고 및 전파체계를 확립하여야 한다. 상황보고는 사전 약정된 통일서식에 의거 일원화된 통신망을 통해 관계기관에 전파되어 상황을 공유하여 조치를 할 수 있는 여건을 조성하는데 지휘통신망은 위기대응 관계기관 상호간 반드시 채널이 확립되어야 한다. 둘째 재난·테러 등 위기상황을 관리하고 조정·통제기능을 수행하는 종합상황실 기능을 강화시켜야 한다. 종합상황실은 사고현장을 모니터링 실시간(real time)으로 지령을 하달하고 상황을 분석하고 절차에 따라 상황을 관리하는 등 24시간 근무체제를 가동하여 운영해야 한다. 셋째, 종합상황실 상호간 정보공유가 실시간으로 이루어질 수 있도록 정부 부처간 협조가 평시에 확립되어야 한다. 특히 해외재난이나 해외테러(자국민)발생시 발생국가와 긴밀

---

[28] 국민보호와 공공안전을 위한 테러방지법(약칭 테러방지법) 제6조(대테러센터)
[29] 국민보호와 공공안전을 위한 테러방지법(약칭 테러방지법) 시행령 제14조(테러사건대책본부)

한 정보공유가 이루어지지 않으면 사건은 빠른 시간 안에 해결될 수 없을 것이다.

미국의 국가 사고관리체계(NIMS: National Incident Management System)30)는 정부, 비정부, 민간부문 등이 모든 사고(위협과 위험)를 관리하고, 공동으로 수행할 수 있는 체계적이고 적극적인 재난대응체계이다. 미국의 국가준비체계(MPS: National Preparedness System)의 핵심적인 토대로서, 5단계31)의 모든 국가계획기본구조(NPF: National Planning Framework)를 지원하는 운영방안과 사고관리의 기초 형식을 제공한다. 한편 미국의 사고지휘체계(ICS: Incident Command System)32)는 재난의 원인(유형), 규모, 복잡성에 상관없이 적용 가능한 효과적·효율적인 대응을 위한 국가표준의 재난대응 편제이다. 이러한 사고지휘체계(ICS)를 개발하게 된 배경은 1972년 연방의회가 캘리포니아주 대규모 산불대응과정에서의 문제점을 조사·분석하기 위하여 FIRE SCOPE 프로그램33)에 자금을 지원하면서 제기되었다. 미국의 사

---

30) NIMS(National Incident Management System)는 지방, 주, 연방의 긴급상황 관리자들 뿐 아니라 민간 및 NGO들에 의해서 활용될 수 있는 원칙, 방식(methods)의 모음으로 긴급 상황에 대한 국가의 대응능력을 효율적으로 달성하기 위해 다양한 기관들 사이의 협조(cooperation)를 용이하게 하고, 자원들을 효율적으로 할당할 수 있는 체계를 담고 있다. 사고의 지휘 및 조정, 자원관리, 정보관리를 포함하는 포괄적이고, 국가차원의 체계적인 접근을 시도하고 있다. 모든 위협, 위험요소, 모든 영역에서의 사건들을 위한 개념들과 원칙들을 정리하고 있다. NIMS는 크게 사고지휘체계(ICS), 긴급운영센터(EOC)구조, 다기관 조정 및 응원체계(MAC), 합동정보체계(JIS)를 포함하는 운영체계를 가지고 있다.
31) 국가계획기본구조(NPF: National Planning Framework)는 국가준비체계(MPS: National Preparedness System)의 원활한 수행을 위한 재난관리단계별 추진전략으로 5단계라 함은 Prevention(예방), Protection(보호), Mitigation(저감), Response(대응), Recovery (복구)단계를 의미한다.
32) 미국의 사고지휘체계(ICS)의 가장 중요한 특징은 여러 부처(부서)에 분산된 지휘권을 통합함으로써 지휘체계를 확립하였으며, 또한 이의 효율적 활용을 위해 기능을 통합함으로써 재난 대응의 효율성, 신속한 대응이 가능토록 했다. 사고지휘체계 확립은 단일 지휘체계를 마련 신속한 초동조치가 가능해졌다.
33) 노력의 대부분은 사고 또는 현장 수준을 넘어서는 다양한 기관들 사이에서의 조정문제들

고지휘체계(ICS: Incident Command System)는 재난의 원인(유형), 규모, 복잡성에 상관없이 적용 가능한 효과적·효율적인 대응을 위한 국가표준의 재난대응 편제이다. 이러한 사고지휘체계(ICS)를 개발하게 된 배경은 1972년 연방의회가 캘리포니아주 대규모 산불대응과정 문제점을 조사·분석하기 위하여 FIRE SCOPE 프로그램에 자금을 지원하면서 제기되었다. 미국의 사고지휘체계(ICS)는 서로 다른 법적, 관할권적, 기능적 역할과 책임을 가지고 있는 기관들로 하여금 사고현장에서 효과적으로 대응토록 하기 위해 조정하고 계획하며(IAP: Incident Action Plan, 현장조치계획) 상호작용하도록 표준화하고 유연성을 부여한 것이 특징이다.

(coordination challenges)에 초점이 맞춰졌다. 1972년 FIRE SCOPE가 형성되고 나서야 사고 및 현장 수준에 대한 논의의 필요성이 인지되었고 ICS의 (Incident Command System) 개념이 처음 논의되었다(Incident Command System). FIRE SCOPE 프로그램 선언문이 1973년에 공시적으로 승인된 시기에 7개의 파트너기관들이 있었다. : California Division of Forestry(CDF, 캘리포니아 산림분과), (Governor's Office of Emeregency Services(OES, 주 긴급구조국), Los Angels Country Fire Department (LA 카운티 화재부서), Los Angels City Fire Department(LA시 화재부서), Ventura Country Fire Department(벤투라 카운티 화재부서), Santa Barbara Country(산타 바바라 카운티), U.S. Forest Service California Region(미 산림청 캘리포니아 지부) 등이다. 한편 FIRE SCOPE partner agencies agreed to four fundmental principles upon which all FIRE SCOPE products would be based. The principles included: 1.Commonality and uniformity between responding agencies will improve response performance. 2.Timely, accurate, and complete information is paramount for effective crisis management. 3.Incident management procedures that are designed to integrate and support a regional coordination system will improve management perfoemance. 4. Modern technologies can be effect integrated into the Fire Service to improve response performance.; FIRE SCOPE Program was subdivided into three parts: 1. Command System Policy and Operations(지휘체계정책과 운영) ① Policy(정책), ② Command Operations (지휘운영). ③ Tactical Field Control Operations(전술 현장 통제 운영). 2. Command System Development(지휘체계발전), 3. System Implementation(체계집행)

〈표 13-6〉 미국의 사고지휘체계(ICS)의 비교

사고지휘체계 없는 사고대응	사고지휘체계 갖춘 사고대응
• 책임소재 미흡, 소통 미흡	• 대응조직의 유연성 가능
• 공동목표 달성 미흡	• 지휘권통합, 지휘계통의 확립
• 비체계적인 기획(IAP) 프로세스	• 대응자, 작업자 등의 안전
• 대응자들을 효율적으로 통합할 수 없음	• 사고대응 목표 달성
	• 효율적인 통합형 자원 활용

* 사고지휘체계 갖춘 사고대응은 직속상급자 1인에게 보고

제3절 사이버테러 대응 사례

새로운 종류의 신기술은 테러리즘을 기획하고 준비하는 과정에 많은 도움을 주고 있다. 1990년대 이후 인터넷 컴퓨터의 발전과 진보에 의해 사이버 테러범들은 테러의 목적 달성을 용이하게 한다. 이들은 상호 간에 부단한 비밀활동을 하는 조직원간의 접촉을 은닉하기 위한 활동, 연락 정보의 은닉장소(dead drops), 암호 메시지(hidden message) 등이 속도나 은닉을 요하는 활동은 사이버상에서 암호나 서버를 이용하기 때문에 사이버테러를 행하기가 더욱 정교하게 이루어지고 있다. 현대적인 전산화 된 전화시스템은 일반인과 테러범 모두에게 신속하고 효율적인 통신수단을 제공한다. 특히 휴대전화는 이동 중인 조직원들에게 통신의 부담을 경감시키는데 유용하다.[34] 숙련된 해커는 컴퓨터에 저장된 데이터를 사보타지(sabotage)[35]함으로써 사회의 원천을 파괴한

---

[34] R. Browers and Kimberly R. Keys, *Technology and Terrorism: The New Threat for the Millennium*, Stephen Research Institute for the Study of Conflict and Terrorism, May. 1998
[35] 프랑스어의 사보(sabo: 나막신)에서 유래한 것으로 중세 유럽 농민들이 영주의 부당한 처사에 항의하여 수확물을 사보로 짓밟는데서 연유한다. 한국에서는 흔히 태업으로 번역하는데 실제로는 태업보다 넓은 의미이다. 태업은 파업과는 달리 근로자가 고용주에 대해

다. 이러한 사이버전이 국가안보의 주요 요인으로 간주되어 또 다른 범주의 저강도 분쟁(低强度紛爭, Low-Intensity Conflict)[36]으로 자리매김하고 있다.

〈표 13-7〉 한국, 국내 사이버 공격 주요 사례

일정	주요 공격내용
2004.7	국회, 한국 국방연구원, 국방과학연구소, 공군대학, 원자력연구소 등 국가전산망 마비
2009. 7. 7	BH, 국회, 네이버, 미국 재무부와 국토안보부 등 23개 사이트 DDoS(분산서비스거부) 공격으로 마비 → 수사기관 북한 소행 발표
2009.11	군 당국, '작계 5027' 해킹
2011. 3. 4	BH, 국가정보원 등 국가기관과 국민은행 등 금융기관 등 주요 웹사이트 DDoS(분산서비스거부) 공격으로 마비 → 수사기관 북한 소행 발표
2011. 4.12	농협전산망 악성코드 감염으로 장애 발생, 서비스중단 → 수사기관 북한 소행 발표
2012. 6. 9	중앙일보 전산망 침입으로 홈페이지 변조 및 일부데이터 삭제 → 수사기관 북한 소행 발표
2013. 3.20	KBS·MBC·YTN등 언론사와 신한은행, 농협 등 금융기관 전산망 마비
2013. 3.25	날씨코드 홈페이지 통한 무차별 악성코드 유포
2013. 3.26	지방자치단체 통합전산센터, 기획재정부HP, YTN계열사 HP 등 마비
2013. 6.25	BH,국무조정실HP해킹, 11개 언론사와 5개정부기관 및 정당 등 16개 기관 해킹

자료: KOREA, University; 보안뉴스; (http://boannews.com/), 황신제(https://blog.naver.com/sinje03/221185287819) 등 자료 취합, 필자 정리

노무제공을 전면적으로 거부하는 것이 아니라 형식상으로는 취업태세를 취하면서 몰래 작업능률을 저하시키는 것을 말한다. 사보타지는 이러한 태업과는 달리 적극적으로 생산, 사무활동을 방해하거나 원자재나 생산시설을 파괴하는 것을 포함하는 행위를 말한다. 실무노동용어사전, 주)중앙경제, 2014, http://www.elabor.co.kr/; 생산설비 및 수송기계의 전복, 장애, 혼란과 파괴를 통해 원수 또는 고용주를 악화시키는 것을 목적으로 하는 의도적인 행동이다. 노동쟁의의 수단으로서의 동맹태업을 의미하기도 한다. 위키백과: https://ko.wikipedia.org/ (검색: 2020.01.11)

36) 정치적·사회적·경제적 또는 심리적 목표달성을 위해 실시되는 제한된 정치군사적 투쟁, 혁명전쟁, 비정규전(게릴라전), 테러 등이 이에 속함. 이태규, 「군사용어사전」, (일월서각, 2012).

1. 이란 원전시설 사이버테러

스턱스넷(Stuxnet)은 2010년 6월에 발견된 웜 바이러스이다. 마이크로소프트 윈도를 통해 감염되어, 지멘스(Siemens AG) 산업의 소프트웨어 및 장비를 공격한다. 이 웜이 산업시설을 공격하는 최초의 악성 소프트웨어는 아니지만,37) 산업시설을 감시하고 파괴하는 악성 소프트웨어로는 최초이다. 이 웜은 마이크로소프트 윈도가 설치된 임의의 컴퓨터에 감염되지만, 지멘스의 SCADA 시스템만을 감염시켜 장비를 제어하고 감시하는 특수한 코드를 내부에 담고 있다.38) 스턱스넷39)은 장비를 프로그램하는데 사용되는 PLC를 감염시켜 장비의 동작을 변경한다.40) 스턱스넷의 여러 변종이 이란에 있는 5개 시설에서 발견되었으

---

37) "Building a Cyber Secure Plant" (영어). 지멘스. 2010년 9월 30일. 2010년 12월 5일에 확인함. 위키백과, 스턱스넷, 재인용, https://ko.wikipedia.org/wiki/%EC%8A%A4%ED%84%B1%EC%8A%A4%EB%84%B7 (검색: 2020.09.03.)

38) Nicolas Falliere (2010년 8월 6일). "Stuxnet Introduces the First Known Rootkit for Industrial Control Systems" (영어). 시만텍.; 이동: "Iran's Nuclear Agency Trying to Stop Computer Worm" (영어). 테헤란: AP 통신사. 2010년 9월 25일. 2010년 9월 25일에 원본 문서에서 보존된 문서. 2010년 9월 25일에 확인함. 위키백과, 스턱스넷, 재인용, https://ko.wikipedia.org/wiki/%EC%8A%A4%ED%84%B1%EC%8A%A4%EB%84%B7 (검색: 2020.09.03.),

39) '스턱스넷'은 MS 윈도우를 통해 감염돼 지멘스의 소프트웨어 및 장비를 공격하는 바이러스였다. 장비를 제어하고 감시할 수 있는 특수 코드를 포함하고 있는 이 웜 바이러스는 지멘스의 SCADA(Supervisory Control And Data Acquisition) 시스템만을 감염시킨다는 특징이 있었다. '스턱스넷'은 이란, 인도네시아 등의 국가들을 주로 겨냥했다. 대한민국 ICT의 새로운 창, IT DAILY, 권정수(kjs0915@itdaily.kr), [커버스토리] 사이버 공격, IT 넘어 OT까지 위협한다.: OT 보안 시장 급성장, IT 보안 기업 초기 시장 선점 위해 안간힘. 2020.02.01. IT DAILY, 뉴스홈 〉 보안/해킹. http://www.itdaily.kr/news/articleView.html?idxno=99654 (검색: 2020.09.03.)

40) Gregg Keizer (2010년 9월 16일). "Is Stuxnet the 'best' malware ever?" (영어). Infoworld. 2012년 12월 5일에 원본 문서에서 보존된 문서. 2010년 9월 16일에 확인함; Steven Cherry, with Ralph Langner (2010년 10월 13일). "How Stuxnet Is Rewriting the Cyberterrorism Playbook" (영어). IEEE Spectrum. 위키백과, 스턱스넷, 재인용. https://ko.wikipedia.org/wiki/%EC%8A%A4%ED%84%B1%EC%8A%A4%

며,41) 웜의 공격목표는 이란의 우라늄 농축 시설인 것으로 추정된다.42) 2010년 8월 시만텍은, 스턱스넷(Stuxnet)에 감염된 전 세계의 컴퓨터 중 60%가 이란에 소재한 컴퓨터라고 발표했다.43) 11월 29일 지멘스는 이 웜이 자사의 고객에게 어떤 피해도 끼치지 않았으나,44) UN 안보리 결의안 1737호에 의해 사용 금지된 지멘스 제품을 비밀리에 입수하여 사용중인 이란 핵시설만이 피해를 입었다고 발표했다.45) 러시아 컴퓨터 보안 회사인 카스퍼스키 랩은 이 정도로 정교한 공격은 "국가적 규모의 지원"없이 이루어질 수 없다고 결론지었다.46) 핀란드 컴

EB%84%B7 (검색: 2020.09.03.).
41) "Stuxnet Virus Targets and Spread Revealed" (영어). BBC News. 2011년 2월 15일. 2011년 2월 17일에 확인함. 위키백과, 스턱스넷, 재인용. https://ko.wikipedia.org/wiki/%EC%8A%A4%ED%84%B1%EC%8A%A4%EB%84%B7 (검색: 2020.09.03.).
42) Steven Cherry, with Ralph Langner (2010년 10월 13일). "How Stuxnet Is Rewriting the Cyberterrorism Playbook" (영어). IEEE Spectrum.; Fildes, Jonathan (2010년 9월 23일). "Stuxnet worm 'targeted high-value Iranian assets'" (영어). BBC News. 2010년 9월 23일에 확인함.; Beaumont, Claudine (2010년 9월 23일). "Stuxnet virus: worm 'could be aimed at high-profile Iranian targets'" (영어). 런던: 데일리 텔레그래프. 2010년 9월 28일에 확인함. 위키백과, 스턱스넷, https://ko.wikipedia.org/wiki/%EC%8A%A4%ED%84%B1%EC%8A%A4%EB%84%B7 (검색: 2020.09.03.).
43) MacLean, William (2010년 9월 24일). "UPDATE 2-Cyber attack appears to target Iran-tech firms". 《로이터》 (영어). 위키백과, 스턱스넷, 재인용. https://ko.wikipedia.org/wiki/%EC%8A%A4%ED%84%B1%EC%8A%A4%EB%84%B7 (검색: 2020.09.03.).
44) ComputerWorld (2010년 9월 14일). "Siemens: Stuxnet worm hit industrial systems" (영어). Computerworld. 2010년 10월 3일에 확인함. 위키백과, 스턱스넷, 재인용. https://ko.wikipedia.org/wiki/%EC%8A%A4%ED%84%B1%EC%8A%A4%EB%84%B7 (검색: 2020.09.03.).
45) "Iran Confirms Stuxnet Worm Halted Centrifuges". 《CBS News》 (영어). 2010년 11월 29일.; Ethan Bronner & William J. Broad (2010년 9월 29일). "In a Computer Worm, a Possible Biblical Clue". 《뉴욕 타임스》 (영어). 2010년 10월 2일에 확인함. "Software smart bomb fired at Iranian nuclear plant: Experts" (영어). Economictimes.indiatimes.com. 2010년 9월 24일. 2010년 9월 28일에 확인함. 위키백과, 스턱스넷, 재인용. https://ko.wikipedia.org/wiki/%EC%8A%A4%ED%84%B1%EC%8A%A4%EB%84%B7 (검색: 2020.09.03.).
46) "Kaspersky Lab provides its insights on Stuxnet worm". 《카스퍼스키 랩》 (영어)

퓨터 보안 회사인 F-Secure의 수석연구원 미코 휘퍼넨(Mikko Hyppönen) 또한 여기에 동의했다.47) 스턱스넷은 2010년 6월 중순 컴퓨터 보안 회사 VirusBlokAda에 의해 처음 발견되었고, 코드 내에서 Stuxnet이라는 키워드가 여러번 등장함에 따라 스턱스넷이라는 이름이 붙었다.48)

스턱스넷의 해당 악성 코드는 특정 조건으로 설정된 SCADA 소프트웨어만을 공격하는 것으로 알려져 있다.49) 스턱스넷은 특정한 가변 주파수 드라이브가 설치된 지멘스 S7-300 시스템 및 보조 모듈이 설치된 시스템에서만 동작하며, 두 회사(핀란드의 Vacon사 제품과 이란의 Fararo Paya사 제품)에서 생산하는 가변 주파수 드라이브가 설치된 PLC 시스템을 공격한다.50)

스턱스넷은 PLC 시스템의 Profibus 메시지 버스 시스템을 감시하는 D8890 블록에 악성 코드를 설치한다.51) 특정 조건이 만족되면, 스턱

(러시아). 2010년 9월 24일. 위키백과, 스턱스넷, 재인용. https://ko.wikipedia.org/wiki/%EC%8A%A4%ED%84%B1%EC%8A%A4%EB%84%B7 (검색: 2020.09.03.)

47) "Stuxnet Questions and Answers - F-Secure Weblog". 《F-Secure》 (영어) (핀란드). 2010년 10월 1일. 위키백과, 스턱스넷, 재인용. https://ko.wikipedia.org/wiki/%EC%8A%A4%ED%84%B1%EC%8A%A4%EB%84%B7 (검색: 2020.09.03.)

48) Steven Cherry, with Ralph Langner (2010년 10월 13일). "How Stuxnet Is Rewriting the Cyberterrorism Playbook" (영어). IEEE Spectrum.; "A worm in the centrifuge: An unusually sophisticated cyber-weapon is mysterious but important" (영어). 이코노미스트. 2010년 9월 30일. 위키백과, 스턱스넷, 재인용. https://ko.wikipedia.org/wiki/%EC%8A%A4%ED%84%B1%EC%8A%A4%EB%84%B7 (검색: 2020.09.03.)

49) Gross, Michael Joseph (2011년 4월). "A Declaration of Cyber-War". 《배니티 페어(Vanity Fair)》 (영어). Condé Nast. 2014년 7월 13일에 원본 문서에서 보존된 문서. 2011년 3월 3일에 확인함. 위키백과, 스턱스넷, 재인용. https://ko.wikipedia.org/wiki/%EC%8A%A4%ED%84%B1%EC%8A%A4%EB%84%B7 (검색: 2020.09.03.)

50) Chien, Eric (2010년 11월 12일). "Stuxnet: A Breakthrough" (영어). Symantec. 2010년 11월 14일에 확인함. 위키백과, 스턱스넷, 재인용. https://ko.wikipedia.org/wiki/%EC%8A%A4%ED%84%B1%EC%8A%A4%EB%84%B7 (검색: 2020.09.03.)

51) "W32.Stuxnet Dossier" (PDF) (영어). Symantec Corporation. 위키백과, 스턱스넷, 재인용. https://ko.wikipedia.org/wiki/%EC%8A%A4%ED%84%B1%EC%8A%A4%E

스넷은 주기적으로 모터의 회전수를 1410Hz, 2Hz, 1064Hz로 변경하여 모터에 과부하를 일으킨다.52)

2010년 11월 23일 나탄즈 우라늄 농축 시설은 기술적 문제로 시설이 여러 차례 정지되었다고 발표했다.53) 위키리크스는 2009년 상반기에 일어난 "심각한 원자력 사고"(원심분리기 정지로 추정된다. 미국 과학자 연맹이 발표한 통계는 해당 사고가 일어났을 무렵 이란에서 가동 중인 핵 농축 원심분리기의 숫자가 4,700에서 3,900으로 이유 없이 줄어든 것을 보여준다.54) 과학국제안보연구소(ISIS)는 2010년 12월 출판한 보고서에서 스턱스넷이 나탄즈(Natanz)55)에서 일어난 사건에 대한 "합리적인 설명"이며, 최대 1,000개(약 10%)의 원심분리기가 2009년 11월부터 2010년 1월 사이에 파괴된 것으로 보인다고 언급했다.56) 이 보고서는 이렇게 결론짓는다. 스턱스넷(Stuxnet)의 공격은 원심분리기의 회전수를 올렸다가 내리는 것을 반복하여 모터에 심한 진동과 왜

B%84%B7 (검색: 2020.09.03.)
52) Chien, Eric (2010년 11월 12일). "Stuxnet: A Breakthrough" (영어). Symantec. 2010년 11월 14일에 확인함. 위키백과, 스턱스넷, 재인용. https://ko.wikipedia.org/wiki/%EC%8A%A4%ED%84%B1%EC%8A%A4%EB%84%B7 (검색: 2020.09.03.)
53) "Iranian Nuclear Program Plagued by Technical Difficulties" (영어). Global securitynewswire.org. 2010년 11월 23일. 2010년 11월 24일에 확인함.; "Iran pauses uranium enrichment at Natanz nuclear plant" (영어). Haaretz.com. 2010년 11월 24일. 2010년 11월 24일에 확인함. 위키백과, 스턱스넷, 재인용. https://ko.wikipedia.org/wiki/%EC%8A%A4%ED%84%B1%EC%8A%A4%EB%84%B7 (검색: 2020.09.03.)
54) "IAEA Report on Iran" (PDF) (영어). 과학국제안보연구소. 2010년 11월 16일. 2011년 1월 1일에 확인함. 위키백과, 스턱스넷, 재인용. https://ko.wikipedia.org/wiki/%EC%8A%A4%ED%84%B1%EC%8A%A4%EB%84%B7 (검색: 2020.09.03.)
55) 이란의 중부 도시 나탄즈 핵시설은 지난 2010년 컴퓨터 바이러스 '스턱스넷'의 공격을 받아 일부 원심분리기 작동이 멈추는 피해를 봤다
56) "Did Stuxnet Take Out 1,000 Centrifuges at the Natanz Enrichment Plant?" (PDF) (영어). Institute for Science and International Security. 2010년 12월 22일. 2010년 12월 27일에 확인함. 위키백과, 스턱스넷, 재인용. https://ko.wikipedia.org/wiki/%EC%8A%A4%ED%84%B1%EC%8A%A4%EB%84%B7 (검색: 2020.09.03.)

곡을 일으켜 파괴하는 것으로 보인다. 핵 시설의 원심분리기를 모두 파괴하는 것이 목표라면 스턱스넷은 실패한 것이다. 그러나 연구자들이 눈치 채지 못하는 사이 보다 제한된 숫자의 원심분리기를 파괴하여 진행을 지연시키는 것이 목표라면, 일시적이나마 성공을 거둔 것으로 보인다.57) 또한 이 보고서는 이란 당국이 새 원심분리기를 대규모로 설치하여 이 사고를 숨기려고 한 것으로 보인다고 썼다.58) 스턱스넷(Stuxnet)은 이란의 IR-1 원심분리기를 감염시켜, 회전속도를 정상속도인 1,064Hz에서 1,410Hz로 15분간 증가시켰다. 27일 후 웜 바이러스가 다시 작동하여 이번에는 50분간 수백헤르츠의 낮은 속도로 동작시켰다. 지나치게 빠른 속도에서 다시 낮은 속도를 오간 원심분리기의 알루미늄 튜브는 이웃한 튜브와 접촉하여 기계를 파괴시켰다.59) 국제 원자력 기구에서 나탄즈 시설에 설치한 카메라에는, 스턱스넷이 활동한 것으로 알려진 무렵에 900~1000개의 원심분리기를 해체하여 제

---

57) The attacks seem designed to force a change in the centrifuge's rotor speed, first raising the speed and then lowering it, likely with the intention of inducing excessive vibrations or distortions that would destroy the centrifuge. If its goal was to quickly destroy all the centrifuges in the FEP, Stuxnet failed. But if the goal was to destroy a more limited number of centrifuges and set back Iran's progress in operating the FEP, while making detection difficult, it may have succeeded, at least temporarily. Did Stuxnet Take Out 1,000 Centrifuges at the Natanz Enrichment Plant? 위키백과, 스턱스넷, 재인용. https://ko.wikipedia.org/wiki/%EC%8A%A4%ED%84%B1%EC%8A%A4%EB%84%B7 (검색: 2020.09.03.).

58) "Did Stuxnet Take Out 1,000 Centrifuges at the Natanz Enrichment Plant?" (PDF) (영어). Institute for Science and International Security. 2010년 12월 22일. 2010년 12월 27일에 확인함. ; "Stuxnet-Virus könnte tausend Uran-Zentrifugen zerstört haben" (독일어). 슈피겔. 2010년 12월 26일. 2010년 12월 27일에 확인함. 위키백과, 스턱스넷, 재인용. https://ko.wikipedia.org/wiki/%EC%8A%A4%ED%84%B1%EC%8A%A4%EB%84%B7 (검색: 2020.09.03.).

59) Stark, Holger (2011년 8월 8일). "Mossad's Miracle Weapon: Stuxnet Virus Opens New Era of Cyber War" (영어). 슈피겔. 위키백과, 스턱스넷, 재인용. https://ko.wikipedia.org/wiki/%EC%8A%A4%ED%84%B1%EC%8A%A4%EB%84%B7 (검색: 2020.09.03.).

거하는 모습이 잡혔다.60) 2011년 2월 15일 과학국제안보연구소는 또 다른 보고서에서 다음과 같이 결론지었다. 이란이 충분히 주의를 기울인다면, 스턱스넷은 나탄즈 시설에서 더 이상 원심분리기를 파괴하지 못할 것이다. 이란은 제어 시스템에서 악성코드를 제거한 것으로 보인다. 이란의 많은 컴퓨터들이 스턱스넷(Stuxnet)에 감염되어 있으므로 재감염을 막으려면 이란은 특히 주의를 기울여야 할 것이다. 스턱스넷은 나탄즈 시설의 원심분리기를 파괴하기 위해 설계된 것으로 보이지만, 완전히 파괴한 것은 아니다. 또한 스턱스넷은 LEU의 2010년 생산량을 줄이지 못했다. 그러나 LEU의 생산량이 크게 늘어나지 않은 것은 스턱스넷의 역할이 큰 것으로 보인다. 어쨌든 스턱스넷이 왜 1,000개 정도의 원심분리기만을 파괴했는지에 대한 의문이 여전히 남아있다. 사이버 공격으로 원심분리기를 파괴하는 것이 생각보다 어려운 것일지도 모른다.61) 2011년 4월 이란 정부의 조사결과는 미국과 이스라엘이 공

---

60) Warrick, Joby (2011년 2월 16일). "Iran's Natanz nuclear facility recovered quickly from Stuxnet cyberattack" (영어). 워싱턴 포스트. 2011년 2월 17일에 확인함. 위키백과, 스턱스넷, 재인용. https://ko.wikipedia.org/wiki/%EC%8A%A4%ED%84%B1%EC%8A%A4%EB%84%B7 (검색: 2020.09.03.)

61) Assuming Iran exercises caution, Stuxnet is unlikely to destroy more centrifuges at the Natanz plant. Iran likely cleaned the malware from its control systems. To prevent re-infection, Iran will have to exercise special caution since so many computers in Iran contain Stuxnet. Although Stuxnet appears to be designed to destroy centrifuges at the Natanz facility, destruction was by no means total. Moreover, Stuxnet did not lower the production of LEU during 2010. LEU quantities could have certainly been greater, and Stuxnet could be an important part of the reason why they did not increase significantly. Nonetheless, there remain important questions about why Stuxnet destroyed only 1,000 centrifuges. One observation is that it may be harder to destroy centrifuges by use of cyber attacks than often believed. "Stuxnet Malware and Natanz: Update of ISIS December 22, 2010 Report" (영어). 과학국제안보연구소. 2011년 2월 15일. 위키백과, 스턱스넷, 재인용. https://ko.wikipedia.org/wiki/%EC%8A%A4%ED%84%B1%EC%8A%A4%EB%84%B7 (검색: 2020.09.03.)

격의 배후에 있는 것으로 결론지었다.62) 독일의 연구원 Frank Rieger는 미국과 이스라엘이 스틱스넷(Stuxnet)을 공동 개발했다는데 유럽의 세 개 정보기관이 동의했다고 밝혔다. 코드의 윈도 공격 부분과 PLC 공격 부분은 다른 스타일로 작성되어, 스틱스넷이 공동개발로 제작되었음을 짐작할 수 있다. 그러나 다른 전문가들은 미국과 이스라엘의 정보 및 군사 당국이 서로를 크게 신뢰하지 않아 공동개발의 가능성은 낮다고 생각한다.63) 이 분야 전문가들은 스틱스넷과 같은 복잡한 코드를 개발하는 것은 국가만이 할 수 있는 일이라고 말한다.64) 이란은 스틱스넷(Stuxnet) 사이버공격의 배후로 이스라엘의 모사드 소행이라고 여기고 있다. 이스라엘은 1989년부터 '아마드 프로젝트(AMAD Project)'라는 이름으로 핵개발에 나선 이란을 상대로도 화근 제거 작전을 펼쳤다.65) 2021. 4. 11일(현지시간) 발생한 이란 중부지역의 나탄즈(페르시아어: سوط) 지하 핵시설 정전 사태에 대해 '핵테러 행위'라고66) 규정

---

62) "Iran blames U.S., Israel for Stuxnet malware" (영어). CBS News. 2011년 4월 16일. 2012년 1월 15일에 확인함. 위키백과, 스턱스넷, 재인용. https://ko.wikipedia.org/wiki/%EC%8A%A4%ED%84%B1%EC%8A%A4%EB%84%B7 (검색: 2020.09.03.)
63) Gross, Michael Joseph (2011년 4월). "A Declaration of Cyber-War". 《배니티 페어(Vanity Fair)》 (영어). Condé Nast. 2014년 7월 13일에 원본 문서에서 보존된 문서. 2011년 3월 3일에 확인함. 위키백과, 스턱스넷, 재인용. https://ko.wikipedia.org/wiki/%EC%8A%A4%ED%84%B1%EC%8A%A4%EB%84%B7 (검색: 2020.09.03.)
64) Fildes, Jonathan (2010년 9월 23일). "Stuxnet worm 'targeted high-value Iranian assets'" (영어). BBC News. 2010년 9월 23일에 확인함. Halliday, Josh (2010년 9월 24일). "Stuxnet worm is the 'work of a national government agency'" (영어). 런던: 가디언. 2010년 9월 27일에 확인함. Markoff, John (2010년 9월 26일). "A Silent Attack, but Not a Subtle One" (영어). 뉴욕 타임스. 2010년 9월 27일에 확인함. 위키백과, 스턱스넷(Stuxnet). https://ko.wikipedia.org/wiki/%EC%8A%A4%ED%84%B1%EC%8A%A4%EB%84%B7 (검색: 2021.3.25.)
65) 채인택의 글로벌줌업, 중앙일보, 이란 핵과학자 잔혹한 암살…'프로 킬러' 모사드 냄새가 났다, 2020.11.30. https://news.joins.com/article/23933182 (검색: 2021.3.25.)
66) 이란, 나탄즈 핵시설 정전사태 '테러' 규정: 알리 아크바르 살레히 이란원자력청(IAEO) 청장은 성명에서 나탄즈 지하 핵시설 정전 사태를 테러로 규정했다; 이란 원자력 당국은 이번 사태를 "핵 테러 행위"라고 규정했다. 4월 12일 BBC 월드 뉴스 헤드라인 - 이란 나탄

한 가운데 이스라엘(Israel)의 비밀정보기관인 모사드(Mossad)가 그 배후로 지목되고 있다. AP통신과, 예루살렘포스트(JP), YNET 등에 따르면 이스라엘 공영방송 칸(Kan) 라디오는 이날 익명의 소식통을 인용해 나탄즈 원전시설 공격은 모사드가 관여한 이스라엘의 사이버 공격(Cyber attack)이라며 원전시설의 피해는 이란이 밝힌 것보다 더 크다고 했다. 이는 이스라엘이 이란핵합의(JCPOA: Joint Comprehensive Plan of Action, 정식명칭은 '포괄적 공동행동계획'이라고 한다)67) 복원을 위한 협상에 강력하게 반대해 지역 내 긴장이 고조되고 있는 가운데 발생했다는 점에 주목하고 있다. 한편 이스라엘이 이처럼 집요하게 이란 핵시설에 테러를 감행하는 것은 JCPOA가 복원돼 미국이 이란의 무기개발이나 수출을 하는 경우 이스라엘의 안보에 위협을 초래하는 결과를 사전에 차단하겠다는 것이다. 또한 핵을 가진 이란이 중동지역의 패권을 차지하려는 전략을 경계하고 있기 때문이다. 이스라엘은 미국이 대이란 제재68)를 풀거나, 중동에서 이란의 정치적·군사적 영향력이 커지는 것을 바라지 않는다.69) 이란은 도널드 트럼프(Donald Trump)

즈 핵시설 전기사고.
67) 이란핵합의(JCPOA)는 2014.2.18일 첫 협상을 시작으로 13차에 걸친 회합 끝에 2015. 7. 14. 체결했다.(미국의 버락 오바마 정부)
68) 미국이 이란을 겨냥해 부활시킨 제재는 두 단계로 집행된다. 1단계는 2018. 8.7일부터 금을 비롯한 귀금속과 알루미늄, 컴퓨터 소프트웨어 등 거래가 제한되고, 이란 통화인 리알화 거래도 차단되는 한편, 국외 이란 계좌들이 동결되고, 이란 정부의 달러화 구매도 제한된다. 그밖에 이란의 국채 발행 관련 활동, 자동차 부문도 통제받는다. 2단계에서는 이란 중앙은행과의 금융 거래는 물론이고, 원유와 천연가스 등 이란의 에너지 수출이 전면 제한되며, 이 단계에서는 미국 정부가 주의 대상으로 지정한 개인과의 거래도 금지된다. 김정우, VoA, [뉴스 따라잡기] '미국의 대이란 제재', 2018.8.11., https://www.voakorea.com/archive/4523068 (검색: 2021.3.25.)
69) 김윤나영, 경향신문, 이란 "핵시설 테러 배후 이스라엘에 복수" … 핵합의 복원 '암초', 2021.04.13. http://news.khan.co.kr/kh_news/khan_art_view.html?artid=202104131634001&code=970209 (검색: 2021.4.15)

전 미국 대통령이 2018년 JCPOA를 파기하자[70] JCPOA가 규정한 3.67%보다 우라늄 농축률을 높여왔다. 이스라엘이 이토록 이란의 핵개발을 차단하는 이유는 무엇일까? 첫째, 중동지역의 패권을 차지하려는 이란을 견제하려는 것이다. 패권을 차지하려는 이란은 핵개발을 통해 주변국들을 위협과 협력으로 조정할 수 있다고 보는 것이다. 둘째, 핵을 가지려는 이란은 이미 핵을 가진 이스라엘을 견제하기가 용이하다는 점을 들 수 있다. 이는 냉전시기 미·소간에 핵 억지력으로 작용했던 '상호확증파괴(MAD: Mutual Assured Destruction)'[71] 전략이 여전히 유효하다는 근거에 기반하고 있다. 셋째, 이스라엘이 JCPOA(Joint Comprehensive Plan of Action, '포괄적 공동행동계획')에 대해 경계하는 것은 이란 핵합의에 있는 일몰조항이다. 이란 핵합의가 영구적인 또는 반영구적인 것이 아니라 10~15년만 일시 중지한다는 내용이기 때문이다. 결국 이란핵합의(JCPOA)는 한시적으로 이란 핵 개발 중지 효과만 확보할 수 있으며, 이후에는 이란이 핵개발에 나설 수 있다고 본 것이다.[72] 그런데도 불구하고 미국, 유럽을 포함한 국제사회는 그때까지 대이란 경제제재를 해제해 이란을 압박할 수 있는 수단을 스

---

[70] 2017년 1월 취임한 도날드 트럼프(Donald Trump) 대통령이 2025년까지 모든 제재를 해제한다는 이른바 '일몰조항'에 반발해 일방적으로 탈퇴했다.

[71] 상호확증파괴(相互確証破壊, 영어: mutual assured destruction, mutually assured destruction, MAD)는 핵무기를 보유하고 대립하는 2개국이 있을 때, 둘 중 어느 한쪽이 상대방에게 선제핵공격을 받아도 상대방이 핵전력을 보존시켜 보복 핵공격을 할 수 있는 경우 핵무기의 선제적 사용이 쌍방 모두가 파괴되는 상호파괴를 확증하는 상황이 되므로 이론적으로 상호확증파괴가 성립된 2개국간에는 핵전쟁이 발생하지 않게 된다. 상호확증파괴는 핵전략의 개념이자 이론이며 전략이다. 실제 역사적으로는 냉전기 미국과 소련 사이에 상호확증파괴가 성립되었다. 위키백과, 우리 모두의 백과사전, 상호확증파괴. https://ko.wikipedia.org/wiki/%EC%83%81%ED%98%B8%ED%99%95%EC%A6%9D%ED%8C%8C%EA%B4%B4 (검색: 2021.4.22.)

[72] 채인택의 글로벌줌업, 중앙일보, 이란 핵과학자 잔혹한 암살 … '프로 킬러' 모사드 냄새가 났다, 2020.11.30.

스로 포기한 것으로 봤다[73])는 점이다.

2. 3.20 사이버테러

가. 개요

2013년 3월 20일 KBS·MBC·YTN과 농협 신한은행 등 방송금융 6개사 전산망 마비 사태가 발생한 사건을 말한다. 이후 4월 10일 민·관·군 사이버위협 합동대응팀은 이번 사이버테러의 수법과 접속기록을 조사한 결과 북한 정찰총국의 소행인 것으로 결론 내렸다고 발표했다. 이에 주요 방송사(KBS·MBC·YTN)와 금융사(신한은행·NH농협은행·제주은행) 전산망이 2013. 3. 20. 오후 14:00경 악성코드에 감염, 총 3만 2천 여 대에 달하는 컴퓨터가 일제히 마비되는 사상초유의 정보보안 사고가 발생했다. KBS·MBC·YTN 등 방송사에서는 직원들의 PC가 멈추었고, 금융사(신한은행·NH농협은행)에서는 인터넷 뱅킹과 영업점 창구업무, 자동화기기(ATM) 사용 등이 일시적으로 중단되면서 관련 업무가 2시간 이상 중단되었다. 3.20 방송통신위원회, 안전행정부, 국방부, 국가정보원 등 10개 관련부처는 사이버위기평가회의를 오후 15:00 사이버위기 경보단계를 관심에서 주의로 격상시켰다.

나. 사이버테러 진행과정

사이버테러를 감행한 공격자들은 2012. 6월 이전부터 공격을 준비했다. 그들은 악성코드로부터 정보를 수집하고 공격지령을 내리는 C

---

73) *Ibid.*

& C 서버(Command & Control Server)를 확보하기 시작했다. 해커들은 직접 명령을 내리면 추적을 당하기 때문에 C & C 서버를 만들고 이를 경유해 공격하는 것이 일반적이다. 따라서 C & C 서버가 공격 경유지가 된다. 공격자들은 이후 국내의 웹 서버를 해킹하여 악성코드를 유포했다.

〈표 13-8〉 악성코드 의심파일과 악성링크의 차단 현황

악성코드명	유포지 서버	경유지 서버	탐지대응 건수	비고
kbs.exe	1	17	9743	
imbc.exe	7	40	71050	경유지 서버 중복: 23개
sbs.exe	10	40	125347	

출처: 트라이큐브랩, 자료: 임채호, 사이버 보안: 3.20사이버테러/ NAVER 지식백과
* 유포지 서버: 악성코드를 실제 유포시키는 서버
* 경유지 웹서버: 유포지 서버로의 접근을 유도하는 웹 서버
* 3.20 사이버테러 관련 기간 악성코드 의심파일과 관련된 악성링크의 차단 수치(트라이큐브랩)

피해 기관별로 진행상황은 조금씩 다르나, 2012년 6월부터 2013년 1월까지 내부 PC감염이 완료되었다. 악성코드에 감염된 기관 내 PC들이 공격자가 준비한 C & C 서버에 접속하여 내부 전산망의 정보를 보고하고, 추가 악성코드를 다운로드했다. 악성코드에 감염된 PC중 중요 포인트의 PC들이 2차 C & C 서버에 접속했는데, 이를 통해 공격자가 기관의 망 분석을 끝낸 것으로 보인다. 각 기관들은 직원들 PC의 바이러스 백신을 기관의 업데이트 서버에서 중앙 관리하여 자동 설치하도록 하고 있었다. 이런 백신업데이트 서버도 해커가 장악했다. 공격자는 3월 15일 홍콩에서 악성코드를 배포하는 도메인을 등록했다. 본격적인 공격을 개시한 시점으로 볼 수 있다. 3.17일에 imbc.exe, sbs.exe 등

의 악성코드가 다운로드(download)되는 상황이 발견되어 국내보안업체 빛 스캔(주)의 보안 경고가 나오기도 했다. 이 시점에서 각 기관의 바이러스 백신 업데이트서버에는 악성코드가 들어가 있었다. 3.17부터 3.20일 사이, 각 기관의 백신 업데이트 서버는 조직구성원들의 PC에 일제히 백신 업데이트를 실시했는데 이때 악성코드가 전 기관의 PC에 감염됐다. 감염된 악성코드는 미리 설정된 공격시간을 기다렸다.[74]

이날의 사이버테러 공격 과정은 북한 정찰총국 소속 해커 추정 웹서버 해킹 및 악성코드 삽입 → 국내방송사·금융사 서버 장악 → 방송사·금융사 내부 서버 및 PC에 악성코드 유포 → 방송사·금융사 서버 및 PC 3만 2천여 대 마비가 발생했다. 3.20일 오후 14:00 많은 컴퓨터를 감염시킨 악성코드가 최종단계의 공격을 일제히 시작했다.

침투한 컴퓨터의 하드디스크의 중요 정보를 파괴하고 컴퓨터를 꺼버린 것이다. PC의 경우 부팅에 필요한 정보를 닮은 마스(MRB)와 볼륨부팅레코드(VBR)의 정보를 지우고 무의미한 문자열로 바꿔버렸으며, 유닉스 계열 서버에는 DD, RM 등의 명령어를 전송하여 디스크를 삭제했다. 조사결과 본격적인 실제공격은 단 5일에 걸쳐 모두 끝난 것으로 나타났다.[75] 2013.3.20 사이버 테러 사건 발생 후 하루가 지나 방송통신위원회에서는 백신 업데이트 서버를 통한 악성코드 유포를 원인으로 지목했다. 정부의 합동조사단은 금융권에서 사용 중인 IP가 백신 소프트웨어 배포관리 서버에 접속, 악성파일을 배포했음을 확인했다고 발표했다.

---

[74] 임채호, "사이버 테러 사고 분석 보고서" ver 1.7 Red Alert, Issue Makers Lab / 3.20 사이버 테러: NAVER
[75] Ibid.

〈그림 13-4〉 3.20 사이버테러 공격 경로

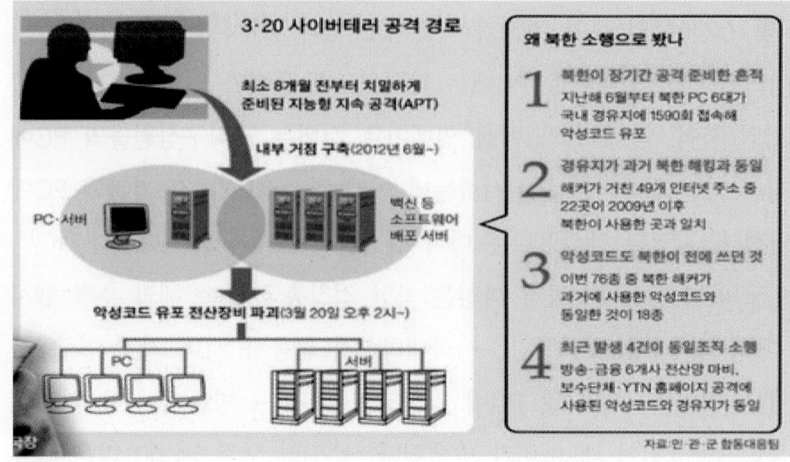

자료: 민·관·군 합동대응팀

　방송통신위원회에서는 관계기관, 보안담당 업체와의 면밀한 분석 및 절차를 거치지 않고 정부 단독으로 조기에 결정을 내림으로써 일정부분 혼란을 초래했다. 3.20 사이버 테러 사건시 해커조직의 실체를 파악하기 위해서 먼저 수집하는 파일목록을 압축할 때 사용하는 '암호값'과 해커가 명령을 제어할 때 사용하는 '제어코드' 등 C&C 프로토콜이 동일하며, 특히 해커조직이 프로토콜 암호화 통신에 RSA 암호화 알고리즘을 사용했는데 이는 악성코드가 공개키를 사용해 수집데이터를 암호화했기에 개인키를 보유하고 있는 해커만이 복호화할 수 있다. 이 때 사용한 RSA키는 6년 동안(2007~2013년) 동일한 키 값이 사용된 것으로 확인됐다.76) 더욱 충격적인 사실은 이 해커조직이 지난 6년 동안 한국 정부를 대상으로 사이버전을 수행하면서 국가기밀정보 탈취를 시

---

76) 이슈메이커스랩(IssueMakersLab)/보안뉴스, 3.20사이버테러 공격주체, 그 실체 드러나다. Website:http://issuemakerslab.com, http://boannews.com/ 2013.

도 왔으며, 여기에는 '키리졸브, 작전, 미군, Key Resolve, Warfare, 작계, 무기, 방위' 등의 국가안보에 관련된 한글 및 영문키워드들이 대거 포함됐다는 사실이다.77) 감염된 PC로부터 수집한 데이터를 암호화하는데 사용한 RSA 공개키(해당 조직이 6년간 동일한 공개키 사용)로 이는 공개키와 한 쌍인 개인키를 가진 해커만이 복호화 할 수 있다.

<표 13-9> 6년 동안 동일한 RSA키 값을 사용한 해커 조직

```
BYTE rsaKeyBlob[] = {
    // BLOBHEADER
        0x06,                           // PUBLICKEYBLOB
        0x02,                           // CUR_BLOB_VERSION
        0x00,0x00,                      // reserved
        0x00,0xA4,0x00,0x00.            // CALG_RSA_KEYX
    // RSAPUBKEY
        0x52,0x53,0x41,0x31,            // "RSA1" (public key)
        0x00,0x04,0x00,0x00,            // bitlen = 1024
        0x01,0x00,0x01,0x00,            // pubExp = 65537
    // inverted modulus
        0x35,0xDD,0x6B,0xA2,0x9E,0xA7,0xA1,0x04,
        0x71,0xF1,0x34,0x7B,0xE6,0xDE,0x74,0x59,
        0xA5,0xBD,0x08,0x33,0xDF,0x42,0x11,0x11,
        0x5C,0xA2,0xC2,0x8D,0x7E,0xFE,0x56,0x55,
        0xE7,0xFD,0x56,0x4C,0x0B,0xC6,0xAC,0xEA,
        0x1D,0x04,0xCB,0x27,0x42,0x40,0xD7,0x14,
        0xAD,0x1C,0xED,0x29,0x3F,0xC9,0xBA,0x54,
        0xEE,0x1B,0xF4,0x03,0x82,0xE6,0x77,0x5E,
        0xA9,0x5E,0xEB,0x69,0xC3,0x33,0x48,0x60,
        0x3E,0x7D,0x0x4E,0x81,0x49,0x8F,0xE1,
        0xA5,0x71,0x6C,0x98,0x03,0xD8,0x96,0x21,
        0xB8,0x7F,0xAD,0x18,0xED,0x23,0x98,0x35,
        0x27,0x15,0xA8,0x47,0x1F,0xF0,0x82,0x93,
        0xAD,0x5D,0xF0,0x39,0xC7,0x6F,0x45,0x5A,
        0xBC,0xBE,0xD9,0xDF,0x1F,0x43,0xEE,0x3D,
        0x35,0xA9,0xCF,0x01,0xEA,0xE5,0xDB,0xE2
```

주: 1) 위에서 6년은 2007년~2013.3.20.까지의 기간을 의미함.
2) 2013. 3.20 사이버테러는 북한이 2012년 초부터 'Operation 1Mission' 작전명으로 치밀하게 준비
출처: 이슈메이커스랩(IssueMakersLab)/보안뉴스, 3.20사이버테러공격주체, 그 실체 드러나다. Website: http://issuemakerslab.com, http://boannews.com/ 2013.

---

77) 이슈메이커스랩(IssueMakersLab)/보안뉴스, 3.20사이버테러 공격주체, 그 실체 드러나다. Website:http://issuemakerslab.com, http://boannews.com/ 2013.

〈표 13-10〉 해당 키워드가 포함된 파일 수집

Army	Military	Warfare	JCS	Headquater	Brigade	Division	Corps
Navy	Marine	Missile	Aircraft	Air craft	Air Force	AirForce	Satellite
Squadron	Infantry	Artillery	Armor	Battalion	Classifi	PENTAGON	Secret
Operation	AKO	DKO	NKO	GKO	NIPR	SIPR	RIPR
DoD	KORCOM	TPFDL	CENTRIX	GCCS	GCSS	EUSA	C4I
TNOSC	COMSEC	PACCOM	TPFDD	USFK	RSOI	KeyResolve	Key Resolve
FDO	ROK	Osan	Korea	DMZ	DEFCON	7AF	2ID
501BDE	T.SEC	UFG	SOCKOR	PACAF	PACOM	CNFK	MARFOR
TRANSCOM	Wartime	OPLAN	Ulchi	FOUO	KR/FE	Command	Battle Field
BattleField	Camp	Walker	Kunsan	JWICS	INTELINK	NLL	exploit
0day	Hacking	Cyber					
작전	軍			전시	을지	연습	작계
무기	미군	군수		방위	전술	암호	
북한	비밀						
호국	핵		키리졸브	공격			
	해킹	익스플로잇					

출처: 이슈메이커스랩(IssueMakersLab)/보안뉴스, 3.20사이버테러 공격주체, 그 실체 드러나다. Website: http://issuemakerslab.com, http://boannews.com/ 2013.

3. 6.25 사이버테러

가. 개요

2013. 3. 20 사이버테러가 발생한지 3개월여 만에 또 다시 사이버테러가 발생했다. 2013. 6.25 오전 09:10분경 청와대 홈페이지 및 정부기관 등이 사이버 침해 공격을 받았다. 이로 인해 홈페이지 접속이 불가능하고 서버가 다운되는 등의 피해를 입었다. 하드디스크 파괴와 디도스(DDoS)공격78)을 병행한 사이버 테러였다. 이는 좀비 PC를 사

---

78) 2009년 디도스(DDoS) 공격으로 지금까지도 세간에 회자되고 있다. 분산서비스 거부(Distribute Denial of Service) 공격은 사전에 악성코드 '봇(Bot)'을 이용해 만든 좀비PC로 네트워크 '봇넷(Botnet)'을 만든 후 공격대상(홈페이지)에 동시에 접속해서 트래픽을 일으켜 시스템을 다운시키는 일종의 '인해전술'공격 형태이다. 7.7 디도스(DDoS) 는 2009년 7.7, 18:00부터 7.8일 18:00까지 진행했으며 약 1만 8,000여대의 좀비PC로 청와대와 주요언론사, 정당 등 국내 주요 홈페이지 26곳이 장애를 입었다. 1차 디도스(DDoS) 공격은 하루 만에 종료됐지만, 공격이 끝난 다음날 2차 공격이 감행되었다. 7.9

용한 2009년 디도스(DDoS)공격이나 2011년 3.4 디도스(DDoS)공격과 달리 APT(Advanced Persistent Attack, 지능형 지속공격)공격을 통해 국내 주요 기반시설에 동시다발적으로 공격을 개시하여 피해를 주었다.

나. 사이버테러 진행과정

2013. 6.25 사이버공격은 3개월 전 3.20 사이버테러를 감행한 조직과 동일 조직으로 밝혀졌다. 이는 기존에 알려지지 않은 악성파일과 보안취약점(Zero-Day)을 이용해서 주요 웹사이트 침투, 자료수집, 공격수행(디도스 공격, 자료 파괴) 등의 활동을 반복하며 은밀하게 각종 비밀자료를 확보하는 등 사이버전의 기초 자료로 활용한 것으로 나타났다. 특히, 이전의 불특정 다수를 타킷으로 한 무차별적인 악성코드 유포와 달리, 특정 프로그램의 업데이트 기능 취약점을 비롯해 웹 취약점, 스피어 피싱 이메일(특정표적에 최적화된 내용의 악성 메일) 등을 이용하고, 내부 침투 이후 장기간 분석으로 각 피해 회사 내부의 인프라를 이용한 공격을 수행했다. 또한 분석 및 복구가 어렵게 단기간 내 악성코드를 업그레이드하는 등 공격과정에서 지능적인 형태를 보였다. 2013년은 스미싱(smishing)[79]과 파밍(pharming)[80] 등이 폭발적으로

일부터 시작된 2차 디도스(DDoS) 공격은 1차 공격보다 줄어든 16개의 정부기관과 은행, 보안업체 등을 공격했으며, 특히 변종의심 파일은 하드디스크(HDD)의 데이터 파괴 기능이 포함돼 있어 파장이 컸다. 정보보안 20년사, 2009년 7.7 디도스 대란, 대한민국 인터넷 시한부 선고: http://www.boannews.com/media/news-print.asp?idx= 81012

[79] 문자메시지를 이용한 새로운 휴대폰 해킹기법이다. 인터넷 보안회사인 맥아피가 스미싱(눈+피싱)이라고 명명한 이 기법은 CP(Cell Phone) 사용자에게 WebSite 링크를 포함하는 문자메시지를 보내 CP(Cell Phone) WebSite가 WebSite에 접속하면 트로이목마를 주입해 인터넷사용이 가능한 CP(Cell Phone)를 통제할 수 있게 만든다: 매경시사용어사전. 문자메시지(눈)와 피싱(Phishing)의 합성어로 ① '무료쿠폰제공', '돌잔치 초대장', '모

증가 기승을 부린 한 해였다. 2012년 30여 건에 불과했던 스미싱 악성코드는 2013년에는 11월까지만 4천 6백여 건이 확인되었다. 초기에는 소액 결재시 인증 문자를 유출하는 기능으로 시작했다가 이후 스마폰 앱의 종류를 식별하고 설치된 은행앱을 악성 앱으로 교체해 사용자가 스스로 금융정보를 입력하도록 유도하는 파밍 형태로 이어졌다.

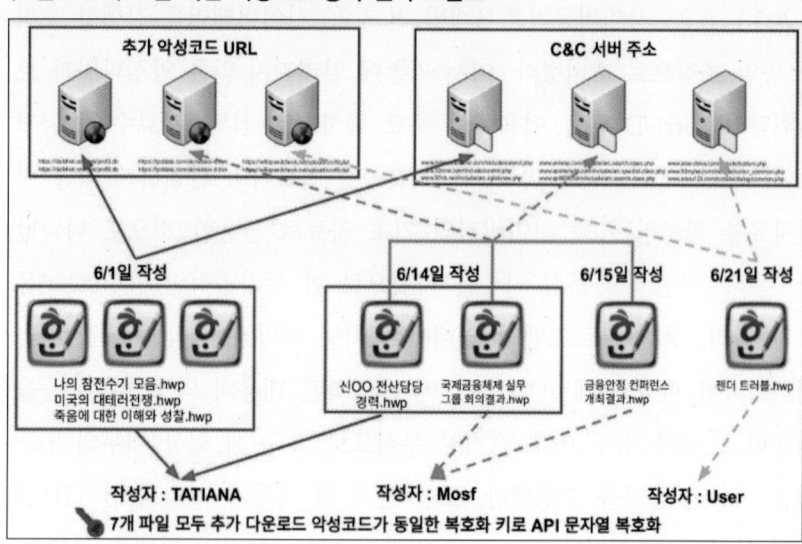

〈그림 13-5〉 6월 북한 악성코드 공격 분석 흐름도

출처: 시큐리트 월드, 김경애,boan3@boannews.com〈보안뉴스, "6.25사이버테러 5주년: 북 해커추정, 6.25때 악성코드 여전히 활용": http://www.boannews.com/media/news-print.asp?idx=70657
* 이미지=이슈메이커스랩

바일 청첩장' 등을 내용으로 하는 문자메시지내 인터넷 주소 클릭하면 → ② 악성코드가 스마폰에 설치되어 → ③ 피해자가 모르는 사이에 소액결재 피해 발생 또는 개인 금융정보를 탈취
80) 악성코드에 감염된 사용자 PC를 조작하여 금융정보를 빼냄 ① 사용자 PC가 악성코드에 감염됨 → ② 정상홈페이지에 접속하여도 피싱(가짜)사이트로 유도 → ③ 금융정보 탈취 → ④ 범행계좌로 이체 등 정상 홈페이지로 가장하여 금융정보(보안카드 번호 전부) 입력을 요구, 신종 금융 사기의 주요 범행 수단

웹셸(web shell)은 업로드 취약점을 통해 시스템에 명령을 내릴 수 있는 악성코드의 일종으로 공격자가 웹페이지, 웹서버 등에 심어 놓으면 쉽게 인터넷망을 통해 명령을 수행한다. 이러한 웹셸은 웹방화벽을 우회하는 등의 방법으로 웹서버를 제어해 웹서버 해킹, 웹 위변조 등 다양한 공격에 악용된다.81)

〈그림 13-6〉 대형 해킹사고 뒤에 숨겨진 '웹셸'의 그림자

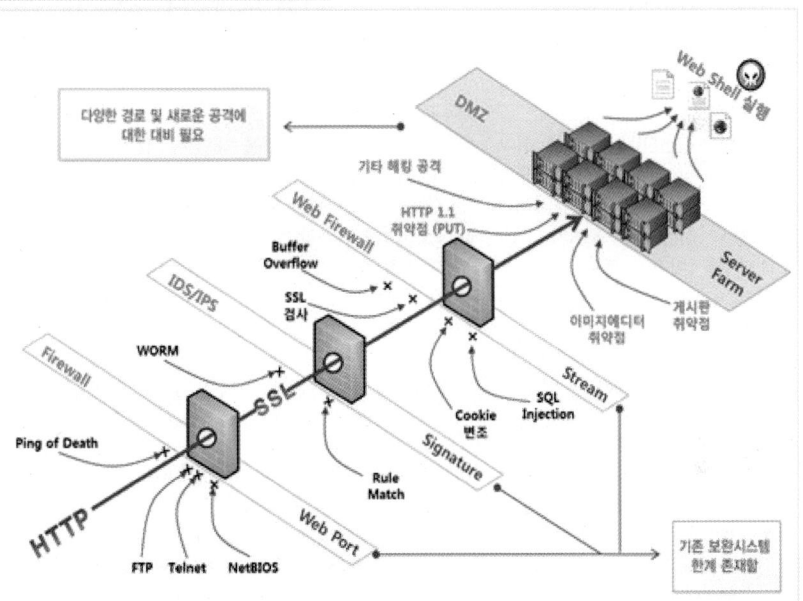

출처: 시큐리트 월드, 김경애,boan3@boannews.com〈보안뉴스, 대형해킹사고 뒤에 숨겨진 '웹셸'의 그림자, http://www.boannews.com/media/news-print.asp?idx=37444:

---

81) 시큐리트 월드, 김경애, boan3@boannews.com, 〈보안뉴스〉, 대형 해킹사고 뒤에 숨겨진 '웹셸'의 그림자. http://www.boannews.com/media/news-print.asp?idx=37444:

다. 사건 발생 이후의 대응

웹셸[82]을 이용한 공격은 2013년 3.20 및 6.25 사이버테러에 이용되어 국가적 혼란을 야기했다. 정부는 최근 사이버테러에 대한 경각심을 고취시키고 제도적으로 시스템 안정화를 위해 망 분리 또는 DB암호화 등을 서둘러 착공했다. 웹셸(web shell)은 빈번하게 발생하는 각종 해킹사고 및 사이버테러의 주범으로 지목되고 있다. 정부는 이에 대한 정교한 시스템적 보완이 동시적으로 이루어져야 할 것이다. 웹셸[83]로 인해 국내에는 대규모 해킹사건이 빈번하게 발생했다. 2008년 1월 옥션의 웹서버(web server)[84]를 해킹하여 1,863만 명의 고객정보 유

---

[82] 웹셸(web shell)은 업로드 취약점을 통하여 시스템에 명령을 내릴 수 있는 코드를 말한다. web shell은 간단한 서버 스크립트(jsp, php, asp…)로 만드는 방법이 널리 사용되며 이 스크립트들은 웹 서법의 취약점을 통해 업로드 된다.

[83] 웹셸(web shell)은 공격자가 원격에서 웹서버에 접근할 수 있는 통로 역할을 하는데 정상적인 웹서버(80포트)를 이용하기 때문에 방화벽으로도 차단되지 않는다. 홈페이지 개발 언어(Server Side Script)로 제작되며 파일업로드, 파일 다운로드, 명령어 실행 등 목적에 따라 다양한 기능을 수행한다. 웹셸 업로드를 예방하기 위해서는 파일 업로드 취약점에 대한 보안 조치가 선행되어야 하고, 웹 방화벽(Web Application Firewall), 웹셸 탐지도구와 같은 보안제품을 도입하여 웹셸을 탐지할 수 있다. 웹 서버에 명령을 실행하여 관리자 권한을 획득해 실행하는 공격방법이다. 즉 웹 서버의 관리자 권한을 불법으로 취득해 서버를 공격하는 프로그램을 의미한다. 웹 애플리케이션의 첨부 파일에 대한 부적절한 신뢰와 불충분한 점검으로 인해 악의적인 원격공격 코드가 웹 서버로 전송, 실행하는 방법으로 관리자 권한을 획득한 후 웹 페이지 소스 코드 열람은 물론 서버 내 자료 유출, 비밀문 프로그램 설치 등 다양한 공격이 가능하다. 인터넷에 널리 유포되어 있다. 파일 업로드 취약점을 이용하여 서버 명령을 실행할 수 있는 asp, cgi, php, jsp 등이 있다.: 정보통신 기술협회(TTA), 「IT용어사전」; 과학기술정보통신부(한국인터넷진흥원.KISA), 「웹서버 보안 강화 안내서」(서울, 2018.6), p.14.

[84] 웹(web)콘텐츠를 저장하거나 컴퓨터 또는 소프트웨어 등 일반적으로 웹서버가 되는 컴퓨터에 설치되는 소프트웨어를 말한다. 웹 서버 소프트웨어는 http 프로토콜을 통해 클라이언트(웹 브라우저)의 요청 정보를 받아 처리하고 그 결과를 다시 클라이언트에 보낸다. 클라이언트가 요청하는 자원을 URL(Uniform Resource Locator)형태로 받아 내부 파일 시스템과 매핑하여 처리하거나, URL과 입력값(로그인 화면의 ID, password 등)을 함께 받으면 사전에 약속된 처리를 한 후 그 결과를 클라이언트에 전달한다. 대표적인 웹서버로 아파치(Apache), 엔진엑스(nginx), 마이크로소프트사의 IIS(Internet Information Services) 등이 있다.

출과 2011. 7월 네이트(Nate) 악성코드 유포지 URL[85]을 해킹하여 고객정보 3,500만 명의 정보를 유출한 바 있다.

〈표 13-11〉 웹셸이 이용된 국내 대형 해킹사고 사례

구분	피해사건	피해규모
2008년 1월	옥션 웹서버 해킹	고객정보 1,863만 명 정보유출
2011년 3월	3.4 디도스 대란	악성코드 유포지 URL 및 웹서버로 인한 디도스 대란
2011년 5월	현대캐피털 웹서버 해킹	고객정보 175만 명 정보유출
2011년 7월	네이트 악성코드 유포지 URL 해킹	고객정보 3,500만 명 정보유출
2012년 5월	EBS 웹서버 해킹	고객정보 400만 명(추정) 정보유출
2013년 3월	3.20 사이버테러	언론금융기관 등 PC, 서버 3만 2,000대 피해
2013년 6월	6.25 사이버테러	청와대 등 유관기관 홈페이지 위·변조

출처: 시큐리트 월드, 김경애.boan3@boannews.com〈보안뉴스〉, 대형 해킹사고 뒤에 숨겨진 '웹셸'의 그림자. http://www.boannews.com/media/news-print.asp?idx=37444:

9.11 테러이후 미국인들은 국가에 대한 테러보다 공직자 부패(corruption)를 가장 두려워하는 것으로 조사됐다. 조사결과 응답자의 60.6%가 공직자 부패를 '두려워하거나', '가장 두려워한다'고 응답했다. 이어서 테러공격을 '두려워하거나', '가장 두려워한다'는 응답이 41%로 뒤를 이었다. … (중략), 총기와 탄약에 대한 정부의 규제(38.5%), 사랑하는 사람이 죽는 것(38.1%), 재정파탄(37.5%), 신위 도용 범죄(37.1%), 사랑하는 사람이 매우 아픈 일(35.9%), 건강보험 개혁안인 오바마 케어(35.5%) 등이 두려운 항목 10위안에 포함되었다. 미국 국민이 두려

---

85) URL(Uniform Resource Locator)은 특정파일이나 문서를 가리키는 웹주소로 일명 파일 식별자 또는 web address이다.

워하는 항목을 3년 째 조사하고 있는 채프먼대학은 공직자 부패가 지난해에 이어 2년 연속 1위를 차지했다. 201년 조사에서는 공직자 부패(58%), 사이버테러리즘(44.8%), 기업의 개인정보 추적(44.6%), 테러공격(44.4%), 정부의 개인 정보 추적(41.4%) 등이 상위를 차지했다. 미국인들은 통제할 수 없는 것에 종종 두려움을 느끼며, 두려움의 항목 순위에서 그런 증거를 찾을 수 있다고 했다. 채프먼대학의 연구진들은 두려움의 항목을 크게 정부, 경제, 기술, 이민, 범죄, 자연재해 등 11개 항목에서 79개의 질문을 뽑아 조사를 진행했다.86)

〈표 13-12〉 America's Top Fears 2016
- 美 국민이 가장 두려워하는 것은?

Fear	Fear Domain	% Afraid or Very Afraid
Corrupt government officials	Government	60.6
Terrorist Attack	Manmade Disasters	41
Not having enough money for the future	Economic	39.9
Terrorism	Crime	38.5
Government restrictions on firearms and ammunition	Government	38.5
People I love dying	Illness and Death	38.1
Economic/financial collapse	Economic	37.5
Identity theft	Crime	37.1
People I love becoming seriously ill	Illness and Death	35.9
The Affordable Health Care Act/Obamacare	Government	35.5

주: 1) 미국 채프먼대학이 2016.4월, 미국 전역의 성인 1511명을 대상으로 조사
자료: Chapman University Survey of American Fears October 11.2016
출처: https://blogs.chapman.edu/willkinson/2016/10/11/americas-top-fears-2016/
(검색: 2019.11.18.)

---

86) 김의철, KBS, 미국민이 테러보다 더 두려워 하는 건 '공직자 부패', 2016.10.13

〈그림 13-7〉 Top 10 Fears of 2016

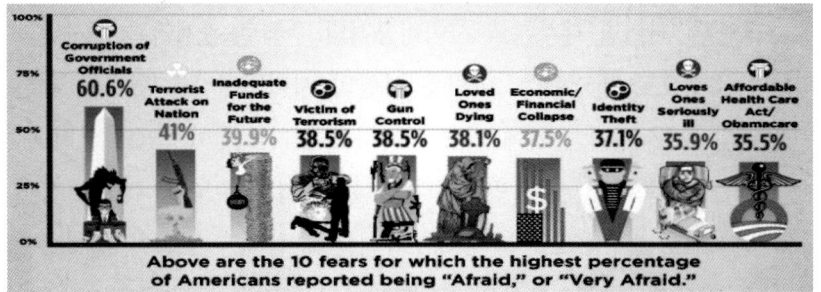

자료: The Chapman University Survey of American Fears 2016
출처: https://blogs.chapman.edu/willkinson/2016/10/11/americas-top-fears-2016/

사이버공격에서는 미국이 강하지만 사이버 방어력측면에서는 북한이 상대적으로 앞서 있다. 특히 일본은 2022년 12월 16일 임시 각의(국무회의)를 열어 안보 관련 3개 문서 개정을 결정했다. 구체적으로는 ▲외교·안전보장 최상위 지침인 '국가안전보장전략' ▲방위 목표와 수단을 제시한 '국가방위전략' ▲방위비 총액과 장비품 정비 규모를 결정한 '방위력 정비 계획' 등 3개 문서를 개정하면서 사이버 피해를 막기 위해 선제적 대응 조치를 취하는 '능동적 사이버 방어' 도입도 포함했다.

〈표 13-13〉 OVERALL CYBER WAR STRENGTH(사이버전력 평가표)

Nation	Cyber Offense	Cyber Dependence	Cyber Defense	Total
U.S.	8	2	1	11
Russia	7	5	4	16
China	5	4	6	15
Iran	4	5	3	12
North Korea	2	9	7	16

자료: 리차드 클라크, 'Cyber War: The Next Threat to Nation Security and What to Do about It' (사이버전쟁, 국가안보의 차기 위협과 대응책)
출처: 블로터닷넷, "해킹은 북한 소행" 이거 어떻게 알아내는 걸까?, 2014.12.24.: https://blog.naver.com/freesoulkr/220220130019 (검색 2019.11.19.)

국내에서 북한의 해킹공격은 그리 낯설지 않다. 한국 정부는 2000년대 초중반에 일어난 대부분의 사이버공격의 주체로 관계기관 수사결과 북한의 소행으로 판명했다. 이렇듯 북한의 사이버해킹을 했다는 주된 근거는 다음 두 가지 근거에 의해 지목하고 있다. 1) 악성코드 분석·대조방식과 2) IP 주소 추적 방식이다. 이는 해킹을 주도한 주체를 식별하는 방식이다. 악성코드 분석·대조방식은 분석하는 로직이 있어야만 밝힐 수 있으며 통계적 분석으로는 확인하기 어려운 것이다. 따라서 대조를 위한 데이터가 축적되어야 가능한 방법이다. 이는 방대한 악성코드 DB를 구축하고, 신규 악성코드(malware)가 이전 코드와 어떤 유사점이 있는지 확인하는 작업과정을 거치면서 해킹공격자를 밝혀내는 방식이다.[87] 이를 일반적으로 '디지털포렌식(digital forensic)'이라고 한다. 최근 국내에서는 사이버 지놈 프로젝트[88]라는 이름으로 북한발 악성코드(malware)의 패턴을 분석하는 방법을 시도하고 있다. 북한의 해커가 작성한 코드의 형식과 스타일, 위장여부 등을 기존에 사용했던 악성코드와 비교하면서 공격자를 탐색하는 작업을 진행하고 있다. 미국의 FBI(FEDRAL BUREAU OF INVESTIGATION, 미국 연방수사국)도 소니픽처스 해킹사태의 배후에 북한이 존재한다는 사실을 확인하면서

---

[87] 신충근·이상진, "북한의 대남 사이버테러 전략 분석 및 대응방안에 관한 고찰: A Study of countermeasure and stratege analysis on North Korean cyber terror", 「경찰학 연구」 제13권제4호(통권 제36호), 2013.
[88] 미래부 관계자는 "각종 바이러스의 발생 가능성, 위협도, 피해 규모 등뿐 아니라 데이터센터 화재 등 물리적 피해를 예측해서 복구·대응 방법을 찾는 시스템을 개발할 방침"이라고 말했다. 미래부는 일종의 '빅데이터' 분석 기술로 방대한 양의 사이버 보안 위협 '족보'를 만들어 분석할 계획이다. 미국도 이같은 내용의 사이버 게놈 프로젝트를 진행하고 있다. 이 프로젝트에는 한국전자통신연구원(ETRI), 한국인터넷진흥원(KISA), 카이스트 등 인터넷·보안 관련 연구기관과 대학 등이 참여할 예정이다. https://www.sciencetimes.co.kr/news/미래부-사이버-게놈-프로젝트-추진/?cat=36 (검색: 2020.07.09.), 연합뉴스, 미래부 '사이버 게놈' 프로젝트 추진, 2014.04.22.

악성코드의 배열, 암호화 알고리즘, 데이터 삭제방식 등이 2013년 한 국 해킹사건과 유사하다고 했다. 다음은 IP 주소 추적 방식은 북한의 해킹공격은 IP를 여러 경유지를 거쳐 우회하는 기법을 주로 활용하고 있다. 따라서 프록시 서버(proxy server)를 통한 IP(Internet Protocol)[89] 우회[90]는 가장 일반적인 기법중의 하나이다. 따라서 이를 탐색하기 위 해서는 IP 역추적 방식은 유효하다. 역추적 기법(backtracking technique)도 고도화되고 있어 추적을 용이하게 해준다. 역추적 기술은 크게 두 가지로 분류할 수 있다. DDoS((Distribute Denial of Service, 분 산서비스거부) 공격 지점 확인을 위한 IP패킷 역추적 기술과 우회공격 에 따른 표적 확인에 동원되는 TCP(TCP: Transmission Control Protocol)[91] 연결 역추적 방식을 주로 사용하고 있다. 최근에는 애플 리케이션 기반 역추적 기술도 종종 사용되고 있다. 북한의 해킹과 관련 해 자주 등장하는 IP 대역은 대체로 다음 2가지다. 중국의 인터넷을 임대 사용하고 있는 북한 체신성 IP 대역과 스타조인트벤처[92]가 관리 하고 있는 IP 대역이다. 국가정보원도 해킹 흔적을 역 추적해 북한 체

---

[89] 인터넷에 연결되어 있는 각 pc는 숫자로 이루어진 고유주소를 갖고 있다. 이것을 IP 주소 라고 한다. 여기서 프로토콜(protocol)이란 한 pc에서 다른 pc로 데이터를 완전하게 보 내기 위한 장치이다. IP는 인터넷에서 특정한 위치를 지정하는 방법과 절차를 담고 있는 프로토콜이다.
[90] 신충근·이상진, "북한의 대남 사이버테러 전략 분석 및 대응방안에 관한 고찰: A Study of countermeasure and strategy analysis on North Korean cyber terror", 「경찰 학 연구」 제13권 제4호(통권 제36호), 2013, p.216.
[91] TCP(Transmission Control Protocol)는 전송과 관련된 프로토콜이다. TCP/IP는 여러 개의 Network를 연결해서 Data를 주고받고 상호간 연결을 위한 프로토콜이다.
[92] 북한 체신성과 태국 록슬리그룹이 합작해 설립한 기업이다. 북한 공식 웹사이트는 대부분 스타조인트벤처에서 주소를 부여받아 운영된다. 실제 등록된 관리자 전화번호도 북한 지 역번호인 '+850'으로 등록돼있다. 정작 북한 스타조인트벤처가 사용하고 있는 웹사이트는 'North Korea Tech'(IP: 69.195.92.233)는 유니파이드 레이어라는 미국 호스팅 업체를 이용하고 있다.

신성 IP대역으로 판명되면 북한 발로 추정한다.93) 다음은 북한 소행을 추정할 때 주로 지목되는 IP 대역이다.94)

〈표 13-14〉 북한 소행 추적시 지목 IP 대역

- 북한의 중국 넷컴 임대 IP: 210.52.109.0~210.52.109.255
- 스타조인트벤처 관리 IP: 175.45.176.0~175.45.179.255

자료: 이상진, '북한의 대남 사이버테러 전략 분석 및 대응 방안에 관한 고찰'
출처: 블로터닷넷, "해킹은 북한 소행"이거 어떻게 알아내는 걸까?, 2014.12.24.: https://blog.naver.com/freesoulkr/220220130019 (검색 2019.11.19.)

북한의 공식 웹사이트는 대부분 이곳에서 주소를 부여받아 운영된다. 실제 등록된 관리자 전화번호도 북한 지역번호인 '+850'으로 등록돼 있다. 북한 스타조인트벤처가 사용하고 있는 웹사이트 'North Korea Tech'(IP : 69.195.92.233)는 유니파이드 레이어라는 미국 호스팅 업체를 이용하고 있다.95)

---

93) IP만으로는 확실하게 북한 소행이라고 확신하기는 어려운 점이 있다. 따라서 추정이 확실로 바뀌기 위해서는 명백한 북한 해커의 소스코드를 지속적으로 확보해야하고, 그 속에서 코딩 패턴과 메소드를 확인해야 한다. 또한 해킹을 주도한 최초 발원지의 IP 대역이 북한이 호스팅하고 있는 PC라는 사실을 정확히 판별해야 한다.
94) 이상진, '북한의 대남 사이버테러 전략 분석 및 대응 방안에 관한 고찰'; 블로터닷넷. "해킹은 북한 소행" 이거 어떻게 알아내는 걸까?, 2014.12.24.
95) 문기영·김희철·김기현, ETRI(한국전자통신연구원). '실시간 네트워크 침입자 역추적 기술 세계 최초로 개발.' 2003.10.22. https://www.etri.re.kr/kor/bbs/view.etri?b_board_id=ETRI06&b_idx=2038 (검색: 2020.07.09.)

<표 13-15> 스타조인트벤처 관리 인터넷 주소 대역

```
inetnum:        175.45.176.0 - 175.45.179.255
netname:        STAR-KP
descr:          Ryugyong-dong
descr:          Potong-gang District
country:        KP
admin-c:        SJVC1-AP
tech-c:         SJVC1-AP
status:         ALLOCATED PORTABLE
mnt-by:         APNIC-HM
mnt-lower:      MAINT-STAR-KP
mnt-routes:     MAINT-STAR-KP
remarks:        -+-+-+-+-+-+-+-+-+-+-+-+-+-+-+-+-+-+-+-+-+-+-+-+-+
remarks:        This object can only be updated by APNIC hostmasters.
remarks:        To update this object, please contact APNIC
remarks:        hostmasters and include your organisation's account
remarks:        name in the subject line.
remarks:        -+-+-+-+-+-+-+-+-+-+-+-+-+-+-+-+-+-+-+-+-+-+-+-+-+
mnt-irt:        IRT-STAR-KP
changed:        hm-changed@apnic.net 20091221
source:         APNIC

irt:            IRT-STAR-KP
address:        Ryugyong-dong Potong-gang District
e-mail:         postmaster@star-co.net.kp
abuse-mailbox:  postmaster@star-co.net.kp
admin-c:        SJVC1-AP
tech-c:         SJVC1-AP
auth:           # Filtered
mnt-by:         MAINT-STAR-KP
changed:        postmaster@star-co.net.kp 20141202
```

출처: 한국전자통신연구원(ETRI)

   2020년 한국은 디지털 시대에 적합한 새롭고 튼튼한 사이버보안체계의 마련을 위해 'K-사이버방역' 체계를 추진하고 있으며, 이를 위해 총 258억 원의 추경예산을 반영했다. 사이버 보안에 취약한 중소기업을 지원하고, 보안기술 산업의 성장을 촉진할 계획으로 정부는 또한 차세대 보안 신기술 개발, 규제완화, 전문 인력 양성을 주요 내용으로 하는 '제2차 정보보호 산업 진흥계획'[96]을 지난달 발표했다(2020.06). '사이버공간'은 제4의 영토입니다.[97]

   코로나19 사태가 초래한 비대면 시대에 사이버보안의 점점 더중요해

---

96) 주요내용은 정부는 차세대 보안 신기술 개발, 규제완화, 전문 인력 양성에 중점을 두고 있다.
97) 2020. 07.08, '제9회 정보보호의 날 기념식'(서울 양재), 문재인 대통령 서면 축사; 2025년 정보보호 시장규모 20조원, 일자리 3만개 이상 만들 것 등을 강조했다.

급증하고 있다. 기업, 학교 등에서는 재택근무, 원격근무, 온라인 수업, 비대면 진료를 겨냥한 복합형 공격의 가능성도 짙어지고 있다. 제4차 산업혁명 시대에는 코로나19 팬데믹(세계적 대유행) 뿐만 아니라 '사이버 팬데믹(cyber Pandemic)' 시대가 초래할 것이라는 우려도 제기되고 있다. 한편 사이버범죄에 대응하기 위해 한국 정부는 국가차원의 체계적인 사이버안보 업무 수행을 위해 '국가사이버안보정책조정회의' 설치 등에 관한 '사이버안보 기본법'98)을 조속히 시행해야 한다.

〈그림 13-8〉 사이버공격 역추적 기술 분류표

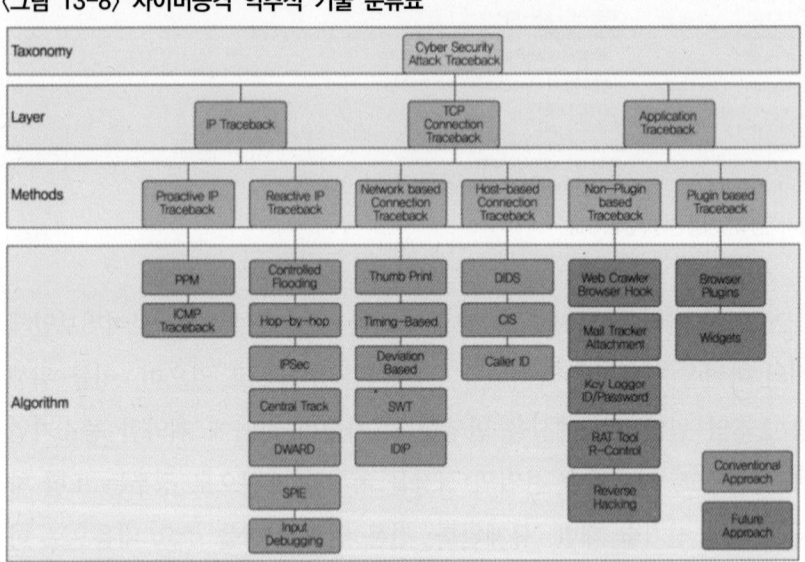

출처: 한국전자통신연구원(ETRI), 사이버공격 역추적 기술 동향.

---

98) 전자신문, 송혜영, 조태용, "靑 국가사이버안보정책조정회의 설치해야"…'사이버안보 기본법' 발의(2020.6.30.), 2020.07.01. https://www.etnews.com/20200701000388 (검색: 2020.07.09.)

제 14 장

한국의 국가 대혁신

이 세상에서 유일하게 확실한 것이 있다면,
그것은 변하지 않는 것은 없다는 사실이다.

– John F. Kennedy (미국 제 35대 대통령)

준비에 실패하는 것은 실패를 준비하는 것이다.
By failing to prepare, you are preparing to fail.

– 벤자민 프랭클린(Benjamin Franklin)

제14장 한국의 국가 대혁신

제1절 국가 혁신 전략

1. 국가 혁신의 이상

가. 혁신의 개념

표준국어대사전에 의하면 혁신(革新)은 묵은 풍속, 조직, 방법 따위를 완전히 바꾸어 새롭게 함. 즉 묵은 것을 새롭고 완전히 새롭게 바꾸는 것을 의미한다. 특히 정부가 새롭게 등장하거나 기업의 오너(owner, 소유자)가 바뀌게 되거나 정당(party)의 대표가 바뀌게 되면 혁신을 주장하여 기존 공식조직의 가치와 문화, 정부정책, 경제정책, 사회정책, 문화정책, 기업문화, 정치문화를 집권세력의 이념에 맞추려고 하는 경향이 있다. 기업의 문화 및 관행까지도 바꾸려하는데 문제의 심각성이 존재하고 있다. 혁신(innovation)은 정부, 기업, 정당, 시민사회단체 등도 모두 혁신을 주요한 과제로 인식하고 혁신위원회, 혁신비대위, 혁신행정위원회, 혁신행정감사담당관 등에 혁신을 넣어 새롭게 출발의 의지를 표현하는 방법을 띄우고 있다. 묵은 풍습과 관습, 조직과 방법이라는 것은 처음의 상태에서 행태와 방법이 변질되어 본래의 의도와 목적에 부합하지 않는 방향으로 변질되어 쌓이게 되면 정부나 정당, 기업의 비용이 초과되어 불량품을 생산하게 됨으로써 생산비용의 불필요한 증가를 초래함으로써 기업경영을 곤란하게하거나 위험에 빠지는 경우를 상정할 수 있을 것이다. 혁신에서 혁(革)은 1) 말혁(말안장 양쪽에 장식으로 늘어뜨린 고삐) 2) 변혁(變革) 급격하게 바꾸어 아주 달라지게 함. 3) 혁대(革帶) (가죽으로 만든 띠)의 옛말. 4) 짐승의 가죽을 발라서 만든 타악기. 팔음(八音)의 하나이다. 이처럼 혁신은 기존에 존재하지 않았던 새로운 가치를 더하는 행동, 정의에 이미 "가치를 창출한다."는 부분을 포함하고 있기 때문에 주로 긍정적인 의미로 사용되고, 최소한 보기에 따라서 억지로라도 긍정적인 부분을 만들어 낼 수 있을 때에나 붙일 수 있다. 부정적으로 달라지는 내용은 혁신으로 볼 수 없다. 혁신의 범주에는 급진적 혁신(radical innovation),[1] 점진적 혁신(incremental innovation),[2] 과정의 혁신(process innovation)[3]으로 구분할 수 있다.[4] 이외에도 혁신이란 "기술의 진보 및 개혁이 경제에 도입

---

[1] 기존에 있던 것과는 완전히 다른 새로운 뭔가가 여기 해당한다. 다만 급진적 혁신만을 혁신이라고 착각하는 경우가 있는데 그러면 큰 손해를 보게 된다. 현재의 학술문헌에는 새로운 기술의 발견으로 인한 혁신만을 급진적 혁신으로 인정한다. 비행, 전파통신, 전자연산(컴퓨터) 등이 이에 해당한다.

[2] 기존에 있던 것과 비슷한데 뭔가 달라 보이는 새로운 것이 여기에 해당한다. 이러한 작은 규모의 혁신도 누적되면 결국 기존의 물건을 마개조하여 환골탈태시키곤 하는데 대표적인 사례는 휴대전화. 당신 손에 쥐고 있는 그 물건은 시티폰(…)에서 시작해서 혁신이 누적된 결과물이다. 비슷한 예로 제트엔진, 와이파이, 노트북 등이다.

[3] 기존에 있던 것과는 외적으로는 전혀 차이를 찾을 수 없는데 나아진 것이 있을 때 여기에 해당한다. 예를 들어 생산하는 공정이 효율적으로 되어 노력이 적게 들던가, 원자재를 바꿔서 가격을 절감했다든지, 물건은 그대로인데 광고형식을 바꾸어 매출이 늘었다던지 등이 해당한다.

[4] 나무위키, http://namu.wiki, 분류: 경영학. "혁신", https://namu.wiki/w/%ED%98%8

되어 생기는 경제구조의 변화로 신상품의 생산, 신 생산방법의 도입, 신시장의 개척, 신자원의 획득 및 이용, 그리고 신 조직 달성 등에 의하여 생산요소를 신 결합하는 것을 의미한다. 그리고 기업이윤이 창조되고 정태적 균형을 파괴하고 동태적 경제발전을 행하는 것은 이러한 혁신에 의존된다고 하였다.5) 또한 혁신이란 아이디어의 원천(resource)이 조직 내부이든 외부이든 상관없이 새로운 아이디어를 도입하고 그것을 개발해 실용화하는 전 과정을 말하기도 한다. 그리고 기술혁신이란 기존제품의 개량, 신제품의 개발에 있어서 새로운 기술을 도입해 경쟁우위의 제품을 창출하는 기술적 진보를 의미한다. 혁신은 조직 내의 다양한 장소에서 다양한 형태로 발생하는데 일반적으로 기술혁신, 관리혁신, 인적자원 혁신으로 분류가 가능하다. 이 세 가지 유형은 서로 독립적으로 발생하기보다는 상호의존적으로 발생한다.6) 한편 경제협력개발기구(OECD) 오슬로 매뉴얼의 '혁신은 새롭거나 상당히 개선된 제품(또는 서비스), 프로세스, 마케팅방식, 조직 비즈니스 관행, 조직, 외부관계 도입 등을 통칭하는 것'으로 정의하고 있다. 특히 오슬로 매뉴얼(Oslo manual)7)에서 혁신은 "사업방식, 고용조직, 외부관계에서 신제품이나 현저히 개선된 제품(상품 또는 서비스)이나 공정, 새로운 마케팅방법론, 새로운 조직방법론을 시행하는 것이다."라고 기술하고 있다.

1%EC%8B%A0 (검색: 2021. 1. 8)
5) HRD 용어사전, 혁신, Innovation
6) 손에 잡히는 IT 시사용어, 혁신(기술혁신), Innovation, Technology Innovation
7) 1992년 경제협력개발기구(OECD)에서 노르웨이 오슬로에서 중소기업의 기술혁신 가이드라인인 오슬로 매뉴얼(Oslo manual을 발표했다. 이 매뉴얼은 매뉴얼의 목적, 혁신성 측정방법, 혁신활동의 정의, 조사절차 등 7장으로 구성되어 있다. 독일, 영국 등 유럽에서 성과를 바탕으로 한국에서는 〈이노비즈* 정책협의회〉에서 오슬로 매뉴얼(Oslo manu)의 한국판을 발표했다. * innovation과 business의 합성어로 국제적인 혁신평가 기준인 오슬로 매뉴얼을 통해 정부에서 인정한 '기술혁신형 중소기업'을 의미한다.

오슬로 매뉴얼(Oslo manual)8)에서의 혁신은 다음 네 가지로 구분하여 설명하고 있다. 제품혁신(product innovation), 공정혁신(process innovation), 마케팅혁신(marketing innovation), 조직혁신(organizational innovation)9) 등이다.10) 기업의 경영혁신, 비즈니스 프로세스 혁신, 비즈니스모델 혁신은 단순히 혁신의 정도를 측정하는 지표가 아니라 기업의 경쟁력 향상을 위한 핵심키워드로서 기업들은 경영역량을 전략적으로 증진시킬 수 있는 혁신적 방안을 모색해야 한다.

〈표 14-1〉 혁신관련 어휘 용례

혁신성장, 경영혁신, 기술혁신, 생산혁신, 파괴적 혁신, 혁신전략, 사회혁신, 정부혁신, 조직문화 혁신, 혁신계획, 혁신위원회, 혁신비대위, 혁신행정위원회, 혁신행정감사담당관, 혁신창업기업, 혁신성장(기업), 사회혁신추진단, 혁신연구, 혁신의 아이콘, 혁신타운, 혁신도시, 혁신연구센터, 급진적 혁신(radical innovation), 점진적 혁신, 조직관리 혁신, 생산관리 혁신, 서비스혁신, 디자인혁신, 경영정보시스템혁신, 전략적 혁신, 행정혁신, 파괴적 혁신, 존속적 혁신, 쇄신, 창조적 파괴, 과정의 혁신, 제품혁신, 공정혁신,

---

8) [오슬로 매뉴얼]은 경제협력개발기구(OECD)가 회원국이 혁신정책의 효율성을 제고할 수 있는 지침서로 1992년 제1판 발간을 시작으로 해서 OECD 주요 회원국들의 혁신정책 수립에 많은 영향을 미치고 있다. [오슬로 매뉴얼]은 경제협력개발기구(OECD)가 회원국이 혁신정책의 효율성을 제고할 수 있는 지침서로 1992년 제1판 발간을 시작으로 해서 OECD 주요 회원국들의 혁신정책 수립에 적지 않은 영향을 미치고 있다. 이렇게 시작한 1992년의 제1판은 이후 1997년 제2판, 2005년 제3판 그리고 2018년 제4판의 발간을 통해 시장 및 산업 환경의 변화에 따른 혁신의 개념과 유형, 적용 범위의 변화를 반영하면서 전 세계적으로 기업은 물론 공공부문, 민간부문에서의 혁신에 대한 지침서로 역할을 유지하고 있다. 김창원, 벤처경영신문, "[오슬로 매뉴얼] 제4판 출간, 13년만의 개정판이 우리의 기업에게 주는 의미는 무엇일까?"(1), 첫번째…오슬로 매뉴얼의 시작과 그 의미. 2019.05. 07. http://www.vmnews.co.kr/news/view.php?no=2077 (검색: 2020.1.8.)

9) 조직혁신은 사업관행(business practice), 사내조직(workplace organization), 외부관계(external relations)에 있어서 새로운 조직적 방법을 도입하는 것을 의미한다. 기업에서의 조직혁신은 관리비용 또는 거래비용의 감소, 직장만족도 개선, 노동생산성의 개선, 구매비용 절감, 전문지식의 습득 효과 달성 등으로 기업의 문화와 성과를 향상시킨다.

10) 「오슬로 매뉴얼(Oslo manual)」, 제3판, 2005.7.; 「오슬로 매뉴얼(Oslo manual)」 제4판, 2018.

> 마케팅혁신, 조직혁신, 운영혁신, 혁신제품, 전략혁신, 비즈니스 프로세스 혁신, 비즈니스 모델 혁신, 개방형혁신(Open innovation)[11], 혁신인프라, 혁신산업, 혁신생태계, 창의혁신, 규제혁신, 규제혁파, 기업혁신, 사회혁신 컨프런스, 근무혁신, 자기혁신, 혁신 챌린지, 혁신학교, 혁신교육, 혁신과제, 사회혁신론, 공공혁신, 혁신(지원·연구)센터, 혁신적 실패사례, (정부)혁신 박람회, 혁신S/W, 혁신 아이디어, 시민참여혁신단, 혁신확산, 국가혁신클러스터, 혁신의 탄생, 글로벌 혁신기업, 혁신제약, 규제혁신과제, 규제혁신성과, 규제혁신제안, 파괴적 혁신가, 최고창조책임자(CCO), 혁신공정센터, 혁신적 아이디어, 디지털 혁신리더, 혁신 리더십, 혁신 DNA, 혁신문화, 혁신의 선두주자, 과감한 혁신, 혁신거점, 디지털 혁신(기업), 혁신적인 기술, 혁신파크, 고객가치 혁신, 가치혁신, 혁신 어워즈, 교육혁신 정책, 혁신기업, 혁신허브, 혁신 서비스, 산업혁신, 제조혁신, 인재혁신, 가치혁신, 혁신적 고객가치, 미래혁신부문, 경험혁신부문, 혁신학교, 창조경제혁신센터, 혁신컨설팅, 기획혁신, 혁신한계, 혁신4.0, 혁신경쟁, 혁신전쟁, 인력혁신방안, 기술혁신방안, 조직·인력혁신, 행정혁신, 혁신인사, 혁신로드쇼, 혁신분야 창업 패키지, 제도혁신, 패키지혁신, 공간혁신, 혁신안, 혁신 선봉, 혁신 ICT, 혁신 실패, 혁신 성공, 물류 혁신, 혁신 포럼, 혁신 챌린지

나. 국가혁신과 정부혁신의 개념

조지프 슘페터(Joseph A Schumpeter)가 1942년 "자본주의, 사회주의와 민주주의(Capitalism, Socialism and Democracy) 라는 저서를 통해 그는 창조적 파괴(Creative destruction) 이론을 통해 경기변동을 이해하고자 했다. 그리고 그는 기술혁신(Technology Innovation)을 설파하였다. 즉 기술혁신에 의해서 기존의 기술, 제품, 시장관행 등 낡은 것이 파괴되고 새로운 것이 탄생함으로써 끊임없이 시장질서가 변화의 과정을 반복한다고 주장했다. 이것이 그가 주장하는 시장질서의 변화과정을 경기변동의 주요 원인이라고 보았다. 한편 하버드대

---

11) 글로벌 가치 사슬 및 혁신네트워크와 관련한 내용과 비기술적 분야의 혁신까지를 포괄하는 혁신을 일컫는다. 「오슬로 매뉴얼(Oslo manual)」 제4판, 2018.

학교 경영대학원 클레이튼 크리스텐스12) 교수는 그의 저서 『혁신기업의 딜레마』13)에서 언급한 '파괴적 혁신(destruction Innovation)'은 단순한 제품이나 서비스로 시장의 바닥을 공략한 후 신속하게 전체시장을 장악하는 혁신을 설명하면서 이를 파괴적 혁신이라고 주장했다. 혁신에 대한 정리를 해보면 혁신의 '혁(革)'은 獸皮治去其毛曰革, 革便也 … (許愼,『說文解字』 나타난 혁(革)은 짐승의 가죽을 벗겨 내어 털을 만드는 아픔을 혁(革)이라고 정의하고 있다. 따라서 혁신(革新, Innovation)14)은 묵은 제도나 방식, 행태를 고쳐서 새롭게 하는 것을 의미한다. 또한 혁(革)은 바꾸거나 제거하여 면모를 일신(一新)한다는 변화(change)의 뜻을 내포하고 있다. 국가의 구성 주체인 정부, 기업, 개인의 혁신을 통해 개인혁신은 효율 창조를, 기업혁신은 수익창출을, 정부혁신은 성과 창출을 통해 경쟁력 제고로 무한경쟁의 시대에 생존하는

---

12) 미국의 경영학자로 1997년 『혁신가의 딜레마』(The Innovator's Dilemma)라는 저서를 통해 혁신에는 '존속적 혁신(sustaining innovation)'과 '파괴적 혁신(disruptive innovation)'이 있다고 주장했다. 존속적 혁신은 기존제품과 서비스를 점진적으로 개선해 더 나은 성능을 원하는 소비자를 대상으로 보다 높은 가격에 제공하는 전략이며, 파괴적 혁신은 단순하고 값싼 제품 또는 서비스로 시장의 밑바닥을 공략하여 기존에 형성된 시장을 파괴하고 장악하는 혁신 전략을 의미한다. 파괴적 혁신의 사례에는 스마폰을 제조원가 수준에 판매하는 전략을 사용하여 세계 3위 휴대전화업체로 성장한 '샤오미', DVD대여업체에서 온라인 기반 스트리밍 콘텐츠 사업을 론칭해 새로운 시장을 개척한 '넷플릭스', '소셜커머스(공동구매)' 기업으로 시작해 e커머스기업으로 성장한 '쿠팡'(빠른 배송과 최저가 경쟁으로 유통업계 혁신을 이끌고 있음) 등이 있다. 쿠팡은 2014년 로켓배송을 도입하면서 소셜커머스에서 e커머스로 회사의 방향을 전환했다. 2017년에는 소셜 커머스 사업을 완전히 정리했다.
13) 『혁신기업의 딜레마』 원제는: The Innovater's Dilemma: When New Technologies Cause Great Firms to Fail (1997년)
14) 나무위키에서 정의한 혁신은 기존에 존재하지 않았던 새로운 가치를 더하는 행동. 정의에 이미 "가치를 창출한다."는 부분을 포함하고 있기 때문에 주로 긍정적인 의미로 사용되고, 부정적으로 달라지는 내용은 혁신으로 볼 수 있다. 긍정적인 부분을 만들어 낼 수 있을 때에나 혁신이라는 단어를 붙일 수 있다. 발명(Invention)은 긍정적인 결과를 얻지 못한 발명은 혁신으로 간주되지 않는다. 발명은 단순히 발견되어 만들어진 결과이지만, 혁신은 새롭게 창출되어 기존 가치의 결과가 아닌 진정한 결과를 얻을 수 있기 때문이다.

것이라고 설명할 수 있다. 우리가 혁신을 주창할 때 변화를 동반하는 이유는 혁신을 설명하는데 중요한 준거가 되기 때문이다. 이러한 변화(變化, 사물의 성질, 모양, 상태 따위가 바뀌어 달라짐)와 혁신은 문제인식으로부터 출발하기 때문이다. 문제는 목표(目標, 理想)와 현상의 차이(gap)를 말하며, 이러한 문제를 해결하기 위해서는 변화·혁신이 절실히 필요하다. 경제에 있어서 혁신이란 경제에 새로운 방법이 도입되어 새로운 국면이 획기적으로 나타나는 현상이다. 조지프 슘페터(Joseph A Schumpeter)의 경제발전론의 중심개념은 생산을 확대하기 위하여 노동, 토지 등의 생산요소의 자원을 변화시키거나 새로운 생산요소를 도입하는 기업경영가의 행위를 의미한다. 기술혁신의 의미만으로 한정하기는 다소 무리가 있다. 따라서 혁신은 생산기술의 변화만이 아니라 새로운 시장의 개척이나 새로운 혁신적인 품질의 개발, 새로운 자원의 개발 또는 획득, 생산조직의 개선, 변경 또는 새로운 제도의 도입 등도 포함하는 광의의 개념이다. 최근에는 창조적 파괴(Creative destruction)를 통한 새로운 아이디어를 재가공하여 새로운 품질을 생산하여 기업경영을 선도하는 기업사례를 흔히 볼 수 있다. 새로운 사회 변화 추세에 따른 소비자의 욕구를 반영한 품질이 쏟아지고 있다. 제4차 산업혁명 시대는 IT, AI, 사물인터넷(IoT), ICT, 드론, 로봇, 무인이동수단, 유전자공학, 생명공학, 바이오 등 융복합의 과정을 거치면서 빠른 속도로 변하고 있다. 3차 산업시대에는 지식이 비즈니스에서 중요한 요소로 간주되었으나 최근에는 불확실성에서 기회를 창출하고 찾아내는 능력이 보다 중요해지고 있다. 지식의 홍수시대에서 그것을 걸러내고 찾아서 소비자의 욕구에 충족하는 제품을 생산하여 공급하는 것이 보다 효율적으로 다가서고 있다.

2. 국가 혁신의 필요성

정부혁신이 지속되려면 혁신의 필요성에대한 문제인식으로부터 출발해야 한다. 이러한 문제는 목표(이상, ideal)와 현상의 차이(gap)를 의미하며 조직구성원이 이러한 문제를 해결하기 위해 변화와 혁신이 필요하다는 것을 인식하는 것이 무엇보다 중요하다. 정부혁신은 국민들의 참여와 협력, 이외에도 혁신을 추진하는 열정(Passion, Excitement), 자원(Resources), 노력의 통합(Integration), 평가와 보상, 초기성공 등이 무엇보다 중요하다. 특히 정부혁신은 국가의 경쟁력 강화를 통한 선진한국을 달성하고, 국민의 안전과 삶의 질에 직접적인 인과관계가 성립할 수 있기 때문이다. 혁신 참여를 촉진시키는 과정에서 혁신의 저항 및 장애 요소들을 극복하여 혁신에 관련된 모든 조직 및 이해관계자들의 몰입(참여) 수준을 기대수준까지 변화토록 유도하기 위해서는 단계별 체계적으로 분석하고 파악하여 평가를 실시한 후 극복전략을 구사하여 혁신의 지지확산을 모색하는 것이 혁신의 지속성을 위해서 바람직할 것이다. 이처럼 혁신을 지속적으로 추진하는 과정에서 학습은 필수불가결한 것이다. 학습으로 혁신이 달성된다는 것보다 혁신의 동기를 인식하고 이해관계자를 대상으로 인식하는 과정이 중요하다는 것을 의미한다. 정부혁신은 혁신 인프라를 마련하기 위해 상설 혁신 관리 지원체계를 구축하고 혁신전담 인력을 보강하며, 이어서 범정부적 혁신 학습을 체계적으로 추진하기 위해 혁신토론회, 혁신 사례와 매뉴얼을 전파하는 등 본격적인 혁신활동을 추진해야 한다. 이렇게 추진한 정부혁신[15]은 평가를 실시하여 혁신역량 및 성과평가를 통하여 혁신기반을

---

15) 정부혁신은 정부혁신의 실행과 확산을 통한 정책 및 행정서비스의 품질제고에 중점을 두고 있으며, 국가혁신의 선도자로서 사회전반의(개인, 사회혁신, 기업) 혁신역량 인프라 구

조성하는 등의 일련의 과정을 거쳐 이루어진다. 따라서 정부 혁신관리 전략(Innovation management strategy)에서 혁신관리단계 1단계는 혁신의지와 비전을 전파하는 '혁신기반구축' 단계를 거쳐 2단계는 기존의 시스템을 개선하고 상설 혁신체계를 구축하는 '혁신확산'을 거치게 된다. 혁신의 3단계는 혁신을 평가하고 법제도를 정비하여 환류하는 (feed-back) '혁신제도화' 단계를 거쳐야 한다. 이와같이 정부혁신은 혁신추진과정에서 평가결과를 공표하고 인센티브를 부여하는 등의 혁신경쟁과 공감대 확산에 주력해야 한다. 혁신제도화 과정을 거치면서 신뢰사회(trust society)의 충분조건인 사회의 강한 공동체적 연대를 가능케 하고 이를 바탕으로 강한 결속력은 사회적 자본(social capital)이며, 신뢰로 가는 제일의 길이다. 이러한 사회적 자본은 국가의 경제발전뿐만 아니라 사회적으로 국민의 삶의 질에 중요한 변수로 작용한다. 여기서 신뢰가 탄생한다. 따라서 신뢰는 중요한 사회적 가치(social value)이며 동시에 경제적 가치(economic value)이기도 하다. 정부혁신은 한 사회의 가장 중요한 신뢰를 바탕으로 하기 때문에 개인의 이익이 아닌 공동의 이익(common interest)을 중시하므로 사회적 통합(social integration)을 이루는데 불가결한 요소가 아닐 수 없다.

가. 국가경쟁력 강화

매년 스위스 다보스 포럼에서는 세계 각국의 지도자, 장관, 최고경영자들이 모여 정치, 경제 및 문화에 이른 토론을 이어간다. 세계경제포럼(WEP)16)에서는 국가경쟁력의 순위를 환경, 인적자원, 시장, 혁신생

축을 통한 국가경쟁력을 강화하여 국민의 삶의 질을 증진시키는데 있다.
16) 1971년 제네바대와 하버드대의 경제학 교수를 지낸 클라우스 슈밥(Klaus Schwab) 교수

태계의 4대 분야에 대해 통계자료 및 설문을 통해 국가의 경쟁력 순위17)를 발표하고 있다.

〈표 14-2〉 세계경제포럼(WEF) 평가부문 및 부문별 지표수

환경(39개)		인적자원(10개)		시장(31개)		혁신생태계(18개)	
제도	20개	보건	1개	생산물시장	8개	기업역동성	8개
인프라	12개	교육과 기술	9개	노동시장	12개	혁신역량	10개
ICT보급	5개			금융시스템	9개		
거시경제 안정성	2개			시장규모	2개		

자료: WEF, 「The Global Competitiveness Report 2018」2018.10; 한국과학기술평가원, KISTEP 통계브리프, 2018년 제1호 재인용

정부는 국가경쟁력(國家競爭力)18) 평가에서 경제와 사회 전 부문의 생산성·효율성을 향상시키는 측면에서 혁신성장을 보다 가속할 필요가 있다고 분석했다. 그러나 현재 진행중인 규제혁신의 속도는 현장에서 기업경영자들이 경영혁신을 이루는데 있어 체감하지 못하고 있어서 정

가 민간 형태의 재단을 '유럽 경영 포럼'으로 설립했다. 1973년 주제를 전 세계로 확대하였으며, 1981년부터는 스위스 다보스에서 포럼을 개최하기 시작했다. 1987년에 현재의 이름으로 개명하였다.

17) 2017년 세계국가경쟁력 순위는 스위스(1위), 미국(2위), 싱가포르(3위), 네델란드(4위), 독일(5위), 홍콩(6위), 스웨덴(7위), 영국(8위), 일본(9위), … 한국(21위) 였으나, 2018년에는 미국(1위), 싱가포르(2위), 독일(3위), 스위스(4위), 일본(5위), 네델란드(6위), 홍콩(7위), 영국(8위), 스웨덴(9위), 덴마크(10위) … 대만(13위), 한국(15위), 전 세계140개국, 세계경제포럼(WEP)

18) 국가경쟁력이란 기업의 경쟁력을 높이는 국가의 총체적인 능력을 의미한다. 즉 기업이 다른 나라의 기업들과 세계시장에서 경쟁할 때 효율적인 사회구조, 제도 및 정책을 제공함으로써 경쟁에서 승리할 수 있게 하는 국가의 총체적인 능력을 말한다. 기업의 경쟁력과 관련된 요인은 모두 국가와 경쟁하면서 국가 경쟁력은 곧 기업의 국제 경쟁력으로 인식되어 왔다. 그러나 최근 개별국가, 산업, 지역이 직면하고 있는 문제점들을 진단하고 평가하는 유용한 틀로 경쟁력이라는 개념을 확대 적용하여 활용하는 사례가 빈번해지고 있다. 국가 경쟁력이 높은 국가는 세계적인 경쟁력을 갖춘 기업과 산업을 보유하고 있는 의미이다.

부는 여기에 중점을 두고 정책을 추진해야 할 것이다. 정부는 앞의 표에서 보는 것처럼 생산물시장과 노동시장, 금융시스템의 변화를 도모하고, 인적자원의 기술을 증진시켜야 하는 노력을 배가해야 한다. 아울러 기업경영에 활력과 시장의 역동성을 제고하면서 기업의 과감한 투자와 고용 등을 지원하는 정부대책을 지원하는 정책추진이 이루어져야 한다.

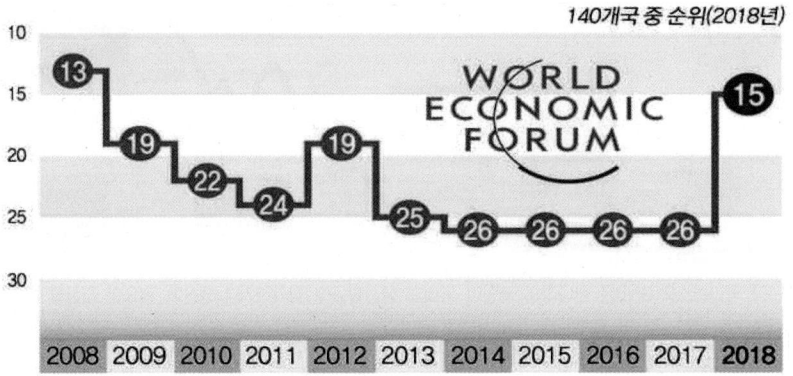

출처: 기획재정부 자료: 세계경제포럼(WEF)
주: 1) 2019년 세계경제포럼 국가경쟁력 평가 결과가 발표되었다. 평가대상 141개 국가 중에서 13위를 기록하였으며, 2018년 대비 2단계 상승했다. 동아시아, 태평양 국가 17개중에서 5위, OECD 36개 국가 중에서 10위를 기록했다. 또한 3050클럽 7개국가중에서는 5위를 기록하였다.
2) 2019년 WEF의 한국 국가경쟁력 순위는 13위로 2018년보다 2계단 상승했다.

기업의 일선 현장에서는 이러한 규제혁신(regulation innovation)에도 불구하고 과감한 규제혁파를 주장하고 있는 것은 정부의 규제혁신이 기업경영의 발목을 잡고 있다고 느낀다는 점이다. 규제혁신을 위한 정부의 지속적인 노력 없이는 일류기업이 탄생하기 어려운 현실이며 이를 위해 기업의 창조적 혁신과 새로운 경영전략으로 돌파구를 찾아야 한다. 과거의 경영조직과 문화로 4차 산업혁명의 파고(波高)를 넘어서는 어려움이 존재하지만 이를 극복하는 노력도 병행해야 한다.

〈그림 14-1〉 1인당 국민총소득 추이

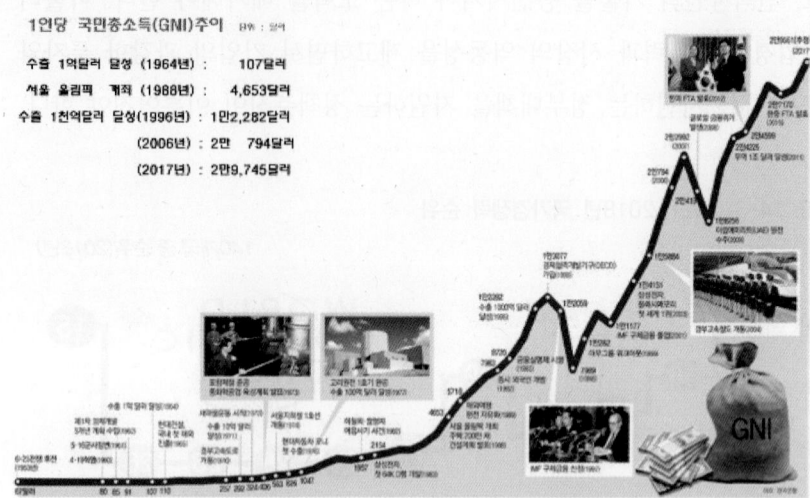

* 1인당 국민총소득(GNI)은 한나라의 국민이 국내외 생산활동에 참가거나 생산에 필요한 자산을 제공한 대가로 받은 소득의 합계로서 이 지표에는 자국민이 국외로부터 받은 소득(국외수취요소소득)은 포함되는 반면, 국내총생산 중에서 외국인(비거주자)에게 지급한 소득(국외지급요소소득)은 제외된다. 따라서 1인당 국민총소득(GNI)은 명목 국민총소득(GNI)을 한 나라의 인구수로 나누어 환산하며 국제비교를 위하여 통상 시장 환율로 환산하여 미 달러화($)로 표시한다.

2023년 세계경제포럼(WEF) Global Risks Report에서는 향후 10년간 세계 최대 리스크 1, 2위로 기후변화 완화 실패와 기후변화 대응 실패를 선정하였으며, 상위 10대 리스크 중 4개가 기후변화 관련 리스크 요인으로 나타났다. 또한 이 가운데 상위 3개는 모두 기후문제였다. '기후변화 완화(Mitigate) 실패'가 1위를 차지했고, '기후변화 적응(Adaptation) 실패'와 '자연재해 및 이상기후 현상'이 각각 2위와 3위를 차지했다. 또 '천연자원 위기'와 '대규모 환경피해'가 각각 6위와 10위에 올랐다. 한편 미국 국가정보위원회 글로벌 보고서에서는 폴리크라이시스(polycrisis·복합 위기) 시대가 다가오고 있다고 분석하고 있다.

<표 14-4> '23년 10대 WEF Global Risks & '23년 글로벌 리스크

'23년 10대 WEF Global Risks

순위	향후 10년 리스크	유형
1	기후변화 완화 실패	환경
2	기후변화 적응 실패	환경
3	자연재해 및 극단적 기상현상	환경
4	생물다양성 손실 및 생태계 붕괴	환경
5	대규모 비자발적 이주	사회
6	천연자원 위기	환경
7	사회결속력 약화 및 양극화	사회
8	사이버 범죄 및 불안	기술
9	지정학적 대립	지정학
10	대규모 환경피해	환경

'23년 글로벌 리스크(미국 NIC)

- 우크라이나 전쟁으로 인한 복합위기
- 식량 불안 증가
- 격변과 이란과의 대결
- 개발도상국의 부채 위기 악화
- 급증하는 글로벌 부채
- 심화되는 글로벌 협력 적자
- 기술양극화와 파편화 시스템
- 기후 변화의 악화된 영향
- 미-중 긴장 심화
- 한반도의 더 위험한 상황
- 기타 알려지지 않은 리스크

자료: 세계경제포럼(WEF), "Global Risks Report 2023"; 미국 국가정보위원회(National Intelligence Council), 2023년 글로벌 리스크, '더 내셔널 인터레스트', 2022.12.

지난 세기 세계경제 및 산업계를 지배해온 주주자본주의(Shareholder capitalism)가 서서히 막을 내리고 있다. 2020년 세계경제포럼(1.21~24, 스위스)[19]은 선언에서 더 나은 자본주의를 만들기 위해서는 기업들이 주주들에게만 봉사해서는 안 되며 노동자·소비자·공급자·지역 공동체 및 사회 전체와 함께 가치를 공유하고 기업을 둘러싼 모든 이해관계자를 아우르는 지속가능한 가치를 창출해야 한다고 강조했다.[20]

---

19) 2020년 다보스포럼 의제는 결속력 있고 지속가능한 세계를 위한 이해관계들 - 4대 Agenda는 1) 기후 및 환경문제 해결, 2) 지속가능하고 포괄적 비즈니스 모델 구축, 3) 인류 번영을 위한 4차 산업혁명 관련 기술, 4) 인구, 사회, 기술트렌드 변화에 대한 대비이며, 7대 주제는 1) 미래의 건강, 2) 미래사회와 일자리, 3) 선의를 위한 기술, 4) 지구 살리기, 5) 더 나은 비즈니스, 6) 지정학을 넘어, 7) 공정경제
20) 이해관계자 자본주의(Stakeholder capitalism)는 2019년 8월 미국 유수의 기업 CEO

2020년 세계경제포럼(WEF)에서 슈밥(Klaus Schwab) 회장은 시장에 맡겨왔던 자본주의 체제가 그 한계를 드러냈다고 밝혔다. 자본시장은 사회에 봉사를 해야 하는데, 현재의 자본주의는 과잉은 많고 포용력은 부족하다고 진단했다. '이해관계자 자본주의(Stakeholder capitalism)'라는 단어가 최근 새롭게 등장한 것은 아니다. 특히 4차 산업혁명 시대에 주주 자본주의는 융합, 초연결, 규제완화 시대 특성을 시장에 반영하는 것이 어려워졌다. 모든 이해관계자(Stakeholder)를 아우르면서 급변하는 현실을 반영하는 새로운 자본주의 필요성이 커졌다. 이해관계자 자본주의 기업에 자본을 대는 주주만이 아니라, 기업이 비즈니스를 영위하기 위해 관계 맺는 모든 당사자, 바로 이해관계자들을 총체적으로 고려하지 않는다면, 주주들을 위한 이윤 창출 역시 지속 가능하지 않다는 사실이 이해관계자 자본주의(Stakeholder capitalism)의 전제다.21)

2020년 세계경제포럼(WEF)은 향후 10년간 일어날 수 있는 5대 위

181명이 참여하는 단체 '비즈니스라운드테이블(BRT)'이 기업의 목적을 새로이 천명하며, '이해관계자 자본주의'시대의 공식적인 신호탄을 쏘아 올린 것과 궤를 같이하는 움직임이었다. 기업에 자본을 대는 주주만이 아니라, 기업이 비즈니스를 영위하기 위해 관계 맺는 모든 당사자, 바로 이해관계자들을 총체적으로 고려하지 않는다면, 주주들을 위한 이윤 창출 역시 지속 가능하지 않다는 사실이 이해관계자 자본주의의 전제다. 원문보기: http://news.khan.co.kr/kh_news/khan_art_view.html?artid=202001302041015&code=990100#csidx4cc0157c3d30bb7a8f126fcbcc7bf0f (검색: 2020.02.03.)
이해관계자 자본주의라는 단어가 최근 새롭게 등장한 것은 아니다. 2008년 글로벌 금융위기 이후 '1% 대 99%'로 상징되는 불평등 심화와 환경 파괴 등 '주주 자본주의'의 어두운 면에 대한 비판이 본격적으로 제기됐다. : 매경, ECONOMY, 강인수, [경제칼럼] 기업 생존을 위한 신화두 '이해관계자 자본주의' http://news.mk.co.kr/v2/economy/view.php?year=2020&no=107361 (검색: 2020.02.03.); 본 내용은 매경 ECONOMY, 제2044호(2020)내용임.

21) 원문보기: http://news.khan.co.kr/kh_news/khan_art_view.html?artid=202001302041015&code=990100#csidx4cc0157c3d30bb7a8f126fcbcc7bf0f (검색: 2020.02.03.)

험으로 ▲극한 기후22) ▲기후변화 완화 및 적응 실패 ▲주요 자연재해 ▲주요 생물다양성 손실 및 생태계 붕괴 ▲인간이 초래한 환경 피해와 재난을 지적했다. 영향의 심각성과 관련된 상위 5가지 위험으로는 ▲기후변화 완화 및 적응 실패 ▲대량살상무기 ▲주요 생물다양성 손실 및 생태계 붕괴 ▲극한 기후 ▲물 위기가 꼽혔다.23)

〈표 14-5〉 2020년 10대 WEF 글로벌 리스크

순위	가능성측면(Likelihood)	영향력측면(Impact)
1	극심한 기상이변	기후변화 대응실패
2	기후변화 대응실패	대량살상무기
3	자연재해	생태 다양성 소실
4	생태 다양성 소실	극심한 기상이변
5	인공·자연재해	물 위기(Water crises)
6	데이터 범죄(Data fraud or theft)	정보 인프라 고장
7	사이버공격	자연재해(Natural disasters)
8	물 위기(Water crises)	사이버공격
9	글로벌 거버넌스의 실패	인공·자연재해
10	주요국의 자산버블	전염병 확산

자료: World Economic Forum, The Global Risks Report 2020.
출처: 현대경제연구원, 주원·류승희·정민, '2020년 다보스 포럼의 주요 내용과 시사점: 결속력 있고 지속가능한 세계를 위한 이해관계자들,' 「경제주평,Weekly Economic Review」, 20-2(통권 제866호), 2020.01.17., p.10.

---

22) 극한 기후는 기후위기를 초래하고 이러한 기후위기는 물위기를 불러온다. 또한 물위기는 식량위기를 초래하는 사슬고리를 가진다. 아프리카의 물위기는 심각한 사회문제로 귀결되고 있다. 이집트의 나일강의 물이 줄어들고 있다. 이는 에티오피아 지역의 거대한 댐건설로 이집트, 수단 등이 심각한 타격을 받고 있다. 소말리아 등은 하천을 차지하기 위해 다른 부족을 내쫓기 위해 무장으로 주변 지역 주민을 위협하는 사례가 발견되고 있다. 물 부족문제로 인해 내전, 저강도분쟁, 테러 등이 발생할 가능성이 높다.
23) World Economic Forum, The Global Risk Report 2020.; [GLOBAL ISSUE] WEF 보고서, "세계 최대 위기는 기상이변", http://research-paper.co.kr/news/view/269359 (검색: 2020. 02.03)

2020년 세계경제포럼(WEF)의 핵심의제는 '결속력 있고 지속가능한 세계를 위한 이해관계자들(Stakeholders for a Cohesive and Sustainable World)'을 선정·토의를 했다. 이러한 의제를 선정한 배경에는 최근 글로벌 거버넌스[24](Global governance)의 근간을 이루었던 국제 연대가 약화되고 있으며, 새로운 다자간 이니셔티브 또는 초국가적 기구들이 제대로 역할을 하지 못하고, 현제 직면한 기후변화(climate change), 지속가능한 개발 및 포용적 경제(Economic Inclusion)등의 문제를 다루기 위해서 커뮤니티와 네트워크 형성의 당위성이 존재하고 있으나 이러한 국제연대, 다자간 기구 등이 상호 연결되어 있음에도 불구하고, 각기 다른 이해관계자들(Stakeholders)의 통합이 이루어지지 않아 더욱 큰 공동의 영향력을 행사하지 못하고 있는 상황에서 핵심의제로 부상했다.[25]

2019년 세계경제포럼 국가경쟁력 평가 결과가 발표됐다. 한국의 국가경쟁력은(79.6, 13위/141개 국가) 13위로 2018년보다 0.8점 상승했다. 2019년 경쟁력 보고서에서 한국은 총 12개 부문 중에서 5개 부문이 상승, 5개 부문은 현상유지, 2개 부문이 하락했고, 5개 부문이 상위 10권에 포함됐다. 가장 개선 폭이 큰 부문은 '보건'으로 단일지표인 '건강기대수명'(신생아가 건강하게 살 것으로 기대되는 기간) 이 2018년 19위에서 2019년에는 8위로 11단계나 상승했다. 반면 2개 부문에서는 순위가 추락했다. 그것은 노동시장부문이 2018년 48위에서 51위

---

[24] Governance는 국가경영 또는 공공경영 『행정학 용어사전』으로 번역되며, 다양한 행위자가 통치에 참여·협력한다는 것을 기반으로 '협치'라고도 한다.; 사회 내 다양한 기관이 자율성을 지니면서 국정운영에 참여하는 변화 통치 방식을 의미한다.
[25] 현대경제연구원, 주원·류승희·정민, '2020년 다보스 포럼의 주요 내용과 시사점: 결속력 있고 지속가능한 세계를 위한 이해관계자들,' 「경제주평, Weekly Economic Review」, 20-2(통권 제866호), 2020.01.17., p.11.

로 낮아지고 기업 활력 부문이 2018년 22위에서 2019년 25위로 낮아졌다. 노동시장은 근로자의 권리, 국내 이직 용이성, 급여 및 생산성은 개선됐지만 정리해고 비용(116위), 고용·해고관행(102위), 노사협력(130위) 부문이 하락하면서 순위가 떨어졌다. 또한 기업 활력 부문은 오너리스크(owner risk)에 대한 태도(88위), 창조적 아이디어를 수용하는 기업(42위)에서도 순위가 내려갔다. 이에 대해 세계경제포럼(WEF)은 한국에 대해 실패에 대한 비난, 가부장적 기업문화, 다양성부족이 변화를 거부하고 위험을 회피(回避, avoidance)하는 사회·문화요인이 영향을 미쳤다. 따라서 훼손된 기업가 정신과 건전한 기업문화를 널리 권장하는 것이 혁신생태계를 강화할 수 있다고 보았다. 이를 정리하면 국가경쟁력을 상승시키기 위해서는 공정경쟁과 유연한 노동시장의 문제를 극복해야 한다. 혁신을 두려워하지 않는 기업가 정신을 회복하고 노동시장의 유연성을 강화하며 노사간, 노노간 대타협을 절실히 필요로 한다.

　세계경제포럼(WEF)에서 제언한 정책은 삶의 질 제고와 빈곤 극복으로 지속가능하고 포용적인 성장을 달성하기 위해서는 최근 문화추세인 생산성(productivity)향상 노력이 중요하다. 생산성 향상을 위해서 ① 인프라, 인적자본, R&D 등에 대한 공공투자와 같은 적극적인 확장적 재정정책이 요구되며 구조개혁을 통한 보완이 절실하며, ② 창의성(creativity)향상을 위해서는 기술발전 및 혁신이 인적자본 개발, 사회통합, 노동시장 유연성 및 기능 회복 등과 병행할 필요성이 대두되고 있다. 세계경제포럼(WEF) 국가경쟁력 평가에서 한국이 강점을 보이는 기본요인(제도 26위, 인프라 6위, ICT보급 1위, 거시경제 안정성 1위) 중에서 ICT부문을 이끌어가는 글로벌 리더로 평가하면서 세계 최고 수준의 거시경제 안정성, 혁신역량 등을 긍정적으로 평가하고 있다는 점은 한국의 성장 가능성을 높게 보고 있다는 반증이기도 하다. 다만, 도전하는 기업가정신 고양, 국내경쟁 촉진 및 노동시장의 이중구조와 경직성 개선 등이 필요하다고 제언하고 있다. 2019년 1월에 개최된 다보스포럼26) 논의27)는 다음의 5가지 근거에 의거 논의가 진행되었다.28)
1) Dialogue is critical and must be multistakeholder-based,29)
2) Globalization must be responsible and responsive to regional and national concerns.30) 3) International coordination must be improved in the absence of multilateral(3개국 이상이 관계하고 있는) co - operation(협력).31) 4) Addressing the biggest global

---

26) 2018년의 다보스(Davos)포럼('18.1.23~26, 스위스)은 다보스에서 개최하였으며, 포럼은 매년 1회 세계경제포럼(WEF: World Economic Forum)은 세계 각국 정·관·재재 저명 인사들이 스위스 휴양지 다보스에서 글로벌 정치·경제·사회·환경 등 현안문제들에 대해 논의하고 향후 방향을 모색하는 회의로서 독일 경영학자 Klaus Schwab이 1971년 창립한 것으로 상설 비영리재단이다.
27) 2019년 1월 15일 세계경제포럼(WEF)에서 발표한 글로벌 리스크 보고서 내용에서 가장 중요하게 논의되고 가장 핵심적인 사항에 대해 글로벌 리스크 보고서는 가능성(likelihood)과 영향력(impact) 측면에서 기후변화, 기상이변, 자연재해 등 환경적 요인을 최우선 리스크로 채택하였으며, 경제적 요인의 중요성은 다소 낮게 언급되었다. 그 외에 사이버 어택, 데이터 프라이버시, 비자발적인 이민 유입, 자산 버블 붕괴 가능성도 포함 언급했다. https://blog.naver.com/thebettersociety/221426347551, 재인용~(검색: 2020.02.03.); 한국, 현대경제연구원에서 정리에 의하면 2019년 세계 주요 이슈를 국제 갈등 확산, 지속가능한 경제 모델 개발, 4차 산업혁명 시대와 미래 일자리 대비, 친환경 발전과 공정경제, 2019년 글로벌 리스크 관리 등을 제시했다.
28) https://blog.naver.com/thebettersociety/221426347551, 재인용 (검색: 2020.02.03.)
29) 대화 논의는 핵심을 지적하면서도 다양한 이해관계자를 고려해야 한다. 예를 들어 경제성장에 따른 과실을 소수만 누리는 것이 아니라 다양한 이해상관계자를 고려해야 지속가능한 발전이 이루어짐을 응급하고 있다.
30) 글로벌화는 국가와 지역의 관련 있는 일에 신뢰할 수 있고 이에 응해야 한다. 글로벌화로 인해 국가, 지역 집단간 가진 자(집단)와 그렇지 못한 자(집단)로 구분되면서 경제적 불평등 약화는 극우·정치적으로 변질되어 잠재적인 리스크를 초래할 가능성이 크다.
31) 다양한 국가들이 관여하는 협력의 부재(결여)를 개선하기 위해서는 국제적 협조를 해야 한다. 예로 지구온난화, 기후변화, 환경변화 등은 모든 국가에 영향을 미치므로 개별국가가 아닌 다양한 국가들의 협력을 필요로 한다.

challenges requires the collaborative(협력하는) efforts of business, government and civil society.32) 5) Global growth must be inclusive and sustainable.33)

〈표 14-6〉 2019년 10대 WEF 글로벌 리스크

순위	가능성측면(Likelihood)	영향력측면(Impact)
1	극심한 기상이변	대량살상무기
2	기후변화 대응실패	기후변화 대응실패
3	자연재해	극심한 기상이변
4	데이터 범죄(Data fraud or theft)	물위기(Water crises)
5	사이버공격(Cyber-attacks)	자연재해(Natural disasters)
6	인공·자연재해	생물손실 및 생태계붕괴
7	난민위기	사이버공격
8	생물손실 및 생태계붕괴	중요한 정보 인프라 공격
9	물위기	인공·자연재해
10	주요국의 자산버블	전염병 확산

자료: World Economic Forum, 「The Global Risks Report 2019」, 2019

〈표 14-7〉 2018년 10대 WEF 글로벌 리스크

순위	가능성측면(Likelihood)	영향력측면(Impact)
1	극심한 기상이변	대량살상무기
2	자연재해	극심한 기상이변
3	사이버공격	자연재해
4	데이터 범죄	기후변화 대응실패
5	기후변화 대응실패	물 위기
6	난민위기	사이버공격
7	인공·자연재해	식량난
8	테러 공격	생물손실 및 생태계붕괴

---

32) 글로벌 문제를 해결하기 위해서는 정부, 기업, 시민사회 등 여러 조직의 참여와 노력이 요구된다.
33) 글로벌 성장은 반드시 지속가능하면서도 포괄적 성장을 해야 한다.

9	부정거래		난민위기
10	주요국의 자산버블		전염병 확산

자료: WEF, 「The Global Risks Report 2018」, 2018

세계경제포럼(WEF)은 매년 경제·환경·사회·기술·지정학 등 5개 부문의 글로벌 리스크를 선정하는데 2020년은 주로 환경관련 이슈들이 상위권에 위치하고 있다. 특히 지난 2017년의 주요 글로벌 리스크는 국가간 갈등, 국가 통치구조 실패 등 지정학적 이슈(geoplotical issue)가 하위권에 위치하였으나, 3년이 지난 2020년에서는 지정학적 관련 이슈들이 심각하지 않은 것으로 조사되었다.[34]

〈표 14-8〉 2017 VS 2020 상위 10대 글로벌 리스크 비교

	가능성측면(Likelihood)		영향력측면(Impact)	
	2017	2020	2017	2020
1	기상이변	극심한 기상이변	대량살상무기	기후변화 대응실패
2	난민위기	기후변화 대응실패	기상이변	대량살상무기
3	자연재해	자연재해	물위기	생태 다양성 소실
4	테러 공격	생태 다양성 소실	자연재해	극심한 기상이변
5	데이터 범죄	인공·자연재해	기후변화 대응실패	물 위기
6	사이버 공격	데이터 범죄	난민위기	정보 인프라 고장
7	부정거래	사이버 공격	식량난	자연재해
8	인공자연재해	물 위기	테러 공격	사이버 공격

---

34) 2017년 세계경제포럼(일명 다보스포럼)에서는 세계경제주요 이슈를 1) 제4차 산업혁명의 본격화)기술의 융합, 디지털 플랫폼 기반의 기업 확대), 2) 보호무역주의의 심화, 3) 글로벌 경제성장 둔화와 불확실성 증폭(브렉시트, 트럼프 노믹스 등장), 4) 포퓰리즘(이민자 여론 악화, 국가간 소득 불균형 심화, 반EU, 반이민, 고립주의 주장으로 EU의 결속력 약화), 5) 기후변화 대응실패와 폭력 및 충돌에 대한 경제적 손실 발생*상위5대 폭력 및 충돌비용국가 통계는 현대경제연구원, 주원·정민, '2020년 다보스 포럼의 주요 내용과 시사점 「경제주평, Weekly Economic Review」, 17-2(통권 제727호), 2017.01.13., pp.3~7.

| 9 국가간 갈등 | 글로벌 거버넌스의 실패 | 국가간 갈등 | 인공·자연재해 |
| 10 국가통치구조실패 | 주요국의 자산버블 | 실업/불완전고용 | 전염병 확산 |

자료: World Economic Forum, 「The Global Risks Report 2017. 2020」

세계경제포럼(WEF)은 2017년 글로벌 위기 보고서 10대 위기 가운데에서 발생가능성 측면이나 영향력 측면에서 극심한 기상이변, 기후변화 대응실패, 물위기 등이 상위권에 진입한 것은 기후변화[35])가 전 지구촌에 심각한 영향을 예고하고 있음을 인지해야 한다. 이와 관련 가장

---

[35]) 리처드 시거 미국 칼럼비아대 교수팀은 시리아지역의 오랜 가뭄이 '초승달 지대'에 닥친 기후변화 때문이라는 연구결과를 '미국 국립과학원보(PANS)' 2015.1.30일자로 발표했다. 시리아가 속한 '초승달 지대'는 이집트 나일강 유역부터 메소포타미아에 이르는 초승달 모양의 지역으로 과거에는 농경문화의 발생지로 매우 비옥했으나 지금은 불모지가 됐다. 이 지역은 과거 100년 동안의 강수량과 기온, 해수면 기압 등을 분석했다. 그 결과 시리아지역의 가뭄은 지구 온난화로 인해 지중해 동부지역의 강수량이 감소하고 토양의 습도가 낮아지면서 발생한 것으로 나타났다. 실제로 내전 前 2007년~2010년까지 기상관측 사상 사상최악의 가뭄으로 농사를 지을 수 없게 되자 농민들은 도시로 몰려들었다(비정부기구 국내실향민감시센터: IDMC). DP에 의하면 시리아 북부지역의 농민 150만 명이 도시로 이동, 시리아 국민의 최소 40%인 760만 명이 고향을 잃었다고 집계함) 따라서 시리아의 도시는 인구수용 한계치를 넘어섰고, 가난과 범죄 등 여러 가지 사회문제가 야기. 기후변화로 인한 가뭄이 정치적 불안요소로 작용한 것이다. 시거 교수는 "시리아에서 기후변화는 내전에 직접적인 영향을 미쳤다"며 "가뭄의 원인은 기후를 교란시킨 인간의 행태"라고 지적했다. 윤순진 서울대 환경대학원 교수는 "시리아 내전은 겉으로만 보면 정치적 독재와 이슬람국가(IS)의 종교적 광기 때문인 것처럼 보이지만 그 이면에는 기후변화로 인한 가뭄이 자리 잡고 있다"면서 먹고 살기 힘들어지면서 표출되기 시작한 불만이 내전으로 치닫게 된 것이라고 말했다. 출처; 김예린, 기후변화로 '기후난민 생길수도… 2050년엔 20억 명이 기후난민 전락, 시사과학반 공식 Cafe, 일부 내용 필자가 보강. https://cafe.naver.com/sisasci/3571(검색:2020.02.06.) 과학자들이 기후변화와 전쟁의 상관관계를 명확하게 언급한 것은 시리아 내전이 처음이라고 인디펜던트는 설명했다. 과학자들이 기후변화와 전쟁의 상관관계를 명확하게 언급한 것은 시리아 내전이 처음이라고 인디펜던트는 설명했다. 리처드 시거 는 이어 "이것은 단지 시작일 뿐이라는 것이 두렵다"면서 "지중해 동부 지역이 전반적인 가뭄에 시달리고 있어 금세기에 걸쳐 이 같은 현상이 지속할 것"이라고 전망했다. 이 지역에 속한 터키와 레바논, 이스라엘, 요르단, 이라크, 아프가니스탄 등이 가장 위험한 지역이라고 시거 교수는 지적했다.
출처; 국민일보, 손병호, "시리아내전은 기후변화 탓... 전쟁 늘어날 것" 영국 인디펜던트, 2015. 03.03. [원본링크] - http://news.kmib.co.kr/article/view.asp?arcid=00z09197461&code=61131411&cp=nv (검색: 2020.02.06)

쉽게 접할 수 있는 자료는 「결과의 시대: 세계 기후변화가 외교 정책과 국가 안보에 미치는 영향, The Age Consequences: The Foreign Policy and National Security Implications of Global Climate Change(결과의 시대)」36)에서 2040년 심각한 기후변화 시나리오를 쓴 레온 퍼스(Leon Fuerth)교수(조지워싱턴대)가 특별히 우려하는 부분은 이러한 심각한 자연현상의 영향이 정치사회로 확대될 가능성이다. 「결과의 시대」에서는 이렇게 지적하고 있다. 환경파괴가 임계점을 넘어서면, 그것에 적응하던 자연계가 깨져버릴 것이다. 사회조직도 마찬가지다. 기후변화가 어느 수준을 넘어서면, 인류의 상징이랄 수 수 있는 전 세계 산업문명이 그 기반부터 흔들릴 수 있다.37)

나. 국민소득 증가의 정체(停滯)

한국은 국민소득 3만 달러를 2017년에 달성(31,734 달러)했다. 그러나 국내적으로 경제상황이 호전되지 않고 악화되는 추세를 지속적으로 나타내고 있다. 저성장의 늪을 경계하는 목소리가 사회 여러 곳에서 나타나고 있다. 한국의 지정학(Geopolitics), 자정학, 분단국가, 반도국가의 숙명으로 인해 주변 강대국들과 상호교류와 협력을 증진해야 한다. 특정국가에 올인하는 경우 한국의 선택지는 자연스럽게 좁아지게 된다. 이는 국제정치의 현실에서 공짜 점심 없다는 원칙을 냉정하게 평

---

36) 미국 군사전략과 국제관계 연구센터(CSIS)와 신 미국안보센터(CNAS)가 공동으로 2007년 11월에 출간한 보고서다. 결과의 시대에 나오는 세 가지 시나리오를 쓴 주요 저자는 1998~2000년 클린턴 대통령 비서실장을 지낸 존 포데스타, 1993~2000년 앨 고어 부통령의 국가안보보좌관이자 미국 국가안전보장회의 장관급 회의 위원이었던 레온 퍼스, 1993~1995년 중앙정보국(CIA)국장을 지내고 2008년 공화당 대통령 후보인 존 매케인 상원의원의 외교정책 자문을 맡은 제임스 울시 주니어 등이다.
37) 귄 다이어 저·이창신 역, 『기후대전』 (서울: 김영사, 2011), p.30.

가하고, 외교력을 구사해야 한다. 이러한 냉혹한 국제정치의 현실에서 우리의 국가이익을 극대화할 수 있는 방안을 모색하는 것이 무엇보다 중요한 과업이다. 2022년 2월에 발생한 러시아의 우크라이나전쟁은 진영대결과 신냉전을 가속화시키는 촉매제가 되기에 충분했다.

〈표 14-9〉 선진국의 3만 달러 도달연도

구 분	2만 달러 도달년도	3만 달러 도달년도	소요 기간(년)	명목GDP 성 장 률	환율 절상율(%)
노르웨이	1987	1992	5	5.1	7.7
룩셈부르크	1987	1990	3	11.2	-
스위스	1986	1988	2	5.0	18.6
미 국	1987	1996	9	5.8	-
싱가포르	1994	2006	12	6.5	-4.1
덴마크	1987	1994	7	4.1	7.1
호 주	1990	1995	5	4.4	-5.4
스웨덴	1987	1997	4	9.4	4.5
영 국	1992	2003	11	5.5	-7.9
네덜란드	1990	2003	13	5.3	-
캐나다	1989	2004	15	4.7	-9.9
홍 콩	1994	2007	11	3.7	-1.0
독 일	1990	1995	5	7.9	11.4
벨기에	1990	2003	13	4.2	-
프랑스	1990	2003	13	3.4	-
뉴질랜드	2003	2007	4	6.7	20.9
이스라엘	2000	2010	10	5.0	-
일 본	1987	1992	5	6.3	12.4
평 균	-	-	8.2	5.8	

주: 1) 한국의 경우에는 2018년 1인당 국민총소득(GNI) 당초(31,349 달러 → 33,434 달러)보다 상향조정되었다. 한편 2만 달러를 돌파한시기는 2006년(21,664 달러)으로 2만 달러에서 3만 달러(2017년 31,734 달러)까지 돌파한 시기는 11년이 걸렸다.
2) 주요 선진국들이 3만 달러에 도달한 평균은 8.2년에 반해 한국은 3년 정도 더 걸렸다. 천연 부존자원이 부족한 한국은 수출과 기술력으로 달성한 것으로 주요 선진국 및 개발도상국에서 이를 높게 평가하고 있다.
자료: 국제통화기금(IMF), 한국은행

우리가 국가경쟁력을 강화하는 근본 이유는 부강국가를 건설하는데 있다. 이를 극복하기 위해 자원이 부족한 우리는 기술과 자본을 가지고 세계시장을 개척해야 한다. 그러나 우리는 분단국가라는 어려움에 직면하여 그 속도가 지연될 수밖에 없다. 그러나 우리민족은 이를 극복하고 산업화·민주화를 일으켜 오늘날 세계무역 및 경제대국으로서 위상을 확고히 다지고 있다. 여기에는 수많은 우리 기업과 그들의 헌신적인 열정이 있었기에 가능한 일이 아니었던가?

〈표 14-10〉 대한민국 연도별 1인당 국내총생산(GDP)

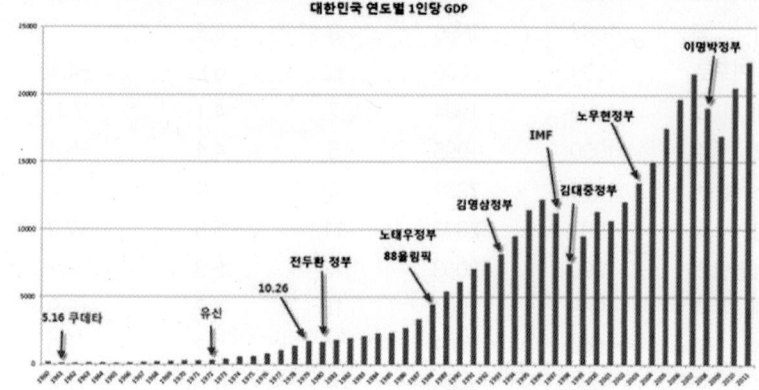

출처: 1인당 국내총생산(GDP), 한국은행

경제지표38)는 국가와 기업에서는 미래의 수요를 예측하여 생산량을

---

38) 경제활동을 나타내는 지표적인 통계를 말한다. 경제활동은 생산·소비·무역·금융·고용 등의 여러 가지 면을 지니며 따라서 경제통계도 여러 종류가 있다. 대표적인 것으로 주요 경제지표로는 국민소득통계 생산지수, 출하지수, 재고지수 등의 생산 활동 지표, 재정수지 실적, 통화발행액, 전국은행예금 대출 등의 금융지표, 수출입실적, 수입승인, 수출입신용장, 외국환 등의 무역국제수지표, 고용지수, 임금지수 등의 노동관계지수, 주가지수, 주식거래액 등의 주식지표 등이다. 이 가운데에서 몇 가지 경제제표를 합성하여 경기변동을 확인하고, 장래의 경기변동을 예측하려는 지표로 사용하는 것을 경기지표라고 한다. 경제지표들은 시계열 형태로 표시되는데 이러한 시계열지표의 움직임을 가지고 경기를 분석하기 위해서는 경제시계열의 변동중 경기와 관련성이 높은 변동분만을 추출할 필요가 있다.

조절하고 투자계획을 세우는 지표를 의미한다. 경제활동의 주요 분야인 생산·소비·무역·금융·고용 등의 분야는 서로 영향을 주고받으면서 항상 변화하고 있어 이 흐름을 수치나 그래프로 나타내어 경제상황의 현재와 미래를 설명하는 유용한 틀을 제공해준다.

〈표 14-11〉 2018년 경제(성장) 지표 비교

항목	1996년[주2]	2015년[주3]	2018년
GDP	6,568억 달러	1조7,468억 달러	1조6,900억달러
	(10번째/34개국)	(8번째/34개국)	12위/200개국
1인당 GDP	1만 4,428달러	3만 4,549달러	3만 2,046달러
	(25번째/34개국)	(22번째/34개국)	28위/189개국
외환보유액	332억 달러	3,680억 달러	3,979억 달러
GDP 대비 R&D 투자	2.3%	4.3%	4.81%
	(6번째/26개국)	(1번째/32개국)	(1번째/32개국)

경제지표는 경기요인에 의한 변동뿐 아니라 기온의 변화나 명절 등에 기인하는 계절변동과 천재지변 또는 파업 등의 예기치 못한 사건에 의한 불규칙변동을 포함하고 있으므로 이를 제거하지 않은 원계열의 변동만으로는 경기의 흐름을 제대로 파악하기 어렵기 때문이다. 따라서 경기변동을 보다 정확히 분석하기 위해서는 적절한 통계분석 기법을 활용하여 개별지표의 변동성분 중 경기와 관련성이 낮은 계절 변동 및 불규칙 변동을 제거한 추세·순환 변동치를 사용하는 것이 바람직하다, 매일경제, 매경닷컴, http://www.mk.co.kr; 또한 거시경제지표는 국민경제 전체의 움직임을 보여주는 경제지표로 국민소득, 물가, 국제수지, 실업률, 환율, 통화증가율, 이자 등이 여기에 속한다.(시사경제용어사전, 기획재정부); 개별경제지표는 현재의 경기상황을 판단하거나 향후 경기흐름을 예측하기 위해 각 부문의 지수를 말한다. 즉, 경기흐름을 잘 반영한다고 간주되는 개별 경제지표들을 보고 종합적으로 경기를 판단하는 것이다. 일반적으로 경기상황을 판단하거나 향후 경기흐름을 예측하는 방법에는 개별경제지표에 의한 방법, 종합경제지표에 의한 방법, 설문조사에 의한 방법, 계량모형에 의한 방법 등이 있다. 경기 동향을 보다 신속하게분석하고 파악하기 위해서는 월별 발표되는 경제지표들을 활용하여 수요 및 생산의 움직임을 살펴보아야한다: 여기에는 소비활동과 관련되는 지표(도소매판매액지수), 소비재출하지수, 소비재수입액 등, 투자활동관련지표(건설 활동을 나타내는 건축허가면적, 국내건설공사 수주액, 시멘트출하량과 설비투자동향을 나타내는 국내기계수주액, 기계수입액, 기계류 수입허가액 등이 있다. 수출입동향을 나타내는 지표(수출액, 수출신용장(L/C)내도액, 수입액 등, 생산 활동과 관련된 경제지표에는 산업생산지수를 중심으로 생산자 출하지수, 생산자 제품재고지수, 제조업생산능력지수, 가동률 지수 등이 있다.

고등교육 이수율[주4]	19.8%	45.5%	49.0%
	(5번째/29개국)	(1번째/32개국)	(4번째/35개국)
GDP 대비 공공부문사회지출비용	3.4%	10.4%	
기대수명[주5] (평균)	73.9세	82.2세	82.7세
	(28번째/34개국)	(11번째/34개국)	
GNI 대비 ODA[주6] (ODA/GNI)	0.03%	0.14%	0.15%
	(25번째/25개국)	(26번째/33개국)	(15번째/25개국)

주: 1) ( )은 OECD 대상국가 가운데 순위
    2) 1996년 고등교육 이수율은 통계자료 미존재로 1997년 고등교육 이수율(19.8%)을 기술하였음.
    3) R&D 투자와 기대수명은 2014년 기준.
    4) 25~34세(64세 미만) 고등교육 이수율
    5) 한국, 통계청 통계자료; OECD 보건통계(Health Statistics) 2019
    6) 2018 ODA, 'OECD 공적개발원조 잠정통계(국무조정실 제공)
자료: 국가지표체계(K·indicator)》국가발전지표〉교육〉교육효과〉고등교육 이수율
출처: OECD, 「OECD Education at a Glance」 * 자료 : OECD, 「OECD Education at a Glance」 각 연도; http://www.imf.org

  2000년 이후 한국의 고등교육비의 정부 투자 비율은 37.6%로 OECD 평균 66.1%를 크게 밑도는 것으로 나타났다.[39] GDP 대비 공교육비 가운데 정부 재원 역시 OECD 평균보다 낮고, 민간재원은 OECD 평균보다 높은 것으로 밝혀졌다. GDP 대비 공교육비는 5.4%로 OECD 평균보다 높았으나, 정부 재원이 차지하는 비율은 낮게 나타났다. GDP 대비 공교육비 중 정부 재원은 3.8%로 OECD 평균 4.0%보다 낮았고, 민간재원은 1.6%로 평균인 0.9%보다 높았다.[40] 교육의 불평등 문제를 해소하는 수단으로만 대하면 또 다른 폐해를 부른다. 보편적으로 누릴 수 있는 자원으로서의 교육이 아닌, 더 높은 사회경제적 지위를 획득하

---
39) 전자신문, 문보경, 「OECD교육지표 2019」 '공교육비 정부투자 비중 OECD 평균보다 낮아' 2019.09.10. 재인용
40) 전자신문, 문보경, 「OECD교육지표 2019」 '공교육비 정부투자 비중 OECD 평균보다 낮아' 2019.09.10. 재인용; 고등교육 공교육비 지출액, GDP대비 공교육비와 관련 구체적인 사항은 'OECD 교육지표 2019' 실적·분석 자료를 참조

기 위한 자원으로서의 교육은 '과잉 투자'로 치닫기 때문이다.41) 2018년 1월 21일 한국대학교육협의회가 최근 펴낸 '고등교육지표 국제비교' 자료를 보면 한국의 25~64세 성인 가운데 2015년 기준 전문대 이상 '고등교육'을 이수한 비율42)은 45%로 경제협력개발기구(OECD) 평균(35%)보다 10%포인트 높았다.43)

〈표 14-12〉 고등교육 이수율

구 분		2005	2012	2014	2015	2017	'05~'17 증가폭
25~34세	한국	51%	66%	68%	69%	70%	19%p
	OECD	32%	39%	41%	42%	44%	12%p

주: 1) 고등교육은 전문대학, 4년제 대학, 대학원 석·박사과정 포함
2) 이수율=(해당연령의 해당 학력 소지 인구수/해당 연령의 인구수)×100
3) 고등교육 이수율에서 차이가 나는 것은 연령을 청년층(25~34세 미만), 중년층(35~64세)으로 하기 때문에 통계자료상 차이가 남
자료: 한국대학교육협의회, 김헌영, 「우리나라 대학 경쟁력의 현황과 이슈」, 2019년 제1호, P.2.; www.kcue.or.kr (검색: 2020.02.03.)
출처: OECD 교육지표(2014, 2015, 2016, 2018), 위 자료 재인용

〈표 14-13〉 한국의 고등교육 이수율 비교

연도	2011	2012	2013	2014	2015	2016	2017	2018
고등교육 이수율(%)	40.4	41.7	43.1	44.6	45.5	46.9	47.7	49.0

자료: 국가지표체계(K·indicator)〉국가발전지표〉교육〉교육효과〉고등교육 이수율
출처: OECD, 「OECD Education at a Glance」 *자료 : OECD, 「OECD Education at a Glance」 각 연도
주석: 1) 고등교육 이수율(25~64세 미만)의 인구 중 고등교육이수자의 비율임.
    2) 고등교육 이수율: 1997년(19.8%), 2000년(23.9%), 2005년(31.6%), 2010년(39.7%)이며 이 전연도 이수율 자료는 국가지표체계(K·indicator) 〉 국가발전지표 〉 교육 〉 교육효과 〉 고등교육 이수율 참조

---

41) 한겨레, 최원형, [한겨레프리즘] 교육, 사다리여야 하나, 2019.12.04., 원문보기: http://www.hani.co.kr/arti/opinion/column/919454.html#csidx9bf36958d8a525b84ab2692e758bc66 (검색: 2020.02.02.)
42) 1997년 이후 한국의 고등교육 이수율(%)은 국가지표체계(K·indicator) 〉 국가발전지표 〉 교육 〉 교육효과 〉 고등교육 이수율 참조
43) 연합뉴스, 고유선, 갈길 먼 평생학습… 고등교육 이수율, 청년층만 높고 중년층은 낮아, 2018.01.21

한국의 대학교육이 사회적 요구에 얼마나 부응하는지를 보여주는 IMD의 대학교육경쟁력 순위(〈표 14-13〉 참조)에서 한국은 2019년 63개국가 중 55위로, 전년대비 6위가 하락하며 최근 들어 가장 낮은 순위를 보임. 국가경쟁력 순위가 63개국 중 28위를 교육경쟁력이 30위임을 고려했을 경우 우리나라의 대학교육경쟁력은 상대적으로 낮은44) 것으로 나타났다.

〈표 14-14〉 한국의 IMD 대학교육 경쟁력 순위

(단위: 개국, 순위)

연도	전체 참여 국가 수	경쟁력 순위		
		국가	교육	대학교육
2005	51	27	40	43
2006	53	32	42	41
2007	55	29	29	39
2008	55	31	35	53
2009	57	27	36	51
2010	58	23	35	46
2011	59	22	29	39
2012	59	22	31	42
2013	60	22	25	41
2014	60	26	31	53
2015	61	25	32	38
2016	61	29	33	55
2017	63	29	37	53
2018	63	27	25	49
2019	63	28	30	55

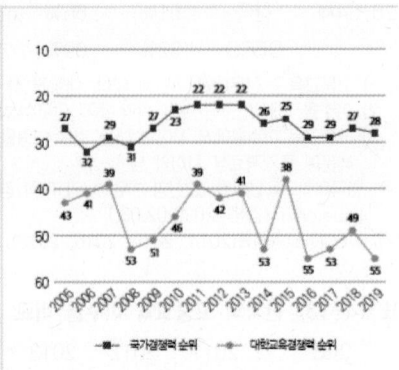

자료: 김헌영, 한국대학교육협의회, 「우리나라 대학 경쟁력의 현황과 이슈」, 2019년 제1호, P.2.; www.kcue.or.kr (검색: 2020.02.03.)
출처: IMD(국제경영개발대학원, 스위스) 교육경쟁력 분석보고서(국가지표체계: http://www.index.go.kr (검색: 2020.02.03.)

또한 정부는 전체 공공 부문의 부채를 체계적으로 관리하기 위해 매년 말 공개하는 일방정부 부채(D2)와 공공부문 부채(D3)의 전년도 실적치에서 2018년 GDP 대비 일반정부 부채(759.7조원)는 40.1%로, 2017년 40.1%(735.2조원)과 동일한 수준을 유지했다. 2018년 GDP 대비

---

44) 한국대학교육협의회, 김헌영, 「우리나라 대학 경쟁력의 현황과 이슈」, 2019년 제1호, p.2.; www.kcue.or.kr (검색: 2020.02.03.)

공공부문 부채(1,078조원)는 56.9%로, 2017년 56.9(1,044.6조원)과 비교해 동일한 수준을 유지한 것으로 파악되었으며, 통계 산출을 시작한 2011년부터 2014년까지 지속적으로 상승했으나, 이후 감소세로 전환된 것을 확인했다.45)

〈표 14-15〉 2018회계연도 일반정부 및 공공부문 부채

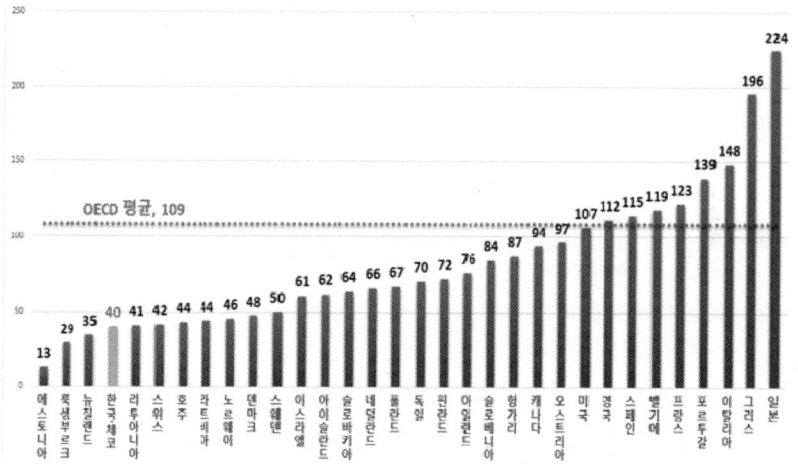

출처: 한국, 기획재정부, 더퍼블릭, 박지성, 2018회계연도 일반정부 및 공공부문 부채 실적 발표, 2019. 12.26., http://www.thepublic.kr/news/newsview.php?ncode (검색: 2020.2.1.)

---

45) 일반정부 부채(D2)는 OECD 33개국 중 4위, 공공부문 부채(D3)는 D3를 산출·제공하는 OECD 7개국 중 2위 수준이었으며, 일반정부 부채 중 단기부채 비중은 13.6%, 외국인 보유 비중은 12.5%로 주요국과 비교해 낮은 편인 것으로 확인되어 부채의 질적 관리도 안정적으로 이루어지고 있다고 밝혔다. IMF, OECD 등 국제기구와 해외 언론 등도 한국의 재정여력과 양호한 재정상황을 높이 평가하고 있으며, 이에 따라 정부는 지출혁신, 세입기반 확충 등 재정건전성 강화 노력을 지속하고 부채통계의 근거규정 법제화 등 제도적 기반 강화도 병행할 계획이라고 기획재정부 밝혔다.
출처: 한국, 기획재정부, 더퍼블릭,박지성, 2018회계연도 일반정부 및 공공부문 부채 실적 발표, 2019.12.26. http://www.thepublic.kr/news/newsview.php?ncode (검색: 2020.2.1.)

〈표 14-16〉 Gross Domestic Product 2017

Ranking	Economy	(millions of US dollars)
1	United States	19,390,604
2	China	12,237,700
3	Japan	4,872,137
4	Germany	3,677,439
5	United Kingdom	2,622,434
6	India	2,597,491
7	France	2,582,501
8	Brazil	2,055,506
9	Italy	1,934,798
10	Canada	1,653,043
11	Russian Federation	1,577,524 a
12	Korea, Rep.	1,530,751
13	Australia	1,323,421
14	Spain	1,311,320
15	Mexico	1,149,919
16	Indonesia	1,015,539
17	Turkey	851,102
18	Netherlands	826,200
19	Saudi Arabia	683,827
20	Switzerland	678,887

출처: 2017년 한국 국내총생산(GDP), 세계은행(World Bank) 홈페이지

GDP46)는 한나라 전체의 경제규모를 보여주는 지표이자 국력을 시사한다. 한국의 GDP 세계 순위는 2005년 10위, 2006년 11위, 2007년 13위, 2008년 15위로 밀려났다. 이후 2009년~2013년에는 14위, 2014년에 13위, 2015~2016년에 11위로 상승했다가 2017년에는 12위로 한 계단 내려앉았다. 한편 2017년 GDP 순위 1위는 미국으로 19

---

46) 국내총생산(GDP)은 거시경제학과 함께 대공항(the Great Drpression)을 계기로 탄생하였다. 당시 Franklin Roosevelt와 그의 참모들이 얻을 수 있었던 정보는 주가, 철도 운송량, 철강 생산량 등 산재된 통계뿐이었다. 전반적인 경제상황을 판단할 수 있는 지표가 없었기 때문에 경제가 전체적으로 어떻게 돌아가는지는 추측에 의존할 수밖에 없었다. 이에 따라 미국 상무부는 국가경제의 흐름을 보다 정확히 파악하기 위해 Simon Kuznets에게 GDP 통계를 개발하도록 하였다. Kuznets가 개발하여 1937년 미국 의회에서 발표한 GDP는 생산보다 소득에 치중되어 있었다. 이후 제2차 세계대전 중 정책담당자들이 경제활동 수준을 보다 포괄적으로 측정할 필요성이 인식하게 되면서 GDP가 오늘날의 모습을 갖추게 되었고, 미국 상무부는 1842년에 GDP와 GNP 추정치를 발표했다. 한국은행, 국민소득통계, 2019.12.

조3천906억 달러를 나타나냈다. 2위는 중국(12조2천377억 달러), 3위는 일본(4조8천721억 달러), 4위는 독일(3조6천774억 달러), 5위 영국은(2조6천224억 달러), 6위는 인도(2조5천975억 달러), 7위는 프랑스(2조5천825억 달러), 8~10위는 각각 브라질(2조555억 달러), 이탈리아(1조9천348억 달러), 캐나다(1조6천530억 달러)를 기록했다. 위 표에서 나타나는 GNI(국민총소득)는 국민소득을 보다 정확하게 반영하기 위해서 나온 경제지표가 국민총소득(Gross National Income)[47]이다. 이는 한나라의 국민이 국내외 생산 활동에 참가하거나 생산에 필요한 자산을 제공한 대가로 받은 소득의 합계를 말한다. 이 지표에는 자국민(거주자)이 국외로부터 받은 소득(국외수취요소소득)은 포함되는 반면 국내총생산 중에서 외국인(비거주자)에게 지급한 소득(국외지급요소소득)은 제외한다. 국내총생산(GDP)은 한 나라의 경제규모를 파악하는데 유용하나, 국민들의 평균적인 생활수준을 파악하는 데는 적합하지 않다. 왜냐하면 국민들의 생활수준은 전체 국민 소득[48]의 크기보다는 1인당 국민소득의 크기와 밀접한 관계가 있기 때문이다. 그러므로 국민들의 생활수준을 파악하기 위하여 일반적으로 사용되는 것인 1인당 국

---

47) 한 나라의 국민이 일정 기간 생산 활동에 참여한 대가로 벌어들인 소득의 합계로서, 실질적인 국민소득을 측정하기 위하여 교역조건의 변화를 반영한 소득지표이다. 국민총소득에는 실질국민총소득과 명목국민총소득으로 구분할 수 있다. 실질국민총소득은 실질국내총생산에 교역조건의 변화에 따른 실질무역손실과 실질국외순수취요소소득을 합산하여 산출한다. 국외순수취요소소득은 한 나라의 국민이 국외에서 벌어들인 국외수취요소소득에서 국내의 외국인 생산 활동에 참여함으로써 발생한 국외지급요소소득을 차감한 것을 말한다. 명목국민총소득은 명목국내총생산에 국외순수취요소소득을 더하여 산출한다.

48) 국민소득을 나타내는 용어에는 GDP(Gross Domestic Product, 국내총생산: 국내 거주 모든 사람이 국내에서 생산한 재화와 서비스를 시장가치로 환산한 것), GDI(Gross Domestic Income, 국내총소득: 국내 거주 모든 사람의 생산 활동에서 얻어진 소득의 합. 국내 거주 외국인 소득도 포함), GNP(Gross National Product, 국민총생산: 한 나라 국민이 국내·외에서 생산한 재화와 서비스를 시장가치로 환산한 합), GNI(Gross National Income, 국민총소득: 한 나라 국민이 국내·외에서 생산 활동을 통해 얻은 소득의 합, 국내 외국인의 소득은 제외)

민총소득(GNI)이다. 1인당 국민총소득은 명목 국민총소득(GNI)을 한 나라의 인구수로 나누어 산출할 수 있으며, 국제비교를 위하여 시장 환율로 환산하여 미국 달러($)화로 표시하고 있다. 1인당 GNI가 3만 달러를 넘고 인구가 5천만 명 이상인 나라를 '30-50클럽'이라고 하는데 현재까지 이 클럽에 가입한 국가는 미국, 독일, 일본, 프랑스, 영국, 이탈리아, 한국 등 7개국이다. 국가마다 다른 물가 수준을 반영해 실제 국민들의 구매력을 측정하는 구매력평가(PPP) 기준 2017년 한국의 1인당 GNI는 3만8천260달러(31위)를 기록했다.

〈표 14-17〉 2017년 구매력 평가(ppp) 기준 1인당 국민총소득 (GNI)

1	Qatar	128,060
2	Macao SAR, China	96,570 a
3	Singapore	90,570
4	Brunei Darussalam	83,760
5	Kuwait	83,310
6	United Arab Emirates	74,410
7	Luxembourg	72,640
8	Switzerland	65,910
9	Hong Kong SAR, China	64,100
10	Norway	63,530
11	Ireland	62,440
12	United States	60,200
13	Saudi Arabia	54,770
14	Iceland	53,640
15	Austria	52,660
16	Netherlands	52,640
17	Germany	51,760
18	Denmark	51,560
19	Sweden	50,840
20	Belgium	47,960
21	Australia	45,780
22	Canada	45,750
23	Finland	45,730
24	Japan	45,470
25	France	43,720
26	United Kingdom	43,160
27	Bahrain	42,930
28	Oman	40,240
29	Italy	40,030
30	New Zealand	39,560
31	Korea, Rep.	38,260

출처: 2017년 한국 국내총생산(GDP), 세계은행 홈페이지

한국의 1인당 국민소득은 2017년 기준 3만 1,734달러로 선진국 진입 수준의 소득 수준인 3만 달러를 통과했다. 2017년 대비 5.4% 늘어난 통계수치입니다. 한국은 1994년(1만 168달러), 2006년(2만 794달러), 그리고 12년 만인 2018년(3만 1,349달러)에 달성하였다. 한국의 경우 지속적인 성장으로 국민소득을 증가시키는 데에 구조적인 장애물로 성장이 더딘 내수시장, 특정품목에 의존하는 경제구조(반도체 등), 빈부격차 및 소득불평등의 심화, 경직된 노사관계, 기업의 지배구조, 북한 리스크(risk) 등이 성장을 걸림돌로 작용하고 있다.

〈표 14-18〉 한국의 국민총소득(GNI): 1조 7,254억 달러

1	미국	20조 7,383억 9,900만
2	중국	13조 5,568억 4,409만 6,026.6
3	일본	5조 1,597억 6,471만 170.5
4	독일	4조 1,049억 6,004만 179.5
5	프랑스	2조 8,394억 4,086만 2,159
6	영국	2조 7,896억 5,478만 2,028.6
7	인도	2조 6,986억 1,782만 3,250.7
8	이탈리아	2조 942억 9,065만 4,925
9	브라질	1조 8,401억 9,897만 934.4
10	한국	1조 7,254억

자료: 통계청 2018년 국가통계포털(KOSIS)
출처: 한국은행, The World Bank, 대만 통계청

나-1. 2019년 경제규모 및 국민총소득(GNI)

2019년 명목 국내총생산(GDP)은 1,914.0조원으로 전년대비 1.1% 늘어났으며 미국 달러화 기준으로는 환율 상승(연평균 5.9%)의 영향으로 전년대비 4.6% 감소한 1조 6,420억달러를 기록했다. 2019년 명목 국민총소득(GNI)은 국외순수취요소소득(2018년 5.0조원 → 2019년 17.7조원)이 큰 폭으로 증가하면서 명목 국내총생산 성장률(1.1%)보다 높은 1.7% 증가했다. 또한 1인당 국민총소득(GNI)은 3,735.6만원으로 전년대비 1.5% 늘었으며 미국 달러화 기준으로는 32,047달러로 전년대비 4.1% 감소했다. GDP 디플레이터는 전년대비 0.9% 하락하는 수준이다.[49]

〈표 14-19〉 '19년 경제규모, 1인당 국민소득 및 디플레이터

(당해년가격 기준)/(조원, 전년대비 %, 억달러)

	단위	2016		2017		2018ᵖ		2019ᵖ	
국내총생산(GDP)[1]	조원	1,740.8	(5.0)	1,835.7	(5.5)	1,893.5	(3.1)	1,914.0	(1.1)
	억달러	15,000	(2.4)	16,233	(8.2)	17,209	(6.0)	16,420	(-4.6)
국민총소득(GNI)[1]	조원	1,747.1	(5.0)	1,843.2	(5.5)	1,898.5	(3.0)	1,931.6	(1.7)
	억달러	15,055	(2.4)	16,299	(8.3)	17,254	(5.9)	16,571	(-4.0)
1인당 GNI[1]	천원	34,112	(4.6)	35,886	(5.2)	36,787	(2.5)	37,356	(1.5)
	달러	29,394	(2.0)	31,734	(8.0)	33,434	(5.4)	32,047	(-4.1)
GDP디플레이터	%	2.0		2.2		0.5		-0.9	

주: 1) ( )내는 전년대비 증감률
    2) 한국은행 보도자료는 인터넷 홈페이지(http://www.bok.or.kr)에, 세부 통계는 한국은행 경제통계

---

[49] 한국은행, 경제통계국 국민계정부 국민소득총괄팀 과장 박지원, 팀장 이동원, 지출국민소득팀 과장 박진호, 팀장 강창구, '2019년 4/4분기 및 연간 실질 국내총생산(속보)', 국민소득통계 보도자료, 2020년 1월 22일, 공보 2020-01-24호

시스템(ECOS, http://ecos.bok.or.kr)에 수록되어 있다."
3) GDP디플레이터란 명목GDP를 실질GDP로 나누어 얻어지는 값을 GDP디플레이터라 한다. GDP를 추계할 때는 생산자물가지수(PPI)나 소비자물가지수(CPI)뿐만 아니라 수출입물가지수, 임금 등 각종 가격지수가 종합적으로 활용된다. 따라서 GDP디플레이터는 한 나라 경제에서 생산되는 모든 재화와 서비스의 집합물이라 할 GDP의 가격을 측정하므로 모든 물가요인을 포괄하는 가장 종합적인 물가지수이다. 한편 소비, 투자, 수입 부문별로 명목GDP를 동일 부문의 실질GDP로 나누면 개별 부문에서의 물가지수(예를 들면 소비디플레이터, 투자디플레이터 등)를 얻을 수 있다. 한국은행, 경제용어사전, 홈페이지 바로가기)경제교육)경제용어사전. http://www.bok.or.kr/portal/ecEdu/ecWordDicary/search.do?menuNo=200688(검색:2021.3.12.)

출처: 한국은행, 경제통계국 국민계정부 국민소득총괄팀 과장 박지원, 팀장 이동원, 지출국민소득팀 과장 박진호, 팀장 강창구, '2019년 4/4분기 및 연간 실질 국내총생산(속보)', 국민소득통계 보도자료, 2020년 1월 22일, 공보 2020-01-24호

나-2. 2020년 경제규모 및 국민총소득(GNI)[50]

2020년 명목 국내총생산(GDP)은 1,924.5조원으로 전년대비 0.3% 늘어났으며 미 달러화 기준으로는 환율 상승(연평균 1.2%)의 영향으로 전년대비 0.9% 감소한 1조 6,308억달러를 기록했다. 2020년 명목 국민총소득(GNI)은 국외순수취요소소득(2019년 16.7조원 → 2020년 15.9조원)이 소폭 감소하면서 명목 국내총생산 성장률(0.3%)보다 낮은 0.2% 증가했다. 그러나 2020년 1인당 국민총소득(GNI)은 3,747.3만원으로 전년대비 0.1% 늘었으며 미달러화 기준으로는 31,755달러로 전년대비 1.1% 감소했다. 국내총생산(GDP) 디플레이터는 전년대비 1.3% 상승[51]했다.

---

[50] 2020년 4/4분기 실질 국내총생산(GDP)은 전기대비 1.2% 성장 (명목 국내총생산은 0.9% 성장): 실질 국민총소득(GNI)은 전기대비 1.4% 성장(명목 국민총소득은 1.8% 증가), 2020년 연간 실질 국내총생산(GDP)은 전년대비 1.0% 감소(명목 국내총생산은 1,924.5조원으로 전년대비 0.3% 증가): 1인당 국민총소득(GNI)은 3,747.3만원(미 달러화 기준 31,755달러)

[51] 한국은행, 경제통계국 국민계정부 국민소득총괄팀 과장 안용비, 팀장 최정태 지출국민소득팀 과장 이승한, 팀장 이인규 '2020년 4/4분기 및 연간 국민소득(잠정)', 2021년 3월 4일, 공보 2021-03-07호

<표 14-20> '20년 경제규모, 1인당 국민소득 및 디플레이터

(당해년가격 기준)/(조원, 전년대비 %, 억달러)

	단위	2017	2018	2019p	2020p
국내총생산 (GDP)[1]	조원	1,835.7 (5.5)	1,898.2 (3.4)	1,919.0 (1.1)	1,924.5 (0.3)
	억달러	16,233 (8.2)	17,252 (6.3)	16,463 (-4.6)	16,308 (-0.9)
국민총소득 (GNI)[1]	조원	1,843.2 (5.5)	1,905.8 (3.4)	1,935.7 (1.6)	1,940.3 (0.2)
	억달러	16,299 (8.3)	17,321 (6.3)	16,606 (-4.1)	16,443 (-1.0)
1인당 GNI[1]	천원	35,886 (5.2)	36,930 (2.9)	37,435 (1.4)	37,473 (0.1)
	달러	31,734 (8.0)	33,564 (5.8)	32,115 (-4.3)	31,755 (-1.1)
GDP디플레이터	%	2.2	0.5	-0.9	1.3

주: 1) ( )내는 전년대비 증감률
  2) 한국은행 보도자료는 인터넷 홈페이지(http://www.bok.or.kr)에, 세부 통계는 한국은행 경제통계시스템(ECOS, http://ecos.bok.or.kr)에 수록되어 있다."
출처: 한국은행, 경제통계국 국민계정부 국민소득총괄팀 과장 안용비, 팀장 최정태 지출국민소득팀 과장 이승한, 팀장 이인규 '2020년 4/4분기 및 연간 국민소득(잠정)', 2021년 3월 4일, 공보 2021-03-07호

나-2-1. (명목 국민총소득)

2020년 연간 명목[52] 국민총소득(GNI)은 명목 국외순수취요소소득이 감소하면서 0.2% 증가했다. 그러나 GDP 디플레이터는 전년대비 1.3% 상승했다. 내수 디플레이터는 1.1% 상승하고, 수출 디플레이터는 5.0% 하락, 수입 디플레이터는 6.7% 하락했다.[53]

---

52) 명목 국민총소득은 물가인상률을 포함한다.
53) 한국은행, 경제통계국 국민계정부 국민소득총괄팀 과장 박지원, 팀장 이동원, 지출국민소득팀 과장 박진호, 팀장 강창구, '2020년 4/4분기 및 연간 실질 국내총생산(속보)', 국민소득통계 보도자료, 2020년 1월 22일, 공보 2020-01-24호

〈표 14-21〉 명목소득 증감률 및 디플레이터 상승률

	단위	2017	2018	2019ᵖ	(당해년 가격 기준) 2020ᵖ
명목국민총소득[1]	조원	1,843.2	1,905.8	1,935.7	1,940.3
(명목GNI)	%	(5.5)	(3.4)	(1.6)	(0.2)
명목국외순수취요소소득	조원	7.5	7.6	16.7	15.9
명목국내총생산[1]	조원	1,835.7	1,898.2	1,919.0	1,924.5
(명목GDP)	%	(5.5)	(3.4)	(1.1)	(0.3)
GDP디플레이터[2]	%	2.2	0.5	-0.9	1.3
(내 수)	〃	1.9	1.6	1.3	1.1
(수 출)	〃	5.0	1.3	-4.8	-5.0
(수 입)	〃	4.7	4.7	1.1	-6.7
환 율[3]	원/달러	1,130.8	1,100.3	1,165.7	1,180.1
	%	(-2.6)	(-2.7)	(5.9)	(1.2)

주: 1) ( )내는 전년대비 증감률
2) 원계열 전년대비 등락률, 내수는 재고제외 기준
3) ( )내는 기준환율(기간평균) 전년대비 등락률
4) 한국은행 보도자료는 인터넷 홈페이지(http://www.bok.or.kr)에, 세부 통계는 한국은행 경제통계시스템(ECOS, http://ecos.bok.or.kr)에 수록되어 있다."
출처: 한국은행, 경제통계국 국민계정부 국민소득총괄팀 과장 박지원, 팀장 이동원, 지출국민소득팀 과장 박진호, 팀장 강창구, '2020년 4/4분기 및 연간 실질 국내총생산(속보)', 국민소득통계 보도자료, 2020년 1월 22일 공보 2020-01-24호

나-2-2. (실질 국민총소득)

2020년 연간 실질[54] 국민총소득(GNI)은 실질 국외순수취요소소득은 줄어들었으나, 유가 하락 등으로 교역조건이 개선되며 0.3% 감소했다.[55]

---
54) 실질 국민총소득은 물가인상률을 포함하지 않는다.
55) 한국은행, 경제통계국 국민계정부 국민소득총괄팀 과장 박지원, 팀장 이동원, 지출 국민소득팀 과장 박진호, 팀장 강창구, '2020년 4/4분기 및 연간 실질 국내총생산(속보)', 국민소득통계 보도자료, 2020년 1월 22일, 공보 2020-01-24호

〈표 14-22〉 실질 소득지표 추이

(2015년 연쇄가격 기준)

	단위	2017	2018	2019[p]	2020[p]
실질국민총소득[1)]	조원	1,793.8	1,822.2	1,824.1	1,819.1
(실질GNI)	%	(3.3)	(1.6)	(0.1)	(-0.3)
실질국외순수취 요소소득	조원	7.1	7.1	15.3	14.7
실질국내총소득[2)]	조원	1,786.7	1,815.0	1,808.7	1,804.3
(실질GDI)	%	(3.3)	(1.6)	(-0.3)	(-0.2)
교역조건변화에 따른실질무역손익	조원	25.9	3.0	-40.2	-26.9
실질국내총생산	조원	1,760.8	1,812.0	1,849.0	1,831.2
(실질GDP)	%	(3.2)	(2.9)	(2.0)	(-1.0)

주: 1) 실질 국민총소득(GNI) = 실질 국내총소득(GDI) + 실질 국외순수취요소소득
　　2) 실질 국내총소득(GDI) = 실질 국내총생산(GDP) + 교역조건 변화에 따른 실질무역손익
　　3) (　)내는 전년대비 증감률
출처: 한국은행, 경제통계국 국민계정부 국민소득총괄팀 과장 박지원, 팀장 이동원, 지출국민소득팀 과장 박진호, 팀장 강창구, '2020년 4/4분기 및 연간 실질 국내총생산(속보)', 국민소득통계 보도자료, 2020년 1월 22일, 공보 2020-01-24호

3. 공정 & 혁신적 포용국가 달성

가. 부정부패 척결의 필요

공정과 혁신적 포용국가, 사회적 가치 중심정부, 참여와 협력, 신뢰받는 정부는 현 정부의 정부혁신 슬로건이며 동시에 정부혁신의 3대전략이기도 하다. 아울러 현 정부는 국제투명성기구의 부패인식지수(CPI: Corruption Percception Index)를 2022년까지 20위권 진입을 중요 국정과제로 삼고, 목표로 제시했다. 국제투명성기구(TI: Transprancet International)에서 2019년 1월 29일 발표한 2018년 부패인식지수(CPI)에서 한국은 57점으로 180개 국가 중에서 45위를 기록했다. 이

는 전년대비 3점이 오른 것이며 국가별 순위에서는 6계단이나 순위가 올랐다. 한국의 부패인식지수(CPI) 57점은 국제투명성기구(TI)가 발표된 이후 받은 최고의 점수이다. 2016년 이후 50위권으로 밀렸던 순위가 40위권으로 회복되었다. 그러나 한국의 경제수준과 국가의 위상을 고려할 때 45위는 부끄러운 수준이다. 아울러 경제협력개발기구(OECD)[56] 국가 중에서도 바닥 수준의 성적을 보이고 있으며, 아시아·태평양 국가에서도 9위 수준이다. 2018년 한국의 부패인식지수(CPI)는 상당히 개선되고 있으나 아직도 갈 길이 멀다고 느껴지고 있다. 2017년(54점, 51위/180개 국가)은 OECD 35개국 중에서도 29위 수준이며, 2018년은 OECD 36개국 중에서 30위를 기록하면서 경제협력개발기구(OECD) 순위를 보면 사실상 정체(停滯)상태에 있다. 그러나 2018년을 기점으로 정체상태의 부패(腐敗)[57] 인식지수(CPI)의 추세가 변화가능성을 보여주고 있다는 점은 긍정적 요소로 받아들여지고 있으나 여전히 OECD 국가 중에서는 저조한 수준이므로 정부와 기업, 공공기관이 더욱 분발해야 할 방향성을 제시하고 있다.

---

56) 경제협력개발기구(Organization for Economic Co-operation and Development: OECD)
57) 영어로 부패는 corruptiondlek. 이는 라틴어 cor(함께)과 rupt(파멸하다)의 합성어로 함께 파멸하다는 의미이다. 한자로 腐敗(부패)는 공동체가 썩어 무너진다는 의미이다. 국제투명성기구는 부패를 '사적이득을 위한 위임된 권력의 남용'으로 정의하고 있으며, 세계은행은 '사적이득을 위한 공적 직위의 남용'이라고, OECD는 '사적 이득을 위한 공적 혹은 사적 직위의 남용'이라고 정의하고 있다. 따라서 부패란 국가자원 배분을 국민으로부터 위임받은 공적 직위의 개인·조직이 사적 이익(금전적 이익, 지위상 이익)을 추구하면서 국가로부터 부여된 권한을 남용하는 것을 의미한다. 따라서 이는 공공의 이익을 심각하게 훼손하여 신뢰사회를 저해하는 결정적 요소로 작용한다.

〈표 14-23〉 한국의 시대정신으로 부각된 반부패·청렴

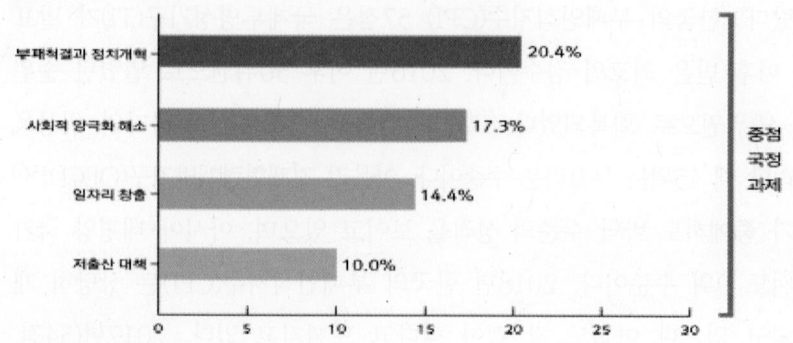

자료: 한국 사회여론연구소, 2017.12
출처: 국민권익위원회, 「5개년 반부패종합계획」 관계기관합동, p.2. 2018.4

다행스러운 점은 '공직자윤리법'(일명 관피아 방지법, 시행: 2017. 7.26.), '부정청탁 및 금품수수의 금지에 관한 법률'(약칭 청탁금지법, 시행: 2019.10.17.)을 정부가 강력하게 시행하고 있다. 공직사회뿐만 아니라 공공기관 및 기업도 동참하고 있는 현상이 곳곳에서 감지되고 있다. 공직사회를 포함한 공공기관 및 기업의 청렴성은 국가의 발전과 국가경쟁력의 기본적 척도가 되기 때문이다. 이와 관련 서울대학교 조사(2005.6)에서 부패가 근절되지 않는 가장 큰 요인을 무엇으로 보는가? 에서 권력층 및 사회지도층의 부패, 도덕적 해이가(33.3%), 처벌이 너무 관대해서가(24.8%)로 조사되어 한국 사회가 부정부패에 대한 국민적 인식이 여전히 낮다는 것을 알 수 있다.58)

---

58) 군사정권을 포함한 거의 모든 정권에서(2015년 이전) 발생하였던 권력게이트는 대통령의 자제, 친인척, 형제, 측근 등에서 발생했다. 이들을 감시해야 할 기구나 조직이 있었으나 유명무실했다. 한국 국민들은 이런 권력게이트에 무관심했다. 시민사회단체도 제 역할을 하지 못했다.

〈표 14-24〉 한국의 부패인식지수 현황

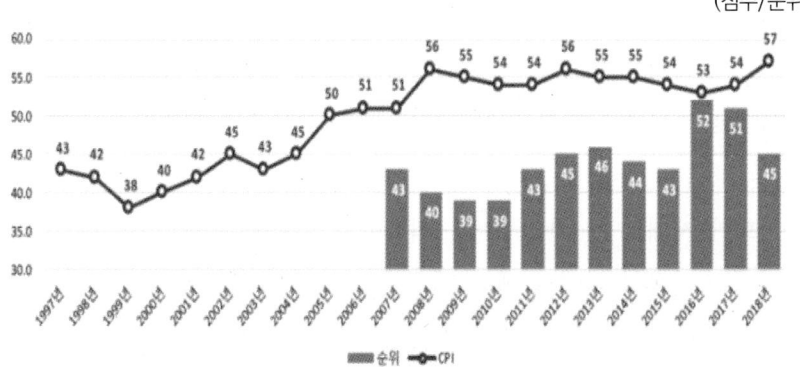

주: 1) 한국은 조사에 포함된 1997년 이후 2008년까지 지수가 상승했으나, 이후 2018년까지 순위는 위 그림에서 제시한 바와 같다.
자료: 국제투명성기구

〈표 14-25〉 한국의 부패인식지수 추이

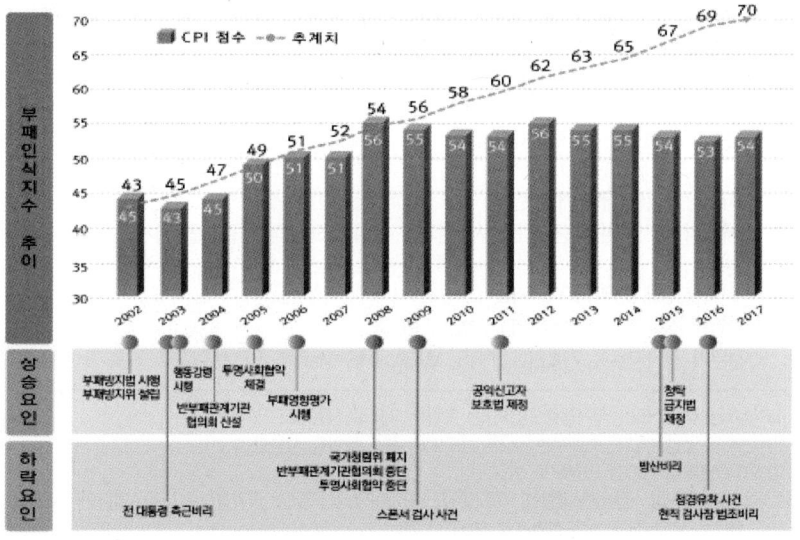

출처: 국민권익위원회, 「5개년 반부패종합계획」 관계기관합동, p.4. 2018.4

제14장 한국의 국가 대혁신 597

'촛불시민혁명'을 통하여 출범한 문재인 정부의 가장 중요한 임무는 국정농단과 권력형 비리를 초래한 부정부패의 근원적 해결을 기대하고 있다.59) 한국의 국민들은 새로 출범한 문재인 정부가 시급히 추진해야 할 과제로 부정부패 척결을 언급했다. 따라서 문재인 정부의 시대적 소명은 부패척결을 위한 법·제도를 정비하는 것이 급선무로 떠올랐다. 한국 사회가 제대로 된 부정부패를 척결하지 않으면 선진국 진입에 장애가 되어 저성장의 늪에서 헤어 나오지 못할 것이라는 것이 기본전제이다. 부정부패는 한 나라의 '사회의 기본적 가치(social primary goods)'를 심각하게 훼손하는 것은 물론 공공선(common goods)을 훼손하고, 신뢰사회를 무너뜨리는 데 문제의 심각성이 있다.

〈표 14-26〉 부패인식지수(CPI) 개요

- 발표기관 : 국제투명성기구(TI, Transparency International, 독일 베를린 소재)
- 국가청렴도 개념(CPI, Corruption Perceptions Index): 공공·정치부문에 존재하는 것으로 인식되는 부패의 정도를 측정하는 지표로서 반부패에 대한 관심을 불러 일으키는 유용한 도구로 평가됨(1995년부터 발표)

※ 점수가 높을수록 청렴(100점 만점)

- 조사대상 : 180개국(매년 변동)
- 조사방법 : 기업인 대상 설문조사 결과와 애널리스트 평가 결과를 집계

※ 한국은 9개 기관 10개 지표
  - 기업인 설문자료 : 3개(IMD, WEF, PERC
  - 전문가 평가자료 : 7개(EIU, PRS, WJP, IHS Markit, BF 변혁지수·지속가능지수

주: 1) 부패인식지수 또는 국가청렴도(CPI)는 동일한 의미로 사용하고 있다.
  2) 한국의 국민권익위원회에서는 국가청렴도(CPI)라는 용어를 사용함
  3) 2012년부터 100점 만점으로 변경했다.
자료: 국민권익위원회, 김상년·나현성, 2020년도 국제투명성기구(TI) 국가청렴도(CPI) 대한민국 33위, 61점으로 역대 최고, 보도설명자료, 2021.1.28.

---

59) 대통령에게 투표한 이유 중 부패비리청산(30%)이 1위로 나타났다(지상파 심층 출구조사, 2017.5월) 국민권익위원회, 「5개년 반부패종합계획」 관계기관합동, p.21. 2018.4

부패의 정도와 성격이라는 문제에 있어서도 역시 중요한 문화적 차이가 있음은 물론이다. 근대화를 넘어선 이후 산업화를 거치는 동안 산업정책의 주요한 문제 중의 하나는 이로 인해 공무원의 부패가 생겨나고, 공무원(선출직 공무원 포함)이 부패하면서 그 이면에는 그 정책이 가져다주는 공공의 이익이 손상되는 악순환의 고리가 형성되고 있다는 점을 지적하지 않을 수 없다. 또한 부정축재로 권력 카르텔을 공고히 다지는 계기가 되었다. 신뢰(trust)의 결여가 경제 상태를 취약하게 만드는 경우를 수없이 경험했다. 한국은 정권마다 각종 게이트가 발생하여 사회적 비용을 지출하는 쓰라린 경험도 있었으나 아직도 부패가 완전히 사라지지는 않았다. 오히려 더 은밀한 곳으로 이동했다고 보는 것이 현명한 생각일 수도 있다. 사회지도층, 고위공직자의 청렴문화가 정착되지 않는 이상 부정부패가 스스로 사라지지는 않을 것이다. 따라서 엄격하고도 강력한 처벌과 '100% 환수제도'[60]를 정착시켜 발본색원(拔本塞源)[61]하지 않으면 국가의 미래는 암흑에서 헤어나기가 쉽지 않을 것이다. 군사정권 시기 공직사회가 기업과 결탁하여 특정기업에 특혜를 베풀었던 적이 있었다. 그러나 21세기의 국가경영은 공정과 상생, 동반성장을 위해서 공정한 기회와 '게임의 룰(the rules of the game)'이

---

[60] 부정부패 축재로 불법자금을 받으면 받은 금액의 150%를 추가 징수하는 제도로 필자가 부정부패를 근원적으로 뿌리 뽑기 위해 아이디어 차원에서 제안한 제도이다. 혈연·학연·지연으로 '끼리끼리 문화'가 만연한 한국 사회에서는 처벌이 관대하여 한바탕 크게 사고치고 몇 년 살다 나오지하는 풍조를 완전히 불식시키지 않으면 부패는 콘크리트 바닥을 뚫고 나올 수 있는 위력을 가지고 있으므로 100% 환수로는 제도 정착이 어렵기 때문에 부패를 하면 가문이 망할 수 있는 경고를 보내는 동시에 강력한 처벌이 뒤따라야 한다. 이를 위해서는 사회적 합의가 있어야 한다.
[61] 근본(根本)을 빼내고 원천(原泉)을 막아 버린다는 뜻으로, 사물(事物)의 폐단(弊端)을 없애기 위(爲)해서 그 뿌리째 뽑아 버림을 이르는 말이다. 춘추좌시전(春秋左氏傳); 좋지 않은 일의 근본 원인이 되는 요소를 완전히 제거하여 다시는 그러한 일 또는 악순환이 생길 수 없도록 함을 일컫는다.

보장되어야 한다. 아울러 정부는 경제적·기술적·공존적 틀을 세워야 한다. 중소기업은 여러 방면에서 자생적 성장에 한계를 느끼고 있다. 정부는 이들을 찾아 문제를 해결하고 지원하는데 진력해야 한다. 또한 정부는 중소기업의 지속적 성장을 위해 기술적·경제적으로 대기업의 횡포를 제도적으로 방지하는 공정의 틀을 제시해야 할 것이다. 중소기업이 강한 국가는 국가경쟁력뿐만 아니라 지속가능성을 유지·발전시킬 수 있다. 공정거래위원회[62]의 역할이 중요해지고 있다. 다음은 2017년도 부패인식도 조사 결과로 사회인식에 대한 결과로 다수의 국민들은 한국 사회가 부패하다고 생각(66.8%)하고 있으며, 청렴하다는 응답은 소수(5.6%)에 불과하다는 것으로 나타났다. 다음 그림에서는 일반국민들이 기업인, 전문가보다도 사회가 부패하다고 인식하고 있다(〈표 14-26〉). 한국 국민들은 1) 부패원인 제공자로 정치인(56%), 고위공직자(30.3%), 기업인(5.6%), 일반시민(4%), 중·하위공직자(1.8%) 순으로 나타났다.

---

[62] 공정거래위원회는 독점 및 불공정거래에 관한 사항을 심의의결하기 위해 설립된 국무총리 소속의 기관으로 합의제 준사법기관으로 경쟁정책을 수립운영하며 공정거래 관련사건을 심결처리하는 역할을 담당한다. : 공정거래위원회 홈페이지; www.ftc.go.kr/www/contents.do?key=326(검색;2020.01.14.); 공정위의 주요 기능은 경쟁촉진, 소비자주권확립, 중소기업 경쟁기반 확보, 경제력 집중억제 등 구체적인 사항은 홈페이지 참조; 공정거래법(제1조)은 사업자의 시장지배적 지위의 남용과 과도한 경제력의 집중을 방지하고, 부당한 공동행위 및 불공정거래행위를 규제하여 공정하고 자유로운 경쟁을 촉진함으로써 창의적인 기업 활동을 조장하고 소비자를 보호함과 아울러 국민경제의 균형있는 발전을 도모함을 목적으로 함.

〈표 14-27〉 한국 사회의 전반적 부패수준

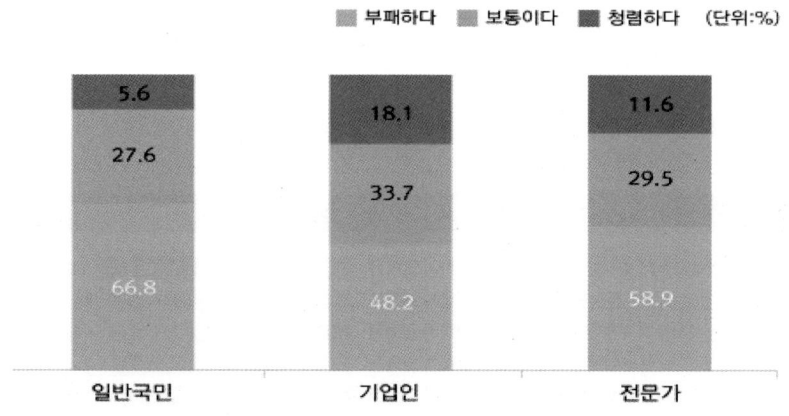

출처: 국민권익위원회, 「5개년 반부패종합계획」 관계기관합동, p.5. 2018.4

2) 부패의 발생 원인으로는 부패유발 문화(37.8%), 개인의 윤리의식 부족(23%), 고비용 정치구조(19.7%), 불합리한 법·제도 규제(17.9%) 순이며 부패유발적 사회문화를 가장 큰 문제점으로 지적하였다. 다음은 3) 부패척결 과제로 적발·처벌강화(28.3%), 사회지도층 등에 대한 감시활동(20.6%), 부패유발 법·제도개선(13%), 부패유발 사회문화 개선(12.9%), 강력한 부패방지전담기구 마련(10.2%) 등으로 나타나[63] 부패행위에 대한 적발·처벌을 강화하는 것이 최우선과제로 우리 국민들은 생각하고 있다. 2019년 최근 한국사회의 부정부패와 관련 신뢰성 있는 조사[64]에서 한국사회에는 부정부패가 만연해 있다는 인식이 강한 것을 확인할 수 있었다. 무려 10명중 8명 가까이(76.5%)가 한국의 부정부패

---

[63] 국민권익위원회, '국민생각함'을 통한 반부패 대책 의견수렴(2017.12~2018.2월); 2030세대 간담회(2018.3월); 2017년 부패인식도 조사 결과 등을 바탕으로 작성. 국민권익위원회, 「5개년 반부패종합계획」 관계기관합동, p.61. 2018.4
[64] 리서치기업 엠브레인, "한국사회에 만연해있는 '부정부패' 성공에 대한 불신 강하고 '상대적 박탈감' 클 수밖에" 「2019 한국사회 부정부패 및 김영란법 관련조사」, 2019.9.27

수준이 높은 편이라고 조사결과 밝혀졌다. 부정부패가 가장 심각한 것은 정치권(95.2%, 중복응답)을 꼽았다는 점에 주목할 필요가 있다.65)

<표 14-28> 한국사회의 '부정부패' 수준이 높다고 생각하는 이유

주: 1) 시장조사 전문기업 트렌드모니터(trendmonitor.co.kr)가 전국 만 19~59세 성인남녀 1,000명을 대상으로 설문조사.
출처: 리서치기업 엠브레인, "한국사회에 만연해있는 '부정부패' 성공에 대한 불신 강하고 '상대적 박탈감' 클 수밖에" 「2019 한국사회 부정부패 및 김영란법 관련조사」, 2019.9.27.; https://blog.naver.com/mkresearch/221661039993 (검색: 2020.02.12.)

한국사회에서 부정부패를 저지르지 않고 성공한 사람은 거의 없을 것 같고(52.5%), 큰 사회적 성공을 거둔 사람들은 청렴하다고 보기 어렵다(50.6%)는 생각을 가지고 있었다. 정당한 방법만으로는 한국사회에서 성공을 이뤄내는 것이 힘들다고 생각하는 사람들이 많다는 것을 느낄 수 있다.66)

65) 한국에서 부정부패가 심각한 그룹이나 조직에 대해 보다 자세한 것은 리서치기업 엠브레인, "한국사회에 만연해있는 '부정부패' 성공에 대한 불신 강하고 '상대적 박탈감' 클 수밖에" 「2019 한국사회 부정부패 및 김영란법 관련조사」, 2019.9.27., 참조
66) 리서치기업 엠브레인, "한국사회에 만연해있는 '부정부패' 성공에 대한 불신 강하고 '상대적 박탈감' 클 수밖에" 「2019 한국사회 부정부패 및 김영란법 관련조사」, 2019.9.27

〈표 14-29〉 한국사회 '부정부패' 관련 전반적인 인식평가

(Base: 전체, N=1,000, 단위: 동의율 %)

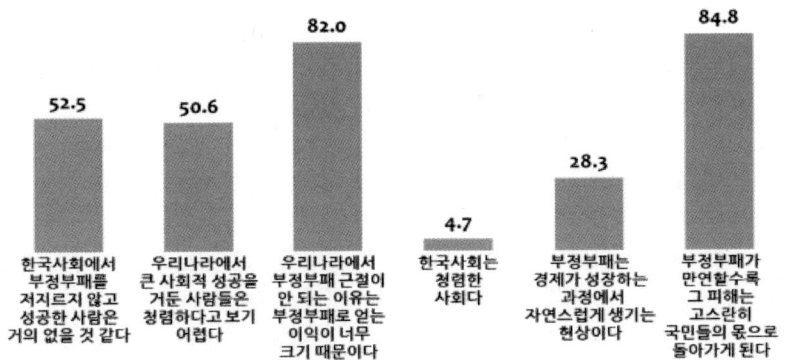

주: 1) 시장조사 전문기업 트렌드모니터(trendmonitor.co.kr)가 전국 만 19~59세 성인남녀 1000명을 대상으로 설문조사.
출처: 리서치기업 엠브레인, "한국사회에 만연해있는 '부정부패' 성공에 대한 불신 강하고 '상대적 박탈감' 클 수밖에" 「2019 한국사회 부정부패 및 김영란법 관련조사」, 2019.9.27.; https://blog.naver.com/mkresearch/221661039993 (검색: 2020.02.12.)

한국에서 부정부패를 해결하기 위해서는 부정부패를 범한 사람들에 대한 엄격한 처벌이(75.2%, 중복응답), 또한 부정부패로 인한 수익의 환수 및 몰수(67.3%)를 시행하는 것이었다.67) 이에 필자는 수익의 환수 및 몰수를 강력하게 시행해야 하며, 특히 환수시는 수익의 전부를 몰수하여 부정부패를 하면 멸문지가(滅門之家) 된다는 제도를 시행해야 한다고 주장했다. 이런 강력한 제도를 취하지 않으면 부정부패를 발본 색원하기가 쉽지 않다.

---

67) 리서치기업 엠브레인, "한국사회에 만연해있는 '부정부패' 성공에 대한 불신 강하고 '상대적 박탈감' 클 수밖에" 「2019 한국사회 부정부패 및 김영란법 관련조사」, 2019.9.27

〈표 14-30〉 한국 '부정부패'의 척결을 위한 주요과제

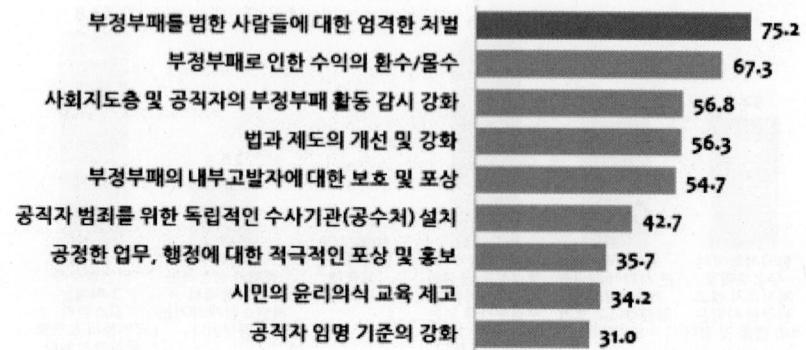

주: 1) 시장조사 전문기업 트렌드모니터(trendmonitor.co.kr)가 전국 만 19~59세 성인남녀 1000명을 대상으로 설문조사.
출처: 리서치기업 엠브레인, "한국사회에 만연해있는 '부정부패' 성공에 대한 불신 강하고 '상대적 박탈감' 클 수밖에"「2019 한국사회 부정부패 및 김영란법 관련조사」, 2019.9.27.; https://blog.naver.com/mkresearch/221661039993 (검색: 2020.02.12.).

한국은 이미 제4차 산업혁명이라는 매우 중요한 전환기에 진입하여 가속하려고 하고 있다. 경제적으로는 선진국 수준에 진입하였으나 정치적·사회적·문화적 가치를 정부와 기업이 공유하고 발전적 미래로 나아갈 수 있는 장을 만들어가야 한다. 그러나 여전히 정치가 경제발전의 발목을 잡는 상황이 반복적으로 재현되고 있어 사회 구조적·제도적 혁신운동이 전개되어야 한다. 정당의 선진화 시스템 구축, 내부 고발자 보호제도 등 정치적 민주화를 이룩하지 않고서는 한국의 부정부패는 좀처럼 사라지지 않을 것이다.

〈표 14-31〉 한국의 부패인식지수(CPI) 점수와 순위

연도	CPI점수	순위	조사국가수	연도	CPI점수	순위	조사국가수
1995	4.29/10	27	41	2007	5.1	43	180
1996	5.02	27	54	2008	5.6	40	180
1997	4.29	34	52	2009	5.5	39	180
1998	4.2	43	85	2010	5.4	39	178
1999	3.8	50	99	2011	5.4	43	183
2000	4.0	48	101	2012	56/100	45	176
2001	4.2	42	91	2013	55	46	177
2002	4.5	40	102	2014	55	44	175
2003	4.3	50	133	2015	54	43	168
2004	4.5	47	146	2016	53	52	176
2005	5.0	40	159	2017	54	51	180
2006	5.1	42	163	2018	57	45	180

주) 부패인식지수(CPI)점수는 2011년까지 10점 만점으로 산정하였으나, 2012년 이후 100점 만점으로 산정했다. 따라서 0점이 가장 부패하고 100점이 가장 청렴하다.
자료: 국제투명성기구(TI: Transparenct International) 한국본부 한국투명성기구(Transparency International _korea)
출처: 이상학, "2018년 부패인식지수(CPI)분석" 국제투명성기구 한국본부 한국투명성기구 자료 〉 일반자료, 2019.02.18. http://www.ti.or.kr/xe/broad_oKbg36/101992 (검색: 2020.1.11)

부패인식지수(CPI) 점수의 변화를 다음의 그래프가 보여주고 있다. 한국의 부패인식지수(CPI) 점수는 1999년 이후 2008년까지 10년 동안 개선되는 추세를 보여주고 있다. 그러나 2008년 56점을 기록한 이후 등락을 거듭하고 있으며 2012년 이후에는 완만하지만 추세적으로 하락하는 모습을 보이고 있다. 2016년에는 사상 최저 순위인 52위로 떨어졌으며 2017년에 51위, 2018년에 45위로 2015년 이후 처음으로 40위권에 진입했다.

〈표 14-32〉 한국의 CPI점수와 순위변화

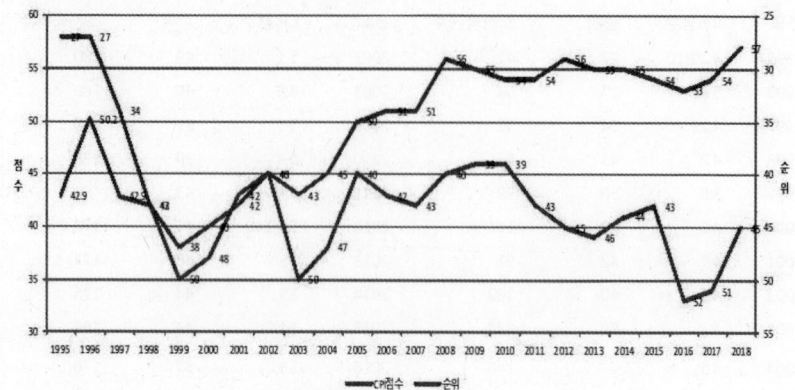

자료: 국제투명성기구(TI: Transparenct International) 한국본부 한국투명성기구(Transparenct International _korea)
출처: 이상학, "2018년 부패인식지수(CPI)분석" 국제투명성기구 한국본부 한국투명성기구 자료 > 일반자료, 2019.02.18. http://www.ti.or.kr/xe/broad_oKbg36/101992 (검색: 2020.1.11)

경제협력개발기구(OECD) 국가들과 비교하여도 한국의 점수는 현저히 낮은 수준이다. 2017년은 (29위/35개국), 2018년 (30위/36개국) OECD 회원국 중에서 한국보다 낮은 점수를 받은 나라는 이탈리아, 슬로바키아, 헝가리, 그리스, 터키, 멕시코의 6개국뿐이다.[68]

부패측정도구에는 부패의 받는 측면(공공부패)을 측정하는 부패인식지수(CPI)와 주는 측변(민간부패)을 측정하는 뇌물공여지수(BPI:Bribe Payers Index, BPI), 그러나 이것으로도 부족하기 때문에 '국민의 인식'을 추가적으로 측정해야 한다. 각 국의 국민 일반의 부패 관련 인식을 측정하는 지표로 세계부패척도(GCB: Global Corruption Barometer)가 있다. 이들은 상호보완적 성격을 가지고 있다. 부패인식지수

---

[68] 이상학, "2018년 부패인식지수(CPI)분석" 국제투명성기구 한국본부 한국투명성기구 자료 > 일반자료, 2019.02.18. http://www.ti.or.kr/xe/broad_oKbg36/101992 (검색: 2020.01.11)

〈표 14-33〉 OECD 국가 부패인식지수(CPI)

전체 순위	OECD 순위	국가	2018 CPI	전체 순위	OECD 순위	국가	2018 CPI
1	1	덴마크	88	21	19	프랑스	72
2	2	뉴질랜드	87	22	20	미국	71
3	3	핀란드	85	27	21	칠레	67
3	3	스웨덴	85	30	22	포르투갈	64
3	3	스위스	85	34	23	이스라엘	61
7	6	노르웨이	84	36	24	폴란드	60
8	7	네덜란드	82	36	24	슬로베니아	60
9	8	캐나다	81	38	26	체코공화국	59
9	8	룩셈부르크	81	38	26	리투아니아	59
11	10	독일	80	41	28	라트비아	58
11	10	영국	80	41	28	스페인	58
13	12	호주	77	45	30	대한민국	57
14	13	오스트리아	76	52	31	이탈리아	53
14	13	아이슬란드	76	57	32	슬로바키아	50
17	15	벨기에	75	64	33	헝가리	46
18	16	에스토니아	73	67	34	그리스	45
18	16	아일랜드	73	78	35	터키	41
18	16	일본	73	138	36	멕시코	28

자료: 국제투명성기구(TI: Transparency International) 한국본부 한국투명성기구(Transparenct International _korea)
출처: 이상학, "2018년 부패인식지수(CPI)분석" 국제투명성기구 한국본부 한국투명성기구 자료 〉 일반자료, 2019.02.18. http://www.ti.or.kr/xe/broad_oKbg36/101992 (검색: 2020.1.11.)

(CPI) 결과를 구체적으로 살펴보기 위해서는 부패인식지수 산출에 사용된 원천자료를 분석할 필요가 있다. 그 이유는 국제투명성기구(TI: Transparenct International)에서 부패인식지수 산출에 여러 가지 원천자료를 사용하고 있기 때문이다. 2018년 한국의 부패인식지수(CPI) 산출에 사용된 원천자료는 10개이다. 여기에는 베텔스만 재단, 세계경제포럼, 정치경제위험자문공사, 정치위험서비스그룹 등 9개의 세계적인 기관들이 포함되어 있다. 10개의 원천자료는 조사대상과 조사항목에서

〈표 14-34〉 한국 부패인식지수 산정에 사용된 원천자료

약칭	조사기관	지수 명칭	조사방법	주요 조사 내용	점수 '17	'18
SGI	베텔스만 재단 Bertelsmann Foundation	지속가능지수 Sustainable Governance Indicators	전문가 평가	공무원의 사익목적 지위남용을 막을 수 있는 정도	53	62
TI		변화지수 Transformation Index	전문가 평가	직권남용 공무원의 처벌가능성/정부의 부패 억제 기능	53	53
IMD	국제경영개발원 IMD	국제경쟁력지수 World Competitiveness Yearbook	경영자 설문조사	부패와 뇌물의 존재 여부	46	50
PRS	정치위험관리그룹 Political Risk Services Group	국가위험지수 International Country Risk Guide	전문가 평가	정치와 기업 사이의 의심스러운 관계, 후원과 호의의 교환 등 정치시스템 내부의 부패	50	50
WEF	세계경제포럼 World Economic Forum	국가경쟁력지수 Global Competitive Index	경영자 설문조사	수출입, 공공계약, 법원 판결 등을 위해서 뇌물이나 비공식적인 추가비용을 지불하는 정도/공공기금의 유용 정도	55	56
WJP	세계사법프로젝트 World Justice Project	법치주의지수 Rule of Law Index	전문가 평가	공무원의 공직의 사적 이용(공공의료 시스템, 규제당국, 경찰, 법원 등) 정도	69	69
EIU	Economist Intelligence Unit	국가위험지수 Country Risk Ratings	전문가 평가	공적기금의 관리 책임, 유용, 감독 등 주로 공공자원의 관리/계약 등에서의 뇌물 관행	55	55
GI	IHS Global Insight	GI국가위험지수 Global Insight Country Risk Ratings	전문가 평가	수출입이나 일상적인 업무에 이르기까지 기업활동에 영향 미치는 부패나 뇌물	59	59
PERC	정치경제위험자문공사 Political & Economic Risk Consultancy	아시아 부패지수 Asian Intelligence	경영자 설문조사	경영 활동 중인 국가의 부패 정도	45	42
V-DEM	민주주의 다양성 기관 V-Dem Institution	VDEM 부패지수	전문가 조사	정치부패의 만연 정도(공무원, 경영자, 입법 및 사법)	60	70

자료: 국제투명성기구(TI: Transparenct International) 한국본부 한국투명성기구(Transparenct International _korea)
출처: 이상학, "2018년 부패인식지수(CPI)분석" 국제투명성기구 한국본부 한국투명성기구 자료 〉 일반자료, 2019.02.18. http://www.ti.or.kr/xe/broad_oKbg36/101992 (검색: 2020.1.11.)

차이가 있지만 기본적으로 한 국가 내부의 부패정도를 파악하고 있다. 일부조사는 전문가들의 평가를 중심으로 점수가 산출되고, 일부 조사는 전문가들이나 경영자들을 대상으로 하는 설문조사 방식을 사용하고 있다. 각 원천자료에 따라 조사방법이 다양하지만 모든 조사는 해당 국가와 관련된 경영인이나 전문가를 대상으로 한 조사가 이루어지고 이 결과를 조사기관의 전문가 등이 다시 국가별로 비교하는 등의 작업을 거쳐서 산출하고 있다.

이렇게 산출된 13개의 1차 자료를 바탕으로 국제투명성기구(TI)가 부패인식지수[69] 점수를 산정한다.[70] 다음 표에서 경제협력개발기구(OECD) 평균과 가장 큰 차이가 나는 조사는 PERC, PRS, IMD 등이다. PERC는 20.5점, PRS는 19.3점, IMD는 17.3점의 차이를 보이고 있다. 그러나 OECD 평균과 별로 차이가 나지 않는 조사도 있다.

---

[69] 부패인식지수란 정부를 포함한 공공부문 부패수준에 대한 인식지수임. 국제투명성기구(Transparency International, TI)가 1995년부터 세계은행(World Bank) 등 13개 국제기관의 국가분석 전문가들을 대상으로 각국의 공공부문 부패수준에 대해 어떻게 인식하는지를 조사하여 매년 작성함. 점수가 낮을수록 부패함을 의미하고 높을수록 청렴함을 의미함. 국가지표체계(K·indicator) 국가발전지표〉사회통합〉시민성〉부패인식지수; 국가지표체계에서는 100점척도 점수를 10점 척도 점수로 환산한 자료를 제시하고 있음.
[70] 이상학, "2018년 부패인식지수(CPI)분석" 국제투명성기구 한국본부 한국투명성기구 자료〉일반자료, 2019.02.18. http://www.ti.or.kr/xe/broad_oKbg36/101992 (검색: 2020.01.11)

〈표 14-35〉 CPI: OECD 평균과 한국 점수 비교

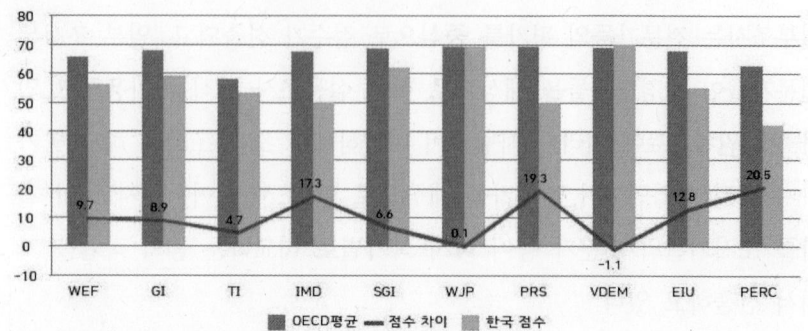

자료: 국제투명성기구(TI: Transparency International) 한국본부 한국투명성기구(Transparenct International _korea)
출처: 이상학, "2018년 부패인식지수(CPI)분석" 국제투명성기구 한국본부 한국투명성기구 자료 〉 일반자료, 2019.02.18.; http://www.ti.or.kr/xe/broad_oKbg36/101992 (검색: 2020.1.11.)

위 표에서 나타난 것과 같이 경제협력개발기구(OECD 국가들이 각 원천자료(source data)에서 얻은 점수를 단순한 평균값과 한국이 해당 원천자료에서 얻은 점수를 비교하여 경제협력개발기구(OECD) 평균과 한국의 점수 차이를 알 수 있다. 부패인식지수(CPI)[71] 분석에서도 기업과 정치권의 의심스러운 관계를 조사하는 PRS 점수가 다른 나라에 비해서 낮게 나왔다는 점을 고려하더라도 사회상층부의 부패에 대한 강력한 처벌과 제재가 요구된다. 특히 PRS 점수가 매우 낮으며 전혀 개선될 기미를 보이지 않고 있다는 점에서 정치권과 기업 간의 관계를 투명하게 만들기 위한 노력이[72] 절실히 요구되고 있다. 한국은 부정청

---

[71] 부패인식지수(CPI)의 개념은 공공·정치부문에 존재하는 것으로 인식되는 부패의 정도를 측정하는 지표로서 반부패에 대한 관심을 불러일으키는 유용한 도구로 평가됨(1995년부터 발표). 조사방법은 기업경영자를 대상으로 실시한 부패 관련 인식조사 결과와 애널리스트의 평가 결과를 집계하여 산출(2016년도 12기관의 13개 지표); 국민권익위원회, '2016년도 국제투명성기구(TI) 부패인식지수(CPI)발표결과 분석, 2017.1.25., 국민권익위원회 홈페이지 〉 부패방지 〉 청렴자료실 〉 국제협력
[72] Ibid.

탁 및 금품수수에 관한 오랜 관행이 저성장뿐만 아니라 공정사회를 일으켜 세우는데 상당한 지장을 초래하고 있다. 한국의 기득권층의 존재는 과거정부의 '반민족친일잔재청산'을 국민의 요구수준에 맞지 않게 적당하게 얼버무리고 넘어갔다는 점에서 깊은 성찰과 반성이 정치권뿐만 아니라 국민모두에게 요구되고 있다. 그러나 대통령 탄핵이후 2019년 최근에 이르러서는 사회지도층, 고위공직자들의 공정치 못한 행위에 철퇴를 내리는 현상을 바람직한 사회로 나아가는 지름길이라 생각된다.

한편 국제투명성기구(Transparency International)에서 2021년 1월 28일 발표한 2020년 부패인식지수(Corruption Perception Index : CPI)에서 한국은 61점, 180개 국가(영토 포함) 중에서 33위를 기록했다. 2018년 이후 매년 최고점을 갱신하고 있다. 그리고 국가별 순위에서는 2016년 이후 50위권으로 밀려났던 순위가 30위권으로 회복되었다. 2017년 이후 3년 사이에 7점이 상승하였고 국가별 순위가 18등급 올랐다.73) 한국의 부패인식지수가 100점 만점에 61점으로 측정돼 세계 180개국 중 33위를 기록했다. 이로써 국가 순위는 3년 내리 6계단씩(51 → 45 → 39 → 33위) 상승했다. 경제협력개발기구(OECD) 37개국 중에서는 23위를 기록했다. 부패인식지수74)는 국제투명성기구 Transparency International, TI가 1995년부터 세계은행 등 국제기

---

73) 이상학 국제투명성기구 한국본부 한국투명성기구, 2020년 부패인식지수(CPI) 분석, 2021-01-28. http://ti.or.kr/data/index.php?ptype=view&idx=691&page=1&code=data (검색: 2021.1.28.)
74) 부패인식지수(CPI: Corruption Percception Index)는 월드뱅크 등 13개 국제기관의 국가분석전문가들에게 각 국가별로 공공부문 부패 정도에 대해 조사. 주요 질문 내용은 "권력형 비리에 대한 처벌 수위가 어느 정도인가?", "정부예산 배정과 집행 과정이 투명하게 공개되는가?", "설명할 수 없는 특수공무비용이 존재하는가?", "공공재원에 대해 감사하는 독립기구가 존재하는가?", "부정부패에 대해 고발한 내부 고발자, 언론인 등에 대한 법적 보호가 충분히 이뤄지고 있는가?" 등임

관의 국가분석 전문가들을 대상으로 각국의 공공부분 부패수준에 대해 어떻게 인식하고 있는지를 조사한 결과를 통해 작성된다.

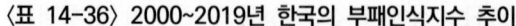
〈표 14-36〉 2000~2019년 한국의 부패인식지수 추이

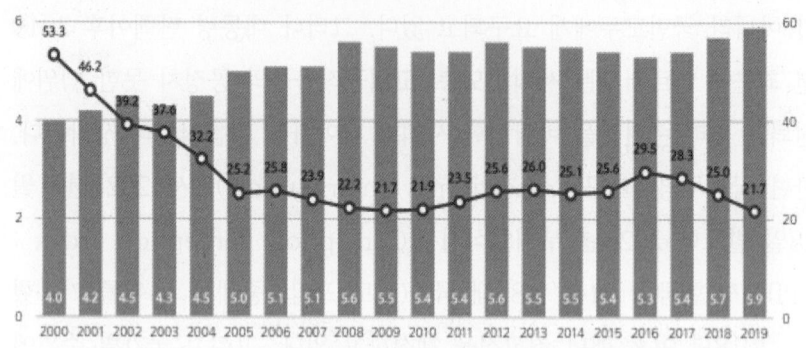

주: 1) 2012년 이후 자료는 시계열 비교를 위해 100점 척도 점수를 10점 척도로 환산한 값이며, 실선으로 연결한 것은 순위 백분율을 나타낸 것임.
   2) 순위 백분율은 조사대상국가를 연도별로 통일했을 때 중 우리나라가 차지하는 위치를 나타냄
자료: 국제투명성기구(Transparency International)
출처: 통계청, 통계개발원, 최바울·심수진·남상민,「국민 삶의 질 2020」, 2021. 2. 21. p.114.

한국의 부패인식지수(점수가 높을수록 청렴하다), 즉 청렴도는 2000년 4.0점에서 점차 높아져 2008년 5.6점까지 증가한 이후로 개선이 정체된 모습을 보여주고 있다. 2019년 부패인식지수는 5.9점으로 전년보다 0.2점 증가하였다. 2019년에는 180개국 중 39위로 전년(45위/180개국)보다 순위도 상승하였다.[75] 2019년의 한국의 부패인식지수(CPI: Corruption Perception Index)는 상위 21.7%에 위치해 있어 전년(25.0%)보다 개선되었다. 한국 정부는 부정청탁 및 금품 등 수수의 금지에 관한 법률(약칭: 청탁금지법) 시행이후 촌지 및 접대문화가 점차적으로 사라지는 추세를 보여주고는 있다. 그러나 아직도 보이지

---
75) *Ibid.* p.114.

않는 곳에서 권력을 가진 자의 부정부패가 사라졌다고는 보지 않는다.

〈표 14-37〉 한국 부패인식지수(CPI) 점수와 순위

연도	CPI점수	순위	조사국가수	연도	CPI점수	순위	조사국가수
1995	4.29/10	27	41	2008	5.6	40	180
1996	5.02	27	54	2009	5.5	39	180
1997	4.29	34	52	2010	5.4	39	178
1998	4.2	43	85	2011	5.4	43	183
1999	3.8	50	99	2012	56/100	45	176
2000	4.0	48	101	2013	55	46	177
2001	4.2	42	91	2014	55	44	175
2002	4.5	40	102	2015	54	43	168
2003	4.3	50	133	2016	53	52	176
2004	4.5	47	146	2017	54	51	180
2005	5.0	40	159	2018	57	45	180
2006	5.1	42	163	2019	59	39	180
2007	5.1	43	180	2020	61	33	180

주: 1) CPI점수는 2011년까지 10점 만점으로 계산되었으나 2012년 이후 100점 만점으로 계산하였다. 따라서 0점이 가장 부패하고 100점이 가장 청렴하다.
자료: 국제투명성기구(Transparency International), 2020년 부패인식지수(Corruption Perception Index: CPI), 2021. 1. 28.
출처: 국제투명성기구 한국본부 한국투명성기구, 이상학((raguna9@hanmail.net), 2020년 부패인식지수(CPI) 분석, 2021-01-28.; http://ti.or.kr/data/index.php?ptype=view&idx=691&page=1&code=data (검색: 2021.1.28.)

경제협력개발기구(OECD) 국가들과 비교하여도 한국의 점수는 36개 회원국 중에서 23위에 있다. OECD회원국 중에서 우리나라는 2/3정도의 위치에 있다.

〈표 14-38〉 OECD 국가 부패인식지수 비교

전체 순위	OECD 순위	국가	2020 CPI	전체 순위	OECD 순위	국가	2020 CPI
1	1	덴마크	88	25	20	미국	67
		뉴질랜드	88			칠레	67
3	3	핀란드	85	32	22	스페인	67
		스웨덴	85	33	23	대한민국	61
		스위스	85			포르투갈	61
7	6	노르웨이	84			리투아니아	60
8	7	네덜란드	82	35	25	슬로베니아	60
9	8	독일	80			이스라엘	60
		룩셈부르크	80	42	28	라트비아	57
11	10	호주	77	45	29	폴란드	56
		캐나다	77	49	30	체코	54
		영국	77	52	31	이탈리아	53
15	13	오스트리아	76	59	32	그리스	50
		벨기에	76	60	33	슬로바키아	49
17	15	아이슬란드	75	69	34	헝가리	44
		에스토니아	75	86	35	터키	40
19	17	일본	74	92	36	콜롬비아	39
20	18	아일랜드	72	124	37	멕시코	31
23	19	프랑스	69				

자료: 국제투명성기구(Transparency International), 2020년 부패인식지수(Corruption Perception Index: CPI), 2021. 1. 28.
출처: 이상학, 국제투명성기구 한국본부 한국투명성기구, 2020년 부패인식지수(CPI) 분석, 2021-01-28. http://ti.or.kr/data/index.php?ptype=view&idx=691&page=1&code=data (검색: 2021.1.28.)

한국의 2020년도 부패인식지수(CPI)는 100점 만점에 61점으로 180개국 중에서 33위(33/180개국, 상위 18% 수준)를 기록했다. 이는 전년대비 2점이 상승하여 순위에서는 6순위 상승하여 역대 최고 점수를 기록('95년~)했다.* OECD 37개국 중에서는 23위로 전년대비 4단계 상승하였고, 폴란드, 체코, 이탈리아, 그리스 등이 한국보다 후순위(23/37개국, OECD 평균점수는 66.9점)이다.

⟨표 14-39⟩ 한국의 부패인식지수(CPI) 변동추이

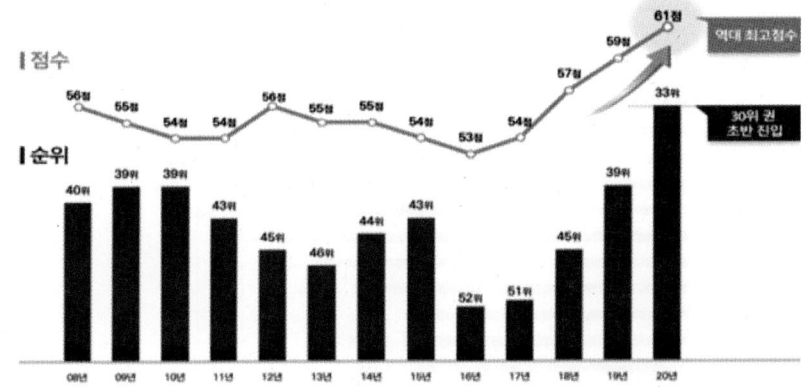

주: 1) CPI 평가점수는 전년대비 2점 상승, 국가별 순위는 6단계가 상승하였으며, 2016년에 52위(53점)에 이어, 2017년 51위(54점), 2018년 45위(57점), 2019년 39위(59점)를 기록, 4년 연속 상승하여 2020년에 33위에 위치했다.
자료: 국민권익위원회, 김상년·나현성, 2020년도 대한민국 국가청렴도(CPI) 발표 결과, 보도설명자료, 2021.1.28. https://www.acrc.go.kr/acrc/board.do?command=searchDetail&menuId=05020713&method=searchDetailViewInc&boardNum=86187&currPageNo=1&confId=1006&conConfId=1006&conTabId=0&conSearchCol=BOARD_TITLE&conSearchSort=A.BOARD_REG_DATE+DESC%2C+BOARD_NUM+DESC (검색: 2021.3.18.)

    다음은 부패인식지수(CPI)와 유사한 지표로서 부패에 대한 일반 국민들의 인식과 경험을 측정하는 조사[76]로 - 공공부문에 한정하여 기업인, 전문가 인식수준을 측정하는 부패인식지수(CPI)의 보완지표로서 개발된 세계부패바로미터(GCB: Global Corruption Barometer)[77]가 있다.[78] 최근 부패 수준 변화에서 한국의 부패 수준이 상승했다고 답

---

76) 세계부패바로미터(GCB: Global Corruption Barometer), 즉 GCB는 해당 국가의 부패 원인에 대한 진단은 별도 발표하지 않고, 국가 부패 수준에 대한 일반 국민의 인식만을 조사한다.
77) 국민권익위원회, 홍혜연(게시자), 2017년도 TI 세계부패바로미터(GCB) 발표 결과(세계부패바로미터(GCB: Global Corruption Barometer), 2017. 3. 7(발표일),
file:///C:/Users/Joon/AppData/Local/Microsoft/Windows/INetCache/IE/V0TKUPOW/2017%EB%85%84%EB%8F%84%20GCB%20%EB%B0%9C%ED%91%9C%20%EA%B2%B0%EA%B3%BC(170307).pdf (검색: 2021.3.17.)

변한 비율은 50%로서, 아시아 지역 평균 40%보다 10%p 높은 편이다.

〈표 14-40〉 최근 부패 수준 변화

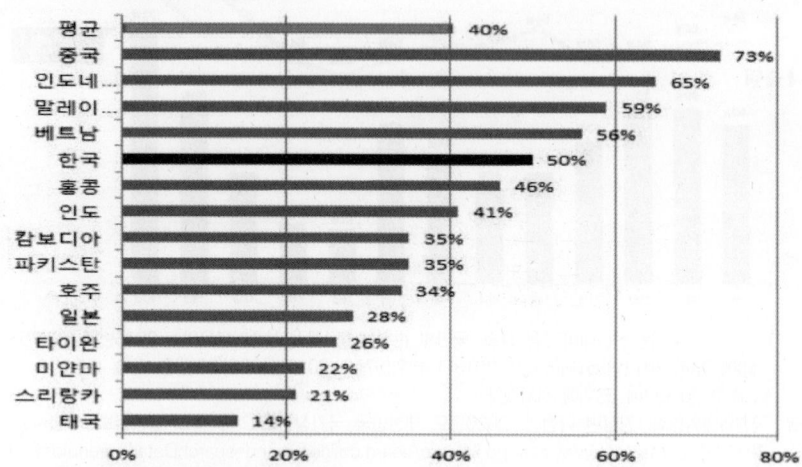

자료: 국민권익위원회, 홍혜연(게시자), 2017년도 TI 세계부패바로미터(GCB) 발표 결과(세계부패바로미터 (GCB: Global Corruption Barometer), 2017. 3. 7(발표일), file:///C:/Users/Joon/AppData /Local/Microsoft/Windows/INetCache/IE/V0TKUPOW/2017%EB%85%84%EB%8F%84% 20GCB%20%EB%B0%9C%ED%91%9C%20%EA%B2%B0%EA%B3%BC(170307).pdf (검색: 2021.3.17.)

정부의 노력에도 불구하고 정부의 반부패 노력에 대한 평가[79]로서 여전히 정부의 반부패 노력이 효과적이지 않다는 응답이 76%로 지난 '13년 발표(56%)보다 20%p 증가했다. - 아시아 국가 평균(50%) 보다 26%p 높은 수준을 기록했다.

---

78) GCB는 일반국민 대상으로 사회 각 분야에 대한 부패인식을 폭넓게 조사해서 국가별 순위는 산정하지 않는 특징을 가지고 있다.
79) 세계부패바로미터(GCB) 관련 아시아 국가 중에서는 홍콩, 싱가포르는 정부의 반부패노력에 대한 국민들의 평가가 높게 나타나고 있다. 이는 국제투명성기구(TI)가 조사한 부패인식지수(CPI)에서도 그대로 나타나고 있다.

〈표 14-41〉 정부의 반부패 노력에 대한 평가

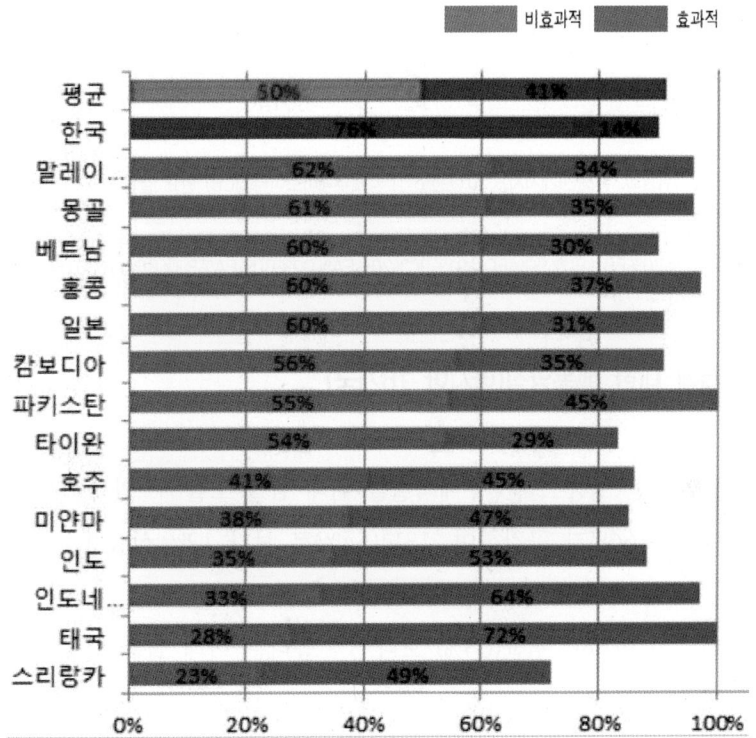

자료: 국민권익위원회, 홍혜연(게시자), 2017년도 TI 세계부패바로미터(GCB) 발표 결과(세계부패바로미터(GCB: Global Corruption Barometer), 2017. 3. 7(발표일), file:///C:/Users/Joon/AppData/Local/Microsoft/Windows/INetCache/IE/V0TKUPOW/2017%EB%85%84%EB%8F%84%20GCB%20%EB%B0%9C%ED%91%9C%20%EA%B2%B0%EA%B3%BC(170307).pdf (검색: 2021.3.17.)

다음은 분야별 지난 1년간 뇌물 제공 경험에 대해 □ 6개 분야 모두 아시아평균에 비해 뇌물제공 경험율이 현저히 낮음을 알 수 있으며, 그러나, 사법(6~15%) 분야 뇌물제공 경험율은 다른 분야에 비해 상대적으로 높은 편이다.

〈표 14-42〉 분야별 뇌물 제공 경험률

(단위: %)

구 분	교육	공공의료	인허가	공공서비스	경찰	사법
한 국	1~5	1~5	1~5	1~5	1~5	6~15
아시아	22	18	23	20	30	23

자료: 국민권익위원회, 홍혜연(게시자), 2017년도 TI 세계부패바로미터(GCB) 발표 결과(세계부패바로미터(GCB: Global Corruption Barometer), 2017. 3. 7(발표일), file:///C:/Users/Joon/AppData/Local/Microsoft/Windows/INetCache/IE/V0TKUPOW/2017%EB%85%84%EB%8F%84%20GCB%20%EB%B0%9C%ED%91%9C%20%EA%B2%B0%EA%B3%BC(170307).pdf (검색: 2021.3.17.).

4. 부패에 대한 행동양식(아시아 16개국)

부패에 대한 행동 설문('부패척결을 위해 힘을 모을 수 있음')과 관련하여 한국은 66%가 공감하여 '13년(54%)로 보다 12% 상승했다. 특히 아시아 16개 국가의 평균(63%)보다 3% 높게 나타났다.[80]

※ 한국이 아시아 평균(63%) 보다 3% 높다는 아래 설문은 우리에게 많은 것을 시사하고 있다.

(단위 : %)

설 문		'13	'17
일반 국민들이 부패척결을 위해 힘을 모을 수 있다.	동 의	54.0	66
	부동의	46.0	34

자료: 국민권익위원회, 홍혜연(게시자), 2017년도 TI 세계부패바로미터(GCB) 발표 결과(세계부패바로미터(GCB: Global Corruption Barometer), 2017. 3. 7(발표일), file:///C:/Users/Joon/AppData/Local/Microsoft/Windows/INetCache/IE/V0TKUPOW/2017%EB%85%84%EB%8F%84%20GCB%20%EB%B0%9C%ED%91%9C%20%EA%B2%B0%EA%B3%BC(170307).pdf (검색: 2021.3.17.).

---

[80] 세계부패바로미터(GCB) 관련 아시아 국가들과 비교한 세부적인 사항은 부록 참조

한편 공공청렴지수(IPI) 유럽반부패국가역량연구센터(ERCAS, European Research Centre for Anti-corruption and State-Building)에서는 유럽연합의 연구개발프로그램 지원으로 공공청렴지수(IPI)를 개발했다. 이를 개발한 배경에는 기존 부패지수가 전문가나 기업인의 인식을 조사하여 부패 원인이나 개선방법을 알 수 없는 점을 지적하며, 부패통제 현황·발전에 대한 명확한 평가를 위해 개발했다.[81]

- ■ '19년 공공청렴지수 평가 결과 한국은 8.33점(10점 가장청렴)으로 117개국 중에서 20위, 아시아 국가 중 2위*
- ※ ('15년) 23위(8.04)/109 ⇨ ('17년) 24위(8.02)/109 ⇨ ('19년) 20위(8.33)/117

〈표 14-43〉 한국의 공공청렴지수(IPI) 평가결과

연도	총계 점수/순위	사법부 독립성	행정적 부담	교역 개방성	예산 투명성	전자적 시민권	언론 자유
'19년	8.33/20	5.58/51	9.40/19	9.38/40	8.50/26	10.00/1	7.15/36
'17년	8.02/24	5.44/53	9.61/10	8.97/36	8.50/26	8.28/16	7.30/34
'15년	8.04/23	5.40/51	9.44/13	8.97/38	8.93/15	8.19/17	7.31/34

자료: 국민권익위원회, 강미영(게시자), 200618 IPI 국별순위 수정, 2020-06-19(게시일) https://www.acrc.go.kr/acrc/board.do?command=searchDetail&menuId=05020713&method=searchDetailViewInc&boardNum=83507&currPageNo=1&confId=1006&conConfId=1006&conTabId=0&conSearchCol=BOARD_TITLE&conSearchSort=A.BOARD_REG_DATE+DESC%2C+BOARD_NUM+DESC (검색: 2021.3.17.)

---

[81] 공공청렴지수(IPI)에 대한 개괄적인 내용은 부록 참조

〈표 14-44〉 IPI 국가별 순위 및 점수(2019년, 117개국) *10점 만점

순위	국가	총점	사법부 독립성	행정적 부담	교역 개방성	예산 투명성	전자적 시민권	언론 자유
1	노르웨이	9.61	8.97	9.70	9.72	10.0	9.28	10.0
2	덴마크	9.49	9.24	9.35	10.0	9.36	9.45	9.55
3	핀란드	9.40	10.0	9.53	9.57	10.0	7.75	9.55
4	네덜란드	9.27	9.35	9.54	10.0	8.16	8.92	9.67
5	뉴질랜드	9.22	9.53	10.0	8.92	9.57	8.51	8.79
6	스위스	9.08	9.32	9.08	9.75	8.07	8.58	9.45
7	룩셈부르크	9.02	9.11	8.98	10.0	8.07	8.65	9.34
8	스웨덴	8.95	8.32	9.54	9.93	7.43	8.79	9.67
9	호주	8.84	8.92	9.67	8.23	9.57	8.18	8.46
10	영국	8.88	7.60	9.57	9.56	8.98	9.21	8.13
11	미국	8.88	7.69	9.08	9.62	9.79	8.43	8.35
12	에스토니아	8.78	8.00	9.82	9.99	8.07	7.69	9.12
13	벨기에	8.78	8.53	9.31	10.0	6.79	8.47	9.55
14	독일	8.62	7.35	8.61	9.44	9.79	7.88	8.68
15	캐나다	8.61	8.38	9.84	9.63	6.14	8.76	8.90
16	프랑스	8.59	7.14	9.36	10.0	8.50	8.49	8.02
17	아일랜드	8.53	8.39	9.62	9.15	7.42	7.68	8.90
18	오스트리아	8.36	8.40	8.62	10.0	7.43	7.26	8.46
19	일본	8.34	9.27	8.62	9.04	7.00	8.22	7.91
20	한국	8.33	5.53	9.40	9.38	8.50	10.0	7.15

국민권익위원회, 강미영(게시자), 200618 IPI 국별순위 수정, 2020-06-19(게시일)
https://www.acrc.go.kr/acrc/board.do?command=searchDetail&menuId=05020713&method=searchDetailViewInc&boardNum=83507&currPageNo=1&confId=1006&conConfId=1006&conTabId=0&conSearchCol=BOARD_TITLE&conSearchSort=A.BOARD_REG_DATE+DESC%2C+BOARD_NUM+DESC (검색: 2021.3.17.)

부패인식지수(CPI)점수를 개선하고 깨끗하고 공정한 사회를 만들기 위해서는 제도적 시스템과 문화의 양측면에서의 노력이 함께 이루어져야 한다. 이를 위해서는 단기적인 대응 중심으로는 한계가 있을 수밖에 없고 종합적이고 중장기적인 전망을 가지고 이 문제에 접근해야 한다. 이것이 촛불운동의 요구이고 시대적인 요구이며 국가와 기업의 경쟁력을 강화하고 사회정의와 사회통합을 이루는 길이기 때문이다.[82]

---

[82] 이상학, 국제투명성기구 한국본부 한국투명성기구, 2020년 부패인식지수(CPI) 분석, 2021-01-28. http://ti.or.kr/data/index.php?ptype=view&idx=691&page=1&code=data (검색: 2021.1.28.)

21세기 진입한 한국 사회가 그런 오랜 관행에서 벗어나야 할 때가 되었다. '촌지문화', '상납문화', '전관예우', '끼리끼리 문화', '전별금 관행', '혈연·지연·학연에 얼키고 설킨 봐주기문화' 이제는 정말 청산해야 '공공의 이익'을 우선하는 공동체사회를 행해 나아갈 수 있을 것이다. 사회 기득권층이나 고위공직자 또는 정치를 지망하려는 사람에 대한 엄격한 청문제도가 마련되어 국민 눈높이 수준의 잣대를 공정하게 적용되어야 한다. 많은 사람들은 우리의 정치가 경제의 발목을 잡는다는 일은 너무 많이 들어와서 식상할 정도의 수준을 넘어섰다. 사법부의 개혁이 이루어지고 난 이후 입법부의 개혁도 시작되어야 한다. 입법부는 자신들의 개혁은 보지 못하고 남 탓만 하려 들어서는 안 될 것이다. 국민의 힘으로 입법부를 개혁해야 할 시점이 점점 다가오고 있다. 입법부의 개혁을 유도하는 방법 가운데 선거를 통해 국민의 목소리에 엄중함을 인식토록 해야 한다. '썩은 정치', '낡은(사고)정치', '보스에 따라 움직이는 구태정치', '지역주의를 조장하는 정치', '세몰이 정치', '패거리정치', '수구정치', '길거리정치', '아류정치', '삼류정치', '귀족정치', '피장파장 정치', '내로남불 정치', '극단적인 양극화 정치', '유권무죄 무권유죄 정치', 유전무죄(有錢無罪) 무전유죄(無錢有罪), '자기 식구 감싸기'를 우리 국민들은 더는 보고 싶지 않을 것이다. 국민들의 높은 정치적 관심, 인터넷, SNS, 시민사회단체의 활발한 활동은 한국 정치의 패러다임을 새롭게 만들어가야 한다. 이것을 시대적 소명으로 여겨야 한다. 더는 정치가 경제의 발목을 잡아서는 안 된다. 상생하는 국회, 생산적인 국회를 보고 싶을 뿐이다. 무임승차하는 '식물적 국회'를 국회 스스로 자정능력이 없다는 것을 보았기 때문에 '주민소환제' 등의 제도적 장치를 통해 걸려내야 할 것이다. 국민들은 국회에 너무나 많은 특권을 부여해주고 있다. 이 모든 것이 국민의 세금으로 운영하고 있는데도 불구하고 국민을 무서워하지도 않고 자기들 끼리끼리하는 행태를 보면서 국민들은 무기력해져가고 있다. 국정농단으로 대통령을 탄핵 후 광장에서는 무서운 국민의 힘이 분출하여 새로운 정부를 탄생시켰다. 낡은 정치를 새로운 정치로 바꾸는 힘은 국민들에게 있다는 신념을 가지고 정치혁명(political revolution)을 이루어야 할 때가 점점 더 다가오고 있다. 2023년 현재 우리의 국회의원 정수 논의가 조금씩 수면위로 분출하고 있다. 서구 선진국에 비해 다소 많은 의원수를 가지고 있으며, 인구수를 고려하여 줄여나가는 노력의 시작이 국회의 혁신을 위해서도 바람직하다 할 것이다. 또한 이 기회에 국회의 특권폐지도 충분히 검토할 수 있다. 국민위에 군림하는 것이 아닌, 국민의 안전, 인권 등 국민과 국가를 위해 봉사하는 자세가 무엇보다 중요하다고 할 것이다.

〈표 14-45〉 부패문제 해결을 위한 최우선과제

(단위: %)

구분	일반국민	기업인	전문가	외국인	공무원
기업 활동의 투명성 제고	3.6	2.3	3.2	16.0	5.3
강력한 부패방지 전담기구 마련	10.5	4.3	8.9	10.3	2.5
부패수익 환수	10.7	7.6	4.3	5.3	3.8
연고주의·온정주의 등 부패 유발적 문화 척결	11.1	14.1	14.0	16.3	30.1
부패를 유발하는 법제도 개선	11.3	16.3	9.2	18.5	11.0
사회지도층 및 고위공직자에 대한 부패 감시 활동 강화	20.7	21.4	29.0	15.5	30.6
부패 행위에 대한 적발·처벌 강화	31.1	33.4	30.6	18.0	14.6

자료: 국제투명성기구(TI: Transparenct International) 한국본부 한국투명성기구(Transparenct International _korea)
출처: 이상학, "2018년 부패인식지수(CPI)분석" 국제투명성기구 한국본부 한국투명성기구 자료 〉 일반자료, 2019.02.18.; http://www.ti.or.kr/xe/broad_oKbg36/101992 (검색: 2020.1.11.)

2018년 청렴도 조사결과에 의하면 평균 점수가 전년 대비 0.18점 상승한 8.12점으로 나타났다. 설문조사 결과에 따르면 외부청렴도, 내부청렴도, 정책고객평가 영역의 점수가 모두 상승하였고, 특히 외부인이 평가하는 외부청렴도와 정책고객평가 점수가 큰 폭으로 상승했다.

〈표 14-46〉 청렴도 점수 추이(2011~2018)

(단위: 점)

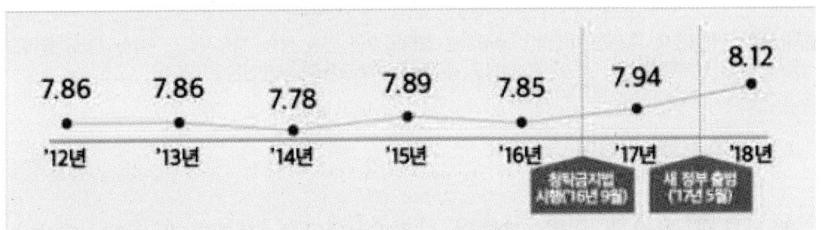

주: 1) 국민권익위원회는 2018.12.5., 공공기관(612개), 중앙행정기관(44개), 지방자치단체(광역17, 기초 226개), 교육청·교육지원청(90개), 공직유관단체(235개)의 청렴도 측정
　　2) 공공기관의 행정서비스를 경험한 국민(외부청렴도), 기관 내부 직원(내부 청렴도), 전문가업무관계자(정책고객평가)등이 응답한 설문조사 결과와 부패사건 발생현황 감점을 적용하여 종합청렴도를 산정하였으며, 2018년은 총 23만 6,767명(외부청렴도 152,265명, 내부청렴도 63,731명, 정책고객평가 20,771명)을 대상으로 201.8~11월까지 4개월간 조사(전화·온라인조사: 아래그림 동일)
출처: 한국, 국민권익위원회, 황인선·이진희, '공공기관 청렴도 2년 연속 상승, 행정서비스 부패 경험도 줄어', 〈2018 반부패 주간〉 "공공기관 청렴도 측정결과", 보도자료, 국민신문고, 2018.12.5

　내부청렴도의 "금품 등을 제공한 경험을 묻는 방식"에서 "요구받거나 제공한 경험"으로 확대하여 조사를 했는데도 부패 경험율이 낮아지거나 전년과 유사한 수준으로 나타나 실질적인 개선이 있었던 것으로 판단된다.

〈표 14-47〉 외부청렴도 금품·향응·편의 경험률

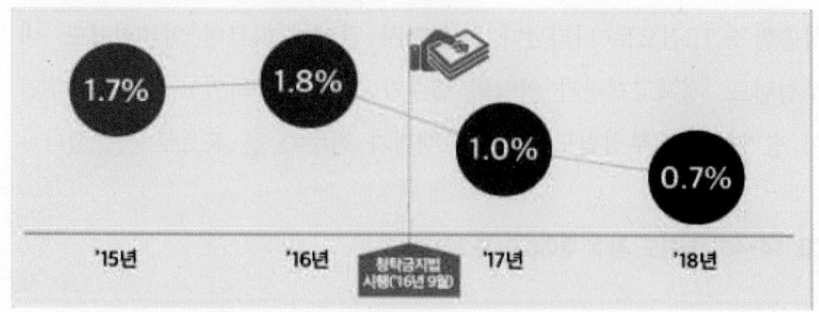

출처: 국민권익위원회, 황인선·이진희, '공공기관 청렴도 2년 연속 상승, 행정서비스 부패 경험도 줄어', 〈2018 반부패 주간〉 "공공기관 청렴도 측정결과", 보도자료, 국민신문고, 2018. 12.5

나. 부정부패 척결의 논리

부정부패 척결을 위한 정부의 노력은 새로운 정부가 등장할 때마다 등장하는 단골 메뉴가 된지 오래되었다. 이처럼 정부 차원에서 정부 출범 초기에는 강력한 의지를 가지고 시행하려고 노력을 기울여왔다. 정부 후반부로 갈수록 부패척결의지는 슬그머니 사그라들었다. 왜냐하면 지도자의 친인척 관리, 정치인의 금품수수를 법제도적으로 처벌하고 조사(수사포함)하는데 일정한 제한 때문에 우리 헌정사에 수많은 친인척 중심으로 '권력게이트' 발생했으나 미온적으로 처리하고 적당한 선에 대국민사과를 하는 선에서 흐지부지되고 말았다. 우리 국민들은 이를 묵묵히 지켜보면서 성토를 했으나 시간이 흐르고 얼마 지나지 않아 관대하게 처리하는 오랜 관행 속에서 수면 아래로 잠수하곤 했다. 부정부패 척결을 위해서는 강력한 처벌만이 능사가 아니다. 법·제도를 교묘하게 악용하는 세력들이 나타나서 사회를 한바탕 시끄럽게 하고 잠수 타는 방식으로 어느새 '권력게이트'가 국민들의 시선만 끌 뿐이었다. 부정부패 척결은 한 정부에서만 끝나는 것이 되어서는 안 된다. 부정부패는 오랜 관행으로 지속적으로 살아남았기 때문에 적폐 중에 적폐인 것이다. 부정부패 척결을 왜 해야 하는지 연구자마다 조금씩 차이가 나지만 크게 다음 네 가지로 정리해볼 수 있다.

1) 사회적 비용 절감(cost saving)

부정부패 척결은 사회적 비용 절감을 통한 사회 공공성, 공익의 안정성 확대에 기인한다. 정부가 부패척결을 내세우는 것은 대부분 이러한 경우에 비용 절감을 통한 편익을 기대해 볼 수 있다. 정권의 안정성에도 기여한다는 것을 알 수 있다. 흔히 정부말기에 나타나는 '레임덕 현상'[83]을 차단할 수 있다. 이러한 '레임덕 현상'이 나타나면 정부와 공공기관, 기업, 정치인들은 다음을 기약하면서 검은 손을 뻗쳐 탐욕의 그림자를 앞세우게 된다. 사회적 비용(social cost)의 증가는 결국에는 매몰비용 증가로 이어져 사회혼란으로 이어질 수 있다. 이러한 매몰비용(Sunk Cost)[84]의 부담은 고스란히 국민 부담으로 남을 수밖에 없

---

[83] lame-duck, 'lame'은 '다리를 저는, 절름발이의'라는 뜻으로 정치지도자의 집권 말기에 나타나는 지도력 공백 현상을 의미한다. 본래 채무 불이행 상태에 놓인 증권거래인을 가리키는 경제용어이었으나, 19세기 미국에서 임기 종료를 얼마 앞두지 않은 대통령의 권력누수 현상을 가리키는 용어로 사용되면서 의미가 굳어져 정치용어로 종종 사용되고 있다. 한국에서는 대통령의 정권 말기에 나타나는 '권력누수현상'이라고 표현되기도 한다. lame-duck의 용어는 18세기 런던 증권시장에서 시작됐는데, 당시에는 빚을 갚지 못해 시장에서 제명된 증권 거래원을 가리키는 의미로 사용되었다. 주가가 오르는 장세를 황소(Bull), 내려가는 장세를 곰(Bear)에 비유하면서 채무 불이행 상태의 투자자를 '절름발이 오리'에 비유한 것에서 비롯되었다. 또한 lame-duck보다 더 심각한 권력공백현상을 뜻하는 용어로 '죽은 오리'라는 뜻을 가진 '데드 덕(Dead-Duck)'이 있다. 이는 정치 생명이 끝난 사람, 가망 없는 인사 또는 실패했거나 실패할 것이 확실한 정책을 의미한다. '데드 덕(Dead-Duck)'은 19세기에 유행한 '죽은 오리에는 밀가루를 낭비하지 말라'는 속담에서 유래했다고 알려져 있다. 박문각, pmg지식엔진연구소, 「시사상식사전」 2018.07.09., http://www.pmg.co.kr (검색: 2020.01.11.) https://terms.naver.com/entry.nhn?docId=928369&cid

[84] 다시 되돌릴 수 없는 비용. 즉 의사결정을 하고 실행을 한 이후에 발생하는 비용 중 회수할 수 없는 비용을 말하며 함몰비용이라고도 한다. 일단 지출하고 나면 회수할 수 없는 기

다. 매몰비용의 증가는 결국 정부의 재정압박(financial pressure)으로 인해 기존의 방법으로 정부 서비스(government service)를 제공하는 것이 한계에 도달하게 된다. 정부 부문(government sector)은 정부 서비스의 독점적 공급(exclusive supply)의 지위가 점점 상실되면서 정부이외 다른 공급 주체와 시장원리에 공정한 경쟁(fair competition)을 피할 수 없게 됨에 따라 정부는 민영화와 민간위탁을 통해 중복과 불필요한 낭비를 제거하여 비용을 절감하여 정부의지와 협의에 따라 이를 생산적 복지에 투입할 수 있다. 정부는 부패척결을 통한 비용 절감으로 정부가 실시하는 공공서비스 질 향상으로 인한 행정서비스의 공급 편익(supply benefit)은 경쟁(competition)과 같은 조건이 성립될 때 그 의미가 확대된다. 부패척결의 강점은 비용절감을 통한 매몰비용의 감소로 사회적 약자, 취약계층, 고객 불만의 치유로 합리적이고 건전한 재정확충(financial expansion)으로 정부가 추진하는 생산적 복지(productive welfare)에 기여할 수 있다. 정부는 한정된 예산으로 최소의 비용으로 최대의 효과를 내야 하는 특성상 불필요한 사회적 비용(social cost)을 감소하려고 할 것이다. 한국의 부패인식지수(CPI) 10점 상승시 1인당 국내총생산(GDP)성장률은 0.5% 증가하고, 1인당 GDP 4만 달러 달성도 3년 단축가능하다고 했다(서울대학교, 2017.2월). 따라서 반부패 청렴문화가 정착되지 않은 국가는 변화하는 국제환경속에서 지속가능한 성장 동력 확보가 불가능할 수밖에 없다.

업의 광고비용이나 R&D비용 등이 이에 속한다. 한국, 기획재정부, 「시사경제용어사전」 2017.11

2) 공정한 사회 구현

부정부패를 척결해야 하는 중요한 것 중의 하나는 비뚤어진 운동장을 바로 세우고 난 뒤에 공정한 게임으로 경쟁을 유도하는 장을 제공하는 것이다. 1948년 해방이후 한국 사회는 공정보다는 불공정이, 정의(justice)보다는 부정의가 판을 뒤흔들었다. 해방이후 정부가 일재잔재 청산을 제대로 하지 못함으로서 사회정의는 사실상 요원해졌다. 정당하고 원칙대로 생활한 사람이 불공평한 세상을 마주하는 것은 참으로 어려움에 처한다는 상상을 해보라. 그렇게 떳떳해질 수 있는지 한국 사회는 언제부터인가 반칙과 불공정(unfairness)이 난무하는 사회가 돼 버린 것은 아닌지 많은 생각을 하게 된다. 물론 소수의 생각이라고 치부할 수도 있으나 침묵하는 다수를 위해 한번쯤 짚어볼 필요는 있다. 부정부패는 한국 사회의 악(惡)을 은밀하게 왜곡된 방향으로 전개되어 공정과 상식이 통하는 사회정의 실현을 어렵게 하고 있다. 왜냐하면 이들은(부정축재자 등) 부정부패로 축적한 부를 대물림하면서 정당한 게임의 장으로 나오기 싫어하기 때문이다. 부정이 탄로 날까 두렵기도 하거니와 해야 할 필요성을 느끼지 못할 것이다. 이처럼 부정부패 척결은 공정사회 구현을 앞당길 수 있었으나 1980~1990년대 군사정부 수립과 연이어 민주정부도 각종 권력게이트가 터지면서 공정사회는 수면 아래로 잠수해버렸다. 부정부패는 속성상 공정한 사회보다는 불공정한 시회(an unfair society)에서 더 큰 위력을 발휘할 것이다. 그러한 위력은 또 다른 위력으로 불공정한 사회를 지속하려 할 것이다. 그들은 그러한 영향력을 확대하기 위하여 부정한 거래를 할 개연성이 높기 때문이다. 한국 사회가 '부정청탁 및 금품수수의 금지에 관한 법률'(이하 '청탁금지법'이라 한다)을 제정할 때 사회적으로 수많은 저항을 받았다.

특히 한국 사회의 기득권층이 거세게 저항했다. 자신들의 비뚤어진 영역을 국가가 바로 세우려고 게임의 규칙(the rules of the game)을 공정하게 정하려하기 때문이었다. 지금까지는 게임의 규칙을 자신들(부정부패 관련 당사자 및 연루자 포함 등)이 정하고 그 안에서 행해지는 자신들의 행위가 부당하다고 생각치 않다가 국가가 '공정한 룰'을 만들자고 나오니 저항하는 것이다. 우리가 부정부패의 오랜 관습에 젖어 있을 때 지구 반대편의 뉴질랜드,85) 덴마크,86) 싱가포르,87) 홍콩88) 등은 강력한 반부패기구를 독립적으로 설치하고 국민적 신뢰를 받아 청렴한 국가를 목표로 달려왔다. 온갖 불법과 탈법을 동원한 부정부패의 척결은 공정사회(fair society)를 구현하는 가장 중요한 요소이다. 또한 공정한 사회(a fair society)를 구현하기 위한 법·제도를 정비하여 부정부패를 점진적으로 줄여나가는 노력을 하는 것이 중요하다. 이러한 법집행을 공정하게 하는 것이 무엇보다 중요하다고 하겠다. 부정축재로 권력을 잡은 자가 무소불위로 법집행에 대항하여 정치적으로 방해한

---

85) 부패인식지수(CPI) 세계 1위로 정부의회로부터 독립된 '중대비리조사청'이 부정한 정치자금이나 규모가 큰 부패사건을 전담하여 국민적 신뢰를 확보하고 있다. 국민권익위원회, 「5개년 반부패종합계획」 관계기관합동, p.7. 2018.4.
86) 부패인식지수(CPI) 세계 2위로 국회의원들이 자전거로 출근할 정도로 청렴하고 탈권위적 사회, 부패를 용인하지 않는 사회문화적 분위기를 만들었다. 국민권익위원회, 「5개년 반부패종합계획」 관계기관합동, p.7. 2018.4.
87) 부패인식지수(CPI) 세계 6위, 아시아 1위로 '탐오조사국'이 민간을 포함한 사회전반의 부패관련 사건을 담당하며, 초대총리 리콴유 등 공직자의 강력한 부패척결 의지를 천명하고 실천하였다. 특히 민간분야의 부패는 특히 심각한데 이는 대기업들이 시장지배력을 바탕으로 하청업체에게 유리한 거래를 강요하기 때문(베텔스만 재단, BTI, 2018), 정경유착 등 부패 스캔들로 인해 반 부패노력이 효과를 발휘하지 못함(정치경제위험자문공사 PERC, 2017). 국민권익위원회, 「5개년 반부패종합계획」 관계기관합동, p.7. 2018.4
88) 부패인식지수(CPI) 세계 13위, 아시아 2위로 '염정공서'라는 세계 최초의 반부패 독립기구와 함께 초중고에서 반부패 교육을 이수하여 일반시민을 대상으로 하는 교육도 활발하게 진행하고 있다. 사건이 터질 때마다 일회적이고 대증적인 처방이 한계를 드러냄, 청렴교육 확대 의무화, 공공기업시민사회의 협력적 거버넌스가 필요함(한국 TI, 2014). 국민권익위원회, 「5개년 반부패종합계획」 관계기관합동, p.7. 2018.4.

사례가 있었다는 점도 부인하기 어렵게 되었다. 이러한 현상은 국민의 신뢰를 저버릴 뿐만 아니라 정의로운 사회를 구현하는 데 장애가 될 뿐이다. 2014년 4월 세월호 참사이후 국민들은 '공정과 정의'로 나가기 위한 사회 대변혁을 요구하고 있다. 이를 위해 국민의 대표인 국회부터 솔선해야 하는 국민적 요청을 결코 외면해서는 안 된다. 국회는 의원 스스로가 특권혜택을 모두 다 누리면서 권력위에 군림하면서 특권엘리트 구조를 만든 책임에서 결코 자유로울 수 없다. 공고한 '기득권 카르텔', '특권대물림' 사회를 만든 책임이 누구에게 있는가? '공정과 정의'를 앞장서서 실천해야 할 정치권(정치권력)이 그 책임으로부터 자유로울 수 있는가? 공정사회 구현을 앞당기려면 우선 의회권력의 특권 내려놓기, 불체포 특권 폐기 등 국민들이 납득할 수 있는 특권을 과감하게 내려놓을 수 있어야 한다.

3) 신뢰사회 조성 및 안정성 강화

사회가 지속적으로 안정성(stability)을 가지려면 제1의 요소가 부정부패가 없는 법·제도적 기반이 구축된 사회를 조성해야 한다. 정치의 고객인 국민이 만족하는 삶의 질을 누리면서 생활을 영위해야하는데 실상은 그렇지 못하다. 신뢰사회(trust society)를 위해서 현 정부에서 진행되고 있는 사법개혁은 매우 중요하다. 사법개혁은 이 시대의 시대적 사명이며 소명이다. 그간 사법기관이 보여준 행태는 국민의 분노를 자아내는 경우가 비일비재했다. 사법기관이 돈과 권력 앞에 눈감고 은폐해 부패범죄를 제대로 단죄하지 못한 것이 오늘날 한국의 자화상이 아닌가? 사법기관 역시 입법기관과 마찬가지로 스스로 혁신을 수행하기 어렵다는 것을 증명했다. 사법기관이 제 식구 감싸기를 넘어서 정권의 '권력게이트'에 엄정한 수사를 통해 진실을 밝혀야 할 책무가 주어져 있음에도 불구하고 권력의 입맛에 맞는 수사결과 발표로 적당히 넘어가려거나 '물타기' 수사로 국면을 전환하려는 작태는 어제 오늘의 일이 아니다. 이제 많은 국민들이 사법부의 혁신을 바라보고 있다. 이제는 사법부가 변화와 개혁이라는 답을 내놓아야 할 시기가 도래하였으나 제 발로 걷어차 버리는 꼴이 되어 3권 분립 체제에서 행동하는 양심과 공정을 실천하는 시민사회단체가 개혁운동을 전개하는 것과 내부 내부비리 고발자를 철저히 보호하는 등 보다 적극적인 방법으로 대처해야 할 것이다. 이 땅에 진정한 사법정의가 바로 서는 그날까지 촛불시민정신을 행동으로 실행해야 한다. 우리 국민들이 올바르게 사회정의를 인식하지 못하면 민주주의는 결코 기대할 수 없다는 점을 인식하는 것이 중요하다. 사법정의는 이 시대의 마지막 사회적 보루로서 그 역할에 충실해야 한다. 강자에게 약하고 약자에게 강하는 현재의 사법시스템은 오랜 관행에서 탈피하기가 결코 쉽지 않다는데 문제의 근원이 있다. 이제는 낡은 관행을 고감하게 걷어내고 국민가까이 다가가는 사법부를 우리 국민들은 간절하게 기대하고 있다. 제 식구 감사기와 끼리끼리 문화와 그들만의 네트워크를 깨야 한다. 그것이 사법개혁의 1차적 변화의 시도이며 출발점이다.

〈표 14-48〉 부정부패·비리를 연상하는 어휘

> 청탁, 결탁, 비리, 특혜, 촌지, 상납, 우회, 금품, 연루, 추방, 폭리, 척결, 불공정, 바이패스, 축재(蓄財), 뇌물, 적폐, 측근, 특권(층), 잔재(청산), 타락, 회유, 협박, 의혹, 향응, 깃털, 접대, 외압(의혹), 연줄, 납품, 투기, 조장, 개입, 탄압, 탈루, 비아냥, 누락, 불공평, 부실, 물타기, 친분, 관여, 청탁, 미화, 득세, 암시, 속물, 먹튀, 횡령, 압력, 압박, 외면, 권력, 왜곡, 토호, 토착(세력), 탐욕, 추함, 불법, 편법, 그들만의 네트워크, 물타기, 불량품, 면죄부, 커넥션, 짜고치는, 끼리끼리, 전관특혜, 법조비리, 전관예우, 책임전가, 리베이트(공화국), 탐관오리, 탐오조사국, 중대비리조사청, 염정공서, 공수처, 게이트, 낙하산인사, 회전문인사, 부패인식지수, 고비용, 도덕적 해이, 표적수사, 봐주기 수사, 편파수사, 탄압수사, 솜방망이처벌, 불법거래, 수수방관, 밀실합의, 불법사찰, 부당하차(해임), 시세차익, 증거인멸, 유야무야, 부자감세, 본질회피, 묵묵부답, 복수혈전, 사색당파, 사자방비리, 뇌물수수, 위장전입, 정경유착, 빈부격차, 안하무인, 특권경제, 투기의혹, 부동산투기, 부당징계, 사건조작, 은폐의혹, 부실수사, 특혜채용, 불법사찰, 주가조작, 독재정권, 블랙리스트, 비정상, 꼬리 자르기, 내부거래, 기득권세력, 권력사유화, 유권무죄 무권유죄, 특권, 물방울 다이아몬드, 양극화, 권력형게이트, 사법농단, 차떼기 공작, 사과상자, 공천 헌금, 국정농단, 전전긍긍, 일갈몰아주기, 가짜뉴스, 검언유착, 유전무죄 무전유죄, 대결정치, 가짜뉴스, 모럴 해저드, 세금포탈

　우리 사회는 아직도 부정부패가 사그라지지 않고 있다. 선거때만 되면 반복되는 이 사건을 이제 더는 보고 싶지 않다. 말로만 공정과 상식을 앵무새처럼 부르짖는 그들을 볼 때마다 우리가 후진국처럼 느껴지는 것은 나만의 생각일까?

　한편 정부신뢰와 정부 리더십에 관한 자료를 보면 한국 정부의 신뢰는 낮고, 정부 부패는 높게 나타나고 있는 것은 정부의 반부패정책이 아직은 효과가 미진한 것으로 나타나고 있다. 2016년 기준으로 경제협력개발기구(OECD) 국가 내 국민들의 중앙 정부에 대한 신뢰도 평균은 42%로서 2017년에 비해 낮은 수준을 나타냈다. 그러나 스위스 및 룩

셈부르크 국민들의 중앙정부 신뢰도가 가장 높은 수준이며, 한국 정부는 약 24%로서 OECD 평균에 비해 낮은 편이다.

〈표 14-49〉 중앙정부에 대한 신뢰와 정부 리더십에 대한 인식간의 상관관계(2016년)

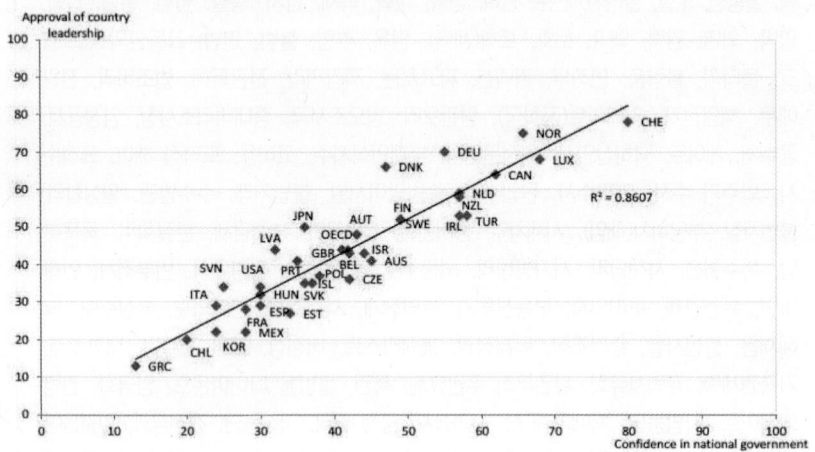

source: Gallup World Poll
출처: 2017 한눈에 보는 정부 보고서 주요 내용(요약), 2017. 7. 13. 주 오이시디 대한민국 대표부, 작성자 HAEHYO 재인용; https://blog.naver.com/haehyo29/221055912482 (검색: 2020. 02.12)

2016년 기준으로 경제협력개발기구(OECD) 국가내 국민들의 중앙정부에 대한 신뢰와 정부 부패에 대한 인식간의 상관관계를 나타낸 것이다. 노르웨이(Norway), 룩셈부르크(Luxembourg), 뉴질랜드(New Zealand) 등은 정부에 대한 신뢰는 높고 정부부패는 낮은 수준을 유지하고 있으나, 반면에 한국은 정부에 대한 국민들의 신뢰수준이 매우 낮게 나타났으며, 또한 정부 부패는 상당히 높게 나타났다. 따라서 한국의 경우 국민들이 중앙 정부에 대한 신뢰와 정부부패가 상관관계를 가지고 있음이 제시된 아래 표와 같이 나타났다.

〈표 14-50〉 중앙정부에 대한 신뢰와 정부 부패에 대한 인식간의 상관관계(2016년)

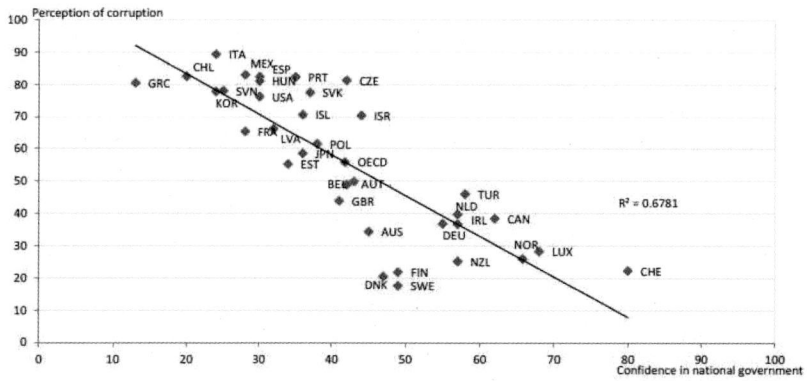

source: Gallup World Poll
출처: 2017 한눈에 보는 정부 보고서 주요 내용(요약), 2017. 7. 13. 주 오이시디 대한민국 대표부, 작성자 HAEHYO 재인용; https://blog.naver.com/haehyo29/221055912482 (검색: 2020. 02.12)

한국의 사법기관은 해방이후 일부 권력에 편승하여 올바른 판결을 하지 않고 지도자의 암묵적 지시에 동조하는 판결을 해왔다는 사실을 부인할 수 없을 것이다. 따라서 사회 안정의 최후 보루의 기관으로 거듭나기 위해서는 스스로 조직 내부의 정화작용이 철저하게 이루어져야 한다. 그럴 때만이 국민의 신뢰를 받을 수 있다. 정부 수립이후 수많은 사람들이 정권에 기생한 사법기관의 올바르지 못한 행위에 울분을 토로한 사실을 국민들은 알고 있다. 국민에 의한, 국민을 위한 공정하고 상식과 정의를 추구하는 사법기관의 위상을 찾을 그날이 오기를 국민들은 기다리고 있다. 최근 조사에서 한국은 경제협력개발기구(이하 OECD)가 발표하는 정부신뢰도 조사에서 37개 회원국 중 20위에 올랐다. 직전인 2019년 보다 2단계 상승했으며, 2017년 이후 연속으로 상승세를 유지했다. 2021년 7월 9일 오전(프랑스 파리 현지 시각) OECD가 회원 37개국을 대상으로 한 정부신뢰도 조사한 결과('20년 조사)

를 담은 「한눈에 보는 정부 2021(Government at a Glance 2021)」 에서 밝혔다. 정부신뢰도는 OECD의 의뢰로 '월드 갤럽 폴(World Gallup Poll)'이 조사를 진행하며, 조사 대상국 국민(1,000명)에게 '당신은 중앙정부를 신뢰하십니까?(Do you have confidence in national government?)'라고 물었을 때, '그렇다(yes)'고 대답한 비율로 측정한다. 이번에 발표된 자료에 따르면 한국의 정부신뢰도는 45%로 나타났으며, 2007년 조사가 시작된 이래 처음으로 40%대에 진입했다.[89]

경제협력개발기구(OECD)는 2011년부터 「한눈에 보는 정부」 보고서를 통해 회원국의 정부신뢰도 조사 결과를 발표해 왔으며, 2007년 조사 결과는 별도의 발표 없이 「한눈에 보는 정부 2011」에 수록됐다.[90]

2021년 신뢰도 조사 결과에서 한국의 정부 신뢰도 순위가 높게 나타난 것은 사상 유례가 없는 코로나19 팬데믹(pandemic)이라는 위기 상황에서 국민과 정부가 협력한 정부혁신 성과들이 '정부신뢰'라는 사회적 자본(social capital)으로 수렴된 것으로 이해할 수 있을 것이다. 국가적 위기 상황에서 우리 정부는 민주성·투명성·참여·개방성 등에 초점을 둔 한국형 방역(防疫)대응 혁신으로 전 세계적 주목을 받았으며, 이에 우리 정부는 보건 위기대응 선도국으로 위상을 굳히는 결정적

---

[89] 한국의 정부신뢰도는 2007년 24%, 2011년 27%, 2013년 23%, 2015년 34%, 2017년 24%, 2019년 39%를 기록한 바 있다. 특히, 2017년 24%(32위)를 기록해 하위권에 머물렀던 '정부신뢰도'는 2019년 39%(22위)를 기록하며 지속 상승했으며, 2017년과 비교했을 때, 신뢰도는 21%p 상승한 45%, 순위는 12단계 상승한 20위를 기록했다. 이번 조사에 따르면 한국의 정부신뢰도는 일본(42%, 23위), 프랑스(41%, 26위), 미국(35%, 32위) 등 OECD 주요국을 앞선 것으로 나타났다. 한편, OECD 회원국 전체 평균은 50.7%이고, 1위는 85%의 정부신뢰도를 보인 스위스로 나타났다. 행정안전부, 고은영·변영태, 경제협력개발기구(OECD) 정부신뢰도에서 대한민국 20위 기록, 역대 최고 순위, 2021.07.09., 혁신기획과, 보도자료.https://www.mois.go.kr/frt/bbs/type010/commonSelectBoardArticle.do?bbsId=BBSMSTR_000000000008&nttId=85616 (검색: 2021.07.09.)

[90] *Ibid.*

계기가 되었다. 따라서 정부 및 우리 사회의 신뢰자산을 보다 더 공고히 함으로써 그 결과로 나타났다고 할 수 있다.

〈표 14-51〉 2021년 주요국가 신뢰도 순위

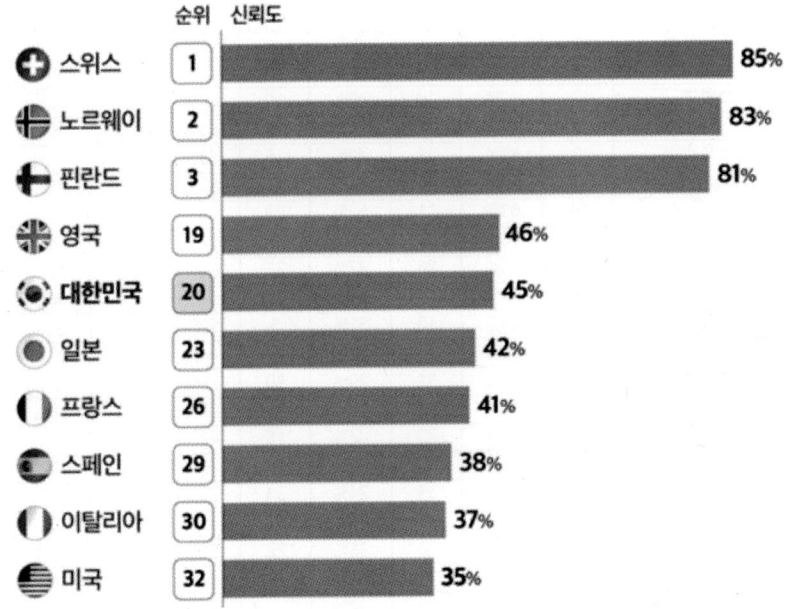

자료: 행정안전부, 고은영·번영태,, 경제협력개발기구(OECD) 정부신뢰도에서 대한민국 20위 기록, 역대 최고 순위, 2021.07.09., 혁신기획과, 보도자료.
출처: OECD, World Gallup Poll, 『한눈에 보는 정부 2021(Government at a Glance 2021)』

〈표 14-52〉 2015~2021년도 OECD 정부신뢰도 순위

발표시기 국가명	2021년 순위	2021년 신뢰율	2019년 순위	2019년 신뢰율	2017년 순위	2017년 신뢰율	2015년 순위	2015년 신뢰율
스위스	1	85%	1	85%	1	80%	1	75%
노르웨이	2	83%	3	68%	3	66%	3	70%
핀란드	3	81%	10	56%	11	49%	12	47%
네덜란드	4	78%	4	66%	7	57%	11	53%
룩셈부르크	5	78%	2	76%	2	68%	4	66%
덴마크	6	72%	6	63%	12	47%	14	46%
스웨덴	7	67%	14	49%	10	49%	9	56%
독일	8	65%	9	59%	9	55%	8	60%
오스트리아	9	63%	13	49%	15	43%	21	41%
뉴질랜드	10	63%	5	64%	8	57%	7	63%
포르투갈	11	61%	11	52%	23	35%	36	23%
캐나다	12	60%	8	61%	4	62%	14	46%
아이슬란드	13	59%	26	37%	21	36%	14	46%
아일랜드	14	59%	7	62%	6	57%	14	46%
터키	15	55%	12	51%	5	58%	9	56%
이스라엘	16	50%	18	42%	14	44%	19	44%
멕시코	17	50%	31	29%	30	28%	29	33%
헝가리	18	48%	23	39%	26	30%	29	33%
영국	19	46%	20	42%	18	41%	20	42%
대한민국	**20**	**45%**	**22**	**39%**	**32**	**24%**	**26**	**34%**
슬로베니아	21	45%	33	24%	31	25%	40	18%
호주	22	45%	15	47%	13	45%	18	46%
일본	23	42%	24	38%	22	36%	23	39%
체코	24	42%	19	42%	17	42%	26	34%
리투아니아('18 신규)	25	41%	29	32%				
프랑스	26	41%	25	38%	29	28%	34	26%
그리스	27	40%	36	16%	35	13%	39	19%
에스토니아	28	40%	21	42%	24	34%	21	41%
스페인	29	38%	32	29%	27	30%	38	21%
이탈리아	30	37%	34	21%	32	24%	31	31%

자료: 행정안전부, 고은영·번영태, 경제협력개발기구(OECD) 정부신뢰도에서 대한민국 20위 기록, 역대 최고 순위, 2021.07.09., 혁신기획과, 보도자료.
출처: OECD, World Gallup Poll, 『한눈에 보는 정부 2021(Government at a Glance 2021)』

앞의 표에서 제시한 바와 같이 2년에 한 번 시행·발표되는 이 조사에서 한국 정부의 신뢰도와 순위는 2011년 27%(31위), 2013년 23%(29위), 2015년 34%(26위), 2017년 24%(32위), 2019년 39%(22위)

등을 기록했다. OECD는 이번 조사에서 회원국들의 정부신뢰도 상승 요인으로, 코로나19 팬데믹(pandemic)으로 인한 국가 위기 상황에서 '결집효과(rallying around the flag)'가 있었을 것이라는 분석을 내놨다.[91]

4) 국가 경쟁력 강화 및 신뢰도 향상

국제투명성기구(TI: Transparenct International)에서는 부패인식지수(CPI) 산출에 여러 가지 원천 자료를 사용하고 있다. 다음은 부패인식지수(CPI) 산출에 적용된 기업인 설문조사방식으로 산출하는 방법으로 지수별로 지수명칭과 평가항목을 살펴보는 것은 의미가 있다. 국제경영개발대학원(IMD, 스위스 로잔)은 '국가경쟁력지수'로 평가항목은 정부부문에 뇌물이나 부패의 존재여부를 주요 평가항목으로 기업인을 대상으로 조사하고 있다. 세계경제포럼(WEF, 스위스 제네바)은 '국가경쟁력지수'로 정부기능 관련 뇌물 및 추가비용 제공 정도와 공적자금 유용 정도를 기업인을 대상으로 설문조사하는 방식을 취하고 있다. 정치경제위험자문공사(PERC, 홍콩)는 '아시아 부패지수'로 경영활동중인 국가의 부패수준을 주요 평가로 기업인을 대상으로 설문조사 방식을 취하고 있다. 또한 전문가 평가로 부패인식지수(CPI) 산출에 적용된 방법으로 이코노믹 인텔리전스유닛(EIU), 글로벌 인사이트(GI), 베텔스만재단(BF), 정치위기관리그룹(PRS), 세계사법 프로젝트(WJP)등이 부패인식지수(CPI)를 직접 산출하고 있다. 먼저 이코노믹 인텔리전스유닛(EIU, 영국 런던)은 '국가위험평가'를 공적자금 유용정도, 계약 등에 있어 뇌물제공 관행 존재를, 글로벌 인사이트(GI, 미국 콜로라도)는 '국가

---
91) *Ibid.*

위험지수'를 경영활동에 영향을 주는 부패수준을, 베텔스만재단(BF, 독일 귀테슬로)은 '변혁지수'를 공적지위를 남용한 공직자 처벌 정도와 정부의 부패예방 효과성을, 정치위기관리그룹(PRS, 미국 시라큐스)은 '국가위험지수'를 정치시스템 내부의 부패수준을 세계사법프로젝트(WJP, 미국 워싱턴)는 '법치주의지수'를 행정부, 사법부, 입법부, 경찰, 군인 등의 공직자의 사적이익을 위한 공적지위 악용정도를 전문가 평가를 통하여 지수를 산출하고 있다. 특히, 세계경제포럼(WEF)의 국가경쟁력 평가결과를 살펴보면 다음과 같다. 국가경쟁력 평가지표는 4대 분야, 12개 부문, 세부 103항목으로 평가한다.92) 4대 분야는 기본환경(제도, 인프라, ICT보급, 거시경제안정성), 인적자원(보건, 기술), 시장(생산물시장, 노동시장, 금융시스템, 시장규모), 혁신생태계(기업활력, 기업혁신역량) 등을 통계나 설문조사방식으로 지수를 산출한다. 2019년 세계경제포럼(WEF)이 발표한 한국의 국가경쟁력은 세계 13위(세계 141개국)로 수준인 것으로 조사되었다. 4대 분야 가운데 기본환경의 거시경제의 안정성과 ICT(정보통신기술) 보급은 2018년에 이어 여전히 세계 1위를 지켰지만 노동시장 부문과 기업 활력 부문은 2018년에 대비해 하락했다.

---

92) 2019년 세계경제포럼 국가경쟁력 평가 결과로 평가대상 13위/141개국로 2018년 대비 2단계 상승하였다. 동아시아, 태평양국가 5위/17개국, OECD 10위/36개국, 3050클럽 5위/7개국(일본: 1992년, 미국: 1996년, 영국: 2004년, 독일: 2004년, 프랑스: 2004년, 이탈리아: 2005년).

〈표 14-53〉 WEF 국가경쟁력 한국의 부문별 순위

분야	기본환경				인적자원		시장				혁신생태계	
부문	제도	인프라	ICT보급	거시경제안정성	보건	기술	생산물시장	노동시장	금융시스템	시장규모	기업활력	혁신역량
'18	27	6	1	1	19	27	67	48	19	14	22	8
'19	26	6	1	1	8	27	59	51	18	14	25	6
변화	↑1	-	-	-	↑11	-	↑8	↓3	↑1	-	↓3	↑2

자료: 기획재정부 보도자료,2019.10
출처: 헤럴드경제, 정경수, "한국 국가경쟁력 13위로 두 단계↑…기업활력노동시장 순위는 하락, 2019. 10.9.; https://news.naver.com/main/read.nhn?oid=016&aid (검색: 2019.11)

　　국가경쟁력의 또 한 축인 국제경영개발대학원(IMD: International Institute for Management Development)이 매년 5월말 발간하는 『세계경쟁력연감(World Competitive Yearbook)』을 통해 국제경쟁력을 '4대 분야(경제성과, 정부효율성, 기업효율성, 인프라 구축)', '20개 부문', '235개 세부항목'(통계 143개, 설문 92개)에 대한 순위평가를 기초로 각 국의 종합순위를 산정하고 있다. 국제경영개발대학원(IMD)에서 부패인식지수(CPI)는 정부효율성 분야의 「뇌물공여와 부패비리」 항목(설문조사)이 반영되어 있다. 경제성과(국내경제, 국제무역, 국제투자, 고용, 물가), 정부효율성(공공재정, 재정정책, 제도여건, 기업여건, 사회적 여건), 기업효율성(생산성, 노동시장, 금융, 경영활동, 행동·가치), 인프라 구축(기본 인프라, 기술 인프라, 과학 인프라, 보건 및 환경, 교육)으로 이를 최근 7년간의 순위를 도식하면 아래와 같다.

〈표 14-54〉 IMD 국제경쟁력지수 추이(한국, 순위)

구 분	'11	'12	'13	'14	'15	'16	'17
종합순위	22	22	22	26	25	29	29(-)
- 경제성과	25	27	20	20	15	21	22(↓1)
- 정부효율성	22	25	20	26	28	26	28(↓2)
- 기업효율성	26	25	34	39	37	48	44(↑4)
- 인프라	20	20	19	19	21	22	24(↓2)

주: 1) 평가대상국(63개국)
    2) 2018년 종합순위 27위는(경제성과20위, 정부효율성29위, 기업효율성43위, 인프라 구축 18위이며, 2019년은 종합순위 28위(경제성과 27위, 정부효율성 31위, 기업효율성 34위, 인프라구축 20위)
    3) 2017년 기업효율성을 제외한 나머지 3개 분야는 모두 하락하였다.
자료: 기획재정부 보도자료 종합, 필자 정리

    2019년 IMD 국제경쟁력은 평가대상 63개국 중 28위, 아시아, 태평양국가 14개국 중 9위, 인구 2천만 명 이상 28개 국가 중 11위를 기록했다.

〈표 14-55〉 '98년 이후 IMD 국제경쟁력의 한국 순위

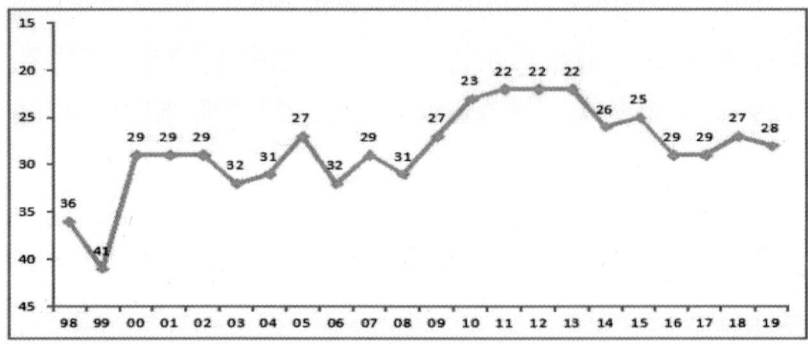

주: 1) 한국의 연도별 순위는 1999년 41위에서 2010~2013년 22위 최고기록
자료: 기획재정부 보도자료 종합, 필자 정리

    2019년 코로나19(COVID 19)로 팬데믹(pandemic)이라는 전 세계

적 패닉상태에서도 미국과 중국은 협조보다는 패권경쟁에 빠졌다.[93] 이에 한국 정부는 미·중 패권경쟁이 시간이 흐를수록 글로벌 산업지형과 공급망을 흔들고, 그 여파가 국가 간 안보·동맹 및 주변국을 포함한 국제질서 재편으로 번지는 양상이 가속화되고 있다.[94] 이에 미국·중국·유럽·일본 등 선도국들은 패권경쟁의 출발점이자 승패를 판가름할 열쇠를 (첨단)기술로 보고, 기술패권 경쟁에서 우위를 확보하기 위해 총력을 기울이고 있다.[95]

〈그림 14-2〉 한국, 10대 국가 필수전략기술 지정(2021.12)

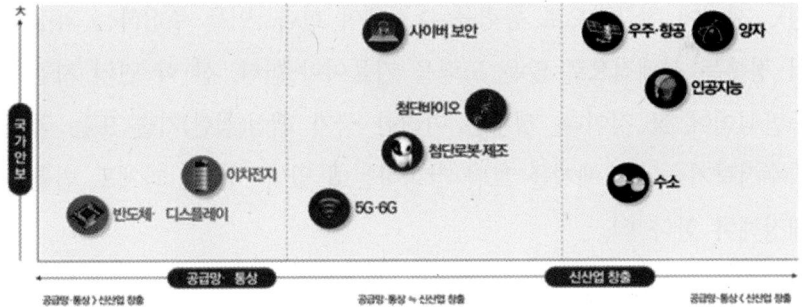

자료: 국무조정실·국무총리비서실, '세계 기술패권 경쟁 시대, 10년 내 선도국 수준 기술주도권 확보 위해 국가역량 총집결', 제20회 과학기술관계장관회의, 보도자료, 2021.12.21.(배포일시 기준); 과학기술정보통신부, 김동준·정승지, '세계 기술패권 경쟁시대, 기술주권 확보에 국가역량 결집' 보도자료 2021. 12. 21(배포일시).

---

93) 무역보복 관세를 넘어 지식재산권 탈취, 기술패권, 산업패권, 안보패권 등으로 범위가 확장되는 경향이 지속되고 있다. 점진적으로 첨단기술을 포함한 산업지형, 공급망 재편, 다자무역기구 재편 움직임, 산업블록을 형성해가고 있다. 중요한 점은 선도국 간에만 기술을 공유하고 외부에 통제하는 기술동맹 움직임이 본격화되면서, 전략적 통상·협력 관점에서도 독보적 우위기술 확보의 중요성이 높아지고 있다는 것이다.
94) 과학기술정보통신부, 김동준·정승지, '세계 기술패권 경쟁시대, 기술주권 확보에 국가역량 결집' 보도자료 2021. 12. 21(배포일시).
95) Ibid.

이에 한국 정부는 기술경쟁력이 국가 경제·안보를 좌우하는 세계 기술패권 경쟁시대, 국익을 위해 반드시 경쟁력을 갖추어야 할 필수전략기술을 선별하고, 국가적 역량을 결집하기 위한 「국가 필수전략기술 선정 및 육성·보호전략(이하 전략)」을 관계부처 합동으로 마련했다.[96] 그 결과, ▲인공지능, ▲5세대(5G)·6세대(6G), ▲첨단 바이오, ▲반도체·디스플레이, ▲이차전지, ▲수소, ▲첨단로봇·제조, ▲양자, ▲우주·항공, ▲사이버보안 등 10개 기술을 세계 기술패권 관점에서 집중 육성·보호해야 할 국가 필수전략기술로 선정했다.[97]

이와 더불어 정부는 향후 「국가 필수전략기술 육성에 관한 법률(가칭)」 제정에 적극적으로 동력을 추진해야 한다. 이를 추진하는 과정에서 정부는 선제적으로 많은 노력을 기울여야 한다. 산·학·연의 지원이 동반되어야 할 것이다. 정부는 이러한 국가 핵심(첨단)기술 또는 국가 필수전략기술 보호체계를 보다 강화하는데 있어 시급한 과제로 법률을 제정해야 한다.[98]

---

[96] 국가 필수전략기술(10대) 선정기준·절차는 기술의 전략적 중요성, 집중 지원 시 주도권 확보 가능성, 지원 시급성을 모두 고려해 전문가 평가와 관계부처 협의·조정을 통해 선별했다. 국무조정실·국무총리비서실, '세계 기술패권 경쟁 시대, 10년 내 선도국 수준 기술 주도권 확보 위해 국가역량 총집결', 제20회 과학기술관계장관회의, 보도자료, 2021.12.21.(배포일시 기준) * 국무조정실(이현정, 박현진), 과학기술정보통신부(장병주·김진현·김동준·정승지)

[97] Ibid.

[98] 정부는 국가핵심(첨단)기술, 국가 필수전략기술의 핵심인력이 해외로 유출되는 막기 위해 핵심인력의 이직 관리를 위한 데이터베이스를 만든 것 등을 포함한 법·제도적 보호 장치를 강구해야 한다.

〈표 14-56〉 국가전략기술 12대 분야(2022.12 발표)[99]

- 반도체·디스플레이
- 이차전지
- 첨단 이동수단
- 차세대 원자력
- 인공지능(AI)
- 차세대통신
- 양자
- 첨단로봇·제조
- 첨단 바이오
- 우주항공·해양
- 수소
- 사이버 보안

자료: 과학기술정보통신부
출처: 장병주·신현구, 과학기술정보통신부, 국가과학기술자문회의 심의회의 제44회 운영위원회(이하 '운영위원회') 개최, 보도자료, 2022.12.21

제2절 국가 혁신의 동력

1. 국가 혁신의 동력

가. 선진국 수준의 경제 지속 유지

선진국 수준의 경제(통상 1인당 GNI 3만 달러 이상)를 지속적으로 유지하는 방법은 정부혁신과 기업혁신, 생산성 혁신을 통한 기업의 '일류화'라는 조직문화를 새롭게 변화시켜 나가는 노력이 무엇보다 중요하다. 세계 일류기업들이 지향하는 기업의 조직문화를 벤치마킹(Bench Marking)하여 과감하게 적용할 필요성이 절실하게 대두하고 있다. 한국의 기업문화가 근로 시간에 비해 생산성이 낮다는 것은 조직문화에 기인하는 바가 크다. 2019년 일본이 한국의 특정기업을 대상으로 무역규제를 강화한 것에서 찾아볼 수 있다. 한국은 그간 화학·정밀·반도체·자동차 등 부품·소재산업을 육성하기보다는 품질이 우수한 일본·독

---

[99] 과학기술정보통신부(장관 이종호, 이하 '과기정통부')는 2022. 12. 21일 국가과학기술자문회의 심의회의 제44회 운영위원회(이하 '운영위원회')를 개최하여, 「국가전략기술 프로젝트 추진계획(안)」, 「국가연구개발 성과 관리·활용 제도개선(안)」 등을 심의·의결했다. 과학기술정보통신부, 보도자료, 2022.12.21

일 등으로부터 주로 수입해왔다. 그러나 2019년에 불거진 일본의 한국에 대한 일방적인 무역규제는 한국의 반도체 산업기반을 흔들었다. 정부는 뒤늦게 반도체를 포함한 화학·자동차 등 정밀 부품소재 종합대책을 추진하기로 했다. 일본은 한국의 '부품소재 종합발전계획'(가칭)에 오히려 당황해 하는 쪽은 일본으로서 일본의 개별기업들은 불만을 나타냈다. 한국 정부는 IT생태계를 기반으로 한 지속적인 혁신으로 전자정부를 꾸준하게 구현해 왔다. 전자정부를 구현하기 위해 정부는 소프트웨(software) 분야뿐만 아니라 하드웨어(hardware) 분야에서도 많은 발전을 가져왔다. 정부는 지속적인 혁신을 추구하고 전자정부를 고도화하기 위한 작업에 착수하여 진전을 보고 있다. IT강국으로써 전자정부의 목표실현을 위해 과감하게 혁신을 추진한 결과가 나타나고 있다는 것을 수많은 Big데이터가 이를 증명하고 있다.

 2020년초 전 세계적으로 팬데믹(pandemic)을 선언한 가운데 창궐한 신종코로나 바이러스(코로나19 또는 COVID-19)와의 전쟁에서 한국 정부는 ICT를 기반으로 SNS를 적극 활용함으로써 세계의 모범적 대응으로 자리매김한 사실에 세계가 주목하고 있다. 이는 공공의 안전, 공동체의 이익을 위해 개인의 자유를 부분적·제한적으로 희생할 수할 수 있다는 것을 의미한다. 이에 대해 개인의 자유를 중시하는 미국, 프랑스 등에서는 의아해 하는 것은 문화적 차이에서 비롯된 것이라 할 수 있다. 국가경쟁력 강화를 위해서 정부는 규제혁파와 기업의 창조적인 혁신의 수레바퀴가 동시에 굴러가도록 하는 것이 중요하다. 정부는 기업이 피로하지 않고 지속적인 혁신을 추진할 수 있도록 혁신 동력을 지원하는 수준에서 건전한 관계를 유지해야 한다.

〈표 14-57〉 최근 5년간 글로벌 혁신지수 주요국 순위

구 분	2015년	2016년	2017년	2018년	2019년
스위스	1위	1위	1위	1위	1위
미 국	5위	4위	4위	6위	3위
한 국	14위	11위	11위	12위	11위
중 국	29위	25위	22위	17위	14위
일 본	19위	16위	14위	13위	15위

자료: 세계지식재산권기구(WIPO: World Intellectual Property Organization; 한국, 특허청
주: 1) 세계지식재산권기구는 연구개발투자, 특허상표권 창출 등 혁신성과를 측정하는 지표, 사업·통상환경, 교육기반, 정보통신 기반 등 혁신역량을 측정하는 7개 부문에 걸친 총 80개의 지표들을 바탕으로 각국의 혁신수준을 평가해 2007년 이래 매년 '글로벌 혁신지수'(GII)(보고서)를 발표한다.

정부가 혁신을 지속적으로 추진하는 것은 정치가 법·제도를 벗어나 기업 경영에 지장을 주는 행태를 개선해야 한다. 이는 한국 정치권이 기업에게 후원을 강요하는 것에서부터 시작하여 지역발전을 강제하는 것까지 기업의 부담을 강요하지 않아야 한다는 것이다.[100] 그러나 정부는 기업이 사회적 책임을 할 수 있도록 기반을 조성하고 환경을 제공하는 것은 ESG[101] 조기정착을 위해 바람직한 일이라 할 수 있다.

혁신역량을 평가하는 '글로벌 혁신지수'는 세계지적재산권기구(WIPO), 미국 코넬대, 프랑스 인시아드(INSEAD) 경영대학원이 공동으로 7개 분야 80개의 세부지표를 기준으로 전 세계 120여 개국의 경제혁신 성과를 평가하는 지수이다. 이 가운데 7개 분야의 주요평가지료는 1) 제

---

100) 특히 군사정권 시기 정치지도자, 정치인들은 기업에 대해 공공연하게 정치후원금을 요구했다. 때로는 정치후원금 그 이상을 요구하기도 해 사회적으로 물의를 빚기도 했다.
101) ESG(Environmental 환경, Social 사회, Governance 지배구조, 윤리경영)을 의미하는 것으로 ESG는 2005년 UN회의에서 공식적으로 논의가 시작되었다. UN은 2006년 유엔책임투자원칙(UN PRI) 선언을 계기로 ESG의 중요성이 강조되었다. 2015년 파리기후변화협약이 채택되고 UN의 지속가능발전목표로 인해 널리 알려지게 되었다. 최근 ESG는 기업경영을 넘어 기업의 지속가능성, 생존전략과 직결되는 혁신가치로 인식·평가되고 있다.

도(규제환경 및 정부의 효과성), 2) 인적자원 및 연구(교육, 인적자원 및 연구개발), 3) 인프라 스트럭처(ICT 인프라, 일반 인프라, 물류, 환경 등), 4) 시장 성숙도(금융접근성, 벤처, 투자, 무역 및 내수시장 규모 등), 5) 비즈니스 성숙도(연구개발규모 및 재원, 지식집적산업 규모 및 재원, 산학협력), 6) 지식 및 기술 산출(하이테크 및 미디엄테크 산출, 지식 및 기술 산출, 지식의 창출, 영향력 및 확산), 7) 창의적 산출(무형자산, 산업디자인, ICT 및 비즈니스 모델 창출, 온라인 창의력 등) 등의 평가지표들을 이용하여 혁신지수를 산출하고 있다.

〈표 14-58〉 세계 혁신지수(GII) 측정모형(2017년 모형)

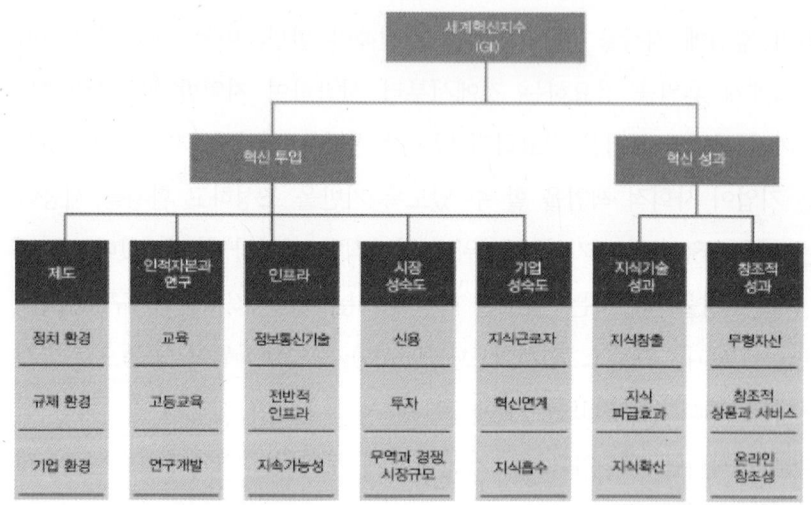

자료: Cornell University, INSEAD and WIPO, 『The Global Innovation Index 2017』 2017.6
주: 1) 세계혁신지수의 세부 평가체계는 7대 부문, 21개 항목, 81개 평가지표로 구성되어 있음.
   2) 혁신지수는 혁신활동을 가능하게 하는 국가의 경제적 요소(혁신투입), 국가 경제단위 내에서 혁신활동의 결과물로 얻은 요소(혁신성과)를 지수화하여 각 국가의 혁신수준을 평가
   3) 혁신지수 평가대상 국가는 2007년(107개 국가), 2017년(127개 국가)
출처: 안지혜, KISTEP, '2017년 세계혁신지수 분석'

나. 공공성 VS 투명성

한국은 새로운 정부가 출범할 때마다 부정부패의 척결을 공약했으나 모든 정부가 용두사미(龍頭蛇尾)에 그쳤다. 그동안 정부는 부패와의 전쟁을 선포하여 추진해왔으나 큰 성과를 거두었다고 할 수 없을 것이다. 이를 제도적으로 척결하기 위한 '부정청탁 및 금품수수의 금지에 관한 법률'(약칭 청탁금지법, 2016.11.30. 시행), '부정청탁 및 금품수수의 금지에 관한 법률 시행령'(2019.1.1. 시행)이 제정되어 시행되고 있다. 그러나 '부정청탁 및 금품수수의 금지에 관한 법률'과 시행령은 많은 문제점을 앉고 있다. 부정청탁시 뇌물로 규명하기가 어려워지고 있는 등 지금까지 부정청탁 사례가 많았던 정치권(주로 입법부)과 기업 등의 커넥션을 제대로 규명하고 처벌할 수 없도록 고안되었다는 점이다. '청탁금지법'이 개정되어야 하는 이유가 바로 여기에 있다. 법 정신과 취지는 만인(萬人)이 법 앞에 공평무사(公平無事)해야 함에도 불구하고 그렇지 못하다는 것은 입법취지에 어긋남을 반증하는 것이다. 2018년 1월 29일 부패인식지수[102] 2018년 CPI(2018 Corruption perception Index)가 발표되었다. 평가대상은 총 180개국으로 100점 만점으

---

[102] 부패인식지수(Corruption perception Index)를 조사발표하고 있는 독일의 비정부기구인 국제투명성기구(Transparency International)는 1993년 설립되었다. 기관에서는 매년 부패인식지수를 조사하여 발표하고 있는데 작성은 1994년부터 발표는 1995년부터 진행했다. 부패인식지수(Corruption perception Index, CPI)를 발표하는 국제투명성기구(Transparency International)는 70점대를 '사회가 전반적인 투명한 상태'로 평가하며, 한국이 받은 50점대는 '절대 부패로부터 벗어난 정도'로 보고 있다. 이 지수를 작성하기 위한 조사는 주로 사업 및 금융관계자들을 대상으로 하고 있다. 따라서 이들이 해당국 공무원과 정치인이 얼마나 부패했다고 느끼는지를 수치화한 것이다. 이에 대해 일반인이 느끼는 부패지수와 거리감이 있다는 지적이 있어 국제투명성기구(Transparency International)에서는 "얼마나 많은 국민들이 뇌물을 줘봤는가"를 설문을 통해 국제부패척도(Global Corruption Barometer)를 추가로 작성하고 있다. 이는 부패인식지수와 달리 일반국민들을 대상으로 뇌물에 대한 경험을 조사하는 직접적인 방식을 취하고 있다. http://www.transparency.org/cpi2018

로 점수가 낮을수록 부패도가 높은 것으로 간주되고 있다. 평가대상국의 2/3는 점수가 50점 이하였으며, 전체 평균점수는 43점이었다. 2018년 순위는 작년 1위였던 뉴질랜드가 87점으로 2위를 하였으며, 2위였던 덴마크가 88점을 유지하면서 1위로 상승하였다. 핀란드, 싱가포르, 스웨덴, 스위스가 85점으로 공동 3위를 했다. 7위는 노르웨이(84점), 8위는 네덜란드(82점), 9위는 공동으로 캐나다와 룩셈부르크(81점)으로 나타났다. 이전의 평가와 비교할 때 한국의 부패인식 점수는 57점으로 이전보다 3점이 높아 순위는 이전의 51위에서 45위로 6계단 상승했다. 이는 역대 가장 높은 점수를 받았다. 그동안 가정 높은 점수는 2008년과 2012년(56점)을 기록한 바 있다. 경제협력개발기구(OECD) 가입 36개국 중에서 30위로 2017년도와 비슷한 순위를 나타내었다. 세부지료를 살펴보면 공직자의 사익을 목적으로 한 지위 남용 가능성(SGI)이 2017년(53점)에서 2018년(62점)으로 공직사회의 부패정도(V-DEM)가 2017년(60점)에서 2018년(70점)으로 많이 개선되었다. 부패인식지수(CPI)는 공공부문의 부패[103]에 대한 전문적인 인식을 반영하여 이를 100점으로 환산하여 발표하고 있다. 국제투명성기구는 2018년도 부패인식지수 발표에서 점수에 반영된 총 13개의 원천자료를 공개하였는데 한국의 경우 10개 자료가 적용되었다.[104] 그러나 정

---

[103] 국제투명성기구(Transparency International, TI)는 부패를 '사적인 이익을 위해 주어진 권력을 오용하는 것'으로 정의하고 있다. 나아가 TI는 '법에 따른 부패'와 '법에 반하는 부패'로 구분하고 있다. 부패방지법 제2조는 '부패행위'를 다음과 같이 정의하고 있다. ① 공직자가 직무와 관련하여 그 지위 또는 권한을 남용하거나 법령을 위반하여 자기 또는 제3자의 이익을 도모하는 행위, ② 공공기관의 예산사용, 공공기관 재산의 취득·관리·처분 또는 공공기관을 당사자로 하는 계약의 체결 및 그 이행에 있어서 법령에 위반하여 공공기관에 대하여 재산상 손해를 가하는 행위, ③ 앞의 ①과 ②에 따른 행위나 그 은폐를 강요, 권고, 제의, 유인하는 행위. 출처: 부패방지 및 국민권익위원회의 설치와 운영에 관한 법률(약칭 부패방지권익위법). 국민권익위원회, 2018.4.17.부 시행

[104] 한국의 경우 2018년 CPI(Corruption perception Index)에 사용된 원자료는 BF_

치인과 기업인 사이의 의심스러운 관계(PRS), 즉 정경유착에 대한 지표는 2012년부터 2018년까지 매년 낮은 수준인 50점대에 머물고 있다. 전반적인 부패수준(PERC)은 45점에서 오히려 42점으로 3점이나 내려갔다. 이에 대해 한국투명성기구는 이번 상승이 정부가 첫 번째 국정과제로 '적폐청산'을 두 번째로 '반부패 개혁으로 청렴 한국 실현'을 설정하고 노력한 효과로 이해한다."라고 밝혔다. 그러나 정치와 기업사이의 의심스러운 관계에 대한 평가는 점수가 낮은 상태에서 변화가 없고 전반적인 부패수준에 대해서도 개선되는 추세가 나타나지 않고 있다는 점은 매우 염려스러운 수준이다.

문재인 정부는 2017년 7월에 발표한 국정과제에서 5개년 계획으로 부패인식지수(CPI) 20위권 도약을 목표로 밝힌 바 있으며, 이를 위해 정책 목표를 설정하여 질주 했다. 바람직한 방향으로 가고 있는 것은 분명해 보인다. 정부는 보다 강력한 혁신드라이브를 걸어야 보다 상위 순위를 달성할 수 있다. 다행스러운 것은 적폐청산에 보다 강력한 추진이 있어야 함에도 불구하고 2018년 한 해는 동력이 걸렸으나 정권 말기로 가면서 촛불시민혁명으로 탄생한 정부가 주장한 적폐청산 의지가 약해지고 있어 이를 지속적으로 추진하기 위한 안전장치가 절실히 요구된다. 한국사회에서 50년 이상 된 누적된 적폐를 단 몇 년 내에 해결하고 끝내려는 불순한 저의를 가지고 있는 기득권세력이 사회 곳곳에 포진해 있다. 적폐청산이 잘 이루어지지 않으면 한국 정부의 선진국으로 도약은 경제적인 측면에서는 가능하나 정치적·사회적·문화적으로 시민들의 인식은 이를 따라가지 못하는 형국이 지속될 수 있어 부패인

SGI, BF_BTI, IMD, ICRG, WEF, WJP, EIU, GI, PERC, V-DEM, CPI는 70점대를 '사회가 전반적으로 투명한 상태'로 평가하고 있다.

식지수(CPI)는 크게 호전되지 않을 수 있다.

〈표 14-59〉 한국의 부패인식지수(CPI) 변화추이(1995-2018)

연도	CPI	순위	조사대상	연도	CPI	순위	조사대상
1995	4.29/10	27	41	2007	5.1	43	180
1996	5.02	27	54	2008	5.6	40	180
1997	4.29	34	52	2009	5.5	39	180
1998	4.2	43	85	2010	5.4	39	178
1999	3.8	50	99	2011	5.4	43	183
2000	4.0	48	101	2012	56/100	45	176
2001	4.2	42	91	2013	55	46	177
2002	4.5	40	102	2014	55	44	175
2003	4.3	50	133	2015	54	43	168
2004	4.5	47	146	2016	53	52	176
2005	5.0	40	159	2017	54	51	180
2006	5.1	42	163	2018	57	45	180

자료: 사)한국투명성기구 홈페이지

〈표 14-60〉 OECD 국가 2018 부패인식지수(CPI)

전체 순위	OECD 순위	국가	2018 CPI	전체 순위	OECD 순위	국가	2018 CPI
1	1	덴마크	88	21	19	프랑스	72
2	2	뉴질랜드	87	22	20	미국	71
3	3	핀란드	85	27	21	칠레	67
		스웨덴	85	30	22	포르투갈	67
		스위스	85	34	23	이스라엘	61
7	6	노르웨이	84	36	24	폴란드	60
8	7	네덜란드	82			슬로베니아	60

9	8	캐나다	81	38	26	체코공화국	59
		룩셈부르크	81			리투아니아	59
11	10	독일	80	41	28	라트비아	58
		영국	80			스페인	58
13	12	호주	77	45	30	대한민국	57

자료: 2018 세계 부패인식지수(CPI), 국제투명성기구, 한국투명성기구

한국투명성기구는 2017년 부패인식지수 조사결과에 성명을 내고 "2018년은 한국 사회에서 가장 큰 부패문제는 전직 대통령들을 비롯한 사회고위층의 구조적이고 네트워크를 이용한 부패를 막고 무너진 국가 반부패·청렴시스템을 세워내는 전환점이 되어야 한다"고 밝히면서 ① 국민권익위원회를 재편하여 독립적 반부패기관 설치 ② 고위공직자 비리수사처의 설치와 검찰개혁 ③ 정경유착 등 재벌과 고위층 부패에 대한 엄격한 처벌 ④ 청탁금지법의 엄격한 시행 ⑤ 공익신고자 보호확대 ⑥ 청렴교육 확대 ⑦ 공공, 기업, 시민사회의 협력적 거버넌스 복원 등의 반부패정책 시행 등을 촉구했다.[105] 부패척결을 위한 국가반부패전담기구를 설치하여 부패가 발을 붙일 수 없도록 근원적인 대책을 강구해야 한다. 그 동안 기득권세력의 비호 아래 수많은 부정부패, 비리가 한국 사회를 혼탁하게 하였던 것이 지난날의 사건·사고였던 것을 우리는 잊지 말아야 할 것이다. 그 대표적 사건이 과거 정권의 반복된 '권력게이트', '차떼기 사건' 등은 한국정부의 부정비리의 교과서가 아닐 수 없다. 한국의 부패인식지수(CPI) 추이와 산정시 사용된 원천자료는 아래와 같다.

---

[105] 사)한국투명성기구 http://www.ti.or.kr/xe/board-OSXi 74/10147 >공지사항>2017 국가별 부패인식지수 발표

〈표 14-61〉 한국의 CPI 산정시 원천자료 및 부패인식 추이

약칭	조사기관	지수명칭	2015	2016	2017	2018	2019
SGI	Bertelsmann Foundation	지속가능지수	73	52	53	62	61.52
BTI	Bertelsmann Foundation	변화지수	58	57	53	53	60.77
IMD	IMD	국제경쟁력지수	51	47	46	50	54.92
PRS	Political Risk Services	국가위험지수	50	50	50	50	54.19
WEF	World Economic Forum	국가경쟁력지수	52	49	55	56	54.90
WJP	World Justice Project	법치주의지수	70	69	69	69	71.51
EIU	Economist Intelligence Unit	국가위험지수	54	54	55	55	54.73
GI	IHS	GI 국가위험지수	52	47	59	59	58.97
PERC	Political & Economic RiskConsultancy	아시아부패지수	46	50	45	42	46.80
VDEM	V- Dem Institute	V - DEM 지수	-	-	60	70	70.93

주: 1) SG(베텔스만 재단. 지속가능지수: Sustainable Government Index), BTI(또는 TI라고 함, 베텔스만 재단, 변화지수: Transformation Index), IMD(국제경영개발대학원. 국제경쟁력지수), PRS (정치위험관리그룹. 국가위험지수: International Country Risk Guide), WEF(세계경제포럼. 국가경쟁력지수World Competitiveness Yearbook/Global Competitive Index), WJP(세계사법프로젝트. 법치주의지수: Rule of Law Index), EIU(국가위험지수: Country Risk Ratings), GI(GI 국가위험지수: Global Insight Country Risk Ratings), PERC(정치경제위험자문공사. 아시아 부패지수: Asian Intelligence), VDEM(민주주의 다양성기관. VDEM 부패지수: Varieties of Democracy Project)
자료: 국제투명성기구 부패인식지수(CPI) 보도자료 원문, CPI 2018
출처: 국제투명성기구 한국본부 한국투명성기구
http://www.ti.or.kr/xe/board_OSXi74/10147
http://www.ti.or.kr/xe/index_php?mid=board_OSXi74&page file:///C:/Users/Joon/Desktop/2019%EC%84%A4%EB%AA%85%EC%9E%90%EB%A3%8C(%EC%B5%9C%EC%A2%85).pdf
검색일(2019. 2. 22; 2020.12.22.; 2021.

한국의 공수처 설치법은 2019년 4월 신속처리 안건(패스트트랙)으로 지정한 뒤 245일 만인 같은 해 12월 30일 국회 본회의를 통과했다. 그리고 고위공직자범죄수사처 설치 및 운영에 관한 법률(약칭 공수처법) 개정안이 2020년 12월 10일 국회 임시국회(본회의)에서 통과되었다.106) 과거 김대중 정부, 노무현 정부에서 논의되었고 출범시키고자 했던 공수처 설치법(안)이 드디어 문재인 정부에 와서 통과된 것이다. 그만큼 검찰의 권력은 지대했다. 공수처 설치를 위해 김대중, 노무현, 문재인 3개 정부, 20여년 이상의 노력을 기울인 끝에 간신히 통과되었다. 검사도 죄를 지으면 일반 국민과 똑같이 고위공직자범죄수사처(약칭 '공수처'라고 한다)에 의해서 처벌받는 사회를 만들어야 한다(더불어민주당 이인영 원내대표). 공수처가 출범하기 전 1948년 이후, 검찰조직이외 기소권을 가진 첫 상설기관으로 공수처가 출범한 것은 매우 중요한 의미를 가지고 있다. 공수처 설치가 검찰개혁의 키워드(key word)이기 때문이다. 최근 5년 동안(2014~2019.7) 검사 기소율은 0.13% 수준이다(사건접수 11,852건, 기소 14건, 불기소 11,177건). 이는 일반 국민의 기소율이 42%인데 비해 검사 0.13%는 검찰의 제 식구 감싸기 외에 더할 설명이 없다. 반부패에 대한 국가적 차원의 종합적인 정책수립과 지속적이고 체계적인 실행과 관리가 이루어져야 한다. 즉 그 사회 전체의 반부패 비전과 정책을 종합적으로 계획하고, 실행하며 평가·진단하는 과정을 지속적으로 추진해야 하고, 나아가 검찰 및 경찰, 공정거래위원회, 감사원 등 국가 반부패 기구들과의 긴밀한 연계와 협력, 통합조정이 이루어져야 한다. 사회의 반부패 인식과 문화를 확산

---

106) 국회는 2020.12.10.일 국회의원 재직(300명), 재석(287명), 찬성(187명), 반대(99명), 기권(1명)으로 가결했다.

하기 위한 교육과 캠페인 또한 일상적이고 지속적으로 이루어져야 한다. 이것이 국가반부패정책의 총괄 컨트롤타워로서 국가 반부패전담기구가 설치되어야 할 이유이다.107)

〈표 14-62〉 "현재의 정부가 부패방지활동을 얼마나 잘하고 있습니까?"에 대한 응답

국가	못하고 있다(%)	잘하고 있다(%)	잘 모르겠다(%)
한국	76	14	10
말레이시아	62	34	4
몽골	61	35	4
일본	60	31	9
베트남	60	30	10
홍콩	60	37	3
대만	54	29	17
호주	41	45	14
미얀마	38	47	15
인도	35	53	12

자료: 국제투명성기구 한국본부 한국투명성기구, 보도자료(2017. 3. 8.)
출처: http://www.ti.or.kr/xe/board-OSXi74/82331 검색일: 2019.2.16.

국제투명성기구의 한국본부인 한국투명성기구는 2017년 3월 8일 세계부패바로미터(Global Corruption Barometer) 중 아시아·태평양지역 16개국을 대상으로 한 조사결과를 발표했다. 이 조사에서 "정부가 부패방지활동을 얼마나 잘하고 있습니까?"라는 질문에 대해 한국정부는 "잘하고 있다"는 응답이 14%, "잘못하고 있다"가 76%로 나타나 15

---

107) 2017.7월 4일 반부패 5개 시민단체(경제정의실천시민연합, 참여연대, 한국투명성기구, 한국YMCA전국연맹, 흥사단 투명사회운동본부)는 문재인대통령과 국정기획자문위원회가 대선 공약이자 촛불민심의 요구인 〈국가반부패정책의 총괄 컨트롤타워로서 국가반부패전담기구〉를 정부조직개편에 반영하여 즉각 설치할 것을 강력히 요구하였다.

개국 중 자국 국민에게 부패대응을 가장 못하는 정부로 인식되고 있는 것으로 나타났다.108)

한국 사회에서 선진국 진입에 가장 큰 장애요소는 부패문제가 아닐 수 없다. 가장 큰 부패문제는 박근혜 정부의 국정농단에서 드러난 것처럼 역시 사회지도층의 구조적이고 체계적인 부패와 비리에 연루되어 있다. 부패를 근원적으로 일소시키지 못한 것은 해방 후 일제식민지 잔재청산을 제대로 하지 못함으로써 사태의 발단이 시작되었다. 가진 자가 사회지도층 곳곳에 진출하여 권력을 앞세워 부를 정당한 방법이 아닌 부정한 방법으로, 즉 부정축재를 행한 것이다. 한국에서 부패문제에 효과적으로 대응하기 위해서는 정부차원의 큰 틀에서 보면 ① 정치인과 기업과의 정경유착, ② 권력형 부패(권력게이트), ③ 특정집단에 의한 정책 포획, ④ 전관예우 등 사법부 개혁 실패, ⑤ 고시제 폐지 등 지지부진한 공직임용제도 개혁 등이 가장 큰 문제로 인식하고, 첫째, 독립적인 국가반부패 전담기구를 설치하여 반부패컨트롤타워로서 기능을 수행하고, 둘째, 고위공직자비리수사처(약칭 공수처)를 설치하여 지도층의 부패방지를 근원적으로 차단하며, 셋째, 부패방지법과 청탁금지법의 실효성을 향상시키기 위한 노력을 강구하고, 넷째, 공익제보자를 보호하기 위한 법제도를 정비하는 등의 노력이 선행되어야 할 것이다. 국제투명성기구(TI: Transparent International)에서 2020년 1월 23일 발표한 2019년 부패인식지수(CPI: Corruption perception Index)에서 한국은 59점(39위/180개국)으로 39위를 기록했다(전년대비 2점 상승). 국가별 순위에서는 6위가 상승했다. 59점은 CPI가 발표된 이후 받은 최고의 점수이다. 국가별 순위에서는 2016년 이후 50위

---

108) 국제투명성기구 한국본부 한국투명성기구 보도자료(2017. 3. 8.)

권으로 밀려났던 순위가 30위권으로 회복되었다. 2016년 이후 3년 사이에 6점이 상승하여 국가별 순위가 13등급 상승했다. 그렇지만 2019년 부패인식지수(CPI) 결과는 만족할 만한 수준이라고 할 수 없다. 한국의 경제규모 및 수준, 국가의 위상을 고려하면 여전히 낮은 수준이다. 그리고 경제협력개발기구(OECD) 국가 중에서 여전히 낮은 성적을 보이고 있으며 아시아태평양 국가들에서도 여전히 9위에서 벗어나지 못하고 있다.109) "부패인식지수가 세계 20위권에 진입하기 위해서는 공공·민간에 대한 전 방위적 반부패 개혁이 필요하다"며 "공직자의 이해충돌방지법을 제정하고 선출직 공직자 등의 행동강령 준수, 겸직 금지 등의 제도 정비와 함께 운영 실태와 위반행위를 점검할 계획"이라고 했다.110)

다. 산업생태계의 변화

2016년 다보스 포럼을 통해 4차 산업혁명의 시대가 도래함을 전 세계에 알렸다.111) 제1차 산업(1830년대)가 증기기관 기술의 발명으로 기계식 대량생산 체계가 구축되었으며, 제2차 산업(1870년대)은 전력기술을 활용한 대량 생산체계 구축을, 제3차 산업(1960년)은 IT기술 발달에 따른 자동 대량 맞춤 생산체계를 구축하여 인류사회 문명의 발전을 가져왔다. 아울러 제4차 산업혁명은 발전된 ICT 기술, 로봇의 진

---

109) 국제투명성기구 한국본부 한국투명성기구, 이상학, 2019 부패인식지수(CPI) 결과 분석, 작성일: 2020-04-29
110) 공감 HOME〉콘텐츠〉피플, 이찬영, "부패인식지수 세계 20위권 끌어올리고 국민 원하는 방향으로 정책되게 할 것. 전현희(국민권익위원장)", 2020.9.21. http://gonggam.korea.kr/newsView.do?newsId=GAJUKuZLcDGJM000 (검색: 2021.01.21.)
111) 2016년 1월 스위스 다보스에서 개최된 제46차 세계경제포럼(WEF), '제4차 산업혁명의 이해'라는 주제로 논의를 시작, 세계적으로 주목을 받기 시작했다.

화, 유전 및 생명공학의 발전, 자율주행자, 플라잉 카, 무장드론, 무인수상정, 무인전투기의 등장 등 경제·사회·군사 부문에 이르기까지 다양한 분야에서 괄목할 만한 진보를 가져오고 있다. 4차 산업 혁명은 2016년 이후 본격적인 서막을 알렸다. 4차 산업은 지금까지의 발전된 다양한 산업이 디지털, 바이오, AI(인공지능), IoT(사물인터넷), 유전공학, 생명공학 등 영역이 AI(인공지능), 드론, 로봇, 양자컴퓨터, ICT 기술과 새로운 기술로 인류의 삶의 방식을 변화시키고 있다. 따라서 4차 산업은 융복합·연결성·지능성에 기반을 둔 지능화사회로 변화 가능성을 예고하고 있다. 세계 각 국은 4차 산업혁명의 시대의 새로운 산업생태계의 주도권 확보 경쟁을 위해 정부차원의 정교한 전략을 구사하고 있다. 4차 산업혁명 시대에는 ICT 융복합 하이테크, 자율주행차, 지구온난화, 기후변화, AI, 사물인터넷(IoT), 드론, 로봇, 센서 등 기술과 문화의 대변혁이 다가오고 있다. 4차 산업혁명[112]으로 AI, 기술과 인간로봇의 승부가 예측불허의 방향으로 전개되고 있다. 군수산업 및 무기체계에서도 AI기술이 적용되어 인간이 기술에 종속되는 시대를 맞고 있다. 예측 불가능한 변화와 속도의 방향에 따라 깊이의 추세는 기하급수적으로 비선형적으로 변해가고 있다. 이에 정부는 기후변화, 산업 환경 변화, 공유경제(Sharing Economy), 에너지 자립의 국가경쟁력 강화를 새로운 에너지 변화의 패러다임 속에서 기후변화에 능동적으로 대응함으로써 새로운 성장동력을 창출하려는 정부의 에너지 신산업 육성전략을 실행에 옮기기 위한 보다 강화된 개발전략 이행계획을 마련했다. 최근에는 태양광 발전 뿐만 아니라 풍력, 바이오, 지열에너

---

[112] 2016년 스위스 다보스포럼에서 열린 세계경제포럼(WEF)에서 4차 산업혁명을 '디지털혁명에 기반하여 물리적 공간, 디지털적 공간 및 생물학적 공간의 경계가 희석되는 기술융합의 시대'로 정의한 바 있다.

지 등과 같은 신재생에너지는 그 자체가 가지고 있는 성장 잠재력이 무한하여 에너지의 세대교체를 맞아 새로운 에너지 시대의 주인공이 될 것이다. 좋은 사례로 새로운 신재생에너지 모델이 개발되어 새로운 영역을 확장하고 있는 것은 신재생에너지113)와 ESS(에너지저장장치)의 융·복합 사업이다.

〈표 14-63〉 제4차 산업혁명시대의 필수역량

미국 미래연구소에서 제시한 4차산업혁명 시대 필수 역량[주]	미국교육 공학협회*에서 제시한 미디어 리터러시의 구성요소
• 의미부여능력(Sense Making) • 사회지능(Socisl Intelligence) • 새로운 사고와 변화적응능력 (Novel and Adaptive Thinking) • 다문화 역량 (Cross Cultural Competency) • 컴퓨터기반의 추론능력 (Computational Thinking) • 뉴미디어 리터러시 (New Media Literacy) • 초학문적 개념 이해 능력 (Transdisciplinary) • 문제해결을 위한 과제설계 능력 (Design Mindset) • 인지적 부하관리 (Cognitive Load Magnagement) • 가상의 협업능력 (Virtual Coiiaboration)	• 창의성과 혁신 (Creativity and Innovation) • 커뮤니케이션과 협업능력 (Communication and ollaboration) • 연구 및 정보 (Research and Information) • 비판적 사고, 문제해결능력 (Critical Thinking, Problem Solving) • 디지털 시민성 (Digital Citizenship) • 기술 활용 능력 (Technology and Operations) * NETS from International Society for Technology in Education, ISTE

자료: 4차 산업혁명시대의 미디어 리터러시; 이동국·김현진·이승진(2014). 미래핵심역량 증진을 위한정보통신기술(ICT)활용교육 사례탐색, 한국교육학술정보원 KERIS 이슈리포트

---

113) 신재생에너지의 종류는 태양열 에너지, 풍력에너지(바람의 힘을 이용), 수소에너지(무공해연료인 수소는 1g당 열량이 석유의 3배에 달하며, 물을 원료이기 때문에 수송이나 저장이 용이), 바이오 에너지(동식물에서 얻는 에너지로서 옥수수와 해바라기 등을 많이 이용), 수력에너지, 조류에너지(조류의 빠르기를 이용하여 에너지를 생산), 지열 에너지(지하수나 지하의 열을 이용하여 전기를 생산하거나 냉난방에 이용하는 것) 등이 있다.

출처: http://blog.naver.com/kpf11/2212568245268 "4차 산업혁명시대 미디어 리터러시 교육의 의미"
주) • 의미부여능력(Sense Making): 주어진 문제에 대해 중요성 여부를 판단하고 보다 깊게 의미부여할 수 있는 능력
- 사회지능(Socisl Intelligence): 바람직한 상호작용을 이끌어내기 위해 다른 사람들과 깊고 직접적인 방식으로 연결할 수 있는 능력
- 새로운 사고와 변화적응능력(Novel and Adaptive Thinking): 기계적이고 일상적인 틀을 벗어나 새롭게 생각하고 창의적으로 문제를 해결할 수 있는 능력
- 다문화 역량(Cross Cultural Competency): 각기 다른 문화적 상황에 대처할 수 있는 능력
- 컴퓨터기반의 추론능력(Computational Thinking): 방대한 데이터를 추상적인 개념들로 전환할 수 있고, 데이터 기반의 추론을 할 수 있는 능력
- 뉴미디어 리터러시(New Media Literacy): 새로운 미디어의 콘텐츠를 비판적으로 평가하고 제작하며 이를 통해 설득적 커뮤니케이션을 수행할 수 있는 능력
- 초학문적 개념 이해 능력(Transdisciplinary): 학제간 경계를 넘나들면서 개념들을 이해할 수 있는 능력
- 문제해결을 위한 과제설계 능력(Design Mindset): 과제를 개발하고 바람직한 결과 도출을 위해 그 처리과정을 설계할 수 있는 능력
- 인지적 부하관리(Cognitive Load Magnagement): 정보의 중요성 여부를 판별하고 다양한 도구와 기술을 사용해서 인지기능의 최적화 방법을 이해하는 능력
- 가상의 협업능력(Virtual Coiiaboration): 다른 사람과의 협업속에 작업을 효율적으로 수행하고 가상 팀의 일원으로서 존재감을 보여줄 수 있는 능력

라. 국제환경 변화에 능동적 대응

미국, 독일 등 서구선진국들은 제4차 산업혁명 시대에 정부와 기업이 치밀하게 대비·대응하고 있다. 독일을 중심으로 한 유럽의 선진국들은 산업생태계 전반에 미치는 영향을 검토하는가 하면 미국, 일본 중국도 발 빠른 대책을 준비하고 있다. 기업, 언론, 전문가 그룹이 국제정세를 주목하는 이유는 한 국가의 미래 생존이 달린 문제이기 때문이다. 이 생존은 '힘의 이동'과 흐름을 간파하는 능력이다. 조지프 새뮤얼 나이 주니어(Joseph Samuel Nye, Jr.)에 의하면 자신의 목적을 달성하는 능력을 파워(power)라고 지칭했다. 나이(Joseph Samuel Nye, Jr.)는 '자신이 원하는 것을 상대에게 하도록 강요하는 힘' 등의 군사력을 하드파워(hard power)라고 언급하였으며 이에 반해 '자신이 원하는 것을 상대도 원하도록 하는 힘'인 문화, 이데올로기(ideology), 국

제체제 창설 등의 능력의 무형자원을 소프트파워(soft power)라고 정의했다. 냉전시대(Cold War)에는 전통적인 군사안보정세가 국제정세를 판단하는 준거로 삼았다. 그러나 탈냉전(Post Cold War) 이후 독일이 통일되고(1990.10), 구소련이 해체된(1991.12) 이후 전통적인 군사안보는 뒷전으로 밀려났다. 군사안보 보다는 경제안보(economy security), 환경안보(environment security), 인간안보(human security)가 중요한 이슈로 다가왔다. 2017년에 시작된 미중 무역전쟁은 경제안보(economy security)의 현실을 극명하게 드러내 보였다. 미국 트럼프(Donald J. Trump) 대통령의 트위트 내용 중에는 한 나라가 (미합중국) 거의 모든 나라와의 교역에서 수십억 달러를 잃고 있을 때 무역전쟁은 좋은 것이며, 승리하기가 쉽습니다. 예를 들어, 우리가(미합중국) 어떤 나라와 100억 달러를 계약했을 때 우리는 쉽게 크게 승리합니다. 미국 입장에서는 중국이 기술이전을 강요하고, 사이버 도둑질을 했다. 미국의 對중국 무역적자는 역사상 가장 큰 적자다. 관세를 올릴 수밖에 없었다. 이것이 트럼프 대통령이 말하는 직접적인 요인이다. 이처럼 미국이 중국에 보복관세를 부과하는 법적근거는 대통령의 행정명령 이외에도 다음과 같은 법적 근거를 가지고 있다. 2017년 대미무역 흑자를 많이 올린 나라는 중국(3,752억 달러), 일본(688억 달러), 독일(643억 달러) 등이다. 세이프가드(긴급수입제한조치)는 1974년 제정된 무역법 201조 조항에 따른 것으로 특정품목 수입이 증가해 미국 산업에 피해를 끼칠 것으로 우려되면 관세 또는 수입량 제한을 가할 수 있다. 국제무역위원회(ITC)가 조사해 미국 대통령에게 제안하면 대통령 재량으로 결정을 내린다. 미국의 무역확대법(1962년 제정) 232조는 안보에 위해를 줄 수 있는 수입활동에 대해 수입량 제한 또는 무역조정 조치를 취할 수 있다. 스페셜 301조는 미국의 지식재산권 보호에 초점을 맞춘 규정이다. USTR[114]가 매년 스페셜 301조 보고서를 통해 교역 상대국의 지식재산권 보호수준을 평가하고 우선협상대상국, 우선관찰대상국, 관찰대상국 등으로 지정한다. 우선협상대상국으로 지정된 국가와는 일반 301조 절차에 따라 조사협의를 실시하고 합의가 불발되면 보복조치를 가한다. 최근 미국이 중국을 압박하고 있는 수단 중 하나이다. 슈퍼 301조는 무역장벽을 해소하기 마련된 규정으로 슈퍼 301조에 따라 미국무역대표부(USTR)가 무역장벽 유무와 수준을 평가해 우선협상 대상국을 지정할 수 있다. 우선협상국으로 지정되면 3년 이내로 불공정 관행을 중단하거나 해당 관행에 상응하는 보상을 미국에 제공하도록 협상에 임해야 한다.

〈표 14-64〉 미국의 상호세 관련 법적근거와 정책수단

법령	목적	절차
무역법 201조	자국산업 보호	ITC조사결과에 따라 대통령이 세이프가드
관세법 307조	불법 무역 대응	불공정무역에 대한 조사 및 중지 명령 행사
무역법 301조	불공정 무역 방지	피해업체 제소로 USTR가 조사해 보복조치
스페셜 301조	지식재산권 보호	USTR가 지식재산권 보호 미흡 국가에 대응
슈 퍼 301조	무역장벽 해소	USTR조사보고서를 근거로 대통령 행정명령
무역법 232조	국가안보상 규제	상무부가 국가안보상 이유로 일부 수입 제한
무역법 122조	무역수지 적자 대응	최장 150일, 최대15%관세인상조치가능

출처: 이진명, 매일경제, 美, 세이프가드 슈퍼 301조 총동원…세계와 '무역 전면전' 2018.2.14.

---

114) 미국무역대표부, 국제통상교섭을 담당하는 대통령 직속기관으로 1963년 1월에 통상교섭특별대표부(Office of the Special Representative for Trade Negotiations)로 발족되었다가 1980년 1월 카터대통령이 개편하면서 명칭을 바꿨다. 미국의 통상정책을 담당하는 주된 정부기관으로는 USTR외에 상무성, 국무성이 있으나 USTR는 관계부처와 밀접하게 협의해서 대외교섭의창구로서 타 국의 시장개방 요구 등 압력을 가할 수 있다.

미·중 무역분쟁에서 중국은 '제조 2025'에 따라 중국의 목표인 2020년까지 소강사회 건설, 2035년까지 경제강국 건설, 2050년까지 군사강국 건설을 목표로 삼고 중국몽(中國夢)을 실현하기 위한 작업에 착수하면서 미국과의 불편한 관계를 노출하게 되었다. 중국은 2012년 시진핑(習近平) 집권 이후 반도체굴기, 로봇개발, AI, ICT, 사이버기술 등 제조업 분야를 국운융성의 밑바탕으로 삼고 사이버 기술 해킹 등을 통해 미국의 기술을 훔쳤다고 미국은 보고 있다. 실제로 미국은 세계1위 통신업체 화웨이(HUAWEI)를 기술탈취 혐의로 제소하고 미국의 동맹국뿐만 아니라 유럽 및 아태지역 국가들에 화웨이(HUAWEI)[115]의 통신장비를 구매사용하지 말 것을 종용하고 있다. 2018년 11월 전략국제연구소(CSIS)에서 "경제안보가 국가안보"라며 중국에 강력 대응하겠다고 했다. 마이크 펜스(Mike Pence) 미 부통령은 2018년 10월 미국 허드슨 연구소에서 "필연이라고 생각했던 자유중국(free China)의 탄생은 실패했다"며 중국은 21세기에 들어와서도 여전히 모든 형태의 자유(정치·경제·종교·인권 등)를 억압하는 전체주의 사회이며 공산주의 국가이기 때문에 중국의 발전은 미국의 경제안보를 크게 훼손한다고 보고 있다.[116]

---

[115] 화웨이(HUAWEI)가 신냉전 수면위로 부상한 것은 2012년으로 미국의회는 화웨이 통신장비가 중국정부의 스파이 활동에 활용될 수 있다고 제기했다. 화웨이 통신장비를 활용하면 미국의 핵심정보가 중국정부에 흘러 들어갈 수 있다는 논리를 폈다. 한편 2017년 6월 중국은 "국가정보법을 발표했는데 '중국 정보기관이 정보 수집을 위해 개인과 단체가 소유한 차량, 통신장비, 건축물에 도청·감시 장치를 설치할 수 있다는 주장을 했다. 또 영장 없이 기업 등을 수색할 수 있게 하였다. 2018년 8월 트럼프 미국 대통령은 화웨이와 또 다른 중국 통신장비 회사인 ZTE 통신장비를 사용할 수 없도록 미국 국방수권법에 서명했다. 사실상 중국에 대한 선전포고와 다름없다. 1987년 중국인민해방군 장교 출신 사업가인 런정페이에 의해 중국 선전에서 서립한 회사로 사업분야는 네트워크/통신장비 제조회사다. 국영기업인 ZTE(중흥통신)와 함께 중국의 대표적인 네트워크 장비 제조사이다. 회사 사명은 '중화민족을 위하여 분투한다'는 뜻으로 원의미는 '중화민족만을 위해' 노력한다는 뜻이다.

일반적으로 전체주의 국가에서는 하나의 대중정당(mass party)만이 존재하며, 이에 반대하는 당이나 세력은 일체 허용되지 않는다. 이러한 정당은 권력 그 자체를 의미한다. 그리고 이러한 사회에서는 국가가 제시한 것 이외에는 그 어떤 정치나 종교적 노동집단은 존재가 불가능하다. 또한 국가는 사회통제와 감시를 지속적으로 추진하기 위해 일당독재와 비밀 경찰조직의 운용, 언론·방송을 장악하여 선전·선동을 기반으로 체제의 힘을 유지한다. 일반적으로 전체주의117) 국가에서는 입법에 대한 권리를 지배자 한사람에게 부여해버린다. 헌법 개정에 대한 일인독재로 인해 무소불위의 권력유지가 가능해지며, 이로 인해 이전의 전통과 관습은 철저히 배척된다. 전체주의118) 사회 내에서는 철저한

---

116) 2018.10월 마이크 펜스 부통령, 허든슨 연구소, 트럼프행정부의 대중국정책; 중국은 정치, 경제, 군사, 선전 등 모든 영역에 걸쳐 중국의 영향력을 확대하고 미국 내 보유한 중국의 이익을 강화하려 시도하는 것으로 미국은 판단하고 있다. 미 국민들에게 중국에 대한 진실을 밝혔다.
117) 전체주의 체제에서는 법의 지배가 존재하지 않는다. 법적 내용이 존재한다 하더라도 매우 정치화 되어 있는 것이 특징이다. 법은 지배계급과 일당독재만을 위한 도구로 전락하고 말았다. 이러한 점에서 전체주의는 법치주의를 기본으로 하는 민주주의와 함께할 수 없다. 전체주의 국가의 헌법에 있는 민주주의적 내용들은 오히려 부당한 통치수단으로 오용되는 경우가 많다.1) 전체주의에서 주목해야할 것은 정당의 기능과 역할이다. 전체주의 사회의 모든 영역에서 정당이 차지하고 있는 위치는 지배적이며 특권적이고 모든 영역에서 최우선권을 가진다. 프리드리히와 브레진스키는 한 명의 독재자에 의해 지도되는 단일한 대중정당의 증후군을 설명하였다. 따라서 다수의 시민을 위한 정치적 도구로서의 기능을 하는 것이 아니라 지배자의 통치를 위한 권력수단으로 작용하는 것이다.
118) 한나 아렌트(Hannah Arendt)는 전체주의 기원(The Origins of Totalitarianism)에서 전체주의 지도자가 살아있는 동안 대중을 통솔하고 끝까지 대중의 지지에 의존하는 경향이 강한 것은 권력의 본질적인 이데올로기의 지배에 의한 것이다. 전체주의 독재자는 무오류의 존재로서 당 독재를 실행하면서 당원에게 절대적 충성을 요구하고 비밀경찰을 통한 공포정치와 강제수용소를 이용한 총체적 지배 등 테러를 활용한 통치를 실행한다. 한나 아렌트는 전체주의를 '인간의 행위를 불가능하게 만듦으로써 인간의 자유를 총체적으로 폐지하고, 인간의 자유와 행위의 가능성을 완전히 빼앗아버리는' 정부형태로 인식했다. 전체주의 국가에서는 개인의 기본적인 자유뿐만 아니라 집회나 사상의 자유 등 모든 정치적 자유마저도 얻지 못한다. 프리드리히(C. J. Friedrich)와 브레진스키(Z. K Brzezinski)는 체제수준에서 전체주의에서 나타나는 공통적 현상을 다음과 같이 정리하였다. 첫째, 전체주의에서는 정교한 이데올로기를 가지고 있는데 이것은 그 사회의 모든

계급구분이 전제되고 지배계급이 국가의 운명을 좌우한다. 전체주의 국가는 경제발전이나 성장목표를 세우는데 정부는 무조건적인 권리와 특권을 가지고 통제하려 한다. 전체주의 국가들의 대부분이 중앙집권적 계획통제체제를 선호하는 이유가 여기에 있다. 중국은 중국특색의 사회주의체제를 여전히 고수하고 있다. 2017년 세계무선통신장비 시장점유율에서 중국의 화웨이(HUAWEI)와 ZTE(중흥통신)이 약진했다. 글로벌 시장조사업체 가트너가 2021.1.15일 발표한 '2020년 세계 반도체 시장 매출 톱10'(2020 Worldwide Top 10 Semiconductor Vendors by Revenue)에 따르면 삼성전자는 지난해 매출 561억9700만 달러로 2위를 차지했다.119)

사람들이 공유해야만 하는 것이다. 이러한 이데올로기는 기존사회를 부정하고 새로운 세계창조를 위해 현재의 세계를 정복해야하며, 최종적으로 가장 이산적인 형태에 중점을 둔다. 둘째, 전체주의 체제에서는 독재자 1인과 전체 인구의 10%에 해당하는 소수의 남녀로 구성된 단일 대중정당을 가지고 있는데 이러한 당은 과두적으로 조직되었으며, 이 당의 구성원들은 이데올로기에 헌신한다. 셋째, 전체주의 체제는 테러조직체계를 가지고 있으며, 이는 당과 비밀경찰이 통제 역할을 하는 것으로 정권에 반하는 세력이나 집단, 정권에 적대적인 집단이나 그룹을 감시하고 당 간부들을 위해 당을 지원한다. 넷째, 영화, 방송, 신문, 라디오 등의 대중매체수단을 당과 정부가 장악한다. 다섯째, 모든 전투에 사용되는 무장전투수단을 당과 정부가 장악한다. 여섯째, 전체경제를 중앙에서 지휘하고 통제하기위해 당에서 지시를 내린다. 한편 샤피로(Leonard Schapiro)는 전체주의라는 저서를 통해 추가적으로 공식 이데올로기를 수반하는 세계지배 이론과 대중 동원 등이 추가될 필요가 있다고 주장했다. 샤피로에 의하면 전체주의는 지배 수단보다는 지도자 개인의 영향력을 더 중시하며 이러한 체제의 이데올로기 역시 정통성을 부여하기 위한 것이다. 지배자, 법질서의 종속, 개인 도덕에 대한 통제, 지속적인 대중 동원과 대중적 지지에 기초한 정당성 이것을 유지하기 위한 이데올로기, 당, 국가의 행정기구 등이 지배수단이다.
119) 주성호, 뉴스1, 삼성전자, 지난해 반도체 매출 562억달러.. 세계 2위, 2021.1.15

〈표 14-65〉 2020년 세계 반도체 기업별 매출액 추이

'20/'19 (Rank)	Vendor	2020 Revenue	2020 Market Share(%)	2019 Revenue	2019-20 Growth
1 / 1	Intel	70,244	15.6	67,754	3.7
2 / 2	Samsung Electronics	56,197	12.5	52,191	7.7
3 / 3	SK hynix	25,271	5.6	22,297	13.3
4 / 4	Micron Technology	22,098	4.9	20,254	9.1
5 / 6	Qualcomm	17,906	4.0	13,613	31.5
6 / 5	Broadcom	15,695	3.5	15,322	2.4
7 / 7	Texas Instruments	13,074	2.9	13,364	-2.2
8 /13	Media Tek	11,008	2.4	7,959	38.3
9 /14	KIOXIA	10,208	2.3	7,827	30.4
10 /16	Nvidia	10,095	2.2	7,331	37.7
	Others*	198,042	44.0	191,236	3.6
	Total Market	449,838	100.0	419,148	7.3

주: 1) * 표시는 outside top 10을 의미함
자료: 가트너 '2020년 세계 반도체 시장 보고서' 발표; '2020년 세계 반도체 시장 매출 톱10'(2020 Worldwide Top 10 Semiconductor Vendors by Revenue)
출처: 주성호, 뉴스1, 삼성전자, 지난해 반도체 매출 562억달러.. 세계 2위, 2021. 1.15.

마. 미·중관계의 변화

중국은 오랜 기간 '중국특색의 사회주의(中國特色社會主義)' 체제를 유지하며, 주권, 영토의 통합성 유지, 경제발전, 국제적 지위 상승을 자국의 중요한 전략적 이해관계로 인식해 왔다.[120] 2000년대 후반에 들

---

[120] Evan S. Medeiros, *China's International Behavior: Activism, Opportunism, and*

어서면서 중국은 국가의 핵심이익121)의 개념을 적극적으로 사용하기 시작했다. 구체적으로 2009년 7월 미중 전략경제대화에서 중국의 다이빙궈(戴秉國) 국무위원은 중국의 핵심이익으로 중국의 기본제도와 국가의 안전보호(維護基本制度和國家安全), 국가주권과 영토완정(國家主權和嶺土完整), 경제 및 사회의 지속적인 안정적 발전(經濟社會的 持續溫定發展)을 제시했다122) 전통적으로 미·중관계는 갈등과 협력이라는 곡선을 그리고 있다. 미·중(美·中)간은 정권이 바뀔 때 마다 조금씩 구호만 다를 뿐 근본적으로는 경쟁과 협력, 갈등의 상존이 연속적으로 존재했다고 볼 수 있다. 그러나 미국의 트럼프 행정부 출범후 미·중간은 미국에 대한 중국의 무역수지 흑자가 증가하면서 수입품에 대한 보복관세를 둘러싸고 무역분쟁(전쟁)이 시작되었다. 시진핑(習近平) 국가주석은 2013년도의 '신형대국관계'에 이어 평화공존 5원칙(상호주권 및 영토존중, 상호불가침, 상호내정 불간섭, 평등 및 상호이익, 평화공존)에 근거에 주변국가와 우호적인 협력관계를 발전시켜 나갈 것이라고 천명했다. 중국은 2021년(공산당 창당 100주년)까지 전면적 소강사회123)(小

Diversification (Pittsburgh: RAND, 2009), pp.13~18. 이상국·서주석·이명철, 『미중 '소프트 패권경쟁'시대: 한국의 전략적 선택』, (서울: 한국국방연구원, 2013), p.99 재인용.

121) 그동안 중국의 국가이익은 핵심이익, 중요이익, 일반이익으로 구분해 왔지만 그 개념은 가변적이고 모호한 것이었다. 그러나 2009년 7월 당 외사영도소조는 핵심이익을 '중국 기본제도의 유지 및 국가안보, 영토 및 주권 보호, 지속적인 경제 및 사회의 안정발전'이라고 명확히 규정했다. 이희옥, 국민일보, [글로벌 포커스] 변화하는 중국의 핵심이익, 2011.11.29

122) 首輪中美經濟對話: 除上月球外主要問題均已談及,『中國新聞網』(2009년 7월 29일), http://www.chinanews.com.cn/gnnews/2009/07-29/1794984.shtml; "State Councilor Dai Bingguo, Closing Remarks for US-China Strategic and Economic Dialogue, Washington, DC, July 28,2009," US Department of state, http://state. gov/secretary/rm/2009a/july/126599.htm. 이상국·서주석·이명철, 『미중 '소프트 패권경쟁'시대: 한국의 전략적 선택』, (서울: 한국국방연구원, 2013), p.99 재인용.

123) 소강사회는 중국 고전 『예기(禮記)』에 나오는 말로 백성들이 먹고 자는 일을 걱정하지 않

康社會, moderately prosperous society) 건설을, 2049년(신중국(공산정권) 수립 100주년)까지는 '중등 선진 국가' 건설을 통해 중국의 위대한 부흥을 일으켜야 할 의무가 시진핑(習近平) 정부에 주어져 있다는 점을 잘 알고 있다. 기본적으로 미중관계는 '갈등과 협력'을 반복하고 있다. 이는 지도자의 성향보다는 자국의 국내정치 상황, 경제·사회적 연관성과 깊은 관계가 내재되어 있어 지도자 개인의 특성에 기인하는 경우는 크게 작동하지 않는다고 보는 것이 실제적 진단이라고 할 수 있을 것이다.

〈그림 14-3〉 21세기 미·중관계

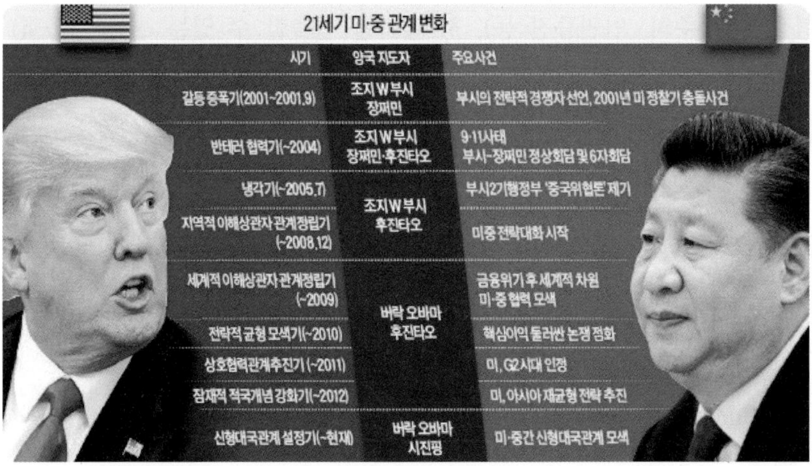

자료: 한국무역협회
출처: 2018.4.4. *News1*, G2 무역전쟁

는 생활수준을 뜻한다. 중국 사회 전문가들은 두 지도자(덩샤오핑, 장쩌민)가 말하는 소강사회는 국민소득 1만 5000달러 내외의 중진국 수준을 의미하는 것으로 해석하고 있다. 성균관대학교 동아시아학술원, 성균중국연구소, 『성균 차이나브리프』, 최형규, '시진핑의 중화 부흥 전략'(서울: 성균관대학교출판부, 2015), pp.134~135.

오바마(Barack H. Obama) 행정부 시기 미국의 전략은 동아시아에 대한 선택적 관여 전략의 기조를 유지하고 있다. 이 전략은 1990년대 중반 조지프 나이(Joseph Nye)의 동아시아 보고서에서 천명된 클린턴 행정부의 관여(engagement)와 확대(enlargement)전략의 기조에서 조지 W. 부시행정부를 거치면서 약간 변화된 이 전략의 기조 하에서 오바마 행정부의 미국의 대(對) 아시아 전략은 재균형전략(rebalancing towards the Aisa-Pacific region)으로 이는 오바마 2기 행정부(2013~2016년)에서도 지속되었다.124) 오바마 1기 행정부(2009~2012년)의 힐러리 클린턴(Hillary R. Clinton) 미 국무장관은 1) 양자동맹 중시, 2) 명확한 목적과 가치에 기반을 둔 전략(안보, 안정, 경제성장, 민주주의, 인권증진 등), 3) 결과를 산출할 수 있는 실용주의, 4) 유연한 다양한 수단의 채택으로 비공식적, 소다자주의 틀의 활용(3자회담, 6자회담 등), 5) 주요 지역 다자주의 활용에 기반을 두었다.125)

미국은 중국에 대해 기본적으로 '봉쇄(containment)'와 '관여(engagement)' 전략을 추진한다.126) 또한 1978년 개혁개방 이래 미국은 중

---

124) 이태환, "시진핑 시대 미중관계와 한국의 대중전략," 세종연구소, 세종정책연구 2013-25, p.8.
125) Hillary R. Clinton, "Remarks on Regional Architecture in Asia-Principles and Pritiories. Honolulu, Hawaii, January 12, 2010. http://www.state.gov/secretary/m/2010/01/135090,htm 이태환, 앞의 글, 재인용
126) 미국의 대중국 정책을 시기별로 보면, 1950~60년대에는 봉쇄(Containment), 1970~80년대에는 소련 견제를 위한 전략적 포용(Strategic Engagement), 소련 해체 이후는 포용과 봉쇄의 혼용(Congagement) 정책을 적용해왔다. 중국 입장에서 보면, 냉전 시기 양극체제 하에서는 '사회제국주의' 소련의 위협에 맞서 미국과 전략적 제휴 관계를 유지했으며, 소련 해체 이후의 일극체제(팍스 아메리카나) 하에서는 덩샤오핑의 도광양회(韜光養晦) 지침에 따라 내실을 키우는데 주력해왔다. 한편으로 중국은 중국몽(中國夢) 실현을 위해 지속적으로 군사력을 강화하고 대외영향력을 확대해가고 있는 중이다. 오바마는 부시의 일방주의적 대외정책의 실패 이후 전 세계적으로 미국의 영향력이 약화하고 미국에서 고립주의 여론이 비등하는 점을 고려하여 전략적 '축소(Retrenchment)'를 추진했다. 트럼프의 '미국 우선주의'는 미국 이익과 직접 관련이 없는 대외개입을 삼가되 미국

국에 대해 '개입(engagement)'과 '견제(balancing)'의 혼합정책을 구사해 왔다.127) 그러나 사안에 따라 선택적 관여 기조를 유지하면서 정책의 유연성을 가져가고 있다.128)

〈그림 14-4〉 미국 정부의 대외정책 스탠스 변화129)

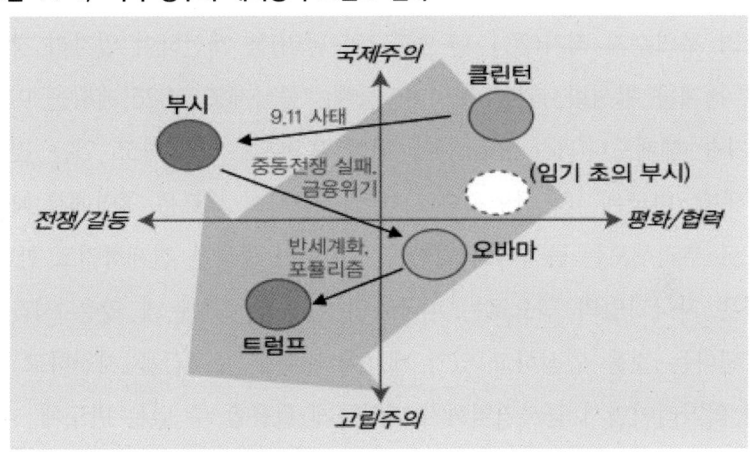

자료: 이철용·문병순·남효정, LG경제연구원, 향후 5년 미중관계 변화와 영향, 2017. 9. 7, P.12.

〈표 14-66〉 중국의 '중국제조 2025' 계획

단계	목표	발전전략
1단계 (2015 ~ 2025년)	세계 제조업 제2그룹 대열진입	제조업의 IT 경쟁력 제고 IT와 제조업의 융합 강화

내에서 경제적 및 군사적 역량을 키우고자 했다. 이철용·문병순·남효정, LG경제연구원, 향후 5년 미중관계 변화와 영향, 2017. 9. 7, PP.4~12.
127) 이상국·서주석·이명철, 『미중 '소프트 패권경쟁' 시대; 한국의 전략적 선택』, (서울: 한국국방연구원, 2013), p.136.
128) 미중의 갈등 이슈 확장과 서로 다른 정책 포지션에 관해서는 이상국·서주석·이명철, 『미중 '소프트 패권경쟁' 시대; 한국의 전략적 선택』, (서울: 한국 국방연구원, 2013) p.177 이후 참고.
129) 이철용·문병순·남효정, LG경제연구원, 향후 5년 미중관계 변화와 영향, 2017. 9. 7, P.12.

단계	세계 제조업	중국 우위산업의 국제시장
2단계 (2025 ~ 2035년)	세계 제조업 제2그룹 선두진입	중국 우위산업의 국제시장 주도권 확보
3단계 (2035 ~ 2045년)	세계 제조업 제1그룹 대열진입	주요산업에서 세계 최강 경쟁력 확보 및 세계시장 선도

미중 무역 분쟁의 근인(近因)이 경제 분야에서는 첫째, 중국에 대한 미국의 무역수지 적자(2017년 3,752억 달러)를 개선하여 일자리 창출하고 경제를 활성화시키는 것이며, 둘째, '중국제조 2025' 계획을 미국의 기술 헤게모니(Hegemony)에 대한 도전으로 인식하고 있는 것이다. 셋째, 미국은 4차 산업혁명 시대에 즈음하여 새로운 영역에서 빠른 속도로 추격해오는 중국과의 격차를 벌리면서 중국을 견제하려고 한다. 중국은 자국기업의 힘으로는 미국과의 간격을 좁히는데 많은 시간이 소요된다는 것을 인식하고 있기 때문에 정부는 보조금을 지원하고 미래의 먹거리이면서 군사영역까지 다양하게 활용할 수 있는 반도체, AI, IT, ICT분야에 집중적인 투자를 하면서 미국의 IT기업뿐 아니라 세계적 기업들을 마녀사냥을 일삼고 있다.

〈표 14-67〉 최근 중국자본의 미국 IT·금융기업 인수합병 시도

시기	인수기업	대상기업	분야	결과
2017년 9월	캐넌브리지 캐피털 파트너스	래티스	반도체	CFIUS 반대로 인수실패
2018년 1월	앤트파이낸셜	머니그램	금융	
2018년 2월	유닉캐피털 매니지먼트	엑세라	반도체 시험장비	
2018년 3월	브로드컴	퀄컴	반도체	

자료: 언론자료 종합

중국은 IT, ICT기술의 발달로 미국의 지식재산권(intellectual property, 知識財産權, 지적소유권, 이하 '지재권'이라 한다)이나 산업기술 탈취 등 사이버해킹을 통해 미국, 유럽국가의 기술을 해킹하려는 노력을 지속적으로 할 것이다. 중국의 산업기술이 발전하면 자연스럽게 군사기술분야로 영역으로 확장하게 된다. 중국이 미국의 지재권 침해와 산업기술 탈취로 미국의 군사력과 경쟁을 하게 되는 것을 미국은 용납하지 않으려한다. 최근 중국은 경제발전과 병행하여 항공모함을 자체 건조하는 등 군사력을 획기적으로 증강시키고 있다. 특히 중국은 러시아의 우주개발, 극초음속 미사일, 신형 핵무기 등 첨단기술이 중국으로 이전되고 있는 점도 주목해야 한다. 즉 중국은 '중국제조 2025'(Made in China 2025)130) 계획을 통해 2020년까지 소강사회 건설을, 2035년까지 경제강국을 2050년까지 군사강국을 통해 미국과 대등한 관계를 유지하고자 한다. 미국은 2001년 중국의 WTO(세계무역기구) 가입에 큰 지원을 했다. 당시 미국은 중국이 사회주의 체제를 버리고 자본주의 시장경제체제에 합류할 것이라 생각했다. 그러나 여전히 중국은 '중국특색의 사회주의체제'131) 유지를 위해 시진핑(習近平) 주석의 장기

---

130) '중국제조 2025'는 2015년 5월 중국 전국인민대표회의에서 리커창 총리가 업무보고를 하면서 처음 소개되었다. 이후 국무원(國務院)이 제조업 활성화를 목표로 산업고도화 전략을 말하며, 이는 과거 중국의 경제성장이 '양적인 면'에서 제조 강대국이었다면, 향후에는 혁신역량을 키워 '질적인 면'에서 '제조 강대국'이 되고자 하는 전략이다. 향후 30년간 10년 단위로 3단계에 걸쳐 산업고도화를 추진하는 전략으로, 10대 전략 산업분야와 5개 중점 프로젝트 계획을 추진하는 정책이다. 앞에서 언급한 10대 전략산업에는 정보기술(IT), 우주항공, 해양공학, 선박·철도·교통, 신에너지, 로봇, 전력설비, 바이오의약, 농업기계설비, 신소재 등이 포함돼 있다.
131) 중국 특색의 사회주의체제는 현재 중국 공산당의 공식이념이다. 본래 중국 특색의 사회주의는 농민이 주도가 된 프롤레타리아 혁명을 이루고자 하는 마오쩌둥이 창시한 마오쩌둥 사상의 개념이었지만, 덩샤오핑 이후의 중국 특색의 사회주의는 마르크스주의 이론에 따라 중국은 완전한 사회주의가 아닌 사회주의로 진행과정에 있는 사회주의 초급단계로 당의 지도에 따라 사회주의의 온전한 기본적 요건을 갖추고 발전한 다음 공산주의를 실현하자는 사상이다. 중국의 자유주의 학자들은 이를 국가자본주의의 한 형태라고 주장하

집권체제로 들어가면서 미국과 중국간에는 무역갈등을 넘어 체제갈등(regime conflict, 葛藤), 기술갈등을 넘어 안보갈등까지 부침할 가능성이 높아지고 있다.

〈표 14-68〉 미국의 대중국 무역적자 추이 및 무역거래 규모 추이

(단위: 억달러)

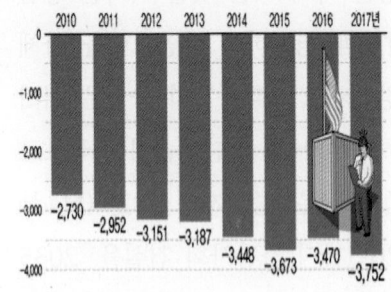 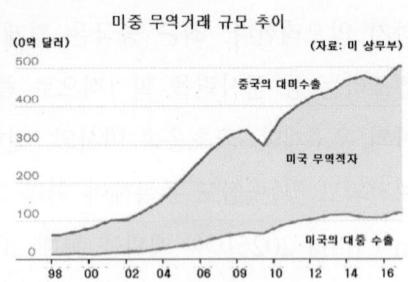

자료: 미국 상무부
출처: 2018.3.23.연합뉴스, 이재윤, 트위터@yanhap_graphics, "미국의 대 중국 무역적자 추이"(단위: 억달러), 검색일: 2019. 2.22.; 2018.9.19., OPINION NEWS, 김현민, op@opnews.co.kr "격화하는 미중무역전쟁, 대비하고 있나.

미국의 패권유지에 중국이 강력한 도전을 하고 있다고 생각하고 있다. 즉 '투키디데스의 함정(Thukydides Trap)'[132] 2017년 시작된 미

기도 한다. 덩샤오핑의 개혁개방노선은 흑묘백묘론으로 대표하는 실용주의 노선에 따라 일방적인 공산주의식 평준화보다는 '부유할 수 있는 사람부터 먼저 부유해져라'라는 '선부론'을 주장했다.

132) 새로운 강대국이 부상하면 기존의 강대국이 이를 두려워하게 되고 이 과정에서 전쟁이 발발한다는 의미임. '투키디데스의 함정(Thukydides Trap)'이라는 용어의 기원은 아테네 출신의 역사가이자 장군이었던 투키디데스(Thukydides)가 편찬한 역사서『펠로폰네소스 전쟁사』에서 주장한 것에서 비롯되었다. 이에 따르면 기원전 5세기 기존 맹주였던 스파르타는 급격히 성장한 아테네에 대해 불안감을 느끼게 되었고, 이에 양 국가(스파르타 VS 아테네)는 지중해의 주도권을 놓고 전쟁을 치렀다. 투키디데스는 이와 같은 전쟁의 원인이 아테네의 부상과 이에 대한 스파르타의 두려움 때문이라고 주장했다. 급부상한 신흥강대국이 기존의 세력판도를 흔들면 결국에는 무력충돌로 연결된다는 의미로 사용되고 있다. 후세 역사학자들은 스파르타 중심의 펠로폰네소스동맹과 아테네 중심의 델

중의 무역 분쟁은 미국의 패권에 도전하는 신흥강국 중국간에 발생하여 양국은 보복관세를 주고받으며 대화와 타협을 통해 해결하려 하고 있다. 이러한 무역분쟁은 '투키디데스의 함정'[133]과 연결되어 있다. 19세기 이후 '투키디데스의 함정'과 직접적인 주요 사례를 살펴보면 ① 1980년의 일본성장과 서방 5개국 협정에 의한 '플라자협정' 체결로 일본의 잃어버린 20년, ② 1991년 12월 소련연방 해체[134](stars wars 등 군비경쟁에 따른 미소간 경쟁), ③ 2018년 시작된 미중의 무역분쟁 (보복관세를 통한 무역수지 개선 등)은 기존 패권국인 미국에 도전하는 신흥강국 중국 사이에 진행 중이다. '투키디데스의 함정'에 빠진 미중 양국은 무역전쟁뿐만 아니라 기술, 환율, 금융 분야로까지 확대되는 추세를 보일 가능성이 커지고 있다. 특히 군사 분야에서는 중국이 러시아, 독일 등 선진국의 첨단기술로까지 협력을 확대하려고 한다.

로스동맹간의 무력충돌을 '투키디데스의 함정(Thukydides Trap)'이라 표현하고 있다. '투키디데스의 함정(Thukydides Trap)'은 인류역사에서 자주 목격된다. 영국사학자들은 1500년 이후 신흥강국이 패권국에 도전하는 사례가 15번 있었고, 이 가운데 11개가 전쟁으로 이어졌다. 1914년 제1차 세계대전은 패권국인 영국과 도전국인 독일 사이에 발생하였으며, 1894년 청일전쟁은 동아시아에서 패권국인 중국과 도전국인 일본 사이에 발생하였다.

133) 새롭게 부상하는 세력이 지배세력의 자리를 위협해올 때 심각한 구조적 긴장이 발생하는 현상을 의미한다. 1995~2017년까지 미국 하버드대 벨퍼 국제문구연구소장을 지낸 정치학자 그레이엄 앨리슨(Graham Allison)은 그의 저서 『불가피한 전쟁, Destined of War, 2017』에서 미국과 중국이 '투키디데스의 함정'에 빠져, 서로 원치 않는 전쟁으로 치닫고 있다고 분석했다.

134) 1991.8월(고르바초프 개혁 반대 보수파 크데타 실패), 199.9월(발트 3국 독립선언), 1991.12월(우크라이나 독립선언), 1991.12.8.(러시아, 벨라루스, 우크라이나 3개국 독립국가연합, Commomwealth oIndependent States.CIS) 창설합의, 1991.12.21.(독립국가연합 출범), 1991.12.25.(고르바초프 대통령 사임으로 소련 공식 소멸 및 러시아 연방 출범)

〈표 14-69〉 미국의 패권국 유지와 '투키디데스의 함정': 1990년 이후 패권 도전국의 미국 GDP 대비 비중 추이

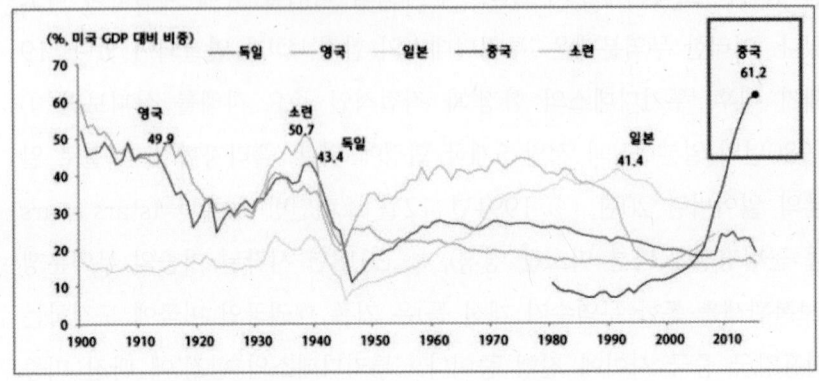

자료: 국제통화기금(IMF), 하나금융투자
주: 1) 영국(49.9), 소련(50.7), 독일(43.4), 일본(41.4)은 미국에 정한 임계점에 도달하지 않고 있으며 중국(61.2)은 지속적인 경제발전 '중국제조 2025' 등으로 미국의 패권에 도전

    미중 무역전쟁은 2018년부터 2019년까지 휴전과 대화국면을 이어가면서 바이든 행정부가 출범(2021년 1월)한 이후에도 지속되고 있다. 세계경제는 코로나19라는 팬데믹(pandemic) 상황과 맞물려 침체기를 동시에 겪고 있다. 미중 무역전쟁은 2018년 3월 트럼프 미국 대통령이 중국 제품에 고율 관세를 부과할 수 있는 행정명령에 서명하면서 시작되어 2019년 현재는 미국의 화웨이 제재조치와 중국의 희토류 수출제한 시사 등으로 기술문제로까지 확전되었다. 한편 미 국방부는 2019. 6월 보고서(인도·태평양 전략보고서[135])에 대만을 국가로 명시하여 '하나의 중국' 원칙을 훼손하면서 체제문제로까지 확산되었다. 무역전쟁의 서막은 2017년 8월 14일 트럼프 미국 대통령이 미국무역대표부(USTR)에 중국의 지식재산권 침해와 기술 강제이전 요구 등 부당한 관행을

---

[135] 미중 무역전쟁 21개월 만에 전격적으로 '1단계 무역합의'를 했다. 미중양국의 서명 절차만 남아있다. 미국, 블룸버그통신, 2019.12.13

조사토록 하는 행정명령에 서명하면서 시작되었다.[136] 그리고 2018년 3월23일 트럼프 미국 대통령은 연간 500억 달러 규모[137]의 중국 수입품에 25%의 고율 관세를 부과하는 행정명령에 서명하면서 무역전쟁의 서막이 시작되었다.

〈표 14-70〉 미국과 중국의 무역전쟁 추이

일정	주요내용
2014.5.14	무대를 준비하다: 2015년 대선캠페인을 시작하면서 중국의 무역관행에 강한 단속을 요구함. 트위트(기억하라, 중국은 우리의 친구가 아니다)
2015.5.1	캠페인 슬로건: 중국의 불공정무역에 대한 대책을 선거캠페인 우선사항으로 결정 "중국이 우리를 강간하도록 놔두면 안 된다. 이게 지금 그들이 하는 짓이다."
2017.5.12	초기의 긍정적 진전: 미중은 쇠고기와 가금류에 관한 협상 합의, 그러나 철강 알루미늄, 이외의 이슈에 대한 합의에 도달하지 못함
2017.8.14	트럼프 대통령, '통상법 301조'에 따라 미 무역대표부(USTR)에 중국의

---

136) 미중무역전쟁 21개월 만에 전격적으로 '1단계무역합의'를 했다. 미중양국의 서명만 남아있다. 미국, 블룸버그통신, 2019.12.13

137) 2018년 4월 3일 미국무역대표부(USTR)는 중국의 수입품 가운데 25%의 고율관세를 부과할 500억 달러 상당의 1,333개 대상품목을 발표했는데 여기에는 중국의 10대 핵심산업 육성 프로젝트인 '중국제조 2025'에 해당되는 고성능 의료기기, 바이오 신약기술, 통신장비, 항공우주, 반도체 등이 포함되어 중국의 경제 발전 속도를 지연시키려는 미국의 전략을 중국이 눈치채고 강력히 항의했다. 다음날(4월4일) 중국은 25%의 고율관세를 부과할 500억 달려 규모의 미국산 수입품106개 품목을 지정하면서 반격에 돌입했다. 미국은 2018년 7월 6일 340억 달러(약 40조 2,050억원)에 달하는 중국 상품(818개 품목)에 25% 고율관세를 부과하면서 무역전쟁을 개시했다. 이에 중국도 동일규모의 액수에 미국의 농산물과 자동차 등 545개 품목에 관세를 부과하면서 맞대응하면서 미국을 세계무역기구(WTO)에 제소했다. 한편 미국은 2019년 5월 9일~10일 미국 워싱턴 DC에서 열린 미중 양국무역협상에서 결렬되면서 사태는 다시 악화되었다. 미국은 중국 내 지식재산권 보호조치 미흡, 기술이전 강제, 과도한 국가보조금 지급 등 구조적 문제를 해결하기 위해 합의안의 법제화를 요구했지만 중국은 주권침해라고 맞섰다. 이후 미국은 2019년 5월 10일부터 2000억 달러(236조 5,000억원) 규모의 중국 상품(5,745개 품목)에 25%의 고율관세를 부과했다. 여기에 중국은 5월 13일, 6월 1일 600억 달러(70조 9,500억원) 상당의 미국상품(5,140개 품목)에 대해 최대 25%의 관세를 매긴다고 맞대응했다. … (중략)

	지식재산권 침해 여부 및 미국 기업에 대한 강제기술이전 요구 등 부당한 관행조사 행정명령에 서명
2018.1.22	관세부과 시작(미국은 중국의 수입산 태양광셀, 세탁기에 관세부과 발표)
2018.3. 8	트럼프 대통령, 무역상대국에 성질을 내다:트럼프 '무역확장법 232조'에 근거. 수입산 철강(25%), 알루미늄(10%)관세부과 행정명령 서명. "강력한 철강/알루미늄 산업은 국가안보에 아주 중요함"
2018.3. 22	트럼프 대통령, 대중국 301조 조사결과에 따라 500억 달러규모의 중국산 수입품에 25% 관세부과 행정명령 서명
2018.3. 23	중국의 첫 번째 반격: 중국은 미국의 철강/알루미늄에 관세에 대한 보복으로 30억 달러 규모의 관세를 미국산 제품에 15%, 25%부과 예고 (7개 분야 128개 품목)
2018.4. 3	USTR에 500억달러 규모 대(對) 중국 관세부과(의료장비,TV부품 등 1,333개 품목 발표)
2018.4. 4	중국, 500억 달러 규모 대(對) 미국산 수입품 25% 관세부과 예고 (농산물, 자동차 등 14개분야 106개 품목 발표)
2018.4. 5	트럼프 대통령, USTR에 중국산 수입품에 1000억달러 규모 추가관세 부과 검토지시
2018.5.3~4	미중무역 1차 협상(타결실패)
2018.5.17~18	미중무역 2차 협상(관세부과 철회 공동성명)
2018.6.2~3	백악관 관세부과 철회 번복 발표에 따른 미중 무역3차 협상
2018.6. 15 (시행:7.6)	새로운 관세로 인한 긴장감 고조: 500억 달러의 중국산 제품에 대한 25%관세 계획 발표. 중국도 이에 맞서 500억 달러규모의 미국산 제품에 대한 관새 발표
2018.7. 11	트럼프 대통령, USTR에 2000억달러 규모 중국산 수입품에 10% 추가 관세부과 지시
2018.9. 17	트럼프 대통령 판을 키우다: 무역법 301조 보고서에 근거해 2000억 달러규모의 중국산 제품에 대해 10% 관세부과 발표. 2019년에는 25% 인상 조치할 것. 중국이 이에 맞선다면 추가로2640억 달러의 중국산제품에 관세부과 위협
2018.9.18	중국의 반격(600억 달러 규모의 미국산 제품에 대해 관세부과 발표)

2018. 11. 1 대화재개(트럼프-시진핑 전화통화, 무역의 중요성을 강조함)

출처: http://www.cnbc.com/2018/11/30/timeline-of-us-china-trade-war-as-trump-and-xi-meet-at-g-20-in-argentina.html

〈표 14-71〉 미·중 무역 관세전쟁 *미중 관세전쟁 90일간의 휴전

	미국		중국	
1단계 (7.6)	340억 달러규모	818개 품목	340억 달러규모	545개 품목
	기계, 선박·부품, 통신장비, 철도장비 등에 25% 관세부과		대두, 옥수수, 밀, 쇠고기, 돼지고기, 위스키, 자동차 등에 25% 관세부과	
2단계 (8.23)	160억 달러 규모	279개 품목	160억 달러 규모	333개 품목
	반도체장비, 플라스틱, 전기차, 배터리 등 중국산 제품에 25% 관세부과		자동차, 의료장비, 석탄, 석유 등 에너지, 화학제품 등 제품에 25%관세부과	
3단계 (9.24)	2,000억 달러규모	5,745개 품목	600억 달러규모	5,207개 품목
	우선 10% 관세부과 시작, 2019년 1.1부터 25%관세부과 개시		항공기, 액화천연가스(LNG), 농산품, 전자기계 등 미국산 수입품에 차등적 관세부과(25%, 20%, 10%, 5%)	
추가 예상	2,670억 달러 규모의 추가관세 준비			

    미국은 제13차 미중고위급 무역협상이 끝난 2019년 10월 11일(미국시간) 트럼프 미국 대통령이 류허(劉鶴, Lie He) 중국 부총리를 만나 시진핑 중국 국가주석을 친서를 전달받고 '미중무역 1단계 합의'(일명 '스몰딜' 또는 '미니딜'이라고 한다)에 합의했다. 미국은(미 무역대표부, USTR) 2019년 10월15일부터 2500억 달러 규모의 중국산 상품에 대해 25%였던 관세율을 30%로 올리려던 방침을 보류하기로 결정했다. 한편 중국은 400억~500억 달러(약47조 4천억~59조 3천억)에 이른 미국 농산물을 구매하기로 동의하면서 실질적인 '1단계 합의(phase one)'에 이르렀다.138)

〈그림 14-5〉 미중 무역전쟁 – 고관세율 부과 현황

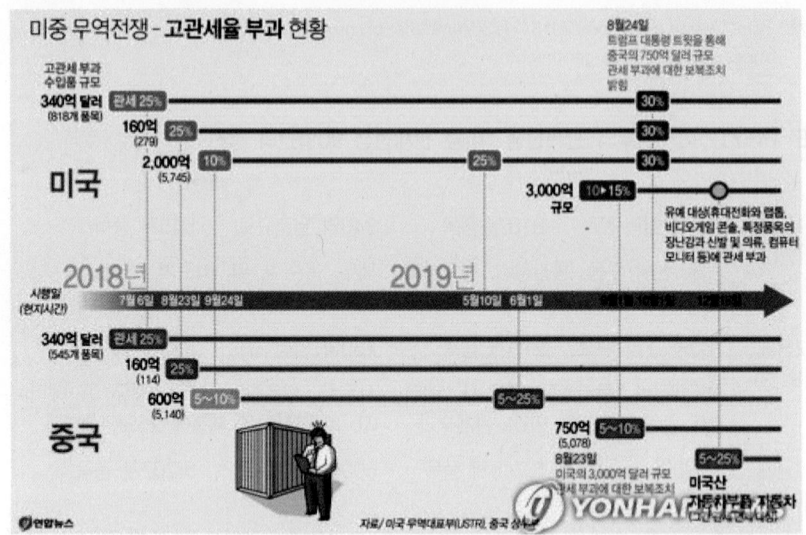

[그래픽] 미중 무역전쟁-고관세율 부과 현황, 김토일, (서울=연합뉴스).
자료: 미국 무역대표부(USTR),
출처: 중국 상무부; 이광철, 연합뉴스, '보복 악순환'… 격화하는 미중 무역전쟁 어떻게 전개해 왔나, 2019.08.24.

    미·중 무역전쟁이 촉발된 지 17개월 만에 부분적인 합의에 도달한 것은 트럼프 미국 대통령의 2020년 11월 선거를 의식하지 않을 수 없다는 점에서 처음부터 부분적인 합의에 도달할 것이라는 판단이 제기되었다.139) 그러나 미국 트럼프 대통령은 2020년 1월 15일 중국과 1단계 무역합의에 서명한 데 이어 1월 29일 새 북미 무역협정인 '미국·

---

138) 미중은 1단계합의에서 이견이 있는 핵심쟁점은 뒤로 미루고 타협이 가능한 부분부터 양보를 주고받는 길을 택할 수밖에 없었다. 1단계 합의에 대한 미중 양국간에 서명이 이루어지면 2단계합의를 시작할 것이다. 미중 양국은 1단계합의에 대한 합의문 작성을 바로 만들지 못하고 3~5주칙 시차를 두었다. 미중 양국은 미국 기업에 대한 기술이전 강요금지, 지식재산권 보호, 중국 기업에 대한 산업보조금 지급 금지, 합의이행 강제체제 확립 등 핵심 쟁점에서 밀당을 주고받았다.
139) 트럼프 행정부는 2020년 11월 대선에서 경제관련 치적을, 중국은 트럼프 대통령의 재선 성공 여부를 저울질하며 최종 합의 시점과 수준을 모색했다.

멕시코·캐나다협정'(USMCA)에도 서명했다. 두 합의는 트럼프 대통령의 재선에 도전하는 그의 대권 가도에서 중요한 '스윙 스테이트'(경합주)인 '팜 벨트'(중서부 농업지대)의 표심을 공략하려는 것으로140) 합의 서명은 처음부터 예견된 바 다름없었다. 이후 중국은 1단계(무역) 합의에서 향후 2년간 320억 달러 규모의 미국 농산물을 더 수입하기로 했다. 그러나 미·중간 무역전쟁은 잠시 휴전상태에 들어간 것이지 언제든지 촉발될 수 있는 변수가 많다는 점은 부인하기 어렵다. 중국도 경제성장 둔화로 내부 반발을 무마하고, 체제를 안정시키면서 '일대일로' 추진에 아시아, 아프리카, 유럽 등과 지속적인 협의를 추구할 것으로 여겨진다.

〈표 14-72〉 미중 무역전쟁으로 가장 큰 영향을 받는 국가

순위	국가	글로벌 교역 체인참여율(%)	순위	국가	글로벌 교역 체인참여율(%)
1	룩셈부르크	70.8	6	한국	62.1
2	대만	67.6	7	싱가포르	61.6
3	슬로바키아	67.3	8	말레이시아	60.4
4	헝가리	65.1	9	아이슬란드	59.3
5	체코	64.7	10	아일랜드	59.2

자료: 픽텟자산운용(Pictet Asset Management)
출처: 김현경, 2018. 7.6, 헤럴드 경제, "미중 무역전쟁 충격, 한국이 세계 6번째로 높아"

---

140) 연합뉴스, zoo@yna.co.kr, 미중 무역합의·새 북미협정 등 언급 … "다른 누구도 해낼 수 없었을 것" 2020. 02.04 https://www.yna.co.kr/view/AKR20200204005100071?input=1195m (검색: 2020. 02. 05)

〈표 14-73〉 미국 보고서에 언급된 중국기업의 '불공정거래' 사례

중국기업	중국기업의 불공정 사례
미데아가전	• 독일산업용 자동화로봇기업(KuKa) 41억 달러에 인수, 제조업 자동화 추진
중국화공그룹	• 글로벌 최대 규모 농업전문 업체(Syngenta) 인수 • DowDuPoint 같은 현지 대형업체와 경쟁구도 성립
중국종차	• 중국최대 철도 제조업체로 글로벌 기업 Siemens 등과 합착 • 보스턴, 시카고 등 대도시 철도시공 관련 계약 체결 • 생산공장은 중국기업 최초 미국 투자 유치
중국COMAC 중국 AVIC	• 미국 항공기, 항공부품기업을 공격적으로 인수하려는 움직임 • 미국 비행기 제조업체 보잉(Boeing)과 에어버스(Airbus)의 시장독점 형태 타파를 목적
칭화유니그룹	• 15년 38억달러를 투자해 Western Digital의 지분15%를 확보했으나 미국 감독기관 반대로 철회, 이후 중소반도체 기업에 다수의 지분 투자 진행
화따지인	• 유전자 연구기관으로 2013년 미국 바이오 그룹 Compete Genomics를 인수

자료: CEIC, 하나금융투자

    미·중 무역전쟁으로 가장 영향을 많이 받는 국가는 룩셈부르크, 대만, 슬로바키아, 헝가리 순으로 나타났다. 룩셈부르크는 금융과 정보산업, 철강 등이 주요 산업이며 1인당 국내총생산(GDP)이 세계에서 두 번째로 높은 국가이지만, 글로벌 교역체인 참여율이 70.8%로 교역의존도가 높기 때문에 미중의 무역 갈등 결과에 매우 취약한 구조를 가지고 있다. '역내포괄적경제동반자협정(RCEP)[141]과 같은 메가(mega) FTA

---

[141] 역내포괄적경제동반자협정(RCEP)은 미국의 보호무역주의에 맞서 세계 최대의 경제연대를 맺는 FTA체제로 한중일 3개국과 호주뉴질랜드인도, 동남아국가연합(ASEAN)10개국 등 총 16개국의 관세장벽철폐를 목표로 하는 거대 자유무역협정(FTA)이다. 역내 인구는 36억명에 달하며 경제규모는 세계 국내총생산(GDP)의 3분의 1(약25조 1000억달러)에 이른다.2018년말 까지 18개의 교섭분야 중 실질적으로 타결된 것은 ① 관세수속, ② 중소기업지원, ③ 경제기술 협력, ④ 정부조달, ⑤ 분쟁해결 등 5개 분야이다.

참여가 2017년 본격적으로 시작되고 미중 무역분쟁 격화 등 대외 교역환경 악화 속에서도 한국의 거시경제 안정성에 크게 기여한다는 연구 결과가 나왔다.

RCEP 이외에도 TPP(Trans Pacific Partnership, 환태평양경제동반자협정)142) TTIP(Transatlantic Trade Investment Partnership, 범대서양무역투자동반자협정) 등이 자유무역 질서를 강화하는데 주요통로가 되고 있다. 현재 진행중인 다자간 무역협정의 장점과 단점에 대해서 먼저 장점의 첫째, 무역 과정에서의 효율성 향상이다. 다양한 원산지 기준을 단순화, 통일함으로써 수출입 비용을 절감시킬 수 있으며, 다수의 나라에 공통 기준을 적용함으로써 통상 분쟁 요인을 감소시킬 수 있다. 둘째, 거시경제 안정성 기여한다는 측면에서 보면 미국, 중국 등의 특정 국가에 대한 수출의존도를 낮출 수 있으며, 안정적인 대외무역기반을 확보할 수 있다는 점이다. 반면에 단점은 첫째, 장시간의 협상 기간과 어려운 결과 도출이다. 협정 참여국의 수가 많고 이해관계 또한 다양하기 때문에 협상-체결-발효까지의 기간이 많이 소요된다는 점이다. 둘째, 경쟁력이 취약한 국내 산업의 타격이다. 관세 철폐와 각국의 수출보조금 폐지로 인해 취약 분야는 경쟁에 그대로 노출되기 때문에 자동차 등 주요 제조업 분야에서143) 對 일본 경쟁우위를 가질 수 없다.

---

142) 미국 트럼프대통령의 행정명령으로 탈퇴하여 일본을 포함한 11개국(뉴질랜드, 말레이시아, 멕시코, 베트남, 브루나이, 싱가폴, 칠레, 캐나다, 페루, 호주)이 협정에 참가하여 2018년 12월에 발효되었다. 한국은 일본과 멕시코를 제외한 나머지 10개국과는 이미 FTA를 체결한 상태이다.
143) RCEP? CPTPP? 다자간 무역협정에 대해 알아보자, 한국외교부,
https://blog.naver.com/mofakr/221453712370(검색:2020.02.04.)

<표 14-74> 미국과 중국의 이미지에 대한 여론조사 결과[144]

(%: Favorable)

- US. Chins Favorability

	U.S. %	China %	Diff
U.S.	--	37	--
Canada	64	43	+21
Italy	76	28	+48
Germany	53	28	+25
Poland	67	43	+24
Czech Rep.	58	34	+24
France	64	42	+22
Spain	62	48	+14
Britain	58	48	+10
Russia	51	62	-11
Greece	39	59	-20
MEDIAN	**58**	**43**	
Israel	83	38	+45
Turkey	21	27	-6
Lebanon	47	56	-9
Tunisia	42	63	-21
Jordan	14	40	-26
Egypt	16	45	-29
Palest. ter.	16	47	-31
MEDIAN	**21**	**45**	

	U.S. %	China %	Diff
Japan	69	5	+64
Philippines	85	48	+37
S. Korea	78	46	+32
Australia	66	58	+8
China	40	--	--
Indonesia	61	70	-9
Malaysia	55	81	-26
Pakistan	11	81	-70
MEDIAN	**64**	**58**	
El Salvador	79	52	+27
Mexico	66	45	+21
Brazil	73	65	+8
Chile	68	62	+6
Bolivia	55	58	-3
Argentina	41	54	-13
Venezuela	53	71	-18
MEDIAN	**66**	**58**	

주: 1) 조사 대상 및 조사 기간 / 조사내용 : 이번 여론조사는 지난 3월2일~5월1일 기간 동안 세계 39개국 3만7653명을 대상으로 양국에 대한 △'수퍼파워' 인식 변화 △호감도 △관계 친밀도 △개인의 자유 존중 여부 등을 물었다. 본서에서는 호감도만을 수록했다.
출처: 미국 여론조사 전문기관인 퓨리서치센터가 2013년 7월18일(현지시간) 세계 경제 두 개의 중심축인 미국과 중국의 이미지에 대한 여론조사 결과를 발표했다.; 미국과 중국의 이미지에 대한 여론조사 결과(2013); (세계순위: 도표), 작성자 BIGBANG

세계 최대 자유무역협정(FTA)으로 꼽히는 역내포괄적경제동반자협정(RCEP)[145]이 2019년 11월 4일 사실상 타결됐다. 다만 핵심국 인도가 협정에 서명하지 않아 '반쪽합의'에 그쳤다는 평가도 있다.

---

144) 원본보기(영문) http://www.pewglobal.org/2013/07/18/americas-global-image-remains-more-positive-than-chinas/;https://cafe.naver.com/worldrank/74173 (검색: 2020.02.04.)
145) RCEP(역내포괄적경제동반자협정)은 아세안 10개국과 한국, 중국, 일본, 호주, 뉴질랜드, 인도 등 총 16개국이 참여하는 FTA로 2012년 11월 동아시아정상회의 때 협상개시를 시작한 이래 약 7년간 28차례의 공식협상, 16차례 장관회의, 3차례 정상회의를 개최했다. 2020년 인도를 포함한 최종타결 및 서명을 추진하기로 했다.

〈그림 14-6〉 역내포괄적경제동반자협정(RCEP)과 한국경제

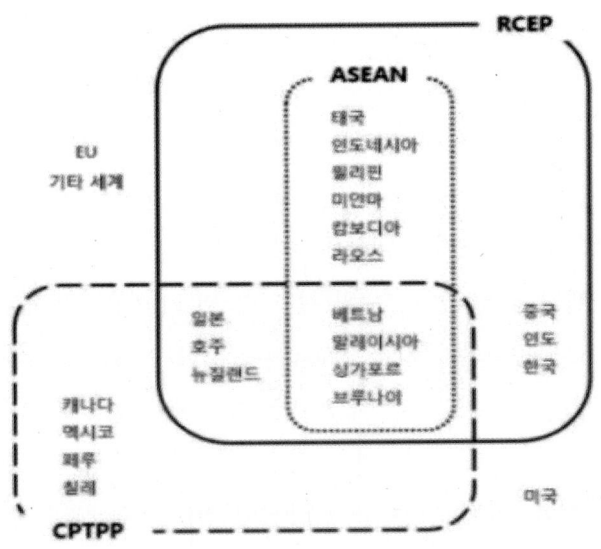

출처: 길소연, 글로벌이코노믹, 2018.9.3., 한경연, "RCEP체결, 미중 무역전쟁 격화에도 거시경제 안정성 개선"

그러나 RCEP은 당초 계획대로 인도가 참여하면 세계 총GDP의 32%(27조4,000억 달러), 세계무역교역량의 29%(9조6,000억 달러)를 차지하는 '세계 최대경제블록'이 탄생하는 것이다. 역내포괄적경제동반자협정(RCEP)은 아세안 10개국과 한국, 중국, 일본, 호주, 뉴질랜드 등 15개국이 2020.11.15. 서명한 세계 최대 규모의 자유무역협정(FTA)이며, RCEP(Regional Comprehensive Economic Partnership)은 한국, 중국, 일본, 호주, 뉴질랜드와 아세안 10개국 등 15개국이 참여하는 세계 최대 다자 FTA(자유무역협정)로, 세계 인구와 GDP 규모 약 30%에 달하는 규모다. 그러나 RCEP 협상에 참여했던 인도는 대(對)중국 무역 적자 확대를 우려해 2019년 불참을 선언했다. RCEP 회원국의 경제력은 세계 국내총생산(GDP)의 30%, 상품 교역의 27%, 서비스

교역의 18%, 외국인직접투자(FDI)의 19%를 차지한다.146) 포괄적·점진적 환태평양경제동반자협정147)(CPTPP: Comprehensive and Progressive Agreement for Trans-Pacific Partnership)는 당초 미국 주도의 TPP(환태평양경제동반자협정)에서 미국이 탈퇴하자 일본, 호주 등 나머지 11개 국가가 수정해 만든 협정이다. 한국으로선 'RCEP 가입국'이라는 지렛대로 되레 미국의 향후 TPP 등 대중국 경제 봉쇄망 가입 압박 때 몸값을 높일 수 있다는 점, RCEP·CPTPP(미국이 빠진 TPP)를 동시에 가입한 국가가 7개국이나 된다는 점은 양국의 압박을 분산할 수 있는 요인이다.148) 애초 미국은 오바마 행정부 당시 중국의 부상을 견제할 목적으로, 아시아·태평양 지역 내 미국의 영향력 확대를 도모하고자 미국, 일본, 호주 등 12개국이 참여한 환태평양경제동반자협정(TPP: Trans-Pacific Partnership agreement)149)을 통해 국제무역질서를 주도하려 했다. 그러나 도널드 트럼프 행정부는 2017년 1월 트럼프 대통령 취임식 후 3일 만에 '신(新)고립주의' 및 미국 우선주의(America first) 노선 속에 TPP를 전격 탈퇴했다. 미국에 대한 중국

---

146) 민유정, 한국무역신문, "지역 무역협정은 다자주의 대안이 될 수 없다" 2020.12.07 16:29 입력, 미국의 싱크탱크 브루킹스연구소, 한국무역협회 워싱턴 지부가 내용을 정리 https://www.weeklytrade.co.kr/news/view.html?section=1&category=136&item=&no=70084 (검색: 2020.12.10.)
147) 미국과 일본이 주도하던 환태평양경제동반자협정(TPP)에서 미국이 이탈하면서 일본, 호주 등 아시아·태평양 11개국이 추진한 경제동맹체로, 2018년 12월 30일 발효됐다.
148) 민유정 한국무역신문, 앞의 글.
149) 아시아·태평양 지역의 관세 철폐와 경제통합을 목표로 추진된 협력체제이다. 2017년 1월 23일 도널드 트럼프 미국 대통령이 TPP 탈퇴를 골자로 하는 행정 명령에 서명함으로써 미국은 TPP를 탈퇴했다. 도널드 트럼프는 공화당 대선 후보 시절부터 TPP 탈퇴를 외쳐왔었다. 미국의 탈퇴 이후, TPP는 'CPTPP(포괄적·점진적 환태평양경제동반자협정)'로 명칭을 바꾸었으며, 협정은 2018년 12월 30일 정식으로 발효되었다.[네이버 지식백과] TPP [Trans-Pacific Partnership] (트렌드 지식사전, 2013. 8. 5., 김환표) https://terms.naver.com/entry.nhn?docId=2070411&cid=55570&categoryId=55570 (검색: 2021.01.10.)

의 무역수지는 세계 최대이며 이는 역사적으로 중국이 청나라 헤게모니(hegemony)가 유럽에 영향을 끼쳤다는 것을 보여주고 있다. 실제 18세기 중국과 영국의 아편전쟁 역시 16세기 이후 중국의 유럽에 대한 확대된 무역 불균형이 촉발한 것이다.

바. 안전한 국민의 삶의 질 개선

한국 정부는 2019년 12월 3일부로 재난 및 안전관리 기본법(약칭 재난안전법)에 미세먼지를 사회재난150)에 포함시켜 국가가 관리하겠다는 의지를 나타냈다. 미세먼지가 심각한 사회문제로 등장하게 되었다. 최근에는 국내에서 발생하는 미세먼지보다 인접국인 중국에서 비산하여 국내로 유입되는 먼지가 더욱 심각한 것이 현실적 문제이다. 국제협조가 절실한 문제로 대두되었다. 이러한 지구온난화, 기후환경의 문제는 국가간의 협조를 전제로 하기 때문에 어려움이 상존하고 있다. 2018년 한국이 경제협력개발기구(OECD) 회원국 중 초미세먼지 농도가 가장 높은 국가 2위에 올랐다. 서울은 전 세계 수도 62곳 중 공기질(空氣質)이 27번째로 나쁜 도시로 선정되었다. 한국은 지난해 연평균농도가 24.0㎍/㎥로 27위이며, 서울의 경우 23.3㎍/㎥로 역시 각국 수도 중 27위에 올랐다. 국제 환경단체 그린피스에서 자료를 토대로 경제협력개발기구(OECD) 회원국들만을 취합한 결과는 달랐다. 관측망이 설치된 32개국을 대상으로 순위를 매겨보니 한국은 칠레(24.9㎍/㎥)에 이

---

150) 재난 및 안전관리 기본법(약칭 재난안전법) 제3조(정의) 1. 나. 사회재난: 화재·교통·붕괴·폭발·교통사고(항공사고 및 해상사고를 포함한다) 화생방사고·환경오염사고 등으로 인하여 발생하는 대통령령으로 정하는 규모 이상의 피해와 국가핵심기반의 마비, 「감염병의 예방 및 관리에 관한 법률」에 따른 감염병 또는 「가축전염예방법」에 따른 가축전염병의 확산, 「미세먼지 저감 및 관리에 관한 특별법」에 따른 미세먼지 등으로 인한 피해 : [시행 2020.6.4.] [법률 제16666호, 2019. 12. 3., 일부개정], 행정안전부.

어 두 번째로 공기질이 나빴다. 한국이 목표로 삼고 있는 프랑스(13.2 $\mu g/m^3$), 일본(12.0$\mu g/m^3$) 영국(10.8$\mu g/m^3$), 미국(9.0$\mu g/m^3$) 등 주요 선진국에 비하면 2배가량 높게 나타났다. 에어비주얼 보고서는 월경성 오염물질이 중국과 이웃한 홍콩, 대만, 한국 등에서 우려를 낳고 있다고 분석했다.[151] 2018년 4월 6일 미세먼지로 인해 서울 잠실야구장, 수원 KT위즈파크, 인천 문학야구장에서 열리기로 한 경기가 모두 취소되었다. 당시 서울 잠실야구장에서 측정한 미세먼지 농도는 377$\mu g/m^3$로 미세먼지 경보(300$\mu g/m^3$) 기준치를 훌쩍 넘어섰다. 한편 2019년 3월 5일 미세먼지 비상저감 조치가 닷새째 발효 중인 가운데 1급 발암물질인 초미세먼지(PM 2.5) 농도가 사상최고치를 경신했다. 한국 정부 환경부는 2019년 3월 5일 오후 17:00기준 서울의 일평균 초미세먼지 농도가 2015년 관측 이래 사상최고치인 144$\mu g/m^3$를 기록했다고 밝혔다. 앞서 최고 수치는 지난 1월 14일 129$\mu g/m^3$였다. 매우 나쁨의 기준이 되는 수치는 76$\mu g/m^3$이다. 관측사상 최고치를 경신한 144$\mu g/m^3$는 매우 나쁨 기준치 2배에 육박하는 수치이다.

이처럼 초미세먼지 농도가 높게 나타나는 현상은 오염물질 돔 현상으로 지난 2주간 국내 상공에 차곡차곡 쌓인 데다 2019년 3월 5일 오후부터 중국발 오염물질이 추가로 유입되면서 초미세먼지 농도가 더욱 짙어진 것이다.[152] 한국 정부의 환경부장관은 최근 미세먼지 농도가

---

[151] 세계오염조사기관 에어비주얼(Air Visual), 배문규, 경향신문, 2019.3.5., "한국 OECD 국가 중 초미세먼지 '최악' 2위… 서울의 공기질 순위는?. http://news.khan.co.kr/print.html?t=1551786238173
[152] 초미세먼지 농도가 짙어진 것은 동쪽산맥에 막힌 지형효과가 더해져 대기정체가 나타났으며, 세종시의 일평균 초미세먼지 농도는 153$\mu g/m^3$, 충북도는 131$\mu g/m^3$을 기록했다. 경기도(149$\mu g/m^3$), 인천시(115$\mu g/m^3$), 대전시(120$\mu g/m^3$), 충남도(115$\mu g/m^3$), 전남 광주시(136$\mu g/m^3$), 전북도(131$\mu g/m^3$), 강원도(100$\mu g/m^3$), 전남도(96$\mu g/m^3$), 제주도(81$\mu g/m^3$) 등도 매우 나쁨(76$\mu g/m^3$)이상의 수치를 크게 넘었다. 서쪽과 달리 중국발 미세먼지 영향을

짙어지는 이유는 대기정체 때문이라고 했다. 2019년 2월 17일~3월 5일 중국 베이징(北京)과 선양에서 174~231㎍/㎥의 고농도 미세먼지가 발생했고, 이는 12~30시간 후 서울에 영향을 미친 것으로 나타났다.[153] 중국의 생태환경부는 "대기과학자들의 연구를 통해 밝혀진 것은 초미세먼지(PM 2.5)의 대부분은 수도권인 징진지(베이징·톈진·허베이성)와 주변지역의 스모그는 철강·유리·석유화학 등에 편중된 산업구조와 석탄 중심의 에너지 구조 때문이라고 분석했다."[154] 정부는 2019년 3월 들어 계속된 미세먼지에 대해 국민들의 불편과 불안을 해소하기 위해 고농도 미세먼지에 대해 국가재난에 포함시키기로 국회차원에서 여야가 동년 3월 6일에 합의하기로 했다. 재난 및 안전관리기본법에 미세먼지 관련사항을 포함하기로 합의하고 3월 13일 국회본회의에서 처리키로 했다. 이전의 미세먼지특별법이 시행(2019. 2.15)되고 있으나 국가차원의 재난으로 관리는 되고 있지 않아 국민 불편을 해소하기 위해서는 재난 및 안전관리기본법에 반영되어야 정부의 예산지원과, 매뉴얼, 재난의 예방·대비·대응까지를 컨트롤하면서 미세먼지를 관리하게 된다. 그러나 미세먼지의 근원적인 문제를 해결하기 위해서는 중국과의 진정한 협의가 필요하기 때문에 정부간 협의를 지속적으로 추진해 나

덜 받는 부산(45㎍/㎥), 울산(46㎍/㎥) 등 동쪽 지방 역시 나쁨(36~75㎍/㎥) 수준의 농도를 보였다. 동아시아 및 한반도 주변에 잦은 고기압대가 형성됐고, 이로 이한 대기정체, 서풍계열 풍향 증가, 차가운 북풍 기류 감소 등 기상여건 악화가 미세먼지 농도 증가의 주된 원인이다.

153) 고영득, 경향신문, "서울 초미세먼지 농도·나쁨 일수 4년 새 2배 급증", 2019.3.6.
154) '미세먼지, 중국 양회 주요 키워드로⋯대기문제는 야리산다'. 야리산다(壓力山大)는 스트레스가 산처럼 큼을 의미한다. 중국 생태환경부 부장(리간제, 李干杰)의 "오염예방과 관리에 많은 어려움과 문제점이 있고 상황도 낙관할 수 없다"고 면서 "야리산다"라고 했다. 박은경, 경향신문, 2019.3.6., '미세먼지, 중국 양회 주요 키워드로⋯대기문제는 야리산다'. 2019년 3월 중국 양회(전국인민대표대회, 전국인민정치협상회의)에서도 미세먼지 문제가 주요의제로 다루어지고 있다.

가야한다. 미세먼지 발생 및 유입에 대한 과학적 조사를 근거로 한·중 공동으로 오염실태 조사를 포함해 광범위하게 조사를 진행하고 사후대책을 강구해야 한다. 미세먼지 문제에 대해 초당적으로 협력하고 국회 차원에서 중국과의 외교협력을 강화하기 위해 방중단(邦中團)을 구성해서 정부에 힘을 실어주어야 한다. 아울러 정부는 인공강우 실험, 노후 석탄화력발전소 가동중단 등 고강도 대책을 추진해 나가야한다. 중국의 인공강우 실험은 한국 보다 기술력과 운용 노하우를 가지고 있기 때문에 환경협력을 강구해나가야 할 필요성이 제기된다. 그러나 보다 중요한 것은 한중의 협력을 실질적으로 진전시키는 노력을 강화해야 한다. 따라서 한국 정부는 과학적 데이터 통계를 가지고 중국과 긴밀한 협의를 해나가는 노력이 선행되어야 한다.

〈표 14-75〉 2018년 전 세계 초미세먼지 농도 순위

1	Bangladesh	97.1	26	Chile	24.9	51	Puerto Rico	13.7
2	Pakistan	74.3	27	South Korea	24.0	52	Belgium	13.5
3	India	72.5	28	Serbia	23.9	53	France	13.2
4	Afghanistan	61.8	29	Poland	22.4	54	Germany	13.0
5	Bahrain	59.8	30	Croatia	22.2	55	Japan	12.0
6	Mongolia	58.5	31	Turkey	21.9	56	Netherlands	11.7
7	Kuwait	56.0	32	Macau	21.2	57	Switzerland	11.6
8	Nepal	54.2	33	Mexico	20.3	58	Russia	11.4
9	United Arab Emirates	49.9	34	Czech Republic	20.2	59	Luxembourg	11.2
10	Nigeria	44.8	35	Hong Kong	20.2	60	Malta	11.0
11	Indonesia	42.0	36	Cambodia	20.1	61	United Kingdom	10.8
12	China Mainland	41.2	37	Romania	19.6	62	Spain	10.3
13	Uganda	40.8	38	Israel	19.6	63	Ireland	9.5
14	Bosnia & Herzegovina	40.0	39	Taiwan	18.5	64	Portugal	9.4
15	Macedonia	35.5	40	Slovakia	18.5	65	USA	9.0
16	Uzbekistan	34.3	41	Cyprus	17.6	66	Canada	7.9
17	Vietnam	32.9	42	Lithuania	17.5	67	New Zealand	7.7
18	Sri Lanka	32.0	43	Hungary	16.8	68	Norway	7.6
19	Kosovo	30.4	44	Brazil	16.3	69	Sweden	7.4
20	Kazakhstan	29.8	45	Austria	15.0	70	Estonia	7.2
21	Peru	28.0	46	Italy	14.9	71	Australia	6.8
22	Ethiopia	27.1	47	Singapore	14.8	72	Finland	6.6
23	Thailand	26.4	48	Philippines	14.6	73	Iceland	5.0
24	Bulgaria	25.8	49	Ukraine	14.0			
25	Iran	25.0	50	Colombia	13.9			

자료: 세계오염조사기관 에어비주얼(Air Visual)
출처: 배문규, 경향신문, "한국 OECD 국가 중 초미세먼지 '최악' 2위... 서울의 공기질 순위는?. 2019. 3.5.; http://news.khan.co.kr/print.html?t=1551786238173

서울시는 2019년 3월초에 미세먼지 '나쁨'이 5일 이상 지속되면서 미세먼지로 인한 고통을 호소하기 시작했다. 그러나 서울시 차원에서는 차량 부재운행, 노후 경유 차량 운행중단, 마스크 착용권장 등 일부지역의 국민 불편이 뒤따르지만 대다수 지역의 국민의 생명과 안전을 위해 강력한 정책을 추진해야 한다. 다음의 표는 최근 5년간 서울시의 초미세먼지 농도와 '나쁨' 일수를 나타낸 것이다.

〈표 14-76〉 최근 5년간 서울시 초미세먼지 농도 추이

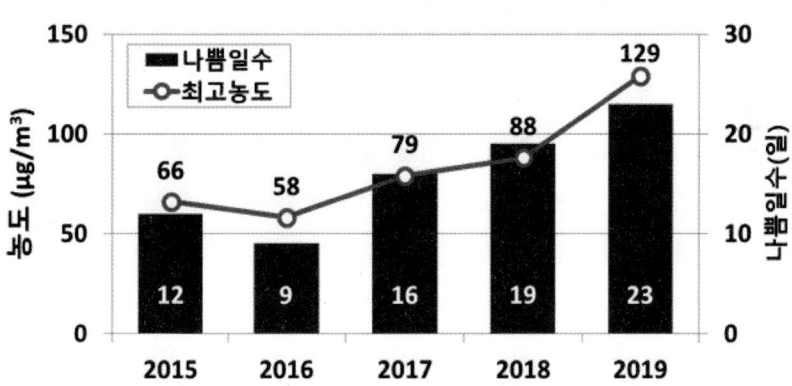

자료: 최근 5년간(1,2월)서울시 초미세먼지 현황, 서울시 보건환경연구원
출처: 고영득, 경향신문, "서울 초미세먼지 농도·나쁨 일수 4년 새 2배 급증" 2019.3.6.,

중국발 초미세먼지 유입 상황도에서는 중국의 미세먼지가 한반도로 유입되는 상황을 도식한 것이다. 중국발 미세먼지를 서해 최북단 백령도 관측소에서도 유입되는 상황을 육안으로도 쉽게 관측이 되고 있다. 중국에서는 한반도의 미세먼지가 중국발(中國發) 미세먼지라는 객관적 과학적 증거를 제시하라는 강경한 태도를 취하고 있다. 정부가 미세먼지가 중국발이라는 사실을 증명하는데 그리 큰 어려움은 없다. 한중이 공동으로 인공강우 실험이나 오염실태조사를 공동으로 시행하면 보다

분명하게 밝혀질 것이다. 그러나 중국은 이에 응하지 않을 것이다. 초미세먼지 농도 관련 최신 상황이나 전 세계 도시의 초미세먼지 농도 상황 등을 한눈에 확인할 수 있다. 최신데이터를 확인하려면 에어비주얼사이트(http://www.airvisual.com/air-quality-map)를 방문하면 된다. 어스(earth) 사이트는 나사(NASA), 유럽 우주국 등의 자료를 활용하고 있다. 중국발 미세먼지로 한반도가 미세먼지로 몸살을 앓고 있다. 2019년 3월초의 일이다. 그러나 정작 중국은 외교부 대변인을 통해 한국이 무슨 근거로 '중국발 미세먼지'라는 주장 펴는가라고 반문했다. 중국 외교부 대변인 루캉(陸慷)은 2019년 3월 7일 정례브리핑에서 "스모그의 원인은 무척 복잡하다"며 "한국의 관리(외교부장관)가 과학적 근거를 가졌는지, 과학적 분석을 했는지, 전문가 분석에 뒷받침한 것인지 모르겠다." 주장했다.155) 이에 대해 중국발 오염물질이 국내로 들어오는 미세먼지 도로, 즉 유입경로를 국내 연구진이 확인했다. 중국 정부가 책임론을 부인하는 상황에서 이를 반박하는 중요한 자료가156) 될 수 있다. 국립환경과학원 연구팀은 고농도 미세먼지 발생 형태를 분석한 결과 국외유입, 복합형, 대기정체, 국지순환 등 네가지 유형으로 분류했다. 이 유형을 위해 2015~2017년 3년간 전국 5개 권역에서 '나쁨' 이상의 고농도 미세먼지가 발생한 303일을 분석한 결과다. 위 네 가지 유형 중에서 가장 큰 비중을 차지한 것은 "복합형"이었다. 복합형은 중국발 미세먼지 등이 들어온 뒤 대기가 정체하거나, 대기가 정체된 상황에서 중국발 미세먼지가 들어온 사례였다.157)

---

155) 신경진·전수진, 중앙일보, '강경화 "미세먼지 원인 중국"… 루캉 또 "근거있나" 반문, 2019.3.8.
156) 천권필, 중앙일보, '중국발 미새먼지 ㄴ 자 ㅅ 자로 한반도 날아온다.' 2019.3.8.
157) Ibid.

〈그림 14-7〉 미세먼지 국외유입 측정망 설치도

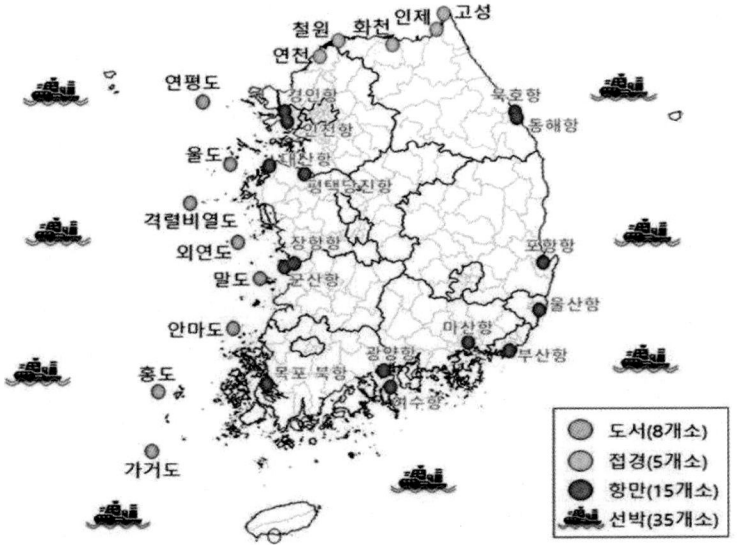

자료: 환경부
출처: 환경부)알림·홍보)보도·설명, 박금채, 미세먼지 국외유입 측정망 구축 완료, 2021-01-20(등록일자); 환경부, 미세먼지 국외유입 측정망 구축 완료, 유승광·이승준·박금채; 국립환경과학원, 김대곤·신혜정·이동원·이경화, 보도자료, 2021. 1. 20(배포일시); http://www.me.go.kr/home/web/board/read.do?menuId=286&boardMasterId=1&boardCategoryId=39&boardId=1426130 (검색: 2021.1.22.)

최근에 한국 정부의 환경부는 총 63개의 미세먼지 국외유입 측정망 설치사업을 마무리하고 본격적인 가동에 들어갔다. 국외유입 측정망은 미세먼지 등 장거리 이동 오염물질의 다양한 이동 경로와 농도, 성분 등을 분석해 국내 미세먼지 발생 원인을 규명하기 위한 시설이다. 국외유입 측정망은 섬 지역 8개, 항만지역 15개, 접경지역(비무장지대) 5개, 해양경찰청 보유 대형함정 35개 등 총 63개로 구성되어 있다. 측정망은 미세먼지(PM10), 초미세먼지(PM2.5) 등 입자상오염물질과 질소산화물(NO_x), 황산화물(SO_2) 등의 가스상 오염물질, 그리고 풍향, 풍속, 온·습도 등의 기상자료를 매시간 단위로 측정한다.

3. 국가 대혁신의 방향성

'국가대혁신'이니 '국가대개조'라고 하는 것은 법·제도적 바탕에서 이루어져야 한다. 국가는 국가의 존재이유가 국가생존이며 이는 국가번영을 그 기반으로 할 때 가능한 작업일 것이다. 국가의 대혁신이 지향하는 종착점은 국민의 안전과 행복한 삶의 질을 격상시키는 것에 있다. 독일의 저명한 사회학자 울리히 백(Ulrich Beck, 1944~2015)는 그의 저서 『위험사회』에서 한국이 위험사회에 직면했다고 서술하고 있다. 정부의 위기관리가 효과적으로 이루어지지 않으면 위험사회로 진입하게 된다. 위험사회는 사회구성원간의 신뢰와 불만이 싸여 사회적 비용이 증가하는 추세를 보이는 것이 일반화되어 있다. 이러한 위험사회는 사회지도층의 리더십이 절실히 요구되는 사회이기도 하다. 특히 한국을 위험사회라고 보는 데는 다음 몇 가지로서 설명할 수 있을 것이다. 첫째, 한국 사회는 높은 위험출구(risk exit)를 가진 사회로 보고 있다. 이는 1950. 6. 25 한국전쟁 이후 짧은 기간에 고도의 경제성장을 이룩하기 위해 사회의 안전망 구축보다는 경제성장에 비중을 두고 추진한 결과로 여기고 있다. 한국 사회는 여전히 빠른 성장으로 선진국 대열에 진입하기 위한 국가전략의 일환으로 안정과 안전보다는 성장일변도의 전략을 추진하고 있기 때문이다. 둘째, 사회적 조정과 협력의 실패로 사회계약이 올바르게 이행되지 못하고 빈부격차가 심하여 사회의 가치관 형성에 가진 자의 횡포가 심하게 나타나는 것으로 통합사회로 가는 길에 장애가 되고 있다는 점이다. 2013년에 사회적 갈등(social conflict)을 불러일으켰던 대표적 사건 가운데 하나였던 밀양송전탑 사건은 사회갈등이 실패한 전형적인 사건이 낳은 것이다. 이외에도 제주도 강정

포구의 해군기지 건설에 반대하는 세력들의 극렬한 저항으로 공사가 중단되는 사태를 여러 번 겪었던 것은 사회적 갈등을 조정할 수 있는 사회적 규약이 올바로 형성되고 구축되지 못하였음을 증명하는 것이다.

셋째, 법 집행의 불공정성으로 위험사회를 방기하는 결과를 초래할 수 있다는 점이다. 건전한 사회로 이행하는 과정에서 집단의 쟁의는 법 테두리 내에서 이루어져야 한다. 그러나 한국 사회는 1970년대 이후 극렬한 투쟁으로 사회적 갈등과 비용이 증가하는 추세를 보여 왔다. 그러나 법집행을 담당하는 공안조직은 강한 자에게는 법집행이 정당하게 이루어지지 않고, 약자에게는 법집행을 정당화함으로써 올바른 집행을 할 수 없었다는 점을 되새겨볼 필요가 있다. 법집행은 공정하게 이루어질 때만이 국민의 신뢰를 받을 수 있다. 과거 정부 군사정권 아래에서 법집행을 담당하는 기관들은 올바르게 법집행을 하였는지 자문해볼 필요가 충분히 있다(유권무죄·무권유죄, 유전무죄·무전유죄). 마지막으로 관료의 무능과 부패에서 위험사회를 초래하는 직접적인 원인이 될 수 있다. 2014년 4월 16일 진도 앞바다에서 발생한 세월호 참사는 관료의 부적절한 행동과 무능으로 많은 국민의 소중한 생명과 재산을 지켜내지 못했다는 점은 두고두고 반면교사로 삼아야 한다. 관료들은 소위 '그들만의 리그', '배타적 네트워크' 등으로 조직의 논리에 무장하여 산업화시대의 관료가 아닌 자신들의 영역을 확장시켜나가는 데 혈안이 되어 공공의 이익을 우선하기보다는 개인이나 조직이익을 우선시함으로써 조직 외부 영역으로부터 질타와 멸시를 받는 집단으로 전락하고 말았다. 이를 증명할 수 있는 사고가 2014년 4월의 세월호 참사였다는 점을 부인할 수 없다.

미국은 1961년 5월 25일 존 F 케네디(John F. Kennedy) 미국 대

통령은 의회 연설에서 "1960년대가 끝나기 전에 달에 도달하기를 원한다. 쉬워서가 아니라 어렵기 때문에 이 목표를 세웠다"고 공언한다. 결국 그 약속은 1969년 7월20일(미국시간) 아폴로11호의 닐 암스트롱 등이 달에 첫발을 내디디며 실현된다. 당시 천문학적 비용을 지출해 비판도 무성했지만 미국은 문샷(moonshot) 프로젝트를 통해 과학기술 분야에서 슈퍼 파워로 거듭날 수 있었다. 문샷은 이후 혁신적인 프로젝트의 대명사가 됐다.158)

(출처: https://www.sedaily.com/NewsView/1YXI61G3BO)

가. 안전사회 건설

안전사회 건설을 위한 법·제도적 기반을 공고히 하는 것이 무엇보다 중요하다. 한국정부는 그 동안 1960년대부터 시작한 압축 성장으로 사회 곳곳에는 많은 문제점이 노출되지 않고 수면아래에서 도사리고 있었다. '빨리빨리 문화'의 폐해가 국민들을 위기로 몰아갈 수 있는 상황이 반복적으로 재연되고 있다. 예로 1994년 10월 성수대교 붕괴사고, 1995년 6월 삼풍백화점 붕괴사고, 2003년 2월 대구중앙역 지하철 방화사건, 2017년 12월 제천화재사고, 2014년 4월 세월호 참사, 2022년 10월 이태원 참사가 발생 한국 사회의 재난후진성을 국내외에 여실히 나타내었다. 특히 2022년 10월 이태원 참사는 2014년의 세월호 참사의 판박이라고밖에 볼 수 없다.159) 특히 세월호 참사와 이태원 참

---

158) 고광본, 서울경제, "파괴적 혁신 이끌 '문샷형 R&D'. 헛바퀴 사업화도 지지부진", 2020. 01.03.인용
159) 2014년 4월 세월호 참사, 2022년 10월 이태원 참사 전후 정부의 대응에 많은 문제가 있었다. 정부는 사전 인지 및 대응 미숙, 인명구조, 유가족보호, 원인규명 및 재발방지대책, 참사를 덮기에 급급했다. 본서 17장과 〈표 17-4〉 반복되는 대형 참사의 공통점(세월호참사 & 이태원참사)을 참조

사에서 국가는 그 어디에도 없었다. 한 국가의 지도자는 국민의 아픔을 보다듬어 줄 수 있는 국민 공감능력과 비전을 갖추어야 한다. 훌륭한 지도자를 선출하는 국민들은 보다 더 지혜롭게 행동해야 한다. 일찍이 고대 그리스의 위대한 철학자 플라톤(Platon)은 '정치에 참여하지 않는 벌 중의 하나는 자신보다 못한 사람의 지배를 받는 것이다.'라고 설파했다. 따라서 지혜로운 국민은 올바른 제대로 된 지도자를 뽑을 수 있어야 한다.

한국 사회는 2010년 이후에도 대규모 인명사고를 동반하는 후진적 재난사고가 연이어 발생했다. 정부는 이를 방지하고 대처하기 위해 조직과 인력예산을 투입하여 총력전을 전개하고 있다. 그러나 문제는 국민 개개인이 안전을 위한 인식이 선행되지 않으면 효용성이 저감될 수 있음을 인지하는 것이 무엇보다도 중요하다. 아무리 훌륭한 제도와 장비, 예산이 투입된다고 하더라도 그것을 운영하는 인력이 훈련되고 숙달되지 않으면 파수꾼으로서의 역할에는 일정부분 한계가 존재할 수밖에 없다는 점이다. 위기에 대응하는 조직을 정비하고 양성하며 훈련과 교육을 통해 소중한 국민의 생명과 재산을 지키는 행위는 정부의 의지와 역량에 비례한다는 점이다. 안전사회를 건설하기 위해서 정부는 다음 몇 가지 사항을 철저히 이행해 나가야 한다. 첫째, 안전과 관련한 제 분야(건설, 산업, 보건, 전기, 통신 등)에서 법과 제도가 안전을 지킬 수 있는 환경을 반영하고 있는지 정교하게 검증이 이루어지고 제·개정이 이루어져야한다. 이를 위해서는 국회 입법과정과 전문가에 의한 신중한 접근이 필수적이다. 그러나 입법과정에서 이익집단의 논리에 후퇴하는 일이 없도록 시민단체가 적절히 감시하는 역량이 구축되어야 한다. 둘째, 안전사회를 정착시키기 위해서는 국민들의 안전의식을 향상시키고 안전 불감증을 제거하는데 정부, 지방자치단체, 시민단체 등이 적극적으로 시민운동으로 전개해보는 것이 목표달성에 유리할 것이다. 국민들의 안전의식이나 안전 불감증은 일시에 달성되는 것이 아니라 오랜 기간 습관 및 태도, 교육에 의해 형성되기 때문에 유아, 초·중등 교육과정에 안전에 관한 교육을 필수적으로 반영하여 이수토록 하는 방안이 추진되어야한다. 음주운전, 고속도로 역주행, 안전모·안전줄·안전띠 미착용 등 안전부주의, 정원초과 탑승, 설계·시공·감리 등 총체적 부실(부실건설)로 인한 수많은 인명피해 사고는 안전 불감증(Safety Frigidity)의 결과로 귀결되기 때문이다. 셋째, 안전예산 확충을 통한 안전교육을 실질적으로 전문가에 의해 지속적으로 추진해야 한다. 한국은 1960~70년대 압축성장으로 인해 경제발전을 이루었지만 한편으로는 '빨리빨리 문화'로 물질만능주의에 취해 인명경시 풍조가 출현하는 상황에 이르게 된 것은 불행한 일이 아닐 수 없다. 현재 법160)으로 정해진 '안전의 날'을 형식적인 것이 아닌 실질적인 점검으로 행사를 실시해야 한다. 시군구 지방자치단체 및 각 사업장별로 감리자, 안전관리자, 사업주가 직접 현장에서 안전에 위해를 가할 수 있는 요인은 없는지 세밀한 점검이 이루어져야 한다. 안전조치 부실로 건설현장에서 인명사고가 나면 연대책임(건설사, 시공사, 감리자, 안전 관리자, 사업

---

160) 재난 및 안전관리기본법 제8장(안전문화 진흥) 제66조의 7(국민안전의 날) 1항 '국가는 국민의 안전의식 수준을 높이기 위하여 매년 4월 16일을 국민안전의 날로 정하여 필요한 행사 등을 한다. 2항 '국가는 대통령령으로 정하는 바에 따라 국민의 안전의식 수준을 높이기 위하여 안전점검의 날과 방재의 날을 정하여 필요한 행사 등을 할 수 있다. 재난 및 안전관리기본법 시행령 제8장(안전문화 진흥) 제73조의6(안전점검의 날 등) 1항 '동법 제66조의 7에 따른 안전점검의 날은 매월 4일로 하고, 방재의 날은 매년 5월 25일로 한다. 2항' 재난관리책임기관은 안전점검의 날에는 재난취약시설에 대한 일제점검, 안전의식 고취 등 안전관련 행사를 실시하고, 방재의 날에는 자연재난에 대한 주민의 방재의식을 고취하기 위하여 재난에 대한 교육·홍보 등의 관련 행사를 실시한다.

주 등)을 책임지게 하는 강력한 법 개정이 이루어지고 강화되어야 한다. 지금까지의 안전사고 현상은 인명사고가 발생하더라도 재발방지대책은 커녕 오히려 '솜방망이 처벌'로 유야무야 되는 현상이 지속되기 때문에 건설현장에서의 추락 등 인명사고가 계속해서 발생하고 있다. 넷째, 지방자치단체 및 재난관리책임기관은 '안전점검의 날 행사'시 재난관리취약시설에 대하여 선택과 집중을 통하여 보다 정밀하게 점검을 실시해야 한다. 그리고 점검결과를 공개하고 차후에 점검한 시설에 대해 안전사고 발생시 철저한 원인규명으로 책임을 물어야 할 것이다. 이는 안전점검시 육안에 의한 점검보다는 정밀계측을 통한 입체적 점검이 병행적으로 이루어져야 한다. 안전점검은 재난관리책임기관별 전문가를 선정하여 합동으로 점검하는 방법도 고려하는 등 효율성을 충분히 계도한 이후에 실시하는 것이 보다 효과적이라 할 수 있다. 마지막으로 정부에서는 안전과 관련하여 사고발생시 지방자치단체 평가시 이를 반영하여 지방자치단체장이 많은 관심을 가지도록 유인하는 제도적 장치를 보완하는 것이 현실적으로 신중하게 고려되어야 한다. 즉, 안전사고로 인해 인명피해가 발생하는 경우 지방자치단체에 특별 및 보통교부세, 포상, 예산 등을 제한하는 방안을 범정부차원에서 숙고하는 것도 하나의 방법으로 채택 가능한 것이다. 21세기 들어와서 정부와 지방자치단체는 예산과 조직, 교육과 홍보 등을 통하여 국민의 소중한 생명과 재난을 보호하는 것에 지도자의 관심이 절대적으로 필요한 시기라 할 수 있다. 후진국일수록 국가는 재난에 무관심하고, 국민의 안전에 많은 비중을 둘 수 없는 경향을 띤다고 할 수 있다. 현재의 촛불시민정부는 2014년 세월호 참사이후 조직과 인력을 재정비하고 예산을 투입하고, 재난안전통신망을 정비하고, 매뉴얼을 개정하는 등 실로 역대 어느 정부도 하지 않은 제도적 발전을 가져왔다. 재난안전컨트롤타워의 위상을 재정립하고 연속 반복된 훈련을 통하여 재난에 선제적으로 적극적으로 대응하는 방안을 지속적으로 강구하고 있다.

나. 공공성 강화 및 신뢰사회

정부는 신뢰사회를 조성하기 위하여 정치, 경제, 사회, 문화 등 제 분야에서 다양한 시책을 추진하고 있다. 신뢰사회 조성되면 국민 개개인이 지출하는 사회적 비용(social cost)이 감소되는 경향성(tendency)을 보여 준다. 이는 정부도 크게 다르지 않을 것이다. 조성된 신뢰사회(trust society)는 사회적으로 불필요한 비용을 줄이고 삶의 질은 향상되는 효과를 누리게 될 것이다. 이는 결론적으로 사고가 감소하고 안전한 사회(a safe society)로 진입하게 되는 결과로 연결될 수 있다는 것이 통설이다. 신뢰사회를 조성하는데 있어서 언론의 역할은 매우 중요하다. '사실에 기반한(based on facts)' 공정하고 투명한 언론은 신뢰사회를 조성·형성·유지하는데 필수불가결한 요소임에 틀림없다. 문재인 대통령은 2019.9.18. 청와대에서 '국경 없는 기자회(Reporters Without Borders: RWB. 영어; Reporters Sans Frontieres. RSF. 프랑스어)'의 크리스토프 들루아르 사무총장을 접견한 자리에서 '사실에 기반한 공정한 언론(a fair press)이 사회구성원의 신뢰를 높일 것으로 믿는다.'고 말했다.

한편 한국이 선진국으로 가는 문턱에서 신뢰사회를 조성하는데 있어 다음 몇 가지 사항은 이행되어야 한다. 첫째, 한국사회에서 가진 자, 소위 기득권층이라고 불리는 집단은 스스로 사회적 책임(social responsibility)을 인식하고 사익(私益)이 아닌 공익추구 및 공공성 증진에 기여해야 한다. 그들은 한국이 압축 성장과정 및 산업사회로 진입하는 과정에서 국가의 특혜를 많이 받아온 것은 부인할 수 없는 사실이다. 그럼에도 불구하고 탈법·불법·편법을 동원하여 부정축제를 일삼아 온 사회를 혼란스럽게 함으로써 우리 국민들은 분노(憤怒)를 넘어 절망과 허탈감에 빠진 적이 한두 번이 아니었다. 또한 해방이후 정부가 친일 잔재청산을 제대로 하지 않고, 그들에게 부와 권력을 주었으니 출발선에서부터 기울어진 운동장에서 스타트한 것이다. 이것은 가진 자의 횡포의 한 단면에 지나지 않는다. 둘째, 기부 문화를 통한 공평한 사회조성에 기득권층의 역할이 매우 부족하다는 점이다. 함께 더불어 사는 세상을 만들어 가는데 일정 부분 역할을 할 수 있도록 사회적 여건을 조성해야 한다. 그러나 지금까지의 현상은 기부보다는 자녀 및 친족에게 부를 상속하여 '부의 대물림'현상으로 공평한 사회를 가로막고 있는 것은 안타까운 일이 나타나고 있다. 미국과 같은 선진국(advanced countries)들은 최고경영자들이 기업의 사회적 책임을 다하는 경우를 종종 볼 수 있다. 이것은 그 사회가 어려운 환경에 처한 사람들과 함께 더불어 살아가는 환경을 기득권층이 솔선수범하고 있다는 것은 고무적인 현상이 아닐 수 없다. 셋째, 공정한 경쟁 질서를 시장에 안착시키는 역할을 정부 스스로 포기해서는 안 된다. 대기업과 중소기업이 상생할 수 있는 환경조성을 정부가 법·제도적으로 만들어 주어야 한다. 한 예로 중소기업이 개발한 아이디어를 절취·모방하여 기술을 베껴 훔쳐가는 행위가 우리 경제 전반에 비일비재한 것은 어제오늘의 일이 아니다. 기술을 사냥하여 중소기업의 숨통을 죄는 것을 정부가 보호하지 않으면 중소기업은 시장에서 경쟁하기가 힘들어진다. 정부가 적극 나서서 중소기업을 적극 지원하는 일을 해야 할 것이다. 대기업과 중소기업이 서로 상생하는 환경을 조성하는 데 있어 정부의 역할이 중요해지고 있는 것은 공정한 시장 질서를 위해서도 바람직한 일이 아닐 수 없다. 몇 년 전 화두가 되었던 '동반성장'은 대기업과 중소기업이 함께 성장해가는 환경을 조성하는 것은 무엇보다 중요해지고 있다. 따라서 법·제도적으로 대기업이 문어발식으로 사업을 확장할 수 없도록 규제를 할 필요성이 충분히 있다. 2019년 일본이 한국에 대해 반도체 소재 수출 규제 강화로 한국의 특정대기업의 반도체생산에 일부 차질이 발생했다. 그러나 한국 정부는 이에 굴하지 않고 반도체 소재 부품과 장비를 국내에서 개발토록 하는 특단의 대책을 마련했다. 따라서 당황한 쪽은 일본정부와 기업이었다. 한국의 대기업이 골목상권까지 장악하여 전통재래시장을 위협하는 것은 바람직하지 않다. 마지막으로 정부는 공정한 자유경쟁을 할 수 있는 시장을 법·제도적으로 조성해야 한다. 공정거래법(제1조)의 기능이 실현할 수 있도록 해야 한다. 따라서 정부는 공공성(publicness)을 강화하는데 우선적으로 역량을 두어야 할 것이다. 정부는 이를 위해 법·제도를 어느 일방에게 유리하지 않고 공정성(fairness)[161]을 실현할 수 있는 '게임의 룰(rules of game)'을 보장해야 한다. 공공성이 사회 중요 화두로 등장한 것은 한국 사회가 그만큼 선진국가로 항해하고 있는 의미로 받아들여야 할 것이다. 공공성은 개인과 사회가 함께 시민의 삶을 지속해나갈 체계적인 구조를 만들어가는 가는 과정이나 가치를 의미한다. 불특정다수의 사람들과 연관된 문제라면 개인에게만 맡기지 말고, 사회가 나서서 해결해야 한다는 논리가 공공성의 논리이다. 21세

---

[161] 평가대상이 속하는 특정집단의 특성에 따라 다르지 않게 나오는 정도를 의미한다. 평가대상이 속하는 지역, 문화적 배경, 학교환경, 가정환경 또는 성별에 따라서 불리하게 평가된다면 평가의 공정성에 문제가 있다고 여겨진다. 평가내용이나 방법이 특정인에게 어느 한쪽으로 치우지지 않고 공평한 정도를 의미한다. 평가에 있어서 공정성의 의미는 평등(equality), 형평(equity)의 양면을 포함하고 있다.

기에 들어서는 '제3섹터(third sector)'라는 개념이 등장하면서 상황이 좀 더 복잡해졌다. 제3섹터는 정부부문도 아니고 영리부문도 아닌 영역, 즉 정부와 민간의 중간 영역 또는 그 어디에도 온전히 속하지 않는 영역을 의미한다.

 중국 춘추전국시대에서는 공(公)과 사(私)를 고전적 영역으로 경계 짓지 않고, 소유와 대립과 충돌로 바라보았다. 이것은 전국시대라는 특이한 시대적 상황과 연결되어 있다. 춘추시대 초기의 법가들은 국가가 군주중심의 중앙집권적 통제(관료, 官僚) 국가를 수립하여 부국강병제(富國强兵制)를 이룩한다면 주변 국가들이 넘볼 수 없는 강대국을 만들 수 있으리라고 보았다. 그러나 중앙집권적 통제(관료) 국가는 새로운 세금과 요역제도를 마련하여 국부(國富)를 증대하고, 국력(國力)을 강화하는 중심(中心)이 되고, 군주는 중심(center of gravity, 重心)을 지휘하는 군 사령관 역할을 맡고, 관료는 군주를 보좌하여 국가의 통치행위를 집행하면 부국강병제가 이루어지는 것으로 보았다. 전국시대162)의 진(晉)나라는 전국시대의 시대정신(時代情神)인 약육강식(弱肉强食)에서 탈출하기 위해서 철저히 자기보존(自己保存)의 논리를 내세웠다, 진나라는 통일이후 분열되지 않도록 공공성(公共性)을 증대하는 방향으로 나라의 기틀을 잡아가는데 제자백가들은 이에 적극 부응했다. 중국의 유명한 정치사상가 한비(韓非)163)는 전국시대의 사회적 현상을 공과사의 대립과 충돌로 고찰하였다. 전쟁에서 승리한 장수는 특정지역의 수취권(受取勸)을 보상으로 받으면 그것을 공의 영역이 아닌 자기 권력을 유지·

---

162) 전국시대는 사(私)들 간의 전쟁이었고, 새로 등장할 통일 국가는 사(私)들의 분열을 방지하기 위해 이를 넘어서는 공(公)의 역할을 찾게 되었다.
163) 법가의 사상을 집대성한 중국 전국시대 말기의 정치사상가. 한비자(기원전 약 280~233년)의 이름은 한비이고, 전국 말기 한(韓)출신이다.

확장하려는 사(私)의 영역으로 보았다. 따라서 공과 사의 영역간의 대결이 아닌 충돌·대립관계로 변질된 권력과 이익의 갈등으로 보았다. 한비는 이에 대해 사(私)에 대한 공(公)의 압도적 우위를 주장함으로써 공과 사의 갈등을 해결하고자 했다. 신뢰사회를 조성하기 위해서는 보다 더 공공성(publicness)이 강화되어야 한다. 신뢰사회와 공공성의 관계는 갈등과 대립의 관계가 아니라 상호보완적 관계이다. 이는 지방자치단체에서의 공공성 강화는 주민들의 이해관계가 상충하는 가운데 이의 확립은 가장 중요한 요인이라는 사실을 명심할 필요가 있다.

다. 국민의 삶의 질 향상(improvement in quality of life)

정부혁신의 3대 전략(참여와 협력, 사회적 가치 중심정부, 신뢰받는 정부) 가운데에서 삶의 질(quality of life)에 직접적인 인과관계가 있는 것은 사회적 가치를 중시하는 정부구현과 관계가 깊다. 현대 복지국가는 사회 구성원의 궁극적인 삶의 질 향상을 목표로 혁신 전략을 추구하고 있다. 물질적 풍요는 인간다운 삶의 한 조건이 될지언정 충분조건은 될 수 없다. 따라서 국민들의 삶의 질을 향상시키기 위해서는 양적인 팽창과 소비의 풍요에서 정신적 만족과 자연과의 조화로운 삶의 변화를 추구하고자 한다. 삶의 질을 결정하거나 측정할 수 있는 정량적 요소(객관적 요소)로는 경제적 수준을 나타내는 1인당 국내총생산(GDP), 경제성장률, 물가상승률, 건강과 보건의 보장정도, 교육과 학습의 수준 및 환경, 고용 및 근로환경의 수준 등이 정성적 요소(주관적 요소)로는 개인의 행복감을 가져오는 대인관계, 자아욕구의 실현, 삶의 목표를 추구하는 진취적인 정신 등을 들 수 있다.[164] 삶의 질을 향상시키기 위해서는 정량적 요소에 의한 질적인 경제성장을 추구하면서 소득의 공정한 분배와 인권보장이 질서정연하게 이루어지며, 자아욕구 실현을 통한 질적·양적 행복한 삶의 조화를 통한 정성적 요소가 동시에 추구되면 삶의 질(qol: quality of life)165)은 보다 향상 될 것이다. 대량소비사회가 경제의 정보화와 서비스화에 따라 사람들의 관심은 양에서 질로 이행한다. 주민들의 생활이 향상됨에 따라 행정서비스도 생활의 질적 향상에 기여하도록 서비스 시책을 해야 한다. 종래의 사회 지표가 사회현실의 객관적 측정에 한정된다는 점에서 반성이 가해지고 사람들의 주관적 지수를 가미하는 일이 필요해졌다.166) 현대사회에서 정부는 국민의 삶의 질을 향상시키기 위해 많은 시책을 추진하고 있다. 그 가운데에서 보건의료, 복지 분야에서 두드러지게 나타나고 있다. 물질적 풍요에 의해서 개인의 인권이 공정하게 보장되지 않고 차별화되는 사회는 국민을 분열시키고 갈등으로 확산되어 결국에는 정부를 불신하고 신뢰사회를 무너뜨리는 요인으로 이는 반드시 극복되어야 한다. '삶의 질(quality of life)'이 떨어질 것이라는 생각의 저변에는 '삶의 질' 개념을 개개인의 '삶에 대한 만족도'로 간주하는 경향을 보이고 있기 때문이다. '국민의 삶의 질 지표'에서 정의하는 '삶의 질'은 국제적으로 '웰빙(well-being)'에 해당하는 개념으로 개인적 '삶의 질(quality of life)'과 '사회적 질(quality of society)'을 포괄하는 개념이라는 인식

---

164) 이상수, 『Basic 고교생을 위한 사회 용어사전』, 2006. 신원문화사, 일부용어는 필자에 의해 수정하였음.
165) 삶의 질(qol)은 객관적 기준이나 조건에 의해 정의하는 것. 주로 개인의 삶의 질이 사회·경제적 지표에 의해 이루어진다는 가정에 기초하기 때문에 주로 소득·구매능력·교육수준·여가시간·건강상태 등의 사회·경제적 지표에 의해 개인의 qol을 비교평가하며, 개인의 정서적 측면을 강조하는 입장은 인간이 qol이 물질적·환경적 외부요인을 대하는 내적인 태도나 정서 등의 성격적 요인에 의해 영향을 받는 것을 고려할 수 있다.
166) 고영복, 사회문화연구소, 『사회학사전』, 2000.

을 가지고 있다.167) '삶의 질' 지표는 자료의 신뢰성 제고를 위해 중앙부처 및 통계청에서 작성되는 국가승인통계와 국제기구 통계를 활용하여 작성한다. 통계청에서는 활용통계 10종을 비롯하여 중앙부처에서는 교육부(교육통계연보, 취업통계연보), 행정안전부(안전통계관련 현황 등), 보건복지부(국민건강조사, 전국아동학대 피해조사, 의료비 통계), 고용노동부(고용형태별 근로실태조사, 산업재해현황분석), 환경부(대기환경연보, 하수도통계, 폐기물처리 현황), 국토교통부(주거실태조사 등), 대검찰청(범죄분석), 소방청(화재피해 및 인명구조구급 현황), 경찰청(강력범죄 발생률, 도로교통 사망률 등) 등이 생산하는 통계 17종을 포함하고 있으며, 이외에도 한국행정연구원(사회통합실태조사), OECD(Education at a glance 등), 국제투명성기구(부패지수), 한국은행(국민계정), 한국문화관광연구원(국민여행실태조사), 선거관리위원회(대통령선거), 한국형사정책연구원(범죄피해실태조사), 국민연금관리공단(연금수급현황 등) 등에서 작성하는 통계를 활용하여 산출하고 있다. 국민 삶의 질 지표는 정부에서 2014년부터 작성하고 있으며, 국민 삶의 질을 근본적으로 제고하여 정책 활용에 필요한 기초자료 제공을 목적으로 하고 있다. 한국 정부의 통계청 조사에서 '삶의 질' 지표체계는 12개 영역의 80개 세부지표로 구성되어 있으며, 객관적 지표 56개(70.0%), 주관적 지표 24개(30.0%)로 구성되어 있다.168)

---

167) 통계청, 한국 삶의 질 학회, 한준·김석호·최바울·이희길, 「국민 삶의 질」 종합지수 작성 결과, 보도자료, 2017.3.15., p.22.
168) 통계청, 한국 삶의 질 학회, 한준·김석호·최바울·이희길, 「국민 삶의 질」 종합지수 작성 결과, 보도자료, 2017.3.15., p.4.

〈표 14-77〉 2017년 국민 삶의 질 지표 구성

영역	지표수			영역	지표수		
	객관	주관	소계		객관	주관	소계
소득·소비	6	2	8	문화·여가	4	2	6
고용·임금	5	1	6	가족·공동체	5	2	7
사회복지	3	0	3	소득소비	2	5	7
주거	4	1	5	안전	7	2	9
건강	7	2	9	환경	6	2	8
교육	7	2	9	주관적웰빙	0	3	3

자료: 통계청, 한국 삶의 질 학회, 보도자료.
출처: 통계청, 한국 삶의 질 학회, 한준·김석호·최바울·이희길, 「국민 삶의 질」 종합지수 작성결과, 보도자료, 2017.3.15.

「국민 삶의 질 2020」 보고서에서는 코로나19(COVID-19)를 겪으면서 새로운 지표체계를 정립했다. 위 보고서에는 기존과 같은 변화된 지표를 반영하여 11개 영역의 71개 지표[169]로 구성되어 있다. 또한 위 보고서에서는 71개 지표가 2020년 12월 말 기준으로 전기대비 개선 또는 악화되었는지를 통해 우리 사회의 삶의 질을 보여주고 있다[170]. 한편 최근의 「국민 삶의 질 2020」보고서에서는 전체 71개 지표 중 '20년에 업데이트된 지표는 63개이며, 전기 대비 개선지표 40개, 악화지표 23개('20년 12월 말 기준*)이다. *지표의 시의성을 고려하여 연초 공표된('21.1.13) 고용률과 실업률을 반영한 결과임을 나타낸 것이다.

---
[169] 기존 통계자료(행정자료 21개, 조사자료 50개)로 작성되어 지표별로 출처가 다양하다. 통계청, 통계개발원(경제사회통계연구실), 최바울·심수진, 「국민 삶의 질 2020」 보고서 발간, 보도자료, 2021. 3. 11(목), 12시
[170] 「국민 삶의 질 2020」 보고서 지표작성 시점('20년 12월 말)에 따른 유의사항에서는 '20년 12월 말 기준 공표된 통계자료로 작성되어 지표별로 활용된 자료의 시점이 서로 상이할 수 있음. 따라서 코로나19 상황이 반영된 '20년 지표는 일부 포함하며 향후 분기별 업데이트 시 보완할 계획임을 밝혀둔다. Ibid.

또한 '19년 수치가 반영된 41개 지표 중 전기대비 개선이 23개, 악화가 18개로 개선지표의 비율이 56.1%이다. '20년 수치가 반영된 18개 지표 중 개선지표 15개*, 악화지표 3개**이며, 개선된 15개 지표는 사회조사 자료로 주관적 지표들이 대부분 개선[171]되었다.

* 개선지표(15개) : 사회조사 자료를 활용하여 작성되는 신체활동 실천율 및 가족, 공동체, 건강, 교육, 안전, 환경 영역의 주관적 지표
** 악화지표(3개) : 독거노인 비율, 고용률, 실업률

〈표 14-78〉 업데이트된 지표의 작성연도별 개선/악화 현황

	계	개선	악화
'18년 통계 자료	4	2	2
'19년 통계 자료	41	23	18
'20년 통계 자료	18	15	3
전 체	63	40	23

주: 1) 지표의 시의성을 고려하여 연초 공표된('21.1.13) '20년의 고용률과 실업률은 반영하였음.
  2) 지표별로 작성주기*와 공표시점**이 상이하여 '20년에 업데이트된 지표는 전체 71개 지표 중 63개이며, 이 중 '20년 수치가 반영된 지표는 18개이고, 41개가 '19년 값임
  * 71개 지표의 작성주기: 1년주기(45개), 2년주기(23개), 3년주기 이상(3개)
  ** 71개 지표의 작성연도('20년 12월 기준): '20년(18개), '19년(47개), '18년(4개), '17~15년(2개)
자료: 통계청, 통계개발원(경제사회통계연구실), 최바울·심수진, 「국민 삶의 질 2020」보고서 발간, 보도자료, 2021. 3. 11(목), 12시

가족, 공동체 영역에서 위기상황시 도움 받을 곳이 없는 사람의 비율인 사회적 고립도는 '19년 27.7%로 10명 중 3명 정도는 주변에 도움 받을 사람이 없으나, 사회적 고립도는 '09년 31.8%에서 '13년 32.9%로 약간 증가하였으나, 이후 감소추세[172]를 보이고 있다.

---

171) *Ibid.*
172) *Ibid.*

〈표 14-79〉 사회적 고립도(2009~2019년)

(단위: %)

구 분	2009	2011	2013	2015	2017	2019
사회적 고립도	31.8	31.9	32.9	30.0	28.1	27.7

주: 1) '몸이 아파 집안일을 부탁할 경우', '이야기상대가 필요한 경우'에서 둘 중 하나라도 도움받을 사람이 없다고 응답한 사람의 비율임
   2) 만 19세 이상을 대상으로 함
출처: 통계청, 사회조사; 통계청, 통계개발원(경제사회통계연구실), 최바울·심수진, 「국민 삶의 질 2020」 보고서 발간, 보도자료, 2021. 3. 11. 재인용

여가 영역 여가시간은 '19년 하루 평균 4.0시간으로 전년대비 0.1시간 증가했다. 2010년 4.9시간 이후 감소하였으나, 2016년 이후 소폭으로 증가 추세173)를 나타냈다.

〈표 14-80〉 여가시간(2006~2019년)

(단위: 시간/일)

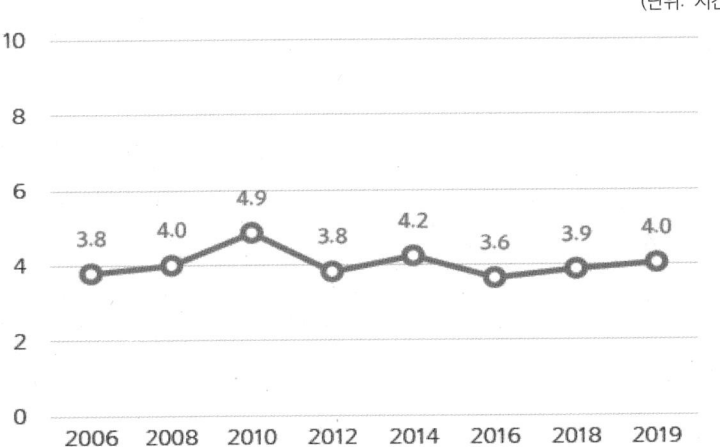

주: 1) 2008년까지는 10세 이상, 2010년부터는 15세 이상 인구를 대상으로 함
   2) 일평균 여가시간 = {(평일 여가시간×5일) + (휴일 여가시간×2일)} ÷ 7일
출처: 문화체육관광부, 국민여가활동조사.; 통계청, 사회조사; 통계청, 통계개발원(경제사회통계연구실), 최바울·심수진, 「국민 삶의 질 2020」 보고서 발간, 보도자료, 2021. 3. 11. 재인용

---

173) *Ibid.*

한국 국민의 '삶의 질' 종합지수174)는 기준년도(2006년) 대비 2015년에는 11.8% 증가하여 1인당 실질 GDP 증가율(28.6%)의 약 41.3% 수준을 나타냈다. 각 영역별 종합지수 증가율에서는 교육(23.9%), 안전(22.2%), 소득·소비(16.5%), 사회복지(16.3%) 영역은 종합지수의 개선을 견인한 반면에 가족공동체(-1.4%), 고용임금(3.2%), 주거(5.2%), 건강(7.2%) 영역은 전체 종합지수보다 낮은 증가율을 나타냈다.

〈표 14-81〉 국민 삶의 질 종합지수 2015년 증감률

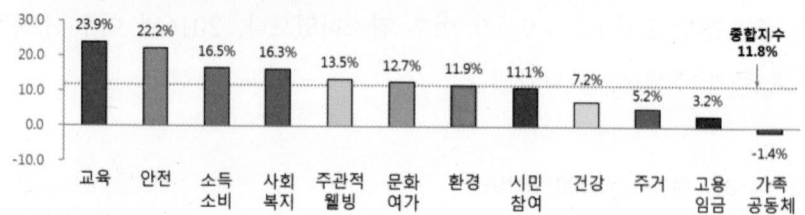

주: 1) 영역별 기준년도(2006년) 대비 2015년 증감률을 나타낸 것임
자료: 통계청, 한국 삶의 질 학회, 보도자료
출처: 통계청, 한국 삶의 질 학회, 한준·김석호·최바울·이희길, 「국민 삶의 질」 종합지수 작성결과, 보도자료, 2017.3.15

국제적으로도 삶의 질의 측정에 대한 노력이 확산되는 추세를 보이고 있다. 대표적인 것으로는 국제기구 OECD BLI(Better Life Initiatine), UN SDGs, EU GDP and Beyond 등이 있으며, 개별 단위국가로는 캐나다 CIW(Canadian Index of Wellbeing), 영국 MNWB

---

174) 국민의 '삶의 질' 종합지수 작성 배경은 GDP 중심경제 지표의 한계와 정책 목표로서 '질적인 성장'의 중요성이 부각됨에 따라 '국민 삶의 질' 측정 방안 연구를 추진하게 되었다. 국내 사회적 상황측면에서는 지속저인 경제성장이 삶의 질 개선으로 이어지지 않는다는 문제제기와 저출산, 사회갈등 심화, 자살 증가 등과 같은 새로운 사회문제의 등장으로 정책적 관심이 경제성장 중심에서 국민 삶의 질 제고로 전환하여 측정의 필요성이 대두되었으며, 국제적 측정 확산 측면에서는 21세기 들어 '삶의 질'과 '사회발전'에 대한 측정 노력이 국제적으로 확산되는 추세를 보였다.

(Measure of National Well-Being), 이탈리아 BES(Measuting Bquitable & Sustainable Well-being), 일본 MNWB(Measure of National Well-Being) 등이 있다. 국민의 '삶의 질' 종합 지수와 1인당 GDP 증가율과 비교해보면 2006년~2015년 사이에 1인당 GDP(실질)는 28.6% 증가하였으나, '삶의 질' 종합지수는 11.8% 증가하여 GDP 증가율 대비 41.3% 수준을 나타냈다. GDP 증가율은 금융위기 시기인 2008년~2009년 사이에 일시적인 정체를 보이는 반면 '삶의 질' 종합지수는 미미하지만 지속적 상승세를 유지했다. 이 결과는 GDP의 증가가 곧바로 '삶의 질' 개선으로 이어지지 않는다는 선진국의 결과와도 유사하게 나타나고 있음을 증명하고 있다.[175] 이와 유사한 통계를 보여주는 사례로는 한국인의 평균 삶의 질을 여론조사기관(케이스택)에 의뢰해 실시한 조사는 다음과 같다. 그 결과 한국인의 평균적인 '삶의 질'은 10점 만점에 6.8점으로 나타났다. 조사에서 가장 높은 점수를 보인 항목은 가족 및 가정, 건강, 인간관계, 주거 등으로 모두 7점 이상이었다. 반면 환경, 소득, 일과 생활의 균형, 직장, 여가/문화는 6.5점 이하로 모두 낮았다.[176]

---

[175] 통계청, 한국 삶의 질 학회, 한준·김석호·최바울·이희길, 「국민 삶의 질」 종합지수 작성 결과, 보도자료, 2017.3.15., pp.2~7.
[176] 서울대병원, 윤형호, 2018 한국 건강학회 추계학술대회, '권역별 일반국민의 주관적 삶의 질 측정 및 활용': 김준호, Medical Tribune, 한국인 "내 삶의 질은 10점 만점에 6.9점" 2018.11.29.; 조사방식은 여론조사기관인 케이스택에 의뢰해 한국인 1200명을 대상으로 전반적인 삶의 질에 대한 면접조사를 실시했다. 조사항목은 가족 및 가정, 건강, 인간관계, 주거, 소득, 일과 생활의 균형, 직장, 여가/문화, 교육, 안전, 환경, 사회참여, 지역사회 등 총 14항목에 대해 조사했다.

〈표 14-82〉 한국인의 삶의 질 중요도 평가

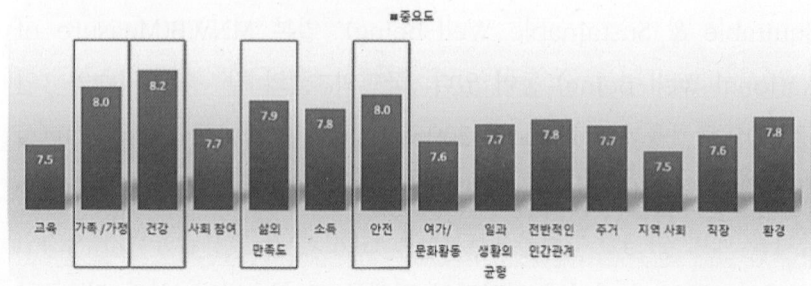

주: 1) 여론조사기관, 케이스택, 조사대상은 한국인 1200명, 면접조사
자료: 윤형호, 서울대병원, 2018 한국 건강학회 추계학술대회, '권역별 일반국민의 주관적 삶의 질 측정 및 활용'
출처: Medical Tribune, 김준호, 한국인 "내 삶의 질은 10점 만점에 6.9점", 2018.11.29

2019년 국무조정실에서는 「농어업인 삶의 질 향상 및 농어촌 지역개발 5개년 기본계획」 수립 추진 계획 (안)인 제4차 기본계획 비전·목표·추진전략 및 과제를 제시했는데 이는 매우 중요한 의미를 가지고 있다. 왜냐하면 산업화이후 일자리 증가 및 농촌의 삶의 질 저하 등으로 농촌을 떠나던 사람들이 2015년 이후 귀농으로 전환되는 계기를 마련하였다. 이를 추진한 주요배경은 농어업인의 복지 증진, 교육 및 정주여건 개선을 위해 범부처가 참여하는 5년 단위 '삶의 질 기본계획' 수립·운영 중[177]('05~)이었다. 또한 제3차 기본계획(2015~2019) 종료 시점이 됨에 따라 변화된 정책 환경과 농촌의 향후 전망에 기초하여 새로운 5년을 준비해야 할 시점에 이번 제4차 계획에 '전 국민의 삶터·일터·쉼터로서 사람이 돌아오는 농산어촌 조성'이라는 문재인 행정부 농정철학 반영을 추진하였다. 이를 추진한 경과는 첫째, (기존계획

---

[177] 각 부처가 시행 중인 관련 시책을 총괄·조정하고, 기본계획의 수립 심의 및 점검 평가를 위한 총리 주재 범 부처 '농어업인 삶의 질 위원회' 운영 중이다.

평가) 제3차 계획의 성과·한계178) 및 개선과제를 도출하여 전략목표를 새롭게 수정·보완한 흔적이 역력하다.

둘째, (제4차 계획 방향 도출) 정책수요 파악을 위한 실태 조사 및 분과별 작업 등을 통해 제4차 계획의 기본방향 및 중점 추진과제를 발굴('19.5~)하였다. (실태조사) 삶의 질 정책수요가 농촌 内 세대별·지역별 다변화 양상을 보임에 따라 세밀한 정책 대응의 필요성이 도출되었다. 한편 (분과위) 전문가들로 구성된 4개 분과위*를 구성하고, 분야별 정책 목표·방향·전략 수립 및 핵심과제 발굴·선정 추진은 다음 4개 핵심 분야를 선정하여 추진하기로 했다는 점에서 의의가 매우 크다고 하겠다. ① 보건·복지, ② 교육·문화, ③ 정주생활기반, ④ 경제활동·일자리, 셋째, (관계부처 협의) 제4차 기본계획 진행상황 및 세부 과제(안)을 공유하고, 담당부처의 의견 수렴을 위한 실무회의 개최(9.3)한 바 있다. 다음은 제4차 기본계획 기본 방향(안)에 대한 (주요 내용) 기존 계획의 한계를 개선·보완하고, 변화하는 정책 환경에 대응하여 미래 농촌이슈에 대비한 정책 과제를 집중 발굴하였으며, (기존계획 보완) 정책대상을 다양한 계층으로 확대①, 농어촌 서비스 기준 달성을 위한 보완적 정주권 조성 전략 제시179) 등과 (미래이슈 대비) IoT·빅데이터 등 차세대 신기술 적용,180) 복지 패러다임 전환,181) 농촌 난개발 방지를 위한 제도적 접근182) 등을 제시하였다. 또한 농어촌 서비스 기준

---

178) 농어업인 관련 정책 편중, △ 농식품부·해수부 중심의 계획, △ 농어촌 서비스기준·농어촌영향평가제도 등 관련 제도의 운용상 한계 등
179) 정책 대상을 농어업인, 고령자 중심에서 귀농귀촌인, 청년, 다문화가정 등으로 다양화 (예: 귀농귀촌 청년 가구를 위한 주거안정 지원), '서비스 접근성'을 중심으로 정주생활권 육성 전략 반영(예: 중심지의 중심성 및 서비스 속성에 따른 최소 접근성을 고려한 '365생활권' 조성 계획 추진)
180) 원격 진료(모니터링), 수요 응답형 교통모델 고도화 등
181) 사회복지 기관을 통한 돌봄 → 지역사회 통합 돌봄(농어촌지역 시범적용 확대)

개선,183) 농어촌영향평가제도 세부지침 마련,184) 사전협의제도 도입185) 등 제도 개선을 추진하고자 기본방향을 선정하였다. 이를 위해 (추진체계 재정비) 계획의 실행력을 담보하기 위해 관련부처 간 협력을 제도화하여 삶의 질 정책 추진체계를 실효성 있게 재정비하기로 관련부처 간 협의를 마쳤다.

---

182) 장기 전망에 기초한 농촌 정주권 조성, 농촌다움 보전·관리 등에 관한 계획제도 도입
183) 핵심항목 지표 현실화, 정책사업과 연계 강화, 정부 지원 사업과 연계 강화 등
184) 미비되었던 절차상 요건을 명확하게 제시한 제도 운영 지침 마련
185) 농어촌 지역에 중요한 영향을 미치거나, 시의성 높은 각 부처 정책의 사전 협의·조정

제 15 장

국가 대혁신의 전략 이론

I cannot say whether things will get better if we change,
what I can say is they must change if they are to get better.
우리가 변화한다고 해서 더 나아질 것이라고 장담하지는 못한다.
하지만 더 나아지기 위해서는 반드시 변화해야 한다.

- George C. Lichtenberg

제15장 국가 대혁신의 전략 이론

제1절 한국의 혁신지수

1. 한국의 혁신지수

2019년 Bloomberg Innovation Index(블룸버그 혁신지수)에서 한국은 6년 연속으로 세계1위를 기록했다. 2019년 1월 22일(현지시간) 미국 Bloomberg가 발표한 '2109년 Bloomberg Innovation Index'에서 한국은 87.38점으로 2014년 이후 연속으로 세계 1위를 유지했다. 이러한 결과는 어려운 대내외 여건 속에서도 정부와 기업이 함께 연구개발(R&D)투자[1]를 확대하고 혁신 성장정책을 지속 추진한 것이 반영된 것으로 평가되었다. 블룸버그 혁신지수는 총 7개 부문으로 구분하여 한 국가의 혁신능력을 종합적으로 판단하고 있다. 다음의 표는 글로벌 혁신지수(GII: Global Innovation Index) 변화 및 최근 5년간 한국의 순위변화, 그리고 2017년 세계혁신지수(GII)의 구성하는 항목

---

[1] 한국의 GDP대비 연구개발비 비중은 4.55%으로 세계 최고 수준이며, 연구개발비 절대 규모도 세계5위 수준(KISTEP·과기정통부, 2017년); GDP대비 연구개발비 비중은 2014년 (4.29%), 2015년(4.23%), 2016년(4.24%), 2017년(4.55%)

들을 열거한 것이다.

〈표 15-1〉 글로벌 혁신지수(GII) 변화 및 한국의 순위변화

글로벌 혁신지수의 변화

	2017년	2018년	2019년
1위	스위스	스위스	스위스
2위	스웨덴	네덜란드	스웨덴
3위	네덜란드	스웨덴	미국
4위	미국	영국	네덜란드
5위	영국	싱가포르	영국

최근 5년간 한국의 GII 순위변화

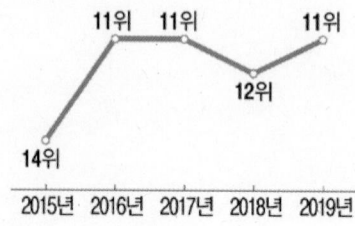

출처: 매일경제, 윤선영, [Biz times] 혁신의 불 밝힌 건 교육, 2019.9.5

〈표 15-2〉 2017년 세계혁신지수(GII)의 구성

구분	분야	부문	항목
세계 혁신 지수	혁신 투입	제도	정치환경(2), 규제환경(3), 창업·폐업·납세 용이성(3)
		인적자본과 연구	교육(5), 고등교육(3), 연구개발(4)
		인프라	정보통신기술(4), 일반인프라(3), 생태적 지속성(3)
		시장성숙도	신용(3), 투자(3), 무역·경쟁·시장규모(3)
		기업성숙도	지식근로자(5), 혁신연계(5), 지식흡수(5)
	혁신 성과	지식·기술성과	지식창출(5), 지식파급효과(5), 지식확산(4)
		창조적성과	무형자산(4), 창조적 상품서비스(5), 온라인 창조성(4)

주: 1) 항목란의 ( )는 세부지표수임
자료: Cornell대학교 INSEAD, WIPO(Global Innovation Index)
출처: 한국경제연구원, 제도가 혁신역량 발목잡아: 세계혁신지수 추이와 정책시사점 보고서, 2018.06.11.

세계지식재산기구(WIPO: World Intellectual Property Organization)는 2007년 이래 매년 글로벌 혁신지수 보고서를 발표하고 있다. ▲연구개발투자, 특허/상표권 창출 등 혁신성과를 측정하는 지표, ▲사업/통상환경, 교육기반, 정보통신 기반 등 혁신역량을 측정하는 지

표 등 7개 부문에 걸쳐 총 80개의 지표들을 바탕으로 각 국의 혁신 수준을 평가하여 발표하고 있다.

〈표 15-3〉 최근 5년간 WIPO 글로벌 혁신지수 주요국 순위

구 분	'15	'16	'17	'18	'19
스위스	1위	1위	1위	1위	1위
미 국	5위	4위	4위	6위	3위
한 국	14위	11위	11위	12위	11위
중 국	29위	25위	22위	17위	14위
일 본	19위	16위	14위	13위	15위

자료: 세계지식재산기구(WIPO: World Intellectual Property Organization)
출처: DATA NET, 강석오, 한국, 2019년 글로벌 혁신지수 11위 … 전년 比 1계단 상승, 2019. 07.26

이외에도 한 국가의 국가경쟁력을 나타내는 기관으로서 국제경영개발대학원(IMD)은 「세계경쟁력 연감(World Competitiveness Yearbook)」을, 세계경제포럼(WEF)은 「글로벌 경쟁력 보고서(Global Competitiveness Report)를, 세계지식재산기구(WIPO: World Intellectual Property Organization)는 글로벌 혁신지수(GII: Global Innovation Index)를, 한국 지식재산연구원(KIIP)은 국가 지식재산 경쟁력 지수를 발표하고 있다. 또한 미국 경제·금융 전문 매체 Bloomberg는 매년 Bloomberg Innovation Index(블룸버그 혁신지수)를 발표하고 있다. 블룸버그 혁신지수는 1) 연구개발(R&D)지출, 2) 제조업 부가가치, 3) 생산성, 4) 첨단기술 집중도, 5) 교육효율성, 6) 연구 집중도, 7) 특허활동 등 7개 부문[2]에 걸쳐 국가의 혁신 정도를 종합적으로 판단하여

---

[2] 1) 연구개발(R&D)지출, 2) 제조업 부가가치, 3) 생산성, 4) 첨단기술 집중도(국내 상장사 수와 글로벌 상장 하이테크 기업수 대비 국내 상장 하이테크 기업 수의 비율), 5) 교육효율성(중등이후 교육과정 등록자수, 과학 및 엔지니어링 전공 졸업자수 등), 6) 연구 집중도,

발표하고 있다. 이처럼 국제경영개발대학원(IMD), 세계경제포럼(WEF), 세계지식재산기구(WIPO)의 혁신지수와 달리 Bloomberg Innovation Index(블룸버그 혁신지수) 순위가 매년 잘 나오고 있는 이유는 한국이 국내총생산(GDP) 대비 연구개발(R&D) 비용의 비율이 세계에서 가장 높은 수준을 지속적으로 유지하기 때문이다. 이외에도 유럽연합(EU, 집행위원회)에서 2001년부터 EU회원국(28개국)과 인근 8개국을 대상으로 혁신지수를 측정하여 발표하고 있다. EU 집행위원회는 혁신여건, 투자, 혁신활동, 파급효과 등 4개 분야, 10개 부문의 27개 세부지표를 활용해 혁신역량을 종합적으로 평가한다. 한국은 EU 집행위원회의 혁신지수 평가에서 2013년 이후 6년째 1위를 유지하고 있다. 한국의 국내총생산(GDP) 대비 R&D 비율이 4.3%로 일본의 3.4%보다 높다.

〈표 15-4〉 R&D지출 비율(2019년 기준)

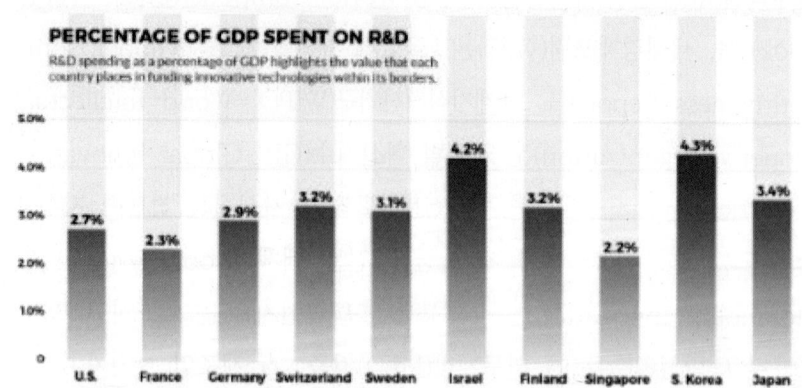

자료: Bloomberg 2019 Innovation Index, 2019. 01.
출처: 블로거, https://blog.naver.com/nschoi76 (검색: 2019.11.11.)

한국의 Bloomberg 혁신지수,3) 유럽연합(EU)의 혁신지수 평가에서

---

7) 특허활동(국내 특허 출원수, 인구당 특허, GDP당 특허 출원 등)

세계 1위에 만족하지 않고 계속적으로 노력을 경주해야 하며, 연구개발(R&D)지출 집중도, 제조업 부가가치, 생산성, 첨단기술 집중도, 교육 효율성, 등 한국이 우위를 점하는 분야는 지속적으로 유지하는 노력을 해야 한다. 다음은 2018년~2021년까지의 Bloomberg 혁신지수를 제시하였으며 아울러 유럽연합(EU)의 혁신지수도 참고로 제시했다.

⟨표 15-5⟩ Bloomberg 2018 Innovation Index

2018 rank	2017 rank	YoY change	Economy	Total score	R&D intensity	Manufacturing value-added	Productivity	High-tech density	Tertiary efficiency	Researcher concentration	Patent activity
1	1	0	S. Korea	89.28	2	2	21	4	3	4	1
2	2	0	Sweden	84.70	4	11	5	7	18	5	8
3	6	+3	Singapore	83.05	15	5	12	21	1	7	12
4	3	-1	Germany	82.53	9	4	17	3	28	19	7
5	4	-1	Switzerland	82.34	7	7	8	9	11	17	17
6	7	+1	Japan	81.91	3	6	24	8	34	10	3
7	5	-2	Finland	81.46	8	16	10	13	19	6	4
8	8	0	Denmark	81.28	6	15	11	15	26	2	10
9	11	+2	France	80.75	12	35	14	2	10	21	9
10	10	0	Israel	80.64	1	27	9	5	41	1	19

주: 1) 조사대상(50개국), 조사항목(7개)
자료: 한국, 기획재정부, '보도자료' 2018. 01.

---

3) 한국 정부의 정부혁신지수는 참여정부 시기인 2005년 상반기에 중앙정부기관 전체에 최초로 적용하였으며, 광역 시·도 뿐 아니라 일반 시·군·구 단위 기관의 참여로 지방자치단체에서도 진단이 실시되었다. 한국 정부의 정부혁신지수(GII)의 유용성이 국제적으로 인정되어 2006년 6월 유엔(UN) 특별공공행정상 정부혁신부문 수상작으로 선정됐다.

〈표 15-6〉 Bloomberg 2019 Innovation Index

2019 Rank	2018 Rank	YoY Change	Economy	Total Score	R&D Intensity	Manufacturing Value-added	Productivity	High-tech Density	Tertiary Efficiency	Researcher Concentration	Patent Activity
1	1	0	S. Korea	87.38	2	2	18	4	7	7	20
2	4	+2	Germany	87.30	7	3	24	3	14	11	7
3	7	+4	Finland	85.57	9	16	5	13	9	8	5
4	5	+1	Switzerland	85.49	3	4	7	8	13	3	27
5	10	+5	Israel	84.78	1	33	8	5	36	2	4
6	3	-3	Singapore	84.49	13	5	11	17	1	13	14
7	2	-5	Sweden	84.15	4	15	9	6	20	5	25
8	11	+3	U.S.	83.21	10	25	6	1	43	28	1
9	6	-3	Japan	81.96	5	7	22	10	39	18	10
10	9	-1	France	81.67	12	41	13	2	11	20	15
11	8	-3	Denmark	81.66	8	21	15	12	19	1	28
12	12	0	Austria	80.98	6	11	12	24	8	9	18
13	14	+1	Belgium	80.43	11	26	10	9	41	16	9
14	13	-1	Ireland	80.08	32	1	1	16	15	14	38
15	16	+1	Netherlands	79.54	16	29	21	7	42	12	12
16	19	+3	China	78.35	14	13	47	11	6	39	2

주: 1) 조사대상(50개국), 조사항목(7개)
자료: 한국, 기획재정부, '보도자료' 2019. 01.

앞에서 살펴본 Bloomberg Innovation Index(블룸버그 혁신지수)는 연구개발(R&D)지출집중도, 제조업 부가가치, 생산성, 첨단기술 집중도, 교육 효율성, 연구 집중도, 특허활동 등 7개 분야에서 통계수치를 지수화해 점수를 부여한다. 2020년 1월 18일 2:15(현지시간) 블룸버그가 발표한 '2020년 블룸버그 혁신지수(Innovation Index)'[4]에서 우리나라는 88.16점*으로 세계 2위를 차지하여 '12년 이후 9년 연속 세계 Top 3 유지했다.[5]

* TOP3 국가점수('19→'20년): ①독일(2→1위) 88.21, ②한국(1→2위) 88.16 ③싱가포르(6→3위) 87.01
** 여타 주요국: 일본(9→12위) 82.31, 미국(8→9위) 83.17, 중국(16→15위) 78.80

---

4) 블룸버그 혁신지수는 총 7개 부문으로 구분하여 국가의 혁신력을 종합적으로 판단한다.
5) 한국, 기획재정부, 안종일·박정열, '2020 블룸버그 혁신지수: 한국 세계 2위', 보도참고자료, 2020.1.19. https://www.moef.go.kr/nw/nes/detailNesDtaView.do?menuNo=4010100&searchNttId1=MOSF_000000000031626&searchBbsId1=MOSFBBS_000000000028 (검색: 2021.3.18.)

전년에 이어 종합점수는 한국과 독일이 동반상승하는 등 근소한 격차*를 유지중이나, 어려운 대내외 여건에 따른 상대적인 생산성, 교육 효율성의 하락** 등으로 순위가 한 단계 하락6)했다.

* '19년: 한국(1위, 87.38), 독일(2위, 87.30), 핀란드(3위, 85.57), 스위스(4위, 85.49)

 '20년: 독일(1위, 88.21), 한국(2위, 88.16), 싱가포르(3위, 87.01), 스위스(4위, 85.67)

특히, 우리나라는 R&D 집중도(2위), 제조업 부가가치(3위), 첨단기술 집중도(4위), 연구 집중도(5위) 등에서 높은 순위 유지중7)이다. 이는 정부가 혁신에 드라이브를 걸고 추진한 결과이다. 산·학·연이 신기술·신성장 플랫폼을 구축하여 4차 산업혁명 시기에 기술주도권을 선점하는 계기로 삼아야 할 것이다.

* 우리나라의 GDP 대비 연구개발비 비중은 4.81%로 세계 1위이며, 연구개발비 절대 규모도 세계 5위 수준('18년 연구개발 활동조사, 과기정통부, '19.12월 발표)

** GDP대비 연구개발비(%): ('14년) 4.29 ('15년) 4.23 ('16년) 4.24 ('17년) 4.55 ('18년) 4.81

정부는 '4+1 전략 틀(frame)'*로 혁신성장을 확산·가속화하고 한국 경제의 생산성 제고, 혁신인재 양성 등 상대적으로 부족한 영역을 보완하여 혁신 선도국으로서 지위를 공고히8) 해 나가야 할 것이다. 정부는 규제를 완화하고 고급기술인력 양성을 위해 대학(유망기업 포함)과 연

---
6) *Ibid.*
7) *Ibid.*
8) *Ibid.*

계하여 연구개발 예산을 지원하는 등 과감하고 적극적인 대책을 강구해야 하는 시기에 직면했다.

* ①주력산업·서비스산업 생산성 향상, ②신산업·벤처창업 육성, ③혁신기술·R&D 혁신, ④혁신인재·혁신금융 확충+제도·인프라 혁신

특히 정부는 4차 산업혁명시기 핵심기술인 수소기술체계, 반도체, 밧데리, 무인기술체계, 탄소중립·기후변화 등에 산·학·연을 통한 기술플랫폼을 구축하여 국가적 역량을 집중해야 한다.

〈표 15-7〉 Bloomberg 2020 Innovation Index

2020 Rank	2019 Rank	YoY Change	Economy	Total Score	R&D Intensity	Manufacturing Value-added	Productivity	High-tech Density	Tertiary Efficiency	Researcher Concentration	Patent Activity
1	2	+1	Germany	88.21	8	4	18	3	26	11	3
2	1	-1	S. Korea	88.16	2	3	29	4	16	5	11
3	6	+3	Singapore	87.01	12	2	4	17	1	13	5
4	4	0	Switzerland	85.67	3	6	14	10	17	3	19
5	7	+2	Sweden	85.50	4	16	19	7	13	7	18
6	5	-1	Israel	85.03	1	31	15	5	32	2	7
7	3	-4	Finland	84.00	10	15	9	14	24	9	10
8	11	+3	Denmark	83.22	7	24	6	8	31	1	24
9	8	-1	U.S.	83.17	9	27	12	1	47	29	1
10	10	0	France	82.75	13	39	16	2	20	17	8
11	12	+1	Austria	82.40	6	11	13	19	12	8	16
12	9	-3	Japan	82.31	5	5	35	9	30	16	12
13	15	+2	Netherlands	81.28	17	28	17	6	36	12	14
14	13	-1	Belgium	79.93	11	25	11	13	49	6	13
15	16	+1	China	78.80	15	14	47	11	5	39	2
16	14	-2	Ireland	78.65	34	1	1	12	39	20	34
17	17	0	Norway	76.93	16	51	5	20	10	10	22
18	18	0	U.K.	76.03	21	44	27	15	6	19	21
19	21	+2	Italy	75.76	24	23	21	16	33	25	20
20	19	-1	Australia	74.13	18	55	8	21	15	31	6
21	31	+10	Slovenia	73.93	19	8	20	40	14	15	26
22	20	-2	Canada	73.11	22	35	26	26	35	21	9

자료: 한국, 기획재정부, 안종일·박정열, '2020 블룸버그 혁신지수: 한국 세계 2위', 보도참고자료, 2020. 1.19.; https://www.moef.go.kr/nw/nes/detailNesDtaView.do?menuNo=4010100&searchNttId1=MOSF_000000000031626&searchBbsId1=MOSFBBS_000000000028 (검색: 2021. 3.18.)

한편 2021년 2월 3일 9:00(현지시간: 2월 2일 19:00) 블룸버그가 발표한 '2021년 블룸버그 혁신지수'에서 한국은 90.49점*으로 세계 1위를 차지하며 전년보다 한 단계 순위 상승[9]했다.

* TOP3 국가점수('20→'21년): ①싱가포르(3→2위) 87.76, ②스위스(4→3위) 87.60, ③독일(1→4위) 86.45
** 여타 주요국: 일본(12→12위) 82.86, 미국(9→11위) 83.59, 중국(15→16위) 79.56

이러한 결과는 어려운 대내외 여건속에도 우리 정부와 기업이 미래에 대한 투자를 꾸준히 확대하여, 올해 세계 5위수준의 연구개발(R&D) 투자 100조원 전망과 한국판 뉴딜, BIG 3 + DNA* 등 혁신성장 중점 추진 등에 기인한 것으로 판단된다.
* 미래차, 바이오헬스, 시스템반도체 + Data·Network·AI

블룸버그 혁신지수는 총 7개 부문으로 구분하여 국가의 혁신력을 종합적으로 판단함(총 60개국) 특히, 한국은 R&D 집중도(2위), 제조업 부가가치(2위), 첨단기술 집중도(4위), 연구 집중도(3위), 특허활동(1위) 등에서 높은 순위를 유지중이다.

* 우리나라의 GDP 대비 연구개발비 비중은 4.64%로 세계 2위이며, 연구개발비 절대 규모도 세계 5위 수준('19년 연구개발 활동조사, 과기정통부, '20.12월 발표)
** GDP대비 연구개발비(%): ('15년) 3.98 ('16년) 3.99 ('17년) 4.29 ('18년) 4.52 ('19년) 4.64

Bloomberg 2021 Innovation Index 산출방식은 다음 7개 분야 통계수치를 지수화하여(각 분야별 가중치는 동일) 국가별로 0~100점을

---

9) 한국, 기획재정부, 안종일·박정열, 2021 블룸버그 혁신지수: 한국 세계 1위, 보도참고자료, 2021.2.3.

부여: ① R&D 집중도: GDP 대비 R&D 지출(민간+공공) 비중. ② 제조업 부가가치: GDP 대비 제조업 부가가치, 1인당 제조업 부가가치. ③ 생산성: 15세 이상 노동인구당 GDP 규모(최근 3년간 개선 추이 포함). ④ 첨단기술 집중도: 국내 상장기업 중 첨단기술 기업 비중, 전세계 첨단기술 기업 숫자 대비 해당국가의 첨단기술 기업 숫자. ⑤ 교육 효율성: 고등학교 졸업자중 대학진학률, 노동인구 중 대학 학위소지자 비율, 연간 대학졸업자중 이공계 비중, 전체 노동인구중 이공계 대학전공자 비중. ⑥ 연구 집중도: 인구 백만명당 연구개발 전문인력 숫자. ⑦ 특허 활동: 인구 백만명당 특허숫자, GDP 1천억불당 특허 숫자, 전 세계 특허 중 해당국가의 특허 숫자를 포함하여 산출한다.

〈표 15-8〉 Bloomberg 2021 Innovation Index

2021 Rank	2020 Rank	YoY Change	Economy	Total Score	R&D Intensity	Manufacturing Value-added	Productivity	High-tech Density	Tertiary Efficiency	Researcher Concentration	Patent Activity
1	2	+1	S. Korea	90.49	2	2	36	4	13	3	1
2	3	+1	Singapore	87.76	17	3	6	18	1	13	4
3	4	+1	Switzerland	87.60	3	5	7	11	15	4	18
4	1	-3	Germany	86.45	7	6	20	3	23	12	14
5	5	0	Sweden	86.39	4	21	12	6	7	7	21
6	8	+2	Denmark	86.12	8	17	3	8	22	2	23
7	6	-1	Israel	85.50	1	30	18	5	34	1	8
8	7	-1	Finland	84.86	11	12	17	13	14	10	10
9	13	+4	Netherlands	84.29	14	26	14	7	25	8	9
10	11	+1	Austria	83.93	6	9	15	23	16	9	15
11	9	-2	U.S.	83.59	9	24	5	1	47	32	2
12	12	0	Japan	82.86	5	7	37	10	36	18	11
13	10	-3	France	81.73	12	39	12	2	26	21	16
14	14	0	Belgium	80.75	10	23	16	15	43	14	13
15	17	+2	Norway	80.70	15	49	4	14	5	11	24
16	15	-1	China	79.56	13	20	45	9	17	39	3
17	16	-1	Ireland	79.41	35	1	2	12	42	17	39
18	18	0	U.K.	77.20	21	44	25	17	4	20	22
19	20	+1	Australia	76.81	20	55	8	16	10	31	7
20	19	-1	Italy	76.73	26	15	28	21	41	25	12

주: 1) 조사대상국(60개국)
자료: 한국, 기획재정부, 안종일·박정열, 2021 블룸버그 혁신지수: 한국 세계 1위, 보도참고자료, 2021. 2. 3.; https://www.moef.go.kr/nw/nes/detailNesDtaView.do?searchBbsId1=MOSFBBS_000000000028&searchNttId1=MOSF_000000000053662&menuNo=4010100 (검색: 2021. 3.16.)
Sources: Bloomberg, International Labor Organization, International Monetary Fund, World Bank, Organisation for Economic Cooperation and Development, World Intellectual Property Organization, United Nations Educational, Scientific and Cultural Organization.

〈표 15-9〉 EU, 집행위원회의 Global performance

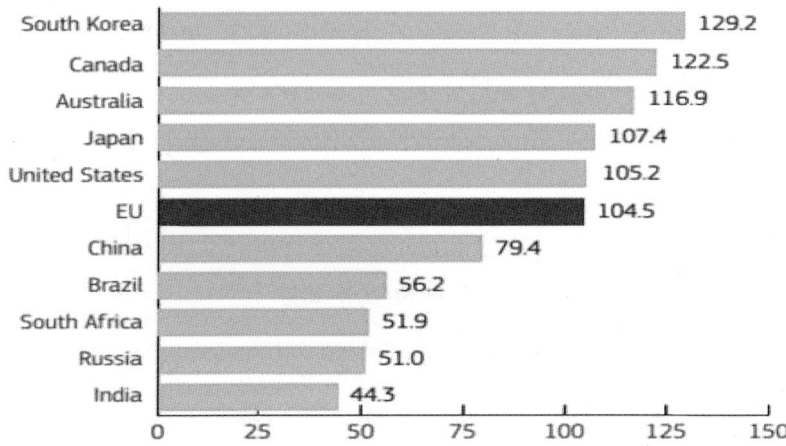

주: 1) 조사대상(36개국), 조사항목(4개 분야, 10개 부문, 27개 세부지표)
자료: 유럽연합, EU 집행위원회, 2018. 07.
출처: 연합뉴스, 김병수, EU "한국, 혁신역량 세계 최고". 혁신지수 평가서 6년째 1위, 2018.07. 20.; https://news.naver.com/main/tool/; 한국, 박창민, 데일리, 한국, EU 혁신지수 평가서 6년째 1위, 2018. 07. 20. http://daily. hankooki. com/Article/inc/ (검색: 2019.11)

〈표 15-10〉 2010년 이후 EU의 한국 혁신지수 평가

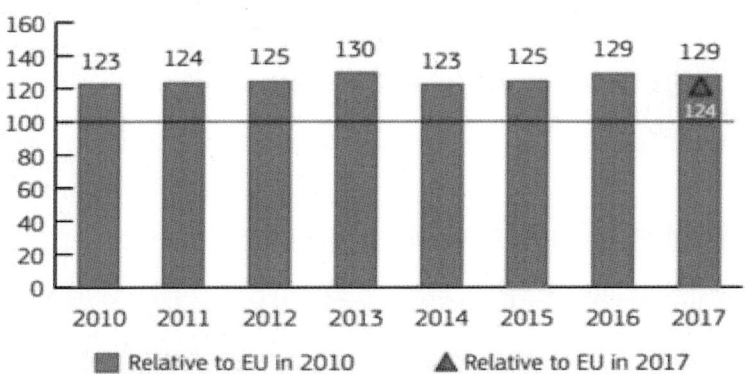

주: 1) 조사대상(36개국), 조사항목(4개 분야, 10개 부문, 27개 세부지표)
자료: 유럽연합, EU 집행위원회, 2018. 07.
출처: 김병수, 연합뉴스, EU "한국, 혁신역량 세계 최고". 혁신지수 평가서 6년째 1위, 2018.07. 20.; https://news.naver.com/main/tool/; 한국, 박창민, 데일리, 한국, EU 혁신지수 평가서 6년째 1위, 2018. 07. 20. http://daily. hankooki. com/Article/inc/ (검색: 2019.11)

유럽연합(EU)이 7년째 한국의 혁신성과가 유럽을 비롯한 세계 주요 경쟁국가(competitive state) 중 가장 우수하다고 평가했다. 한국의 기획재정부는 2019. 6.17일(현지시간) 유럽연합(EU) 집행위원회가 2019년 유럽혁신지수(EIS: European Innovation Scoreboard)를 발표했다고 밝혔다.10)

〈표 15-11〉 2018년 EU, 글로벌 경쟁국 혁신수준 비교

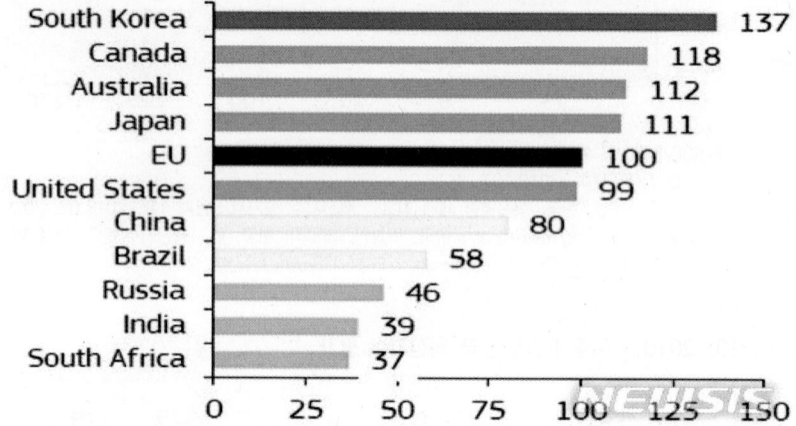

주: 1) EU(유럽연합) 집행위원회가 평가한 글로벌 경쟁국 혁신수준 비교(2018년)
자료: 한국, 기획재정부, 2019.
출처: *NEWSIS*, 장서우, EU, "주요 경쟁국 중 韓 혁신성과 7년째 1위", 2019.06.19

　유럽연합(EU)은 28개 회원국과 인접한 8개국(아이슬란드, 이스라엘, 노르웨이, 세르비아, 스위스, 터키, 우크라이나, 북 마케도니아)과 글로벌 경쟁국(한국, 캐나다, 호주, 일본, 미국, 중국, 브라질, 러시아, 인도, 남아프리카공화국)간 혁신 성과를 비교하기 위해 2001년부터 매년 혁신지수를 비교·평가해왔다. 유럽혁신지수는 유럽집행위원회(EC)가 리

---

10) 장서우, *NEWSIS*, EU, "주요 경쟁국 중 韓 혁신성과 7년째 1위", 2019.06.19.

스본 전략의 일환으로 매년 발표해오고 있다. 리스본 전략은 2000년에 EU 15개 국가 정상이 합의한 장기적인 발전전략으로, 미국과의 경제 격차 축소와 추월이 핵심 내용이다. 평가 항목에는 R&D인력, 공공 및 민간 R&D투자, 기업 활동, 특허, 논문 등이 포함된다.[11] 한편 글로벌 경쟁국 중 '혁신 리더그룹(Innovation Leaders)'[12]에 속해 있는 국가는 한국이 유일하다. 캐나다, 호주, 일본, 미국 등은 '상위 혁신그룹(Strong(Innovators)'은 혁신성과가 EU 평균의 90~120%)에, 중국, 브라질 등은 '중위 혁신그룹'(Moderate Innovators)'은 혁신성과가 EU 평균의 50~90%에, 러시아, 인도, 남아프리카공화국 등은 '하위 혁신그룹(Modest Innovators)'은 혁신 성과가 EU 평균의 50% 이하에 속해 있다.[13]

〈표 15-12〉 한국과 유럽연합 평균 혁신성과 지표별 비교

구분	2010년 EU평균대비	2017년 EU평균대비	2010-2017년 변화(%)
신규 박사학위인력	73.5	83.8	10.3
고등교육이수 인구	143.9	143.2	-0.7
국제과학논문 공동저술	106.5	104.6	-1.9

---

11) 한국은 EU와의 비교분석에 적용된 16개 지표 중 R&D투자, 논문, 상표, 첨단제품 수출 등 11개 지표에서 EU 대비 우위를 보였다. 기업부문R&D투자(240.1%), 특허출원(161.7%), 상표출원(233.3%), 디자인출원(229.9%), 고등교육이수(143.2%), 공공-민간공동저술(156.4%), 공공부문R&D투자(129.8%) 등이다. 반면 신규박사학위인력(83.8%), 고인용 논문(62.5%), 마케팅/조직혁신중소기업(84.8%), 혁신중소기업 협력(21.4%) 등의 지표는 EU대비 열위였다. 아시아경제, 김동표, EU가 평가한 혁신지수 "한국, EU평균보다 높다." 2018.8.7
12) 연간 혁신성과가 EU 평균의 120%를 넘는 국가를 의미한다. *NEWSIS*, 장서우, EU, "주요 경쟁국 중 韓國 혁신성과 7년째 1위", 2019.06.19
13) 유럽연합 평균과 글로벌 국가간 혁신성과를 비교시 혁신리더그룹(혁신성과가 최상위 국가) - 혁신우위그룹(상위혁신그룹: 혁신성과가 EU평균보다 우위국가 그룹) - 일반혁신그룹(중위혁신그룹: 혁신성과가 EU평균보다 하위국가 그룹) - 후발혁신그룹(하위혁신그룹: 혁신성과가 50%이하 국가 그룹)

고인용 논문	63.6	62.5	-1.1
공공부문 R&D투자	117.9	129.8	11.9
기업부문 R&D투자	231.1	240.1	9
제품공정 혁신중소기업	104.4	96.4	-8
마케팅/조직혁신 중소기업	34.7	84.8	50.1
혁신중소기업의 협력	131.9	21.4	-110.5
공공-민간공동저술	143.6	156.4	12.8
공공부문 R&D투자 민간매칭	117.8	131.8	14
PCT 특허출원	129.6	161.7	32.1
상표출원	238.4	233.3	-5.1
디자인출원	215.3	229.9	14.6
첨단/준첨단 기술제품수출	117.8	119.8	2
지식집약 서비스수출	91.6	44.8	-46.8

자료: European Commission, 「European Innovation Scoreboard 2018」 2018. 6
출처: 아시아경제, 김동표, EU가 평가한 혁신지수 "한국, EU평균보다 높다." 2018.8.7.

2020년 6월 23일 EU(유럽연합) 집행위원회는 '2020년도 유럽혁신지수(EIS)'를 발표했다. 참고로 유럽혁신지수(European Innovation Scoreboard)[14]는 다음과 같다.

---

[14] 유럽집행위원회(EC, European Commission)는 유럽연합 회원국과 기타국가를 대상으로 연구혁신 성과에 대한 상대비교 분석인 유럽혁신지수(EIS, European Innovation Scoreboard)를 매년 발표해왔으며 2020년 6월에 19차 결과를 발표했다. 유럽혁신지수는 유럽연합 리스본 전략의 하나로 2001년부터 발표해왔으며 국가간 상대비교와 추이 분석을 통해 상대적인 위치 가늠 및 혁신성과를 높이기 위한 정책 노력이 필요한 영역 식별에 기여한다. 국가를 분석단위로 설정하고 혁신 활동과 성과에 대한 정량값에 대해 복합지수 구성방법을 적용하여 구체적인 결과를 제시한다. 참고로 국가간 비교성 확보를 위해 국제기구의 데이터를 적용하였으며 금번 산출에 적용된 데이터의 마감시점은 2020년 4월 17일로 명시됨. 적용된 27개 지표별로 시차가 존재(9개의 지표는 2019년 기준으로 적용되었으며 그 외 지표별로 2018년, 2017년, 2016년 시점의 값이 적용), 총 4개 부문, 10개 항목, 27개 지표를 적용하여 혁신지수를 구성했다.
이윤빈, 2020년 유럽혁신지수 분석과 시사점(European Innovation Scoreboard 2020), 한국과학기술기획평가원, KISTEP 통계브리프, 2020년 제6호.

- 동 평가는 EU 회원국(27개국), 인접국*(10개국) 및 글로벌 경쟁국**(한국포함 10개국) 간 혁신성과 비교를 위해 '01년부터 매년 실시
  * 영국, 스위스, 이스라엘, 노르웨이, 아이슬란드, 세르비아, 터키, 우크라이나 등
  ** 한국, 미국, 캐나다, 호주, 일본, 중국, 브라질, 인도, 남아공, 러시아

- 평가지표는 혁신여건, 투자, 혁신활동, 파급효과 4개부문 27개지표(한국을 포함한 글로벌 경쟁국은 16개 지표만 사용하여 평가)

출처: 한국, 기획재정부, 김동곤·김종현, EU, 주요 경쟁국 혁신성과 비교결과 한국이 1위(8년 연속): EU, 2020 EIS(European Innovation Scoreboard) 평가결과, 보도참고자료, 2020. 6. 24

한국은 '19년 종합혁신지수 134점*으로 글로벌 경쟁국(EU평균 포함) 중 8년 연속 1위**를 기록했다.15) 평가 대상국 전체* 기준으로는 스위스(165점), 스웨덴(141점), 핀란드(140점)에 이어 4위를 기록했다.

* EU 27개 회원국, 인접 10개국, 글로벌 경쟁국 10개국 등 총 47개국 유럽혁신지수16) 관련 보고서는 '12년 EU 평균을 100으로 한 '19년 종합혁신지수도 동시에 발표(7년 전 대비 당해 연도 혁신성과 비교목적)한다. - 동 지수에 의하면 한국은 '19년 기준 138점으로 글로벌 경쟁국 중 1위, 평가대상 전체로는 스위스, 스웨덴, 핀란드, 덴마크, 네덜란드에 이어 6위를 기록했다.

---

15) 한국, 기획재정부, 김동곤·김종현, EU, 주요 경쟁국 혁신성과 비교결과 한국이 1위(8년 연속): EU, 2020 EIS(European Innovation Scoreboard) 평가결과, 보도참고자료, 2020. 6. 24. https://www.moef.go.kr/nw/nes/detailNesDtaView.do?menuNo=4010100&searchNttId1=MOSF_000000000040264&searchBbsId1=MOSFBBS_000000000028 (검색: 2021.3.18.)

16) EU 회원국에 대한 상호비교에는 27개 지표 전체를 적용했지만, EU와 기타 유럽 국가를 종합한 범유럽 37개 국가에 대한 분석은 자료 가용성으로 인해 일부 지표를 배제했다. 한국은 혁신관점에서의 글로벌 주요 10개 국가*에 포함되어 EU 회원국과 비교했다.

〈표 15-13〉 유럽혁신지수 구조(2020년 기준)

부문	항목	지표	부문	항목	지표
혁신여건	인력자원	신규 박사 학위자	혁신활동	혁신적 중소기업	제품/공정 혁신 중소기업
		고등교육 이수 인구 비율			마케팅/조직 혁신 중소기업
		평생 교육			중소기업 중 내부 혁신 기업 비중
	연구시스템 매력도	국제 과학논문 공동저술		연계와 협력	혁신중소기업의 협력
		고인용 논문			공공-민간 공동저술
		해외 박사 비중			공공부문 R&D투자 민간 매칭
	혁신친화적 환경	광대역 전송망 보급		지식자산	PCT 특허 출원
		기회형 창업			상표 출원
투자	금융과 지원	공공부문 R&D 투자	파급효과		디자인 출원
		벤처 캐피탈 투자		고용 파급효과	지식집약 활동 분야 고용
	기업투자	기업부문 R&D 투자			혁신산업 부문 고성장 기업 고용
		비연구개발 혁신 투자		매출 파급효과	첨단/준첨단 기술 제품 수출
		기업의 ICT 역량 강화 훈련			지식집약 서비스 수출
					신제품/신개념제품의 매출 비중

출처: 이윤빈, 2020년 유럽혁신지수 분석과 시사점(European Innovation Scoreboard 2020), 한국과학기술기획평가원, KISTEP 통계브리프, 2020년 제6호

주: 1) 유럽혁신지수 구조는 2017년에 대규모 개편이 있었으며 금년도에는 전년과 같은 구조를 적용
2) 혁신성과를 기준으로 혁신리더, 혁신우위, 일반혁신, 후발혁신 등 4개 그룹은 EU 회원국 평균값으로부터 각 국가별 값의 거리를 적용하여 구분
3) 2020년 유럽혁신지수는 유럽집행위원회의 기업산업총국에서 발표('20.6)한 「European Innovation Scoreboard 2020」의 결과에서 주요 내용을 선별하여 작성함

〈표 15-14〉 EU 회원국 평균 대비 한국의 혁신수준

EU 대비	지표	'12년	'19년	차이 ('19-'12)
우위	고등교육을 이수한 25-34세 인구 비중	177.5	180.2	2.7
	GDP 대비 공공분야 연구개발비 지출 비중	107.4	115.1	7.7
	GDP 대비 기업 연구개발비 지출 비중	216.5	219.8	3.4
	마케팅 또는 조직 혁신을 한 중소기업 비중	49.5	106.8	57.3
	인구 백만명 당 공공-민간 공동 논문	116.6	111.8	-4.8
	GDP 대비 공공-민간 공동 연구개발 지출 비중	98.3	122.1	23.8
	GDP 10억 유로당 PCT 특허 출원	392.4	502.8	110.4
	GDP 10억 유로당 상표권 출원	249.9	252.7	2.8
	GDP 10억 유로당 디자인권 출원	200.1	228.8	28.7

열위	중·고급 기술 제품의 무역수지 기여도	128.2	117.1	-11.1
	25~34세 인구 천명 당 신규 박사 학위자	73.0	95.6	22.6
	인구 백만명 당 과학 분야 국내외 공저 논문	93.9	91.4	-2.6
	전세계 상위 10% 이상 인용된 논문 비중	81.1	76.5	-4.6
	제품 또는 공정혁신을 한 중소기업 비중	51.6	76.6	25.1
	다른 주체와 협력하는 혁신적 중소기업 비중	57.5	51.3	-6.3
	전체 서비스수출 중 지식 집약 서비스 수출 비중	91.7	85.7	-6.0
	종 합 지 수	123	138	15

주: 1) '12년 EU 회원국 평균을 100으로 할 때 당해 연도 한국 수준
출처: 한국, 기획재정부, 김동곤·김종현, EU, 주요 경쟁국 혁신성과 비교결과 한국이 1위(8년 연속): EU, 2020 EIS(European Innovation Scoreboard) 평가결과, 보도참고자료, 2020. 6. 24.; https://www.moef.go.kr/nw/nes/detailNesDtaView.do?menuNo=4010100&searchNttId=MOSF_000000000040264&searchBbsId=MOSFBBS_000000000028 (검색: 2021.3.18.)

2020년 유럽혁신지수 비교에서 유럽연합 평균과 글로벌 경쟁국의 혁신성과 비교에서 한국은 혁신리더그룹에 위치하고 있다. 또한 한국의 혁신성과는 EU 2019년 평균 대비 134%이며 EU 2012년 평균 대비 138%로 높은 값을 나타냈다.[17] 중국과 미국은 EU 평균보다는 낮지만 혁신우위그룹으로 분류되었으며 브라질은 일반혁신그룹으로 분류되었고, 러시아, 남아공, 인도는 후발혁신그룹에 위치[18]했다.

---

17) 이윤빈, 2020년 유럽혁신지수 분석과 시사점(European Innovation Scoreboard 2020), 한국과학기술기획평가원, KISTEP 통계브리프, 2020년 제6호/
18) Ibid.

〈표 15-15〉 2020년 글로벌 경쟁국 혁신수준 비교

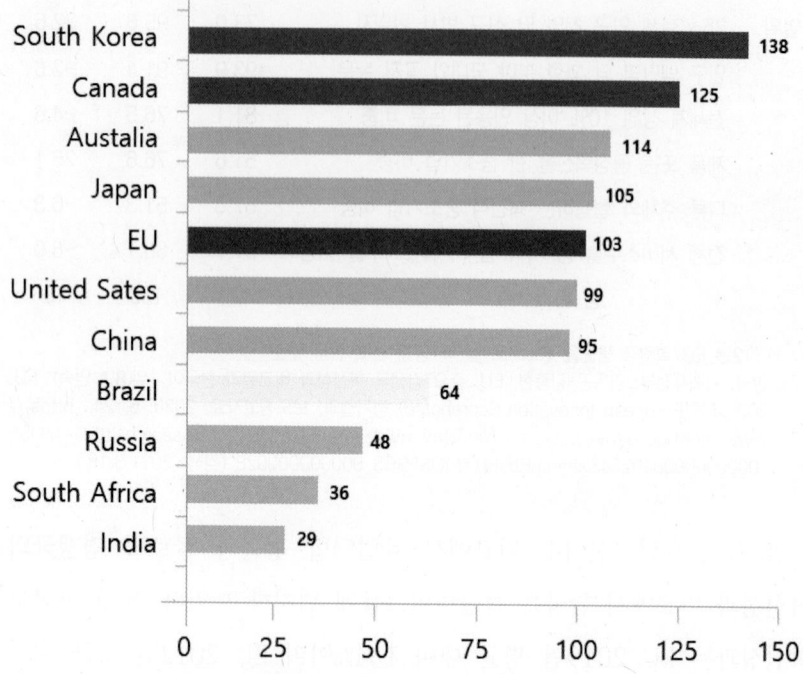

자료: European Innovation Scoreboard 2020
출처: 한국, 기획재정부, 김동곤·김종현, EU, 주요 경쟁국 혁신성과 비교결과 한국이 1위(8년 연속): EU, 2020 EIS(European Innovation Scoreboard) 평가결과, 보도참고자료, 2020. 6. 24.; https://www.moef.go.kr/nw/nes/detailNesDtaView.do?menuNo=4010100&searchNttId1=MOSF_000000000040264&searchBbsId1=MOSFBBS_000000000028 (검색: 2021.3.18.)
주: 1) 혁신그룹구분에는 혁신리더, 혁신우위, 일반혁신, 후발혁신그룹으로 구분되어있으며, 한국, 호주는 최상급인 혁신리더그룹에 속해있다. 이윤빈, 2020년 유럽혁신지수 분석과 시사점(European Innovation Scoreboard 2020), 한국과학기술기획평가원, KISTEP 통계브리프, 2020년 제6호

〈표 15-16〉 2020년 혁신성과에 따른 국가그룹 분류

그룹	글로벌 경쟁국	EU 회원국 및 EU 인근국가
혁신 리더그룹 (Innovation Leaders)	한국, 캐나다	덴마크, 핀란드, 룩셈부르크, 네덜란드, 스웨덴, 스위스
상위 혁신그룹 (Strong Innovators)	호주, 일본, 미국, 중국	오스트리아, 벨기에, 에스토니아, 영국, 프랑스, 독일, 아일랜드, 포르투갈, 노르웨이, 아이슬란드 등
중위 혁신그룹 (Moderate Innovators)	브라질	크로아티아, 키프로스, 체키아, 그리스, 헝가리, 이탈리아, 라트비아, 리투아니아, 말타, 폴란드, 슬로바키아, 슬로베니아, 스페인 등
하위 혁신그룹 (Modest Innovators)	러시아, 인도, 남아공	불가리아, 루마니아, 우크라이나 등

참고: 혁신성과에 따른 국가그룹 분류기준
주: 1) 혁신 리더그룹: '19년도 성과가 EU 평균의 120% 이상인 국가
    2) 상위 혁신그룹: EU 평균의 90%에서 120% 사이인 국가
    3) 중위 혁신그룹: EU 평균의 50%에서 90% 사이인 국가
    4) 하위 혁신그룹: EU 평균의 50% 이하인 국가
출처: 한국, 기획재정부, 김동곤·김종현, EU, 주요 경쟁국 혁신성과 비교결과 한국이 1위(8년 연속): EU, 2020 EIS(European Innovation Scoreboard) 평가결과, 보도참고자료, 2020. 6. 24.; https://www.moef.go.kr/nw/nes/detailNesDtaView.do?menuNo=4010100&searchNttId1=MOSF_000000000040264&searchBbsId1=MOSFBBS_000000000028 (검색: 2021.3.18.)

2. 국가경쟁력 지수

한 국가의 국가경쟁력 강화의 결과는 세계경제포럼(WEF) 및 국제경영개발대학원(IMD)의 국제경쟁력 지수, 세계지식재산기구(WIPO)의 글로벌 혁신지수(Global Innovation Index), 블룸버그 혁신지수(Bloomberg Innovation Index), 유럽혁신지수(EIS: European Innovation Scoreboard), 세계은행(WB)의 통계자료를 통해서 한 국가의 국제경쟁력 실체를 확인할 수 있다.

특히 한국은 본격적인 인구구조 변화(혹은 저출산[19])에 따른 경제활동인구(혹은 생산가능인구) 감소로 경제 효율화 약화 및 성장의 제약으로 인한 경제 둔화, 성장잠재력 저하, 정부의 과도한 규제, 공공부문 비중 급증, 민간부분의 투자여력 제한, 러시아의 우크라이나 전쟁, 미중 패권, 세계 경제의 둔화 및 위축 등 미래 성장의 불확실성 증가 등에 따라 민간 활력 저하, 도약의 모멘텀 약화 등에 대비해야 하는 과제를 안고 있다. 그러나 분명한 것은 위기시에 대비하지 않으면 기회를 잡을 수 없다는 사실이다. 불확실성과 위기를 돌파하고 헤쳐나갈 능력이 준비되지 않으면 파고를 넘기가 쉽지는 않을 것이다. 2022년 최근 우리 정부(기획재정부)가 공공기관의 방만한 경영을 조기에 차단하고 구조조정을 시행하는 것은 적절한 타이밍을 찾았다는 점은 칭찬할 만한 일로 기억될 것이다. 다만 중도에 포기하지 않고 혁신동력을 끝까지 추진하기를 많은 국민들이 주시할 것이다.

한국은 지난한 세월동안 정권 교체기에 지도자와 그 측근들의 권력 게이트 사건으로 많은 부침을 겪어왔다. 정부는 이 땅에 부정축재로 사건이 은폐되지 않아야 한다. 공정한 사회는 지도자들이 솔선수범하면 실현가능한 정책이라는 점이다.

국가경쟁력 강화의 핵심 요체는 민주주의 성숙도, 정부의 혁신, 기업의 혁신 등에서 찾을 수 있다. 구체적인 내용은 다음 표를 참조하기 바랍니다.

---

[19] 2021년의 합계출산율은 0.81명으로 출생통계 작성(1970년) 이래 최저치를 나타내고 있다. 노형준·송현정, 통계청, '2021년 출생 통계', 보도자료, 2022.08.23.

〈표 15-17〉 국가경쟁력 강화의 핵심 요체

대분류	중분류
민주주의 성숙도	■ 국민 권익 및 인권보장 ■ 청렴·공정한 사회 ■ 정부의 투명성, 공공성 회복 ■ 성숙된 시민의식 확립/유지
정부의 혁신	■ 정부의 혁신 역량 강화 및 규제완화 ■ 국가(필수)전략기술 확보 및 R&D 강화 ■ 국민의 삶의 질 향상/수준 높은 한류문화 정착
기업의 혁신	■ 기업의 ESG경영 ■ 노동의 유연성/건강한 노사문화 정착 ■ 기술혁신 및 정경분리원칙 이행
사회 안정	■ 치안/질서유지 ■ 위험·위협에 대한 체계적 관리시스템 구축 ■ 안전사회를 지향하는 의식 정착

주: 1) 필자가 정리한 내용

    2022년 기준으로 한국은 합계출산율 전 세계 최하위, 인구감소율 세계 최고 수준 등 심각한 저출산·고령화 현상이 지속되고 있다는 점은 한국의 국제경쟁력이 약화될 수 있음을 의미한다. 2021년 합계출산율(가임 여성 1명이 평생 낳을 것으로 예상되는 자녀의 수)도 0.85명으로 전년보다 0.03명이 떨어졌다. 2018년 1명 미만(0.98명)으로 내려오고 나서 하락세가 멈추지 않고 있다. 2021년의 합계출산율은 0.81명으로 출생통계 작성(1970년) 이래 최저치를 나타내고 있다.[20] 2005년 이후 수많은 저출산·고령화문제를 극복하기 위해 천문학적인 예산을 쏟아부었음에도 불구하고 근본적인 문제해결책을 찾지 못하고 있다. 보육과 양육의 문제만 해결되면 되는 것으로 인식해왔으나 우리사회의 구조적

---

20) 2022년 합계출산율은 0.78명으로 전년대비 0.03명이 감소했다. 임영일·온누리, 통계청, 인구동향 조사-출생사망통계(잠정), 대한민국 정책브리핑, 보도자료, 2023.02.22. 우리나라 2022년 합계출산율은 OECD뿐만 아니라 세계 최하위수준이다.

인 문제가 누적되어 혁신적인 해결방안이 제시되지 않는 한 해결은 요원할 것이다. 유럽의 일부 국가 및 미국, 캐나다 등 선진국들은 난민을 적절히 수용하여 생산가능 인구를 지속적으로 조정하는 사례는 우리가 충분히 참고할만하다.

〈표 15-18〉 합계출산율 추이

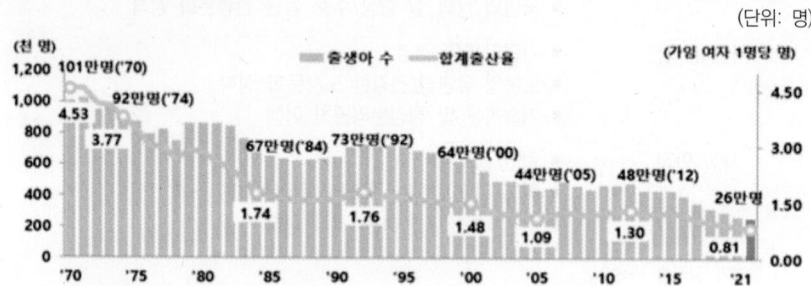

자료: 노형준·송현정, 통계청, '2021년 출생 통계', 보도자료, 2022. 08. 23.
주: 1) 통계청이 발표한 '2021년 출생 통계'에 따르면 여성 1명이 평생 낳을 것으로 예상되는 평균 출생아 수인 합계출산율은 0.81명으로 전년 대비 0.03명(-3.4%) 감소했다.

여성의 경제활동 증가, 여성의 교육기회 증가 및 교육 수준의 향상, 가족의 구조 및 형태의 변화,21) 자아실현의 기회 탐색, 자기중심성, 만혼(晚婚) 및 비혼(非婚) 문화의 확산 등으로 출산율이 감소하는 저출산(低出産) 현상은 현대 사회에서 보편적으로 나타나는 현상이다. 한국은

---

21) 현대사회는 입양가족, 혼합가족, 다문화가족, 한부모가족, 미혼모(부)가족, 동성애가족, 패치워크가족, 비혼공동체, 1.2인 가구, 해체가족, 밀레니얼가족 등 다양한 형태가 존재하고 있으며 이러한 가족의 형태 변화로 가족의 기능이 급격한 변화를 맞이하고 있다. 1) 자녀 양육 및 사회화의 기능 변화, 2) 성적 및 재생산 기능의 변화(성에 대한 규범 및 가치관의 변화), 3) 경제적 기능의 변화, 4) 정서적 유대 및 여가의 기능 변화, 5) 사회보장 기능의 변화(가족은 부모와 가족내 환자를 보호), 6) 가사 노동의 근본적 변화(여성의 가사 부담의 완화 등), 7) 가족의 지위계승 기능의 변화(자녀의 교육 강화, 결혼, 재산 상속 등) 등으로 가족 구성원에 대한 애정, 성의 기능, 생식, 양육 및 보육의 기능 등 소위 가족의 고유 기능이 점점 사라져가고 있다.

1990년대부터 본격적으로 저출산 사회로 진입하였으며, 2000년대 이후 심각한 사회문제로 인식되기 시작했다. 이를 해결하기 위해 정부는 2004년 2월 대통령 직속 '고령화 및 미래사회위원회'로 출범하였으나 '고령화 및 미래사회위원회'의 법적 근거가 미흡하여, 2005년 5월에 저출산·고령사회기본법(이하 '법')을 제정했다.22) 이후 2005년 9월에 정식으로 '고령화 및 미래사회위원회'를 '저출산고령사회위원회'로 개편하여 대통령 직속 저출산·고령사회위원회(이하 '위원회')가 출범했다. 그러나 출범이후 실질적인 해결책을 제시하지 못한 채 표류하고 있다. 저출산 문제는 중앙정부만의 문제가 아닌 지방자치단체, 당사자와 함께 고민하고 머리를 맞대어 풀어야 할 문제이다. 이는 국가가 강력한 의지를 가지고 적극적으로 풀지 않으면 결코 해결할 수가 없다는데 문제의 심각성이 도사리고 있다. 오늘날까지 정부 및 지방자치단체의 사고는 적어도 보육비·양육비 지원으로 해결될 수 있으리라는 생각은 접어야 한다. 보다 경제·사회구조적 문제를 깊은 혜안으로 진단해야 처방이 제시될 수 있을 것이다. 오히려 2인 이상 영유아를 가진 다자녀가구를 사회경제적으로 지원하는 방안이 효과적일 수 있다. 일부 지방자치단체에서는 지역소멸론이 대두하여 주민들의 관심을 증폭시키고 있다. 인구수의 감소로 가족구조의 해체를 초래하여 위기가족이 발생하는 등 사회적 문제로 이미 진입했다. 노인인구의 증가로 사회 복지비용 부담이 증가하고 사회공동체의 소멸, 생산가능인구감소로 경제문제로까지 확대되는 등 실로 빠른 속도로 우리사회를 위협하고 있다. 더욱이 국방의 문제는 심각하여 부대를 해체하고 있는 실정이다. 실은 한국도 2010년부터 이민정책을 좀 더 일찍 시행해야 하나 아직도 미적거리고

---

22) 저출산고령사회위원회(위원장: 대통령, 총 위원 25인) 법적 근거 마련

있다. 책상에서 하는 정책은 실패하기 마련이다. 실질적인 정책은 관련 당사자를 심층인터뷰(in-depth interview)하여 정책으로 연결되어야 가능한 일이다. 한 나라의 국력을 구성하는 데는 전문적인 교육을 받은 시민계층, 넓은 영토, 산업 및 과학기술의 수준, 국방력, 많은 부존자원 등이 국력을 높여주는 요소가 되긴 하지만 가장 우선시 되는 요소는 '적정규모'의 인구수이며, 인구수가 그 나라 국력의 근간이라는 것은 부인할 수 없다.23)

한국의 경우 경제협력개발기구(OECD) 가운데에서도 최하위 수준이라는 것을 아래 표에서도 알 수 있다. OECD 평균이 1.59명에 비해서도 많이 부족하다. 따라서 한국은 저출산(Sub-Replacement Fertility)이 아닌 '초저출산'이라는 개념이 더 정확한 표현이다. 이러한 출산율의 저하는 현재 사회적으로 매우 심각한 국면을 초래하고 있다.

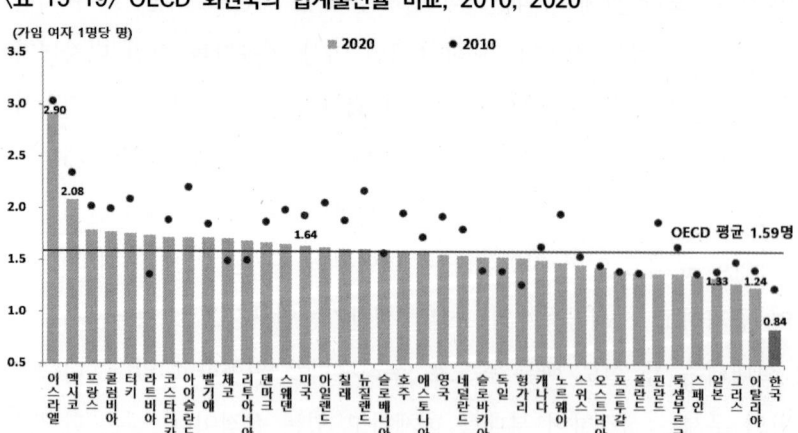

〈표 15-19〉 OECD 회원국의 합계출산율 비교, 2010, 2020

자료: 노형준·송현정, 통계청, '2021년 출생 통계', 보도자료, 2022. 08. 23.

---

23) 김경화, 교수신문(http://www.kyosu.net), 인구소멸, 인간 존엄 관점에서 접근해야 한다, 2022.12.26

저출산 문제를 경제적 관점에서 보면 접근하면 다음과 같은 함수가 성립한다.

$$Y = F(K, L)$$

자본(K)이라는 변수, 노동(L)이라는 변수가 조합되어 상품과 서비스가 생산되는 과정을 수학적인 함수로써 표현한 것이다. 경제학에서 사용하는 생산함수는 다음과 같은 성질을 가지고 있다.[24]

성질 (1) : 모든 양수 z에 대하여 $z \cdot F(K, L) = F(z \cdot K, z \cdot L)$

성질 (2) : $F(0, L) = F(K, 0) = 0$

성질 (3) : 모든 양수 K에 대하여 $\dfrac{\partial}{\partial K} F(K, L) > 0$ 이고 모든 양수 L에 대하여 $\dfrac{\partial}{\partial L} F(K, L) > 0$

성질 (4) : 모든 양수 K에 대하여 $\dfrac{\partial^2}{\partial K^2} F(K, L) < 0$ 이고 모든 양수 L에 대하여 $\dfrac{\partial^2}{\partial L^2} F(K, L) < 0$

성질 (5) : $\lim\limits_{K \to 0} \dfrac{\partial}{\partial K} F(K, L) = \infty$ 이고 $\lim\limits_{L \to 0} \dfrac{\partial}{\partial L} F(K, L) = \infty$

성질 (6) : $\lim\limits_{K \to \infty} \dfrac{\partial}{\partial K} F(K, L) = 0$ 이고 $\lim\limits_{L \to \infty} \dfrac{\partial}{\partial L} F(K, L) = 0$

자료: 나무위키, 저출산/관점

성질 (1)은 1차 동차함수 : Constant Returns to Scale 규모에 대한 수확불변을 의미, 성질 (2)는 자본과 노동 둘 중 하나라도 없으면 생산물은 나오지 않는다는 의미이고, 성질 (3)은 개별 투입요소에 대해 함수의 결과 값이 증가함을 뜻하고, 성질 (4)는 개별 투입요소에서 한쪽만 증가하면 생산물의 증가는 체감한다는 것을 뜻하고, 성질 (5)는

---

[24] 나무위키, 저출산/관점. https://namu.wiki/w/%EC%A0%80%EC%B6%9C%EC%82%B0/%EA%B4%80%EC%A0%90 (검색: 2022.10.24.)

한 투입요소가 0인 상태에서는 해당 투입요소를 한 단위만 추가해도 생산량이 급격하게 증가한다는 의미이고, 성질 (6)은 한 투입요소가 무한대인 상태에서는 해당 투입요소를 한 단위 추가하더라도 생산량은 거의 증가하지 않는다는 의미이다.25)

미시경제학에서 생산함수는 $Y=F(K,L)$라고 표현이 되지만 시간을 매개변수로 하여 $Y(t)=F(K(t),L(t))Y(t)=F(K(t),L(t))$로도 쓸 수 있다. 앞의 내용에는 독립변수에 자본(K)과 노동(L)만을 변수로 두었지만 우리는 여기에 기술(A)이라는 변수를 도입하여 생산함수를 만들 수 있다. 왜냐하면 똑같은 노동과 자본을 투입해도 기술력에 따라 산출량이 달라지기 때문이다.26) 기술(A)과 노동(L)을 곱하는 이유는 기술이 발전함으로써 똑같은 수의 노동자들이 일을 해도 생산기술의 발전을 곱한 것만큼 생산성이 증가했다는 의미를 나타내고자 함이다. 여기서 기술(A)과 노동(L)을 곱해서 하나의 단위로 취급할 수 있는데 이것을 "효율적 노동자 단위"라고 부른다.27)

중요한 문제로 자주 언급되는 저출산·고령화는 결론적으로 인구 전체 대비 생산가능인구(working age population)28)의 비율을 줄어들게 만들고, 생산가능인구의 감소는 경제성장률을 저하시킨다는 이론을 제시한다. 생산함수의 시간에 따른 $Y(t)$의 성장률을 계산한다. $Y(t)$를 시간 t에 대해 미분해야 한다. 다른 두 개도 똑같은 과정으로 계산된다. 우선 $A(t) \cdot L(t)=E(t)$로 치환하고, $Y(t)=F(K(t), E(t))$를 t에 대해 미분

---

25) *Ibid.*
26) *Ibid.*
27) *Ibid.*
28) 생산 활동이 가능한 15~64세에 해당하는 인구. 즉 실질적인 경제활동을 할 수 있는 연령의 인구를 의미한다. 통계청의 경제활동 인구조사의 대상이 되는 만 15세 이상 인구가 이에 해당한다.

을 하면 아래와 같이 계산된다.29)

$$\frac{d}{dt}Y(t) = \frac{d}{dt}F(K(t), E(t))$$

$$= \frac{\partial F}{\partial K} \cdot \frac{dK}{dt} + \frac{\partial F}{\partial E} \cdot \frac{dE}{dt}$$

$$\therefore Y'(t) = \frac{\partial F}{\partial K} \cdot K'(t) + \frac{\partial F}{\partial E} \cdot E'(t)$$

위 식에서 우변에 적절한 조작을 가하면

$$Y'(t) = (\frac{\partial F}{\partial K} \cdot K(t)) \cdot \frac{K'(t)}{K(t)} + (\frac{\partial F}{\partial E} \cdot E(t)) \cdot \frac{E'(t)}{E(t)}$$

자료: 나무위키, 저출산/관점

한국이 지속적인 성장을 위해서는 국가 성장 동력을 유인할 수 있는 새로운 혁신전략으로 정부는 규제(regulation)를 완화하고(mitigatingly), 투자를 장려하며, 지식재산 지원정책, 유연하게 노동시장의 효율성을 한 단계 더 업그레이드(up-gtade)해야 하는 과제에 직면해 있다. 노동시장의 효율성(flexibility of labor market)은 노동시장의 유연성과 관련하여 매우 뒤쳐져 있다. 노동시장의 효율성은 분쟁적인 노사관계와 높은 중복 비용으로 인해 2018년 세계경제포럼(WEF)에서는 노동시장의 효율성에서 137개국 중에서 106위를 기록할 정도로 낮은 수준을 기록했다.

한편 2014년 세계경제포럼(WEF)의 한국의 국가경쟁력 지표 하위 5개 항목은 다음과 같다.

---

29) 나무위키, 저출산/관점. https://namu.wiki/w/%EC%A0%80%EC%B6%9C%EC%82%B0/%EA%B4%80%EC%A0%90 (검색: 2022.10.24.)

〈표 15-20〉 WEF의 한국의 국가경쟁력 지표 하위 5개항(기준: 2014년)

순위	세계경제포럼(WEF)의 한국 국가경쟁력 하위 5개항
133위	정부 정책결정의 투명성
132위	노사간 협력 지수
126위	기업 이사회의 유효성
122위	은행 건전성
120위	시장 독점의 정도

자료: 2014년 세계경제포럼(WEF)

2014년 세계경제포럼(WEF)의 국가경쟁력 지수에서 한국은 26위권인데, 노동시장 효율성이 86위, 그 하위지수인 노사간 협력지수가 132위 때문에 경쟁력지수(competitiveness index)를 끌어내렸다. 이외에도 정부 정책결정(policy decision)의 투명성(133위), 노사간 협력 지수(132위), 기업 이사회의 유효성(126위), 은행 건전성(122위), 시장 독점의 정도(120위) 등도 하위 수준(sublevel)으로 떨어졌다.

〈표 15-21〉 IMD '삶의 질' 수준(0~10점)(기준: 2016년)

순위	국가	점수
1	스위스(Switzerland)	9.83
2	오스트리아(Austria)	9.71
3	노르웨이(Norway)	9.71
4	뉴질랜드(New Zealand)	9.56
5	캐나다(Canada)	9.55
6	덴마크(Denmark)	9.52
7	호주(Australia)	9.25
8	네덜란드(Netherlands)	9.24
9	독일(Germany)	9.21
10	스웨덴(Sweden)	9.17

주: 1) 미국(18위, 8.26), 일본(20위, 8.11), 중국(45위, 5.26), 한국(47위, 4.95)
자료: 한국무역협회, 국제무역연구원, 2016.11.18.

한국이 기업 활동을 하기 얼마나 좋은 환경을 가지고 있는지에 대한 평가에서 세계은행(World Bank))의 2018~2019년 조사결과 평가대상 190개국 중 5위를 차지했다.[30] 한국은 2008년 23위를 기록한 이후 꾸준히 순위가 상승하여 2013년 7위, 2014년 5위, 2015년 4위를 차지했으나 8년 만에 처음으로 순위가 떨어졌다. 세계은행의 기업환경 평가는 △창업, △건축 인허가, △전기 공급, △재산권 등록, △자금조달, △소액투자자 보호, △세금납부, △통관행정, △법적 분쟁해결, △퇴출 등 10개 평가 분야를 중심으로 평가한다.

〈표 15-22〉 세계은행의 한국 기업환경평가 부문별 순위

구분	창업	건축 인허가	전기 공급	재산권 등록	자금 조달	소액 투자자 보호	세금 납부	통관 행정	법적 분쟁 해결	퇴출
'19년	33	12	2	40	67	25	21	36	2	11
'18년	11	10	2	40	60	23	24	33	2	11
변동	↓22	↓2	-	-	↓7	↓2	↑3	↓3	-	-

주: 1) 2018~2019년: 종합 5위 유지
    2) 세계 주요국 순위는 뉴질랜드 1위, 싱가폴 2위, 홍콩 3위, 덴마크 4위, 미국 6위, 영국 8위, 독일 22위, 캐나다 23위, 일본 29위, 중국 31위, 이탈리아 58위
자료: 한국, 기획재정부, 안종일·배준혜, '19년 세계은행 기업환경평가, 한국 5위, 보도자료, 2019. 10. 24.
출처: 「Doing Business 2020」(www.doingbusiness.org)

---

[30] '19년 세계은행의 기업환경평가(Doing Business 2020) 결과에서 한국은 평가대상 190개국 중 5위 기록(전년 순위와 동일)했다. * 순위 변동: ('10)16위, ('11)8위, ('12)8위, ('13)7위, ('14)5위, ('15)4위 ('16)5위, ('17)4위 ('18)5위, ('19)5위, 이는 6년 연속 5위를 기록했다. 한국, 기획재정부, 안종일·배준혜, '19년 세계은행 기업환경평가, 한국 5위, 보도자료, 2019. 10. 24.

〈표 15-23〉 WEF·IMD 국가경쟁력지수 및 WB 기업환경 평가 추이(2016년)

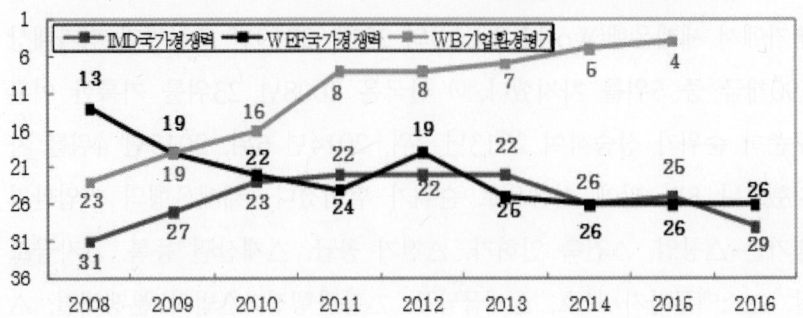

자료: 한국, 기획재정부, 홍민석·안경우, 보도참고자료, "2016년 세계경제포럼(WEF) 국가경쟁력 평가 결과", 세종, 2016.9.28.

WB·IMD·WEF 국가경쟁력 지수 순위 추이에서 WEF와 IMD의 국가경쟁력지수 순위는 최근 20위권에서 정체된 모습인데 반해, WB 기업환경평가 순위는 지속 상승하고 있다. 이러한 순위 차이의 원인은 먼저 평가분야 면에서 국가경쟁력(national competitiveness) 관련 전체분야(WEF와 IMD) VS 기업분야(WB)에서는 WEF와 IMD의 평가는 국가경쟁력과 관련된 다양한 분야(경제·인프라·시장·제도·기업 등)를 포괄하는 반면, WB는 기업 관련 행정의 효율성[31]만 평가해 평가분야가 한정적인데 기인한 바가 크다. 평가방법 측면에서는 통계+설문(WEF·IMD) vs 통계 및 법령분석(WB)으로 정리할 수 있다. 여기서 WEF와 IMD는 통계와 설문의 혼합평가[32]인 반면, WB는 통계 및 법령분석(34개 항목, 100%)만 평가한다는 점에서 차이가 있다. 다음은 2017년, 2018년, 2019년의 3년간 세계경제포럼(WEF) 국가경쟁력 평가결

---

[31] 창업, 건축인허가, 전기공급, 재산권등록, 자금조달, 소액투자자보호, 세금납부, 통관행정, 법적분쟁해결, 퇴출 등
[32] WEF : 114개항목 중 통계 34개(29.8%)·설문 80개(70.2%), IMD : 256개 항목 중 통계 138개(53.9%)·설문 118개(46.1%)

과(evaluation result)와 순위를 살펴보고 이 평가결과가 갖는 함의와 정책적 시사점을 살펴볼 것이다.

세계지식재산기구(WIPO, World Intellectual Property Organization)33)가 2021년 9월 20일 오후 8시(한국시간) 발표한 글로벌 혁신지수(Global Innovation Index)에서 대한민국이 역대 최고인 5위를 차지했으며, 아시아 지역에서도 싱가포르, 중국, 일본 등을 넘어 혁신최강국으로 발돋움했다. 132개국을 대상으로 진행된 이번 평가에서는 스위스, 스웨덴, 미국, 영국이 작년에 이어 올해도 1위부터 4위를, 아시아에서는 한국에 이어 싱가포르가 8위, 중국과 일본이 각각 12위, 13위를 차지했다.34)

1) 2019년 세계경제포럼(WEF) 국가경쟁력 평가

2019년 한국의 세계경제포럼(WEF) 국가경쟁력 평가 결과를 총론적으로 살펴보면 '19년 WEF 국가경쟁력 평가 결과, 한국 종합순위는 평가대상 141개국 중 13위로 '18년 대비 2단계 상승했다. 한국은 거시경제의 안정성, ICT 보급, 인프라, 보건 등 기본환경과 4차 산업혁명 등에 대비한 혁신역량이 우수한 것으로 나타났다. 특히 공공부채의 지

---

33) 세계지식재산기구(WIPO), 유럽경영대학원(INSEAD) 등이 全세계 WIPO 회원국을 대상으로 미래 경제발전 등의 주요 원동력이 되는 혁신역량을 측정, 각 국 공공정책 또는 경영전략 수립 등에 필요한 정보를 제공하기 위해 2007년부터 시작했다. 81개 세부지표 별로 살펴보면, 한국은 작년보다 5개 많은 9개 지표*에서 세계 1위를 차지했다.
세계 1위 세부지표 : GDP 대비 특허출원, GDP 대비 PCT출원, GDP 대비 특허패밀리(2개국 이상 출원), GDP 대비 디자인출원(이상 지식재산 관련), 인구 대비 연구원, 인구대비 기업연구원, 정부 온라인 서비스, 전자정부 온라인 참여, 하이테크 수출 비중. 상위 20개국 중 혁신역량이 가장 많이 개선된 국가로 평가되었다. 한국 순위 : ('12) 21위 → ('15) 14위 → ('18) 12위 → ('19) 11위 → ('20) 10위 → ('21) 5위

34) 특허청, 정대순·허원석·정권·황예원, 한국, 글로벌 혁신지수 세계 5위, 아시아 1위, 보도자료, 2021년 9월 20일(월)

속가능성 등 거시경제의 안정성과 ICT 보급은 2년 연속 1위, 인프라(6위), 보건(8위), 혁신역량(6위)도 10위권 이내를 달성하여 최상위권 수준으로 평가되었으나, 생산물시장의 경쟁구조, 노동시장의 경직성 등은 체 순위를 하락시키는 요인으로 작용한 것으로 나타났다. 따라서 한국 정부는 앞으로도 국가경쟁력 제고를 위해 1) 거시경제의 안정적 관리와 인프라 확충 등을 통해 우수분야에서 경쟁우위를 지속적으로 확보하고, 2) 혁신플랫폼 투자, 신산업 육성 등 혁신성장을 가속화하여 시장의 효율성과 경제 전반의 혁신역량을 지속 제고 3) 사회적 대타협을 토대로 규제혁신, 노동시장 개혁 등을 지속 추진하여 경제 체질을 개선[35]하는 등 적극적인 노력이 뒷받침되어야 한다. 세계경제포럼(WEF) 국가경쟁력(national competitiveness) 평가 결과 가운데 총평 및 부문평가 결과를 살펴보면 다음과 같다. 먼저 총괄적으로 살펴보면 한국은 '19년 141개국 중 전년 대비(對比) 2계단 상승한 13위를 기록해 주요 선진국 수준의 국가경쟁력을 보유한 것으로 평가되었다. 이는 문재인 정부의 정부혁신(government innovation)에 대한 강력한 의지(a strong will)와 반부패정책이 정부와 기업으로 확장(enlargement)되는데 기여할 뿐만 아니라 혁신적 포용국가 구현을 위해서 추진하는 경제적 가치(economic value) 중심의 국정운영 방식을 사회적 가치 중심으로 전환하는 정부혁신이 뒷받침되기 때문에 가능했던 것이다. 아울러 효율성을 중시하고 효율적인 정부 운영도 점점 더 중요해지고 있다.

---

35) 한국, 기획재정부, 심규진·손정혁·오다은·황철환, 보도참고자료, "2019년 세계경제포럼(WEF) 국가경쟁력 평가 결과", 세종, 2019. 10. 9

<표 15-24> 최근 3년간 WEF 국가경쟁력 종합순위

종합순위	'17년	'18년	'19년
신지수*	17위	15위(2↑)	13위(2↑)
구지수	26위	-	-

주: 1) '18년부터 WEF 평가항목이 대폭 개편(설문항목↓, 통계항목↑)됨에 따라 직전년도인 '17년까지 소급하여 신지수로 순위 산정 → '17년 이후부터 시계열비교 가능
자료: 한국, 기획재정부, 심규진·손정혁·오다은·황철환, 보도참고자료, "2019년 세계경제포럼(WEF) 국가경쟁력 평가 결과", 세종, 2019. 10. 9

한국의 국가별 순위에서는 동아시아-태평양 국가 17개국 중 5위(싱가폴(1) → 홍콩(3) → 일본(6) → 대만(12) → 한국(13)), 경제협력개발기구(OECD: Organization for Economic Cooperation and Development) 36개국 중에서는 10위를 기록했다. 또한 '30-50클럽' 중에서는 일본, 미국, 독일, 영국은 하락하였으나, 프랑스, 이탈리아와 함께 상승하여 7개국 중 5위를 기록했다.

<표 15-25> 30-50클럽 '19년 WEF 국가경쟁력 순위('18년→'19년)

미국(↓1)	일본(↓1)	독일(↓4)	영국(↓1)	한국(↑2)	프랑스(↑2)	이태리(↑1)
1→2	5→6	3→7	8→9	15→13	17→15	31→30

자료: 한국, 기획재정부, 심규진·손정혁·오다은·황철환, 보도참고자료, "2019년 세계경제포럼(WEF) 국가경쟁력 평가결과", 세종, 2019. 10. 9

다음은 WEF 국가경쟁력 평가에서 부문별 평가는 총 12개 부문 중에서 5개 상승, 5개 현상유지, 2개는 하락했다. 이어서 국가경쟁력 평가에서 한국의 강점(strength)은 거시건전성 관리노력과 적극적인 ICT 및 인프라 확충, 혁신성장 추진 등에 힘입어 기본환경과 혁신역량(innovation capability)이 매우 우수한 것으로 평가 → 거시경제 안정성과 ICT 보급은 2년 연속 1위라는 기록을 유지하고 있다. 한국의

약점(weakness)은 생산물시장의 경쟁구조, 노동시장의 경직성 등이 상대적으로 취약하여 전체 순위를 하락시키는 요인으로 작용했다. 이러한 하락요인(falling factors)들은 상당한 시간이 필요할 것으로 여겨진다. 이는 정부와 기업, 시민사회단체 등의 공동의 노력이 절실히 요구되는 부분이기도 하다. 2019년 WEF 국가경쟁력 평가는 WEF(World Economic Forum, 스위스 제네바)는 141개국을 대상으로 국가경쟁력을 평가하여 발표(WEF Global Competitiveness Report)하고, 특히 2019년 평가는 Global Competitiveness Index 4.0 체계하에 4대 분야, 12개 부문, 103개 항목(통계 56개, 설문 47개)에 대해 평가를 실시했다. 평가에 따른 통계는 WEF가 IMF, WB, WTO 등 국제기구 및 각국 정부 통계를 직접 수집하고, 설문은 국내 파트너기관(한국개발연구원,KDI: Korea Development Institute)[36]을 통해 대·중소기업 CEO를 대상으로 실시했다(응답자수 100명, 설문기간: '19.3월).[37]

〈표 15-26〉 '19년 WEF 국가경쟁력 부문별 종합순위(4대 분야 12개 부문별 순위)

분야	기본환경				인적자원		시장				혁신생태계	
부문	제도	인프라	ICT보급	거시경제안정성	보건	기술	생산물시장	노동시장	금융시스템	시장규모	기업활력	혁신역량
'18	27	6	1	1	19	27	67	48	19	14	22	8
'19	26	6	1	1	8	27	59	51	18	14	25	6
변화	↑1	-	-	-	↑11	-	↑8	↓3	↑1	-	↓3	↑2

자료: 한국, 기획재정부, 심규진·손정혁·오다은·황철환, 보도참고자료, "2019년 세계경제포럼(WEF) 국가경쟁력 평가결과", 세종, 2019. 10. 9.

---

36) 한국개발연구원(KDI)은 국무총리 산하 경제사회연구회 소관 연구기관으로서 국내·외 경제사회 제 분야를 종합적으로 연구하는 정부 출연 연구기관이다. 1971년 3월에 설립되었다.
37) 한국, 기획재정부, 심규진·손정혁·오다은·황철환, 보도참고자료, "2019년 세계경제포럼(WEF) 국가경쟁력 평가결과", 2019. 10. 9

2019년 세계경제포럼(WEF)의 국가경쟁력(national competitiveness) 평가 결과 한국에 대한 WEF 정책제언은 한국의 국가경쟁력을 상승시키는 긍정적 요인으로 작용할 수 있으므로 지나쳐서는 안 될 것이다. 특히 삶의 질(quality of life) 제고와 빈곤 극복으로 지속가능하고 포용적인 성장을 달성하기 위해서는 최근 둔화 추세인 생산성(productivity) 향상을 위한 노력이 중요하다. ① 인프라, 인적자본, R&D 등에 대한 공공투자와 같은 적극적인 확장적 재정정책(fiscal policy)이 요구되며 구조개혁을 통한 보완이 중요하며, ② 창의성(creativity) 향상을 위해서는 기술발전 및 혁신이 인적자본 개발, 사회통합, 노동시장 기능 회복 등과 병행될 필요가 충분히 있다. 특히 한국에 대해서는 ICT(Information & Communication Technology)[38] 부문을 이끄는 글로벌 리더로 평가하면서, 세계 최고수준의 거시경제 안정성, 혁신 역량 등을 긍정적으로 평가하면서도 다만, 도전하는 기업가 정신(entrepreneurship) 고양, 국내경쟁 촉진 및 노동시장의 이중구조(dual structure)와 경직성 개선 등이 필요함을 제언하고 있다. 정부는 이에 대해 1) 거시경제의 안정적 관리와 인프라 확충 등을 통해 우수 분야에서 경쟁우위를 지속적으로 확보하고, 2) 혁신플랫폼 투자, 신산업 육성 등 혁신성장을 가속화하여 시장의 효율성(market efficiency)과 경제 전반의 혁신역량을 지속적으로 제고하여, 3) 사회적 대타협(social compromise)을 토대로 규제혁신, 노동시장 개혁 등을 지속 추진하여 경제 체질을 개선하는 등 정부는 앞으로도 국가경쟁력 제고

---

[38] ICT(Information & Communication Technology)는 정보기술(Information Technology)과 통신기술(Communication Technology)의 합성어로 정보기기의 하드웨어 및 이들 기기의 운영 및 정보 관리에 필요한 소프트웨어 기술과 이들 기술을 이용하여 정보를 수집·생산·가공·보존·전달·활용하는 모든 방법을 의미한다.

를 위해 적극적으로 노력을 경주해야할 것이다.

2020년 세계경제포럼(WEF)에서는 4대 핵심 아젠다-기후·환경(climate and environmental challenges), 지속가능하고 포괄적인 비즈니스 모델(sustainable and inclusive business models), 4차 산업혁명(Fourth Industrial Revolution), 인구, 사회 및 기술동향(demographic, social and technological trends)과 350가지 세부 주제가 논의되었다.39)

〈표 15-27〉 세계경제포럼(WEF) 주제

연도	주제
2012년(42회)	새로운 현실(New Reality)
2013년(43회)	대전환(Great Transformation)
2014년(44회)	유연한 역동성(Resilient Dynamism)
2015년(45회)	세계의 재편(Reshaping of the World)
2016년(46회)	새로운 세계 상황(The New Global Context)
2017년(47회)	4차 산업혁명의 이해(Mastering the 4th Industrial Revolution)
2018년(48회)	"분절된 세계에서 공유의 미래 창조(Creating a Shared Future in Fractured World)"
2019년(49회)	세계화 4.0: 4차 산업혁명 시대의 글로벌 구조 형성 (Globalization 4.0: Shaping a New Architecture in the Age of the Fourth Industrial Revolution)
2020년(50회)	상호 협력하면서 지속가능한 세상을 만드는 사람들 (Stakeholders for a Cohesive and Sustainable World)

자료: World Economic Forum, 현대경제연구원
출처: Kotra 홈 > 뉴스 > 현장·인터뷰, 김민혁, '스위스 50주년 다보스포럼 개최', 2020. 01.31

---

39) 2020년 WEF 6대 핵심 도전과제는 1) 환경과 기후변화로 인한 위협과 이에 대한 대응, 2) 포괄적인 경제 추구, 3) 세계의 4차 산업혁명 기술에 대한 합의, 4) 향후 10년간 10억 명의 새로운 분야에서의 인력양성에 대한 논의, 5) 세계 갈등을 해결하기 위한 방안에 대한 논의, 6) 기업들의 4차 산업혁명 비즈니스 활동에 필요한 모델 개발을 돕기 위한 방안에 대한 논의가 있었다.

〈표 15-28〉 2021년 글로벌 리스크 순위

순위	영향력	발생가능성
1	전염병	기상이변
2	기후변화 대응 실패	기후변화 대응 실패
3	대량살상무기	인간에 의한 환경 훼손
4	생물다양성 감소	전염병
5	천연자원 위기	생물다양성 감소
6	인간에 의한 환경 파괴	디지털 권력 집중
7	고용과 생계 위기	디지털 불평등
8	기상이변	국가간 관계 균열
9	부채위기	사이버 보안 실패
10	정보기술 인프라 붕괴	고용과 생계 위기

자료: 세계경제포럼(WEF), 「The Global Risks Report 2021」, 2021

세계경제포럼(WEF)이 2021.1.24일 발표한 '2021 글로벌 리스크 보고서(The Global Risks Report 2021)'에 따르면 위험요소 35개 중 전염병의 영향 정도가 4.13점(5점 척도)으로 가장 높게 나타났다. 2021년 세계경제포럼(WEF)에서는 "미래의 경제 변화를 위한 필수 요건(피할 수 없는, 절대 필요한)은 무엇입니까?[40]라는 질의에 다음과 같이 제시할 수 있을 것이다."라고 언급하고 있다.

- 적절한 환경(Enabling Environment)으로의 전환: 정부에 공공서비스 개선, 공공 부채관리 계획 등과 함께 디지털화를 확대 할 것이며
- 인적자본 혁신: 새로운 노동시장에 대한 사전 투자로 교육 과정을

---

40) 세계경제포럼(WEF)은 금년에는 데이터 수집부족과 코로나 위기대응 상황을 감안하여 통상적인 경쟁력 평가를 발표하지 않기로 했다. 기획재정부, 김귀범·황철환, 세계경제포럼 코로나 위기 특별판 보고서 발표, 보도참고자료, 2020. 12.16.: WEF News Release(보도자료 영문원본)은 보도참고자료 또는 WEF(세계경제포럼)홈페이지 참조

개편하고 노동법을 개혁하며 새로운 인재 관리 기술의 사용을 개선할 것
- 시장 변화: 기업이 지속 가능하고 포용적인 투자에 참여할 수 있는 재정적 인센티브를 도입하고, 경쟁 및 독점 금지 프레임 워크를 업데이트 할 것
- 혁신 생태계의 변화: 연구개발(R&D) 공공 투자를 확대하고 민간 부문의 투자를 장려할 것을 권장하며, 장기적으로 "미래(내일)의 시장"의 창출을 지원함과 동시에, 기업이 다양성을 포용하여 창의성과 시장 관련성을 강화하도록 가치 있는 유용한 데이터를 함축하여 동기 부여를 해야 한다.

2) 2021년 IMD 국가경쟁력 평가

2021년 스위스 국제경영개발대학원(IMD)의 국가경쟁력 평가결과 한국은 2020년과 동일한 수준인 23위(총 64개국)를 기록했다. 이는 '89년 순위 발표이래 역대최고 순위인 22위*에 근접한 수준으로 인구 2천만명 이상인 29개국 중에서도 역대 최고기록**인 8위 지속하고 있다.[41] 이번 평가는 코로나 19라는 세계적 대유행이라는 상황하에서 진행되었다는 점에서 'IMD는 위기 장기화에 대응한 경제의 민첩성, 혁신능력, 비대면 전환, 사회안전망 등이 순위에 영향'[42]을 미친 것으로 평가되었다는 점을 인지할 필요가 있다.

* 한국 순위 : ('14)26위 ('15)25위 ('16)29위 ('17)29위 ('18)27위 ('19)28위

---

41) 기획재정부, 김귀범·황철환·조찬우, 2021년 IMD 국가경쟁력 평가 결과, 보도자료, 2021. 6.16.
42) Ibid.

('20)23위 ('21)23위

↳ '89년 순위 발표 이래 역대 최고는 22위('11~'13년), 최저는 41위('99년)

분야별로 보면 성장·투자·수출실적을 중심으로 경제성과분야가 높은 국가경쟁력 순위유지에 기여한 것으로 평가되었다. 코로나 장기화 등으로 인한 불가피한 지표하락과 기업인들이 체감하는 여건악화가 정부효율성에 투영되어 순위가 다소 하락했다. 특히 상위 10개국의 경우, 작년 3위였던 스위스가 수위를 차지한 반면, 작년 1위인 싱가포르는 5위로 순위가 하락되었다. 반면 캐나다가 10위권 밖으로 순위가 하락(8→14위)하면서 대만이 유일하게 10위권 내로 신규 진입(11→8위)했다.[43]

〈표 15-29〉 상위 10개국 전년대비 순위표

구분	스위스	스웨덴	덴마크	네덜란드	싱가포르	노르웨이	홍콩	대만	UAE	미국
'20년	3	6	2	4	1	7	5	11	9	10
'21년	1	2	3	4	5	6	7	8	9	10
등락	2	4	△1	-	△4	1	△2	3	-	-

자료: 기획재정부, 김귀범·황철환·조찬우, 2021년 IMD 국가경쟁력 평가 결과 분석, 2021.6.17.

한국은 2021년 IMD 국가경쟁력 순위는 작년과 同一한 23위(64개국) 기록하여 역대 최고에 근접한 수준으로 인구 2천만 이상 中 역대 최고치이며, 23위는 작년과 동일하게 역대 최고에 근접한 수준*이며, 소국을 제외한 인구 2천만 이상 중 8위로 역대 최고치** 수준이다.[44]

---

43) Ibid.
44) Ibid.

<표 15-30> IMD 국가경쟁력 한국 순위변화 추이

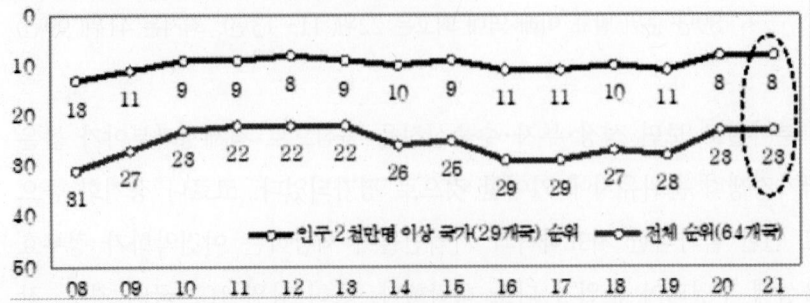

자료: 기획재정부, 김귀범·황철환·조찬우, 2021년 IMD 국가경쟁력 평가 결과 분석, 2021.6.17.

비교 준거로 활용되는 30-50 클럽 비교시 프랑스, 일본, 이탈리아보다 높으나 미국, 독일, 영국에 뒤이어 중간 수준을 유지하고 있다.

이어서 주요 분야별 순위를 살펴보면 4대 분야 중 경제성과 분야 순위가 높은 순위 유지에 기여했다. 이를 세부적으로 살펴보면 ① (경제성과) 작년 역성장 폭을 최소화하고 투자와 수출실적 등이 긍정적으로 작용하면서 경제성과 순위가 상승한 측면이 있다. 2020년의 경우 보합수준에 그쳤으나 2021년 경제성과 개선과 함께 국내경제, 고용, 국제무역 등에서 순위 상승을 주도했다. ② (정부효율성) 재정분야는 순위가 상승하였으나, 위기 장기화 영향 등으로 불가피한 지표 악화와 기업인 체감여건 악화 등으로 순위가 하락했다. 조세부문은 세수여건이 양호할수록 순위가 하락하도록 설계된 측면, 위기의 장기화로 불가피하게 악화된 사회여건 지표와 설문조사 영향이다. ③ (기업효율성) 작년도 6단계 상승 후 금년에도 소폭 개선된 모습을 나타냈다. 단, 노동시장 순위는 노사요인 보다는 위기로 인한 경제활동 인구증가율, 사내 직업훈련이 기업 내 높은 우선순위인지 여부 등이 작용했다. ④ (인프라) 전통적으로 높은 수준을 유지하는 분야로 다소 조정되었다. 기업 경영활동을 지원하는 기본인프라는 양호한 수준이며, 과학 인프라는 최고수준을 유지, 단, 교육인프라는 다소 순위가 하락했다.45)

〈표 15-31〉 4대 분야 20개 부문별 순위

	경제성과 (27 → 18)					정부 효율성 (28 → 34)					기업 효율성 (28 → 27)					인프라 (16 → 17)				
	국내경제	국제무역	국제투자	고용	물가	재정	조세정책	제도여건	기업여건	사회여건	생산성	노동시장	금융	경영활동	행태가치	기본인프라	기술인프라	과학인프라	보건환경	교육
'20	11	41	30	12	48	27	19	29	46	31	38	28	34	36	15	20	13	3	31	27
'21	5	33	34	5	51	26	25	30	49	33	31	37	23	30	21	18	17	2	30	30

자료: 기획재정부, 2021년 IMD 국가경쟁력 평가 결과 분석, 2021.6.17.
주: 1) 경제성과, 정부효율성, 기업효율성, 인프라의 각 분야별 구체적인 평가결과는 기획재정부, 2021 IMD 국가경쟁력 평가 결과 분석, 2021.6.17.참조

    2020년 IMD(국제경영개발대학원)의 국가경쟁력 평가가 중요한 점은 2020년의 세계적 대유행을 불러온 팬더믹(Pandemic) 상황하에서 한국은 국가적 역량을 결집하고 국민들의 성숙한 민주 시민의식으로 위기를 과감하게 개척하고 있다. 특히 정부는 보건위기가 경제위기로까지 확산하지 않도록 재난지원금을 지원하고, 비상경제대책회의를 개최하는 등 범 정부차원에서 전력을 투구했다. 세계은행(WB), 국제통화기금(IMF)의 경제성장률 전망에서도 한국을 아주 높게 평가했다. 특히 2021년 6월 영국에서 비대면이 아닌 대면 G7정상회의에 한국이 초청되어 세계의 선진국 정상들과 어깨를 나란히 할 수 있었던 것은 한국의 위상이 향상되었음을 증명하는 것이라 할 수 있다. 국가의 국가경쟁력은 정부만의 노력이 아니라 경제계, 정치계, 과학계를 포함한 국가와 기업

---
45) *Ibid*.

이 국민들의 부를 증진하고 삶의 질을 향상시키기 위하여 보유하고 있는 총체적인 역량을 평가하는 것이다. 한국은 2020년 이어 2021년에도 23위(64개국 중)를 한 것은 한국의 경제규모나 국가의 위상에 걸맞지 않게 부족한 것이 사실이다. 따라서 정부는 한국의 국가경쟁력이 미진한 정부 효율성,46) 기업 효율성 등의 세부적인 부문에서 보다 정교한 대책이 강구되어야 한다. 22021년 IMD(국제경영개발대학원)의 국가경쟁력 평가에서처럼 코로나19의 위기가 장기화로 흐를 경우 이에 대한 전반적인 위기의 장기화가 경쟁력에 영향을 미치는 주요인으로 작용했다. 특히 '경제의 민첩성, 혁신능력, 디지털화, 사회안전망과 결집력 등이 위기를 헤쳐 나가는 주요 요인으로 작용하여 경쟁력에 영향'47)을 미친다는 점을 인식하고 혁신적인 능력 배양을 위해서는 재능과 자본의 접근가능성, 기업의 사회적 책임,48) 혁신에 친화적인 규제환경 조성이 뒷받침되는 것이 중요하다고 강조했다.

제2절 정부의 과감한 규제완화

정부가 혁신성장(innovation growth)을 지속하기 위해서 과감한 규제완화를 포함한 다음 몇 가지 사항은 준수되어야 한다. 첫째, 규제완

---

46) 전통적으로 순위가 낮은 항목(예: 여성 국회의원 비율, 50위)이 순위에 제약을 받으며, 남녀실업률 격차(30위), 사회응집력에 대한 설문조사결과(40위) 등은 코로나 위기 장기화로 인한 영향을 반영한 것으로 해석이 가능하다. *Ibid.*
47) The agility of an economy, its capacity for innovation, the digitalization, capabilities to support remote work and distant learning, welfare benefits and social cohesion, have been essential for navigating the crisis. *Ibid.*
48) 제16장 제3절 한국의 혁신성장과 기업의 사회적 책임 참조.

화(deregulation, 規制緩和)를 통한 국가경쟁력을 향상시키는데 정책의 포커스를 두어야 한다. 이러한 국가경쟁력을 향상시키기 위해 정부는 규제를 혁파하고 혁신기업(innovative enterprise)을 창출해야 한다. 일반적으로 규제49)는 개인 및 법인 등의 활동에 대해 국가가 특정한 목적을 달성하기 위해 '개입(interference)'하는 행위를 일컫는다. 국가의 규제 접근방식(approach method)에 따라 규제방식은 '포지티브규제'와 '네거티브규제'로 분류할 수 있다. 포지티브규제는 허용되는(permissible) 영역 및 요건(requisite)만을 규정하고, 그 이외에는 일반적으로 행위를 금지하는 규제방식으로 '원칙금지-예외 허용방식'(원칙적으로 다 금지시키되 일부 예외사항에 대해서만 허용하는 방식)을 의미한다. 이에 반해 네거티브 규제는 특정하게 열거된 사항만 금지 또는 규제하고 나머지는 풀어주는 원칙을 말한다.

〈그림 15-1〉 네거티브규제 체계로의 전환

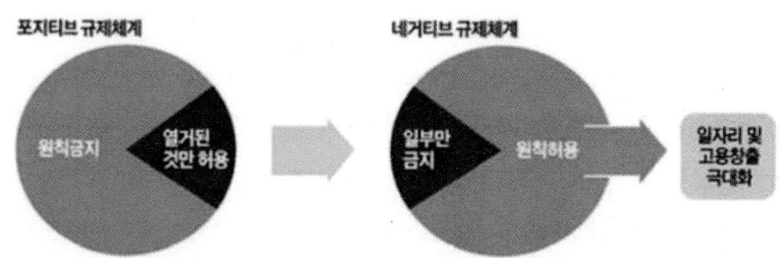

자료: 한국, 국무총리실 블로거

---

49) 규제유형은 규제설정, 규제방식, 규제대상으로 구분할 수 있으며, 규제설정 유형에는 규제목적에 따라(정책적 규제, 개별목적에 따른 규제), 규제기관에 따라(행정기관별: 중앙정부규제, 지방자치단체규제), 규제형식에 따라(인가, 허가, 등록, 신고, 지정, 협의, 승인, 지도감독, 단속 등), 규제자와 피규제의 관계에 따라(전통적 규제: 공공 → 민간, 행정 내부규제:공공 → 공공, 민간 자율규제: 민간 → 민간, 포획: 민간 → 공공) 구분할 수 있다.

〈표 15-32〉 규제유형의 분류

규제 방식	국가개입단계	사전 규제	예방(prevention) 단계
		사후 규제	행위발생(act) 단계, 피해발생(harm) 단계
	생산물 और 생산과정	제품규제(product regulation)	
		공정규제(process regulation)	
	규제대상의 형태와 행위	구조규제(structural regulation)	
		행위규제(conduct regulation)	
	입법화 수준	법령근거규제	
		법령미근거규제	
	규제수단의 성격	시장유인적 규제	
		강제적(명령지시적) 규제	
	접근 방식	포지티브(positive) 규제: 원칙금지 · 예외허용	
		네거티브(negative) 규제: 원칙허용 · 예외금지	
규제 대상	규제성격	경제적 규제(economic regulation)	
		사회적 규제(social regulation)	
		행정적 규제(administrative regulation)	
	피규제집단	대기업과 중소기업, 독과점 산업, 공익서비스산업, 공해산업과 비공해산업 등	
		여성, 청소년, 장애자, 국가유공자, 생활보호대상자 등	
	이익 여부	수익적 규제, 부담적 규제	
	산업별	1차산업, 2차산업, 3차산업 등 전체 사업군 규제	
		전력, 가스, 반도체, 관광산업 등 개별 산업 규제	
	기업활동단계	입지, 건축, 설립, 자금과 인력조달, 생산, 판매, 유통, 소비 등	

자료: 최유성(2011:18) 재인용
출처: 블로거, 경기연구원, "국가경쟁력 제고를 위한 네거티브 규제방식 전환 필요성에 관한 연구",
https://blog.naver.com/gri_blog/220741278280(검색: 2019.11)

규제완화(deregulation)[50]는 제4차 산업시대에 '융합·규제완화·연계

---

[50] 민간인의 행동을 규제하는 정부나 지방자치단체 등이 행정조치를 완화하는 것을 규제완화라고 한다. 원래 공적인 규제가 실행되는 이론적 배경에는 외부효과가 현저하거나 독점발생의 경향이 있어 민간의 효율성 기준에 의해서는 최적의 자원 배분이 이루어지지 않는 시장이 존재한다는 것을 들 수 있다. 또한 정부에 의한 규제를 경제적 규제와 사회적 규제로 구분할 수 있으며, 경제적 규제는 철폐나 완화를 강력하게 추진하는 입장이지만, 사회적 규제는 그 필요성이나 역할을 적극적으로 인정하려는 입장이 있다. 경제적 규제란 업종별로 설치된 참여퇴출제한이나 가격설정에 관한 규제를 가리킨다. 이에 대해 사회적 규제란 환경이나 상품의 안전기준, 노동자의 노동조건의 확보라는 비경제적 목적을 달성하기 위해 설치된 조치이다. 경제적 규제는 시장 매커니즘을 대신하여 효율적인 자원배분을 실현하기 위해 설치된 것이지만 이러한 규제의 필요성은 기술의 진보나 경제활동 전반의 변화 등에 좌우되기 때문에 시대에 뒤떨어진 규제는 폐지되어야 한다는 주장을 낳는다. KDR, 한국사전연구사, 정치학대사전편찬위원회, 「21세기 정치학대사전」

성'이라는 새로운 화두를 제시하고 있다. 행정규제기본법상 행정규제(administrative regulation)란 '국가나 지방자치단체가 특정한 행정목적을 실현하기 위하여 국민의 권리를 제한하거나 의무를 부과하는(imposition) 것으로서 법령 등이나 조례·규칙에 규정되는 사항'으로 정의한다. 모든 규제(all regulation)는 법령에 근거하는(based) '규제법정주의'에 따라 실시되어야 하며, 규제는 사회적 목적을 달성하기 위한 사회적 통제(social control)의 특성을 함께 지닌다. 정부규제 또는 행정규제는 주체, 객체, 내용, 형식 의 네 가지 요소로 된다. 1) 정부규제(government regulation)의 주체는 정부이며, 정부가 정부규제의 객체가 될 수 없다. 2) 정부규제의 객체는 민간의 개인이나 기업이며, 피 규제산업(regulated industries) 또는 피 규제자(fegulatee)라고 칭한다. 3) 정부규제는 '특정한 행정목적'을 실현하는 것을 목표로 하는 '의도된 개입(intentional interference)'을 추구한다. 4) 정부규제는 국민의 권리를 제한하거나 의무를 부과할 수 있으며, 정부규제는 민간의 행위를 제약하는 것이다. 최근에는 '네거티브 규제' 방식이 국민에게 주어진 자유권적 권리를 보다 확장적으로 보장한다는 점에서 규제완화(deregulation)와 관련하여 사회의 주목을 받고 있다. 그러나 현재의 규제방식은 법과 제도를 포지티브 방식으로 규정해놓고 산업과 관련 시장을 규정하는 것은 제4차 산업화시대(the fourth industrialization era)의 패러다임인 '융합·규제완화·연계성' 측면에서는 경제발전의 장애 요인으로 작용하고 있다. 따라서 기업과 산업현장에서는 이러한 규제를 과감하게(boldly) 풀어줄 것을 요청하고 있다. 정부가 규제완화에 주목하는 이유가 여기에 있다. '네거티브(Negative) 규제'는 금지된 것만 최소한으로 규제하고, 그 외에는 모두 허용하는 '원칙

허용-예외금지' 방식의 규제이다. 이 방식은 진입규제 방식의 변경, 영업활동 규제 수준의 완화, 사전 관리 방식의 사후관리(post management)로의 전환 등으로 나누어 볼 수 있다. 반면에 '포지티브(Positive) 규제'는 원칙적으로(in principle) 금지된 행위를 특정조건(specific condition)을 만족하는 경우에 한하여 예외적으로 허용하는 '원칙금지-예외허용' 방식의 규제로서 주로 안전관련 분야, 보건위생, 건강분야 규제에 적용할 수 있다.

〈표 15-33〉 네거티브 규제 vs 포지티브 규제방식 비교

구 분	포지티브 규제	네거티브 규제
특 징	열거된 것만 제한적 허용	금지한 것 이외 모두 허용
적 용 예 시	• ~어느 하나에 해당하는 사업의 경우에만 할 수 있다. 예: 제4조(기부금품의 모집등록)… 등록은 다음 각 호의 어느 하나에 해당하는 사업의 경우에만 할 수 있다.	• ~에 해당되는 사업의 경우를 제외하고는 할 수 있다. 예: 제4조(기부금품의 모집등록)… 등록은 다음 각 호의 어느 하나에 해당하는 사업의 경우를 제외하고는 할 수 있다.

자료: 한국, 규제개혁위원회, 2013년 규제개혁백서

둘째, 규제 패러다임(regulation paradigm)의 변화를 추구해야 한다. '포괄적 네거티브 규제전환'은 「문재인 행정부 규제 규제개혁 추진방향('17.9월)」에서 신산업 규제혁신의 새로운 패러다임으로 제시된 이후 국무조정실 및 관계부처 합동으로 지속적으로 추진되어 왔다. 특히 ▲입법방식의 유연화와 ▲규제 샌드박스 제도를 핵심으로 하는 '포괄적 네거티브 규제' 방식을 반영한 「행정규제기본법 개정안이 국회를 통과하여 2019년 4월 16일 공포됨에 따라 입법적 토대를 완성했다. 문재인 행정부는 2018년 10월 31일 제55회 국정현안점검조정회의(총리주

재)에서 「포괄적 네거티브 규제 전환성과 및 향후계획」을 논의 확정했다. 이번 대책은 2018년 1월 22일 대통령 주재 「규제혁신토론회」에서 발표한 포괄적 네거티브 전환 방안(38건 과제)의 추진상황을 점검하고 새롭게 추가 발굴한 65건의 전환과제를 포함하였다. '포괄적 네거티브 규제전환'은 문재인 행정부에서 최초로 시도하는 혁신적인 규제(innovative regulation) 접근방법으로, 그 핵심은 신산업의 '우선허용-사후규제' 체제로의 전환이다. 이는 지금까지 경직되고 한정적인 현행 법령으로 인해 신산업(new industry)·신기술(new technology)의 시장 출시가 제약되는 점을 근본적이고 획기적으로 개선하는 것으로 ▲입법 기술방식을 유연하게 전환하거나 ▲규제 샌드박스를 적용해 기존 규제를 유예·면제함으로써 신산업·신기술이 신속하게 시장에 출시될 수 있도록 하는데 의의가 있다. 한편 국무조정실은 2018년 9월 문재인 행정부 '규제개혁 추진방향'을 수립·발표하면서 신산업 규제혁신의 새로운 패러다임(new paradigm)으로서 '포괄적 네거티브 규제전환 방향'을 확정했다.51)

〈그림 15-2〉 네거티브 규제 전환 절차

자료: 정책브리핑
출처: 정책브리핑, [보도자료] 신산업 분야 네거티브 규제 발굴 가이드라인. 2017.10.19.

---

51) 국무조정실 규제혁신, 보도자료, 「포괄적 네거티브 규제 전환 성과 및 향후계획」, 2018. 10.31.; https://blog.naver.com/koreareg/221388754836 (검색: 2019.11.11.)

〈표 15-34〉 2019년 정부 규제혁신 방안 발표계획

※ (참고) 규제혁신 방안 발표계획

일시	안건명(잠정)
1차 (4.11)	민생불편 규제 혁신방안
2차 (4.18)	포괄적 네거티브 규제 전환방안
3차 (4.25)	규제 샌드박스 100일 성과 및 과제
4차 (5월)	신산업 현장애로 규제혁신

자료: 국무조정실 규제혁신
출처: 국무조정실 규제혁신, 보도자료, " 네거티브 규제 전환 본격적으로 확산합니다. 2019.4.18.; https://blog.naver.com/koreareg/221516640619 (검색: 2019.11.11.)

〈그림 15-3〉 포괄적 네거티브 전환 개념도

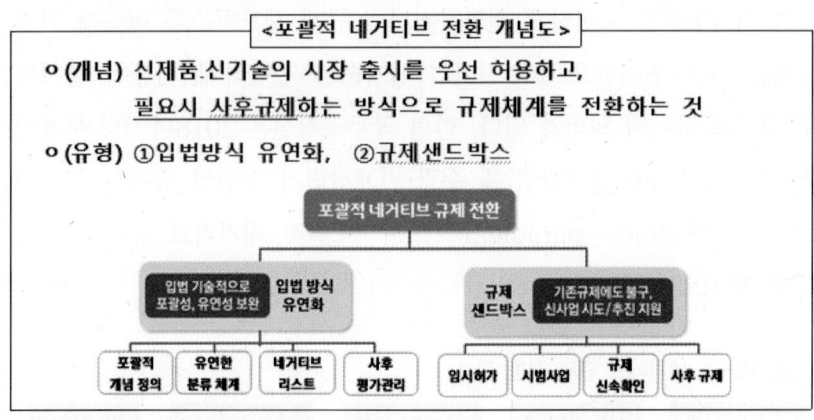

○ (개념) 신제품·신기술의 시장 출시를 우선 허용하고, 필요시 사후규제하는 방식으로 규제체계를 전환하는 것
○ (유형) ①입법방식 유연화, ②규제샌드박스

□ 신산업 「포괄적 네거티브 규제전환」 방향 확정('17.9월)
 - 「문재인정부 규제개혁 추진방향(17.9월 현안조정회의)」에서 신산업 규제혁신의 새로운 패러다임으로, '포괄적 네거티브 규제 전환' 제시
□ 입법방식 유연화 : 입법방식 전환 등 지속적으로 과제 발굴·확정
 ▸ 1차 개선 : 규제혁신토론회(1.22)를 거쳐 발표(38건) → 후속조치 결과 금번 발표
 ▸ 2차 개선 : 이번 현안조정회의를 거쳐 발표
 ▸ 3차 개선 : 부처별 법령 전수조사 추진중 → 내년 1/4분기 발표예정
□ 규제 샌드박스 : 규제혁신 5법 후속조치 진행중
 ▸ 국조실 주관 관계부처 T/F를 통해 이미 공포(10.16)된 3개 법안의 하위법령 정비, 기업·협회·지자체 설명회, 사례 발굴 등 후속조치 추진

자료: 국무조정실 규제혁신
출처: 국무조정실 규제혁신, 보도자료, 「포괄적 네거티브 규제 전환 성과 및 향후계획」, 2018.10.31. ; https://blog.naver.com/koreareg/221388754836 (검색: 2019.11.11.)

제2차 규제혁신 방안 발표에서 상정된 안건인 '포괄적 네거티브 규제 전환방안'은 「행정규제기본법」 개정안52)이 공포됨에 따라 법 시행에 앞서 선제적으로 네거티브 규제 전환(regulatory transition)을 확산시키고 제도화 방향을 제시하는 의미가 있다.

〈표 15-35〉 2019-4월 네거티브 규제 전환 추진상황

◇ 신산업「포괄적 네거티브 규제전환」 방향 확정('17. 9월)
 - 신산업 규제혁신의 새로운 패러다임으로 '포괄적 네거티브 규제 전환' 제시('문재인정부 규제개혁 추진방향', '17. 9월 현안조정회의)

◇ 입법방식 유연화 : 그간 2차례 네거티브 전환과제 발표(103건)
• 1차 개선 : △금융 △바이오 △자동차·선박 분야 등 38건 ('18. 1월)
• 2차 개선 : △신소재 △스마트공장 △신의료기기 분야 등 65건 ('18. 10월)
• 3차 개선 : 금번 국정현안점검조정회의를 거쳐 132건 발표

◇ 규제 샌드박스 : 주변국과 비교 시 가장 앞선 규제 샌드박스의 제도적 기반 구축
• 규제 샌드박스 "1+4법" 체계 완성
• ICT·산업융합(1.17 시행), 금융혁신(4.1 시행) 분야 26건 접수 과제 승인
• 규제 샌드박스 성과 및 향후 계획 → 4.25 국정현안점검조정회의 발표 예정

자료: 국무조정실 규제혁신
출처: 국무조정실 규제혁신, 보도자료, "네거티브 규제 전환 본격적으로 확산합니다. 2019.4.18. ; https://blog.naver.com/koreareg/221516640619 (검색: 2019.11.11.)

국무조정실(실장 홍남기)은 2017년 10월 19일 관계부처 합동으로 '신산업분야 규제 발굴 가이드라인(guideline)'을 확정·발표했다. 이는 2017년 9월 7일 정부가 발표한 '새 정부 규제개혁 방향' 핵심과제인, '신산업 네거티브 규제혁파'의 후속차원에서 마련되었다.53) 앞에서 제

---

52) 「행정규제기본법」은 2019.4.16., 일부 개정되고, 시행은 2019.7.17. 일이다. 법안 공포에 따라 신기술 서비스·제품 관련 규제의 규정 방식으로 "우선사용-사후규제 원칙" 명문화(법 제5조의2)하였으며, 본 조항은 2019.4.16. 신설하였다.
53) '신산업분야 규제 발굴 가이드 라인(guideline)'은 중앙부처 지방자치단체공직자와 산업계의 네거티브 규제에 대한 이해를 제고시키고, 개선이 필요한 규제를 발굴하는데 활용할 것이다. 이를 위해 관계부처 협의를 통해 가이드라인(안)을 마련하고, 외부전문가는 물론 경제단체 의견(한국개발연구원, 행정연구원, 법제연구원, 경제단체협의회)까지 수렴했다.

기한 '규제 샌드 박스(Regulatory Sandbox)'[54]는 신산업·신기술 분야에서 새로운 제품, 서비스를 내 놓을 때 일정기간 동안 기존의 규제(existing regulation)를 면제 또는 유예시켜 주는 제도이다. 우선 ▲인·허가 ▲시험·검사·인증 ▲지원·육성 ▲연구개발(R&D) 등 한정적·열거적 조항이 포함된 관련법령(1,546건)에 대해 소관부처별로 네거티브 TF를 구성하여 발굴·검토했다.

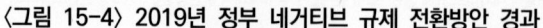

〈그림 15-4〉 2019년 정부 네거티브 규제 전환방안 경과

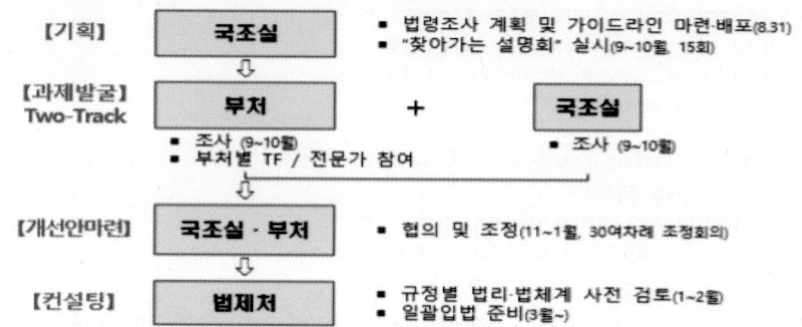

자료: 국무조정실 규제혁신
출처: 국무조정실 규제혁신, 보도자료, "네거티브 규제 전환 본격적으로 확산합니다. 2019.4.18.; https://blog.naver.com/koreareg/221516640619 (검색: 2019.11.11.)

'신산업분야 규제 발굴 가이드 라인'의 주요내용은 1) 네거티브 규제의 개념을 명확히 했다. 이번에는 범위 확장을 통해 △포괄적 개념 정의 △유연한 분류체계 도입 등 '유연한 입법방식'과 △규제 샌드박스 등 '혁신제도'까지 포함하여 포괄적 네거티브규제로 개념을 정립했다. 2) 포괄적 네거티브 규제혁신의 구체적 전략과 다양한 사례를 제시했다. 3) 네거티브 규제 검토 절차, 사후관리 방안 및 고려사항 등을 제시했다. 이번에 확정한 가이드 라인은 신산업 분야 네거티브 규제전환을 위한 최초의 안내서란 점에서 의미가 있다. 또한 네거티브 규제전환 과제 발굴 및 검토에 있어서 안내서가 될 것이다.

54) 어린이들이 자유롭게 노는 모래 놀이터처럼 제한된 환경에서 규제를 풀어(탄력적용) 신산업을 테스트(시범사업)하도록 하는 것이다. 이 제도는 2016년 영국에서 핀테크 산업 육성을 위해 처음 시작되었다. 사업자가 새로운 제품, 서비스에 대해 규제 샌드박스 적용을 신청하면 법령을 개정하지 않고도 심사를 거쳐 시범사업, 허가 등으로 규제를 면제, 유예해 그동안 규제로 인해 출시할 수 없었던 상품을 빠르게 시장에 내놓을 수 있도록 한 후 문제가 있으면 사후 규제하는 방식이다. 규제 샌드박스는 이처럼 신제품, 신서비스를 출시할 때 일정 기간 기존 규제를 면제해주는 제도이다.

네거티브 규제로 전환할 과제는 각 부처별로 TF를 구성하여 과제발굴을 실시한 후에 전문가 참여하에 네거티브 규제를 선정한다. 각 부처에서 선정된 규제는 규제개혁위원회로 보고한다. 경제협력개발기구(OECD)는 1998년 이후 5년마다 OECD 회원국과 기타 주요 비회원국들의 시장 규제현황을 조사하여 상품시장규제(PMR: Product Market Regulation) 지수를 산출하여 발표하고 있다. OECD가 발표하는 상품시장규제(PMR: Product Market Regulation) 지수는 상품시장의 경제적 규제환경에 관하여 국제적으로 비교가 가능한 자료로 활용되고 있다.55)

〈그림 15-5〉 2018 상품시장규제(PMR) 지수의 구성

자료: OECD, Indicators of Product Market Regulation Homepage
출처: 국회입법조사처, 김민창, 「국제통계 동향과 분석」, "OECD 2018 상품시장규제(PMR) 지수의 산출 결과와 시사점", 제1호, p.13.

---

55) 국회입법조사처, 김민창, 「국제통계 동향과 분석」, "OECD 2018 상품시장규제(PMR) 지수의 산출결과와 시사점", (서울, 2019), 제1호

한국의 상품시장규제(PMR: Product Market Regulation) 지수는 1.69로 조사대상 34개 경제협력개발기구(OECD) 회원국가 중 5위 수준으로 경제협력개발기구(OECD) 국가 평균(1.40)보다 높은 수준으로 나타났다. 이처럼 한국의 상품시장규제(PMR: Product Market Regulation) 지수가 높게 나타나는 주된 이유는 '진입장벽(Barriers to Domestic and Foreign Entry)'56) 분야의 규제강도가 높기 때문이다.57)

〈표 15-36〉 국가별 상품시장규제(PMR) 지수비교

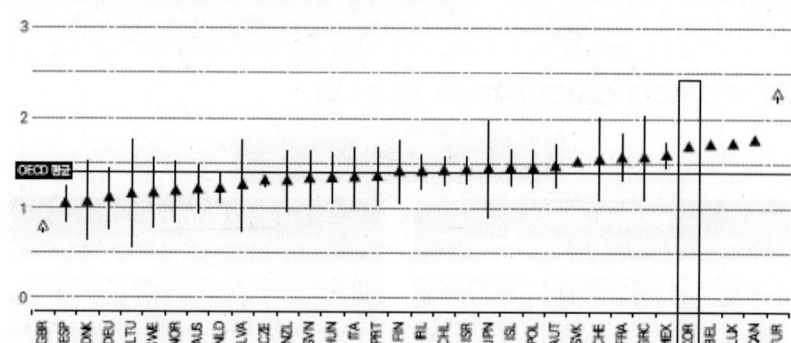

자료: OECD, Indicators of Product Market Regulation Homepage
출처: 국회입법조사처, 김민창, 「국제통계 동향과 분석」, "OECD 2018 상품시장규제(PMR) 지수의 산출 결과와 시사점", 제1호, p.13.

한국의 상품시장규제(PMR: Product Market Regulation) 지수는 1.69로 터키 2.28(1위), 캐나다 1.76(2위), 룩셈부르크 1.73(3위), 벨

---

56) 경제의 경쟁이론에서 진입장벽 또는 경제 진입장벽은 기존 사업자가 가지고 있지 않거나 지지하지 않거나 개입할 필요가 없는 시장에 새로 들어오는 사람이 부담해야 하는 비용이다. 위키백과, W. https://ko.wikipedia.org/wiki/%EC%a7%84%EC%9E%85_%…(중략) (검색: 2019.11.11); 기업이 특정산업에 진입하기 위해 극복해야 하는 유무형의 장애물로 규모의 경제, 거대 초기 자본금, 시장내 경쟁 등이 있다. 두산백과, http://www.doopedia.co.kr (검색: 2019.11.11.)
57) 국회입법조사처, 김민창, 「국제통계 동향과 분석」, "OECD 2018 상품시장규제(PMR) 지수의 산출결과와 시사점", (서울, 2019), 제1호, pp.12.16.

기에 1.71(4위) 등의 수위를 나타내었으며, 반면에 영국은 0.79(34위)로 상품시장규제(PMR: Product Market Regulation) 지수가 가장 낮은 수준으로 조사되었다.58) 경제협력개발기구(OECD) 주요국은 '진입장벽(Barriers to Domestic and Foreign Entry)' 분야의 규제수준이 낮게 나타나는 특징을 보이고 있다. 상품시장규제(PMR: Product Market Regulation) 지수 '0점'은 규제가 없는 상태이며, '6점'은 규제가 가장 강한 상태로 점수가 클수록, 점수에 따른 경제협력개발기구(OECD) 국가 내 순위가 높을수록 규제수준이 높다는 것을 의미한다.59) 시장에 진입하고자 하는 기업이 시장 내 기존 기업에 비해 불리한 점으로 시장 진출시 존재하는 유·무형적인 장애물을 모두 포함한다. '진입장벽(Entry barriers)'을 높이는 요인은 아래와 같다. 1) 규모의 경제는 기존 기업이 거대 유통망과 원재료 공급시설 등을 보유하고 있는 경우에는 원가 우위를 점하여 보다 낮은 가격에 제품을 공급할 수 있기 때문에 신규 진입시(자)에는 진입장벽으로 작용한다. 2) 높은 브랜드 충성도는 기존 기업의 제품이 높은 브랜드 충성도를 가지고 있을 경우 신규 진입시(자)에는 진입장벽으로 적용한다. 3) 거대 초기 자본금은 사업 초기 설비 투자나 기술 개발 등 대규모의 자본이 필요한 경우 이는 진입장벽(Entry barriers)으로 작용한다. 4) 제한적 유통채널은 산업을 선점하고 있는 기존 기업이 유통채널을 장악하고 있을수록 시장 진입이 어려워 진입장벽(또는 '참여 장벽'이라고도 한다)으로 작용한다. 유통채널 접근이 어려울수록 진입장벽이 높게 나타난다. 5) 정부

---

58) 이외에도 프랑스는 1.57(7위), 이탈리아 1.35(20위), 독일 1.11(31위), 일본은 1.44(14위) 인 것으로 조사되었으며, 2018년 조사에서 미국은 제외되었다.
59) 김민창, 앞의 글; 헤럴드 경제, 이해준, 한국 상품시장 진입규제 지나치게 높다... 규제지수 OECD 34개 구가 중 5위, 2019.10.12. 참조.

정책 등의 환경적 제약은 정부 정책에 의해 해당 사업의 인허가권이나 원재료 채굴에 대한 접근이 제한되거나 통제되는 경우에는 진입장벽으로 작용한다. 6) 시장 내 경쟁과 대응은 시장 내 기존 기업들 간의 경쟁이 치열하여 가격경쟁이 심화되어 있거나 기존 기업들이 협력하여 유통채널을 독점하는 경우에도 진입장벽으로 작용한다.60) 기업의 우수한 기술, 질높은 디자인 화보, 보다 충성도 높은 브랜드 구축 노력, 견고한 통로 채널 확보, 교육훈련으로 숙련된 전문가 그룹 형성 등 기업들은 다각적인 노력을 기울이기도 하지만 때로는 경쟁 자체를 회피하기 위한 노력도 전개한다. 그러한 대표적인 방법으로 진입장벽을 들 수 있다. 이러한 시장의 진입장벽이 높은 시장일수록 신규진입이 어렵기 때문에 독점시장이 형성될 가능성이 높게 나타날 수 있으며, 반대로 진입장벽이 낮을수록 시장 내 존재하는 경쟁 상대가 많아져 경쟁이 과열될 수 있다. 소비자 입장에서는 경쟁이 치열할수록 유리한 상황이 조성되고 품질이 향상되는 효과를 기대할 수 있다. 기업은 항상 두 가지 경쟁에 직면하게 된다. 하나는 다른 사업자와의 경쟁하는 현재적인 경쟁이고, 또 하나는 장차 그 산업에 참가할 기업과의 잠재적인 경쟁이다.61)

최근 규제샌드박스 4주년('19.1.17일 시행)을 맞아 국무조정실은 5개 규제샌드박스 주관부처(과기정통부·산업부·국토부·중기부·금융위) 및 대한상공회의소가 공동으로 규제샌드박스 기업 간담회(2023. 2.15)

---

60) 두산백과, (네이버 지식백과) https://terms.naver.com/entry.nhn?docId=3389970& cid=40942& categoryId=31915 (검색: 2019.11.11.)
61) 참여(진입)장벽은 잠재적 경쟁을 방어억제하기 위해 만들어지는 것으로 이는 특정산업에 진입하여 사업을 전개하고자 하는 기업에게 가능한 한 불리하게 작용하는 모든 장애 요인들이 이에 해당한다. 한편 참여장벽에 대응하는 개념으로 철수장벽이 있다. 이는 어떤 분야에서 철수하려고 하는 경우에 그 진출 분야에서 선뜻 발을 빼지 못하게 하는 주요 요인을 말한다. 매일경제, 「매일경제 용어사전」 매경닷컴, http://www.mk.co.kr

를 개최했다. 지난 4년간(2022년 12월, 기준) 총 860건의 규제특례를 통해 10조 5천억원 이상의 투자유치, 4천억원 이상의 매출증가, 1만 1천여 명의 일자리가 창출되었다고 말했다. 그간의 가시적 성과와 지속적인 제도개선에도 불구하고 ▲이해갈등으로 인한 승인 지연 해소, ▲샌드박스 승인 절차 간소화, ▲신속한 법령 정비, ▲사업화 지원 강화 등에 대한 요구를 지속적으로 개선할 필요성이 제기되었다. 향후 추진 방향으로 ① 갈등해결형 규제샌드박스 본격 추진을 통해 장기 지연과제 해결을 도모하고 ② 규제법령 정비 기능 강화를 통해 신속 규제개선 추진하며 ③ 실증사업 중이거나 실증사업을 마친 기업들에 대한 사업화 지원 프로그램을 강화하여 혁신기업의 산실로서의 역할을 강화[62] 해 나가야 한다.

한국의 '진입장벽(Barriers to Domestic and Foreign Entry)' 분야의 규제 수준은 1.72(2위/34개국)로 경제협력개발기구(OECD) 평균(1.16)에 비해 상당히 높다. 또한 '정부개입에 의한 왜곡' 분야는 1.66으로 OECD 국가 내 17위로 경제협력개발기구(OECD) 평균(1.65) 수준으로 나타났다. 특히 '기업 활동에 대한 개입(Involvement in Business Operations)' 항목은 OECD 평균(1.29)보다 매우 높은 1.92로 OECD 34개 국가 중에서 3위 수준을 보였다.[63]

---

62) 김남혁·이성원, 산업통상자원부, 규제샌드박스 4년, 기회의 문을 넘어 도약의 발판으로, 보도자료, 2023.2.15
63) 상품시장규제(PMR) 지수에 대한 자세한 내용은 국회입법조사처, 김민창, 「국제통계 동향과 분석」 참조.

〈표 15-37〉 2018 한국의 상품시장규제(PMR) 지수 세부 내용

(단위: 점)

구분	OECD 평균		한국	
	전체	상위 5개국		
상품시장규제(PMR) 총괄지수	1.40	1.03	1.69	(5)
• 정부개입에 의한 왜곡	1.65	1.22	1.66	(17)
- 국/공유화	2.15	1.35	2.21	(14)
- 기업 활동에 대한 개입	1.29	0.74	1.92	(3)
- 규제 단순화 및 평가	1.50	0.83	0.85	(32)
• 진입장벽	1.16	0.69	1.72	(2)
- 창업기업에 대한 행정부담	1.06	0.14	1.09	(15)
- 서비스 및 네트워크 분야에 대한 장벽	1.75	0.96	2.59	(2)
- 무역 및 투자에 대한 장벽	0.67	0.32	1.49	(2)

주: 1) ( )는 2018년 34개 OECD 국가 내 순위임
　　2) 지수가 클수록, 순위가 높을수록 규제수준이 높은 것을 의미함.
자료: OECD
출처: 국회입법조사처, 김민창, 「국제통계 동향과 분석」 "OECD 2018 상품시장규제(PMR) 지수의 산출 결과와 시사점", 제1호

경제협력개발기구(OECD) 주요 국가들보다 한국은 상품시장규제(PMR: Product Market Regulation) 지수가 높게 나타나고 있는 점은 '진입장벽(Barriers to Domestic and Foreign Entry)' 분야(서비스 및 네트워크 분야에 대한 장벽, 2.59점, 2위)의 규제 강도가 높게 나타나고 있는 점에 주목할 필요가 있으며 규제개혁을 추진할 때 충분히 참고할 필요가 있다. 진입장벽은 진입하고자 하는 기업입장에서 어려움이 있지만 일단 한번 진입하면 이익이 안정적이고 확실성이 증가한다는 장점도 있다. 반면에 철수장벽이 높아진다는 것은 한번 들어오면 실패 하더라도 이탈하기 어려우며 리스크가 크다는 단점이 있다. 다음으로 진입장벽과 철수장벽 모두 낮은 경우는 수이도 낮지만 리스크도 거의 없다. 또한 진입장벽은 높지만 철수장벽이 낮은 경우는 가장 매력적인 사업으로 한번 진입하면 안정적이고 위기시에도 철수가 쉬워 위험을 최소

화할 수 있다. 진입장벽이 낮고 철수장벽이 높은 경우에는 최악의 경우이다. 수익은 적고 위험시 탈출하기가 어렵다는 단점이 있다. 마지막으로 진입장벽과 철수장벽이 모두 큰 경우는 수익은 높을 수 있으나 큰 리스크를 부담하게 된다. 2019년 세계경제포럼(WEF)의 국가경쟁력 평가지표[64]에 따른 결과에서 시장분야(생산물 59위,[65] 노동시장 51위, 금융 18위, 시장규모 14위)에서 생산물 시장(Product Market)의 국가경쟁력은 조사대상 141개국 중 59위로 국가경쟁력을 하락시키는 요인으로 나타났다. 또한 혁신생태계분야(기업 활력부문 25위,[66] 혁신역량부문 6위)에서 기업 활력 부문에서도 오너리스크에 대한 태도(Attitudes toward entrepreneurial risk) 설문조사 결과 조사대상 14개국 중에서 88위에 머물러 국가경쟁력 하락요인으로 나타났다. 또한 2019년 국제경영개발대학원(IMD)의 국가경쟁력 평가지표[67]에서 정부효율성 분야(재정 24위, 조세정책 18위, 제도적여건 33위, 기업관련 규제 50

---

[64] 평가지표는 4개 분야(기본환경, 인적자원, 시장, 혁신생태계) 12개 부문별로 평가를 실시했다. 한국은 2019년 13위(13/141개국)를 나타냈다. 한국, 기획재정부, 심규진·손정혁·오다은·황철환, 보도참고자료, "2019년 세계경제포럼(WEF) 국가경쟁력 평가결과", 세종, 2019.10.9.

[65] 평가지표 4대분야 12개부문 중 생산물 시장부문에서는 조세 및 보조금의 경쟁왜곡 영향, 독과점의 수준, 서비스 업계의 경쟁, 무역장벽이 존재하는 정도(Prealence of non-tariff barriers), 관세율, 관세의 복잡성, 통관절차의 효율성을 대상으로 조사를 실시 141개국 중 59위로 국가경쟁력을 하락시키는 요인으로 나타났다. 한국, 기획재정부, 심규진·손정혁·오다은·황철환, 보도참고자료, "2019년 세계경제포럼(WEF) 국가경쟁력 평가결과", 세종, 2019.10.9. 한국, 기획재정부, 심규진·손정혁·오다은·황철환, 보도참고자료, "2019년 세계경제포럼(WEF) 국가경쟁력 평가결과", 세종, 2019.10.9.

[66] 평가지표 4대분야 12개부문 중 기업활력(Business dynamism) 부문에서 창업비용(97위), 창업준비기간(14위), 파산회;복율(14위), 파산법률체계(26위), 오너리스크에 대한 태도(88위), 권한위임의지(85위), 혁신기업의 성장(37위), 창조적 아이디어를 수용하는 기업(42위)등으로 나타나 전반적인 순위를 하락시키는 요인이 되었다.

[67] IMD의 평가지표는 4개분야(경제성과, 정부효율성, 기업효율성, 인프라), 20개 부문, 235개 세부항목(통계 143개, 설문 92개)에 대한 순위 평가를 기초로 각 국의 종합순위를 산정한다. 설문조사는 해당국가의 기업인을 대상으로 실시한다. 한국, 기획재정부, 심규진·황철환, 보도참고자료, "2019 IMD 국가경쟁력 평가 순위 28위", 세종, 2019.5.29.

위, 사회적 여건 39위)에서는 기업관련 규제가 50위를 기록 국가경쟁력을 하락시키는 요인으로 나타났다.

〈표 15-38〉 2019년 IMD 국가경쟁력 평가: 정부효율성

	'13	'14	'15	'16	'17	'18	'19
정부 효율성	20	26	28	26	29	29	31
• 재정	9	24	25	20	19	22	24
• 조세정책	18	17	19	18	15	17	18
• 제도적여건	19	25	25	25	29	29	33
• 기업관련규제	39	42	45	46	48	47	50
• 사회적여건	42	36	40	40	42	38	39

자료: 한국, 기획재정부, 심규진·황철환, 보도참고자료, "2019년 IMD 국가경쟁력 평가 순위 28위", 세종, 2019. 5. 29.

〈표 15-39〉 2019년 IMD 국가경쟁력 평가: 기업효율성

	'13	'14	'15	'16	'17	'18	'19
기업 효율성	34	39	37	48	44	43	34
• 생산성	37	35	38	38	35	39	38
• 노동시장	27	36	35	51	52	53	36
• 금융	28	29	31	37	35	33	34
• 경영활동	50	56	53	61	59	55	47
• 행동·가치	23	34	29	38	36	30	25

자료: 한국, 기획재정부, 심규진·황철환, 보도참고자료, "2019년 IMD 국가경쟁력 평가 순위 28위", 세종, 2019. 5. 29.

제4차 산업혁명 시대를 대비한 선진국들의 기술 주도권 쟁탈(a struggle for initiative) 경쟁이 치열해지고 있다. 이는 2016년 1월 '세계경제포럼(WEF)' 이후 세계적으로 제4차 산업혁명에 세계 각 국들이 선점(preemption)을 위한 선두경쟁을 위해 사활을 걸고 있다. 세계적인

경기침체(economic recession), 인구 구조의 변화, 기술의 변화 등 현실적 한계를 극복하기 위하여 선진국 중심으로 4차 산업혁명 시대의 주도권 선점을 위해 정부차원의 중장기 첨단산업 육성전략을 수립했다. 미국은 '첨단제조 파트너쉽(Advanced Manufacturing Partnership: AMP)', '국가 제조혁신네트워크(National Network for Manufacturing Innovation: NNMI)', '미국 혁신전략(Strategy for American Innovation: SAI)' 등이 있으며, 독일은 '국가기술발전 종합계획 2020 (High-Tech Strategy 2020)', 'Industry 4.0' 등이 일본은 신산업구조비전과 제4차 산업혁명 민관회의를 통하여 제4차 산업 혁명시대의 새로운 산업생태계의 주도권 확보를 위한 경쟁이 세계 선진국 및 경제협력개발기구(OECD) 중심으로 추진되고 있다.

한국 정부는 기업의 창업절차를 간소하는 등의 제도적 여건을 마련하고, 혁신역량을 강화하며 기업관련 규제를 완화하는 정책을 추진하고 있다. 정부는 4차 산업혁명에 선제적으로 대응하고 신산업 생태계를 활성화하기 위해 신산업·신기술분야의 규제혁파 추진체계를 마련했다. 이를 위해 기존의 규제개혁 추진 방식에서 탈피하여 민간주도의 규제시스템 확립을 위해 민간의 시각에서 바라볼 수 있도록 신산업규제혁신위원회68)를 구성했다.

4차 산업혁명시대에 정부규제는 좀 더 유연한 방향으로 완화하여 자율과 창의를 바탕으로 기업의 행위를 제약하는 것이 아니라 오히려 장

---

68) 2016년 신산업투자위원회를 행정규제기본법 시행령 제21조 및 규제개혁위원회 운영세칙 제18조에 근거하여 규제개혁위원회 산하 자문기구로 체계화하고 신산업규제혁신위원회로 확대 재편하였다. 아울러 신산업규제는 기존 규제개혁 추진 방식에서 탈피하여 △'官'이 아닌 '民'주도 규제 시스템 확립 △ '원칙개선, 예외소명'의 규제 심사 방식 도입 △ 국제수준에서 규제 최소성 달성이라는 「규제개혁 패러다임 3대 원칙」하에 원점에서 재검토하였다. 한국, 규제개혁위원회, 박광훈, 「2018 규제개혁백서」, "규제개혁 추진 개요", 2018, p.16.

려하여 플랫폼기업이 성장할 수 있도록 적극적 행정을 펼쳐야 할 시기가 도래했다. 스타트업, 벤처, 유니콘 기업 등이 보다 더 세계와 경쟁할 수 있는 행·재정적 지원을 통하여 인큐베이트를 벗어나 세계로 진출할 수 있도록 해야 할 것이다.

이러한 유니콘 기업(Unicorn)은 현재 발생하는 수익이 아닌 미래의 수익을 포함한 기업 가치가 10억 달러(한화 1조4천억원) 이상이고 창업한 지 10년 이하인 비상장 스타트업 기업을 말한다. 원래 유니콘이란 그리스 로마 신화에 나오는 뿔이 하나 달린 말처럼 생긴 상상속의 동물을 말한다. 스타트업 기업이 상장하기도 전에 기업가치가 1조 원 이상이 되는 것은 마치 유니콘처럼 상상 속에서나 존재할 수 있다는 의미로 사용되었다. 2013년 벤처 투자자 에일린 리(Aileen Lee)가 처음으로 사용했다. 또한 기업가치가 100억 달러 이상의 스타트업은 데카콘(decacorn)이라 부르며, 원래 데카콘(decacorn)이란 머리에 10개의 뿔을 가진 상상 속의 동물을 말한다. 미국의 경제통신사인 블룸버그(Bloomberg)가 처음 사용한 용어이다. 한편 기업가치가 1천억 달러 이상인 스타트업은 헥토콘(hectorcorn)이라 부른다. 참고로 한국의 2022년 말 기준 기업가치 1조원 이상 비상장기업인 국내 거대신생기업(유니콘기업)은 22개사*라고 밝혔다.[69]

* 미(美) 기업 분석회사 '씨비 인사이트(CB Insights)' 등재 14개사 + 중소벤처기업부가 추가 파악한 8개사('19년까지는 CB Insights 수치를 활용, 20년부터 중소벤처기업부 자체 발굴기업을 추가해 발표)

---

[69] 김민지·최형민·윤원민, 중소벤처기업부, 2022년 국내 거대신생기업(유니콘기업)은 22개사; 3고(高) 위기에도 거대신생기업(유니콘) 탄생(7개사)·졸업기업(3개사) 연간 최다, 보도자료, 2023. 2. 10.

그렇다면 스타트업의 기업가치를 산정하는 객관적인 기준은 어떻게 산정하는 것인가? 기업가치 평가는 시장 크기(규모)와 시장점유율, 자금의 유동성, 기술 혁신, 잠재적 성장 가능성, 경쟁력과 차별성, 수익 모델과 재무 상태, 인적 자원과 팀 역량, 시장 진입 전략과 실행력 등을 종합적으로 고려하여 진행하는 것이 통상적이다. 이외에도 스타트업들의 가치 평가는 논리적이지 않고 객관적이지 않다. 주로 비즈니스모델, 자산 규모, 경쟁 관계(상대적 경쟁력), 전체 시장규모, 시장에서 기회, 영업현황 등 요소를 고려하지만 이런 객관적인 지표와 달리 투자자들에게는 '그만큼의 가치에 동의하는가?'라는 주관적인 질문에 기업의 가치가 평가되는 게 일반적이라고 할 수 있다. 객관적 지표는 참고용 또는 스타트업-투자자와의 일종의 형식을 맞추는 서류일 뿐일 수도 있다.

정부는 기업이 자율적으로 ESG 경영을 할 수 있도록 가이드라인을 선제적으로 제시하여 기업이 사회의 배분적 형평을 이루도록 유도하는 기능을 수행해야 한다. 이는 경제적 규제(economic regulation, 經濟的規制) 뿐만 아니라 소비자보호규제, 환경규제, 직업안전·보건규제 등의 사회적(social regulation, 社會的 規制) 규제도 해당하는 것이 통상적이다.

〈표 15-40〉 주요국의 제4차 산업혁명 관련 정책

국가	제4차 산업혁명 관련 주요 정책
미 국	• 첨단제조 파트너쉽(Advanced Manufacturing Partnership: AMP) • 국가 제조혁신네트워크(National Network for Manufacturing Innovation: NNMI) • 미국혁신전략(Strategy for American Innovation: SAI)
독 일	• 국가기술발전 종합계획 2020(High-Tech Strategy 2020)

일 본	• Industry 4.0 • 신 산업구조비전,　　• 제4차 산업혁명 민관회의
중 국	• 중국제조 2025(Made in China 2025) • 인터넷 플러스(Internet +)
영 국	• 국가혁신계획(The National Innovation Plan)
스위스	• 디지털 스위스 (Digital Swiss)
대 만	• 5+2 혁신산업전략
네덜란드	• 스마트 산업(Smart Industry)
러시아	• 2035 국가 기술이니셔티브National Technological Industry

자료: Kotra, 한석우·고상훈, "세계는 연결성·규제완화·융합으로 4차 산업혁명 대비 중" 보도자료, 2017.4.30

　　서구 선진 국가들은 4차 산업혁명이 모든 산업의 블랙홀처럼 혁명적 변화를 수반하므로 세계시장의 주도권을 선점(preemptive, occupy in advance, 先占)하기 위해 정부차원의 전략(strategy)을 위해 고심하고 있다. 제4차 산업혁명의 시대는 다양한 산업이 초연결성(Hyper-Connected), 초지능화(Hyper-Intelligent), 초정밀성(Hyper-Exactitude)을 기반으로 융·복합된 새로운 기술로 기존 산업 구조의 대변혁(revolutionize)을 잉태하고 있다. 주요 선진국들은 규제완화를 기반으로 산·학·연 플랫폼 구축을 서두르면서 첨단산업(high-tech industry) 개발을 위한 혁신적 규제완화(innovative deregulation) 제도를 서둘러 도입하여 국가경쟁체제에 대비하고 선점하기 위한 노력을 경주하고 있다. 아울러 기업-학계-정부간 협력 플랫폼을 통한 생태계 구축도 서두르고 있다. 기업들의 첨단기술 아이디어와 상용화 사이의 간격을 줄이는 것이 핵심이다. 정부의 역할은 직접적인 개입보다는 적극적이고도 선제적으로 집중적인 예산지원 및 규제정비, 플랫폼 구축, 첨단기술 개발 저해 요소 등을 지원해주고, 민간이 자유롭게 신기술을 연구하고 빠르게 상용화할 수 있도록 측면지원 해야 한다. 미국의 '제조업혁신센터 (MII)', '국가 빅데이터 연구개발 이니셔티브', 독일의 '혁신 클러스터', 네덜란드의 '산업별 필드랩(Field Lab)' 호주 총리실 산하의 '4차 산업 전담반(의장은 민간기업 CEO)' 등이 그 예이다.[70] 특히 각 국 정부는 규제완화 및 제도보완에 심혈을 기울이고 있다. 일본은 '그레이존 해소 제도',[71] '기업의 실증 특례제도'[72] 등 기업 스스로 규제의 재검토를 제안할 수 있는 미니규제완화 제도를 2014년부터 이미 시행하고 있다. 또한 현행규제를 일시적으로 미적용하는 샌드박스[73]라는 프로그램도 발전하고 있다. 미국 및 독일, 영국, 이스라엘도 규제완화를 본격적으로 추진하고 있다.[74] 이에 한국 정부도 규제완화를 제도적으로 뒷받침하기 위해 각고의 노력을 기울이고 있다. 규제정책의 심의·조정, 규제의 심사정비 등에 관한 사항을 종합적으로 추진하기 위해 대통령 소속 하에 설치된 규제개혁위원회를 중심으로 규제혁신을 추진하고 있다. 규제개혁위원회[75]는 행정규제기본법 제23조에 의거, 정부의 규제정책을 심의·조정하고 규제의 심사정비 등에 관한 사항의 종합적 추진을 위해

---

[70] Kotra, 한석우·고상훈, "세계는 연결성·규제완화·융합으로 4차 산업혁명 대비 중" 보도 자료, 2017.4.30.
[71] 법률적으로 규제여부가 불확실한 사업에 대해 감독관청이 규제 미적용을 보증하는 제도
[72] 기업 스스로가 규제완화를 제안, 예외 인정을 받을 수 있는 제도
[73] 신제품, 신서비스를 출시할 때 일정 기간 기존 규제를 면제, 유예해주는 제도이다. 즉 신기술신서비스가 국민의 생명과 안전에 저해되지 않을 경우 기존 법령이나 규제에도 불구하고 실증(실증특례) 또는 임시 허가할 수 있도록 지원하는 제도이다. 모래 놀이터처럼 '규제프리존'에서 새로운 산업이 발전할 수 있다는 명목으로 2016년 영국에서 핀테크 산업을 육성하면서 처음으로 등장했다.
[74] Kotra, 한석우·고상훈, 앞의 글
[75] 규제정책의 심의 조정, 규제의 신사정비 등에 관한 사항을 종합적으로 추진하기 위해 대통령 소속하에 설치된 규제개혁위원회를 중심으로 규제혁신을 추진하고 있다. 한국, 규제개혁위원회, 이대섭, 「2018 규제개혁백서」, "규제개혁 추진체계" 2018, p.12. 규제개혁위원회의 세부적인 기능에 대해서는 이대섭, 앞의 글, p.13. 참조

설치 운영하며, 한국은 규제개혁위원회 공동위원장(국무총리)은 국가 중요정책의 조정과 주요 국정 현안에 대한 범정부적 대응을 위해 '국정현안점검조정회의'를 활용하여 규제혁신 주요 안건을 논의·발표하고 있으며, 현장의 규제애로를 직접 듣고 이를 위해 규제혁파를 위한 현장대화를 주기적으로 개최하고 있다.76)

또한 4차 산업혁명시대에 정부는 더 이상 정부규제를 혁신하지 않으면 성장하기 어려운 시기에 직면했다. 정부의 규제혁신(規制革新)은 현 시기 정부 정책으로 일관되게 추진해야 하는 것이 무엇보다 중요하다. 정부가 과감하게 많은 규제를 풀고 민간에 투자해서, 자유로운 기업 중심과 시장 중심으로 경제를 성장시키는 정책이 되어야 한다.

〈표 15-41〉 (정부) 규제개혁 추진체계 비교

노무현 정부	이명박 정부	박근혜 정부	문재인 정부
• 규제개혁위원회 (규제조정실)	• 규제개혁위원회 (규제조정실)	• 규제개혁위원회 (규제조정실)	• 규제개혁위원회 (규제조정실) - 자문기구 구성·운영 (신산업규제혁신위, 기술규제위, 비용분석위원회)
• 총리 주재 규제개혁장관회의	• 국가경쟁력강화위원회 - 덩어리 규제 개혁 및 규제정책 관련 대통령 보좌	• 대통령 주재 규제개혁장관회의 • 국무총리 주재 규제개혁 현장점검회의	• 국무총리 주재 국정현안점검조정회의 • 국무총리 주재 규제혁파 현장대화
• 규제개혁기획단 - 덩어리규제 개혁	• 민관합동 규제개혁추진단 - 기업 현장 규제애로 개선	• 민관합동 규제개선추진단 - 손톱 밑 가시 등 기업 규제애로 해소	• 민관합동 규제개선추진단 - 일자리 창출 및 기업 현장 규제애로 해소
• 규제신고센터 - 규제민원 처리		• 규제개혁신문고 - 규제민원 처리	• 규제개혁신문고 - 규제민원 처리

자료: 한국, 규제개혁위원회, 「2018 규제개혁백서」
출처: 한국, 규제개혁위원회, 이대섭, 「2018 규제개혁백서」, "규제개혁 추진체계" 2018, p.12.

---

76) 한국, 규제개혁위원회, 이대섭, 「2018 규제개혁백서」, "규제개혁 추진체계" 2018, p.12.

정부는 진행 중인 제4차 산업혁명에 선제적으로 대응하고 신산업 생태계를 활성화하기 위해 신산업·신기술 분야의 규제혁파 추진체계를 마련했다. 2016년 제9차 무역투자진흥회의에서 '원칙개선-예외소명'의 규제 검토 방식을 최초로 적용한 신산업투자위원회가 운영되었고, 국무조정실로 위원회를 이관하여 신산업·신기술 분야에 '원칙개선-예외소명'의 규제심사방식을 적용했다. 이후 신산업투자위원회를 행정규제기본법 시행령 제21조 및 규제개혁위원회 운영세칙 제18조에 근거하여 규제개혁위원회 산하 자문기구로 체계화하고 '신산업규제혁신위원회'로 확대·재편(2017.6월)하였다.[77]

〈표 15-42〉(정부) 신산업 규제혁신위원회 구성

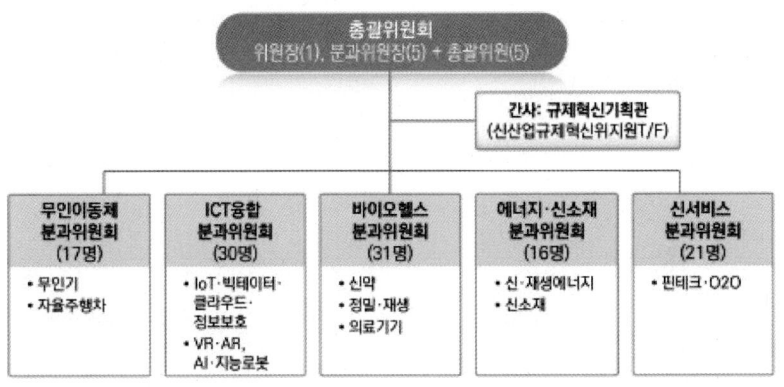

자료: 한국, 규제개혁위원회, 「2018 규제개혁백서」.
출처: 한국, 규제개혁위원회, 박광훈, 「2018 규제개혁백서」 "규제개혁 추진 개요" 2018, p.17.

세계경제포럼(WEF)은 세계경제·정치·정책 등의 분야에서 세계적 리더, 각국 지도자, 기업인, 저널리스트, 싱크탱크(Thimk Tank) 등이 모여 세계경제에 대해 토론하는 국제 민간회의에서는 미래 유망기술을

---
[77] 한국, 규제개혁위원회, 박광훈, 「2018 규제개혁백서」 "규제개혁 추진개요", 2018, p.16.

선정하고 있다.78) 여기서 특이한 것은 10대 미래유망기술 중 바이오 관련 기술은 연간 2~3개가 포함되고 있다는 점이다.79)

〈표 15-43〉 최근의 10대 미래 유망기술 선정(WEF)

2014년	2015년	2016년	2019년
신체적응 웨어러블	연료전지자동차	나노센서와 나노사물 인터넷	순환경제를 위한 바이오플라스틱
나노구조 탄소복합체	차세대 로보틱스	차세대전지	소셜 로봇
해수담수화 과정에서 금속채취	재활용가능한 열경화성고분자	블록체인	소형장치를 위한 작은 렌즈
전기기장 그리드	정밀한 유전공학	2D소재	신약표적으로서의 구조결함 단백질
나노와이어 리튬전지	첨삭가공	자율주행자동차	환경오염을 줄이는 보다 스마트한 비료
스크린없는 디스플레이	다가오는 인공지능	장기칩	협업 텔레프레즌스
인간마이크로비옴 치료제	분산제조업	페로브스카이트 태양전지	고급식품추적 및 포장기술
RNA기반치료제	'감지와 회피' 드론	개방형 인공지능생태계	보다 안전한 원자로
개인계량화 및 예측분석	뉴로모픽기술	광유전학	DNA데이터 저장
뇌 - 컴퓨터인터페이스	디지털 게놈	시스템대사공학	유틸리티 규모의 재생에너지 저장

자료: 세계경제포럼(WEF), Top 10 Emerging Technologies
주: 1) 10대 미래 유망기술은 WEF의 전문가 네트워크 및 글로벌 미래위원회 Global Future Council 와 세계적인 과학저널 사이언티픽 아메리칸(Scientific American)의 자문위원회를 통해 선정한다.
   2) 세계경제포럼(WEF) 선정 2019년 10대 미래유망기술이란 5년 이내 글로벌 사회경제에 큰 영향력을 가질 혁신적인 기술(breakthrough innovations)로서 인간의 삶의 질을 개선시키고 세계의 산업을 변화시키며 지구환경을 보호하는데 잠재력을 가질 것으로 전망되는 10대 기술을 말한다.

78) 세계경제포럼(WEF) 미래기술 글로벌 아젠다 위원회(Global Agenda Council)
79) 세계경제포럼(WEF), Top 10 Emerging Technologies에서 주요한 특징은 바이오 분야가 점차 증가하는 추세를 보이고 있다. 2015년 3개, 2017년 4개, 2019년에는 5개의 기술이 선정되었다.

제3절 국가 혁신전략 이론

1. 혁신을 위한 이론적 기반

정부 혁신의 출발은 변화인식의 필요성에 공감하면서 문제인식으로부터 시작되어야 한다. 정부가 원하는 목표 상태(what should be)와 현재 상태(what is)에서 생기는 간극의 문제를 자원의 효율적 배분을 통해 문제를 해결하기 위해서는 변화와 혁신(change and innovation)이 필요하다고 인식할 것이다. 그러나 이러한 변화와 혁신을 추진하는데 있어 일방적으로 추진하기에는 제한사항이 발생함을 간과해서는 안 된다. 변화와 혁신은 인류사회의 생활의 패러다임(paradigm)을 변화시키는 것이기에 여러 가지 변화요소, 즉 정치, 경치, 사회, 문화, 군사 등 제 분야에서 선진한국으로의 발전적 도약(development leap)을 위한 중요한 과제는 국가경쟁력을 높이는 것이다. 최근 문화예술 방면에서는 한국의 아이돌 그룹인 BTS(방탄소년단)는 한국의 문화(韓流)를 전 세계에 알리는데 선봉장 역할을 톡톡히 하고 있다.

문재인 정부 이전의 정부혁신은 주로 정부 주도로 이루어져왔다. 정부와 기업은 혁신과 관련하여 유기적으로 움직임이 적었다. 관계 장관 회의로 혁신이 추진되지 않기 때문이다. 혁신이 성공적으로 이루어지기 위해서는 혁신을 담당하는 인력과 조직이 혁신에 절반은 미쳐야 성공할 수 있다. 이전의 행정부들은 정부나 기업의 혁신을 리더할 리더(leader)가 혁신에 사활을 걸지 않았기 때문이다. 그러나 이제는 정부혁신이 공직자 내부의 혁신만으로는 변화하는 시대에 기업과 사회, 국민이 체감하는 변화를 이끌어내지 못했다는 점에 착안하여 정부혁신의 패러다임(paradigm)을 정부에서 기업체와 국민중심으로 전환하여 선진국시대에 국민의 삶의 질 상승에 실질적으로 유익한 사회 환경을 조성하는데 있다.

특히 기업은 혁신을 추진하는데 장애가 많다. 미국 굴지의 제조회사인 제너럴 일렉트릭(General Electric: GE)사의 회장(Chairman)과 최고경영자(CEO: Chief Executive Officer)를 역임한 GE사의 '전설적인 경영자'라는 별칭을 가진 잭 웰치(Jack Welch)[80]도 "GE를 구조조정하고 훈련시켜 오늘날과 같은 최고의 회사로 만드는데 십여 년의 시간과 수천만 달러의 돈이 필요했다."[81] 그는 세계에서 1·2위를 할 수 없는 사업은 과감한 구조조정을 했다. 인지적 장애의 종업원들은 근본적 변화의 필요성을 보지 못하고, 자원제약은 기업이 갖고 있는 만성적인 요소이며, 동기부여 장애는 종업원들의 사기를 꺾고, 정치적 장애는 변화에 대한 내부와 외부의 저항이다.[82] 자원제약은 기술혁신이나 수입선 다변화를 통한 비용절감을 기대할 수 있어야 한다. 따라서 정부가 아닌 기업과 국민이 정부혁신의 주체가 되어 정부혁신에 관한 아이디어 제안에서 정책집행-모니터링을 할 수 있는 플랫폼을 구축하는 단계로까지 발전하였다. 문재인 행정부에서 정부혁신을 더는 미룰 수 없는 과제로 인식하게 된 배경에는 사회 환경의 변화(social environment change), 세계화시대, IT, AI, IoT, 드론, 로봇, 무인이동수단(체제) 등 정보화시대의 도래, 정책의 다양화, 복잡화 등 행정수요가 증가하

---

[80] 잭 웰치(Jack Welch)는 1981년 제너럴 일렉트릭(General Electric:GE) 역사상 최연소 회장겸 최고 경영자가 되었으며, 1999년 잡지 「포춘」에서 20세기 최고의 경영자로 선정되었다. Jack Welch의 경영기법은 대규모 정리해고를 통한 과감한 자본력과 구조조정 관련 기업의 인수합병(mergers and acquisitions) 및 국제화 추진이었다.
[81] 김위찬·르네 마보안 저, 강혜구 역, 『블루오션 전략』(서울: 교보문고, 2005), p.203.
[82] Ibid.

고, 시민사회의 성장, 지방자치시대의 성숙 정도, 재해재난의 대형화, 빅 데이터 등 행정환경의 변화(change of administrative environment)에 따른 고품질(high quality)의 서비스를 요구하는 시대로 진입하여 국민의 요구에 부응하는 정부는 혁신을 지향하지 않을 수 없는 환경에 직면하였다. 정부는 제4차 산업혁명의 물결이 이제 막 무대에 오른 현실적 인식(realistic perception)을 외면할 수 없는 지경에 와 있다는 점도 작용하고 있다. 미국, 일본, 유럽 등 서구선진국들은 보다 더 글로벌(global)한 국제체제 속에서 자유무역(free trade)이 아닌 자국에 유리한 보호무역(protection trade)으로 전환을 꾀한 현실에서 기술개발(technology development)을 통한 근본적 혁신을 하지 않을 수 없게 되었다. 따라서 정부는 정부혁신을 동력으로 사회 및 기업의 혁신으로 혁신적 포용국가로 발전을 도모하기 위해서 정부는 혁신을 보다 과감하게 추진하지 않을 수 없게 되었다.

2. 혁신의 기나긴 싸움

혁신은 한 시대, 한 시즌을 특정해서 하는 것이 아니라 변화의 물결 속에서 지속적으로 실시하는 것이다. 정부나 기업이 혁신을 한다는 것은 뼈를 깎는 아픔과 고통을 감내할 의지가 있어야 한다. 혁신은 그만큼 어렵고 자기 성찰(self-reflection)을 전제로 잘못된 환부는 과감히 도려내어 다른 부위에 새 살을 돋게 하는 것이다. 사실 정부는 혁신을 실행하기가 더더욱 쉽지 않다. 뚜렷한 성과가 보이지 않을 것도 많기 때문이다. 그러나 법과 제도를 정비하는 주체(subject)가 되어야 하기 때문에 가시적 성과가 없더라도 기업환경을 개선하고 국민들이 공감하는 아젠더(agenda)를 정책으로 승화시키는 것이야말로 그 무엇과도 바꿀 수 없기 때문이다.

규제(regulation)와 혁신(innovation)은 동전의 양면과 다를 바 없다. 규제는 법·제도의 테두리 내에서 추진해야 한다. 규제를 통해서 사회 및 기업환경을 정부와 국제 환경 및 조건에 맞고, 룰(rule)에 적합한지를 면밀하게 비추어보아야 한다. 모든 규제를 정부와 국제환경에 반드시 일치시킬 필요는 없다. 기업이 양질의 일자리(a good job)를 생산할 수 있도록 정부가 기업을 독려하는 데 있어 규제가 걸림돌(stumbling block)로 작용한다면 합리적인 방향으로 규제를 재검토하는 데 주저하지 않아야 한다. 규제는 기업하기 좋은 환경을 만들어 가는데 있어 걸림돌이 되어서는 안 된다. 오히려 지렛대(leverage, 영향력) 역할을 충실히 할 수 있어야 한다.

국민안전을 약화시킬 우려가 있거나 안전을 위해하는 규제는 오히려 국민안전을 위해서 규제를 강화해야 한다. 모든 규제는 완화해야 한다고 생각하면 오산이다. 안전과 관련한 규제, 국민의 생명을 보호하는(protect the korean people) 규제는 국제적으로도 강화하는 추세가 일반적 트랜드(trend)에 가깝다고 할 수 있다. 정부는 불필요한 규제를 정리하기 위해 '규제일몰제', '규제혁파위원회', '규제쇄신위원회', 법안심의단계에서부터 규제감축을 목표로 설정하여 추진하는 다양한 방안을 강구하고 있으나 별 실효성이 없다는 것이 학계의 공통된 주장이다. 서구선진국들이 '작은 정부'를 지향하는 것은 규제를 염두에 두고 있다고 보는 견해를 가진 주장도 설득력을 얻고 있다. 규제를 최소화하는 정책은 정부와 기업입장에서는 경상경비를 줄이고 생산력을 강화하는 좋은 촉진제와도 같다. 한쪽으로 기울어진 운동장이 아니라 전면이 평평한 운동장일 때 경쟁을 통해 기업경영 혁신으로 위기를 돌파하는 기업에 생존력이 있다 할 것이다. 혁신은 실행에 옮기기가 결코 쉽지 않다. 자신과 조직의 희생을 전제로 하기 때문이다. 따라서 혁신에 대한 반항이 수반될 수밖에 없다. 혁신 Needs가 혁신의 저항보다 크다는 것을 입증함으로써 변화에 대한 두려움을 제거하고 조직구성원의 공감을 이끌어내려는 노력이 필요하고 아울러 변화에 필요성을 조직전체에 퍼뜨리고 변화에의 공감대를 형성하는 과정은 중요하다. 왜냐하면 혁신에 대한 저항과 반감이 크기 때문이다. 이러한 혁신에 대한 저항을 일으키는 원인은 다음과 같다. 저항의 원천은 크게 기술적(Technical), 정치적(Political), 문화적(Cultural) 저항으로 구분할 수 있다.

〈표 15-44〉 혁신의 저항을 일으키는 원인과 저항 극복전략

저항의 원천	저항의 원인규정	혁신에 대한 저항의 극복전략
기술적 (Technical)	• 관습과 오래된 타성 • 새로운 스킬을 학습하는데 따르는 어려움 • 자원의 낭비 • 전문적 스킬의 부족 • 피해의식과 불공정	조직의 조정 및 재구조화 • 전략적 조직 평가 • 연습, 훈련, 교육 강화 • 전략-구조-과정의 적합성 이해 • 역할과 책임부여 • 명확한 목표제시/혁신비전 공유
정치적 (Political)	• 혁신세력 VS 기득권 세력 간 충돌 및 위협 • 나쁜 평판과 사회적 관계성 • 권력과 권한의 불균형 • 책임회피/ 자기중심적 사고 • 업무의 연속성 우려	권력과 자원의 분배 • 정치적 지형 극복 • 정치적 협력관계 구축 • 정치적 영향관계 패턴 규명 • 사익지양/공공성의 지향 • 정치적 프로세스 관리
문화적 (Cultural)	• 인지능력의 부조화 • 구시대적 사고, 의식 집착 • 혁신으로부터 소외/방치되는 두려움, 불만 등 • 혁신 Needs 부족	새로운 문화적 규범의 형성 • 상호간 문화인식 공유 • 인식의 전환 및 ESG경영 • 의식의 차별성 인정/공감 • 정부혁신을 사회적 가치와 일치

3. 정부혁신을 위한 이론적 재검토

가. 정부위기론(政府危機論)

정부위기(government crisis)에서 주로 언급하는 분야는 경제적 분야에서 경제금융위기를 1997~1998년 한국에서 발생한 것은 외환보유액 부족으로 국제통화기금(IMF: International Monetary Fund)에 도움을 받아 금융위기(financial crisis)에서 벗어난 적이 있다. 외환보유액 부족으로 금융위기가 사회 전분야로 확산되어 정부와 기업, 가계를 대혼란(great cheoas) 속으로 몰아넣어 정부는 국제 구제금융을 신청하기에 이르렀다. 이로 인해 기업이 도산하고, 가정이 붕괴되는 최악의 상황을 맞이했다. 여기서 정부위기라고 할 때는 주로 외환보유고, 환율(exchange rate), 금리상승(inter, 물가변동 등과 관련한 경제 분야의 위기를 일컫는다. 정부가 위기(crisis)에 처하게 되면 국제기구에 도움을 요청하지만 반면에 국제기구의 관리를 받아야 하는 등 까다로운 조건을 수용해야 한다. 국제통화기금(IMF)은, 즉 한국 정부에 경제구조(economic structure)를 체질적으로 개선하라고 요구하는 등 간섭을 강하게 주문했다. 한국에서 발생한 경제 금융위기는 정부위기로 확산되어 정부는 국민들에게 금모으기 운동, 아나바다 운동(아껴 쓰고, 나눠 쓰고, 바꿔 쓰고, 다시 쓰기 실천 운동)을 전개했다. 그 결과 기업들은 불필요한 경직성 경비를 줄이고, 해외에 새로운 시장을 개척하는 등 기업체질을 혁신적으로 바꾸는 변화를 모색하였으며, 정부는 일자리를 만들고 국가경쟁력을 높이기 위해 법·제도적 뒷받침을 하고, 서구 선진국의 제도와 문물을 수용하여 변화와 혁신을 도입하여 2001년에 국제통화기금(IMF)에서 차용한 외화를 모두 갚고, 외환 위기(foreign exchange crisis)에서 벗어났다. 정부는 금융·외환위기로부터 벗어나기 위해 국제기준에 맞는 법·제도·기준을 한국 기업에 적용하기 시작했다. 한편으로 정부는 기업, 사회에 변화와 혁신을 주문하고 정부혁신을 지속적으로 추진키로 했다. 정부위기론은 국내의 위기 상황으로 발전하는 것과 국외의 복합적 위기 상황이 국내에 영향을 미쳐 발생하는 경우가 많다. 이러한 국외위기는 주로 정치, 경제, 군사위기(전쟁, 저강도 분쟁, 테러위기 등)로 개발도상국, 신흥국가에는 치명상을 끼친다. 개발도상국 또는 신흥국가의 국내위기는 주로 부정부패, 부정축재, 권력 남용, 정치보복 등에 기인하는 경우가 많다는 특징이 있다.

나. 성장복지론(成長福祉論)

정부혁신 없이는 지속적인 경제발전(continuous economic development)을 기대할 수 없다. 정부가 혁신을 하는 근본적인 이유는 지속적인 경제성장(continuous economic growth)으로 부강한 국가와 국민의 복지(welfare)를 증진하는데 있다. 한국은 지리적으로 주변의 강대국에 둘러싸인 작은 영토를 가진 국가로 지하자원이 풍부하지 않은 전형적인 수출지향형 경제구조를 가지고 있다. 기술개발과 경영혁신(management innovation)으로 세계를 무대로 메이드 인 코리아(made in korea)를 수출해야 한다. 최근의 한류 문화는 우리의 전통과 문화(traditional and culture)가 세계적으로 조명을 받고 있다. 성장과 복지는 정부혁신의 이론적 기초인 동시에 성장과 복지의 두 축의 수레바퀴와 같다. 지속적인 경제성장으로 부의 분배가 균형적으로 이루지는 국가가 되어 국민 모두가 잘사는 복지국가체제를 지향하는 이유가 정부 혁신의 근원이라 할 수 있다. 부의 분배가 대기업이나 특정집단으로 귀속되는 일은 없어야 한다. 국민복지시대를 지향해야 하는 이유가 바로 정부혁신을 지속하는 이유이기도 하다. 성장복지론의 위기는 주로 경제성장이 복지로 연결되는 선순환구조를 이루지 않거나, 경제성장이 이루어짐에도 불구하고 복지를 축소하는 경향성을 나타내는 경우이다. 이러한 복지를 축소한 대표적 사례로 영국의 대처리즘이나 레이거노믹스라는 신조어가 생겨난 시기에는 신자유주의 경향으로 복지를 축소한 사례를 찾아볼 수 있다.

그러나 오늘날 부의 불균형(unbalanced)이 심각한 사회문제(serious social problems)로 대두되어 정부가 이를 해결하는데 많은 고민이 있음을 부인할 수 없다. 성장과 복지(growth and welfare)라는 정부혁신의 근본을 이루기 위해서는 균형 잡힌 정부정책과 지속적인 경제발전, 자원의 균등한 배분(equal distribution)이 이루어져야 한다. 그러나 이를 해결하는데 있어 문제점이 곳곳에 도사리고 있다. 성장에 따른 과실이 복지라는 이름으로 균등한 배분이 이루어질 수 있도록 사회복지를 촘촘하게 다듬어야 할 것이다.

정부혁신의 목표가 이제는 국민 1인당 소득이 5만 불(달러, US$)을 넘어 6만 불(달러, US$) 이상의 선진한국을 구현하는데 있다면 이를 뒷받침(backing up)하기 위해서는 ① 세계 TOP5 이내의 경쟁력을 갖춘 정부를 구축하고(효율성), ② 국민행복과 감동의 서비스를 실천하는 정부를 만들고(봉사와 희생), ③ 정보화시대(information age)에 국민의 알권리를 충족시키는 열린 정부를(투명성), ④ 인권이 존중되고 도덕성(morality)을 갖춘 깨끗한 정부(a clean government)를(도덕성), ⑤ 참여 민주주의를 지향하는 활성화된 정부(민주성)가 건설되어야 한다. 최근 정부에서 추진하는 '적극행정'의 면책제도는 정부혁신을 추진하는 과정에서 시사하는 바가 크다. 다음은 2009년부터 적극행정 면책제도를 최초 도입한 이래 관련부처에서는 적극행정을 유도지원하기 위한 제도와 정책을 추진 운영 중이나 2019년 현재까지 행정현장에 뿌리내리지 못하고 있는 상황이 지속되고 있다.

〈표 15-45〉 한국 정부, 적극행정의 추진배경

- 행정환경이 급격히 변화하고 사회 곳곳에서 법·제도와 현장간의 괴리가 점차 커져가는 상황
  - 소극적 집행자를 넘어 현장의 문제점을 분명히 인식하고 적극적으로 해결하려는 공직자들의 마음가짐과 역할이 어느 때보다 중요
- 그동안 정부는 적극행정 면책, 사전컨설팅 등 적극행정 유도를 위해 노력을 기울여 왔으나 국민의 기대에 미치지 못하는 수준
  - 법령의 해석이나 운영과정에서 기존관행을 탈피하지 못하는 공직자의 모습이 여전
  ※ 관계기관 합동 TF*를 구성 ☞ 관계기관회의(5회) 및 업계·전문가** 의견수렴
     *국조실·감사원·법무부·행안부·중기부·권익위·인사처·법제처 등 8개 기관
     ** 중기중앙회·소상공인연합회, 인사처 적극행정 자문위원 등

출처: 정부 관계기관 합동, "적극행정 추진방안" 2019.3

다. 한계성장론(限界成長論)

한계성장이란 정부혁신의 효율성이 저조하고 변화의 영향이 감소함에 따라 성장 동력이 한계점에 도달하는 상황을 의미한다. 기술혁신을 도모하지 않고 사회나 기업조직체 전반에 경쟁이 사라지고 평등한 보상이 지배하는 사회가 형성되면 정적인 사회조직체는 발전을 도모할 수 없다. 이러한 한계성장론은 국가 사회의 건강한 발전을 이룰 수 없기 때문에 정부혁신(government innovation)을 추구할 수밖에 없다. 이러한 한계성장은 기술 혁신과 체제의 혁신이 동시에 추진되어야 할 것이다. 정부의 선도적인 혁신이 기업혁신을 이끌어낼 수 있다는 근거

에 안주(安住)하는 한 기업과 경제사회 발전을 도모할 수 없다. 한계성장론은 오랜 경제법칙 가운데 '한계효용 체감의 법칙'에 근거하고 있다. '한계효용 체감의 법칙'이란 한 예를 들어서 보면 운동장에서 운동을 한 'A'라는 사람이 목이 말라 시원한 물을 1잔 마셨다. 이후 땀이 나서 1잔을 더 마셨다. 그리고 나서 또 1잔을 더 마셨다. 제일 먼저 마신 첫 1잔의 만족도(satisfaction)는 높았으나 이후 마신 두 번째, 세 번째 마신 물로 인해 더 이상 운동을 할 수가 없게 되었다. 여기서 물을 추가적으로 마실 때마다 만족도가 점점 감소하는 현상을 경제에서는 '한계 효용 체감의 법칙'이라고 한다. 한계효용은 'A'라는 사람이 물을 한 잔씩 마실 때마다 증가하는 즐거움이나 만족도를 의미한다. 여기서 한계라는 의미는 '증가하다' 또는 '더해지다'라는 의미를 가진다. 즉 일정한 기간 동안 소비를 할 때 소비한 재화의 양이 증가할수록 그 추가분에서 느끼는 만족도 또는 즐거움의 크기(한계 효용, 限界 效用)는 점점 감소한다는 법칙이다. 이처럼 강력한 드라이브를 걸어 추진해야 할 정부혁신이 '한계효용 체감의 법칙'에 한계 효용[83])이 줄어드는 것처럼 정부혁신이 줄어드는 것은 정부로서는 위기감(sense of crisis)을 가지고 혁신을 추진할 수밖에 없을 것이다. 이러한 한계성장론에서의 정부혁신은 선진국일수록 기업이 정부를 견인하는 사례를 많이 볼 수 있다. 성장의 정체성(identity)을 극복하기 위해서 정부는 혁신을 도모하지 않을 수 없다. 그러나 정부가 국론을 통합하지 않고 분열을 조장하고 획책하며, 정략적인 판단을 한다면 성장(growth)은 한계점에 도달하여 더딘 성장을 할 것이다. 한계성장론은 정부나 기업의 리더(leader)

---

83) 한계효용이란 재화를 한 단위 구입 했을 경우 늘어나는 효용(만족)의 증가분을 의미한다. 재화가 한 단위 늘어날 때마다 얻어지는 효용은 재화의 양이 증가할수록 줄어든다는 것이 한계효용 체감의 법칙이다.

가 올바른 정세를 판단하고 창의적인 혁신(creative innovation)으로 위기를 돌파할 수 있어야 성장의 결과를 도모할 수 있다. 정부는 이러한 한계성장론을 타파하기 위해 행정규제(administrative regulation)를 과감하게 손질할 필요성이 제기되고 있다. 이러한 규제(regulation)84)에는 전통적인 것과 현대적인 것이 있으며, 전통적인 규제는 주로 산업 또는 경제분야를 규제하는 것으로서 경제적 규제(독과점규제, 특정산업에 대한 규제)라고 하기도 한다. 현대적인 규제(소비자보호,85) 작업장의 안전과 보건,86) 환경보전과 공해규제)는 주로 공공복지분야를 규제하는 것으로 일명 사회적 규제(social regulation)87)라고 한다. 2000년 이후 세계는 미국, 일본 등 서구선진국들은 보호무역주의 체제를 주장하면서 세계경제가 불황기에 접어들었다는 것을 실감하고 있다. 특히, 2018년에 본격적인 미중 무역분쟁으로 세계경제가 위축되고 악화일로를 걷고 있다.

한국 경제의 버팀목인 무역으로 성장주도의 한국경제는 자연스럽게 타격을 직접적으로 영향을 받고 있다. 이러한 위기에 처한 경제를 성장으로 회복시키는데 있어서 규제개혁(regulatory reform), 규제완화(deregulation)88) 기술혁신, 융·복합 문제가 사회적으로 큰 이슈가 되

---

84) 규칙이나 규정에 의하여 일정한 한도를 정하거나 정한 한도를 넘지 못하게 제한을 가하는 것을 의미함.; 국민과 기업의 활동에 제한을 가하는 일체의 행정조치를 의미한다. 행정규제에는 독점금지와 같이 경제활동에 제한을 가하는 경제적 규제와 환경오염, 식품·의약품, 작업장의 안전 등을 규제하는 사회적 규제가 있다.
85) 의약품, 식품 등의 안전에 관한 규제 장치가 포함된다.
86) 산업안전과 보건에 관한 기준을 설정하여 산업재해를 예방하고, 쾌적한 작업환경을 조성하여 근로자의 안전과 보건을 유지함을 목적으로 하는 규제를 의미한다.
87) 사회적 규제에 대한 세부적인 사항은 이철수, 『사회복지학 사전』, 2009.
88) 산업육성, 소비자보호 등을 목적으로 하여 제정된 제반 규칙가운데 시대의 흐름, 사회 환경의 변화에 따라 건전한 경제활동을 저해하는 불필요한 규제를 완화하거나 폐지하는 일련의 조치를 총칭한다.

었다. 이러한 경제적 규제완화는 시장경제(市場經濟)의 자율성을 제고하고 경제민주화(經濟民主化)를 다지는데 그 목적이 있다. 이러한 경제적 규제89)의 완화형태에는 진입규제완화, 퇴거규제완화, 가격규제완화 및 서비스규제완화가 있다.90) 정부는 2019년 7월 일본의 반도체소재 수출규제(규제대상: 불화수소(에칭가스), 포토레지스트, 플루오린 폴리이미드)로 한국 정부는 반도체소재 국산화를 적극적으로 추진하기로 하였다(국산 소재·부품 산업육성을 위해 매년 1조원 가량의 투자를 결정하고, 향후 소재·부품·장비의 경쟁력 강화대책을 별도로 발표했다).

〈표 15-46〉 연도별 WTO 제소건수(1995~2018년)

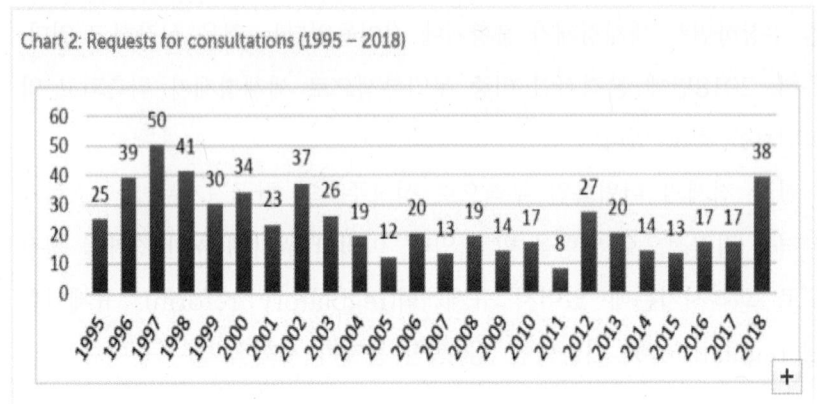

주: 다자주의에 회의적인 트럼프 행정부만 해도 지난 2017년 1월 취임이후 10건이나 WTO에 제소했다.
자료: NEWSTOF, 문기훈, [팩트체크], '보호무역주의' 미 트럼프도 10건 … WTO제소 실효成. 'WTO 제소 무용론' 조선일보 팩트체크 기사 검증, 2019.7.23.; http://www.newsstof.com/news/articlePrint.html?idxno=1831 (검색: 2019.10.). 출처: WTO(세계무역기구)

---

89) 경제주체(개인과 기업)의 경제적 자유를 제한법규가 행정기관별로 다양한 형태로 존재하고 있다. 이러한 경제적 규제의 형태에는 가격규제, 진입규제, 품질규제, 생산량규제, 수익률규제 등이 있다.
90) 백완기, 『행정학』(서울: 박영사, 1994), p.519.

라. 안전사회론(安全社會論)

한국 정부와 국민들은 2014년 세월호 참사 이후 안전에 대한 관심이 높아졌다. 안전에 대한 욕구가 과거 그 어느 때보다 높아진 것은 부인할 수 없다. 안전에 대한 욕구는 테러가 빈번한 중동이나 유럽에서는 더욱더 간절한 것이 사실이다. 그러나 21세기에 진입한 지구촌의 환경은 대형재난, 다양한 위협, 기후환경 변화, 테러 등 지구촌의 안전이 위협받고 있다. 중동과 유럽은 테러로 힘겨운 시기를 보내고 있다. 탈냉전(post cold-war) 이전인 1990년대 이전의 군사력에 의존했던 전통적인 안보는 점점 더 사라져 경제안보(economic security)에 자리를 내주고 있다. 그러나 군사강대국을 지향하는 중국, 중동 및 동북아 국가는 군비증강에 혈안이 되어 있다. 특히 중국의 군비증강은 미국을 자극할 뿐만 아니라 인접한 한반도를 포함한 주변국들의 안보불안(security anxiety)을 야기하고 있다. 한반도를 둘러싼 주변 강대국들의 군비증강은 인접국의 안보딜레마(security dilemma)를 초래한다는 것은 부인할 수 없다.

21세기 현존하는 위협은 지구온난화(global warming)에 따른 극심한 이상기온(가뭄, 사막화 등), ISIS 등 종교간 갈등과 충돌, 패권(hegemony) 국가의 등장, 테러(terror), 인간의 능력을 초과하는 로봇, AI 등장, 핵보유 국가의 확산 등으로 국가 간의 경계가 뚜렷하고, 진입장벽을 설치하며, 경제의 사다리를 걷어 차버리는 현상까지 사회 안전은 물론 개인의 안전까지도 위협받고 있는 형국이다.

한국 정부는 2014년 세월호 참사를 겪으면서 안전에 대한 정부의 인식과 태도가 변하는 직접적인 계기가 되었다. 정부는 각종 매뉴얼을 재정비하고 현장에서 사용할 수 있도록 지속적으로 정비에 관심을 기울이고 있다. 박근혜 정부는 세월호 참사와 같은 대형 참사에서 정부는 재발방지대책(prevention of recurrence)은 뒷전에 두고, 참사를 덮으려는데 혈안이 되어 전 국민의 분노를 촉발시켰다. 정부 스스로 정부실패(government failure)를 초래하는 빌미를 제공했다. 참사원인을 명확하게 규명하고, 재발방지를 위한 대책을 강구하는데 그들은 특조위(세월호 참사 특별조사위원회 약칭) 활동을 방해하고 훼방하는 행위를 인식하고 국민 모두가 그들의 가식적인 행위를 보면서 분을 삭여야 했다.

한국은 1945년 해방이후 급속한 경제발전으로 한국판 압축 성장을 달성했지만 안전은 성장과 발전의 뒷전으로 밀려나 있었던 것은 부인할 수 없다. 그러는 사이 한국은 사회전체가 '안전 불감증'에 걸려 중증을 앓고 있다는 외신기자의 쓴 소리에 문을 닫아버리는 우를 범하였다. 한국 사회는 그간 수많은 대형 참사[91]를 경험하면서도 값진 교훈과 재발방지대책(prevention of recurrence)을 내놓기는커녕 참사를 덮으려는데 급급하였던 것이 사실이다. 참사로 인한 정부의 민낯을 드러내기가 어려웠기 때문일 것이다. 특히 정통성(legitimacy)이 부족한 정부일수록 더욱더 그러한 현상이 두드러진다. 이제 정부는 이러한 대형 참사를 국민들에게 거짓으로 홍보하는 것이 어렵게 되고 있다. 인터넷이 급속도로 발달해 정부가 순간적인 위기를 모면할 수는 있어도 영원히 국민의 눈과 귀를 속일 수는 없기 때문이다. IT가 급속도로 발달하고 국민 개개인이 뉴스를 찍고, 만들고, 전파하고, 홍보하는 영역까지 넘나들면서 거짓으로 뉴스를 만드는 것이 가능은 하나, 곧 가짜뉴스(fake news)라

---

91) 대형 참사의 유사개념으로 중대재해(산업안전보건법) 및 특별재난지역으로서 자연 및 사회재난(재난 및 안전관리기본법) 등 있으나, 명확한 법령상 규정은 없다. 그러나 미국의 국가대비지침에서 정의한 대규모 사고를 유추해보는 것으로 대형 참사를 이해하는 것이 바람직할 것으로 이해되고 있음. 미국의 국가대비지침에서 정의한 대규모 사고에 대한 정의는 본서 제2장 참고.

는 이름으로 여론의 뭇매를 맞을 것이 자명하기 때문에 정부는 사실에 기반한(fact-based) 정보를 공개하는 것이 현명한 정부일 것이다.

　국민 모두가 갈망하는 안전한 사회(a safety society)를 만들기 위해서는 다음의 몇 가지 요소가 필수적으로 이루어져야 한다. 첫째, 안전에 관한 국민의 '의식과 인식(consciousness and recognition)'을 개선하여 안전 불감증으로부터 벗어날 수 있도록 인식의 대전환이 필요하다. 이를 위한 지속적인 교육은 지방자치단체에서 주도적으로 할 필요성이 충분히 있다고 하겠다. 둘째, 산업현장에서의 폭발·붕괴·추락사고 관련 사고에 대한 재발방지대책을 실질적으로 강구해야 할 것이다. 안전관리자를 현장에 상주시킨다 하더라도 사고방지를 근원적으로 예방하기 위한 실질적 대책(practical countermeasure)이 강구되어야 한다. 특히 건설현장 등에서 추락사고를 예방하고 방지하지 위한 철처한 안전대책이 강구되어야 한다. 아울러 법제도를 강화하여 건설현장에서 인명사고 발생시 안전관리자(안전관리자, 현장책임자 등) 뿐만 아니라 사업을 총괄하는 사업주에게도 책임을 물을 수 있는 법·제도를 강구해야 한다. 셋째, 현재 정부에서 추진하고 있는 '안전(대)진단'을 통해 주기적인 진단과 처방을 지속적으로 전개해 나가야 한다. 안전(대)진단을 실질적으로 이행하기 위해서는 관련분야 전문가 TF(전기·통신·가스·소방 등)를 구성하여 지역별 진단체계를 강화하는 것이 무엇보다 중요해지고 있다. 이 또한 정부와 지방자치단체가 주도적으로 나서서 한국 사회의 불안전(unstability) 요소를 찾아 안전하게 현장에서 즉각 시정할 수 있는 신속대응팀을 운영하는 것도 필요할 것이다. 마지막으로 참사를 초래한 책임자 처벌(민·형사상 책임 포함)과 실질적인 재발방지대책을 강구하는 법·제도를 정비하는 것이 매우 중요하다.

제 16 장

정부의 혁신전략

The God - give promise that all are equal, all are free, and all deserve a chance to pursue their full measure of happiness.
만인은 평등하고 자유로우며 또한 모두 충분한 행복을 추구할 기회를 가질 자격이 있다는 천부의 약속입니다.

- 제 44대 미국 대통령 오바마 취임연설문 중

제16장 정부의 혁신전략

제1절 정부 혁신의 당위성

1. 정부혁신의 추진배경

〈그림 16-1〉 정부혁신 추진배경 요인

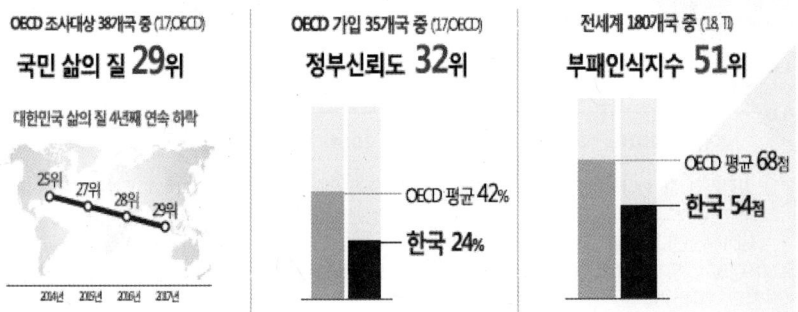

자료: 한국, 행정안전부, 「정부혁신 추진방향」, 2018.7

가. 지속적인 경제성장

경제성장률(rate of economic growth)은 기본적으로 명목GDP (Gross domestic product)를 기반으로 전년도와 비교하여 얼마나 성장했는지를 기준으로 산출한다. 1980년대 이전에는 국민총생산(GNP)을 기반으로 산정하였으나 그 이후에는 명목 GDP를 기반으로 산출하고 있다. 그 이유는 외국인 투자와 다국적 기업이 증가함에 따라 기존의 국민총생산(GNP)보다 물가상승률과 인플레이션을 모두 반영한 국내총생산(명목 GDP)이 보다 신뢰성 있는 지표라고 여기고 있기 때문이다.

〈표 16-1〉 한국의 경제성장률 추이

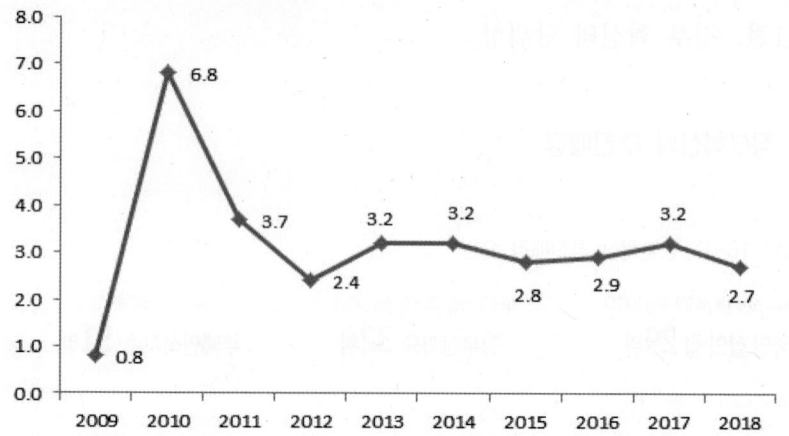

주: 1) 일정기간 중 한나라의 경제규모, 즉 국민소득 규모가 얼마나 커졌는가를 파악하기 위한 지표이다. 즉 한나라의 경제가 일정한 기간에 얼마나 성장했는가를 나타낸다. 경제성장률=[(금년도 실질 GDP-전년도 실질 GDP)÷전년도 실질 GDP]×100
자료: 19, 3/4, 통계청,「통계용어·지표의 이해」KOSIS, 한국은행, 국민계정, 경제통계시스템, 국가통계지표, 2015.4

1인당 국민총소득(GNI)은 한 나라 국민들의 생활수준을 알기 위해 국제적으로 사용하는 지표이다. 한 나라의 국민이 일정 기간 생산 활동에 참여하고 그 대가로 받은 소득이 얼마인지를 합한 것이 GNI이다. 국민1인당 평균치를 계산한 것은 1인당 GNI(국민총소득)라고 한다.

GDP(국내총생산)에서 외국인이나 외국기업이 번 소득을 빼고, 외국에 있는 한국 사람이나 기업이 번 돈은 포함하면 된다. 즉 순수하게 한국 국적을 가진 사람의 소득을 합산하면 GNI가 된다.

〈표 16-2〉 한국의 국민총소득(GNI)

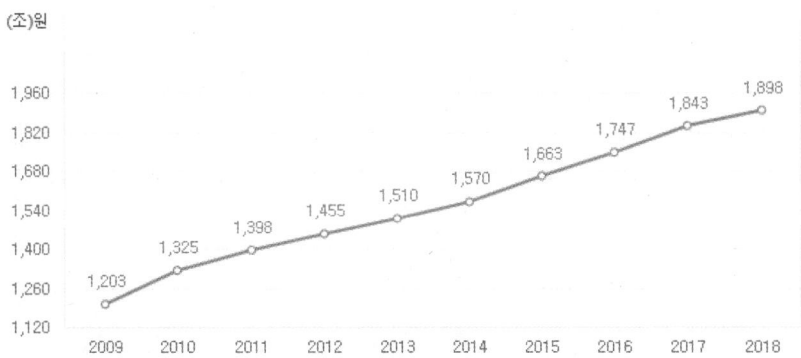

주: 1) 대표적인 경제성장 지표가 국내총생산(GDP)라면 국민소득을 보다 정확하게 반영하기 위해 나온 지표가 국민총소득(Gross National Income: GNI)이다. 국민총소득(GNI)은 한나라의 국민이 국내외 생산 활동에 참가하거나 생산에 필요한 자산을 제공한 대가로 받은 소득의 합계로서 이 지표에는 자국민(거주자)이 국외로부터 받은 소득(국외수취요소소득)은 포함되는 반면 국내총생산 중에서 외국인(비거주자)에게 지급한 소득(국외지급요소소득)은 제외된다. 1인당 국민총소득(GNI)은 명목GNI를 한 나라의 인구수로 나누어 산출하며 국제비교를 위하여 시장환율로 환산하여, 미국 달러화로 표시한다.
자료: 18, 통계청, 「통계용어·지표의 이해」 국가통계포털(KOSIS), 한국은행, 국민계정, 2015.4

한국의 1인당 국민소득은 경제발전을 시작한 이후 1963년에 100달러를 넘어서고, 1977년에 1,000달러를 1994년에 1만 달러, 2006년에 2만 달러를 돌파하고 2017년에 3만 달러를 달성했다. 한국의 3만 달러 돌파는 당초 2018년에서 2017년으로 1년 앞당겨졌다. 한국은행은 국민계정 통계의 기준년을 2010년에서 2015년으로 개편한 결과 1인당 국민총소득(GNI) 및 경제성장률 지표가 상향조정됐다.

한국의 경우 5년마다 기준연도를 변경하고 있다. 기준연도 개편결과 1인당 국민총소득(GNI)는 2017년(2만9,745달러 → 3만1734달러)로 조정되었으며, 2018년 1인당 GNI(3만1,349달러 → 3만3,434달러)가 조정되었다. 이에 한국의 1인당 GNI(국민총소득)가 3만 달러까지 도달한 기간은 1년 앞당겨져 11년으로 단축되었다. 1인당 국민총소득(GNI)[1]는 국민이 국내외에서 벌어들인 총소득을 인구로 나눈 통계로 한 나라 국민의 생활수준을 파악하는 지표로 사용된다. 그러나 국내총생산(GDP, Gross Domestic Product)[2]은 한 나라의 영역 내에서 가계, 기업, 정부 등의 모든 경제주체가 일정기간동안 생산 활동에 참여한 결과 창출된 부가가치를 시장가격으로 평가해서 합계한 것으로 한국의 2010년 이후 명목GDP는 다음과 같다.

---

[1] 국민총소득(GNI)은 명목 GNI를 한 국가의 인구수로 나누어 계산한다. 2020년 1인당 국민총소득(GNI)은 3,747.3만원으로 전년대비 0.1% 늘었으며 미달러화 기준으로는 31,755달러로 전년대비 1.1% 감소했다. 한국은행, 경제통계국 국민계정부 국민소득총괄팀 과장 안용비, 팀장 최정태, 지출국민소득팀 과장 이승한, 팀장 이인규, '2020년 4/4분기 및 연간 국민소득(잠정)', 2021년 3월 4일, 공보 2021-03-07호.

[2] 국내총생산(GDP)은 한 나라의 경제규모를 파악하는데 유용하나, 국민들의 평균적인 생활수준을 알아보는 데는 적합하지 못하다. 왜냐하면 국민들의 생활수준은 전체 국민들의 생활수준은 전체 국민소득의 크기보다는 1인당 국민소득의 크기와 밀접한 관계가 있기 때문이다. 따라서 구민들의 생활수준을 알아보기 위하여 일반적으로 사용되는 것이 1인당 GNI이다. 1인당 국민총소득(GNI)은 명목GNI를 한 나라의 인구수로 나누어 산출하며 국제비교를 위하여 시장환율로 환산하여, 미국 달러화로 표시한다. 한국의 1인당 GNI는 3,678만7천원. '18, 통계청, 「통계용어·지표의 이해」 KOSIS(한국은행, 국민계정), 2015.4.

〈표 16-3〉 한국의 국내총생산(명목 GDP)

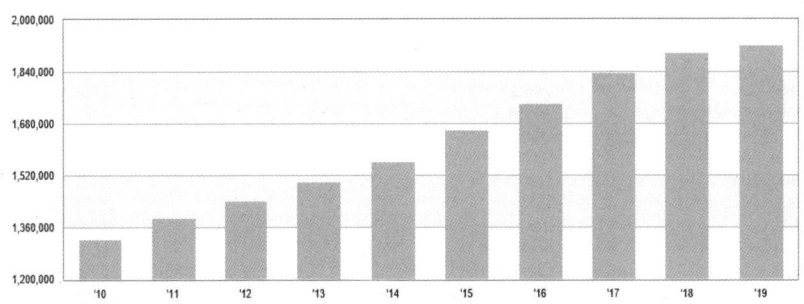

주: 1) 국내총생산(GDP, 명목) (십억원)
   2) 한국의 2010년 이후의 국내총생산(GDP)은 2010년(1,322,611.20), 2011년(1,388,937.20), 2012년(1,440,111.40), 2013년(1,500,819.10), 2014년(1,562,928.90), 2015년(1,658,020.40), 2016년(1,740,779.60), 2017년(1,835,698.20), 2018년(1,898,192.60), 2019년(1,919,039.90), 2020년(1,924,5조원)
자료: 통계청, 국가통계포털(KOSIS) 100대 지표, http://kosis.kr/conts/nsportalStats/nsportalStats _0102Body.jsp?menuId=18&NUM=1183&searchKeyword=&freq=&cntUpdate=Y (RJATOR: 2020.06.247)
출처: 한국은행 국민계정

2019년 7월 7일부로 세계은행(WB)은 2018년 기준 세계 국내총생산(GDP) 순위를 3년간 평균 환율을 아틀라스 방식을 적용하여 각 국의 GDP를 달러화로 환산하여 발표했다.

국제통화기금(IMF)에서 매년 4월과 10월에 국가별 국내총생산(GDP), 국민총소득(GNI)과 같은 통계자료를 발표하고 있다. 특히 2020년의 경우는 코로나19(COVID-19)의 영향으로 마이너스 성장을 기록했다. 유럽대부분의 선진 국가들이 역성장을 함에도 한국 경제가 -1%로 비교적 선방했다. 다른 국가들에 비해 역성장 폭이 작았던 영향이다.

〈표 16-4〉 Gross domestic product 2018

Ranking	Economy	(millions of US dollars)
USA 1	United States	20,494,100
CHN 2	China	13,608,152
JPN 3	Japan	4,970,916
DEU 4	Germany	3,996,759
GBR 5	United Kingdom	2,825,208
FRA 6	France	2,777,535
IND 7	India	2,726,323
ITA 8	Italy	2,073,902
BRA 9	Brazil	1,868,626
CAN 10	Canada	1,709,327
RUS 11	Russian Federation	1,657,554 a
KOR 12	Korea, Rep.	1,619,424
AUS 13	Australia	1,432,195
ESP 14	Spain	1,426,189
MEX 15	Mexico	1,223,809

주: 1) 2019.7.7. 세계은행에 의하면 한국의 명목GDP는 1조 6,194억 달러로 전 세계 205개국가중 12위 수준이다. 2017년 역시 12위를 기록했다.
　 2) 명목GDP 1위는 미국(20조4,941억 달러), 2위는 중국(13조6,082억 달러), 3위는 일본(4조 9,709억 달러), 4위는 독일(3조9,968억 달러), 5위는 영국(2조8,252억 달러)순이다.
자료: 세계은행(WB) 홈페이지 'GDP 순위', 재인용, 2019.7.7.

〈표 16-5〉 2020년 GDP(국내총생산)

한국은행이 2021. 1.26일 집계한 2020년 한국의 실질 GDP는 1830조 5,802억원. 이를 지난해 평균 원·달러 환율(1180원10전)을 적용해 환산한 달러 기준 GDP는 1조 5,512억 달러다.

주: 1) 한국은행이 2021. 1. 26일 집계한 지난해 한국의 2020년 실질 GDP는 1830조5802억원. 이를 지난해 평균 원·달러 환율(1180원10전)을 적용해 환산한 달러 기준 GDP는 1조5512억 달러다.
출처: 강진규, 한국경제신문, 韓 GDP 세계 10위 … 1인당 소득 이탈리아 제친 듯 2021.01.26.; https://www.hankyung.com/economy/article/2021012648591 (검색: 2021.3.12.)

1990년 일본의 GDP는 미국의 52% 수준(미국은 일본의 1.9배)이었으나, 1995년을 기점으로 하락하여 2019년 일본의 GDP는 미국의 23% 수준(미국은 일본의 4.2배)으로 격차가 벌어졌다. 한편 1990년 일본의 GDP는 한국의 11배 수준이었으나 2019년에는 3배 수준으로 격차가 줄어들었다. 일본의 인구가 한국의 2.5배인 것을 고려하면 한국이 일본의 턱밑까지 추격한 것이다. 1990년 중국의 GDP는 일본의 11% 수준이었지만 2010년 일본을 따라잡아 2019년 기준 일본의 2.8배, 미국의 ⅔수준에 이르고 있다.3)

〈표 16-6〉 4개국의 GDP추이(5년 간격)

(단위: 10억 달러)

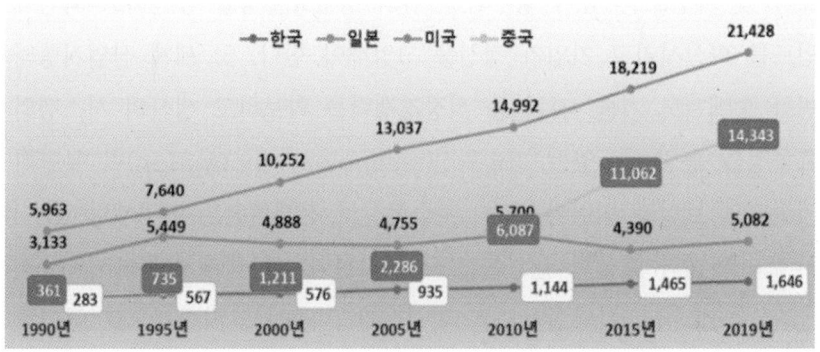

주: 1) 한국·일본·미국·중국의 5년 간격(1990~2019년) GDP 추이를 나타낸 것임
자료: 놀일공, 경제정보, 국가별/인당 GDP 추이(한국·일본·미국·중국);1990-2019년, 4개국의 GDP 추이(5년 간격), 개인블로거, https://blog.naver.com/ljwphsjh/222125303533 (검색: 2021.3.12.) 2020.10.24.

한국의 국민소득 5만 달러 목표는 결단코 쉬운 일이 아니다. 5만 달러 국가가 되기 위한 조건은 1) 국가경쟁력 강화를 통한 사회적 인프

---

3) 자료: 놀일공, 경제정보, 국가별/인당 GDP 추이(한국·일본·미국·중국); 1990-2019년, 4개국의 GDP 추이(5년 간격), 개인블로거, https://blog.naver.com/ljwphsjh/222125303533 (검색: 2021.3.12.), 2020.10.24.

라 기반을 공고히 구축해야 한다. 세계경제포럼(WEF)의 평가요소(4대 분야 12개 부문)와 국제경영개발대학원(IMD)의 평가요소 4대 분야4)에서 OECD 평균보다 낮은 수준에 대한 정부의 혁신적 성장을 이룰 수 있도록 정부와 기업 모두의 노력이 선행되어야 한다. 2) 창의성(creativity) 향상을 위해 기술발전 및 혁신이 인적자본 개발, 사회통합, 노동시장의 기능 회복 및 유연성 등이 병행되어야 한다. 3) 소득분배와 양극화문제, 계층이동 단절 등 한국 사회의 병폐와 체질을 개선하려는 노력이 선행되어야 한다. 정부는 이를 위해 사회적 대타협기구를 설치하여 선제적으로 대응하고 타협해 나가야 한다. 또한 부정부패를 근본적으로 발본색원하는 제도적 장치를 강화·마련해야 한다.5) 4) 규제혁신의 속도감 및 체감도를 높여 정부와 기업의 경영효율성을 증진하고 혁신마인드를 확산시키고 기업가 정신을 고양해야 한다. 5) 세계 산업지형의 변화 속에서도 기술, 자본 등 시장경쟁력을 확보하고 생산의 시스템의 효율성을 높일 수 있는 기술혁신(technology innovation)이 부단히 지속되고 보편화 되어야 한다. 기술혁신의 전제조건은 연구개발(R&D) 투자의 확대와 효율적 운영을 도모해야 한다. 즉 국제경쟁력(national competitiveness)을 담보하는 혁신성과 기술성을 지속적으로 부단히

---

4) 세계경제포럼(WEF)의 평가요소(4대 분야 12개 부문)는 ① 기본환경(제도, 인프라, ICT보급, 거시경제안정성), ② 인적자원(보건, 기술), ③ 시장(생산물시장, 노동시장, 금융시스템, 시장규모), ④ 혁신생태계(기업 활력, 혁신역량), 국제경영개발대학원(IMD)의 평가요소4대 분야 20개 부문에서 4대 분야는 ① 경제성 ② 정부효율성, ③ 기업효율성, ④ 인프라 등이 있다.

5) 고위공직자(판·검사, 군·경찰 고위직 포함), 의원(국회, 지방자치단체 포함)은 부정한 돈(수표, 상품권, 유가증권 등)을 수수하면 받은 금액의 30배가 넘는 금액을 환수할 수 있는 강력한 법·제도적 장치를 마련하여한다. 강력한 법·제도적 장치를 하지 않으면 법망을 피해가는 법꾸라지들이 발생하기 때문에 강력한 환수제도를 조기에 제도적으로 정착시켜야 한다. 아울러 의원들의 수많은 특권 내려놓기를 스스로 하지 않을 경우 시민사회단체가 적극적으로 행동으로 실천에 옮기는 일을 늦었지만 강력히 이행해야 한다. 국민을 위한다는 핑계로 짝퉁정치를 하면서 국민위에 군림하는 정치를 단죄하고, 생활정치를 실천해한다.

질주해야 한다. 6) 경제와 사회전체의 후생복리가 극대화 될 수 있는 자유시장의 경쟁원리와 공정한 게임의 규칙(rules of fair game)이 준수되면서 경제발전을 촉진시키고 경제성장의 부작용을 완화할 수 있는 사회적 자본(social capital)이 충분해야 한다. 아울러 정치가 더는 경제발전의 걸림돌이 아닌 leverage(지렛대, 영향력) 역할을 할 수 있도록 해야 한다. 즉 정치가 경제의 발목을 잡는 행위를 지양해야 한다는 의미이다. 7) 사람 중심의 한국적 기업문화를 정착시키고 풍부한 인적자본을 바탕으로 성장잠재력을 향상시킬 수 있는 방안을 부단히 강구해야 한다.

〈표 16-7〉 G20국가의 1인당 국내총생산(당해년가격)

국가(G20)	2018년	2017년	2016년
아시아			
한국	1,720.9	1,623.3	1,500.0
중국	13,608.2	12,143.5	11,137.9
인도	2,726.3	2,652.6	2,290.4
인도네시아	1,042.2	1,015.4	931.9
일본	4,970.9	4,860.0	4,926.7
사우디아라비아	782.5	688.6	644.9
터키	766.5	851.5	863.7
북아메리카			
캐나다	1,709.3	1,646.9	1,526.7
멕시코	1,223.8	1,158.1	1,077.8
미국	20,494.1	19,485.4	18,707.2
남아메리카			
아르헨티나	518.5	642.7	557.5
브라질	1,868.6	2,053.6	1,796.3
유럽			
프랑스	2,777.5	2,586.3	2,471.3
독일	3,996.8	3,693.2	3,495.2
이탈리아	2,073.9	1,946.6	1,869.2

러시아	1,657.6	1,578.6	1,282.7
영국	2,825.2	2,637.9	2,659.2
아프리카			
남아프리카공화국	366.3	348.9	295.7
오세아니아			
오스트레일리아	1,432.2	1,330.8	1,210.0

자료: 통계청, KOSIS

한국의 2019년 세계 수출시장 1위 품목 수는 전년 대비 7개 증가한 69개를 기록했으며, 세계 순위도 11위로 전년 대비 두 계단 상승하였다. 우리나라의 세계 수출시장 점유율 1위 품목을 조사한 이래 가장 높은 순위이다. 이는 2018년에 각각 11위와 12위를 차지하였던 캐나다(-14개)와 영국(-5개)의 1위 품목 수가 감소한 반면 우리나라는 수출 1위 품목 수가 증가한 결과이다.[6]

* 우리나라 1위 품목 수(개) : ('15) 68 → ('16) 71 → ('17) 75 → ('18) 62 → ('19) 69
* 우리나라 1위 품목 수(순위) : ('15) 14 → ('16) 12 → ('17) 12 → ('18) 13 → ('19) 11

---

6) 자료: UN Comtrade. 출처: 한국무역협회 국제무역통상연구원, 도원빈·강성은, 「세계 수출시장 1위 품목으로 본 우리 수출의 경쟁력 현황(2019년 기준)」, 2021.03.05. 국제무역통상연구원, 트레이드 포커스 2021년 8호. http://iit.kita.net/newtri2/report/iitreporter_view.jsp?sNo=2185&sClassification=1 (검색: 2021.3.7.)

<표 16-8> 주요국 세계 수출시장 점유율 1위 품목 수 추이

(단위: 개)

국가명	2017년		2018년		2019년		품목수 증감(b-a)
	순위	품목 수	순위	품목 수(a)	순위	품목 수(b)	
중국	1	1,693	1	1,716	1	1,759	43
독일	2	692	2	682	2	654	-28
미국	3	531	3	511	3	520	9
이탈리아	4	214	4	212	4	217	5
일본	5	169	5	161	5	156	-5
인도	7	141	7	128	6	148	20
네덜란드	6	143	6	146	7	136	-10
프랑스	8	106	8	108	8	112	4
스페인	13	71	10	86	9	97	11
벨기에	9	82	9	95	10	89	-6
한국	12	75	13	62	11	69	7

자료: UN Comtrade
출처: 한국무역협회 국제무역통상연구원, 도원빈·강성은, 「세계 수출시장 1위 품목으로 본 우리 수출의 경쟁력 현황(2019년 기준)」, 2021.03.05. 국제무역통상연구원, 트레이드 포커스 2021년 8호; http://iit.kita.net/newtri2/report/iitreporter_view.jsp?sNo=2185&sClassification=1 (검색: 2021.3.7.)

주: 1) 조사방법은, UN Comtrade(UN Commodity Trade Statistics)를 활용해 분석
- 품목분류 : HS Code 분류 2012 (국가 간 비교를 위해 세계 공통인 HS 6단위 품목 분류 활용)
- 품목 수 : HS Code 6단위 5,204개
- 분석기간 : 2015년~2019년
* 2018년(HS 370510)과 2019년(HS 900610)은 품목 데이터 누락으로 총 5,203개 품목대상이다.
2) 본 보고서의 세계 수출시장 점유율 1위 품목 선정은 품질, 브랜드 등 비가격 경쟁력과 무관한 수출 금액만을 기준으로 함
- 산업통상자원부의 '세계일류상품'은 세계시장 점유율 5위 내의 상품(HS 10단위 기준) 및 서비스 중 기술력, 시장성, 국가 이미지 등 비가격 경쟁력도 감안하여 수출 주력 상품으로 선정하고 있으며 본 보고서의 '세계 수출시장 점유율 1위 품목(HS 6단위 기준)'과는 다른 개념임

<표 16-9> 세계 수출시장 점유율 1위 품목 보유 상위 15개국 현황

(기준: 2019년, 단위: 개)

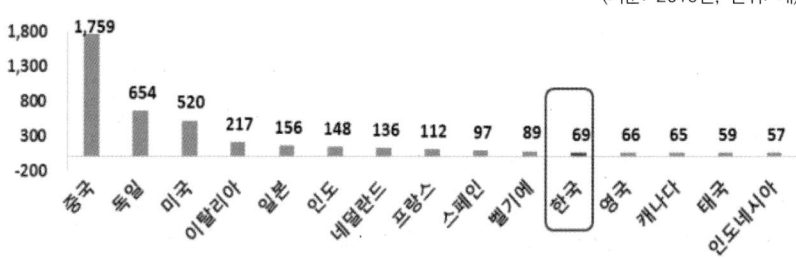

자료: UN Comtrade
출처: 한국무역협회 국제무역통상연구원, 도원빈·강성은, 「세계 수출시장 1위 품목으로 본 우리 수출의

경쟁력 현황(2019년 기준)」, 2021.03.05. 국제무역통상연구원, 트레이드 포커스 2021년 8호; http://iit.kita.net/newtri2/report/iitreporter_view.jsp?sNo=2185&sClassification=1 (검색: 2021.3.7.)

주: 1) 조사방법은 UN Comtrade(UN Commodity Trade Statistics)를 활용해 분석
- 품목분류: HS Code 분류 2012 (국가 간 비교를 위해 세계 공통인 HS 6단위 품목 분류 활용)
- 품목 수 : HS Code 6단위 5,204개/ 분석기간 : 2015년~2019년
* 2018년(HS 370510)과 2019년(HS 900610)은 품목 데이터 누락으로 총 5,203개 품목대상이다.
2) 본 보고서의 세계 수출시장 점유율 1위 품목 선정은 품질, 브랜드 등 비가격 경쟁력과 무관한 수출 금액만을 기준으로 함
- 산업통상자원부의 '세계일류상품'은 세계시장 점유율 5위 내의 상품(HS 10단위 기준) 및 서비스 중 기술력, 시장성, 국가 이미지 등 비가격 경쟁력도 감안하여 수출 주력 상품으로 선정하고 있으며 본 보고서의 '세계 수출시장 점유율 1위 품목(HS 6단위 기준)'과는 다른 개념임

『2020년도 기술수준평가』 결과에 따르면, 우리나라의 중점과학기술 수준은 최고기술 보유국(미국)과 비교할 때 80.1% 수준이며 기술격차는 3.3년인 것으로 분석되었다. 이는 2018년 당시의 기술수준과 대비하여 3.2%p 향상되었고 기술격차는 0.5년 단축된 것이다. '18년과 비교한 최고기술 보유국과의 기술격차는, 한국과 중국이 0.5년 감소하였으나, 일본은 오히려 0.1년 증가한 것으로 나타나 핵심기술 확보를 위한 국가 간 경쟁이 치열하게 이루어지고 있다는 것을 보여주고 있다.[7] 특히 군사관련 중국의 핵심기술 확보는 군 현대화에 크게 기여하는 것으로 이는 과거 군사강국이었던 구소련의 군사무기 체계 및 기술을 응용하여 실전에 활용하고 있다.

---

[7] 과학기술정보통신부, 김영은·오선영, '2020년도 기술수준평가' 결과, 심화되는 국가간 '글로벌 기술 확보 경쟁' 속에서 우리나라 120개 중점과학기술 경쟁력 지속적으로 향상, 보도자료, 2021.3.12.,

〈표 16-10〉 국가별 기술수준(%) 및 기술격차(년)

구분	한국		중국		일본		EU		미국	
	'18	'20	'18	'20	'18	'20	'18	'20	'18	'20
기술수준	76.9	80.1	76.0	80.0	87.9	87.3	94.8	95.6	100.0	100.0
기술격차	3.8	3.3	3.8	3.3	1.9	2.0	0.7	0.7	0.0	0.0

주: 1) 단위는 기술수준(%), 기술격차(년)이다.
자료: 과학기술정보통신부, 김영은·오선영, '2020년도 기술수준평가' 결과, 심화되는 국가간 '글로벌 기술 확보 경쟁' 속에서 우리나라 120개 중점과학기술 경쟁력 지속적으로 향상, 보도자료, 2021.3.12.,

〈표 16-11〉 11대 분야별 기술수준(%) 변동

11대 분야 (중점과학기술 수)	기술수준(%)									
	한국		중국		일본		EU		미국	
	'18	'20	'18	'20	'18	'20	'18	'20	'18	'20
건설·교통(11)	79.0	84.0	75.4	80.0	89.3	89.1	96.5	97.8	100.0	100.0
재난안전(4)	75.9	80.4	70.0	75.5	90.5	87.8	92.5	92.6	100.0	100.0
우주·항공·해양(7)	65.1	68.4	80.6	81.6	83.1	83.5	93.2	93.3	100.0	100.0
국방(3)	72.5	75.0	80.0	81.7	76.3	77.0	88.3	88.3	100.0	100.0
기계·제조(13)	78.0	80.7	73.7	77.6	90.8	90.3	100.0	100.0	98.6	98.9
소재·나노(5)	78.3	80.8	76.2	79.9	98.0	97.6	91.7	91.9	100.0	100.0
농림수산·식품(9)	79.8	81.4	75.3	78.6	88.9	88.4	99.3	99.7	100.0	100.0
생명·보건의료(21)	75.2	77.9	73.2	78.0	83.8	81.6	91.0	92.2	100.0	100.0
에너지·자원(18)	76.8	80.2	76.8	81.6	90.6	91.0	96.7	98.2	100.0	100.0
환경·기상(12)	76.6	81.1	71.4	75.5	90.1	90.0	98.7	99.2	100.0	100.0
ICT·SW(17)	80.2	83.0	82.0	85.7	84.9	84.3	89.8	90.9	100.0	100.0
전체	76.9	80.1	76.0	80.0	87.9	87.3	94.8	95.6	100.0	100.0

주: 1) 과학기술정보통신부(이하 '과기정통부')는 「제4차 과학기술기본계획('18~'22)」상의 11대 분야 120개 중점과학기술을 대상으로 실시한 '2020년도 기술수준평가' 결과를 발표하였다. ※ (11대 분야) ①건설·교통, ②재난안전, ③우주·항공·해양, ④국방, ⑤기계·제조, ⑥소재·나노, ⑦농림수산·식품, ⑧생명·보건의료, ⑨에너지·자원, ⑩환경·기상 ⑪ICT·SW
2) 과기정통부는 국가적으로 중요한 핵심기술에 대한 수준을 면밀히 진단하고 해당 기술수준 향상을 위한 시책 마련을 위해, 주요 5개국(한국, 중국, 일본, EU, 미국)의 상대적 기술수준*(%) 및 기술격차**(년)를 2년 마다 평가하고 있다.
   * 최고기술 보유국의 기술수준을 100%로 보았을 때의 상대적 기술수준
   ** 최고기술 보유국의 기술수준에 도달하는데 소요될 것으로 예측되는 기간
3) 특히, 이번 『2020년도 기술수준평가』는 논문·특허분석과 함께 '18년에 도입한 기술분야별 전문가 패널을 활용해 기술수준, 기술격차 등에 대한 1,200명 전문가 패널 델파이 조사(2회)를 실시함으로써 기술수준평가의 전문성과 일관성을 확보했다.
자료: 과학기술정보통신부, 김영은·오선영, '2020년도 기술수준평가' 결과, 심화되는 국가간 '글로벌 기술 확보 경쟁' 속에서 우리나라 120개 중점과학기술 경쟁력 지속적으로 향상, 보도자료, 2021.3.12.,

<표 16-12> 11대 분야별 기술격차(년) 변동

11대 분야 (중점과학기술 수)	기술격차(년)									
	한국		중국		일본		EU		미국	
	'18	'20	'18	'20	'18	'20	'18	'20	'18	'20
건설·교통(11)	3.1	2.6	3.8	3.2	1.4	1.6	0.2	0.1	0.0	0.0
재난안전(4)	3.4	2.9	4.3	3.3	1.1	1.8	1.1	0.9	0.0	0.0
우주·항공·해양(7)	8.4	8.6	5.3	5.1	4.1	3.9	1.6	1.8	0.0	0.0
국방(3)	6.7	5.5	4.3	3.8	5.6	4.7	2.5	2.3	0.0	0.0
기계·제조(13)	3.4	2.8	4.2	3.1	1.2	1.4	0.0	0.0	0.1	0.2
소재·나노(5)	3.0	2.5	3.7	3.2	0.4	0.6	1.1	1.1	0.0	0.0
농림수산·식품(9)	4.0	3.2	4.3	3.6	1.8	2.1	0.1	-0.1	0.0	0.0
생명·보건의료(21)	3.5	3.1	3.7	3.0	2.2	2.4	1.2	1.1	0.0	0.0
에너지·자원(18)	4.0	3.7	3.9	3.5	1.8	1.9	0.3	0.3	0.0	0.0
환경·기상(12)	4.1	3.7	4.9	4.6	1.9	2.0	0.3	0.3	0.0	0.0
ICT·SW(17)	2.1	1.9	1.9	1.6	1.5	1.6	1.0	1.1	0.0	0.0
전체	3.8	3.3	3.8	3.3	1.9	2.0	0.7	0.7	0.0	0.0

주: 1) 과학기술정보통신부(이하 '과기정통부')는 「제4차 과학기술기본계획('18~'22)」상의 11대 분야 120개 중점과학기술을 대상으로 실시한 '2020년도 기술수준평가' 결과를 발표하였다. ※ (11대 분야) ①건설·교통, ②재난안전, ③우주·항공·해양, ④국방, ⑤기계·제조, ⑥소재·나노, ⑦농림수산·식품, ⑧생명·보건의료, ⑨에너지·자원, ⑩환경·기상 ⑪ICT·SW
2) 과기정통부는 국가적으로 중요한 핵심기술에 대한 수준을 면밀히 진단하고 해당 기술수준 향상을 위한 시책 마련을 위해, 주요 5개국(한국, 중국, 일본, EU, 미국)의 상대적 기술수준*(%) 및 기술격차**(년)를 2년 마다 평가하고 있다.
  * 최고기술 보유국의 기술수준을 100%로 보았을 때의 상대적 기술수준
  ** 최고기술 보유국의 기술수준에 도달하는데 소요될 것으로 예측되는 기간
3) 특히, 이번 『2020년도 기술수준평가』는 논문·특허분석과 함께 '18년에 도입한 기술 분야별 전문가 패널을 활용하여 기술수준, 기술격차 등에 대한 1,200명 전문가 패널 델파이 조사(2회)를 실시함으로써 기술수준평가의 전문성과 일관성을 확보하였다.

자료: 과학기술정보통신부, 김영은·오선영, '2020년도 기술수준평가' 결과, 심화되는 국가 간 '글로벌 기술 확보 경쟁' 속에서 우리나라 120개 중점과학기술 경쟁력 지속적으로 향상, 보도자료, 2021.3.12.,

한국의 지속적인 과학기술 투자와 R&D(연구개발) 혁신을 통해 미국, EU, 일본 등 주요 선진국들과의 기술격차를 점차 줄여나가고 있으나, 점점 치열해지는 국가 간 경쟁 속에서 이를 뒷받침해 줄 수 있는 총 R&D 투자는 주요국에 비해 상대적으로 부족한 실정이다. 2018년 한국의 총 R&D 투자 규모는 779억 달러(약 85.7조원) 수준으로, 최고

기술을 보유한 미국의 경우 한국에 비해 7.5배 이상을 투자하고 있으며 최근 한국을 맹추격하고 있는 중국도 한국 대비 3.8배 정도의 자금을 R&D에 집중 지원하고 있다. 특히, 이번 기술수준평가에서는 미국·EU에 이어 세계 3위의 R&D 투자 대국으로 부상한 중국의 기술수준 향상이 두드러지게 나타났다.[8] "최근 제4차 산업혁명의 흐름이 가속화됨에 따라 국가와 기업의 운명을 좌우할 핵심기술 확보를 위한 국가 간 경쟁이 보다 치열해지고 있다"고 강조하면서 "2년 전과 비교할 때 우리나라의 기술수준이 향상되었으나, 최고 기술보유국 대비 기술격차가 여전히 존재하고 중국이 무섭게 추격해 오고 있어 우리나라의 과학기술 경쟁력 확보를 위한 전략적인 투자와 노력을 보다 강화해 나갈 것"이라고 밝혔다.[9]

〈표 16-13〉 2018년 주요국 연구개발비

(단위: 백만 US달러)

구분	미국	EU		중국	일본	한국
총 연구개발비규모	581,553	396,130	■독:123,609 ■프:61,136 ■영:49,460	297,431	162,276	77,900

주: 1) * '18년 기준 EU 회원국 총 연구개발비 합(불가리아, 키프로스, 크로아티아, 몰타 제외)
　 (※ 자료원: OECD, Main Science and Technology Indicators 2020-1, 2020)
자료: 과학기술정보통신부, 김영은·오선영, '2020년도 기술수준평가' 결과, 심화되는 국가간 '글로벌 기술 확보 경쟁' 속에서 우리나라 120개 중점과학기술 경쟁력 지속적으로 향상, 보도자료, 2021.3.12.,

소득분배 자료에서 가장 중요하게 언급되는 지니계수(Gini's coefficient)에서 인구분포와 소득분포와의 관계를 나타내는 수치로 '0'은 완

---

[8] 과학기술정보통신부, 김성수(과학기술혁신본부장), 김영은·오선영, '2020년도 기술수준평가' 결과, 심화되는 국가간 '글로벌 기술 확보 경쟁' 속에서 우리나라 120개 중점과학기술 경쟁력 지속적으로 향상, 보도자료, 2021.3.12.,
[9] *Ibid.*

전 평등, '1'은 완전불평등상태이며, '0'에 가까울수록 소득이 균등하고, '1'에 가까울수록 소득분배가 불평등하다는 것을 의미한다. 일반적으로 0.4를 넘으면 상당히 불평등한 소득분배의 상태에 있다고 할 수 있다. 이탈리아 통계학자 C.(Corrado) 지니가 제시한 이론이다. C. 지니가 제시한 지니계수(Gini's coefficient)[10]는 소득분배의 불평등도를 나타내는 수치이다(수치가 높을수록 불평등이 심하다). "경제성장률이 1% 높아지면 지니계수는 최대 1.94%포인트 개선될 수 있다"고 했다. 또한 "경제성장률이 높아질 때 소득불평등도가 개선되는 이유로 성장률 등락의 영향이 저소득 임금 계층에 상대적으로 더 큰 영향을 주기 때문이라고 지적했다."[11] 또한 성장률은 가처분소득 지니계수 변화율에 통계적으로 유의미한 영향을 주는 반면, 가처분 소득 지니계수 변화율은 성장률에 유의한 영향을 주지 않았다. 일례로 성장률이 떨어지고 경기가 불황에 빠질 경우 기업은 1차적으로 상대적으로 임금이 높지만 해고비용이 큰 정규직보다는 임금이 상대적으로 낮은 임시직 등의 고용을 줄이게 된다. 반대로 성장률이 높아지고 경기가 호전될 경우 1차적인 수혜대상은 저소득 임금 계층이 될 가능성이 크다. 또한 성장률 하락은 소득불평등도 악화에, 성장률 상승은 소득불평등도 완화에 각각 기여할 수 있음을 의미한다.

---

10) 소득불평등을 나타내는 지표로 0에서 1사이의 값을 가지며, 0에 가까울수록 소득이 균등하고 1에 가까울수록 소득분배가 불평등함을 나타낸다.
11) 한국경제연구원(한경연), 보도자료 파일, '경제성장이 소득불평등에 미치는 영향 분석', "경제성장률이 상승하면 지니계수로 본 소득불평등 개선돼", 2019.5.30.

〈그림 16-2〉 경제성장률과 가처분소득 지니계수간 관계

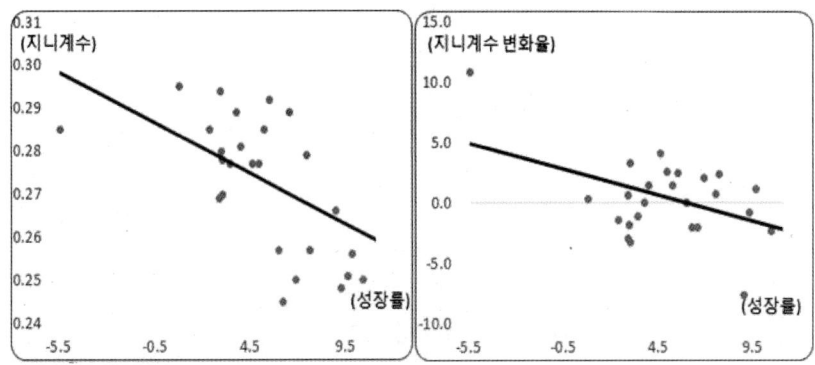

주: 1) 지니계수는 가계간의 소득분포가 완전히 평등한 상태를 0으로 상정해 산출하는 지수로 1에 가까울수록 불평등정도가 높아 '부익부 빈익빈' 현상이 심화됨을 의미한다.
자료: 통계청, 한국은행
출처: 한국경제연구원, 보도자료 파일, '경제성장이 소득불평등에 미치는 영향 분석' "경제성장률이 상승하면 지니계수로 본 소득불평등 개선돼", 2019.5.30.; http://www.keri..org/html/portlet/ext/bbs/view_message/view_ (검색 2019.11.14.)

    국내총생산(GDP)이나 1인당 국민총소득(GNI)은 통상 한 나라의 국력이나 국민들의 생활수준을 나타낼 때 주로 사용된다. 그러나 GDP나 1인당 GNI는 소득이 사회 각 계층에 얼마나 균등하게 분배되고 있는지 보여주지 못하기 때문에 국민들의 삶의 수준을 보다 잘 나타내는 대표적인 지표로 지니계수(Gini's coefficient)가 있다. 이러한 지니계수를 통해 국가 간 뿐만 아니라 다양한 계층 간의 소득 분배를 비교할 수 있고 국가 내에서 시간에 따른 분배의 변화를 파악하여 소득 불평등 정도의 변화를 알 수 있다. 지니계수에서 로렌츠곡선(Lorenz Curve)이란 인구의 누적비율과 소득의 누적 비율간의 관계를 그래프로 표현한 것으로, 로렌츠곡선이 직선에 가까울수록 소득이 평등하게 분배되는 것을 나타내며, 곡선이 많이 휠수록 소득의 분배가 불평등함을 보여준다. 따라서 지니계수는 로렌츠곡선과 완전균등선(대각선)이 이루는 불

평등면적과 완전균등선 이하의 면적을 대비시킨 비율로 작성된다. 지니계수를 구하는 공식은 다음과 같다.

$$지니계수 = \frac{불평등면적}{삼각형\ ABC면적} = 0 \sim 1$$

한국 정부의 통계청은 매월 실시하는 가계 동향조사에서 수집된 표본가구의 가계부 작성결과를 통해 가구별 연간소득을 기초로 매년 지니계수를 작성 공표하고 있다. 지니계수는 완전균등분배 상태를 기준으로 실제 소득불균등이 어느 정도 수준인지를 측정한다. 다음 그림에서는 균등분포선(이하 '균등선'이라 한다)과 로렌츠곡선 사이에 나타나는 영역의 면적(불평등면적)을 삼각형ABC의 면적(완전균등분배의 기하학적 크기)으로 나눈 값이다. 로렌츠곡선은 완전균등분배 시에는 대각선 AC, 완전불균등분배 시에는 직각선 ABC와 일치하지만 현실세계에서 그러한 사례는 존재하지 않으므로 지니계수는 0과 1사이에 존재한다.

〈그림 16-3〉 Gini coefficient 상관도

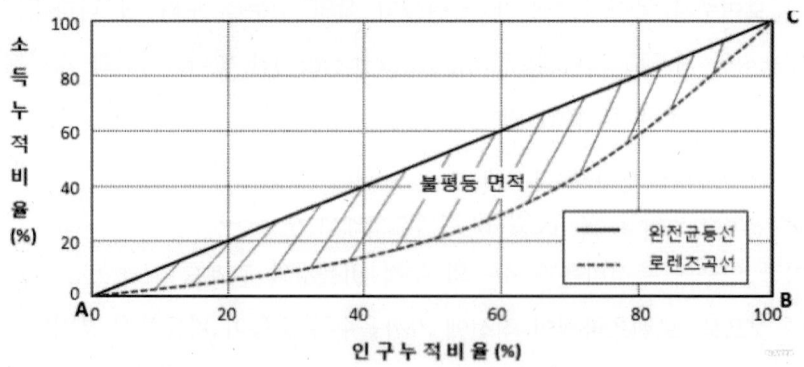

출처: 한국, 통계청, 『통계용어지표의 이해』, 2015.4

다음은 2017년 가계금융·복지조사 결과 자료를 바탕으로 한국의 지니계수에 대해 살펴보고자 한다.[12] 소득분배지표는 균등화소득[13]으로 작성하였다.(OECD방법) 또한 상대적 빈곤율은 균등화 처분가능소득의 중위소득 50%소득을 기준으로 작성했다.

〈표 16-14〉 지니계수[1]

	전체			근로연령층(18-65세)			은퇴연령층(66세이상)		
	2015년	2016년	증감	2015년	2016년	증감	2015년	2016년	증감
시 장 소 득 [2]	0.396	0.402	0.006	0.367	0.371	0.004	0.565	0.570	0.005
처분가능소득[3]	0.354	0.357	0.003	0.338	0.340	0.002	0.426	0.424	-0.002
개 선 효 과 [4]	0.042	0.045	-	0.029	0.031	-	0.139	0.146	-

자료: 통계청·금융감독원·한국은행, 「2017년 가계금융·복지조사 결과」, 보도자료, 2017.12.21. 공보 2017-12-26호
출처: 한국은행, 보도자료, https://www.bok.or.kr/portal/bbs/p0000559/ (검색 2020.02.03)
주: 1) 지니계수:소득불평등도를 나타내는 지표로써 0이면 완전평등, 1이면 완전불평등을 의미
    2) 시장소득=근로소득+사업소득+재산소득+사적이전소득-사적이전지출
    3) 처분가능소득=시장소득+공적이전소득-공적이전지출
    4) 개선효과=시장소득-처분가능소득

위 표에서 나타난 2016년 균등화 처분가능소득의 지니계수[14]는 0.357로 전년 대비 0.003 증가했다. 또한 균등화 처분가능소득 기준 근로연령층의 지니계수는 0.340으로 전년대비 0.002 증가하였고, 은퇴연령층의 지니계수는 0.424로 전년대비 0.002 감소하였다. 한편

---

[12] 조사기준일로 자산, 부채는 2017.3.31., 현재이며, 소득, 지출, 원리금 상환은 2016.1.1. ~12.31(1년간) 기준임. 자료: 통계청·금융감독원·한국은행, 「2017년 가계금융·복지조사 결과」, 보도자료, 2017.12.21. 공보 2017-12-26호
[13] 균등화소득은 가구원수가 다른 가구간의 후생수준을 비교할 수 있도록 가구소득을 √가구원수로 나눈 소득. 즉 가구소득/ √가구원수). 자료: 통계청·금융감독원·한국은행, 「2017년 가계금융·복지조사 결과」, 보도자료, 2017.12.21. 공보 2017-12-26호
[14] 2011년 이후 지니계수 및 소득5분위배율에 대한 결과값은 통계청·금융감독원·한국은행, 「2017년 가계 금융·복지조사결과」, 보도자료, 2017.12.21. 공보 2017-12-26호

2016년 균등화 처분가능소득 평균은 3,974만원으로 전년대비 4.1% 증가하였다.

〈표 16-15〉 균등화 처분가능소득 평균과 중위소득

(단위: 만원, %)

	2015년	2016년	증감률
평 균 소 득	2,857	2,974	4.1
중 위 소 득	2,443	2,542	4.1

자료: 통계청·금융감독원·한국은행, 「2017년 가계금융·복지조사 결과」, 보도자료, 2017.12.21. 공보 2017-12-26호
출처: 한국은행, 보도자료 https://www.bok.or.kr/portal/bbs/p0000559/ (검색 2020.02.03)

2016년 소득 5분위배율에서 균등화 처분가능소득의 5분위배율은 7.06으로 전년대비 0.05배p 증가하였다. 균등화 처분가능소득 기준 근로연령층의 5분위배율은 6.19배로 전년대비 0.02배p 증가하였으며, 은퇴연령층의 5분위배율은 8.93배로 0.23배p 감소하였다.

〈표 16-16〉 소득 5분위배율

(단위: 배, 배p)

	전체			근로연령층(18~65세)			은퇴연령층(66세이상)		
	2015년	2016년	증감	2015년	2016년	증감	2015년	2016년	증감
시 장 소 득	10.44	10.92	0.48	7.57	7.78	0.21	47.20	51.22	4.02
처 분 가 능 소 득	7.01	7.06	0.05	6.17	6.19	0.02	9.16	8.93	-0.23
개 선 효 과 [2]	3.43	3.86	-	1.40	1.59	-	38.04	42.29	-

주: 1) 소득5분위배율: 상위 20% 소득의 평균값을 하위 20% 소득의 평균값으로 나눈값
   2) 개선효과=시장소득 - 처분가능소득
자료: 통계청·금융감독원·한국은행, 「2017년 가계금융·복지조사 결과」, 보도자료, 2017.12.21. 공보 2017-12-26호
출처: 한국은행, 보도자료, https://www.bok.or.kr/portal/bbs/p0000559/ (검색 2020.02.03.)

한편 균등화 처분가능소득 1분위는 875만원으로 전년대비 4.3% 증

가하였고, 5분위는 6,179만원으로 전년대비 5.0% 증가하였다.

<표 16-17> 소득5분위별 균등화 처분가능소득 평균

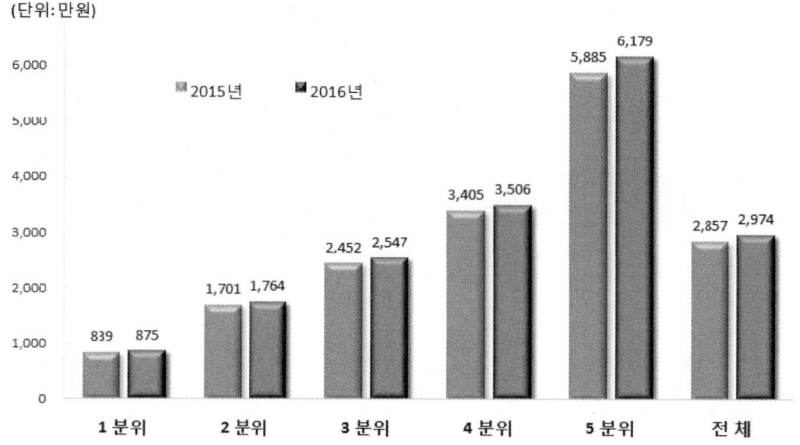

자료: 통계청·금융감독원·한국은행, 「2017년 가계금융·복지조사결과」, 보도자료, 2017.12.21. 공보 2017-12-26호
출처: 한국은행, 보도자료, https://www.bok.or.kr/portal/bbs/p0000559/ (검색 2020.02.03.)

 상대적 빈곤율은 소득불평등 지표로 지니계수 뿐만 아니라 소득5분위배율이나 상대적 빈곤율도 자주 사용된다. 상대적 빈곤율은 균등화중위소득15)의 50%이하에 해당하는 가구의 비율을 말하는데 이는 곧 빈곤가구의 규모를 나타낸다. 다음은 상대적 빈곤율 조사결과에서 2016년 균등화 처분가능소득의 상대적 빈곤율은 17.9%로 전년대비 0.1% 증가하였다. 또한 균등화 처분가능소득 기준 연령층의 상대적 빈곤율은 13.1%로 전년대비 0.1%p 감소하였고, 은퇴연령층의 상대적 빈곤율은 45.1%로 0.6%p증가하였다. 아래 표는 2016년의 상대적 빈곤율을 나

---

15) 균등화중위소득이란 가구소득을 가구원수의 제곱으로 나누어 조정한 값을 가구 균등화 소득이라고 하며, 균등화중위소득은 그 중간값을 지칭한다.

타낸 것이다.

<표 16-18> 상대적 빈곤율

(단위: %. %p)

	전체			근로연령층(18-65세)			은퇴연령층(66세이상)		
	2015년	2016년	증감	2015년	2016년	증감	2015년	2016년	증감
시 장 소 득	19.5	19.7	0.2	13.5	13.6	0.1	57.8	58.7	0.9
처분가능소득	17.8	17.9	0.1	13.2	13.1	-0.1	44.5	45.1	0.6
개 선 효 과[2]	1.7	1.8	-	0.3	0.5	-	13.3	13.6	-

주: 1) 상대적 빈곤율: 균등화 처분가능소득의 중위소득 50%이하에 속한 인구수를 전체인구수로 나눈 비율
    2) 개선효과= 시장소득 - 처분가능소득
자료: 통계청·금융감독원·한국은행, 「2017년 가계금융·복지조사 결과」, 보도자료, 2017.12.21. 공보 2017-12-26호
출처: 한국은행, 보도자료, https://www.bok.or.kr/portal/bbs/p0000559/ (검색 2020.02.03.)

<표 16-19> 한국의 상대적 빈곤율

(단위: %)

연도	2011	2012	2013	2014	2015	2016	2017
빈곤율	18.6	18.3	18.4	18.2	17.5	17.6	17.4

주: 1) 상대적 빈곤율은 균등화 중위소득의 50% 이하에 해당하는 가구의 비율임
    2) 처분가능소득 기준임
    3) 2015년, 2016년, 2017년은 추정치임
자료: 한국, 통계청, 「소득분배지표」 각 연도
출처: 한국, 통계청·금융감독원·한국은행, 「2017년 가계금융·복지조사 결과」, 보도자료, 2017.12.21. 공보 2017-12-26호

<표 16-20> OECD 주요국의 상대적 빈곤율

(단위: %)

	2005	2006	2007	2008	2009	2010	2011	2012	2013	2014	2015	2016
덴마크	-	-	-	-	-	-	5.8	5.4	5.4	5.5	5.5	5.5
핀란드	6.6	6.9	7.8	7.9	7.4	7.2	7.5	6.5	7.1	6.8	6.3	5.8
프랑스	-	-	-	-	-	-	-	8.5	7.9	8.1	8.1	8.3
노르웨이	-	-	-	7.8	7.5	7.5	7.7	8.1	7.8	8.1	8.1	8.2
네덜란드	-	-	-	-	-	-	6.6	6.9	7.9	7.8	7.8	8.3
스웨덴	-	-	-	-	-	-	-	-	8.6	9.0	9.2	9.1

스웨덴	-	-	-	-	-	-	-	-	8.6	9.0	9.2	9.1
벨기에	9.2	10.1	9.2	9.4	9.8	9.9	9.7	10.0	9.8	9.1	9.8	9.7
독일	-	-	-	9.0	-	-	8.7	8.4	9.1	9.5	10.1	10.4
폴란드	12.4	10.9	9.6	10.7	10.9	10.7	10.6	10.2	10.5	10.4	11.1	10.3
영국	12.0	12.6	12.8	12.3	11.2	11.0	10.4	10.5	10.4	10.5	10.9	11.1
한국	-	-	-	-	-	-	-	-	-	-	17.5	17.6
캐나다	12.3	12.9	12.9	12.7	13.4	13.1	13.1	13.3	13.3	12.6	14.2	12.4
이탈리아	12.6	12.3	11.9	11.9	12.0	13.4	12.8	13.0	13.3	13.7	14.4	13.7
그리스	12.9	12.7	13.2	12.9	12.9	14.1	15.1	14.9	15.1	14.8	14.9	14.4
스페인	-	-	14.2	14.4	14.9	13.9	14.7	14.0	15.9	15.3	15.3	15.5
칠레	-	-	-	-	17.8	-	18.4	-	16.8	-	16.1	16.1
터키	-	-	-	-	-	-	18.6	17.7	17.1	17.3	17.2	17.2
미국	-	-	-	-	-	-	-	-	17.2	17.5	16.8	17.8

주: 1) 처분가능소득 기준임
    2) 2016년에서 덴마크, 터키, 칠레는 2015년 자료임
자료: OECD, 「http://stats.oecd.org.Income Distribution and Poverty」 2019.8, 통계청자료 재인용
출처: OECD, 「Social Protection and Well-being」

    소득불평등 지표로 지니계수뿐만 아니라 소득 5분위배율이나 상대적 빈곤율도 자주 사용된다. 소득불평등에 속한 지표들은 사회의 질을 반영하는 지표로서 중요하다. 지니계수가 전체 인구의 소득계층간 격차를 보여주는 지표인 반면, 상대적 빈곤율은 전체 사회에서 저소득층이 차지하는 비율이다. 상대적 빈곤율은 중위소득의 50% 이하에 해당하는 인구의 비율을 말하며, 이는 곧 우리 사회의 빈곤 규모를 보여준다.16) 상대적빈곤율을 측정하는 방법은, 즉 상대적 빈곤율 = (가처분 중위소득의 50% 이하 인구÷전체 인구)×10으로 나타낸다. 경제협력개발기구(OECD) 자료로 보면, 2018년 기준 한국의 상대적 빈곤율(16.7%)은 미국(17.8%)에 비해 낮지만 영국(11.7%), 독일(10.4%), 프랑스(8.5%)에 비해서는 높다. 전체 인구의 상대적 빈곤율이 높은 편이지만 다른 나라와 큰 차이를 보이지 않는 것에 비해, 66세 이상 인구의 상대적 빈곤율은 43.4%로 상대적 빈곤율이 높은 미국(23.1%), 멕시코(24.7%),

---

16) 통계청, 통계개발원, 최바울·심수진·남상민, 「국민 삶의 질 2020」, 2021.2.21. p.67.

라트비아(39.0%) 보다도 월등히 높은 편이다.17)

<표 16-21> 2018년 경제협력개발기구(OECD) 국가의 상대적빈곤율

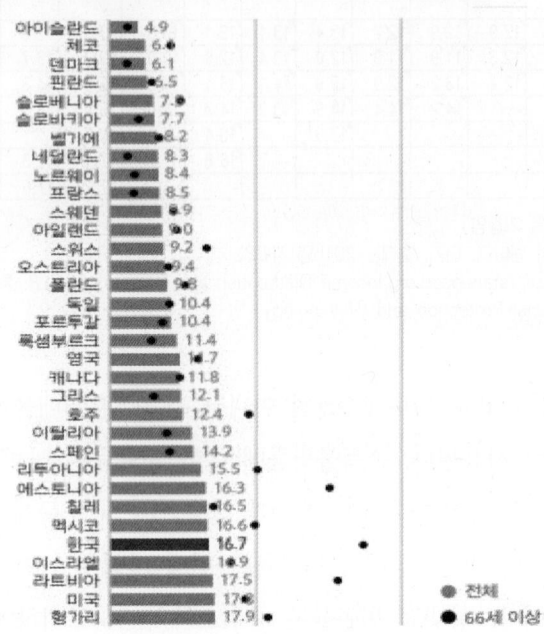

주: 1) 처분가능소득 기준임.
2) 칠레, 덴마크, 독일, 아이슬란드, 아일랜드, 이탈리아, 스위스, 미국은 2017년, 멕시코, 네덜란드는 2016년 자료임.
출처: OECD, Income Distribution Database

경제성장률이 1% 높아지면 지니계수(Gini's coefficient)는 추정식에 따라 최소 0.29%p~최대 1.94%p까지 개선될 수 있는 것으로 분석됐다. 추정식별로는 (4)식의 지니계수 개선율18)이 1.94%p로 가장 높았고, (1)식의 개선율이 0.29%p로 가장 낮았다.

---

17) Ibid.
18) 개선율(improvement rate)은 잘못된 것이나 부족한 것, 나쁜 것 따위를 고쳐 좋게 만든 비율을 나타낸다.

〈표 16-22〉 경제성장률과 지니계수 추이

	종속변수					
	지니계수 변화율		지니계수			
	추정식 (1)	추정식 (2)	추정식 (3)		추정식 (4)	
			단기	장기	단기	장기
성장률 계수추정치	-0.291	-0.418	-0.0011	-0.0029	-0.0027	-0.0053
전기 종속변수 계수추정치	-	-	0.632		0.498	
'16년 가처분소득 지니계수	0.278					
성장률 1%p 상승 후 지니계수(B)	0.27719	0.27684	0.27695	0.27514	0.27535	0.27272
지니계수 개선률(%p)	0.29	0.42	0.38	1.04	0.96	1.94
개선률 산식	|성장률 계수추정치| × 100		|성장률 계수추정치| / B × 100			

주:1) 종속변수 전기변수가 설명변수로 포함된 경우 장기 계수추정치 산식은 '계수' 추정치/ (1-전기 지니계수 계수추정치)임
출처: 한국경제연구원, 보도자료 파일, '경제성장이 소득불평등에 미치는 영향 분석' "경제성장률이 상승하면 지니계수로 본 소득불평등 개선돼" 2019.5.30.; http://www.keri..org/html/portlet/ext/bbs/view_message/view_ (검색 2020.02.03.)

한국의 경우 지니계수 개선율은 12.8% 수준으로(2017년 기준) 경제협력개발기구(OECD) 평균의 절반에도 못 미치는 상황이다. 지니계수 개선율은 (시장소득 지니계수-처분가능소득 지니계수)/시장소득 지니계수*100으로 산출한다.

〈표 16-23〉 경제협력개발기구(OECD) 국가의 지니계수 개선율[19]

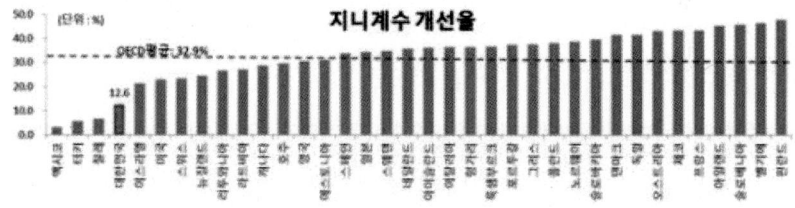

주: 1) 한 나라의 소득분배상황은 시장소득보다는 처분가능소득으로 보는 것이 일반적임.
   2) 정부가 소득분배 불균형을 개선하기 위한 노력을 확대하는 것은 전 세계적 공통현상으로 OECD국가의 정부정책을 통한 분배 개선율은 30% 수준 상회함
자료: 한국, 기획재정부, 정책 브리핑, 2019.09.10.
출처: 한국, 기획재정부, '저소득층 소득증대 등 분배개선 정책노력 확대정책' 브리핑, 2019.09.10.

---

19) 지니계수개선의 경우 덴마크(41.7%), 독일(41.8%), 프랑스(43.6%), 핀란드(48.0%)로 OECD 국가의 평균 32.8%이다.

〈표 16-24〉 경제협력개발기구 선진국의 국민소득 달성기간

	진입연도			달성기간(년)		
	3만달러	4만달러	5만달러	3만→4만	4만→5만	3만→5만
네덜란드	2003	2004	2007	1	3	4
호주	2004	2007	2010	3	3	6
캐나다	2004	2007	2011	3	4	7
스웨덴	1999	2004	2007	5	3	8
노르웨이	1995	2002	2004	7	2	9
덴마크	1995	2003	2006	8	3	11
룩셈부르크	1991	1995	2003	4	8	12
오스트리아	1995	2006	2008	11	2	13
미국	1997	2004	2011	7	7	14
스위스	1987	1992	2003	5	11	16
10개국 평균	–	–	–	5.4	4.6	10.0

자료: 18, 통계청, 「통계용어·지표의 이해」 KOSIS(한국은행, 국민계정), 국가통계포털(KOSIS), 2015.4

나. 민주주의 발전[20]

국민 개개인에게 골고루 영향을 미치는 또는 직접 정치에 참여하는 대중적인 민주주의, 참여민주주의 형태인 '풀뿌리민주주의(grass-roots democracy)'가 정착이 되었는가? 한국에서는 흔히 민주주의 기초로서 지방자치단체를 의미하는 용어로 사용하기 시작했다. 의회제에 의한 간접민주주의에 대해 시민운동·주민운동 등 직접 정치에 참여하는 방식을 '참가 민주주의'라 하는 형태로 전개되어 왔다. 한국은 1995년 지방자치가 부활한 이후 '풀뿌리민주주의'가 되살아났다. 새로운 의제설

---

[20] 민주주의 발전의 핵심 요체는 성숙된 민주시민의식의 정착, 공정과 상식이 통하는 사회, 청렴하고 부정부패 없는 사회, 안정된 사회, 성숙된 공동체사회의 형성, 투명한 정부 및 특권 없는 사회, 선진화된 정치문화 형성, 다양한 형태의 문화를 계승 발전하는 등 성숙한 민주주의 발전은 그리 쉬운 것만이 아니다.

정과 사회정의·불평등·불공정 문제에 대해 국민의 소리를 대변하고 주장하여 정부정책 및 입법과정에 시민단체의견을 반영해야 한다. 시민사회단체는 기업경영의 투명성을 요구하는 '소액주주운동', 부패 정치인에 대한 '낙천·낙선운동', '국가정보원 대선개입과 진상규명과 책임자 처벌 촉구활동', '세월호 특별법 제정 촉구활동' 등 최근에는 국회의 특수활동비 내역공개 등의 주요활동을 통하여 제한된 여건 하에서 한국사회의 시민사회단체로서의 역할에 충실했다고 할 수 있다. 앞으로도 의원 특권 내려놓기 등을 적극적으로 전개할 필요성이 대두되고 있다. 시민사회단체는 사회변화(social change)와 더불어 적폐로 남아있는 사회악에 대해 제도적 장치를 통해 정화하는 미션이 남아있음을 인식해야 한다.

〈그림 16-4〉 한국, 촛불시민혁명(2016~2017)

자료: 2016.11.19일 오후 서울 광화문광장 일대에서 열린 4차 촛불집회에 참석한 시민들이 촛불을 들고 '국정농단 게이트' 진상규명과 박근혜 대통령 퇴진을 촉구하며 가두행진을 하고 있다. 사진공동취재단
출처: 한겨레, 성한용, 100만 촛불시위, 성공한 시민혁명으로 기록되려면… 정치정치 BAR, http://www.hani.co.kr/arti/politics/polibar/771433.html (검색: 2020.06.01.)

다. 정부신뢰도 증진

정부의 신뢰는 입법과 정책을 통하여 국민에게 신뢰를 주어야 한다. 그러나 정치권력의 속성상 소위 '블랙박스'라는 밀실내부에서 이루어지는 정책은 그 자체로 투명하지 못하기 때문에 정부는 국민의 신뢰를 받지 못할 뿐 아니라 국민의 저항을 불러일으킬 때도 있다. 한 나라의 지도자는 국가와 국민이 위기에 처해 존망(存亡)과 생사(生死)의 기로에 서 있을 때 자산과 자원·조직 등을 활용하여 위기에서 탈출할 수 있는 리더십을 보여주어야 한다. 정부와 지도자의 출발선이 바로 이것이다. 그간 한국 정부(본서에서는 입법부, 사법부 포함)는 '강자에게는 약한 모습을, 약자에게는 강한 행태'의 마법(魔法)을 부려왔다. 따라서 정부의 신뢰가 형성될 수가 없었다. 권력의 속성을 이용하여 불공정·불평등·불만족·불편한 사회가 되어갔다. 부정과 부패·반칙이 판치는 사회를 누가 주도해 왔는가? 이들은 주로 권력을 가진 기득권세력(집단포함)이 아니었던가? 기울어진 운동장에서 출발하는 '불공정한 게임의 룰'을 누가 주도해 왔는가? 한국 사회는 정권마다 발생해왔던 '권력게이트' 부정부패로 얼룩져왔다. 이제는 단절해야 할 시기가 도래했다. 도덕적으로 공정하지 못한 사람이 권력에 입성하게 되면 국민이 불편하고 불필요한 대가를 치러야 한다. 그동안 수없이 누려왔던 정치권력의 특권을 과감하게 내려놓지 않으면 한국의 정치발전은 기대하기 어려울 것이다.[21] 정치권력이 휘두르는 무소불위의 권력이 국민들에게 분노와 실망을 안겨주기에 충분했다. 지방자치단체의 경우 의정활동에 따른 적

---

[21] 정치권력의 특권 내려놓기가 그 시작을 하는 첫 걸음이다. 유럽의 국가들의 정치권력과 차이점은 그들은 특권을 내려놓고 시작한다는 점이다. 의정활동에 지장을 받지 않는 선에서 제도적점진적으로 개선되지 않으면 정치발전은 기대하기 힘들 것이다. 기초지방자치단체의 지방의회의 권력 또한 미국과 유럽에 비해 과도한 특권을 누리고 있다.

절한 활동비만으로 의정활동이 충분하기 때문에 최초 시행할 때의 입법취지를 살려 향후에는 이를 제도적으로 정착시켜나가는 힘든 여정이 시작될 수 있도록 사회적 합의가 필요한 시기가 점점 다가오고 있다. 많은 유럽의 생산적 복지를 지향하는 국가들이 채택하고 있다. 이러한 기득권이 활개치고 판치는 세상을 하도록 내버려 둔 것은 초대정권에서부터 시작된 '친일반민족 잔재청산'을 제대로 하지 않고 출발했기 때문에 지금까지 이어지고 있다. 2019년 4월 16일에 개정된 부정청탁 및 금품 등 수수의 금지에 관한 법률(약칭 청탁금지법) 시행되고(2019. 10.17.), 공직자윤리법(2017.7.26., 타법개정, 시행 2017.7.26.)은 부정부패를 발본색원하는 공정한 사회(a fair society)가 되어야 한다. 정부를 포함한 사법개혁과 더불어 의회개혁도 자정능력을 상실하였기 때문에 시민사회단체를 중심으로 국민과 함께 기울어진 운동장을 평탄하게 세우는 일에 정부와 시민사회단체가 적극적이고 능동적이며 선제적으로 대응해야 한다. 국민의 대표기관인 의회도 개혁의 대상이며, 혁신의 주체가 되어야 한다. 수많은 특권을 누리면서 국민을 위해 일하는 입법부를 바로 세워야 할 미션이 국민 모두에게 주어져 있다고 생각한다. 그동안 입법부는 개혁과 혁신의 대상에서 늘 제외되어 환부가 심하게 썩고 있다. 따라서 국민들은 누진 다초점렌즈를 잘 닦고 그들이 스스로 변화할 수 있도록 해야 하는 것도 국민들의 몫이라는 사실을 깨달아야한다.

라. 국민의 삶의 질 향상

한국 사회는 빠른 시간에 산업화와 민주화를 동시에 달성했다. 그럼에도 불구하고 한국인은 삶에 대한 만족도나 행복수준은 그리 높지 않은 게 사실이다.22) 이는 치열한 경쟁사회구도, 경제협력개발기구(OECD) 최고의 낮은 출산율, 급격한 고령화사회 진입, 높은 자살률 등 사회의 전반적인 생동감이 탄력이 약화되고 이념적 갈등, 세대간 갈등, 심각한 빈부격차, 상대적 빈곤율, 사회지도층의 부정부패 등 다양한 갈등이 대립하고 분출되면서 새로운 사회 문제로 대두되고 있다.

〈그림 16-5〉 국민의 삶의 질 지표 개발 배경

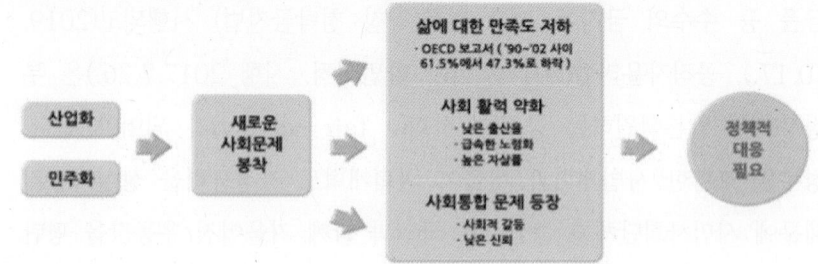

자료: 통계청, 통계개발원, '국민의 삶의 질 지표' 홈페이지
출처: httr://qol.kostat.go.kr/blife/guide-flow.do (검색 2019.11.11.)

한국인의 삶의 대한 만족도23)는 5.9점으로 경제협력개발기구(OECD)

---

22) 국제연합개발계획(UNDP)이 매년 문자해독률, 평균수명, 1인당 실질국민소득 등을 토대로 각 나라의 인간다운 생활수준을 가늠하기 위해 개발한 복합지수의 성격을 가지고 있는 지수로 인간개발지수(Human Development Index, HDI)가 있다. 이는 인간다운 생활수준을 측정하기 위해 개발된 복합적 지수로 지난 1990년부터 각국의 평균수명, 교육수준, 1인당 실질국민소득 등 모두 2016개 지표를 토대로 국가의 삶의 질을 점수로 계량화하여 인간개발의 성취 정도를 지수로 활용하고 있다. 소득·교육·빈곤·실업·환경·건강 등 인간생활과 관련된 기본 요소들을 기초로 생활에서 느끼는 행복감을 측정하는 일종의 행복지수로 볼 수도 있다. pmg 지식엔진연구소, 박문각, 「시사상식사전」

23) 행복수준이 높은 집단은 화이트칼라 또는 학생이면서, 사회적 관계망이 있고, 대졸이상인 집단으로 삶에 대한 만족도는 6.46점(10점 만점), 전체인구에서 차지하는 비율은 16.1%이다. 반면에 행복수준이 낮은 집단은 서비스·판매직, 기능노무직, 농림·어업직에 종사하고, 사회관계망이 없는 집단으로 삶에 대한 만족도는 5.72점(10점 만점)이며, 이들이 전체 인구에서 차지하는 비율은 14.6%이다. 이 조사에 행복의 첫 번째 조건은 돈으로 나타났다. 삶의 행복을 높이는 두 번째 변수는 직업 안정성으로 나타났다. 한편 유엔은 2018 세계행복보고서에서 한국 국민의 삶에 대한 만족도는 5.87점으로 156개국 중 57위라고

회원국 중 가장 낮은 수준으로 나타났다. OECD 평균인 7.3점에도 크게 못 미치는 수준이고 조사국 30개 가운데 가장 낮은 30위에 그쳤다. 이 수치는 국제경영개발대학원(IMD)에서 조사한 내용과 크게 다르지 않다.

〈표 16-25〉 OECD 주요 국가별 삶 만족도 비교

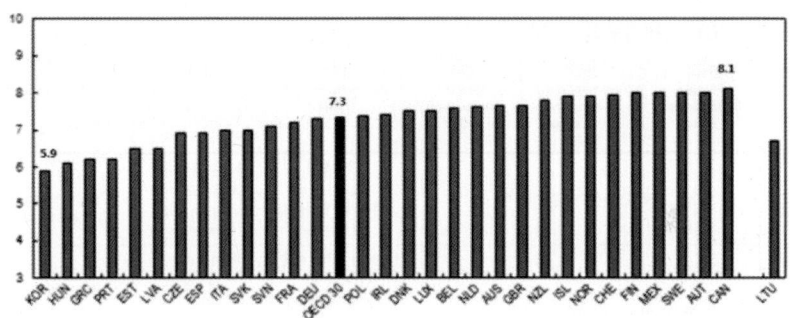

자료: OECD(2018), 『How's Life ? 2017』
출처: https://blog.naver.com.gri_blog/221413679339 (검색 2019.11)

국제연합개발계획(UNDP)의 인간개발지수(Human Development Index: HDI)는 삶의 질에 초점을 둔 지표개발로 사회발전 전략(social development strategy)의 중심을 소득중심에서 인간 중심으로 변화하고 있음을 보여주는 것이다. 국제연합개발계획(UNDP)의 인간개발지수(HDI)는 인간의 자아실현(self-realization)을 위한 3가지의 중요한 핵심요소로 소득, 교육, 건강을 주요 요인으로 사회발전 수준을 측정하고 있다. UN, OECD 등 주요 국제기구에서는 새로운 사회발전 지표를

밝혔다. 건강기대수명(4위), 1인당 국내총생산(28위) 등은 선진국과 큰 차이는 없으나 사회적 관계(95위), 자율성(139위), 부패인식(126위) 등에서 만족도가 크게 떨어졌다. 통계청은 "한국 국민이 행복하지 못한 것은 경제수준이 낮거나 건강하지 않아서가 아니라 사회통합이 취약하고 사회적 투명성이 낮기 때문"이라고 했다. 심수진·이희길, 이슈분석: "우리는 얼마나 행복할까?", 통계청 통계개발원, 『통계 플러스』 가을호, 2018.10.1

개발하고 있다. 경제협력개발기구(OECD)는 세계적인 흐름을 반영하여 물질적 요인[24]과 함께 비물질적 요인[25]을 포함한 11개영역 24개 지표를 통해 사회발전 수준을 측정하여 발표하고 있다. 다음은 국민의 삶의 질에 초점을 둔 주요 국제기구의 사회발전(social development) 수준을 측정하는 지표들이다.[26]

〈표 16-26〉 국제기구의 사회발전 지표

	HDI Human Development Index	IHDI Inequality-adjusted Human Development Index	GII Gender Inequality Index	WP World Happiness Index	SPI Social Progress Index	BLI Better Life Index
소관 기관	UNDP (국제연합개발계획)			UN 산하 SDSN (지속가능발전해법 네트워크)	미국 비영리단체 사회발전조사기구 (Social Progress Imperative)	OECD (경제개발협력 기구)
목적	국민소득 중심의 사회발전에서 인간에 초점을 둔 사회발전 정책 전환을 위한 개발			UN이 정한 '세계 행복의 날'(3.20)에 발표, 각국의 사회발전과 공공정책 목표를 국민행복에 두도록 유도	사회적 발전 정도를 측정함으로써 정부정책, 기업행위, 시민사회 활동에 기여	현재의 웰빙 수준을 측정, 포괄적인 사회발전 도모
사용 지표	기대수명지수, 교육지수, GNI지수.	불평등 정도를 반영한 HDI 지수	성별로 다음 지수 측정 : 건강, 역능성, 노동시장	1인당 국내총생산, 사회적 지원, 기대수명, 사회적 자유, 관용, 부패 정도 등 측정	기본욕구, 웰빙의 기반 및 기회 관련 3개 차원	주거, 소득, 직업, 공동체, 교육, 환경, 시민참여, 건강, 삶의만족, 안전, 일과삶의 균형 등 11개 영역 24개 지표

자료: 입소서 코리아(Ipsos Korea)
출처: https://blog.naver.com.ipsos_korea/221582956407 (검색 2019.11)

한국인의 삶의 질(quality of life)이 2016년도 7단계 하락한 47위

---

24) 소득과 재산, 직업과 수입, 주거 등 3가지 영역에서 측정함.
25) 건강상태, 일과 삶의 균형, 교육과 기술, 사회적 관계, 공공참여와 거버넌스, 환경의 질, 개인의 안전, 주관적 만족도 등 8가지 영역에서 측정함.
26) 영국의 National Well-being index, 캐나다의 Index of Well-being, 네덜란드의 Life Situation Index, 뉴질랜드의 Quality of Life Surver, 한국의 Quality of Life 등이 있다.

로 조사되었다(be investigated). 한국인의 삶의 질이 하락한 원인 가운데 공동체의식의 추락, 빈번한 산업재해 발생, 희망이 사라진 취업, 기울어진 운동장, 부정부패, 심각한 사회적 갈등(계층간, 세대간, 진영간, 지역간) 등으로 사회통합의 어려움이 상존하고 있다. 따라서 이를 해결하기 위한 다양한 처방대책이 쏟아져 나오고 있으나 이는 결론적으로 미봉책에 불과하다는 점이다.

〈표 16-27〉 한국의 삶의 질 추락

삶의 질(2016년) Quality of Life(0 ~ 10)/61개국			사회가치체계에서 경쟁지지도(2016년) Value System(0 ~ 10)/61개국		
47위	Rep. of Korea	4.95	35위	Rep. of Korea	5.77
1위	Switzerland	9.83	1위	Hong Kong	8.54
2위	Austria	9.71	2위	United States	8.02
3위	Norway	9.71	3위	Singapore	7.82
4위	New Zealand	9.56	4위	Switzerland	7.80
5위	Canada	9.55	5위	United Arab Emirates	7.76
6위	Denmark	9.52	6위	Ireland	7.38
7위	Australia	9.25	7위	Canada	7.25
8위	Netherlands	9.24	8위	New Zealand	7.11
9위	Germany	9.21	9위	Qatar	7.08
10위	Sweden	9.17	10위	Netherlands	7.05
United States(18위) 8.26 Japan(20위) 8.11 China(45위) 5.26			China(30위) 6.05 Japan(38위) 5.60		

자료: 국제경영개발대학원(IMD), 「세계경쟁력연감: World Competitiveness Yearbook」 2016; 한국무역협회, 국제무역연구원, 「2016 세계 속의 대한민국」

한국인의 행복수준[27]은 156개국 중 57위로 물질적인 생활수준과 비교해보면 낮은 수준에 속하는 편이다(2015~2017년). 또한 주요국가의

---

[27] 2016~2018년 UN 세계행복지수는 세계156개국 중 한국(54위), 핀란드(1위), 캐나다(9위), 영국(15위), 미국(19위) 순이었다. 또한 그간 OECD 등 국제기구와 주요 국가들이 'GDP를 넘어(beyond GDP)' 삶의 다양한 영역을 균형 있게 측정하고 정책에 반영하기 위해 노력하고 있다. OECD보다 나은 삶(Better Life Initiative)발표('11년), UN 세계행복 보고서 발간('12년), 뉴질랜드 세계최초 행복예산 작성('19년) 등이 있다.

삶에 대한 만족도와 주요지표에서 삶의 만족도는 5.87점(57위/156개국), 사회적 관계는 0.80(95위/156개국), 자율성은 0.58(139위/156개국), 부패인식은 0.85(126위/156개국)로 상당히 낮은 수준을 나타내고 있다.28)

〈표 16-28〉 국제비교를 통해 본 한국의 행복수준은?

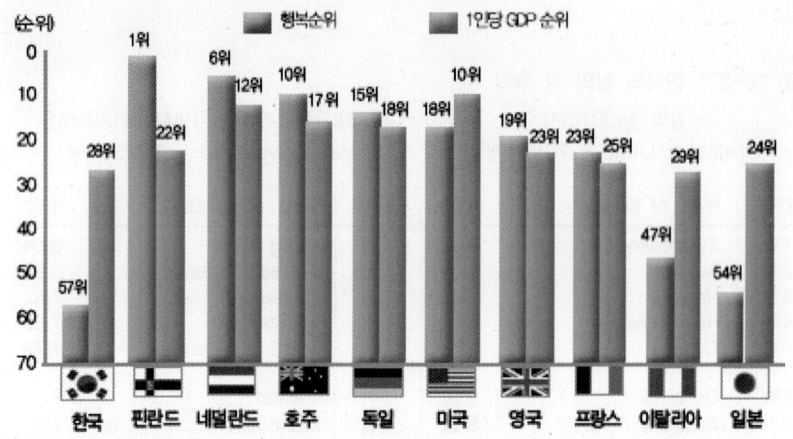

자료: 통계청, 통계개발원(KOSTAT)
출처: 심수진·이희길, 이슈분석: "우리는 얼마나 행복할까?", 통계청 통계개발원, 『통계 플러스』 가을호, Vol.03, 2018.10.1.

---

28) 사회적 관계, 자율성, 기부, 부패인식은 모두 갤럽월드폴 자료(201~201년)로 0~1의 값을 가짐(0=없음, 1=있다)

⟨표 16-29⟩ 주요 국가의 삶에 대한 만족도와 주요지표('15~'17년)

	삶의 만족도 (0~10점)	1인당 GDP($)	사회적 관계	건강 기대수명(세)	자율성	기부	부패인식
핀란드	7.63	39,674.9	0.96	71.5	0.95	0.42	0.22
캐나다	7.33	43,035.5	0.93	72.2	0.92	0.63	0.41
호주	7.27	44,374.5	0.95	72.7	0.92	0.69	0.39
미국	6.89	53,476.2	0.91	69.8	0.83	0.59	0.70
영국	6.81	39,195.5	0.94	71.8	0.82	0.67	0.44
프랑스	6.49	38,136.9	0.90	72.6	0.81	0.27	0.62
일본	5.92	38,312.0	0.90	75.1	0.84	0.25	0.67
한국 (순위)	5.87 (57위)	35,027.9 (28위)	0.80 (95위)	74.0 (4위)	0.58 (139위)	0.39 (39위)	0.85 (126위)
전체평균 (156개국)	5.38	18,969.8	0.80	62.7	0.76	0.30	0.74

주: 1) 1인당 GDP(2011년 PPP기준, 2016~2017년, World Bank), 건강수명(2012, WHO), 사회적 관계, 자율성, 기부, 부패인식은 모두 갤럽월드폴 자료(201~201년)로 0~1의 값을 가짐(0=없음, 1=있다)
자료: Helliwell et al.(2018) World Happiness Report 2018
출처: 심수진·이희길, 이슈분석: "우리는 얼마나 행복할까?", 통계청 통계개발원, 『통계 플러스』 가을호, Vol. 03, 2018.10.1.

2. 정부혁신의 추진과제 및 체계

　지금까지의 정부혁신은 정부가 주도적으로 추진해왔다. 국민들은 정부혁신이 무엇을 하는지 인식조차 하지 못했다. 그러나 새로운 정부가 탄생하면서 국민과 함께하는 정부혁신을 주창했다. 혁신의 방향에 대해 국민들은 긍정적으로 생각하고 있다. 그러나 지금까지의 정부혁신이 과거 전철을 밟지 않도록 정교한 설계가 필요한 것은 정부혁신의 성공은 정부의 성공과 그 맥을 같이 하기 때문이다. 아울러 시대의 화두인 안전한 사회, 공동체의식(community consciousness) 회복 등 국민의 삶의 질과 직결되어 있어 개선하는 방향으로 전개되어야 한다. 과거의 정부혁신이 요란한 구호에 그친 반면에 새로운 정부의 혁신은 사회적 가치와 공공성 회복(publicness recovery), 국민의 참여와 협력을 통하여 신뢰받는 정부로 거듭나기 위한 실천과제를 추진하고 있다.

〈표 16-30〉 문재인 정부의 정부혁신의 차별성

지금까지는	앞으로는
국민 없는 혁신 ※ 전문가 위주 제한된 참여	국민과 함께하는 혁신 ※ 과제발굴-계획수립-평가 전과정 국민참여
하향식 혁신 ※ 계획수립 → 시달	자율적·상향식 혁신 ※ 정부혁신 해커톤, 기관 자율평가 도입
행정 내부 혁신 ※ 내부시스템·프로세스 개선 집중	국민 삶의 질 향상을 지향하는 혁신 안전·공동체 등 사회적 가치 실현

자료: 한국, 행정안전부, 「정부혁신 추진방향」, 2018.7

정부혁신 추진방향의 설계는 간단한 일이 아니다. 중앙부처간 협의와 장·차관 워크숍(workshop)을 통하여 의견을 수렴하고(opinion gathering), 정부혁신 국민포럼 국민위원의 의견을 반영하여 정부혁신 종합 추진계획을 수립한다. 또한 지난해 정부혁신 결과government innovation result)와 및 지난 정부에서의 추진사항을 분석하고 검증하여 수립한다. 그간 추진과정에서 미흡했던 분야는 냉철한 분석을 기반으로 재평가할 수 있어야 한다.

❖ 정부 운영을 사회적 가치 중심으로 전환해야 합니다.
사회적 가치는 인권, 안전, 고용 등 모든 영역에서 공공 이익과 공동체의 발전에 기여하는 가치입니다. 정책 추진 전 과정에서 사회적 가치를 고려할 수 있도록 평가, 인사, 예산, 조직 운영시스템을 전면 개편해 나가야 합니다.
(`18. 1. 16. 국무회의 모두 말씀 중)

❖ 우리 정부의 최우선 목표는 정부와 공직의 공공성을 회복하는 것이라고 할 수 있습니다. 진정으로 국민을 위해 존재하는 정부, 진정으로 국민의 공복이 되는 공직문화를 바로 세우는 것이 우리 정부가 추구하는 정부혁신의 근본이라는 것을 강조하고 싶습니다.

('18. 3. 19. 정부혁신전략회의 모두 말씀 중)

〈표 16-31〉 새로운 정부의 정부혁신 추진과정

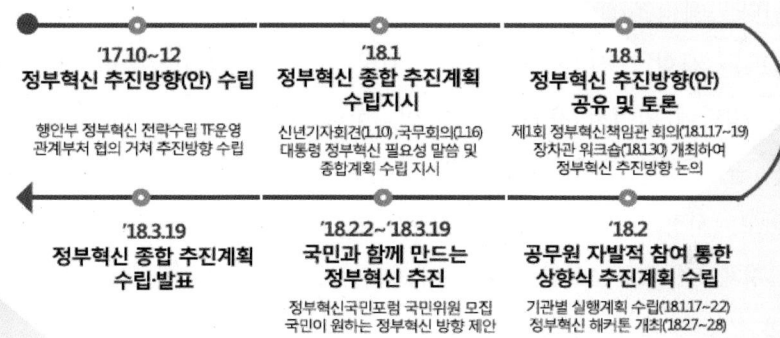

자료: 한국, 행정안전부, 「정부혁신 추진방향」, 2018 .7

〈표 16-32〉 새로운 정부혁신의 7대 핵심과제

7대 핵심 과제	사회적 가치 구현	① 사회적 가치를 실현할 수 있도록 재정혁신 하겠습니다. ② 국민의 삶을 바꾸는 인사·조직·성과평가체계를 구축하겠습니다.
	참여 협력	③ 국민이 공감하는 정책, 국민과 함께 만들겠습니다. ④ 정보를 낱낱이 공개하고, 자원을 공유하는 열린정부가 되겠습니다. ⑤ 기관 간 장벽을 허물어 협력하는 정부를 구현하겠습니다.
	신뢰받는 정부	⑥ 국민이 원하는 공정하고 깨끗한 공직사회를 만들겠습니다. ⑦ 국민중심 4대 행정혁신(데이터·창의·규제개혁·낭비제로)을 실현하겠습니다.

자료: 한국, 행정안전부, 「정부혁신 추진방향」, 2018 .7

정부혁신에서 추진하는 핵심전략으로 사회적 가치 중심 정부에서 사회적 가치(social value)란 사회, 경제, 환경, 문화 등 모든 영역에서 공공의 이익(public interest)과 공동체의 발전(community development)에 기여할 수 있는 가치를 말한다. 헌법적 가치(constitutional value)와 관련 있는 내용으로 대한민국 헌법 제10조 '모든 국민은 인간으로서 존엄과 가치를 가지며, 행복을 추구할 권리를 가진다. 국가는 개인이 가지는 불가침의 기본적 인권을 확인하고 이를 보장할 의무를 지닌다.' 제11조 ① 모든 국민은 법 앞에 평등하다. 누구든지 성별·종교 또는 사회적 신분에 의하여 정치적·경제적·사회적·문화적 생활의 모든 영역에 있어서 차별을 받지 아니한다. 또한 헌법 제119조 ② 국가는 균형 있는 국민경제의 성장 및 안정과 적정한 소득의 분배를 유지하고, 시장의 지배(market dominance)와 경제력의 남용을 방지하며, 경제주체간의 조화를 통한 경제의 민주화를 위하여 경제에 관한 규제와 조정을 할 수 있다.

〈표 16-33〉 한국의 '삶의 질' 지수 추락

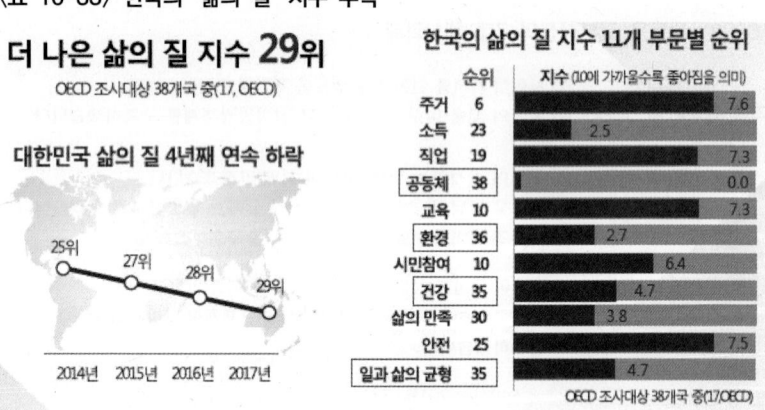

자료: OECD, BLI(Better Life Index), 2017
출처: 한국, 행정안전부, 「국민 중심의 정부혁신을 위한 사회적 가치의 이해」 2019

〈그림 16-6〉 사회적 가치 중심 정부

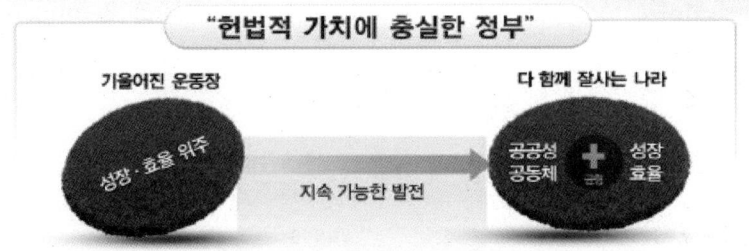

자료: 한국, 행정안전부, 「정부혁신 추진방향」, 2018 .7

　다음은 정부혁신의 핵심과제 중 사회적 가치를 구성하는 13개 요소는 1) 인간의 존엄성을 유지하는 기본 권리로서의 인권의 보호, 2) 재난과 사고로부터 안전한 근로·생활환경의 유지, 3) 건강한 생활이 가능한 보건복지의 제공, 4) 노동권의 보장과 근로조건의 향상, 5) 사회적 약자에 대한 기회제공과 사회통합, 6) 대기업, 중소기업 간의 상생과 협력[29], 7) 품위 있는 삶을 누릴 수 있는 양질의 일자리 창출, 8) 지역사회 활성화와 공동체 복원, 9) 경제적 이익이 지역에 순환되는 지역경제 공헌, 10) 윤리적 생산·유통을 포함한 기업의 사회적 책임(corporate social responsibility) 이행 11) 환경의 지속가능성 보존, 12) 시민적 권리로서 민주적 의사결정과 참여의 실현, 13) 그밖에 공동체이익 실현(community benefit realization)과 공공의 강화 등을 핵심과제로 선정하여 추진하고 있다. 이처럼 사회적 가치(social value)란

---

[29] 경제 규모 차이가 있는 대상끼리 상생과 협력을 통해 더불어 성장하는 일. 주로 대기업과 중소기업의 상생을 이르는 용어로 쓰이고 있다. 2007년부터 해마다 공공기관이 동반성장에 기여한 실적을 평가하고 있다. 중소벤처기업부는 대중소기업 상생협력 촉진에 관한 법률 제19조에 근거에 의거 2018년 공공기관 동반성장 평가 결과를 발표했다(2019.3.18.). 2018년 평가에는 공기업(28개), 준정부(26개), 기타(4개) 등 58개 기관을 대상으로 평가는 201년 동반성장 추진실적(75점)과 협력 중소기업 대상 체간도 조사결과(25점)을 합산하여 우수(7개), 양호(22개), 보통(21개), 개선(8개) 등 4개 등급으로 나누었다.

사회, 경제, 환경, 문화적 영역에서 공공의 이익과 공동체 발전에 기여하는 가치이며 '공공기관의 사회적 가치 실현'으로 정의할 수 있다.

〈그림 16-7〉 사회적 가치와 경제성장

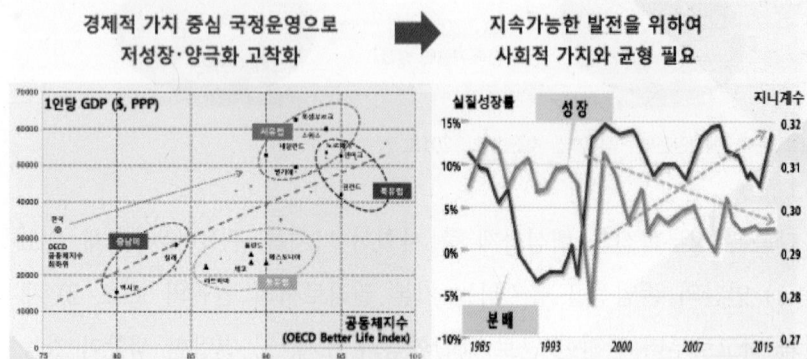

자료: OECD, BLI(Better Life Index), 2017
출처: 한국, 행정안전부, 「국민 중심의 정부혁신을 위한 사회적 가치의 이해」 2019

〈그림 16-8〉 UN의 지속가능한 발전목표[30]

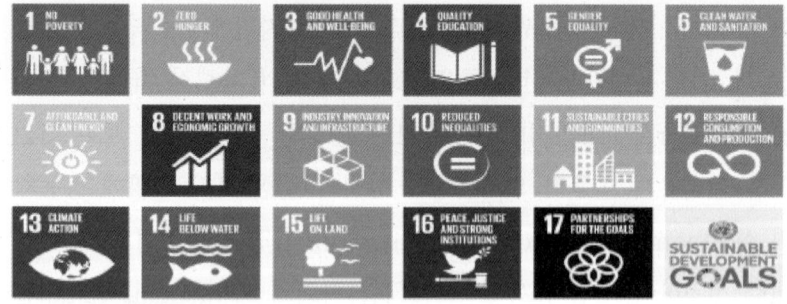

자료: OECD, BLI(Better Life Index), 2017
출처: 한국, 행정안전부, 「국민 중심의 정부혁신을 위한 사회적 가치의 이해」 2019

지속가능발전(Sustainable Development)이란 1987년 세계환경개

---

30) UN은 지속가능한 발전목표(SDGs: Sustainable Development Goals)란 인간과 생태계의 균형 속에서 지속가능한 경제성장을 달성하기 위한 17개 목표(Goals)를 제시했다.

발위원회(WCED)에서 발표한 『우리 공동의 미래(Our Common Future)』 보고서에서 지속가능발전에 대한 개념이 공식적으로 정의되었다. 이에 따르면, 지속가능발전은 '미래 세대의 필요를 충족시킬 능력을 훼손하지 않으면서 현 세대의 필요도 충족하는 발전'을 의미한다. 이후 지속가능발전 개념이 활발히 논의되었으며, 경제발전·사회통합·환경의 지속가능성을 고려한 발전으로 그 의미가 확장되었다. 또한 지속가능발전목표(SDGs)는 2015년 9월 유엔총회에서는 『세계의 변혁: 지속가능발전을 위한 2030 의제(Transforming Our World: The 2030 Agenda for Sustainable Development』) 결의문을 채택함. 이 문서에는 전 세계가 인류의 지속가능한 발전을 위해 2030년까지 공동 달성하기로 합의한 17개 목표와 169개 세부목표가 담겼다. 그렇다면 왜 SDGs가 중요한가? SDGs는 전 세계가 직면한 빈곤, 불평등, 기후위기, 폭력 등과 관련한 문제에 공동 대응하기 위한 것으로, 특정 집단 및 국가만의 노력으로 해결되지 않는다. 모든 국가와 이해당사자 그룹의 참여와 연대가 필수적이다. 유엔에서 SDGs 이행점검에 대해서 17개 목표는 231개 유엔 SDGs 지표를 근거로 매년 그 이행상황을 점검한다. 글로벌 차원에서는 유엔 사무총장 주도의 『The Sustainable Development Goals Report』를 발간하여 유엔 고위급정치포럼(HLPF, High Level Political Forum, 매년 7월 개최)에서 이행수준을 점검한다. 유엔 SDGs 목표 및 지표 구성은 유엔 SDGs는 빈곤, 건강, 교육, 성평등, 불평등, 기후변화 등 17개 목표로 구성되고, 이 목표는 231개 지표로 측정하고 있다. 전체 지표 중 136개 지표에서 한국 데이터 이용가능 58.9%(2020년말 기준)[31] 수준이다.

---

[31] 통계청, 김대호·박영실, 한국의 SDGs 이행 현황 2021 발표, 보도자료, 2021-04-01(계

〈그림 16-9〉 유엔 지속가능발전목표(SDGs)

영역		17개 목표	지표수
사람	1 인권퇴치	모든 곳에서 모든 형태의 빈곤 퇴치	13
	2 기아종식	기아 종식, 식량안보 달성, 영양상태 개선과 지속가능한 농업 강화	14
	3 건강과 웰빙 증진	모든 연령층의 모두를 위한 건강한 삶 보장과 웰빙 증진	28
	4 양질의 교육 보장	모두를 위한 포용적이고 공평한 양질의 교육 보장과 평생학습 기회 증진	12
	5 성평등달성	성평등 달성 및 모든 여성과 여아의 권한 강화	14
지구	6 깨끗한 물과 위생 보장	모두를 위한 물과 위생의 이용가능성과 지속가능한 관리 보장	11
번영	7 모두를 위한 에너지 보급	모두를 위한 적정가격의 신뢰할 수 있고 지속가능하며 현대적인 에너지에 대한 접근 보장	6
	8 경제성장과 양질의 일자리	모두를 위한 지속적이고 포용적이며 지속가능한 경제 성장, 완전하고 생산적인 고용과 양질의 일자리 증진	16
번영	9 산업혁신 및 인프라	회복력 있는 사회기반시설 구축, 포용적이고 지속가능한 산업화 증진과 혁신 도모	12
	10 불평등 감소	국내 및 국가 간 불평등 감소	14
	11 지속가능한 도시와 주거지	포용적이고 안전하며 회복력 있고 지속가능한 도시와 주거지 조성	14
지구	12 지속가능한 소비와 생산	지속가능한 소비와 생산 양식 보장	13
	13 기후변화 대응	기후변화와 그 영향에 맞서기 위한 긴급 대응	8
	14 해양생태계 보호	지속가능한 발전을 위한 대양, 바다, 해양자원의 보전과 지속가능한 이용	10
	15 육상생태계 보호	육상 생태계의 보호, 복원 및 지속가능한 이용 증진, 산림의 지속가능한 관리, 사막화 방지, 토지황폐화 중지와 회복, 생물다양성 손실 중지	14

시일), 통계청홈페이지 〉 새소식 〉 보도자료 〉 전체

평화		지속가능발전을 위한 평화롭고 포용적인 사회 증진, 모두에게 정의 보장과 모든 수준에서 효과적이며 책임성 있고 포용적인 제도 구축	24
협력		이행수단 강화와 지속가능발전을 위한 글로벌 파트너십 재활성화	24
		전체 지표수 (중복 지표 제외)	231

주: 1) SDGs(Sustainable Development Goals)는 전 세계가 인류의 지속가능한 발전을 위해 2030년까지 공동 달성하기로 유엔총회('15.9)에서 합의한 17개 정책 목표로, '어느 누구도 뒤처지지 않게 한다(Leaving No One Behind)'는 포용성이 목표달성의 핵심
2) 통계청 통계개발원은 '유엔 SDGs 데이터 국가 책임기관'으로 지정되어 관계부처 협력 하에 데이터 제공
출처: 통계청, 김대호·박영실, 한국의 SDGs 이행 현황 2021 발표, 보도자료, 2021-04-01(게시일), 통계청홈페이지 〉 새소식 〉 보도자료 〉 전체 https://kostat-sdg-kor.github.io/sdg-indicators

    사회적 가치 지표(SVI: Social Value Index)는 사회적 기업(social enterprise) 등 사회적 가치를 추구하는 조직이 창출하는 사회적 성과를 측정하는 지표로 14개 세부 측정지표(계량 11개, 비계량 3개)로 구성되어 있다.[32] 그간 기업의 성과는 주로 매출, 영업이익 등 경제적 성과를 중심으로 측정되었다면, 이번 사회적 가치 지표는 사회적 가치 지향성, 지역사회와의 협력, 참여적 의사결정 등을 측정토록 개발되었다. 또한 지표를 통해 기업이 창출하는 사회적 가치 정도를 파악하고 향후 보완·발전시켜야 하는 방향성을 제시했다. 정부는 사회적 가치창출 우수기업에 투자재정지원 등을 연계함으로써 사회적 가치 확산을 유도할 계획이다. 또한 온라인상에서 기업 스스로 사회적 가치를 쉽게 측정해 볼 수 있는 '자가진단 도구(KIT)'도 개발, 오픈한다.

---

[32] 2011~2015년 고용노동부 연구용역 추진, 2016년 전문가 TF 운영 및 학계·유관기관 간 담회 등을 통해 지표안을 마련, 일부 사업에 시범 적용 및 보완하면서 지표를 확정했다.

<표 16-34> 한국 기업의 사회적 가치 지표(SVI)

관점	범주	영역	측정지표	배점
사회적 가치 (60)	조직미션 (10)	사회적 미션의 관리	사회적 가치 추구여부	5
			사회적 성과 평가체계 구축	5
	사업활동 (30)	주 사업활동의 사회적 가치	사업활동의 사회적 가치 지향성	10
		사회적 경제 생태계 구축노력	사회적 경제조직간의 협력수준	5
			지역사회와의 협력수준	5
		이윤의 사회목적 재투자	이윤의 사회적 환원노력도	10
	조직운영 (20)	운영의 민주성	참여적 의사결정 비율	5
		근로자 지향성	근로자 임금수준	10
			근로자 역량강화 노력	5
경제적 가치 (30)	재정성과 (30)	고용창출 및 재정성과	고용성과	10
			매출성과	10
			영업성과	5
		노동성과	노동생산성	5
혁신성과 (10)	기업혁신 (10)	기업활동에서의 혁신성	기업운영 및 제품의 혁신성	10

자료: 고용노동부·한국 사회적 기업진흥원 박수연·강경흠·이광진·정선녀, 보도자료, 2017.7.7
출처: http://www.moel.go.kr/viewer/ENEWS/2017/2017070601252150 (검색 2020.02.03.)

<표 16-35> OECD 국가의 공공사회복지지출 규모, 2019

(단위: %, 명목 GDP 대비)

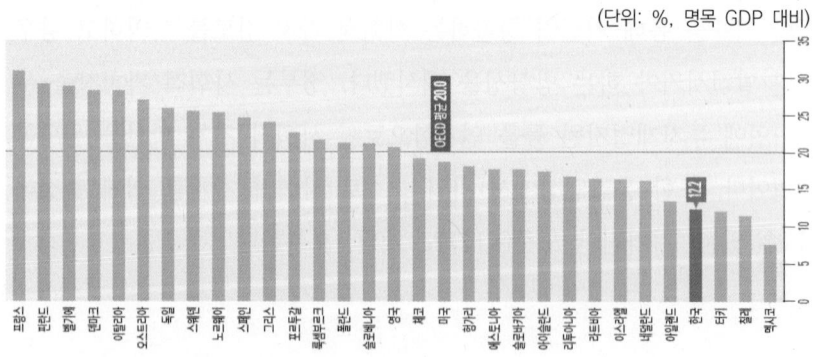

자료: OECD (stats.oecd.org)
출처: 통계청, 김대호·박영실, 한국의 SDGs 이행 현황 2021 발표, 보도자료, 2021-04-01(게시일), 통계청홈페이지 > 새소식 > 보도자료 > 전체

주: 1) 사회복지지출은 사회적 위험에 처한 개인을 지원하기 위해 국가나 사회가 제공하는 지출을 의미하며, 노령, 유족, 근로무능력, 보건, 가족, 적극적 노동시장 프로그램, 실업, 주거, 기타 사회정책 등 9가지 기능으로 구성

최근 통계청의 통계자료에 의하면 한국의 공공사회복지지출 규모는 1990년 2.6%에서 2019년 12.2%로 9.6%p 증가하였으나, OECD 평균 20.0% 보다 7.8%p 낮은 수준을 나타내고 있다.33)

3. 혁신의 전략적 리더십

혁신은 현실적이고, 신뢰할 만하고, 매력적인 목적을 가진 하나의 경영전략의 도구라고 할 수 있다. 따라서 혁신을 성취하기 위해서는 전략적 리더십이 충분히 고려되어야 한다. 이를 위해서는 현실성, 신뢰성, 매력성, 가치지향적 비전을 제시할 수 있어야 한다. 현실성이란 조직구성원에 의해 성취, 실현가능한 것이어야 한다. 실현불가능하고 현실성(reality)이 없는 것에 대해서는 사람들은 처음부터 열심히 일하지 않는다. 혁신의 현실성은 조직 구성원들로 하여금 목표를 달성하는 데 있어 학습과 동기부여가 선행되어야 한다. 혁신을 위한 신뢰성은 조직의 혁신이 리더(leader) 개인의 실질적인 목표로 인식될 수 있는가의 문제이다. 어떤 면에서 혁신과 실천 간의 유기적인 일치성은 또 다른 유추적인 관계성을 갖는다. 혁신이 조직원들에게 신뢰성(reliability)을 가지기 위해서는 혁신에 대해 조직의 리더(leader)와 구성원들 간에 충분한 공감대가 조성되어야 한다. 만약 혁신이 조직 내의 일부를 위해 나머지

---

33) 상위 5개국 (2019년) : 프랑스 31.0%, 핀란드 29.1%, 벨기에 28.9%, 덴마크 28.3%, 이탈리아 28.2%. 통계청, 김대호·박영실, 한국의 SDGs 이행 현황 2021 발표, 보도자료, 2021-04-01(게시일), 통계청홈페이지 〉 새소식 〉 보도자료 〉 전체

가 피해를 보거나, 특정 그룹이나 집단의 피해가 강요되거나, 경영자를 위해 피해를 보는 것처럼 의구심을 가지게 되면 혁신의 신뢰성은 산산조각 나는 것은 자명한 것이다. 혁신은 매력34)적이어야 한다. 즉 매력성이 있어야 한다. 혁신이 조직구성원들에게 확산되고 추동력을 가질 수 있다. 이러한 매력성은 혁신을 추진함으로써 달성할 수 있는 성취감, 욕구, 기대심리를 충족시켜 주기 때문이다. 이러한 매력성을 가지기 위해서는 달성하고자 하는 목표가 보다 분명하고 실현가능할 수 있어야 한다. 따라서 매력성은 세 가지 사항이 충족되어야 한다. 하나는 혁신의 추진으로 조직구성원들에게 충분한 보상체계를 가져가 줄 수 있어야 한다. 단기적 보상보다는 중장기적 보상체계에 대한 기대심리를 심어줄 수 있어야 한다. 다른 하나는 지속적 발전 가능성(지속 성장성)이 전제되어야 한다. 이는 조직원들의 방향성을 제시할 수 있기 때문이다. 기업의 경영논리를 적용하면 충분한 투자가치가 있을 때 구성원들의 투자심리를 상승시키는 것과 다를 바 없다. 또 다른 하나는 복지 후생제도가 잘 갖추어지면 흔히 매력적이라고 할 수 있다. 이는 구성원에 대해 리더가 충분한 관계성을 갖고 있다는 증거를 보여주는 것과 일치성을 가질 수 있기 때문이다. 이는 리더(leader)가 상위 수준의 지속적인 의사소통과 결정에 영향을 미치는 요소로 작용할 수 있다. 혁신은 가치 지향적이어야 한다. 가치지향적인 조직은 그렇지 않은 조직에 비해 수명이 길다. 이는 조직의 특성과 문화의 차이에 기인하는 경우도 있지만 조직의 리더십 환경에도 영향을 받고 있기 때문이다. 조직의 매

---

34) 매력은 첫째, 상대의 가슴을 품어주는 마음의 힘(心力)에서 나온다. 둘째, 매력은 상대의 머리를 사로잡는 지식의 힘(知力)에서 나온다. 셋째, 심력과 지력을 슬기롭게 활용하는 지혜의 힘, 즉 지력(智力)이다. 김상배, '매력국가론 서설', 『매력국가 만들기: 소프트 파워의 미래전략』, 동아일보 부설 21세기평화재단·평화연구소, 평화포럼 21, 2005년 여름호(통권2호), 2005, pp.10~11.

력(attraction)35)은 전통과 문화, 환경, 도덕적 관행과의 적합성에 연계되어 있고, 신념, 가치, 개인의 욕구에 의존한다. 이러한 적합성과 욕구 수준이 높으면 높을수록 조직구성원이 되었다는 것에 더 높은 가치를 부여하게 된다. 가치와 윤리의 차이에서 가치(Value)는 무엇이 좋고(Good) 싫은가(Bad)와 관련된 것이라면 윤리는 무엇이 옳고 그른가를 다루는 데 차이점이 있다. 즉, 가치는 바람직한 것과 좋은 것에 대한 가정으로 어떤 행동이 좋고 나쁘며, 바람직하지 못하다는 행동을 선택하는 지침이나 기준이 되며, 또한 도덕적 판단의 기준이 된다. 따라서 가치는 사려 깊은 결정을 할 수 있게 안내하는 근원적인 판단의 기준이 된다. 바람직한 것에 대한 어떤 신념을 의미한다. 이러한 가치는 선과 악, 아름다움과 추함, 유쾌와 불쾌, 적절과 부적절 등 인생의 기본적이고 근본적인 중요한 부분을 결정하는 기준이 된다.36)

---

35) 매력은 상대의 머리를 휘어잡는 지식의 힘(知力)이다. 상대를 휘어잡는 힘은 기술, 과학, 지식, 문화, 전통에서 비롯된다. 매력 있는 리더는 조직구성원을 사로잡는 지덕, 지력(智力, 지혜의 힘)을 갖추어야 한다. 국가와 국가간의 관계에서 매력이라는 파워(power)가 작용하는 것은 국가의 문화, 전통, 정치사상, 정치, 윤리, 사회적 관습에 대한 평가라고 할 수 있다. 매력적인 문화는 소프트 파워의 직접적인 자원이다. 국제경쟁력이 있고 우위에 있는 경제는 그 자체로서 매력의 대상이 될 수 있다. 최근 들어 국가이미지, 사회윤리, 문화, 전통, 국민성 같은 소프트 파워가 국가경쟁력의 새로운 축으로 부각되고 있다. 2000년 이후 세계적으로 청년세대에서 한류문화로 인해 한국이라는 국가가 매력의 대상이 되고 있다. 이러한 문화산업(영화, 방송, 음반, 서작 등)의 매력은 국가의 이미지를 상승시키는 역할을 하고 있다. 한류의 수출 효과는 문화콘텐츠 상품의 직접 수출 효과와 소비재 상품의 간접 수출 효과로 구분된다. 문화콘텐츠상품 수출액은 문화체육관광부가 연간으로 발표하는 〈콘텐츠산업통계조사〉와 한국콘텐츠진흥원에서 상·하반기로 발표하는 〈콘텐츠산업 동향분석보고서〉를 이용하여 추정한다. 한류의 경제적 효과는 한국국제문화교류진흥원, 전종근·김승년, KOFFICE, 「2018 한류의 경제적 파급효과 개정 연구보고서」(서울: 한국국제문화교류진흥원), 2019.11:file:///C:/Users/손도심/Desktop/[첨부]%202018%20한류의%20경제적%20파급%20효과%20개정%20연구%20보고서_최종.pdf (검색: 2020. 02. 07)
36) 에듀윌, 『사회복지실천론』, 2022, p.51.

가치37)는 구체적으로
- 무엇이 좋다, 바람직하다는 것이다.
- 무엇을 생각하고 판단하여 행위를 함에 있어 기준이 되는 관점
- 사람들이 가지고 있는 신념
- 인간 행동을 지배하는 중요한 감정체계의 기준
- 사람들의 행동의 방향을 제시하는 기본적인 파워(power)
- 가치는 믿음이나 신념과 같은 것으로 인간이 올바른 행동을 선택하는데 있어 지침이나 기준이 되는 것이다.

윤리38)를 구체적으로
- 사회적 의식의 한 형태로 인간이 마땅히 따라야하는 규범의 총체
- 가치에 대하여 옳고 그름의 규범적 기준을 부여하는 것
- 무엇이 맞고 옳은가에 대한 행동 규범
- 정확하고 올바른 것에 대한 관점
- 행동의 사회적인 태도가 규범적인 것이 기준이 된다.

〈표 14-36〉 가치와 윤리 비교

가치(Value)	윤리(ethics, moral)
• 실천을 왜 하는가? (동기)	• 옳은 것이 무엇인가를 결정하도록 돕는 것
• 무엇을 위해 실천해야하는가?(목표)	• 도덕적인 원칙들의 체계
• 어떻게 실천해야 하는가?(방법)	• 행동철학
• 추구해야하는 이상적	• 가치를 실현하는 실천적
• 무엇이 좋고(good)	• 무엇이 옳고(right)

---
37) *Ibid*, p.52.
38) *Ibid*.

| 바람직한(desirable) 것에 관심 | 바른(correct) 것에 관심 |

자료: 에듀윌, 『사회복지실천론』, 2022, p.52.

훌륭한 의사결정 능력이란 리더들이 책임을 지고 있는 시스템 내에서의 변수뿐만 아니라, 변수들을 연결하는 시스템적 사고방식을 정확히 반영하는 정신적 모델을 가지고 있는지 여부에 달려 있다고 주장하려고 한다. 정신적 모델이 작용하는 방식에 있어서 시스템간 광의의 유사성이 있는데, 이것을 시스템 원칙(systems principles)이라고 한다. 합리적이고 분석적인 사고 기술은 비프로그램화된 의사결정에 있어서 필수적인 반면 충분하지는 않고, 통합적이고 개념적인 사고기술이 필수적이다. 일찍이 제임스 밀러(James G, Miller, 1978)는 단세포 동물로부터 초국가에 이르기까지 수준별로 유기체(living systems)를 분류하고, 모든 유기체들이 작동하는 과정과 원칙에 대한 기본적인 틀(basic framework)을 제시하는 작업을 했다. 리더가 이러한 특징을 알고 이해하고 있는 것은 그들이 시스템 내에서 해결해야 할 문제들을 위한 그리고, 사전에 친숙하지 않은 시스템을 운영하는 방법을 배우기 위한 중요한 도구를 가지고 있는 것이다. 하나의 시스템을 이해하는 것은 한 건물의 평면도(floor plan)를 가지고 있는 것과 같다. 최고 수준의 리더들은 상호작용 시스템 위의 상위시스템에 더 관심이 있다. 상위 수준의 리더들은 시스템을 창조하여 그것들이 함께 작동하게끔 한다. 정신적 모델은 간접효과(indirect effect)를 예측할 뿐만 아니라 시스템 문제를 진단하는 데 있어서 필수적이다. 즉 주어진 환경 또는 상황에 직면했을 때 의문은 이것이 어떻게 발생했는가? 하는 점이다. 단지 그것이 어떻게 일어났는지 앎으로써 사건 흐름을 변화시키는 조치를 취할 수 있다.[39] 시스템적 사고와 의사결정에서 조직의 리더(leader)가 준비할 사항은 다음과 같다.

〈표 16-37〉 시스템적 사고와 의사결정시 리더의 준비

- 의사결정을 하기 전에 큰 그림(더 넓은 상황을 이해하는 것)을 찾는 습관을 가져라. 만일 당신이 상황을 모른다면 의사결정을 연기해라.
- 복잡한 이슈에 관한 의사결정이 만들어내는 간접효과에 관하여 당신 스스로에게 물어보라. 만약 당신이 간접효과를 찾을 수 없다면, 의사결정의 연기를 고려해라.
- 복잡한 이슈에 관한 당신의 의사결정이 바라는 결과를 생산할 것인가에 관하여 당신이 그 이유를 설명할 수 없다면 당신의 의사결정을 재고하라.
- 만약 당신이 개인적으로 복잡한 이슈에 관하여 두 개의 서로 다른 시각을 가질 수 없다면, 당신에게 동의하지 않는 사람과 그 이슈를 토론하는 습관을 가져라.
- 당신이 정보의 원천에 관한 질과 적합성을 어떻게 확대할 수 있을 것인가를 고려해라.

출처: T. O. Jacobs 저·김오현 역, 『전략적 리더십』(서울: 국방대학교 안보문제연구소, 2005), p.260.

조직의 리더(leader)는 혁신에 대한 불평과 불만, 갈등이 표출되었을 때 그 저항을 조기에 올바로 제어하지 못하면 혁신은 결코 성공할 수 없다. 권력과 영향력을 획득하기 위한 경쟁은 정보의 흐름을 왜곡시키고, 객관성을 낮추며, 최적의 의사결정과정을 저해하기도 한다. 사람마다 사건을 다르게 해석하고, 누가 무엇을 얻느냐에 대한 의사결정이 내려질 필요가 있으며, 그때마다 항상 기회비용이 존재하게 된다. 그러나 잘못된 의사결정의 실수로 인해 영향력을 가지지 못하는 경우도 존재한다.

---

39) T. O. Jacobs 저·김오현 역, 『전략적 리더십』, (서울: 국방대학교 안보문제연구소, 2005), pp.217~227.

〈표 16-38〉 전략적 의사결정 관리를 위한 리더의 준비

- 전략적 이슈를 다루기 위해서는 건전한 회의 참여자들이 될 수 있는 의사결정 팀이나 네트워크를 소집할 준비를 하여야 한다. 각각의 전략적 이슈에 다가가기 위해서 내가 이슈에 대해 아무것도 모르고 있다는 가정을 하여야 한다.
- 의사결정 팀을 만들고자 할 때, 자신의 개인적인 기준의 틀을 통해 문제의 범위를 다양하게 언급할 수 있는 구성원을 선택하여야 한다.
- 의사결정 팀을 이끌 때, 회의를 신중하게 준비해야 한다. 창조적인 분위기를 만들어서 모든 사람이 논쟁에 참여할 수 있도록 해야 하고 문제의 범위가 완전히 분석될 수 있도록 해야 한다. 회의 과정을 따르고 논쟁이 너무 빨리 끝나도록 해서는 안 된다.
- 최선의 결과를 위해서 과정 관찰자를 임명해야 한다.
- 미래의 잠재적인 결론과 대안에 대해 미리 생각해야 한다.

출처: T. O. Jacobs 저·김오현 역, 『전략적 리더십』(서울: 국방대학교 안보문제연구소, 2005), p.294.

그러므로 전략적 의사결정자는 반드시 기술을 가지고 장애물을 넘어 양질의 의사결정을 내릴 수 있어야 한다. 신중한 의사결정자는 결정된 방안을 실행하기 전에 팀원들과 함께 제안된 해결책을 검증하고 세밀하게 조정할 수 있어야 한다.[40] 또한 의사결정의 핵심적인 질은 팀원들의 능력과 리더와 팀원들과의 관계성, 투명성 그리고 팀원들(공유된 책임과 목적을 가진 실제 팀 내의 사람들, 구성원) 간의 관계성, 핵심가치, 공정한 협치 노력에 크게 영향을 받는다. 리더십이란 사람들에게 무엇을 하느냐가 아니라 사람들과 무엇을 하느냐에 관한 것이다. 시대에 따라 이상적인 리더의 모습은 변해왔다.[41] 오늘날 우리에게 필요한 리더의 8가지 자질[42]을 살펴본다. 8가지 자질은 비전(Vision),[43] 용기

---

[40] Ibid, p.261.
[41] 유한준 저, 『빌게이츠 리더십』 "미래로 나가자" Book Star, weekly TMT human, 151호, TMT 교육그룹 멘토링코리아.
[42] Ibid.
[43] 비전은 어디로 가야하는지, 왜 가야하는지 어떻게 갈 것인지 팀은 리더에게 전적으로 의지한다. 훌륭한 리더는 비전을 세우고, 그 비전을 분명히 표현하고, 열정적으로 품고 완성하기까지 거침없이 달린다(Jack Welch). 리더십은 비전을 현실로 전환시킨다. Ibid. p.4.

(Courage),44) 청렴(Integrity),45) 신뢰(Trust),46) 집중(Focus),47) 유연(Flexibility),48) 영감(Inspiration),49) 위임(Delegate)50) 등이다.

제2절 정부의 혁신 전략

1. 정부혁신의 전략과 목표

정부혁신의 근본적인 목표는 사회적 가치를 지향하는 중심정부의 실현을 통한 나라다운 나라, 민주주의 가치실현을 통한 진정한 복지국가

---

44) 리더는 종종 담대한 용기가 필요한 범상치 않은 결정을 내려야한다. 용기를 갖춘다는 것은 목표성취에 중대한 위험을 감수할 의지를 의미한다. Ibid. p.5.
45) 청렴이란 아무도 알아주지 않을 것을 알면서도 옳은 일을 하는 것이다. 청렴이란 행동, 믿음, 원칙, 도덕, 윤리, 기대치와 결과의 포괄적 개념이다. 리더는 말이 아니라 실천으로 팀의 본이 되어야한다 청렴한 리더는 언행일치로 팀의 신뢰를 받는다. 대접받고자 하는 대로 대접을 한다. Ibid. p.6.
46) 신뢰는 리더와 팀간의 상호 관계다. 신뢰의 토대에서 팀원은 리더 결정에 확신을 가진다. 연구에 따르면 생산성과 이익은 일터의 신뢰 분위기 수준에 비례한다. Ibid. p.8.
47) 리더는 편안한 곳에 시선을 두지 않고, 조직을 격상시킬 새로운 아이디어와 프로그램에 집중한다. 리더는 팀의 목표수립, 명확한 방향제시, 변화를 뚫고 이동하는데 집중한다. Ibid. p.9.
48) 모든 문제는 다다른 해법이 필요하고 계획대로만 이루어지지 않는다. 훌륭한 리더는 현실에 맞추어 유연하게 계획을 조율하고 대처한다. 훌륭한 리더는 항상 확실한 생존방안과 목표에 도달하는 새로운 길을 효과적으로 찾아낸다. 일단 결정에는 전념을 해야 한다. Ibid. p.7.
49) 훌륭한 리더는 팀원들이 조직의 성공을 결정한다고 믿는다. 각자가 비전과 목표의 일부라고 느끼게 해 주는 것이 중요하다. 각자 중요하다고 느끼게 되면 리더와 각자의 꿈이 같다는 영감을 받아 더 열심히 노력하게 된다. 당신의 행동이 다른 사람들을 더 꿈꾸고, 배우고, 행동하고, 성장하게 한다면, 당신은 리더다. Ibid. p.10.
50) 아무리 재능이 출중해도 혼자 모든 것을 해낼 수 없다. 위임의 열쇠는 팀의 강점을 파악하여 십분 활용하는 것이다. 다른 사람에게 맡긴다는 것은 능력을 인정한다는 표시로 팀의 사기와 충성도를 높여준다. 리더십이란 사람들에게 무엇을 하느냐가 아니라 사람들과 무엇을 하느냐에 관한 것이다. Ibid. p.11.

건설로 요약할 수 있다. 복지국가 건설이라 함은 국민의 안전과 보건의료 등 국민의 삶의 질을 향상시키는 데 비중을 두고 있음을 알 수 있다.

〈그림 16-10〉 혁신 성과지표 개발의 구성요소51)

촛불시민혁명으로 탄생한 문재인 행정부는 기존의 관행을 과감히 깨뜨리고 나라다운 나라, 사람 중심의 경제 활동을 재 조직화하고 정부역량의 극대화를 통하여 혁신적 포용국가(innovative embraced country)를 달성하는데 정부혁신의 목표를 두고자 했다. 따라서 정부는 경제체질을 국내보다는 글로벌화(globalization)를 통한 디지털 경제로 혁신을 적극적으로 모색하고, 네트워크와 IT를 기반으로 하는 융복합화로 제4차 산업을 국가발전의 핵심전략으로 삼고 정부혁신을 재정비할 때가 도래했다는 것이 국내외 공통된 인식이다. 정부혁신을 수행하고 평가하는데 있어 미션(mission)이란 혁신의 존립근거가 되며, 지속성과 연속성을 가지는 미션이어야 한다. 비전은 현재 상태(As-Is)

---

51) 황성원·권용수·배득종·박민정·윤태범·이영범·장현주·홍준현·김윤수, '혁신 성과 지표개발의 이론적 배경'「정부혁신성과지표 개발: A Study on the development of Government Innovation Performance Indicators」, 206.12, p.43.

와 대비되는 조직이 추구하는 장기적인 목표와 바람직한 미래상태(To-Be)를 제시할 수 있어야 하며 조직의 내부역량과 외부환경에 대한 체계적인 분석을 기반으로 수립되어야 한다. 전략목표(strategic goal)는 비전이 '조직이 무엇을 할 것이냐'에 해당한다면 전략목표는 비전을 어떻게 달성할 것인가에 해당하는 것으로 비전을 달성하기 위한 계획과 방법을 의미한다. 비전 없는 목표달성은 불가능하다는 것이 통설이나 물론 비전이 없어도 현상유지나 생존은 가능하지만 결코 훌륭한 성공은 기대할 수 없을 것이다. 성과목표는 비전과 전략목표의 달성을 위한 도구로서 구체적인 활동방향을 의미하는 것으로 전략목표를 실행하기 위해 연간 또는 반기단위로 단기적이고 구체적인 활동계획의 기반을 다지는 역할을 한다. 성과지표는 조직이 추구하는 성과목표와 이 성과목표의 달성 정도를 계량적 또는 실질적으로 측정하는 지표이다. 효율적[52] 실행은 협조 및 통합된 노력을 기반으로 할 때 조직의 목표를 달성할 뿐만 아니라 사회적 가치를 확산시키는 역할을 수행할 수 있다. 혁신의 과정에서 조직의 리더는 1) 조직(기업)의 현실태(현상)는 어떻게 되어있나? 2) 조직의 목표를 달성하는데 강약점 등(SWOT 분석)은? 3) 조직 목적을 어떻게 달성할 것인가? 라는 3가지 질문에 지속적인

---

[52] 효율적이라는 개념은 크게 효율성(efficiency)과 효과성(effectiveness)의 개념을 포함하고 있다. 효율성은 투입대비 산출의 비율을 의미한다. 효율성이 향상되었다는 것은 동일한 투입물(inputs)을 사용하여 더 많은 산출물(outputs)을 생산하거나, 더 적은 투입물을 사용하여 동일한 산출물을 생산하는 경우, 또는 더 적은 투입물을 사용하여 더 많은 산출물을 생산하는 경우를 말한다. 효율적인 정부란 체계적인 시스템 성과 중심으로 행정이 운영되는 정부로, 행정의 대외적 활동과 대내적 관리활동에 있어 효율적으로 운영되는 정부를 의미한다. 효율성의 개념에는 크게 세 가지의 개념이 포함되는데 이는 예산, 인원 등 투입대비 산출을 뜻하는 생산성 및 정책 및 정부활동의 목표달성도나 국민만족도를 나타내는 효과성, 그리고 체계적이고 성과지향적인 행정시스템 구축 등이다. 황성원·권용수·배득종·박민정·윤태범·이영범·장현주·홍준현·김윤수, '정부혁신 성과지표'「정부혁신성과지표 개발: A Study on the development of Government Innovation Performance Indicators」, 206.12, pp.50~51.

자문과 해법을 구하는 과정을 되풀이할 때 해당 조직의 리더는 조직에 큰 가치를 부여할 것이다. 이러한 과정에서 조직의 효율성은 더 큰 목표를 향해 지향점을 추구해 나아갈 것이다. 과거의 정부들이 정부 혁신을 도모한 것은 주로 일하는 행태, 정부의 체질개선, 즉 행정쇄신, 행정혁신, 정부쇄신 등이 좋은 예라 할 수 있다. 그러나 정부는 혁신의 보다 궁극적인 목적인 국민의 삶의 질을 향상시켜 나가는 것이 보다 중요해지고 있다는 점을 인식하게 되었다. 정부는 이러한 인식을 갖게 된 배경에는 첫째, 국민소득수준의 향상에 따른 빈부격차가 해를 거듭할수록 부의 불균등이 심각하게 제기되어 희망의 사다리(the ladder of hope)가 사라진다는 점을 의식하지 않을 수 없기 때문이다. 가진 자의 횡포는 갑질 문화로 포장되어 사회적 약자(social underprivilege)를 등한시하고 불공평을 심화시켜 사회적 비용(social cost)을 의식할 수밖에 없는 현실적 인식이 대두하였다. 둘째, 정보에 기반한 일하는 방식의 개선, IT, AI, IoT, 로봇, 드론 등 제4차 산업혁명 시대의 국제사회는 보다 글로벌화 된 사회체제, 사람중심의 경제체제가 갈수록 중요해지고 있다는 점이다. 이는 한국 사회가 저출산·고령화와 결코 무관치 않다는 점도 작용하고 있다. 정부나 기업은 혁신을 시도하는 마당에 하지 않아도 되는 '불필요한 일'을 하지는 않는지 냉철하게 검증해 보아야 할 것이다. 기업입장에서 경상경비를 줄인다고 능사는 아니다. 기업홍보나 직원역량을 강화하는 워크숍, 세미나, 교육 등은 방법을 개선하여 실질적으로 개선·확대하는 방향으로 진행되어야 한다. 혁신의 아이콘으로 종종 불리어지는 미국의 '실리콘밸리'는 정부나 기업 모두에게 시사하는 바가 크다. 지방자치시대에 접어들면서 지방자치단체별로 실시하는 각종 축제나 행사를 정교하게 검토하여 지역주민의 소득

증대, 지역발전에 기여하는지 평가하여 의미 없는 행사는 과감히 축소·폐지해야 한다. 수많은 축제가 예산낭비로 치루어지고 있는 것도 지역주민이 제대로 감시하지 않으면 매년 반복적으로 행사가 진행되어 지방자치단체장의 홍보치적으로 전락되어 주민의 원성을 사고 있는 경우를 배제할 수 없을 것이다. 이를 중앙정부에서 평가하고 권고할 수 있어도 근본적으로는 지방자치단체에서 세밀한 검토를 통해 추진해야 한다.

〈그림 16-11〉 2019년 정부혁신의 3대 전략

출처: 2019년 행정안전부 정부혁신 일번지

다음 선거에서 재선(再選)을 노리고 축제나 행사를 하는 경우가 많기 때문이다. 시민사회단체 또는 지역주민은 축제나 행사를 냉철하게 검증할 필요성이 제기된다. 정부혁신은 전략적(strategic)으로 접근해야지 정략적(politically)으로 접근해서는 안 된다. 다음은 문재인 행정부의 정부혁신 추진체계를 살펴보면 혁신이 국민의 삶에 직접 연결되어 있음을 볼 수 있다.

정부혁신에서의 비전은 한 시대의 정부 성격을 그대로 상징하고 있음을 짐작할 수 있다. 따라서 문재인 정부의 정부혁신 비전은 '국민이 주인인 정부'의 실현에 두고 목표를 참여와 신뢰를 통한 공공성 회복에 둔 것은 정부혁신의 방향을 잘 잡은 것으로 이해할 수 있다. 정부혁신의 3대전략은 참여와 협력, 사회적 가치 중심 정부, 신뢰받는 정부(a trusted government)를 구현함으로서 과거 권위주의적인 정부의 틀에서 벗어나 혁신을 기반으로 국민의 삶의 질 수준을 향상시키려는 혁신의 근본(the foundation of innovation)을 실행하겠다는 강한 의지를 담고 있다. 정부는 제4차 산업 시대가 우리 앞에 도래했다는 사실을 인지하지 못하고 있음에 정부가 선제적으로 이를 간파하고 적극적·선제적으로 일하는 방식을 개선하고 글로벌한 환경(global environment)에 맞는 체질을 개선하여 혁신성장으로 빠르게 변화의 물결에 순응하여 나아가야 한다. 미국, 일본, 유럽뿐만 아니라 최근에는 중국까지도 변화의 물결에 적극 편승(bandwagoning)하여 혁신을 추구하고 있다. 2019년 문재인 정부는 혁신적 포용국가 구현을 위해 정부혁신을 결심하고 정부 각 부처 합동으로 정부혁신과제를 선정하였다. 이는 정부혁신의 목표를 참여와 신뢰를 통한 공공성 회복(publicness recovery)에 두고 구체적으로 ① OECD 더 나은 삶의 질 지수 10위권(~'22), ② OECD 정부신뢰도 10위권(~'22), ③ 국제투명성기구 부패인식지수 20위권 진입(~'22)을 목표로 3대 전략을 제시하였다. 국제사회와 경쟁에서 생존을 통한 경제체제를 위해 정부의 체질을 글로벌화하지 않을 수 없다는 현실인식을 기반으로 근거하고 있다는 점이다. 혁신이 없는 모방은 안정된 기존 회사, 은행 중심의 금융구조, 장기적인 유대관계, 더딘 경영자 교체, 회사의 안정적인 소유, 정부의 손쉬운 접근 등이 있는 경우 잘 수행된다.[53]

<그림 16-12> 2019년 정부혁신 체계

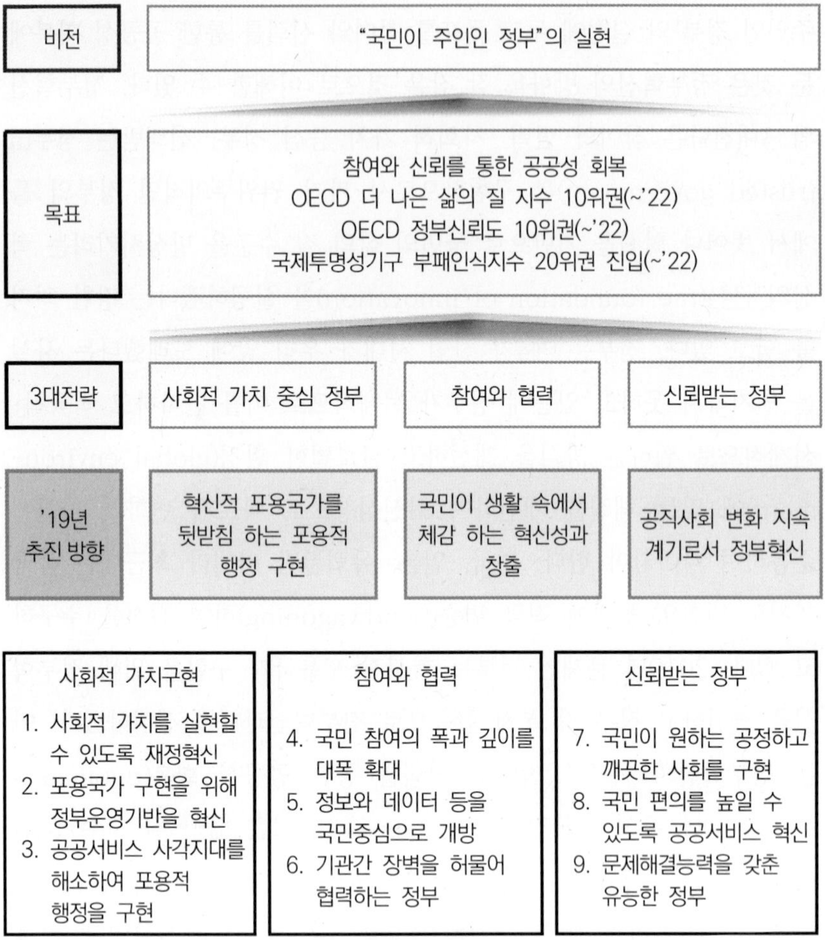

비전	"국민이 주인인 정부"의 실현

목표	참여와 신뢰를 통한 공공성 회복 OECD 더 나은 삶의 질 지수 10위권(~'22) OECD 정부신뢰도 10위권(~'22) 국제투명성기구 부패인식지수 20위권 진입(~'22)

3대전략	사회적 가치 중심 정부	참여와 협력	신뢰받는 정부

'19년 추진 방향	혁신적 포용국가를 뒷받침 하는 포용적 행정 구현	국민이 생활 속에서 체감 하는 혁신성과 창출	공직사회 변화 지속 계기로서 정부혁신

사회적 가치구현	참여와 협력	신뢰받는 정부
1. 사회적 가치를 실현할 수 있도록 재정혁신 2. 포용국가 구현을 위해 정부운영기반을 혁신 3. 공공서비스 사각지대를 해소하여 포용적 행정을 구현	4. 국민 참여의 폭과 깊이를 대폭 확대 5. 정보와 데이터 등을 국민중심으로 개방 6. 기관간 장벽을 허물어 협력하는 정부	7. 국민이 원하는 공정하고 깨끗한 사회를 구현 8. 국민 편의를 높일 수 있도록 공공서비스 혁신 9. 문제해결능력을 갖춘 유능한 정부

출처: 행정안전부 정부혁신 일번지, 2019년 정부혁신추진계획

---

53) 알베르트 알리시나·프란체스코 지아바치 저·이영석·옥성수 역, 『유럽의 미래』 (서울: 21세기북스, 2007), p.21.

2. 정부혁신과 혁신적 포용국가

　인적구성의 재조직화, 정부의 역량강화, 공정경제를 화두로 대기업·중소기업과의 상생협력을 통한 기술발전으로 상호공존을 도모하고 다른 한편으로 지속적인 산업생태계의 변화에 적극 대응함으로써 글로벌한 세계경제 선두주자로서 영향력을 유지·강화하는데 있다.(한국의 자동차·조선·선박·반도체기술) 제4차 산업혁명의 물결이 우리도 모르는 사이에 조용히 다가왔을 때는 그 때가 너무 빠르게 왔다는 것을 인지한 순간이 될 것이다. 미국, 일본, 유럽 등 서구 선진국들은 변화의 물결에 빠르게 대응하는 모습을 보여주었다. 이들 국가의 공통점은 국가와 기업이 공통적으로 혁신을 회피하지 않고 적극적으로 추진하여 성장의 주도권을 선제적으로 잡으려한다는 점이다. 이를 위해 기술을 표준화하고, 선점하여, 국제경쟁에서 선두를 내주지 않겠다는 의도를 가지고 있다. 특히 유럽은 독일을 중심으로 경제공동체를 중심으로 미국의 대응에 적극적으로 대응전략을 구사하는 형태를 취하고 있다. 독일을 중심으로 유럽연합(EU)이 중심이 되어 외교·안보·경제에까지 공동전선을 형성하여 대응하는 방향으로 전개되고 있다. 미국과 유럽연합(EU)의 틈새를 중국이 헤집고 들어가 협력을 강화하는데 부분적인 성과를 내고 있다. 중국은 프랑스와 이탈리아, 그리스를 중심으로 경제분야로까지 교류협력을 적극적으로 모색하고 있다. 인터넷, IT산업이 빠르게 발전한 한국이 변화의 물결에서 생존하기 위해서는 이들 국가와 적극적으로 교류·협력을 강화하는 한편 한국의 장점으로 부각되고 있는 한류문화를 기반으로 젊은 세대를 중심으로 문화외교를 전방위적으로 전개하여 한국의 문화를 포함한 IT, AI, IoT, Drone, Robot 등

바이오 유전 및 보건의료, 생명공학을 적극적으로 홍보하는 등 정부혁신이 적극적으로 이행되고 뒷받침되어야 한다.

〈그림 16-13〉 정부혁신과 포용국가와의 관계

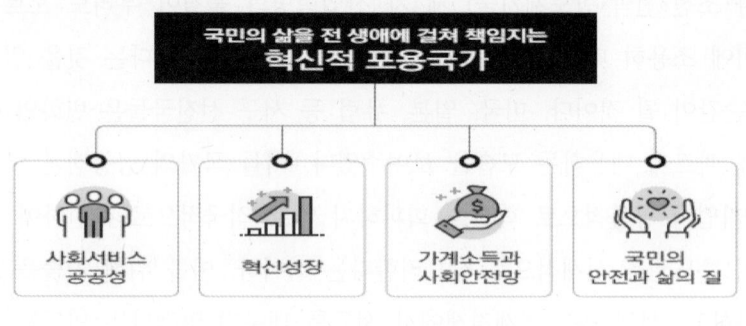

출처: 2019.2. '국민이 주인인 정부'를 실현하는 『2019년 정부혁신 종합 추진계획』, 행정안전부, p.13.

   2019년 정부혁신의 추진방향은 혁신적 포용국가를 뒷받침하는 포용적 행정을 구현하고, 국민이 생활 속에서 체감하는 혁신성과를 창출하고, 공직사회의 지속적인 변화 계기로서 적극적이고 선제적 정부혁신을 모색하고 있다. 과거에는 정부의 변화가 사회 및 기업변화를 유도했지만, 최근에는 기업의 변화가 정부를 견인하는 느낌마저 지울 수 없다. 다음은 정부혁신의 3대전략에서 가장 중요한 사회적 가치의 개념은 아래와 같이 구성되었다.

〈표 16-39〉 정부혁신-사회적 가치의 13대 구성요소

1. 인간의 존엄성을 유지하는 기본권리로서 인권의 보호
2. 재난과 사고로부터 안전한 근로 생활환경의 유지
3. 건강한 생활이 가능한 보건복지의 제공
4. 노동권의 보장과 근로조건의 향상
5. 사회적 약자에 대한 기회제공과 사회통합
6. 대기업, 중소기업 간의 상생과 협력
7. 품위 있는 삶을 누릴 수 있는 양질의 일자리 창출
8. 지역사회 활성화와 공동체 복원
9. 경제활동을 통한 이익이 지역에 순환되는 지역 경제공헌
10. 윤리적 생산과 유통을 포함한 기업의 자발적인 사회적 책임 이행
11. 환경의 지속가능성 보전
12. 시민적 권리로서 민주적 의사결정과 참여의 실현
13. 그밖에 공동체 이익실현과 공공성 강화

자료: 한국, 행정안전부, 「정부혁신 추진방향」 혁신추진과제, 2018.7

가. 혁신적 포용국가의 배경 및 의의[54]

문재인 정부의 포용국가의 개념은 지금까지 우리나라가 빠른 경제성장을 이루었지만 양적 성장에 주력해 오면서 양극화와 불평등은 물론 불공정한 사회로 바뀌었다는 문제의식에서 출발했다. 경제적으로는 노동시장의 불평등 → 소득 자산 교육의 불평등으로 이어지고 → 이것이 다시 → 노동시장 격차를 재생산하는 악순환을 낳았다. 사회적으로도 오늘날 양극화, 저출산, 고령화 등 구조적 문제와 4차 산업혁명 등의 변화에 기존의 방식으로 대응하는 데 한계가 있다. 국가가 새로운 비전을 제시함으로써 지속불가능한 성장의 문제점들을 극복하고 질적인 성장, 공존하는 사회로 도약할 필요성이 확대되고 있다.

---

[54] 한국, 정책위키, 한눈에 보는 정책, "혁신적 포용국가," (최종수정일 : 2020.03.13.) http://www.korea.kr/special/policyCurationView.do?newsId=148855401&pWise=mMain&pWiseMain=C5 (검색: 2020.07.13.)

혁신적 포용국가로 가기 위해서는 무엇보다 소득, 의료, 돌봄 등 삶의 기본적인 영역에서 튼튼한 사회안전망을 마련해 경제 성장의 과실이 사회 구성원에게 고루 분배되는 것이 기본이다. 문재인 대통령은 포용국가의 기본적 조건이 ▲사회 안전망과 복지 안에서 국민이 안심할 수 있는 나라 ▲공정한 기회와 정의로운 결과가 보장되는 나라 ▲국민 단 한 명도 차별받지 않는 나라임을 설명한 바 있다. 국가가 빈곤이나 아동, 노인층 돌봄 등 전 세대적으로 사회 안전망을 마련, 각종 사회적 위험으로부터 보호받고 일상이 안정되면, 국민이 안심하고 미래를 꿈꿀 수 있게 되며 스스로 교육과 투자가 가능해지고, 개개인의 역량 향상으로 이어진다. 이러한 구조가 창의적이고 혁신적인 경제를 위한 선순환의 토대가 된다. 포용국가는 혁신적 경제를 바탕으로 국민들에게 삶의 단계에서 일자리를 비롯한 다양한 기회를 늘려줌으로써 사회발전의 원동력을 축적해간다. 따라서 문재인 행정부가 추구하는 포용하는 정책은 경제적으로 성장 중심의 경제정책을 시행하면서 사회적으로는 소외된 사회계층을 아우르는 사회정책을 포괄적으로 추진하는 것이 혁신적 포용국가의 기본적 개념이다.55)

---

55) 한국 정부가 추구하는 '혁신적 포용'은 "사회정책에서 시작해, 경제, 교육, 노동 등 전 분야에서 포용이 보편적 가치로 추구되어야 할 것입니다. 포용적 사회, 포용적 성장, 포용적 번영, 포용적 민주주의까지, '배제하지 않는 포용'이 우리 사회가 지향하는 가치이고 철학이 되어야 합니다.", "우리 정부가 추구하는 '포용'은 국민 모두가 함께 잘 살고, 공정한 기회와 정의로운 결과가 보장되며 성별, 지역, 계층, 연령에 상관없이 국민 단 한 사람도 차별받지 않는 포용입니다.", "세계는 이미 포용성장론으로 선회(-포용성장의 이론적 기반 및 소득주도성장과의 연관성 설명) (2019.01.05/공감); 성장에 의한 혜택이 소수에게 독점되지 않고 모두에게 골고루 돌아가는 '포용적 성장'을 주장하며, 중·하층 소득자들의 소득증가, 복지, 공정경제 등을 아우르고 있습니다." 문재인 대통령, 2018년 9월과 11월 연설

나. 혁신적 포용국가의 개념

국민 누구나 성별, 지역, 계층, 연령에 상관없이 차별이나 배제 받지 않고 인간다운 삶을 보장받으며 함께 잘 살 수 있도록 국가가 국민의 전 생애주기에 걸쳐 삶을 책임지며, 공정한 기회와 정의로운 결과가 보장 될 수 있도록 하며, 이를 뒷받침하는 미래를 위해 혁신하는 나라를 말한다. 문재인 정부는 출범 당시 '모두가 누리는 포용적 복지국가'를 주요 국정전략으로 내세웠고, 2018년 9월 '포용국가전략회의'에서 '모두를 위한 나라, 다 함께 잘 사는 포용국가'를 사회 정책 분야의 국가 비전으로 제시한데 이어 11월 대통령 시정연설에서 '2019 예산안은 함께 잘 사는 포용국가를 위한 예산안'임을 강조하고 11월 19일 APEC 정상회담 발언에서도 향후 '다함께 잘사는 혁신적 포용국가'를 대한민국 정부의 새로운 국정 비전으로 적극적으로 추진할 의지를 밝혔다. 2019년을 '혁신적 포용국가 원년'으로 선언한 정부는 2월 19일 '포용국가 사회정책 계획 추진 계획'을 발표했다. '혁신적 포용국가'는 양적 성장이 아닌 질적 성장을 추구하며, 배제와 독식이 아니라 공존과 상생의 사회를 도모하고, 미래를 향해 혁신하는 사회이며, 강자만을 위한 대한민국이 아니라 모두를 위한 대한민국을 의미한다. 문재인 정부가 제시한 포용국가의 기본적 조건은 ▲사회안전망과 복지 안에서 국민이 안심할 수 있는 나라 ▲공정한 기회와 정의로운 결과가 보장되는 나라 ▲국민 단 한 명도 차별받지 않는 나라다. 문재인 대통령은 '배제하지 않는 포용'은 정부의 국정비전일 뿐 아니라 우리 사회가 추구해야 할 가치이기도 하다고 밝혔다. 포용적 사회, 포용적 성장, 포용적 번영, 포용적 민주주의에 이르기까지, '배제하지 않는 포용'이 우리 사회의 가치와 철학이 될 때 우리 모두가 함께 잘 살게 된다는 뜻이다. 이를 위해서는 산업화시대의 '최소주의 사회복지'에서 벗어나 '국민 모두가 전 생애에 걸쳐 누리는 포용적 복지 체제와 혁신 사회'를 만들기 위한 정책의 적극적인 역할이 필요하다.56)

다. 정책 추진 현황(2018 비전 및 로드맵 제시)

2017년 출범 당시부터 문재인 정부는 '내 삶을 책임지는 국가'라는 국정과제 아래 '모두가 누리는 포용적 복지국가'를 주요 국정전략으로 삼았다.

〈그림 16-14〉 문재인 행정부 사회정책 비전: 3대 비전 및 9대 전략

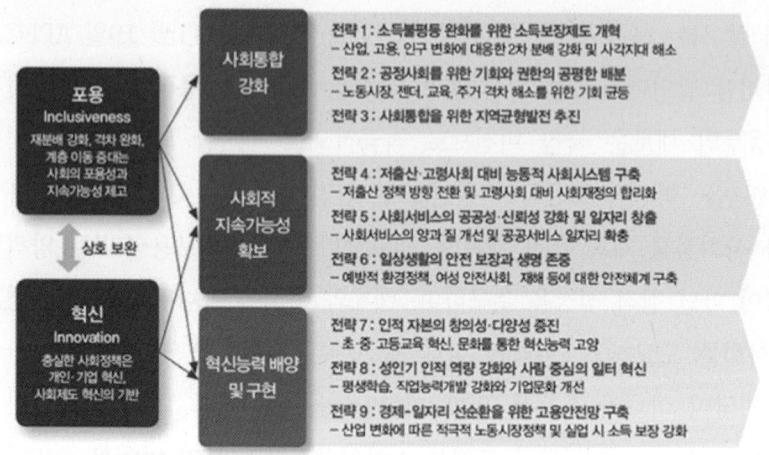

자료: 대통령 직속. 정책기획위원회

---

56) 문재인 행정부의 혁신적 포용국가의 개념을 위한 참고자료는 아래와 같다.
[연설문] 포용국가 전략 회의 대통령 모두발언 (2018.09.06.)
[영상] 모두를 위한 나라, 나를 안아주는 포용국가 (2018.09.07./ 보건복지부)
[정책뉴스] 문재인정부 '포용국가' 비전 제시...전생애 생활보장 계획 마련 (2018.09.06. / 대통령 직속 정책기획위원회)
[영상] 문재인 대통령 국회 시정연설 (2018.11.01 / KTV)
[인포그래픽] 포용국가의 한 가족이 누리는 포용적 복지 (2018.11.01.)
[연설문] 문재인 대통령 APEC 정상회의 발언 "배제하지 않는 포용이 대한민국 국정비전" (2018.11.18.)

2018년 9월 6일 6일 문재인 대통령은 역대 정부 최초의 사회분야 합동 전략 회의인 '포용국가 전략 회의'를 개최했다(관련 청와대 브리핑 참조). 3대 비전은 ▲사회통합 강화 ▲사회적 지속가능성 확보 ▲사회혁신능력 배양이다. 따라서 3대 비전 및 9대 전략은 다음과 같다.

3. 정부혁신 전략의 사회적 가치

사회적 가치란 사회·경제·환경·문화 등 모든 영역에서 공공의 이익과 공동체의 발전에 기여할 수 있는 가치를 말하며, 이의 체계는 헌법적 가치로서 사회권을 실질화하기 위한 가치이며, 경제적·환경적·문화적 가치를 포괄하는 상위 가치를 의미한다. 즉 헌법이 지향하는 가치 중 사회의 재생과 건전한 발전을 위한 가치로서 인권, 노동권, 안전, 사회적 약자 배려, 민주적 의사결정과 참여의 실현 등 공동체와 사회 전체에 편익을 제공하는 가치를 나타낸다. 이러한 사회적 가치는 높은 공공성, 신뢰성, 투명성이 기반이 되어야 한다. 공공성은 한 개인이나 단체가 아닌 사회구성원 전체와 관련되는 의미를 내포하고 있다. 특정 집단의 이익이나 사적인 것이 아니라 공동체의 이익과 연계되어 개인과 사회가 함께 공동체의 삶을 지속해 나가는 구조를 만들어가는 과정과 가치를 의미한다. 이러한 공공성과 관련된 가치들은 인간의 존엄성, 지속가능성, 시민참여, 개방성, 안전성, 타협성, 진실성, 견고성 등이 있다. 카톨릭 사회가 추구해온 가치로 공동선(common good)이 위의 공공성과 유사하다고 할 수 있다. 즉 공공성이란 공공이성(public reason)에 기초한 숙의민주주의에 의해 합의되는 공공의 가치라고 정의할 수 있을 것이다. 신뢰성(reliability, 신뢰도)은 측정도구가 측정대상을 일관성 있게 측정하는 정도를 의미한다.57) 이러한 신뢰성에는 정확성과 안정성, 예측가능성, 일관성을 내포하고 있어야 한다.

〈표 16-40〉 정부혁신 전략의 사회적가치의 구체적 의미

사회적 가치	주요 의미
인간의 존엄성을 유지하는 기본 권리로서 인권의 보호	▶ 행복추구권, 평등권, 알권리, 직업의 자유, 안정적 주거생활 보장 등 헌법상 보장되는 기본권 보장
재난과 사고로부터 안전한 근로·생활환경의 유지	▶ 시장에서 해결할 수 없는 국민의 안전을 지키기 위한 공공의 적극적 조치 필요
건강한 생활이 가능한 보건복지의 제공	▶ 인간다운 생활의 기본조건으로서 건강한 생활을 영위할 수 있는 보건·의료서비스를 국가에 요구하고 국가는 이를 제공
노동권의 보장과 근로조건의 향상	▶ 생계를 유지하기 위해 일할 수 있는 권리보장, 노동3권, 안정적인 근로조건 유지, 최저임금인상, 고용안정 등
사회적 약자에 대한 기회제공과 사회통합	▶ 여성, 노인, 청소년, 신체장애자, 기타 생활능력이 없는 국민도 인간으로서의 존엄과 가치를 보장받을 수 있는 사회보장 정책 추진
대기업·중소기업 간의 상생과 협력	▶ 시장의 지배와 경제력의 남용을 방지하고, 경제주체간의 조화를 통한 경제의 민주화를 위하여 필요한 규제·조정
품위 있는 삶을 누릴 수 있는 양질의 일자리 창출	▶ 민간·공공부문 일자리 창출, 노동시간 단축을 통한 일자리 나누기, 노동이사제, 비정규직 축소 등 좋은 일자리 확대
지역사회 활성화와 공동체 복원	▶ 자치와 분권의 원칙을 지역 공동체 차원에서 보장하는 지방자치 실현
경제활동을 통한 이익이 지역에 순환되는 지역경제 공헌	▶ 지역 간 균형 발전을 위한 지역경제 육성, 수도권 과밀화로 인한 부작용 해소
윤리적 생산과 유통을 포함한 기업의 자발적인 사회적 책임 이행	▶ 사회적 존재로서 기업의 사회적 책임 이행. 인권, 노동권, 환경, 소비자 보호, 지역사회 공헌, 좋은 지배구조 형성

---

57) 이종수, 『행정학사전』, (2009, 대영문화사)

환경의 지속가능성 보전	▸ 국민이 쾌적한 환경에서 생활할 권리를 보장하기 위한 국가의 의무
시민적 권리로서 민주적 의사결정과 참여의 실현	▸ 민주적 의사결정과 시민 참여를 통한 국민주권 국가 실현을 위한 정부 운영방식 개선, 참여 기제 확보, 참여 수준 심화
그 밖에 공동체의 이익실현과 공공성 강화	▸ 경제적 양극화 등으로 파괴된 사회 공동체 회복 추구, 시민사회 등 제3섹터의 지원 및 육성

출처: 2018 '국민이 주인인 정부'를 실현하는 『정부혁신 종합 추진계획』, 행정안전부

    정부와 기업혁신이 성공하기 위해서는 '절차적 정당성'과 '공정한 절차'58)를 반드시 지켜야 한다. 혁신을 추진하는 과정에서 조직적으로 방해하려는 그룹·집단이 존재하기 때문에 '절차적 정당성(procedural justification)'과 '공정한 절차(fair procedure)'는 이들을 돌려세우는 준거가 되기 때문이다. 이것은('절차적 정당성'과 '공정한 절차') 혁신에 참여하는 사람들의 직접 참여를 유도함으로써 전략 실행을 구축할 수 있기 때문이다. '절차적 정당성'과 '공정한 절차'가 전략적 결정 과정에 실행될 때 혁신에 참여하거나 지지하지 않는 사람들도 공평한 운동장이 존재한다는 것을 믿기 때문이다. 이러한 신뢰와 믿음은 그들이 전략적 결정에 자발적으로 참여하도록 이끄는 힘이 되는 것이다. 공정한 절차가 강력한 힘을 갖는 것은 지적 및 감성적 인정에 귀착된다. 감성적으로 인간 개개인들은 자신들의 가치를 직급에 관계없이 노동이나 인력, 인적자원이 아닌 한 인간으로서 존중받고 개인적 가치로 평가받고 싶어 한다.59) 지난 2018년 정부혁신 종합 추진계획(2018.3)에서 정부

---

58) 공정한 절차를 정의하는 참여(Engagement), 설명(Explanation), 기대의 명확성(Clarity of Expectation)은 상호보완적 성격을 갖고 있다. 더 자세한 사항은 김위찬·르네 마보안 저, 강혜구 역, 『블루오션전략』, (서울: 주)교보문구, 2005), pp.237~240.
59) 김위찬·르네 마보안 저, 강혜구 역, 『블루오션전략』, (서울: 주)교보문구, 2005), p.247.

혁신을 위한 추진배경을 살펴보면,

첫째, 국민의 삶의 질을 개선하는 정부 운영으로 전환하여 효율과 성장 중심의 국정운영으로 국민경제 전체의 크기는 커졌지만, 양극화와 불평등으로 국민이 체감하는 삶의 질은 개선되지 못하였다. - ('17) 더 나은 삶의 질 지수(BLI): 29위(OECD 38개국 중)/공동체 지수(38위), 환경(36위), 삶의 만족(30위), 일과 삶의 균형(35위)[60]* ('17) OECD 유리천장 지수: 29위(OECD 29개국 중 5년 연속 꼴찌)[61]

둘째, 공공의 이익과 공동체[62]의 발전에 기여하는 사회적 가치 중심의 국정 운영 전환으로 국민 모두가 잘 사는 나라를 구현할 필요가 절실해졌다. 공정한 '경쟁의 룰'을 조성하고, 신뢰사회를 위해서는 공공의 이익을 중시하는 방향으로 정부혁신을 추진해야 한다. 셋째, 정책의 시작도 끝도 국민, 참여민주주의를 완성하는데 있다. 이는 정책에 직접 참여하고자 하는 국민의 요구를 반영하고, 급격히 증가하고 있는 시민사회 역량을 흡수하는 제도적 기반을 구축할 필요성이 대두되었기 때문이다. 정책의 모든 과정에 국민의 참여를 확대하고, 국민의 뜻이 정책으로 실현되는 '참여민주주의'를 완성할 때라고 정부는 판단하고 있

---

60) OECD Better Life Index(BLI·더 나은 삶 지수), 2017(38개국 대상)
61) OECD(The glass-ceiling index; environment for working women), 2017년(29개국 대상)
62) 공동체에 대한 이상은 계급 연대 혹은 공유된 시민권에서부터 공통의 인종적 혈통 혹은 문화적 정체성에 이르기까지 다양한 형태를 취하고 있다. 이러한 모든 이론과 이러한 이론들을 옹호하려는 철학자들에게, 공동체란 형성되고 정의되어야 할 기본적 개념 형성 단위(the basic conceptual building blocks)의 하나였다. Will Kymlicka저, 장동진·장휘·우정열·백성욱 번역, 『현대 정치철학의 이해』 (서울: 동명사, 2006), p.293. 또한 공동체의 개념, 특징, 아나키 공동체에 대한 보다 구체적인 내용은 마이클 테일러(Michael Taylor) 저 송재우 역, 『공동체, 아나키, 자유』 (서울: 주)이학사, 2006), pp.36~50.; Will Kymlicka저, 장동진·장휘·우정열·백성욱 번역, 『현대 정치철학의 이해』 (서울: 동명사, 2006), pp.293~396.에서는 주로 공동체주의(communitarianism)에 대한 설명을 하고 있다.

다.* ('17) WEF 국가경쟁력평가 중 정책결정의 투명성: 98위(137개국) 와* ('17) 기존 정부혁신의 문제점 조사: 국민과 소통이 적은 일방향적 혁신(59.5%)[63]

〈표 16-41〉 정부혁신에 영향을 미치는 요소

※ 혁신에 영향을 미치는 4가지 요소(OECD「정부혁신 트렌드」보고서, '17.2월)
① 관료적 장벽 극복   ② 투명·개방적 신뢰에 기반한 시민과의 관계 구축
③ 시민들의 아이디어 활용   ④ 혁신 촉진 문화 형성

 넷째, 자발적 혁신을 통한 신뢰받는 정부(a trusted government) 구현에 목표를 두고 이를 실현하기 위하여 정부는 그 동안의 많은 노력에도 불구하고, 공직사회의 일하는 방식이나 조직문화는 크게 개선되지 못하고, 정부신뢰도와 청렴도도 제자리 걸음수준에 머물렀다. 정부 혁신이 실질적 성과를 거두기까지는 시간이 좀 더 필요해 보이는 것이 사실이다. * 정부신뢰도는 국제협력개발기구(OECD) 평균인 42%의 절반 수준인 24%로 최하위인 32위('17),[64] ('18)부패인식지수(CPI): 51위(180개국, 100점 만점에 54점)로 나타났다. 그리고 정부는 '개혁을 이끄는 주체'로서 '국민의 삶을 실질적으로 바꾸어 주는 혁신'을 위해 끊임없이 노력하는 정부 구현에 목표를 두고 추진했다. 정부 혁신은 혁신 그 자체로 끝나는 것이 아니라 공공기관을 포함한 기업에게까지 영향을 끼친다는 점을 인식해야 한다. 강력한 정부혁신으로 미국의 블룸버그 통신이나 유럽연합의 집행위원회로부터 혁신지수가 지속적으로 높게 나타나고 있음을 상기할 필요도 있다. 정부도 지속적으로 혁신을

---

63) 한국갤럽,「정부3.0(정부혁신) 국민여론조사」, 19세 이상 성인 2,014명 대상, 2017.
64) OECD,「한눈에 보는 정부(Government at a Glance)」, 2017 (35개국 대상)

추진하여 국민들의 '삶의 질'을 향상시키고 경제성장의 기반을 닦아야 하며 한다.

〈표 16-42〉 주요 혁신산업들의 2020년까지 가치추정(1)-사이버 공격 악영향이 큰 부문

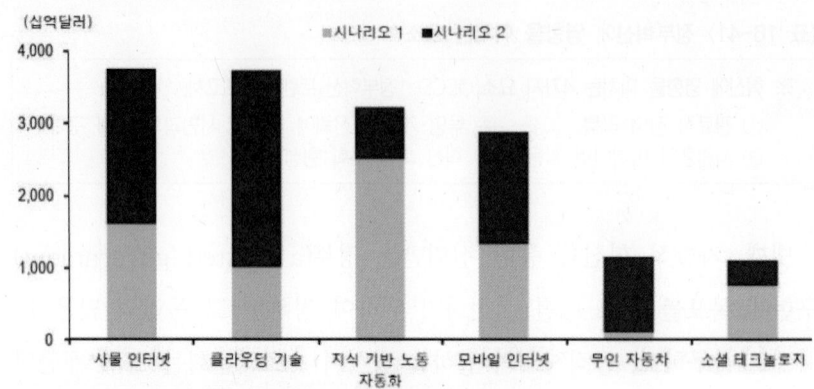

자료: WEF, 한범호, 이슈생각, '세계의 재편과 미래전략' 신한금융투자
출처: WEF, 'Riskj & Responsibility in a Hyper connected World' 2014.1.19., 재인용
  시나리오 1: Baseline시나리오로 현재와 같이 사이버 공격을 하는 쪽이 우위를 점하고 있는 상황.
  시나리오 2: 사이버공격수단의 다양화로 인해 자동/디지털화가 정부의 엄격한 통제를 받게 되는 상황

세계경제포럼(WEF)에서 발간한 대응전략보고서(Risk & Responsibility in a Hyper World)에서 세계재편을 위한 주요 전략으로 '불균형 축소 노력', '혁신을 통한 기술경쟁력 강화', '생산적인 투자확대' 등을 제시했다. 다가올 미래의 성장전략 측면에서는 '사이버 보안 이슈'와 '기술진보'를 다음과 같이 보다 구체적으로 정리한 시나리오는 다음과 같다. 앞에서 언급한 사이버 공격에 따른 악영향이 상대적으로 큰 산업군으로 분류된 것은 '클라우딩', '사물인터넷', '모바일인터넷', '지식정보화', '소셜 네트워크', '무인자동차' 등이다.65) 미래성장 동력 후

---
65) 세계경제포럼(WEF), 신한금융투자; 출처: 한범호, 이슈생각, '다보스 포럼, Agenda the World. Agenda: Rashaping the World(세계의 재편)

보군 가운데 사이버 공격에서 상대적으로 자유로운 기술 부문으로는 '첨단 로봇 공학', '에너지 저장장치', '3D 프린팅', '첨단 소재', '신재생 에너지' 등이 선정되었다. 앞에서 살펴본 바 한국 정부의 기술혁신이 지속적으로 추진되어야 하는 이유가 중견국가를 넘어서 강소국(强小國)[66]으로 향하는 전환기에서 정부가 혁신을 추진하여 사회적 가치를 실현하고 국민의 안전과 삶의 질을 보장하는 것이다. 자유주의 시장경제체제에서 "경쟁의 결여는 비효율적인 기업을 너무 적게 파괴하며 새로운 기업을 너무 적게 창조한다는 것이다. 생산성 증가는 오래된 것을 파괴하고 새로운 것을 창조하는 데서 나온다."[67]

〈표 16-43〉 주요 혁신산업들의 2020년까지 가치추정(2)-사이버 공격 악영향이 작은 부문

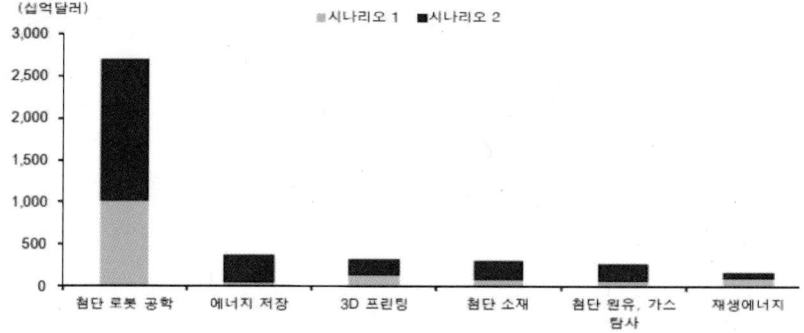

자료: WEF, 한범호, 이슈생각, '세계의 재편과 미래전략' 신한금융투자
출처: WEF, 'Riskj & Responsibility in a Hyper connected World' 2014.1.19., 재인용
시나리오 1: Baseline시나리오로 현재와 같이 사이버 공격을 하는 쪽이 우위를 점하고 있는 상황
시나리오 2: 사이버공격 수단의 다양화로 인해 자동/디지털화가 정부의 엄격한 통제를 받게 되는 상황

자본주의 이후의 사회(탈자본주의 사회, post-capitalist society)에

---

[66] 국토는 좁지만 국력, 기술력 따위가 강한 나라를 통칭하여 강소국이라 한다. 아일랜드, 핀란드 등 정보화, 세계화 과정에서 급성장한 국가들을 의미한다.
[67] 알베르트 알리시나·프란체스코 지아바치 저·이영석·옥성수 역, 『유럽의 미래』(서울: 21세기 북스, 2007), pp.122~123.

서 새로운 생산수단은 지식(knowledge)이며, 앞으로도 또한 지식일 것이다. 가치는 생산성과 혁신에 의해 창조되는데 생산성과 혁신은 지식을 작업에 적용한 결과이다. 지식사회의 주도적 사회집단은 지식근로자 일 것이다.[68] 2019년 정부혁신 국민포럼에 접수된 의견을 분석한 결과 주요 시사점은 1) 공공성 회복, 2) 공정하고 투명한 정부, 3) 현장중심 적극행정, 4) 효율적인 정부, 5) 국민소통과 협력이 5대 핵심키워드로 분석되었다. 정부혁신 핵심키워드를 3대 분야로 나누어 조사결과를 보면 1) 국민의 삶의 질 개선 및 사회적 가치(44.3%): 공공성 회복(10%), 국민의 삶의 질 개선(6%), 취약계층 보호(6%), 2) 낡은 관행 혁신(33.7%): 공정하고 투명한 정부(14%), 현장중심의 적극행정(9%), 효율적인 정부(8.6%), 3) 참여 및 협력(22%): 국민소통과 협력(8%), 폭넓은 국민 참여(5%) 순으로 조사되었다.[69] 조사결과 국민들이 바라는 정부의 모습은 '약속을 잘 지키는 정부', '정의로운 정부' 등으로 나타났다. 따라서 정부는 지속적인 혁신(innovation)과 변화(change)를 그리고 공공성(publicness)과 투명성(transparency), 소통(communication)을 제시하고 있다.

---

[68] 피터 F. 드러커 저, 이재규 역, 『자본주의 이후의 사회』 (서울: 한국경제신문사, 1993), p.29. 피터 F. 드러커는 자본주의 이후의 사회(post-capitalist society)로 이동하기 시작한 것은 제2차 세계대전 바로 직후부터였다고 기술하고 있다. 피터 F. 드러커 저, 이재규 역, 앞의 책, p.27.
[69] 조사방법은 정부혁신 국민포럼 홈페이지(innogov.kr)를 통해 내가 생각하는 정부혁신 의견을 수렴했다. 조사기간은 2018.2.1.~3.5까지이며, 조사참여 인원은 2,143명으로 분석기관은 행정안전부 국가정보자원관리원이다.

〈표 16-44〉 제4차 산업혁명시대 기술혁신을 연상하는 어휘

초연결성, 초협력성, 초확장성, 융복합, 규제완화, 산·학·연 플랫폼, 초지능화, 세계 산업 헤게모니, 첨단제품, AI, IoT, ICT, 5G, Big-Data, 로봇, 자율주행차, 3D 프린팅, 규제적용 유예지도(샌드박스) 드론, 첨단 제조 파트너십(AMP), 국가제조혁신네트워크, 신 산업구조 비전, 국가기술발전 종합계획 2020(High-Tech Strategy 2020), Internet +, Smart Industry, Digital Swiss, 5+2 Innovation Industry Strategy, 바이오 헬스, Smart House, Digital Economic, 혁신 클러스터, Made in China 2025, 기후·환경. 의료, 항공우주, 스마트 원예, 미래형 자동차, 스마트 해양기술, 우주산업

특히 정부는 "규제의 틀을 원점에서 재검토해 과감하게 혁신하는 일이 정부가 할 수 있는 출발"이라면서 "공공분야부터 데이터를 적극개방하고 데이터 활용과 결합 추진을 지원할 것"이라고 했다.70) 정부는 제4차 산업혁명의 주력으로 제조업분야에서 스마트 제조 기술을 육성·발전시키는데 혁신역량을 집중할 필요가 충분히 있다. 스마트 제조 기술은 주력산업의 고부가가치화, 신산업에 대한 과감한 도전, 기업의 혁신역량 강화, 생산시스템의 혁신, 제조 인프라 구축의 스마트화, 창조적 상품서비스, 온라인 창조성, 선제적 산업생태계의 고도화를 체계적으로 리빌딩(rebuilding)하기 위한 것으로 스마트 제조 혁신 생태계의 수직적 통합(HW/SW, IT, Drone, IoT, ICT, 설비/데이터) 및 수평적 통합(시장, 플랫폼 구축, 규제정비, 금융시스템, 가치사슬)의 기술 개발이 미국·독일·일본 등 제조 선진국에서 선제적으로 추진되고 있다. 따라서 스마트 제조 기술은 "국가 제조업 경쟁력을 높이는 주요 성장 동력으로 꼽혀 미국, 독일, 일본 등 주요 제조(製造) 선진국뿐만 아니라 중국 등 신흥 제조국가에서도 주목하고 있다. 국내 제조업 역시 국민 총생산(GDP)에서 차지하는 부가가치 비중이 중국 다음으로 높아"71) 스

---

70) 정세균(국무총리), Data·AI(인공지능) 기업 현장 방문, 2020.01.29

마트 제조 기술 발전은 2020년 이후 본격적으로 시작되는 제4차 산업혁명 제조업분야의 주도권 확보 및 국가기술 경쟁력 강화에 큰 영향을 준다는 점에 주목해야 한다. 승자(winner)가 독식하는 첨단 ICT산업의 특성상 과거의 모방과 Fast Follower(재빠른 추격자) 전략으로는 생존하기 어렵다. 산업생태계의 환경조성이 동시에 뒷받침되어야 한다. 따라서 기술개발을 선도하기 위한 민간 영역의 자유로운 개발 환경조성이 중요하며 정부는 이를 위해 규제완화를 근본적·적극적으로 추진해야 한다. 프랑스 인시아드대학교, 미국의 코넬대학교, 세계지식재산권기구(WIPO)는 국가별 혁신상태를 알 수 있는 글로벌 혁신지수(GII: Global Innovation Index)[72]에서 한국은(2015년: 14위, 2016~2017년: 11위, 2018년: 12위, 2019년: 11위) 약진하였으나 취약점도 가지고 있다. 파괴적 혁신은 한국의 산업을 발전시켰을 뿐만 아니라 기술적 혁신과 경제적 혁신도 동시에 변화시켰다. 한국은 기술적 혁신을 넘어 기후변화, 환경변화, 사회적 불평등, 지구온난화 등 사회적 이슈와 결합한 사회적 혁신에 정부가 관심을 가지고 추진할 필요성이 제기되고 있다.

한국사회는 그동안 경제적 가치에 비해서 다소 소홀하게 여겨졌던 포용, 공정, 환경, 안전 등의 사회적 가치의 추구와 실현은 이제는 위기 속에서 사회를 지탱하고 극복을 도모하는 힘이자, 국가경제의

---

71) 서울경제, 김동호, 국내 스마트 제조시장 선도위한 'SIMTOS 2020 국제생산제조 혁신컨퍼런스' 2020.1.29
72) 안시아드대학교, 코넬대학교, 세계지식재산권기구가 공동으로 발표한 것이 글로벌 혁신지수보고서(Global Innovation Index Report·GII)이다. GII는 2007년부터 매년 발표되고 있다. WB(세계은행)의 '기업환경평가' 자료, IMF(국제통화기금) '세계경제전망' 보고서 등 국제기구 자료를 종합·분석해 혁신지수를 측정한다. 매일경제, 윤선영, [Biz times] "혁신의 불 밝힌 건 교육" 2019.09.05.

생존과 지속가능성을 위해 더는 미룰 수 없는 과제가 되고 있다. 경제·사회 시스템은 시대정신(Zeitgeist)을 구현해 내어야 생명력이 강해지는 법입니다. 역사적으로 자본주의 시스템이 세계 전면에 서게 된 이유도 위기를 거치며 스스로의 모순을 교정하고 외연(外延)을 확장해왔기 때문이다. 지금의 자본주의는 그 어느 때보다 시대정신으로서 사회적 가치를 실현해냄으로써 본래의 애덤스미스로 돌아가는 것이 필요합니다. 리의 경우도, 산업화 시대를 거치며 국가경제는 성장했지만, 높은 주거·교육비 부담 등으로 국민 생활은 여전히 팍팍하며 경제 내 심화되는 소득·자산 격차는 다수에게 상실감을 불러일으키고 있습니다. 따라서, 격차를 완화하고 사람에 투자하는 보다 포용적이고 복원력 있는(inclusive and resilient) 경제 시스템을 갖추어야 하며, 특히 그 과정에서 지역 공동체의 역할이 중요합니다. 세계적인 석학, 라구람 라잔(Raghuram Rajan) 시카고大 교수는 최근 저서 「the third pillar」에서 고삐 풀린(unfettered) 자본주의를 교정하기 위해 공동체(community)의 역할을 강조하였습니다. 지역 공동체는 국가와 시장이 세세하게 살피지 못하는 개인들의 생활영역에서 경쟁에서 소외된 사람들을 보듬는 역할(inclusive localism)을 할 수 있기 때문입니다. 사회적 가치 창출을 위한 기업의 역할이 중요합니다. 최근 글로벌 기업을 중심으로 소극적 형태의 사회공헌 활동(CSR)이 아니라 사회문제를 해결하고 사회적 가치를 창출하는 것을 경영의 중심에 두면서, ESG 경영을 본격화하고 있습니다. 이는 일시적 유행(trend)이나 구호(campaign)가 아니라, 기업의 생존과 성장을 위한 새로운 비즈니스 모델로 받아들여지고 있습니다. 다수의 실증연구들은 영속기업이 되기 위해서는 이윤은 물론, 준법경영(Compliance Management), 윤리경영(Moral Management)에 더해 기업의 '사명(Mission)'이 중요하다고 밝히고 있습니다.[73] 차츰 강화되고 있는 기업의 경제적·사회적 영향력에 발맞춰, 기대되는 책임을 수행하고 그에 뒤따르는 기업의 명성(Corporate Reputa-

---

73) 포스코경영연구소, 한국은행 등 연구.

tion)이 지속가능한 발전의 필수요소로 자리 잡고 있기 때문입니다. 이를 뒷받침하기 위해 정부도 '녹색금융 가이드라인'을 제공하고 기업의 환경 관련 정보공개를 점진적으로 확대하여 사회책임투자 활성화의 기반을 마련하는 방안을 그린 뉴딜의 핵심과제로 추진 중에 있습니다. … (중략) 저명한 미래학자 제레미 리프킨(Jeremy Rifkin)은 「글로벌 그린뉴딜」 등 그의 여러 저서에서 역사적으로 거대한 경제적 변혁은 에너지, 운송, 커뮤니케이션(communication) 기술의 대전환이 있을 때마다 발생했다고 언급하고 있습니다. 재생에너지로의 전환이 가속화 되고, 디지털 운송 및 커뮤니케이션이 보편화되고 있는 지금, 세계경제의 패러다임은 '발전의 시대(Age of Progress)'에서 '회복력의 시대(Age of Resilience)'로 가고 있다고 지적합니다. 회복력의 시대란 부(富)의 축적에서 지속가능한 양질의 삶으로, 소유와 경쟁에서 공유와 연대로, 시장에서 네트워크로의 전환을 의미한다고 생각합니다. 그리고 그 중심에 사회 구성원들 간의 '관계'와 '공감'을 바탕에 둔 '사회적 가치'가 있습니다.[74]

제3절 한국의 혁신성장모델과 기업의 사회적 책임

1. 한국의 혁신성장모델

혁신성장(innovation growth)이란 용어는 기업이 업무 혁신에 의해 성장이 이뤄지고, 또한 혁신성장 기업들이 속한 사회의 투자·소비·수요가 자극돼 경제가 호황을 이루며, 결국 국가의 혁신성장이 가능해진

---

74) 기획재정부, 김명선·김지은, 김용범 제1차관, 「사회적 가치, 경제를 살리다」 포럼 축사, 주제 : 사회적 가치 평가와 ESG(환경·사회·거버넌스), 보도참고자료, 2020.12.18.; 기획재정부, 김용범 제1차관은 '20. 12. 18. 동아일보사에서 주최하는 제4회 「사회적 가치, 경제를 살리다」 포럼에 참석하여 축사를 하였다.

다고 주장한 경제학자는 조지프 슘페터(Joseph A. Schumpeter, 1883~1950)75)다. 경제발전론의 중심 개념이다. 업무 혁신에 의해 '혁신이 주도하는 성장'76)은 기업만이 아니라 모든 조직(민간 기업, 조직, 대학, 출연연구소, 지방자치단체 등)에서 적용 가능하며, 국가나 정부도 예외는 아니다. 슘페터(Joseph A. Schumpeter)는 혁신활동은 모든 경제 발전의 원동력이라고 강조했다.77) 기업가들은 "자기만의 왕국을 세우고자 하는 꿈과 의지(the dream and the will to found a private kingdom)"가 강하지만 동시에 많은 장애물과 대면하고 있다. 특히 혁신은 이루기가 쉽지 않으며 혁신을 이루어도 그것을 유지하기는 더욱 어렵다고 했다. 슘페터(Joseph A. Schumpeter)에 따르면 불평등

---

75) 조지프 슘페터(Joseph A. Schumpeter, 1883~1950)는 오스트리아 출신의 미국 이론경제학자. 빈대학에서 법학을 전공했다. 케인스와 더불어 20세기 전반의 대표적 경제학자로 평가되고 있다. 『이론경제학의 본질과 주요내용 Das Wesen und der Hauptinhalt der theoretischen Nationalökonomie』(1908), 『경제발전의 이론 Theorie der wirtschaftlichen Entwicklung』(1912), 『학술 및 방법의 제단계 Epochen der Dogmen und Methodengeschichte』(1914), 『경기순환론 Business Cycles』(1939), 『자본주의·사회주의·민주주의 Capitalism, Socialism and Democracy』(1942) 등을 저술하였다. 케인스와 더불어 20세기 전반의 대표적 경제학자로 평가된다. 카이로에 있는 동안 그는 첫 번째 저서인 『이론경제학의 본질과 주요 내용』을 집필하였다. 오스트리아로 돌아온 슘페터는 체르노비츠대학에서 1911년까지 교수로 재직했다. 이곳에서 『경제발전의 이론』을 집필했다. [출처] 자유경제원, 최승노, 조지프 슘페터의 『경제발전의 이론』, 작성자 프리덤윌드; 슘페터의 가장 위대한 두 가지 통찰력을 들자면 혁신과 기업가이다. 1) 혁신(innovation)이 자본주의를 이끄는 힘이라고 하였다. 즉 전반적인 경제적 진보(economic progress)를 이끄는 힘이 혁신이라 보았다. 2) 기업가(entrepreneurs)가 혁신을 이끄는 주체라고 보았다. 나무위키, 조지프 슘페터(Joseph Alois Schumpeter). https://namu.wiki/w/%EC%A1%B0%EC%A7%80%ED%94%84%20%EC%8A%98%ED%8E%98%ED%84%B0 (검색: 2021.3.13.)
76) 정부의 혁신성장 전략과 국가혁신 체제에서 건전한 국가혁신체제를 구축하기 위한 중요한 인프라로 정치적인 차원에서 다음의 중요한 것 네 가지에 대해 세부적인 사항은 미래한국(Weekly(http://www.futurekorea.co.kr), 박성현, [전문가진단] 기업과 정부 혁신성장의 조건, 2020.11.11. 참조
77) 미래한국(Weekly(http://www.futurekorea.co.kr), 박성현, [전문가진단] 기업과 정부 혁신성장의 조건, 2020.11.11. http://www.futurekorea.co.kr/news/articleView.html?idxno=142949 (검색: 2021.3.13.)

(inequality)과 격동(turbulence)은 물질적 진보를 위해 치러야 할 불가피한 작은 대가(a small price to pay for material progress)이다. 또한 "자본주의의 성취는 늘 여왕들에게만 비단 양말을 더 많이 공급하는 것이 아니라 비단 양말을 생산하는 공장의 여직공들도 그것을 사 신을 수 있도록 한다."78) 라고 하여 자본주의 시스템은 모두를 물질적으로 풍요롭게 만든다고 했다.79) 또한 슘페터((Joseph A. Schumpeter)는 '창조적 파괴'라는 용어로 유명하다. 그의 저서『자본주의, 사회주의, 민주주의』80)(원제는 Capitalism, Socialism and Democracy, 1942)에서 정립된 개념으로 창조적 파괴란 마르크스 경제학을 재해석한 것으로, 기술의 발전이 끝없이 기존의 기술체계를 부수고 새로운 체계를 쌓아가는 과정이라고 보는 것이다.81)

4차 산업혁명이라는 패러다임(paradigm)의 전환 시대를 맞아 기업이 혁신성장을 지속하기 위해서 첫째, 기업의 경영전략을 산업혁명의 시기와 괘를 같이해야 한다. 인공지능(AI), 사물인터넷(IoT), 드론(Drone), 로봇(Robot), 빅데이터 기반의 산업구조 속에 핀테크 전략을 마련하지 않으면 생존이 위태로울 수 있음을 기억해야 한다. 둘째, 기술혁신을

---

78) The capitalist achievement does not typically consist in providing more silk stockings for queens, but in bringing them within the reach of factory girls in return for steadily decreasing amounts of effort. 나무위키, 조지프 슘페터(Joseph Alois Schumpeter). https://namu.wiki/w/%EC%A1%B0%EC%A7%80%ED%94%84%20%EC%8A%98%ED%8E%98%ED%84%B0 (검색: 2021.3.13.)
79) Ibid.
80) 자본주의가 "기업가 정신(entrepreneurship)"을 촉발한다는 점을 기반으로 자본주의를 재기념치게 옹호하는 저서이다. 기업가 정신에 대한 명확한 개념을 최초로 제시한 인물 중 한 명이 슘페터이다. 그는 '발명(invention)'과 기업가의 '혁신(innovation)'을 구분했다. 기업가(entrepreneur)의 혁신은 단순한 발명이 아니라 생산수단, 생산품, 조직의 완전히 새로운 변화라고 하였다. '마차를 연결한다고 기차가 되는 것이 아니다'라고 말한 '창조적 파괴(creative destruction)'의 개념이다. Ibid.
81) Ibid.

통한 창조적 파괴를 통해 청년 인재를 등용하여 교육을 강화하고 기업이 나아갈 목표를 명확히 제시해야 한다. 또한 기업의 미래전략을 새로운 각도에서 경영전략을 수립해야 할 것이다. 유능한 인재는 회사의 중심이 될 수 있도록 지원을 아끼지 않아야 한다. 세계적기업의 추세는 인재를 발굴하여 적재적소에 배치하여 교육훈련을 강화하여 최고의 전문가를 양성하고 있다는 점을 인지해야 한다. 특히 청년인재를 발굴하는데 역량을 기울일 것을 주문한다. 셋째, 정부는 규제를 완화하여 기업이 역량을 발휘할 수 있도록 힘쓰며, 산·학·연의 신기술·신성장 플랫폼 구축에 진력해야 한다. 미국, 독일, 일본 등은 4차 산업혁명 시기의 기술 주도권을 선점하기 위해 정부차원에서 사활을 걸고 있다. 정부는 이를 위해 조직을 정비하고, 기술 인력을 확충하고, 연구개발(R&D) 예산을 점진적으로 확충해 나가야 한다. 또한 네거티브 방식의 규제를 과감하게 완화하여 기업이 체감할 수 있도록 해야 하며, 정부규제로 인해 기업이 기술발전에 지장을 주어서는 안 될 것이다. 마지막으로 4차 산업혁명시기 기업들이 지속적으로 성장·발전하기 위해서 눈앞의 이익을 얻을 수 없는 혁신적 기술에 신속·과감하게 투자하는 '창조적 파괴(Creative Destruction)'를 통한 '파괴적 혁신(disruptive innoation)'82)이 절실히 필요하다.83) 이처럼 기업의 경영전략에서 미래전략 사업을 재편하는 과정에서 정교한 전략을 기획해야 한다. 모든 기업이 파괴적 혁신을 추진할 수 있는 것이 아니다. 이를 감당할 수 있는 경영전략,

---

82) 세계적 경영학자인 미국의 크리스텐슨(Clayton M. Christensen) 교수가 창시한 용어로 그가 1997년에 쓴 저서 『혁신 기업의 딜레마』를 통해 처음 이 개념을 소개했다.
83) 파괴적 혁신(disruptive innovation)이 절실히 필요하다. 애플의 아이폰은 혁신적 사업 모델을 통해 파괴를 일으킨 사례이며, 테슬라의 전기차 사업, 엘론 머스크(Elon R. Musk)의 스페이스 X(SpaceX, 공식 회사명 Space Exploration Technologies Corp.)은 창조적 파괴를 상징하는 혁신기업의 대표적 사례이다.

미래비전, 연구개발, 디자인, 제조, 마케팅, 유통, 혁신모델, 시장 환경, 시장조사, 진입장벽, 소비자 욕구(기존기업의 주류고객 등), 국제환경 등을 전략적으로 모색해야 한다. 기업이 파괴적 혁신84)을 위해서는 새로운 시장이나 저가시장에서 출발하는 공통점이 있음에 유의해야 한다. 혁신은 창조와 파괴라는 야누스(Janus)적인 두 얼굴을 가지고 있다. 그래서 혁신이 갖는 창조와 파괴라는 두 개의 얼굴을 이해하면서 혁신성장으로 질주해야 한다. 그렇다면 왜 파괴적 혁신인가? '잘 안 된 것'과 '실패'는 차이가 있다. '잘 안 된 것'은 무언가를 시도하다가 효과가 없다는 사실을 알게 되는 것이다. 반면 '실패'는 수건을 던지고 그대로 포기하는 것이다.85) 파괴적 혁신 전략의 수립을 위한 다섯 가지 지침(제품, 고객, 마케팅, 비즈니스 도메인과 수익성(Business Domain & Profitability), 지속능력: 범용화(commoditization)를 회피하라.)86)은 기억해야 한다.

한편 경제학자 조지프 슘페터(Joseph A. Schumpeter)가 주장한 기술혁신(technological innovation, 技術革新)은 기술의 발전뿐만 아니라, 새로운 시장의 개척, 상품 공급방식의 변경 등 경제에 충격을 주어 변동을 야기시키고, 이것에 의해 동태적(動態的) 이윤을 발생시키는 모든 계기를 뜻하는 것으로 정의했다.87) 일반적으로 기술혁신88)은 ① 그

---

84) 파괴적 혁신에는 다양한 유형이 있는데, 대표적인 것이 로엔드형, 고기능형, 신시장형 등이다. 시민의 소리(http://www.siminsori.com), 이상수의 경제톡 ⑤ 파괴적 혁신, 2018.06.19.

85) 시민의 소리(http://www.siminsori.com), 이상수의 경제톡 ⑤ 파괴적 혁신, 2018.06.19. http://www.siminsori.com/news/articleView.html?idxno=203525 (검색: 2021.3.15.)

86) Ibid.

87) [네이버 지식백과] 기술혁신 [technological innovation, 技術革新] (두산백과) https://terms.naver.com/entry.nhn?docId=1071198&cid=40942&categoryId=31819 (검색: 2021.3.15.)

것을 구체화하기 위한 설비투자가 반드시 수반되어 호황을 야기시키고, ② 노동생산성을 향상시키며, ③ 새로운 제품, 보다 성능이 좋고 값이 싼 제품을 생산하게 하여 새로운 산업의 성립과 기존산업의 변혁을 일으켜 이에 대한 수요구조(需要構造)를 변화시킨다. 그러므로 기술혁신은 자본주의 경제발전의 원동력이라 할 수 있는 지위를 차지하고 있다.[89] 한국 정부가 지속적으로 혁신을 추진하는 것은 지하자원, 석유자원 등 부존자원이 부족한 국가로서 세계강대국들과의 교역에서 우위를 차지하려면 기술자원으로 승부를 해야 하기 때문이다. 한반도 주변의 강대국들은 자국의 국익을 위해 사활적 이익(vital interest)을 추구하고 있다. 좋은 예가 2019년 7월 한국에 대한 일본의 수출규제(플루오린 폴리이미드, 리지스트, 고순도 불화수소: 일명 에칭가스)가 대표적 사례이다.

---

[88] 기술혁신은 기존의 기술 원리를 바탕으로 이를 더욱 발전시켜가는 존속적 혁신(Sustaining Innovation)과 기존의 기술원리를 와해시키고 새로운 원리로 혁신을 이룩하는 파괴적 혁신(Disruptive Innovation)으로 나눌 수 있다. 시민의소리(http://www.siminsori.com)

[89] [네이버 지식백과] 기술혁신 [technological innovation, 技術革新] (두산백과)
https://terms.naver.com/entry.nhn?docId=1071198&cid=40942&categoryId=31819 (검색: 2021.3.15.)

〈그림 16-15〉 한국의 혁신성장 모델

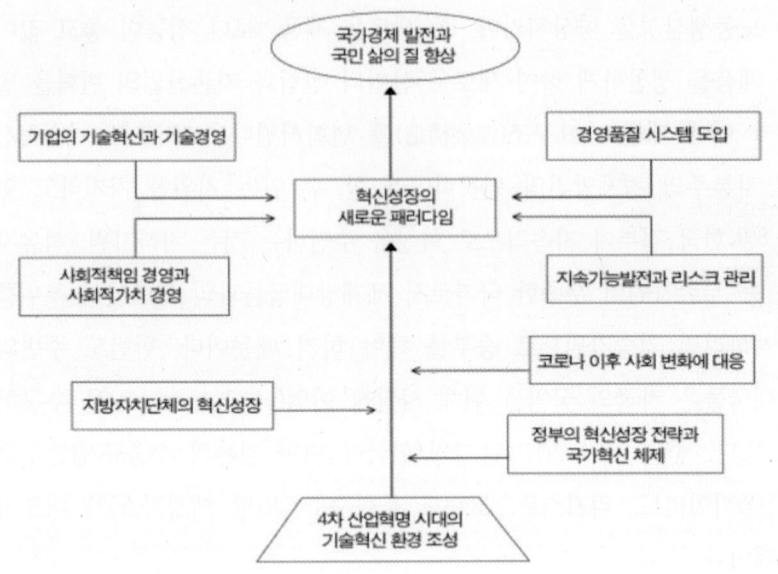

출처: 박성현, 미래한국(Weekly(http://www.futurekorea.co.kr), [전문가진단] 기업과 정부 혁신성장의 조건, 2020.11.11.

 향후에도 반도체 소재뿐만 아니라 금융, 기술, 무역, 지시재산권 침해 등 수출규제는 언제나 발생할 수 있는 것을 보여주었다. 따라서 한국 정부는 지속적으로 기술파고를 헤쳐 나가기위해서는 창조적 혁신, 파괴적 혁신과 같은 과감한 전략을 추진해야 한다. 그렇다면 왜 수많은 기업이 파괴적 혁신에 실패했을까?[90] 이에 대한 답을 찾으려는 노력을 통해 보다 파괴적이고 새로운 창조적 혁신생태계를 통해 기업경영을 ESG 경영체제로 전환해야 한다.

---

[90] 클레이튼 크리스텐슨(Clayton M. Christensen)저·김태훈 역, 『파괴적 혁신 4.0』을 참조

〈표 16-45〉 2021 혁신성장 청년인재 집중양성 6기 모집 공고

교육 기간
2021년 4월 1일 ~ 2021년 9월 18일 (6개월)
주 5일(화~토, 09:00 ~ 18:00)

교육 장소
서울/부산

모집 과정
- 클라우드 과정 (72명)
- 빅데이터 과정 (48명)
- 스마트공장 과정 (48명)
- 인공지능 과정 (24명)

교육 혜택
- 교육비 전액 무료
- 채용 약정 기업 98개 확보
- 취업 포트폴리오 제공
- 채용 기업 설명회 제공
- 현업 재직자 멘토링

더 자세한 정보는? SAP혁신성장과정

지원 자격
- 만 34세 이하 내국인 미취업자
- 2021년 8월 이전 졸업(예정)자
※ 고등학교 및 전문대학은 기 졸업자에 한함
※ 4학년 2학기 재학중인 경우, 9학점 초과 시 신청 불가
※ 취업성공패키지 참여 시 과정 신청 불가

선발 절차
온라인신청 - 서류전형 - 면접전형 - 최종선발
※ 선착순 모집으로 과정에 따라 조기 마감될 수 있습니다.
※ 온라인 접수 순서대로 서류 및 면접 전형이 진행됩니다.
  (접수 후 3~5일 이내 서류 전형 결과 안내 예정)
※ 과정 별 1지망 지원자를 최우선으로 선발합니다.
※ 1지망으로 기입한 과정이 마감된 경우,
  개별 연락을 통해 희망 과정을 변경할 수 있습니다.

교육 문의
전화 02-2194-2473
메일 youngtalent.korea@sap.com
홈페이지 https://url.sap/j2cjrq
카카오톡 채널 SAP 혁신성장 청년인재 집중양성

주: 1) SAP프로그램은 과학기술정보통신부와 정보통신기획평가원(IITP)이 주관하는 '2021년 혁신성장 청년인재 집중양성 사업'의 일환으로 마련됐다.
출처: 안경애, 디지털타임스, SAP코리아, '혁신성장 청년인재 양성' 6기 참가자 모집, 2021-03-02. http://www.dt.co.kr/contents.html?article_no=20210302021099316 50005&ref=naver (검색: 2021.3.15.)

    혁신성장을 추구하는 기업 SAP[91])의 인재를 육성하는 프로그램의 일환으로 실시하는 교육훈련 프로그램을 예시하면 위와 같다. SAP는 '실제 프로젝트 기반 기업에서 요구하는 혁신성장 분야 소프트웨어 개발'을 주제로 클라우드, 스마트 공장, 빅데이터, 인공지능(AI) 분야에서 실무 위주 교육을 한다.[92])

---

91) 재무, 영업, 인사 관리, 상거래, 자산 관리, 알리안츠, 벤츠와 어깨를 나란히 하는 등 다양한 업무 영역별 비즈니스 솔루션을 제공하는 독일의 다국적 소프트웨어 기업이다.
92) 안경애, 디지털타임스, SAP코리아, '혁신성장 청년인재 양성' 6기 참가자 모집, 2021-03-02. http://www.dt.co.kr/contents.html?article_no=202103020210993165000 5&ref=naver (검색: 2021.3.15.)

2. 기업의 사회적 책임

우리가 흔히 기업이 감당할 수 있는 사회적 책임의 한계가 어디까지인가에 대한 물음에 대한 명확한 해법을 제시하기가 그리 녹록치 않음을 알고 있을 것이다. 또한 기업의 사회적 책임의 유형에 대해서는 반드시 이행해야 하는 가? 그렇지 않은가에 대한 답을 구하는 것조차 쉬운 일이 아니다. 이에 대해 개념을 정리한 것을 살펴보면 기업의 사회적 책임(CSR: Corporate Social Responsibility)이란 기업의 지속가능한 성장을 위해 경제적 성과(매출신장, 이윤 극대화 등) 이외에 사회적 성과(법령과 윤리 준수, 투명 경영, 인권존중, 건전한 노사관계 등)와 환경적 성과(국내외 환경 규제 준수, 온실가스 감축, 친환경 제품 개발 등)를 동시에 올리며, 기업의 이해관계자의 요구에 적절히 대응함으로써 사회에 긍정적인 영향을 주는 책임 있는 활동을 말한다.93) 따라서 기업은 이외에도 문화적 성과(문화기반 체계 확산, 문화 활동 전개, 문화행사 지원, 한류문화 확산, 고유문화 전통 홍보 등)를 함께하는 노력들을 함으로써 기업의 브랜드가치(brand value)를 제고시키는 촉매제 역할을 할 수 있을 것이다. 기업의 문화적 성과 및 공유는 이미 많은 대기업들이 해외에서 시행하고 있는 현상이기도 한다. 정부는 이를 지원하는 마중물 역할을 할 수 있어야 할 것이다.

기업의 사회적 책임(CSR, Corporate Social Responsibility)이란 무엇인가?에 대한 학자들은 다음과 같이 정의하고 있다. 윌리엄 워서(William Werther)와 데이비드 챈들러(David Chandler)는 기업의

---

93) 박성현, 미래한국(Weekly(http://www.futurekorea.co.kr), [전문가진단] 기업과 정부 혁신성장의 조건, 2020.11.11. http://www.futurekorea.co.kr/news/articleView.html?idxno=142949 (검색: 2021.3.13.)

사회적 책임은 '과정'인 동시에 '목표'라고 정의했다. 그들의 정의에 따르면, 기업의 사회적 책임은 "기업 전략의 통합적인 요소"로 기업이 시장에 제품 또는 서비스를 전달하는 방식인 동시에 '과정'이라는 것이다(2006, p. 8).[94]

한편, 유럽연합(EU) 집행위원회는 기업의 사회적 책임에 대해 다음과 같이 정의하고 있다. 기업의 사회적 책임은 기업들이 자발적으로 그들의 사업 영역에서 이해관계자들의 사회적, 그리고 환경적 관심사들을 수용해 적용함으로써 이해 당사자들과 지속적인 상호작용을 이루는 것이라고 정의했다(European Commission, 2010).[95] 사회적 책임(社會的責任, Social Responsibility)은 국가나 기업이 지켜야 할 (모든 조직체의) 사회적 책임을 말하며, 설명책임성, 투명성, 윤리적 행동 등을 비롯하여 4가지 측면의 존중(이해관계자의 이해, 법의 지배, 국제행동규범, 인권) 등의 7대 원칙을 표방하고 있다. 사회를 구성하는 모든 조직체(즉, 정부, 기업, 공공기관, 학교, 병원, 종교단체, 노조, 비영리단체) 등은 각자의 이해관계자들, 즉 조직구성원, 자본과 원자재 등의 자원공급자, 소비자와 고객 등 수요자, 영향권 내의 공동체 구성원 등에 대해 지배구조, 인권, 고용, 공정운영, 소비자 이슈, 환경, 공동체 공헌 등의 주제와 관련하여 제반 사회적 책임을 부담해야 한다는 것으로, 국제 표준화 기구가 2010년 11월 1일 글로벌 스텐다드(global standard)로 공표한 국제규범이다.[96] 기업의 사회적 책임을 보다 명쾌

---

94) [네이버 지식백과], 최진봉, 기업의 사회적 책임(CSR)이란 (기업의 사회적책임,) 2014. 4. 15., https://terms.naver.com/entry.nhn?docId=2274744&cid=42251&categoryId=51121 (검색: 2021.3.13.)
95) Ibid.
96) 위키백과, 사회적 책임, https://ko.wikipedia.org/wiki/%EC%82%AC%ED%9A%8C%EC%A0%81_%EC%B1%85%EC%9E%84 (검색: 2021.3.13.)

히 이해하는데 있어서 국제표준화기구(ISO)가 제정한 가이드라인을 살펴보자. ISO 26000[97]은 국제표준화기구(ISO)에서 개발한 기업의 사회적 책임(CSR: Corporate Social Responsibility)의 세계적인 표준이다. 국제표준화기구(ISO)는 사회적 책임 경영의 국제표준으로 ISO 26000을 2010년 11월에 제정·발표했다. ISO 26000은 사회적 책임을 이행하고 커뮤니케이션을 제고하는 방법과 관련하여 지침을 제공한다. 이를 만들기 위해 준비 기간은 4년(2001년~2004년)이 걸렸으며, 개발 기간은 6년(2005년~2010년)이다. 어느 조직이나 ISO 26000[98] 지침서를 참조로 하여 미래의 지속 가능성을 확보하기 위한 활동을 준비할 수 있다. 2013년 현재 세계적으로 1만 개가 넘는 단체가 ISO 26000 지침을 사용한다.[99]

- ISO 26000의 기본 7개 원칙[100]
  - 책임성
  - 투명성
  - 윤리적 행동
  - 이해 관계자의 이익 존중
  - 법규 준수

---

[97] 이외에도 ISO 26000 지침을 준수함으로써 기업이 받을 수 있는 혜택과 기업이 ISO 26000을 통해 받을 수 있는 도움은 위키백과 ISO 26000을 참조.

[98] ISO 26000 문서는 기업의 사회적 책임(CSR)을 이행할 때 어떠한 활동을 해야 하고 어떠한 의식을 반영해야 하는 지에 대해 기업을 포함한 모든 조직에게 명확한 지침을 제공하기 위해 개발되었다. ISO 26000은 기업이 반드시 준수해야 할 표준이 아니라 가이드라인이다. 따라서 조직이나 기업의 사회적 책임 활동 또는 프로그램이 본 가이드라인을 준수할 것인지 여부는 각 조직이나 기업의 결정에 따른다. 위키백과, ISO 26000. https://ko.wikipedia.org/wiki/ISO_26000 (검색: 2021.3.13.)

[99] 위키백과, ISO 26000.

[100] *Ibid.*

- 국제 행동 규범존중
- 인권 존중
■ ISO 26000의 핵심 주제101)

사회적 위험과 영향을 파악하고 이를 관리하기 위해 가이드라인에 포함된 핵심 분야는 다음과 같다.
- 조직 거버넌스
- 인권
- 노동 관행
- 환경
- 공정 운영 관행
- 소비자 이슈
- 지역사회 참여와 발전

기업이 지속적으로 존속하기 위한 이윤추구활동 이외에 법령과 윤리를 준수하고, 기업의 이해관계자의 요구에 적절히 대응함으로써 사회에 긍정적 영향을 미치는 책임 있는 활동, 즉 기업의 사회적 책임(Corporate Social Responsibility)을 말한다.102) 기업의 사회적 책임(CSR: Corporate Social Responsibility)에 대한 개념에서 CSR에 대한 개념에 대한 논의는 움직이는 과녁(moving target)에 비유되고 있을 정도로 견해가 다양하다는 점을 지적할 수 있다. 세계적인 CSR 권위자인 Carroll 교수(미 조지아대)는 기업의 사회적 책임을 1) 경제적 책임(이

---
101) *Ibid.*
102) 한국, 기획재정부, 기업의 사회적 책임 (시사경제용어사전, 2017. 11.)

윤 창출), 2) 법적 책임(법규 준수), 3) 윤리적 책임(이해관계자들을 고려한 경영), 4) 자선적 책임(사회공헌)으로 구분했다. 따라서 기업의 역할과 영향력이 커짐에 따라 전통적인 기업의 책임인 경제적 책임과 법적 책임을 넘어 윤리적 책임과 자선적 책임을 요구하고 있다.103) 기업의 사회적 책임(企業-社會的責任, Corporate Social Responsibility, CSR)이란, 기업이 생산 및 영업활동을 하면서 환경경영, 윤리경영, 사회 공헌과 노동자를 비롯한 지역사회 등 사회 전체에 이익을 동시에 추구하며, 그에 따라 의사 결정 및 활동을 하는 것을 말한다.104) 기업 이외에도 모든 조직이 이러한 책임을 실천해야 하므로, 기업의 사회적 책임을 간단히 사회적 책임(SR)이라고 흔히 부른다. 최근에는 사회적 기업이 성장하면서 사회적 가치가 주목을 받고 있다. 여기서 '사회적 가치'란 일자리 창출, 균등한 기회와 사회통합, 안전 및 환경, 상생 협력 및 지역발전, 윤리 경영 등 공공의 이익과 공동체 발전을 우선시하는 가치를 말한다. 기업에서 사회적 가치를 추구하는 경영을 '사회적 가치경영(social value management)'이라고 말한다.105) 2021년 한국 재계의 주주총회에서도 특별한 변화의 움직임이 감지되고 있다. 국내 기업들의 경영방식이 기존의 이윤추구 방식에서 ESG방식으로 전환하는 본격적인 변화의 서막을 열었다. ESG란 환경(Environment), 사회(Society), 지배구조(Governance)106)를 의미한다. 이는 기업 경영·

---

103) 한국, 기획재정부, 이형렬, 기업의 사회적 책임, 2006.04.11. 기획재정부 홈페이지 〉 국민참여 〉 민원이용안내 〉 주요질문모음. https://www.moef.go.kr/com/bbs/detailComtnbbsView.do?menuNo=8010200&searchNttId1=OLD_65102&searchBbsId1=MOSFBBS_000000000063 (검색: 2021.3.13.)
104) 위키백과, 기업의 사회적책임.
105) 박성현, 미래한국(Weekly(http://www.futurekorea.co.kr), [전문가진단] 기업과 정부 혁신성장의 조건, 2020.11.11. http://www.futurekorea.co.kr/news/articleView.html?idxno=142949 (검색: 2021.3.13.)

투자시 경영 및 재무지표를 넘어 환경, 사회, 지배구조, 인권, 안전을 통한 투명경영 등 비재무적 구조 지표를 중요하게 여기는 경영방식이다. 과거에는 이윤추구가 기업의 경영방식이었으나 21세기 지속가능한 기업을 만들어 가는데 있어 ESG의 요인들을 함께 고려하지 않으면 안 되는 시기가 도래했다는 의미이다. 전통적인 기업의 경영방식으로는 생존이 점점 더 어려워질 수 있다는 신호가 아닐 수 없다. 2021년 초 한국 에서는 최근 주총에서 기업을 중심으로 전사적 시스템으로 E·S·G(환경·사회·지배구조) 운영체제를 구축하고, 새로운 사업기회를 발굴해 세계를 무대로 더욱 경쟁력 있고 글로벌한 혁신적 기업으로 거듭나려는 움직임을 보이고 있다. 따라서 많은 기업들이 동참해야 할 필요성이 대두하고 있다. 4차 산업혁명시기 세계시장에서 기업의 경쟁력이 갈수록 치열해지고 있다. 세계은행, 경제협력개발기구(OECD), 세계경제포럼(WEF) 등에서 국가경쟁력지수를 발표하는 것에서 알 수 있듯이 한 국가의 기업 경쟁력이 국가의 경쟁력지수와 직결되는 것도 이와 무관치 않다. 아직도 지구상 많은 개발도상국에서는 낮은 임금과 인권을 유린하고 안전을 이행할 수 없는 등 열악한 환경에 처한 곳[107]이 많다는

---

106) 환경(Environment), 사회(Society)적 책임, 투명한 지배구조(Governance)를 의미한다. 이와 관련 기업의 사회적 책임. 즉 사회적 책임을 이행하고 투명한 지배구조를 하지 않는 기업, 윤리적 기업경영을 하지 않으면 투자자, 소비자도 외면하여 기업경영이 불가능해진다는 의미를 담고 있다. E.S.G 경영을 외면하여 어려움에 처했던 사례로는 1996년 파키스탄의 나이키 축구공 아동착취 논란, 2012~2013년 방글라데시의 열악한 환경 논란, 2021년 나이키, H&M사의 중국 신장 위구르 면화 사용 중단 사례 등이 있다. 특히 신장위구르 생산 면화 사용 중단 발표는 중국 정부 신장위구르 지역의 인권탄압과 깊은 관련이 있다.
107) 2013년 방글라데시 라나 플라자 붕괴사고 발생시 방글라데시의 직물 가공업의 인권유린과 착취 등 열악한 환경이 전 세계에 알려지면서 대부분의 기업들이 방글라데시 공장들과 계약을 해지하고 다른 국가로 생산노선을 옮기고 있다.; 방글라데시의 대형 항구 도시 치타공(Chittagong)에서는 세계 최대 규모의 폐선 해체 없이 이루어지고 있다. 그러나 해체업자들은 주로 인도 업체로, 방글라데시는 노동력과 해체 장소만 제공하는 경우가 많다. 이 과정에서 노동자들의 건강이나 안전 문제는 100% 무시되고 있으며 기숙사 환

점은 반드시 개선할 필요가 있다. 이에 따라 최근 국제신용평가사 Moody's(무디스)가 ESG 평가 보고서를 채택했다. 무디스 보고서는 2021. 1.18일(뉴욕시간) 국제 신용평가사 Moody's(무디스)는 최근 국제적으로 환경, 사회, 지배구조(ESG)가 강조되는 추세에 따라 전 세계 144개국에 대한 ESG 평가 보고서를 발표했다.108) 무디스는 同보고서에서 각 국의 E(환경), S(사회), G(지배구조) 및 국가신용등급에 대한 ESG의 종합적인 영향을 평가했다. 우선, 무디스는 E·S·G 각 분야별 세부항목에 대한 평가에 기초하여 국가별로 ESG 각각의 점수(IPS)*를 5개 등급**척도로 평가한다.

* Issuer Profile Score: 한 국가가 환경, 사회, 지배구조 관련 위험에 노출된 정도
** 1등급(긍정적)〉2등급(중립적)〉3등급(다소 부정적)〉4등급(부정적)〉5등급(매우 부정적)

〈표 16-46〉 각 분야별 세부항목

분야	환 경(E)	사 회(S)	지배구조(G)
세부항목	■ 탄소 전환 ■ 기후 변화 ■ 수자원 관리 ■ 폐기물 및 공해	■ 인구 ■ 노동 및 소득 ■ 교육 ■ 주거	■ 제도적 구조 ■ 정책 신뢰성 및 효과성 ■ 투명성 및 정보공개 ■ 예산 관리

경이나 임금도 매우 열악하다. 나무위키, 방글라데시/경제, https://namu.wiki/w/%EB%B0%A9%EA%B8%80%EB%9D%BC%EB%8D%B0%EC%8B%9C/%EA%B2%BD%EC%A0%9C (검색: 2021.4.5.); 또한 1996년 6월 미국 잡지 'LIFE'에 파키스탄 시알코트 지역의 한 어리이가 축구공을 바느질하는 사진 한 장이 아동 노동의 큰 이슈가 되었다. 32조각의 가죽을 1600여번 꿰매야 축구공 한 개가 만들어지는데 아이는 하루 300~400원을 받고 하루 11시간 이상 노동력을 불법 착취당한 것으로 드러나 나이키(Nike)는 아동 노동의 책임을 하청업체로 돌렸으나 제품 불매운동이 확산하자 사과했다.
108) 한국, 기획재정부, 주현준·김성철·이정아, "무디스, 환경·사회·지배구조(ESG) 국가별 평가 결과 발표: 한국, 최고등급(1등급) 평가", 보도참고자료, 2021.1.19

- 자연 자본
  (토지, 숲, 생태다양성 등)
- 보건 및 안전
- 기본 서비스 접근성

기획재정부, 주현준·김성철·이정아, "무디스, 환경·사회·지배구조 (ESG) 국가별 평가 결과 발표: 한국, 최고등급(1등급) 평가", 보도참고자료, 2021. 1.19

이후, 각 국의 ESG 요인들이 국가신용등급에 미치는 영향을 종합적으로 고려하여 최종적으로 ESG 신용영향 점수(CIS)*를 5개 등급 척도**로 평가한다.

* Credit Impact Score: ESG 관련 위험이 국가신용등급 결정에 영향을 미치는 정도
** 1등급(긍정적) 〉 2등급(중립적) 〉 3등급(다소 부정적) 〉 4등급(부정적) 〉 5등급(매우 부정적)

2021년 평가는 전 세계 144개국을 대상으로 이루어졌으며, 이중 한국, 독일, 스위스 등 11개국*이 ESG 신용영향점수(CIS)에서 최고등급인 1등급을 부여 받았다.[109]

* 한국, 독일, 스위스, 뉴질랜드, 덴마크, 룩셈부르크, 스웨덴, 싱가포르, 아일랜드, 오스트리아, 맨섬(Isle of Man)

한국은 세부 분야별 평가(IPS)에서 '환경' 2등급(중립적), '사회' 2등급(중립적), '지배구조' 1등급(긍정적)을 획득하여, 종합적으로 'ESG 신용 영향 점수(CIS)'에서 최고등급인 1등급(긍정적)으로 평가 받았다. 환경은 '탄소 전환', '기후 변화', '수자원 관리', '폐기물 및 공해', '자연 자본' 등 5가지 세부항목에서 모두 2등급을 부여받아 종합적으로 2등

---
[109] Ibid.

급*을 획득했다.110) 사회는 '교육', '보건 및 안전', '기본 서비스 접근성'에서 1등급을 받았으나, 여타 선진국과 같이 빠른 고령화 등으로 '인구' 등 분야에서 낮은 평가를 받으면서 종합적으로 2등급을 받았다. 지배구조는 '제도', '정책 신뢰성 및 효과성', '투명성 및 정보공개', '예산 관리' 등 4가지 세부항목에서 모두 1등급을 받아 종합적으로 최고등급인 1등급을 획득했다. 종합적으로 'ESG 신용영향 점수(CIS)'에서 최고등급인 1등급으로 평가받아 현재 한국의 ESG 관련 요소들이 국가 신용등급을 결정하는 과정에서 긍정적인 영향을 미치는 것으로 평가되었다*.111)

* 무디스는 2021년 ESG 평가와 '국가신용등급' 평가는 높은 관련성(strong correlation)이 있으나, 정확하게 일치하는 것은 아니라고(do not match fully) 언급

한편 세계적으로 ESG 경영에 가장 빠른 행보를 보인 것은 유럽연합(EU)이다. 유럽연합(EU)이 2022년 3월부터 역내 대기업, 수출입기업, 은행, 자산운용사, 연기금 등 금융기관을 대상으로 '지속가능금융공시제도(SFDR)'112)를 실시하면서 한국의 기업에도 비상이 걸렸다. 향후 한국 기업에 투자한 유럽 자본의 ESG(환경·책임·지배구조) 관련 정보공개 요구가 한층 강화할 수 있기 때문이다. SFDR(Sustainable Finance Disclosure Regulation)는 2018년 5월 발표된 유럽연합(EU)집행위원

---

110) *Ibid.*
111) *Ibid.*
112) 지속가능금융 공시규제(Sustainable Finance Disclosure Regulation·SFDR)란 금융기관의 투자·금융상품 등을 공시할 때 지속가능성 정보를 공시하도록 의무화하는 규제를 의미한다. 출처: 연합 인포맥스(http://news.einfomax.co.kr) https://news.einfomax.co.kr/news/articleView.html?idxno=4138357 (검색: 2021.4.6.), [시사금융용어] 지속가능 금융 공시규제(SFDR), 2021.03.23

회의 '지속가능금융에 대한 행동계획'에 따라 마련된 규제로 2020년 11월 말 공식 발표했다. 이미 유럽에서는 ESG가 단순한 투자전략이 아닌 일반적·보편적인 기준으로 정착되어 자리를 잡아가는 추세이다. 기업은 ESG 평가 역량을 증진하기 위해 기업의 입장에서는 장기적인 리스크 요인(Risk factor)을 식별하고 효과적인 데이터를 우선적으로 확보하는 것이 중요하다. 사회적 책임 투자의 확산은 ESG 요소가 향상될 때 책임투자 성과도 함께 증진될 수 있다는 합리적 판단 근거에 영향을 받고 있다. 따라서 21세기 기업경영의 윤리적 투자는 선택적 기준이 아닌 필수적 투자라는 인식이 확산되어야 할 것이다. 기업경영의 승패는 이윤추구와 함께 환경, 인권, 사회적 책임과 투명경영을 추구하는 기업의 ESG[113] 역량에 따라 좌우될 것이다. 한국 정부에서도 "이제 변화의 때가 왔다"며 "기업의 역할이 더욱 중요해졌다"고 강조했다. "ESG라는 따뜻한 자본주의의 시대를 열어야 할 때"라며 "우리 기업도 수년 전부터 ESG를 중시한 경영전략을 세우고 있다"고 덧붙였다.[114] 아울러 그 예로 각각 글로벌 아젠다와 글로벌 캠페인인 RE 100(Renewable Energy 100%) 인증과 탄소 중립 선언 등을 언급했다. 이와 더불어 최근 가장 주목받는 인증은 RE 100[115]과 GRP(Guidelines for

---

[113] 기업이 ESG 경영에 동참하는 이유를 다섯 가지로 구분하여 설명하고 있다. 구체적인 내용은 세계일보, 김정훈 UN SDGs 협회 사무대표, 가장 주목받는 글로벌 ESG 인증 두 가지 [더 나은 세계, SDGs] (177), 2021-04-06 참조. https://www.segye.com/newsView/20210405516009 (검색: 2021.4.6.).
[114] 문재인 대통령 기념사, 2021.3.31일 서울 중구 대한상공회의소 회관에서 열린 '제48회 상공의 날' 기념식.
[115] RE 100은 '재생 에너지(Renewable Energy) 100%'를 의미하는 인증으로, 기업이 사용하는 전력량 100%를 오는 2050년까지 풍력과 태양광 등 재생 에너지로 충당하겠다는 세계적인 인증이자 캠페인이다. 2014년 영국의 비영리 기구인 '더 클라이밋 그룹'이 주창했으며, 석유·화석연료를 대체하는 태양광과 바이오, 풍력, 수력, 연료전지 등의 재생 에너지의 사용을 권고하고 있다. RE 100은 가입 후 1년 내 계획서를 제출하고 해마다 이행상황을 점검받아야 한다. 세계일보, 김정훈 UN SDGs 협회 사무대표, 가장 주목받

Reducing Plastic Waste & Sustainable Ocean and Climate Action Acceleration·플라스틱 저감, 지속가능한 해양과 기후환경 대응 인증 및 가이드라인)116)이다.117)

최근에 EU(유럽연합)은 ESG 정보 공시에 대해 EU와 거래하는 기업이 ESG 경영을 필수로 시행토록 하는 지침적 성격을 가진 EU의 지속가능성 보고 지침 CSRD(Corporate Sustainability Reporting Directive)을 2021년 4월에 발표했다. 미국도 예외는 아니다. 미국은 지난 2022년부터 ESG 정보 공시를 부분적으로 의무화 하고 있다. 이러한 ESG 정보 공시는 기업 활동이 환경과 사회, 기후변화 리스크, 인간에게 미치는 영향을 공시하는 것으로 이는 기업경영 및 활동에 매우 중요한 내용 그 이상을 함축하고 있다. 따라서 우리 기업들 역시 ESG 정보 공시는 선택이 아닌 필수라는 사실을 인식하는 것이 무엇보다 중요해지고 있다.

미국의 경영학자 아치 캐롤(Archie B. Carroll)은 1991년 기업의 사회적 책임(CSR: Corporate Social Responsibility)을 네 단계로 구분했다. 아치 캐롤은 기업의 사회적 책임이 시대의 변화에 따라 어떤 형태로 진전돼 왔는지를 제시했다. 1단계는 경제적 책임(Economic

---

는 글로벌 ESG 인증 두가지 [더 나은 세계, SDGs] (177), 2021-04-06. https://www.segye.com/newsView/20210405516009 (검색: 2021.4.6.)
116) GRP 인증은 유엔의 지속가능개발목표(SDGs), 해양 정상회의(Ocean Conference), 기후변화협약(FCCC) 당사국 총회(COP21·파리 기후변화협약)와 IPCC(기후변화에 관한 정부 간 패널) 보고서 등 주요 환경협약 및 정상회의 보고서를 기반으로 수립되었으며, 6개 산업군(석유화학·소재·반도체·제조·건설·인프라 및 통신, 패션 및 의류, 유통 및 물류, 식품 및 음료, 화장품, 프랜차이즈 및 관광시설)의 환경성과를 평가해 상위 40% 기업을 선정하는 방식이다. 상위 40% 기업은 제품과 시설 등의 점검을 통해 친환경 인증을 부여받게 되는데, 등급은 세부 기준에 따라 'AAA'부터 'AA+', 'AA', 'AA-' 등 4등급으로 나뉜다. Ibid.
117) Ibid.

Responsibility)으로 기업의 본질적 요소인 이윤을 창출하고, 고객의 욕구를 충족시키며, 고용을 확대하는 것이 기업의 가장 기본적인 역할이라고 했다. 다음 2단계는 준법경영에 해당하는 법률적 책임(Legal Responsibility)이다.118) 이는 준법정신을 의미하며, 회계의 투명성, 성실한 세금납부, 안전한 제품 생산과 소비자의 권익보호 등이다. 3단계는 법적 규제보다 더 넓은 테두리에서 사회와 환경에 유익하도록 하는 도덕적 규율을 준수하는 윤리119)적 책임(Ethical Responsibility)이다. 이는 기업경영상의 윤리적 책임을 확보하는 것으로 윤리경영, 제품안전, 인종에 대한 공정한 대우 등이 여기에 해당한다. 마지막으로 4단계는 기업이 창출한 이윤의 일부를 소외계층 지원에 활용하는 사회공헌, 즉 자선적 책임(Philanthropic Responsibility), 또는 박애주의적 책임이라고 한다. 기업은 사회공헌활동, 자선교육, 문화체육활동, 여가선용 등의 좋은 기업시민(Corporate citizen)의 책임을 갖도록 하는 것이다. 기업시민론적 입장에서 기업의 사회적 책임론은 크게 네 가지로 구분할 수 있다. 현대 사회에서 기업들이 해야 할 특별한 역할, 즉 경제적 행위의 동기와 기업이 누구의 이익을 대변해야 하느냐의 차원에서 다음의 이론으로 설명120)할 수 있다.

---

118) 이진백, LIFE IN, 헷갈리는 사회적 가치 개념들 어떻게 이해해야 할까?, 2021.03.19. https://www.lifein.news/news/articleView.html?idxno=12084
119) 윤리는 무엇이 맞고 옳은가에 대한 행동 규범, 정확하고 올바른 것에 대한 관점이다. 또한 행동의 사회적인 태도가 규범적인 것이 기준이 된다.
120) 에듀윌, 『자원봉사론』, 기업의 자원봉사, p. 115. 2023

〈표 16-47〉 기업의 사회적 책임론(기업시민론)[121]

구분	관점
생산주의 (productivism)	기업은 주주들의 이윤을 극대화하는 경제논리에 따라 근본적으로 이윤만을 추구하면 된다.
박애주의 (philanthropy)	기업이 주주 것이기는 하지만, 기업의 이익은 사회에 환원되고, 도덕적으로 사회에 봉사할 의무가 있다.
진보주의 (progressivism)	기업은 주주들만의 소유물인 아니라 많은 이해당사자들의 것임만큼, 사회발전의 주체로서 자기이익을 사회적으로 확대하여 비생산적인 활동에 참여해야 한다.
윤리적 이상주의 (ethical idealism)	기업이 사회적 책임을 극대화하며, 기업의 경제활동이 이윤추구보다는 이타주의에 근거해 수행되어야 한다.

주: 1) 이타성은 나와 가족이 아닌 제3자를 위한 활동임. 나의 이득이나 나를 위한 활동이 아니며, 타인의 어려움에 동참하는 사회적 분위기를 조성하고 상부상조 정신에 동참하는 정신이다.

기업의 사회적 책임은 최근에 기업 경영활동에 핵심으로 정착하기 시작한 ESG는 환경(Environment)·사회(Social)·지배구조(Governance)로 향후 ESG 정보 공시는 더욱더 확대될 것은 분명해지고 있다. 이에 선제적으로 대비·대응하는 노력이 증가되어야 한다.

특히 기업들은 주주·브랜드 가치 구축 및 제고를 위해 MSCI(모건스탠리캐피탈인터내셔날) ESG 지수, UN SDGBI(지속가능개발목표경영지수), 서스테이널리틱스 ESG 지수 등 외부에서 평가받은 ESG 등급을 공개하는 한편, 기관의 투자를 유치하기 위해 SASB(지속가능회계기준위원회), TCFD(기후변화 관련 재무정보 공개 협의체), GRI(글로벌 지속가능보고서 이니셔티브) 등 글로벌 ESG 기준을 통해 비재무적 정보도 공시한다.[122]

---

121) *Ibid.*
122) *Ibid.*

한편 치열한 환경속에서 기업이 생존하려면 경영혁신, 기술혁신, 시스템혁신과 더불어 최근에 강조되고 있는 환경·윤리경영시스템[123]을 추진해야 한다. 이것이 미국, 유럽을 중심으로 기업현장에서 적용하고 있는 ESG 혁신이다. 세계 유수의 기업들은 이미 ESG 혁신과 인재경영이라는 두가지 축을 핵심으로 경영에 나서고 있다. 애플, 구글, 아마존, MS, 록히드 마틴, 레이시온 등이 대표적이다.

마지막으로 소유분산기업 경영에 정부의 간섭을 배제해야 한다. 경영혁신의 논리와는 거리가 먼 정치논리로 기업경영에 영향력을 행사하려는 움직임은 철저히 배제되어야 한다. 항간에 정부가 소유분산기업의 대주주를 통제하여 기업경영의 인사에 개입하려는 태도는 몰지각한 정략적 게임으로 밖에 볼 수 없다. 이는 자유시장의 원칙을 훼손하고, 주주들의 권익을 심각하게 침해하는 것이기 때문이다. 기업의 존재목적은 고객가치 제공, 임직원 투자, 협력업체와의 윤리적인 거래, 지역사회 지원, 환경보호, 장기적인 주주가치를 창출하는 것이다(미국 대기업 CEO, Business Round Table,[124] 2019.8. 사회적 책임을 강조하는 가치선언문을 발표했다). 2023년 최근 특정기업을 대상으로 기업의 지배구조, 지배구조위원회, 대주주와의 관계에서 사회적으로 이슈가 되었던 사례에서 살펴보면 문제점이 드러난다. 정부는 소유분산기업에 대한 영향력을 결코 내놓으려하지 않을 것이다. 왜냐하면 선거 공신들의 등급에 따라 자리를 만들어줘야 하는 부담을 갖고 있기 때문이다. 정부가 직접 나서 특정기업의 지배구조를 개선하기는 어려울 것이다. 주주들의

---

123) 윤리경영의 3대 성공요소는 최고경영자의 의지와 열정, 조직 및 교육시스템의 혁신, 커뮤니케이션과 기업문화라고 할 수 있다. 최고경영자의 정교한 윤리경영 철학과 의지는 기업성공의 최고의 선이라 할 수 있다.
124) BRT(Business Round Table)은 미국 내 200대 대기업의 이익을 대변하는 협의체이며, 미국정부와 각종 경제관련 국제기구의 보호를 받는 대표적인 이익단체이다.

반대가 우려되기 때문이다. 예를 들어 현재의 구조에서 특정기업의 대주주는 정부나 정치권의 영향력에서 자유로울 수 없다는 한계를 가지고 있다. 또한 기금위원회위원장을 보건복지부장관이 겸직하면 더욱 힘들어진다. 이외에도 주요 쟁점안을 의결할 기금위원회 위원 구성이 현 정부에서 교체되는 점 또한 눈여겨 보아야 한다. 따라서 소유분산기업의 대주주는 정부와 정치권의 영향력에서 자유로워져야 한다는 과제는 여전히 남는다.125)

최근 한국의 K-방산은 2022년 러시아의 우크라이나전쟁으로 세계로 진출할 기반을 다졌다. 특히 K-방산의 핵심경쟁력은 군사강대국에 비해 가성비(가격 대비 우수한 성능)가 우수하며, 이미 높은 수준의 기술과 성능 검증을 마치고 실전·배치되어 운용되고 있으며, 부품 생산 및 조달 등의 후속 군수지원이 용이하며, 사후지원이 안정적이라는 장점이 더해지고, 무기체계의 특성상 미국과 호환성을 가지고 있는 점 등으로 북대서양조약기구(NATO), 유럽과 미주, 중동, 중남미, 아시아지역에서 성장 가능성은 이미 예견되었다. 여기에 더해 한국인의 부지런함과 근면성, 철저한 납기준수, 투철한 애프터서비스 정신으로 세계로 뻗어나가는 길은 고속도로에 가깝다. 물론 미국과 중국의 견제가 없지는 않지만 우리는 이를 정면으로 돌파하는 길을 선택하는 것이 유리할 수 있다. 2023년 기준으로 70년간 지속된 한미동맹은 지구상 그 어떤 동맹보다 굳건하게 이어져오고 있다. 따라서 미국과는 사전 충분한 협의를 가져가면서 우리의 국익을 증진시키는 대안을 찾아 국방현대화를 추진

---

125) 정부는 이러한 폐단을 막기 위해서라도 ESG 공시기준과 ESG 평가 기관 가이드라인을 마련해야 한다. 또한 정부의 ESG 컨트롤타워를 설치하여 기업하기 좋은 환경을 위해 국제기준에 일치하는 가이드라인이 정비되어야 한다. 한편 기업의 지배구조와 관련 보다 자세한 사항은 한동희, 서울경제신문, 국민연금 'ESG평가 완화, 2023.2.3.,3면을 참조

하면서 국가경쟁력을 모색해야 K-방산의 생명력은 지속가능한 발전과 성장을 도모할 수 있다. 이제 우리의 K-방산은 출발선에서 몸 풀기를 시작했다. 점점 더 가속력을 붙여야 한다. 세계 10위권 안에 우리의 방산기업 이름이 들어갈 수 있도록 정부의 지원이 절실한 시점이다. 참고로 2017~21년 한국의 방산수출 순위는 미국, 러시아, 프랑스, 중국, 독일, 이탈리아, 영국에 이은 8위다. SIPRI(스웨덴 스톡홀름 국제평화문제연구소) 통계에선 2017~21년 세계최대 무기 수출국 시장 점유율 1위는 미국(39.0%), 2위 러시아(19.0%), 3위 프랑스(11.0%), 5위 중국(4.6%), 6위 독일(4.5%), 7위 이탈리아(3.1%), 8위 영국(2.9%) 등의 순을 나타냈다.[126)]

국방기술진흥연구소(국기연) 『2022 세계방산시장 연감』에 의하면 한국은 2017~2021년 5년간 방산 수출 시장 점유율 2.8%를 차지하며 세계 8위(9위 → 8위)를 기록했다. 현재 정부는 미국, 러시아, 프랑스에 이어 세계 4대 방산 수출국으로 진입하고 방산 강국으로 도약하겠다는 원대한 목표를 향해 질주하고 있다는 표현이 보다 정확하다.

---

126) 국방기술진흥연구소, 『2022 세계 방산시장 연감』, 2022.12.9

〈표 16-48〉 세계 10대 방산기업 순위('21) & 세계 10대 무기수출국 현황('16~'20)

순위	국적	기업	무기 매출
1	미국	록히드 마틴	603억달러
2	미국	레이시온	418억
3	미국	보잉	334억
4	미국	노스롭 그루먼	298억
5	미국	제너럴 다이내믹스	263억
6	영국	BAE시스템스	260억
7	중국	중국북방공업(NORINCO)	215억
8	중국	중국항공공업(AVIC)	201억
9	중국	중국항공우주과학기술(CASC)	191억
10	중국	중국전자과기집단공사(CETC)	149억

순위	수출국	점유율(%)		증감
		'16~'20	'11~'15	
1	미국	37.0	32.0	15
2	러시아	20.0	26.0	-22
3	프랑스	8.2	5.6	44
4	독일	5.5	4.5	21
5	중국	5.2	5.6	-7.8
6	영국	3.3	4.6	-27
7	스페인	3.2	3.5	-8.4
8	이스라엘	3.0	1.9	59
9	한국	2.7	0.9	210
10	이탈리아	2.2	2.8	-22

자료: 스톡홀름국제평화연구소·NATO

자료: SIPRI(스웨덴 스톡홀름 국제평화문제연구소), NATO; 국방기술진흥연구소(국기연)『2021년 세계 방산시장연감』, 2022.

제 17 장

에필로그(epilogue)

Don't be discouraged by a failure. It can be a positive experience.
Failure is, in a sense, the highway to success, inasmuch as every
discovery of what is false leads us to seek earnestly after what is
true, and every fresh experience points out some form of error
which we shall afterwards carefully avoid.

실패에 낙담 말라. 긍정적인 경험이 될 수 있다. 어떤 의미에서
실패는 성공으로 가는 고속도로와 같다. 오류를 발견할 때마다
진실을 열심히 추구하게 되고, 새로운 경험을 할 때마다
신중히 피해야 할 오류를 알게 되기 때문이다.

- John Keats

제17장 에필로그(epilogue)

제1절 무엇을 혁신해야 하는가?

1. 역사에서 배우는 청렴

　부정청탁 및 금품 등 수수의 금지에 관한 법률(약칭: 청탁금지법)[1]이 시행된지 벌써 5년이 지났다. [시행 2016. 9. 28.] [법률 제13278호, 2015. 3. 27. 제정]. 1945년 8월 해방이후 오늘날까지 제대로 된 일제잔재청산을 하지 못함으로써 뿌리 깊은 부정부패의 온상이 잉태되어 사회적 통합은 커녕 부패의 온상이 사그라지지 않았다. 그러나 청탁금지법 시행이후에는 우리 사회에서 촌지와 접대문화가 많이 없어져 청렴사회를 향한 발판을 마련했다는 평가가 나오고 있다. 오늘날 다산 정약용의 목민심서에서 강조하는 청렴(淸廉)의 의미를 되새겨보는 것은 매우 중요한 함의를 가지고 있다 할 것이다. 과거의 역사에서 배우지 못한 민족은 미래가 없다고 한 어느 정치가의 단순한 격언이 아닌 실

---

[1] 부정청탁 및 금품 등 수수의 금지에 관한 법률 (약칭: 청탁금지법) [시행 2021. 1. 5.] [법률 제17882호, 2021. 1. 5., 일부개정]

용주의 관점에서 접근하는 긴 안목을 가져보아야 할 것이다. 목민관(牧民官)의 청렴에 대해 다산 정약용은 저서 목민심서(牧民心書)에서 구체적으로 제시하고 있다. 목민심서의 율기육조(律己六條)의 제2조 청심(淸心: 마음을 깨끗이 함)편에서 목민관의 청렴한 공직 자세를 제시하고 있다는 점에서 후세에까지 그 위력을 더하는 것은 아직도 공직자의 부정부패가 우리의 국가발전을 저해하는 우려가 상존하기 때문일 것이다. 목민심서 율기 육조에서 이 책을 관통하는 전체의 핵심은 청심(淸心) 조항이다. 목민심서 울기 육조에서 청렴의 정의를 다음과 같이 내리고 있다. 즉 "廉者 牧之本務(염자 목지본무)이며 萬善之源(만선지원)이며 諸德之根(제덕지근)이니: 청렴은 수령의 기본 임무로, 모든 선(善)의 근원이요 모든 덕(德)의 근본이다. 不廉而能牧者(불렴이능목자)는 未之有也(미지유야)니라: 청렴하지 않고서는 수령 노릇할 수 있는 자는 없다. 라고 했다.2) 또한 牧之不淸(목지불청)이면 民指爲盜(민지위도)하여 閭里所過(여리소과)에 醜罵以騰(추매이등) 이라니 亦足羞也(역족수야)"니라: 수령이 청렴하지 않으면 백성들은 그를 도적으로 지목하여 마을을 지날 때는 더럽게 욕하는 소리가 드높을 것이니 역시 수치스러운 일이다.3)

廉者 牧之本務이며 萬善之源이며 諸德之根이니

不廉而能牧者는 未之有也니라

牧之不淸이면 民指爲盜하여 閭里所過에 醜罵以騰이라니 亦足羞也니라

출처: 丁若鏞저·趙洙翼 역, 『목민심서(牧民心書)』, 율기육조(律己六條) 제2조 청심(淸心), 일신서적출판사, 1995, pp.60~63.

---

2) 丁若鏞저·趙洙翼 역, 『목민심서(牧民心書)』, 율기육조(律己六條) 제2조 청심(淸心), 일신서적출판사, 1995, p.60.
3) *Ibid.*, p.63.

최근 한 여론조사에서는 한국의 정치·사회·경제 등 각계 전문가 89%는 한국 사회의 분열과 갈등을 심각하게 인식하는 것으로 조사됐다. 한국 사회 분열 원인으로 '정치적 원인'을 꼽은 전문가가 63.1%로 압도적이었다. 다만, 2030 청년세대 전문가는 경제를 가장 큰 원인으로 꼽아 세대별 온도 차가 나타났다.4)

　　다산 정약용의 목민심서((牧民心書)5)를 관통하는 가장 중요한 키워드(key word)는 牧民之官(목민지관)으로서 가슴 속에 새기며 살아야 할 것을 두려워 할 畏(외)라고 했다. 임지에 부임(赴任)했을 때 목민관은 늘 두려워해야 한다(畏義), 내가 지금 옳은 길을 가고 있는지를 두려워해야 하고(畏法), 내 행동이 법에 저촉되는 것은 아닌지 두려워해야 하며(畏上), 상관을 두려워하는 마음을(畏民心), 내가 공직을 수행함에 백성들의 마음에 어긋나지는 않는지 두려워해야 한다. 공직자가 의로운 길을 포기하면 이익을 탐하게 되고, 국법(國法)을 어기면 자신의 독단으로 일을 처리하고, 백성들의 마음을 뒤로하면 결국 국정을 농단하게 된다. 또한 목민심서 12육조 가운데 봉공육조(奉公六條) 제2편 수법(守法: 법을 준수함)에서는 "不爲利誘(불위이유)하고 不爲威屈(불위위굴)은

---

4) 전문가들은 한국사회의 분열과 갈등의 주요 원인으로 정치적 원인(63.1%)을 가장 많이 꼽았다. 다음으로 경제적 원인(30.9%)을 지목했다. 연령별로는 고연령층 일수록 정치적 문제를 갈등의 주요 원인으로 봤다. 연령이 낮을수록 경제문제를 주요 원인으로 지목했다. 특히, 응답자 중 2030세대는 정치(42.3%)보다 경제가(49.7%) 우리 사회의 분열·갈등에 더 주요한 원인이라고 응답했다. 국회의장 직속 자문기구인 국회국민통합위원회 경제분과위원회에 따르면, 경제분과위는 지난 2021. 3. 2일부터 6일까지 국회도서관 데이터베이스(DB) 등록 전문가 1,801명을 대상으로 국민통합을 위한 경제분야 의제에 관해 설문조사를 실시했다. 정연주, (서울=뉴스1), 국회 국민통합위, "전문가 89%, 韓분열 심각 … 주요 원인은 정치", 2021-03-14. 뉴스1홈 〉 정치 〉 국회·정당. https://www.news1.kr/articles/?4240208 (검색: 2021.03.14.)

5) 『목민심서(牧民心書)』는 정약용(丁若鏞)이 집필한 책으로, 48권 16책으로 된 필사본입니다. 이 책은 부임(赴任)·율기(律己 : 자기 자신을 다스림)·봉공(奉公)·애민(愛民)·이전(吏典)·호전(戶典)·예전(禮典)·병전(兵典)·형전(刑典)·공전(工典)·진황(賑荒)·해관(解官 : 관원을 면직함) 등 모두 12편으로 구성되었고, 각 편은 다시 6조로 나누어 모두 72조로 편제되어있다.

守之道也(수지도야)라: 이익에 유혹되지 않고 위협에 굴복되지 않는 것이 법을 지키는 도리이다. 雖上司督之(수상사독지)라도 有所不受(유소불수)"니라: 비록(雖) 상관이 독촉하더라도 받아들이지 않음이 있어야 한다."6)

不爲利誘하고 不爲威屈은 守之道也라.
雖上司督之라도 有所不受니라
출처: 丁若鏞저·趙洙翼 역, 『목민심서(牧民心書)』, 봉공육조(奉公六條) 제2조 수법(守法), 일신서적출판사, 1995, p.118.

청렴의 의미를 제시된 고사성어를 통해서 알아볼 것이다. 청렴하지 않은 부패한 공화국은 민주주의를 지연시키고 지속적인 경제발전에 막대한 지장을 초래한다는 점을 인식해야 한다. 청렴은 국가 발전과 제 조직의 건강한 주춧돌이 될 것이다. 다산 정약용의 청렴의지를 돌이켜보면 먼저 지자이렴(知者利廉: 知 알 지, 者 사람 자, 利 이로울 이, 廉 청렴할 렴)은 〈목민심서(牧民心書)〉에 나오는 말은 '현명한 사람은 청렴이 궁극적으로 이롭다는 것을 알기 때문에 뇌물을 받지 않는다.'는 뜻입니다. 원문을 보면, 廉者 牧之本務 萬善之源 諸德之根 不廉而能牧者 未之有也.(염자 목지본무 만선지원 제덕지근 불렴이능목자 미지유야), 염결(廉潔), 즉, 청렴이란 목민관의 기본 임무이며 모든 선(善)의 원천이요. 모든 덕(德)의 근본이다. 청렴하지 않고 목민을 할 수 있었던 사람은 없다. 廉者(염자)는 天下之大賈也(천하지대고야)라: 청렴이야말로 온 세상에 가장 큰 장사와 같다). 故(고)로 大貪必廉(대탐필렴)이니: 그러므

---

6) 丁若鏞저·趙洙翼 역, 『목민심서(牧民心書)』, 봉공육조(奉公六條) 제2조 수법(守法), 일신서적출판사, 1995, p.118.

로 진짜 욕심쟁이는 반드시 청렴하다.) 그러므로 진짜 욕심쟁이는 반드시 청렴하다. 之所以不廉者(인지소이불염자)는 其智短也(기지단야)니라: 사람이 청렴하지 못한 것은 그 지혜가 부족하기 때문이다.)라고 했다.[7] 정말로 높은 지위에 오르고 큰 권력을 휘두를 지위에 오르고 싶은 큰 욕심쟁이는 정말로 청렴하지 않으면 안 된다는 수준 높은 공직윤리를 강조하고 있다. 또한 목민심서의 율기육조(律己六條)의 제3편 齊家(제가)에는 干謁不行(간알불행)하고 苞苴不入(포저불입)이라야 斯可謂正家矣(사가위정가의)니라; 청탁이 행해지지 않고 뇌물이 들어오지 못하게 하면 이것이 집을 바로 잡았다고 할 수 있다.[8] 그리고 廉者安廉 知者利廉(염자안염 지자이렴)이라 하여 "청렴한 사람은 청렴을 편안히 여기고 지혜로운 사람은 청렴을 이롭게 여긴다."고 이야기하지요. 현명한 사람은 청렴이 궁극적으로 이롭다는 것을 알기 때문에 뇌물을 받지 않는다는 지자이렴(知者利廉)을 보며, 부정청탁 및 금품 등 수수의 금지에 관한 법률인 청탁금지법을 통해 공정한 대한민국을 함께 만들어[9]가는 것이 이 시대가 요구하는 공정의 또 다른 모습이 되기를 기대한다.

이외에도 '일금일학(一琴一鶴)'이라는 한자성어는 가야금 하나와 학 한마리가 전 재산이라는 뜻의 '일금일학(一琴一鶴)'이라는 것이 있다. 이는 '관직에 나갈 때 조촐한 행장을 하고 가진 물건이 얼마 되지 않음을 나타낸 청렴결백한 생활을 이르는 말'로 중국 송나라의 조변(趙抃)이 '관리가 됐을 때 거문고를 들고, 학만을 대동한 채 부임했다'는 고사에서 유래한다. 그 후 그는 더 높은 관직에 올랐으나 청렴한 생활로

---

7) Ibid., p.61.
8) Ibid., p.84.
9) 지자이렴(10월 24일 화요일), 시사고전, 한길((jongha3112), 2017.11.5.
https://blog.naver.com/jongha3112/221132863615 (검색: 2021.3.8.)

자신이 본보기가 돼 잘못된 기풍을 바로 잡고, 백성들을 보살피며 그들의 아픔을 함께하고 위로했다. 따라서 일금일학(一琴一鶴)이라는 한자성어는 청렴을 이행하는 주요한 도구이자 실천방법이라는 측면에서 시사하는 바가 매우 크다. 오늘날 공직자들이 이러한 의미를 되새기면서 공직의 첫발을 디뎌야 할 것이다. 거문고 하나와 학 한 마리. 수령(守令)의 청백함을 칭송할 때 쓰는 말이다. 송(宋)의 조변(趙抃)10)이 촉(蜀 또는 蜀漢이라 칭함, 221년~263년)11)의 성도(成都)를 다스리는데 말 한 필만 타고 촉에 들어가(蜀州刺使로 부임하다 라는 의미) 간편한 정사를 폈고 나올 때 딸린 것이 거문고 하나와 학 한 마리뿐이었음.〈송사 宋史 조변전趙抃傳〉況大人 瓜期尙餘一載 一琴一鶴 閒臥郡齋(황대인 과기상여일재 일금일학 한와군재; 더구나 대인은 임기가 아직 1년이 남았으니, 일금일학으로 한가히 고을집에 누워 계시라..)〈강희맹姜希孟 청류함양수김군종직서請留咸陽守金君宗直書〉12)

---

10) 조열도는 송나라 조변(趙抃)이다. 열도는 그의 자(字)이다.〈송사〉 조변열전에 따르면, 그는 성품이 강직하여 관리들의 불법행위를 적발하는 전중시어사가 되어서는 권세있는 자들을 두려워하지 않고 탄핵하여 철면어사(鐵面御史)라 불리웠다. 촉의 익주 태수가 되어서는 변방 관리들의 부정부패를 근절하여 피폐한 백성들을 회생시켰다. 조변은 신종황제가 즉위하자 다시 감찰업무를 맡게 되었는데, 황제는 그를 이렇게 칭송했다. "조변은 촉으로 부임할 때 거문고 하나(一琴)와 학 한 마리(一鶴)를 가지고 갔는데, 그의 이런 청렴결백한 정사는 칭찬받을 만하다." 임지에 부임하는 청렴한 관원의 간단한 치장(治裝)을 말하는데, 그것이 하필 거문고와 학이라는 말은 의미심장하다. 다산 정약용은〈목민심서〉이전에서 조변을 이렇게 말했다. "조청헌(淸獻·조변의 시호)이 성도로 부임할 때 거북 한 마리와 학 한 마리를 가지고 갔는데, 다른 곳으로 전임할 때는 이마저 버리고 시종 한 사람만 데리고 갔다." 부임할 때 가져갔던 거문고가 거북으로 바뀌어 있는데, 임지를 떠날 때는 그나마 모두 버리고 떠났다는 것이다. 경상일보, 경상기획특집, 송수환 [울산史 에세이] 음율을 아는 고고한 선비 '일금일학(一琴一鶴)'서 따 온 이름. 술이부작 송수환의 述而不作-(3)울산부 동헌 일학헌, 2014.02.06. http://www.ksilbo.co.kr/news/articleView.html?idxno=442379 (검색: 2021.3.8.)

11) 중국 삼국 시대 때 유비(劉備)가 지금의 쓰촨성 지역에 세운 나라로 정식 국호는 한(漢)이나 역사상 구분을 위하여 촉한이라고 부른다. 위키백과, 우리 모두의 백과사전. 촉한. https://ko.wikipedia.org/wiki/%EC%B4%89%ED%95%9C (검색: 2021.3.15.)

12) [네이버] 일금일학 [一琴一鶴] (한시어사전, 2007.7.9., 전관수), 제공처: 국학자료원 http://

또한 삼마태수 [三馬太守]와 관련하여 '세 마리의 말만 타고 오는 수령(守令)이라는 뜻'으로 재물(財物)을 탐하지 않는 청백리(淸白吏)를 이르는 말이다. 조선 중종(中宗, 재위 1506~1544) 때 청백리(淸白吏)로 이름을 떨친 송흠(宋欽, 1459~1547)의 고사(古事)에서 비롯된 말이다. 그는 1528년 담양부사(潭陽府使)가 된 뒤, 장흥부사(長興府使), 전주부윤(全州府尹), 전라도 관찰사(觀察使) 등 지방의 외직(外職)을 오랜 기간 역임하였다. 당시 조선에서는 지방관(地方官)이 사용할 수 있는 역마(驛馬)의 수를 관직에 따라 법으로 정해 놓고 있었다. 〈경국대전(經國大典)〉에 따르면 부사(府使)의 경우에는 부임(赴任)이나 전임(轉任)을 할 때 짐을 운반하는 태마(駄馬) 1필을 포함하여 3필의 말을 쓸 수 있고, 수행하는 사람을 위해 4필의 말을 쓸 수 있도록 되어 있었다. 때문에 대부분의 지방관(地方官)은 7~8필 이상의 말을 타고 떠들썩하게 부임하기 일쑤였다. 하지만 송흠은 늘 세 필의 말만 사용하여 검소하게 행차했으며 짐도 단출하였다. 이로써 그는 재물을 탐하지 않는 청렴한 관리로 백성들에게 존경을 받았으며 '삼마태수(三馬太守)'라고 불렸다. 송흠이 지극한 효성과 청렴함으로 이름이 높아지면서 '삼마태수(三馬太守)'는 청백리(淸白吏)를 뜻하는 말로 쓰이게 되었다.13)

다음은 안보당거(安 : 편안할 안, 步 : 걸을 보, 當 : 당할 당, 車 : 수레 거)에 대해서 살펴보자. 전국시대 제나라에 안촉이라는 고사(高士)가 있었다. 제나라의 선왕(宣王)은 그의 명성을 듣고 대궐로 불러들였다. 안촉은 대궐의 계단 앞에 이르러 선왕이 기다리는 것을 보고는 걸음을 멈췄다. 선왕이 이상하게 여기며 가까이 오라고 불렀지만 안촉은 한 걸

---

www.kookhak.co.kr
13) [네이버] 삼마태수 [三馬太守] (두산백과). https://terms.naver.com/entry.nhn?docId=1226926&cid=40942&categoryId=32972 (검색: 2021.3.8.)

음도 움직이지 않고 오히려 "왕께서 이리 오시지요"라고 말하였다.

이 말에 선왕도 기분이 나빠졌고, 대신들도 안촉을 꾸짖었다. 그러자 안촉은 "제가 왕의 앞으로 나아간다면 권세에 굽히는 일이 되고, 왕께서 제게로 오신다면 예로써 선비를 대하는 일이 됩니다. 저로 하여금 왕의 권세에 굽히도록 하는 것보다는 왕께서 예로써 선비를 대하는 것이 낫지 않겠습니까."라고 말하였다. 이에 선왕은 화를 내며 "도대체 군왕(君王)이 존귀하냐. 선비(士大夫, 사대부)가 존귀하냐."라고 소리쳤다. 안촉은 "당연히 선비가 군왕보다 존귀합니다."라고 대답하였다. 선왕이 그 근거를 따져 묻자, 안촉은 "옛날에 진(秦)나라가 제나라를 공격할 때, 진나라 왕은 덕망 높았던 선비 유하혜(柳下惠)의 묘를 보호하기 위하여 그의 묘에서 50보 이내에 있는 초목 하나라도 훼손하는 자가 있으면 누구든지 사형에 처하겠노라고 공표하였습니다. 진나라 왕은 또 제나라 왕의 머리를 베어 오는 자에게는 만호후(萬戶侯)라는 벼슬을 내리겠노라고 공표하였습니다. 이로 보아 살아 있는 군왕의 머리가 죽은 선비의 묘만 못한 것을 알 수 있습니다"라고 대답했다. 선왕은 안촉의 인물됨을 알아보고 벼슬자리로 그를 유혹하였다. 그러나 안촉은 "늦게 밥을 먹는 것이 고기를 먹은 것보다 맛날 것이요, 느긋하게 걸어 다니는 것이 수레를 타고 다니는 것보다 편할 것이요, 죄 없이 사는 것이 부귀영화보다 고귀할 것이요, 청렴하고 바르게 살아가면 스스로 즐거울 것이니(晚食以當肉, 安步以當車, 無罪以當貴, 清靜貞正以自虞), 부디 돌아가게 해주시길 바랍니다."라고 말하며 거절하였다. 이 고사는 《전국책》의 〈제책(齊策)〉편에 실려 있다.14) 따라서 이를 쉽게 요약하면 '걸어

---

14) [네이버] 안보당거 [安步當車] (두산백과). https://terms.naver.com/entry.nhn?docId=1236041&cid=40942&categoryId=32972 (검색: 2021.3.8.)

다니는 것이 수레를 타고 다니는 것보다 편하다'라는 뜻으로, 벼슬자리를 부러워하지 않는 청렴한 생활을 비유하는 고사성어이다. 중국 전국시대 제(齊)나라의 은사(隱士)인 안촉의 고사(故事)에서 유래되었다.15)

이외에도 '두 소매 안에 맑은 바람만 있다'라는 뜻으로 청렴한 관리를 의미하는 양수청풍(兩袖淸風), 지록위마(指鹿爲馬: 사슴을 가리켜 말이라 일컫는다). 거세개탁(擧世皆濁: 온 세상이 모두 탁하다). 도행역시(倒行逆施: 순리를 거슬러 행동하다). 이 모두가 공직사회에서 강조되고 있는 청렴과 관련된다. 마지막으로 조선 왕조시기에 청렴을 솔선수범한 인물(맹사성, 황희, 이원익, 이황, 유성룡, 정약용, 허종(許琮)에 대해 정리하면 청렴을 실천한 인물가운데 조선시대 최고의 청백리16)의 표상인 세종대의 황희(黃喜), 맹사성(孟思誠) 정승, 성종대의 상우당(尙友堂)인 허종(許琮),17) 정약용이 가장 존경한 인물로 알려진 이원익(李元翼) 재상, 조선성리학의 기초를 세운 선비 퇴계 이황, 임진왜란의 국난을 극복한 명재상(영의정)으로 조선 중기 최고의 경세가 서애 유성룡(柳成龍) 재상, 조선시대 최고의 유학자이면서 실학자이면서 병조참지(兵曹參知),18) 부호군(副護軍),19) 형조참의(刑曹參議)20)등을 지낸 다산 정약

---

15) *Ibid.*
16) 재물에 대한 욕심이 없이 곧고 깨끗한 관리를 의미함. 관직 수행 능력과 청렴(淸廉)·근검(勤儉)·도덕(道德)·경효(敬孝)·인의(仁義) 등의 덕목을 겸비한 조선시대의 이상적(理想的)인 관료상으로, 의정부(議政府)에서 뽑은 관직자에게 주어진 호칭이다. 총 217명이 배출되었다. 대표적 인물로는 맹사성·황희·최만리·이현보·이언적·이황·이원익·김장생·이항복 등이 있다. 후손들도 그 혜택을 받았다. 맹사성·황희·최만리·이현보·이언적·이황·이원익·김장생·이항복 등이 대표적인 인물이다. 이에 대한 근거는《대동장고(大東掌攷)》《청선고(淸選考)》《전고대방(典故大方)》등에 청백리에 관한 자료가 전한다. [네이버 지식백과] 청백리 [淸白吏] (두산백과). https://terms.naver.com/entry.nhn?docId=1225093&cid=40942&categoryId=33383 (검색: 2021.3.9.)
17) 의정을 역임한 재상이면서도 초라한 집에서 궁핍한 생활로 일생을 보낸 인물로 조선시대 청백리 재상의 표상으로 칭송되고 있다.
18) 조선시대 병조(兵曹)에 둔 정삼품(正三品) 당상관(堂上官)으로 정원은 1원이다. 위로 병조

용21) 등이다. 이외에도 조선 세종 때의 문신으로 호는 강호산인(江湖散人) 최만리(崔萬理), 농암(聾巖) 이현보(李賢輔)·회재(晦齋), 이언적(李彦迪)·사계(沙溪), 김장생(金長生)·필운(弼雲), 이항복(李恒福) 등은 후에 청백리(淸白吏)로 선발되었다. 이외에도 청백리로 표상이 된 인물로는 세 마리의 말만 타고 부임할 정도로 청렴한 관리를 뜻하는 '삼마태수(三馬太守)22)'의 고사를 남긴 호헌공 송흠(宋欽), 우의정이라는 벼슬에 있음에도 비가 새는 집에 살아 우산정(雨傘亭) 또는 '우산각(雨傘閣)'이라는 지명을 남긴 고려말 조선초의 문신 하정(夏亭) 류관(柳寬) 등의 일화는 오늘날 공직사회와 사회지도층에게 경각심을 일깨우고 있다.

청렴이란 끊임없는 자신의 의지와 노력에서 시작되고 끝을 맺는다.

판서(兵曹判書: 正二品), 병조참판(兵曹參判: 從二品), 병조참의(兵曹參議: 正三品 堂上)가 있고, 아래로 병조정랑(兵曹正郞: 正五品), 병조좌랑(兵曹佐郞: 正六品)이 있다. 병조참의와 품계는 같으나, 참의의 다음 자리이다. [네이버 지식백과] 병조참지 [兵曹參知] (관직명사전, 2011. 1. 7. 한국학중앙연구원). https://terms.naver.com/entry.nhn?docId=372120&cid=62010&categoryId=62010 (검색: 2021.3.8.)

19) 조선시대 5위(五衛)의 종4품의 관직. 관계상(官階上)으로는 정략장군(定略將軍)·선략장군(宣略將軍)이라 별칭되었다. 태종 초에는 섭호군(攝護軍)이라 하였다가 5위 체제가 갖추어지면서 1467년(세조 13)의 관제개혁 때 종4품 부호군으로 개칭되어 법제화되었다. 『경국대전』 당시에는 정원이 54인이었으나 후기에 5위의 기능이 유명무실화되면서 문·무관의 보직이 없는 자, 혹은 친공신(親功臣)·공신적장(功臣嫡長)·군영장관(軍營將官), 여러 잡직 등이 부호군직을 띠게 되어 그 수가 69인으로 늘어났다. [네이버 지식백과] 부호군 [副護軍] (한국민족문화대백과, 한국학중앙연구원). https://terms.naver.com/entry.nhn?docId=577673&cid=46622&categoryId=46622 (검색: 2021.3.8.)

20) 조선시대 형조(刑曹)에 둔 정삼품(正三品) 당상관(堂上官)으로 정원은 1원이다. 위로 형조판서(刑曹判書: 正二品), 형조참판(刑曹參判: 從二品)이 있고, 아래로 형조정랑(刑曹正郞: 正五品), 형조좌랑(刑曹佐郞: 正六品) 각 3원이 있다. [네이버 지식백과] 형조참 [刑曹參議] (관직명사전, 2011. 1: 7, 한국학중앙연구원). https://terms.naver.com/entry.nhn?docId=371532&cid=62010&categoryId=62010 (검색: 2021.3.8.)

21) 오늘날의 학계에서는 그를 실학사상의 집대성자이자 조선 후기 사회가 배출한 대표적 개혁사상가로 평가하고 있다. 한국학중앙연구원, 한국민족문화대백과, 정약용[丁若鏞], https://terms.naver.com/entry.nhn?docId=547423&cid=46622&categoryId=46622 (검색: 2021.3.8.)

22) 조선 중종때 지지당(知止堂) 송흠(宋欽)이 새로 부임해 갈 때 세 마리의 말만 받았으니 본인, 어머니, 아내가 탈 세 마리의 말(삼마)을 받은 수령을 의미한다.

청렴한 사회의 실현은 개인의 양심에 호소해서 이룰 수 있는 성질 것이 아니다. 자기 자신을 스스로 돌아보면서 사회가 요구하는 자정 능력을 키워나가려는 지속적인 의지와 강건한 노력이 함께 병행해야만 가능한 것이다. 청렴한 (조직)문화는 나 혼자 노력한다고 해서 결코 완성되는 것은 아니다. 무엇보다도 중요한 것은 정파를 초월한 사회적 합의를 통해 공동의 목표와 의제를 설정하고, 이를 이루기 위한 지속적인 참여와 협동으로 함께 사회적 신뢰를 쌓을 때, 비로소 청렴한 사회가 드리울 것이다. 아울러 정부와 기업, 제 시민단체가 참여하여 각계각층을 하나로 아우르는 질서 있는 정치적 사회통합 과정을 통해서만 청렴을 우리 사회에 뿌리내릴 수 있음을 인식해야 한다. 청렴을 정착시키는 과정에서 중요한 것 중의 하나는 사회지도층의 솔선이 매우 중요하다는 것은 이미 잘 알려진 사실이다.

2021년 3월 최근 한국사회를 떠들썩하게 한 LH(한국토지주택공사)의 직원들의 3기 신도시 지역에 대한 부동산 투기 의혹 사건과 관련해 정국이 요동치고 있다. LH 직원뿐만 아니라 부동산개발 정보를 재빨리 입수하는 많은 권력자들도 하나둘씩 밝혀지고 있다. 수많은 신도시 개발과 관련해 부동산 투기의혹이 밝혀진 것이 이번 뿐만은 아닐 것이다. 한국 사회의 권력자, 기득권층, 부동산개발 관련 업무 종사자 등은 부동산투기와 관련해서 결코 자유로울 수 없을 것이라는 점이다. 국회에서는 이해충돌방지법[23] 이외에도 부동산거래법 등 근본적인 투기방지 대책을 수립해야 한다. 언제쯤 부동산투기공화국으로 부터 오명을 벗을 수 있을지 자못 궁금할 따름이다. 한국 사회의 청렴은 아직도 미완성에

---

23) 이해충돌방지법의 핵심은 공직자가 직무수행 중 알게 된 비밀을 이용하여 이득을 취하거나 제3자의 이익을 취득하게 한 공직자를 처벌하는 규정이다.

불과할 따름이다.24) 21세기의 오늘을 살아가는 우리 국민들은 2021년 이후에도 아직도 청렴이 안착하지 못하고 부정부패가 한국 사회의 고질적인 문제로 지적되고 있어 안타까울 뿐이다. 법망을 피해 교묘히 이를 이용하는 세력이 있다면 이는 더는 묵과해서도 안 될 것이다. 정부는 이를 방지하기 방편으로 공수처의 존재 이유이기도 할 수 있다.

가. 외국의 부패방지 제도

"싱가포르와 홍콩은 최근까지도 아시아에서 가장 부패하지 않은 나라로 인식되고 있었다. 이는 싱가포르의 탐오조사국(CPIB)과 홍콩의 염정공서(ICAC)가 크게 기여했다고 평가된다. 1951년 1억 5천만원 상당의 아편 강취 스캔들에 형사와 경찰간부 여러 명이 연루된 사건을 계기로, 경찰청 범죄수사국 반부패과(課)를 대신할 독립반부패기관을 설립한 것이 탐오조사국의 모태이다. 1959년 리콴유(Lee Kuan Yew, 2015년 사망) 수상이 취임하면서 재량권 남용으로 사익을 추구하는 것에 주목하면서, 예방·수사·억지 수단을 강화하여 깨끗하고 효율적인 정부 추구하였고, 이듬해에는 부패방지법을 제정하게 되었다. 탐오조사국에 체포·압수수색·은행계좌 조회권한을 부여하였고, 수입에 비해 과

---

24) 2020년 우리나라의 부패인식지수는 2019년 보다 2점 상승하고 국가별 순위에서는 6단계 상승했다. 2017년 54점에서 2020년 61점으로 7점이 상승하였으며, 같은 기간 51위에서 33위로 국가별 순위가 18단계 수직 상승했다. 그러나 국가의 경제규모에 비해 여전히 낮은 수준이다. 정치부문의 청렴도 개선을 위해서는 청탁금지법 등 관련된 법의 흔들림 없는 적용, 이해충돌방지법, 부동산거래법 등의 조속한 입법화가 요구되고 있다. 경제활동과 관련된 부패는 최근 크게 개선되지 못하거나 도리어 악화되는 모습도 보이고 있으며 이들과 관련 있는 점수는 다른 나라들에 비해서 상당히 낮은 상태에 있다. 기업 등 민간과 관련된 영역의 청렴도 향상을 위한 대책이 강구되어야 한다. 이상학, 국제투명성기구(Transparency International), 한국투명성기구, "기업영역 부패 대응에 역량 투입 필요: 2020년 부패인식지수(CPI) 분석", 2021. 1. 28. 2020년 부패인식지수(Corruption Perception Index : CPI)

다한 재산을 소유한 자가 그 출처를 충분히 설명하지 못하면 부패의 증거로 간주하는 법을 개정하였다. 지속적인 법 개정으로 부패허점을 차단하는 노력도 병행하였다. 1966년에는 수뢰 의사가 있었으면 실제 뇌물을 받지 않아도 유죄 판결할 수 있게 하였고, 재외공관 또는 외국 정부에서 근무하는 싱가포르 국민의 부패도 처벌하게 하고, 1989년 들어서는 부패범죄 벌금을 10배 인상하고, 사망한 부패범죄자의 재산에 대한 몰수도 가능하게 되었다. 또한 부패에 해당하면 대형이건 소형이건, 공공 및 민간 부문, 증뢰자 및 수뢰자, 부패 수사과정에서 적발된 기타 범죄까지 취급함으로써 전면적으로 법집행에 나섰다. 더불어 부패범죄 형량을 강화하고, 부패 이익을 환수한 후에도 벌금을 이중으로 부과했다. 또한, 전자정부의 발전으로 투명성은 높이고 행정형식주의는 줄임으로써, 부패기회를 최소화했다.25)" 그러나 홍콩의 경우 2020년 홍콩보안법 제정으로 중국의 통제를 받기 시작하면서 변화의 조짐이 조금씩 나타나고 있어 향후에도 이전처럼 부패가 사라질지는 지켜보아야 할 것이다. 왜냐하면 중국(공산당)의 강력한 통제로부터 비켜갈 수 없기 때문이다. 중국이 홍콩을 자국의 핵심이익으로 설정하여 관리하기 시작했다.

한편 공직자의 이해충돌 방지 등 부패방지 관련 해외 입법 사례 가운데 선진국들의 사례를 간략하게 살펴보면 먼저 미국에서는 뇌물, 부당이득 및 이해충돌 방지 법률(Bribery, Graft and Conflict of Interest Act, 18 U.S.C. 11); 영국에서는 1) 정부구조 개선 및 거버

---

25) 자료원: 싱가포르 반부패자문 Jon Quah, Ph.D., *Combating Public Sector Corruption in Singapore and Hong Kong: Lessons for the Private Sector in Asian Countries*, APSAC Conference 2011. 11월 프레멘틀, 호주. 국민권익위원회, 해외 반부패 및 옴부즈만 동향, 2012. 4. 재인용

넌스 법률(Constitutional Reform and Governance Act 2010), 2) 영국의 공무원 행동강령 (Civil Service Code), 3) 영국의 장관 행동강령 (Ministerial Code) 4) 2014년 3월 31일 발간한 영국 "뇌물법 (Bribery Act 2010)", BS 10500[26]의 제정은 영국 뇌물방지법(Bribery Act 2010) 제7조의 "적절한 절차(adequate procedures)"와 이행지침(Guidance)에서 제시한 6가지 원칙을 조직 차원에서 실행가능하면서 누구나 합의할 수 있는, 또한 국제적으로 적용 가능한 경영시스템 표준을 개발했다는 점에서 의미가 있다.; 프랑스는 다소 늦게 『공직사회의 투명성 및 이해충돌 방지법』을 제정 추진했다. 이외에도 대만 염정서(AAC)는 건설, 경찰, 약품 및 의료기구 조달, 초중등학교 급식 조달 등 부패취약 분야에 대한 부패 예방을 중점 추진했다. 대만은 UN 반부패협약 이행을 위한 반부패 전담기구로 법무부 산하에 염정서(Agency Against Corruption)를 2011년 6월20일에 설치했다.[27] 이처럼 싱가포르의 탐오조사국(CPIB)과 홍콩의 염정공서(ICAC), 대만의 염정서(AAC: Agency Against Corruption)등이 성공할 수 있었던 가장 중요한 요인은 첫째, 지도자를 포함한 정부의 강력한 의지와 실천이 있었다는 점을 지적하지 않을 수 없다. 둘째, 정부가 부패를 방지하기 위해 조직·인력·예산·권한을 과감하게 법적으로 부여하고 투자했다는 점을 꼽을 수 있다. 이는 싱가포르의 탐오조사국에 체포·압수수색·은

---

[26] BS 10500은 조직이 뇌물방지를 위해 갖추어야 할 경영시스템 요건들을 규정한 영국국가 표준으로, 계획(Plan), 실행(Do), 평가(Check), 개선(Act)에 이르는 PDCA 모델을 따라 뇌물방지를 위한 경영시스템(Anti-Bribery Management System : ABMS)이 실행되도록 요구하고 있다. 출처: BSI Korea

[27] 자료원: 싱가포르 반부패자문 Jon Quah, Ph.D., *Combating Public Sector Corruption in Singapore and Hong Kong: Lessons for the Private Sector in Asian Countries*, APSAC Conference 2011. 11월 프리멘틀, 호주. 국민권익위원회, 해외 반부패 및 옴부즈만 동향, 2012. 4. 재인용

행계좌 조회권한을 부여하였다는 점에 주목할 필요가 있다. 셋째, 지속적인 법 개정으로 부패허점을 차단하는 노력을 병행하면서 부패범죄 형량을 강화하고, 부패범죄의 벌금을 10배 인상하는 등(싱가포르) 근원적으로 부패 이익을 환수한 후에도 벌금을 이중으로 부과하는 등 강력한 제도를 시행했다는 점이다.28)

〈표 17-1〉 청렴 관련 고사성어

許由掛瓢(허유괘표), 瓜田李下(과전이하), 大公無私(대공무사)
伯夷之廉(백이지렴), 兩袖淸風(양수청풍), 三馬太守(삼마태수), 一琴一鶴(일금일학),
擧世皆濁(거세개탁), 明鏡止水(명경지수), 拔本塞源(발본색원), 安步當車(안보당거),
一塵不染(일진불염), 源淸流淸(원청유청), 節義廉退(절의염퇴), 洗手奉職(세수봉직),
淸貧樂道(청빈락도), 甘棠遺愛(감당유애), 秋毫不犯(추호불범), 徹底澄淸(철저징청),
梅妻鶴子(매처학자), 氷淸玉潔(빙청옥결), 簞食瓢飮(단사표음), 以豆自檢(이두자검),
百折不撓(백절불요), 雲心月性(운심월성), 冷面寒鐵(냉면한철), 淸聲四達(청성사달),
以不貪爲寶(이불탐위보), 善漁夫非取(선어부비취),
易地則皆(역지즉개연), 琥珀不取腐芥(호박불취부개)

나. 한국의 이해충돌방지법

국민권익위원회(이하 국민권익위)는 2018년 7월 이해충돌방지법(안)을 입법예고 한 이후 관계기관 의견조회, 규제·법제심사 등 정부입법 절차를 통해 공청회 및 시민단체의 다양한 의견을 수렴해왔다. 한국은 2021년 3월 최근까지도 LH(한국토지주택공사) 직원들의 3기 신도시 지역에 대한 부동산 투기 의혹 발생 이전에는 국회에서조차 '이해충돌방지법안'이 의정활동에 지장을 준다고 하여 폐기되었지만 오히려 동

---

28) 한국에서도 부패를 척결하려면 벌금제도를 과감하게 도입하여 시행하면 부정부패는 단시간이 아니더라도 척결될 수 있을 것이다. 법제도적으로 벌금을 10배 부과하는 제도를 시행한다면 일정부분 효과를 볼 수 있을 것이다. '돈으로 흥한 자는 돈으로 망한다.'는 격언을 각인시킬 필요가 있다.

법안으로 의정활동이 투명하여 주민들과의 신뢰감이 조성될 수 있다는 점을 부인할 수 없을 것이다. 왜? 21대국회는 19대국회, 20대국회에서 '이해충돌방지법안'이 의회에서 폐기되었는지 국민 앞에 소상히 밝혀야 할 책무가 있다. 정부에서 제출한 법안을 19대국회, 20대국회에서 폐지된 후 21대 국회는 2021.4.29일 본회의를 열고 '이해충돌방지법'(공직자의 이해충돌 방지법안)을 재석 251인 가운데 찬성 240명, 반대 2명, 기권 9명으로 통과시켰다. 한국주택토지공사(LH) 땅 투기 의혹이 발생하지 않았으면 아마 법안 통과가 쉽지 않았을 것이다. 우리 국민들은 왜 그렇게 늦게 처리했는지 충분히 인식하고 있을 것이다. 우리 속담에 소 잃고 외양간을 고치지 않으면 또 다시 소를 잃기 때문에 외양간을 고치려는 것이다. '이해충돌방지법'이 국회를 통과 한데는 한국주택토지공사(LH) 땅 투기 의혹이 결정적으로 영향을 미쳤다. 2013년 국민권익위원회가 '김영란법'(부정청탁금지법)과 함께 국회에 제출한 지 무려 8년 만이다. '이해충돌방지법안'은 2003년 UN총회에서 UN반부패협약이 채택되어 협약당사국들이 이해충돌방지 제도를 도입하도록 규정하고 있다. 한국은 2008년 동 협약을 비준하고 미국, 캐나다, 프랑스와 같은 선진국들은 관련법을 제정하여 엄격히 관리하고 있다. 한편 경제협력개발기구(OECD)에서는 2003년에 이해충돌 가이드라인을 통해 회원국들에게 제도 마련을 권고하고, 각 국가에서는 어떻게 이행하고 있는지 시행 상황을 주기적으로 관리해오고 있다. LH(한국토지주택공사) 사태로 인해 공직자들의 이해충돌문제가 사회문제로 대두되면서 이를 둘러싼 법제정의 필요성이 제기되는 시점에서 국민적 공감대가 충분히 형성되었다고 여겨진다. '이해충돌방지법안' 제정[29]으로(2021.

---

[29] 이해충돌방지 법안은 직무와 관련된 거래를 하는 공직자는 사전에 이해관계를 신고하거나

4.29, 국회 본회의 통과) 공직사회의 청렴도가 향상되고 이로 인해 투명성과 신뢰성의 증진으로 국가의 청렴도가 상승되는 효과를 누릴 수 있다는 점에 주목해야 한다. 이러한 공지사회의 투명성과 공정성은 자연스럽게 기업의 영역으로 스며들어 한국사회의 신뢰도와 청렴도는 국가의 품격을 견인하는 역할을 하기에 충분하다. 한국의 정치가 사회를 통합하기보다는 오히려 사회갈등을 조장하지는 않았는지 많은 고민을 해볼 필요가 있을 것이다. "민간업자로부터 금품을 받아도 직무관련성과 대가성만 없으면 뇌물죄로 처벌받지 않는다는 이유로 이를 부패로 인식하지 못하는 모럴해저드(moral hazard 또는 moral risk, 도덕불감증)가 만연되어 있으며, 일부 공직자가 공직을 재산증식의 수단으로 악용해 국민들의 신뢰도 무너지고 있다"[30])고 지적했다. 국민권익위원회는 2019년 1월 7일 「공직자의 이해충돌 방지법」 제정안 국무회의 의결시 - 국회·법원 등 모든 공직자의 사적이해관계자 신고, 직무관련자와의 사적거래 신고 등 8가지 행위기준[31])을 도입했다. 공직자의 이해충돌 상황을 예방·관리하고 부당한 사익 추구행위를 근절하는 내용의 「공직자의 이해충돌 방지법」이 2021. 4.29일 국회 본회의를 통과했다. 「공직자의 이해충돌 방지법」은 국민권익위가 지난 2013년 제19대 국회에 법안을 처음 제출한 이후, 제21대 국회에서 최종적으로 결실을 맺게 됨으로써 8년 만에 입법화 되었다.[32]) 제19대 국회부터 제

회피하도록 규정하고 있다. 미공개 정보를 이용해 이득을 보면 최대 징역 7년의 처벌을 받는다.
30) 국민권익위원회(위원장 김영란), 한삼석·박혁구, 권익위 「부정청탁 및 이해충돌 방지법안」 3월 중 마련, 보도자료, 2012. 2. 21.
31) 국민권익위원회 소관, 공직자의 이해충돌 방지법안, (법제처 심사를 마침), 2019.
32) 국민권익위원회, 박형준·조유지·한세근, '국민권익위가 입안한 이해충돌방지법, 국회 본회의 통과...내년 5월 본격 시행', 보도자료, 2021.4.30. https://www.acrc.go.kr/acrc/board.do?command=searchDetail&menuId=05050102&method=searchDetailView

21대 국회까지 총 3차례에 걸쳐 정부안을 제출해 입법화를 추진하였으며, 2018년 4월에는 대통령령인 「공무원 행동강령」에 이해충돌방지규정을 우선 반영하여 시행해왔다. 그러나 2021. 3월 한국토지주택공사(LH) 사태가 법안 마련에 결정적 영향을 미쳤다. 이에 정부는 2021. 3.29일 대통령 주재 제7차 공정사회 반부패정책협의회에서「부동산 투기근절 및 재발방지대책」을 논의·확정했다.33) 이를 계기로 공직자들의 정보나 권한 등을 이용한 부동산 투기 등 사익 추구 행위를 근본적으로 차단해야 한다는 국민적 요구가 제기되었다.34) "이해충돌방지법35)은 대한민국이 한 차원 더 높은 청렴국가로 비상하는 역사적 이정표가 될 것이다."라고 말했다.36)

〈표 17-2〉「공직자의 이해충돌 방지법」주요 내용 : 10개 행위기준

① 사적이해관계자 신고·회피·기피 및 조치 (제5조, 제7조)
  - 공직자는 사적이해관계자(대리인 포함)를 대상으로 16개 유형의 직무를 수행하는 경우 소속기관장에게 신고하고 그 업무를 회피

② 공공기관 직무 관련 부동산 보유·매수 신고 (제6조)
  - 부동산을 직접 취급하는 공공기관 공직자와 그 배우자, 생계를 같이하는 직계존비속(배우자의 직계존비속으로서 생계를 같이하는 경우 포함)이업무와 관련된 부동산을 보유·매수하는 경우 신고
    * 부동산을 직접 취급하지 않는 공공기관 소속 공직자라 하더라도 택지개발, 지구지정 등 부동산 개발 업무를 하는 경우 동일하게 신고 의무 부과

Inc&boardNum=87129&currPageNo=1&confId=4&conConfId=4&conTabId=0&conSearchCol=BOARD_TITLE&conSearchSort=A.BOARD_REG_DATE+DESC%2C+BOARD_NUM+DESC (검색: 2021.4.30.)
33) 기획재정부, 박진호·변광욱·하승완, 「부동산 투기근절 및 재발방지대책」발표, 보도자료, 2021.3.29. 동 보도자료는 기획재정부, 법무부, 행정안전부, 농림축산식품부, 국무조정실, 금융위원회, 국민권익위원회, 인사혁신처, 국세청, 경찰청 합동으로 보도자료를 배포했다.
34) Ibid.
35) 공직자의 이해충돌 방지법 (약칭: 이해충돌방지법), [시행 2022. 5. 19.] [법률 제18191호, 2021. 5. 18., 제정]
36) 국민권익위원회 위원장 전현희, 앞 보도자료, 2021.4.30.

③ 고위공직자의 민간 부문 업무활동 내역 제출 (제8조)
- 고위공직자는 임기 개시일 기준 최근 3년간 민간 부문 업무활동 내역을 제출, 소속기관장은 이를 공개 가능

④ 직무관련자와의 거래 신고 (제9조)
- 공직자, 배우자, 직계존비속(배우자의 직계존비속으로서 생계를 같이하는 경우 포함) 등이 공직자의 직무관련자와 금전, 부동산 등 사적 거래시 신고

⑤ 직무 관련 외부활동 제한 (제10조)
- 직무 관련 지식·정보를 제공하고 대가를 받는 행위 등 직무수행의 공정성을 해칠 수 있는 외부활동을 원천적으로 금지

⑥ 가족 채용 제한 (제11조)
- 공공기관(산하기관, 자회사 포함)은 공개채용 등 경쟁절차를 거치지 않는 한 고위공직자 등의 가족 채용 금지

⑦ 수의계약 체결 제한 (제12조)
- 공공기관(산하기관, 자회사 포함)은 고위공직자 또는 그 배우자, 직계존비속(배우자의 직계존비속으로서 생계를 같이하는 경우 포함) 등과 수의계약 체결 금지(생산자가 1명뿐인 경우 등 허용)

⑧ 공공기관 물품 등의 사적 사용·수익 금지 (제13조)
- 공공기관 소유하거나 임차한 물품·차량·건물·토지·시설 등을 사적으로 사용·수익하거나 제3자로 하여금 사용·수익하게 하는 행위 금지

⑨ 직무상 비밀 또는 미공개 정보 이용 금지, 부정한 이익 몰수·추징(제14조, 제27조)
- 직무상 비밀 또는 미공개 정보를 이용해 이익을 취득할 경우 7년 이하 징역형이나 7천만원 이하 벌금형에 처하고 그 이익은 몰수·추징
  * 퇴직 후 3년이 지나지 않은 자에 대해서도 적용되며, 직무상 비밀이나 미공개 정보를 이용해 이익을 얻은 제3자도 처벌

⑩ 퇴직자 사적 접촉 신고 (제15조)
- 직무관련자인 소속기관의 퇴직자(공직자가 아니게 된 날부터 2년 이내의 자에 한함)와 골프, 여행, 사행성 오락을 하는 경우 신고

자료: 국민권익위원회, 박형준·조유지·한세근, '국민권익위가 입안한 이해충돌방지법, 국회 본회의 통과… 내년 5월 본격 시행', 보도자료, 2021.4.30.; https://www.acrc.go.kr/acrc/board.do?command=searchDetail&menuId=05050102&method=searchDetailViewInc&boardNum=87129&currPageNo=1&confId=4&conConfId=4&conTabId=0&conSearchCol=BOARD_TITLE&conSearchSort=A.BOARD_REG_DATE+DESC%2C+BOARD_NUM+DESC (검색: 2021.5.1.)

2021년 3월 현재 한국의 공직자의 이해충돌 방지를 목적으로 제정된 대표적인 법령은 공직자윤리법,[37] 부패방지 및 국민권익위원회의

설치와 운영에 관한 법률(약칭: 부패방지권익위법),38) 부정청탁금지법39),

---

37) 공직자윤리법 제1조(목적) 이 법은 공직자 및 공직후보자의 재산등록, 등록재산 공개 및 재산형성과정 소명과 공직을 이용한 재산취득의 규제, 공직자의 선물신고 및 주식백지신탁, 퇴직공직자의 취업제한 및 행위제한 등을 규정함으로써 공직자의 부정한 재산 증식을 방지하고, 공무집행의 공정성을 확보하는 등 공익과 사익의 이해충돌을 방지하여 국민에 대한 봉사자로서 가져야 할 공직자의 윤리를 확립함을 목적으로 한다. 〈개정 2011. 7. 29.〉, [전문개정 2009. 2. 3.]. 제2조의2(이해충돌 방지 의무) ① 국가 또는 지방자치단체는 공직자가 수행하는 직무가 공직자의 재산상 이해와 관련되어 공정한 직무수행이 어려운 상황이 일어나지 아니하도록 노력하여야 한다. ② 공직자는 자신이 수행하는 직무가 자신의 재산상 이해와 관련되어 공정한 직무수행이 어려운 상황이 일어나지 아니하도록 직무수행의 적정성을 확보하여 공익을 우선으로 성실하게 직무를 수행하여야 한다. ③ 공직자는 공직을 이용하여 사적 이익을 추구하거나 개인이나 기관·단체에 부정한 특혜를 주어서는 아니 되며, 재직 중 취득한 정보를 부당하게 사적으로 이용하거나 타인으로 하여금 부당하게 사용하게 하여서는 아니 된다. 〈신설 2011. 7. 29.〉 ④ 퇴직공직자는 재직 중인 공직자의 공정한 직무수행을 해치는 상황이 일어나지 아니하도록 노력하여야 한다. 〈신설 2011. 7. 29.〉, [전문개정 2009. 2. 3.]

38) 부패방지권익위법 제2조(정의) 4. "부패행위"란 다음 각 목의 어느 하나에 해당하는 행위를 말한다. 가. 공직자가 직무와 관련하여 그 지위 또는 권한을 남용하거나 법령을 위반하여 자기 또는 제3자의 이익을 도모하는 행위. 나. 공공기관의 예산사용, 공공기관 재산의 취득·관리·처분 또는 공공기관을 당사자로 하는 계약의 체결 및 그 이행에 있어서 법령에 위반하여 공공기관에 대하여 재산상 손해를 가하는 행위. 다. 가목과 나목에 따른 행위나 그 은폐를 강요, 권고, 제의, 유인하는 행위.

39) 부정청탁 및 금품등 수수의 금지에 관한 법률 (약칭: 청탁금지법) 에서 제5조(부정청탁의 금지) ① 누구든지 직접 또는 제3자를 통하여 직무를 수행하는 공직자등에게 다음 각 호의 어느 하나에 해당하는 부정청탁을 해서는 아니 된다. 〈개정 2016. 5. 29.〉 1. 인가·허가·면허·특허·승인·검사·검정·시험·인증·확인 등 법령(조례·규칙을 포함한다. 이하 같다)에서 일정한 요건을 정하여 놓고 직무관련자로부터 신청을 받아 처리하는 직무에 대하여 법령을 위반하여 처리하도록 하는 행위. 2. 인가 또는 허가의 취소, 조세, 부담금, 과태료, 과징금, 이행강제금, 범칙금, 징계 등 각종 행정처분 또는 형벌부과에 관하여 법령을 위반하여 감경·면제하도록 하는 행위. 3. 채용·승진·전보 등 공직자등의 인사에 관하여 법령을 위반하여 개입하거나 영향을 미치도록 하는 행위. 4. 법령을 위반하여 각종 심의·의결·조정 위원회의 위원, 공공기관이 주관하는 시험·선발 위원 등 공공기관의 의사결정에 관여하는 직위에 선정 또는 탈락되도록 하는 행위. 5. 공공기관이 주관하는 각종 수상, 포상, 우수기관 선정 또는 우수자 선발에 관하여 법령을 위반하여 특정 개인·단체·법인이 선정 또는 탈락되도록 하는 행위. 6. 입찰·경매·개발·시험·특허·군사·과세 등에 관한 직무상 비밀을 법령을 위반하여 누설하도록 하는 행위. 7. 계약 관련 법령을 위반하여 특정 개인·단체·법인이 계약의 당사자로 선정 또는 탈락되도록 하는 행위. 8. 보조금·장려금·출연금·출자금·교부금·기금 등의 업무에 관하여 법령을 위반하여 특정 개인·단체·법인에 배정·지원하거나 투자·예치·대여·출연·출자하도록 개입하거나 영향을 미치도록 하는 행위. 9. 공공기관이 생산·공급·관리하는 재화 및 용역을 특정 개인·단체·법인에게 법령에서 정하는 가격 또는 정상적인 거래관행에서 벗어나 매각·교환·사용·수익·점유하도록 하

공무원 행동강령이 있지만 이러한 법이나 행동강령으로는 이해 충돌을 효과적으로 방지하기 위한 수단으로써는 미약하다. 왜냐하면 법조문에 여러 가지 맹점이 있어 빠져 나갈 수 있기 때문이다. '반부패 개혁으로 청렴한국 실현'이 중요한 국정과제이고 '부패인식지수(CPI) 20위권'을 목표로 핵심적인 정부혁신 과제로 정하고 있는 현 정부에게는 고무적인 현상이라 할 수 있다. 그렇지만 2020년 부패인식지수(Corruption Perception Index: CPI) 결과는 만족할 만한 수준이라고 할 수 없다. 한국의 경제 수준을 비롯한 국가 위상을 고려하면 33위는 여전히 낮은 수준이다. 그리고 경제협력개발기구(OECD) 국가 중에서 여전히 낮은 성적을 보이고 있으며 아시아·태평양 국가들에서도 여전히 낮은 8위에 있다.[40] 왜 아직도 우리 사회에 부정부패가 사라지지 않고 반복되는지 그 이유를 곰곰이 되새겨보아야 할 것이다.

는 행위. 10. 각급 학교의 입학·성적·수행평가 등의 업무에 관하여 법령을 위반하여 처리·조작하도록 하는 행위. 11. 병역판정검사, 부대 배속, 보직 부여 등 병역 관련 업무에 관하여 법령을 위반하여 처리하도록 하는 행위. 12. 공공기관이 실시하는 각종 평가·판정 업무에 관하여 법령을 위반하여 평가 또는 판정하게 하거나 결과를 조작하도록 하는 행위. 13. 법령을 위반하여 행정지도·단속·감사·조사 대상에서 특정 개인·단체·법인이 선정·배제되도록 하거나 행정지도·단속·감사·조사의 결과를 조작하거나 또는 그 위법사항을 묵인하게 하는 행위. 14. 사건의 수사·재판·심판·결정·조정·중재·화해 또는 이에 준하는 업무를 법령을 위반하여 처리하도록 하는 행위.15. 제1호부터 제14호까지의 부정청탁의 대상이 되는 업무에 관하여 공직자등이 법령에 따라 부여받은 지위·권한을 벗어나 행사하거나 권한에 속하지 아니한 사항을 행사하도록 하는 행위

40) 아시아태평양국가들 중에서 뉴질랜드, 싱가포르, 호주, 홍콩, 일본, 부탄, 타이완이 우리나라 보다 높은 점수를 받고 있다. 국제투명성기구(Transparency International), 한국투명성기구, 이상학, "기업영역 부패 대응에 역량 투입 필요: 2020년 부패인식지수(CPI) 분석", 2021. 1. 28. 2020년 부패인식지수(Corruption Perception Index : CPI)

다)44)는 특정지역에서 집중적으로 발생한 종교집단의 추가 집단감염 확산 초기에 정부의 보다 적극적인 대응을 했으면 하는 아쉬움이 오랫동안 기억으로 남을 것이다. 종교의 자유 침해를 과도하게 의식을 한

통제 등의 조치가 코로나 19 초기대응단계에서 취해야 했으나 일부조치들은 아직도 취해지지 않고 있다(3.21. 현재. 일부 교회는 현장예배 지속), (서울시) 특정교회에 대해 집회금지 행정명령 발동(3.23)

44) '코로나 19'('COVID-19')로 인한 한국의 대응은 재외국민 3차례 수송(중국), 중앙사고수습본부 및 중앙재난안전대책본부 운영, 중앙방역대책본부 설치 및 운영(질병관리본부), 개인위생 수칙 준수(국민행동 수칙, 자가 격리자 행동수칙 등) 홍보, (보건소) 코로나19 선별진료소 설치 및 운영, 드라이브 스루(Drive through)설치 및 운영, 사회적 거리두기 적극 동참 호소, 마스크 5부제 시행(2020.03.05.: 지정된 날에 공적마스크를 최대 2개 까지만 구입), 확진자 경로 앱, 자가진단 앱, 마스크 앱 등 설치, 유치원·초·중·고 개학 연기(3차, 교육부, 3.17), 기준 금리 0.5%p 금리인하(한국은행, 3.16), 11.7조원 규모의 코로나 19 추경 국회통과(2020.03.17.), 제 1차 비상경제회의(3.19, 대통령 첫 주재), 전 세계 입국자 대상 '특별입국 절차' 시행(3.19.00:00부터), 한국 교민 수송(이란, 80명), 한미 통화스와프(swap, 맞교환) 체결(600억 달러 규모. 3.19, 계약기간은 최소 6개월로 2020. 9.19.일까지, 한국은행과 미국 중앙은행인 연방준비제도.. Fed간 체결, 미국 연준은 한국을 포함한 호주, 뉴질랜드, 브라질, 멕시코, 싱가포르, 덴마크, 노르웨이 등과 동시에 swap 체결), 유럽발 입국자 전원 진단검사(3.22.00:00부터, KBS 21:00, 연합뉴스 TV 23:00 영상캡쳐), 이탈리아 교민 귀국위해 전세기 2대 투입, 재난기금 코로나19 한해 소상공인·취약계층에 지원(3.21), 해외여행 뒤 14일 자택근무 접촉최소화(3.21. 중앙방역대책본부 브리핑), 정부의 종교·유흥시설 중단 권고(3.22), 한국 경제학자들 "1997·2008년 보다 심각 … 50조 부족"(3.22, 연합뉴스TV.13:00), 오늘(3.22)부터 유럽발 입국자 모두 코로바19 진단검사"(3.22, YTN·연합뉴스TV.13:00), 지자체장 집합금지 행정명령·불이행시 처벌(3.22.중앙방역대책본부 브리핑, 연합뉴스TV), 2차 추경 검토(4.15,총선직후), 국내 확진자 증가세 주춤, 유럽발 입국자 1442명 검사 … 유증상 152명(3.23. 00:00기준), 페루 고립 한국인 수송(3.23, 3.26일 임시 항공편 마련), 2차 비상경제회의(3.24): 기업 긴급구호 자금 100조로 확대(투입)·금융시장 안정에 50조 지원, 해외입국 경증환자 생활치료센터 2개소 추가지정(3.25, 중앙재난안전대책본부 브리핑), 미국발 입국자도 2주간 자가 격리 의무화(3.27부터), 한국은행 양적완화 시작 … "상황지켜본 뒤 연장여부 결정"(한은 금융사에 3개월간 유동성 무제한 공급, 3.26,연합뉴스TV), 제3차 비상경제 회의(3.30, 대통령주재): 소득하위 70%에 4인 가구 기준 긴급재난지원급 100만원 지급, 약 1478만 가구대상 지원, 제4차 비상경제 회의(4.8, 대통령주재), 경제협력개발기구(OECD) 기준에 따르면 중위소득 50% 미만은 빈곤층 가구, 50~150%는 중산층 가구, 150% 초과를 고소득 가구로 분류한다. 2020년 기준 중위소득은 1인 가구는 월 176만원, 2인 가구는 299만원, 3인 가구는 387만원, 4인 가구는 475만원, 5인 가구는 563만원, 6인 가구는 651만원 등 순이다. 세계일보, 세종=박영준·최형창·김달중 yjp@segye.com, "중위소득 이하 가구 100만원 상품권·체크카드 지급 검토." 2020. 03.29. https://news.naver.com/main/read.nhn?mode=LSD&mid=shm&sid1=101&oid=022&aid=0003451570 (검색: 2020.03.29.)

공무원 행동강령이 있지만 이러한 법이나 행동강령으로는 이해 충돌을 효과적으로 방지하기 위한 수단으로써는 미약하다. 왜냐하면 법조문에 여러 가지 맹점이 있어 빠져 나갈 수 있기 때문이다. '반부패 개혁으로 청렴한국 실현'이 중요한 국정과제이고 '부패인식지수(CPI) 20위권'을 목표로 핵심적인 정부혁신 과제로 정하고 있는 현 정부에게는 고무적인 현상이라 할 수 있다. 그렇지만 2020년 부패인식지수(Corruption Perception Index: CPI) 결과는 만족할 만한 수준이라고 할 수 없다. 한국의 경제 수준을 비롯한 국가 위상을 고려하면 33위는 여전히 낮은 수준이다. 그리고 경제협력개발기구(OECD) 국가 중에서 여전히 낮은 성적을 보이고 있으며 아시아·태평양 국가들에서도 여전히 낮은 8위에 있다.40) 왜 아직도 우리 사회에 부정부패가 사라지지 않고 반복되는지 그 이유를 곰곰이 되새겨보아야 할 것이다.

는 행위. 10. 각급 학교의 입학·성적·수행평가 등의 업무에 관하여 법령을 위반하여 처리·조작하도록 하는 행위. 11. 병역판정검사, 부대 배속, 보직 부여 등 병역 관련 업무에 관하여 법령을 위반하여 처리하도록 하는 행위. 12. 공공기관이 실시하는 각종 평가·판정 업무에 관하여 법령을 위반하여 평가 또는 판정하게 하거나 결과를 조작하도록 하는 행위. 13. 법령을 위반하여 행정지도·단속·감사·조사 대상에서 특정 개인·단체·법인이 선정·배제되도록 하거나 행정지도·단속·감사·조사의 결과를 조작하거나 또는 그 위법사항을 묵인하게 하는 행위. 14. 사건의 수사·재판·심판·결정·조정·중재·화해 또는 이에 준하는 업무를 법령을 위반하여 처리하도록 하는 행위.15. 제1호부터 제14호까지의 부정청탁의 대상이 되는 업무에 관하여 공직자등이 법령에 따라 부여받은 지위·권한을 벗어나 행사하거나 권한에 속하지 아니한 사항을 행사하도록 하는 행위

40) 아시아태평양국가들 중에서 뉴질랜드, 싱가포르, 호주, 홍콩, 일본, 부탄, 타이완이 우리나라 보다 높은 점수를 받고 있다. 국제투명성기구(Transparency International), 한국투명성기구, 이상학, "기업영역 부패 대응에 역량 투입 필요: 2020년 부패인식지수(CPI) 분석", 2021. 1. 28. 2020년 부패인식지수(Corruption Perception Index : CPI)

2. 국가 위기관리시스템의 작동은?

　중국에서 2019년 12월 발생한 신종 코로나바이러스(한국은 '코로나19'로, WHO는 'COVID-19'라고 한다)는 세계적 대유행으로 인류사회를 위협하고 있다. 혹자는 제2차 세계대전이후 최대의 위협이라고 간주하기도 한다. 인류를 위협하는 요인에는 전쟁, 자연재난(재해, 사회재난 포함), 전염병(인플루엔자, 변형바이러스 등), 극심한 기후변화 등이 있으며, 최근의 전염병은 가금류, 조류 등에서 발생할수록 바이러스 위기(crisis)가 증폭(amplification)되고 있다. 새로운 바이러스(virus)의 출현으로 인간의 욕망에 의해 발생한 신종 코로나바이러스는 결국 인간을 파국으로 몰아가고 있다. 14세기의 페스트, 1981년 이후의 에이즈,[41] 2000년 이후에는 사스(중증급성호흡기증후군, SARS, 2002~2004년), 메르스(MERS, 최초 발생은 2012년 사우디아라비아, 2015년), 신종플루(2009년), COVID-19(2019~2020년), 한국은 '코로나19'라고 한다)가 이를 증명하고 있다. 새로운 바이러스의 출현으로 현대는 위기(crisis) 속에서 생존하고 있으며, 이러한 위기는 종종 국가의 운명을 좌우하기도 한다. 따라서 21세기는 국가위기관리가 절실히 필요한 시대이다. 위기(crisis)를 효율적으로 잘 통제할 수 있느냐에 따라 국가와 국민의 안전이 결정되는 시대이다. 민주화가 진전된 국가일수록 국민의 안전과 관련 국가와 정부의 책임이 더욱 커질 수밖에 없다. 이것이 국가의 존재 이유이기도 하다. 위기관리(crisis management)를

---

[41] (AIDS: Acquired Immune Deficiency Syndrome)는 '후천성면역결핍증'으로 병원체인 HIV(Human Immunodeficiency Virus), 즉 '인간(사람)면역결핍 바이러스'에 감염되는 것임. 인간(사람)면역결핍 바이러스(HIV,humanimmunodeficiencyvirus)는 후천면역결핍증후군(에이즈)의 원인 바이러스입니다.

효율적으로 작동하기 위해서는 체계적인 조직과 정부 예산이 적극 뒷받침되어야 위기를 선제적·적극적으로 예방할 수 있는 조건이 갖추어진다. 2019년 12월 중국에서 시작된 '신종 코로나바이러스 감염증'(한국은 코로나19, WHO는 'COVID-19'로 호칭)으로 전 지구촌에 경고등이 켜졌다. COVID-19로 감염자가 발생하고 확진자(검사결과 양성판정) 수가 지속적으로 증가하고 있는 상황에서 세계보건기구(WHO)는 중국 후베이성에서 발생한 신종 코로나바이러스에 대해 전염병의 위험도를 최고 경고단계인 팬더믹(Pandemic, 세계적 전염병 대유행)단계라고 결정하지 않고 있다 뒤 늦게 선포했다.[42]

한편 코로나 19에 대한 한국의 대처상황은 발생초기에는 적극적 대처로 전염병이 감소 추세로 잡혀가는 듯 했으나 특정종교 집단의 추가 확산 및 집단감염으로 걷잡을 수 없는 국면으로 전개되어 혼란을 가중시켰다. 이 당시 정부는 더 적극적이고 강력한 대책들을 취해야 함에도 종교의 자유를 침해한다는 생각으로 과감하게 대응 하지 못했다는 아쉬움이 남는다.[43] 한국에서의 '코로나19'(WHO는 'COVID-19'라고 한

---

[42] 세계보건기구(WHO)는 2020.3.11.(현지시간, 스위스) 전염병경보 6단계중 최고 단계인 팬데믹(pandemic)을 선포했다. 팬데믹의 바로 아래 단계인 에피데믹(epidemic)이 1개 대륙에서 전염병이 빠르게 퍼지는 현상을 의미한다.(2003년 사스때 선포). 한편 팬데믹(pandemic)은 지금까지 2차례 있었다.(1928년 스페인 독감, 2009년 조류독감(H1N1), 이번 2020년 'COVID-19'까지 포함하면 3차례의 팬데믹(pandemic)을 선포했다. 팬데믹(pandemic)의 영향으로 한국증권시장에서는 코스피지수가 급락을 계속, 서킷브레이크(Circuit Breaker, 코스피나 코스닥 지수가 전일 대비 10%이상 폭락한 상태가 1분간 지속하는 경우 시장 전 종목의 매매거래를 20분간 전면 중단한다)를 발동했으며, 세계증시는 2020.3.12.(현지시간) 큰 폭으로 요동쳤다. 하락폭은 9.99%로 2008.10.15. 금융위기시 하락폭인 7.87%를 넘어섰으며, 1987.10.19. 블랙먼데이(22.61%) 이후 최고치를 기록했다. 이에 미국 증시도 33년 만에 최대 하락폭을 기록했다.(미국 증시 낙폭은 2020.3.16.마감 기준 다우존스 30산업평균지수 -12.93%, 스탠더드 앤 푸어스 500지수 -11.98%, 나스닥지수 -12.32%, 연합뉴스 TV, 뉴스특보, 글로벌 증시 또 폭락)
[43] 미국, 프랑스, 이탈리아처럼 국가차원의 전 국민 이동금지령, 일부국가 입국금지, 자국민의 해외여행 금지, 요양병원. 종교시설. 클럽 등 밀폐된 다중밀집시설 등에 대한 강력한

다)44)는 특정지역에서 집중적으로 발생한 종교집단의 추가 집단감염 확산 초기에 정부의 보다 적극적인 대응을 했으면 하는 아쉬움이 오랫동안 기억으로 남을 것이다. 종교의 자유 침해를 과도하게 의식을 한

통제 등의 조치가 코로나 19 초기대응단계에서 취해야 했으나 일부조치들은 아직도 취해지지 않고 있다(3.21. 현재. 일부 교회는 현장예배 지속), (서울시) 특정교회에 대해 집회금지 행정명령 발동(3.23)

44) '코로나 19'('COVID-19')로 인한 한국의 대응은 재외국민 3차례 수송(중국), 중앙사고수습본부 및 중앙재난안전대책본부 운영, 중앙방역대책본부 설치 및 운영(질병관리본부), 개인위생 수칙 준수(국민행동 수칙, 자가 격리자 행동수칙 등) 홍보, (보건소) 코로나19 선별진료소 설치 및 운영, 드라이브 스루(Drive through)설치 및 운영, 사회적 거리두기 적극 동참 호소, 마스크 5부제 시행(2020.03.05.: 지정된 날에 공적마스크를 최대 2개 까지만 구입), 확진자 경로 앱, 자가진단 앱, 마스크 앱 등 설치, 유치원·초·중·고 개학 연기(3차, 교육부, 3.17), 기준 금리 0.5%p 금리인하(한국은행, 3.16), 11.7조원 규모의 코로나 19 추경 국회통과(2020.03.17.), 제 1차 비상경제회의(3.19, 대통령 첫 주재), 전 세계 입국자 대상 '특별입국 절차' 시행(3.19.00:00부터), 한국 교민 수송(이란, 80명), 한미 통화스와프(swap, 맞교환) 체결(600억 달러 규모. 3.19, 계약기간은 최소 6개월로 2020. 9.19.일까지, 한국은행과 미국 중앙은행인 연방준비제도.. Fed간 체결, 미국 연준은 한국을 포함한 호주, 뉴질랜드, 브라질, 멕시코, 싱가포르, 덴마크, 노르웨이 등과 동시에 swap 체결), 유럽발 입국자 전원 진단검사(3.22.00:00부터, KBS 21:00, 연합뉴스 TV 23:00 영상캡쳐), 이탈리아 교민 귀국위해 전세기 2대 투입, 재난기금 코로나19 한해 소상공인·취약계층에 지원(3.21), 해외여행 뒤 14일 자택근무 접촉최소화(3.21. 중앙방역대책본부 브리핑), 정부의 종교·유흥시설 중단 권고(3.22), 한국 경제학자들 "1997·2008년 보다 심각 … 50조 부족"(3.22. 연합뉴스TV.13:00), 오늘(3.22)부터 유럽발 입국자 모두 코로바19 진단검사"(3.22. YTN·연합뉴스TV.13:00), 지자체 집합금지 행정명령·불이행시 처벌(3.22.중앙방역대책본부 브리핑, 연합뉴스TV), 2차 추경 검토(4.15.총선직후), 국내 확진자 증가세 주춤, 유럽발 입국자 1442명 검사 … 유증상 152명(3.23. 00:00기준), 페루 고립 한국인 수송(3.23. 3.26일 임시 항공편 마련), 2차 비상경제회의(3.24): 기업 긴급구호 자금 100조로 확대(투입)·금융시장 안정에 50조 지원, 해외입국 경증환자 생활치료센터 2개소 추가지정(3.25, 중앙재난안전대책본부 브리핑), 미국발 입국자도 2주간 자가 격리 의무화(3.27부터), 한국은행 양적완화 시작 … "상황지켜본 뒤 연장여부 결정"(한은 금융사에 3개월간 유동성 무제한 공급, 3.26,연합뉴스TV), 제3차 비상경제 회의(3.30, 대통령주재): 소득하위 70%에 4인 가구 기준 긴급재난지원급 100만원 지급, 약 1478만 가구대상 지원, 제4차 비상경제 회의(4.8, 대통령주재), 경제협력개발기구(OECD) 기준에 따르면 중위소득 50% 미만은 빈곤층 가구, 50~150%는 중산층 가구, 150% 초과를 고소득 가구로 분류한다. 2020년 기준 중위소득은 1인 가구는 월 176만원, 2인 가구는 299만원, 3인 가구는 387만원, 4인 가구는 475만원, 5인 가구는 563만원, 6인 가구는 651만원 등 순이다. 세계일보, 세종=박영준·최형창·김달중 yjp@segye.com, "중위소득 이하 가구 100만원 상품권·체크카드 지급 검토." 2020. 03.29, https://news.naver.com/main/read.nhn?mode=LSD&mid=shm&sid1=101&oid=022&aid=0003451570 (검색: 2020.03.29.)

것이다. 물론 종교의 자유도 중요하지만 국민이 안전해야 한다는 갈등과정에서 적극대응에 지장을 준 것임에 틀림없다. 그러나 종교의 자유를 일정부분 제한하더라도 국민의 안전과 생명이 위협받는다면 이는 충분히 재고할 수 있는 상황이다. 물론 종교계의 적극적인 협조가 절실히 필요한 것이다. 전염병(혹은 감염병)의 특성상 확산 및 감염속도가 빠르기 때문에 보다 더 빠른 시기에 선제적·적극적 조치를 취하는 것이 감염병 확산을 방지하는 제일의 대응조치다. 국민의 생명과 안전에 관련되는 조치는 신속성과 정확성이 필수적으로 요구된다. 과하다 싶을 정도로 보다 신속성과 적극성을 가지는 대응책이 선제적으로 이루어져야 국가적 위기상황을 효율적으로 관리할 수 있을 것이다.

한국 정부의 코로나19(COVID-19) 대응에 나타난 특징은 선제성(Preemptive), 신속성(Precise), 투명성(Transparent), 시민참여(Participation), 혁신성(innovation), 지도자의 포용적 리더십(inclusive leadership)으로 요약할 수 있다. 한국 정부 대응과정의 특징은 대체적으로 다음 몇 가지 사실에서 세계보건기구(WHO) 및 미국, 유럽 국가들은 한국을 코로나19 대응을 잘 관리해서 세계의 모범이 되고 있다고 했다.[45] 미국과 유럽 언론들은 중국의 모델과 달리, 개인의 자율성을 침해하지 않으면서 방역의 효율성을 달성하는 '한국형모델'에 주목했다. 첫째, 코로나19 대응과정에서 적극적·능동적으로 대응했다는 점을 들 수 있다. 이는 국가지도자를 포함한 지방자치단체장들의 확산방지를 위한 노력(경기도는 감염 예방수칙을 지키지 않은 교회 137곳에 밀집 집회를 제한하는 행정명령 발동 및 확진자 발생시 방역과 치료비

---

45) 2020.04.10. 미국 빌게이츠 이사장의 요청으로 한국의 문재인대통령과의 통화에서도 코로나19 대응에서 한국이 세계의 모범이 되고 있다고 했다. 2020. 04.11. KBS 영상캡쳐

용에 대한 구상권 청구 등, 서울시는 특정교회에 집회금지 행정명령 발동(3.23), 일요 예배 2천여 개 교회 점검 등 관리부실에 대한 구상권 청구, 다중밀집시설 등에 대한 통제강화, 드라이브 스루 등)이 있었다는 점을 부인할 수 없을 것이다. 둘째, 정부의 대응과정에서 정보의 투명성과 개방성을 대응초기에서부터 일관성을 유지했다는 점이다.(일일 신규 확진자 수, 누적 확진자 수, 격리 해제자, 사망자, 시도별 확진자 현황 등) 정부의 대응상황을 언론을 통해 국민들에게 가감 없이 투명하게 공개함으로써 사회적 거리두기, 개인위생 수칙 등을 국민에게 인식시키는 효과를 거둘 수 있었다. 셋째, 대응과정에서 확산방지를 위한 가용자원(격리시설, 의료시설, 병상확보, 해외 유입자 임시생활치료시설 확보, 확보마스크 생산업체 24시간 가동체제 유지, 4.1부터 국내 입국하는 모든 해외입국자 2주간 의무격리 조치, 긴급재난지원금 지급 결정 등)에 대해 마치 전시체제를 방불케 하는 국가 동원능력을 보여주었다는 점이다. 넷째, 초기 대응과정에서부터 신속성을 유지하면서 한국의 빨리빨리 문화가 작동하여 일사천리로 진행되었다는 점을 들 수 있다.(진단키트를 활용한 검사 키트 모델 개발, 검사키트를 활용한 신속한 검사체계, 검사결과, 대규모 해외 입국자 수용 생활관 확보, 확진자 경로 앱, 자가진단 앱, 마스크 앱 등 설치, 휴대폰 위치정보 분석, 안정적 출석수업과 온라인 원격수업 병행 방안 준비 등). 그러나 요양병원, 요양원, 종교시설 등 다중밀집시설에 대한 강력한 통제장치가 초기부터 작동해야 하나 지역감염 이후에 느슨하게 이루어진 것은 아쉬움으로 남는다. 다섯째, 의료인의 헌신적인 희생과 우수한 의료 인력의 확보를 들 수 있다(군 의료 인력의 조기 투입, 갓 임관한 간호장교 투입, 자원봉사 의료 인력의 적재적소 배치 등). 코로나19(COVID-19)

확산방지 및 완치를 목표로 한 한국의 대응은 세계보건기구(WHO), 유럽 및 미국의 대통령도 한국을 벤치마킹하려는 움직임을 보여주었다. 마지막으로 한국 정부는 자국민보호를 위해 국경폐쇄 및 입국통제 된 지역의 한국 국민을 수송하기 위한 헌신적인 노력을 들 수 있다.(중국에 있는 한국민 전세기투입 3차례 수송, 이란 및 중동지역의 한국 전세기로 교민 수송, 초 위험 국가인 이탈리아에 정부 전세기 투입, 현지 항공편을 통한 임시항공편 통한 귀국 등) 코로나19(COVID-19)에 대한 정부의 대책 및 향후 추진 등 세부적인 과제는 이후 정부가 발간할 백서를 참조할 수 있을 것이다. 이처럼 코로나19(COVID-19)가 몰고 올 위기는 지역차원의 사회적 위기를 넘어 국가가 비상사태를 선포하는 등 경제적 위기로 확산되어 사회 제 분야에서 불안감이 조성되고 특히 경제활동이 위축되고 불신이 사회 전반적으로 확산되어 심리적 불안감이 증폭되었다.

〈표 17-3〉 한국 중앙재난안전대책본부 안전 안내 문자 내용

- 3.22(일): 3.22~4.5까지 모임, 행사, 여행 등 연기 또는 취소, 생필품 구매나 병원방문, 출퇴근 외 외출자제, 유증상시 출근하지 마시기 바랍니다.; 오늘부터 4.5일까지 종교시설, 유흥시설, 실내 체육시설은 감염예방을 위해 운영중단, 불가피한 경우도 방역당국의 준수사항 이행이 필요합니다.
- 3.23(월): 사회적 거리두기 직장인 행동지침, 유증상시 재택근무, 직장 내 2m 가리 두기, 마주보지 않고 식사, 다중이용 공간 사용 않기, 퇴근후 바로 귀가하기; 가족과 동료를 지키는 2주간의 멈춤에 동참해주세요! 한 분 한 분의 헌신에 감사드립니다.

출처: 중앙재난안전대책본부 안전 안내 문자 내용(핸드폰 수신)

이외에도 한국의 추가 주요 대응조치로서는 제3차 비상경제 회의(3.30, 대통령주재)를 통해 정부는 신종 코로나바이러스 감염증(코로나19, COVID-19) 확산으로 고통을 겪고 있는 소득하위 70%에 4인 가

구 기준 긴급재난지원금으로 최대 100만원을 지급한다고 발표했다. 이는 코로나19(COVID-19) 사태로 인한 경기침체를 막기 위한 긴급 처방적 성격이 크다. 이는 약 1400만 가구 대상으로 지원할 것이다. 또한 4월 1일(00시)부터는 국내 모든 입국자는 2주간 자가 격리를 의무적으로 준수해야 한다. 한국 정부(교육부)는 당초 4.6일까지(기존 3차 개학연기) 연기하였으나, 2020. 3.31 교육부장관은 학년별 순차적 온라인 개학, 안정적 출석수업과 원격수업 병행 방안 준비 등을 발표했으며, 한국은행은 '무제한 돈 풀기'를 시작(4.2)했다. 사회적 거리두기(Social Distancing)를 2주간 연장했다. 지방자치단체는 3~4월에 집중된 지역축제를 모두 취소했다. 상호주의 원칙에 따라 한국인의 입국을 금지한 148개국에 대해 사증면제와 무사증입국을 잠정 중단하는 조치를 발표했다(4.8, 국무총리). 한국의 대통령은 제4차 비상경제회의(4.8)를 주재하여46) '정부는 힘들고 어려운 기업과 국민들을 위한 버팀목 역할을 충실히 하면서 위기 극복에 필요한 조치들을 언제든지 내놓겠다.'며 '가용한 자원을 모두 동원 하겠다'며 의지를 피력했다.47) 코로나19 사태와 관련 한국 정부의 대응은 신속하고 침착하게 대응했다. 이는 국내보다는 주로 외국에서 한국의 대응방식을 답습·전수하기를 원하고 있는데서 찾을 수 있다.48) 이외에도 한국 정부는 코로나19

---

46) 코로나19 사태로 인해 직격탄을 맞은 수출과 내수를 비롯해 벤처기업 지원 등을 위한 총 56조원대의 자금 공급 계획을 내놓으면서, 세계 경제가 극심한 침체에 빠져들고 있다. 대외 의존도가 높은 우리 경제도 쓰나미와 같은 충격을 받고 있다. 대통령은 "전례 없는 조치를 신속히 취하며 미증유의 경제 위기에 대처해 나가고 있다. 100조 원의 비상금융 조치를 단행하여 기업 지원에 나섰고, 긴급재난지원금을 국민에게 지급하는 초유의 결정도 했다"며 "아직 충분하지 않다"고 지적했다. 주요지원 방안은 △수출 활력 제고 △내수 보완 △스타트업과 벤처기업 지원에 초점을 맞췄다.
47) 코로나 19로 인한 제4차 비상경제회의 관련 대통령의 모두 발언내용은 본서의 부록 참조
48) 빠른 검진과 철저한 역학조사 진행, 확진자 및 감염자의 동선 등 정보의 투명한 공개, 강력한 사회적 거리두기(Social Distancing) 실시, 정확한 진단키트의 조기개발 및 적용,

(COVID-19) 발생 초기부터 개방성, 투명성, 민주성의 3대원칙에 따라 적극적이고 선제적으로 대응하고 있다. 또한 한국 정부는 '아시아 지역 국가로는 최초로 세계백신면역연합(GAVI)에 공여했고, 2020년부터는 감염병 혁신연합(CEPI)에도 기여할 것'이라고 했다.[49] 한편 'COVID-19' 전 세계로 확산되는 추세[50]를 보이고 있다. 유럽연합(EU)의 경우

감염확산을 방지하기 위한 드라이브 스루 진료소 운영, 워킹스루 진료소 운영, 선제적 정부 재정정책의 시행, 온라인 개학, 휴대폰 위치정보 분석, 자가 격리 진단 앱 설치 등 ICT 기술을 접목한 창의적 혁신적인 시스템(innovative system)의 조기도입, 전 국민에게 안내문자 수시 발송, 우수한 의료진의 헌신적인 활동, 정부정책에 대한 국민들의 자율적인 신뢰를 기반으로 코로나19를 극복했다. 한국의 대응이 성공할 수 있었던 통계자료를 살펴보면 확진자 대비 사망률이 세계 최저수준으로 이를 증명하고 있다(2020.4.9., 00:00 기준, 확진자 10,423명, 사망자 204명으로 사망률은 2.0%수준으로 선진국들 보다 상당히 낮은 수준이다.).

49) 한국의 문재인 대통령과 마이크로소프트 창업자인 빌 게이츠 '빌 & 멜린다게이츠재단' 이사장과 통화. 코로나19 백신과 치료제개발을 위해 공동협력 및 한국의 지원을 요청. 세계백신면역연합(GAVI)은 개발도상국 백신 지원을 목적으로 하는 민관협력 파트너십이며, 감염병혁신연합CEPI)은 백신 치료제 개발연구를 지원하는 국제 공공-민간 기구다. 임형섭, 연합뉴스, 2020.04.10. https://www.yna.co.kr/view/AKR20200410110851001?section=politics/all (검색: 2020.04.10.)

50) 미국 정부는 자국민 전 세계 여행 금지, 캘리포니아 자택대피령(외출 통제), 전 국민에게 현금125만원 지급 위해 600조원 투입, 뉴욕주 100% 재택근무, 미 확진자 2만명 넘어(3.22, 연합뉴스TV.13:00), 미 뉴욕주 '코로나 19 중대재난지역' 지정(미 연방재난관리청, 3.22.한국시간), 세계증시 시총 한 달간 3경2천조 원 감소(한국 GDP의 17배, 세계 시총 감소율 29%, 한국 시총 감소율은 38%, 3.22기준). 미국 제너럴모터스 코로나19 치료 룰자 생산준비(3.22), 미 트럼프 대통령은 사재기·바가지 엄단 행정명령 발동(3.24), 미 연준, 달러 풀어 기업·가계지원, 7천억 달러 규모 매입 예고(3.24), 미 트럼프 대통령 긴급 제안으로 한국의 문재인 대통령에게 의료장비 요청(3.25.22:00, 한국시간, 여유분 최대한 지원), 프랑스는 전 국민 이동금지령, 독(폴크스바겐), 이탈리아(페라리) 인공호흡기 생산(3.23), 독일은 코로나19 대규모 부양책 212조원 추경(3.24, 연합뉴스 TV), IOC위원 "도쿄올림픽 연기결정 됐다. … 내년 가능성"(3.24, 연합뉴스 TV), IOC, 도쿄올림픽 내년 연기(3.25), 이탈리아는 이동 제한조치를 위반한 사람에게 400~3000유로(한화 약 53만원~400만)(의 벌금 부과, 코로나19로 인한 세계경제의 부정적 영향을 최소화하기 위해 국제공조를 추진하며 한국 문재인대통령의 제안으로 'G20 화상정상회의'개최(3.26, 21:00, 코로나19 공동성명 채택), 미국 15개주 자택대피령(3.26), 중국 사실상 3.28일부터 외국인 입국 금지, 일본은 한국. 중국 등에 대해 입국 규제(4월까지 연장), 한국은 미국발 입국자 2주간 자가 격리 '의무' 시행(3.27), 중국은 외국인 입국금지 조치(해외유입 차단조치, 3.27)

국가들 간에는 국경 통제(폐쇄 포함), 통행금지, 입국제한 및 금지, 전 국민 이동금지, 국가 간 이동 제한 등이 이어지고 있어 전반적인 사회·경제적 불안감이 증폭되어 단속을 강화하는 등 국가별 '사회적 거리두기(Social Distancing)'를 장려하고 있다.51) 현실적으로 미국의 뉴욕증시도 33년 만에 최대 하락을 기록했다. 유럽증시 또한 예외가 아니었다.52) 미국과 유럽 국가들은 2020년 3월 30일 이후에도 코로나19(COVID-19)와 관련 자택 대기령, '사회적 거리 두기(Social Distancing)' 등 '공격적 억제조치(aggressive deterrence measure)'를 연장하여 지속적으로 실시하고, 의료 인력부족으로 퇴직의료인을 소집하고, 방역장비를 긴급 수입하는 등 대책 마련에 분주하다. 미국 연방준비은행(이하 '연준'이라고 한다)은 각국 중앙은행이 보유한 미 국채를 담보로 달러 유동성 공급을 추가로 선언했다. 또한 미국은 2020.04.12일부로 미국 50개주 전체를 재난지역으로 지정했다. 유럽은 접촉 제한 조치, 전국 이동금지령, 봉쇄조치 등 비상체제를 연장했다. 전 세계 누적 확진자 수는 3.26일 50만 명을 넘은 이후 1주일 만에(4.3일) 배로 늘어나 100만 명을 넘어서 폭증세를 나타냈다.

한편 미국 헨리 키신저(Henry A. Kissinger) 前 미 국무장관은 "코로나19 대유행이 끝났을 때 많은 나라의 제도들은 실패한 것으로 인식

---

51) 이탈리아는 확진자가 무단외출시 최대 징역5년형에, 아시아 주요국의 자가격리 위반시 처벌조항에서 대만은 최고 약 4천만원의 벌금, 홍콩은 최고 6개월 징역형과 약 390만원의 벌금형, 싱가포르는 약 최장 6개월 징역형과 약 850만원의 벌금에, 아랍에미리트는 1650만원의 벌칙금에 처한다. 인도는 매질에 일차려까지 인권침해 논란 야기.
52) 뉴욕 다우지수(-9.99%), 3.9일 월요일 이후 -18%를 기록했다. 독일(-12.2%), 프랑스(-12.2%), 영국(-10.8%), 이탈리아(-16.9%), SBS 8 NEWS, 2020.03.13.; 한국은행은 2020. 03.16.일 임시금융통화위원회를 열어 금리인하를 전격 결정했다. 기준 금리 0.5%p 전격인하를 결정 발표했다. 이는 9.11테러·세계 금융위기 이어 세 번째이다. 2020.03. 20. KBS 9뉴스 영상캡쳐

될 것"이라면서 "이런 평가가 객관적으로 온당한 것인지와는 무관하다"고 지적했다. 그는 "코로나19 바이러스 이후 세계는 결코 이전과 같지 않을 것"이라고 했다.53) "세계의 민주주의 국가들은 계몽주의의 가치들을 방어하고 유지할 필요가 있다"면서 "정통성 있는 균형유지 세력의 역할로부터의 후퇴는 국내적·국제적으로 사회계약의 해체를 초래할 것"이라고 지적했다.54) 코로나19를 막는데 개별 국가(국가단위)만의 노력으로는 한계가 있다고 주장했다. 바이러스는 국경을 가리지 않기 때문이다. 한국 정부는 이번 코로나19(COVID-19) 사태와 관련 국가적 위기상황 초기에 효과적인 대응을 위해 컨트롤타워(control tower) 기능을 보다 한발 앞서 가동할 수 있는 체계를 갖추어야 함에도 불구 발생 초기에 특정 종교단체의 집회, 요양원, 요양병원 등 밀집 다중이용시설을 체계적으로 통제하지 못함으로써 코로나19 위기를 조기에 극복하는데 많은 어려움이 존재했다. 국가적 위기(national crisis) 및 재난발생 시 현재까지의 각종 매뉴얼에는 위험이나 위기 상황에 따라가면서 위기대응 조직을 적절한 규모의 사이즈로 운영토록 되어있다. 그러나 위기대응 상황 격상, 대응조치를 좀 더 유연하고 융통성을 가질 수 있도록 점검 및 보완이 이루어져야 한다. 이는 이번 코로나19(COVID-19)55) 사태 대응에서 반면 교훈으로 충분히 되새겨보아야 할 대목이다. 재난 또는 국가적 위기 대응시 신속한 대응을 위해 권한의 위임을 적극 검

---

53) Wall Street Journal, WSJ(월스티리트 저널), 2020. 04.04(현지시간)
54) Ibid.
55) 중앙방역대책본부(방대본)는 3.29.00:00기준 국내 누적 코로나19 확진자 9,583명 중 412명(4.3%)은 해외유입과 관련된 사례로 분류됐다고 밝혔다. 김연숙, 연합뉴스, "코로나19 국내확진 9천583명 중 412명 해외유입 … 전체 4.3% 차지." https://news.naver.com/main/read.nhn?mode=LPOD&mid=sec&oid=001&aid=0011506745&isYeonhapFlash=Y&rc=N (검색: 2020.03.29.); 정부는 2020. 4.1일 0시부터 지역과 국적에 관계없이 모든 입국자에 대해 2주간의 의무적 격리 확대 시행 발표(2019.03.29.).

토할 필요성이 제기된다. 정부의 각종 매뉴얼(manual)에는 위기대응(crisis response)에 따른 권한의 분산이 융통성(flexibility) 있게 위임할 수 있는 제도적 장치가 필요하다. 코로나19 확산 초기 보건복지부가 중앙사고수습본부를, 질병관리본부(장)가 중앙방역대책본부(장)을 구성·운영하는 이원화된 체제로 운영되다가 감염자가 확산되는 추세에서 중앙사고수습본부(보건복지부장관)를 중앙재난안전대책본부로 격상하여 운영하는 등 컨트롤타워(control tower)의 운영 관련 사항을 면밀히 재검토할 필요성이 제기될 수 있다. 이와 관련 위기, 재난 및 보건 분야 전문가, 학계 연구종사자들의 충분한 검토가 필요하다. 정부는 코로나19를 계기로 각 분야별 예방(Prevention)·대비(preparedness)·대응(Response)·복구(Recovery)에 대한 대응 및 후속조치사항 등을 충분히 검토하여 기록으로 남겨 지속적인 관리가 이루어져야 한다. 또한 공적영역과 민간영역(경제단체, 시민사회단체 등)을 포함한 통합적이고 구체적인 대응조치들이 함께 기술되어 향후 이와 유사 사례 발생시 선제적이고 실효적인 대응이 가능할 것이다. 또한 코로나19와 관련 '한국형(대응)모델(Korea Response Model)'을 적극적으로 발전시켜 세계보건기구(WHO)와 함께 감염병 대응 표준 모델로 자리매김하도록 노력해야 할 것이다.

한편으로 정부는 2014년 4월 16일 세월호 참사를 겪고도 교훈을 새기지 못하고 사고를 덮기에 급급했다. 그리고 2022년 10월 29일 이번에는 육상에서 충분히 예방하고 대응할 수 있는 데도 158명이라는 희생자가 발생하여 대규모 참사가 발생했다. 그 어디에도 국가는 국민의 소중한 생명을 지켜주지 못했다. 세월호 참사에서 문제가 된 것들이 이태원 참사에서도 그대로 재현되었다.

<표 17-4> 반복되는 대형 참사의 공통점(세월호참사 & 이태원참사)

- 지휘통제통신의 문제: 경찰, 소방 등 일체화된 통신망 사용 미흡
- 사전 인지 후 경찰 대응 엉성: 사건 발생전 충분한 경고 및 골든타임 허비, 인파 통제 실패
- 지방자치단체의 안이한 대응: 서울시, 용산구청 대응 미숙
- 컨트롤타워의 부재: 위기발생시 일원화된 지휘통제 부재
- 정부의 대응 미흡: 중앙재난안전대책본부* 등 법정기구 운영 미흡
  * 대규모 참사시 재난안전법 상 중앙재난안전대책본부장: 국무총리
- 경찰 특수본의 진상규명 미흡: 지휘선상의 수사 한계
- 유가족에 대한 정부의 조치 부실: 유가족들이 이리저리 찾아다님
- 2차 가해 발생: PTSD(외상 후 스트레스)를 위한 심리상담 지속적으로 실시(상당기간), SNS 등 정부의 강력한 통제미흡

세월호 참사와 유사점이 많아 판박이 사건으로 우리사회의 심각한 후유증을 가져다 줄 것이다.

3. 이 시대에 변화가 꼭 필요한가?

변화(change)란 보통 사람들이 참여하고 관심을 가지며 이를 요구했을 때 일어날 수 있다는 것을 알게 되었다(This is where I learned that change only happens when ordinary people get involved and they get engaged, and they come together to demand it).56)

And every day, I have learned from you. You made me a better President, and you made me a better man.(그리고 매일 여러분에게서 배웠습니다. 여러분은 저를 더 나은 대통령으로 만들었고 여러분은 저를 더 나은 사람으로 만들었습니다.)

---

56) 제44대 미국 대통령 버락 오바마(Barack Obama) 고별 연설문 중에서(2017.1.10.)

Not in my ability to bring about change -- but in yours.(변화를 가져오는 것은 저의 능력이 아니라 여러분의 능력입니다.) Yes, we can. Yes, we did. Yes, we can. (네, 우리는 할 수 있습니다. 네, 우리는 했습니다. 네, 우리는 할 수 있습니다.)57) 前 미국 대통령 버락 오바마(Barack Obama)는 미 국민을 사랑한 아름다운 대통령으로 영원히 기억될 수 있을 것이다. 먼 훗날 한국에서도 이렇게 아름다운 대통령이 나오길 간절히 기다려본다. 투표권자들 중에서도 깨어있는 행동하는 사람들이 사회의 다수가 되고 주류로 부상(浮上)할 때 민주주의는 튼튼해지고 사회의 정의와 법과 제도가 공평해진다는 진리를 깨닫는다.58)

한국은 1945년 8월 조국 광복(光復)의 기쁨을 잠시 맞는 듯 했으나 1950년 6.25전쟁을 겪으면서 1953년 7월 정전협정으로 2022년 오늘날까지 정전(停戰)상태가 오랫동안 이어지고 있다. 다가오는 2023년은 정전협정 70주년을 맞게 된다. "1989년 12월 조지 W. 부시(George W. Bush, 재임기간: 1989~1993년) 미국 대통령과 소련 고르바초프(Mikhail Gorbachev)59) 서기장은 몰타에서 열린 정상회담에서 미국

---

57) *Ibid.*
58) 사)세계한인언론인협회, 시카고 = 뉴스로(NEWSROH) 윌리엄 문 특파원 moonwilliam1@gmail.com(2017.01.17.), '오바마 고별연설 현장에서' http://www.okja.org/saseol/47559 (검색: 2020.03.28.)
59) 구 소련 공산당 서기장과 최초의 대통령(재임 1990.3~1991.12.25.)을 지냈다. 이후 고르바초프는 공산당을 해체하였고, 이로 인해 70년간의 공산 통치는 막을 내리게 된다. 그러나 옐친 등의 주도로 1991년 12월 벨라베자 조약에 의해 소비에트 연방이 해체되고 독립국연합이 탄생하자 12월 25일 대통령직을 사임하였다. [네이버 지식백과]미하일 고르바초프 (시사상식사전, pmg 지식엔진연구소). https://terms.naver.com/entry.nhn?docId=937717&cid=43667&categoryId=43667(검색:2020.03.05.) 미국과 1985년의 제네바 정상회담, 1986년의 레이캬비크 정상회담을 거쳐 1987년에 중거리핵전력조약을 맺어 상호군축에 합의했다. 또한 1988년에 아프가니스탄에서 소련군을 철수시키고, 동구권 사회주의 체제 몰락과 독일의 통일을 묵인했다. https://terms.naver.com/entry.nhn?do

과 소련은 더 이상 적대국이 아니며 냉전이 끝났음을 선언"60)했다. 소련의 붕괴와 냉전의 종식을 예견한 사람은 아무도 없었다. 냉전(cold war)이 종식되었으나 한반도의 분단은 고착화되어갔다. 소련의 붕괴와 냉전의 종식은 예고된 것이 아니라 갑작스런 대전환이었다. 전후 한국경제는 한강의 기적이라 불리는 경이적인 경제발전을 이룩했다. 그러나 남북분단으로 인한 코리아 리스크(korea risk)는 항상 존재해 왔다. 어려움이 가중되는 상황에서 이룩한 경제발전은 경이로움 그 자체였다. 한국은 전통적으로 시민사회에 비해 국가의 영향력이 강했고, 특히 국가주도의 경제발전이라는 발전국가(development state)의 특성을 지녔던 탓에 정치인의 영향력 행사에 따른61) 정책적 특혜와 정치후원이라는 명목의 교환으로 소위 말하는 특혜와 정치자금의 왕래는 부정부패(corruption)라는 또 다른 사회병폐를 잉태하고 있었다. 압축성장의 폐해는 정책적 특혜와 정치자금의 왕래라는 새로운 공생관계가 만들어졌다. 이러한 왕래는 경제규모가 성장하면서 불법적으로 후원하는 정치자금도 커지기 마련이었다. 이 시기에 정경유착이 똬리를 틀기 시작했다. 정권이 바뀌고 새로운 정부들이 수립할 때 마다 행정쇄신이니 행정개혁이니 변화(change)니 개혁(reform)이니 혁신(innovation)이니 하는 구호들이 넘쳐났다. 이러한 혁신과 쇄신으로부터 권력기관들은 하나같이 비켜나 있었다.

---

cId=3573635&cid=59014&categoryId=59014(검색:2020.03.05.) [네이버 지식백과] 미하일 고르바초프 [Mikhail Gorbachev] - 소련의 초대 대통령으로 사회주의 체제 개혁을 추구하다 (인물세계사, 함규진); 페레스트로이카(개혁, 재구성)와 글라스노스트(개방, 공개); 대외정책 및 국방정책 역시 혁신적이었다. 그는 이 부문에서 "노보에 미셸레니에", 즉 새로운 사고라는 개념을 도입했다.
60) 유현석, 『국제정세의 이해: 지구촌의 아젠다와 국제관계』(서울: 한울아카데미, 2001), p.26.
61) 강원택, 『한국의 정치개혁과 민주주의』(경기 고양: 인간사랑, 2005), pp.166~167.

1990년에 들어와서도 기업들의 불법정치자금(illegal political funds)의 규모가 덩치를 키워 수백억 단위를 넘어섰다. 이쯤 되자, 지도자 주변 가족 또는 무소불위의 권력을 가진 측근들을 감시하는 조직이 있었으나 유명무실이었다. 그러나 이러한 감시조직들 마저도 그 맛에 휘둘려 제 기능을 발휘하지 못하고 휩쓸려 불운의 시기를 몇 차례 보내야만 했다. 한국사회에서 공정하고 정당한 방법으로 성공하는 기업을 보기 어렵다는 비아냥을 들어야 했다. 2000년에 들어와서도 특혜와 불법 정치자금간의 왕래는 한동안 지속되었다. 돈세탁(money laundering) 수법은 더 교묘하게 진화되어 갔다. 정부는 이럴 때마다 사건을 갑자기 발표하거나 다른 사건으로 국면 전환을 하는 등 사회적으로 국민들이 관심을 가질만한 것 등으로 돌리는 물타기 수법으로 편승(bandwagoning)했다. 그리고 정부 정책에 반하는 성향을 가진(그들의 판단) 자들을 대상으로 블랙리스트(blacklist, 지원배제 명단)[62]를 만들어 정부가 관리하는 등 무서운 체제 속에서 살아온 느낌에 때로는 등골이 오싹하기도 했을 것이다. 당사자들은 숨 막히는 시간을 감내하고 견뎌내는 고통은 우리의 상상 그 이상일 것이다. 사회적 자본(social capital)은 협동을 전제로 한 집단구성원 간에 공유되고 있는 비공식적 가치기준이나 규범의 집합이라고 정의할 수 있다.[63]

---

[62] 한국에서 블랙리스트(blacklist)를 작성·관리·집행은 문화체육관광부가 주도했다. 주요 대상자는 세월호 정부시행령 폐기 촉구선언 문화예술인(594인), 세월호 시국선언(문학인 754인), 문재인 후보 지지선언(6517인: 문화예술인 4,110인, 경남 문화예술인 869인, 전북 문화예술인 115인, 부산 문화예술인 423인, 서울 연극협회 1,000인, 박원순 후보지지선언 1,608인(문화예술인 909인, 문화예술인 71인, 여성문화예술계 628인) 등 총 9,473인이 블랙리스트(blacklist)에 포함되어 지원에서 배제되었다. 한국일보, 채지선, [단독] 블랙리스트 작성·집행했는데... 징계 안 받은 가해자: [끝나지 않은 문화계 블랙리스트 사태], 2020.03.07.

[63] Francis Fukuyama 저·류화선 역, 『THE GREAT DISRUPTION』(서울: 한국경제신문 한경BP, 2001), p.36.

한편 한국 사회는 1997년 외환위기를 겪으면서 도덕적 가치관, 윤리의식의 실종, 분노에 노출된 사회(a society exposed to anger)로 변화하기 시작했다. 젊은 청년세대에서는 정당하고 정상적인 방법으로는 사회적으로 성공하기 어렵다는 결론에 도달하기에 이르렀다. 정직과 가치 규범을 공유하고 이를 바탕으로 서로 상생하고 협동할 때 형성되는 것이 신뢰이며, 이러한 신뢰는 사회적 자본의 제1요소라 할 수 있다. 그러나 현재 한국사회는 이러한 사회·경제적 신뢰가 손상되고 양분되어 있다. 지금의 한국은 저성장-저출산-고령화사회로 진입한 지 몇 해가 지났다. 또한 사회 양극화, 심각한 빈부격차 등은 사회통합의 걸림돌로 작용하고 있다. 복지의 사각지대는 갈수록 증가하고 있어 저소득 빈곤층은 힘겨운 사투를 벌이고 있다. 따라서 생산적 복지를 위한 사회적 자본과 지역공동체를 활성화시킬 수 있는 정책 대안을 탐색해보는 것은 나름 의미가 있다고 할 수 있다. 자본주의 이후의 사회(탈자본주의사회)는 지식사회를 거쳐 생산적 복지에 기반한 지역공동체사회로 이행할 수 있을 것이다. 이러한 공동체사회의 가장 핵심적인 필요충분조건은 공통적인 신념과 가치를 가진다는 점이다. 한국은 1997년 외환위기를 기점으로 경제가 저성장 시대로 들어섰으며, 사회적으로는 양극화가 심화되기 시작했다.[64] 한국은 2016년 광화문 촛불시민혁명으로 2017년 5월 새로운 정부가 수립되었다. 이 사회에 더 이상의 왕래(본장에서는 특혜와 불법 정치자금 거래를 호칭할 때 사용)는 없어야 한다는 고뇌에서 정책적 제언을 드리고 싶다. 첫째, 한국에서 더 이상의 왕

---

64) 고명현, '6개국 복지체제의 명암', 김인춘·고명현·김성원·암논 아란, 『복지국가 사례연구: 생산적 복지와 경제성장』(서울: 아산정책연구원, 2010), p.14. 앞의 6개국은 복지정책 성공사례 3개국(이스라엘, 스웨덴, 영국), 실패사례 3개국(그리스, 아르헨티나, 일본)을 의미한다.

래는 한국사회를 병들게 하고 불신풍조를 조장하여 사회통합의 걸림돌로 작용하며 이를 특정집단이 교묘히 악용하여 진영간, 세대간, 계층간, 지역간 갈등을 부추기는 사태가 작금의 사태이다. 어느 국가를 막론하고 국민들의 시민의식이 정치변화(political change)를 이끌어내는 원동력이며 구심점 역할을 하는 경우를 상정해 볼 수 있다. 이러한 왕래를 종식시키려면 시민사회단체와 국민들의 감시가 지속적으로 이루어져야 함은 물론이다. 국민들은 부정부패에 행동하는 양심으로 저항해야 한다. 부정한 왕래에 대해 무관심하거나 저항하지 않으면 그들은 왕래를 더욱 은밀하게 시도할 가능성을 배제할 수 없다. 둘째, 사회 각 계각층에서 존재하는 각종 특혜 또는 특권을 내려놓는 법·제도적 장치를 만들어야 한다. 특권의 속성상 쉽게 스스로 포기하는 경우는 거의 없기 때문이다. 최종적으로는 '특권폐기위원회'(가칭)를 설치하여 운영하는 방안도 검토해볼 필요가 있다.65) 특권이 사라지지 않으면 부패도 사라질 가능성이 희박할 것이기 때문이다. 특권 뒤에서 정부나 국민의 가슴에 총질하는 것을 더 이상 좌시해서는 국가발전을 위해서도 바람직하지 않다. 이는 사회 분열을 조장하고 갈등을 부추긴다. 유럽연합(EU)의 국가들이 부정부패가 없거나 적은 것은 이와 무관치 않다는 것이 이를 증명하고 있다. 이 땅의 많은 청년 젊은 세대들은 기득권세력들이 정당한 방법으로 성공했다고 보지 않는다는 얼마 전 통계조사가 이들을 우울하게 만들고 있다. 셋째, 한국 정부는 그동안 행정부 위주

---

65) 범정부 적폐청산위원회(가칭), 특권폐기위원회(가칭) 등은 1945년 해방이후 75년 이상 사회 기득권층, 정치권력이 누린 각종 특혜, 불법적 사항, 제도 등의 우리 사회 전반에 쌓이고 쌓인 적폐를 뿌리 뽑지 않고서는 국가발전과 민주주의 발전은 요원하다. 따라서 시민사회단체(민)와 정부(관), 학계, 언론, 종교 등 제 분야의 전문가를 중심으로 위원회조직의 형태로 통합하여 운영하는 것이 효과적이다. 적폐청산을 훼방·중상·모략하는 세력은 누구인가? 그들은 왜 적폐청산 조기 폐기를 주장하는가? 적폐청산을 국민 눈높이에서 추진하는 것을 왜 방해하는가?

의 정부혁신을 지속적으로 실시해왔다. 그러나 의회권력인 입법부나 사회정의(social justice)를 바로 세우는 사법부는 개혁이나 변화의 대상에서 늘 비켜서 있었다. 특권과 반칙으로 얼룩진 사회는 이제 국민과 시민사회단체가 과거에 시도했던 것처럼 낙천·낙선운동 등과 법·제도를 통한 주민소환제도, 형식에 치우친 내부 고발자 보호제도 강화 등을 적극 검토해 볼 수 있을 것이다. 한국의 정당민주주의는 실종하고 지역발전이나 당면 현안 보다는 보스의 눈치만 보는 정치문화를 근본적으로 뜯어고치는 일부터 해야 하지 않을까? 공천권을 지역주민들에게 돌려주면 중앙당의 눈치 보기는 점진적으로 사라질 것이다. 한국의 정당들이 왜 개혁을 해야 하는지 그들은 알고 있지만 변화와 개혁과는 반대의 길을 걸으면서 변화를 거부하는 그들을 보면서 국민들은 많은 생각을 할 것이다. 특히 군사정권시기에는 정권의 잣대에 맞는 판결을 내림으로서 법과 양심에 따라 판결하기 보다는 자신과 조직, 정권의 안위를 위해 판결함으로서 국민의 불신과 저항을 불러일으켰다. 과거 군사정권 시절에 발생했던 간첩단 사건 등 각종 사건·사고가 조작되었다는 것이 최근의 재심청구 판결에서 무죄를 받고 있는 것이 그것을 반영하고 있다. 사법부도 그동안 누려왔던 전관예우, 전관특혜, 사법농단 등으로부터 결코 자유로울 수 없다. 역사적으로 변화와 혁신을 외면하는 않는 조직은 썩기 마련이다. 마지막으로 부정부패를 한 자는 지위고하(地位高下)를 막론하고 그 수익을 환수하고 받은 금액의 수십 배를 토해내는66) 강력한 법·제도를 제정하는 방안도 고려해볼 수 있다. 주는 사람, 받는 사람 모두 강력한 처벌이 없으면 부정부패(corruption)는

---

66) 부정부패 척결을 위해서 필자가 제안한 것이다. 이렇게 강력한 제재가 없으면 부패 척결은 구호에 불과할 것이기 때문이다.

사그라지지 않는다. 부정부패가 척결되지 않고 존재하는 한 국가발전 (national development)도 더디게 갈 수 밖에 없다는 점을 인식해야 한다. 그들이 더 이상 부패하지 않도록 감시하는 것도 결국은 정부의 역할이다. 2020년 최근의 뉴스보도에서 '법에 빠삭한 전관들 탈세도 치밀하게'[67] 하는 한국의 기득권세력들은 철저히 법을 악용하고 위장함으로써 탈세한 것은 엄격하게 법 적용을 해야 하나 수사 및 기소과정에서 제 식구 감싸기에 급급해왔다. 해방과 6.25전쟁의 아픔을 치유하고 선진국으로 진입한 2021년 이제는 전관특혜, 전관예우, 사법특혜라는 어휘가 사라져야 할 때가 한참 지났지만 '그들만의 리그', '그들만의 네트워크'는 아직도 끝나지 않은 것이 사실이다. 따라서 정부는 공적영역에서 솔선하여 혁신과 변화를 추구해야 사회 전 분야로 확산하는 효과를 기대할 수 있을 것이다. 국가경쟁력을 평가하는 세계경제포럼(WEF)에서 한국은 여전히 정부와 기업 간에 검은 돈이 오가는 것을 여러 지표로 확인할 수 있었다. 한국의 상황에서 정치가 여전히 경제의 발목을 잡고 있는 것이 현실이다. 최근에는 정치인 자녀들의 부정청탁이니 채용비리가 도를 넘고 있다. 한국의 기득권세력들은 오랜 기간 권력을 이용하여 부와 명예를 축적하는데 사용해왔다. 따라서 한국에서 가진 자의 판결은 유전무죄로 나오는 것이 당연한 것처럼 여겨졌다. 약자에게는 강하고 강자에게는 한없이 약한 사법부의 결정에 대해 우리 국민들은 불만을 느끼면서 제대로 된 집단지성의 목소리를 내지 못했다. 이는 권력집단의 정치보복이 두려워하기 때문일 것이다. 따라서 언론 및 시민사회단체의 감시와 견제가 절실히 필요한 시점이다. 얼마 전 황제노역이라는 기사를 보고 깜짝 놀란 적이 있다. 수많은 사람들이 하

---

67) SBS 20:00 뉴스, 연합뉴스·YTN 영상 캡쳐, 2020.02.18

루 노동으로 살아가고 있는 현실에서 일당 수백만 원의 노역을 하고 있다는 뉴스를 보고 처음에는 귀를 의심하지 않을 수 없었다. 화성에서 온 사람들처럼 느껴지기도 했다. 2017년 한국에는 새로운 정부가 출범하고 촛불시민혁명으로 새 시대 출범으로 그동안 우리사회에 쌓이고 쌓인 적폐를 단 몇 년 만에 끝내겠다는 사고는 처음부터 잘못되었다. 한국사회의 70년 이상 쌓인 적폐를 단시간에 끝낼 수는 없다. 적폐청산을 두려워서 끝내자는 세력이나 집단은 기존의 기득권세력일 것이다. 갖은 불법과 편법, 권력을 동원하여 부와 명예를 축적한 세력이니 저항하고 반대를 하는 것 아닌가? 적폐청산은 몇 년이고 완전히 제거될 때까지 지속적으로 실시되어야 한다. 이 역시 기득권세력들이 자기들이 누려왔던 것을 지속적으로 누려야 하나 새로운 정부가 적폐로 인식하여 청산한다고 하니 불편하고 부당한 것처럼 호도하고 있으니 이야말로 적반하장(賊反荷杖) 격이다. 오랫동안 쌓여 온 나쁜 폐단을 청산하자는데 왜 반대하는 것인지 오히려 묻고 싶다. 다만 속도를 밀어 붙여 과속하니 피로가 쌓여 피곤하게 느껴질 뿐이다. 따라서 적폐청산은 지속적으로 꼼꼼하게 추진해야 한다. 현행법으로 추진에 한계가 있다면 법·제도적 장치를 통하여 특별법 제정 등으로 '범정부 적폐청산(국민)위원회'(가칭)를 구성하는 등 강하게 드라이브를 걸어야 한다. 국민들은 적폐청산이 일시적이지 않고 제대로 된 청산이 이루어지기를 바랄뿐이다. 이로 인해 공평하고 공정한 룰(rule)이 보장되는 사회로 전환되어 젊은 청년세대들이 희망을 가질 수 있도록 해야 한다. 한국의 많은 국민들과 젊은 청년세대들은 일시적·성과적이 아닌 제대로 된 적폐청산에 동의하고 있는 것이 현실이다. 특히 젊은 청년들은 이 땅에 적폐가 사라져 공평한 운동장에서 출발하고 싶다는 소망을 드러내었다. 반칙과 불공정이 판치는 세상을 더는 보고 싶어 하지 않는다. 오랜 기간이 소요하더라도 투명한 사회가 조성되고 부패가 사라질 때까지 적폐청산은 지속되어야 한다. 사회 정의가 살아있는 공정하고 공평한 사회를 한국의 국민들은 기대할 것이다. 미국의 어느 영화 대사에서 나오는 것처럼 '올바른 일을 하는 것은 절대로 잘못이 아니다.'라는 것은 많은 것을 시사하고 있다.

  2020년 제4차 산업혁명이 본격화하면서 세계 각국과 글로벌 기업들은 주도권을 확보하기 위해 각축을 벌이고 있다. 독일은 'Industry 4.0'을 슬로건으로 제조업과 정보통신기술(ICT)을 융합한 스마트 팩토리의 글로벌 표준을 선도하고 있다. 미국은 구글, 페이스북, 아마존 같은 정보기술(IT) 플랫폼을 활용해 세계 시장을 장악하고 있다.[68] 한국 정부는 규제(regulation)와 비효율 등을 개선함으로써 한국 기업들의 과감한 투자와 기술혁신을 장려하고, 보다 중장기적이고 지속적인 정책 지원을 펼쳐 나가야 한다. 실패를 용인하는 사회 분위기와 시스템 조성 역시 중요하다. 최근 성공가도를 달리고 있는 글로벌 기업들 공통점은 실패를 용인하는 기업문화를 갖고 있다는 것이 공통적으로 나타나고 있다. 구글(Google)의 SNS 구글 웨이브가 실패했을 때 당시 최고경영자(CEO)인 에릭 슈미트(Eric Schmidt))는 구글은 '실패를 칭찬하는 회사'라고 말한 바 있다.[69] 2020년 제4차 산업혁명의 서막이 올랐다. 정부와 기업의 발걸음은 점점 빨라지고 있다. 정부는 규제(regulation)를 완화하고, 민간이 주도하는 산·학·연·관 협력 플랫폼(platform)을

---

[68] 매일경제, "권평오, 4차 산업혁명 선점 전쟁 한국만의 '빅피처' 필요," 2019.05.20. http://www.kotra.or.kr/kh/about/KHKICP040M.html?MENU_CD=G0107&TOP_MENU_CD=G0100&LEFT_MENU_CD=G0107&PARENT_MENU_CD=G0105&ARTICLE_ID=3019412&BBS_ID=211202 (검색: 2020.02.16.)

[69] *Ibid.*

구축하는 등 예산지원, 규제정비 등 측면지원 등을 통하여 기업이 자유롭게 신기술(new technology)을 상용화할 수 있도록 지원해주어야 한다. 국민안전과 직결되는 것을 제외하고 과감한 규제정비를 통해 기업들이 첨단기술경쟁(high-tech competition)에서 주도권과 우위를 확보 할 수 있도록 환경을 조성하는 것이 매우 중요하다. 정부 또한 지속적인 정부혁신을 통하여 국가경쟁력(national competitiveness)과 국민의 삶의 잘을 높이는 노력을 해야 한다. 2014년 세월호 참사는 한국사회에 안전이라는 새로운 화두를 던져주었다. 지난 50년 동안 '빨리빨리' 문화가 사회 전 영역에 스며들었다. 사회 全 영역에서 빨리빨리 문화에 중독된 것처럼 사회 전체가 비판도 없이 수용하면서 그렇게 지나갔다. 이제는 빨리 빨리가 아니면 남보다 뒤쳐진다는 생각을 갖게끔 되었다. 사업현장에서, 교육일선에서, 가정에서, 직장에서 어느 새 관습으로 굳어져버린 느낌이다. 하물며 정부조직 내에서 조차 빨리빨리 문화를 무비판적으로 수용하는 형식을 취했다. 이는 부정할 수 없는 불편한 진실이다. 다행스러운 것은 2020년 코로나19(COVID-19)라는 전대미문의 상황에서 급속한 확산성을 지닌 감염병(전염병)의 경우에서 한국은 '빨리빨리' 문화로 인해 국가적 위기상황에서 위기를 극복한 세계적 모범사례로 평가받고 있으며 진전된 효과를 거둔 것은 부정할 수 없는 사실이다. 따라서 '빨리빨리' 문화를 사회의 전 영역에서 거부할 것이 아니라 상황에 따라 신중한 선택을 해야 한다는 것이다. 빨리빨리 보다는 제대로 된, 올바르고 정직하게 절차를 준수해야 하는 법을 가르치면서 아울러 공정한 절차(fair procedure)를 중시하면서 함께 가야 할 것이다.

　조선시대 임진왜란(1592년)과 병자호란(1636년) 발생이 임박했을 때

조정은 반목과 갈등, 분당, 계파, 당파싸움으로 서로 내분에 휩싸여 방위(防衛)를 소홀히 하고 소중한 시간을 그냥 흘러 보냈다. 또한 청일전쟁(1894~1895),70) 러일전쟁(1904~1905)71)이 발발했을 때에도 국제정세를 예의주시하지 못했을 뿐더러 대비책을 강구하지 못한 것은 조정이 책임을 다하지 않고 방기(放棄: 버리고 돌보지 아니함)한 것으로 국난을 맞고 일제의 식민지배를 받게 되었다.

특히 오늘날 국가 이익(National interest)이 걸린 중차대한 문제는 여야(與野)가 당파를 초월하여 의사결정의 한 축으로서 기능을 해야 하나 작금의 현실은 반대를 위한 반대를 하고 있는 형국이 지속되고 있다. 19세기 서양에 비친 조선은 은둔의 나라에서 21세계는 역동성이

---

70) 1894년 6월~1895년 4월 사이에 청(淸)나라와 일본이 조선의 지배권을 놓고 다툰 전쟁. 1894년 조선에서 동학농민운동(東學農民運動)이 발생하였다. 위기에 처한 조선 정부는 청나라에 지원을 요청하였고, 양력 6월에 청나라가 파병하자 일본도 톈진조약에 근거하여 동시에 조선에 파병함으로써 세력 만회의 기회를 놓치지 않았다. 동학농민운동이 진압된 이후에도 일본은 철병(撤兵)을 거부하고 오히려 조선에 대한 침략 야욕을 드러내어, 조선 내 개혁(갑오개혁)을 강요하고, 동시에 조·청간에 맺은 통상무역장정(通商貿易章程)을 폐기하라고 요구하며 내정을 간섭하는 등 지배권 확보를 도모하였다. 미국의 중재를 받아들여, 결국 일본과 청국은 1895년 4월 시모노세키조약(下關條約/당시는 馬關)을 체결하여 전쟁의 뒤처리를 하였다. 일본은 승전 대가로 거액(청나라 1년 예산의 2.5배)의 배상금과 중국의 영토인 랴오둥반도[遼東半島], 타이완[臺灣], 펑후섬을 할양받았다. [네이버] 청일전쟁 [First Sino-Japanese War, 淸日戰爭] (두산백과). https://terms.naver.com/entry.nhn?docId=1146721&cid=40942&categoryId=33398 (검색: 2020.04.14.),
71) 1904~1905년에 만주와 한국의 지배권을 두고 러시아와 일본이 벌인 전쟁. 1904년 4월과 1905년 5월 사이에 영·미가 네 차례에 걸쳐 일본에게 제공한 총 4억 1000만 달러의 차관 중 약 40%가 일본의 전비로 충당되었다. 특히, 영국은 동맹자로서의 구실을 충실히 이행하였다. 영·미가 일본을 지원한 이유가 동북아시아에서 러·일 양국의 상호견제를 통해 러시아의 남하를 일본으로 하여금 막자는 데 있었기 때문에, 러시아의 위협이 사라진 직후 일본이 선택한 배타적인 만주 진출은 즉각 영·미의 제재를 불러올 수밖에 없었다. [네이버] 러일전쟁 [露日戰爭] (한국민족문화대백과, 한국학중앙연구원. https://terms.naver.com/entry.nhn?docId=544942&cid=46623&categoryId=46623(검색:2020.04.14.) 러일전쟁관련 더 참고할 자료는 강성학,『시베리아 횡단열차와 사무라이: 러일전쟁의 외교와 군사전략』(서울: 고려대학교 출판부, 2000); 김용구,『세계외교사』(서울: 서울대학교출판부, 2007); 최문형,『국제관계로 본 러일전쟁과 일본의 한국의 병합』(서울: 지식산업사, 2004)

넘치는 문화 선진국으로서 새롭게 태어나는 부강국가로 자리매김해야 한다.

한편 남북으로 분단되어있는 한반도는 국제경쟁력이라는 변수 이외에도 북한 리스크(risk)가 엄연히 존재하는 상황에서 정부와 기업은 북한 리스크라는 다른 변수를 생각하지 않을 수 없다. 국가 발전의 지렛대(leverage)가 될 수 있도록 역량과 지혜를 모아 항해를 지속해야 세계 속의 한국이 원하는 국가와 국민들의 행복을 추구할 수 있다는 신념으로 진력해야 한다. ○○기관이 국민의 안전은 뒷전이고 변화를 회피하고(avoid) 자신의 이익만 채우는 조직은 이제 국민이 심판해야 할 것이다. 말로는 국민을 위해서라고 입버릇처럼 떠들어놓고 실행하지 않으면서 뒤로는 특정 이해집단(interest group)의 이익을 대변하는 어처구니없는 일이 발생하곤 한다. 말과 행위의 이중성을 그대로 드러내는 것이다. 민주주의 국가(a democratic state)에서 선출된 권력이 부정부패에 연루되면 사법적 심판으로 시시비비를 가려야 한다. 특히 수사나 기소과정에서 특권이 발동되어 용두사미(龍頭蛇尾)가 되어서는 안 된다. 반면 선출되지 않은 권력은 시민사회단체, 국민의 감시와 내부고발 등을 통해 엄격하게 통제해야 한다. 내부고발을 한 사람의 신변은 철저히 보호하고 끝까지 지켜져야 한다. 이는 건강한 조직 발전의 원동력이다. 따라서 선의의 경쟁이 살아 숨쉬는 토대의 조건이 되는 것이다.

독재와 부패는 '시민-정치적 권리들'과 '경제-사회적 권리들'을 침해하는 민주주의의 심각한 적들이다. 그런데 과거에는 직접적인 폭력과 압제 등 '보이는 독재'가 횡행했다. 하지만, 현대에는 가짜뉴스, 여론조작, 이데올로기 주입 등 보다 지능적인 방식으로 국민들이 누려야 마땅한 권리를 억압하는 경우가 많다. 마찬가지로, 비리, 강탈, 뇌물 등 '노골적 부패' 대신, 국민들에게 정당하게 제공되어야 하는 부의 분배를 교묘하게 가로채어 소수의 것으로 삼는 일이 많은 국가들에서 나타나고 있다.72)

코로나19(COVID-19)사태라는 팬더믹(Pandemic, 세계적 전염병 대유행)이 선언된 미증유의 국가적 위기 속에서 한국 정부는 기회를 찾는 적극적 자세를 보여주었다. 2019년 7월 "일본의 수출 규제73)에 대응하여 소재·부품·장비 산업을 자립화하는 기회를 열어나갔듯이 글로벌 공급망의 급격한 재편에 능동적으로 대처해야 한다."고 강조했다. "코로나19는 세계질서를 재편할 것"이라며 "바이러스는 이미 초국경적인 문제다. 국경의 장벽을 쌓고 이동을 금지한다고 문제가 해결되는 것이 아니다"라고 진단했다.74)

21세기 재난은 복잡화, 다양화, 빠른 전염성, 비선형적인 복합적인 형태를 띠고 있는 특징을 보여주고 있다. 재난은 초기대응이 무엇보다 중요하다. 2020년 전 세계적으로 대유행한 '코로나19'(WHO는 'COVID-19'라고 한다) 대응과정에서 한국 정부는 신속한 대응으로 초기 확산 방지에 주력하기 위하여 기용자원 확보 노력에 애를 먹었다. 그러나 일

---

72) 김거성 (한국투명성기구 전 회장), "부패의 진화에 따른 새로운 반부패 전략", 제19차 국제반부패회의, 2020.12.01. 전체회의 (1) 발제문. http://ti.or.kr/data/index.php?ptype=view&idx=679&page=1&code=data (검색: 2021.01.10.)
73) 일본 정부가 2019년 7월 4일부터 반도체·디스플레이 등의 생산에 필수적인 품목의 한국 수출규제를 강화하는 조치를 시행한 데 이어, 8월 2일에는 한국을 일본의 백색국가 명단 (화이트리스트)에서 제외시켰다. 일본은 한국에 대한 수출규제 및 백색국가 제외 방침에 대해 초기에는 강제징용에 대한 우리 대법원의 판결(2018년 10월)을 이유로 내세웠으나, 이후 ▷한국의 전략물자 밀반출과 대북제재 위반 의혹 ▷수출국으로서의 관리책임 등 계속 말을 바꿨다. [네이버] 일본의 대한민국 수출규제(2019) (시사상식사전, pmg 지식엔진 연구소) https://terms.naver.com/entry.nhn?docId=5807360&cid=43667&categoryId=43667 (검색: 2020.04.14.)
74) 2020.04.14., 청와대 국무회의 주재시 문재인 대통령 발언. https://www.yna.co.kr/view/AKR20200414069200001?section=politics/all (검색: 2020.04.14.)

부국가의 입국금지, 해외 여행금지 등의 극약처방은 이루어지지 않아 지역사회로 감염되는 결과를 초래한 점은 크나큰 아쉬움으로 남는다. 한국 정부의 대응을 높이 산 세계보건기구(WHO)는 한국과 공동의 노력을 하기로 했다. 한국 정부는 '코로나 19' 대응 초기단계(initial phase)에서 보다 더 과감하고 적극적·선제적 대응을 해야 한다는 교훈과 보다 촘촘한 그물망처럼 대응을 해야 한다는 아쉬움도 있다. 위기나 재난(disaster)은 발생시 초기대응(initial response)에서 승패가 결정되므로 가장 중요한 것은 정부간(조직간) 정보공유가 왜 중요한 것인지 '코로나19' 사태를 대응(response)하면서 절감했다. 그러나 정부는 국민안전을 위해서도 국가 재난관리시스템(national diseaster management system)을 효율적으로 관리·운영하면서 국가위기관리체계를 점검하고 연습하는 능력을 증진해야 한다. 한국은 아직 완전한 사회통합을 이루기 위한 민주·사회적 조건이 성숙되지 않았다. 사회통합은 결코 쉬운 것이 아닌 대장정의 길을 걸어야 한다. 사회통합을 이루기 위한 다음 몇 가지의 정책적 제언으로 첫째, 사회통합을 위한 특별법을 여야(與野)의 초당적 합의로 제정하여 통합을 실질적으로 이끌어갈 제도적 기구(가칭 사회통합위원회)를 생각해 볼 수 있다. 둘째, 특별법 제정과정에서 기득권층의 강력한 반발을 공정과 정의, 성숙한 시민의식으로 극복할 수 있는 기반을 구축할 필요성이 제기된다. 셋째, 사회통합 과정의 주요 원칙으로 투명성, 민주성, 절차적 정당성, 진실성을 반드시 갖추어야 한다. 마지막으로 사회통합 과정의 지속성과 객관성을 공정한 평가를 통한 제도적 장치를 마련하여 추진하는 것이 국민으로부터 신뢰를 받을 수 있을 것이다. 1945년 조국 해방이후 지난 75년간 한국사회의 갈등과 분열은 친일잔재 미청산으로 인해 사회갈등과 분열, 사회·경제적 불평등으로 이어져 불완전한 사회로 오늘에 이르고 있다. 완전한 사회통합을 이룩하기 위한 과정은 참으로 어렵고도 지난한 과정 없이는 결코 이루어질 수 없다. 이미 진행되고 있는 4차 산업혁명과 세계적인 보건위기 환경, 미국과 중국간의 갈등으로 한국은 복합적인 변화를 맞고 있다. 2022년 새롭게 출범한 정부는 다음 몇 가지 사항은 충분한 고민의 시간을 가지면서 검토가 이루어져야 할 것이다. 하나는 개헌을 통한 정치체제의 변화, 즉 제왕적 대통령단임제를 4년 중임제로의 변화를 모색하는 방안과 다른 하나는 권력기관이 더 이상 부정부패에 착근하지 못하도록 강력한 법제도를 시행하는 것이며, 마지막으로 정치가 더는 경제의 발목을 잡는 경우가 발생하지 않도록 3권 분립의 철저한 이행과 법제도를 싱가포르처럼 강력하게 정비해야 한다. 예컨대 one out제를 시행하는 것도 하나의 방법이 될 수 있다. 이러한 시대적 대변화에 순응하지 못하면 한국의 국가발전은 요원하고 정체될 것이 분명해질 것이다.

4. post corona 19 이후 한국의 역할

2019년 12월 중국에서 발생한 신종 코로나바이러스의 영향으로 전 세계적 대유행(팬더믹, Pandemic)을 불러왔다. 미국, 유럽을 비롯한 210여 개국이 넘는 국가에서 확진자가 폭증하고 있다. 세계적으로 확진자는 기하급수적으로 늘어나고 있는 상황이 지속되고 있다.[75] 그러

---

75) 2020.4.22. 21:20기준(한국시간), 전 세계 확진자는 2,536,853명, 사망자는 178,998명으로 치사율은 평균 7.6%에 이른다. 최다 발생 국가별 통계는 미국(819,175/45,353, 5.5%), 스페인(208,389/21,717, 10.4%), 이탈리아(183,957/24,648, 13.4%), 독일(148,704/5,100, 3.4%), 영국(129,044/17,337, 13.4%), 프랑스(117,324/20,796, 17.7%), 터키(95,591, 2,259, 2.4%), 이란(85,996/5,391, 6.3%), 중국(82,790/4,632, 5.6%)의

나 코로나 바이러스 감염증(코로나19 또는 COVID-19) 대응과정에서 세계보건기구(WHO)를 비롯한 미국, 유럽의 선진국들은 한국을 세계적 모범사례(또는 롤 모델) 지칭하고 있다. 한국이 이처럼 신종 코로나바이러스 감염증 대응과정에서 보여준 특징은 앞서 언급한 것처럼 선제성(Preemptive), 신속성(Precise), 투명성(Transparent), 시민참여(Participation), 혁신성(innovation), 지도자의 포용적 리더십(inclusive leadership)으로 정의할 수 있을 것이다. 이는 서구선진국들이 사상 최악의 대응과정에서 한국 따라 하기를 시도(드라이브스루, 워킹스루, 마스크 착용, 선별진료소 설치 및 운영, 조기진단, 자가 격리 앱 설치, 확진자 동선 역추적 등)하고 있는 것과 한국산 진단키트 및 방역 물품 지원요청, 경험, 관련 정보 공유를 지원 요청한 국가가 많다는 사실에 기반하고 있다. 한국은 세계적 대위기(a great crisis) 상황에서 침착하고 신속한 선제적 대응으로 위기를 돌파했다.76) 특히 사회적 거리두기(Social Distancing)에 대한 정부의 방침(안전 안내문자 등)을

뒤를 이어 러시아(57,999명), 브라질(43,592명) 등이 급증하고 있다. 4.28, 20:20기준(한국시간) 전 세계 확진자는(3,043,673명)이며, 사망자는(212,325명)으로 치사율은 평균 6.98%에 이른다. 미국의 확진자는 세계의 1/3, 사망자의 1/4을 차지하고 있다. 각 국 현황을 살펴보면 미국(1,010,507/56,803, 5.6%), 스페인(232,128/23,822, 10.3%), 이탈리아(199,414/26,977, 13.5%), 독일(158,758/6,126, 3.9%), 영국(157,149/ 21,092, 13.4%), 프랑스(128,339/23,293, 18.1%), 터키(112,261, 2,900, 2.6%), 러시아(93,558/867, 0.9%), 이란(92,584/5,877, 6.3%), 중국(82,856/4,633, 5.6%)로 급증하고 있는 가운데 브라질, 캐나다, 벨기에가 뒤를 잇고 있다. 참고적으로 중국은 통계의 부정확성을 미국, 독일 등에서 의문을 제기하고 있다. https://coronaboard.kr/코로나19(COVID-19) 실시간 상황판 (검색: 2020.04.22.04.28)

76) 한국은 코로나바이러스 감염증(코로나19 또는 COVID-19) 대응과정에서 중·경증 확진자 분리치료를 위한 생활치료센터 운영, 드라이브 스루 운영, 비대면 환자 모니터링을 통하여 지속적인 대규모 검사로 초기에 환자발생시 동선을 추적하는 등 확산방지에 영향을 주었다. 특히, 생활치료센터는 공공기관 연수원, 대기업 연수원시설을 사용하여 격리치료를 가능케 했다. 일부에서는 공공인프라 못지않게 시민의 역량이 결합되어야 한다고 강조하고 있다. 또한 2015년 기승을 부린 메르스(MERS)의 학습효과라고 보는 견해도 있다.

실시간으로 휴대폰, 앱 등을 안내·활용함으로서 코로나19 확산방지에 도움이 되었으며, 실시간(real time) 코로나19 대응 상황을 시민들과 공유한 것은 한국이 ICT 선두 주자다운 면모를 유감없이 보여주었다는 점에서 세계의 이목을 집중했다. 한국의 위대한 시민의식은 세계적 대유행(팬더믹, Pandemic) 상황에서도 빛날 수 있었다. 따라서 post corona 이후 한국은 성숙한 시민역량, 보건의료 분야의 선진국으로 자리매김할 수 있을 것이다.

 2019년 12월에 발생하여 2020년 초부터 세계적으로 대유행한 "코로나바이러스 감염증(코로나19 또는 COVID-19) 이후 한국이 해야 할 3가지 도전은 첫째, 이제 더는 선진국을 따라가지 말고 스스로 선도국가가 될 것이며, 둘째, 지금까지 한국을 발전시켜온 경제와 정치 논리가 미래에는 더는 통하지 않을 것이니, 21세기 한국에 어울리는 새로운 길을 찾는데 앞장설 것이며, 셋째, 더는 기존 동맹에만 의지하지 말고, 외교관계를 다극화할 것"77) 등을 제시했다. 다른 한편으로 "지금과 같은 위기상황에서 우리는 두 가지 힘들고 중요한 선택을 해야 한다. 첫째는 전체주의적인 감시체제와 시민적 역량강화(empowering citizens) 사이에서의 선택이다. 둘째는 민족주의적 고립과 글로벌 연대 사이에서의 선택이다. 전염병과 이로 인해 파생되는 경제위기는 모두 글로벌 위기이다. 이는 오직 글로벌한 협조를 통해서만 해결할 수 있다. 바이러스를 상대로 승리하기 위해서는 글로벌 차원에서 정보를 공유해야 한다. 이것이 인간이 바이러스에 대해 갖고 있는 강점이다."78)

---

77) 최준호, 중앙일보, 최준호의 사이언스 &, Jim Dator(짐 데이터), '대위기 이후 한국과 미국의 4가지 미래' 대본(Four Futures of Korea and the US after the Great Emergency) "코로나시대 이후 세계, 한국의 길." 2020.4.14. 27면
78) 유발 하라리, Financial Times '코로나바이러스 이후의 세계'. 2020.03.20.

세계적 차원에서 보면 한국 정부의 역할이 보다 중요해지고 있는 현실에서 정부는 다음 몇 가지 사항에 주목할 필요가 있다. 첫째, 국가적 대위기 상황에서 이를 컨트롤타워 역할을 할 수 있는 조직체계를 즉각 가동할 수 있어야 한다. 이를 위한 법·제도적 정비를 촘촘하게 완비해야 한다. 이는 중앙정부의 조직체계뿐만 아니라 지역별 체계도 컨트롤(control)할 수 있도록 함께 정비해야 한다는 것이다. 둘째, 대위기 상황에서 즉각 투입할 수 있는 보건의료인력 및 시설·장비를 지속적으로 확보하고 유사시 동원하여 사용할 수 있는 대비계획을 갖추어 나가야 한다. 셋째, 세계적 대위기 상황을 조기에 효과적으로 대응하기 위한 글로벌 정보 공유 체계를 한국이 선제적으로 세계보건기구(WHO)와 함께 매뉴얼(manual)화하여 각국이 공유하고 실시간(real time)으로 전파할 수 있는 체계(system)를 갖추도록 시스템을 정비해가는 데 선도적 역할을 할 필요성이 요구된다. 이는 글로벌 위기(global crisis)에 대응하는 가장 효과적이고 이상적인 수단이 될 수 있기 때문이다. 마지막으로 정부는 포스트 코로나 전략(post corona strategy)을 조기에 마련하여 보건의료·방역분야의 새로운 부가가치를 창출하고 국제적 협력을 강화하여 한국의 위상을 강화하는 기회로 삼아야 한다.79) 코로나 바이러스 감염증 이후 한국은 큰 틀에서 국제적 협력(international co-operation)과 긴밀한 연대를 강화하고,80) 국내적으로 효과적인 대

---

79) 한국은 코로나19 상황하에서 4.15일 치러진 제21대 국회의원 선거이후 최대 잠복기인 14일이 경과한 이후에도 선거관련 코로나19 감염사례는 한건도 보고되지 않았다. 특히 2,900만명(4.10~11일의 사전투표자 제외한 수치) 이상의 유권자와 1만명 이상의 자가격리자가 참여했는데도 지역감염사례는 확인되지 않았다. 중앙재난안전대책본부, 04.30 정례브리핑. 이번 선거를 맞이하여 실시한 방역결과는 한국 정부의 방역 시험대가 된 것은 물론이고, 전 세계적 관심을 보였다. 코로나19로 선거를 연기한 세계의 많은 국가들에 이정표를 제시했기 때문이다. 미국은 코로나19 확산으로 15개 이상의 주(州)에서 대선주자 경선을 영국은 지방선거를 프랑스는 지방선거 2차 투표를 6월 이후로 연기했다.

응을 위한 정부차원의 대책을 정치·경제·사회 전 분야에 걸쳐 효율적인 수단을 촘촘히 준비, 국민들이 일상으로 돌아가고 사회가 정상적으로 복구하여 기능을 발휘할 수 있도록 해야 한다.81) 특히 국제협력이 필요한 것은 사회적 위기(social crisis) 못지않게 경제적 위기(economic crisis) 극복을 위해선 국제협력이 절실히 필요하다. 그러나 현실적으로 각 국가들은 코로나바이러스 감염증확산 차단을 위해 국가 간 교류 이동 차단(국경차단, 국경통제)으로 인적 및 물적 교류가 막혀 국가경제뿐만 아니라 세계경제를 더욱 어렵게 만들고 있다. 따라서 국가별 방역에 지장을 주지 않는 범위에서 국가 간 경제적 위기(economic crisis) 극복에 필요한 경제인, 기업인 교류는 허용하는 것이 바람직하다.

　미국의 경우 코로나바이러스 감염증이 중국에서 발생초기부터 적극적인 예방과 대비책을 마련할 시간이 있었음에도 불구하고 수많은 사상자가 발생했다는 것은 위기대응에 실패했다고 할 수밖에 없다.82) 이

---

80) 방역 의료 물품 공급, 방역 대응상 경험과 임상데이터 공유, 백신 및 치료제 개발을 위한 국제 공조 강화, 기업인, 경제인 등 국가별 필수 인력의 교류 보장, 사회적 거리두기, 이동제한령, 자가 격리, 경제 극복대책, 효과적인 주민통제대책 등 각 국 정부의 적극적인 통제 대책 공유 등
81) 코로나바이러스(코로나19 또는 COVID-19) 관련 법·제도 정비, 긴급재난생활지원금 대책, 사회적 거리두기, 자가 격리 앱 설치, 종교집회, 요양원, 요양병원, 유흥시설 등 밀집다중이용밀집시설 통제 대책, 안전 안내 문자 발송, 동선 확인 및 역추적검사, 드라이브 스루(Drive Through) 및 워킹 스루 방법, 투명한 정보공개 ICT 활용 대응 방안, 확진자 발생 국가들과 공유 등
82) 미 존스홉킨스대학은 24일 오후 5시 31분(미 동부시간) 기준 미국의 코로나19 확진자 수를 89만524명으로 집계했다. 누적 사망자는 5만117명으로 집계됐다. 4.6일 누적 사망자가 1만명을 기록한 이후 18일 만에 다섯 배로 늘어난 것이다. 노정연 경향신문, 미국 코로나19 사망자 5만명 넘어…첫 사망자 발생 이후 78일 만, 2020.04.25. http://news.khan.co.kr/kh_news/khan_art_view.html?artid=202004251810001&code=970201 (검색: 2020.04.27.); 미국의 코로나19 누적 사망자 수가 베트남 전쟁 전사자 수를 넘어섰다. 출처: KBS, NEWS, '코로나19' 팬데믹, 미국 코로나19 사망자 수, 베트남전 전사자 넘어서, 2020.04.29. 미 존스홉킨스대학은 미국 동부시간으로 4.28일(PM 7시 32분 기준) 코로나 19 확진자 수를 101만 1천877명, 사망자는 58,351명으로 집계했다. 이는 10년 이상 이어진 베트남전에서 사망한 미국 군인 58,220명을 넘어서는 것이라고 CNN

에 대해 뉴욕타임스(NYT, 4.23)는 "제2차 세계대전이후 미국은 미국 예외주의가 인정을 받았지만 코로나19(또는 COVID-19)라는 팬더믹(Pandemic)에서 미국의 리더십은 실종상태라고 진단했다."83) 그러나 세계의 강대국이라 불리는 미국과 중국 간에도 코로나바이러스 관련 협력(co-operation)보다는 갈등(conflict)이 상존했다. 강대국의 각자도생으로 피해는 눈덩이처럼 불어났다. 국제적 협력(international co-operation)을 해도 극복에 오랜 시간이 걸리는 만큼 미·중 양국은 코로나바이러스 감염증(코로나19 또는 COVID-19) 정보를 공유하여 인류평화에 기여하는 방향으로 진전을 기대했으나 갈등만 증폭되었다. 코로나바이러스 감염증으로 인한 팬더믹(Pandemic, 세계적 대유행)이 선포된 대위기 상황에서 세계적 모범사례로 우뚝 선 한국은 세계보건기구(WHO), 국제사회와 서구 선진국들에 위기대응(crisis response) 경험과 정보를 공유하고 방역·의료물품(마스크, 진단키트, 방호복 등)을 지원하여 조기 확산 차단에 기여한 것은 세계보건기구(WHO) 및 세계 역사에 오랫동안 기록될 것이다. 한국 정부는 코로나19 사태를 맞아 컨트롤타워를 조기에 설치하여(정부: 중앙재난안전대책본부) 세계적 대유행으로 확산한 세계적 위기를 극복했다. 코로나19 상황에서 미국, 독일, 영국, 프랑스 등 많은 서구 선진국들은 한국 정부를 모범국으로

은 전했다. http://news.kbs.co.kr/news/view.do?ncd=4435444&ref=A (검색: 2020.04.29.) 한편 2020.4.30. 12:20기준(한국시간), 전 세계 확진자는 3,182,222명, 사망자는 228,210명으로 치사율은 평균7.2%에 이르는 가운데 미국의 (누적) 확진자/사망자/치사율은(1,064,572명/61,669명/5.8%), 스페인(236,899명/24,275명/10.2%), 이탈리아(203,591명/27,682명/13.6%), 영국(165,221명/26,097명/15.8%),독일(161,539명/6,467명/4.0%),프랑스(128,442명/24,087명/18.8%), 터키(117,589/3,081명/2.6%), 러시아(99,399명/972명/1.0%), https://coronaboard.kr/코로나19(COVID-19) 실시간 상황판 (검색: 2020.04.30)

83) 한국, 연합뉴스, 하채림, 2020.04.24., 미국, 뉴욕타임스, 2020.04.23(미국 동부 현지시간)

지칭했다. 가장 최근에도 한국의 젊은 청년들이 어려워하는 것은 순전히 기성세대의 탓이다. 문제는 기성세대가 이를 인식하고 있지 않다는 데 있으며, 분노에 중독된 우리사회의 심각성을 그대로 노출하고 있다. 청년들은 우리사회가 아직도 공정하지 않다고 생각하고 있으며, 그 중심에는 기성세대의 실력주의로 과대포장 된 세습주의가 만연해 '부와 사회적 지위'가 대물림되고 있다고 느끼기 때문이다.

권력을 가진 자들이 특별사면을 통해 석방되는 현실은 우리사회의 민주주의를 크게 훼손하는 중요한 준거가 될 수 있다. 따라서 대통령의 사면권 행사는 전면적 재검토가 이루어져야 할 것이다. 죄를 지어도 감옥에서 잠시 생활하다가 일 년에 몇 번 있는 특별사면을 통해 사면·복권되는 그러한 절차는 국민대통합과 사회통합을 위해서도 바람직하지 않다. 십 수년의 형을 선고받은 자라도 자신들의 잣대에 맞으면 범죄자에 대해서까지도 특별사면(특사)하는 것은 국민정서에 맞지 않다. 사회통합이 애초부터 이루어 질 수 없는 것이다. 한 예로 15년형을 선고받은 자가 겨우 2~3년을 살다가 사면되는 것은 법적 형평성과 절차적 공정성에도 반하는 것이다. 오히려 국민여론을 사면의 준거로 하면 조금은 절차적 공정성을 보완할 수는 있을 것이다.

이제 한국 정부는 지속적인 기술혁신과 혁신성장을 통해 국가경쟁력을 강화하고 경제적 성과를 제도적 기반으로 정착시켜 건강한 사회를 조성하며 사회 안전망 정착으로 국민의 생명을 보다 적극적으로 보호하고 나아가 사회적 불평등과 양극화를 해소하는 한편 갈등과 분열로 유리된 계층과 진영을 사회적 통합으로 승화시켜 나아가며 혁신적 포용국가를 국가발전 전략으로 삼고 투명하고 특권 내려놓기와 공정한 게임의 룰(rule)이 만들어지는 부정부패 없는 공정한 사회 그러한 정부를 기다려본다. 이것은 이 시대 이 땅의 모든 사람과 오늘날 우리 청년들이 열망하는 세상일 것이다.

Don't Forget To Remember Me

- Bee Gees[84]

Oh my heart won't believe that you have left me
I keep telling my self that it's true
I can get over anything you want, my love
But I can't get myself over you

Don't forget to remember me and the love that used to be
I still remember you I love you
In my heart lies a memory to tell the stars above
Don't forget to remember me my love

On my wall lies a photograph of you girl
Though I try to forget you somehow
You're the mirror of my soul
so take me out of my hole Let me try to go on living right now

Don't forget to remember me and the love that used to be
I still remember you I love you
In my heart lies a memory to tell the stars above
Don't forget to remember me my love

---

84) 1970년 4월에 발매된 Bee Gees의 앨범 〈Cucumber Castle〉에 수록된 곡으로 디스코가 아닌 발라드 장르의 노래이다. 영국에서 활동한 3인조 음악 그룹. 배리 깁, 로빈 깁, 모리스 깁으로 삼형제가 결성한 영국의 팝 음악 밴드이다.

You Raise Me Up
- Brian Kennedy[85]

When I am down, and, oh, my soul, so weary
When troubles come, and my heart burdened be
Then, I am still and wait here in the silence
Until you come and sit awhile with me

You raise me up, so I can stand on mountains
You raise me up to walk on stormy seas
I am strong when I am on your shoulders
You raise me up to more than I can be

You raise me up, so I can stand on mountains
You raise me up to walk on stormy seas
I am strong when I am on your shoulders
You raise me up to more than I can be

You raise me up, so I can stand on mountains
You raise me up to walk on stormy seas
I am strong when I am on your shoulders
You raise me up to more than I can be

You raise me up, so I can stand on mountains
You raise me up to walk on stormy seas
I am strong when I am on your shoulders
You raise me up to more than I can be
You raise me up to more than I can be

---

85) 시크릿 가든의 롤프 뢰블란(Rolf Løvland)이 편곡을 하고, 브렌던 그레이엄(Brendan Graham)이 가사를 쓴 노래이다. 이 노래는 2001년에 출시된 시크릿 가든의 앨범 〈Once in a Red Moon〉수록곡이며, 아일랜드의 가수 브라이언 케네디(Brian Kennedy)가 불렀다. 이후 웨스트라이프의 5번째 앨범인 Disneynature Chimpanzee Soundtrack의 첫 번째 싱글로 발매되었다.

부 록

전쟁이 무서운 것은 다행스런 일이다.
그렇지 않았다면 우리는 전쟁을 너무 좋아하게 됐을 것이다.

— 로버트 리(1807-1870)

부록 1. 미국의 재난관리기본 자료

1. **국가준비목표(National Preparedness Goal: NPG)**

   가. 국가준비목표(NPG)는 모든 형태의 재난과 긴급상황에 대비하기 위한 모든 지역사회의 대비체계 강화를 위한 국가적 대응역량 제시

   - 2011년 9월 대통령령 8호(HSPD-8)에서 21세기의 국가안보를 위협하는 모든 위협에 대비하기 위한 전략적 재난관리체계 제시

2. **국가준비체계(National Preparedness System: NPS)**

   가. 국가준비목표를 달성하고, 지역사회의 조직화된 절차를 통해 국가재난을 지키고, 원활한 회복을 위한 전략적 단계 제시

   나. 6개의 하위요소와 5가지 방법과 자원, 그리고 국가계획기본구조(National Planning Frameworks)를 제시

3. **연방부처간 재난관리 운영계획(Federal Interagency Operational Plans: FIOP)**

   가. 연방 부처간 재난관리 운영계획(FIOP)은 지방정부의 효율적 재

난관리를 위한 연방정부의 단계별 핵심운영계획 제시
- 국가준비목표(NPG)의 핵심역량에 대한 연방정부의 전략 및 원칙 수립

4. 국가계획기본구조(National Planning Frameworks: NPF)
가. 국가계획기본구조(NPF)는 국가준비체계(NPS)의 원활한 수행을 위한 재난관리 단계별 추진 전략
- Prevention, Protection, Mitigation, Response, Recovery (5개) 명시
- 허리케인 "카트리나" 이후 국가대응계획(NRP)에서 국가대응체계(NRF)로 변경

5. 국가사고관리체계(National Incident Management System: NIMS)
가. 정부, 비정부, 민간부문 등이 모든 사고(위협과 위험)를 관리하고, 공동으로 수행할 수 있는 체계적이고 적극적인 재난대응체계이다.
나. 국가준비체계(NPS)의 핵심적인 토대로서, 다섯 단계의 모든 국가기본구조(NPF)를 지원하는 운영방안과 사고관리의 기초 형식 제공한다.
다. 국가사고관리체계는 모든 재난 대응을 표준화하고, 인명 피해와 비용을 최소화할 수 있도록 자원과 인력에 대한 통합적·효율적 할당 체계를 갖추고 있다.

부록 2. 국가 위기관리의 10가지 교훈

> 리더는 먼저 들어가고 마지막에 나와야.
> – 하버드대 위기 리더십 프로그램으로 돌아본 '세월호 참사'

1. 리더십

가. 지휘관 모자를 함부로 받지 말라

미국은 위기 상황에서 현장에 가장 먼저 도착하거나, 가장 전문성 있는 사람을 기준으로 현장 지휘관이 결정된다. 9·11 사태 당시 펜타곤(미 국방부 청사)이 공격을 받자 화재가 발생했다. 당시 현장에 가장 먼저 도착한 사람은 알링턴 소방서의 '넘버 2'였던 제임스 슈월츠였다. 현장 지휘관은 펜타곤에 머물던 럼즈펠드 국방부장관이 아니라 슈월츠로 정해졌다. 뒤늦게 도착한 슈월츠의 상사도 "현장에 대해서는 자네가 나보다 더 많이 파악하고 있으니 지휘를 자네가 맡게"라고 말하고 다른 업무를 도왔다. 세월호 참사 현장에서 우리 정부는 현장도 모르고 전문성도 없는 사람들이 직급에 따라 지휘관을 맡았다가 혼란만 자초했다.

나. 가장 먼저 들어가고 마지막에 나온다(First In, Last Out)

'09.1월 뉴욕 상공에서 엔진이 고장난 비행기를 과감하게 허드슨강에 불시착시키면서 승객과 승무원 155명을 모두 구한 체슬리 설렌버거 기장. 그는 마지막까지 비행기 안에 남아 사람이 더 없는지 두 번이나 둘러보고 탈출했다. 2005년 뉴욕 소방관인 존 살카는 뉴욕소방서로부터 배우는 리더십에 대한 책을 쓰면서 책의 제목을 '가장 먼저 들어가, 마지막에 나와라(First In, Last Out)'로 달았다. 자신의 이름을 걸고 책임지는 모습, 그것이 리더다.

2. 판단력

다. '순간 탄력성'을 발휘하라.

설렌버거 기장은 엔진 고장이 발견되자 조종간을 잡고 창밖 뉴욕 시내를 보면서 재빨리 3차원 지도를 머릿속으로 그렸다. 관제탑에서는 주변 공항으로 유도하려고 했으나, 그는 엔진이 꺼진 상태에서 뉴욕 상공을 낮게 날다가 더 큰 재앙이 올 수 있음을 직감하고, 허드슨강에 과감하게 불시착을 감행했다. '바르고 빠른' 판단력이 있었기 때문이다. 이를 '순간 탄력성'이라 부르는데, 경험과 훈련의 산물이다. 설렌버거는 1만9500시간 비행 경험과 함께 정기적으로 위기대응 훈련교육을 받았다. 비록 교실 수업이긴 했지만 물 위에 착륙하는 연습도 했다. 글로벌 기업들은 매년 CEO와 임원을 위주로 위기관리 시뮬레이션을 진행한다. 화학·제약·식음료 산업 등 위험 발생 가능성이 큰 산업군에서 보다 적극적이다.

라. '헤드 퍼스트(Head First)' 대응에서 벗어나라.

개인 정보 유출 사건 때 카드 회사들은 무방비 상태였다. 위기 대응력을 훈련한 적도 없고, 대응 전략도 세우지 못했으며, 준비된 인력이 없는 상태에서 위기를 맞았다. 결국 당국 브리핑이나 뉴스 보도가 나오면 코를 박고 수세적으로 해명하거나, 변명하고 부정하는 답변을 만드는 데 급급했다. 이를 '헤드 퍼스트(제대로 생각도 해보지 않고 성급하게)' 방식이라 한다. 위기일수록 자신의 위치를 확고히 하고 전략을 세워야 위기에 대처할 수 있는 힘이 생긴다. 위기에 닥치면 반드시 상황실(War Room)을 만들라. 그 사이 두드려 맞더라도 반드시 사건을 정의하고, 이에 따른 전략을 세운 뒤 목표를 정해서 대응하라.

3. 시스템·관리

마. 기대치를 관리하라(Expectation Management)

세월호 참사 첫날 정부는 구조자 수를 368명으로 발표했다가 164명 → 174명 → 175명 → 176명으로 번복한 뒤 결국 179명으로 발표했다. '대다수 구조'에서 '대다수 실종'으로 돌아선 정부발표는 위기관리에서 최악의 실수로 꼽힐 것이다. 사람 심리에는 대비 효과가 있어 기대를 올려놓았다가 급격히 낮추면 희망적 기대치와 참담한 현실 사이 엄청난 간극이 생겨 더 큰 불행과 분노를 낳는다. 영국 정부가 런던 지하철 테러 사건 당시 통계 자료를 확실히 확인할 때까지 언론 발표를 계속 미루었던 이유도 이 때문이다. 글로벌 기업의 위기관리 프로세스 첫 단계는 예외 없이 사실 수집과 확인이다.

바. '레드팀(Red Team)'을 두라

미국 드라마 '뉴스룸'을 보면 어느 대형 사건을 보도하는 과정에서 보도 책임자가 주인공인 메인 앵커에게 '레드팀'을 맡아달라고 한다. 레드팀은 쉽게 말해 딴죽을 거는 역할을 한다. '화이트팀'의 보도가 정확하고 근거가 있는지를 검증해 달라는 것. 믿고 싶은 대로 사실을 편집하려는 유혹에 대한 견제 조치다. 글로벌 기업들은 위기에 대비해 '테러리스트 게임'을 한다. CEO와 임원에게 소비자, 정부, 시민단체, 언론 등 여러 이해관계자 역할을 맡기고, 그들 입장에서 기업을 공격할 수 있는 요소를 모두 찾아내도록 하는 것이다.

사. '위기관리의 위기'를 만들지 말라

보통 위험이 발생했을 때는 두 개의 위기가 동시에 발전한다. 하나는 위험 그 자체, 또 하나는 그 위험에 대한 대처로 인한 위기다. 올 초 여수와 부산에서 두 개의 유조선 사건이 잇따라 일어났다. 사실 부산 앞바다 사건이 유출량도 많고 더 위험했다. 그런데 여수 사건은 해양경찰청의 초기 대응 미숙으로 인해 대형 해양 사고라는 기억으로 남았지만, 부산 사건은 발 빠른 초기 대응으로 후폭풍이 미미했다. 기름 범벅이 된 채로 배에 매달려 헌신하는 두 해양경찰청 경위에 대한 미담만 퍼졌을 뿐이다. 위기라는 소나기는 위기관리 과정을 거치면서 태풍이 될 수도 있고 소멸할 수도 있다.

4. 커뮤니케이션·관계

아. 위기에 닥쳐서 명함을 나누면 안 된다(First Name Relationship)

미 연방재난관리청 고위 관료였던 리처드 세리노가 한 말이다. 재난이 발생하면 다양한 정부 부처, 군, 경찰, 기업이 협조해야 하는데, 위기가 난 뒤에야 처음 만나 인사 나눈다면 제대로 팀워크가 작동될 수 없다는 의미다. 지난해 보스턴 마라톤 테러 사건 전후 대응 과정을 연구한 하버드대 박 소령씨는 '편하게 이름을 부르는 관계(First Name Relationship)'에 주목했다. 당시 위기관리에 뛰어들었던 구성원들은 이미 9·11 테러 이후 매사추세츠 재난관리청 주관하에 지속적인 재난 대비 훈련을 해온 친한 사이였고, 이 관계가 위기 상황에서 엄청난 시너지 효과를 냈다.

자. 빠르게 자주 소통하고 협력하라

하버드대 케네디스쿨 아널드 호윗 교수는 재난 상황에서 정부가 해야 할 커뮤니케이션 요소를 4가지로 정리한다.
① 알고 있는 사실만 말해야 한다: 확인된 사실만 소통해야 하는데 이번에 우리 정부는 여기부터 실수를 저질렀다.
② 취하고 있는 조치를 말해야 한다: 조치를 하는 것 못지않게 이를 빨리 자주 커뮤니케이션하는 게 중요하다.
③ 시민들이 무엇을 해야 할지 말해야 한다: 현장 인력, 피해자 가족, 정부, 정치인, 시민이 어떻게 해야 할지 명확한 메시지를 전달해야 한다. 10여개 대책본부와 선사를 포함한 이해관계자들이

별도 브리핑을 한 건 치명적인 잘못이다. 보스턴 마라톤 테러 사건 때처럼 합동 브리핑을 해야 했다.

④ 위기에 대한 해석을 제공해야 한다: 중대한 국가재난이 발생하면 리더는 국민이 위기로 인한 혼돈과 트라우마로부터 극복할 수 있도록 해석을 내려야 한다. 9·11 사태 당시 조지 부시 대통령은 '강한 미국'이란 메시지를 전했고, 테러 6일 뒤에 '일상 복귀'를 선언했다.

차. '옆에서 들어주는 사람(Internal Listener)'이 필요하다

위기관리에서 가장 중요하면서도 제대로 관심을 받지 못한 분야는 '피해자 관리'다. 신속한 구조 대책과 함께 피해자와 피해자 가족에 대한 적절한 조치가 이뤄져야 한다. 그 대책 중에는 '옆에서 들어주는 사람(Internal Listener)' 역할이 포함돼야 한다. 피해자 가족의 심리적 공황에 대한 이해를 바탕으로 응급 의료 지원과 심리적 상황을 관리해 주는 사람이다. 미국에서는 의료사고가 발생했을 때 의사나 병원 핵심 관계자가 환자 옆에 앉아 환자 가족의 이야기를 듣도록 하고 있다. 환자와 같은 쪽을 바라보면서 그들의 심정을 이해해야 하기 때문이다.

부록 3. 미국의 재난대응시 연방정부간 운영계획

1. Instruction

가. 목적(Purpose)

1) 연방정부가 재난대응단계에서 핵심역량을 어떻게 제공하는가를 설명함.
   - 특히, 위기나 재난상황에 생명과 재산을 보호하는 기본적인 수요에 부응하기 위해 스태포드법에 따른 연방정부나 스태포드법에 근거하지 않은 기관 등이 지방, 주, 부족, 도서정부 등을 어떻게 지원하는 가에 대한 모든 위험요소(all-hazard)를 고려한 계획임
   - 국가재난대응프레임워크(NRF)와 국가사고관리체계(NIMS)의 개념과 원칙을 바탕으로 수립
2) 연방정부간 운영계획의 지원방식
   - 사고관리를 위한 의사소통의 조정과 통합을 개선하고, 상황인지를 확대시키며, 모든 지역사회의 이해를 높임

- 대규모 재난에 대한 주도적이고 통합적인 연방정부의 대응을 제공
- 사고와 관련된 재난관리단계별(mission area) 행동의 통합을 극대화함
- 효과적인 사고관리에 필요한 공유된 자원 활용의 효율성을 극대화함

나. 대상(Audience)

1) 국가재난대응프레임워크(NRF)는 개인, 지역사회, 민간부문과 NGO 등 다양한 이해관계자를 고려하여 작성되었으나, 재난대응을 위한 연방정부간 계획은 연방정부간 운영에 초점을 맞추고 개발됨
2) 재난대응을 위한 연방정부간 운영에 초점이 맞춰져 있지만, 그 성공은 모든 구성원에 달려 있으며, 연방정부간 협업과 통합에 달려 있음

〈표 1〉 재난대응 FIOP 대상의 지침

재난대응 FIOP의 접근방향	재난대응 FIOP의 비접근방향
계획의 개발을 촉진시키기 위한 운영 개념과 지침	특정 위협이나 시나리오에 근거한 집행계획
특정 재난대응 시 필수업무가 아닌 핵심역량 중심	각각의 연방정부나 기관의 재난대응시 요구사항
연방정부 및 기관의 대응 요구사항	지방, 주, 부족, 지역, 도서, 민간부문, 개인 등의 임무와 역할에 대한 정보

다. 대응 핵심역량(Response Core Capabilities)

1) 생명을 살리고 재산과 환경을 보호하며, 사고 이후 인간의 기본적인 요구에 부응하기 위한 대응 단계의 핵심역량은 다음의 〈표 2〉와 같음

〈표 2〉 재난대응 단계의 핵심역량

상황평가 (Situational Assessment)	현장의 안전과 보호 (On-Scene Security and Protection)
기획(planning)	대규모 수색과 구조 (Mass Search and Rescue Operation)
기능 조정 (Operational Coordination)	대중 케어서비스 (Mass Care Services)
공공정보와 경고 (Public Information and Warning)	공공과 민간서비스와 자원(Public and Private Services and Resources)
핵심운송수단 (Critical Transportation)	공중보건과 의료 서비스 (Public Health and Medical Services)
운영 의사소통 (Operational Communications)	핵심기반시설체계 (Infrastructure System)
환경 대응/보건안전 (Environmental Response/Health and Safety)	사망자관리서비스 (Fatality Management Services)

라. 구성(Organization)

1) 재난대응 FIOP는 계획의 노력을 일치하고 임무와 책임을 명확히 하기 위한 통합적인 접근방법을 제시하기 위해 노력
   - 각각의 핵심역량은 국가대비목표(NPG)와 국가재난대응계획(NRF)에 규정된 핵심과업(Critical Tasks: CTs)의 통합 및 조정을 촉진하기 위해,

- 핵심역량의 미션 목표(Mission Objectives: MOs)가 개발되고 핵심과업(CTs)을 달성하기 위한 요구사항을 제시
- 각각의 미션목표(MOs)는 각 운영단계에 그려진 목표를 따름

2. 운영의 개념(Concept of Operation)

가. 연방정부의 지원 요청(Request for Federal Support)

1) 사고는 전형적으로 생명의 손실과 재산의 피해를 최소화하기 위해 지방, 지역 그리고 연방자원을 활용하는 단계적 대응을 활용함
   가) 모든 지방정부는 NIMS를 활용하여 재난에 대응하며, 일부 인근 지방정부나 주정부에게 지원을 요청
   나) 연방정부의 지원은 스태포드법이나 기타 연방의 권한에 근거하며, 일부 연방법에 따르면 주정부의 요청이 없어도 대응이 가능
   다) 스태포드법에 근거하여 대통령은 긴급 선언이나 대규모 재난 선언으로 대응, 복구, 경감의 노력을 제공하기 위해 지방정부를 지원함
   라) 주지사 및 인디언 부족장 등은 그들의 역량의 한계로 인해 연방정부의 지원이 필요한 상황임을 파악하고 연방정부의 지원 이전에는 각각의 재난대응계획(EOP)에 따라 대응해야 함
   ※ 주지사 → 연방재난관리청 지역청장 → 연방재난관리청장 → 대통령
   마) 연방부처와 기관은 그들 고유의 비-스태포드법의 권한을 바탕으로 재원을 활용할 수 있으며, 스태포드법에 근거한 재난선언 불필요함

바) 일부 연방기구, 지방정부 등은 비-스태포드 법 사건(긴급한 생명의 구호, 산불, 농작물 질병, 사이버 보안 등)에도 직접적으로 연방정부의 도움을 요청 가능

나. 연방지원의 조정(Coordination of Federal Support)

1) 연방정부와 기관은 고유의 법적 근거에 따라 대응을 이끌고 조정할 수 있으며, 대통령령에 따라 국토안보부장관은 국내에서 발생하는 사고의 제1일의 책임자가 됨
2) 대통령령(executive order) 12148에 따르면, 국토안보부장관은 스태포드법에 근거하여 대통령에게 주어진 대부분의 기능을 위임받았으며, 이는 다시 연방재난관리청장에게 위임
3) 포스트 카트리나 개혁법안에 따라 연방재난관리청장은 기타 연방정부와 기관의 재난대응 운영과 과업 재정지원의 조정역할 수행

다. 연방지원의 제공(Provision of Federal Support)

1) 재난대응의 연방정부의 지원의 정도는 사건의 심각성에 달려 있으며, 연방정부의 재난대응은 모든 이해관계자의 전문가와 자원을 활용함
   가) 긴급대응팀, 지원인력, 전문장비 등이 연방정부의 지원과 조정의 핵심 구성요소인 재난대응 핵심역량을 통해 지원됨
   나) 각각의 연방정부를 통해 운영되는 긴급지원기능(ESFs)은 스태포드법에 근거한 이러한 핵심역량을 전달하는 조정 매커니즘임
2) 〔Phase 1(pre-incident)〕 모든 단위의 지방정부와 연방정부는

현재의 계획의 유효성을 검토하기 위해 현재의 물류와 자원 역량, 계획과 절차 그리고 훈련 수행을 결정함
　가) 1단계는 안정적인 상태에서 사건발생 이전의 자원 배치단계까지로 하부 3단계로 구분됨
　나) 1단계는 경계, 대비, 경감 그리고 보호에 초점이 맞춰져 있으며, 사전에 예측 가능한 사건의 경우 높아진 위협(Phase 1b)과 확실한 위협(Phase 1c)으로 구분
3) [Phase 2(Response)] 즉각적인 대응, 자원과 인력의 배치, 지속적인 재난대응 운영으로 구성됨
4) [Phase 3a(Short-term recovery operations) 재난대응의 일부로서 행해지는 복구 행동으로 복구단계로 이전과 지원하는 단계임
5) 다양한 사건에서 다음 단계로 명확하게 이전되지 않으며, 각 단계들은 동시 다발적으로 이루어지며, 지역적으로도 다양하게 이전 됨
6) 재난대응은 모든 재난 단계간 통합이 요구되며, 생명을 구하고, 유지하는 행동은 가장 최우선적으로 고려되어야 함
7) 재난대응단계에서 수행되는 모든 행동은 적절한 법령과 정책, 특히, 1990년 제정된 장애인 보호법, 재활법 등과 같은 시민권과 인권에 부합해야 함

라. 지원의 개념(Concept of Support)

1) 대규모 재난의 대응에는 모든 단위의 지방정부를 포함한 조정된 노력이 요구되며, 재난대응 노력은 긴급지원기능으로 구조화되고, NIMS를 활용하여 공통의 용어, 통신기준, 일원화된 명령체계, 포괄적인 자원의 활용으로 구체화됨

2) 긴급지원기능(Emergency Support Functions)
   가) 긴급지원기능은 재난대응의 핵심역량을 제공하고, 개발·유지하는 연방정부의 중요한 조정 매커니즘이지만, 독점적이지는 않음
   - 긴급지원기능은 단일 연방부처나 기관의 역량에 기반하지 않으며, 여러 조직의 핵심역량을 공동으로 제공
   나) 대통령령에 따라, 국토안보부장관은 주요한 법적 권한을 지닌 부처와 기관의 장을 조정하지만 긴급지원기능의 가동 권한을 존속시킴
   다) 긴급지원기능을 수행하는 부처 및 기관의 임무와 역할
   - 채용, 장비, 자격을 갖춘 인력을 훈련시키며, 부처 및 기관의 계획과 절차를 조정
   - 모든 단계의 지방정부와 민간부문, ngo 등과 통합된 운영계획 수행
   - 긴급지원기능의 책임기관은 국가대응조정센터(NRCC*), 지역대응조정센터(RRCCs**), 그리고 합동현장사무소(Joint Field Office) 등과 연방조정 구조를 지원하고 유지함
     * NRCC: National Response Coordination Center,
     ** RRCC: Regional Response Coordination Centers
   - 공통의 운영계획에 근거하여 상황정보를 공유함
   - 정책결정자와 대응자 그리고 대중에게 시의적절하고 최고의 편익을 제공하기 위해 기구축된 시스템과 채널을 통해 정보를 통합하고 전파함
   - 참여 인력의 안전과 건강을 보호하기 위해 계획을 수립하고 적절한 훈련과 실시하고 적절한 보호 장비를 제공해야 함

- 통합적인 공공정보프로그램의 개발을 통해 각 재난단계별 단일의 공보체계를 구축하고 지역사회에 제공해야 함
3) 자원 관리(Resource Management)
　가) 조정된 구조와 절차를 통해 모든 지역사회로부터 자원을 확보할 수 있어야 하며, 재난관리에서 민간부문의 다양한 역할이 강조됨
　　- 민간부문은 재난대비의 협력자로서 정부 파트너와 함께 계획, 훈련 수행에 협력해야 함
　　- 재난발생기간에 특수 분야의 정보를 정부에게 제공해야 함
　　- 재난대응 노력을 지원하기 위해 민간부문은 자원을 제공해야 함
　　- 경제회복을 위한 파트너이며 중요한 구성원으로 책임을 다해야 함
　나) (push-pull strategy) 연방재난관리청의 물류담당국장이 사고지역에 물자를 제공하면, 해당지역은 재난대응전략을 수립하고 자원의 배분을 위해 당기기 전략을 통해 지역에 필요자원을 제공
　다) 연방재난관리청장과 지역청장은 연방조정관(FCO: Federal Coordinating Officer)에게 물류 권한을 일임하며, 자원의 우선순위와 조정은 재난현장의 리더십의 지원요구에 근거하여 이루어짐

마. 연방정부의 핵심 의사결정(Key Federal Decision)

1) 재난대응 FIOP의 수행을 위해 핵심의사 결정사항은 다음과 같음
   가) 연방정부와 기관의 수뇌부는 피해지역에 연방정부의 자원과 팀을 제공하기 위해서 모든 지역정부와 민간부문과의 조정을 통해 이루어져야 함
   나) 주지사 또는 지역단체장의 요구에 따라 미 대통령은 스태포드법에 근거하여 긴급선언 또는 대규모 재난선포의 여부를 결정해야 함
   다) 스태포드법의 재난선포가 발효되면 대통령은 각각의 피해지역에 연방정부의 지원노력을 제공할 연방조정관(FCO)를 임명해야 하며, 연방조정관은 합동현장사무소(JFO: Joint Filed Office)에서 주조정관과 모든 지방정부의 요구사항과 우선순위에 부응하기 위해 협력해야 함
   라) 스태포드법 이외의 재난선포나 연방간 지원의 요구시 대통령은 필요에 따라 연방정부와 기관간의 지휘 기관을 결정해야 함
   마) 연방재난관리청의 인력과 모든 긴급지원기능들을 포함하여 국가대응조정센터(NRCC), 지역대응조정센터(RRCCs)는 연방재난관리청의 지역사무소와 함께 협력하여 자원과 정책의 지침을 결정해야 함
   바) 합동현장사무소(JFO)가 설립되면 지역, 인력, 프로그램의 우선순위, 동원해제 등이 필요
   사) 국방물자생산법(Defence Production Act), 정책변화, 권리포기, 강제적 구호와 같은 규칙의 적용을 고려해야 함

바. 핵심정보요구(Critical Information Requirements)

1) 핵심정보요구는 재난발생시 시의적절한 명령, 통제, 조정을 촉진하며, 재난대응인력이 효과적인 운영관리를 위해 알아야할 구체적인 정보를 제공
2) 통합조정그룹(UCG: The Unified Coordination Group)은 필요한 핵심정보요구를 결정하고 정보취합계획에 포함됨

   ※ 핵심정보요구와 관련된 주요한 사항은 Appendix 2 to Annex B 참조

   - CIR #1 : 위협, 사건 등에 관한 사실, 측정, 계획
   - CIR #2 : 준비, 대비, 경감
   - CIR #3 : 핵심적인 법령
   - CIR #4 : 생명구조 및 핵심자원과 부족
   - CIR #5 : 피해와 복구의 측정
   - CIR #6 : 인력과 일반대중의 상태
   - CIR #7 : 보건과 안전의 고려사항과 측정
   - CIR #8 : 대응 및 복구조직과 리더십
   - CIR #9 : 복구와 영향
   - CIR #10 : 공공정보 지침
   - CIR #11 : 날씨와 바다

사. 조정 지침(Coordinating Instruction)

1) 대통령은 연방정부를 이끌어 대규모 재난에 신속하고 효율적으로 대응하기 위해 필요한 자원을 확보해야 하며, 모든 연방정부와 기구는 서로 협력해야 함
2) 연방정부의 지원은 스태포드법에 근거한 대통령의 긴급선언으로 여길 수 있으나, 다른 연방부처 및 기관은 다양한 권한과 법령에 근거하여 지원
3) 국토안보부의 국가운영센터(NOC: National Operations Center)

는 국가적 재난의 상황을 인지하는 중심이며, 국가대응조정센터(NRCC)는 국가운영센터의 운영요소로 연방정부의 운영을 통합하고 현장지원을 지원함

4) 국가대응조정센터(NRCC)는 스태포드법과 비스태포드법 모두 가동되며,

5) 연방조정관(FCO)이 임명되기 전에는 지역대응조정센터(RRCCs)가 연방정부간 지원을 조정하며, 연방조정관은 통합조정그룹(UCG)과 협력하여 합동현장사무소(JFO)의 설치를 지시
   - 통합된 조정은 NIMS의 원칙에 따라 ICS 구조를 활용하며, 통합조정그룹은 연방, 주, 지방, 민간부문간의 포함함

6) 스태포드법에 규정되지 않은 사건의 경우, 연방 대응과 지원은 연방정부와 기관이 지닌 법령에 근거하며, NIMS에 기반하여 현장지휘체계 및 합동지휘 구조에 따라 통합된 지휘명령체계를 따름

7) 지방정부와 연방정부간 조정(Federal Coordination with Local, State, Tribal, Territorial, and Insular Area Governments)
   가) 주정부의 자원이 고갈될 것이 예상되면, 주지사는 다른 주에 위기관리지원협약(EMAC*)을 바탕으로 지원을 요청할 수 있다.
      * EMAC : Emergency Management Assistance Compact (위기관리지원협약)
   나) 미국정부는 인디안 부족과 상호신뢰를 바탕으로 자치권을 인정하고 있으며, 실재 재난 및 잠재위험에 대한 협력의 의무를 지님
      - 인디언 부족의 자원과 역량이 부족할 경우 주정부 및 연방정부에 지원을 요청할 수 있으며, 스태포드 법에서는 직접적으

로 대통령의 재난선포를 요청 가능
다) 스태포드법에 근거한 성공적인 재난대응은 모든 지방정부의 다음 사항을 조건으로 함
- 지방, 주, 지역, 도서지역의 위기관리계획(EOP)의 집행
- 공식적인 연방정부 지원 요청 및 주조정관(SCO)의 임명
- 주방위군연합본부를 통해 주방위군의 자원을 조정하고, 주정부와 국방부간 의사소통을 유지
- 피해지역의 대피와 보호를 조정
- 연방기관과 모든 지방정부간 조정
- 지역대응조정센터(RRCCs) 또는 합동현장사무소(JFO)와 연방기관과 의사소통하고 절차를 조정함
- 시민권법에 따라, 장애인, 종교적·인종적·윤리적으로 다양한 배경을 지닌 사람과 비영어권자들에게 평등한 대우를 제공
- 환경법을 따를 것을 보장
- 주조정관(SCO)을 통한 연방정부의 직접적인 지원을 지지
- 재난대응 및 복구 계획과 집행상황에서 타 지방정부와 조정을 보증함

8) 비정부기구와 연방정부간 조정(Federal Coordination with Nongovernmental Organizations)
가) 국가재난대응프레임워크(NRF)에 근거하여, NGO와 VOAD*는 재난대응에 있어서 연방대응의 협력관계를 이룸
  * 국가자원봉사기구 : VOAD(Voluntary Organization Active in Disaster)
나) 스태포드 사건이나 연방간 지원의 요청시 연방재난관리청의 지역 자원봉사연락관(VAL: Voluntary Agency Liaisons)은

　　　　NGO와 VOAD 간 조정의 역할 수행
　　－ 대규모 돌봄, 가구수리 및 재건, 재정지원, 카운슬링, 기타 지원서비스 그리고 재난피해자의 복구 등의 임무를 수행하는 자원봉사기구와 NGO간의 통합을 이루어야 함
　　－ 자원봉사기구와 NGO를 훈련하고 관리해야 함
9) 민간부문과 연방정부간 조정(Federal Coordination with Private Sector)
　　가) 민간조직은 공공부문과 민간 위기 계획, 공동협약 등을 통해 특별팀, 장비, 기술을 포함하여 기부나 보상형태로 자원을 제공함
　　나) 국토안보부의 핵심기반시설의 보호실 및 특수부문 기관(Sector-specific Agencies: SSAs)과 협력하여 핵심 기반시설의 복구를 위해 핵심기반시설의 운영, 영향 그리고 결과에 대한 상태 정보를 수집하고 전달
　　다) 특수부문 기관(SSAs)과 협력하여, 민관협력, 협회, 계약 등을 통해 재난 대응 및 복구기능을 수행
　　라) 국가대응조정센터(NRCC) 및 국가 기업 위기 운영 센터(National Business Emergency Operations Center)와 협력하여, 민간부문의 운영 능력과 기타 적절한 정보를 업데이트 함

아. 행정, 재정 그리고 자원(Administration, Funding, and Resources)

1) 행정(Administration)
　　가) 연방정부와 기관은 모든 운영단계와 재난관리단계별 절차와 자원을 바탕으로 가용 자원의 관리 책임을 지니며, 국가재난

대응 프레임워크의 재정관리지원부록(The Financial Management Support Annex)을 통해 연방 대응운영을 조정함
나) 대규모 재난시 연방정부와 기관은 보고서 및 생존자의 지원과 경제적 영향을 경감시키기 위한 서식들의 제출 기한을 연장하거나 다수의 규제요건의 철회 가능
- 스태포드법의 301조에 기관이 지방정부의 요청에 따라 대규모 재난발생시 연방정부의 지원에 관한 행정적인 절차를 조정 및 철회 가능
- 이와 달리, 철회를 요청한 기관이 대통령에게 새로운 법령의 개정을 요구할 수 있음
다) 그러나, 이러한 철회 및 연장등의 조치를 요구할 경우, 반드시 인권을 보호하고, 장애인, 종교적·인종적·윤리적으로 다양한 배경을 지닌 사람과 비영어권자를 보호하여야 함
- 연방재난관리청은 스태포드법에 규정된 재난과 관련한 기금을 책임지며,
- 연방재난관리청의 최고 재정관은 국내 사건의 관리를 위한 재난기금의 지원을 책임지며, 국가대응조정센터(NRCC), 지역대응조정센터(RRCCs) 그리고 합동현장사무소(JFO)의 운영과 관련된 핵심적 재정기능을 제공
- 다기관간 조정센터의 최고 재정 고문은 재난과 관련된 모든 연방 비용을 추적하고 관리, 감시하는 책임을 지님
2) 재정(Funding)
가) 연방자원의 조정을 위한 두 가지 재정 유형은 첫째, 스태포드법에 의한 것과 비스태포드법에 의한 지원으로 나뉘어짐

나) 대통령에 의한 대규모 재난선언을 통해 재난기금의 사용이 가능하나, 재난선포 이전에 스태포드 법은 인력과 장비의 사용 및 사전배치를 가능케 함
다) 스태포드법에서는 자원과 서비스는 국가 수준에서는 국가대응조정센터(NRCC), 지역단위에서는 지역대응조정센터(RRCCs) 그리고 현장단위에서는 합동현장사무소(JFO)에서 처리되며, 다음과 같은 상황시 지원이 이루어짐
   - 국가대응조정센터(NRCC)와 지역대응조정센터(RRCCs) 가동시
   - 국가단위와 지역단위 사고관리팀이 배치되었을 때
   - 스태포드법 306조에 따라 단기 직원, 전문가, 컨설턴트의 급여, 초과수당, 여행경비 등 발생 시
   - 현장사무소의 이동 설치 시
   - 구조, 위험평가 또는 의료서비스팀의 설치 시
   - 검역 서비스의 설치 및 배치
   - 연방재난관리청의 임무 수행을 위한 연방기구의 배상요구
라) 비스태포드법에 기반한 사건의 재정지침
   - 연방정부와 기관은 그들 고유의 재난대응 직권을 통해 연방정부를 지원하는 기능을 보유함
   - 주무책임기관으로서 연방기관이 고유의 권한으로 임무를 수행할 경우에도 지원이 필요한 사건을 처리할 경우 국가재난대응프레임워크(NRF)를 통해 국토안보부의 조정이 필요할 수 있음
   - 일반적으로, 다른 법적 권한이 있다 하여도, 요청기관이 경제법(the Economy Act)에 근거하여 사고를 위한 재정을 제공하며, 연방정부와 기관은 연방간 지원을 요구할 경우, 국가재

난대응프레임워크(NRF)와 국가사고관리체계(NIMS)에 따라 국토안보부가 조정할 수 있음
- 비스태포드법의 재난발생시 연방정부나 기관은 연방정부간 지원을 요구할 경우 연방재난관리청의 재정 감사관을 요청하거나 고유의 감사관을 활용 가능

3) 인적 자원(Personnel Resources)
  가) 연방정부와 기관은 재난대응을 지원하기 위한 인력 확대의 책임을 지며, 재난대응행동에 참여하는 인력은 반드시 기준과 요구사항에 적합해야 함

자. 감독, 계획 수립, 유지(Oversight, Plan Development, Maintenance)

1) 재난대응 FIOP는 정기적으로 새로운 정책과 기존의 정책을 반영하여 검토되어야 하며, 협력기관은 본 과정에 참여해야 함
2) 최초의 검토는 배포 후 18개월 이내에 완료되어야 하며, 4년에 한번씩 수립되어야 함

부록 4. 유해화학물질 유출사고 위기관리표준매뉴얼 용어정의

구 분	내 용
국가위기	국가 주권 또는 국가를 구성하는 정치·경제·사회·문화 체계 등 국가의 핵심요소나 가치에 중대한 위해가 가해질 가능성이 있거나 가해지고 있는 상태
위기관리	국가위기를 효과적으로 예방, 대비하고 대응, 복구하기 위하여 국가가 자원을 기획 조직·집행·조정·통제하는 제반 활동 과정
주관기관	해당 위기에 대한 위기관리 활동에 있어 주 책임을 지는 중앙행정기관
유관기관	해당 위기에 대한 정부의 위기관리 활동에 있어 주관기관의 활동을 지원하고 협조하는 중앙행정기관 및 지방자치단체 ※ 산업통상자원부, 고용노동부, 국방부, 소방청, 경찰청, 관할 지방자치단체 등
실무기관	위기관리의 대상이 되는 기능·시설을 직접 관리하거나 그 지역을 관할하는 지방자치단체 그리고 각 공공기관 및 단체
위기관리 활동	① 예방 : 위기요인을 사전에 제거하거나 감소시킴으로써 위기의 발생 자체를 억제하거나 방지하기 위한 일련의 활동 ② 대비 : 위기 상황하에서 수행해야 할 제반 사항을 사전에 계획, 준비, 교육, 훈련함으로써 위기 대응능력을 제고시키고 위기발생시 즉각적으로 대응할 수 있도록 태세를 강화시켜 나가는 일련의 활동 ③ 대응 : 위기발생시 국가의 자원과 역량을 효율적으로 활용하고 신속하게 대처함으로써 피해를 최소화하고 2차 위기 발생 가능성을 감소시키는 일련의 활동 ④ 복구 : 위기로 인해 발생한 피해를 위기 이전의 상태로 회복시키고, 평가 등에 의한 제도개선과 운영체계 보완을 통해 재발을 방지하고 위기관리 능력을 보완하는 일련의 활동

구 분	내 용
위기경보수준	① 관심(Blue) : 국가위기로 발전할 우려가 없거나 피해정도가 경미하여 중앙정부차원의 지원이 불필요한 사고 ② 주의(Yellow) : 인명 또는 환경피해가 발생하고 외부유출이 되어 유관기관의 협력이 필요한 사고 ③ 경계(Orange) : 인명 및 환경피해가 발생하고 주변지역으로 확산되어 중앙정부 차원의 대처가 필요한 사고 ④ 심각(Red) : 대규모 인명피해 및 환경피해가 발생하고 피해가 주변지역으로 광범위하게 확산되어, 범정부적 대처가 필요한 사고
유해화학물질 유출사고	육상에서 발생한 유해화학물질의 유출로 인하여 발생하는 일체의 상황으로서 국가 및 지방자치단체의 대처가 필요한 사고(이하 "화학사고"라 한다)
유해화학물질	「유해화학물질 관리법」에 따른 관리대상 유해화학물질 「산업안전보건법」에 따른 공정관리대상 유해·위험물질 「고압가스안전관리법」에 따른 독성가스
현장수습조정관	화학사고 대응, 수습 및 복구에 필요한 조치를 수행하기 위해 환경부장관이 임명하는 자(지방환경관서의 장 및 소속공무원) • 화학사고의 대응 관련 조정·지원 • 화학사고 대응, 영향조사, 피해의 최소화·제거, 복구 등에 필요한 조치 • 화학사고 대응, 복구 관련 기관과의 협조 및 연락 유지 • 화학사고 원인, 피해규모, 조치 사항 등에 대한 대국민 홍보 및 브리핑 등 ※ 위기수준 및 사고규모에 따라 탄력적으로 운영
소규모사고	피해정도가 경미하여 시·군·구 차원으로 해결 가능한 사고
중규모사고	피해정도가 커서 시·군·구 차원의 대응능력을 초과하여 시·도의 대처가 필요한 사고
대규모사고	인명과 재산의 피해정도가 매우 크고 그 영향이 광범위하여 범정부적 대처가 필요한 사고

부록 5. 유해화학물질 유출사고 위기관리표준매뉴얼 위기경보 수준

구 분	판 단 기 준	비 고
관심 (Blue)	o 평상시 국가위기로 발전할 우려가 없거나 피해정도가 경미한 소규모 화학물질 사고로 중앙정부차원의 지원이 불필요한 사고 o 자치단체 및 환경청 차원의 수습	안전점검 및 훈련
주의 (Yellow)	o 유해화학물질 유출사고로 인명 또는 환경피해가 발생하고 외부유출이 되어 유관기관의 협력이 필요한 사고 o 광역시·도 차원의 대응 및 유관기관 지원	유관기관 협조체제 적극가동
경계 (Orange)	o 유해화학물질 유출사고로 인명 및 환경피해가 발생하고 주변지역으로 확산되어 중앙정부 차원의 대처가 필요한 사고 o 환경부 중앙 및 지역사고수습본부 설치·가동 o 지역긴급구조통제단 설치 및 가동 o 중앙긴급구조통제단 지원요청 o 중앙재난안전대책본부 지원요청	대응 계획 가동
심각 (Red)	o 유해화학물질 유출사고로 대규모 인명 및 환경피해가 발생하고 피해가 주변지역으로 광범위하게 확산되어 범정부적 대처가 필요한 사고 o 환경부 중앙 및 지역사고수습본부 설치·가동 o 중앙 및 지역긴급구조통제단 설치·가동 o 중앙재난안전대책본부 협력강화	즉각 대응 태세 돌입

* 단, 위 발령기준은 재난경보 발령을 위한 기준제시이며, 실제 경보발령은 상황의 전개속도, 파급효과 등을 감안하여 「자체 위기평가회의」에서 결정토록 함

부록 6. 2018~2019년 전국 소방서 지휘팀장 설문조사 결과

[2차 설문/객관식 질문]

가. (지휘팀장 선호 여부) 선호와 비선호가 비슷하게 응답

구분	빈도	퍼센트(%)	차트
합계	140	100	비선호 49% / 선호 51%
선호	72	51	
비 선호	68	49	

나. (선호·비선호 이유) 선호하는 이유는 근무형태가 80%, 비선호 이유는 근무형태(37%)와 부담감 15%로 많은 비중 차지함

구분	선호	비선호	차트
합계	72명	68명	
금전	6	0	
근무형태	58	25	
근무평정	1	13	
책임 및 부담	0	15	
기타	7*	15**	

* 자부심, 사명감, 경험 등 ** 다량의 잡무, 연가 활용불가 등

다. (지휘팀장 필요 능력) 상황판단력이 83%를 차지하여 전문지식, 보고능력보다 월등하게 우선시됨

구분	빈도	퍼센트(%)	차트
합계	140	100	
상황판단력	116	83	
리더십	18	13	
전문지식	4	3	
보고능력	2	1	

─⟨지휘팀장 업무수행 총평⟩────────────────────────
- 소방경 직급의 최초 승진 시 선호 여부에 관계없이 지휘팀장에 보임하는 경우가 다수로 보이며, 선호 여부는 비슷한 비중이므로,
- 지휘팀장을 선호 할 수 있도록 인센티브 부여, 상황판단력 향상을 위한 전문교육 등의 개선 필요

[경력조사]

가. (소방공무원 경력) 20년 이상이 96%을 차지하여 대부분 경험이 많은 비간부 출신이 배치된 것으로 보임

구분	빈도	퍼센트(%)	차트
합계	432	100	
20년 이상	416	96	
15년 ~ 20년	12	3	
10년 ~ 15년	0	0	
10년 미만	4	1	

※ 2차 설문 : 20년 이상 91%, 15년~20년 5%로 1차 설문과 유사

나. (현장부서 경력) 20년 이상이 36%로 가장 많은 반면 10년 미만도 25%로 행정업무를 더 많이 한 팀장도 적지 않은 것으로 나타났다.

구분	빈도	퍼센트(%)	차트
합계	432	100	
20년 이상	154	36	
15년 ~ 20년	85	20	
10년 ~ 15년	83	19	
10년 미만	110	25	

※ 2차 설문 : 10년 미만 46%, 10년~15년 21%로 신규팀장은 비교적 행정업무를 많이 수행한 후 지휘팀장으로 임명된 것으로 응답했다.

다. (지휘팀장 경력) 1년 미만 42%, 1년~2년 31%로 지휘팀장 업무를 단기간 수행하는 것으로 응답

구분	빈도	퍼센트(%)	차트
합계	432	100	
5년 이상	20	5	
2년~5년 미만	97	22	
1년~2년 미만	134	31	
1년 미만	181	42	

※ 2차 설문 : 1년 미만이 77%로 대부분을 차지하여 신규로 보임 받는 지휘팀장 대부분은 지휘팀장의 경험이 없는 것으로 응답했다.

〈**경력조사 총평**〉

- 소방공무원 경력은 대부분 20년 이상인 반면, 현장 부서 경력은 행정 부서 경력과 비슷하게 나타나며, 특히 '19.1월 신규 팀장 중 절반 정도는 행정업무를 더 많이 경험한 것으로 나타남
- 또한 지휘팀장 경력은 절반 정도가 1년 이하로 응답해 지속적인 업무수행을 위한 제도장치 마련이 필요해 보임
- 지휘팀장 인사 시 현장 경험 등을 고려하여 배치 필요 함

부록 7. 2019년 국민 안전의식 조사 설문문항

Part1. 국민안전 체감도

문1. 귀하는 본인이 각종 재난 및 사고로부터 얼마나 안전하다고 느끼십니까?
① 매우 위험하다　　② 위험하다　　③ 보통이다
④ 안전하다　　⑤ 매우 안전하다

문2. 귀하는 현재 거주하는 지역(시·군·구)이 각종 재난 및 사고로부터 얼마나 안전하다고 느끼십니까?
① 매우 위험하다　　② 위험하다　　③ 보통이다
④ 안전하다　　⑤ 매우 안전하다

문3. 귀하는 우리 사회가 각종 재난 및 사고로부터 얼마나 안전하다고 느끼십니까?
① 매우 위험하다　　② 위험하다　　③ 보통이다
④ 안전하다　　⑤ 매우 안전하다

문3-1. (문3의 ①,②번 응답자만) 귀하께서 우리 사회가 안전하지 않다고 생각하게 된 계기(사고 또는 재난)는 무엇입니까?

문4. 귀하는 우리 사회가 다음의 재난 및 사고로부터 얼마나 안전하다고 느끼십니까?

분야	매우 위험하다	위험하다	보통이다	안전하다	매우 안전하다
1) 자연재난	①	②	③	④	⑤
2) 화재	①	②	③	④	⑤
3) 교통사고	①	②	③	④	⑤
4) 붕괴사고	①	②	③	④	⑤
5) 감염병	①	②	③	④	⑤
6) 산업재해	①	②	③	④	⑤
7) 안보위협	①	②	③	④	⑤
8) 범죄	①	②	③	④	⑤
9) 화학물질 누출사고	①	②	③	④	⑤
10) 원전사고	①	②	③	④	⑤
11) 환경오염	①	②	③	④	⑤
12) 사이버위협	①	②	③	④	⑤
13) 성폭력	①	②	③	④	⑤

Part2. 국민안전 인식도

문5. 귀하는 우리 사회가 안전을 중시한다고 생각하십니까?
① 전혀 그렇지 않다 ② 그렇지 않다 ③ 보통이다
④ 그렇다 ⑤ 매우 그렇다

문6. 귀하는 업무를 수행하실 때 신속성 또는 효율성보다 안전을 최우선적으로 생각하십니까?
① 전혀 그렇지 않다 ② 그렇지 않다 ③ 보통이다
④ 그렇다 ⑤ 매우 그렇다

문7. 귀하는 현재 거주하는 지역(시·군·구)의 재난안전 대피시설(지진해일긴급대피장소, 지진옥외대피소 등)에 대해 얼마나 알고 계십니까?
① 들어본 적도 없고, 전혀 모른다 ② 들어본 적은 있지만, 잘 모른다
③ 조금 알고 있다 ④ 매우 잘 알고 있다

> - 재난안전 대피시설 : 자연 재난 또는 사회 재난 발생 시 주민의 생명과 재산을 보호하기 위해 정부지원으로 설치 또는 공공용으로 지정한 대피시설(민방위대피소, 이재민임시주거시설, 지진해일긴급대피장소, 지진옥외대피소, 원전구호소)을 말합니다.

문8. 귀하는 다음의 재난 및 사고 시 행동요령을 얼마나 알고 계십니까?

분야	들어본 적도 없고, 전혀 모른다	들어본 적은 있지만, 잘 모른다	조금 알고 있다	매우 잘 알고 있다
1) 풍수해(태풍, 호우)	①	②	③	④
2) 화재	①	②	③	④
3) 지진	①	②	③	④
4) 붕괴사고	①	②	③	④
5) 감염병	①	②	③	④
6) 폭염	①	②	③	④
7) 한파	①	②	③	④

Part 3. 국민안전 실천도

문9. 귀하는 영화관, 공연장, 마트 등 다중이 모이는 시설을 방문할 때 비상구 위치를 확인하십니까?
① 전혀 그렇지 않다 ② 그렇지 않다 ③ 보통이다
④ 그렇다 ⑤ 매우 그렇다

문10. 귀하는 차량 탑승 시 안전띠를 착용하십니까?
① 전혀 그렇지 않다 ② 그렇지 않다 ③ 보통이다
④ 그렇다 ⑤ 매우 그렇다

문11. 귀하는 재난 및 사고에 대비하여 휴대용 응급키트를 구비하고 계십니까?
① 예 ② 아니오
※ 휴대용 응급키트(First Aid Kit): 응급약품(소독약, 솜, 붕대, 가위 등)이 든 가방 또는 상자

문12. 귀하는 현재 거주 지역(시·군·구)에서 위험요소를 목격하는 경우 행정기관에 신고하십니까?
① 전혀 그렇지 않다 ② 그렇지 않다 ③ 보통이다
④ 그렇다 ⑤ 매우 그렇다

Part 4. 안전정책 인지도 및 평가

※ 4대 불법 주·정차 주민신고제: 국민안전과 직결되는 소화전 주변 5m, 교차로 모퉁이 5m, 버스정류소 10m, 횡단보도 위 불법 주·정차에 대해 국민이 안전신문고 앱을 통해 1분 간격의 사진 2장을 첨부해 신고하면 과태료 부과가 가능(신고 요건 충족 시)한 제도

문13. 귀하는 행정안전부와 지자체에서 시행 중인 4대 불법 주·정차 주민신고제에 대해 알고 계십니까?
① 들어본 적도 없고, 전혀 모른다 ② 들어본 적은 있지만, 잘 모른다
③ 조금 알고 있다 ④ 매우 잘 알고 있다

문13-1. (문 13의 ③, ④번 응답자만) 귀하는 4대 불법 주·정차 주민신고제 시행 이후 불법 주·정차 실태가 개선되었다고 생각하십니까?

① 전혀 그렇지 않다 ② 그렇지 않다 ③ 보통이다
④ 그렇다 ⑤ 매우 그렇다

문13-2. (문13-1의 ①, ②번 응답자만) 귀하께서 주민신고제 시행에도 불구하고 불법 주·정차 실태가 개선되지 않았다고 생각하는 가장 큰 이유는 무엇입니까?
① 불법 주·정차에 대한 시민의식 부족
② 지자체의 소극적 과태료 부과 또는 낮은 과태료 금액
③ 주차공간 부족　　　　　　　④ 제도에 대한 홍보 및 인식부족
⑤ 잘 모르겠음

문14. 귀하는 행정안전부와 지자체에서 시행 중인 4대 불법 주·정차 주민신고제가 필요하다고 생각하십니까?
① 전혀 그렇지 않다 ② 그렇지 않다 ③ 보통이다
④ 그렇다 ⑤ 매우 그렇다

부록 8. 2019년 정부혁신 추진 관련 공무원 설문조사계획

1. 개 요

가. (목적) 2019 정부혁신에 대한 공무원 인식 조사를 통해 정부혁신 현황을 진단하고 차년도 계획을 수립하기 위한 근거자료로 활용

나. (기간) '19.10.10.(목)~10.17.(목), 총 8일간

다. (대상) 중앙행정기관* 공무원   * e-사람 사용 중인 기관 대상

라. (방법) e-사람 설문조사 시스템 활용   * 인사처 정보화담당관실 협조

- e-사람 사용자(약 15만 명) 대비 응답률 10%* 달성 목표
   * e-사람을 통한 설문조사의 경우 통상 5~10% 응답
- 기관별 10%(소규모 기관은 최소 50명) 이상 응답토록 각 기관 정부혁신 담당부서 통해 설문참여 독려

2. 설문 주요내용

가. 문재인정부 '정부혁신' 추진방향 및 전략에 대한 인지도
나. 사회적 가치, 국민참여, 공공서비스 혁신 등 주요 혁신과제의 성과
다. 각 기관별 정부혁신 추진 현황(혁신교육, 학습 등) 파악
라. 디지털 정부혁신 등 차년도 혁신과제에 대한 의견 수렴

2019 정부혁신 추진현황에 대한 설문조사(안)

〈 설문 개요 〉

- 대상 : 전자인사관리시스템(e-사람) 사용 중인 중앙행정기관 공무원
- 기간 : 2019년 10월 2~3주
- 목적 : 정부혁신 추진실태를 체계적으로 조사, 향후 혁신계획 수립 및 추진

1. 다음은 정부혁신 일반에 대한 문항입니다. 귀하의 생각과 가장 가까운 선택지에 체크해 주십시오.

　① 귀하께서는 정부혁신에 얼마나 관심을 가지고 계십니까?
　　1) 매우 관심이 있는 편
　　2) 대체로 관심이 있는 편
　　3) 별로 관심이 없는 편
　　4) 전혀 관심이 없다

② 다음의 '정부혁신 3대 전략'에 대해 어느 정도 알고 계십니까?

> ① 정부운영을 사회적 가치 중심으로 전환
> ② 참여와 협력으로 할 일을 하는 정부
> ③ 낡은 관행을 혁신하여 신뢰받는 정부

    1) 모두 알고 있음   2) 2개만 알고 있음
    3) 1개만 알고 있음   4) 전혀 모름

③ 위의 '정부혁신 3대 전략'에 대해 어느 정도 공감하십니까?
    1) 매우 공감함   2) 대체로 공감
    3) 공감하지 못함   4) 전혀 공감하지 못함

2. 다음은 현 정부가 추진해온 정부혁신 성과와 관련된 문항입니다. 귀하의 생각과 가장 가까운 선택지에 체크해 주십시오.

① 현 정부 들어 '사회적 가치'가 정부의 핵심운영 과정에 반영되었다고 생각하십니까?
    1) 정말 그렇다   2) 그런 편이다   3) 그렇지 않은 편이다
    4) 전혀 그렇지 않다   5) 잘 모르겠다

② 현 정부 들어 정부의 정책결정 및 추진에 국민 참여가 활성화 되었다고 생각하십니까?
    1) 정말 그렇다   2) 그런 편이다   3) 그렇지 않은 편이다
    4) 전혀 그렇지 않다   5) 잘 모르겠다

③ 현 정부 들어 정부 부처 간 또는 부처 내 협업이 잘 이루어지고 있다고 생각하십니까?
    1) 정말 그렇다   2) 그런 편이다   3) 그렇지 않은 편이다
    4) 전혀 그렇지 않다   5) 잘 모르겠다

④ 정부혁신을 통해 국민들의 정부에 대한 신뢰가 높아졌다고 생각하십니까?
   1) 정말 그렇다   2) 그런 편이다   3) 그렇지 않은 편이다
   4) 전혀 그렇지 않다 5) 잘 모르겠다

⑤ 정부혁신을 통해 정부의 생산성과 효과성이 높아졌다고 생각하십니까?
   1) 정말 그렇다   2) 그런 편이다   3) 그렇지 않은 편이다
   4) 전혀 그렇지 않다 5) 잘 모르겠다

⑥ 정부혁신을 통해 공공서비스가 개선되었다고 생각하십니까?
   1) 정말 그렇다   2) 그런 편이다   3) 그렇지 않은 편이다
   4) 전혀 그렇지 않다 5) 잘 모르겠다

3. 다음은 귀하가 속한 부처의 정부혁신 추진 현황에 대한 문항입니다. 귀하의 생각과 가장 가까운 선택지에 체크해주시기 바랍니다.

① 우리 부처는 기관장의 혁신에 대한 관심도가 높다.
   1) 정말 그렇다   2) 그런 편이다   3) 그렇지 않은 편이다
   4) 전혀 그렇지 않다 5) 잘 모르겠다

② 우리 부처의 혁신목표는 명확하여 각자가 혁신을 위해 무엇을 해야 하는지 정확히 알고 있다.
   1) 전혀 그렇지 않다 2) 그렇지 않은 편이다 3) 그저 그렇다
   4) 그런 편이다   5) 정말 그렇다

③ 우리 부처는 혁신 활동이 활발하게 이루어지고 있다.
   1) 전혀 그렇지 않다 2) 그렇지 않은 편이다 3) 그저 그렇다
   4) 그런 편이다   5) 정말 그렇다

④ 우리 부처는 정부혁신 관련 교육 및 학습이 잘 이루어지고 있다.
   1) 전혀 그렇지 않다   2) 그렇지 않은 편이다   3) 그저 그렇다
   4) 그런 편이다   5) 정말 그렇다

4. 다음은 정부혁신에 대한 귀하의 개인적 경험과 의견을 묻는 질문입니다. 귀하의 생각과 가장 가까운 선택지에 체크해주시기 바랍니다.

① 나는 우리 정부가 디지털 시대에 따라 업무에서의 근본적인 변화(예: 빅데이터 분석, 신기술 활용, 업무 자동화 등)를 이루고 있다고 생각한다.
   1) 정말 그렇다   2) 그런 편이다   3) 그렇지 않은 편이다
   4) 전혀 그렇지 않다   5) 잘 모르겠다

② 나는 빅데이터 분석, 블록체인, 인공지능(AI), 업무 자동화(RPA) 등 디지털 신기술을 활용하여 업무혁신을 시도해본 경험이 있다.
   1) 있다   2) 없다

③ 나는 디지털 업무혁신을 위한 역량을 충분히 갖추고 있다.
   1) 전혀 그렇지 않다   2) 그렇지 않은 편이다   3) 그저 그렇다
   4) 그런 편이다   5) 정말 그렇다

④ 나는 디지털 역량 강화를 위한 교육을 받아 본 경험이 있다.
   1) 있다   2) 없다

⑤ 나는 빅데이터 분석, 코딩 교육 등 디지털 역량 강화를 위한 교육이 더 필요하다고 생각한다.
   1) 전혀 그렇지 않다   2) 그렇지 않은 편이다   3) 그저 그렇다
   4) 그런 편이다   5) 정말 그렇다

※ 다음은 통계분석을 위해 꼭 필요한 질문입니다.

① 귀하의 성별은 무엇입니까?
   1) 남   2) 여

② 귀하의 연령대는 어떻게 되십니까?
   1) 29세 이하   2) 30~39세
   3) 40~49세   4) 50세 이상

③ 귀하의 직위(직급)은 어떻게 되십니까?
   1) 고위공무원단(실국장)   2) 과장   3) 4~5급   4) 6급 이하

④ 귀하의 공무원 재직기간은 얼마입니까?
   1) 5년 미만   2) 5년 이상 ~ 10년 미만
   3) 10년 이상 ~ 15년 미만   4) 15년 이상 ~ 20년 미만
   5) 20년 이상 ~ 25년 미만   6) 25년 이상 ~ 30년 미만
   7) 30년 이상

⑤ 귀하의 직종은 무엇입니까?
   1) 일반직   2) 연구·지도직   3) 특정직
   4) 별정직   5) 임기제   6) 기타

⑥ 귀하가 맡고 계신 업무의 종류는 무엇입니까? (중복될 경우 주된 업무 선택)
   1) 기획·총괄   2) 제도 연구·심사
   3) 민원·대민 서비스   4) 운영지원(회계, 인사, 국회업무 등)
   5) 조사·단속   6) 감사
   7) 홍보   8) 기타

⑦, ⑥번 문항의 기타의견은 무엇입니까?
   (   )

⑧ 귀하의 근무부처는 어디입니까?
   1) 부   2) 처   3) 청
   4) 위원회   5) 기타

⑨ 귀하의 근무기관은 어디입니까?
   1) 본부   2) (지방청 포함) 소속기관

부록 9. 2017~2016년, 2023년 세계경제포럼(WEF) 글로벌 리스크

1) 2017년 10대 WEF 글로벌 리스크

	가능성측면(Likelihood)	영향력측면(Impact)
1	극심한 기상이변	대량살상무기
2	난민위기	기상이변
3	자연재해	물 위기
4	테러 공격	자연재해
5	데이터 범죄	기후변화 대응실패
6	사이버공격	난민위기
7	부정거래	식량난(위기)Food crises
8	인공·자연재해	테러 공격
9	국가간 갈등(Interstate conflict)	국가간 갈등(Interstate conflict)
10	국가통치구조 실패	실업/불완전 고용

자료: WEF, 「The Global Risk Report 2017」, 2017.10

2) 2016년 10대 WEF 글로벌 리스크

	가능성측면(Likelihood)	영향력측면(Impact)
1	난민위기	기후변화 대응실패
2	극심한 기상이변	대량살상무기
3	기후변화 대응실패	물 위기
4	국가간 갈등(Interstate conflict)	난민위기
5	자연재해	에너지가격 충격
6	국가통치구조 실패	생태계 파괴
7	실업/불완전 고용	재정위기
8	데이터 범죄	전염병의 확산
9	물 위기	자산 버블
10	부정거래	심각한 사회적 불안

자료: WEF, 「The Global Risk Report 2016」, 2016

3) 2022년 WEF 10대 리스크(단기, 장기)

	향후 2년			향후 10년	
순위	리스크	유형	순위	리스크	유형
1	생계비 위기	사회	1	기후변화 완화 실패	환경
2	자연재해 및 극단적 기상현황	환경	2	기후변화 적응 실패	환경
3	지정학적 대립	지정학	3	자연재해 및 극단적 기상현황	환경
4	기후변화 완화 실패	환경	4	생물다양성 손실 및 생태계 붕괴	환경
5	사회결속력 약화 및 양극화	사회	5	대규모 비자발적 이주	사회
6	대규모 환경피해	환경	6	천연자원 위기	환경
7	기후변화 적응 실패	환경	7	사회결속력 약화 및 양극화	사회
8	사이버 범죄 및 불안	기술	8	사이버 범죄 및 불안	기술
9	천연자원 위기	환경	9	지정학적 대립	지정학
10	대규모 비자발적 이주	사회	10	대규모 환경피해	환경

Source: World Economic Forum Global Risks Report 2022

주: 1) 향후 2년간 10대 리스크 : 환경 5개, 사회 3개, 지정학 1개, 기술 1개; 향후 10년간 10대 리스크 : 환경 6개, 사회 2개, 지정학 1개, 기술 1개
2) 리스크 전문가, 정책 입안자 및 업계 리더 1,200명 이상을 대상으로 한 설문조사(Global Risks Perception Survey)를 바탕으로 작성됨

부록 10. 미국 국토안보부(DHS) 조직

1. 개요

국토안보부(United States Department of Homeland Security, DHS)는 테러로 인한 공격과 자연 재해로부터 미국 국토의 안전을 지키기 위해 2002년 11월에 설치된 연방 정부의 중앙 행정 기관이다. 연방 정부의 국토안보부에 대응하기 위해서 미국의 각주(州)에는 국토안보보장국(United States Office of Homeland Security, OHS)이 설치되어 있다.

가. 출범년도: 2002년 11월 25일
나. 출범근거: 2002년 6월 조지 W. 부시 미국 대통령이 상원에 제출한 '국토안보부 법안'
다. 설립목적: 정부조직 내 분산된 대 테러기능 통합
라. 예산 및 직원: $51.672억(2020 회계 연도),
   240,000명(2018년)

2. 설치경위

가. 2001년 9월 11일 발생한 미국대폭발테러사건 이후 미국 행정부 내의 각 부처에 분산된 대 테러기능을 통합할 목적으로 추진되기 시작하였다. 기존의 22개 정부 조직에서 17만 명을 흡수하였다.[1]

나. 국토안보부 설치는 기존의 대통령 자문기구 성격의 '국토안보국'을 격상

3. 주요임무

가. 이민 관리,[2] 사이버 보안,[3] 사이버 테러[4]

나. 국경 경비, 재난대비 활동, 화생방 공격대비 활동, 정보분석 등의 업무를 관할하며, 세관,[5] 이민귀환국, 국경순찰대, 비밀경찰국, 연방비상계획처 등 기존의 조직을 흡수 임무 수행.[6]

---

1) [네이버] 국토안보부 [Department of Homeland Security, 國土安保部] (두산백과) https://terms.naver.com/entry.nhn?docId=1219803&cid=40942&categoryId=40507 (검색: 2021.2.20.)
2) 이민세관단속청(Immigration and Customs Enforcement)의 기능 수행
3) HR 3359는 사이버보안 및 사회 기반 시설 보안 기관 법(Cybersecurity and Infrastructure Security Agency Act)이라고도 불리며, 2002년의 국토안보법을 개정한 것이기도 하다. 텍사스의 마이클 맥콜(Michael McCaul) 의원이 제창했다. HR 3359는 미국 국토안보부 산하 국가보안프로그램부(NPPD)를 사이버 보안 및 사회 기반 시설 보안 담당국(CISA)으로 지정한다는 내용을 담고 있는 법령이다. 시큐리티월드, 문가용, 미국 국토안보부 산하 NPPD, 미국 전체 보안 담당하나, 2017-12-13. https://www.boannews.com/media/view.asp?idx=58589 (검색: 2021.2.20.)
4) 국내외의 테러공격을 예방하고 국민을 보호하는 것이 1차적 임무이다.
5) 관세국경보호청(Customs and Border Protection)의 기능 수행
6) [네이버] 국토안보부, 앞의 글.

다. 국가 위급 상황에 대응하기 위한 총괄기구로써 위상은 물론 그밖에7) 교통안전부와 국토안보연구센터, 사이버 보안전략 총괄기관 등 창설 임무 수행8)

〈그림 1-1〉 미국 국토안보부 조직도

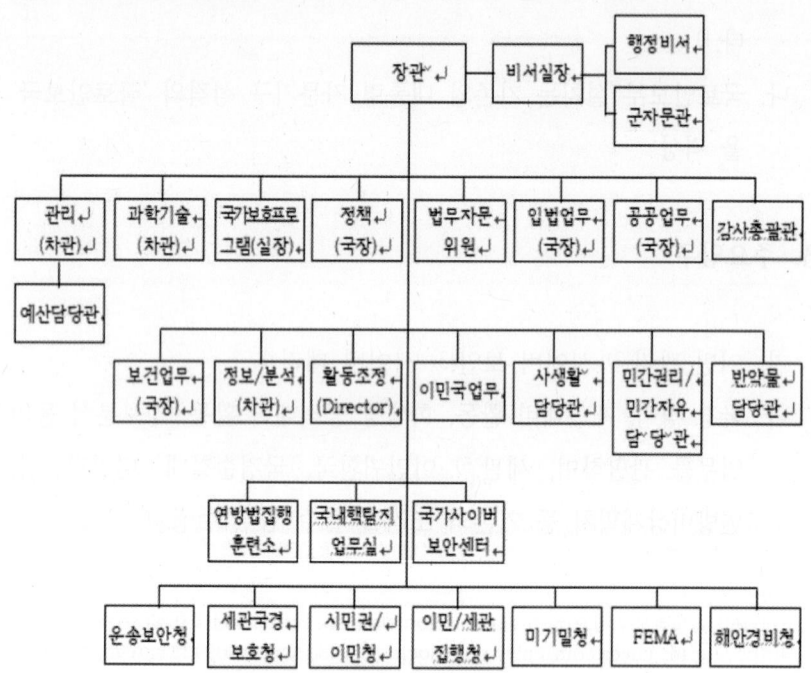

---

7) 미국 시민권 및 이민 서비스, 미국 세관 및 국경 보호국, 연방 비상 관리국, 미국 이민 및 세관 단속, 교통 보안국, 미국 해안 경비대(평화시), 사이버 보안 및 인프라 보안국, 미국 비밀 서비스, 연방 법 집행 훈련 센터, 연방 보호 서비스, 시민권 및 이민 서비스 옴부즈맨, 국내 핵 탐지 사무소, 관리국, 시민권 및 시민 자유 사무소, 고문 변호사실, 보건 사무소, 정보 및 분석 사무소, 입법 사무소, 운영 조정 사무소, 파트너쉽 및 참여 사무소, 정책실, 공보실, 감독 관실, 개인 정보 보호실, 과학 기술국. https://janghan.net/wiki/United_States_Department_of_Homeland_Security (검색: 2021.2.20.)
8) [네이버 지식백과] 국토안보부, 앞의 글.

부록 11. 미국 연방재난관리청(FEMA) 조직

1. 개요

가. 출범년도: 1978년 6월 19일(카터행정부 행정명령) (2003년 국토안보부로 편입)

나. 출범목적: 미전역에서 발생하는 대규모 재난시 조정기능 수행

다. 권한강화: 대통령에게 재난사태 선포건의, 피해지역에 예산 및 물자 교부권한 부여*

  * 1988년 스태포드 재난구호긴급지원법(Disaster Relief and Emergency Assistance Act) 제정

라. 조직예산: 직원 7,474명, 예산 139억달러(15조원) '16년 기준

  ※ 국토안보부(직원 240,000명, 예산 550억 달러) 정원의 1/30, 예산은 1/5을 사용

2. 주요임무

가. 총괄기능: 美전역의 모든 재해 및 재난 대응시 유관기관 업무 총괄*

  * 민방위, 이재민 지원, 대응계획수립, 재정·물자지원, 유해물질관리, 긴급통신, 재난조기경보 등

나. 조정기능: 연방·주·지방·NGO 간 유기적인 통합 조정 체계 강화

다. 대비기능: 대비*에 재난대응 역량집중(Building Culture of Preparedness)

* 재난 정책의 4단계(예방 → 대비 → 대응 → 복구) 중 대비를 강화하여 재난피해 저감

3. 조직편제

가. 본부: 1 보좌관(Chief of Staff), 10실(Office), 3국(Administration) 체제로 운영

나. 산하기관) 美전역에 10개의 지역국(Administration)을 운영하여 州의 대응활동 지원

4. 기타(미국의 재난사태 선포)

가. FEMA는 주지사의 지원 요청을 평가하여 대통령에게 재난사태 선포 可否 건의

- 대통령의 재난사태선포(Disaster Declaration)* 절차

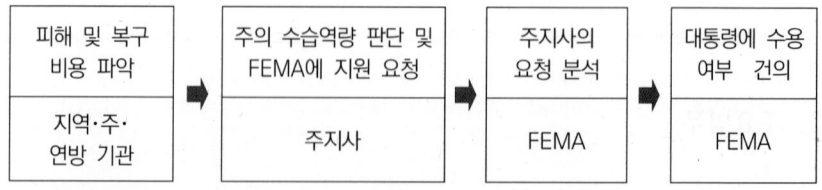

* 재난사태 선포시 긴급 비용, 공공시설 복구비용, 피해민 지원 비용의 75~100%를 FEMA에서 지원

〈그림 1-1〉 미국 연방재난관리청(FEMA) 조직도

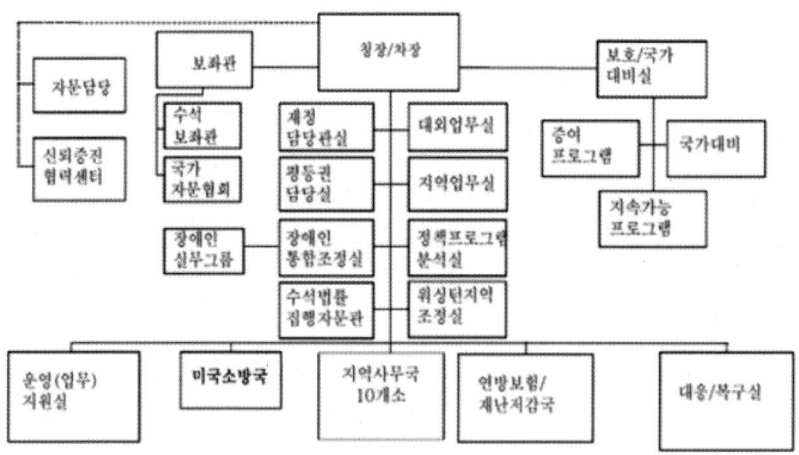

부록 12. 세계부패바로미터(GCB) 개요

가. 발표기관
- 국제투명성기구(TI, Transparency International)
  ※ '03년 이후 9번째 발표('03~'07년, '09년, '10년, '13년, '17년)

나. 세계부패바로미터 개념(GCB, Global Corruption Barometer)
- 부패에 대한 일반 국민들의 인식과 경험을 측정하는 조사
  - 공공부문에 한정하여 기업인, 전문가 인식수준을 측정하는 부패인식지수(CPI)의 보완지표로서 개발
  ※ GCB는 일반국민 대상으로 사회 각 분야에 대한 부패인식을 폭넓게 조사해서 국가별 순위는 산정하지 않는다.

- 설문조사 항목

> - 지난 12개월간 부패 수준 변화가 어떻다고 생각하십니까?
> - 정부의 반부패 노력에 대해 어떻게 평가하십니까?
> - 지난 12개월간 공공서비스 이용 과정에 뇌물을 제공한 적이 있습니까?
> - 보통의 사람들이 부패 척결을 위해 힘을 모으고 영향을 미칠수 있습니까

■ 세계부패바로미터(GCB) & 부패인식지수(CPI)와의 비교

구분	조사대상	조사내용	평가방법
GCB	일반 국민	사회 각 분야에 대한 부패 경험과 인식	질문 항목별
CPI	기업인, 애널리스트	공공·정치 부문의 부패정도에 대한 인식	0~10점

1. 최근 부패 수준 변화에서 □ 한국의 부패 수준이 상승했다고 답변한 비율은 50%로서, 아시아 지역 평균 40%보다 10%p 높은 편이다.

□ 최근 부패 수준 변화

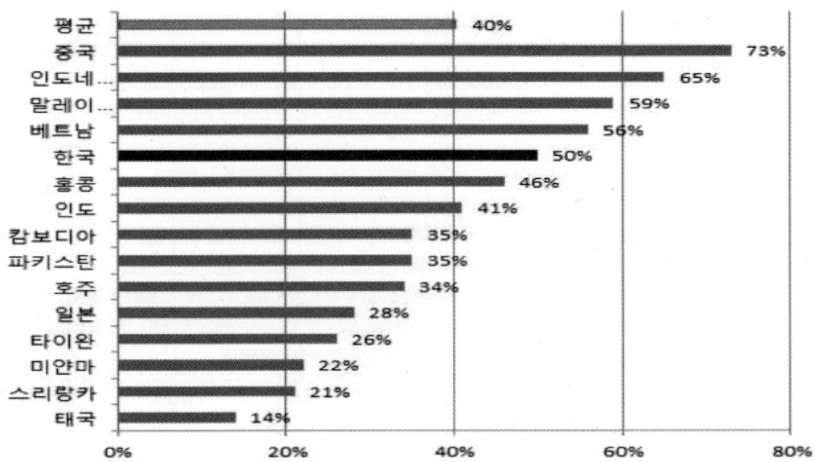

자료: 국민권익위원회, 홍혜연(게시자), 2017년도 TI 세계부패바로미터(GCB) 발표 결과(세계부패바로미터(GCB: Global Corruption Barometer), 2017. 3. 7(발표일), file:///C:/Users/Joon/AppData/Local/Microsoft/Windows/INetCache/IE/V0TKUPOW/2017%EB%85%84%EB%8F%84%20GCB%20%EB%B0%9C%ED%91%9C%20%EA%B2%B0%EA%B3%BC(170307).pdf (검색: 2021.3.17.).

2. 정부의 반부패 노력에 대한 평가로서 □ 정부의 반부패 노력이 효과적이지 않다는 응답이 76%로 지난 '13년 발표(56%)보다 20%p 증가
   - 아시아 국가 평균(50%) 보다 26%p 높은 수준

□ 정부의 반부패 노력에 대한 평가

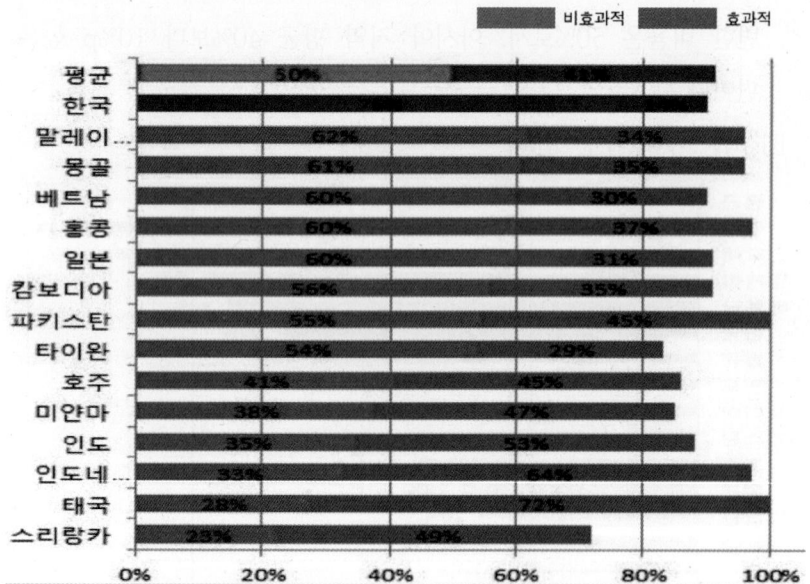

자료: 국민권익위원회, 홍혜연(게시자), 2017년도 TI 세계부패바로미터(GCB) 발표 결과(세계부패바로미터(GCB: Global Corruption Barometer), 2017. 3. 7(발표일), file:///C:/Users/Joon/AppData/Local/Microsoft/Windows/INetCache/IE/V0TKUPOW/2017%EB%85%84%EB%8F%84%20GCB%20%EB%B0%9C%ED%91%9C%20%EA%B2%B0%EA%B3%BC(170307).pdf (검색: 2021.3.17.)

3. 분야별 지난 1년간 뇌물 제공 경험에 대해 □ 6개 분야 모두 아시아평균에 비해 뇌물제공 경험률이 현저히 낮음을 알 수 있으며, 그러나, 사법(6~15%)분야 뇌물제공 경험률은 다른 분야에 비해

상대적으로 높은 편이다.

4. 부패에 대한 행동양식 (아시아 16개국)

□ 부패에 대한 행동 설문('부패척결을 위해 힘을 모을 수 있음')과 관련하여 66%가 공감하여 '13년(54%)로 보다 12% 상승했다.

※ 한국이 아시아 평균(63%) 보다 3% 높다.

(단위 : %)

설 문		13	17
일반 국민들이 부패척결을 위해 힘을 모을 수 있다	동 의	54.0	66
	부동의	46.0	34

□ 부패에 대한 행동양식 (아시아 16개국)

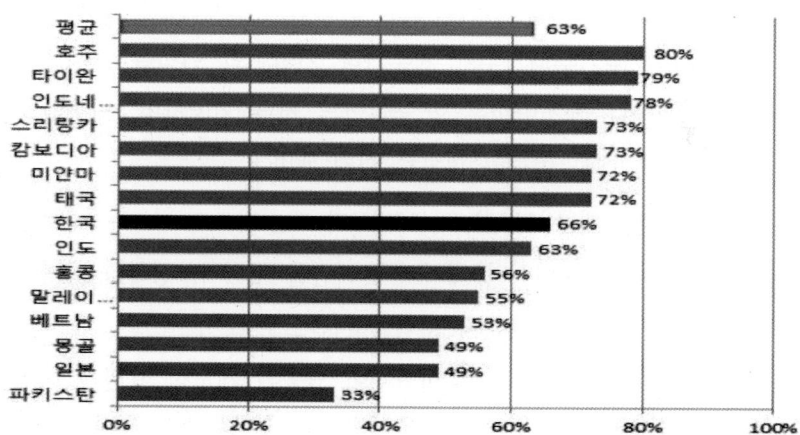

자료: 국민권익위원회, 홍혜연(게시자), 2017년도 TI 세계부패바로미터(GCB) 발표 결과(세계부패바로미터 (GCB: Global Corruption Barometer), 2017. 3. 7., file:///C:/Users/Joon/AppData/Local/ Microsoft/Windows/INetCache/IE/V0TKUPOW/2017%EB%85%84%EB%8F%84%20GC B%20%EB%B0%9C%ED%91%9C%20%EA%B2%B0%EA%B3%BC(170307).pdf (검색: 20 21.3.17.)

부록 13. 공공청렴지수(IPI) 개요 및 2019년(수정) 평가 결과[9]

가. Index of Public Integrity 개요

- **발표기관**: 유럽반부패국가역량연구센터(ERCAS, European Research Centre for Anti-corruption and State-Building)
  ※ 유럽연합의 연구개발프로그램 지원으로 개발
- **발표배경**: 기존 부패지수가 전문가나 기업인의 인식을 조사하여 부패 원인이나 개선방법을 알 수 없는 점을 지적하며, 부패통제 현황·발전에 대한 명확한 평가를 위해 개발
- **조사대상**: 117개국('19년) ※ '15년부터 격년 발표
- **조사방법**: 주로 구체적인 데이터에 기반을 두거나, 명확하게 정의된 구체적인 내용의 질문지 분석을 기반으로 조사
- **지수구성**: 부패통제와 높은 상관성이 입증된 제도적 요인을 하위지표로 구성

---

9) 국민권익위원회, 강미영(게시자), 200618 IPI 국별순위 수정, 2020-06-19(게시일)
https://www.acrc.go.kr/acrc/board.do?command=searchDetail&menuId=05020713&method=searchDetailViewInc&boardNum=83507&currPageNo=1&confId=1006&conConfId=1006&conTabId=0&conSearchCol=BOARD_TITLE&conSearchSort=A.BOARD_REG_DATE+DESC%2C+BOARD_NUM+DESC (검색: 2021.3.17.)

지표	측정방법
사법부 독립성 (Judicial independence)	• WEF 국가 경쟁력지수 중 '사법부 독립성' 지표 사용 ⇒ 사법부가 정부·시민·기업의 영향으로부터 어느 정도 독립적인지 설문
행정적 부담 (Administrative Burden)	• World Bank 기업환경평가 중 4개 지표 사용 ⇒ 창업에 필요한 절차와 시간, 연간 세금납부 횟수와 소요시간
교역 개방성 (Trade Openness)	• World Bank 기업환경평가 중 2개 지표 사용 ⇒ 수입수출 절차에 걸리는 시간과 비용
예산 투명성 (Budget Transparency)	• International Budget Partnership의 Open budget survey 자료 사용 ⇒ 행정부 예산 투명성 관련 14개 질문을 설문
전자적 시민권 (E-Citizenship)	• 국제전기통신연합(ITU), 세계인터넷통계(Internet World Stats) 자료 사용 ⇒ 브로드밴드 가입자, 인터넷 사용자, 페이스북 사용자 비율
언론의 자유 (Freedom of the Press)	• Freedom House의 언론자유보고서 평가점수 사용

나. 평가결과

- 19년 공공청렴지수 평가 결과 한국은 8.33점(10점 가장청렴)으로 117개국 중에서 20위, 아시아 국가 중 2위
  ※ ('15년) 23위(8.04)/109 ⇨ ('17년) 24위(8.02)/109 ⇨ ('19년) 20위(8.33)/117

- 지표 중 가장 우수한 항목은 전자적 시민권(10점)이고, 가장 저조한 항목은 사법부 독립성(5.58)

다. IPI 국가별 순위 및 점수(2019년, 117개국) *10점 만점

순위	국가	총점	사법부 독립성	행정적 부담	교역 개방성	예산 투명성	전자적 시민권	언론 자유
1	노르웨이	9.61	8.97	9.70	9.72	10.0	9.28	10.0
2	덴마크	9.49	9.24	9.35	10.0	9.36	9.45	9.56
3	핀란드	9.40	10.0	9.53	9.57	10.0	7.75	9.56
4	네덜란드	9.27	9.35	9.54	10.0	8.16	8.92	9.67
5	뉴질랜드	9.22	9.53	10.0	8.92	9.57	8.51	8.79
6	스위스	9.08	9.32	9.08	9.75	8.07	8.53	9.45
7	룩셈부르크	9.02	9.11	8.98	10.0	8.07	8.65	9.34
8	스웨덴	8.95	8.32	9.54	9.98	7.43	8.79	9.67
9	호주	8.84	8.92	9.67	8.23	9.57	8.18	8.46
10	영국	8.88	7.60	9.57	9.56	8.98	9.21	8.13
11	미국	8.88	7.69	9.08	9.62	9.79	8.43	8.35
12	에스토니아	8.78	8.00	9.82	9.99	8.07	7.69	9.12
13	벨기에	8.78	8.53	9.31	10.0	6.79	8.47	9.56
14	독일	8.62	7.35	8.61	9.44	9.79	7.88	8.68
15	캐나다	8.61	8.38	9.84	9.63	6.14	8.76	8.90
16	프랑스	8.59	7.14	9.35	10.0	8.90	8.49	8.02
17	아일랜드	8.53	8.39	9.62	9.15	7.42	7.68	8.90
18	오스트리아	8.36	8.40	8.62	10.0	7.43	7.26	8.46
19	일본	8.34	9.27	8.62	9.04	7.00	8.22	7.91
20	한국	8.38	5.53	9.40	9.38	8.90	10.0	7.15

국민권익위원회, 강미영(게시자), 200618 IPI 국별순위 수정, 2020-06-19(게시일)
https://www.acrc.go.kr/acrc/board.do?command=searchDetail&menuId=05020713&method=searchDetailViewInc&boardNum=83507&currPageNo=1&confId=1006&conConfId=1006&conTabId=0&conSearchCol=BOARD_TITLE&conSearchSort=A.BOARD_REG_DATE+DESC%2C+BOARD_NUM+DESC (검색: 2021.3.17.)

부록 14. OECD 국가 합계출산율 비교

- OECD 회원국의 합계출산율 및 첫째아 출산연령, 2020년

(단위: 가임 여자 1명당 명, 세)

국가	합계 출산율	첫째아 출산연령	국가	합계 출산율	첫째아 출산연령	국가	합계 출산율	첫째아 출산연령
이스라엘	2.90	27.7	미국	1.64	27.1	노르웨이	1.48	29.8
멕시코	2.08	-	아일랜드	1.63	30.9	스위스	1.46	31.1
프랑스	1.79	28.9	칠레	1.61	-	오스트리아	1.44	29.7
콜롬비아	1.77	-	뉴질랜드	1.61	-	포르투갈	1.40	30.2
터키	1.76	26.6	슬로베니아	1.60	29.0	폴란드	1.38	27.9
라트비아	1.74	27.3	호주	1.58	-	핀란드	1.37	29.5
코스타리카	1.72	-	에스토니아	1.58	28.2	룩셈부르크	1.37	31.0
아이슬란드	1.72	28.7	영국	1.56	29.1	스페인	1.36	31.2
벨기에	1.72	29.2	네덜란드	1.55	30.2	일본	1.33	30.7
체코	1.71	28.5	슬로바키아	1.53	27.2	그리스	1.28	30.7
리투아니아	1.69	28.2	독일	1.53	29.9	이탈리아	1.24	31.4
덴마크	1.67	29.8	헝가리	1.52	28.4	대한민국	0.84	32.3
스웨덴	1.66	29.7	캐나다	1.50	-	(21년)	(0.81)	(32.6)

OECD 평균: 합계출산율 1.59*, 첫째아 출산연령 29.4**

- 출처: OECD, Family Database

* OECD 평균은 38개 회원국의 2020년 자료를 이용하여 계산함
** 해당 자료가 있는 31개 회원국의 2020년 자료를 이용하여 계산함

부록 15. 2022년 IMD 국가경쟁력 평가결과

□ 2022년 스위스 국제경영개발대학원(IMD)의 국가경쟁력 평가결과 우리나라는 63개국 중 27위 기록, 전년대비 4단계 하락
  * 계량지표는 '21년 기준이며, 서베이지표는 '22.3~5월간 설문조사를 실시한 결과 반영
  * 한국 순위 : ('15)25 ('16)29 ('17)29 ('18)27 ('19)28 ('20)23 ('21)23 ('22)27

□ 분야별로는 인프라(1단계↑) 분야에서 순위가 상승하였으나, 경제성과(4↓), 정부효율성(2↓), 기업효율성(6↓) 분야 순위 하락

  ○ 인프라(17→16위): 기술(2↓)·과학(1↓) 인프라와 보건·환경(1↓) 분야 순위가 하락하였으나 기본인프라(2↑)·교육(1↑) 분야 중심으로 상승

  ○ 경제성과(18→22위): 국제무역(3↑)·물가(2↑) 분야 순위가 상승하였으나 국내경제(7↓)·국제투자(3↓)·고용(1↓) 분야 중심으로 순위 하락
    * 국내경제 분야는 거시지표 개선에도 불구하고 지난해 높은 순위를 기록했던 데 따른 반사효과로 순위가 5→12위로 큰 폭 하락

  ○ 정부효율성(34→36위): 기업여건(1↑) 분야 순위가 상승하였으나 재정(6↓)·조세정책(1↓)·제도여건(1↓)·사회여건(2↓)에서 순위 하락

  ○ 기업효율성(27→33위): 금융시장은 지난해와 같은 순위를 보였으나, 생산성(5↓)·노동시장(5↓)·경영활동(8↓)·행태가치(2↓) 순위 하락

□ 새정부 경제정책방향 등을 통해 공공·노동·교육·금융·서비스 5대 부문 구조개혁과 민간 활력 제고 등 국가경쟁력 제고 노력 강도 높게 추진

자료: 조성중·조찬우, 기획재정부, 2022년 IMD 국가경쟁력 평가결과, 보도참고자료, 2022.6.15.(보도일시)

■ 국가별 평가 결과

□ 상위 10개국 중 작년 3위였던 덴마크가 1위를 차지하였으며, 싱가포르(5→3위), 홍콩(7→5위), 대만(8→7위) 등 순위 상승

o 작년 1위였던 스위스는 2위로 하락. 핀란드가 10위권 내 신규 진입(11→8위)한 반면, UAE는 10위권 밖으로 순위 하락(9→12위)

〈상위 10개국 전년대비 순위표〉

구분	덴마크	스위스	싱가포르	스웨덴	홍콩	네덜란드	대만	핀란드	노르웨이	미국
'21년	3	1	5	2	7	4	8	11	6	10
'22년	1	2	3	4	5	6	7	8	9	10
등락	2	△1	2	△2	2	△2	1	3	△3	-

※ IMD는 코로나 및 지정학적 리스크 등에 대한 대응, 변화하는 글로벌 상황에 적응도가 순위에 영향을 미친 것으로 평가

■ 한국의 주요 평가 결과

□ '22년 평가결과 한국은 63개국 중 27위로 전년대비 4단계 하락

  * 계량지표는 '21년 기준이며, 서베이지표는 '22.3~5월간 설문조사를 실시한 결과 반영
  * 한국 순위 : ('15)25 ('16)29 ('17)29 ('18)27 ('19)28 ('20)23 ('21)23 ('22)27
    ↳ '89년 순위 발표 이래 역대 최고는 22위('11~13년), 최저는 41위('99년)

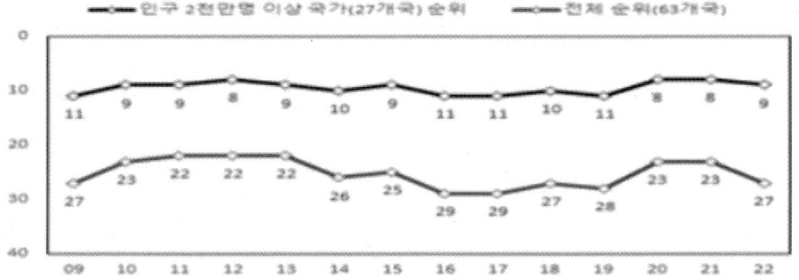

〈IMD 국가경쟁력 한국 순위변화 추이〉

부록 1021

- ○ 2천만명 이상 국가 중에는 전년보다 1단계 하락한 9위 기록
- ○ 30-50 클럽 국가 비교시 전년과 동일하게 프랑스·일본·이태리보다 높으나 미국·독일·영국에 뒤져 4위 유지

□ 분야별로는 인프라 순위가 소폭 상승(1단계↑)한 반면, 경제성과(4↓), 정부효율성(2↓), 기업효율성(6↓) 순위 하락

  * 4대 분야, 20개 부문별 순위를 구분·발표(총 334개 세부항목을 바탕으로 책정)

〈4대 분야 20개 부문별 순위〉

	경제성과 (18 → 22, 4↓)					정부 효율성 (34 → 36, 2↓)					기업 효율성 (27 → 33, 6↓)					인프라 (17 → 16, 1↑)				
	국내경제	국제무역	국제투자	고용	물가	재정	조세정책	제도여건	기업여건	사회여건	생산성	노동시장	금융	경영활동	행태가치	기본인프라	기술인프라	과학인프라	보건환경	교육
'21	5	33	34	5	51	26	25	30	49	33	31	37	23	30	21	18	17	2	30	30
'22	12	30	37	6	49	32	26	31	48	35	36	42	23	38	23	16	19	3	31	29
등락	△7	3	△3	△1	2	△6	△1	△1	1	△2	△5	△5	-	△8	△2	2	△2	△1	△1	1

※ 기타 '2022년 IMD 국가경쟁력 평가결과' 세부적인 사항은 조성중·조찬우, 기획재정부, 보도참고자료, 2022.6.15.(보도일시)

부록 16. ESG 가이드라인 주요 항목(4개 영역, 총 61개 진단항목)

구분	주요 항목		
정보공시 (5개)	ESG 정보공시 방식	ESG 정보공시 주기	ESG 정보공시 범위
	ESG 핵심 이슈 및 KPI		ESG 정보공시 검증
환경 (17개)	환경경영 목표 수립	환경경영 추진체계	원부자재 사용량
	재생 원부자재 비율	온실가스 배출량 (Scope1+Scope2)	온실가스 배출량(Scope3)
	온실가스 배출량 검증	에너지 사용량	재생에너지 사용 비율
	용수 사용량	재사용 용수 비율	폐기물 배출량
	폐기물 재활용 비율	대기오염물질 배출량	수질오염물질 배출량
	환경 법/규제 위반	친환경 인증 제품 및 서비스	
사회 (22개)	목표 수립 및 공시	신규 채용	정규직 비율
	자발적 이직률	교육훈련비	복리후생비
	결사의 자유 보장	여성 구성원 비율	여성 급여 비율(평균급여액 대비)
	장애인 고용률	안전보건 추진체계	산업재해율
	인권정책 수립	인권 리스크 평가	협력사 ESG 경영
	협력사 ESG 지원	협력사 ESG 협약사항	전략적 사회공헌
	구성원 봉사 참여	정보보호 시스템 구축	개인정보 침해 및 구제
	사회 법/규제 위반		
지배 구조 (17개)	이사회 내 ESG 안건 상정	사외이사 비율	대표이사와 이사회 의장 분리
	이사회 성별 다양성	사외이사 전문성	전체 이사 출석률
	사내 이사 출석률	이사회 산하 위원회	이사회 안건 처리
	주주총회 소집 공고	주주총회 집중일 이회 개최/ 집중, 전자, 서면 투표제	
	배당정책 및 이행	윤리규범 위반사항 공시	내부 감사부서 설치
	감사기구 전문성(감사기구 내 회계/재무 전문가)		지배구조 법/규제 위반

자료: 윤성혁·이배화, 산업통상자원부, K-ESG가이드라인, 보도자료, 2021. 12. 1

참고문헌

1. 국내자료

감사원. 감사 중간결과 발표, "세월호 침몰사고 대응실태" 2014.

강성학. 『시베리아 횡단열차와 사무라이: 러일전쟁의 외교와 군사전략』. 서울: 고려대학교 출판부, 2000.

강원택. 『한국의 정치개혁과 민주주의』. 경기 고양: 인간사랑, 2005,

강휘진. "국가 재난관리기준," 중앙민방위방재교육원, 「2012 재난관리 직무소양과정」

국가안보실. 위기관리센터, 「국가위기관리기본지침」. 서울: 범신사, 2013

국립국어원. 『표준국어대사전』. 서울: 두산동아, 1999.

국회입법조사처. 김민창. 「국제통계 동향과 분석」 "OECD 2018 상품 시장규제 (PMR) 지수의 산출결과와 시사점". 제1호, 2018.

T. O. Jacobs 저·김오현 역, 『전략적 리더십』, 서울: 국방대학교 안보문제연구소, 2005.

고대원. "위기결정 작성 이론의 재평가," 김달중 편 『외교정책의 이론과 이해』. 서울: 오름, 1998.

고려대학교 산학협력단. 사이버위협 시나리오 개발 및 대응방안 연구, 2014.

고명현. '6개국 복지체제의 명암' 김인춘·고명현·김성원·암논 아란, 『복지국가 사례연구: 생산적 복지와 경제성장』. 서울: 아산정책연구원, 2010.

고영복. 『사회학사전』. 사회문화연구소, 2000.

공하성. '국내 산업재해 예방을 위한 지방정부 역할 강화 방안.' 산업재해예방을 위한 경기도 정책 토론회 〈노동자 생명·안전이 먼저다!〉, 2020.06.29., 경기도민기자단, 2020.07.03.: (경기도) 홈 〉 경기뉴스광장 〉 일반기자단.

길소연(ksy@g-enews.com, 2018. 글로벌이코노믹, 한경연, "RCEP 체결, 미중 무역전쟁 격화에도 거시경제 안정성 개선". 2018.

김경화, 교수신문(http://www.kyosu.net), 인구소멸, 인간 존엄 관점에서 접근해야 한다, 2022.12.26.

김거성 (한국투명성기구 전 회장), "부패의 진화에 따른 새로운 반부패 전략", 제19차 국제반부패회의, 2020.12.01. 전체회의 (1) 발제문.

김남혁·이성원, 산업통상자원부, 규제샌드박스 4년, 기회의 문을 넘어 도약의 발판으로, 보도자료, 2023.2.15.

김상배, '매력국가론 서설『매력국가 만들기: 소프트 파워의 미래전략』, 동아일보 부설 21세기평화재단·평화연구소, 평화포럼 21, 2005년 여름호(통권2호), 2005.

김상배.『사이버안보의 국가전략』. 국제문제전략연구원, 2016

김영근. "국가 위기관리 매뉴얼," 중앙민방위방재교육원.「2013 재난관리직무소양과정」 2013.

김용구.『세계외교사』. 서울: 서울대학교출판부, 2007.

김의철, KBS, 미국민이 테러보다 더 두려워 하는 건 '공직자 부패' 2016

김위찬·르네 마보안 저, 강해구 역,『블루오션 전략』. 서울: 교보문고, 2005.

김현기(2002). "위기관리개념과 한반도,"『군사논단』. 한국 군사학회

권 다이어 저·이창신 역.『기후대전』. 서울: 김영사, 2011.

경기도민기자단, 2020.07.03. 산업재해예방을 위한 경기도 정책 토론회 〈노동자 생명·안전이 먼저다!〉 취재기, 일시/주관 2020.06.29./ 경기도.

두산백과, http://www.doopedia.co.kr (검색: 2019.11.11.)

두산백과, (네이버) https://terms.naver.com/entry.nhn?docId=3389970&cid=40942& categoryId=31915 (검색: 2019.11.11.)

Francis Fukuyama 저·류화선 역,『THE GREAT DISRUPTION』(서울: 한국경제신문 한경BP, 2001).

리처드 히스 저·장성민 역,『미국 외교정책의 대반격』. 서울: 김영사, 2005.

마이클 테일러(Michael Taylor) 저 송재우 역,『공동체, 아나키, 자유』(서울: 이학사, 2006.

미국 재향군인부, USA투데이, 2020. 04.07, 연합뉴스, 정윤섭, 2020.04.08.

마이클 샌델(Michael J. Sandel) 저·이창신 역, 『정의란 무엇인가』, 서울: 김영사, 2010.

문가원. "난민들 EU국가별 망명 신청현황". 2015.

문기영·김희철·김기현, ETRI(한국전자통신연구원). '실시간 네트워크 침입자 역추적 기술 세계 최초로 개발.' 2003.

문광건·김환청·엄태암·고필훈, 『뉴 테러리즘의 오늘과 내일』, 서울: 한국구방연구원, 2003.

먼홍화 편저·성균중국연구소, 『중국의 매력국가 만들기: 소프트파워 전략』, 서울: 성균관대학교출판부, 2014.

Will Kymlicka 저·장동진·장휘·우정열·백성욱 번역, 『현대 정치철학의 이해』, 서울: 동명사, 2006.

박성균, "재난대비 표준체계(통신), 2013 재난관리직무소양심화과정, 중앙민방위방재교육원.

박성현, 미래한국(Weekly(http://www.futurekorea.co.kr), [전문가진단] 기업과 정부 혁신성장의 조건, 2020.11.11.

백완기. 『행정학』. 서울: 박영사, 1994.

4차 산업혁명시대의 미디어 리터러시; 이동국·김현진·이승진(2014). 미래핵심역량 증진을 위한 정보통신기술

사토 카즈오(佐藤一男), 『원자력 안전의 논리』심기보 역, (한솜미디어, 2006)

사)한국기업교육학회, 『HRD 용어사전』, 중앙경제.

성균관대학교. 한국인터넷진흥원, 『악성코드 유사 및 변종 유형 예측방법 연구』. 진한엠엔비, 2015.

_____, 동아시아학술원. 성균중국연구소, 『성균 차이나브리프』. 최형규, '시진핑의 중화 부흥 전략'. 서울: 성균관대학교출판부, 2015.

손도심. 「북한 급변사태의 이론적 재검토(조건, 변수, 시나리오를 중심으로)」: The Reassessment of Contingency in North Korea (Focusing on Conditions Variables and Scenarios). 2011.

손수정, 농민신문, [다시보는 고사성어] 냉면한철(冷面寒鐵), 2014-06-27

손철성, 마르크스『독일 이데올로기』(해제), 서울대학교 철학사상연구소, 2004.

David P. Barash·Charles P. Wwbel 저, 송승종·유재현 역, 『전쟁과 평화』, (서울: 명인문화사, 2018).

시사영어사, 「Si-sa Elite Korean-English Dictionary: 영한대사전」. 서울. 1991.

신충근·이상진, "북한의 대남 사이버테러 전략 분석 및 대응방안에 관한 고찰: A Study of countermeasure and stratege analysis on North Korean cyber terror", 「경찰학 연구」제13권제4호(통권 제36호). 2013.

신현기·박억종·안성률, 『경찰학사전』. 법문사, 2012.

ILA, Report of 61st Conference; 유재형, "테러리즘의 국제법적 규제", 『대테러연구』. 서울: 경찰청 대테러센터, 2007.

실무노동용어사전, 2014, 중앙경제, http://www.elabor.cp.kr/

산업안전대사전, 2004.

세계경제포럼(WEF), 신한금융투자; 한범호, 이슈생각, '다보스 포럼, Agenda the World. Agenda: Rashaping the World(세계의 재편)

안지혜, KISTEP, '2017년 세계혁신지수 분석' jihye@kistep.re.kr.

알베르트 알리시나·프란체스코 지아바치 저·이영석·옥성수 역, 『유럽의 미래』. 서울: 21세기북스, 2007.

에듀윌, 『사회복지실천론』, pp. 51-52. 2022,

에듀윌, 『자원봉사론』, 기업의 자원봉사, p. 115. 2023

이상국·서주석·이명철, 『미중 '소프트 패권경쟁' 시대; 한국의 전략적 선택』. 서울: 한국국방연구원, 2013.

이상수, 『Basic 고교생을 위한 사회 용어사전』. 신원문화사, 2006.

이상진, '북한의 대남 사이버테러 전략 분석 및 대응 방안에 관한 고찰': 블로터닷넷 "해킹은 북한 소행" 이거 어떻게 알아내는 걸까?, 2014.

이상학, "2018년 부패인식지수(CPI)분석" 국제투명성기구 한국본부 한국투명성기구 자료 〉 일반자료, 2019.

이영재. "위기관리 Business Continuity Planning", 중앙민방위방재교육원, 「2013

재난관리직무소양심화 과정」. 2013.

이은정·백아람. 지구온난화 1.5℃ 특별보고서, 그것이 알고 싶다. 2019. 02. 13. 기상청 홈 〉 행정과 정책 〉 보도자료 〉 본청 〉 읽기

이윤빈, 2020년 유럽혁신지수 분석과 시사점(European Innovation Scoreboard 2020), 한국과학기술기획평가원, KISTEP 통계브리프, 2020년 제6호.

이응영, 「미국의 국가사고관리체계(National Incident Management System, NIMS)」, 통합적 재난안전관리체계 구축 기획단, 2008,

이재윤. 연합뉴스, "시리아 또 화학무기 참사, 국제사회 5년 농락의 슬픈 역사" 트위트@yonhap_graphics, 2018.

이진백, LIFE IN, 헷갈리는 사회적 가치 개념들 어떻게 이해해야 할까?, 2021. 03.19.

이찬영, 공감 HOME〉 콘텐츠쉐〉 피플, "부패인식지수 세계 20위권 끌어올리고 국민 원하는 방향으로 정책되게 할 것 전현희(국민권익위원장)", 2020.9.21.

이창용. 『뉴테러리즘과 국가위기관리』 (서울: 대영문화사, 2007).

이철용·문병순·남효정, LG경제연구원, 향후 5년 미중관계 변화와 영향, 2017.

이태규. 「군사용어사전」, 일월서각, 2012.

이태환. "시진핑 시대 미중관계와 한국의 대중전략," 세종연구소, 세종정책연구 2013-25.

이희승. 『국어대사전』. 서울: 민중서림, 1995.

이희승 편저, 「국어대사전」. 서울: 민중서림, 1995.

이호용, "효율적인 국가 테러조직의 위상과 기능," 국가정보원(테러정보통합센터, Tiic), 「대테러정책 연구논총」 제6호. 2009.

여영무. 국제테러리즘연구. 서울: 한국해양전략연구소, 2006.

유재형. "테러리즘의 국제법적 규제", 『대테러연구』, 서울: 경찰청 대테러센터, 2007.

울리히 벡(Ulrich Beck) 저·홍성대 역, 『위험사회: 새로운 근대(성)를 향하여』 (서울: 새물결, 2006)

임도빈. 2014 정부경쟁력보고서. 정부경쟁력 연구센터. 2015.

임채호. 트라이큐브랩. 사이버 보안: 3.20사이버테러/ NAVER

_____, "사이버 테러 사고 분석 보고서" ver 1.7 Red Alert, Issue Makers Lab / 3.20사이버 테러 / NAVER

임형섭, 연합뉴스, 2020.04.10. https://www.yna.co.kr/view/AKR20200410110851001?section=politics/all (검색: 2020.04.10.)

위금숙. "재난대비 표준체계: 미국의 NIMS소개," 「2013 재난관리 직무소양심화과정」. 2013

유재형. "테러리즘의 국제법적 규제"『대테러연구』, 서울: 경찰청 대테러센터. 2007.

유한준 저,『빌게이츠 리더십』"미래로 나가자" Book Star, weekly TMT human, 151호, TMT 교육그룹 멘토링코리아.

유현석.『국제정세의 이해: 지구촌의 아젠다와 국제관계』. 서울, 한울아카데미, 2001.

유엔환경계획(UNEP). '2019 온실가스 격차 보고서' 2019.11.26.

조동호. 국가안보전략연구원,『신안보 총람 1』. 서울, 2018.

_____, 통일교육원,『통일비용보다 더 큰 통일편익』. 서울, 2011.

조영갑.『테러와 전쟁』. 서울: 북코리아, 2005.

丁若鏞 저·趙洙翼 역,『목민심서(牧民心書)』, 율기육조(律己六條) 제2조 청심(淸心), 일신서적출판사, 1995.

정진우, 전자신문, ET시론: 산업안전호, 산으로 가면 안 된다, 2023.3.17.

정찬권.『21세기 포괄안보시대의 국가위기관리론』. 서울: 대왕사, 2010.

주수기. "21세기 국제테러리즘: 뉴테러리즘?『대테러연구』. 서울: 경찰청 대테러센터, 2007.

박성균. "재난대비 표준체계(통신), 2013 재난관리직무소양심화과정, 중앙민방위방재교육원. 2013.

부형욱. "위기개념과 위기대응의 이론적 실천적 고찰"「비상대비연구논총」. 서울: 행정안전부, 2009.

최진태,『테러, 테러리스트 & 테러리즘』(서울: 대영문화사, 1997)

최문형.『국제관계로 본 러일전쟁과 일본의 한국의 병합』. 서울: 지식산업사, 2004.

피터 F. 드러커 저 이재규 역. 『자본주의 이후의 사회』. 서울: 한국경제신문사, 1993.

토마스 쿤(Kuhn, T. S),『과학 혁명의 구조』(1962)

한국. 북큐레이트협회(KBCA), [재난가방] 방금 지진 느꼈어요, 2016.

한범호. 이슈생각. '다보스 포럼, Agenda the World. Agenda: Rashaping the World(세계의 재편). 2015.

황성원·권용수·배득종·박민정·윤태범·이영범·장현주·홍준현·김윤수. '정부혁신 성과지표' 「정부혁신성과지표 개발: A Study on the development of Government Innovation Performance Indicators」. 2016.

헤럴드 POP, 정태일, '해킹 위험도 측정하는 악성코드 위험지수 나왔다.' 2012.

HRD용어사전. 혁신. Innovation.

2. 한국 정부 및 공공기관 자료

고용노동부, 이수준, 사업장 위험성평가에 관한 지침 일부 개정안 행정예고, 중대재해 감축 로드맵 이행 TF(위험성평가반), 공지사항, 2023-03-07

_____ 「산업재해현황」

_____, 한국 사회적 기업진흥원. 박수연·강경흠·이광진·정선녀, 보도자료

국무조정실 규제혁신. 보도자료, 「포괄적 네거티브 규제 전환 성과 및 향후계획」. 2018.

_____ 규제혁신, 보도자료, "네거티브 규제 전환 본격적으로 확산합니다." 2019.

_____ 규제개혁위원회. 박광훈, 「2018 규제개혁백서」 "규제개혁 추진 개요" 2018.

_____ 규제개혁위원회, 이대섭, 「2018 규제개혁백서」 "규제개혁 추진체계" 2018.

_____ 국무총리비서실, '세계 기술패권 경쟁 시대, 10년 내 선도국 수준 기술주도권 확보 위해 국가역량 총집결', 제20회 과학기술관계장관회의, 보도자료, 2021.12.21.(배포일시 기준)

*　국무조정실(이현정, 박현진), 과학기술정보통신부(장병주·김진현·김동준·정승지)

_____, 박진호·변광욱·하승완, 「부동산 투기근절 및 재발방지대책」 발표, 보도자료, 2021.3.29. 동 보도자료는 기획재정부, 법무부, 행정안전부, 농림축산식품부, 국무조정실, 금융위원회, 국민권익위원회, 인사혁신처, 국세청, 경찰청 합동으로 보도자료 배포

_____ 정책브리핑, [보도자료] 신산업 분야 네거티브 규제 발굴 가이드라인. 2017.

_____ 「농어업인 삶의 질 향상 및 농어촌 지역개발 5개년 기본계획」 수립 추진 계획 (안). 2019.

국민권익위원회, 김상년·나현성, 2020년도 대한민국 국가청렴도(CPI) 발표 결과, 보도설명자료, 2021.1.28.

_____, 한삼석·박혁구, 권익위 「부정청탁 및 이해충돌 방지법안」 3월 중 마련, 보도자료, 2012. 2. 21.

_____, 2017년도 TI 세계부패바로미터(GCB) 발표 결과(세계부패바로미터(GCB: Global Corruption Barometer), 2017. 3. 7(발표일)

_____, 「5개년 반부패종합계획」 관계기관합동. 2018.

_____, 황인선·이진희, '공공기관 청렴도 2년 연속 상승, 행정서비스 부패 경험도 줄어', 〈2018 반부패 주간〉 "공공기관 청렴도 측정결과", 보도자료, 국민신문고, 2018

_____, 공직자의 이해충돌 방지법안 제안이유(법제처 심의를 마침), 2019.

_____, 박형준·조유지·한세근, '국민권익위가 입안한 이해충돌방지법, 국회 본회의 통과 … 내년 5월 본격 시행', 보도자료, 2021.4.30.

국립환경과학원. 대기질통합예보센터. 2019.2.7. 보도자료 "올해 첫 고농도 1월 11~15일 미세먼지 발생 사례 분석 결과"

국민안전처, 중앙안전관리위원회, 제3차 국가안전관리기본계획안(2015~2019), 2015.

국방기술진흥연구소(국기연), 『2021년 세계 방산시장연감』, 2022.

국방부, 국방기술품질원. 『국방과학기술용어사전』, 2011.

국제경영개발대학원(IMD). 「세계경쟁력연감:World Competitiveness Yearbook」 2016.

국제통화기금(IMF). 한국은행

국제투명성기구 한국본부 한국투명성기구, 이상학(raguna9@hanmail.net), 2019 부패인식지수(CPI) 결과 분석, 작성일: 2020-04-29

_____, 한국본부 한국투명성기구 보도자료(2017).

_____, 한국본부 한국투명성기구, 이상학((raguna9@hanmail.net), 2020년 부패인식지수(CPI) 분석, 2021-01-28.

_____, 한국투명성기구 홈페이지

국토교통부·경찰청, 박정수·홍철·박종천·김주곤·양시갑, 보도자료, 2018년 교통사고.

검찰청, 중앙일보, 1995.7.1; 서울특별시, 『삼풍백화점 붕괴사고 백서』 (1996.6), 행정 간행물등록번호 61100-13900-07-9621.

금융위원회, 이귀웅·김민수, "FATF(국제자금세탁방지기구)상호평가 대응방향" 및 『국가 자금세탁·테러자금조달 위험평가』 결과 발표 보도자료, 2018.

_____, 기상청(이은정)·외교부(최인택)·농촌진흥청(오명규)·산림청(김기현), 보도자료, IPCC, '기후변화와 토지특별보고서' 채택, 2019.; 기상청 홈〉행정 과정책〉보도자료〉본청〉읽기(2019)

과학기술정보통신부, 김동준·정승지, '세계 기술패권 경쟁시대, 기술주권 확보에 국가역량 결집' 보도자료 2021. 12. 21(배포일시).

_____, 한국인터넷진흥원(KISA: Korea Internet & Security Agency) 「웹서버 보안 강화 안내서」. 서울: 2018.

_____, 한국인터넷진흥원(KISA), 「웹서버 보안 강화 안내서」. 서울, 2018.6); UK Cybersecurity center 'The Dark Overlord' Alert, 2017

_____, 한국인터넷진흥원(KISA), 「웹서버 보안 강화 안내서」서울. 2018.

_____, 한국인터넷진흥원(KISA). 「웹서버 보안 강화 안내서」서울. 2018.

_____, 한국인터넷진흥원(KISA), '2018년 상반기 악성코드 은닉사이트 동향 보고서'. 2018.7, www. boho.or.kr. KISA 보호나라. 보고서 〉자료실

관계부처 합동. 「국가 자금세탁·테러자금조달 위험평가」. 2018.

기획재정부, 김귀범·황철환·김승연, 2020년 IMD 국가경쟁력 평가 결과, 보도자료, 세종, 2020.

──────, 세계경제포럼(WEF) 2017, 2018, 2019.

──────, 기업의 사회적 책임 (시사경제용어사전, 2017. 11.)

──────, '2017년 혁신지수, 보도자료' 2017.

──────, '2018년 혁신지수 보도자료' 2018.

──────, '2019년 혁신지수 보도자료' 2019.

──────, 김귀범·황철환, 세계경제포럼 코로나 위기 특별판 보고서 발표, 보도참고자료, 2020. 12.16.: WEF News Release(보도자료 영문원본)은 보도참고자료

──────, 김명선·김지은, 김용범 제1차관, 「사회적 가치, 경제를 살리다」포럼 축사, 주제 : 사회적 가치 평가와 ESG(환경·사회·거버넌스), 보도참고자료, 2020.12.18.

──────, 김동곤·김종현, EU, 주요 경쟁국 혁신성과 비교결과 한국이 1위(8년 연속): EU, 2020 EIS(European Innovation Scoreboard) 평가결과, 보도참고자료, 2020. 6. 24.

──────, 김귀범·황철환·조찬우, 2021년 IMD 국가경쟁력 평가 결과, 보도자료, 2021.6.16

──────, 안종일·배준혜, '19년 세계은행 기업환경평가, 한국 5위. 보도

──────, 이형렬, 기업의 사회적 책임, 2006.04.11.

──────, 홍민석·안경우, 보도참고자료. "2016년 세계경제포럼(WEF) 국가경쟁력 평가 결과". 세종. 2016.9.28.자료, 2019.

──────, 심규진·이태윤, 보도참고자료, "2018년 세계경제포럼(WEF) 국가경쟁력 평가 결과", 세종, 2018.

──────, 심규진·손정혁·오다은·황철환, 보도참고자료, "2019년 세계경제포럼(WEF) 국가경쟁력 평가 결과". 세종. 2019.

──────, 심규진·이태윤, 보도참고자료, "2018년 IMD 국가경쟁력 평가 순위 27위 전년보다 2단계 상승" 세종. 2018.

_____, 심규진·황철환, 보도참고자료, "2019년 IMD 국가경쟁력 평가 순위 28위". 세종. 2019.

_____, '저소득층 소득증대 등 분배개선 정책노력 확대정책' 브리핑. 2019.

_____, 「시사경제용어사전」 2017.

_____, 보도자료, 2019.

_____, 김귀범·황철환, 세계경제포럼 코로나 위기 특별판 보고서 발표, 보도참고자료, 2020. 12.16.: WEF News Release(보도자료 영문원본)은 보도참고자료

_____, 안종일·박정열, 2021 블룸버그 혁신지수: 한국 세계 1위, 보도참고자료, 2021

_____, 주현준·김성철·이정아, "무디스, 환경·사회·지배구조(ESG) 국가별 평가 결과 발표: 한국, 최고등급(1등급) 평가", 보도참고자료, 2021. 1.19

_____, 조성중·조찬우, 2022년 IMD 국가경쟁력 평가결과, 보도참고자료, 2022.6.15.(보도일시)

과학기술정보통신부; 한국인터넷진흥원(KISA: Korea Internet & Security Agency)「웹서버 보안 강화 안내서」. 서울: 2018.

_____, 한국인터넷진흥원(KISA), 「웹서버 보안 강화 안내서」. 서울, 2018.6); UK Cybersecurity center 'The Dark Overlord' Alert, 2017.

_____, 한국인터넷진흥원(KISA), 「웹서버 보안 강화 안내서」 서울. 2018.

_____, 한국인터넷진흥원(KISA), '2018년 상반기 악성코드 은닉사이트 동향 보고서'. 2018.7, www.boho.or.kr. KISA 보호나라. 보고서 〉 자료실

_____, 김영은·오선영, '2020년도 기술수준평가' 결과, 심화되는 국가간 '글로벌 기술 확보 경쟁' 속에서 우리나라 120개 중점과학기술 경쟁력 지속적으로 향상, 보도자료, 2021.3.12.

_____, 한국인터넷진흥원(KISA)의 "DDoS공격 대응 가이드"를 참고하다. 보호나라 홈페이지(www.boho.or.kr) 〉 자료실〉 보안공지.

_____, '2017년 하반기 악성코드 은닉사이트 동향보고서'

한국과학기술평가원, KISTEP 통계브리프, 2018년 제1호

경철청, 한창훈·김주곤, 국토교통부 윤영중·이정식, 20년 상반기 교통사고 사망자, 전년 동기대비 10.0% 감소, 공동보도자료, 2020-08-12(등록일), 2020. 8. 13.(보도일시)

대통령 직속. 정책기획위원회.

문화체육관광부, 국민여가활동조사.

보건복지부, 질병관리본부 홈페이지, http://ncov.mohw.go.kr/

보건복지부. 질병관리본부『생물테러 대비 및 대응지침』. 2011.

안전행정부, 국립재난안전연구원,「대형사고 사례분석 및 재난안전대책 개편방향」(2014.)

_____, 중앙재난안전대책본부 안전안내 문자 내용(핸드폰 수신). 2020.

에듀윌 원격평생교육원, 에듀윌,『사회복지실천론』, 2022,

유발 하라리, Financial Times '코로나바이러스 이후의 세계'. 2020.03.20.

전관수,『한시어사전』, 국학자료원 2007. 7. 9.

정부 관계기관 합동. "적극행정 추진방안" 2019.

질병관리청, 코로나바이러스감염증-19 〉 발생동향 〉 국외 발생 현황

_____, 질병관리청, 코로나바이러스감염증-19(COVID-19) 코로나바이러스감염증-19 국내 발생 현황(2월 24일)

중소벤처기업부, 김민지·최형민·윤원민, 2022년 국내 거대신생기업(유니콘기업)은 22개사; 3고(高) 위기에도 거대신생기업(유니콘) 탄생(7개사)·졸업기업(3개사) 연간 최다, 보도자료, 2023. 2.10.

산업통상자원부, 에너지 신산업 활성화 및 핵심기술개발전략(2017.4.22.), 경제장관회의.

_____, 김남혁·이성원, 규제샌드박스 4년, 기회의 문을 넘어 도약의 발판으로, 보도자료, 2023.2.15.

_____, 윤성혁·이배화, K-ESG가이드라인, 보도자료, 2021.12. 1

소방방재청, Valtech_ 컨소시엄,방재분야 선진사례 분석.

_____, 중앙재난안전대책본부 2011 재해연보, 2013 재해연보

서울대병원. 윤형호, 2018 한국건강학회추계학술대회. '권역별 일반국민의 주관적 삶의 질 측정 및 활용': 김준호, Medical Tribune. 한국인 "내 삶의 질은 10점 만점에 6.9점" 2018.

클레이튼 크리스텐슨(Clayton M. Christensen) 저·김태훈 역, 『파괴적 혁신 4.0』

특허청, 정대순·허원석·정권·황예원, 한국, 글로벌 혁신지수 세계 5위, 아시아 1위, 보도자료, 2021년 9월 20일(월)

통계청. 「2016년 사회조사 결과: 가족·교육·보건·안전·환경」. 2016.

_____, 윤명준·황호숙, 2014년 사회조사 결과(2014.11.27.), 보도자료; 윤연옥·김영란, 2016년 사회조사 결과(2016.11.15.); 이재원·이영수, 2018년 사회조사 결과(2018. 11.06), 보도자료.

_____, 이재원·이영수, 「2018년 사회조사 결과: 가족·교육·보건·안전·환경」 (2018. 11.06) ; 국가통계포털(http://kosis.kr)

_____, 윤명준·황호숙, 「2014년 사회조사 결과: 가족·교육·보건·안전·환경」. 2018.

_____, 윤연옥·김경란, 「2016년 사회조사 결과: 가족·교육·보건·안전·환경」 (2016. 11.15); 국가통계포털(www.kosis.kr)

_____, 한국 삶의 질 학회, 한준·김석호·최바울·이희길, 「국민 삶의 질」 종합지수 작성결과. 보도자료. 2017.

_____, 「통계용어·지표의 이해」 KOSIS, 한국은행, 국민계정, 경제통계시스템, 19,3/4, 국가통계지표, 2015.

_____, 「통계용어·지표의 이해」 KOSIS, 한국은행. 국민계정.

_____, KOSIS 100대 지표 2018.

_____, 금융감독원·한국은행, 「2017년 가계금융·복지조사 결과」, 보도자료 2017.12.21. 공보 2017-12-26호; 한국은행, 보도자료

_____, 김대호·박영실, 한국의 SDGs 이행 현황 2021 발표, 보도자료, 2021-04-01(게시일), 통계청홈페이지 〉새소식 〉보도자료 〉전체

_____, 통계개발원, '국민의 삶의 질 지표' 홈페이지

_____, 통계개발원(KOSTAT). 심수진·이희길, 이슈분석: "우리는 얼마나 행

복할까?", 통계청 통계개발원 『통계 플러스』 가을호, Vol.03, 2018.

──────, 통계개발원(경제사회통계연구실), 최바울·심수진, 「국민 삶의 질 2020」 보고서 발간, 보도자료, 2021. 3. 11.

──────, 통계개발원, 최바울·심수진·남상민, 「국민 삶의 질 2020」, 2021. 2. 21. p.102.

──────, 노형준·송현정, '2021년 출생 통계', 보도자료, 2022. 08. 23.

──────, 임영일·온누리, 인구동향 조사-출생사망통계(잠정), 대한민국 정책브리핑, 보도자료, 2023.02.22.

한국경제연구원. 제도가 혁신역량 발목 잡아: 세계혁신지수 추이와 정책시사점 보고서. 2018.

──────, 보도자료 파일, '경제성장이 소득불평등에 미치는 영향 분석', "경제성장률이 상승하면 지니계수로 본 소득불평등 개선돼", 2019

한국과학기술평가원, KISTEP 통계브리프, 2018년 제1호

한국대학교육협의회. 김헌영, 「우리나라 대학 경쟁력의 현황과 이슈」. 2019년 제1호, P.2.; www.kcue.or.kr(검색:2020.02.03.).

산업통상자원부, 에너지 신산업 활성화 및 핵심기술개발전략(2017.4.22.), 경제장관회의.

4차 산업혁명시대의 미디어 리터러시; 이동국·김현진·이승진(2014). 미래핵심역량 증진을 위한 정보통신기술

한국재난안전기술원. 긴급진단. ④재난·안전관리 핵심은 지방자치단체 … "맞춤형 대응역량 길러야." 2019. 12. 13.

한국은행, 경제통계국 국민계정부 국민소득총괄팀 과장 박지원, 팀장 이동원, 지출국민소득팀 과장 박진호, 팀장 강창구, '2019년 4/4분기 및 연간 실질 국내총생산(속보)', 국민소득통계 보도자료, 2020년 1월 22일, 공보 2020-01-24호

──────, 경제통계국 국민계정부 국민소득총괄팀 과장 안용비, 팀장 최정태 지출국민소득팀 과장 이승한, 팀장 이인규 '2020년 4/4분기 및 연간 국민소득(잠정)', 2021년 3월 4일, 공보 2021-03-07호

한국무역협회 국제무역통상연구원, 도원빈·강성은, 「세계 수출시장 1위 품목으로 본 우리 수출의 경쟁력 현황(2019년 기준)」, 2021.03.05. 국제무역통상연구원, 트레이드 포커스 2021년 8호

Kotra. 한석우·고상훈, "세계는 연결성·규제완화·융합으로 4차 산업혁명 대비 중" 보도자료. 2017.

_____, 국제무역연구원,「2016 세계 속의 대한민국」

_____, 2018.4.4. *News1*, G2 무역전쟁 '확전 韓 경제 초비상 … "수출피해 최대 39조원" bluekey@yna.co.kr, News1 최진모 디자이너.

_____, 국제무역연구원, IMD '삶의 질' 수준, 2016.11.18.

한국정보통신기술협회, 「ICT 시사용어 300」. 2013. http://www.tta.or.kr

하나금융투자.

KDR.한국사전연구사. 정치학대사전편찬위원회, 「21세기 정치학대사전」

한국 사회여론연구소, 2017.

한국, 정책위키, 한눈에 보는 정책, "혁신적 포용국가," (최종수정일: 2020.03.13.)

한국재난안전기술원. [긴급진단], ④재난·안전관리 핵심은 지방자치단체… "맞춤형 대응역량 길러야." 2019. 12. 13.

한국은행. The World Bank, 대만 통계청

한국해양수산개발원, 김형근·이종필·하태영·이주원, 항만에서의 재난 및 재해 영향과 대응방안 영구, 2012.12

합동참모본부, 「합동·연합작전 군사용어사전」, 2004.

_____, 화생방기술정보 19-3호. '일본의 후쿠시마 원전사고 대응에 대한 분석 및 시사점'. 2019.

해양수산부, 중앙해양안전심판원, 통계연보 2018:해양수산부 중앙해양안전심판원 홈페이지〉정보포털〉해양사고통계〉통계연보. 2018.

행정안전부, 2019. 국감자료

_____, 고은영·번영태, 경제협력개발기구(OECD) 정부신뢰도에서 대한민국 20위 기록, 역대 최고 순위, 2021.07.09., 혁신기획과, 보도자료

_____, 정윤한·박정호, 2019년 상반기 국민 안전의식 조사 결과 공개 보도자료, 2019

_____, 지만석·김재은·이종설·신진동, '2019년 전국 지역안전지수 공개' 보도자료(20108년 통계기준), 2019

_____, 2017년 국가 안전대진단 우수사례, 2017.

_____, 안전신문고, 2019.

_____, 2018년 국민안전 체감도 조사 추진계획, 2018.

_____, 2019년 상반기 「국민 안전의식 조사」 결과, 보도자료 2019.

_____, 「정부혁신 추진방량」, 2018.

_____, 「국민 중심의 정부혁신을 위한 사회적 가치의 이해」2019

_____, 정부혁신 일번지. 2019.

_____, '국민이 주인인 정부'를 실현하는 『2019년 정부혁신 종합 추진계획』, 2019.

_____, 행정안전부, 농림축산식품부, 국무조정실, 금융위원회, 국민권익위원회, 인사혁신처, 국세청, 경찰청 합동으로 보도자료 배포

현대경제연구원. 주원·류승희·정민, '2020년 다보스 포럼의 주요 내용과 시사점: 결속력 있고 지속가능한 세계를 위한 이해관계자들,' 「경제주평, Weekly Economic Review」, 20-2(통권 제866호), 2020.

BSI Korea

3. 외국자료

Arthur M. Schlesinger, Jr., A Thousand Days: J. F. Kennedy in the White House, 1965,

Bruce Hoffman. 2002. "Lessons of 9/11." Santa Monica, CA: RAND. http://www.rand.org / pubs / testimonies /CT201/

Robert F. Kennedy, Thirteen Days: A Memoir of the Cuban Missile Crisis, 1968.

David Held Political *theory and the Modern State*(Standford, California ; Stanford University Press,1989), collins cobuild advanced learner's English Dictionary (2006년, Hapercollins)

Homeland Security(국토안보부), 『National Preparedness Guidelines』1.0 서론; 2.0 비전(2007.9)

Charles A. Mclelland, "Access to Berlin: The Quantity Variety of Events, 1948-1963," in J. David Singef (ed.), *Quantitative International Politics*(New York : Free Press, 1968).

Charles F. Hermann, *crisis in Foreign Policy*: A Simulation Analysis (Indianapolis: The Bobbs-Merrill Company, Inc.,1969),

G. H.Synder and P. Diesing, *Conflict Among Nations: Bargaining, Decision Making, and System Structures in International Crisis* (Princeton: Princeton University Press, 1977); G. H. Synder, "Crisis Bargaining," in C. F. Hermann(ed.), International Crisis: Insights from Behavior Research(New York : Free Press, 1972)

G. H. Synder and P. Diesing, *Conflict Among Nations: Bargaining, Decision Making, and System Structures in International Crisis* (Princeton: Princeton University Press, 1977),

Theodore C. Sorensen, Kennedy: Decision-Making in the White House, 1965, p.683, Elie Abel, The Missiles of October: The Story of the Cuban Missile Crisis, 1962, pp.59~62, Graham T. Allison, "Conceptual Models and the Cuban Missile Crisis," The American Political Science Review, September 1969,

Howard J. Wiarda, "The Future of Marxist-Leninist Regimes : Cuba in Comparative Perspective," Prepared for International Workshop 『Durability and Direction of the Four Remaining Socalist Countries : China, Vietnam, Cuba and North Korea』.

Zbigniew Brzezinski, *The Grand Failure : The Birth and Death of Communism in the Twentieth Centry* (New York : Charles Scribener's

Sons, 1989),

Zbigniew Brzezinski, 『The Grand Failure: the Birth and Death of Communism in the Collapse of Communism』, 명순희 역, (서울: 을유문화사, 1990)

Susan E. Rice and Stewart Patrick, Index of State Weakness in the Developing World (Washington DC : Brookings Institution, 2008)

The Fund for Peace and The Carnegie Endowment for International Peace, The Failed State Index 2007, Foreign Policy(July/August 2007)

The Fund For Peace and The Carnegie Endowment for Internatiomal Peace. op. cit

Lucien G. Canton, Emergency Management : Concepts and Strategic for Effective Programs, John Wiley & Sons, 2007.

D. Guha-Sapir, R. Below, Ph. Hoyois-EM-DAT: The emdat.be-Université Catholique de CRED/OFDA International Disaster Database-www.Louvain-Brussels-Beligium(accessed March 2017). 2017.

IPCC Special Report on Climate Change, Desertification, Land Degradation, Sustainable Land Management, Food Security, and Greenhouse gas fluxes in Terrestrial Ecosystems

Cox. S & Cox, T.(1991), The structure of employee attitudes to safety- a European example Work and Stress, 5. 93-106.

Jerome Rothenberg, The Measurement of Social Welfare, Prentice-Hall, 1961.

Jeffrey D. Simon, The Terrorist Trap (Bloomington: Indiana University Press, 1994), p.29; Leonard Weinberg, Ami Pedahzur and Sivan Hirsch-Hoefler, "The Challengees of Conceptualizing Terrorism," Terrorism and Political Violence, Vol.16, No 4(2004),

Alex P. Schmid and Albert J. Jongman, et al., Political Terrorism: A

New Guide to Actors, Authors, Concepts, Data Bases, Theories and Literature (Ameserdam: North-Holland, 1988), p .5 and 28.

Webster's New Twentieth Dictionary, 2nd edition, 1983,

TKB (Terrorism Knowledge Base)는 "RAND Terrorism Chronology, 1968-1997"과 the RAND- MIPT Terrorism Incident Database, 1998-Present"로 구성되어 있다." MIPT Terrorism Knowledge Base: A Comprehensive Dztabank of Global Terrorist Incident and Organizations, TKB Data Methodologies,

U. S. Department of State, *Patterns of Global Terrorism*-2000, April 2001

Mark Juergensmeyer, *Terror in the Mind of God: The Global Rise of Religious Violence* (Berkkeley University of California Press, 2003)

Hoffman, *Inside Terrorism*

Haig Khatchadourian. 1998. *The Morality of Terrorism.* New York : Peter Lang, 11.

Igor Primoratz. 1990. "What Is Terrorism?" *Journal of Applied Philosophy* 7(2): 129-130.

Jerome Rothenberg, *The Measurement of Social Welfare*, Prentice-Hall, 1961

Michael, Whine, "The New Terrorism," International Policy Institute for Counter Terrorism

Nadine Gurr and Benjamin Cole, *The New Face of Terrorism: Threats from Weapons of Mass Destruction* (London: Tauris, 2000)

Bruce Hoffman, "Holy Terror: The Implications of Terrorism Motivated by a Religious Imperative," *Studies in Conflict and Terrorism*, Vol. 18, No. 4(1995)

Noam Chomsky. 2001.*9/11.* New York: Seven Stories Press, 67, 90.

Ashley Townshend·Brendan Thomas Noone·Matilda Steward, 「Averting

Crisis American Strategy, Military Spending and Collective Deffence INDO-PACFIC」, (The United States Studies Centre at the University of Sydney), http://www.ussc.edu.au//)

U.S. Department of State, *Patterns of Global Terrorism*-2000, April 2001

U.S. DoD, Quadrennial Defense Review Report, September 30, 2001. http://www.defenselink.mil/pubs/qdr2001.pdf. (검색일 2002.12.23.)

KIDA, 「Quadrennial Deffnse Review 2014」

Thalif Deen, "Counter-Terrorism Committee evaluates reports," JDW. 11/01/02

Ho-Min, Yang, "North Korean-Style 'Freedom and Human Rights'," in Chio Sung Chul, ed., *human Rights in North Korea* (Seoul : Center for the Advancement of North Korean Human Rights, 1995)

"Uniting against terrorism : recommendations for a global counter-terrorism strategy, Report of the Secretary-General", U.N. Doc. A/60/825,27 April 2006.

Uniting against terrorism : recommendations for a global counter-terrorism strategy, Report of the Secretary-General" Supra note 11, Annex II, Status of universal instruments related to the prevention and Suppression of International terrorism

Kenneth Alibek, 'Combating Terrorism: Assessing the Threat of Biological Terrorism', 「대량살상무기의 위협과 한반도 안보」, Korea Military Academy, 2003.

Research confirms the Cybersecurity skills shortage is an existential threat: "The Hour is Coming When America Will Act," *Washington Post*, September 21, 2001

Transcript: Bush Addresses Nation on War Against Terrorism, *Washington File*, November 8, 2001

「National Preparedness Guideline」 Department of Homeland Security,

2007.9)

Chapman University Survey of American Fears October 11.2016

Cornell University, INSEAD and WIPO, 『The Global Innovation Index 2017』 2017.

리차드 클라크, 'Cyber War: The Next Threat to Nation Security and What to Do about It'(사이버전쟁, 국가안보의 차기 위협과 대응책)

OECD, 『OECD Education at a Glance』

  * 자료 : OECD, 『OECD Education at a Glance』 각 연도; http://www.imf.org.

Evan S. Medeiros, *China's International Behavior: Activism, Opportunism, and Diversification* (Pittsburgh: RAND, 2009)

Hillary R. Clinton, "Remarks on Regional Architecture in Asia- Principles and Pritiories. Honolulu, Hawaii, January 12, 2010.

European Commission, 『European Innovation Scoreboard 2018』 2018. 6

Wall Street Journal, WSJ(월스트리트 저널), 2020. 04.04(현지시간)

THE SUN, MILLIMETRES FROM DEATH London Bridge attack victim stabbed in throat from BEHIND with 12-inch hunting knife – but survived when blade missed major artery.

Candice Hedge was having dinner last night with her boyfriend when she was caught up in the atrocity and injured, Ellie Cambridge 4 Jun 2017, 12:37, Updated: 9 Jun 2017, 12:48

Nicolas Falliere (2010년 8월 6일). "Stuxnet Introduces the First Known Rootkit for Industrial Control Systems" (영어). 시만텍.; 이동: "Iran's Nuclear Agency Trying to Stop Computer Worm"

Gregg Keizer (2010년 9월 16일). "Is Stuxnet the 'best' malware ever?" (영어). Infoworld. 2012년 12월 5일에 원본 문서에서 보존된 문서. 2010년 9월 16일에 확인; Steven Cherry, with Ralph Langner (2010년 10월 13일). "How Stuxnet Is Rewriting the Cyberterrorism Playbook" (영어). IEEE Spectrum.

"Stuxnet Virus Targets and Spread Revealed" (영어). BBC News. 2011년 2월 15일. 2011년 2월 17일에 확인. https://ko.wikipedia.org/wiki/%EC%8A%A4%ED%84%B1%EC%8A%A4%EB%84%B7 (검색: 2020.09.03.)

Steven Cherry, with Ralph Langner (2010년 10월 13일). "How Stuxnet Is Rewriting the Cyberterrorism Playbook" (영어). IEEE Spectrum.;

Fildes, Jonathan (2010년 9월 23일). "Stuxnet worm 'targeted high-value Iranian assets'" (영어). BBC News. 2010년 9월 23일에 확인함.; Beaumont, Claudine (2010년 9월 23일). "Stuxnet virus: worm 'could be aimed at high-profile Iranian targets'" (영어). 런던: 데일리 텔레그래프. 2010년 9월 28일에 확인함. https://ko.wikipedia.org/wiki/%EC%8A%A4%ED%84%B1%EC%8A%A4%EB%84%B7 (검색: 2020.09.03.)

MacLean, William (2010년 9월 24일). "UPDATE 2-Cyber attack appears to target Iran-tech firms". 《로이터》 (영어). https://ko.wikipedia.org/wiki/%EC%8A%A4%ED%84%B1%EC%8A%A4%EB%84%B7 (검색: 2020.09.03.)

ComputerWorld (2010년 9월 14일). "Siemens: Stuxnet worm hit industrial systems" (영어). Computerworld. 2010년 10월 3일에 확인.

https://ko.wikipedia.org/wiki/%EC%8A%A4%ED%84%B1%EC%8A%A4%EB%84%B7 (검색: 2020.09.03.)

"Iran Confirms Stuxnet Worm Halted Centrifuges". 《CBS News》 (영어). 2010년 11월 29일.; Ethan Bronner & William J. Broad (2010년 9월 29일). "In a Computer Worm, a Possible Biblical Clue". 《뉴욕 타임스》 (영어). 2010년 10월 2일에 확인함. "Software smart bomb fired at Iranian nuclear plant: Experts" (영어). Economictimes.indiatimes.com. 2010년 9월 24일. 2010년 9월 28일에 확인.

https://ko.wikipedia.org/wiki/%EC%8A%A4%ED%84%B1%EC%8A%A4%EB%84%B7 (검색: 2020.09.03.)

"Kaspersky Lab provides its insights on Stuxnet worm". 《카스퍼스키 랩》 (영어) (러시아). 2010년 9월 24일.

https://ko.wikipedia.org/wiki/%EC%8A%A4%ED%84%B1%EC%8A%A4%EB%84%B7 (검색: 2020.09.03.).

"Stuxnet Questions and Answers - F-Secure Weblog". 《F-Secure》 (영어) (핀란드). 2010년 10월 1일.

https://ko.wikipedia.org/wiki/%EC%8A%A4%ED%84%B1%EC%8A%A4%EB%84%B7 (검색: 2020.09.03.).

Steven Cherry, with Ralph Langner (2010년 10월 13일). "How Stuxnet Is Rewriting the Cyberterrorism Playbook" (영어). IEEE Spectrum.; "A worm in the centrifuge: An unusually sophisticated cyber-weapon is mysterious but important" (영어). 이코노미스트. 2010년 9월 30일.

https://ko.wikipedia.org/wiki/%EC%8A%A4%ED%84%B1%EC%8A%A4%EB%84%B7 (검색: 2020.09.03.).

Gross, Michael Joseph (2011년 4월). "A Declaration of Cyber-War". 《배니티 페어(Vanity Fair)》 (영어). Condé Nast. 2014년 7월 13일에 원본 문서에서 보존된 문서. 2011년 3월 3일에 확인함.

https://ko.wikipedia.org/wiki/%EC%8A%A4%ED%84%B1%EC%8A%A4%EB%84%B7 (검색: 2020.09.03.).

Chien, Eric (2010년 11월 12일). "Stuxnet: A Breakthrough" (영어). Symantec. 2010년 11월 14일에 확인함. https://ko.wikipedia.org/wiki/%EC%8A%A4%ED%84%B1%EC%8A%A4%EB%84%B7(검색: 2020.09.03.).

"W32.Stuxnet Dossier" (PDF) (영어). Symantec Corporation.

https://ko.wikipedia.org/wiki/%EC%8A%A4%ED%84%B1%EC%8A%A4%EB%84%B7 (검색: 2020.09.03.).

Chien, Eric (2010년 11월 12일). "Stuxnet: A Breakthrough" (영어). Symantec. 2010년 11월 14일에 확인함.

https://ko.wikipedia.org/wiki/%EC%8A%A4%ED%84%B1%EC%8A%A4%EB%84%B7 (검색: 2020.09.03.).

"Iranian Nuclear Program Plagued by Technical Difficulties" (영어).

Globalsecuritynewswire.org. 2010년 11월 23일. 2010년 11월 24일에 확인함; "Iran pauses uranium enrichment at Natanz nuclear plant" (영어). Haaretz.com. 2010년 11월 24일. 2010년 11월 24일에 확인함.

https://ko.wikipedia.org/wiki/%EC%8A%A4%ED%84%B1%EC%8A%A4%EB%84%B7 (검색: 2020.09.03.)

"IAEA Report on Iran" (PDF) (영어). 과학국제안보연구소. 2010년 11월 16일. 2011년 1월 1일에 확인함.

https://ko.wikipedia.org/wiki/%EC%8A%A4%ED%84%B1%EC%8A%A4%EB%84%B7 (검색: 2020.09.03.)

"Did Stuxnet Take Out 1,000 Centrifuges at the Natanz Enrichment Plant?" (PDF) (영어). Institute for Science and International Security. 2010년 12월 22일. 2010년 12월 27일에 확인함.

https://ko.wikipedia.org/wiki/%EC%8A%A4%ED%84%B1%EC%8A%A4%EB%84%B7 (검색: 2020.09.03.)

"Did Stuxnet Take Out 1,000 Centrifuges at the Natanz Enrichment Plant?" (PDF) (영어). Institute for Science and International

https://ko.wikipedia.org/wiki/%EC%8A%A4%ED%84%B1%EC%8A%A4%EB%84%B7 (검색: 2020.09.03.)

Security. 2010년 12월 22일. 2010년 12월 27일에 확인함. ; "Stuxnet-Virus könnte tausend Uran-Zentrifugen zerstört haben" (독일어). 슈피겔. 2010년 12월 26일. 2010년 12월 27일에 확인함.

https://ko.wikipedia.org/wiki/%EC%8A%A4%ED%84%B1%EC%8A%A4%EB%84%B7 (검색: 2020.09.03.)

Stark, Holger (2011년 8월 8일). "Mossad's Miracle Weapon: Stuxnet Virus Opens New Era of Cyber War" (영어). 슈피겔.

https://ko.wikipedia.org/wiki/%EC%8A%A4%ED%84%B1%EC%8A%A4%EB%84%B7 (검색: 2020.09.03.)

Warrick, Joby (2011년 2월 16일). "Iran's Natanz nuclear facility recovered quickly from Stuxnet cyberattack" (영어). 워싱턴 포스트. 2011년 2월 17일에 확인함.

https://ko.wikipedia.org/wiki/%EC%8A%A4%ED%84%B1%EC%8A%A4%EB%84%B7 (검색: 2020.09.03.)

Assuming Iran exercises caution, Stuxnet is unlikely to destroy more centrifuges at the Natanz plant. Iran likely cleaned the malware from its control systems. To prevent re-infection, Iran will have to exercise special caution since so many computers in Iran contain Stuxnet. Although Stuxnet appears to be designed to destroy centrifuges at the Natanz facility, destruction was by no means total. Moreover, Stuxnet did not lower the production of LEU during 2010. LEU quantities could have certainly been greater, and Stuxnet could be an important part of the reason why they did not increase significantly. Nonetheless, there remain important questions about why Stuxnet destroyed only 1,000 centrifuges. One observation is that it may be harder to destroy centrifuges by use of cyber attacks than often believed."Stuxnet Malware and Natanz: Update of ISIS December 22, 2010 Report" (영어). 과학국제안보연구소. 2011년 2월 15일.

https://ko.wikipedia.org/wiki/%EC%8A%A4%ED%84%B1%EC%8A%A4%EB%84%B7 (검색: 2020.09.03.)

"Iran blames U.S., Israel for Stuxnet malware" (영어). CBS News. 2011년 4월 16일. 2012년 1월 15일에 확인함.

https://ko.wikipedia.org/wiki/%EC%8A%A4%ED%84%B1%EC%8A%A4%EB%84%B7 (검색: 2020.09.03.)

Gross, Michael Joseph (2011년 4월). "A Declaration of Cyber-War". 《배니티 페어(Vanity Fair)》 (영어). Condé Nast. 2014년 7월 13일에 원본 문서에서 보존된 문서. 2011년 3월 3일에 확인함

https://ko.wikipedia.org/wiki/%EC%8A%A4%A4%ED%84%B1%EC%8A%A4%EB%

84%B7 (검색: 2020.09.03.)

The attacks seem designed to force a change in the centrifuge's rotor speed, first raising the speed and then lowering it, likely with the intention of inducing excessive vibrations or distortions that would destroy the centrifuge. If its goal was to quickly destroy all the centrifuges in the FEP, Stuxnet failed. But if the goal was to destroy a more limited number of centrifuges and set back Iran's progress in operating the FEP, while making detection difficult, it may have succeeded, at least temporarily. Did Stuxnet Take Out 1,000 Centrifuges at the Natanz Enrichment Plant?

https://ko.wikipedia.org/wiki/%EC%8A%A4%ED%84%B1%EC%8A%A4%EB%84%B7 (검색: 2020.09.03.)

Bloomberg, International Labor Organization, International Monetary Fund, World Bank, Organisation for Economic Cooperation and Development, World Intellectual Property Organization, United Nations Educational, Scientific and Cultural Organization.

Fildes, Jonathan (2010년 9월 23일). "Stuxnet worm 'targeted high-value Iranian assets'" (영어). BBC News. 2010년 9월 23일에 확인함. Halliday, Josh (2010년 9월 24일). "Stuxnet worm is the 'work of a national government agency'" (영어). 런던: 가디언. 2010년 9월 27일에 확인함. Markoff, John (2010년 9월 26일). "A Silent Attack, but Not a Subtle One" (영어). 뉴욕 타임스. 2010년 9월 27일에 확인함.

싱가포르 반부패자문 Jon Quah, Ph.D., *Combating Public Sector Corruption in Singapore and Hong Kong: Lessons for the Private Sector in Asian Countries*, APSAC Conference 2011. 11월 프리멘틀, 호주. 국민권익위원회, 해외 반부패 및 옴부즈만 동향, 2012. 4.

세계경제포럼(WEF) 「The Global Risks Report.」 2017.

─────, 「The Global Risks Report.」 2018.

─────, 「The Global Risks Report.」 2019.

_____, 「The Global Risks Report.」 2020.

_____, 「The Global Risks Report.」 2021.

_____, 「The Global Risks Report.」 2023.

세계경제포럼(WEF), Top 10 Emerging Technologies

미국의 준비체계(NPS: National Preparedness System), 미국의 국가대응체계(NRF)

2017년 한국 국내총생산(GDP), 세계은행(World Bank) 홈페이지

OECD, 「http://stats.oecd.org.Income Distribution and Poverty」 2019.8, 통계청 자료 재인용; OECD, 「Social Protection and Well-being」 Gallup World Poll

세계지식재산권기구(WIPO: World Intellectual Property Organization;

Cornell대학교 INSEAD, WIPO(Global Innovation Index)

Bloomberg 2019 Innovation Index, 2019. 01.

「Doing Business 2020」(www.doingbusiness.org)

OECD(2018), 『How's Life ? 2017』;

https://blog.naver.com.gri_blog/221413679339 (검색 2019.11)

미국 여론조사 전문기관인 퓨리서치센터가 2013년 7월18일(현지시간)

Helliwell et al.(2018) World Happiness Report 2018.

OECD, BLI(Better Life Index), 2017.

OECD, 『한눈에 보는 정부(Government at a Glance)』, 2017.

세계은행(WB)홈페이지 GDP 순위, 2019.7.7.

뉴욕타임즈(2018.4.8. 현지시간), AFP

이코노미스트, 2015년 말

미국의 재난대응 연방정부간 운영계획(Response FIOP), (DHS)

Los Angeles Times, December 12, 2002.

로이터연합뉴스, AP, 연합뉴스

4. 법령 및 기관매뉴얼

고위공직자범죄수사처 설치 및 운영에 관한 법률 (약칭: 공수처법)

공무원 행동강령

공직자윤리법

국가안보실(위기관리센터)「국가위기관리기본지침」, (2013. 대통령훈령)

국가안전보장회의 사무처,「대규모 인명피해 선박사고 대응매뉴얼」, 2006.

국민보호와 공공안전을 위한 테러방지법(약칭 테러방지법)

국민안전교육 진흥 기본법

국무총리실 대테러센터「테러 위기관리표준매뉴얼」, 2016.

국제 통계사이트인 월드오미터 집계(2021.1.26.)

국토교통부,「고속철도 위기관리 표준매뉴얼」, 2014.

경찰청「테러 위기대응실무매뉴얼」2016.

민방위기본법

부정청탁 및 금품등 수수의 금지에 관한 법률 (약칭: 청탁금지법)

부패방지 및 국민권익위원회의 설치와 운영에 관한 법률(약칭: 부패방지권익위법),

재난 및 안전관리기본법, 자연재해대책법, 재해구호법

전파법/ 전파법시행령/ 전파법시행규칙

산업안전보건법/ 산업안전보건법시행령/ 산업안전보건법시행규칙

산업표준화법

실시간 상황판 https://coronaboard.kr/ (검색: 2020.04.18., 04.15)

수난구호법, 수난구호법 시행령

오슬로 매뉴얼(Oslo manual), 제3판, 2005.7,;「오슬로매뉴얼(Oslo manual)」 제4판, 2018.

원자력시설 등의 방호 및 방사능 방재대책법(약칭 방사능 방재법)

위기관리 매뉴얼

중대재해 처벌 등에 관한 법률 (약칭: 중대재해처벌법)

통합방위법

테러 위기관리표준매뉴얼, 위기대응실무매뉴얼

코로나19(COVID-19) 실시간 상황판 https://coronaboard.kr/(검색: 2020.07. 20.)

코로나19 실시간 상황판; https://coronaboard.kr/ (검색: 2021.1.26.)

문재인 행정부의 혁신적 포용국가의 개념을 위한 참고자료는 아래와 같다.

[연설문] 포용국가 전략 회의 대통령 모두발언 (2018.09.06.)

[영상] 모두를 위한 나라, 나를 안아주는 포용국가 (2018.09.07./ 보건복지부)

[정책뉴스] 문재인정부 '포용국가' 비전 제시 … 전생애 생활보장 계획 마련 (2018. 09.06. / 대통령 직속 정책기획위원회)

[영상] 문재인 대통령 국회 시정연설 (2018.11.01 / KTV)

[인포그래픽] 포용국가의 한 가족이 누리는 포용적 복지 (2018.11.01.)

[연설문] 문재인 대통령 APEC 정상회의 발언 "배제하지 않는 포용이 대한민국 국정비전" (2018. 11. 18.)

2017 한눈에 보는 정부 보고서 주요 내용(요약), 2017. 7. 13. 주 오이시디 대한민국 대표부, 작성자 HAEHYO 재인용

5. 언론자료

경기도민기자단, 2020.07.03.산업재해예방을 위한 경기도 정책 토론회 〈노동자 생명·안전이 먼저다!〉 취재기, 일시/ 주관 2020.06.29./ 경기도,

https://gnews.gg.go.kr/news/news_detail.do?number=202007031107252158C094&s_code=C094 (검색: 2020.07.09.)

경상일보, 경상기획특집, 송수환 [울산史 에세이] 음율을 아는 고고한 선비 '일금일학(一琴一鶴)'서 따 온 이름. 술이부작 송수환의 述而不作-(3)울산부동헌 일학헌, 2014.02.06.

경북일보. 김윤섭, "나도 안전지킴이, 각종 사고·안전불감증 이젠 끝내야죠." 2018.

경향신문 2014.5.16.; 한국일보 2014. 5. 16.; 한겨레 2014. 5. 16, 세월호 참사경과

경향신문 2014.; 한국일보 2014.; 한겨레 2014..

_____, 노정연, 미국 코로나19 사망자 5만명 넘어 … 첫 사망자 발생 이후 78일 만, 2020.04.25.

_____, 박병률, 규제완화 광풍속에 세월호가 침몰했다, 2014.

_____ 박병률, "심층기획-한국 사회의 민낯 '세월호': 규제완화의 덫," 2014.

_____, 강현석, "갇힌 300여명 이동 가능했는데…해양경찰청, 아무도 선체진입 안했다." 2014.

_____, 이근평, "세월호 참사 감사원 감사(중간)" 2014.

_____, 2019. 우철훈 "4월15일 5년 전 오늘로 돌릴 수 있다면… [경향이 찍은 오늘]

_____, 김기범, 한국 '기후변화 대응 노력'후퇴…세계 최하위권, 2015.12.09.

_____, 배문규, 2019.3.5., "한국 OECD 국가 중 초미세먼지 '최악' 2위 … 서울의 공기질 순위는?.

_____, 고영득, "서울 초미세먼지 농도·나쁨 일수 4년 새 2배 급증", 2019.

_____, 김윤나영, 이란 "핵시설 테러 배후 이스라엘에 복수"… 핵합의 복원 '암초', 2021.04.13.

국민일보. 손병호, "시리아내전은 기후변화 탓 … 전쟁 늘어날 것" … 영국 인디펜던트, 2015.

_____, 이희옥, [글로벌 포커스] 변화하는 중국의 핵심이익, 2011.

교통신문. 서상언, '한국교통안전공단', "교통문화지수" 2018.

내일신문. 구본흥, "소득불평등 심화, 경제성장 악영향", 2014.

_____, 박준규, "세월호 참사 '3대 후속대책' 난항 예고," 2014.

_____, 한남진, '건설현장 추락사고 안전 불감증 여전,' 2019.

뉴스1, 정연주, 국회 국민통합위 "전문가 89%, 韓분열 심각 … 주요 원인은 정치", 2021-03-14.

news 1 뉴스. 장용석, 美재무부 "라자루스 등 北 해킹 조직 3곳 제재"- 북한 정찰총국이 통제 … '워너크라이' 사태 등 연루, 2019.

디지털타임스, 안경애, SAP코리아, '혁신성장 청년인재 양성' 6기 참가자 모집, 2021-03-02.

데일리비즈온, 이은지, 영국 경제경영연구소 "한국경제, 통일이후엔 세계6위까지 가능" 2018.

미래한국(Weekly(http://www.futurekorea.co.kr), 박성현, [전문가진단] 기업과 정부 혁신성장의 조건, 2020.11.11.

문화일보, 2014. 7.8; 황경상, "세월호 감사 결과" 2014.

매일경제. 「매일경제 용어사전」 매경닷컴, http://www.mk.co.kr

_____, 이승환, "대한민국을 개조하라" 2014.

_____, 임성현, 다보스가 지목한 올해의 리스크는 '국가간 갈등', 2015.

_____, 서유진·이경진·정슬기, [토요 FOCUS], 선진국 재난관리 키워드 다섯, 2014.

_____, 매경닷컴, http://www.mk.co.kr

_____, 이진명, 美, 세이프가드 슈퍼 301조 총동원 … 세계와 '무역 전면전' 2018.

_____, 윤선영, [Biz times] 혁신의 불 밝힌 건 교육, 2019.

_____, "권평오, 4차 산업혁명 선점 전쟁 한국만의 '빅피처' 필요," 2019.

머니투데이. 황시영. 美, 북한 '테러지원국' 유지 … '위협' 표현은 삭제, 2019

_____, 주성호(sho218@news1.kr), 삼성전자, 지난해 반도체 매출 562억달러..세계 2위, 2021.1.15.

_____, 박형기, 전세계 코로나 확진 1억 돌파, 지구인 78명 중 1명 감염(종합), 2021.01.26. 06:26

뉴시스 글로벌 이코노믹, 미·중, 1단계 무역합의 정식 서명, 이태준, 2020.

_____, 장서우, EU, "주요 경쟁국 중 韓 혁신성과 7년째 1위", 2019

NEWSTOF, 문기훈, [팩트체크], '보호무역주의' 미 트럼프도 10건…WTO제소 실효있다 … 'WTO제소 무용론' 조선일보 팩트체크 기사 검증, 2019.

동아일보. 정미경, "세월호 참사:미 재난대처의 교훈," 2014

_____, 정선희, "예산 퍼부은 방재시스템, 정작 필요한 때 무용지물," 2014.

_____, 2014.5.23., 서울시의 '소방안전 여론조사보고서'

_____, 유성열, "한국 근로자 안전의식 OECD 하위권" 2014.

_____, 박현진, 2013.

_____, 전호정, "대학생 85.3% 가장 불신하는 집단 정치인" 2014.

_____, 조용우, [기후변화지수]〈하〉한국의 적응 노력 현주소, 2011.

_____, 황인찬, [단독/수도권] 시민98% "한국사회 안전불감증 심각" 2014.

_____, ZDNet Korea, 손경식, "소니픽쳐스 해킹-3.20 사이버테러" 2016.

디지털 타임스. 박지성, "미·영·중 등 50개 이통사 LTE주파수로 700MHz선택," 2014.

_____, 안경애, SAP코리아, '혁신성장 청년인재 양성' 6기 참가자 모집, 2021-03-02.

리서치기업 엠브레인. "한국사회에 만연해있는 '부정부패'성공에 대한 불신 강하고 '상대적 박탈감'클 수밖에" 「2019 한국사회 부정부패 및 김영란법 관련조사」. 2019.

물류신문(KOREA LOGISTICS NEWS), 장지웅, Part 2. 재난대응 정부조직체계 개편한다면 방향은?, 2020.11.10.

_____, 신인식, Part 3. 미국 사례에서 얻는 국가재난 대응 조직의 운영 노하우, 2020.11.10.

벤처경영신문, 김창원(changwon1970@gmail.com),, "[오슬로매뉴얼] 제4판 출간, 13년만의 개정판이 우리의 기업에게 주는 의미는 무엇일까?"(1), 첫번째…오슬로매뉴얼의 시작과 그 의미.

시민의소리(http://www.siminsori.com), 이상수의 경제톡 ⑤ 파괴적 혁신, 2018.06.19.

서울경제, 김동호, 국내 스마트 제조시장 선도위한 'SIMTOS 2020 국제생산제조혁신컨퍼런스' 2020.1.29.

_____, 고광본, "파괴적 혁신 이끌 '문샷형 R&D' … 헛바퀴 사업화도 지지부진", 2020.

_____, 윤상언, '北 은행 국제금융망에서 전면 퇴출', 2017.3.17.

_____, 한동희, 국민연금 'ESG평가 완화, 2023.2.3.

서울신문. 손형준, "54층 코엑스·아셈타워 화재 대피훈련 가봤더니 … 여전히 안전 불감증 대한민국," 2014.

_____, 특별기획팀, [세이프 코리아 리포트], 초연결사회의 역설 … 대규모복합재난 몰려온다. 2019.

_____, 특별기획팀, [세이프 코리아 리포트-재난안전, 더 이상의 땜질은 없다], 최악의 피해심풍붕괴 뒤에도 재난대응 미숙했다. 2019.

_____, 국가위기관리학회. 2020.

_____, 강국진·홍인기 "대한민국 혁신리포트: 관료에서 시민으로- 국민소송제 도입을," 서울신문 창간 110주년 특별기획

세계일보, 김정훈 UN SDGs 협회 사무대표, 가장 주목받는 글로벌 ESG 인증 두 가지 [더 나은 세계, SDGs] (177), 2021-04-06.

_____, 원재연, "안전한 대한민국이 되려면," 2014.

_____, 안승진, "경찰청 사이버안전과는 단3곳, 사이버테러에 취약한 지방" 2017.

_____, 정병호, "'전관예우' 척결은 법조계부터" 칼럼, 2014.

_____, 조병욱, "한국, 뇌물방지협약 전혀 이행 안돼" 2014.

_____, 조병욱, "연중기획: 신뢰 사회의 프로젝트-리베이트 공화국" 2014.

_____, 조현일, "카드사 정보 유출 금융당국 부실감독 탓," 2014.

_____, 박병진·박수찬, 워싱턴=국기연, [뉴스분석] "현실로 다가온 북 생화학무기 위협." 2017.

_____, 이진경, [세계는 지금] 냉기 여전한 '아랍의 봄', 2011

_____, 세종=박영준·최형창·김달중 yjp@segye.com, "중위소득 이하 가구 100만원 상품권·체크카드 지급 검토." 2020.

_____, 송민섭. [파리 기후협정] 기후변화 대응 40년사 보니. 2015.

_____, 김경호(stillcut@segye.com), "전 세계 누적 확진 1억명 돌파" … 한

국은 7만5500여명, 2021.01.26.

시큐리티월드, 문가용, 미국 국토안보부 산하 NPPD, 미국 전체 보안 담당하나, 2017-12-13.

아시아경제. 정종오, 韓, 기후변화대응지수 갈수록 추락, 2015.

_____, 김동표, EU가 평가한 혁신지수 "한국, EU평균보다 높다." 2018.

연합뉴스. 고유선, 갈길 먼 평생학습…고등교육 이수율, 청년층만 높고 중년층은 낮아, 2018.

_____, 김연숙, "코로나19 국내확진 9천583명 중 412명 해외유입…전체 4.3% 차지."

_____, 이재윤, 2018. 트위트@yanhap_graphics,

_____, 김토일, 미중 무역전쟁-고관세율 부과 현황

_____, 이광철, '보복 악순환' … 격화하는 미중 무역전쟁 어떻게 전개해 왔나, 2019.08.24.; 중국 상무부.

_____, zoo@yna.co.kr, 미중 무역합의·새 북미협정 등 언급 … "다른 누구도 해낼 수 없었을 것" 2020.

_____, 김병수, EU "한국, 혁신역량 세계 최고" … 혁신지수 평가서 6년째 1위, 2018. https://news.naver.com/main/tool/ ; 데일리 한국, 박창민, 한국, EU 혁신지수 평가서 6년째 1위, 2018.

_____, 임형섭, 2020.

_____, 하채림, 2020.04.24., 미국, 뉴욕타임스,2020,04.23(미국 동부 현지시간) (검색: 2020.04.10.)

_____, 미래부 '사이버 게놈' 프로젝트 추진. 2014.04.22.

_____, 이재윤. 2015.12; 매경.2016.

_____, 이상헌, 기후정상회의에 울려퍼진 10대들의 절규 … "역사에 당신들 기록", 2021.4.23.

_____, 워싱턴=연합뉴스, 임주영, 바이든 주도 기후정상회의 … 각국 목표 상향·정책제안 협력 모색(종합), 2021. 4.23.

연합인포맥스, 강수지, 〈시사금융용어〉 '지정학적 위험지수(GPR: Geopolitical Risk Index), 2017.

_____, [시사금융용어] 지속가능금융 공시규제(SFDR), 2021.03.23.

유엔환경계획(UNEP). '2019 온실가스 격차 보고서' 2019.11.26

연합뉴스. 이재윤. 2015.12; 매경. 2016.10

조선일보. 김승규·김승민, "세월호 참사/한 달 전 그 날 무슨 일이," 2014.

_____, 나지홍. "세월호 참사/미 여객기 사고의 교훈," 2014.

_____, 김강한. "관할 떠넘기다 골든타임 21분 나리고 … 모니터링 손놓다 5분 허비," 2014.

_____, 김아진, "야 '세월호법' 자중지란 … 2시간도 못 버틴 與野 합의" 2014.

_____, 윤정호. 美 의회도 국제금융망서 北 퇴출 나섰다. 2016.

중앙일보. 허진, "책임-세월호 침몰," 2014.

_____, 최경호·최모란, "절박:세월호 침몰," 2014.

_____ 특별취재팀, "1조 쓰는 해양경찰청, 안전엔 167억뿐," 2014.

_____ 이소아·김경희, "국가 개조 프로젝트: 관피아를 깨자", 2014.

_____ 권호·천권필, "관피아를 깨자: 국가개조 프로젝트" 20104.

_____ 김종철, 권호·천권필, "관피아를 깨자: 국가개조 프로젝트" 2014.

_____, 신경진·전수진, '강경화"미세먼지 원인 중국" … 루캉 또 "근거있나" 반문, 2019

_____, 천권필, '중국발 미세먼지 ㄴ 자 ㅅ 자로 한반도 날아온다. 2019.3.8.,

_____, 최준호, 사이언스 &, Jim Dator(짐 데이터), '대위기 이후 한국과 미국의 4가지 미래' 대본(Four Futures of Korea and the US after the Great Emergency) "코로나시대 이후 세계, 한국의 길." 2020.

_____, 채인택의 글로벌 줌업, 이란 핵과학자 잔혹한 암살 … '프로 킬러' 모사드 냄새가 났다, 2020.11.30.

_____, 장세정, 오피니언 장세정 논설위원이 간다, "세월호 원인, 6대 2였는데 … 정치 입김에 3대3 됐다", 2022.12.06.

전자신문. 부산 = 임동식, 부산시민, 환경 문제에 가장 민감…부산과학기술기획평 가원(BISTEP, 원장 민철구) 설문 조사 결과, 2016

_____, 문보경, 「OECD교육지표 2019」 '공교육비 정부투자 비중 OECD 평균보다 낮아' 2019.

_____, 송혜영, 조태용, "靑 국가사이버안보정책조정회의 설치해야" … '사이버안보 기본법' 발의(2020.6.30.), 2020.07.01.

파이낸셜 뉴스. 김승호, "규제개혁 담당 고위직공모 인물난" 2014.

한국경제신문, 강진규, 韓 GDP 세계 10위 … 1인당 소득 이탈리아 제친 듯, 2021.01.26.

_____, 한상춘, 최고조에 달한 '지정학적 위험'…세계와 한국경제에 미치는 영향, 2017.05.08.

한국일보, 베이징=김광수, LIVE ISSUE 미중 갈등 격화 -"美와 출발선이 달라," 중국이 기후대응 3가지 항변, 2021.4.22.

_____, 이태규. "세월호 참사 한 달" 2014.

_____, 김창훈. "복원성 상실사고 이미 2차례 있었다," 2014.

_____, 김광수. "본보 창간 기념 여론 조사" 2014.

_____, 진달래, 美, 테러지원국서 아프리카 수단 삭제…北, 이란, 시리아만 남아, 2020.12.14.

_____, 송정근, "남처럼 살았는데 굳이?" … 통일 개념 희박해진 Z세대, 2020.01.03

_____, 안하늘, "2020 신년특집" 2020. 01.03

한국무역신문, 민유정(07yj28@kita.net), "지역 무역협정은 다자주의 대안이 될 수 없다" 2020.12.07. 16:29.

한겨레. 박중언. '세계보건안전지수 1위 미국, 코로나 대응 앞선 한국 9위', 2020.

_____, 박병수, "감사원의 세월호 감사결과 중간발표 주요 내용," 2014

_____, 성한용, 100만 촛불시위, 성공한 시민혁명으로 기록되려면… 정치정치BAR, http://www.hani.co.kr/arti/politics/polibar/771433.html (검색: 2020.06.01.)

_____, 이근영, 온실가스 감축 못하면 30년 뒤 세계경제 한해 '2경원' 감소, 2021.4.23.

_____, 이정우, "피케티 열풍, 한국에 '피케티'는 없다" 2014.

_____, 조천호, 파란하늘, "먼지도 긴 역사를 가지고 있다" 2019.

_____, 정환봉, 2019 "조사위만 3번째… 아직도 밝혀지지 않은 진실

_____, 최원형, [한겨레프리즘] 교육, 사다리여야 하나. 2019.

_____, 하어영·김규남, "세월호 참사 6개월-잊지 않겠습니다", 2014.

헤럴드경제, 한지숙/jshan@heraldcorp.com 2014. "동구권에 확산되는 친러 분리주의 푸틴, 우크라 다음은?

_____, 황해찬·황혜진, "한국 사회 공동체의식 수준 낮다," 2014.

_____, 김대우, 한국, 기후변화대응능력 58위 '최하위' 기록, 2017.

_____, 정경수. "한국 국가경쟁력 13위로 두 단계↑…기업활력노동시장 순위는 하락. 2019.

_____, 김현경, 2018. "미중 무역전쟁 충격, 한국이 세계 6번째로 높아"

_____, 이해준, 한국 상품시장 진입규제 지나치게 높다 … 규제지수 OECD 34개 구가 중 5위, 2019.

_____, 조민선. 세계 2위 탄소배출국 美의 이기적 선택…"지구가 열 받아" 기사, 2017.05.31.

VoA, 김정우, [뉴스 따라잡기] '미국의 대이란 제재', 2018.8.11.

세계경제포럼(WEF), 신한금융투자.

ZDNet Korea, 손경식, "소니픽처스 해킹-3.20 사이버테러 '동일범'" 2016, https://www.zdnet.co.kr/view/?=20160225163134&re= (검색: 2020. 01.10)

미국과 중국의 이미지에 대한 여론조사 결과(2013) ; (세계순위: 도표)

BIG BANG

KBS, SBS, 연합뉴스.

YTN, YTN 영상 캡쳐, 2020.02.18.

6. 인터넷자료

www.ojp.usdoj.gov/odp/docs/FY2006UASIProgramExplanationPaper011805.doc)

http://news.naver.com/main/tool/print.nhn?oid=112&aid=0002259951, 두산백과, http://terms.naver.com (검색일: 2014.6.16.)

2017 한눈에 보는 정부 보고서 주요 내용(요약), 2017. 7. 13. 주 오이시디 대한민국 대표부, 작성자 HAEHYO 재인용

https://blog.naver.com/haehyo29/221055912482 (검색: 2020.02.11)

http://www.kma.go.kr/notify/press/kma_list.jsp?mode=view&num=1193614 (검색: 2020.02.13.)

http://www.kma.go.kr/notify/press/kma_list.jsp?bid=press&mode=view&num=1193767&page=9&field=&text= (검색: 2020.02.14.)

https://news.naver.com/main/read.nhn?oid=016&aid=0001316625 (검색: 2020.02.14.)

https://terms.naver.com/entry.nhn?docId=3477321&cid=58439&categoryId=58439 (검색: 2020.02.14.)

https://terms.naver.com/entry.nhn?docId=3345327&cid=43667&categoryId=43667 (검색: 2020.02.11.)

https://blog.naver.com/nccatalk/221772636587 (검색: 2020.02.11.)

http://ti.or.kr/data/index.php?ptype=view&idx=679&page=1&code=data (검색: 2021.01.10.)

http://www.kma.go.kr/notify/press/kma_list.jsp?mode=view&num=1193614 (검색: 2020.02.13.)

https://blog.naver.com/nccatalk/221772636587 (검색: 2020.02.11.)

https://news.naver.com/main/read.nhn?oid=020&aid=0002257214 (검색: 2020. 02.11)

https://news.naver.com/main/read.nhn?oid=020&aid=0002257214 (검색: :

20.02.11)

https://news.naver.com/main/read.nhn?oid=277&aid=0003642747 (검색: 2020. 02.11)

https://blog.naver.com/dlawldbs20/221723117454 (검색: 2020.02.11.)

https://news.naver.com/main/read.nhn?oid=030&aid=0002557667 (검색: 2020. 02.14)

http://www.seoul.co.kr/news/newsView.php?id=20190115001011&wlog_tag3=naver#csidx18a984f69dde218b3618c1718c7a163 (검색: 2020.02.06)

http://www.seoul.co.kr/news/newsView.php?id=20190115004003 (검색: 2020.02.06)

https://cafe.naver.com/picbookresearch/1020 (검색: 2020.02.07.)

https://news.naver.com/main/read.nhn?oid=009&aid=0003200165 (검색: 2020.02.06.)

태풍: *NEWSIS*, 배민욱, 여름철 재난이슈 워드클라우드 분석, 여름철 재난관심 폭염>태풍> 폭우順 '불안·불쾌' 감성도 분석, 2018.07.28, https://news.naver.com/main/read.nhn?oid=003&aid=0008730274(검색: 2020.02.07.); 국민안전처: 블로거 kpfjra, 한국언론진흥재단, 신문과 방송,

배영, "뉴스 빅데이트로보는 주요 이슈, 재난과 안전: '자연'아닌 '인간'의 문제" '재난', '안전' 워드클라우드 분석-재난관련 연관어, 2016. 11. 18

https://blog.naver.com/kpfjra_/220864795976 (검색: 2020.02.07.); 지진: Data Engineers Lab 2016. 09. 29 ;

https://blog.naver.com/dlabman/220818993634 (검색: 2020.02.07.); 재난대비: 블로거, haeundo(하이컨셉), 지진 대피요령을 알고 계십니까?- 대한민국 재난에 대비한 국민행동요령, 2016.09.20.

https://blog.naver.com/haeundo/220816787009 (검색: 2020.02.07.)

http://www.usfa.fema.gov/fireservice/emr-isac/infograms/index.shtm (검색: 2020. 02.10.)

https://www.safetyreport.go.kr/#/introduction/safeIntroduction (검색: 2020. 02.06)

http://news.naver.com.main/read.nhn?mode=LPOD&mind=etc&oid =00025799483 (검색: 2020.02.03)

https://gnews.gg.go.kr/news/news_detail.do?number=202007031107252158C094&s_code=C094(검색:2020.07.09.)

http://www.gyotongn.com/news/articleView. html?idxno=201798

https://www.weeklytrade.co.kr/news/view.html?section=1&category=136&item=&no=70084(검색:2020.12.10.)

https://terms.naver.com/entry.nhn?docId=2070411&cid=55570&categoryId=55570(검색:2021.01.10.)

http://www.naeil.com/wp-content/themes/naeilneqs/news_view_pop.php?id_art=328

http://www.hani.co.kr/arti/economy/economy_general/936760.html (검색:2020.04.13.)

http://safetyreportgo.kr/#main

http://www.nier.go.kr/NIER/cop/bbs/selectNologinBoardArticle.do,(검색: 2019.2.7.)

위키백과,http://ko.wikipedia.org/wiki/%EC%95%88%EC%···/ED%99%94. 검색일(2019.10.12.)

saewkim91@newspim.com. 2018.10.5.,

http://www.vmnews.co.kr/news/view.php?no=2077(검색:2020.1.8.)

http://www.focus.kr/view.php?key=20160927

http://www.focus.kr/view.php?key=20160929

jobarajob@naver.com,

https://m.post.naver.com/viewer/postView.nhn?volumeNo=(검색:2019.11)

https://news.mt.co.kr/newsPrint.html?no=2019110217513953748&type=

http://www.un.org/en/documents/udhr/index. (검색일: 2011.9.6)

http://www.mofa.go.kr/www/brd/m_3989/view.do?seq=307425(검색:2020.05.29.)

https://blog.naver.com/bswsz/221325264497(검색:2020.02.10.)

https://news.naver.com/main/read.nhn?oid=001&aid=0008488565(검색: 2020.02.10.)

장예진, "유럽연합, 주요회원국 난민 수용 할당인원" 트위트@yonhap_graphics, 페이스북 tuney.kr/LeyN1, 2015.9.

한국인터넷진흥원(KISA) 〉 자료실 〉 최신동향, "사이버보안 기술 부족, 데이터 유출, 악화시킬 것으로 조사", 2017.12.12.

https://www.boho.or.kr/data/trendView.do?bulletin_writing_sequence= (검색:2020.01.10)

한국인터넷진흥원(KISA) 〉 자료실 〉 최신동향, "사이버보안 기술 부족, 데이터 유출, 악화시킬 것으로 조사", 2017.12.12.

https://www.csoonline.com/article/3237049/securuity/Research-confirms-the-cybersecurity-skills-shortage-is-an-existential-threat html; Abstract The Life and Times of Cybersecurity Professional.

https://www.esg-global.com/hubfs/issa/ESG-ISSA-Research-Report-Abstract-Life-of-Cybersecurity-Professionals-Nov-2017.pdf?t=1510944170904

The Life and Times of Cybersecurity Professionals : https://www.esg-global.com/hubfs/pdf/ESG-Infographic-ISSA-November-2017.pdf?hsCtaTracking=36c5bc96-ed53-4b82-9b81-fa28eae2c31e%7c3e5c0532-d112-468d-bf0a-fa70a7a06503

kkd107님의 블로거, https://blog.naver.com/kkd107/221699807418 (검색: 2020. 01.10)

블로거, sujeongshim, 2017.10.12., [아랍의 봄] 아랍, 민주화의 봄은 어떻게 왔는가?

이슈메이커스랩(IssueMakersLab)/보안뉴스,3.20사이버테러 공격주체, 그 실체 드러나다. Website:http://issuemakerslab.com,

http://boannews.com/ 2013.

http://www.boannews.com/media/news-print.asp?idx= 81012

시큐리트 월드, 김경애, boan3@boannews.com〈보안뉴스, "6.25사이버테러 5주년: 북 해커추정, 6.25때 악성코드 여전히 활용": http://www.boannews.com/media/news-print.asp?idx=70657

시큐리트 월드, 김경애, boan3@boannews.com〈보안뉴스, 대형해킹사고 뒤에 숨겨진 '웹셸'의 그림자

http://www.boannews.com/media/news-print.asp?idx=37444:

https://blogs.chapman.edu/willkinson/2016/10/11/americas-top-fears-2016/(검색 2019.11.18.)

블로터닷넷, "해킹은 북한 소행" 이거 어떻게 알아내는 걸까?, 2014.12.24.
https://blog.naver.com/freesoulkr/220220130019(검색2019. 11. 19.)

http://news.khan.co.kr/kh_news/khan_art_view.html?artid=202001302041015&code=990100#csidx4cc0157c3d30bb7a8f126fcbcc7bf0f(검색:2020.02.03.) file:///C:/Users/Joon/AppData/Local/Microsoft/Windows/INetCache/IE/PZ7QHDM2/2019%EC%84%A4%EB%AA%85%EC%9E%90%EB%A3%8C(%EC%B5%9C%EC%A2%85).pdf

http://news.mk.co.kr/v2/economy/view.php?year=2020&no=107361(검색:2020.02.03.); 본 내용은 매경 ECONOMY, 제 2044호(2020)내용임.

http://news.khan.co.kr/kh_news/khan_art_view.html?artid=202001302041015&code=990100#csidx4cc0157c3d30bb7a8f126fcbcc7bf0f(검색: 2020.02.03.)

World Economic Forum, The Global Risk Report 2020. ;

[GLOBAL ISSUE] WEF 보고서 "세계 최대 위기는 기상이변"
http://research-paper.co.kr/news/view/269359(검색:2020. 02.03)

https://blog.naver.com/thebettersociety/221426347551, 재인용 (검색:2020. 02.03.)

https://cafe.naver.com/sisasci/3571(검색:2020.02.06.)

http://news.kmib.co.kr/article/view.asp?arcid=0009197461&code=6113141 1&cp=nv(검색:2020.02.06)

http://www.hani.co.kr/arti/opinion/column/919454.html#csidx9bf36958d 8a525b84ab2692e758bc66(검색:2020.02.02.): IMD(국제경영개발대학 원, 스위스) 교육경쟁력 분석보고서(국가지표체계:http://www.index, go.kr(검색:2020.02.03.)

http://www.thepublic.kr/news/newsview.php?ncode(검색:2020.2.1.)

https://blog.naver.com/mkresearch/221661039993(검색:2020.02.12.)

https://blog.naver.com/mkresearch/221661039993(검색: 2020.02.12.)

박문각, pmg 지식엔진연구소, 「시사상식사전」 2018.07.09.,
http://www.pmg.co.kr (검색:2020.01.11)

https://terms.naver.com/entry.nhn?docId=928369&cid

https://blog.naver.com/haehyo29/221055912482(검색:2020. 02.12)

https://news.naver.com/main/read.nhn?oid=016&aid(검색:2019.11)

http://www. transparency.org/cpi, 2018

사)한국투명성기구 http://www.ti.or.kr/xe/board-OSXi 74/10147 〉공지사항〉 2017 국가별 부패인식지수 발표

http://www.ti.or.kr/xe/board_OSXi74/10147

http://www.ti.or.kr/xe/index_php?mid=board_OSXi74&page(검색:2019.2.22)

http://www.ti.or.kr/xe/board-OSXi74/82331(검색: 2019.2.16.)

http://blog.naver.com/kpf11/2212568245268 "4차산업혁명시대 미디어 리터 러시 교육의 의미"

http://www.cnbc.com/2018/11/30/timeline-of-us-china-trade-war-as-tru mp-and-xi-meet-at-g-20-in-argentina.html https://www.yna.co.kr/view/AKR20200204005100071?input=1195m(검색: 2020. 02. 05)

http://news.g-enews.com/view.php?ud=202001160609075537e250e8e188_1&md=20200116061058_Q (검색:2020. 02. 05)

http://www.pewglobal.org/2013/07/18/americas-global-image-remains-more-positive-than-chinas/;https://cafe.naver.com/worldrank/74173 (검색:2020.02.04.)

다자간 무역협정에 대해 알아보자, 한국외교부,

https://blog.naver.com/mofakr/221453712370(검색:2020.02.04.)

http://www.keri.org/web/www/news_02?p_p_id=EXT_BBS&p_p_lifecycle=0&p_p_state=normal&p_p_mode=view&_EXT_BBS_struts_action=%2Fext%2Fbbs%2Fview_message&_EXT_BBS_messageId=354982(검색:2020.03.02)

블로거, https://blog.naver.com/nschoi76(검색:2019.11.11.)

자료: World Economic Forum, 현대경제연구원, WEF주제

출처: Kotra 홈 〉 뉴스 〉 현장·인터뷰, 김민혁, '스위스 50주년 다보스포럼 개최', 2020. 01.31

http://news.kotra.or.kr/user/globalBbs/kotranews/7/globalBbsDataView.do?setIdx=245&dataIdx=179993(검색: 2020.02.16.)

블로거, 경기연구원, "국가경쟁력 제고를 위한 네거티브 규제방식 전환 필요성에 관한 연구"

https://blog.naver.com/gri_blog/220741278280(검색:2019.11

한국일보 진달래, 美, 테러지원국서 아프리카 수단 삭제…北, 이란, 시리아만 남아, 2020.12.14. 20:30

https://www.msn.com/ko-kr/news/world/%E7%BE%8E-%ED%85%8C%EB%9F%AC%EC%A7%80%EC%9B%90%EA%B5%AD%EC%84%9C-%EC%95%84%ED%94%84%EB%A6%AC%EC%B9%B4-%EC%88%98%EB%8B%A8-%EC%82%AD%EC%A0%9C-%E5%8C%97-%EC%9D%B4%EB%9E%80-%EC

%8B%9C%EB%A6%AC%EC%95%84%EB%A7%8C-%EB%82%A8%EC%95%84/ar-BB1bUBGR?ocid=msedgdhp(검색:2020.12.15.)

입소서 코리아(Ipsos Korea)

https://blog.naver.com.ipsos_korea/221582956407(검색 2019.11)

https://news.naver.com/main/read.nhn?mode=LSD&mid=shm&sid1=101&oid=022&aid=0003451570(검색:2020.03.29.)

http://ncov.mohw.go.kr/bdBoardList_Real.do?brdId=1&brdGubun=11&ncvContSeq=&contSeq=&board_id=&gubun=(검색:2020.04.11.)

https://coronaboard.kr/(검색:2020.04.03.), 코로나19(COVID-19)실시간 상황판

https://coronaboard.kr/코로나19(COVID-19) 실시간 상황판 (검색: 2020.04.22.04.28)

https://coronaboard.kr/코로나19(COVID-19) 실시간 상황판 (검색: 2020.04.30.)

https://news.naver.com/main/read.nhn?mode=LPOD&mid=sec&oid=001&aid=0011506745&isYeonhapFlash=Y&rc=N(검색:2020.03.29.);

사) 세계한인언론인협회,시카고 = 뉴스로(NEWSROH) 윌리엄 문 특파원 moonwilliam1@gmail.com(2017.01.17.), '오바마 고별연설 현장에서'

http://www.okja.org/saseol/47559 (검색: 2020.03.28.)

[네이버] 미하일 고르바초프 (시사상식사전, pmg 지식엔진연구소).

https://terms.naver.com/entry.nhn?docId=937717&cid=43667&categoryId=43667 (검색: 2020.03.05.)

https://terms.naver.com/entry.nhn?docId=3573635&cid=59014&categoryId=59014 (검색: 2020.03.05.) [네이버] 미하일 고르바초프 [Mikhail Gorbachev]

http://www.kotra.or.kr/kh/about/KHKICP040M.html?MENU_CD=G0107&TOP_MENU_CD=G0100&LEFT_MENU_CD=G0107&PARENT_MENU_CD=G0105&ARTICLE_ID=3019412&BBS_ID=211202(검색:2020.02.16.)

[네이버] 청일전쟁 [First Sino-Japanese War, 清日戰爭] (두산백과)

https://terms.naver.com/entry.nhn?docId=1146721&cid=40942&categoryId=33398((검색:2020.04.14.),

https://gnews.gg.go.kr/news/news_detail.do?number=202007031107252158C094&s_code=C094(검색:2020.07.09.)

https://gnews.gg.go.kr/news/news_detail.do?number=202007031107252158C094&s_code=C094(검색:2020.07.09.)

https://blog.naver.com/cek1413/221736334623(검색:2020.07.10.

[네이버 지식백과], Green-House Gas - 온실 가스 (지형 공간정보체계 용어사전, 2016. 1. 3., 이강원, 손호웅)

https://terms.naver.com/entry.nhn?docId=3477321&cid=58439&categoryId=58439(검색:2020.02.14.)

[네이버] 러일전쟁 [露日戰爭] (한국민족문화대백과, 한국학중앙연구원

https://terms.naver.com/entry.nhn?docId=544942&cid=46623&categoryId=46623(검색:2020.04.14.)

[네이버] 일본의 대한민국 수출규제(2019) (시사상식사전, pmg 지식엔진연구소)

https://terms.naver.com/entry.nhn?docId=5807360&cid=43667&categoryId=43667(검색:2020.04.14.)

https://www.yna.co.kr/view/AKR20200414069200001?section=politics/all (검색:2020.04.14.)

http://news.khan.co.kr/kh_news/khan_art_view.html?artid=202004251810001&code=970201(검색:2020.04.27.);

http://news.kbs.co.kr/news/view.do?ncd=4435444&ref=A(검색:2020.04.29.)

Cox. S & Cox, T.(1991), The structure of employee attitudes to safety- a European example Work and Stress,5.93-106. 위키백과, 안전문화 http://ko.wikipedia.org/wiki/%EC%95%88%EC%···/ED%99%94. 검색일(2019. 10.12.)

나무위키, http://namu.wiki, , 분류: 경영학. "혁신"

https://namu.wiki/w/%ED%98%81%EC%8B%A0(검색: 2021. 1. 8)

http://news.khan.co.kr/print.html?t=1551786238173

https://blog.naver.com/mkresearch/221661039993(검색:2020.02.12.)

https://www.yna.co.kr/view/AKR20200410110851001?section=politics/all

https://www.etri.re.kr/kor/bbs/view.etri?b_board_id=ETRI06&b_idx=2038 (검색:2020.07.09.)

https://www.etnews.com/20200701000388(검색: 2020.07.09.)

https://www.sciencetimes.co.kr/news/미래부-사이버-게놈-프로젝트-추진/?cat=36(검색:2020.07.09.).

http://www.kma.go.kr/notify/press/kma_list.jsp?bid=press&mode=view&num=1193677(검색:2020.07.10.)

[네이버] 파리 기후변화협약 [Paris Climate Change Accord](한경 경제용어사전)/ 마지막 수정일:2019.11.11.

https://terms.naver.com/entry.nhn?docId=3329531&cid=42107&categoryId=42107,(검색:2020.07.11.)

https://www.boho.or.kr/data/trendView.do?bulletin_writing_sequence=

https://news.naver.com/main/read.nhn?oid=016&aid=0001244934(검색:2020.07.11.)

https://news.naver.com/main/read.nhn?oid=022&aid=0002973547(검색:2020.07.12.)

https://renewableenergyfollowers.org/2457 [대학생신재생에너지기자단]

http://www.korea.kr/special/policyCurationView.do?newsId=148855401&pWise=mMain&pWiseMain=C5(검색:2020.07.13.)

https://coronaboard.kr/(검색: 2020.07.20.14.00)

https://www.thesun.co.uk/news/3720218/london-bridge-attack-victim-stabbed-throat-survived/(검색:2020.09.04.)

나무위키, 2017년 런던 브리지 테러(CNN 인용: London Bridge Incident), 최

근 수정 시각: 2020-08-21

https://namu.wiki/w/2017%EB%85%84%20%EB%9F%B0%EB%8D%98%20%EB%B8%8C%EB%A6%AC%EC%A7%80%20%ED%85%8C%EB%9F%AC(검색:2020.09.04.)

나무위키, 2017년 런던 웨스트민스터 테러(2017 Westminster attack), 최근 수정 시각: 2020-03-05.

https://namu.wiki/w/2017%EB%85%84%20%EB%9F%B0%EB%8D%98%20%EC%9B%A8%EC%8A%A4%ED%8A%B8%EB%AF%BC%EC%8A%A4%ED%84%B0%20%ED%85%8C%EB%9F%AC(검색:2020.09.04.)

[네이버 지식백과] 뉴질랜드 모스크 테러(2019) (시사상식사전, pmg 지식엔진연구소), 2019. 05. 07.

https://terms.naver.com/entry.nhn?docId=5760032&cid=43667&categoryId=43667(검색:2020.09.04.)

서울경제, 김연하(yeona@sedaily.com), "자비 없었다"…뉴질랜드 법원, 51명 살해한 극우 테러리스트에 종신형 선고, 2020-08-27. 출처: https://www.sedaily.com/NewsView/1Z6QRKDAAQ

[서울=뉴시스] 권성근(ksk@newsis.com), 뉴질랜드, 이슬람사원 총기난사 백인 우월주의자에 "가석방 없는 종신형" 2020-08-27.

https://newsis.com/view/?id=NISX20200827_0001144700&cID=10101&pID=10100(검색:2020.09.04.)

프레시안, 이승선, "미국 전역 '급조폭발물' 테러 공포 비상", 2013.04.17. 출처:https://www.pressian.com/pages/articles/64751#0DKU프레시안(검색:2020.09.04.) http://www.pressian.com

중앙일보, 황수연(ppangshu@joongang.co.kr), 트럼프 "IS 박멸" 자랑했는데 더 극렬해진 테러 'IS 3.0' 진화, 2019.04.24.

[중앙일보] 트럼프 "IS 박멸" 자랑했는데 더 극렬해진 테러 'IS 3.0' 진화 https://news.joins.com/article/23449586(검색:2020.09.04.)

위키백과, 우리 모두의 백과사전. 스턱스넷,

https://ko.wikipedia.org/wiki/%EC%8A%A4%ED%84%B1%EC%8A%A4%EB%84%B7(검색:2020.09.03.)

대한민국 ICT의 새로운 창, IT DAILY, 권정수(kjs0915@itdaily.kr), [커버스토리] 사이버 공격, IT 넘어 OT까지 위협한다.:OT 보안 시장 급성장, IT 보안 기업 초기 시장 선점 위해 안간힘. 2020.02.01. IT DAILY, 뉴스홈 〉보안/해킹

http://www.itdaily.kr/news/articleView.html?idxno=99654(검색:2020.09.03.)

http://ti.or.kr/data/index.php?ptype=view&idx=691&page=1&code=data (검색:2021.1.28.)

https://www.msn.com/ko-kr/news/world/%EC%A0%84%EC%84%B8%EA%B3%84-%EC%BD%94%EB%A1%9C%EB%82%98-%ED%99%95%EC%A7%84-1%EC%96%B5-%EB%8F%8C%ED%8C%8C-%EC%A7%80%EA%B5%AC%EC%9D%B8-78%EB%AA%85-%EC%A4%91-1%EB%AA%85-%EA%B0%90%EC%97%BC-%EC%A2%85%ED%95%A9/ar-BB1d5avL?ocid=msedgdhp(검색:2021.1.26.)

https://www.msn.com/ko-kr/news/world/%EC%A0%84-%EC%84%B8%EA%B3%84-%EB%88%84%EC%A0%81-%ED%99%95%EC%A7%84-1%EC%96%B5%EB%AA%85-%EB%8F%8C%ED%8C%8C-%ED%95%9C%EA%B5%AD%EC%9D%80-7%EB%A7%8C5500%EC%97%AC-%EB%AA%85/ar-BB1d5tC6?ocid=msedgdhp(검색:2021.1.26.)

http://gonggam.korea.kr/newsView.do?newsId=GAJUKuZLcDGJM000(검색:2021.01.21.)

http://www.me.go.kr/home/web/board/read.do?menuId=286&boardMasterId=1&boardCategoryId=39&boardId=1426130(검색:2021.1.22.)

https://terms.naver.com/entry.nhn?docId=1219803&cid=40942&categoryId=40507(검색:2021.2.20.)

https://www.boannews.com/media/view.asp?idx=58589(검색:2021.2.20.)

https://janghan.net/wiki/United_States_Department_of_Homeland_Securit

y(검색:2021.2.20.)

http://www.klnews.co.kr/news/articleView.html?idxno=122202(검색:2021.2.25.)

http://www.klnews.co.kr/news/articleView.html?idxno=122203(검색:2021.2.25.)

http://iit.kita.net/newtri2/report/iitreporter_view.jsp?sNo=2185&sClassification=1(검색:2021.3.7.)

시사고전, 한길((jongha3112), 2017. 11.5.

https://blog.naver.com/jongha3112/221132863615(검색:2021.3.8.)

http://www.ksilbo.co.kr/news/articleView.html?idxno=442379(검색:2021.3.8.)

[네이버 지식백과] TPP [Trans-Pacific Partnership] (트렌드 지식사전, 2013. 8. 5., 김환표)

[네이버 지식백과] 파리 기후변화협약 [Paris Climate Change Accord](한경경제용어사전)/ 마지막 수정일:2019.11.11. https://terms.naver.com/entry.nhn?docId=3329531&cid=42107&categoryId=42107,(검색:2020.07.11.)

[네이버 지식백과] TPP [Trans-Pacific Partnership] (트렌드 지식사전, 2013. 8.. 5., 김환표)

[네이버 지식백과] 국토안보부 [Department of Homeland Security, 國土安保部] (두산백과)

[네이버 지식백과] 일금일학 [一琴一鶴] (한시어사전, 2007. 7. 9., 전관수), 제공처 국학자료원 http://www.kookhak.co.kr

[네이버 지식백과] 삼마태수 [三馬太守] (두산백과)

https://terms.naver.com/entry.nhn?docId=1226926&cid=40942&categoryId=32972(검색:2021.3.8.)

[네이버 지식백과] 안보당거 [安步當車] (두산백과)

https://terms.naver.com/entry.nhn?docId=1236041&cid=40942&categoryId=32972(검색:2021.3.8.)

[네이버 지식백과] 청백리 [淸白吏] (두산백과)

https://terms.naver.com/entry.nhn?docId=1225093&cid=40942&categoryId=33383(검색:2021.3.9.)

[네이버 지식백과] 병조참지 [兵曹參知] (관직명사전, 2011. 1. 7. 한국학중앙연구원)

https://terms.naver.com/entry.nhn?docId=372120&cid=62010&categoryId=62010(검색:2021.3.8.)

[네이버 지식백과] 부호군 [副護軍] (한국민족문화대백과, 한국학중앙연구원)

https://terms.naver.com/entry.nhn?docId=577673&cid=46622&categoryId=46622(검색:2021.3.8.)

[네이버 지식백과] 형조참의 [刑曹參議] (관직명사전, 2011. 1. 7, 한국학중앙연구원)

https://terms.naver.com/entry.nhn?docId=371532&cid=62010&categoryId=62010(검색:2021.3.8.)

[네이버 지식백과] 기술혁신 [technological innovation, 技術革新] (두산백과)

https://terms.naver.com/entry.nhn?docId=1071198&cid=40942&categoryId=31819(검색:2021.3.15.)

[네이버 지식백과], 최진봉, 기업의 사회적 책임(CSR)이란 (기업의 사회적책임,) 2014. 4. 15., [네이버 지식백과], 최진봉, 기업의 사회적 책임(CSR)이란 (기업의 사회적책임,) 2014. 4. 15.

https://terms.naver.com/entry.nhn?docId=2274744&cid=42251&categoryId=51121(검색:2021.3.13.)

[네이버 지식백과] 예측할 수 없는 재앙은 없다 - 하인리히 법칙 (시장의 흐름이 보이는 경제 법칙 101, 2011. 2. 28. 김민주)

https://terms.naver.com/entry.naver?docId=2847421&cid=56774&categoryId=56774(검색:2021.3.22.)

한국학중앙연구원, 한국민족문화대백과, 정약용[丁若鏞],

https://terms.naver.com/entry.nhn?docId=547423&cid=46622&categoryId=46622(검색:2021.3.8.)

https://terms.naver.com/entry.nhn?docId=1225093&cid=40942&categoryI

d=33383(검색:2021.3.9.)

http://www.bok.or.kr/portal/ecEdu/ecWordDicary/search.do?menuNo=200688(검색:2021.3.12.)

https://www.hankyung.com/economy/article/2021012648591(검색:2021.3.12.)

https://blog.naver.com/ljwphsjh/222125303533(검색:2021.3.12.)

나무위키, 조지프 슘페터(Joseph Alois Schumpeter)

http://www.futurekorea.co.kr/news/articleView.html?idxno=142949(검색:2021.3.13.)

https://namu.wiki/w/%EC%A1%B0%EC%A7%80%ED%94%84%20%EC%8A%98%ED%8E%98%ED%84%B0(검색:2021.3.13.)

위키백과, 우리 모두의 백과사전. 사회적책임,

https://ko.wikipedia.org/wiki/%EC%82%AC%ED%9A%8C%EC%A0%81_%EC%B1%85%EC%9E%84(검색:2021.3.13.)

위키백과, ISO 26000.

https://ko.wikipedia.org/wiki/ISO_26000(검색:2021.3.13.)

http://www.futurekorea.co.kr/news/articleView.html?idxno=142949(검색:2021.3.13.)

https://www.moef.go.kr/com/bbs/detailComtnbbsView.do?menuNo=8010200&searchNttId1=OLD_65102&searchBbsId1=MOSFBBS_000000000063(검색:2021.3.13.)

https://www.news1.kr/articles/?4240208(검색:2021.03.14.)

https://ko.wikipedia.org/wiki/%EC%B4%89%ED%95%9C(검색:2021.3.15.)

http://www.siminsori.com/news/articleView.html?idxno=203525(검색:2021.3.15.)

http://www.dt.co.kr/contents.html?article_no=2021030202109931650005&ref=naver(검색:2021.3.15.)

https://www.moef.go.kr/nw/nes/detailNesDtaView.do?searchBbsId1=MOSFBBS_000000000028&searchNttId1=MOSF_000000000053662&menuNo=4010100(검색:2021.3.16.)

file:///C:/Users/Joon/AppData/Local/Microsoft/Windows/INetCache/IE/V0TKUPOW/2017%EB%85%84%EB%8F%84%20GCB%20%EB%B0%9C%ED%91%9C%20%EA%B2%B0%EA%B3%BC(170307).pdf(검색:2021.3.17.)

https://www.acrc.go.kr/acrc/board.do?command=searchDetail&menuId=05020713&method=searchDetailViewInc&boardNum=86187&currPageNo=1&confId=1006&conConfId=1006&conTabId=0&conSearchCol=BOARD_TITLE&conSearchSort=A.BOARD_REG_DATE+DESC%2C+BOARD_NUM+DESC(검색:2021.3.18.)

https://www.moef.go.kr/nw/nes/detailNesDtaView.do?menuNo=4010100&searchNttId1=MOSF_000000000031626&searchBbsId1=MOSFBBS_000000000028(검색:2021.3.18.)

https://www.moef.go.kr/nw/nes/detailNesDtaView.do?searchBbsId1=MOSFBBS_000000000028&searchNttId1=MOSF_000000000053662&menuNo=4010100(검색:2021.3.16.)

https://www.moef.go.kr/nw/nes/detailNesDtaView.do?menuNo=4010100&searchNttId1=MOSF_000000000040264&searchBbsId1=MOSFBBS_000000000028(검색:2021.3.18.)

법제처 국가법령정보센터:

https://www.law.go.kr/lsSc.do?section=&menuId=1&subMenuId=15&tabMenuId=81&eventGubun=060101&query=%EC%9E%AC%EB%82%9C%EB%B0%8F+%EC%95%88%EC%A0%84#undefined(검색:2021.3.22.)

https://www.police.go.kr/user/bbs/BD_selectBbs.do?q_bbsCode=1002&q_bbscttSn=20200812132857270&q_tab=&q_searchKeyTy=&q_searchVal=&q_rowPerPage=10&q_currPage=11&q_sortName=&q_sortOrder=&(검색:2021.3.22.)

https://terms.naver.com/entry.naver?docId=1236041&cid=40942&categoryId=32972(검색:2021.3.15.)

조기형·이상억,『한자성어·고사명언구사전』, 이담북스, 2011. 2. 15

https://terms.naver.com/entry.naver?docId=674080&cid=50293&categoryId=50293(검색:2021.3.15.)

https://terms.naver.com/entry.naver?docId=1168350&cid=40942&categoryId=32972(검색:2021.3.15.)

https://terms.naver.com/entry.naver?docId=1235952&cid=40942&categoryId=32972(검색:2021.3.15.)

https://terms.naver.com/entry.naver?docId=1665637&cid=60558&categoryId=60558(검색:2021.3.15.)

https://www.nongmin.com/plan/PLN/SRS/81393/view(검색:2021.3.15.)

나무위키, 방글라데시/경제,

https://namu.wiki/w/%EB%B0%A9%EA%B8%80%EB%9D%BC%EB%8D%B0%EC%8B%9C/%EA%B2%BD%EC%A0%9C(검색:2021.4.5.)

https://www.segye.com/newsView/20210405516009(검색:2021.4.6.)

https://news.einfomax.co.kr/news/articleView.html?idxno=4138357(검색:2021.4.6.),

https://news.joins.com/article/23933182(검색:2021.3.25.)

https://www.voakorea.com/archive/4523068(검색:2021.3.25.)

위키백과, 스턱스넷(Stuxnet)

https://ko.wikipedia.org/wiki/%EC%8A%A4%ED%84%B1%EC%8A%A4%EB%84%B7(검색:2021.3.25.)

https://www.hankookilbo.com/News/Read/A2021042213120004701(검색:2021.4.23.)

https://www.yna.co.kr/view/AKR20210423005200071?section=international/all(검색:2021.4.23.)

SBS 뉴스, 안상우, 기후정상회의서 울려 퍼진 절규 "역사에 당신들 기록"

원본링크: http://news.sbs.co.kr/news/endPage.do?news_id=N1006293293&plink=COPYPASTE&cooper=SBSNEWSEND(검색:2021.4.23.)

http://news.khan.co.kr/kh_news/khan_art_view.html?artid=202104131634001&code=970209(검색:2021.4.15)

위키백과, 우리 모두의 백과사전, 상호확증파괴

https://ko.wikipedia.org/wiki/%EC%83%81%ED%98%B8%ED%99%95%EC%A6%9D%ED%8C%8C%EA%B4%B4(검색:2021.4.22.)

http://www.hani.co.kr/arti/science/science_general/992365.html(검색:2021.4.23.)

https://www.acrc.go.kr/acrc/board.do?command=searchDetail&menuId=05050102&method=searchDetailViewInc&boardNum=87129&currPageNo=1&confId=4&conConfId=4&conTabId=0&conSearchCol=BOARD_TITLE&conSearchSort=A.BOARD_REG_DATE+DESC%2C+BOARD_NUM+DESC(검색:2021.4.30.)

https://www.mois.go.kr/frt/bbs/type010/commonSelectBoardArticle.do?bbsId=BBSMSTR_000000000008&nttId=85616(검색:2021.07.09.)

http://www.nij.gov/topics/crime/terrorism/pages/welcome.aspx.(검색:2021.11.10.)

나무위키, 저출산/관점

https://namu.wiki/w/%EC%A0%80%EC%B6%9C%EC%82%B0/%EA%B4%80%EC%A0%90(검색: 2022.10.24.)

https://www.moel.go.kr/skin/doc.html?fn=20230307091548194d8f4c470d3421698b37114d0faa079.hwp&rs=/viewer/BBS/2023/(검색:2023.04.28.)

https://www.lifein.news/news/articleView.html?idxno=12084(검색: 2023.(검색:2023.4.25.)

찾아보기

ㄱ

가상화폐 422, 423, 426, 433, 434, 460, 469
가치 22, 36, 57, 62, 77, 154, 155, 218, 288, 366, 367, 370, 446, 557, 558, 562, 569, 639, 668, 700, 775, 836, 845, 846, 853, 861, 863, 865, 870, 886, 931, 937, 985
갈등 24, 33, 35, 68, 157, 158, 187, 212, 316, 350, 422, 427, 442, 460, 470, 574, 576, 666, 667, 669, 680, 692, 693, 702, 750, 793, 828, 848, 903, 938, 944, 947, 948, 953, 954
감독부실 200, 215
감염병 58, 80, 295, 297, 330, 331, 487, 685, 925, 929, 932, 943
강소국 869
개방성 163, 634, 863, 926, 929
개혁 73, 159, 165, 166, 169, 180, 189, 222, 224, 273
개혁개방 34, 668
거버넌스 68, 273, 276, 317, 513, 514, 515, 571, 572, 651, 885, 913
거시경제 안정성 573, 574, 681, 747, 749
게임의 룰 599, 700, 826, 954
경감 50, 81, 308, 456, 526, 972, 974, 978, 982
경보수준 114
경제경영연구소 39, 40, 41
경제안보 660, 662, 793
경제협력개발기구(OECD) 39, 154, 159, 160, 173, 273, 274, 321, 331, 365, 559, 583, 595, 606, 609, 610, 611, 613, 631, 632, 633, 634, 648, 656, 685, 738, 747, 765, 766, 767, 769, 770, 773, 821, 822, 823, 824, 828, 830, 887, 916, 921
고농도 358, 359, 687, 690

고령화사회 828, 937
골든타임 205, 207, 260, 933
공격적 억제조치 930
공공기관 23, 26, 37, 115, 164,
　　　167, 189, 229, 300, 308,
　　　345, 376, 377, 378, 379,
　　　380, 381, 595, 596, 625,
　　　734, 838, 867, 883, 918,
　　　919, 985
공공성 23, 79, 155, 215, 216,
　　　223, 225, 268, 369, 370,
　　　371, 625, 647, 698, 700,
　　　701, 702, 735, 785, 834,
　　　855, 856, 859, 863, 865,
　　　870
공동체 154, 155, 156, 157, 158,
　　　159, 160, 161, 162, 216,
　　　217, 218, 219, 222, 223,
　　　370, 374, 391, 407, 413,
　　　459, 467, 565, 569, 621,
　　　644, 706, 831, 833, 836,
　　　837, 838, 859, 863, 864,
　　　865, 866, 873, 883, 886,
　　　937
공유경제 657
공정 10, 41, 53, 72, 163,
　　　166, 173, 189, 220, 370,
　　　388, 559, 594, 599, 600,
　　　620, 621, 626, 627, 628,
　　　629, 630, 631, 633, 693,
　　　698, 699, 700, 703, 734,
　　　735, 807, 826, 827, 849,
　　　860, 861, 865, 866, 870,
　　　872, 885, 893, 905, 941,
　　　943, 947, 954
공정거래위원회 600, 653
공정한 절차 865, 943
관여 24, 300, 430, 431, 465,
　　　486, 501, 535, 574, 631,
　　　668, 669, 920
관피아 121, 151, 164, 166, 167,
　　　168, 169, 170
광역구조본부 145, 184, 191,
　　　202, 206
교토의정서 279, 280, 283, 284
구매력평가(PPP) 588
구상권 926
구제금융 786
국가 안전대진단 341, 357
국가간 갈등 33, 577, 1004
국가경쟁력 11, 17, 25, 35, 37,
　　　38, 40, 365, 565, 566, 567,
　　　572, 573, 580, 596, 600,
　　　638, 639, 644, 657, 717,
　　　733, 734, 735, 741, 742,
　　　744, 745, 746, 747, 748,
　　　749, 752, 753, 755, 757,
　　　771, 772, 781, 805, 845,
　　　897, 940, 943, 954, 1020
국가경쟁력 지수 733, 742, 744

국가기후환경회의　281
국가대개조　73, 74, 149, 201,
　　224, 692
국가대테러전략　423
국가대혁신　24, 692
국가보안시설　395
국가사고관리체계(NIMS)　51, 520,
　　969, 984
국가사이버보안센터(NCSC)　501
국가위기관리　10, 15, 18, 25, 35,
　　70, 74, 75, 93, 922
국가위기관리체계　17, 947
국가재난관리정보시스템(NDMS)
　　105, 106
국가통치구조실패　577
국격　152, 317, 367, 390
국내일반테러　473, 480, 481
국내총생산(GDP)　284, 580, 587,
　　590, 591, 680, 683, 702,
　　718, 803, 815
국립환경과학원　25, 358, 360, 690
국민안전　12, 16, 25, 69, 133,
　　229, 327, 328, 343, 357,
　　784, 943, 947, 992
국민총소득(GNI)　587, 590, 591,
　　592, 593, 800, 801, 802,
　　803, 815
국외테러　473, 480, 481, 523
국제경영개발대학원(IMD)　37,
　　637, 639, 717, 718, 733,

　　752, 755, 756, 771, 806,
　　829, 1020
국제투명성기구(TI)　595, 609
군사시설테러　473, 481
권력게이트　624, 627, 630, 651,
　　655, 734, 826
규제 샌드박스　38, 39, 760, 761
규제개혁　760, 761, 763, 770,
　　773, 778, 791
규제법정주의　759
규제완화　11, 12, 24, 38, 40, 41,
　　142, 143, 147, 553, 570,
　　735, 756, 758, 759, 776,
　　777, 791, 792, 871, 872
규제일몰제　784
규제혁파위원회　784
균등분포선　816
균등화소득　817
그들만의 리그　73, 151, 164,
　　166, 167, 187, 189, 190,
　　192, 223, 693, 940
극심한 기상이변　275, 276, 571,
　　575, 576, 577, 1004, 1005
근대화　36, 599
글로벌 혁신지수　645, 715, 716,
　　717, 733, 745, 872
급진주의　450, 513
기득권　189, 629, 785, 827
기상이변　236, 275, 276, 571,
　　575, 576, 577, 751, 1004,

1005
기수문화 151, 166, 187, 189, 190, 223
기술경쟁력 55, 642, 868
기술혁신 37, 418, 419, 559, 560, 561, 563, 735, 782, 789, 791, 806, 869, 871, 876, 878, 879, 895, 942, 954
기후변화 13, 25, 53, 75, 80, 236, 276, 277, 278, 279, 281, 282, 283, 284, 285, 286, 290, 292, 293, 294, 297, 316, 366, 515, 568, 571, 572, 575, 576, 577, 578, 657, 722, 751, 839, 840, 872, 892, 894, 922, 1004, 1005
기후변화 대응실패 568, 571, 575, 576, 577, 1004, 1005
기후변화대응지수 278, 279, 286, 287
기후변화성과지수 281
기후변화협약 278, 279
기후위기 287, 291, 292, 839
긴급구조기관 107, 136, 137, 138, 192
긴급구조지원기관 136, 137, 138, 139, 192
긴급재난지원금 926, 928

끼리끼리 문화 165, 167, 621, 630

ㄴ

난민(refugee) 466
난민 유입 459, 464, 465
난민위기 575, 576, 1004, 1005
내부고발 945
내부청렴도 623
냉전(cold war) 38, 52, 54, 935
네거티브규제 39, 757
뇌물수수 18, 631
뉴테러리스트 421
뉴테러리즘 10, 11, 22, 23, 409, 411, 418, 419, 420, 423
능률성 372

ㄷ

다와 459
다크 웹 423, 426
대규모 사건 50, 122, 123, 137, 219
대규모 사고 50
대량살상무기 276, 420, 422, 442, 451, 454, 460, 483, 571, 575, 576, 751, 1004, 1005
대비 12, 51, 70, 74, 75, 80, 82, 83, 85, 87, 94, 96, 101, 106, 107, 108, 109, 110,

113, 114, 121, 131, 134,
185, 195, 199, 202, 225,
252, 277, 285, 296, 297,
298, 302, 307, 308, 310,
311, 313, 316, 328, 372,
391, 423, 424, 428, 460,
470, 475, 479, 484, 494,
497, 501, 510, 511, 512,
519, 638, 659, 687, 711,
730, 734, 772, 776, 813,
852, 894, 932, 961, 965,
966, 967, 974, 985
대유행 12, 316, 346, 347, 554,
752, 755, 922, 923, 930,
946, 948, 950, 953
대응 10, 16, 21, 39, 56, 58, 62,
63, 69, 70, 71, 74, 75, 79,
82, 83, 84, 85, 87, 88, 91,
92, 94, 95, 96, 101, 106,
107, 108, 109, 121, 199,
296, 298, 301, 307, 308,
312, 316, 317
대응전략 857
대테러 23, 411, 423, 424, 440,
442, 452, 473, 474, 477,
479, 511, 512, 513
대형사고 11, 35, 150, 165, 230,
231, 232, 233, 234, 235,
236, 241, 251, 252, 269,
367

대형화재 25, 231, 234, 235,
243, 343
데이터 범죄 571, 575, 576,
1004, 1005
도화선 150
돈세탁 936
동맹 514, 641, 668, 896, 950
동반성장 599, 700
드론 395, 400, 401, 411, 418,
420, 423, 427, 428, 563,
657, 780, 782, 853, 871,
876
드론 테러 401, 402
디도스 공격 543
디지털 포렌식 237

ㄹ

라자루스 430, 431, 432
랜선 505
랜섬웨어 429, 501, 504, 505,
506, 507, 508
로렌츠곡선 815, 816
로봇 17, 81, 427, 428, 563,
656, 657, 780, 782, 793,
853, 871, 876
리베이트 151, 631
리스크(risk) 33, 589, 945

ㅁ

매뉴얼 23, 35, 55, 93, 94, 100,

104, 186, 254, 255, 256, 258, 265, 300, 309, 317, 364, 365, 478, 497, 512, 522, 559, 560, 564, 687, 697, 793, 931, 932, 951
매몰비용 149, 625, 626
명목GDP 579, 799, 802
모방 699, 855, 872
무게중심 140
무역갈등 672
무역분쟁 33, 34, 662, 673, 681
무역전쟁 660, 673, 674, 675, 678, 679, 680
무역합의 678
무인자동차 55, 868
무장단체 450
무장드론 23, 418, 426, 427, 453, 657
문샷(moonshot) 프로젝트 694
물위기 575, 576, 577
미국 연방재난관리청(FEMA) 136, 177, 303, 307, 967, 976, 980, 982, 983, 984, 1009, 1011
미국무역대표부(USTR) 661, 674, 675
미래유망기술 780
미세먼지 25, 353, 354, 357, 358, 359, 360, 685, 686, 687, 688, 689, 690, 691

미·중 관계 666, 667
민간단체 144, 145, 185, 376, 377, 379, 380, 381, 513
민관유착 155, 165, 169, 180, 203, 204, 222, 223
밀실합의 631

ㅂ

바샤르 알아사드 487
바이러스 237, 295, 296, 316, 366, 487, 528, 532, 538, 539, 644, 922, 923, 931, 946, 948, 949, 950, 951, 952, 953
발틱국가 465
방기 72, 151, 152, 221, 224, 693, 944
방류 517
방사능테러 473, 481, 482, 483
방사성물질 396, 415, 416, 417, 494
배출량 52, 278, 283, 284, 288, 289, 290, 1023
배타적 네트워크 73, 151, 187, 189, 193, 223, 693
버락 오바마(Barack Obama) 136, 934
법정감염병 331
변화 9, 12, 23, 24, 38, 46, 48, 56, 57, 60, 63, 81, 166,

169, 190, 194, 273, 294,
300, 301, 314, 360, 365,
366, 373, 434, 453, 458,
491, 514, 559, 561, 562,
563, 564, 567, 573, 581,
605, 615, 626, 630, 643,
649, 656, 657, 659, 665,
668, 669, 702, 705, 710,
711, 715, 716, 734, 736,
751, 752, 760, 773, 776,
781, 782, 783, 785, 786,
789, 793, 806, 815, 827,
829, 847, 855, 857, 858,
859, 870, 879, 886, 891,
913, 933, 935, 937, 939,
940, 945, 948, 1013
보복관세 660, 666, 673
복구 47, 70, 74, 75, 80, 82, 83,
84, 85, 87, 91, 92, 93, 94,
96, 101, 106, 108, 111,
121, 199, 202, 237, 264,
308, 310, 311, 316, 475,
496, 497, 506, 510, 512,
519, 543, 932, 952, 972,
974, 978, 980, 981, 985,
986, 1010
복원력(성) 140, 141, 142, 203,
232, 873
봉쇄 58, 446, 476, 668
부정부패 18, 19, 25, 40, 42,

151, 217, 219, 220, 222,
223, 594, 596, 598, 601,
602, 603, 604, 613, 624,
627, 629, 631, 647, 651,
787, 806, 826, 828, 831,
901, 902, 912, 921, 935,
938, 939, 945, 948, 954
부정청탁 150, 596, 611, 612,
627, 647, 827, 901, 905,
940
부정축재 155, 158, 159, 169,
599, 628, 655, 734, 787
부패수준 601, 612, 637, 638,
649
부패인식지수 160, 594, 595,
597, 598, 605, 606, 607,
608, 609, 610, 611, 612,
613, 614, 615, 620, 626,
631, 637, 639, 647, 648,
649, 650, 651, 655, 656,
855, 867, 921, 1012, 1013
분산서비스거부(DDoS) 63, 431,
432, 527, 551
분식회계 170
불법 정치자금 937
불법자금 460
붕괴사고 106, 164, 234, 245,
257, 258, 330, 354, 356,
364, 694, 993, 994
붕괴지수 67

브레진스키 지표 65, 66
블랙리스트(blacklist) 631, 936
비상경제회의 928
비상관리 303, 304
비용절감 152, 363, 626, 782
비전 23, 369, 565, 653, 695, 710, 843, 849, 851, 852, 854, 855, 856, 859, 861, 862, 863, 871
빅데이터 296, 711, 777, 876, 881, 1001
빈부격차 24, 72, 222, 350, 518, 589, 631, 692, 828, 853, 937
빨리빨리 문화 151, 252, 329, 343, 363, 694, 696, 926, 943

ㅅ

사고원인 242, 251, 265, 269
사고지휘체계(ICS) 524, 525, 526
사례 11, 18, 23, 35, 52, 58, 59, 61, 105, 150, 159, 196, 237, 240, 257, 258, 263, 265, 268, 301, 315, 359, 378, 387, 391, 411, 423, 427, 436, 456, 460, 469, 484, 512, 564, 628, 647, 658, 673, 690, 709, 736, 788, 790, 816, 879, 895, 913, 932
사례분석 251, 262
사법개혁 629, 630, 827
사스(SARS) 294, 366, 922
사이버 재난 297
사이버테러 17, 23, 25, 35, 37, 76, 114, 316, 429, 430, 431, 432, 437, 499, 526, 528, 537, 539, 542, 543, 546, 547
사회안전망 369, 752, 756, 860, 861
사회자본 12, 46, 56, 58, 75, 80, 81, 100, 105, 115, 123, 206, 218, 223, 229
사회재난 106, 231, 234, 235, 257, 294, 295, 296, 317, 366, 685, 922
사회적 가치 369, 370, 371, 565, 594, 702, 746, 785, 834, 835, 837, 838, 841, 850, 852, 855, 858, 863, 864, 866, 869, 872, 873, 874, 886, 998, 999
사회적 가치 지표 841, 842
사회적 거리두기(Social Distancing) 926, 927, 928, 930, 949
사회적 관계 832
사회적 불평등 872, 954

사회적 비용 10, 11, 41, 155,
　170, 186, 216, 322, 391,
　599, 625, 626, 692, 698,
　853
사회적 성과 841, 842, 882
사회적 자본 216, 565, 634, 807,
　936, 937
사회적 책임 7, 173, 222, 313,
　645, 698, 699, 756, 837,
　859, 864, 874, 882, 883,
　884, 885, 886, 891, 892,
　893, 894, 895
산업생태계 39, 469, 656, 657,
　659, 773, 857, 871, 872
산업재해 151, 152, 315, 316,
　322, 339, 340, 341, 354,
　356, 382, 384, 385, 389,
　390, 831, 993
산업화 10, 16, 36, 73, 158,
　159, 217, 224, 251, 277,
　290, 329, 363, 366, 580,
　599, 827
산재율 315
삶의 질 23, 38, 217, 218, 346,
　369, 564, 565, 573, 629,
　685, 692, 698, 702, 703,
　704, 705, 708, 709, 710,
　711, 712, 735, 742, 749,
　756, 782, 827, 828, 829,
　830, 831, 833, 836, 851,
　853, 855, 866, 868, 869
삶의 질 지수 855, 856, 866
상대적 빈곤율 817, 819, 820,
　821, 828
상품시장규제 765, 766, 767, 770
생물테러 473, 482, 483, 487,
　488, 489
생산성 322, 566, 573, 639, 643,
　717, 719, 720, 721, 740,
　749, 772, 869, 870, 1020
생존배낭 298
선진국 재난관리 298, 306
성과지표 851, 852
성장동력 657
성장복지론 787, 788
세계 인권선언 445
세계경제포럼(WEF) 24, 25, 33,
　37, 55, 275, 285, 501, 566,
　568, 570, 572, 573, 576,
　638, 717, 718, 733, 741,
　742, 744, 745, 749, 750,
　751, 771, 772, 779, 806,
　868, 887, 940, 1004
세계기상기구(WMO) 276
세계재편 55, 868
세계혁신지수 715, 716
세월호 특별법 825
소니 픽처스 430, 431, 432, 433
소득불균등 816
소득불평등도 173, 174, 814

수난구호법　144, 145, 184, 185,
　　191, 199, 519
수니파　460, 462
수취권　701
수포작용제　483
숙의민주주의　863
스마트 팩토리　942
스위프트　433
스타조인트벤처　551, 552, 553
스태포드법　520, 969, 972, 973,
　　977, 978, 979, 980, 982,
　　983, 984
슬레이브　505
시대정신　596, 701, 873
시민감시단　220
시민단체　74, 219, 220, 300,
　　344, 379, 695, 696, 825,
　　911, 915, 966
시아파　460
식량난　48, 575, 576, 1004
신경작용제　483, 484
신뢰받는 정부　370, 594, 702,
　　834, 855, 856, 867, 999
신뢰사회　149, 154, 160, 216,
　　222, 565, 598, 629, 698,
　　702, 703, 866
신뢰성　262, 264, 355, 370, 371,
　　601, 704, 800, 843, 844,
　　863, 864, 888, 890, 917
신산업규제혁신위원회　773, 779

신재생에너지　658
신종 코로나바이러스(COVID-19)
　　12, 53, 296, 922
신종 코로나바이러스 감염증　12,
　　927, 949
신종감염병　354, 356
신형대국관계　666
실질GDP　594

ㅇ

아들리브　487
아랍의 봄　516, 517, 518
악성코드　25, 60, 62, 64, 431,
　　432, 433, 502, 504, 506,
　　507, 508, 509, 527, 533,
　　537, 538, 539, 540, 543,
　　545, 547, 550, 551
안전 불감증　148, 149, 150, 151,
　　154, 173, 186, 200, 230,
　　231, 251, 252, 255, 322,
　　326, 333, 334, 335, 337,
　　343, 354, 364, 366, 367,
　　368, 696, 794, 795
안전교육　148, 162, 254, 266,
　　298, 322, 323, 326, 334,
　　337, 366, 368, 374, 376,
　　379, 380, 696
안전대진단　341, 342, 343, 344,
　　357, 366
안전문화　10, 16, 22, 35, 82, 83,

199, 266, 322, 333, 337, 361, 365, 366, 367, 368, 369, 370, 371, 373, 374, 375, 376, 377, 378, 379, 380, 381
안전사회 16, 36, 73, 300, 319, 321, 324, 377, 694, 695, 735
안전성 104, 253, 863
안전앱 333
안전의식 10, 16, 25, 153, 154, 231, 254, 266, 319, 321, 325, 326, 327, 328, 333, 337, 357, 364, 366, 375, 377, 378, 379, 695, 696, 992
안전인식 321, 322, 324, 368
안전진단 234, 330, 341, 368
안전체감도 154, 348, 353, 354, 355, 357
안전피로 366
알 카에다 418, 463
알고리즘 540, 551
양극화 621, 631, 859, 865, 866, 937
에너지저장장치(ESS) 658
에어웨이스 260
역내포괄적경제동반자협정(RCEP) 680, 682, 683
연결성 657

연루 121, 151, 159, 167, 169, 182, 221, 223, 406, 429, 434, 439, 631, 655, 912, 945
연방재난관리청(FEMA) 177
연방준비은행 430, 433, 930
예방 10, 37, 70, 71, 74, 75, 82, 83, 85, 87, 88, 91, 92, 94, 101, 103, 104, 106, 107, 108, 109, 121, 131, 132, 189, 195, 199, 202, 252, 277, 296, 310, 316, 317, 322, 341, 347, 364, 378, 384, 385, 389, 391, 451, 475, 477, 488, 497, 505, 510, 511, 512, 514, 518, 519, 687, 795, 912, 917, 932, 985
예측 81, 131, 132, 243, 388, 580, 847
오염수 517
온실가스 278, 279, 280, 281, 283, 284, 288, 289, 290, 291, 293, 882, 1023
완전균등분배 816
외로운 늑대 450, 453, 463, 475
외부청렴도 623, 624
용두사미(龍頭蛇尾) 389, 647, 945
우마 459
운항관리 203, 209

운항관리(규정) 203, 204, 208, 209, 225
원전사고 79, 246, 247, 297, 354, 356, 366, 493, 494, 993
웹셀 545, 546, 547
위기 11, 17, 24, 33, 41, 45, 46, 47, 48, 49, 51, 52, 54, 55, 56, 57, 58, 59, 69, 71, 74, 75, 77, 78, 79, 80, 81, 91, 92, 95, 98, 104, 108, 111
위기경보 109, 112, 113, 114, 488, 489
위기관리 15, 45, 56, 69, 70, 71, 74, 82, 86, 92, 93, 94, 95, 96, 108, 110, 112, 309, 310, 497, 521, 692, 922, 964, 965, 966, 967, 968, 985
위기관리단계 91, 108, 497, 510, 511
위기관리체계 514
위험 12, 17, 25, 35, 36, 45, 48, 51, 52, 53, 54, 61, 71, 81, 82, 131, 143, 153, 156, 237, 252, 266, 277, 315, 328, 335, 366, 384, 385, 387, 395, 412, 417, 456, 558, 571, 573, 770, 860, 885, 931, 962, 964, 966, 992
위험사회 36, 37, 53, 71, 72, 73, 692, 693
위험성 36, 70, 242, 384, 386, 387, 391
위험지수 60, 62, 638
위협 12, 33, 36, 46, 47, 55, 57, 77, 79, 80, 87, 282, 297, 366, 378, 396, 403, 404, 405, 406, 408, 409, 412, 415, 418, 420, 424, 427, 438, 441, 442, 455, 457, 459, 463, 487, 501, 520, 535, 536, 700, 737, 793, 904, 922, 925, 961, 974
위협수준 427, 428, 492
유럽기후행동네트워크 278, 279
유럽연합 284, 290, 443, 465, 468, 516, 619, 718, 719, 726, 727, 728, 731, 857, 867, 883, 890, 892, 929, 938, 1016
유럽연합(EU) 443, 718, 719, 726, 857, 883, 890, 929, 938
유엔기후변화협약(UNFCCC) 277
유엔환경계획(UNEP) 276
6.25전쟁 934, 940
융복합 24, 428, 563, 657, 851, 871

융합 570, 669, 758, 759, 942
의사결정 101, 163, 246, 837, 841, 842, 847, 848, 849, 863, 944, 977
이민(immigration) 467, 468, 548
이슬람 원리주의 53
이해관계자 402, 520, 521, 564, 569, 570, 572, 882, 883, 885, 886, 966, 967, 970, 973
이해집단 945
인간개발지수(HDI) 829
인간안보 660
인공강우 357, 360, 688
인권선언 445
인적재난 46, 51, 56, 74, 80, 100, 105, 115, 206, 229, 234, 308
인프라 38, 54, 276, 379, 543, 564, 566, 573, 576, 638, 639, 646, 716, 744, 745, 746, 747, 749, 754, 755, 806, 871, 1020, 1022

ㅈ
자본주의 이후의 사회 869, 937
자연재난 12, 46, 51, 52, 56, 58, 75, 76, 80, 100, 105, 106, 115, 123, 152, 231, 234, 235, 236, 257, 296, 317,
354, 356, 497, 519, 520, 922, 993
자유무역협정 682, 683
재균형전략 668
재난 및 안전관리기본법 22, 76, 77, 82, 83, 84, 85, 99, 105, 121, 123, 137, 138, 191, 199, 204, 206, 236, 312, 518, 522, 687
재난관련 법령 82
재난관리지수 296
재난관리체계 100, 104, 300, 961
재난·테러 523
재발방지대책 21, 35, 125, 200, 223, 265, 269, 270, 307, 309, 337, 391, 697, 794, 795, 918
잭 웰치 782
저감 36, 81, 155, 391, 475, 480, 695, 892
저강도 분쟁 313, 527, 787
저먼워치(German Watch) 278, 279, 286
저성장 578, 598, 611, 937
저출산 734, 735, 736, 737, 738, 739, 740, 853, 859, 937
적반하장(賊反荷杖) 941
적폐 150, 151, 155, 164, 199, 224, 625, 631, 649, 825, 941

적폐청산 649, 941, 942
적합성 785, 845, 848
전략목표 711, 852
전략적 의사결정 849
전염병 12, 49, 273, 366, 378, 571, 577, 751, 922, 923, 925, 943, 946, 950, 1005
전체주의 662, 663, 664, 950
전통적 테러리즘 418, 419, 420, 424
전파교란 401
절차적 정당성 865, 947
정경유착 165, 631, 649, 651, 655, 935
정보공유 101, 262, 302, 303, 304, 511, 512, 523, 524, 947
정보공유분석센터 301
정보통신망 303
정부간협의체 276
정부경쟁력 296
정부규제 25, 759, 773, 778, 877
정부신뢰도 633, 634, 636, 637, 826, 855, 856, 867
정부실패 11, 35, 794
정부위기론 786
정부혁신 11, 23, 25, 35, 37, 370, 560, 561, 562, 564, 565, 594, 634, 702, 746, 781, 782, 783, 786, 787, 788, 789, 790, 799, 833, 835, 837, 850, 854, 855, 857, 858, 863, 865, 867, 870, 921, 939, 943, 997, 998, 999, 1000, 1001
정치적 의도 403
제4차 산업혁명 12, 17, 24, 41, 168, 469, 514, 554, 563, 604, 656, 658, 659, 772, 775, 776, 779, 783, 813, 853, 857, 871, 942
제천화재 266, 694
주도권 12, 17, 18, 39, 168, 231, 657, 669, 772, 773, 776, 857, 872, 942, 943
중견국가 24, 869
중앙구조본부 144, 145, 146, 184, 191, 202, 206, 209
중앙긴급구조통제단 87, 104, 138, 139, 191, 192, 206, 987
중앙방역대책본부 932
중앙사고수습본부 87, 97, 103, 107, 122, 123, 191, 202, 206, 257, 265, 932
중앙재난안전대책본부 86, 87, 97, 101, 103, 107, 120, 121, 122, 123, 124, 126, 139, 191, 202, 204, 205, 206, 209, 212, 223, 224, 257,

261, 264, 265, 267, 522, 927, 932, 953, 987
증선 203
지구온난화 52, 75, 277, 279, 289, 294, 657, 685, 793, 872
지구온난화지수(GWP) 279
지능화 460, 657
지니계수 173, 813, 814, 815, 816, 817, 819, 821, 822, 823
지속가능성 284, 370, 373, 600, 746, 837, 839, 859, 863, 865, 873, 892
지속성 39, 370, 373, 374, 380, 564, 716, 851, 947
지식재산권 661, 671, 674, 676
지식정보화 55, 868
지역구조본부 145, 146, 184, 191, 202, 206
지역재난안전대책본부 104, 107, 121, 123, 124, 135, 191, 194, 205, 257, 265, 311, 522
지역통제단(장) 116, 138
지위고하(地位高下) 939
지정학적 위험지수 60, 61
지하드 459, 461
지하디스트 461
진상규명 35, 125, 142, 200,
221, 223, 230, 231, 270, 387, 825, 933
진상규명위원회 220, 221
진입장벽 766, 767, 768, 770, 771, 793, 878
질병관리본부 263, 296, 488, 932
질식작용제 483
집단감염 923, 924

ㅊ

차별성 775, 785, 834
참여민주주의 824, 866
처분가능소득 817, 818, 819, 823
첨단산업 773, 776
첨단소재 869
청렴 189, 596, 598, 600, 602, 612, 628, 649, 735, 850, 901, 902, 904, 905, 906, 907, 908, 909, 910, 911, 912
청탁금지법 150, 596, 612, 627, 647, 651, 655, 827, 901, 905
체득화 323, 367, 373
체르노빌 246, 368
초동대응 182, 202, 207, 258
초동대처 121, 122, 123, 127, 182, 183, 221, 491
초동조치 109, 205, 211, 255, 260, 301, 302, 481, 493

초미세먼지 353, 358, 685, 687,
　　　　　688, 689, 690
초연결성 24, 776, 871
초정밀성 776
초지능화 776, 871
최소화 55, 71, 82, 92, 101,
　　　　106, 108, 134, 135, 302,
　　　　306, 310, 326, 355, 378,
　　　　475, 480, 496, 521, 754,
　　　　771, 784, 913, 962, 972,
　　　　985, 986
추락사고 16, 151, 234, 338, 795
출산율 736, 738, 828
취약 68, 109, 215, 216, 225,
　　　263, 286, 304, 342, 457,
　　　504, 509, 543, 545, 553,
　　　599, 680, 681, 748, 872
취약성 57
취약점 67, 92
측정지표 841, 842

ㅋ

카트리나 133, 177, 962, 973
컨트롤타워 21, 69, 101, 121,
　　　　　136, 145, 165, 190, 191,
　　　　　194, 195, 202, 204, 223,
　　　　　310, 521, 654, 931, 932,
　　　　　933, 951, 953
코로나19 40, 53, 296, 316, 347,
　　　　　517, 553, 554, 634, 637,
　　　　　640, 644, 674, 705, 756,
　　　　　803, 923, 925, 926, 927,
　　　　　928, 930, 931, 932, 946,
　　　　　947, 949, 950, 953
코리아 리스크(Korea Risk) 935

ㅌ

테러 10, 11, 22, 25, 37, 46, 51,
　　　53, 79, 243, 313, 395, 396,
　　　397, 398, 399, 400, 401,
　　　403, 404, 405, 406, 413,
　　　414, 418, 420, 421, 422,
　　　423, 425, 427, 428, 429,
　　　431, 436, 437, 441, 448,
　　　450, 451, 453, 454, 458,
　　　459, 463, 473, 475, 476,
　　　478, 480, 481, 483, 489,
　　　490, 492, 497, 501, 509,
　　　510, 511, 512, 513, 518,
　　　519, 522, 523, 535, 793,
　　　965, 968, 1004, 1007
테러대응지원본부 480, 481, 482,
　　　　　　　　490, 495, 512
테러리스트 50, 406, 407, 408,
　　　　　409, 419, 420, 421, 422,
　　　　　442, 450, 470, 489, 519,
　　　　　966
테러리즘 395, 397, 403, 404,
　　　　　405, 406, 407, 408, 409,
　　　　　410, 411, 412, 418, 419,

420, 424, 427, 429, 436,
437, 442, 446, 449, 450,
451, 458, 460, 466, 469,
515, 526
테러방지법 37, 395, 490, 519,
522
테러사건대책본부 474, 475, 480,
481, 490, 497, 523
테러유형 428, 480
테러지원국(가) 439, 440
투명성 155, 179, 193, 216, 284,
647, 735, 742, 788, 825,
849, 863, 867, 870, 883,
884, 888, 890, 893, 913,
914, 917, 925, 926, 929,
947, 949, 1017
투명성지수 159
투키디데스의 함정 34, 672, 673,
674
특별조사위원회 21, 269, 794
특혜 190, 599, 631, 699, 935,
936, 937, 938

ㅍ

파리테러 453, 476
파리협약(협정) 291
파밍 543, 544
패러다임 16, 25, 273, 294, 296,
300, 301, 514, 621, 657,
711, 759, 760, 781, 782,

874
페스트 487, 922
편승 184, 459, 633, 855, 936
평형수 141, 223, 225, 232
포용국가 41, 369, 594, 746,
783, 851, 855, 857, 858,
859, 860, 861, 863, 954
포지티브규제 757
폭발사고 229, 231, 234, 243
풀뿌리민주주의 824
풀뿌리안전문화 22, 363, 365,
368, 369, 378, 381
플라자협정 673

ㅎ

하인리히법칙 11
한계성장론 789, 790, 791
한계효용 790
한계효용체감의 법칙 790
한국선급 164, 179, 186, 203,
253
한국은행 25, 172, 704, 801, 928
한국투명성기구 649, 651, 654
한국투명성본부 25
한류문화 40, 735, 857, 882
합동방재센터 241
합동조사기구(JIM) 486
항공기테러 480
해상교통관제센터(VTS) 207, 208
해상사고 100, 131, 205, 209,

231, 232, 234, 235, 236
해양사고 132, 142, 186, 191, 199, 237, 238, 239
해양테러 473, 480, 481, 523
해외재난 75, 523
핵물질 396, 415, 416, 417, 446, 447, 451, 452
핵심역량 88, 520, 521, 962, 969, 970, 971, 972, 973, 975
핵심전략 835, 851
행복수준 827, 831, 832
행정규제 759, 791
행정규제기본법 759, 760, 763, 777, 779
행정안전부 25, 97, 99, 105, 107, 116, 191, 213, 327, 330, 343, 345, 346, 496, 704, 996
행정혁신 560, 561, 853
허드슨 강 134, 260, 261
혁명 403, 429, 776
혁신 12, 37, 38, 166, 169, 189, 190, 224, 337, 557, 558, 559, 560, 561, 562, 563, 564, 565, 567, 573, 622, 629, 630, 643, 644, 645, 658, 694, 702, 715, 717, 722, 726, 727, 734, 735, 749, 751, 775, 778, 781, 783, 784, 785, 787, 789, 790, 791, 806, 812, 827, 833, 843, 844, 848, 850, 851, 852, 853, 855, 857, 860, 861, 862, 865, 867, 869, 870, 871, 872, 875, 877, 878, 879, 880, 887, 935, 940
혁신생태계 37, 561, 566, 573, 638, 748, 880
혁신성장 560, 566, 721, 723, 746, 747, 749, 756, 855, 874, 876, 878, 880, 881, 954
혁신역량 37, 564, 566, 574, 638, 645, 716, 718, 746, 747, 749, 773, 871
혁신적 포용국가 369, 594, 746, 783, 851, 855, 857, 858, 859, 860, 861, 954
혁신지수 645, 646, 715, 716, 717, 718, 719, 720, 723, 726, 867
현장지휘 137, 138, 139, 146, 177, 185, 244
현장지휘관 98, 135, 137, 184, 259, 302
협력 23, 37, 70, 72, 144, 162, 184, 191, 242, 304, 308, 378, 379, 460, 465, 514,

536, 564, 574, 578, 594, 634, 651, 653, 666, 673, 688, 692, 702, 712, 728, 742, 768, 776, 834, 837, 841, 855, 856, 857, 864, 870, 886, 951, 953, 967, 977, 978, 979, 981, 984, 986, 987, 999
협박 395, 396, 404, 405, 406, 407, 409, 411, 429, 442, 631
협상 52, 57, 535, 661, 675, 676, 681, 683
협치 12, 17, 849
화물과적 141, 232, 238
화물적재량 141, 253
화학무기금지기구(OPCW) 486
화학무기금지협약(CWC) 485
화학사고 235, 240, 241, 484, 986
화학테러 453, 473, 480, 482, 483, 484
확진자 296, 347, 923, 925, 926, 930, 948, 949
환경변화 276, 316, 872
환경부 25, 148, 240, 358, 360, 480, 484, 490, 686, 691, 704, 987
환경성과지수(EPI) 285
환경안보 660
환경오염 350, 354, 366, 993
환경지속성 지수 285
환경협력 688
환수 181, 603, 913, 915, 939
효과성 327, 370, 371, 372, 512, 638, 646, 890, 1000
효율성 213, 278, 296, 308, 328, 329, 365, 372, 566, 681, 697, 719, 724, 741, 742, 744, 746, 749, 753, 789, 853, 925, 970, 993

저자소개

- 성균관대학교정치외교학과 국제정치전공 정치학박사
- 고려대학교정책대학원 국제관계학과 정치학석사
- 정부중앙부처 전문경력관으로 공직에 종사
- 예) 육군 소령(Artillery)
- 대한민국 녹조근정훈장
- 대통령 및 국무총리 표창 등 다수 수상
- 현) 사, 21세기 안보전략연구원 연구본부장
- 현) 한국아마추어무선연맹(KARL)위기관리 명예이사
- 저자는 학위 논문으로

「The Reassessment of Contingency in North Korea(Focusing on Conditions Variables and Scenarios」가 있으며, 그 밖의 논문으로는 '중·일의 군비증강과 한반도 안보'(KIDA, 주간국방논단, 2003); '탈냉전기 중국의 군비증강이 중·미관계에 미친 영향에 관한 연구'(육군대학, 군사평론, 2004); '미·중의 군사전략과 한반도 안보'(대전대학교 군사학연구, 제 4호, 2006) 등이 있으며, 관심분야는 안보전략, 남북관계, 에너지문제, 군사정책 및 전략이며 저서로는 『카멜레온 왕조와 평양의 딜레마: 북한의 전략과 선택』(2008, 719쪽)이 있음. 최근에는 4차 산업혁명과 국가안보, 자원안보, 국가 위기관리, 국가 및 군사 전략, 신무기체계, 新전쟁론을 연구하고 있다. 또한 저자는 팀스피릿훈련, 호국훈련, 압록강훈련, Ulchi Focus Lens연습, UFG(Ulchi Freedom Guardian)연습, 한·미 NST(Nuclear Support Training)훈련, BCTP(Battle Command Training Program)훈련, 화랑훈련, 충무훈련, 기보여단 자유기동훈련 등을 경험했다. 그리고 수많은 war game simulation에 참가했다.

혁신이라는 청구서
The Bill Named Innovation

초 판	1쇄 인쇄
발 행	2023년 6월 29일
저 자	손도심
발행처	(주)지원프린스
주 소	서울시 금천구 가마산로 96, 대륭테크노타운8차 1409호
전 화	02)2272-5562
출판신고	2017년 1월 10일 신고번호 제 2022-000087호

ISBN   979-11-960093-8-0